教育部人文社会科学重点研究基地重大项目

全国高校古籍整理工作委员会直接资助项目

宁夏大学『二一一』工程重点学科建设项目

甘肃省古籍文献整理编译中心重大整理项目

资助出版

党项西夏文献研究

——词目索引、注释与异名对照

（一）

杜建录　主编

中华书局

图书在版编目（CIP）数据

党项西夏文献研究／杜建录主编. 一 北京：中
华书局,2011.7
　ISBN 978 - 7 - 101 - 08084 - 1
　Ⅰ.①党. Ⅱ.①杜. Ⅲ.①党项 -民族历史 -研究
②中国 -古代史 -研究 -西夏（1038~1227）Ⅳ.
①K289②K246 -307
中国版本图书馆 CIP 数据核字（2011）第 131141 号

ISBN 978-7-101-08084-1

9 787101 080841 >

责任编辑：李　静

出版：中华书局
发行：中华书局（北京市丰台区太平桥西里 38 号）
　　　　销售电话：010 - 63311242　63458911
　　　　邮　　编：100073
　　　　网　　址：www. zhbc. com. cn
　　　　电子邮箱：zhsj1234@ 163. com
　　甘肃省古籍文献整理编译中心（甘肃省兰州市第一新村 81 号）
　　　　销售电话：0931 - 8124248　8124165
　　　　邮　　编：730030
　　　　网　　址：www. ch5000. cn
　　　　电子邮箱：gswul2000@ yahoo. com. cn
　　国内总经销：新华书店
印刷：兰州大众彩印包装有限公司
开本：787×1092mm　1/16
印张：154.75
字数：3450 千字
印数：1000 套
版次：2011 年 12 月第 1 版
印次：2011 年 12 月第 1 次印刷
定价：￥1450.00 元（全四册）

编撰人员

主　　编：　杜建录

副 主 编：　高国祥　彭向前

统　　稿：　杜建录

地理卷编校：　彭向前　李晓玉

人物卷编校：　潘　洁　佟建荣

职官卷编校：　杜建录　翟丽萍

宗族卷编校：　佟建荣　潘　洁

国名纪年与社会风俗卷编校：　杜建录　刘永刚

　　　　　　　　　　　　　　　翟丽萍　彭向前

表卷编校：　杜建录　潘　洁　李晓玉

　　　　　　佟建荣　翟丽萍　刘永刚

撰　　稿（按姓氏笔画排序）：

　　　　　　尢　桦　王　娜　王　盼　王亚莉　王丽莺

　　　　　　王艳梅　王培培　刘永刚　孙广文　许伟伟

　　　　　　佟建荣　李　丹　李晓玉　杜建录　杨彦彬

　　　　　　苏建文　孟爱华　侯子罡　侯爱梅　贺宁宁

　　　　　　徐　悦　郭　良　高　辉　章治宁　彭向前

　　　　　　翟丽萍　潘　洁

编　　辑

高国祥　霍海珊　王晓燕

特邀编辑

李民发

版式设计

翟　芮　刘本利

封面设计

王　娟

总　目

第一册

第二册

第三册

第四册

宗族卷

表

本 册 目 录

凡　例

一、本书全面收录汉文文献中有关党项与西夏地理、人物、职官、国名、纪年、民俗、社会、宗族、部落及其他方面的词目，同时对党项与西夏地理、宗族、姓氏、人物、官职异名逐一列表对照，并附党项与西夏世袭表、西夏帝号表、西夏纪年表、西夏交聘表等。全书共分六卷：

卷一　地理卷

1. 西夏地名

2. 辽宋金与西夏交界或相关的地名

3. 隋唐党项人迁徙地

4. 西夏遗民及其后裔生活地

5. 其他与党项西夏相关的地名

卷二　人物卷

1. 西夏人物（含夏州拓跋政权的人物）

2. 沿边蕃部人物

3. 与党项西夏相关的周边政权人物

4. 西夏遗民及其后裔

卷三　职官卷

1. 西夏的机构与官名（含夏州拓跋政权）

2. 唐五代辽宋金元对西夏的封授（含夏州拓跋政权）

3. 隋唐五代宋金对党项的封授

4. 宋朝对吐蕃、回鹘等少数民族的封授

5. 唐五代辽宋金与党项西夏相关的职官

6. 首领、大首领、小首领、蕃官、弓箭手等名号

卷四　国名、纪年与社会风俗卷

1. 国名

2. 纪年

3. 风俗、社会及其他

卷五　宗族卷

1. 党项与西夏宗族部落

2. 沿边吐蕃、回鹘等少数民族部落与族帐

3. 羌、戎、狄、蕃（番）、弥人、夏人、西贼、部落、蕃部、蕃落、属（熟）羌、属（熟）户、生户等名称

卷六　表

1. 党项与西夏人物异名对照表

2. 西夏遗民异名对照表

3. 宋夏沿边部族人物异名对照表

4. 党项与西夏部族异名对照表

5. 宋夏沿边部族异名对照表

6. 党项与西夏职官异名对照表

7. 西夏蕃名官号一览表

8. 宋代西北汉姓蕃官一览表

9. 党项与西夏地名异称对照表

10. 宋夏沿边地名异称对照表

11. 宋夏沿边堡寨兴废升降年表

12. 宋夏沿边同名堡寨一览表

13. 西夏世袭表

14. 党项与西夏大姓世袭表

15. 西夏遗民世袭表

16. 河湟吐蕃唃厮啰世袭表

17. 熙河包氏世袭表

18. 西夏帝号表

19. 西夏交聘表

20. 西夏纪年表

二、凡人物、民族、国号、地理有异名者，亦立词目，并于其后注明异称。如：**吾祖**又作兀卒，夏景宗李元昊称号；**兀卒**，又作吾祖，夏景宗李元昊称号。

三、出处标注规则

1. 出处均依次标明书名、卷（册）、页，用斜线分开；同书不同卷（册）者，用分号（；）分开，同卷（册）不同页者，用顿号（、）分开。

2. 当页重复者只收一次。

3. 每种书（或其他资料）另起行，分别按正史、编年体《资治通鉴》《续资治通鉴长编》或正史外的纪传体史书（《隆平集》《东都事略》等）、政书

（三通、奏议、诏令集等）、笔记文集、其他资料、《汇编》等顺序排列（同类资料中，正史依朝代顺序排列，正史外其他史籍资料按笔画顺序排列），示例如下：

太尉 野利旺荣

【宋史】311/庞籍传/10200；485/夏国传/13993

【长编标】138/3332

【长编影】138/20 上

【司马文正公集】78/庞公墓志铭/4 上

【石林燕语】8/4 下

【涑水记闻】11/17 上

【汇编】上 60；中二 2632、2634、2660、2662

　　四、词目分类按笔画排序（参照《辞海》笔画索引，其中纪年按照时间排序）；书末列音序检索表。

　　五、附《引用书目》，标明引用书名简（全）称和版本，以备检索。

序 一

史金波

由杜建录教授主持、近 30 位宁夏大学西夏学研究院的中青年专家参加、历时 6 年完成的《党项西夏文献研究》，由中华书局出版，即将与读者见面。作为一个从事西夏历史、文化研究近半个世纪的学人，我翻阅此书后，惊喜之情油然而生。此书内容丰富，包罗广泛，将党项西夏文献词目索引与注释紧密结合，不啻一部研究党项民族和西夏王朝的百科全书。在当前出书不少，好书不多的境遇下，这部对党项西夏文献深入整理、研究的专书，不仅使我看中了书中严整、系统、规范的内容，也使我看到学界一股清新向好的学风。

一

众所周知，西夏是统辖今宁夏、甘肃、内蒙古、陕西、青海等省区、历时两个世纪的封建王朝，主体民族为党项羌，但由于未入正史，致使记载缺失，资料稀疏，被称为神秘王朝。因此，散见于正史、野史、政书、类书以及笔记、文集中的汉文党项西夏史料十分珍贵，应倍加珍视。明、清以降，整理西夏资料汇编成书者，如丝如缕，持续不绝；近世韩荫晟先生用大半生时间，以一人之力，殚精竭虑，整理出版《党项与西夏资料汇编》，一时成为党项与西夏研究的资料总汇，贡献甚伟，影响甚巨。

学术随时代而演进。韩荫晟先生虽将大部分有关党项西夏汉文资料网罗入围，但这些资料往往混杂于经史子集各部，难免遗漏缺失；加之《续资治通鉴长编》、《宋大诏令集》、《宋朝诸臣奏议》等负载有关西夏史料较多的史书，已有专家以善本点校，纠正了原影印本的错谬；再者 20 世纪 90 年代出版的《俄藏黑水城文献》中汉文部分有不少西夏时期的资料，前不久出版的《中国藏西夏文献》金石编中更收入西夏建国前夏州拓跋政权多种墓志铭，这些新资料多为原始文献，为研究党项西夏历史文化填充了新的重要内容。有鉴于此，宁夏大学西夏学研究院以集体之力，分工合作，遍览群书，审慎校勘，完成《党项西夏文献研究》，使党项西夏史料更为精准；同时，又突破史书固囿，扩展文献范围，补充不少原始文书、碑文资料，使西夏史料更为周详。该书共收录300余种正史、笔记、文集、碑刻以及出土文献中有关党项与西夏的资料，分门别类设置词目5万余条，约500万字。若以此丰富资料为基础，考求西夏历史，可谓无往而不利也。

近代黑水城等地西夏文文献的出土，使西夏资料骤然增加。这些新资料的刊布和西夏文文献的陆续解读，大大推动了西夏研究的进展。然而检阅这些新资料，多有关西夏社会、文化、宗教，至于反映西夏朝代、地理、人物等方面的文献则寥若晨星，因此欲推进西夏政治史的进展还需靠汉文资料。可以说，近代大量西夏文文献的发现不但未减弱汉文西夏文献的价值，反而凸显汉文西夏史料的不可代替性。《党项西夏文献研究——词目索引、注释、异名对照》的问世，提示我们在注重西夏文资料的同时，也要珍视汉文西夏资料，不可偏废。

二

《党项西夏文献研究》不是简单的文献排列，而是对党项西夏文献的深层次编纂，对所有相关文献进行全面对比研究，构筑了资料索引、注释和异译对照三项复杂工程。

此书从历史上有关党项、西夏汉文文献中爬梳出5万余条词目，以地理、人物、职官、国名、纪年、物产、生态、社会、宗族、部落等项分类，每一条都尽注所有出处，如西夏皇帝的译音字"兀卒"一词列出了《宋史》、《续资治通鉴长编》、《宋朝诸臣奏议》、《东都事略》、《司马文正公集》、《龙川别志》等13种文献、20多卷中的30多处出处，每一出处不仅录写书名、卷次，还列出页码，十分便于查阅。此书先以大项分类，每类中以笔画为序，更符合工具书的体例，方便检索，拓宽了实用价值。

此书对列入的大部分词条进行注释，如"乌珠"条注释"西夏语青天子音译，亦作'兀卒'或'吾祖'"。既概括了该词的基本含义，又与相关词条"兀卒"或"吾祖"相系连，使学术含量提升。显然，没有较深的西夏研究功底，未苦下真功，难达此学术高度。

从事历史研究，特别是研究少数民族历史，多被民族人名、族名、地名、职官名的异名所困惑。原来汉文史料作者、编者记录少数民族专名时往往人写人异，用字不同，又有音译、意译之别，再加上传抄、刊印时的讹误，显得鲁鱼难辨，十分混杂，致使名家硕儒校点二十四史时也颇感踌躇。本书整理的正是以少数民族党项族为主体的西夏资料，上述问题在史料中十分突出。而本书作者与此用力尤勤，对汉译不同用字以及讹、衍、误字逐一考证，列表对照，澄清迷障，一目了然。

功夫不负有心人。本书编著者以专业的眼光，站在使用者的角度，不惧繁难，不畏细密，打造出一部实用的党项西夏研究工具书，展现出他们西夏研究的专业水平，同时也彰显出此书与时俱进的资料价值和学术价值。

三

明辨历史可以通古今，知变化，求规律。史学是中国优长传统学科，有悠久的历史、广博的内涵和重要贡献，形成了众多的不朽著述，造就出一辈辈的史学大师。但当下历史学似乎有被边缘化的趋势：历史教学遭遇冷落，不少历史系不得不改头换面，历史学专业的学生难以就业……总之，历史学的空间变得局促而尴尬，史学资料的整理更加成为冷门中的角落。史学的真谛在于真实，而真实的基础在于可靠的史料。可以说史料是史学的基础和生命。然而整理、核对资料，编辑索引等基础作业，费时费力，是给他人做嫁衣裳的苦活。因此，即便是史学工作者时下也多注重研究著作和论文的撰写，资料工作少人问津。

宁夏大学西夏学研究院的中青年专家们在这种氛围下，仍坚守岗位，不离不弃，迎难而上，经过十年来的不懈努力，开辟出一片生气盎然的西夏研究新天地。此次开展《党项西夏文献研究》项目，他们几乎投入全部人员、精力，连续数年专注于数百种文献的整理、校勘、解读，不为熙熙攘攘所干扰，表现出执著的坐冷板凳精神和精到的专业修为。同时也表明宁夏大学将西夏学研究列为学校重点建设的高瞻远瞩。此项目被列入教育部人文社科重点研究基地重点项目与全国高校古籍整理委员会直接资助项目，说明国家有关部门对基础学科越来越重视，对宁夏大学西夏学研究院的学术取向给予充分肯定。

学术界对当前的学风提出诸多批评。心浮气躁，急于求成，仓促成文，制造垃圾"成果"；不认真钻研，拈轻怕重，只有"网上"功夫，从电脑上下载，胡乱编排；剽窃他人成果，或改头换面，乔装己作。这些不良学风确实存在，造成了恶劣的影响。学德的缺失会使学术之树枯萎，欲振兴学术，必先提倡良好学风。

宁夏大学西夏学研究院的专家们也都是普通人，他们也有自己的诸多问题，比如赡养老人、生儿育女、家庭住房、职称评定、经济收入等。但是他们克服困难，恪循操守，坚守着冷清的专业，守护着肩负的职责，承诺着学术的担当。我以为这种踏实沉稳、潜心学术的学风值得褒扬，值得提倡。

四

《党项西夏文献研究》是集体的成果，是团队的杰作。这个团队不仅完成了项目，也在这一过程中培养着人才。

凡参加此项目的人员必定要按规定、按分工全面阅读关于党项西夏某一方面的历史文献，并摘选词目，核查内容，比勘异同，撰写词条，注明出处，列出表格。这样就以版本学、文献学的标准完成了资料整理和提炼的全过程，使参加者得到全方位的史料整理训练，夯实了历史研究必须具备的基础。

史学研究应熟悉目录、善选版本、注重校勘、谙习辨伪、长于辑佚补缺，这些都需要长期动手实践和亲历经验积累，方能渐入门径。参加此项工作者，虽花去了诸多宝贵时间，但却收获了必要的实践和难得的经验，为今后的史学研究积累了才识，他们的付出换来的可能是累年的收获。

今春经全国哲学社会科学规划领导小组批准，《西夏文献文物研究》立为国家社科基金特别委托项目，我和建录教授联手组织研究课题，宁夏大学西夏学研究院的多位中青年专家踊跃主持或承担子课题。他们之所以有这样的实力，当得益于长期参与像《党项西夏文献研究》这样的基本功项目。

这样的项目不仅锻炼能力，增加学识，还培养出年轻学子对西夏研究的兴趣。我以为从事一项事业，若无兴趣、无感情，很难做得出色。而兴趣和感情并非与生俱来，只能通过学习、认识逐步形成、加深。西夏文化是一份有价值的文化遗产。它上及唐、宋，下连蒙、元，旁及辽、金、吐蕃、回鹘，与敦煌学、藏学交相辉映，是学术园地的一方沃土。西夏研究有太多的疑团等待破解，有众多的文献有待释读，是有志于发挥聪明才智、勇于探索疑难者的用武之地。通过此书的编纂带出热衷西夏学研究、勤勉好学的学术团队，应视为更为重大、更为喜人的收获。

2011 年 7 月于北京

序 二

陈育宁

西夏学研究从发端至今，已有百年之久。百年探索之路，一个最显著的特点是，从文献史料发现起步，并在不断发现新史料（包括考古发现）的过程中，围绕着文献史料的整理研究，扩展探索领域，逐步取得了一系列成果。可以说，文献史料的发现和研究，伴随着西夏学的形成和发展，文献史料的研究成为西夏学的重要组成部分。近十多年来，国内学术机构和学者们的大力合作，国际学术交流的有效推进，使分散于海内外的西夏文献史料得以有规模地以原始状态整理集结面世，为西夏学研究的进一步扩展提供了广大的新空间，西夏的历史面貌大为彰显，日见清晰，西夏学得到前所未有的深入和普及，成为综合性专门学科如敦煌学、藏学、蒙古学等中的后起之秀。

在西夏学取得新进展的过程中，宁夏大学西夏学研究院作为教育部人文社科重点研究基地，也经历了一次极重要的提升。在十多年的时间里，他们坚持了几项基础工作：一、坚持培养西夏学专业的博士生、硕士生，改变了西夏学研究人才青黄不接的状况，西夏学研究有了一支可持续的队伍；二、坚持以文献史料研究为基础，将西夏文文献与汉文文献研究结合起来，将国内留存和国外留存的文献结合起来，构建西夏学的基础工程；三、坚持以重大项目为平台，组织团队，联合各方，取得标志性成果。

摆在我们面前的这套《党项西夏文献研究》六大卷，可以说是对宁夏大学西夏学研究院多年来的"三个坚持"作出了极好的说明。

这项成果是在杜建录教授主持和带领下，由近30名研究生和研究人员历时6年共同完成的。宁夏大学西夏学研究院从2004年开始坚持把西夏学作为培养研究生的一个主要方向，至今已经有20多名毕业生，在读的还有20多名。从2007年开始培养西夏学博士生，去年有了第一批毕业生。在研究生培养中，特别重视两项基础工作：西夏语言文字的训练和西夏文及汉文文献的整理。没有一支自己培养的基础扎实、学风严谨的专业队伍，是很难完成这样一个庞大繁复的任务的。

　　这项成果的学术价值是显而易见的。从 300 余种正史、笔记、文集、碑刻以及出土文献中收集有关党项西夏地理、人物、职官、纪年、物产、社会、宗族等各类词目 5 万余条，一一注释，并进行异名对照，又列出了西夏纪年表、官名表、各类世袭表等，泱泱六卷 500 万字，几乎是一部西夏辞典，至少是一部非常实用的西夏文献辞书，展示了党项西夏文献的全貌及其特征和演变轨迹，对于全面准确使用党项西夏史料文献，深入研究党项西夏社会历史，提供了便利的条件。没有对史料重要性的深刻认识，没有科学的方法和耐得住寂寞的坚持精神，是很难拿下这一个大项目的。

　　说到史料的重要性和史料研究的方法，我想起了读大学时的北京大学历史系主任翦伯赞先生。翦老是我国著名的马克思主义史学大家，他不仅致力于中国马克思主义历史学的研究和建设，也特别倾心于历史科学的教学和人才培养，尤其注重基础理论和方法的训练。早在上世纪 40 年代，翦老在《怎样研究中国史？》一文中指出："不钻进史料中去，不能研究历史；从史料中跑不出来，也不算懂得历史。"他在同一时期发表的《略论搜集史料的方法》一文中又指出："搜集史料，并不是一种容易事情。因为中国的史料，虽然浩如烟海，但他们并不像宝库里的金银聚在一起，可以应手取得；而是和矿石一样，埋藏在我们所不知道的许多地方，需要我们耐心去探求。"如何探求史料，翦老指出了几种基本方法：目录学、辨伪学、考据学。翦老指出，在完成了上述工作后，才能认识史料、分析史料、比较史料，"从正面看不出来的，从反面看，侧面看；从个别看不出来的，从综合看；从笼统看不出来的，从分析看；从片面看不出来的，从类比来看"。在此基础上，再经过"分类整理"和系统的"编制"，"则史料所突出的便不仅是它的性质，而且也是它所说明的史实之发展过程了"。"最后，还有一个最重要的工作，就是从史料中抽出历史原理。"（以上引文引自翦伯赞《史料与史学》，北京出版社 2005 年出版）翦老 60 多年前的这些教诲，字字珠玑，道出了做学问的真谛。翦老所说的对史料的搜集、辨证和整理，就是今天所说的历史文献学，是史学研究的重要组成部分，也是史学研究的基础工作。在西夏学研究中，文献研究更具有特殊的重要性。所谓学风浮躁，一个主要表现是忽略了对原始基础史料下大功夫搜集整理。《党项西夏文献研究》不仅为我们提供了党项西夏文献研究的新成果、新工具，也为重视基础、端正学风、倡导"板凳要坐十年冷"的学术精神做出了示范。

　　连同这项成果在内，在西夏文献整理研究和重大专题研究方面，近年来，宁夏大学西夏学研究院主持和参与完成了几项有标志意义的重要成果：《中国藏西夏文献》（20 卷）、《中国藏黑水城汉文文献》（10 卷）、《传统典籍中汉文西夏文献研究》、《西夏社会文书研究》、《西夏艺术史》、《辽夏关系史》等。这些成果具有开创性，在不少领域填补空白，展示了西夏学的新进步、新发展。

西夏学的研究越深入，越感到它内容丰富、内涵博大，许多领域的探索还刚刚开始，建立起完整系统的西夏学学科体系，依然任重道远。一个学科的建立和发展，必须有一批学术骨干和学术带头人。培养带头人的路径、模式要创新，特别要注意加强基础训练，如西夏语言文字、文献学基础知识的训练，加强多学科综合能力的训练。西夏学的学科建设，还要借鉴多学科的理论和方法，对学科的定位、属性、学科的理论、内涵及学科史作深入探讨，加强综合研究，扩展学科背景，创新学术思想，不断使西夏学充实起来。借《党项西夏文献研究》出版之际，衷心希望宁夏大学西夏学研究院在我国西夏学建设与发展中，再作出新成绩，创造新经验。

2011 年 6 月

序　三

杜建录

　　史料的搜集、校勘、考订、索引和编纂，是历史研究的基础工作，西夏历史研究更是如此。由于元朝统治者在为前代修史时，只修纂了宋、辽、金三史，唯独没有修一部纪传体的西夏史，加之蒙古灭夏时的焚毁，使西夏的历史资料丧失殆尽。因此从传世的正史、笔记、文集以及出土的西夏文、汉文和其他民族文字文献中发掘史料，是西夏史研究的必由途径。著名史学家韩荫晟先生耗费 30 余年的心血，编纂出 500 万言的《党项与西夏资料汇编》，奠定了汉文西夏文献的基础，成为西夏文献整理研究的丰碑。然而《党项与西夏资料汇编》按编年体排列，没有音序或笔画索引，读者使用起来有诸多不便；同时该资料汇编出版后，又有大量新资料的刊布和发现，如收录在《中国藏西夏文献》金石编中的夏州拓跋政权墓志铭、《俄藏黑水城文献》中的相关资料，加上《续资治通鉴长编》、《宋大诏令集》、《宋朝诸臣奏议》等一批善本古籍点校出版，纠正了影印本的许多错误。因此在《党项与西夏资料汇编》的基础上，对文献资料进一步研究，完成资料索引、标注与异名对照，是一项必须的工作。

　　《党项西夏文献研究》主要从三方面展开：

　　一、资料索引。全面收录 300 余种正史、笔记、文集、碑刻以及出土文献中有关党项与西夏地理、人物、职官、国名、纪年、物产、生态、社会、宗族、部落以及其他方面的词目 5 万余条。《党项与西夏资料汇编》作为引用书目的一种，《续资治通鉴长编》、《宋朝诸臣奏议》等重要史籍保留了两种版本的出处。

　　二、词条注释。对搜罗到大部分词条进行注释，地理部分标注所在路、州、府和其他相关词语，人物部分标注人物关系、职位和其他相关词语，职官部分标注任职人和其他相关词语，宗族部分标注所在地和其他相关词语。

　　三、异名对照。汉文文献中的党项与西夏地名、人名、官名、族名，有的是音译，不同的译者往往用字不同，出现了大量的异名；有的既有音译，又有意译；有的在传抄、刊印过程出现讹、衍、误。以上种种现象，造成在文献引用和研究中将一人误作两人，将一地误作两地，将一官误作两官，为此，在全面系统搜集资料的基础上，对汉译不同用字以及讹、衍、误逐一进行甄别和考辨，表列党项与西夏地理异名对照、党项与西夏人物异名对照、党项与西夏职官异名对照、党项与西夏宗族异名对照。

为了便于读者使用，在第六卷还列有《西夏交聘表》《西夏帝号表》《西夏纪年表》《西夏世袭表》《党项与西夏大姓世袭表》《西夏遗民世袭表》《河湟吐蕃唃厮啰世袭表》《熙河包氏世袭表》《西夏蕃名官号一览表》《宋代西北汉姓蕃官一览表》《宋夏沿边堡寨兴废升降年表》《宋夏沿边同名堡寨一览表》等。

《党项西夏文献研究》共分为6卷，分别是地理、人物、职官、国名纪年与社会风俗、宗族、表。全书约500万字，通过索引、归纳、注释和异名对照，将资料索引和词条释文紧密结合起来，是一部具有工具书性质的党项与西夏历史百科全书。党项与西夏及其相关的地理、人物、职官、纪年、宗族、部落、社会、民俗、物产、生态都能在书中查到。编者力求通过历史研究与文献研究相结合，以创新编纂体例和研究方法。

完成500万字5万余条词目的归纳、分类、注释以及异名对照，不是一件容易的事，有的分类和注释很难做到精确无误，诸如散居在宋夏沿边的党项与吐蕃族帐居地相邻，习俗相近，唐宋以来中原汉族对部分族帐已分不清楚他们的族别①，往往统称为蕃部。我们只好根据党项与吐蕃分布特点，将鄜延、环庆、麟府蕃部归到党项，将泾原、秦凤、熙河蕃部归到吐蕃；宋代西北沿边有许多同名堡寨，同时，历史区划的变化和记载讹误，出现在多个州府的同一个堡寨，有可能误作同名堡寨；史籍中的汉姓蕃兵将，有的是少数民族，有的是汉族，判断起来比较困难，列入蕃部的个别蕃兵将有可能是汉族。对于这些问题，需要读者在使用过程中进一步考释。

十八监军司、十二监军司、九监军司、三太尉、二防御等包含着重要的信息，予以单列词目，而没有汇到监军司、太尉或防御词条里面。一个职位有多少人担任，就列多少词条，如夏毅宗李谅祚和夏惠宗李秉常均年幼即位，都称"小大王"，就列两个词条；搜集到5名太尉，再加上没有任职人的太尉，立6个词条。社会民俗卷中的词条大量是短语，如，最重年节与寒食、妻其庶母伯叔母兄嫂子弟妇、蕃户不得与汉人婚姻、靡由媒妁、割皮滴血以试验其骨、以十二月为岁首、候草木以记岁时、五月草始生、无泉水薪蒸、气候多风寒、可掘沙为井、斥卤枯泽、掘地以贮雨水、掘丈余则有水、地势渐宽平、牧放耕战之地、黄鼠食

①宋初曾任延州节度判官的宋琪在论边事时指出，"党项吐蕃，风俗相类，其族帐有生熟户，接连汉界，入州城者，谓之熟户；居深山僻远，横过寇略者，谓之生户。"（《宋史》卷264《宋琪传》）。

稼、以金相瑟瑟为首饰、民庶青绿、汉户牙人等于城寨内商量和买、有市井而无钱货、事必咨母而后行、炙羊髀占吉凶、昼举烟扬尘、重然诺、恶雨雪、蕃部有罪输羊钱入官、地震二百余日等，不一一列举。

　　《党项西夏文献研究》是教育部人文社科重点研究基地重点项目与全国高校古籍整理委员会直接资助项目，前后历时 6 年，在项目研究过程中，发现《宋史》、《续资治通鉴长编》错误百余处，大部分是宗族、人名、职官等方面的点校错误，有的把蕃号当作人名，有的把人名当作族名，有的是若干人名、地名之间句读有误，还有的是整段脱漏或其他方面错误①。为此，课题组成员陆续写了一些考释文章。当然，限于水平，也有的标点明显有误，却无法准确句读，有待于在今后的研究中进一步深入探讨。

---

①标点本《续资治通鉴长编》卷 511 元符二年六月甲戌（12154－12155 页），鄜延经略使吕惠卿言："西界投来首领叶石悖七，系西界叶令吴箇，官在旺精之下，正钤辖之上。本司乞比类伪大使，补崇班。""诏伊实巴特玛（叶石悖七）特补东头供奉官，仍赐银绢钱各三百。"其中从"精之下"到"仍赐银"脱行，根据影印本补。同书卷 262 熙宁八年四月（6396 页），"嘉祐以前，西夏颇守誓约。嘉祐元年，妄争麟府封疆，遂掳郭恩武，戬黄道元。"实际上是郭恩、武戬、黄道元三人。

地理卷

一、西夏地名

（一）西夏州郡府县

四画

韦州　灵州之南
【宋史】16/神宗纪 3/305；332/赵禼传/10686；
　348/钟传传/11037
【长编标】224/5455；241/5882；317/7677；318/
　7686；319/7717；320/7720、7726、7728；321/
　7739；351/8405；405/9870；468/11175；471/
　11244；489/11603；490/11624；492/11681
【长编影】224/15 上；241/6 上；317/20 上；
　318/6 上；319/17 上；320/2 上、7 上、8 上；
　321/2 下；328/9 上；351/3 上；405/8 上；
　468/7 上；471/7 下；489/6 上；490/6 下；
　492/4 上
【宋会要】职官 65 之 35/3864；兵 8 之 26/6900、
　8 之 33/6903；方域 7 之 26/7437、7 之 27/
　7438、10 之 24/7485
【宁夏府志】4/古迹·灵州/17 上
【甘肃新通志】13/舆地志·古迹·宁夏府·灵
　州/35 下
【汇编】中三 3697、3705；中四 3828、4217、
　4218、4252、4254、4256、4259、4260、
　4268、4280、4389、4471；中五 4618、4884、
　5118；中六 5311、5338、5791；补遗 7315

云内州　金太宗天会四年夏人取
【宋史】23/钦宗纪/427
【大金国志】3/太宗纪 3/7 下
【长编拾补】54/11 上
【三朝北盟会编】25/5 上
【皇宋十朝纲要】19/7 上
【大金吊伐录】1/南宋回书/12
【汇编】中六 5971、5993、6010、6011、6015

云内军　金许割夏
【宋史】486/夏国传下/14021
【汇编】上 87

五原县　盐州
【元丰九域志】10/化外州·陕西路/480
【汇编】中一 1717

五原郡　盐州
【元丰九域志】10/化外州·陕西路/480
【汇编】中一 1717

五源
【杂字】19/地分部/18 左

戈州　肃州
【元史译文证补】1 下/22 上
【蒙兀儿史记】3/成吉思可汗本纪下/30 下
【汇编】下 6904、6907

中兴府　夏国都城，本怀远故城，宋咸平四年
　夏太祖李继迁攻取，天禧四年夏太宗李德明
　升为兴州，明道二年夏景宗李元昊更名兴庆
　府，后更名中兴府
【元史】1/太祖纪/14；60/地理志 3/1450；83/
　选举志 3/2061；120/2955
【金史】17/哀宗纪上/378；111/纥石烈牙吾塔
　传/2459
【蒙兀儿史记】3/成吉思可汗本纪下/8 下、19
　上、30 下、31 上；29/者别传/8 下；44/脱
　栾传/1 下、2 下
【宁夏府志】2/沿革/18 上；4/古迹·宁夏·宁
　朔县/10 上
【甘肃新通志】13/舆地志·古迹·宁夏府·宁
　夏县·宁朔县/33 上
【汇编】上 243；下 6823、6826、6827、6854、
　6901、6902、6908、6910、6911、6918、
　6922、6929、6938、6941、7086；补遗 7253

中寨　监军司，绍圣四年西夏起甘州、右厢、
　卓啰、韦州、中寨、天都六监军司人马屯白
　草原

【宋会要】兵 8 之 33/6903

【汇编】中六 5273

长泽县 宥州

【元丰九域志】10/化外州·陕西路/480

【汇编】中一 1717

五画

石州 原石堡城

【宋史】485/夏国传上/13991；486/夏国传下/14140

【长编标】218/5306；221/5385；317/7669；318/7692；326/7854；477/11372；492/11681；510/12149

【长编影】218/1 下、13 上；220/25 上；221/16 上；317/12 下；318/11 下；326/15 下；477/18 下；492/4 上；510/16 下

【宋会要】兵 28 之 35/7287；方域 8 之 27/7454

【汇编】上 58、76、94；中三 3553、3629、3632、3672、3683；中四 4203；中五 5180；中六 5338、5547

左厢

【杂字】19/地分部/18 左

右厢甘州路 屯兵以备西蕃、回纥

【宋史】485/夏国传上/13995

【元史】60/地理志 3/1450

【长编标】120/2845

【长编影】120/23 上

【汇编】上 62；中一 1737；下 7085

甘州 宋仁宗天圣六年李元昊攻取

【宋史】1/太祖纪 2/23；6/真宗纪 1/108；7/真宗纪 2/135、140、145；8/真宗纪 3/148、149、150、152、161、166、164、170；9/仁宗纪 1/179、181、184、186；113/礼志 16·宴飨/2688；258/曹玮传/8989；265/张齐贤传/9157；440/柳开传/13025；485/夏国传上/13992；486/夏国传下/14029；490/于阗传/14109、回鹘传/14115、14116、14117；492/吐蕃传/14158、唃厮啰传/14161

【元史】1/太祖纪/23；60/地理志 3/1450；120/察罕传/2955；139/乃蛮台传/3351；149/移刺捏儿传/3530

【金史】134/西夏传/2865

【元丰九域志】10/化外州·陕西路/480

【元史译文证补】1 下/22 上

【长编标】6/161；21/474；43/921；47/1021；57/1261；64/1428；66/1490；67/1501；69/1546；71/1587；74/1684；75/1712；76/1727；77/1765；85/1951、1952；87/1992；88/2031；91/2098；95/2184；96/2229；100/2323；102/2356；103/2376；105/2446；106/2465；111/2593、2594；117/2766；120/2845；142/3412；314/7604；326/7848；346/8302；505/12028；514/12212

【长编影】6/16 上；21/4 上；43/13 上；47/11 上；57/9 下；64/4 下；66/19 下；67/6 上；69/4 下；71/1 上；74/4 上；75/5 上；76/7 上；77/14 上；85/15 上；87/4 上；88/18 下；91/3 上；95/6 上；96/22 下；100/12 下；102/7 下；103/3 上；105/11 上；106/4 下；111/16 下；117/18 下；120/23 上；314/4 下；326/9 下；346/1 上；505/2 下；514/4 下

【长编纪事本末】21/2 上

【东都事略】127、128/西夏传/附录 5、6

【宋会要】礼 45 之 7/1451；兵 8 之 28/6901、8 之 33/6903、24 之 9/7183；方域 6 之 1/7406、21 之 22/7672；蕃夷 4 之 2/7714、4 之 5/7716、4 之 18/7722

【武经总要】前集 18 上/32 下；18 下/西蕃地界/1 上、9 下

【奏议标】134/韩琦·上仁宗论备御七事/1494

【奏议影】134/韩琦·上仁宗论备御七事/4593

【隆平集】20/夷狄传/3 下

【蒙兀儿史记】3/成吉思可汗本纪下/30 下；20/札木合传/20 上；44/脱栾传/2 下

【文庄集】2/甘州外甥回纥汗王伊噜格勒可特进怀宁顺化可汗王制；14/陈边事十策/1 上

【安阳集】家传 3/6 下

【初寮集】6/定功继伐碑/1 上

【松漠纪闻】上/3；4 下

【范文正公集】年谱/20 上

【梁溪集】144/御戎论/1 上

【雍虞先生道园类稿】42/立智理威忠惠公神道碑/25 下

【虞文靖公道园全集】17/赞/8 下

【儒林公议】上/4 上、73 下

【甘肃新通志】9/舆地志·关梁·兰州府·皋兰县/1 上；30/祠祀志·寺观·甘州府·张掖县/56 下

【杂字】19/地分部/18 左

【汇编】上 57、59、60、61、94、102、113、115、137、243、261、394；中一 1183、1202、1237、1403、1449、1466、1467、1473、1478、1495、1499、1500、1501、1502、1504、1505、1512、1539、1540、1544、1553、1576、1580、1588、1599、1622、1628、1633、1642、1654、1659、1666、1669、1688、1718、1719、1726、1737、1756；中二 1789、1799、2255、2628、2759；中四 4143、4351；中五 4580、4843、4952；中六 5273、5349、5466、5576、6080；下 6520、6808、6882、6904、6906、6935、7085、7087；补遗 7378、7435、7447

甘州府

【甘肃新通志】14/建置志·城池/43 上

【汇编】补遗 7476

甘肃军　甘州

【元史】60/地理志 3/1452

【汇编】下 7087

龙州　原石堡镇，宋太宗至道中陷于李元昊

【长编标】120/2845

【长编影】120/23 上

【武经总要】前集 18 下/西蕃地界/1 上

【宁夏府志】4/古迹·平罗县/15 下

【汇编】中一 1726、1737；下 6945

平夏

【宋会要】礼 20 之 3/766；食货 23 之 23/5186、23 之 29/5189

东都府

【杂字】19/地分部/19 右

归仁县　宥州

【元丰九域志】10/化外州·陕西路/480

【汇编】中一 1717

瓜州　宋神宗景祐三年夏景宗李元昊取

【宋史】113/礼志 16·宴飨/2688；265/张齐贤传/9157；486/夏国传下/14007

【元史】60/地理志 3/1450

【元丰九域志】10/化外州·陕西路/480

【长编标】52/1147；65/1457；82/1871；117/2765、2766；119/2813、2814；120/2845；326/7848；346/8302

【长编影】52/15 下；82/9 上；117/18 上；119/16 下；120/23 上；326/9 下；346/1 上

【东都事略】127、128/西夏传/附录 5、6

【宋会要】兵 8 之 28/6901；方域 5 之 8/7387

【奏议标】136/司马光·上神宗论纳横山非便/1529

【奏议影】136/司马光·上神宗论纳横山非便/4703

【司马文正公集】25/章奏 23/3 上

【安阳集】家传 7/5 上

【松漠纪闻】3/上；4/下

【武经总要】前集 18 上/32 下；18 下/9 下

【范文正公集】年谱/20 上

【梁溪集】144/御戎论/1 上

【隆平集】20/夷狄传/3 下

【杂字】19/地分部/18 左

【汇编】上 61、94、102、115；中一 1476、1669、1716、1720、1733、1737、1756；中三 3436、3485；中四 4351；中五 4580、4952；中六 6080；下 6935、7005、7086；补遗 7447

乐州　西夏河外之州

【宋史】486/夏国传下/14028

【汇编】上 94

兰州

【宋史】486/夏国传下/14020

【东都事略】127、128/西夏传/附录 5、6

【宋会要】食货 2 之 5/4827、38 之 32/5482；兵 28 之 25/7282、28 之 28/7283、28 之 30/7284、28 之 33/7286、28 之 45/7292

【武经总要】前集 18 下/西蕃地界/1 上、9 下

【东轩笔录】3/4 上

【汇编】上 86、108、109；中一 1718、1726、1727；中二 2057

宁州　唐兀朵儿赤，西夏宁州人，祖父世掌其国史

【元史】134/朵儿赤传/3254

【汇编】上 389

宁朔县　夏州

【元丰九域志】10/化外州·陕西路/479

【宁夏府志】2/沿革/19 上

【横山县志】1/地理志·古迹/13 上

【汇编】中一 1726；下 6939、6942

宁朔郡　宥州

　　【元丰九域志】10/化外州·陕西路/480

　　【武经总要】前集 18 下/西蕃地界/1 上

　　【宁夏府志】4/古迹·宁夏，宁朔县/10 上

　　【汇编】中一 1717、1728；下 6941

永州　西夏河西之州，宋真宗咸平四年夏太祖李继迁取

　　【宋史】486/夏国传下/14028

　　【汇编】上 94

永定　破丑夫人籍贯

　　【中国藏西夏文献】18/后唐永定破丑夫人墓志铭并盖/31

六画

西平府　灵州

　　【宋史】485/夏国传上/13988

　　【宁夏府志】2/沿革/19 上

　　【汇编】上 55；下 6939

西平郡　鄯州

　　【元丰九域志】10/化外州·陕西路/479

　　【武经总要】前集 18 下/西蕃地界/9 下

　　【方舟集】16/赵郡王墓志铭/26 上

　　【汇编】中一 1716、1721；下 6695

西宁州　金熙宗天会十四年金赐给夏

　　【宋史】486/夏国传下/14028

　　【方舟集】16/赵郡王墓志铭/26 上

　　【汇编】上 94；下 6695、6696

西京

　　【杂字】19/地分部/18 左

西凉州　西凉府

　　【宋会要】兵 8 之 28/6901；方域 21 之 14/7668；蕃夷 4 之 6/7716、6 之 2/7819

　　【汇编】下 7014

西凉府　夏太祖李继迁初取其地，宋仁宗天圣六年夏景宗李元昊复取

　　【宋史】485/夏国传上/13995；492/唃厮啰传/10162

　　【金史】15/章宗纪中/334；113/白撒传/2486

【元史】1/太祖纪/20、24；60/地理志 3/1450

【元朝秘史】14/1 上

【长编标】111/2587、2590、2594；122/2883；123/2908；131/3114；168/4035、460/10997

【长编影】111/16 下；122/10 下；123/5 下；131/19 上；168/4 上；460/1 上

【东都事略】129/西蕃传/附录 7/1 下

【宋会要】方域 21 之 14/7668；蕃夷 4 之 6/7716

【隆平集】20/夷狄传/3 下

【朝野杂记】乙集 19/边防/1180

【蒙兀儿史记】3/成吉思可汗本纪下/19 上、30 下；44/脱栾传/1 下、2 下

【元刊梦溪笔谈】5/17

【乐全集】22/秦州奏唃厮啰事/20 上、21 上

【汇编】上 62、113、115；中一 1394、1495、1540、1587、1688、1751；中二 1793、2243；中三 3158；中四 4355；中五 5069；下 6854、6857、6877、6901、6902、6904、6906、6914、6937、7014、7085

西厢　西夏大族人多所据

　　【栾城集】39/论西事状/15 上

　　【汇编】中五 4863

达化县　廓州

　　【元丰九域志】10/化外州·陕西路/480

　　【汇编】中一 1717

成德军　夏崇宗雍宁四年、宋徽宗政和七年夏人城佛口谷，伪号成德军

　　【宋史】357/刘延庆传/11236、11237

　　【东都事略】127、128/附录 5、6

　　【皇宋十朝纲要】17/19 下

　　【初寮集】6/定功继伐碑/1 上

　　【汇编】上 111；中六 5909、5910；补遗 7100、7438

延恩县　宥州

　　【元丰九域志】10/化外州·陕西路/480

　　【汇编】中一 1717

会川　会州

　　【元丰九域志】10/化外州·陕西路/480

　　【汇编】中一 1717

会兰县　凉州

　　【武经总要】前集 18 下/9 下

　　【汇编】中一 1718

会宁县　会川

【元丰九域志】10/化外州·陕西路/480

【汇编】中一1717

会宁郡　会州

【元丰九域志】10/化外州·陕西路/480

【武经总要】前集18下/西蕃地界/9下

【汇编】中一1717、1723

会州　宋仁宗天圣后入西夏

【宋史】485/夏国传上/13986；486/夏国传下/14020

【金史】16/宣宗纪下/353；124/郭虾蟆传/2709；134/西夏传/2874

【长编标】117/2766；120/2845；321/7751；365/8751；381/9284；404/9841；444/10684；470/11231；474/11315；483/11484、11485；489/11608；493/11715；499/11873；502/11964；504/12011

【长编影】117/18下；120/23上；321/11下；329/19上；365/7下；381/31下；404/11下；444/5下；470/13下；474/13上；483/5下；489/7下；493/20上；499/3上；502/13下；504/12下

【宋会要】兵28之26/7282

【武经总要】前集18下/西蕃地界/1上

【奏议标】138/滕甫·上神宗谏伐西夏/1550、司马光·上哲宗乞还西夏六寨/1554、吕大防·上哲宗答诏论西事/1557、吕陶·上哲宗请以兰州二寨封其酋长/1559

【奏议影】138/滕甫·上神宗谏伐西夏/4763、司马光·上哲宗乞还西夏六寨/4776、吕大防·上哲宗答诏论西事/4787、吕陶·上哲宗请以兰州二寨封其酋长/4790

【范文正公集】年谱/20上

【汇编】上61、94、127、133、134；中一1726、1727、1730、1737、1756；中四4423

朵儿蔑该　灵州，又作图尔默格依

【元史译文补正】1下/21下

【蒙兀儿史记】3/成吉思可汗本纪下/30下、31下

【汇编】下6910、6911、6924

安化郡

【杂字】19/地分部/19右

安州　西夏东南

【金史】106/移剌塔不也传/2347；134/西夏传/2865

【长编标】468/11175

【长编影】468/7下

【汇编】上133；中五5118；下6845

安盐州　西夏河南州

【宋史】485/夏国传上/13995

【长编标】120/2845

【长编影】120/23上

【汇编】上62；中一1737

兴宁县　宋白池废县，陷于夏

【宁夏府志】4/古迹·灵州/17下

【汇编】下6947

兴庆府　夏国都城，怀远故城，宋真宗咸平四年李继迁取，天禧四年李德明升为兴州，仁宗明道二年夏景宗李元昊更名兴庆府

【宋史】485/夏国传上/13995

【元史】60/地理志3/1451

【长编标】120/2845

【长编影】120/23上

【宁夏府志】2/沿革/18上；4/古迹·宁夏·宁朔县条/10上

【甘肃新通志】13/舆地志·古迹·宁夏府·宁夏县·宁朔县/33上

【汇编】上62；中一1737；下6938、6941、7086；补遗7253

兴州　怀远故城，宋真宗咸平四年李继迁取，天禧四年李德明时号兴州

【宋史】325/刘平传/10502；334/李稷传/10725；335/种谔传/10747；348/陶节夫传/11039；467/李宪传/13639、13640；471/邢恕传/13704；485/夏国传上/13992、13994、13995；486/夏国传下/14010

【元史】60/地理志3/1451

【金史】134/西夏传/2876、2877

【大金国志】22/东海郡侯纪/2上

【长编标】96/2234；120/2845；131/3112；145/3517；153/3724；162/3901；312/7566、7568；315/7618、7634；316/7637、7639、7644；318/7680、7693；319/7700、7709、7710；321/7751；326/7848；328/7894、7865；348/8349；349/8376；368/8879；401/9767；471/11250；486/11546；491/11665；498/11852；500/11912；506/12052；509/12119

【长编影】96/26 下；120/23 上；131/18 上；145/20 下；153/9 上；162/1 下；312/7 上、9 上；315/3 下、15 上、16 下；316/1 上、2 下、6 下；318/1 上、12 上；319/1 上、2 上、9 下、17 上；321/1 下、12 下；326/9 下、16 下；328/3 下、9 上；348/8 下；349/9 下；368/27 下；401/7 上；471/12 下；486/6 下；491/15 上；498/9 下；500/10 下；504/8 上；506/3 下；509/4 上

【长编纪事本末】139/13 下

【东都事略】127、128/西夏传/附录5、6

【乐全集】19/平戎十策/13 下

【玉海】141/15 上

【三朝北盟会编】118/3 下

【宋会要】职官66 之32/3884；兵5 之13/6846、8 之26/6900、8 之28/6901、28 之25/7282、28 之26/7283、28 之27/7285；方域7 之26/7437、7 之27/7438、19 之47/7649

【系年要录】12/279

【武经总要】前集18 下/西蕃地界/1 上

【奏议标】63/刘挚·上哲宗弹奏王中正等四宦官之罪/697

【奏议影】63/刘挚·上哲宗弹奏王中正等四宦官之罪/2306

【东坡全集】15/张文定公墓志铭/13 上

【安阳集】家传3/2 上

【朱文公集】71/记漉水集二事/18 下

【鸡肋编】上/33

【范文正公集】年谱/20 上

【容斋四笔】6/5 下

【涑水记闻】4/13 上；14/3 下

【朝野杂记】乙集19/边防/1180

【名臣碑传琬琰集】中集48/韩忠献公琦行状/1096

【虞文靖公道园全集】17/赞/8 下

【宁夏府志】2/沿革/18 上；4/古迹·宁夏·宁朔县条/10 上；5/建置·城池/1 下、8 上

【甘肃新通志】13/舆地志·古迹·宁夏府·宁夏县·宁朔县/33 上

【嘉靖宁夏新志】2/古迹/56 上

【汇编】上59、61、62、66、76、88、94、95、108、136、137、393、394；中一1605、1729、1737、1756；中二1887、1896、1915、2230、2233、2575、2613；中三3015、3726；中四4120、4122、4156、4169、4171、4172、4176、4181、4212、4217、4219、4221、4226、4227、4229、4236、4241、4252、4266、4282、4283、4351、4360、4375、4383、4384、4389；中五4595、4605、4626、4690、4721、4722、4828、5148；中六5293、5331、5373、5394、5422、5451、5479、5529、5543、5602、5742、5762、5763、5764、5793、5868；下6127、6128、6828、6938、6939、6941、6947、7029、7086；补遗7253、7263

米川县　廓州

【元丰九域志】10/化外州·陕西路/48

【汇编】中一1717

七画

李主心　虏人称绥州

【奏议标】136/司马光·上神宗论纳横山非便/1529

【奏议影】136/司马光·上神宗论纳横山非便/4704

删丹县　甘州，宋初为夏国所有

【元史】60/地理志3/1450

【元丰九域志】10/化外州·陕西路/480

【甘肃新通志】13/舆地志·古迹·甘州府·山丹县/49 下

【汇编】中一1718；下7087；补遗7255

应里县　与兰州接境

【元史】1/太祖纪/24

【蒙兀儿史记】3/成吉思可汗本纪下/30 下

【汇编】下6906

沙州　宋仁宗景祐三年夏景宗李元昊攻取

【宋史】265/张齐贤传/9157；485/夏国传上/13981；486/夏国传下/14028；490/大食传/14121

【元史】122/惜里钤部传/3011

【长编标】6/161；21/474；52/1147；65/1457；101/2342；110/2552；117/2765、2766；119/2813、2814；120/2845；123/2911；131/3115；145/3500；168/4037、4041；173/4176；326/7848

【长编影】6/16 上；21/4 上；52/15 下；65/14
上；101/11 上；110/1 上；117/18 上；119/
16 下；120/23 上；123/17 下；131/20 下；
145/6 下；168/6 上；173/13 上；326/9 下；
346/1 上

【东都事略】127、128/西夏传/附录5、6

【宋会要】兵8之28/6901；方域5之8/7387；
蕃夷4之18/7722、4之91/7759

【武经总要】前集18下/西蕃地界/9 下

【奏议标】136/司马光·上神宗论纳横山非便/
1529

【奏议影】136/司马光·上神宗论纳横山非便/
4703

【隆平集】20/夷狄传/3 下

【初寮集】6/定功继伐碑/1 上

【松漠纪闻】上/3；4 下

【牧庵集】19/资德大夫云南行中书省右丞赠秉
忠执德威远功臣开府仪同三司太师上柱国魏
国公谥忠节李公神道碑/8 下

【雪楼程先生文集】25/魏国公先世述/16 下

【杂字】19/地分部/18 左

【汇编】上61、94、102、115、271、287、291；
中一1476、1617、1627、1720、1721、1733、
1737；中四4351；中五4580、4952；中六
5349、6080；下6935、7005；补遗7435

怀州　西夏河西之州

【宋史】486/夏国传下/14010

【长编标】120/2845；320/7729

【长编影】120/23 上；320/10 下

【汇编】上94；中一1737

怀远县　保靖废县

【宁夏府志】2/沿革/19 上；4/古迹·宁夏·宁
朔县/10 上、12 上

【甘肃新通志】13/舆地志·古迹·宁夏府·宁
夏县·宁朔县/33 下

【汇编】下6939、6940、6948；补遗7243

怀德军　宋钦宗靖康元年夏陷

【宋史】23/钦宗纪/431；366/吴玠传/11408；
67/郭浩传/11440；369/曲端传/11489

【东都事略】127、128/西夏传/附录5、6

【三朝北盟会编】61/1 上

【汇编】上111；中六6052、6055、6056

怀德县　宥州

【元丰九域志】10/化外州·陕西路/480

【汇编】中一1717

张掖县　甘州

【元丰九域志】10/化外州·陕西路/480

【汇编】中一1718

张掖郡　甘州

【金史】134/西夏传/2876

【元史】60/地理志3/1450

【元丰九域志】10/化外州·陕西路/480

【武经总要】前集18下/西蕃地界/9 下

【汇编】上136；中一1718、1719；下7085

灵州　夏太祖李继迁改为西平府，作为都城。
夏毅宗李谅祚时置翔庆军

【辽史】14/圣宗纪5/157；115/西夏记/1523

【宋史】6/真宗纪1/116、117；16/神宗纪3/
305；190/兵志4/4721；198/兵志12/4932；
257/李继和传/8969；265/张齐贤传/9155；
277/刘综传/9428、9432；278/孙孝先传/
9463；279/陈兴传/9483；292/田况传/9778；
292/程戡传/9756；300/杨偕传/9955；301/
梅询传/9984；305/杨亿传/10080；314/范仲
淹传/10270；323/周美传/10457；324/石普
传/10472；325/刘平传/10501；328/章綡传/
10592；334/李稷传/10725；335/种谔传/
10747；337/范镇传/10784；341/孙固传/
10876；348/钟传传/11037；348/陶节夫传/
11038；349/刘昌祚传/11054；349/姚麟传/
11058；350/张守约传/11073；350/周永清传
/11075；367/郭浩传/11440；426/张纶传/
12694；448/吕由诚传/13204；464/高遵裕传
/13576；466/张崇贵传/13619；467/王中正
传/13643、李宪传/13639、13640；471/邢恕
传/13704；471/章惇传/13712；485/夏国传
上/13988、13995；486/夏国传下/14011、
14012、14013；491/党项传/14138、14141、
14142、14144；492/吐蕃传/14154、14155、
14156

【金史】106/移剌塔不也传/2347；134/西夏传/
2869

【元史】1/太祖纪/24；60/地理志3/1450

【大金国志】22/东海郡侯纪/2 上

【元史译文补正】1 下/21 下

【元朝秘史】14/1 上

【长编标】51/1109、1118、1128；53/1170；54/1181；56/1228、1229、1240、1244；60/1346；63/1399；68/1537、1538；72/1623；77/1754；104/2421；117/2766；120/2845；123/2910、2911；124/2926；125/2956；130/3085；131/3095；138/3330；139/3351、3355；142/3409；150/3640；151/3692；153/3724；159/3844；165/3976；204/4935；207/5021；218/5315；220/5356；312/7566；315/7634；316/7637、7644、7646、7653；318/7683、7684、7697；319/7699、7700、7702、7704、7707、7709；320/7719、7720、7726、7728、7731、7732；321/7737、7738、7739、7742、7743、7744、7749、7750、7751、7752；322/7762、7763、7766、7770、7771；327/7870、7880；328/7897、7900、7902；329/7924；330/7955；331/7980；333/8014；343/8247；348/8349、8376；360/8623；365/8749；378/9181；380/9221；381/9284；403/9823；443/10658；450/10814；486/11550；491/11665；500/11912；502/11952；509/12119

【长编影】23/1 上；50/12 上、16 上、16 下、18 上、19 上；51/10 下、11 上、13 下；54/4 上、5 上、5 下、9 上、17 下；56/18 上；63/1 下；72/2 上；77/5 下；104/20 上；120/23 上；124/7 上；139/10 下、16 上；142/14 上；150/16 上；153/9 上；165/14 下；218/21 上；262/11 下；315/15 上；316/1 上、2 下、6 下、8 下、15 上；318/1 上、3 下、11 上、12 上、15 下；319/1 上、2 上、2 下、3 下、4 上、6 下、8 上、9 下、17 上；320/1 上、2 上、6 下、7 上、8 上、10 下、12 上；12 下；321/1 下、2 下、5 下、6 下、7 上、12 上、12 下；322/3 下、4 上、7 下、11 上；326/16 下；327/14 上；328/3 下、7 上、9 上、11 上；329/8 下；330/9 上；333/1 下；343/11 下；348/8 下；349/9 下；353/3 上；360/15 下；381/30 上；401/6 下；403/4 下、21 下；469/8 上；471/12 上；486/6 上；491/15 上；495/20 上；500/10 下；504/8 上；509/4 上；510/10、17 下；515/12 下

【东都事略】47/杨亿传/1 上；104/折可适传/3 上；127、128/西夏传/附录 5、6

【三朝北盟会编】118/3 下

【宋大诏令集】213/再答向敏中诏（景德三年庚申）/809；214/赐陕西河东经略使司诏/815；233/赐赵德明诏（景德元年正月丁巳）/906；240/赐潘罗支诏（景德元年六月己卯）/943

【宋会要】职官 66 之 32/3884；兵 5 之 13/6846、8 之 18/6896、8 之 19/6896、8 之 23/6898、8 之 26/6900、8 之 27/6900、8 之 28/6901、8 之 29/6901、27 之 7/7250、28 之 25/7282、28 之 27/7283；方域 5 之 8/7387、5 之 14/7403、7 之 26/7437、7 之 27/7438、10 之 24/7485、18 之 8/7613、19 之 47/7649、21 之 17/7669

【宋朝事实类苑】75/994

【系年要录】12/279

【皇宋十朝纲要】10 下/1 下

【武经总要】前集 18 上/14 下；18 下/西蕃地界/1 上；后集 3/9 下

【奏议标】44/陈并·上哲宗答诏论彗星陈四说/461；63/刘挚·上哲宗弹奏王中正等四宦官之罪/697；130/张齐贤·上真宗论陕西事宜/1438、张齐贤·上真宗乞进兵解灵州之危/1439、杨亿·上真宗论弃灵州为便/1440、1441、1442；131/富弼·上仁宗论西夏八事/1448；132/刘平·上仁宗乞选用酋豪各守边郡/1455、田况·上仁宗论攻策七不可/1465；133/范仲淹等·上仁宗论元昊请和不可许者三大可防者三/1485、1486；134/余靖·上仁宗论元昊请和当令权在我/1488；135/富弼·上仁宗河北守御十三策/1502；136/韩琦·上仁宗论西北议和有大忧者三大利者一/1516、欧阳修·上英宗论西边可攻四事/1524、司马光·上神宗论纳横山非便/1527、1529；137/孙觉·上神宗论治边之略/1536、富弼·上神宗谏西师/1539、富弼·上神宗答诏问河北边事宜/1544；138/文彦博·上神宗论关中事宜/1549、司马光·上哲宗乞还西夏六寨/1553；139/韩维·上哲宗论息兵弃地/1563；140/上官均·上哲宗论弃地非便/1577、张舜民·上徽宗论进筑非便/1585；141/孙觉·上哲宗乞熙河选将如折氏世守/1592

【奏议影】44/陈并·上哲宗答诏论彗星陈四说/1643；63/刘挚·上哲宗弹奏王中正等四宦官之罪/2306；130/张齐贤·上真宗论陕西事宜

4216、4217、4219、4221、4224、4225、
4226、4227、4229、4230、4232、4233、
4236、4237、4239、4240、4241、4252、
4253、4254、4256、4257、4259、4260、
4263、4265、4266、4267、4268、4271、
4275、4276、4280、4282、4283、4299、
4301、4304、4307、4308、4360、4370、
4374、4375、4380、4383、4384、4388、
4389、4391、4403、4425、4430、4437、
4446、4465、4560、4595、4605、4622、
4626、4642、4643、4662、4664、4721、
4722、4731、4736、4742、4743、4751、
4807、4828、4838、4995、5128、5148、
5262；中六 5293、5331、5335、5336、5373、
5422、5451、5461、5529、5543、5549、
5602、5665、5712、5762、5763、5791、
5793、5871、5881、5994；下 6127、6128、
6695、6744、6826、6828、6845、6886、
6909、6911、6914、6924、6925、6927、
6937、6938、6939、6940、6946、6947、
6948、7005、7006、7025、7086

灵武　宋太宗至道二年李继迁陷

【宋史】92/河渠志 2/2292；242/英宗宣仁圣烈
高皇后传/8626；253/折可适传/8867；257/
李继和传/8971、8973；266/李至传/9178；
276/王昭远传/9408；283/夏竦传/9572；
290/郭逵传/9723；295/尹洙传/9833；308/
张煦传/10149；312/王珪传/10242；317/钱
彦远传/10345、钱即传/10351；323/周美传/
10457；325/刘平传/10501；326/卢鉴传/
10527；326/康德兴传/10536；328/安燾传/
10566；331/张诜传/10649；332/穆衍传/
10691；334/徐禧传/10724；335/种谔传/
10747；347/张舜民传/11005；348/钟传传/
11037；350/苗授传/11068、王文郁传/
11075、张守约传/11073、周永清传/11085、
郭成传/11085；467/梁从吉传/13646；468/
李祥传/13649；485/夏国传上/13988；492/
党项传/14138

【元史】60/顺帝纪 8/947；146/耶律楚材传/
3456

【长编标】54/1184；56/1230；123/2910、2911；
124/2926；125/2956；134/3193；138/3319；

152/3710；159/3844；205/4965；220/5356；
259/6320；291/7115、7116；313/7585；316/
7647、7648；319/7709；320/7733；321/
7751；322/7763、7770；326/7857；328/
7900；360/8608；363/8690；366/8792；370/
8959；372/9005；382/9304；415/10084；
438/10557、10558；444/10688；469/11212；
486/11556；498/11863、11864；500/11912；
505/12036

【长编影】41/2 下；124/7 上；134/5 下；152/
12 上；291/4 下；313/3 上；316/9 下；319/
9 下；320/13 下；321/12 下；322/4 上、11
上；326/16 下；328/9 上；360/2 上；363/14
上；366/14 下；370/22 下；372/4 上；382/
13 上；415/13 上；469/8 上；474/12 下；
498/20 上；500/10 下；505/7 下

【东都事略】86/徐禧传/6 下；104/姚麟传/2 下

【三朝北盟会编】163/10 上

【宋大诏令集】102/种师道保静军节度使制（宣
和元年六月十七日）/379

【宋会要】兵 8 之 19/6896、27 之 4/7248、28 之
25/7282；方域 8 之 30/7455、8 之 31/7456、
19 之 47/7649

【武经总要】前集 18 上/2 下；18 下/西蕃地界/
1 上

【奏议标】44/陈并・上哲宗答诏论彗星陈四说/
461；127/范纯仁・上哲宗论回河/1399；
130/张齐贤・上真宗论陕西事宜/1438、杨亿
・上真宗论弃灵州为便/1440、1441；131/富
弼・上仁宗论西夏八事/1448；132/刘平・上
仁宗乞选用酋豪各守边郡/1455；133/张方平
・上仁宗因郊禋肆赦招怀西贼/1475、1476；
138/吕大防・上哲宗答诏论西事/1557

【奏议影】44/陈并・上哲宗答诏论彗星陈四说/
1643；127/范纯仁・上哲宗论回河/4311；
130/张齐贤・上真宗论陕西事宜/4419、杨亿
・上真宗论弃灵州为便/4427、4430；131/富
弼・上仁宗论西夏八事/4447；132/刘平・上
仁宗乞选用酋豪各守边郡/4477；133/张方平
・上仁宗因郊禋肆赦招怀西贼/4538、4541；
138/吕大防・上哲宗答诏论西事/4785

【元刊梦溪笔谈】5/17

【元朝名臣事略】51/中书耶律文正王（楚材）

传/2 下

【文庄集】14/陈边事十策/1 上

【东坡全集】65/书张芸叟诗/11 下

【乐全集】19/平戎十策/13 下；20/请因郊祀肆
　　赦招怀西贼札子/24 下

【司马文正公集】34/请革弊札子/6 下

【宋文鉴】119/上曾枢密书/8 下

【邵氏闻见录】5/41、42；10/101；13/142

【鸡肋编】5/通直郎权通判环州事钱君墓志铭/6
　　下；10/赠戴嗣良歌/5 上；65/右朝议大夫梁
　　公墓志铭/20 下

【净德集】19/虑边论二/205

【姑溪居士后集】20/折渭州墓志铭/1 上

【画墁集】补遗/游公（师雄）墓志铭/3 上

【范太史集】40/郭公墓志铭/1 下；40/检校司
　　空左武卫上将军郭公墓志铭/12 下

【范文正公集】年谱/25 下；范公神道碑/3 上

【临川集】88/翰林侍读学士知许州军州事梅公
　　神道碑/5 上

【闻见近录】29 上

【栾城集】37/再论兰州等地状/11 上；41/乞罢
　　熙河修质孤、胜如等寨札子/2 下

【谈苑】1/5 下

【名臣碑传琬琰集】中集 22/张文定公方平墓志
　　铭/724

【虞文靖公道园全集】17/西夏相斡公画像赞有
　　序/8 下

【宁夏府志】2/沿革/18 下、19 上

【平远县志】4/山川/16 下

【杂字】19/地分部/18 左

【汇编】上 54、210、213、232、236、237、
　　238、393；中一 1168、1586、1664、1678、
　　1730、1742、1794、1797、1824、1865、
　　1866、2198、2233、2378、2379、2381、
　　2382、2611、2674；中三 3002、3088、3519、
　　3676；中四 3833、3834、3979、4079、4124、
　　4129、4184、4185、4194、4195、4196、
　　4197、4198、4199、4213、4216、4229、
　　4240、4241、4261、4265、4272、4273、
　　4274、4282、4284、4291、4292、4300、
　　4301、4307、4355、4360、4375、4389、
　　4436；中五 4630、4640、4649、4652、4677、
　　4694、4699、4754、4767、4768、4929、

4945、4951、5013、5127、5166、5168；中
六 5336、5400、5422、5472、5665、5791、
5794、5933；下 6365、6909、6939、6949、
7010

灵武州　南渡河即至

【武经总要】前集 18 下/西蕃地界/1 上

【汇编】中一 1729

灵武郡　灵州，宋真宗咸平五年入西夏，改为
　　西平府，夏毅宗李谅祚时置翔庆军。

【元史】60/地理志 3/1450

【长编标】39/833、834、835、836、837

【长编影】39/7 上、7 下、8 上、9 下

【宋会要】方域 5 之 8/7387

【武经总要】前集 18 下/西蕃地界/1 上

【宁夏府志】2/沿革/18 上、19 上；4/古迹·灵
　　州条/16 上

【平远县志】4/山川/16 下

【汇编】中一 1126、1728；下 6938、6939、
　　6940、6949、7005、7086、7087

陇西郡

【中国藏西夏文献】18/宋摄夏州观察支使何公
　　墓志铭并盖/67

八画

武州　宋钦宗靖康元年夏陷

【宋史】23/钦宗纪/427；486/夏国传下/14021

【大金国志】3/太宗纪 3/7 下；4/太宗纪/3 下

【皇宋十朝纲要】19/7 上

【汇编】中六 5993、6010、6011

武威　凉州

【奏议标】139/范纯粹·上哲宗乞不妄动以观成
　　败之变/1570

【奏议影】139/范纯粹·上哲宗乞不妄动以观成
　　败之变/4828

武威郡　凉州

【金史】134/西夏传/2876

【九灵山房集】14/申屠先生墓志铭/6 上

【北京图书馆善本室藏拓片】重修护国寺感通塔
　　碑

【师山遗文附录】44 上、46 上

【陇右金石录】4/附录/重修护国寺感通塔碑考

释/56 上
【汇编】上 136、140、141、142、144；补遗
7182、7183、7184、7192

鸣沙
【杂字】19/地分部/18 左

鸣沙州　宋没于夏
【元史】60/地理志 3/1451
【长编影】321/13 上
【宁夏志】上/古迹/12 下
【汇编】中四 4268、4281；下 6948、7086

鸣沙县　鸣沙州，宋没于夏
【元史】60/地理志 3/1451
【武经总要】前集 18 上/23 上、23 下
【宁夏志】上/古迹/12 下
【汇编】中一 1143；中二 2835；下 6948、7086

河清军　河外州军，辽金交替之际西夏占据
【大金国志】4/太宗纪/3 下；9/太宗纪/4 上
【大金吊伐录】1/南宋回书/12
【汇编】中六 5971、6011；下 6456

定边
【杂字】19/地分部/18 左

定边县　宋真宗咸平中陷于夏
【甘肃新通志】7/舆地志·山川下·庆阳府·安
化县/13 上
【陕西通志】14/城池/15 上
【汇编】补遗 7243、7288

定州　原定远镇
【宋史】485/夏国传上/13988；486/夏国传下/
14028
【大金国志】25/宣宗纪/2 下
【长编标】120/2845
【长编影】120/23 上
【朔方新志】3/古迹/80 下
【汇编】上 55、61、94；中一 1737；下 6851、
6946

定远
【杂字】19/地分部/19 右

定难军　夏州
【宋会要】兵 27 之 16/7254；方域 5 之 8/7387
【汇编】下 7005

肃州　宋仁宗景祐三年夏景宗李元昊取
【宋史】265/张齐贤传/9157；485/夏国传上/

13994；486/夏国传下/14029；490/于阗传/
14151
【元史】1/太祖纪/23；60/地理志 3·肃州路/
1450；120/察罕传/2956；122/昔里钤部传/
3011
【元丰九域志】10/化外州·陕西路/480
【长编标】68/1538；117/2765、2766；119/2813、
2814；120/2845；326/7848
【长编影】68/18 上；117/18 下；119/16 下；
120/23 上；326/9 下
【东都事略】127、128/西夏传/附录 5、6
【宋大诏令集】239/西蕃阿里骨起复河西节度制
（元祐元年二月丁丑）/938
【宋会要】兵 8 之 28/6901；蕃夷 4 之 18/7722
【武经总要】前集 18 上/32 下；18 下/西蕃地界
/1 上、9 下
【隆平集】20/夷狄传/3 下
【元史译文证补】1 下/22 上
【蒙兀儿史记】3/成吉思可汗本纪下/30 下；44/
脱栾传/2 下
【牧庵集】19/资德大夫云南行中书省右丞赠秉
忠执德威远功臣开府仪同三司太师上柱国魏
公谥忠李公神道碑/8 下
【范文正公集】年谱/20 上
【秋涧先生大全文集】51/大元故大名路宣差李
公神道碑铭并序/5 下
【雪楼程先生文集】25/魏国公先世述/16 下
【雍虞先生道园类稿】42/立智理威忠惠公神道
碑/25 下
【杂字】19/地分部/18 左
【汇编】上 61、94、102、115、243、261、271、
283、287、291；中一 1476、1669、1718、
1720、1726、1733、1737、1756；中四 4351；
中五 4686；中六 5349；下 6904、6906、6907

九画

南州　元丰五路伐夏，夏人决河淹灌宋军，泾
原兵退至南州下营
【长编标】320/7726；321/7739
【长编影】320/7 上；321/2 下
【宋会要】方域 10 之 24/7485
【汇编】中四 4256、4269、4280

南威州　西夏河南

【宋史】486/夏国传下/14028

【汇编】上 94

威州　夏景宗李元昊以旧堡镇号州

【金史】106/移剌塔不也传/2347；134/西夏传/
2873

【长编标】120/2845；196/4762

【长编影】120/23 上；196/23 下

【武经总要】前集 18 上/19 下、20 上

【宁夏府志】2/沿革/20 上；3/山川·灵州/10
上

【杂字】19/地分部/18 左

【汇编】上 133；中一 1737；中三 3028、3076、
3285；下 6845、6947、6948

威远军　原定远镇

【武经总要】前集 18 下/西番地界/1 上

【朔方新志】3/古迹/80 下

【汇编】中一 1729；下 6946

威福军

【元史】60/地理志 3/1451

【蒙兀儿史记】2/成吉思可汗本纪上/26 下

【汇编】下 6808、7086

保泰军　西寿监军司改，修葺西市城建

【长编标】196/4762

【长编影】196/23 下

【安阳集】家传/7 上、5 上

【汇编】中三 3285、3486

保靖县　宋真宗咸平四年夏太祖李继迁取，改
怀远县

【宁夏府志】4/古迹·宁夏·宁朔/12 上

【汇编】下 6940、6948

保静县　灵州

【元朝秘史】14/1 上

【甘肃新通志】13/舆地志·古迹·宁夏府·宁
夏县·宁朔县/33 下

【汇编】下 6914；补遗 7243

顺州　原灵武镇

【武经总要】前集 18 下/西番地界/1 上

【宁夏府志】4/古迹·宁夏·宁朔县/12 上

【汇编】中一 1729；下 6940

胜州　景祐元年间夏国据有

【宋史】485/夏国传上/13994

【元丰九域志】10/化外州·陕西路/480

【长编标】30/672；117/2766；120/2845

【长编影】30/6 下；117/18 下；120/23 上

【武经总要】前集 17/14 上；18 下/西番地界/1
上、9 下

【乐全集】19/平戎十策/13 下

【范文正公集】年谱/20 上

【汇编】上 61；中一 925、1468、1717、1726、
1730、1737、1756；中二 2233

洪州　原洪门镇

【宋史】325/刘 平 传/10501；332/赵 卨 传/
10686；348/陶节夫传/11038；485/夏国传上
/13994、13995；486/夏国传下/14028

【长编标】120/2845；129/3051；409/9966、9976、
9977、11624

【长编影】120/23 上；129/1 下；328/9 上；
409/13 下、23 上

【宋会要】兵 8 之 33/6903

【武经总要】前集 18 下/西番地界/1 上

【奏议标】132/刘平·上仁宗乞选用酋豪各守边
郡/1455

【奏议影】132/刘平·上仁宗乞选用酋豪各守边
郡/4479

【范文正公集】年谱补遗/6 下

【宁夏府志】4/古迹·宁夏·宁朔县/13 上

【汇编】上 61、62、94；中一 1726、1737、
1866；中二 2102、2105；中四 4389；中五
4919、4921、4923；中六 5279、5793；下
6945

洪夏军　夏人直对鄜延筑藏丹河，伪号洪夏军

【初寮集】6/定功继伐碑/1 上

【汇编】补遗 7439

洪夏军　宋将种师道两入夏国，平荡伪洪夏军
割踏、骆驼两城

【三朝北盟会编】198/1 上

【汇编】下 6519

洪夏军　夏人筑佛口谷为城，名洪夏军

【三朝北盟会编】60/4 下

【东都事略】127、128/附录 5、6

【汇编】上 111；中六 6044

宣化府　甘州

【元史】60/地理志 3/1450

【汇编】下 7085

宥州 拓跋党项世袭领地

【辽史】115/西夏记/1523

【宋史】4/太宗纪1/68、71；16/神宗纪3/305；18/哲宗纪2/348；46/窦神宝传/13600；253/折克行传/8861；264/宋琪传/9129；279/耿全斌传/9490；290/狄青传/9718；314/范仲淹传/10270；325/刘平传/10501、10502；331/沈括传/10656；332/陆诜传/10681；334/徐禧传/10722；335/种谔传/10747；348/陶节夫传/11038；350/周永清传/11075、张蕴传/11087；464/高遵裕传/13575；485/夏国传上/13999；486/夏国传下/14011、14029、14030；491/外国传7/14140、14141、14148

【金史】116/承立传/2551；134/西夏传/2874

【元史】60/地理志3/1451

【元丰九域志】3/107、115、119、120；10/化外州·陕西路/480

【长编标】24/562；35/767、768；42/901；55/1212；56/1229；95/2178；117/2766；120/2845；122/2881；126/2980；128/3043；130/3084；131/3093；136/3267；142/3409；149/3601；153/3724；157/3799、3810；196/4762；208/5063；214/5193；216/5251；228/5552；229/5565、5568、5579；230/5591、5604；231/5610；234/5674；238/5797；266/6536；273/6694；275/6730；280/6860、6867；283/6939；284/6947、6949、6961；287/7033；288/7052；289/7080；290/7093；295/7181、7182；297/7218、7227；313/7594；315/7621、7626、7630；316/7653；318/7683、7686、7696；319/7701、7702、7712、7713；321/7740、7743；323/7791；325/7820；326/7857、7858；328/7900；334/8057；338/8144；340/8179；354/8480；356/8519；380/9221；382/9304；397/9671；399/9725；405/9870；413/10039；414/10062；418/10142；430/10402；431/10419；432/10425、10426；434/10467、10468、10471；435/10496；436/10508；437/10550；439/10568、10581；440/10588；441/10623；442/10636、10645；444/10687；445/10715、10717；448/10786；452/10844、10845；456/10922；461/11027；464/11091；466/11127；480/11421；490/11623、11624；491/11661；492/11681；494/11731；495/11784；496/11811；504/12019；505/12037；506/12054；509/12119；510/12151；512/12188；513/12199；514/12222、12229；515/12240、12248、12249、12260；517/12300、12303、12313；519/12344

【长编影】35/2下；42/15上；55/10下；56/5上；95/1下；120/23上；122/8下；126/13上；130/1上、6上；131/1上；136/18下；142/14上；153/9上；157/4上；196/23下；216/1上；228/11下；229/1上、4上、13上；230/6上、17下；231/1下；234/3下；238/11下；265/13下；273/18上；275/10上；280/10上、15下；283/16上；284/2上、3下、14上；287/19上；288/11上；289/18上；290/7下；295/4下；297/2下、10上；315/5下、9下、14上；316/15上；318/3下、6上、15上；319/1上、2上、4上、9下、11下；321/4下、7上、8下；323/14下；326/16下；328/3下、9上；334/23上；338/6下；340/1上、2下；354/10上；356/11上；397/1下；399/4下；405/8上；413/6上；414/8下；418/6上；431/11下；432/2上；434/12上、15上；435/20下；436/9下；437/18下、22下；439/1上、12下；440/2上；441/14下；442/6上、8上、13上；445/7上；449/8下；452/3上；456/5上；461/11下；464/17下；466/1上；480/6上；490/6下；491/12上；492/4上；494/4上；498/15下；506/5上；507/4下；509/4上；510/17下；511/11下；512/9下；513/6上；514/12下、17上；515/6上、13下；517/5上、7下、15下；519/2下

【长编纪事本末】83/8下；140/6上

【东都事略】127、128/西夏传/附录5、6

【宋大诏令集】233/赵德明拜官封西平王制（景德三年十月庚午）/906、西平王赵德明加恩制（郊祀毕）/907、赐西夏诏（庆历四年十月庚寅）/908、赵元昊静难军节度使西平王制（明道元年十一月癸巳）/908；234/赐夏

国主乞用汉仪诏/911；235/赐夏国主乞赎大藏经诏/917

【宋太宗实录】27/12下；30/23下

【宋会要】礼62之49/1719；兵8之23/6898、8之28/6901、14之20/7002、14之21/7003、27之45/7269、28之19/7279、28之34/7286、28之38/7288；方域8之26/7453、8之33/7457、20之19/7660

【宋朝事实类苑】75/994

【武经总要】前集18上/1下；18下/西蕃地界/1上、6下、8下

【奏议标】44/陈并·上哲宗答诏论彗星陈四说/461；132/刘平·上仁宗乞选用酋豪各守边郡/1455、范仲淹·上仁宗论夏贼未宜进讨/1463；134/范仲淹·上仁宗论和守攻备四策/1498

【奏议影】44/陈并·上哲宗答诏论彗星陈四说/1643；132/刘平·上仁宗乞选用酋豪各守边郡/4479、范仲淹·上仁宗论夏贼未宜进讨/4503；134/范仲淹·上仁宗论和守攻备四策/4607

【朝野杂记】乙集19/边防/1180

【蒙古源流笺证】4/3下

【文昌杂录】1/3上；2/9上

【司马文正公集】38/章奏36/8下

【华阳集】35/狄武襄公青神道碑/454；47/2上；家传2/2下、3/10上

【宋文鉴】119/上曾枢密书/8下

【范太史集】40/检校司空左武卫上将军郭公墓志铭/9上、11下、12上、17下

【范文正公集】尺牍中/3上；年谱/20上；年谱补遗/22上、23上

【金石萃编】147/折克行神道碑/1上

【栾城集】37/再论兰州等地状/11上

【涑水记闻】12/1下；14/3下

【梁溪集】144/御戎论/1上

【名臣碑传琬琰集】上集26/吕惠穆公公弼神道碑/402

【横山县志】1/地理志·古迹/13下

【稽古录】17/81上

【儒林公议】下/3上

【潞公文集】18/奏议/5上、9上；20/奏议/5下、6上

【宁夏府志】4/古迹·宁夏·宁朔县/10下

【延安府志】7/绥德州·米脂县·古迹/28下

【陕西通志】17/关梁2/绥德州·米脂县/46上

【汇编】上22、23、31、61、62、66、75、77、94、95、108、117、133、134、136、174、197、238、240；中一940、942、973、993、1004、1013、1031、1037、1067、1069、1095、1184、1190、1366、1379、1599、1717、1726、1728、1730、1737、1746、1750、1756；中二1860、1866、1939、2075、2153、2159、2161、2168、2178、2510、2692、2753；中三2886、2905、2998、3015、3017、3060、3061、3129、3256、3282、3284、3285、3409、3420、3442、3489、3537、3541、3577、3595、3609、3731；中四3737、3740、3742、3744、3753、3755、3776、3805、3832、3995、4009、4017、4020、4034、4035、4044、4045、4046、4047、4067、4069、4074、4075、4084、4090、4094、4158、4161、4163、4166、4190、4193、4198、4216、4217、4218、4225、4228、4230、4235、4236、4242、4247、4270、4276、4278、4319、4361、4383、4384、4386、4389、4425、4430、4480、4481、4518、4528；中五4627、4631、4735、4755、4812、4823、4884、4937、4940、4946、4968、4969、4972、4973、4976、4977、4979、4983、4985、4986、4988、4989、4991、4992、5012、5026、5043、5047、5059、5080、5087、5095、5096、5209、5251、5262；中六5319、5327、5328、5336、5338、5355、5398、5480、5495、5529、5549、5562、5563、5565、5583、5590、5596、5604、5632、5634、5639、5656、5665、5770、5793、5929；下6863、6923、6936、6941、7012、7086；补遗7321、7322、7323、7331、7344、7352、7355、7370、7416、7447

宥州路　西夏左厢

【长编标】120/2845

【长编影】120/23上

【汇编】中一1737

神堆府　宥州

【宋太宗实录】27/9 下；29/17，/30/23 下；79/38 上

【宋会要】帝系 10 之 3/210；礼 41 之 12/1383、45 之 6/1450；仪制 9 之 2/1988；职官 25 之 7/2917、32 之 2/3006、48 之 124/3517；食货 38 之 29/5481、兵 8 之 18/6896、8 之 19/6896、8 之 25/6899、8 之 28/6901、8 之 29/6901、14 之 10/6997、14 之 19/7002、18 之 14/7064、24 之 14/7185、27 之 41/7267、28 之 38/7288；方域 5 之 8/7387、8 之 33/7457、10 之 14/7480、18 之 8/7613、19 之 48/7649、19 之 49/7650、21 之 2/7662；蕃夷 4 之 6/7716、4 之 91/7759、6 之 1/7819、7 之 13/7846、7 之 16/7847、7 之 18/7848

【宋朝事实】12/仪注 2/5

【宋朝事实类苑】11/132；75/994；78/1022

【系年要录】124/2030；125/1046

【皇宋十朝纲要】2/18 下

【武经总要】前集 17/9 上、17 上；18 上/6 下；18 下/西蕃地界/1 上；

【奏议标】44/陈并·上哲宗答诏论彗星陈四说/461；130/张齐贤·上真宗论陕西事宜/1438；131/吴育·上仁宗论建立基本以销未萌之患/1447、131/富弼·上仁宗论西夏八事/1448；132/刘平·上仁宗乞选用酋豪各守边郡/1455；133/张方平·上仁宗因郊禋肆赦招怀西贼/1475、范仲淹·上仁宗攻守二策/1478、范仲淹等·上仁宗论元昊请和不可许者三大可防者三/1485、1486；134/余靖·上仁宗论元昊请和当令权在我/1488、欧阳修·上仁宗论西鄙议和先防北/1490、韩琦·上仁宗论备御七事/1494；135/富弼·上仁宗河北守御十三策/1502；136/韩琦·上仁宗论西北议和有大忧者三大利者一/1516、欧阳修·上英宗论西边可攻四事/1524、司马光·上英宗乞留意边事/1524、司马光·上神宗论纳横山非便/1527、1529；137/富弼·上神宗谏西师/1539、富弼·上神宗答诏问北边事宜/1544；138/司马光·上哲宗乞还西夏六寨/1553；141/孙觉·上哲宗乞熙河选将如折氏世守/1592

【奏议影】44/陈并·上哲宗答诏论彗星陈四说/1643；130/张齐贤·上真宗论陕西事宜/

4421；131/吴育·上仁宗论建立基本以销未萌之患/4443、富弼·上仁宗论西夏八事/4446；132/刘平·上仁宗乞选用酋豪各守边郡/4479；133/张方平·上仁宗因郊禋肆赦招怀西贼/4539、范仲淹·上仁宗攻守二策/4546、范仲淹等·上仁宗论元昊请和不可许者三大可防者三/4568、4569；134/余靖·上仁宗论元昊请和当令权在我/4577、欧阳修·上仁宗论西鄙议和先防北/4584、韩琦·上仁宗论备御七事/4593；135/富弼·上仁宗河北守御十三策/4616；136/韩琦·上仁宗论西北议和有大忧者三大利者一/4665、欧阳修·上英宗论西边可攻四事/4688、司马光·上英宗乞留意边事/4687、司马光·上神宗论纳横山非便/4697、4707；137/富弼·上神宗谏西师/4731、富弼·上神宗答诏问北边事宜/4748；138/司马光·上哲宗乞还西夏六寨/4805；141/孙觉·上哲宗乞熙河选将如折氏世守/4894

【太平治迹统类】2/太祖太宗经制西夏

【隆平集】4/宰臣·张齐贤传/12 上；20/夷狄传/3 下

【蒙兀儿史记】37/漠北三大汗诸子·合失传/1 上；60/周献臣传/5 上

【小畜集】29/故商州团练使翟公（守素）墓志铭并序/3 上、宣徽南院使镇州都部署郭公（守文）墓志铭/23 上

【元刊梦溪笔谈】13/15

【元宪集】27/赐置勒斯赍诏/290；33/宋故推诚翊戴功臣彰武军节度延州管内观察处置等使曹公行状/343

【公是集】43/拟朝廷报契丹书/505

【文庄集】14/陈边事十策/1 上

【文昌杂录】1/3 上

【方舟集】16/赵郡王墓志铭/26 上

【乐全集】19/平戎十策/13 下；20/请因郊祀肆赦招怀西贼札子/24 上；22/奏第二状/22 下；23/奏夏州事宜/1 上；附录/张方平行状/23 下

【司马文正公集】20/章奏 18/5 上；25/章奏 23/3 上；35/章奏 33/1 上；38/章奏 36/8 下

【玉照新志】1/1

【龙学文集】2/夏州判/8 下；7/京东路转运使

庭刻奖谕敕记/5 上

【全唐文】275/夏州加兵议/8 上

【安阳集】4/17 下；17/204；家传 1/15 下、3/6 下、4/17 下、6/17 上

【宋文鉴】119/上曾枢密书/8 下

【苏学士集】16/推诚保德功臣奉大夫赠太子太保韩公（亿）行状/5 下

【欧阳文忠公全集】21/碑铭尚书户部郎中赠右谏议大夫曾公神道碑铭/2 上；79/敕制/8 上；114/奏议/1 上；126/归田录/13 上

【河南先生文集】14/陈公墓志铭/12 上；20/奏为已发赴环庆路计置行军次第乞朝廷特降指挥/6 下；23/议攻守/1 上；26/五代春秋/5 上

【苕溪集】48/宋故武功大夫贵州刺史永兴军路马步军副都总管特赠右武大夫光州防御使累赠太师魏国公杨公（宗闵）墓碑/2 下

【范文正公集】5/上攻守二策状/13 下；13/东染院使种君墓志铭/3 上、14 上；公集/年谱/20 上、年谱/25 下；年谱遗补/5 下；诸贤赞颂论疏/12 下；褒贤集/富弼撰墓志铭/9 下；政府奏议下/边事/14 下

【临川集】90/鲁国公赠太尉中书令王公行状/6 上；92/户部郎中赠谏议大夫曾公墓志铭/2 上

【厚德录】1/1 下

【挥麈前录】4/王延德历叙使高昌行程所见/3 下

【挥麈后录】1/神宗置封桩库以为开拓境土之资/11 下

【栾城集】36/乞诛窜吕惠卿状/18 上

【涑水记闻】7/11 下；12/12 下；14/3 下

【景文集】55/回夏州大王启/731

【朝野杂记】乙集 19/边防/1180

【名臣碑传琬琰集】中集 17/贾公墓志铭/655；22/张文定公方平墓志铭/724；43/曹武穆公玮行状/1031；下集 2/张文定公齐贤传/1304

【稽古录】17/78 上、80 上、81 上

【儒林公议】下/12 上

【中国藏西夏文献】18/唐延州安塞军防御使白敬立墓志铭/27、宋定难军管内都指挥使康成神道志铭并盖/61、宋摄夏州观察支使何公墓志铭并盖/67、宋定难军节度使李光睿墓志铭

并盖/74

【宁夏府志】2/沿革/18 上；3/山川·灵州/10 上

【平远县志】4/山川/16 下

【甘肃新通志】16/关梁 1·延安府·安塞县/27 下

【延绥镇志】1/地理志/8 下、10 下

【陕西通志】13/山川 6·绥德州·米脂县/53 上、山川 6·葭州边外/73 下；14/城池/14 下；16/关梁 1·延安府·安塞县/25 下、关梁 1·榆林府·定边县/67 下、68 上、69 上、70 上、70 下

【榆林府志】5/建置志·沿革/1 下

【嘉靖宁夏新志】2/古迹/56 上

【横山县志】1/地理志·古迹/13 上

【汇编】上 61、65、76、77、81、94、100、103、105、106、115、117、133、136、221；中一 945、973、987、989、993、994、995、997、998、1003、1004、1007、1009、1010、1011、1012、1013、1014、1015、1016、1017、1018、1021、1026、1027、1028、1031、1035、1038、1040、1044、1046、1048、1049、1053、1063、1069、1070、1072、1074、1076、1077、1078、1079、1080、1081、1082、1084、1085、1086、1093、1105、1131、1134、1139、1140、1145、1146、1147、1148、1152、1154、1155、1159、1160、1161、1162、1184、1189、1190、1194、1197、1241、1279、1294、1305、1321、1359、1365、1377、1379、1386、1424、1426、1429、1446、1448、1460、1464、1465、1466、1470、1471、1473、1475、1478、1480、1481、1486、1487、1490、1501、1505、1510、1516、1519、1526、1531、1535、1539、1540、1552、1553、1563、1576、1581、1585、1594、1597、1627、1649、1652、1653、1664、1685、1686、1690、1702、1710、1726、1727、1737、1756；中二 1783、1796、1824、1844、1866、1867、1916、1939、1982、2029、2082、2084、2088、2090、2103、2158、2163、2178、2181、2211、2233、2234、2246、2364、2375、

2378、2381、2387、2399、2415、2589、
2611、2674、2679、2680、2687、2702、
2724、2749、2759、2770、2799、2818、
2829；中三 2943、2952、2986、2996、3013、
3034、3088、3125、3207、3224、3264、
3266、3289、3292、3308、3349、3357、
3359、3392、3402、3434、3446、3513、
3542、3630、3640、3730；中四 3979、3985、
4171、4188、4207、4213、4214、4215、
4217、4221、4222、4223、4227、4229、
4230、4234、4235、4238、4242、4247、
4252、4255、4278、4360、4361、4362、
4383、4384、4386、4389、4403、4408、
4425、4426、4430、4479；中五 4587、4622、
4643、4664、4731、4736、4743、4807、
4952、4978、5128、5251、5262；中六 5320、
5322、5328、5336、5355、5380、5381、
5393、5398、5461、5529、5549、5556、
5665、6077；下 6102、6492、6498、6695、
6886、6928、6936、6938、6941、6942、
6943、6944、6945、6949、6954、7005、
7012、7017、7025、7086；补遗 7224、7228、
7233、7234、7235、7240、7245、7345、
7348、7355、7424、7472

积石州　河西
【宋史】486/夏国传下/14028
【汇编】上 94

凉州
【辽史】93/慈氏奴传/1376；115/西夏记/1529
【宋史】5/太宗纪 2/96；258/曹彬传/8989；
　　467/李宪传/13639；485/夏国传上/13994；
　　486/夏国传下/14028
【金史】134/西夏传/2876
【元史】60/地理志 3/1450；146/粘合重山传/
　　3466
【长编标】120/2845；188/4527；215/5241；229/
　　5582；244/5943；314/7608；316/7648；317/
　　7660；314/7608；316/7648；317/7660；349/
　　8378；443/10660；489/11604；503/11978
【长编影】120/23 上；188/2 下；215/10 上；
　　229/16；244/11 下；314/4 下、9 上；316/8
　　下、9 下；317/4 下；346/1 上；349/11 上；
　　366/14 下；474/12 下；489/7 上；505/2 下；

514/4 下
【长编纪事本末】139/13 下
【宋大诏令集】239/西蕃阿里骨起复河西节度制
　　（元祐元年一月丁丑）/939；240/阿里骨检校
　　太尉依前河西节度仍旧西蕃邈川首领加恩制/
　　941
【宋会要】方域 5 之 8/7387、6 之 1/7406、21 之
　　15/7668；蕃夷 6 之 16/7826
【武经总要】前集 18 下/西蕃地界/1 上
【奏议标】44/陈并·上哲宗答诏论彗星陈四说/
　　461；134/韩琦·上仁宗论备御七事/1494
【奏议影】44/陈并·上哲宗答诏论彗星陈四说/
　　1643；134/韩琦·上仁宗论备御七事/4593
【文庄集】14/陈边事十策/1 上
【乐全集】附录/张方平行状/23 下
【北京图书馆善本室藏拓片】重修护国寺感通塔
　　碑
【华阳集】5/43；7/5 上；家传 3/6 下
【宋文鉴】119/上曾枢密书/8 下
【陇右金石录】附录 4/重修护国寺感通塔碑考释
　　/56 上
【净德集】19/虑边论二/205
【松漠纪闻】3/上；4/下
【范文正公集】年谱/20 上
【铁围山丛谈】2/12 上
【彭城集】8/熙州行/108
【儒林公议】上/73 下
【陕西通志】97/艺文 13/33 上
【汇编】上 61、94、137、140、144、145；中一
　　1097、1139、1726、1737、1756；中二 1789、
　　1797、1799、2255、2759；中三 3149、3250、
　　3289、3485、3604；中四 3743、3795、3834、
　　3835、3865、3866、4143、4149、4181、
　　4183、4185、4200、4201；中五 4580、4607、
　　4679、4686、4843、4860、4941、4942、
　　5165、5190；中六 5312、5336、5466、5576、
　　5679、5742、6080；下 6907、6935、7005、
　　7085；补遗 7346

酒泉
【奏议标】139/范纯粹·上哲宗乞不妄动以观成
　　败之变/1570
【奏议影】139/范纯粹·上哲宗乞不妄动以观成
　　败之变/4828

朔方县　安塞军防御使白敬立葬地

【中国藏西夏文献】18/唐延州安塞军防御使白敬立墓志铭/28

朔方县　夏州

【元丰九域志】10/化外州·陕西路/479

【中国藏西夏文献】18/后晋定难军摄节度判官毛汶墓志铭并盖/36、后晋夏银绥宥等州观察支使何德璘墓志铭并盖/39、后汉沛国郡夫人里氏墓志铭/50、后周绥州刺史李彝谨墓志铭/55、宋摄夏州观察支使何公墓志铭并盖/67、宋定难军节度使李光睿墓志铭并盖/74

【汇编】中一1726

宽州　与夏州相邻，皆在平地

【宋朝事实类苑】75/994

【汇编】中四4430

祥祐军　绥州监军司军号

【长编标】196/4762

【长编影】196/23 下

【汇编】中三3285

绥州　拓跋党项世袭地，宋神宗熙宁二年攻取

【辽史】13/圣宗纪4/141；115/西夏记/1523、1525

【宋史】1/太宗纪1/68、71；6/真宗纪1/107；14/神宗纪1/269、272；46/窦神宝传/13600；85/地理志1序/2095；87/地理志3/2146；198/兵志12·马政/4932；250/石保兴传/8811；253/折德扆传/8865、孙全照传/8873、8874；264/宋琪传/9129；266/钱若水传/9170；268/周莹传/9226；274/田钦祚传/9360；275/田仁朗传/9380；278/王德用传/9466；279/陈兴传/9483、张昭允传/9475；283/夏竦传/9572；285/冯拯传/9609；290/夏守赟传/9715、郭逵传/9724；311/吕公孺传/10215；312/韩琦传/10226、10227；314/范仲淹传/10270；321/刘琦传/10433、郑獬传/10418；323/周美传/10458；325/刘平传/10501；328/薛向传/10586；330/郭申锡传/10621；332/李师中传/10678、陆诜传/10681、赵卨传/10683、10684、滕元发传/10674；334/高永能传/10725、沈起传/10728；335/种谔传/10745、10746、10747；336/司马光传/10763；339/苏辙传/1083；341/孙固传/10874；349/贾逵传/11052；

350/李浩传/11078；441/洪湛传/13058；464/高遵裕传/13575；466/张崇贵传/13617；485/夏国传上/13982、13987、13994、14002；486/夏国传下/14007；491/党项传/14144

【元史】60/地理志3/1451

【金史】134/西夏传/2865、2876

【元丰九域志】3/109

【长编标】30/672；35/767、768、777、778；36/793；42/901；45/966；51/1123；54/1184；56/1229；65/1465；73/1651；74/1684；75/1707；77/1763；88/2022；104/2421；117/2766；120/2845；123/2911；125/2956、2957；126/2980；130/3084；131/3093；134/3203；142/3409；149/3601；150/3624；196/4762；214/5196、5199、5206；215/5240；217/5277；218/5294、5314；220/5350；221/5373；223/5416；226/5514、5515；228/5553；229/5578；230/5591；234/5673；235/5709；237/5777、5778；240/5825；262/6392；319/7713；326/7856；366/8793；434/10471；437/10546；445/10717；446/10735；452/10844；455/10717、10735；460/10999；479/11413；482/9318；483/11483；509/12119

【长编影】30/6 下；35/2 下、11 下；36/9 上；42/15 上；45/11 上；50/7 下、18 上；51/1 下、8 上、15 下；52/9 下；54/8 下；56/5 上；65/20 下；73/2 上；74/4 下；75/1 下；77/12 下；88/10 上；104/20 上；120/23 上；126/13 上；130/1 上、6 上；142/14 上；150/3 上；196/23 下；214/2 下、6 下、9 下；215/10 上；220/8 上；221/5 下；223/1 上；229/13 上；230/6 上；234/3 上；237/19 下；240/1 下；262/11 下；319/11 下；326/16 下；366/14 下；434/15 上；437/18 下；445/7 上；452/3 上；460/1 上；479/10 上；509/4 上

【长编纪事本末】83/7 下、9 上、10 上

【东都事略】52/吕公孺传/8 下；61/种谔传/4 下；78/吕诲传/3 上；127、128/西夏传/附录5、6

【宋大诏令集】159/废夏州旧城诏（淳化五年四

月乙酉）/599；213/遣钱若水详度修复绥州诏/808；233/赵德明拜官封西平王制（景德三年十月庚午）/906、西平王赵德明加恩制（郊祀毕）/907、赵元昊静难军节度使西平王制（明道元年十一月癸巳）/908；235/赐夏国主不还绥州诏/914、夏国秉常乞进誓文永遵臣礼赐诏（熙宁元年）/915、答夏国主秉常诏（熙宁四年九月庚子）/917；236/赐夏国主给还绥州誓诏（熙宁二年二月戊子）/916、赐夏国诏（元祐八年四月庚申）/921

【宋太宗实录】27/9 下

【宋会要】兵 4 之 4/6822、4 之 5/6822、8 之 18/6896、28 之 38/7288；方域 6 之 3/7407、8 之 30/7455、10 之 14/7480、8 之 31/7456

【宋朝事实类苑】75/994、78/1021

【皇宋十朝纲要】2/18 下；9/1 上、2 上、13/2 上

【武经总要】前集17/7 下、8 下、9 上；18 上/1 下；18 下/西蕃地界/1 上

【奏议标】42/郑獬·上神宗论水灾地震/430；44/陈并·上哲宗答诏论彗星陈四说/1643；132/刘平·上仁宗乞选用酋豪各守边郡/1455、范仲淹·上仁宗论夏贼未宜进讨/1463；133/范仲淹·上仁宗攻守二策/1478；134/范仲淹等·上仁宗论和守攻备四策/1498；136/司马光·上神宗论纳横山非便/1529、郑獬·上神宗论种谔擅入西界/1530；137/刘述·上神宗论种谔擅入西界/1532、刘述·上神宗论种谔薛向/1533、杨绘·上神宗论种谔擅入西界/1533、司马光·上神宗论中国当守信义不可轻议用兵/1538、司马光·上神宗谏西师/1540、富弼·上神宗答诏问北边事宜/1544

【奏议影】42/郑獬·上神宗论水灾地震/1537；44/陈并·上哲宗答诏论彗星陈四说/1643；132/刘平·上仁宗乞选用酋豪各守边郡/4478、范仲淹·上仁宗论夏贼未宜进讨/4503；133/范仲淹·上仁宗攻守二策/4546；134/范仲淹等·上仁宗论和守攻备四策/4607；136/司马光·上神宗论纳横山非便/4703、郑獬·上神宗论种谔擅入西界/4707；137/刘述·上神宗论种谔擅入西界/4709、杨绘·上神宗论种谔擅入西界/4712、刘述·上神宗论种谔薛向/4714、司马光·上神宗论中国当守信义不可轻议用兵/4730、司马光·上神宗谏西师/4736、富弼·上神宗答诏问北边事宜/4748

【太平治迹统类】2/太祖太宗经制西夏

【续资治通鉴】65/1613、66/1618、67/1658

【隆平集】20/夷狄传/3 下

【朝野杂记】乙集 19/边防/1180

【元刊梦溪笔谈】13/15

【文庄集】14/陈边事十策/1 上

【文昌杂录】1/3 上

【东坡全集】16/龙图阁学士滕公墓志铭/5 下

【司马文正公集】27/章奏 25/8 下；29/章奏 27/12 上

【玉壶清话】7/12 下

【龙川略志】635

【安阳集】家传 2/2 下；3/10 上；6/17 上；7/1 上、4 上、5 上；47/2 上

【河南先生文集】20/奏为已发赴环庆路计置行军次第乞朝廷特降指挥/6 下

【范太史集】40/检校司空左武卫上将军郭公墓志铭/8 下、9 上

【范文正公集】5/上攻守二策状/13 下；西夏堡寨/5 上；年谱/20 上

【济南集】7/郭宣徽（逵）祠堂记/15 上

【栾城集】42/论前后处置夏国乖方札子/7 下

【栾城后集】13/颍滨遗老传下/7 上、颍滨遗老传下/11 上

【涑水记闻】11/20 上、20 下、21 上

【名臣碑传琬琰集】中集 48/韩忠献公琦行状/1106；52/曾肇曾太师公亮行状/1183；下集 12/颍滨遗老传下/1440

【稽古录】17/80 下、81 上

【潞公文集】18/奏议/4 下

【中国藏西夏文献】18/后周绥州刺史李彝谨墓志铭/55

【甘肃新通志】16/关梁 1·延安府·安塞县/27 上

【延安府志】7/1 上、绥德州·山川/2 下

【陕西通志】7/疆域 2/43 下；13/山川 6·绥德州/51 下；17/关梁 2·绥德州·清涧县/47 下

【嘉靖宁夏新志】2/古迹/56 上

【汇编】上 61、70、73、74、75、107、109、

115、117、119、136、174；中一 993、1003、1004、1016、1017、1020、1026、1031、1044、1051、1067、1068、1069、1071、1074、1077、1078、1079、1084、1085、1145、1147、1184、1190、1198、1212、1256、1257、1286、1287、1293、1294、1298、1309、1310、1311、1312、1321、1351、1379、1414、1464、1490、1496、1499、1507、1569、1649、1690、1726、1727、1730、1737、1756；中二 1794、1797、1866、1867、1939、2075、2153、2159、2161、2178、2211、2399、2644、2753；中三 2886、2905、2923、3075、3129、3285、3441、3443、3444、3445、3446、3448、3449、3450、3451、3454、3455、3457、3458、3461、3462、3465、3467、3468、3470、3471、3475、3476、3477、3478、3482、3484、3487、3503、3505、3508、3509、3512、3524、3525、3531、3535、3536、3538、3539、3540、3541、3581、3582、3585、3604、3618、3638、3658、3676、3678、3684、3689、3699、3723；中四 3742、3743、3775、3802、3818、3985、4247、4358、4430、4476；中五 4678、4976、4982、5026、5027、5036、5046、5071、5074、5077、5137、5200、5202、5203、5204、5218、5251；中六 5336、5529、5828、5913；下 6936、6941、7009、7010、7011、7086；补遗 7248、7256、7321、7348、7355、7481、7488

十一画

银川郡　银州

【宋史】253/折御卿传/8861；332/赵卨传/10684

【元丰九域志】10/化外州·陕西路/480

【宋会要】瑞异 1 之 8/2068

【武经总要】前集 18 下/西蕃地界/1 上

【汇编】上、174；中一 1062、1717、1727；中三 3633

银州　拓跋党项世袭领地

【元史】60/地理志 3/1450；119/孛鲁传/2936

【辽史】13/圣宗纪 4/141；119/西夏记/1523

【宋史】4/太宗纪 1/68、69、71；6/真宗纪 1/107；16/神宗纪 3/305；19/徽宗纪 2/376；20/徽宗纪 2/374；85/地理志 1 序/2095；87/地理志 3/2146、2148；126/乐志 1/2943；128/乐志 3/2993；198/兵志 12·马政/4932、4937；250/石保兴传/8811；257/李继隆传/8967；259/郭守文传/8999；264/宋琪传/9129；265/张齐贤传/9157；268/周莹传/9226；272/曹克明传/9316；274/田钦祚传/9360、梁迥传/9356；275/田仁朗传/9380、李继隆传/8965；277/郑文宝传/9425；279/陈兴传/9483；306/柴成务传/10115；317/钱彦远传/10345、10351；325/刘平传/10501；331/沈括传/10656；332/李师中传/10678、陆诜传/10681；334/徐禧传/10722；335/种世衡传/10746、种谔传/10746、10747；348/陶节夫传/11038；364/韩世忠传/11355；466/张继能传/13620；485/夏国传上/13982、13984、13986、13988、13994；486/夏国传下/14007；491/党项传/14138、14139

【金史】134/西夏传/2865、2876

【元丰九域志】4/166；10/化外州·陕西路/480

【长编标】23/533；25/585；35/768、778、785；42/901；50/1101；52/1140；54/1194；55/1212；56/1228、1229；68/1537；104/2421；117/2766；120/2845；123/2910、2911；125/2956；126/2980、2995；131/3093；134/3203；139/3355；159/3844；162/3902；185/4469；206/5010；218/5304、5306；220/5350；221/5368；318/7682、7683；321/7739；326/7858；328/7894、7895；329/7925；404/9843；509/12119；510/12151

【长编影】23/18 下；25/13 下；30/6 下；35/11 下；36/1 下；42/15 上；54/17 下；55/10 下；56/5 上；104/20 上；120/23 上；126/13 上；128/16 下；131/1 上；139/16 上；185/2 下；218/11 上、13 上；317/16 下；318/3 上；319/11 下、17 上；321/2 下；326/16 下；328/3 上、5 上、9 上；329/8 下、11 上、12 上；509/4 上；510/17 上

【长编纪事本末】140/11 上

【东都事略】48/曾致尧传/1 上；61/种谔传/4

下；86/沈括传/4 上；127、128/西夏传/附
录 5、6

【三朝北盟会编】217/1 下；218/2 上

【宋大诏令集】159/废夏州旧城诏（淳化五年
四月乙酉）/599；233/赵保吉赐姓名除银州
观察使诏（淳化二年七月丙午）/905、答银
州观察使赵保吉诏（淳化五年十一月庚
戌）/905、银州观察使赵保吉除定难军节度
使制（至道元年十二月甲辰）/905、赵德明
拜官封西平王制（景德三年十月庚午）/906

【宋太宗实录】27/9 下；29/17 上

【宋会要】兵 8 之 18/6896、8 之 28/6901、8 之
29/6901、14 之 20/7002、27 之 41/7267、28
之 38/7288；方域 5 之 4/7385、5 之 14/7403、
8 之 33/7457、19 之 48/7649、21 之 2/7662；
蕃夷 2 之 30/7707

【宋朝事实类苑】75/994；78/1021

【皇宋十朝纲要】2/18 下；10 下/2 下；16/12
下、13 上

【武经总要】前集 17/9 上、19 下；18 下/西蕃
地界/1 上

【奏议标】44/陈并·上哲宗答诏论彗星陈四说/
461；130/张齐贤·上真宗论陕西事宜/1438；
132/刘平·上仁宗乞选用酋豪各守边郡/
1455；133/范仲淹·上仁宗攻守二策/1478；
134/余靖·上仁宗论元昊请和当令权在我/
1488、韩琦·上仁宗论备御七事/1494；136/
司马光·上英宗乞留意边事/1524、司马光·
上神宗论纳横山非便/1529

【奏议影】44/陈并·上哲宗答诏论彗星陈四说/
1643；130/张齐贤·上真宗论陕西事宜/
4421；132/刘平·上仁宗乞选用酋豪各守边
郡/4480；133/范仲淹·上仁宗攻守二策/
4546；134/余靖·上仁宗论元昊请和当令权
在我/4577、韩琦·上仁宗论备御七事/4593；
136/司马光·上英宗乞留意边事/4687、司马
光·上神宗论纳横山非便/4704

【太平治迹统类】2/太祖太宗经制西夏

【隆平集】20/夷狄传/3 下

【朝野杂记】乙集 19/边防/1180

【蒙兀儿史记】3/成吉思可汗本纪下/29 上；
37/漠北三大汗诸子·合失传/1 上；57/肖乃
台附蒙古不花传/5 下；57/阔阔不花传/1 上

【文庄集】14/陈边事十策/1 上

【乐全集】19/平戎十策/13 下

【司马文正公集】20/章奏 18/5 上

【玉照新志】1/1

【安阳集】家传 1/15 下；3/6 下

【宋文鉴】119/上曾枢密书/8 下

【欧阳文忠公全集】21/碑铭尚书户部郎中赠右
谏议大夫曾公神道碑铭/2 上

【范文正公集】5/上攻守二策状/13 下；13/东
染院使种君墓志铭/14 上；年谱/20 上

【临川集】92/户部郎中赠谏议大夫曾公墓志铭/
2 上

【挥麈后录】1/神宗置封桩库以为开拓境土之资
/11 下

【名臣碑传琬琰集】上集 10/韩献肃公绛忠弼之
碑/159；13/韩忠武王世忠中兴佐命定国元勋
之碑/193；中集 43/曹武穆公玮行状/1031

【稽古录】17/81 上

【儒林公议】下/12 上

【平远县志】4/山川/16 下

【陕西通志】13/山川 6·葭州边外/73 下

【榆林府志】5/建置志·沿革/2 上、2 下、4 上

【嘉靖宁夏新志】2/古迹/56 上

【中国藏西夏文献】18/唐静边州都督拓跋守寂
墓志铭并盖/24

【汇编】上 61、77、94、110、115、117、136；
中一 993、997、998、1003、1004、1013、
1014、1016、1017、1020、1021、1023、
1024、1026、1040、1044、1051、1053、
1063、1069、1071、1076、1078、1079、
1080、1082、1085、1093、1141、1147、
1161、1184、1190、1198、1241、1279、
1294、1359、1366、1379、1475、1649、
1690、1717、1726、1727、1737、1756；中
二 1796、1797、1866、1867、1939、1982、
2082、2084、2088、2178、2233、2399、
2687、2759；中三 3088、3224、3264、3266、
3392、3444、3446、3457、3599、3630、
3632、3684、3687；中四 4161、4207、4214、
4229、4247、4252、4269、4361、4383、
4384、4386、4387、4389、4400、4403、
4407、4410、4420、4425、4426、4430；中
五 4978、5251；中六 5336、5529、5549、

5666、5792、5793、5794、5797、5798、
5814、5827、5831、5913；下 6102、6582、
6586、6587、6883、6884、6928、6936、
6937、6941、6949、6955、7004、7006、
7086；补遗 7240、7487

清远军　宋真宗咸平四年夏太祖李继迁陷，五
年再围陷

【宋史】265/张齐贤传/9157；277/郑文宝传/
9428；278/王　超　传/9465；308/张　煦　传/
10149、裴济传/10144；348/钟传传/11037；
486/夏国传下/14011

【长编标】49/1068、1071、1072、1075；50/
1092、1095、1100；51/1118、1124；68/
1537；320/7720；474/11310；489/11603；
509/12129；513/12199

【长编影】49/5 下、7 下、10 上、11 上、11 下；
50/12 上、16 下；51/3 上、11 上、15 下；
320/7 上；474/8 上；489/6 上；509/9 下、
14 下；513/6 上、11 上

【宋会要】兵 8 之 26/6900；方域 7 之 26/7437、
10 之 24/7485

【奏议标】136/司马光·上神宗论纳横山非便/
1527

【奏议影】136/司马光·上神宗论纳横山非便/
4696

【司马文正公集】25/章奏 23/3 上

【苏学士集】14/内园使连州刺史知代州刘公
（文质）墓志/8 下

【欧阳文忠公全集】21/碑铭尚书户部郎中赠右
谏议大夫曾公神道碑铭/2 下、29/墓志少府
监分司西京裴公（济）墓志铭/14 上

【武经总要】前集 13/6 上；18 上/15 上；18 下/
西蕃界方/1 上；后集 3/9 下

【范太史集】40/检校司空左武卫上将军郭公墓
志铭/12 下

【临川集】92/户部郎中赠谏议大夫曾公墓志铭/
2 下

【涑水记闻】6/13 下

【宁夏府志】3/山川·灵州/10 上

【汇编】上 76；中一 1142、1237、1238、1242、
1243、1245、1246、1248、1268、1283、
1287、1292、1295、1296、1302、1303、
1305、1310、1312、1324、1393、1475、

1728、1730；中三 3433、3676、3726；中四
4256、4280；中五 5161；中六 5311、5532、
5536、5565、5574；中六 5791；下 6949

隆州

【杂字】19/地分部/18 左

十二画

堡静

【杂字】19/地分部/18 左

敦煌　瓜州

【宋会要】方域 5 之 8/7387

【汇编】下 7005

敦煌郡

【金史】134/西夏传/2876

【元史】60/地理志 3/1450

【宋会要】方域 5 之 8/7387

【汇编】上 136；下 7005、7086

翔庆军　灵州

【元史】60/地理志 3/1451

【宁夏府志】2/沿革/19 上；4/古迹·灵州/16 上

【汇编】下 6939、6940、7086

十三画

捌罗县　西凉府，元太祖二十一年秋攻取

【元史】1/太祖纪/24

【蒙兀儿史记】3/成吉思可汗本纪下/30 下

【汇编】下 6906

新兴县　银州儒林县

【中国藏西夏文献】18/唐静边州都督拓跋守寂
墓志铭并盖/24

廓州　西夏河外之州

【宋史】486/夏国传下/14028

【元丰九域志】10/化外州·陕西路/480

【汇编】上 94；中一 1717

福禄县　肃州

【元丰九域志】10/化外州·陕西路/480

【宋大诏令集】233/赵德明拜官封西平王制（景
德三年十月庚午）/906、西平王赵德明加恩
制（郊祀毕）/907、赵元昊静难军节度使西
平王制（明道元年十一月癸巳）/908

【汇编】中一1718

十四画

静边府
【中国藏西夏文献】18/唐静边州都督拓跋守寂
　墓志铭并盖/24

静州　拓跋党项世袭领地
【辽史】115/西夏记/1523
【宋史】485/夏国传上/13982、13994
【元史】60/地理志3/1451
【长编标】42/901；117/2766；120/2845；275/
　6720；278/6797
【长编影】42/15 上；117/18 上；120/23 上；
　275/1 上；278/4 上
【朝野杂记】乙集19/边防·鞑靼款塞/1187
【稽古录】17/81 上
【宁夏志】上/古迹/11 下
【汇编】上 61、117；中一 1184、1190；下
　6948、6976、7086

静塞军　威州监军司改
【长编标】196/4762
【长编影】196/23 下
【汇编】中三3285

十五画

镇夷郡　张掖郡，宋初为夏所据，改设镇夷郡
【元史】60/地理志3/1450
【陇右金石录】4/黑河建桥敕碑/62 上
【汇编】上 146；下 7085

德静县　夏州
【元丰九域志】10/化外州·陕西路/479
【横山县志】1/地理志·古迹/13 上
【汇编】中1726；下6942

十六画

儒林县　银州
【元丰九域志】10/化外州·陕西路/480
【中国藏西夏文献】18/唐静边州都督拓跋守寂
　墓志铭并盖/24

【汇编】中一1717

（二）西夏城镇堡寨乡里及相关地名

二画

十二盘　环庆北西夏境
【宋史】323/范恪传/10465；334/林广传/10737
【长编标】126/2966
【长编影】126/1 下
【涑水记闻】12/3 上
【汇编】中二 1883、2004、2093

十二盘堡　环庆北西夏境
【长编标】214/5195、5203、5204、5205

十二盘寨　环庆北西夏境
【长编影】214/3 上、11 上

十里井　横山一带
【长编标】494/11730
【长编影】494/4 上
【汇编】中六5354

七里平　在西界德靖镇，西人窖谷处
【长编标】318/7691
【长编影】318/11 上
【汇编】中四4218

乃来平
【杂字】19/地分部/19 右

力吉里寨　夏桓宗天庆十二年铁木真拔
【元史】1/太祖纪/13
【元史译文证补】1 上/29 上
【汇编】下6811

乜离抑　又作密内部，麟府界附近
【长编标】334/8038

乜离抑部　麟、府州将郭忠绍等败夏人处
【宋史】16/神宗纪3/310
【汇编】中四4474

三画

三十井　灵州界，《长编》影印本作"三十里"
【长编标】56/1228

三十九井　吐蕃首领博啰齐杀李继迁处
　　【长编标】341/8206
　　【长编影】341/10 上
　　【宋会要】蕃夷 6 之 18/7827
　　【汇编】中四 4537

三乍桥
　　【杂字】19/地分部/19 右

三会川　鄜延进兵西界地
　　【宋会要】兵 14 之 20/7002
　　【汇编】中六 5929

三角　河东兵讨荡夏地
　　【长编标】354/8478

三角川　与河东路靠近
　　【长编标】379/9204、9206
　　【长编影】379/7 下、10 上；486/5 下
　　【金石萃编】147/折克行神道碑/1 上
　　【汇编】上 197；中五 4625、4730、4732；中六
　　　5292

三堆　延州兵至处
　　【华阳集】35/狄武襄公青神道碑/454
　　【汇编】中二 1860

下寨　金赐西夏
　　【金史】3/太宗纪/49；134/西夏传/2866
　　【汇编】上 125；中六 5977

大王井　属宥州，与保安军相接
　　【河南先生文集】24/申和雇人修城状/2 上
　　【汇编】中二 2466

大吾堆　与西夏战地
　　【北山集】34/武功大夫昭州团练使骁骑尉徐公
　　　（量）行状/11 上
　　【汇编】补遗 7377

大里川　鄜延路驻兵
　　【长编标】319/7704
　　【长编影】319/4 上
　　【汇编】中四 4232

大沙堆　与西夏战地
　　【东都事略】127、128/附录 5、6
　　【北山集】34/武功大夫昭州团练使骁骑尉徐公
　　　（量）行状/11 上
　　【汇编】上 110；补遗 7377

大沙堆　宋哲宗绍圣五年五月鄜延路破
　　【长编标】498/11849；499/11886；511/12165

　　【长编影】498/7 下；499/14 上；511/10 下
　　【东都事略】9/哲宗纪/6 下
　　【皇宋十朝纲要】14/4 下
　　【名臣碑传琬琰集】下集 14/吕参政惠卿传/
　　　1478
　　【汇编】中六 5300、5391、5392、5393、5408、
　　　5556

大定城　灵州西
　　【长编标】49/1068
　　【长编影】49/5 下
　　【汇编】中一 1237

大和拍攒　又作大科卜遵，西夏与麟府边境
　　【长编标】193/4679
　　【宋会要】兵 27 之 41/7267、27 之 44/7268
　　【汇编】中三 3266

大科卜遵　又作大和拍攒，西夏与麟府边境
　　【长编影】193/17 下
　　【汇编】中三 3272

大铁泉堡　宋徽宗崇宁五年五月刘法破
　　【皇宋十朝纲要】16/16 上
　　【汇编】中六 5816

大落门聚　伏羌县西四十里
　　【甘肃新通志】13/舆地志·古迹·巩昌府·伏
　　　羌县/18 下
　　【汇编】补遗 7298

兀纳城　又作兀剌孩城、兀剌海城、斡罗孩，
　　　成吉思汗四年克
　　【蒙兀儿史记】3/成吉思可汗本纪下/30 下
　　【牧庵集】3/资善大夫中书左丞赠银青荣禄大夫
　　　平章政事谥武愍公李公家庙碑/5 下
　　【汇编】下 6827、6910

兀纳剌城　夏王之子守城
　　【元史】129/李惟忠传/3155
　　【汇编】上 338

兀剌城　又作兀剌孩城、兀剌海城、斡罗孩，
　　　成吉思汗四年克
　　【元史】169/谢睦欢传/3977
　　【汇编】上 356

兀剌孩城　又作兀纳城、兀剌海城、斡罗孩，
　　　成吉思汗四年克
　　【元史译文证补】1 下/22 上
　　【元朝秘史】14/1 上

【蒙兀儿史记】3/成吉思可汗本纪下/6 下、8
下、30 下

【蒙古源流笺证】4/3 下

【汇编】下 6819、6826、6907、6910、6915、
6922

兀剌海城 又作兀剌孩城、兀纳城、斡罗孩，
成吉思汗四年克

【元史】1/太祖纪/14；60/地理志/3/1452

【蒙兀儿史记】3/成吉思可汗本纪下/6 下、8 下

【蒙古源流笺证】4/3 下

【汇编】下 6819、6823、6826、6922

兀喇城

【陕西通志】14/城池/14 下

【汇编】下 6943

上书平 夏州

【宋会要】兵 18 之 14/7064

巾子岌 灵州附近

【长编标】319/7704

【长编影】319/5 下

乞邻古撒城 夏桓宗纯佑天庆十二年铁木真攻
取

【元史译文证补】1 上/29 上

【蒙兀儿史记】2/成吉思可汗本纪上/31 上

【汇编】下 6811、6812

川子 通渭控扼的西界

【宋会要】方域 19 之 19/7635

【汇编】中六 5822

川勒 桑昆经过

【元朝秘史】8/5 上

【汇编】下 6807

川霄 属安州

【长编标】468/11175

【长编影】468/7 下

【汇编】中五 5118

义合寨 又作义和寨，银夏南境

【长编影】319/4 上、17 上；321/2 下、15 上；
322/1 上、6 上

【汇编】中四 4231

义和寨 又作义合寨，银夏南境

【长编标】319/7703、7717；321/7740；322/
7758、7764

义和镇 又作义合镇，绥州

【长编标】130/3084；131/3093

【长编影】130/5 上；131/1 上

【汇编】中二 2161、2178

凡川 夏景宗李元昊筑城凡川

【宋史】485/夏国传上/13994

【汇编】上 61

凡川会 兰州南

【长编标】119/2813、2814

【长编影】119/17 下

已布 又作伊布、恰布，西夏向宋假献地

【长编标】158/3818；159/3847

已史 横山要地

【宋会要】兵 28 之 44/7291

也吉里海牙 中兴府，又作额里海牙

【元史】120/葛思麦里传/2970

【蒙兀儿史记】29/葛思麦里传/8 下

【汇编】下 6928、6929

马户川 啰兀城之北

【长编标】219/5320

【长编影】219/1 上

【姑溪居士后集】20/折渭州墓志铭/1 上

【名臣碑传琬琰集】上集 10/韩献肃公绛忠弼之
碑/160

【汇编】上 206；中三 3645、3646

马平川 宋夏争战地

【宋史】334/林广传/10737

【长编标】214/5196

【长编影】214/2 下

【汇编】中三 3579、3580

马练川 宋徽宗崇宁四年五月夏人筑

【皇宋十朝纲要】16/16 上

【契丹国志】10/天祚帝纪上/1 下

【汇编】中六 5799、5816

马练城 德威城北面西夏城寨

【宋史】87/地理志 3/2160

【汇编】中六 5838

四画

王亭镇 夏州境

【长编标】162/3901

【长编影】162/1 上

【汇编】中三 3104

王庭镇　夏州境
【长编标】25/579
【长编影】25/8 上
【汇编】中一 1010

开光　银州界
【元丰九域志】10/化外州·陕西路/480
【汇编】中一 1717

开噶平　葫芦河川
【长编标】345/8275
【长编影】336/7 上；338/14 上；345/4 下
【汇编】中四 4498、4521；中五 4571

井那砦　又作经纳寨，环州安俊破李元昊处
【宋史】323/安俊传/10467
【汇编】中二 2638

井那寨　又作经纳寨，与环庆相邻
【长编标】132/3141

井鼠寨　属宥州，与保安军相接
【河南先生文集】24/申和雇人修城状/2 上
【汇编】中二 2466

天德　金先割与夏，后又夺取
【金史】134/西夏传/2867
【汇编】上 127

无定河川　延州东北
【武经总要】前集 17/9 上；18 下/西蕃地界/1 上
【元刊梦溪笔谈】13/15
【汇编】中一 1077、1147、1727

韦川　疑为韦州
【长编标】328/7900
【长编影】328/9 下

韦州堡　平远县北四十里，夏景宗李元昊筑
【甘肃新通志】9/舆地志·关梁·固原直隶州·平远县/27 上
【汇编】补遗 7315

韦娘原　金夏边境
【中国藏西夏文献】18/吴旗金夏画界碑/94

韦章　横山要地
【宋会要】兵 28 之 44/7291

韦章巴史骨堆　又作威章巴实尔固，横山境
【长编标】494/11728

木宁　与泾原相对

【宋史】323/赵珣传/10463
【汇编】中二 2263

木场谷　保安军北
【长编标】128/3045
【长编影】128/18 下
【汇编】中二 2098

木寨　兴州界
【长编标】312/7568
【长编影】312/9 下
【宋会要】兵 8 之 22/6898

不和市　东接麟州横阳堡
【武经总要】前集 17/17 上
【汇编】中一 1038

瓦川　又作瓦躜，兰州南
【长编标】119/2813

瓦川会　兰州南
【武经总要】前集 18 上/24 下
【汇编】中一 1666

瓦川会　夏景宗李元昊大庆元年筑，兰州南
【长编标】132/3134
【长编影】132/12 上
【武经总要】前集 18 下/西蕃地界/1 上
【奏议标】132/田况·上仁宗兵策十四事/1469
【奏议影】132/田况·上仁宗兵策十四事/4522
【东轩笔录】3/4 上
【甘肃新通志】13/舆地志·古迹·兰州府·皋兰县/2 上
【汇编】中一 1727、2057、2278；补遗 7255

瓦躜　又作瓦川，兰州南
【长编影】119/17 上

瓦躜凡川会　兰州马衔山附近
【长编影】119/17 上
【汇编】中一 1733

冈越崖寨　与麟府相对
【宋会要】兵 27 之 44/7268
【汇编】中三 3268

贝旺川　又作背冈川，永乐城附近
【长编影】326/6 下；328/5 下

仁多泉　与熙河相对，宋徽宗崇宁七年夏人筑
【宋史】357/何灌传/11226；369/张俊传/11469；486/夏国传下/14020、14021
【东都事略】127、128/西夏传/附录 5、6

【宋会要】方域 19 之 21/7636

【忠惠集】6/贺破夏贼界捷表/3 下

【汇编】上 86、87、111；补遗 7426

仆哥城 宋徽宗大观年间童贯出讨

【东都事略】127、128/西夏传/附录 5、6

【汇编】上 111

凤正里 夏府朔方县仪凤乡

【中国藏西夏文献】18/后周绥州刺史李彝谨墓志铭/55

乌卜章 与环庆路相对

【长编影】348/16 下

【汇编】中五 4599

乌卜章寨 环庆用兵西夏地

【长编标】348/8360

乌白池 西夏青白盐产地

【宋史】5/太宗纪 2/100；181/食货志下 3/4417、4419；250/石保兴传/8811；277/索湘传/9420；278/王德用传/9466；283/夏竦传/9572；308/卢斌传/10141；466/李神福传/13607；485/夏国传上/13988

【长编标】40/850、851；44/951；54/1189；123/2911；165/3971

【长编影】40/8 下；44/16 上；54/13 下；123/17 下；165/10 下

【宋太宗实录】79/38 上

【宋会要】兵 8 之 19/6896、14 之 14/6999；方域 21 之 19/7670

【武经总要】前集 17/9 上；18 上/6 下

【文庄集】14/陈边事十策/1 上

【欧阳文忠公全集】23/碑铭忠武军节度使同中书门下平章事武恭王公神道碑铭 1/上

【稽古录】17/81 上

【汇编】中一 1115、1139、1140、1145、1146、1147、1148、1149、1150、1152、1153、1154、1155、1159、1210、1357、1617；中二 1794、1796；中三 3125

乌兰 会州属县

【元丰九域志】10/化外州·陕西路/480

【汇编】中一 1717

乌伊 又作吴移，西夏向宋假献地

【长编影】158/1 下；159/8 上

【汇编】中三 3079、3091

乌延川 银夏一带

【长编标】506/12058；508/12103

【长编影】506/9 上；508/7 上

【汇编】中六 5486

乌延城 东望夏州且八十里，西望宥州不过四十里

【长编标】326/7857；328/7894、7895

【长编影】326/16 下；328/3 下、5 上

【汇编】中四 4360、4361、4362、4384、4387

乌池 西夏池盐产地

【宋太宗实录】79/38 上

【汇编】中一 1140

乌纳城 守城官穆苏和勒出降蒙古

【牧庵集】14/徽州路总管府达噜葛齐兼管内劝农事虎公神道碑/16 上

【汇编】上 378、380

乌原 宋哲宗绍圣初陈淬与西人战于此

【宋史】452/陈淬传/13295

【汇编】中五 5261

牛心亭 宥州奈王井附近

【长编标】318/7692

【长编影】318/11 上

【涑水记闻】14/3 下

【汇编】中四 4219、4235

牛羊柏 属宥州，与保安军相接

【河南先生文集】24/申军前事宜状/2 上

【汇编】中二 2466

牛圈 环庆附近

【长编标】474/11310

【长编影】474/10 上

【汇编】中五 5161

长沙川 河东路至此焚荡

【长编标】485/11518

【长编影】485/1 上

【汇编】中六 5277、5278

长波川 宋哲宗绍圣四年折克行破

【宋史】18/哲宗纪 2/347

【宋会要】兵 8 之 33/6903

【汇编】中六 5276

六窠沙 又作六窠砂，黄河西

【宋史】490/高昌传/14110

【汇编】中四 1011

六窠砂　又作六窠沙，黄河西
【挥麈前录】4/王延德历叙使高昌行程所见/3下
【汇编】中四 1012

双池　宋神宗元丰七年七月乙丑蕃官鄂特凌叶讨西夏于此
【长编标】347/8337
【长编影】347/15 下
【汇编】中五 4592

双堆　橐驼口西北
【宋史】257/李继隆传/8968
【汇编】中一 1172

双埠　会州境
【宋会要】兵 14 之 15/7000

双堝　宋太宗淳化五年张崇贵、田敏与夏战于此
【宋史】326/田敏传/10533；466/张崇贵传/13617
【汇编】中一 1084

巴义溪　宋神宗元丰六年四月李浩败夏人于此
【宋史】16/神宗纪 3/310
【汇编】中四 4478

巴勒济埒克　又作波济立埒克，宋哲宗元符二年二月六日刘安至
【长编影】506/9 上
【汇编】中六 5486

水波城　宋徽宗重和二年四月兰州兵深入取得
【皇宋十朝纲要】18/4 下
【武经总要】前集 18 下/西蕃地界/1 上
【汇编】中六 5927

水波镇　北至清远军四十里
【武经总要】前集 18 下/西蕃地界/1 上
【汇编】中一 1730

五画

邛州堡　又作印州堡，环庆北西夏境
【宋史】486/夏国传下/14008
【长编标】214/5195；241/5880
【汇编】上 74

打啰城　李宪扎营处
【宋史】467/李宪传/13639

【汇编】中四 4240

打啰城川　熙河相邻屈吴山附近
【长编标】319/7707
【长编影】319/6 下
【汇编】中四 4239

打绳川　西界人户团聚住坐之所
【长编标】481/11435
【长编影】481/1 上
【范文正公集】遗文/9 上
【汇编】中五 4908、5214

艾蒿砦　夏人复出此
【宋史】323/周美传/10457
【汇编】上 232

古城　夏景宗李元昊筑
【甘肃新通志】13/舆地志·古迹·凉州府·平番县/47 上
【汇编】补遗 7255

古骨龙　隶右厢
【宋史】468/童贯传/13659；486/夏国传下/14020、14021
【汇编】上 87

石门　宋夏边界
【长编标】244/5940
【长编影】244/9 上

石堡砦　夏州
【长编标】492/11680；494/11730；498/11859
【长编影】492/4 上；494/4 上；498/15 下
【汇编】中六 5337、5355、5397

石堡镇　宋太宗至道中陷于夏，号龙州
【武经总要】前集 18 下/西蕃地界/1 上
【宁夏府志】4/古迹·平罗县/15 下
【汇编】中一 1726；下 6945

左村泽　宥州西北
【长编标】318/7696
【长编影】318/6 上、15 上
【汇编】中四 4198、4218

布娘堡　又作布尼雅堡，永乐城附近
【长编标】328/7895

布尼雅堡　又作布娘堡，永乐城附近
【长编影】328/5 下

玉亭镇　夏州境
【宋史】490/高昌传/14110

【挥麈前录】4/王延德历叙使高昌行程所见/3
　　下
【汇编】中一1011、1012

玉庭镇　宋太宗端拱二年八月赵保忠奏破李继
　　迁处
【稽古录】17/80 上
【汇编】中一1047

甘州城　甘州
【宋会要】蕃夷6之2/7819

甘泉　甘州境
【甘肃新通志】30/祠祀志·寺观·甘州府张掖
　　县条/56 下
【杂字】19/地分部/18 左
【汇编】下 6520

龙马川
【杂字】19/地分部/19 右

龙马川　宋哲宗元符二年折克行破
【金石萃编】147/折克行神道碑/1 上
【汇编】上 198

龙化　通渭县控扼的西界
【宋会要】方域19之19/7635
【汇编】中六5822

龙柏砦　马怀德率蕃汉烧荡
【宋史】323/马怀德传/10466
【汇编】中二2086

东关镇　灵州东三十里
【宋史】258/李继隆传/8967;349/刘昌祚传/
　　11054
【长编标】54/1194;319/7700;322/7763
【长编影】54/17 下;319/1 上;322/4 上
【汇编】中一1141、1359;中四4226、4301、
　　4302

东阪　回乐
【长编标】39/835
【长编影】39/7 上
【汇编】中一1126

东牟会　宋名天都寨,夏改为东牟会
【海城县志】1/沿革/5 下
【汇编】补遗7391

叶结贝威野砦　宋哲宗元祐七年三月马琮领兵
　　出界攻讨
【长编标】471/11254

【长编影】471/16 下
【汇编】中五5150

田氏家流　宋哲宗元符元年十月刘安出讨
【长编标】503/11974
【长编影】503/5 上
【汇编】中六5435

田巷口　神鸡流北
【长编标】506/12058
【长编影】506/9 上
【汇编】中六5486

仪凤乡　夏州朔方县
【中国藏西夏文献】18/后汉沛国郡夫人里氏墓
　　志铭/50、后周绥州刺史李彝谨墓志铭/55、
　　宋定难军节度使李光睿墓志铭并盖/74

印州堡　又作邛州堡,环庆北西夏境
【长编影】214/3 上;241/6 下

白土川　刘世永等领兵到此斩获五百余级
【长编标】503/11984
【长编影】503/13 上
【汇编】中六5442

白龙堆　沙州玉门关外,东倚三危,北望蒲昌
【武经总要】18 下/9 下
【汇编】中一1721

白池　西夏池盐产地
【宋史】275/孔守正传/9371;279/张昭允传/
　　9475;289/范廷召传/9698
【元丰九域志】10/化外州·陕西路/480
【长编】284/6961;328/7893;347/8323
【长编影】320/10 上;347/4 上
【宋会要】兵18之14/7064
【武经总要】前集18 下/西蕃地界/1 上
【宁夏府志】4/古迹·灵州/17 下
【汇编】中一1147、1148、1149、1717、1730;
　　中四4262;中五4587;下6947

白拔烈　辽将耶律化哥征夏途经地
【辽史】94/耶律化哥传/1381
【汇编】中一1518

白草平　麟州屈野河西
【长编标】316/7651;317/7657
【长编影】316/13 上;317/2 上

白草原　西夏六监军人马屯住
【宋史】348/钟传传/11037;350/王赡传/11070

【长编标】487/11565、11566；493/11715；494/11732；496/11792；507/12086、12088、12089、12092；517/12304

【长编影】487/2 下；493/19 下；494/5 下；496/1 下；501/11 上；507/12 上、17 下；517/8 上

【宋会要】兵 8 之 33/6903

【皇宋十朝纲要】14/3 下

【汇编】中六 5273、5289、5298、5299、5346、5347、5356、5374、5375、5428、5501、5503、5505、5636

白盐池　　又作白池，去怀州止百余里

【长编标】320/7729；326/7858；336/8095

【长编影】320/10 上；336/3 下

【宋会要】食货 49 之 20/5643

【汇编】中四 4261、4281、4496

白豹　　庆州东北百五十里

【宋史】291/孙复圭传/9743；292/田况传/9778；314/范仲淹传/10271；323/范恪传/10465；325/任福传/10506、10509；334/林广传/10737；452/高敏传/13286；485/夏国传上/13995、13996

【长编标】120/2845；128/3044；129/3052、3059；130/3081；131/3097；132/3130、3141；134/3192、3195、3200、3201；135/3216；136/3266；149/3601；211/5140；214/5195、5203、5204、5220

【长编影】120/23 上；128/17 下；129/3 上、8 上；130/2 下；132/7 下、17 上；134/5 上、7 下；135/3 下；136/18 上；149/4 下；211/19 下；214/2 下、9 下、24 下

【宋会要】职官 31 之 2/3006；兵 8 之 21/6897、14 之 17/7001；方域 18 之 19/7619

【奏议标】134/范仲淹等·上仁宗论和守攻备四策/1498

【奏议影】134/范仲淹等·上仁宗论和守攻备四策/4607

【石林燕语】9/3 下

【安阳集】家传/3/10 上

【皇宋十朝纲要】9/4 上

【姑溪居士后集】20/折渭州墓志铭/1 上

【范太史集】40/检校司空左武卫上将军郭公墓志铭/12 上

【范文正公集】5/上攻守二策状/13 下；年谱补遗/6 下；言行拾遗事录/3/5 下；西夏堡寨/1 下

【涑水记闻】12/6 上、12 下

【稽古录】19/89 上

【汇编】上 62、63、206；中二 2090、2091、2092、2093、2095、2096、2104、2105、2116、2150、2183、2273、2295、2375、2384、2387、2397、2398、2424、2505、2641、2647；中三 2886、3556、3579、3580、3583、3588、3592、3595

白豹镇　　庆州北

【宋史】279/张凝传/9480；308/张煦传/10149；323/赵振传/10461

【长编标】51/1107；60/1339；474/11310

【长编影】51/1 上；60/6 下；474/8 上

【东都事略】18/张凝传/9 上

【武经总要】前集 18 上/10 下、12 上

【汇编】中一 1148、1291、1324、1577、1629、1737；中五 5161

白滩儿　　夏州镇边堡

【陕西通志】16/关梁 1·榆林府·定边县/69 下

【汇编】下 6943

讬拔谷　　延州北

【长编标】135/3238

【长编影】135/23 上

立赏平　　啰兀城北

【长编标】219/5320

【长编影】219/1 上

【汇编】中三 3645

汉乞砦　　杜惟序等攻取的西人城寨

【宋史】323/范恪传/10465

【汇编】中二 2564、2565

兰浪寨　　环庆北西夏境

【宋史】349/姚兕传/11057

【长编标】214/5203、5204；241/5880

【长编影】214/9 下；241/6 下

【汇编】中三 3578、3583

永和城　　宋徽宗宣和二年夏人弃

【东都事略】107/种师道传/2 上

【三朝北盟会编】60/4 下

【汇编】中六 5940、6044

永宗 西夏准备修置城寨

【长编标】280/6867

【长编影】280/15 下

【汇编】中四 4035

永洛城 即永乐城

【宋会要】礼 20 之 144/836

【汇编】中六 5810

六画

地斤泽 距夏州东北三百里

【宋史】4/太宗纪 1/68；272/曹光实传/9315；
276/尹宪传/9409；485/夏国传上/13986；
492/吐蕃传/14156

【长编标】25/586

【长编影】25/13 下

【东都事略】127、128/西夏传/附录 5、6

【宋会要】方域 21 之 19/7670

【陕西通志】13/山川 6·葭州边外/73 下

【汇编】上 53、100；中一 994、1014、1015、
1027、1357、1358；补遗 7240

朴龙城 宋徽宗宣和元年四月兰州兵入取

【皇宋十朝纲要】18/4 下

【汇编】中六 5927

吉那 又作结纳克，鄜延兵进至

【长编标】321/7751

西州浊轮谷 宋真宗大中祥符八年赵保吉筑

【隆平集】20/夷狄传/夏州赵保吉传/3 下

【汇编】上 113

西使城 兰州南

【宋会要】兵 28 之 25/7282、28 之 26/7282

西啰谷 卓啰军司境

【长编标】314/7611

【长编影】314/11 上

【汇编】中四 4151

达克鄂对陵结 宋哲宗元符五年正月七日王愍
至

【长编标】494/11730

【长编影】494/4 上

【汇编】中六 5354

师子口 西夏败辽地

【长编标】168/4035

【长编影】168/4 上

【汇编】中三 3158

光宁滩

【杂字】19/地分部/19 右

吃当砦 宋将马怀德破

【宋史】323/马怀德传/10466

【汇编】中二 2087

吃啝砦 宋将安俊破

【宋史】323/安俊传/10467

【汇编】中二 2638

网裕勒爱寨 又作罔越崖寨，西夏与麟府边境

【长编影】193/17 下

回乐 灵州界

【宋史】323/周美传/10457

【汇编】上 231

曲水平 宋神宗元丰四年十月曲珍领兵进宿

【长编标】319/7704

【长编影】319/4 上

【汇编】中四 4232

曲六律掌 又作曲律六掌、吹呼罗章、吹埒罗
章，为西界横山巢穴最盛之地，山崖深远，
道路险绝，韦、宥等州夏人每闻汉界点兵，
即于此处会集，恃险自固。宋将曲珍出界三
百里，至此破荡族帐

【长编标】405/9869、9870、9871；408/9924、
9939

曲律三六 又作吹喇萨木罗，西夏横山要害

【长编标】494/11728

【宋会要】兵 28 之 44/7291

曲律六掌 又作曲六律掌、吹呼罗章、吹埒罗
章，元祐二年九月曲珍至此破夏人族帐

【长编标】513/12206

【长编影】513/12 上

【宋会要】礼 62 之 49/1719；兵 8 之 33/6903

【范文正公集】遗文/9 上

【皇宋十朝纲要】12/5 上

【汇编】中五 4882、4909、5262

曲律六掌平 宋神宗元丰五年鄜延第三将破

【姑溪居士后集】20/折渭州墓志铭/1 上

【汇编】上 207

伏落津寨 石州界

【元丰九域志】4/173

【武经总要】前集 17/9 上

【汇编】中一 1147、1413

伊儿开 西夏王城中兴府，蒙语额儿起牙

【元史译文补正】1 下/21 下

【蒙兀儿史记】3/成吉思可汗本纪下/31 上

【汇编】下 6911、6917、6918

伊布 又作已布、恰布，西夏向宋假献地

【长编影】158/1 下

伊济军营 又作俄枝军营，西夏与麟府边境

【长编影】193/17 上、17 下

乩啰 通渭控扼的西界

【宋史】332/陆师闵传/10683；348/钟传传/11037

【宋会要】方域 19 之 19/7635

【汇编】中六 5343、5346、5822

华池油平 宥州

【长编影】326/18 上

后桥川口 马铺砦当后桥川口

【宋史】314/范仲淹传/10271

【汇编】中二 2504

后桥堡 庆州柔远寨东北

【武经总要】前集 18 上/10 下、12 上

【汇编】中一 1148、1576

后桥堡 夏人于此开筑旧堡

【宋史】326/田敏传/10534；485/夏国传上/13994、13996

【长编标】115/2691；158/3828

【长编影】115/4 上；158/10 下

【宋会要】方域 20 之 13/7657

【范文正公集】西夏堡寨/6

【奏议标】133/范仲淹·上仁宗攻守二策/1477

【奏议影】133/范仲淹·上仁宗攻守二策/4544

【汇编】上 61、63；中一 1702；中二 2641；中三 3085

后桥寨 与庆州马铺寨通，宋仁宗宝元二年十一月高继隆等破

【宋史】325/武英传/10509

【长编标】125/2945、2955；126/2965、2966；132/3141；134/3200

【长编影】125/6 下、14 下；126/1 下；132/17 上；134/12 上

【安阳集】家传 2/2 下

【皇宋十朝纲要】5/10 上

【范文正公集】5/13 下；西夏堡寨/1 下

【涑水记闻】12/1 下、3 上

【汇编】中一 1747；中二 1854、1855、1864、1882、1883、2003、2075、2093、2295、2397、2641

会油平 与鄜延相邻

【长编标】409/9977

【长编影】409/23 上

【汇编】中五 4924

合剌合察儿 阿术鲁与西夏战于此

【元史】123/阿术鲁传/3024；131/怀都传/3196

【汇编】下 6930

朵儿蔑该巴剌合速 灵州城

【蒙古源流】4/5 上

【汇编】下 6927

亦即纳城 亦即纳又作亦集乃，甘州东北边外五百里

【元史译文证补】1 上/27 上

【元圣武亲征录】60

【蒙兀儿史记】20/札木合传/20 上

【汇编】下 6807、6808

衣儿格依城 又作斡罗孩城、兀剌海城、额里合牙、兀剌孩

【蒙古源流笺证】4/3 下

【汇编】下 6922

汝密垒 夏州东，宋哲宗元符元年鄜延破

【长编标】498/11859

【长编影】498/17 上

【汇编】中六 5398

汝遮 又作努扎

【长编标】491/11654；510/12142、12144；520/12387

汝遮堡 兰州附近

【东都事略】127、128/西夏传/附录 5、6

【汇编】上 108

安化 马怀德率蕃汉烧荡

【宋史】323/马怀德传/10466

【汇编】中二 2086

安庆泽 榆林府北界

【宋史】485/夏国传上/13984、13986

【陕西通志】13/山川 6·葭州边外/73 下

【稽古录】 17/80 上

【汇编】 上 51、53；中一 1047；补遗 7240

安州川 宋神宗元丰五年鄜延破

　【姑溪居士后集】 20/折渭州墓志铭/1 上

　【汇编】 上 207

安远砦 原宋朝鄜延堡寨，西夏攻占

　【宋史】 485/夏国传上/13996；486/夏国传下/14008

　【长编标】 146/3536；319/7713

　【长编影】 146/9 上；319/11 下

　【东都事略】 127、128/西夏传/附录 5、6

　【汇编】 上 73、74、107；中三 2843；中四 4061、4247

安疆砦 宋哲宗元祐四年六月给赐夏国，易永乐陷没人口

　【宋史】 486/夏国传下/14016

　【东都事略】 127、128/西夏传/附录 5、6

　【汇编】 上 82、109、110

米脂 无定河川北

　【宋会要】 兵 14 之 19/7002

米脂砦 又作米脂寨，无定河川北

　【宋史】 486/夏国传下/14010、14016

　【东都事略】 127、128/西夏传/附录 5、6

　【汇编】 上 76、82、108、110

米脂寨 又作米脂砦，无定河川北

　【长编标】 316/7651；321/7740

　【长编影】 316/13 上、14 下；321/4 下

讹也山成寨 又作阿密善正寨，西夏与麟府边境

　【长编标】 193/4679

讹也成布寨 又作阿密沁布寨，西夏与麟府边境

　【长编标】 193/4679、4680

　【宋会要】 兵 27 之 41/7267、27 之 44/7268

讹屯山成寨 又作讹也山成寨，与麟府对境

　【宋会要】 27 之 44/7268

　【汇编】 中三 3268

讹屯遇胜寨 又作讹庞遇胜寨、鄂特彭裕勒星寨，西夏与麟府对境边寨

　【宋会要】 兵 27 之 44/7268

讹庞遇胜寨 又作鄂特彭裕勒星寨、讹屯遇胜寨，西夏与麟府边境

　【长编标】 193/4679

欢乐平 拓跋守寂葬地

　【中国藏西夏文献】 18/唐静边州都督拓跋守寂墓志铭并盖/24

红崖坞 西夏与麟府边境

　【长编标】 193/4679、4680

　【长编影】 193/17 上

　【宋会要】 兵 27 之 44/7268

　【汇编】 中三 3272

七画

玛伊克 又作磨哆隰，宋神宗元丰五年泾原败夏军于此

　【长编影】 327/19 上

　【汇编】 中四 4380

玛克密约叶寨 又作麻也遇崖寨，西夏与麟府边境

　【长编影】 193/17 下

玛克密策寨 又作麻也乞寨，与麟府相对

　【长编影】 193/17 下

玛克密策多寨 又作麻也吃多讹寨，屈野河界

　【长编影】 193/17 下

　【汇编】 中三 3272

克胡 宋太宗淳化中李继隆驰至

　【元刊梦溪笔谈】 13/15

　【汇编】 中一 1077

克夷门 元太祖进至

　【元史】 1/太祖纪/14

　【蒙兀儿史记】 3/成吉思可汗本纪下/8 下

　【汇编】 下 6823、6826

克罗朗 又作革罗朗，河东讨荡夏地

　【长编影】 354/8 下

声塔平 永乐城附近

　【长编标】 328/7895

　【长编影】 328/5 上

菁城 童贯征夏战于此

　【三朝北盟会编】 46/4 上

　【汇编】 中六 6016

花毡 与鄜延相邻

　【长编标】 409/9977

　【长编影】 409/23 上

苍耳　夏太宗李德明率部出大理河，筑栅苍耳
　【长编标】74/1684
　【长编影】74/4 上
　【隆平集】20/夷狄传/3 下
　【汇编】上 113；中一 1495

苍耳平　大理河边
　【宋史】485/夏国传上/13990
　【汇编】上 57

芦子平　宋仁宗康定元年九月狄青等破
　【长编标】128/3039
　【长编影】128/14 上
　【范文正公集】年谱补遗/6 下
　【汇编】中二 2072、2105

赤沙　与环庆相对，置会货易
　【宋会要】兵 27 之 6/7249

赤羊川　与环庆相对
　【宋会要】兵 8 之 35/6904
　【宋史】486/夏国传下/14018
　【长编标】511/12169；513/12202
　【长编影】511/14 下；513/8 下
　【甘肃新通志】9/舆地志·关梁·秦州直隶州·
　　清水县/45 下
　【汇编】上 84；中六 5559、5567

杏子平　银州
　【宋史】491/党项传/14139
　【汇编】上 21、22

杏子平　麟州西南
　【长编标】185/4469
　【长编影】185/2 下
　【汇编】中三 3224；中六 5367

杏子坪　开光谷西
　【宋史】257/李继隆传/8965
　【陕西通志】13/山川 6·葭州/59 上
　【汇编】中一 1024；补遗 7241

杏林原　宥州
　【华阳集】35/狄武襄公青神道碑/454
　【汇编】中二 1860

吾移越布寨　又作南威约卜寨，与麟府相对
　【宋会要】兵 27 之 41/7267、27 之 44/7270
　【长编标】193/4679
　【汇编】中三 3268

抚宁城　宋神宗熙宁四年西夏攻陷
　【宋史】15/神 宗 纪 2/279；330/张 景 宪 传/
　　10622；486/夏国传下/14009
　【长编标】220/5352；221/5380
　【长编影】221/2 上、16 上、19 上；222/13 下
　【东都事略】58/韩绛传/3 下；127、128/西夏
　　传/附录 5、6
　【宋会要】方域 8 之 27/7454
　【画墁集】补遗/游公（师雄）墓志铭/2 上
　【名臣碑传琬琰集】上集 10/韩献肃公绛忠弼之
　　碑/159
　【元刊梦溪笔谈】13/15
　【汇编】上 75、107；中一 1077；中三 3553、
　　3599、3663、3674、3676、3683、3688、
　　3690、3698

折姜砦　东接庆州安边城
　【宋史】87/地理志 3/2148
　【汇编】中六 5833

折姜寨　又作析章寨，横山附近
　【长编标】149/3601
　【安阳集】家传 3/10 上
　【汇编】中三 2886

折薑会　又作戬章会，李元昊在此阅兵
　【长编标】131/3100；134/3195

折薑寨　环庆北
　【奏议标】134/范仲淹等·上仁宗论和守攻备四
　　策/1498
　【奏议影】134/范仲淹等·上仁宗论和守攻备四
　　策/4607

把京玉　兰州西关附近，可以架桥
　【宋会要】兵 28 之 45/7292

步军照望铺　麟州与西夏边境
　【长编标】193/4679、4680
　【长编影】193/17 上、17 下

呸嗦州　与兰会相邻
　【长编标】452/10845
　【长编影】452/4 下
　【汇编】中五 5047

吃移门
　【杂字】19/地分部/19 右

吹埒罗章　又作吹呼罗章、曲六律掌、曲律六
　　掌
　【长编影】407/19 下；408/5 上、18 上

吹呼罗章　又作吹垮罗章、曲六律掌、曲律六
掌，元祐二年九月曲珍破贼帐处
【长编影】405/8 下、10 上
【宋会要】礼 62 之 49/1719
【汇编】中五 4884、4885、4909、4915、5262

吹喇萨木罗　又作曲律三六，横山境
【长编影】494/2 下
【汇编】中六 5353

吴八章寨　与环庆路相对境
【宋会要】兵 18 之 14/7064

吴保寨　宋太祖九年十月李光睿破
【长编标】17/383
【长编影】17/18 下
【汇编】中一 960

吴移　又作乌伊，西夏向宋假献地
【长编标】158/3818；159/3847

吴堡　银夏南境，宋神宗元丰四年鄜延得
【长编标】319/7703、7717；321/7740、7749
【长编影】319/4 上；321/2 下、12 上
【东都事略】127、128/西夏传/附录 5、6
【汇编】上 108、110；中四 4231

旱海坪　即旱海，在清远军北
【宁夏府志】3/山川·灵州/10 上
【汇编】下 6949

伺候烽　王凯与夏人战于此
【宋史】255/王凯传/8925
【汇编】中二 2353

佛谷口　夏人在此筑城，名洪夏军
【东都事略】127、128/西夏传/附录 5、6
【汇编】上 111

彻勒　西夏边地
【蒙兀儿史记】2/成吉思可汗本纪上/31 上
【汇编】下 6811

彻勒城　又作川勒、亦即纳、亦集乃
【蒙兀儿史记】2/成吉思可汗本纪上/26 下、31
上
【汇编】下 6808、6811

谷离镇　夏州
【武经总要】前集 17 上/17 上
【汇编】中一 1038

沙阿寨　又作奢俄寨，与麟府相对境
【长编影】193/17 上

怀远镇　宋真宗咸平四年，夏太祖李继迁取，
天禧四年夏太宗李德明时号兴州
【元史】60/地理志 3/1451
【宋史】485/夏国传上/13992
【长编标】96/2234
【长编影】96/26 下
【武经总要】前集 18 上/6 下；18 下/西蕃地界/
1 上
【宁夏府志】2/沿革/18 上、18 下、19 上；4/
古迹·宁夏·宁朔县/10 上
【甘肃新通志】13/舆地志·古迹·宁夏府·宁
夏县·宁朔县/33 上
【榆林府志】8/建置志·坟墓/17 上
【嘉靖宁夏新志】2/古迹/56 上
【杂字】19/地分部/18 左
【汇编】上 59；中一 973、1605、1729；下 6938、
6939、6940、6941、6950、7086；补遗 7253

没烟城　宋哲宗元祐七年春夏人筑
【宋史】349/姚雄传/11059
【长编标】328/7902；475/11322
【长编影】328/11 上；475/3 上
【汇编】中四 4391；中五 5167；中六 5289

没烟峡　去天都六十里
【宋史】18/哲宗纪 2/346；87/地理志 3/2161；
350/苗授传/11068、郭成传/11085
【长编标】475/11322；485/11524、11528；499/
11890；500/11900、11906、11917
【长编影】475/3 上；485/6 上、9 下；497/17
下；499/17 下；500/1 下、6 下、7 下、16 上
【三朝北盟会编】60/4 下
【宋会要】方域 8 之 26/7453、19 之 5/7628、20
之 17/7659
【皇宋十朝纲要】16/10 下
【汉滨集】15/故客省使雄州防御使泾原路兵马
钤辖兼第十一将郭公（成）行状/19 下
【汇编】上 82、239；中四 4240；中五 5167；中
六 5281、5287、5362、5370、5389、5392、
5402、5409、5413、5418、5419、5423、
5456、5517、5778、6042；下 7012；补遗
7403

没烟峡口　与泾原相对，至平夏城止二十里
【宋史】486/夏国传下/14016
【长编标】466/11129；474/11308；494/11752；

　　495/11781

【长编影】466/3 上；474/8 上；494/23 上；
　　495/17 上

【宋会要】方域 8 之 26/7453、19 之 15/7633

【汇编】中五 5098、5159

没烟峡新砦　泾原路出兵讨荡

【宋史】486/夏国传下/14016

【汇编】上 83

没烟砦　宋哲宗绍圣中渭帅毛渐出兵破

【宋史】348/钟传传/11037、毛渐传/11040

【汇编】中五 5257、5258

没烟岘头　与泾原相对

【长编标】505/12044

【长编影】505/17 上

【汇编】中六 5477

没烟新寨　泾原入西界破荡

【长编标】488/11586、11587

【长编影】488/8 下、9 下

【宋会要】兵 28 之 43/7291

【皇宋十朝纲要】14/2 上

【汇编】中五 5254；中六 5304、5305

没烟寨子　宋哲宗绍圣三年秋破

【宋会要】方域 19 之 14/7632

【汇编】中六 5271

沁布班堆　宋徽宗宣和元年为鄜延河东兵讨平

【初寮集】6/定功继伐碑/1 上

【汇编】补遗 7439

良乜　又作陵美，永乐城附近

【长编标】328/7895

张吉堡　夏银绥宥等州观察支使何德璘葬地

【中国藏西夏文献】18/后晋夏银绥宥等州观察
　　支使何德璘墓志铭并盖/39

张继堡　定难军管内都指挥使康成葬地

【中国藏西夏文献】18/宋定难军管内都指挥使
　　康成墓志铭并盖/61

灵州川　宋徽宗崇宁三年泾原之师会于此

【宋史】253/折可适传/8867；348/钟传传/
　　11038

【姑溪居士后集】20/折渭州墓志铭/1 上

【汇编】上 176、209

灵州城　又作朵儿蔑该城

【元朝秘史】14/1 上

蒙兀儿史记】3/成吉思可汗本纪下/30 下

【汇编】下 6910、6915

灵武城　灵州

【涑水记闻】14/8 上

【汇编】中四 4224

灵武镇　咸平中被李继迁攻占，西夏建国时号
　　为顺州

【武经总要】前集 18 下/西蕃地界/1 上

【宁夏府志】4/古迹·宁夏·宁朔/12 上

【汇编】中一 1729；下 6940

尾丁硙　折可适大破夏人处

【姑溪居士后集】20/折渭州墓志铭/1 上

【汇编】上 207

尾丁喽　又作尾丁崖，宋哲宗元祐七年环庆折
　　可适破贼处

【长编标】475/11321

【长编影】475/3 上

【汇编】中五 5167

阿里湫城　西夏平凉府城番名

【元史】149/姚里氏/3514

【汇编】下 6907

阿弥湾　兰州西关堡附近

【金史】134/西夏传/2873

【汇编】上 133

阿密沁布寨　又作讹也山布寨，西夏与麟府边
　　境

【长编影】193/17 下

阿密善正寨　又作讹也山成寨，屈野河界

【长编影】193/17 下

【汇编】中三 3272

陇城　逦奔以此城叛夏归蕃

【宋史】492/唃厮啰传/14162

【汇编】中三 3385

努扎　又作汝遮

【长编标】491/11660

【长编影】491/8 上、14 下；510/10 上、12 下；
　　520/27 上

【汇编】中六 5325、5327、5543、5545、5672

努孔　努扎之误，又作汝遮

【长编标】491/11660、11661

【长编影】491/13 下

鸡川　宥州境，宋哲宗绍圣四年王愍复破

【长编标】490/11624

【长编影】490/6 下

【汇编】中六 5320

纳木会　平夏

【汉滨集】15/故客省使雄州防御使泾原路兵马
钤辖兼第十一将郭公（成）行状/19 上

【汇编】补遗 7384

纳幹堡　"幹"为"幹"误，又作纳幹堡、闹
讹堡，庆州附近

【长编标】211/5140；231/5610

【长编影】132/8 上；211/19 下；214/10 上；
231/1 下

【汇编】中二 2274；中三 3583

纳幹堡　又作纳幹堡、闹讹堡，庆州附近

【长编影】231/1 下；232/8 下；234/6 下；241/
6 上

【汇编】中四 3755、3763、3778、3827

纳旺穆砦　与环庆相对

【长编标】129/3051

【长编影】129/2 上

【汇编】中二 2103

八画

青冈川　环州出青冈川，渐入平夏

【宁夏府志】3/山川·灵州/10 上

【汇编】下 6949

青白池　从银夏至青白两池，地惟沙碛，俗谓
平夏

【宋史】264/宋琪传/9129

【汇编】中一 1069

青白盐池　西夏池盐产地

【宋会要】方域 19 之 49/7650

析章寨　又作折姜寨，横山附近

【长编影】149/4 下

板井旧庄　绥州刺史李仁宝薨于此

【中国藏西夏文献】18/后晋绥州刺史李仁宝志
墓志铭并盖/46

松林堡　宥州监军引铁骑数千趋松林堡

【宋史】350/张蕴传/11087；402/安丙传/12190

【汇编】上 240

奈王井　宥州界

【宋史】486/夏国传下/14011

【长编标】318/7696

【长编影】318/11 上、15 上

【涑水记闻】14/3 下

【汇编】上 77；中四 4198、4219、4235

卧尚庞　又作鄂尚绷、卧贵庞，西夏向宋假献
地

【长编标】158/3818

卧贵庞　又作鄂尚绷、卧尚庞，西夏向宋假献
地

【长编标】159/3847

卧啰娘

【杂字】19/地分部/18 左

卓克索娄　章惇进筑

【长编标】491/11653、11654

【长编影】491/7 下、8 上

【汇编】中六 5324、5325

卓罗　又作卓啰，去金城百二十里

【长编标】489/11615；501/11942；509/12124

【长编影】489/17 上；501/11 下；509/10 下；
516/7 上、8 上

卓啰　又作卓罗，去金城百二十里

【长编标】491/11659、11660；516/11271、11272

【长编影】491/12 下、13 上；516/7 上

【宋会要】兵 8 之 33/6903，兵 8 之 34/6904

【汇编】中六 5337、5612

咄当　宋仁宗康定元年会诸道兵攻

【宋史】323/范恪传/10465

【汇编】中二 2093

鸣沙　兴庆府南

【宋史】312/韩琦传/10223；349/姚麟传/11058

【长编标】505/12030

【长编影】505/4 下

【东都事略】107/种师道传/2 上

【三朝北盟会编】60/4 下

【宋会要】方域 5 之 8/7387

【宁夏府志】2/沿革/20 上

【名臣碑传琬琰集】中集 48/韩忠献公琦行状/
1096

【汇编】中二 2613；中四 4197；中六 5467、
5940、6044；下 6947、7005

鸣沙川　又作鸣砂川，灵州宋神宗元丰四年十

月进次

【宋史】349/刘昌祚传/11054；486/夏国传下/14011

【长编标】318/7697；319/7704；321/7750

【长编影】318/15 上；319/4 上

【宋会要】兵 18 之 9/7062

【皇宋十朝纲要】10 下/1 下

【汇编】上 77；中四 4196、4198、4199、4232

鸣沙会　宋徽宗重和元年童贯取自西夏

【东都事略】127、128/西夏传/附录 5、6

【汇编】上 111

鸣沙城　兴庆府南，宋神宗元丰四年十月进次

【长编标】318/7697；321/7750、7751、7752；327/7868、7869；505/12030

【长编影】318/15 上；321/12 下；327/4 上；505/4 下、5 上

【宋会要】兵 8 之 26/6900、28 之 25/7282、28 之 26/7282、28 之 27/7283

【汇编】中四 4198、4199、4220、4282、4283、4369、4375、4376

鸣砂川　又作鸣沙川，兴庆府南

【长编标】321/7739

旺丹左城　又作瓦当觜，与环庆相对，宋哲宗元符二年筑

【长编影】510/8 下

【汇编】中六 5540

明堂川　银州界

【宋史】16/神宗纪 3/307；334/徐禧传/10722；350/贾岩传/11086

【长编标】325/7820；327/7886；328/7895；329/7917、7926；345/8277

【长编影】325/6 下；327/20 上；328/5 上；329/4 上、11 下；345/6 上

【汇编】中四 4332、4381、4386、4399、4408；中五 4571

罗韦　又作罗围，永乐城附近

【长编标】328/7895

罗围　又作罗韦，永乐城附近

【长编影】328/6 上

罗帏　塞门寨以北

【长编标】326/7858

【长编影】326/16 下

【汇编】中四 4361

罗沙　宋哲宗元符元年十月王愍破夏人于此

【皇宋十朝纲要】14/5 上

【汇编】中六 5444

罗沙会　又作罗萨尔会，卓啰右厢以东，与熙河相对

【宋会要】兵 8 之 34/6904

罗洛　河南

【长编标】120/2845

【长编影】120/23 上

【汇编】中一 1737

罗唀　又作罗彭，夏国点集河内、西京府、罗彭界、甘肃瓜沙人马赴兴州

【长编标】326/7848

罗彭　又作罗唀，夏国点集河内、西京府、罗彭界、甘肃瓜沙人马赴兴州

【长编影】326/10 下

【汇编】中四 4351

罗落　黄河北

【宋史】485/夏国传上/13981

【汇编】上 62

罗轻觜　南接庆州怀威堡

【宋史】87/地理志 3/2152

【汇编】中六 5833

罗逋川　又作啰逋川，李宪攻破夏地

【长编标】319/7709

【长编影】319/10 上

罗萨尔会　又作罗沙会，王愍讨贼止及此

【长编标】503/11987

【长编影】503/15 下、16 上

【汇编】中六 5444、5445

罔越崖寨　又作网裕勒爱寨，西夏与麟府边境

【长编标】193/4679

图尔默格依城　兀剌海城

【蒙古源流】4/5 上

【蒙古源流笺证】4/3 下

【蒙兀儿史记】3/成吉思可汗本纪下/31 下

【汇编】下 6922、6924、6927

和市　与环庆相对

【宋史】486/夏国传下/14008

【长编标】214/5203、5204、5205；221/5390；223/5418；241/5880；287/7033；329/7925；

495/11783

【长编影】214/9 下；221/20 上、21 上；223/2
　　下；241/6 下；287/19 上；329/10 下；495/
　　17 上

【宋会要】方域 19 之 20/7635、20 之 2/7651

【画墁集】补遗/游公（师雄）墓志铭/2 上

【汇编】上 74；中三 3583、3676、3691、3700；
　　中四 4067、4404、中六 5346、5371、5822

爬流沙　岚石路破夏人处

【苕溪集】48/宋故敦武郎知麟州建宁寨累赠太
　　师秦国公杨公（震）墓碑/11 上

【汇编】补遗 7415

金汤城　庆州西北百五十里，夏界和市处，军
　　事重镇

【宋史】290/狄青传/9718；323/周美传/10457；
　　325/王仲宝传/10514

【长编标】134/3205；244/5940

【宋会要】兵 27 之 28/7260

【宋文鉴】119/上曾枢密书/8 下

【华阳集】35/狄青神道碑/454

【汇编】上 232；中二 1860、2410、2637；中六
　　5549、5665

金汤寨　庆州东北百五十里，夏界和市处，宋
　　哲宗元符二年筑

【宋史】16/神宗纪 3/306；291/李复圭传/9743；
　　314/范仲淹传/10271；323/赵振传/10461；
　　334/林广传/10737；349/姚雄传/11059；
　　350/曲珍传/11083；452/高敏传/13285；
　　486/夏国传下/14008

【长编标】132/3130、3141；134/3195、3200、
　　3201、3204；135/3216；136/3266；149/
　　3601；208/5063；211/5140；214/5203、
　　5204、5220；220/5361；238/5786；241/
　　5880、5881；324/7806；325/7820；326/
　　7858；328/7905；474/11310；494/11727；
　　506/12055、12056、12059；507/12075；508/
　　12103、12110；510/12134、12150、12151

【长编影】132/17 上；134/7 下、15 下；135/3
　　下；136/13 上；149/4 上；208/14 下；211/
　　19 下；214/9 下、24 下；238/1 上；241/6
　　下、7 下；324/10 上；325/6 下；326/16 下；
　　328/14 上；474/8 上；494/1 上；506/6 上、
　　9 上；507/3 上；508/12 上；510/3 下

【奏议标】133/范仲淹·上仁宗攻守二策/1477、
　　范仲淹·上仁宗再议攻守/1480；134/范仲淹
　　等·上仁宗论和守攻备四策/1498

【奏议影】133/范仲淹·上仁宗攻守二策/4545、
　　范仲淹·上仁宗再议攻守/4551；134/范仲淹
　　等·上仁宗论和守攻备四策/4607

【宋会要】兵 8 之 27/6900、27 之 25/7259、27
　　之 28/7260、28 之 44/7291；方域 8 之 6/
　　7443、19 之 8/7629、20 之 2/7651

【皇宋十朝纲要】9/4 上

【安阳集】家传/3/10 上

【姑溪居士后集】20/折渭州墓志铭/1 上

【范太史集】40/检校司空左武卫上将军郭公墓
　　志铭/12 上

【范文正公集】5/上攻守二策状/13 下

【济南集】7/郭宣徽（逵）祠堂记/15 上

【涑水记闻】12/6 上

【甘肃新通志】13/舆地志·古迹·庆阳府·安
　　化县/29 下

【汇编】上 74、206；中一 1629、1739；中二
　　2091、2295、2384、2397、2406、2424、
　　2505；中三 2886、3556、3579、3580、3583、
　　3588、3592、3595、3613、3668、3676；中
　　四 3803、3827、3828、4325、4326、4332、
　　4361、4393；中五 5161；中六 5353、5481、
　　5486、5491、5520、5723；补遗 7283

金汤镇　西夏重镇

【武经总要】前集 18 上/7 上、12 上

【汇编】中一 1148、1623

金粟城　又作金肃城，黄河西

【双溪醉隐集】5/济黄河/11 下

【松漠纪闻】1 卜/5、8 下

【汇编】中六 6011；下 6571、6953

兔毛川　麟府河外地区

【宋史】255/王凯传/8925；300/杨偕传/9956；
　　324/张亢传/10489

【欧阳文忠公全集】29/翰林侍读学士右谏大夫
　　杨公墓志铭/5 下

【汇编】中二 1922、2302、2353、2354、2484

鱼口砦　夏州

【陕西通志】16/关梁 1·榆林府·定边县/69 上

【汇编】下 6943

闹讹堡　又作纳干堡、纳斡堡，环庆荔原堡北

二十余里

【长编标】132/3130；214/5203、5204；232/5637；234/5679；241/5880

河罗　西凉府属县，元太祖十九年元月取

【元史】1/太祖纪/24

【蒙兀儿史记】3/成吉思可汗本纪下/30 下

【汇编】下 6906

油平　鄜延塞门北

【长编标】326/7857、7858

【长编影】326/18 下

【汇编】中四 4361

波济立坼克　又作巴勒济坼克，横山一带

【长编标】506/12058

治安城　宋徽宗政和七年，筑日木多泉于兰、会，伪号治安城

【初寮集】6/定攻继伐碑/1 上

【汇编】补遗 7439

该朱城　又作盖朱城

【长编标】505/12028、12029

【长编影】505/3 上、3 下

祈安城　积石

【金史】91/结什角传/2017、2018

【汇编】下 6744、6745、6746

郎沁沙　又作浪沁沙，宋哲宗绍圣四年八月刘安破夏人于此

【长编影】490/7 上、20 下

【汇编】中六 5320、5322

居延塞　西夏威福军所在地

【甘肃新通志】13/舆地志·古迹·甘州府·张掖县/48 上

【汇编】补遗 7255

屈吴川　宋哲宗绍圣四年熙河兰岷路遣诸将分诣夏界刳子山、屈吴川、白草原

【皇宋十朝纲要】14/3 下

【汇编】中六 5346

练州城　宋哲宗元符元年十月刘安、张诚出界追威明特克济沙至练州城

【长编标】503/11974

【长编影】503/4 下

【汇编】中六 5435

练家流　宋神宗元丰七年夏人发河南、北兵马十分之九集于练家流

【长编标】344/8263

【长编影】344/9 上

【宋会要】兵 28 之 30/7284

【汇编】中五 4565

细浮图寨　西界吴堡、义合、细浮图寨日惧讨杀

【长编标】319/7703

【长编影】319/4 上

经纳　环庆高继隆出兵攻西界经纳、旺穆等砦

【长编标】129/3051

【长编影】129/2 上

孟乜　又作默特，永乐城附近

【长编标】328/7895

【长编影】328/5 上

【汇编】中四 4387

孟门　石州

【武经总要】前集 18 下/西蕃地界/1 上

【汇编】中一 1727

承平州　西夏以兵马收获承平州分水向西一带境土，分赏给有功将校

【长编标】159/3846

【长编影】159/7 上

【汇编】中三 3089

九画

柏州　隶安州

【长编标】468/11175

【长编影】468/7 下

【汇编】中五 5118

栏浪　又作"辣浪"，庆州附近

【宋史】486/夏国传下/14008

【汇编】上 74

胡卢川　夏境胡卢川，距塞二百里，恃险远不设备

【宋史】331/卢秉传/10671；349/刘昌祚传/11054

【汇编】中四 4210；中五 4570

胡芦泉　环庆定边寨与镇戎军乾兴寨之间

【奏议标】133/范仲淹·上仁宗攻守二策/1478、133/范仲淹·上仁宗再议守/1480

【奏议影】133/范仲淹·上仁宗攻守二策/4546、

133/范仲淹·上仁宗再议守/4552

南平州 环庆路宋军趋灵州途经南平州
【长编标】319/7699
【长编影】319/1 上
【汇编】中四 4225

南平泺 又作南平州
【长编标】319/7699
【长编影】319/1 上

南牟 天都山下，与泾原相对
【长编标】319/7709
【宋会要】兵 4 之 16/6828、14 之 19/7002

南牟会 又作麤摩会，天都山下
【宋史】350/苗授传/11068、张守约传/11073；467/李宪传/13639；486/夏国传下/14011
【长编标】485/11523；492/11684；493/11175；499/11873；502/11964；504/12010、12012、12011；505/12032、12035、12044
【长编影】319/9 下
【姑溪居士后集】20/折渭州墓志铭/1 上
【范文正公集】遗文/9 上
【汇编】上 77、209；中四 4240、4241；中五 4908

南宗 卓啰军司境
【长编标】314/7611
【长编影】314/11 上
【汇编】中四 4151

茶山 横山一带
【宋史】314/范仲淹传/10270；323/马怀德传/10466
【长编标】130/3081、3084；131/3093；279/6822
【长编影】130/2 上、6 上；131/1 上；279/4 上
【汇编】中二 2086、2159、2161、2178

茶山村 横山一带
【长编标】279/6823
【长编影】279/5 上

革罗城 又作喀罗城，银夏一带
【长编标】506/12058

革罗朗 又作克罗朗，河东讨荡夏地
【长编标】354/8478

要册砦 马怀德入西界破西夏城寨
【宋史】323/马怀德传/10466
【汇编】中二 2086

斫龙 又作喀啰，兰州之西
【长编影】491/12 下
【汇编】中六 5326

斫龙城 西夏卓啰军司境
【长编标】314/7611；331/7966

斫龙觊嘟城
【长编影】331/1 上
【汇编】中四 4445

研龙城 西夏卓啰军司境，研为斫之误
【长编影】314/11 上

威约卜寨 又作吾移越布寨，屈野河界
【长编影】193/17 下
【汇编】中三 3272

威章巴实尔固多 又作韦章巴史骨堆，横山境
【长编影】494/2 下
【汇编】中六 5353

轻啰浪 与泾原相对
【宋会要】方域 19 之 17/7634

轻啰朗 与泾原相对
【长编标】507/12075

背冈川 又作贝旺川，永乐城附近
【长编标】326/7844；328/7895

临河
【杂字】19/地分部/18 左

临河镇 灵州境，旧管蕃部三族
【武经总要】前集 18 下/西蕃地界/1 上
【汇编】中一 1729

省嵬城 在省嵬山下，西南去府一百四十里
【宁夏府志】3/山川·宁夏·宁朔县/2 上；4/古迹·平罗县/15 下
【汇编】下 6944

虾蟆和市砦 庆州归德堡北至贼砦虾蟆、和市约四十里
【宋史】87/地理志 3/2152
【汇编】中六 5833

星布 银夏
【长编标】476/11348
【长编影】476/11 下

星勒泊 又作精勒泊，银夏一带
【长编标】506/12058

星罗默隆 又作胜罗默隆，与河东相邻

【长编标】496/11808；511/12170

【长编影】496/15 下

【汇编】中六 5382

骨堆

【宋会要】兵 28 之 44/7291

骨婢井

【杂字】19/地分部/18 左

骂泊　折继闵出塞破夏处

【中国考古学会第一次年会论文集】折继闵神道
碑/455

【汇编】上 190

迴乐　又作回乐，盐州附近

【长编标】39/835

【长编影】39/7 上

【汇编】中一 1126

秋韦川　地近南牟会

【姑溪居士后集】20/折渭州墓志铭/1 上

【汇编】上 209

保静镇　本河外镇，咸平中陷，夏为静州

【武经总要】前集 18 下/西蕃地界/1 上

【宁夏志】上/古迹/11 下

【汇编】中一 1728；下 6948

俄枝军营　又作伊济军营，西夏与麟府边境

【长编标】193/4679

信塝源　摄夏州观察支使何公葬地

【中国藏西夏文献】18/宋摄夏州观察支使何公
墓志铭并盖/67

胜罗默隆　又作星罗默隆，与河东相邻

【长编影】511/15 上

恰布　又作巳布、伊布，疑恰为怡之误，西夏
向宋假献地

【长编影】159/8 上

洪门镇　至宥州四五百里

【宋史】264/宋琪传/9129

【武经总要】前集 18 下/西蕃地界/1 上

【汇编】中一 1069、1726

浊流寨　王守琪捉杀浊流寨溃散兵士

【长编标】124/2925

【长编影】124/7 上

【汇编】中二 1828

济义堡　宋徽宗政和七年被夏人攻陷

【初寮集】6/定功继伐碑/1 上

【汇编】补遗 7438

津庆川　宋哲宗绍圣四年三月张真等入西界津
庆川破敌

【宋会要】兵 8 之 33/6903

【汇编】中六 5276

宥州城

【中国藏西夏文献】18/后周绥州刺史李彝墓志
铭/55

美巴　泾原用兵处

【长编标】505/12032

美利砦　灵州附近

【武经总要】前集 18 上/15 上

【宁夏府志】3/山川·灵州/10 上

【汇编】中一 1142；下 6949

娄　元丰五年鄜延兵入夏地，啰兀城又称"娄
城"

【长编标】325/7844

【长编影】325/6 下

迷子寨　宋会诸路兵攻

【宋史】323/范恪传/10465

【汇编】中二 2093

神鸡流　宋哲宗元符二年二月四日鄜延路兵至
西界神鸡流

【长编标】506/12058；508/12103

【长编影】506/9 上；508/7 上

【汇编】中六 5486

贺子原　夏人常由贺子原犯归德州

【长编标】474/11310

【长编影】474/9 下

【汇编】中五 5161

贺兰原　夏人咸明嘉勒宿重兵

【宋史】332/赵卨传/10686

【长编标】354/8480

【长编影】354/10 上

【汇编】中五 4626、4627、4631

贺罗平　宋神宗元丰八年四月狄端彦于此败夏
兵

【宋史】332/赵卨传/10686

【长编标】354/8480

【长编影】354/10 上

【汇编】中五 4626、4627

贺罗原　环庆路蕃部巡检布威等领兵入西界，

与夏人战于贺罗原，俘宥州正监军、伪驸马叶结威明嘉勒
【长编标】356/8519
【长编影】356/11 上
骆驼巷
【杂字】19/地分部/19 右
骆驼城 宋徽宗政和五年种师道平荡
【三朝北盟会编】198/1 上
【汇编】下 6519
结纳克 又作吉那，鄜延兵进至
【长编影】321/13 下
【汇编】中四 4282
结珠龙 藏语“十八谷”之音译
【宋会要】方域 19 之 19/7635
【汇编】中六 5822
统万城 夏州所在地
【宋会要】方域 8 之 32/7456
统安城 晋王察哥于此败宋将刘法
【宋史】22/徽宗纪 4/403；486/夏国传下/14020
【汇编】上 86

十画

珪年岭 保安军北西夏境
【长编标】128/3045
【长编影】128/19 上
珠旺 熙河兰岷路与西夏对境地名
【长编标】499/11783
【长编影】499/2 下
【汇编】中六 5401
秦王井 宥州境
【长编标】490/11624
【长编影】490/6 下
【汇编】中六 5320
桃堆平 西夏窖粮地
【长编标】319/7714
【长编影】319/11 下
【汇编】中四 4248
都网都格 又作道光都隔，与麟府边接
【长编影】193/17 下
都嵬寨 范恪破
【宋史】323/范恪传/10465
【汇编】中二 2564
真卿流 又作勒珍鲁，河东出界讨夏地
【长编标】334/8039
真卿流部 宋神宗元丰六年三月高永年败夏人于此
【宋史】16/神宗纪 3/310
【汇编】中四 4474
索家平 夏州境
【宋史】16/神宗纪/306
【长编标】320/7721
【长编影】320/2 下
【宋会要】兵 14 之 4/6994
【汇编】中四 4255
盐池 西夏池盐产地
【长编标】50/1098；326/7858
【长编影】50/12 上；326/17 下、18 上、19 下
【宋会要】方域 5 之 8/7387、8 之 33/7457、19 之 48/7649
【奏议标】130/杨亿 · 上真宗论弃灵州为便/1441
【奏议影】130/杨亿 · 上真宗论弃灵州为便/4431
【汇编】中一 1270；下 7005、7012
盐州川 元太祖二十年冬十一月太祖驻跸
【元史】1/太祖纪/24
【蒙兀儿史记】3/成吉思可汗本纪下/30 下
【平远县志】10/文艺 · 预旺城城隍庙记/51 下
【汇编】下 6909、6911、6955
盐城镇 夏州界
【宋史】259/郭守文传/8999
【汇编】中一 1026
夏王城 又作中兴、伊尔开、额儿起牙
【元史译文补正】1 下/21 下、23 上
【蒙兀儿史记】3/成吉思可汗本纪下/31 上
【汇编】下 6911、6912、6918、6926
柴棱沟 又作柴稜沟，韦州至灵州一带
【长编标】320/7726
【宋会要】方域 10 之 24/7485
柴稜沟 又作柴棱沟，韦州至灵州一带
【长编影】320/7 上
峻陵原 定难军摄节度判官毛汶葬地
【中国藏西夏文献】18/后晋定难军摄节度判官

毛汶墓志铭并盖/36

铁笰平　无定河东
【长编标】123/2902；228/5550
【长编影】123/10 上；228/10 上
【汇编】中二 1789；中三 3729

倾吴堆盘　岚石路破夏人处
【茗溪集】48/宋故敦武郎知麟州建宁寨累赠太
师秦国公杨公（震）墓碑/11 上
【汇编】补遗 7415

徐堡寨　灵州境
【姑溪居士后集】20/折渭州墓志铭/1 上
【汇编】上 209

郭北平　宋仁宗天圣初周美至
【宋史】323/周美传/10457
【汇编】上 232

郭壁寨　洪州界，宋仁宗宝元三年十月朱观等
破
【长编标】129/3051
【长编影】129/1 下
【汇编】中二 2102

高川　宋神宗元丰四年平夏人于此
【宋史】467/李宪传/13639
【汇编】中四 4192

席红河堡　宋徽宗崇宁五年刘法破
【皇宋十朝纲要】16/16 上
【汇编】中六 5816

唐龙镇　又作唐隆镇，夏辽边界
【长编标】152/3709
【长编影】152/12 上

唐隆镇　又作唐龙镇，夏辽边界
【长编标】177/4282
【长编影】177/5 上

凉甸　宋真宗天禧四年辽主亲将兵五十万来攻
凉甸
【宋史】485/夏国传上/13991
【汇编】上 59

海沟　马怀德率蕃汉出界烧荡海沟、茶山
【宋史】323/马怀德传/10466
【汇编】中二 2086

海螺城　夏州界
【延绥镇志】1/地理志/10 下
【汇编】下 6954

浮图岔　宋哲宗元符二年九月夏以二千骑出浮
图岔来战
【宋史】486/夏国传下/14018
【长编标】515/12260
【长编影】515/22 下
【宋会要】兵 8 之 36/6905
【汇编】上 84；中六 5604

浮图城　宋神宗元丰四年十一月沈括破
【宋史】331/沈括传/10656
【长编标】319/7717
【长编影】319/17 上
【汇编】中四 4252

浮图寨　宋哲宗元祐四年六月赐夏
【宋史】486/夏国传下/14016、14018
【东都事略】127、128/西夏传/附录 5、6
【汇编】上 82、108、110

浪沁沙　又作郎沁沙，宋哲宗绍圣四年八月刘
安破夏人于此
【长编标】490/11624、11641

朗口　夏人集兵处
【长编标】480/11419
【长编影】480/4 下

陵美　又作良乜，永乐城附近
【长编影】328/5 下

绥州城　绥州
【宋会要】兵 28 之 34/7286

绥德里　朔方县崇信乡
【中国藏西夏文献】18/后晋定难军摄节度判官
毛汶墓志铭并盖/36、后晋夏银绥宥等州观察
支使何德璘墓志铭并盖/39、宋摄夏州观察支
使何公墓志铭并盖/67

十一画

勒鸡平　鄜延路入西界破荡石堡寨及勒鸡平一
带族帐
【长编标】409/9977
【长编影】409/23 下

勒珍鲁　又作真卿流，宋神宗元丰六年三月高
永年遇贼于此
【长编影】334/8 下
【汇编】中四 4475

萌门　环庆北西夏境
　【长编标】214/5203、5204
　【长编影】214/10 上、10 下

萌井　横山
　【长编标】318/7683
　【长编影】318/3 下
　【汇编】中四 4216

菜园川　镇戎军高平砦北至西界菜园等川
　【武经总要】前集 18 上/22 上
　【汇编】中二 2640

萧玛伊克隘　又作萧磨移隘，泾原进筑
　【长编影】485/5 上

萧磨移隘　又作萧玛伊克隘，泾原进筑
　【长编标】485/11522
　【宋会要】方域 19 之 5/7628、20 之 17/7659

黄芦　宋神宗庆历七年，宁令哥杀李曩霄后匿
　　于此
　【隆平集】20/夷狄传/3 下
　【汇编】上 115

黄羊平　夏州附近
　【宋史】490/高昌传/14110
　【长编】25/579
　【长编影】25/8 上
　【挥麈前录】4/王延德历叙使高昌行程所见/3
　　下
　【汇编】中一 1010、1011、1012

奢俄寨　又作沙阿寨，西夏与麟府边境
　【长编标】193/4679、4680

捺移　横山附近
　【宋会要】兵 28 之 44/7291

捺嗒　又作捺嗒，环庆进筑
　【长编影】497/3 上
　【汇编】中六 5386

啰庞界　灵州西
　【宋会要】兵 8 之 28/6901

啰庞领　领为岭的俗体字
　【杂字】19/地分部/19 右

啰泊川　永乐城附近
　【长编标】328/7895

啰逋川　又作罗逋川，李宪败夏于此
　【宋史】16/神宗纪 3/305
　【长编影】319/9 下；474/12 下

　【宋会要】兵 8 之 26/6900
　【汇编】中四 4240、4241、4243；中五 5165

啰通州　天都山附近
　【长编标】319/7709
　【长编影】319/9 下

啰税火
　【杂字】19/地分部/19 右

鄂尚绷　又作卧尚庞、卧贵庞，西夏向宋假献
　　地
　【长编影】158/1 下；159/7 下
　【汇编】中三 3079、3091

鄂特彭裕勒星寨　又作讹庞遇胜寨，屈野河
　　界
　【长编影】193/17 下
　【汇编】中三 3272

崇信乡　夏州朔方县
　【中国藏西夏文献】18/后晋定难军摄节度判官
　　毛汶墓志铭并盖/36、后晋夏银绥宥等州观察
　　支使何德璘墓志铭并盖/39、宋摄夏州观察支
　　使何公墓志铭并盖/67

移市　永乐城附近
　【长编标】328/7895
　【长编影】328/5 下

甜水堡　东至清远军五里
　【武经总要】前集 18 下/西蕃地界/1 上
　【汇编】中一 1730

龛谷川　夏惠宗李秉常号"御庄"
　【长编】316/7641
　【长编影】316/4 上
　【汇编】中四 4177

麻也乞寨　又作玛克密策寨，与麟府相对
　【长编标】193/4679
　【宋会要】兵 27 之 44/7268

麻也遇崖寨　又作玛克密约叶寨，西夏与麟府
　　边境
　【长编标】193/4679
　【宋会要】兵 27 之 41/7267、27 之 44/7270
　【汇编】中三 3268

麻也吃多讹寨　又作玛克密策多寨，与麟府相
　　临
　【宋会要】兵 27 之 41/7267、27 之 44/7268
　【长编标】193/4679

【汇编】中三 3268

麻家平　即麻家坪，夏州境
【宋史】335/种谔传/10747
【长编标】319/7702、7715、7716；320/7721
【长编影】319/3 下、15 下；320/3 上
【汇编】中四 4230、4249、4250

麻囍滩
【杂字】19/地分部/19 右

烽火平　羌人于此邀击粮道
【长编标】321/7739
【长编影】321/2 下
【汇编】中四 4268

减猥　泾原用兵处
【长编标】505/12032

清平堡　宥州故城东四十里
【横山县志】1/地理志·古迹/13 下
【汇编】下 6941

清边镇　旱海经耀德、清边镇入灵州
【宁夏府志】3/山川·灵州/10 上
【汇编】下 6949

密内部　又作乜离抑，麟府界附近
【长编影】334/7 下
【汇编】中四 4474

盖朱城　又作该朱城
【皇宋十朝纲要】16/11 上
【长编标】491/11659
【长编影】491/12 上
【汇编】中六 5326、5465、5466、5781

盖朱峗　距统安城七十里
【宋史】486/夏国传下/14021

梁圣台　宋鄜延路出界讨荡，于梁圣台败敌帅布沁
【长编标】503/11974
【长编影】503/4 下
【汇编】中六 5435

谔格什　天都山附近
【长编标】328/7902
【长编影】328/11 上
【汇编】中四 4391

隆木罗　夏境横山
【长编影】494/1 上
【汇编】中六 5353

十二画

堪哥平　又作开噶平，元丰年间五路伐夏，泾原路离西界堪哥平十五里，遇敌三万余众扼磨脐隘口
【宋史】349/姚麟传/11059
【长编标】317/7677；336/8098；338/8153
【长编影】317/19 下
【宋会要】兵 14 之 19/7002、18 之 12/7063
【汇编】中四 4211、4219、4497

期戬泊　宋哲宗元符元年九月二十四日鄜延路张诚部诸将至期戬泊，斩首七百级
【长编标】503/11974
【长编影】503/5 上
【汇编】中六 5435

葫芦川　宋徽宗崇宁三年宋军由葫芦川抵岢岭，掠灵州川
【姑溪居士后集】20/折渭州墓志铭/1 上
【汇编】上 209

葫芦河川　葫芦河川开噶平距塞二百里
【长编标】345/4 下
【长编影】345/8275
【汇编】中五 4571

落思城　河套外
【元史】1/太祖纪/13
【元史译文证补】1 上/29 上
【蒙兀儿史记】2/成吉思可汗本纪上/31 上
【汇编】下 6811、6812

葭芦寨　宋哲宗元祐四年给赐西人
【宋史】16/神宗纪 3/307；486/夏国传下/14016
【长编标】325/7818
【长编影】325/5 上
【东都事略】127、128/西夏传/附录 5、6
【汇编】上 82、108、110；中四 4330、4331

厥保砦　马怀德夷黑神、厥保等十八砦
【宋史】323/马怀德传/10466
【汇编】中二 2086

揆吴　《长编》揆吴作赍乌，宋将赵珣引兵二万自静边历揆吴抵木宁
【宋史】323/赵珣传/10463
【汇编】中二 2263

赏移口　鸣沙南，元丰五路伐夏，泾原兵至赏

移口　有二道，一北出黛黛岭，一西北出鸣沙川

【长编标】318/7697

【长编影】318/15 上

【汇编】中四 4198

喀托克　环庆北西夏境

【长编标】214/5195

【长编影】214/2 下

【汇编】中三 3580

喀罗城　又作革罗城，熙河兰会路经略司言，西夏衙头首领于喀罗城差蕃部尚锦等赍蕃字欲归汉

【长编影】506/8 下

【汇编】中六 5485

黑水　元丰五路伐夏，种谔至夏州，败敌于黑水

【长编标】319/7706

【长编影】319/7 下

黑水城　元太祖四年由黑水城北兀剌海西关口入河西

【元史】60/地理志 3/1452

【汇编】下 6823

黑林平　夏太宗李德明常假道移文

【宋史】286/薛奎传/9630

【长编标】77/1763

【长编影】77/12 下

【汇编】中一 1507、1508

黑神　延州东路巡检使马怀德夷黑神、厥保等十八砦

【宋史】323/马怀德传/10466

【汇编】中二 2086

鹅枝谷　元丰五路伐夏，河东王中正自白草平引兵西行至鹅枝谷

【长编标】317/7657

【长编影】317/2 上

皓峰　元丰五路伐夏，河东王中正自白草平引兵西行至皓峰

【长编标】317/7657

【长编影】317/2 上

焦蒿寨　宋仁宗康定元年范恪取

【宋史】323/范恪传/10465

【汇编】中二 2094

鲁逊满达勒　银夏一带

【长编标】506/12058；507/12076；508/12103

【长编影】506/9 上；507/4 下；508/7 下

【汇编】中六 5486、5495

减疣井　环庆肃远寨探得西界减疣井人马欲来作过

【长编标】357/8531

【长编影】357/2 下

道光都隔　又作道网都格，与麟府边接

【长编标】193/4679、4680

【宋会要】兵 27 之 44/7268

十三画

榆林　灵州西

【长编】49/1068

【长编影】49/5 下

靳厮辖砦　刘平弟、刘兼济破之

【宋史】325/刘兼济传/10504

【汇编】中二 1894

蒙古城

【忠肃集】拾遗/王开府（拱辰）行状/307

【汇编】中三 3489

摄移坡　又作羸博坡，夏景宗李元昊杀山遇地

【长编标】122/2880

摊粮城　兴庆府北

【长编标】155/3773；168/4039

【长编影】155/14 下；168/8 上

【汇编】中三 3159

新和市　环庆路柔远寨巡检胡永德出塞纵火焚西界新和市

【长编标】298/7240

【长编影】298/1 下

【宋会要】职官 66 之 6/3871

【汇编】中四 4095

满丁川　天都山附近，又作满达勒川

【长编标】319/7709

满朗　宋将折克行等出左厢，至聚星泊、满朗、三角川等处，破西夏六寨

【长编标】354/8478；356/8507

【长编影】354/8 上；356/1 上

【汇编】中五 4625、4629

满堂　无定河东
【长编标】228/5550
【长编影】228/10 上

溪哥城　积石军
【东都事略】127、128/西夏传/附录 5、6
【汇编】上 110

塞门寨　宋真宗咸平四年夏毅宗李谅祚纳
【宋史】485/夏国传上/13996；486/夏国传下/
14008
【长编标】146/3536
【长编影】146/9 上
【东都事略】127、128/西夏传/附录 5、6
【汇编】上 65、73、74、107、109；中三 2843

十四画

静边镇　静边、白豹、金汤、后桥等镇并为夏
境，各置堡寨
【武经总要】前集 18 上/12 上
【汇编】中一 1148

斡罗孩　又作兀刺孩城、兀纳城、斡罗孩，成
吉思汗四年克
【蒙兀儿史记】3/成吉思可汗本纪下/6 下
【汇编】下 6819

斡罗孩城　又作兀刺孩城、兀拉海、衣儿格依
城、额里合牙，元太祖二年克
【元史】1/太祖纪/14
【蒙古源流笺证】4/3 下
【蒙兀儿史记】3/成吉思可汗本纪下/6 下
【汇编】下 6819、6922

戬章会　又作折薑会，环洲永和寨西北一百二
十里
【长编标】131/3100；134/3195
【长编影】131/7 上；134/7 下
【汇编】中二 2384

嘉木　西夏准备修置城寨
【长编标】280/6867
【长编影】280/15 下
【汇编】中四 4035

嘉伊　宋将折克行至嘉伊、克罗朗，破西夏六
寨
【长编标】354/8478

【长编影】354/8 下
【汇编】中五 4625

蔑武　夏州附近
【苕溪集】48/宋故武功大夫杨公（宗闵）墓碑
/2 下
【汇编】补遗 7424

聚星泊　与河东路靠近
【宋史】471/吕惠卿传/13708
【长编标】354/8478；356/8507；379/9204、9206
【长编影】354/8 上；356/1 上；379/7 下、10
上
【汇编】中五 4625、4629、4730、4732

臧征　宋徽宗大观间童贯出讨
【东都事略】127、128/西夏传/附录 5、6
【汇编】上 110

臧底河城　夏崇宗李乾顺筑
【宋史】486/夏国传下/14020
【汇编】上 86

臧底河城　又作藏氏河城，政和八年出兵讨
荡
【宋史】335/种师道传/10751
【东都事略】121/童贯传/2 上
【宋会要】方域 19 之 21/7636
【汇编】中六 5889、5902、5920

撍啰　又作撍嗦，环庆进筑
【长编】497/11818

簫旺井　宋夏新定巡绰处
【长编】514/12211
【长编影】514/3 上
【汇编】中六 5576

簫博坡　又作摄移坡，夏景宗李元昊杀山遇地
【长编影】122/9 上
【汇编】中一 1750

簫摩会　又作南牟会，天都去簫摩会止二十七
八里，簫摩会去打绳川七十里
【长编标】474/11304
【长编影】474/12 下；485/5 上；492/7 下；493/
19 下；499/2 下；502/13 下；504/8 上；505/
2 下、7 下；506/11 下
【汇编】中五 5165；中六 5280、5341、5347、
5402、5433、5447、5448、5449、5450、
5452、5453、5454、5455、5469、5471、

5472、5489

端正树　东侧为晋虢王李仁福妻渎氏葬地

【中国藏西夏文献】18/后晋虢王李仁福妻渎氏墓志铭/33

端正北原　定难军节度观察留后李继筠葬地

【中国藏西夏文献】18/宋定难军节度观察留后李继筠墓志铭并盖/74

端正北原　管内蕃部指挥使李光递葬地

【中国藏西夏文献】18/宋管内蕃部指挥使李光递墓志铭并盖/84

端整树　东侧为绥州太保夫人祁氏葬地

【中国藏西夏文献】18/后周绥州太保夫人祁氏神道志铭/58

蝙江州　泾原路经略司言,西夏起甘州、右厢、卓啰、韦州、中寨、天都六监军司人马屯蝙江州白草原

【宋会要】兵8之33/6903

【汇编】中六5273

辣韦疆　韦州界

【长编标】468/11175

【长编影】468/7 下

【汇编】中五5118

辣浪　又作"栏浪",环庆大顺城蕃部入西界辣浪和市贸易

【宋会要】食货38之31/5482

【汇编】中三3725

遮鹿　马怀德入西界攻破

【宋史】323/马怀德传/10466

【汇编】中二2086

精勒泊　又作星勒泊,银夏一带

【长编影】506/9 上

【汇编】中六5486

精野寨　泾原路自萧关入生界,夺到精野寨并粮草孳畜物色

【宋会要】兵14之21/7003

【汇编】中六5929

精移堡　宋哲宗元符二年进筑,赐名通秦堡

【宋史】86/地理志2/2138

【长编标】514/12224

【长编影】514/13 上

【陕西通志】17/关梁2·葭州/51 上

【榆林府志】4/葭州·山/14 下

【汇编】中六5585、5859;补遗7397、7400

滴儿雪开城　灵州,又作朵儿蔑该

【元史译文补正】1 下/21 下

【蒙兀儿史记】3/成吉思可汗本纪下/30 下

【汇编】下6911

十五画

横川　河东路张世永出界至横川一带讨荡

【长编标】496/11808;511/12170

【长编影】496/15 下;511/15 上

【汇编】中六5382

撒逋宗城　兰州新归顺首领巴令谒等率部攻夏人撒逋宗城

【宋史】16/神宗纪3/305

【长编标】316/7646

【长编影】316/8 下

【汇编】中四4176、4183

撒逋达宗城　西界首领禹藏结逋药以译书来告,夏国集兵筑撒逋达宗城于河州界黄河之南,洮河之西

【长编标】306/7449

【长编影】306/12 上

【宋会要】兵28之23/7281

【汇编】中四4112

龊嗦城　董毡言破夏国龊嗦城

【长编标】331/7966

瞎令古　宋徽宗政和七年筑

【东都事略】127、128/西夏传/附录5、6

【汇编】上111

蝦蟆砦　盐州附近

【武经总要】前集18 上/15 上

【汇编】中一1142

镞子山　夏太宗李德明大起居第于此

【长编标】73/1674

【长编影】73/22 上

德靖　夏景宗李元昊欲自德靖、寨门、赤城路攻宋

【长编标】122/2880

【长编影】122/8 下

【汇编】中一1750

额里合牙　兀剌海城,又作中兴府城,待考

【蒙古源流】4/5 上
【蒙古源流笺证】4/3 下
【汇编】下 6922、6927

额里海牙　中兴府城
【蒙兀儿史记】29/附曷思麦里传/8 下
【汇编】下 6929

十六画

薛马寨　范恪取
【宋史】323/范恪传/10465
【汇编】中二 2564、2565

默特　又作盂乜，永乐城附近
【长编影】328/5 下

磨脐口　又作磨噂口，与泾原相对，自熙宁寨
　　至磨脐口皆大川
【长编标】319/7713
【长编影】319/13 上

磨崖寨　保安军顺宁寨北
【宋史】331/沈括传/10656
【长编标】318/7697
【长编影】318/15 上
【汇编】中四 4198、4419

磨移隘　宋朝占领后为藩篱之要
【姑溪居士后集】20/折渭州墓志铭/1 上
【汇编】上 210

磨噂口　又作磨脐口，与泾原相对，自熙宁寨
　　至磨脐口皆大川
【宋会要】食货 43 之 2/5573

磨噂隘　又作玛伊克，宋神宗元丰五年泾原败
　　夏军于此
【长编标】327/7885

磨噂隘口　距堪哥平十五里
【宋会要】兵 8 之 25/6899、14 之 19/7002

十七画

藏氏河城　又作藏底河城，政和八年出兵讨荡
【宋会要】方域 19 之 21/7636

擦珠川　李宪攻取
【长编标】474/11314

十八画

礓石寨　环庆王广渊退还西界礓石寨地
【长编标】231/5610；232/5637；234/5679
【长编影】231/1 下；232/8 下；234/6 下
【汇编】中四 3755、3778

十九画

蟾羊山　与兰会相邻
【长编标】452/10845
【长编影】452/4 下

二十画

耀德　由旱海至耀德、清边入灵州
【宁夏府志】3/山川·灵州/10 上
【汇编】下 6949

（三）西夏山川、关津、道路与驿站

二画

七级渠　灵州境
【宋史】349/刘昌祚传/11054
【长编标】320/7720；322/7763
【长编影】320/2 上；322/4 上
【汇编】中四 4254、4301

七宝山　葭芦、米脂里外良田不啻一二万顷，
　　西人名之
【宋史】176/屯田/4269
【长编标】344/8264
【长编影】344/9 上
【汇编】中四 4458；中五 4566

九井原　周美破李德明处
【宋史】323/周美传/10457
【汇编】上 231

九皇原路　环州安塞砦北控西界九皇原路
【武经总要】前集 18/14 上
【汇编】中一 1613

三画

三会川　宣和元年鄜延兵入西界三会川，斩获
　　数千
　【宋会要】兵 14 之 21/7003

大里河　又作大理河
　【宋史】485/夏国传上/13990
　【长编标】74/1684；315/7624
　【长编影】74/4 上；315/9 上
　【汇编】上 57；中四 4161

大岘川　环州平远砦，东控大岘川入灵武路
　【武经总要】前集 18 上/13 下
　【汇编】中一 1612

大理河　又作大里河
　【长编标】135/3238
　【长编影】135/23 上

大砦泉　地居瀚海，宋徽宗尝议取之
　【宋史】317/钱即传/10351
　【汇编】中六 5794

大横岗　与李继迁在此大战
　【宋史】275/孔守正传/9371
　【汇编】中一 1149

女遮谷　又作汝遮谷，兰州境
　【宋史】16/神宗纪 3/305；350/苗授传/11068
　【长编标】315/7634；316/7640
　【长编影】315/16 下；316/4 上；317/10 下
　【汇编】中四 4171、4172、4173、4177、4203、
　　4204

马支山　河西郡界
　【武经总要】前集 18 下/西蕃地界/9 下
　【汇编】中一 1719

马岭　折可适与夏人转战至马岭
　【姑溪居士后集】20/折渭州墓志铭/1 上
　【汇编】上 207

马衔山　宋夏西南部边界
　【宋史】191/蕃兵/4757；485/夏国传上/13994；
　　492/吐蕃传/14159
　【元丰九域志】3/125
　【长编标】88/2012；117/2766；119/2813；243/
　　5914；262/6408；460/10998；466/11129
　【长编影】88/2 上；117/18 下；119/16 下；
　　243/1 下；251/4 上；262/30 下；460/1 上；

　　466/3 上
　【宋会要】兵 14 之 17/7001
　【武经总要】前集 18 下/西蕃地界/1 上
　【东轩笔录】3/4 上
　【甘肃新通志】13/舆地志·古迹·兰州府·金
　　县/4 上
　【汇编】上 61；中一 1560、1561、1727、1733；
　　中二 2057；中四 3836、3844、3850、3932、
　　3987；中五 5070、5098；补遗 7479

马鬃山　河西走廊北面
　【宋史】490/高昌传/14110
　【挥麈前录】4/王延德历叙使高昌行程所见/3 下
　【汇编】中一 1011、1013

四画

天都山　李元昊离宫所在，西夏军事要地
　【宋史】87/陕西路/2161；253/折可适传/8861；
　　258/曹彬传/8985、8989；332/游师雄传/
　　10689；349/刘舜卿传/11063；350/苗授传/
　　11068；467/李宪传/13639；485/夏国传/
　　13995；486/夏国传下/14011
　【长编标】56/1240；63/1404；74/1684；120/
　　2845；131/3115；132/3141；139/3338、
　　3349；162/3901；243/5914；319/7709；321/
　　7751、7752；333/8017；402/9779；404/
　　9841；343/8248；346/8302；444/10684；
　　466/11129；470/11231；474/11314
　【长编影】56/15 上；63/6 上；74/4 上；120/23
　　上；131/20 下；132/17 上；139/10 下；162/
　　1 上；243/3 上；319/9 下、11 上；321/12
　　下；328/11 上；333/4 下；343/12 上；346/1
　　上；402/1 下；404/10 下；444/4 上；466/3
　　上；470/11 上；474/12 下
　【东都事略】104/折可适传/3 上；127、128/西
　　夏传/附录 5、6
　【宋会要】兵 8 之 26/6900、8 之 33/6903、14 之
　　19/7002、27 之 29/7261、28 之 26/7282、28
　　之 27/7283；方域 20 之 17/7659
　【武经总要】前集 18 上/22 上；18 下/西蕃地界
　　/1 上
　【隆平集】20/夷狄传/3 下
　【奏议标】133/范仲淹等·上仁宗论元昊请和不

可许者三大可防者三/1485；139/范育·上哲
宗论御戎之要/1574；141/任伯雨·上神宗论
湟鄯/1594

【奏议影】133/范仲淹等·上仁宗论元昊请和不
可许者三大可防者/4565；139/范育·上哲宗
论御戎之要/4838；141/任伯雨·上神宗论湟
鄯/4902

【元刊梦溪笔谈】13/21

【乐全集】19/平戎十策/13 下

【姑溪居士后集】20/折渭州墓志铭/1 上；43/
祭折渭州文/1 下

【画墁集】补遗/游公（师雄）墓志铭/4 上

【范文正公集】遗文/9 上

【名臣碑传琬琰集】中集 15/吕谏议公绰墓志铭
/636

【延安府志】1/诗文/49 上

【汇编】上 62、77、108、110、115、176、180、
209、213、218；中一 1440、1495、1727、
1737；中二 2233、2255、2294、2626、2639、
2651、2678；中三 3104、3171；中四 4240、
4241、4243、4244、4282、4283、4375、
4376、4391、4466；中五 4561、4580、4831、
4846、4848、4852、4853、4856、4908；
5006、5098、5140、5165；补遗 7124

无定川　绥银夏境
【长编标】316/7653
【长编影】316/14 下、15 上

无定河　绥银夏境
【宋史】266/钱若水传/9170；277/索湘传/
9420；323/周美传/10457；334/徐禧传/
10722、高永能传/10726；350/曲珍传/
11083；441/崔遵度传/13062；471/吕惠卿传
/13707；485/夏国传上/13986；486/夏国传
下/14011

【长编标】40/852；51/1124；128/3043；150/
3624；228/5550

【长编影】40/8 下；51/15 下；128/17 上；150/
3 上；228/7 下

【武经总要】前集 18 下/西蕃地界/1 上

【汇编】上 76、232；中一 1155、1159、1309、
1311、1727、1728；中六 5318

无定河川　西夏兵马自无定河川南来，欲救米
脂之围

【宋会要】兵 14 之 19/7002

韦精山　又作威经山、惟精山，泾原出界百里
【长编标】505/12030

中山坡　夏州境
【陕西通志】16/关梁 1·榆林府·定边县/67 下
【汇编】下 6942

乌仑河　周美破李德明处
【宋史】323/周美传/10457
【汇编】上 231

乌水河　水北为虢王李仁福妻渎氏葬地
【中国藏西夏文献】18/后晋虢王李仁福妻渎氏
墓志铭/33

乌水河北原　绥州太保夫人祁氏葬地
【中国藏西夏文献】18/后周绥州太保夫人祁氏
神道志铭/58

乌水原　沛国郡夫人里氏葬地
【中国藏西夏文献】18/后汉沛国郡夫人里氏墓
志铭/50

乌水原　绥州刺史李彝葬地
【中国藏西夏文献】18/后周绥州刺史李彝墓志
铭/55

乌延口　南至延州塞门砦九十里
【宋史】87/地理志 3/2147
【长编标】491/11661；497/11818
【长编影】491/12 上；497/2 下
【汇编】中六 5328、5386

午腊蒻山　自河北至腊蒻山七万人，以备契丹
【宋史】485/夏国传上/13994
【汇编】上 62

长鸡岭　贺兰谷附近
【宋史】325/王仲宝传/10514
【汇编】中二 2082

长波川　绍圣四年三月孙览奏，西界长波川有
贼兵屯聚
【宋会要】兵 8 之 33/6903

长城岭　宋夏边界
【河南先生文集】24/申军前事宜状/2 上、与廷
帅论事状三首/5 上
【汇编】中二 2466、2467

水波克抡罗抃龙井罗噶尔　李宪讨西夏途
经，如何点断，待考
【长编标】353/8461

五画

艾渠　旧称李王渠
【朔方新志】1/水利·宁夏/39 下
【汇编】下 6952

石峡　李宪平夏人于高川石峡
【宋史】467/李宪传/13639
【长编标】331/7983
【长编影】331/14 上
【汇编】中四 4192、4454

石墙子、搜木岔贼马来路　泾原对境
【长编标】487/11566
【长编影】487/5 上

叶市族路　环庆界
【长编标】128/3044
【长编影】128/17 下
【宋会要】兵 14 之 17/7001
【汇编】中二 2095、2096

鸟鼠同穴山　沙州界，渭水源于山中
【武经总要】前集 18 下/9 下
【汇编】中一 1721

汉源渠　兴灵地区
【宋史】486/夏国传下/14028
【汇编】上 94

六画

地巾三山　又作地斤三山，李继迁活动地
【长编影】54/13 下

地斤三山　又作地巾三山，李继迁活动地
【长编标】54/1189
【宋会要】方域 21 之 18/7670

权把岭　与鄜延开光堡对境
【长编标】489/11613
【长编影】489/14 下
【汇编】中六 5318

西岭　葭芦西岭
【宋史】16/神宗纪 3/310
【长编标】334/8037
【长编影】334/6 下
【汇编】中四 4473

西岭山　葭芦寨

【陕西通志】13/山川 6·葭州/57 上
【汇编】补遗 7264

西河　夏国南界横山，东距西河
【金史】134/西夏传/2876
【汇编】上 137

西界驿路　与顺宁寨对境
【长编标】315/7630
【长编影】315/14 上
【汇编】中四 4166

托驼路　又作橐驼路，李继迁于此置会贸易
【宋会要】兵 27 之 6/7249

吃那河　无定河之别流，源自古宥州，东南流
　　过绥德州，与黄河合
【蒙古源流笺证】4/3 下
【汇编】下 6923

回乐峰　灵州界
【武经总要】前集 18 下/西蕃地界/1 上
【汇编】中一 1729

曲律山　环庆宋军直趋三百里，破夏人于曲律
　　山
【宋史】350/曲珍传/11084
【汇编】中五 4883

会宁关　会州
【武经总要】前集 18 下/9 下
【汇编】中一 1723

合龙谷　夏州
【武经总要】前集 18 下/西蕃地界/1 上
【汇编】中一 1727

合龙谷路　北至天麻川
【武经总要】前集 18 下/西蕃地界/1 上
【汇编】中一 1727

合黎　羌中水名
【雍虞先生道园类稿】42/彭城郡侯刘公神道碑/
　　1 上
【汇编】上 403

合黎水　甘州
【武经总要】前集 18 下/西蕃地界/9 下
【汇编】中一 1719

汝遮谷　又作女遮谷，兰州境
【长编标】315/7666

祁连山　肃州南部
【武经总要】前集 18 下/9 下

【汇编】中一 1719

七画

麦朵山　平远县西北九十里
【平远县志】4/山川/16 上
【汇编】下 6940

芦子关　属夏州，北去塞门镇十八里
【甘肃通志】16/关梁 1·延安府·安塞县/27 上
【陕西通志】16/关梁 1·延安府·安塞县/25
　　下、关梁 1·延安府·安定县/28 下
【汇编】补遗 7235、7304、7348

芦关　塞门北十五里
【潞公文集】18/奏议/9 下
【陕西通志】16/关梁 1·延安府·安塞县/25 下
【汇编】补遗 7324、7235

赤沙、橐驼路　又作托驼路，李继迁于此置会
　　贸易
【长编标】51/1112
【长编影】51/5 上
【宋会要】兵 28 之 2/7270
【汇编】中一 1297；中三 3423

赤桦路　灵武至乌、白池
【宋史】257/李继隆传/8967；304/梁鼎传/
　　10058
【长编标】40/851
【长编影】40/8 下
【汇编】中一 1141、1150、1154

杏子河　宥州
【长编标】491/11660、11661
【长编影】489/14 下
【汇编】中六 5318

李王渠　昊王古渠
【平罗纪略】1/山川/12 上
【朔方新志】1/水利·宁夏/39 下
【汇编】下 6952

两岔　河名，夏毅宗李谅祚生于此
【宋史】485/夏国传上/14000
【汇编】上 67

把捎桥　京玉关旧名
【宋史】87/地理志 3/2166
【汇编】中六 5840

我友谷　横阳堡西至西界我友谷
【武经总要】前集 17/17 上
【汇编】中一 1038

怀州渡　兴州
【长编标】315/7634
【长编影】315/17 上
【宋会要】兵 8 之 24/6899
【汇编】中四 4172

启楼铺　洪德川附近
【姑溪居士后集】20/折渭州墓志铭/1 上
【汇编】上 20

灵州渡　灵州
【长编标】315/7634
【长编影】315/16 下
【宋会要】兵 8 之 24/6899
【汇编】中四 4171

灵武路　自通远军入青冈峡
【宋史】264/宋琪传/9130；466/窦神宝传/
　　13600
【长编标】35/769
【长编影】35/4 下
【汇编】中一 1070

阿兰鄯山　贺兰山蕃名
【宁夏府志】3/山川·宁夏·宁朔县/1 上
【汇编】补遗 7301

阿而布坦山　贺兰山
【蒙古源流笺证】4/3 下
【汇编】下 6923

阿拉筛　贺兰山
【蒙古源流笺证】4/3 下
【汇编】下 6923

阿勒台汗山　贺兰山
【蒙古源流笺证】4/3 下
【汇编】下 6923

阿刺思不刺思　贺兰山
【元史】120/曷思麦里传/2970
【汇编】下 6899

八画

青鱼河　宋兵出界讨击处
【长编标】488/11585

【长编影】488/8 下
【汇编】中六 5304

奇罗朗口　又作轻啰浪口，泾原进筑
【长编影】509/14 下
【汇编】中六 5536

拓拔谷　土埚砦附近
【宋史】323/周美传/10457
【汇编】上 232

罗山　清远附近
【宋史】348/钟传传/11037
【汇编】中六 5791

罗渠谷岭　与威戎城相接
【长编标】489/11613
【长编影】489/14 下
【汇编】中六 5318

岱岭　葫芦川北至灵州途经
【姑溪居士后集】20/折渭州墓志铭/1 上
【汇编】上 209

浅水　西人于浅水啸聚，与静边、隆德甚近
【长编标】318/7692
【长编影】318/11 上
【汇编】中四 4219

屈吴山　西夏卓啰军司境
【宋史】16/神宗纪 3/305；467/李宪传/13639
【长编标】318/7691；319/7707
【长编影】318/11 上；319/6 下
【汇编】中四 4218、4239、4240

九画

柳谷川　与麟府相对
【长编标】56/1232
【长编影】56/7 下

南山　平夏南
【长编标】35/768
【长编影】35/3 下

斫龙谷　兰州境
【宋史】87/地理志 3/2166
【皇宋十朝纲要】16/11 上
【汇编】中六 5781、5840

威经山　又作惟经山、韦精山，黄河南
【长编影】120/23 上；505/4 下

【汇编】中一 1737；中六 5467

轻啰浪口　又作奇罗朗口
【长编标】509/12128

省嵬山　黄河东岸
【宁夏府志】4/古迹·平罗县/15 下
【汇编】下 6944

哈屯额克江　又称哈喇江
【蒙古源流笺证】4/3 下
【汇编】下 6924

哈喇江　黑水
【蒙古源流笺证】4/3 下
【汇编】下 6923、6924

哆崚河　平远县城东南二百三十里
【平远县志】4/山川/17 下
【汇编】下 6949

拜寺口　贺兰山境
【宁夏志】上/古迹/13 上
【汇编】补遗 7302

刿子山　宋将出寨讨荡夏人族帐，分兵至刿子山
【长编标】493/11715；494/11732；504/12018；505/12032
【长编影】493/19 下；494/5 下；504/17 下；505/2 下
【皇宋十朝纲要】14/3 下
【范文正公集】遗文/9 上
【汇编】中五 4908；中六 5346、5347、5356、5458、5469

浊水岭　夏银绥宥等州观察支使何德璘葬地
【中国藏西夏文献】18/后晋定难节度副使刘敬瑭墓志铭并盖/42

浊轮谷　夏太祖李德明筑堡于石州浊轮谷
【宋史】485/夏国传上/13991
【汇编】上 58

洛河　环庆北西夏境
【长编标】214/5195；236/5729
【长编影】214/3 上；236/4 下

洛浦峡　宋朝曾议于此置驿接待夏使
【宋会要】方域 10 之 14/7480

神林北路　白豹城西
【长编标】128/3044
【长编影】128/17 下

【宋会要】兵 14 之 17/7001

【汇编】中二 2095、2096

神堆驿　横山下，元丰五路伐夏，王中正河东
兵自麟州出发至神堆驿

【长编标】317/7674；318/7680、7681

【长编影】317/16 下；318/1 上

【汇编】中四 4208、4213

将萨川　平夏附近

【汉滨集】15/故客省使雄州防御使泾原路兵马
钤辖兼第十一将郭公（成）行状/19 上

【汇编】补遗 7384

贺兰山

【辽史】20/兴宗纪 3/240；115/西夏记/1527

【宋史】250/韩崇训传/8824；265/张齐贤传/
9155、9157；485/夏国传上/13994

【元史】125/高智耀传/3072；147/史天祥传/
3488

【元朝秘史】14/1 上

【长编标】44/949；49/1076；56/1240；68/1537；
202/4905；262/6395；346/8302；389/9473；
471/11238

【长编影】44/16 上；49/11 下；56/14 下；68/
17 下；202/15 下；262/11 下；346/1 上；
389/19 下；471/1 下

【宋会要】方域 5 之 8/7387、21 之 17/7669、21
之 19/7670；蕃夷 4 之 2/7714

【武经总要】前集 18 下/西蕃地界/1 上

【奏议标】141/孙觉·上哲宗熙河选将如折氏世
守/1592

【奏议影】141/孙觉·上哲宗熙河选将如折氏世
守/4894

【蒙古源流笺证】4/3 下

【蒙兀儿史记】3/成吉思可汗本纪下/28 下；
28/字斡儿出传/4 上；44/脱栾传/1 下、2 下

【宁夏社会科学】1987 年第 1 期/大元赠敦武校
尉军民万户府百夫长唐兀公碑铭/88

【吴文正公集】42/元故荣禄大夫江西等处行中
书省平章政事李公墓志铭/2 下

【宋文鉴】53/宇文邵撰上皇帝书/2 下

【范文正公集】9/答赵元昊书/6 下；年谱/20 上

【述善集】宁夏社会科学/1987 年第 1 期/88

【柳待制文集】9/李武愍公新庙碑铭/3 上

【容斋三笔】11/5 上

【梅尧臣集编年校注】23/655

【雍虞先生道园类稿】25/重建高文忠公祠记/18
下

【宁夏志】上/古迹/12 上、13 上

【宁夏府志】3/山川·宁夏·宁朔县/1 上；4/古
迹·宁夏·宁朔县/12 下

【延安府志】1/诗文/49 上

【朔方新志】3/古迹/80 下

【银川小志】山川/2 下

【横山县志】1/地理志·古迹/13 下

【汇编】上 61、62、67、121、311、324、365、
370；中一 1036、1204、1209、1235、1247、
1334、1475、1726；中二 1934、2171；中三
3148、3167、3322、3430；中四 3985；中五
4580、4627、4789、4807、5144；下 6881、
6902、6903、6905、6914、6923、6941、
6946、7005；补遗 7124、7161、7166、7301、
7302、7303

贺兰谷　贺兰山

【宋史】325/王仲宝传/10514

【汇编】中二 2082

十画

真珠山　葭芦、米脂里外良田不啻一二万顷，
西人称人真珠山

【宋史】176/屯田/4269

【长编标】344/8264

【长编影】344/9 上

【汇编】中四 4458；中五 4566

盐夏路　自延州北至塞门砦，渡芦子关，由屏
风谷经夏州界石堡、乌延镇入平夏，至盐州
约六百里

【武经总要】前集 18 上/6 下

【汇编】中一 1148

圁水　宥州

【横山县志】1/地理志·古迹/13 下

【汇编】下 6941

铁门关　平夏

【宋史】278/王德用传/9466

【长编标】40/851

【长编影】40/8 下

【宁夏府志】3/山川·宁夏·宁朔县/1 上

【汇编】上 61、62、76、94；中一 989、1099、
　　1333、1359、1366、1433、1483、1649、
　　1706、1712、1714、1737、1745、1746、
　　1757、1769；中二 2680；中五 4565、4614、
　　4637、4638、4652、4659、4742、4789、
　　4812、4814、4846、4852、4856、4858、
　　4901、4904、4976、5091；中六 5272、5274、
　　5304、5308、5725；补遗 7301

啰严谷岭　西夏绥州境

【宋史】87/地理志 3/2148

【陕西通志】17/关梁 2·绥德州/45 下

【汇编】中六 5830；补遗 7387

啰庞山　灵州西，李仁孝分西南路及灵州，啰
　　庞岭与之任得敬

【甘肃新通志】7/舆地志·山川下·宁夏府·灵
　　州条/21 下

【汇编】下 6744

啰庞岭　在灵州、西凉府和甘州之间

【金史】134/西夏传/2869

【汇编】上 129

啰逋山　元丰五路伐夏，李宪兵入天都山，至
　　啰逋山而还

【东都事略】127、128/西夏传/附录 5、6

【汇编】上 108

啰逋川　天都山南年附近

【宋会要】兵 8 之 26/6900；兵 14 之 19/7002

野鸡谷　绥州

【宋朝事实类苑】78/1021

【汇编】中三 3684

野鸡峰　镇戎军高平砦，北至西界野鸡峰

【武经总要】前集 18 上/22 上

【汇编】中二 2640

野韭川　夏人之行路

【长编标】496/11795

【长编影】496/4 上

【宋会要】方域 18 之 6/7612

【汇编】中六 5275、5376、5380

鄂尔宁山　又作卧啰娘山、午腊蒻山，黄河北

【长编标】120/2845

【长编影】120/23 上

【汇编】中一 1737

银水　米脂寨附近

【长编标】316/7653

【长编影】316/14 上

【汇编】中四 4189

银州川　谍报西夏发六监军司兵次银州川，沈
　　括、徐禧戒勒诸将分定战地

【宋会要】兵 8 之 28/6901

银冶关　平夏州附近

【姑溪居士后集】20/折渭州墓志铭/1 上

【汇编】上 209

移唛河　鄜延进兵地

【长编标】319/7704

【长编影】319/5 上

【汇编】中四 4231

兜岭　磨脐口北

【宋史】175/食货志上 3/4256；43 之 2/5573；
　　方域 19 之 6/7628、20 之 21/7661

【长编标】319/7713

【长编影】319/11 下

【汇编】中四 4244、4247

匏谷川　夏惠宗李秉常号御庄

【宋会要】兵 14 之 18/7001

望乡岭　马鬃山望乡岭，王延德出使回鹘途经
　　地

【宋史】490/高昌传/14111

【汇编】中一 1011

惟烈川　西界长波川附近

【宋会要】兵 8 之 33/6903

【汇编】中六 5276

惟精山　又作咸经山、韦精山，黄河南

【宋史】485/夏国传上/13981

【长编标】120/2845

【汇编】上 62

清水河　政和五年刘仲武出界至清水河，筑城
　　屯守而还

【宋史】486/夏国传下/14020

【汇编】上 86

清望峡　自清望峡直抵李继迁巢

【宋会要】兵 8 之 19/6896

淖河　宥州境

【长编标】490/11624

【长编影】490/6 下

【汇编】中六 5320

密木关　西夏集众数万于密木关，将于某日寇
　　熙河
　　【长编标】456/10923
　　【长编影】456/5 上
　　【汇编】中五 5059

十二画

葫芦西岭　河东军出界败夏人于葫芦西岭
　　【宋会要】兵 18 之 11/7063

黑山　藏才三十八族在黑山前后
　　【宋史】325/王珪传/10508
　　【长编标】124/1240
　　【长编影】124/2 下
　　【文恭集】36/宋故宣徽北院使郑公（戬）墓志
　　　铭/436
　　【耆旧续闻】4/6 上
　　【汇编】中二 1817、2193、2787、2788

黑山岭　大顺城管下蕃部于黑山岭和西界首领
　　交易
　　【宋会要】食货 38 之 31/5482
　　【汇编】中三 3725

黑水　又作弱水
　　【元史】1/太祖纪/23
　　【大金国志】22/东海郡侯纪/3 上
　　【蒙兀儿史记】2/成吉思可汗本纪上/26 下
　　【陇右金石录】4/黑河建桥敕碑/62 上
　　【雍虞先生道园类稿】42/彭城郡侯刘公神道碑/
　　　1 上
　　【甘肃新通志】9/舆地志·关梁·甘州府·张掖
　　　县/92 下
　　【杂字】19/地分部/18 左
　　【汇编】上 146、403；下 6760、6808、6824、
　　　6903

普乐河　运送灵州粮草途经
　　【宋会要】职官 64 之 12/3826
　　【汇编】中一 1139

隔祚岭　西夏葫芦呰
　　【宋史】86/地理志 2/2137
　　【汇编】中六 5858

十三画

瑞巴普克抢井罗噶尔　李宪讨西夏途经，如
　　何点断，待考
　　【长编影】353/5 下
　　【汇编】中五 4623

榆平岭　与麟州对境，西夏建有沙阿寨
　　【长编标】185/4469；193/4679
　　【长编影】185/2 下；193/17 上
　　【宋会要】兵 27 之 41/7267、27 之 44/7268
　　【武经总要】前集 17/19 下
　　【汇编】中三 3077、3224、3266、3272

楼子山　王延德出使回鹘所经地
　　【挥麈前录】4/王延德历叙使高昌行程所见/3
　　　下
　　【汇编】中一 1012

蓬子山　夏景宗李元昊遣将点兵集于此
　　【宋史】485/夏国传上/13995
　　【长编标】122/2883
　　【长编影】122/10 下
　　【范文正公集】年谱/20 上
　　【汇编】上 62；中一 1751、1756

蒲桃山　又作蒲萄山，西夏屯兵于此
　　【宋史】16/神宗纪 3/305
　　【长编标】318/7693；319/7704
　　【长编影】318/12 上；319/4 上
　　【姑溪居士后集】20/折渭州墓志铭/1 上
　　【汇编】上 206；中四 4220、4231、4232、4233

蒲萄山　又作蒲桃山，西夏屯兵于此
　　【宋会要】兵 8 之 26/6900

满丁川　又作满达勒，天都山附近
　　【长编标】319/7709
　　【长编影】319/9 下
　　【宋会要】兵 8 之 26/6900
　　【汇编】中四 4241、4243

满堂川　西界满堂川正当白草、顺安两寨相对
　　【宋史】486/夏国传下/14010
　　【宋会要】兵 4 之 5/6822
　　【汇编】上 76

窟薛岭　西夏葫芦呰
　　【宋史】86/地理志 2/2138
　　【汇编】中六 5858

十四画

臧底河　种师道攻破西夏臧底河
　【东都事略】127、128/西夏传/附录5、6
　【忠惠集】6/贺破夏贼界捷表/3 下
　【苕溪集】48/宋故敦武郎知麟州建宁寨累赠太师秦国公杨公（震）墓碑/11 下
　【汇编】上111；补遗7424、7426

十五画

横山　宋夏山界
　【宋史】187/兵志1/4580；253/8861；290/郭逵传/9725；292/程戡传/9756；312/韩琦传/10223；314/范仲淹传/10270、10272；314/范纯粹传/10280；315/韩绛传/10303；321/郑獬传/10418；322/陈荐传/10444；332/陆诜传/10681、赵禼传/10684、孙路传/10689；335/种谔传/10746；336/司马光传/10763；340/吕大忠传/10846；344/孙览传/10929；348/陶节夫传/11038；464/高遵裕传/13575；468/童贯传/13658；486/夏国传下/14011
　【金史】134/西夏传/2865
　【长编标】120/2845；130/3081、3082、3084；134/3195；135/3238；138/3322；139/3349、3351、3352；149/3600、3601；150/3624；204/4939；207/5021；216/5252；217/5273、5277、5283；218/5306；219/5320；252/6175；344/8265；347/8324；371/8989；372/9007；382/9304；389/9473；404/9855；405/9863、9870、9871；406/9877；407/9910；466/11129；469/11212；471/11250；474/11308、11309；492/11680；494/11727、11730；495/11772、11784；497/11818；498/11859；499/11882、11884；500/11912；503/11984；504/12019；505/12037；506/12055、12056；508/12103、12105；510/12142、12151；514/12227、12228
　【长编影】120/23 下；130/1 上、6 上；134/8 上；135/22 下；138/12 下；139/10 下；149/3 下；150/2 下；204/5 上；207/2 上；216/1 上、3 上；217/3 上、11 下；218/13 上；219/1 上；252/23 下；344/9 上；347/4 下；371/18 上；372/5 上；382/6 下；389/19 下；404/23 下；405/8 上、9 下；406/1 上；407/14 上；466/3 上；469/8 上；471/12 上；474/8 上；492/4 上；494/1 上、4 上；495/9 上；496/15 下；497/2 下；498/15 下；499/10 下、12 下；500/10 下；503/12 上；506/5 上；508/7 下；510/10 上、18 上；514/17 上
　【东都事略】58/韩绛传/3 下；78/吕诲传/3 上；127、128/西夏传/附录5、6
　【宋会要】礼14 之60/617；食货2 之6/4828、63 之80/6026；兵8 之25/6899、8 之28/6902、8 之29/6903、28 之38/7288、28 之44/7291；方域7 之27/7438、19 之9/7630
　【武经总要】前集18 下/西蕃地界/1 下
　【奏议标】115/张方平·上神宗论新法/1260；132/范仲淹·上仁宗论夏贼未宜进讨/1463、范仲淹·上仁宗乞先修诸寨未宜进讨/1464；133/范仲淹等·上仁宗论元昊请和不可许者三大可防者三/1485、1486；134/范仲淹等·上仁宗论和守攻备四策/1497、1498；136/欧阳修·上英宗论西边可攻四事/1526、司马光·上神宗纳横山非便/1527、1529、郑獬·上神宗论种谔擅入西界/1530；137/杨绘·上神宗论种谔擅入西界/1533、刘述·上神宗论种谔薛向/1534、范纯仁·上神宗论小人妄陈边事/1537；139/范纯粹·上哲宗乞以弃地易被虏之人/1561、范纯粹·上哲宗乞不妄动以观成败之变/1570、苏轼·上哲宗论前后致寇之由及当今待敌之要/1571
　【奏议影】115/张方平·上神宗论新法/3919；132/范仲淹·上仁宗论夏贼未宜进讨/4503、4504、范仲淹·上仁宗乞先修诸寨未宜进讨/4506；133/范仲淹等·上仁宗论元昊请和不可许者三大可防者三/4564、4569；134/范仲淹等·上仁宗论和守攻备四策/4605、4607；136/欧阳修·上英宗论西边可攻四事/4694、司马光·上神宗纳横山非便/4695、4704、郑獬·上神宗论种谔擅入西界/4705；137/杨绘·上神宗论种谔擅入西/4714、刘述·上神宗论种谔薛向/4716、范纯仁·上神宗论小人妄陈边事/4728；139/范纯粹·上哲宗乞以弃地易被虏之人/4798、范纯粹·上哲宗乞不妄动以观成败之变/4828、苏轼·上哲宗论前后致寇

十八画

鳌子山　夏太宗李德明率部营于鳌子山，大起
　　宫室

【宋史】257/李继和传/8969；485/夏国传上/
　　13990

【长编标】54/1178；73/1674

【长编影】54/3 下；73/22 上

【汇编】上 57；中一 1258、1346、1494

（四）西夏其他地名

三画

三角
　　【杂字】19/地分部/19 左

大内
　　【杂字】19/地分部/19 左

山人
　　【杂字】19/地分部/19 左

四画

火子
　　【杂字】19/地分部/19 左

五画

平沙　过横山后方到
　　【长编标】130/3082
　　【长编影】130/6 上
　　【奏议标】132/4504
　　【范文正公集】言行拾遗录 3/9 下
　　【汇编】中二 2156、2161、2222

平夏　鄂尔多斯南缘
　　【宋史】18/哲宗纪 2/347、351；19/徽宗纪 1/
　　370；20/徽宗纪 2/381；85/地理志 1 序/
　　2095；87/地理志 3/2160、2162；175/和籴
　　4247；190/兵志 4/4720；253/折御卿传/
　　8861；257/李继和传/8969；264/宋琪传/
　　9129；277/郑文宝传/9426；283/夏竦传/

9572；308/张佶传/10151；328/章楶传/
10589、10590；332/赵离传/10686；334/徐
禧传/10722；349/姚雄传/11059、11060；
350/郭成传/11085、王恩传/11088；466/张
崇贵传/13617、13619；492/唃厮啰传/14161

【长编标】35/768；39/833、835、836；50/1098；
　　51/1128；60/1346；63/1419；85/1949；123/
　　2910、2911、2912；129/3070；326/7857；
　　354/8480；474/11308；486/11545；491/
　　11659、11666；500/11906；503/11974、
　　11976、11980、11983、11984；504/12007、
　　12009、12010、12011；507/12080；508/
　　12096、12097、12099；509/12120；514/
　　12214；518/12338；519/12342

【长编影】14/1 上；39/5 上、7 上；50/12 上；
　　63/19 下；129/18 下；326/16 下；354/10
　　上；474/8 上；486/6 上；487/2 下；491/12
　　上、15 上、21 下；493/15 上；494/1 上、9
　　上、22 下、26 下、27 上、27 下；496/4 上；
　　498/15 下；499/19 下；500/6 下；503/4 下、
　　6 上、12 上、14 上、15 下；504/8 上；507/7
　　下；508/1 上、2 上；510/1 下、7 下；513/
　　10 上；518/19 上；519/1 下

【东都事略】127、128/附录 5、6

【玉海】174/41 下

【宋会要】礼 20 之 3/766、20 之 144/836；职官
　　67 之 29/3902；食货 23 之 22/5185、23 之
　　29/5189、54 之 5/5740、62 之 57/5977；兵 8
　　之 19/6896、8 之 28/6901；方域 5 之 42/
　　7404、8 之 26/7453、8 之 33/7457、19 之 49/
　　7650

【宋朝事实】55/715

【皇宋十朝纲要】10 下/2 下；16/10 下

【建炎笔录】中/15

【武经总要】前集 18 上/6 下

【奏议标】130/杨亿·上真宗论弃灵州为便/
　　1441

【奏议影】130/杨亿·上真宗论弃灵州为便/
　　4431

【太平治迹统类】2/太祖太宗经制西夏

【东轩笔录】4/2 下

【汉滨集】15/故客省使雄州防御使泾原路兵马
　　钤辖兼第十一将郭公（成）行状/17 上、19

上、19 下

【安阳集】家传 6/17 上

【宋文鉴】119/上曾枢密书/8 下

【姑溪居士后集】20/折渭州墓志铭/1 上

【忠正德文集】8/丙辰笔录/5 上

【河南先生文集】22/用属国/2 上；23/制兵帅/4 下

【名臣碑传琬琰集】中集 48/韩忠献公琦行状/1096

【稽古录】17/80 下

【宁夏府志】3/山川·灵州/10 上

【甘肃新通志】6/舆地志·山川上·固原直隶州·海城县/27 上；7/舆地志·山川下·庆阳府·环县/16 上；13/舆地志·古迹·固原直隶州/12 上

【海城县志】6/古迹志/1 下、2 上、2 下

【隆德县志】4/考证/64 上

【汇编】上 101、110、176、208、211、239；中一 973、1062、1068、1069、1074、1084、1090、1121、1126、1127、1148、1152、1258、1270、1425、1444、1445、1518、1544；中二 1794、1795、1796、1797、1799、2139、2164、2166、2188、2613；中三 3447；中四 4352、4361、4362、4386；中五 4626、4627、5160；中六 5285、5289、5292、5293、5294、5295、5298、5299、5326、5328、5333、5344、5352、5357、5362、5364、5365、5367、5376、5377、5397、5411、5419、5435、5436、5437、5439、5441、5442、5443、5444、5448、5450、5451、5452、5456、5457、5496、5509、5510、5512、5519、5538、5549、5572、5573、5640、5652、5654、5661、5665、5778、5779、5806、5823、5837、5843、5849、5880、5913；下 6427、6949、7007、7011、7012；补遗 7128、7242、7271、7272、7375、7377、7378、7380、7381、7382、7383、7384、7385、7394、7401、7402、7403

七画

旱海　又作瀚海，盐夏、清远军间，并系沙碛，俗谓之旱海

【宋史】254/药元福传/8895；257/李继隆传/8968；277/郑文宝传/9425、9426

【长编标】44/948、950；318/7963；321/7751；328/7896

【长编影】44/16 上；318/12 上；321/14 上；328/6 上

【东都事略】115/郑文宝传/2 上

【资治通鉴】285/9303

【涑水记闻】14/8 上

【名臣碑传琬琰集】下集 5/李继隆传/1338

【宁夏府志】3/山川·灵州/10 上

【平远县志】4/山川/16 下

【汇编】上 902、903；中一 1062、1063、1090、1172、1208、1210；中四 4224；下 6948、6949

八画

河右　西夏雄镇金方，恢拓河右

【柳待制文集】9/李武愍公庙碑铭并序/3 上

【嘉靖宁夏新志】2/寺观·承天寺碑/44 上

【汇编】上 149

河外　夏景宗李元昊巢穴，实在河外

【奏议标】134/范仲淹等·上仁宗论和守攻备四策/1497

【奏议影】134/范仲淹等·上仁宗论和守攻备四策/4605

河西

【元史】1/太祖纪/6、10、14、21；14/世祖纪 11/295；17/世祖纪 14/365；18/成宗纪 1/388；20/成宗纪 3/44；22/武宗纪 1/494；32/文宗纪 1/712；60/地理志 3/1450、1452；77/祭祀志 6/1926；85/百官志 1/2139；98/兵志 1/2509、2515、2517；103/刑法志 2·户婚/264；120/吾也而传/2964、2968、2970；121/速不台传/2977；122/巴而术阿而忒的斤传/3000、昔儿吉思传/3015；123/艾貌传/3039、绍古儿传/3025；132/麦里传/3210；133/也罕的斤传/3226；135/塔海帖木儿传/3276；136/哈剌哈孙传/3291；146/耶律楚材传/3457；149/耶律留哥传/3514、移剌捏儿传/3530；151/张荣传/3581、薛塔剌海传/3563；165/完颜石柱传/3886；173/崔

或传/4043

【辽史】13/圣宗纪 4/149

【宋史】198/兵志 12·马政/4932；259/袁继忠
传/9005；264/宋琪传/9129；266/王诏传/
9189；267/张洎传/9214；268/王显传/9230；
279/陈兴传/9483；325/刘平传/10501

【金史】16/宣宗纪下/361；98/完颜纲传/2175；
114/白华传/2503

【大金国志】22/东海郡侯纪/3 上

【元史译文证补】15/海都补传/1 上

【元史类编】1/10 上

【元圣武亲征录】/45

【元朝名臣事略】5 之 1/中书耶律文正王（楚
材）传/4 下

【元朝秘史】7/9 上；5/16 下；14/1 上、9 上

【长编标】2/56；35/767、768；53/1156；363/
8689

【长编影】2/16 下；35/2 下；53/14 上；363/5 上

【东都事略】127、128/西夏传/附录 5、6

【三朝北盟会编】14/11 下

【宋会要】职官 25 之 2/2915；方域 21 之 14/
7668

【宋朝事实类苑】74/978

【武经总要】前集 17/14 上、19 下

【奏议标】130/张齐贤·上真宗论陕西事宜/
1438；134/富弼·上仁宗论不可待西使太过/
1489

【奏议影】130/张齐贤·上真宗论陕西事宜/
4420；134/富弼·上仁宗论不可待西使太过/
4577

【隆平集】20/夷狄传/3 下

【黑鞑事略】12、17

【新元史】166/虎盖传/10 上

【蒙古源流笺证】3/18 下；4/1 上

【蒙兀儿史记】2/成吉思可汗本纪上/31 上；3/
成吉思可汗纪下/8 下、30 上；23/不秃传/
8 下；37/漠北三大汗诸子·合失传/1 上；
46/本传/1 上；48/镇海传/12 上；57/阔阔不
花传/1 上

【元丰类稿】47/孙公行状/9 上

【元刊梦溪笔谈】9/31

【文庄集】14/陈边事十策/1 上

【长春真人西游记】/上/13

【乐全集】20/请因郊禋肆赦招怀西贼札子/24 上

【玉壶清话】6/2 下

【吴礼部诗话】15 下

【松漠纪闻】1 上/5；补遗/24

【欧阳文忠公集】20/范公神道碑/12 上；29/翰
林侍读学士右谏议大夫杨公墓志铭/5 下；
126/归田录/7 下

【南村辍耕录】2/6 上

【渑水燕谈录】4/6 上

【名臣碑传琬琰集】中集 15/许侍制元墓志铭/
629

【至正金陵新志】6/历代官制题名/41 下、62 上

【至顺镇江志】15/元刺守镇江府路总管府/6
上、9 上、17 上、18 上；16/宰二丹徒县/4
下、5 上、6 上、11 上

【汇编】上 102、115、377；中一 924、928、
996、1046、1067、1069、1085、1086、1124、
1141、1169、1332、1690；中二 1797、1799、
1866、1922、1931、1937、1962、1966、
1976、2381、2461、2699、2719；中六 5787；
5871；下 6571、6588、6589、6597、6796、
6806、6811、6812、6815、6823、6825、
6826、6853、6857、6874、6878、6882、
6883、6884、6885、6897、6898、6899、
6904、6907、6910、6914、6917、6918、
6926、6927、6928、6929、6930、6931、
6932、6933、6936、6952、6958、6977、
6987、6990、6992、6993、7002、7014、
7015、7035、7036、7040、7042、7043、
7046、7052、7054、7055、7061、7064、
7065、7071、7085、7086、7087、7089

河南

夏国赖以为生者，河南膏腴之地，东则
横山，西则天都山、马衔山一带，其余多不
堪耕牧

【宋史】198/兵志 12 马政/4932

【长编标】35/768；466/11128

【长编影】35/14 上；466/3 下

【宋会要】兵 8 之 28/6901

【奏议标】136/司马光·上神宗纳横山非便/
1529

【奏议影】136/司马光·上神宗纳横山非便/
4704

【汇编】中一 1690

【汇编】中五 5198

十三画

督府
【杂字】19/地分部/19 左

歇头仓　葭芦、米脂里外良田不啻一二万顷，西人名之歇头仓
【长编标】344/8264
【长编影】344/9 上
【汇编】中五 4566

衙头　又作牙头，西夏对兴庆府的称呼
【长编标】166/3987；277/6781；316/7651；323/7784；325/7832；406/9877；506/12058；507/12077；508/12102；510/12134
【长编影】166/6 下；277/12 下；316/13 上；323/8 上；325/7832；406/2 上；506/8 下；507/4 下；508/7 下；510/3 上
【北山集】13/西征道里记并序/23 上
【汇编】下 6515

新内
【杂字】19/地分部/19 左

新衙
【杂字】19/地分部/19 左

十六画

避暑宫　夏景宗李元昊避暑宫
【宁夏府志】4/古迹·宁夏·宁朔县/12 下；6/坛庙·府城/34 上
【甘肃新通志】30/祠祀志·寺观·宁夏府·宁夏县·宁朔县/42 上
【汇编】补遗 7300、7303

十九画

瀚海　环庆至灵州七百里沙漠
【宋史】257/李继和传/8969；273/李守恩传/9334、9340；301/马元方传/9986
【长编标】39/833、835、836；47/1026；50/1091；123/2910；124/2926；322/7763
【长编影】39/5 下、7 上；47/16 上；50/9 上；123/17 上；322/5 下
【宋会要】兵 27 之 4/7248
【武经总要】前集 18 上/15 上
【宋朝事实类苑】56/引湘山野录/742
【汇编】中一 1091、1111、1121、1126、1127、1142、1143、1221、1258

二、辽宋金与西夏交界或相关的地名

（一）与西夏交界或相关的路府州郡县

1. 辽朝与西夏交界或相关的路府州郡县

四画

天德军　兵事属辽西南面招讨司
【辽史】2/太祖纪下/16；19/兴宗纪2/230；26/道宗纪6/314；29/天祚皇帝纪3/345；30/天祚皇帝纪4/353；34/兵卫志上/396；41/地理志5/508、509；69/部族表/1104、1123；74/韩知古传附孙/1235；75/耶律规烈传/1237
【汇编】上857、858；中三2880

云州　辽朝聚兵于云州西约五百里夹山之侧以伐夏国
【长编标】151/3647、3675；363/8689
【长编影】151/9下；363/14上
【宋会要】方域5之8/7387
【范文正公集】政府奏议下/边事/14下
【儒林公议】下/3下
【契丹国志】22/控制诸国/7下
【汇编】中三2953、2955、3033；中五4652；中六6000；下7004

云中县　西京道西京大同府
【辽史】41/地理志5·西京道西京大同府/506
【汇编】中三3127

七画

应天军　原丰州，兵事属西南面招讨司
【辽史】41/地理志5/508
【汇编】上858

八画

金肃军　夏人侵金肃军，败之
【辽史】29/天祚皇帝纪3/347；36/五京乡丁/428；91/耶律仆里笃传/1365；92/耶律独攧传/1371；99/耶律挞不也传/1421；114/萧迭里得传/1515
【汇编】中三3156、3157；中六5973、6004

金肃州　西京道，辽兴宗重熙十二年伐西夏置
【辽史】41/地理志5·西京道/515
【陕西通志】5/建置4/33下
【汇编】中二2833；补遗7494

河清军　西夏归辽，开直路以趋上京，重熙十二年建城，号河清军
【辽史】36/五京乡丁/428；41/地理志5西京道/515
【汇编】中二2833

九画

威塞州　契丹压夏境筑威塞州以备夏景宗李元昊
【宋史】19/兴宗纪2/230；313/富弼传/10253
【长编标】151/3675
【长编影】151/9下
【东坡全集】18/富郑公神道碑/32上
【汇编】中三2880、2955、2956、2957

十画

晋阳　辽使刘六符至宋，取晋阳及瓦桥以南十县地，且问兴师伐夏之由
【辽史】19/兴宗纪2/227

【汇编】中二 2419

振武军　辽置榷场于振武军

【辽史】14/圣宗纪 5/161；41/西京道/514；60/
食货志下/929

【东都事略】123/附录 1・辽国/3 下

【契丹国志】7/圣宗天辅皇帝纪/3 下

【汇编】中一 1098、1417

朔州路　辽禁朔州路羊马入宋，吐浑与党项马
入夏

【辽史】60/食货志下/931

【汇编】中三 3544

2. 宋朝与西夏交界或相关
的路府州郡县

二画

九原郡　丰州，在河北，东邻契丹，北接鞑靼，
南即麟府东火山军界

【宋会要】方域 5 之 8/7387

【武经总要】前集 17/20 上

【安阳集】家传 5/3 上

【汇编】中一 952；中三 3276；下 7005

三画

三川县　鄜州

【宋会要】食货 15 之 16/5069、19 之 7/5126；
方域 5 之 41/7403

【元丰九域志】3/113

【汇编】中二 2145

三川县　渭州

【甘肃新通志】13/舆地志・古迹・固原直隶州/
12 上

【隆德县志】4/考证/64 上

【汇编】补遗 7271、7380

三水县　邠州

【宋史】87/地理志 3/2153；369/曲端传/11490

【元丰九域志】3/112

【河南先生文集】12/朝散大夫给事中知同州军
州事李公（允及）行状/7 上

【汇编】中一 1117；中四 4062；中六 5834；下
6143

大宁郡　隰州

【元丰九域志】4/168

【汇编】中四 3839、3840

大斌县　绥州

【宋会要】方域 6 之 3/7407

【陕西通志】13/山川 6・绥德州/51 下

【汇编】下 7009；补遗 7248

大潭县　熙河

【宋会要】方域 12 之 15/7527

【系年要录】72/1208

【汇编】下 6353

大潭县　宋太祖乾德元年置于上木竹谷，属秦
州，后属岷州

【长编标】253/6191

【长编影】253/5 上

【系年要录】72/1208

【名臣碑传琬琰集】上集 12/吴武安公功绩记/
186

【甘肃新通志】13/舆地志・古迹・秦州直隶州
・礼县/24 下

【汇编】中四 3953；下 6352、6353；补遗 7238

山丹县　旧城西夏建

【甘肃新通志】14/建置志・城池/45 上

【汇编】补遗 7476

义渠郡　环州定边寨与镇戎军乾兴寨相望八十
余里，二寨之间有葫芦泉，属于夏界，为义
渠、朝那二郡之交

【长编标】135/3217

【长编影】135/4 上

【奏议标】133/范仲淹・上仁宗再议攻守/1480

【奏议影】133/范仲淹・上仁宗再议攻守/4552

【范文正公集】西夏堡寨/6 上

【汇编】中二 2424、2645

广威县　廓州

【元丰九域志】10/化外州・陕西路/480

【汇编】中一 1717

门山县　延州

【宋史】87/地理志 3/2147

【宋会要】食货 15 之 15/5070、22 之 1/5156

【汇编】中六 5828

四画

丰州 *麟府*

【宋史】4/太宗纪1/69；6/真宗纪1/118；7/真宗纪2/122；8/真宗纪3/149；11/仁宗纪3/212；12/仁宗纪4/248；16/神宗纪3/307；86/地理志2/2135、2136；168/合班之制/3988；176/屯田/4270；182/四盐 中/4445；190/河东、陕西弓箭手/4713；198/马政/4932；253/折御卿传/8864；264/宋琪传/9129；285/贾昌朝传/9614；289/高继宣传/9697；292/明镐传/9769；300/王沿传/9955、9959；317/冯京传/10339；318/张方平传/10354；323/赵振传/10462；324/张亢传/10488；326/张岊传/10524、康德舆传/10537；257/何灌传/11225；349/郝质传/11050；446/杨震传/13167；447/徐徽言传/13191；485/夏国传上/13997

【金史】3/太宗纪/60；72/娄室传/1652

【长编标】10/233；23/512；35/768；43/922；45/969；53/1158；54/1178；55/1202；56/1224；73/1676；75/1707、1722；79/1808；102/2365；104/2421；124/2920；133/3163、3168、3172、3181；134/3188；138/3319；140/3368；142/3414；148/3574；151/3692；157/3812；159/3847；178/4317；181/4384；193/4680；195/4732；212/5150；215/5247；218/5292；220/5345、5364；228/5548；233/5659；238/5786、5796；253/6192；270/6627；276/6750；289/7070；294/7169；300/7312；325/7820；326/7849；339/8167；344/8263；347/8324；397/9674、9685；456/10924；466/11135；475/11319；480/11429

【长编影】10/15 下；23/12 上；35/3 下；43/12 下；45/13 上；53/3 下；54/3 上；55/2 上；56/1 上；73/23 上；75/1 下、14 上；79/14 下；102/15 下；104/20 上；124/2 下；133/3 下、8 下；134/2 上；138/13 上；140/8 下；142/18 下；148/1 上；151/25 上；157/14 下；159/7 下；178/12 下；181/13 下；193/17 上；195/5 上、13 下；212/7 上；215/16 上；218/1 下；220/8 上；228/7 下；230/15 上；233/14 上；238/10 下；253/5 上；270/8

上；276/11 下；289/10 上；294/7 下；300/14 上；325/6 下；326/10 下、13 下；339/8 上；344/9 上；347/4 下；397/4 上；456/7 上；466/8 下；475/1 上；480/12 下

【东都事略】127、128/附录5、6

【宋会要】食货1之30/4816、2之6/4828、19之10/5128、22之7/5159、63之80/6026、65之23/6167；刑法6之18/6702；兵8之21/6897、24之1/7179、24之2/7179、27之39/7266、27之44/7267、7268、28之8/7273、28之24/7281；方域5之8/7387、8之34/7457、18之15/7617；蕃夷1之9/7677、1之13/7679

【武经总要】前集17/14 上、17 上、20 上

【奏议标】45/王襄·上钦宗论彗星/481；65/余靖·上仁宗乞韩琦兼领大帅镇秦州/718；133/贾昌朝·上仁宗备边六事/1483；134/韩琦·上仁宗论备御七事/1494

【奏议影】45/王襄·上钦宗论彗星/1708；65/余靖·上仁宗乞韩琦兼领大帅镇秦州/2362；133/贾昌朝·上仁宗备边六事/4561；134/韩琦·上仁宗论备御七事/4596

【名臣碑传琬琰集】中集48/韩忠献公琦行状/1101；下集13/文彦博传/1452

【稽古录】17/76 上

【三朝北盟会编】11/4 下；59/1 上；75/12 上

【元丰九域志】4/165、166、175

【太平广记】105/20 下

【文庄集】14/陈边事十策/1 上

【文恭集】36/宋故宣徽院使郑公（戬）墓志铭/438

【东坡全集】15/张公墓志铭/14 上

【乐全集】21/请罢陕西招讨经略司事/5 上

【司马文正公集】8/章奏6/12 上

【安阳集】家传3/6 下、5/3 上；47/故客省使眉州防御史赠遂州观察史/张公墓志铭/14 上

【苕溪集】48/宋故武功大夫魏国公杨公（宗闵）墓碑/5 下、宋故敦武郎知麟州建宁寨杨公（震）墓碑/11 上、宋故恩平郡夫人刘氏墓碑/17 下

【范文正公集】政府奏议下/9 下；西夏堡寨/6

【香溪集】21/徐忠壮（徽言）传/1 下

【涑水记闻】12/8 上

【斜川集】5/孙团练墓志铭/30 上

【延绥镇志】1/地理志/6 上

【陕西通志】5/建置 4/32 下；42/茶马/9 上

【汇编】上 65、103、111、173、235；中一
925、926、927、952、992、997、1036、
1038、1040、1069、1201、1212、1228、
1331、1344、1361、1374、1494、1499、
1501、1505、1511、1630、1649、1690；中
二 1796、1817、2321、2329、2330、2331、
2332、2333、2334、2335、2338、2339、
2344、2353、2358、2364、2365、2369、
2370、2482、2592、2616、2642、2716、
2760、2811；中三 2864、2986、3005、3091、
3095、3212、3269、3273、3276、3280、
3301、3302、3471、3563、3575、3606、
3607、3629、3659、3728；中四 3752、3770、
3805、3953、4001、4071、4083、4106、
4186、4332、4352、4353、4355、4444、
4524；中五 4566、4588、4816、5060、5097、
5102、5110、5166、5213；中六 5826、5827、
5861、5862、5888、5965、6029、6034、
6039、6074；下 6088、6089、6159、6160、
7005；补遗 7225、7245、7415、7461、7462、
7467、7493

丰林县　延州，宋神宗熙宁五年七月省县为镇

【宋史】87/地理志 3/2146；264/宋琪传/9129

【长编标】35/768；225/5495；236/5754

【长编影】35/3 下；225/23 上；236/27 下

【宋会要】食货 19 之 7/5126、5 之 39/7402；方
域 12 之 15/7527、18 之 5/7619、18 之 12/
7615、18 之 13/7616、18 之 31/7625、18 之
32/7625、20 之 11/7656

【元丰九域志】3/107

【范文正公集】西夏堡寨/4 下

【汇编】中一 1007、1069；中二 2150、2643、
2644；中三 3076、3077、3713；中四 3788、
中四 4009；中六 5827

开光县　银州

【宋史】87/地理志 3/2150

【汇编】中六 5831

天水县　秦州

【宋史】198/兵志 13/4937；250/王承柏传/
8818；308/张佶传/10151

【元丰九域志】3/122

【元宪集】22/诸司使副缘边都监知州葛宗古王
从政米吉张世昌并转官制/229

【文恭集】14/陈叔度可大理评事制/175；18/张
昇可兵部员外郎充天章阁待制环庆路都部署
经略安抚等使兼知庆州制/219

【安阳集】24/表状/3 下

【河南先生文集】22/按地图/2 上

【梅尧臣集编年校注】14/261

【名臣碑传琬琰集】中集 27/王珪撰王懿敏公素
墓志铭/804

【甘肃新通志】9/舆地志·关梁·秦州直隶州/
43 上

【汇编】中一 929、1470、1517；中二 2164、
2360、2396；中三 2919、3021、3162、3179、
3263；补遗 7477

天水郡　秦州

【宋史】87/地理志 3/2154

【武经总要】前集 18 上/27 下

【元丰九域志】3/122

【汇编】中一 929、931；中六 5834

天德军　麟府

【宋会要】方域 5 之 8/7387

【系年要录】107/1750

【汇编】下 6455、7005

太原　河东

【宋会要】兵 29 之 8/7296；方域 5 之 4/7385、6
之 3/7407

太原府　河东

【宋史】4/太宗纪 1/62；12/仁宗纪 4/256；15/
神宗纪 2/276；16/神宗纪 3/308；20/徽宗纪
2/379；22/徽宗纪 4/417；23/钦宗纪/426、
428、430；61/水上/1327；67/土/1485、1486；
86/地理志 2/2131、2135；150/门载/3514；
167/府州军监/3973；176/屯田/4269；187/
禁军上序/4577、4578；188/步军/4621；
196/屯戍之制/4901；211/宰辅 2/5486；311/
吕公弼传/10214；312/曾孝广传/10235、陈
升之传/10237；314/范纯仁传/10289；315/
韩缜传/10311；316/唐介传/10329；317/冯
京传/10339；320/王素传/10404；322/刘庠
传/10451；327/王安礼传/10557；328/薛嗣
昌传/10588；331/王居卿传/10647；332/滕

元发传/10676；335/种师中传/10754；343/
林希传/10914；344/孙览传/10929；348/陶
节夫传/11039；349/姚古传/11061；353/张
近传/11146，许几传/11150；354/姚祐传/
11163；355/郭知章传/11197；358/李纲传/
11245；363/李光传/11337；446/杨震传/
13167、朱昭传/13170；447/徐徽言传/
13193；452/刘士英传/13300；453/孙昭远传
/13318；471/邢恕传/13704、曾布传/13715

【长编标】219/5324；220/5348；221/5367、5379；
322/7759；330/7945；344/8263；346/8310；
379/9200；380/9227；402/9788；439/10575；
484/11512；514/12128

【长编影】219/4 下；220/3 上；221/1 上；322/
5 下；330/13 上；344/9 上；346/8 下；379/
4 下；380/7 上；402/11 上；439/8 上；484/
18 下；514/17 下

【长编纪事本末】145/9 下

【三朝北盟会编】25/1 下、5 上；36/8 下；44/
6 上；50/8 上；53/2 上；54/8 下；56/8 上；
59/1 上；60/4 下；61/6 上；69/7 下

【宋会要】食货65 之 23/6167；兵21 之 7/7128

【奏议标】125/余靖·上仁宗论马政修之由人不
在于地/1383

【奏议影】125/余靖·上仁宗论马政修之由人不
在于地/4269

【靖康传信录】2/14；3/31

【靖康要录】9/532；12/743；15/929

【文忠集】29/京西北路制置安抚使孙公昭远行
状/10 上

【文恭集】36/宋故宣徽北院使郑公（戬）墓志
铭/436

【东坡全集】16/故龙图阁学士滕公墓志铭/10
上

【乐全集】23/再上国计事/5 下

【庄简集】9/乞用河东土豪援太原札子/6 下

【净德集】21/枢密刘公墓志铭/233

【欧阳文忠公全集】115/河东奉使奏草/21 下

【苕溪集】48/宋故武功大夫杨公（宗闵）墓碑
/5 上；48/宋故恩平郡夫人刘氏墓碑/17 下；
111/桂州与吴元中（敏）书别幅/10 上；
172/靖康传信录/中/7 上；173/靖康传信录/
下/19 下

【名臣碑传琬琰集】中集 19/唐质肃公介墓志铭
/680

【梁溪集】52/乞令张灏同折可求节制汾晋人马
札子/11 下；54/奏知进兵次第札子/13 上

【汇编】中三 2967、3005、3027、3112、3244、
3453、3623、3650、3655、3674；中四 3753、
3819、4033、4299、4440、4441；中五 4566、
4583、4728、4738、4835、4969、4970、
4986、4987、5220；中六 5274、5590、5762、
5826、5989、5991、5992、5993、6008、
6009、6010、6012、6017、6018、6021、
6023、6024、6025、6026、6028、6034、
6035、6036、6048、6056、6065；补遗 7452、
7453、7455、7458、7459、7461、7462、
7464、7465

中部县 坊州

【元丰九域志】3/118

【延安府志】5/1 上

【陕西通志】7/疆域 2/40 上

【汇编】中四 4064；补遗 7482、7483

中部郡 坊州

【元丰九域志】3/118

【汇编】中四 4064

凤州 秦凤

【宋史】7/真宗纪 2/142；38/宁宗纪 2/744；
40/宁宗纪 4/771、774；61/水上/1324；65/
木/1428；87/地理志 3/2154；156/科目下/
3633；187/禁军上序/4582；191/河北河东陕
西义勇/4736；366/吴玠传/11412；372/王之
望传/11538；402/安丙传/12190、杨巨源传/
12194、12196；406/崔与之传/12260；484/
韩通传/13969

【长编标】83/1908；476/11337

【长编影】83/19 上；476/2 上

【宋会要】职官 55 之 31/3614；食货 15 之 18/
5071、19 之 9/5127、23 之 28/5188、37 之
27/5462；兵 2 之 4/6773、2 之 38/6790；方
域 5 之 36/7401

【奏议标】139/苏辙·上哲宗乞因夏人纳款给还
其地/1567

【奏议影】139/苏辙·上哲宗乞因夏人纳款给还
其地/4816

【武经总要】前集 18 上/27 下

【元丰九域志】3/122

【方舟集】16/赵郡王墓志铭/26 上

【河南先生文集】15/故金紫光禄大夫检校右散
　骑常侍李（渭）公墓志铭/12 上

【汇编】中一 929、931、1415、1531、1664；中
　三 3612、3621；中四 4100；中五 5169、
　5177；中六 5834；下 6357、6697、6876、
　7005

凤翔府　秦凤

【宋史】25/高宗纪 2/455、463；29/高宗纪 6/
　540；61/水上/1324；64/五行志 2 下/1403；
　65/木/1427；67/土/1463；87/地理志 3/
　2143、2146、2153、2156；181/钱币/4383；
　186/兵志 1/4593；188/熙宁以后之制/4621；
　189/厢兵/4674；191/河北河东陕西义勇/
　4736；193/招募之制/4804；210/宰辅 1/
　5432；261/陈若拙传/9041；262/刘几传/
　9067；263/刘熙古传/9100；264/薛居正传/
　9112；266/苏易简传/9173；267/赵昌言传/
　9197；274/翟守素传/9363；276/樊知古传/
　9394；281/寇准传/9528；291/李寿朋传/
　9742、王博文传/9745；292/程戡传/9755；
　297/郭劝传/9893；298/司马池传/9904、李
　及传/9908；299/孙祖德传/9928、崔峄传/
　9947；301/张秉传/9996、张旨传/10004、郑
　骧传/10006；303/赵湘传/10041；304/梁鼎
　传/10059、曹颖叔传/10071；306/张去华传/
　10109；307/张雍传/10122、李绎传/10135；
　308/周审玉传/10142；310/杜衍传/10189；
　326/田敏传/10534；330/任颛传/10617；
　332/李师中传/10678；344/李周传/10935；
　353/程之邵传/11151；369/张俊传/11469、
　曲端传/11491；380/楼炤传/11717；402/安
　丙传/12194；453/孙昭远传/13318；466/周
　怀政传/13617

【长编标】55/1216；123/2892；154/3738；214/
　5210；215/5244；216/5257；222/5400；240/
　5867；256/6252；296/7214；314/7603；325/
　7821；331/7978；341/8204；343/8235；393/
　9582；403/9802；487/11599

【长编影】55/1 上；123/1 上；154/4 上；214/
　16 上；215/13 上；216/6 下；222/2 下；
　240/38 上；256/6 上；296/17 下；314/4 下；

325/7 上；331/10 下；341/9 上；343/2 上；
　393/28 上；403/2 下；487/7 上

【宋会要】职官 47 之 16/3426、55 之 31/3614、
　64 之 11/3826、65 之 25/3859；食货 2 之 6/
　4828、4 之 7/4849、15 之 17/5071、19 之 8/
　5127、23 之 28/5188、39 之 32/5504、39 之
　38/5507；兵 2 之 4/6773、22 之 4/7145、27
　之 34/7263；方域 5 之 36/7401、12 之 15/
　7527

【系年要录】12/279；38/726；199/3377

【武经总要】前集 18 上/26 上

【奏议标】123/韩琦·上英宗乞募陕西义勇/
　1355；136/韩琦·上仁宗论西北议和有大忧
　者三大利者一/1517

【奏议影】123/韩琦·上英宗乞募陕西义勇/
　4194；136/韩琦·上仁宗论西北议和有大忧
　者三大利者一/4666

【朝野杂记】乙集 19/边防/1180

【名臣碑传琬琰集】中集 26/苏文忠公轼墓志铭
　/778

【小畜集】29/故商州团练使翟公（守素）墓志
　铭并序/3 上

【元丰九域志】3/112、125

【方舟集】16/赵郡王墓志铭/26 上

【东坡全集】45/书/20 上

【司马文正公集】18/章奏 16/9 上

【安阳集】家传 2/8 上、3/1 下、4/17 下、6/6
　上

【鸡肋编】上/33

【范文正公集】别集 4/10 上

【汇编】中一 965、966、1048、1066、1087、
　1339、1416、1607；中二 1773、2005、2349、
　2421、2550；中三 3035、3134、3259、3274、
　3275、3327、3328、3350、3354、3370、
　3587、3606、3612、3621、3694；中四 3820、
　3965、4033、4061、4115、4143、4334、
　4452、4536；中五 4557、4598、4805、4837；
　中六 5301、5349、5868；下 6126、6246、
　6502、6511、6687、6697、6868、6937、7005

升平县　坊州，熙宁元年省为镇

【元丰九域志】3/118

【宋会要】食货 19 之 8/5127

【汇编】中四 4064

长安　关中

【宋史】266/王举元传/9188；317/钱即传/
　10351；334/沈起传/10728；349/刘舜卿传/
　11062；448/李彦仙传/13211；456/侯可传/
　13406

【长编标】146/3544；215/5248；489/11603

【长编影】146/15 上；215/16 下；489/6 上

【长编纪事本末】83/7 下

【三朝北盟会编】60/4 下

【奏议标】137/司马光·上神宗谏西师/1539；
　140/张舜民·上徽宗论进筑非便/1585

【奏议影】137/司马光·上神宗谏西师/4733；
　140/张舜民·上徽宗论进筑非便/4875

【系年要录】129/2090

【中兴小记】27/305

【画墁集】游公（师雄）墓志铭/1 下

【文恭集】23/实封制/291；36/宋故宣徽北院使
　郑公（戬）墓志铭/436

【伐檀集】上/29 下

【安阳集】35/奏状/10 上；家传/7/5 上

【容斋四笔】6/5 下

【名臣碑传琬琰集】中集 15/吕谏议公绰墓志铭
　/636

【汇编】中三 2848、2856、3128、3201、3423、
　3457、3467、3476、3487、3494、3502、
　3595、3607、3636、3669；中六 5311、5713、
　5763、5867、6048；下 6213、6507、6514

长安县　秦州陷山砦东北至长安县界九十里

【武经总要】前集 18 上/31 上

【汇编】中一 1008

长武县　宋真宗咸平四年升泾州长武镇为县

【宋史】87/地理志 3/2157

【宋会要】食货 15 之 18/5071；方域 5 之 42/
　7404

【汇编】中六 5836；下 7006

长道县　熙河

【宋会要】方域 12 之 15/7527

长道县　秦凤

【武经总要】前集 18 上/27 下

【宋会要】食货 19 之 8/5127

【汇编】中一 932

丹头县　延安府

【陕西通志】16/关梁 1·延安府·安定县/29 上

【汇编】补遗 7305

丹州　鄜延

【宋史】87/地理志 3/2146；187/兵志 1/4599；
　191/蕃兵志 5/4757；372/王庶传/11546

【长编标】54/1176；341/8213

【长编影】54/1 上；341/16 下

【宋会要】职官 55 之 31/3614；食货 4 之 7/
　4849、15 之 17/5071、19 之 8/5127、23 之
　28/5188、39 之 3/5490；兵 2 之 4/6773、4 之
　5/6822；方域 5 之 36/7401、12 之 15/7527

【太平治迹统类】2/太祖太宗经制西夏

【武经总要】前集 18 上/1 下

【范文正公集】西夏堡寨/4 下

【汇编】中一 1107、1339、1416、1766；中二
　2644；中三 3129、3475、3611、3621；中六
　5827；中四 3907、4541；下 6142、7005

丹延　即丹、延二州

【长编标】39/837

【长编影】39/5 下、7 上

【汇编】中一 1121、1128

文水县　太原府

【宋史】23/钦宗纪/430

【金史】81/耶律怀义传/1827

【三朝北盟会编】50/8 上；56/8 上

【靖康传信录】3/31

【靖康要录】12/743

【梁溪集】54/缴进折彦质等诸目札子/11 上、
　奏知进兵次第札子/13 上

【汇编】中六 6018、6020、6021、6023、6024、
　6028；补遗 7456、7458

文州　陕西市马处

【宋史】458/中本传/13449

【长编标】129/3057；176/4257

【长编影】129/7 上；176/8 上

【宋会要】兵 22 之 4/7145、24 之 1/7179

【汇编】中一 1227、1228；中二 2112；中三
　3203、3260、3429

方山县　石州

【宋史】86/地理志 2/2134

【宋会要】食货 16 之 3/5074、22 之 7/5159

【汇编】中六 5825

火山军　宋太宗太平兴国七年以岚州雄勇镇置

【宋史】15/神宗纪 2/296；64/五行志 2 下/

1405；86/地理志 2/2137；175/和籴/4241；183/盐下/4469；190/河东、陕西弓箭手/4712；196/屯戍之制/4901；198/马政/4932；292/丁度传/9763；326/张昭远传/10538

【长编标】57/1256；58/1274；104/2421；133/3173；152/3709；154/3749；178/4317；265/6517；295/7179；311/7545；358/8572；402/9788；477/11372

【长编影】57/5 下；58/1 下；104/20 下；133/11 下；134/5 上；152/12 上；154/12 上；178/12 上、12 下；265/26 上；295/3 上；311/14 上；358/11 下；402/11 上；477/18 下

【宋会要】职官 47 之 61/3448；食货 16 之 3/5074、19 之 10/5128、22 之 8/5159；兵 24 之 1/7179、24 之 2/7179、24 之 13/7185；27 之 35/7264、27 之 36/7264、28 之 23/7281、28 之 35/7287；方域 18 之 3/7611、18 之 8/7613、18 之 15/7617、18 之 24/7621；蕃夷 1 之 28/7686、2 之 37/7710

【武经总要】前集 17/14 上、20 上

【元丰九域志】4/165、177、178、179

【范文正公集】尺牍中/6 上；西夏堡寨/3 上

【涑水记闻】12/8 上

【汇编】中一 925、927、952、989、999、1031、1228、1335、1366、1412、1568、1649、1690；中二 1843、2030、2333、2343、2375、2386、2641、2642、2695；中三 3001、3283；中五 4834、5180；中六 5827、5984

火山县　火山军，宋英宗治平四年置

【宋史】86/地理志 2/2137

【汇编】中六 5827

五画

古渭州　泾原

【宋史】198/兵志 12/4935；285/梁适传/9624；290/郭逵传/9723；311/吕公绰传/10211；317/冯京传/10339；318/张昪传/10362；319/刘敞传/10383；326/郭恩传/10521；330/傅求传/10621；332/陆詵传/10680；350/曲珍传/11083

【长编标】128/3035；132/3142；149/3607；171/4111；174/4203、4206、4210；175/4222、4225、4226；176/4258；197/4774；214/5205；331/7982

【长编影】128/3035；132/17 上；149/9 下；171/8 上；174/12 上、17 下；175/3 下、6 上；176/9 下；197/6 上；214/9 下；331/14 上

【皇宋十朝纲要】6/7 下

【奏议标】136/刘敞·上仁宗论城古渭州有四不可/4674；141/文彦博·上神宗论进筑河州/1590、1591

【奏议影】136/刘敞·上仁宗论城古渭州有四不可/1520；141/文彦博·上神宗论进筑河州/4890、4893

【元刊梦溪笔谈】25/31

【文恭集】8/论西夏事宜/95

【东轩笔录】3/4 上

【乐全集】22/秦州奏唃厮啰事/22 下；附录/王巩撰张方平·行状/19 上

【龙川别志】下/94

【安阳集】家传 2/12 上

【范太史集】40/检校司空左武卫上将军郭公墓志铭/3 下

【济南集】7/郭宣徽（逵）祠堂记/15 上

【涑水记闻】12/17 上

【彭城集】35/故朝大夫给事中集贤院学士权判南京留司御史台刘公行状/467

【名臣碑传琬琰集】中集 22/张文定公方平墓志铭/719

【稽古录】20/92 下

【潞公文集】17/奏议/2 下

【汇编】中二 2056、2057、2295、2428；中三 3186、3188、3189、3190、3191、3192、3193、3195、3196、3197、3198、3200、3205、3288、3292、3298、3368、3379、3560、3585、3675；中四 3823、4454；补遗 7309

石州　旧带岚、石、隰三州都巡检使

【宋史】6/真宗纪 1/117；7/真宗纪 2/123；18/哲宗纪 2/347；23/钦宗纪/435；67/土/1484；86/地理志 2/2134、2137；176/屯田/4269；183/盐下/4469；191/兵志 5/4750；196/屯戍之制/4901；198/马政/4937；250/韩崇训传/

8824；255/王彦超传/8911；257/李继和传/
8969；261/张铎传/9048；271/陆万友传/
9292；274/翟守素传/9363；276/臧丙传/
9398；279/张昭允传/9475；280/钱守俊传/
9503；285/陈执中传/9608；290/曹继邺传/
9709；300/杨偕传/9955；310/杜衍传/
10189；325/刘平传/10501；335/种谔传/
10747；340/吕大忠传/10845；447/徐徽言传
/13191；448/王忠植传/13217；456/郝戬传/
13407；492/吐蕃传/14156

【长编标】47/1023；51/1111；52/1140；53/
1169；54/1175；56/1227；83/1895；104/
2409；107/2506；118/2790；120/2836；123/
2902、2914；125/2949、2957；126/2970；
133/3173；134/3189、3203；220/5363；221/
5385；247/6020；250/6099；252/6159；327/
7887；331/7986；338/8140；344/8264；348/
8356、8359；349/8367；385/9379；393/
9559；402/9788；421/10194；460/10999；
474/11302；514/12225、12227；517/12297

【长编影】47/12 下；51/8 上；52/9 下；53/13
下；54/1 上；56/9 上；83/8 上；104/10 上；
107/14 下；118/15 下；120/15 下；123/10
上；125/11 上；126/5 上；133/11 下；134/2
下；220/13 上；221/16 下；247/12 下；250/
18 上；252/10 下；327/20 上；331/17 下；
338/2 上；344/9 上；348/13 上；349/3 上；
385/7 上；393/9 上；402/11 上；421/2 上；
460/1 上；474/2 下；514/13 上、16 下；
517/2 下

【宋会要】食货 16 之 3/5074、17 之 17/5091、
19 之 10/5128、22 之 7/5159、42 之 9/5566、
63 之 81/6027；兵 4 之 14/6827、27 之 7/
7250、27 之 19/7256、28 之 46/7292；方域 6
之 8/7409、8 之 27/7454、8 之 30/7455、18
之 4/7611、18 之 8/7613、19 之 13/7632、20
之 13/7657

【武经总要】前集 17/7 下；18 上/34 上；18 下/
西蕃地界/1 上

【奏议标】133/范仲淹·上仁宗攻守二策/1478

【奏议影】133/范仲淹·上仁宗攻守二策/4546

【元丰九域志】4/168、173

【龙川略志】635

【忠肃集】12/直龙图阁蔡君（奕）墓志铭/164

【范文正公集】年谱补遗/5 下；言行拾遗 3/9
上；5/13 下

【香溪集】21/徐忠壮（徽言）传/1 下

【栾城后集】13/颖滨遗老传下/7 上

【涑水记闻】14/6 上

【稽古录】18/83 上

【延安府志】8/1 上、10 下

【汇编】中一 1093、1147、1204、1221、1259、
1300、1316、1321、1332、1335、1338、
1375、1376、1392、1413、1414、1526、
1624、1647、1727、1732、1736；中二 1789、
1857、1866、1905、2103、2144、2298、
2300、2343、2364、2399；中三 3264、3661；
中四 3839、3840、4107、4229、4237、4381、
4456、4458、4459、4515；中五 4566、4599、
4603、4780、4834、4955、5071、5077、
5157、5202、5252；中六 5586、5589、5631、
5690、5825、5858；补遗 7487、7490；下
6088、6089、7008、7010

石楼县　河东

【宋史】86/地理志 2/2135

【陕西通志】7/疆域 2/42 上

【延安府志】8/蕳州/10 下

【宋会要】食货 16 之 2/5073

【汇编】中六 5826；补遗 7481、7490

玉门军　肃州

【武经总要】前集 18 下/西蕃地界/9 下

【汇编】中一 1720

甘州　回鹘所居

【文昌杂录】1/3 上

【汇编】补遗 7355

甘谷城　秦州，宋神宗熙宁元年置

【宋史】87/地理志 3/2154

【汇编】中六 5835

甘泉县　延安府

【宋史】87/地理志 3/2146；325/刘平传/10502；
369/曲端传/11490；372/王庶传/11546

【长编标】126/2968、2989

【长编影】126/1 下、6 下、21 上

【宋会要】食货 15 之 15/5070、19 之 7/5126、
22 之 1/5155

【范文正公集】年谱补遗/4 下；西夏堡寨/4 下、

5 下

【涑水记闻】11/12 上

【延安府志】2/1 上；4/11 下；5/1 上

【陕西通志】7/疆域 2・延安府/10 上；7/疆域
2/40 上；10/山川 3・延安府・甘泉县/6 下

【汇编】中二 1884、1886、1898、1915、1969、
2099、2644、2645；中六 5828；下 6142、
6143；补遗 7258、7482、7483、7484

龙州　西贼自文州直至益州城下，乃增龙州戍
兵三五百人备御巡察

【长编标】129/3057；402/9778

【长编影】129/7 上；402/1 下

【汇编】中二 2112；中五 4830

平夷县　石州境，宋真宗咸平五年徙河西投降
杂户隶此

【宋史】86/地理志 2/2134

【长编标】53/1169

【长编影】53/13 下

【宋会要】食货 16 之 3/5074、22 之 7/5159

【元丰九域志】4/173

【汇编】中一 1332、1413；中六 5825

平定军　河东

【宋史】183/盐下/4469；349/姚古传/11061

【靖康传信录】3/31

【斜川集】5/孙团练墓志铭/30 上

【梁溪集】173/靖康传信录下/19 下

【汇编】中一 1335；中五 5096；中六 6017、
6021；下 7455

平高县　宋太宗至道三年建原州平高县为镇戎
军

【宋史】87/地理志 3/2158

【元丰九域志】3/135

【汇编】中一 1117、1170；中六 5837

平凉

【宋史】198/马政/4937；292/王尧臣传/9773；
323/范恪传/10465；326/景泰传/10517

【长编标】230/5600；443/10659；457/10940；
465/11101

【长编影】230/14 下；443/7 下；457/3 下；
465/5 上

【宋会要】兵 22 之 4/7145

【宋朝事实类苑】35/452

【元宪集】22/诸司使副陕西缘边都监知州葛宗

古王从政米吉张世昌转官制/229

【公是集】51/王公行状/610

【东轩笔录】11/2 下

【东坡全集】21/王仲仪真赞并叙/5 下

【宁夏府志】上/山川/5 下

【石林燕语】9/2 上

【华阳集】35/狄武襄公青神道碑/454

【安阳集】24/表状/3 下

【忠惠集】2/贺破夏贼界捷表/20 下

【河南先生文集】6/上吕相公书/7 下；8/上枢
密杜太尉咨/7 上；9/与四路招讨司幕府李讽
田裴元中书/4 下

【栾城集】北门书诏麻制除刘昌祚武康军节度使
殿前副都指挥使制/2 上

【汇编】上 231；中二 2259、2360、2396、2563、
2565、2579、2580、2732、2810；中三 2934、
3260、3263、3348、3669；中四 3751；中五
4961、4998、5061、5089；补遗 7390、7426

平凉军　宋徽宗政和七年升渭州为平凉军

【宋史】21/徽宗纪 3/398

【宋会要】方域 5 之 3/7384、5 之 42/7404

【汇编】中六 5907；下 7006

平凉县　渭州

【宋史】87/地理志 3/2157；190/兵志 4/4709

【长编标】16/356；151/3686；216/5267；331/
7982

【长编影】16/20 下；151/19 下；216/15 上；
331/14 上

【宋会要】方域 5 之 43/7404、18 之 10/7614、
18 之 14/7616、18 之 26/7622

【汇编】中一 958、959；中三 2982、3617；中
六 5836

平凉郡　治临泾县

【宋史】87/地理志 3/2157

【元丰九域志】3/131

【汇编】中一 968；中六 5837

归德州　环州境羁縻州

【长编标】99/2297；474/11310

【长编影】99/6 上；474/8 上

【汇编】中一 1615；中五 5161

代州　河东

【宋史】295/叶清臣传/9852；316/唐介传/
10329；323/安俊传/10467

【长编标】317/7675；319/7706、7707；322/7760、7768；323/7781

【长编影】317/16 下；319/6 下；322/2 下、9 下；323/6 上

【文恭集】23/除韩琦特进依前检校太保充武康军节度使加食邑制/284

【欧阳文忠公全集】115/河东奉使奏草/21 下

【汇编】中二 2521；中三 2967、3138、3185、3395；中四 4209、4237、4238、4298、4304、4311、4312

代郡　麟州

【长编标】148/3574

【长编影】148/1 上

【范文正公集】褒览集/富弼撰墓志铭/10 上

【汇编】中三 2864、2938

仪州　泾原，宋神宗熙宁五年废

【宋史】8/真宗纪 3/155；87/地理志 3/2157；180/钱币/4381；181/盐上/4414；186/兵志 1/4593；187/兵志 1/4573；191/兵志 5/4733；191/兵志 5/4735；196/兵志 10/4896；198/马政/4932；257/李继和传/8969；258/曹琮传/8989；273/李允正传/9340；286/薛奎传/9629；326/卢鉴传/10528；332/游师雄传/10688

【长编标】43/921；44/947；50/1090；51/1116；52/1133、1144；54/1185；60/1337；61/1360；68/1538；74/1687；88/2013；104/2421；132/3142；135/3217；139/3339、3340；145/3513；149/3605；164/3955；203/4915；239/5822；240/5867；267/6547

【长编影】43/12 下；44/16 上；51/8 上；52/4 上；54/1 上、9 上；56/11 上；60/4 下；61/4 下；68/18 下；74/7 上；88/3 上；104/20 上；132/17 上；135/3 下；139/3 上、3 下、4 上；145/17 下；149/8 上；164/12 上；203/5 上；239/15 下；240/37 上；267/7 下

【宋会要】职官 41 之 81/3207、55 之 31/3614；食货 15 之 20/5072、19 之 9/5127、23 之 28/5188、36 之 24/5443、36 之 25/5444、39 之 3/5490；兵 2 之 4/6773、4 之 7/6823、8 之 21/6897、24 之 1/7179、24 之 2/7179、27 之 29/7261、27 之 31/7262、28 之 23/7281；方域 12 之 15/7527

【东都事略】20/李继和传/3 下；82/蔡挺传/2 上

【武经总要】前集 18 上/16 上、17 下、23 下、27 上

【隆平集】19/卢鉴传/2 上

【奏议标】130/张齐贤·上真宗论陕西事宜/1439；132/范仲淹·上仁宗乞严边城实关内/1457；133/范仲淹·上仁宗再议攻守/1480

【奏议影】130/张齐贤·上真宗论陕西事宜/4423；132/范仲淹·上仁宗乞严边城实关内/4483；133/范仲淹·上仁宗再议攻守/4552

【元丰九域志】3/130

【玉海】139/咸平初置振武指挥/15 上

【安阳集】家传 2/下、4/6 上

【苏学士集】14/内园使连州刺史知代州刘公（文质）墓志/8 上

【河南先生文集】7/与仪州曹颖叔殿丞书/4 上；8/上四路招讨使郑侍郎议御贼书/7 下；23/按地图/3 下

【范文正公集】西夏堡寨/6 上；别集 4/10 上

【涑水记闻】11/8 上；11/5 下

【汇编】中一 974、1008、1168、1201、1207、1221、1227、1236、1257、1258、1263、1300、1305、1308、1315、1321、1336、1339、1343、1353、1371、1372、1386、1415、1421、1426、1497、1567、1649、1690；中二 2003、2005、2165、2255、2295、2424、2437、2637、2638、2645、2652、2653、2789、2814、2816、2835、2836；中三 2897、3123、3134、3329、3569、3570、3621、3651；中四 3838、3998；中六 5836；补遗 7244

白水军　鄯州

【武经总要】前集 18 下/西蕃地界/9 下

【汇编】中一 1722

白石县　岷州

【长编标】253/6191

【长编影】253/5 上

【邵氏闻见录】13/144

【汇编】中四 3953；中六 5774

乐州　熙河，旧邈川城，宋哲宗宋徽宗宣和改湟州

【宋史】22/徽宗 4/403；87/地理志 3/2162

【宋会要】方域 5 之 3/7384、6 之 3/7407

【初寮集】6/定功继伐碑/1 上

【汇编】中六 5839；补遗 7437、7438

乐蟠县　庆州，熙宁四年废，隶合水县

【宋会要】方域 5 之 42/7404

兰会

【奏议标】138/吕陶·上哲宗请以兰州二寨封其酋长/1559；139/范纯粹·上哲宗乞以弃地易被虏之人/1563、王岩叟/上哲宗论西人请地/1568、范纯粹·上哲宗乞不妄动以观成败之变/1569、苏轼·上哲宗论前后致寇之由及当今待敌之要/1572

【奏议影】138/吕陶·上哲宗请以兰州二寨封其酋长/4790；139/范纯粹·上哲宗乞以弃地易被虏之人/4804、王岩叟/上哲宗论西人请地/4819、范纯粹·上哲宗乞不妄动以观成败之变/4823、苏轼·上哲宗论前后致寇之由及当今待敌之要/4832

【长编纪事本末】101/18 下

兰会路

【宋会要】食货 2 之 6/4828；兵 28 之 28/7283

【汇编】中五 5242

兰州　熙河，宋神宗元丰四年收复

【宋史】16/神宗纪 3/305、309、310、311；17/哲宗纪 1/335；18/哲宗纪 2/349；32/高宗纪 9/610；39/宁宗纪 3/762；67/士/1485、1486；85/地理志 1 序/2095；87/地理志 3/2162、2164、2165、2166、2167、2168；91/黄河上/2255；105/诸祠庙/2562；172/增给/4149；175/漕运/4257；186/市易/4553、互市舶法/4564；187/禁军上序/4580；188/熙宁以后之制/4616、4621；189/厢兵/4674；191/蕃兵/4757；193/招募之制/4804；194/拣选之制/4833；197/兵志 11/4916；258/曹玮传/8986；303/范育传/10051；314/范纯粹传/10280；322/吴择仁传/10443；328/王韶传/10579；332/赵卨传/10686、孙路传/10687、穆衍传/10691；335/种谊传/10748、10749；339/苏辙传/10824；341/孙固传/10876；342/王岩叟传/10894；344/李周传/10935；348/王祖道传/11041；349/姚麟传/11058；350/苗授传/11068、王文郁传/11075、王恩传/11088；353/张叔夜传/11140；355/上官均传/11179；357/何灌传/11226；368/王德传/11449；380/楼炤传/11717；452/刘惟辅传/13298；467/李宪传/13639、13640；468/李祥传/13649；485/夏国传上/13994；486/夏国传下/14013、14014、14015、14016、14017、14020；492/吐蕃传/14154、14159、唃厮啰传/14161、阿里骨传/14165

【长编标】43/921；85/1958；88/2012；117/2766；119/2813；149/3607；229/5582；241/5883；316/7638、7641、7642；319/7713、7716；320/7720；321/7743、7751、7752；322/7766；324/7801；327/7878；328/7898、7902、7908；330/7950、7952、7953；331/7978、7982、7983；332/8009；333/8014、8018、8022；334/8035；335/8071；342/8219、8220、8222、8224、8225、8226、8230、8231；343/8234、8235、8236、8237、8241、8242；344/8253；345/8275、8286、8293；346/8311；347/8323、8325；348/8344、8352；349/8376；350/8382；360/8606；362/8662；364/8707；365/8749、8751；366/8792、8793；368/8867；370/8959；375/9094、9016；381/9274、9278；381/9280、9281、9282、9283、9284；382/9303、9304、9308、9310、9312、9313；388/9440；393/9574；399/9731；400/9743、9745；401/9767、9768；402/9777；404/9841、9842；412/10020；429/10367、10370、10375；435/10487；439/10581；441/10623；442/10636、10645；443/10658、10662；444/10683、10684、10687、10688、10689、10690；445/10716、10722；446/10728、10729、10735；452/10844、10845、10848；458/10952、10953；460/10999；462/11042、11043；464/11092、11093；466/11129；467/11164；470/11229、11232；473/11279；474/11314、11315；479/11411、11412；485/11522；486/11558；488/11589；489/11600；491/11650；493/11711；494/11757；501/11941、11942、11943、11944；505/12028；507/12086；510/12150；511/12165；513/12203；514/12212、12221；516/12271、12272；518/12319

【长编影】43/13 上；85/21 下；88/2 上；117/18 下；119/16 下；149/9 下；229/16 下；241/9 下；316/1 上、2 上、4 上、5 上、6 下、8、14 上；317/1 上；319/11 上、11 下、16 上；320/1 上、8 上；321/11 下、12 下、17 上、6 下、7 上；322/7 下；323/13 下、7 上；324/6 下；325/4 上、7 上；327/12 下；328/3 下、7 下、11 上、11 下、14 上、16 上；329/19 上；330/4 下、6 下、7 下、11 下；331/1 下、10 下、14 上、22 上；332/3 上、13 下；333/1 下、4 下、5 上、9 上、10 下、13 下；334/5 上、19 上；335/6 下、8 上、9 上；337/3 下、10 下；338/9 下；339/3 下、8 上；341/8 下、16 下；342/1 下、2 上、5 上、5 上、6 下、7 上、9 下、10 下、11 下；343/1 上、2 上、2 下、6 下、7 下、14 上；344/1 上；345/4 上、13 下、19 下；346/9 下；347/3 下、5 下；348/3 下、8 下、10 下；349/9 下；350/2 上；353/5 上；360/2 上、15 下；362/7 上、15 上；364/10 上；366/14 下；368/16 上；370/22 下；371/20 上；372/5 上；375/7 上；381/30 上；382/5 下、7 下、9 下、11 下、13 上、13 下；388/8 下；393/21 下；399/10 上；400/5 下、7 上；401/6 下、8 下；402/1 下、12 上；404/10 下；409/4 下；412/3 下；429/9 上；435/12 下；439/12 下；441/14 下；442/6 上、13 上；443/4 下、7 下；444/4 上；445/11 上；446/1 上；452/3 上、6 上；456/5 上；458/1 上；460/1 上；462/11 上；464/17 下；466/3 上；467/17 下；470/6 下、11 上；473/1 上；474/8 上、12 下；479/10 上；485/4 下；486/17 上；487/6 下；488/11 下；489/3 下；493/15 上；494/27 下；495/17 上；501/11 上；502/2 下；508/1 上；510/10 上；513/10 上；514/4 下、12 上；516/2 上、7 上、8 上、20 下；518/1 上

【长编纪事本末】139/17 下；139/3 上；139/4 下；139/9 上；140/1 下；140/3 上；140/8 上

【东都事略】127、128/附录5、6；59 下；93 下/苏辙传/2 上

【宋会要】礼 20 之 136/832；职官 41 之 77/3205、43 之 61/3304、43 之 85/3316、66 之 22/3879、66 之 32/3884、66 之 33/3884、85 之 14/3708；食货 43 之 3/5574；兵 4 之 10/6825、4 之 11/6825、4 之 13/6826、8 之 26/6900、8 之 28/6901、8 之 29/6901、8 之 33/6903、9 之 1/6906、9 之 3/6907、9 之 5/6908、28 之 25/7282、28 之 42/7290；方域 5 之 3/7384、6 之 1/7406、6 之 2/7406、8 之 25/7453、8 之 26/7453、12 之 2/7520、19 之 7/7629、20 之 3/7652、20 之 19/7660、21 之 20/7671；蕃夷 4 之 17/7722、6 之 16/7826、6 之 30/7833

【宋名臣言行录续集】6/张叔夜/1 下

【宋朝事实类苑】56/730

【系年要录】199/3377

【皇宋十朝纲要】10 下/4 上；13/1 上；18/4 下

【宋大诏令集】236/赐夏国主诏（元祐四年六月丁巳）/920、赐夏国诏（元祐八年四月庚申）/921；237/赐夏国诏（元祐四年六月戊申）/920

【武经总要】前集 18 上/22 上、27 下、32 下；18 下/9 下

【奏议标】138/滕甫·上神宗谏伐西夏/1550、司马光·上哲宗乞还西夏六寨/1553、1554、吕大防·上哲宗答诏论西事/1557、吕陶·上哲宗请以兰州二寨封其酋长/1559、1560；139/韩维·上哲宗论息兵弃地/1563、1564、苏辙·上哲宗乞因夏人纳款给还其地/1565、1566、1567、孙觉·上哲宗乞弃兰州/1567、范育·上哲宗论御戎之要/1573；140/上官均·上哲宗论弃地非便/1577、苏辙·上哲宗论弃地界/1579、1580、苏辙·上哲宗论不可失信夏人/1581、张舜民·上哲宗论进筑非便/1585

【奏议影】138/滕甫·上神宗谏伐西夏/4763、司马光·上哲宗乞还西夏六寨/4772、4776、吕大防·上哲宗答诏论西事/4787、吕陶·上哲宗请以兰州二寨封其酋长/4790、4794；139/韩维·上哲宗论息兵弃地/4807、苏辙·上哲宗乞因夏人纳款给还其地/4809、4812、4813、4815、孙觉·上哲宗乞弃兰州/4817、4818、范育·上哲宗论御戎之要/4836；140/上官均·上哲宗论弃地非便/4848、苏辙·上

哲宗论弃地界/4856、4857、苏辙·上哲宗论
不可失信夏人/4862、张舜民·上哲宗论进筑
非便/4873

【元丰九域志】3/125、135 上、139

【元宪集】27/赠罝勒斯赍诏/290；28/赠嘉勒斯
赍男辖勒/297

【方舟集】16/赵郡王墓志铭/26 上

【东坡全集】25/奏议 2 上、38/敕书/2 上

【司马文正公集】35/章奏 33/1 上

【玉海】174/41 下

【龙川略志】635

【初寮集】6/定功继伐碑/1 上

【鸡肋编】12/送龙图范丈德孺帅庆/8 下

【泊宅编】3/15

【画墁集】补遗/游公（师雄）墓志铭/6 下

【范文正公集】遗文/9 上

【栾城集】37/论兰州等地状/4 上、再论兰州等
地状/11 上；39/论西事状/15 上；41/乞罢熙
河修质孤胜如等寨札子/2 下、再论熙河边事
札子/9 下、三论熙河边事札子/17 下；42/论
前后处置夏国乖方札子/7 下

【栾城后集】13/颖滨遗老传下/7 上

【浮溪文粹】14/朝散大夫直龙图阁张公（根）
行状/12 下

【浮溪集】24/张公根行状/16 下

【涑水记闻】11/8 上

【新安志】7/洪尚书（中孚）/5 下

【潞公文集】26/奏议 1 上；30/奏议 5 下

【甘肃新通志】6/舆地志·山川上·兰州府·皋
兰县/2 下；8/形胜·兰州府·皋兰县/1 下；
9/舆地志·关梁·兰州府·皋兰县/3 下；
13/舆地志·古迹·巩昌府·安定县/17 上

【汇编】上 61、79、80、82、83、108、237；中
一 932、1200、1406、1544、1555、1560、
1561、1628、1669、1723、1733、1734；中
二 1916、2640；中三 2898、3513；中四
3743、3815、3823、3829、3836、3844、
3912、4151、4173、4174、4175、4176、
4178、4179、4181、4183、4188、4191、
4192、4243、4244、4248、4251、4253、
4259、4275、4276、4279、4282、4283、
4290、4294、4295、4304、4313、4319、
4322、4330、4334、4344、4358、4359、

4367、4374、4375、4379、4384、4388、
4389、4391、4392、4393、4394、4423、
4426、4434、4435、4436、4440、4445、
4452、4453、4454、4458、4461、4464、
4465、4466、4467、4468、4469、4470、
4471、4472、4473、4479、4485、4486、
4487、4506、4509、4511、4519、4520、
4522、4524、4535、4536、4541、4542、
4543、4544；中五 4458、4546、4549、4550、
4551、4552、4553、4554、4555、4556、
4557、4558、4559、4560、4563、4570、
4575、4577、4584、4587、4590、4593、
4595、4596、4605、4609、4616、4626、
4638、4643、4648、4651、4652、4655、
4659、4660、4663、4677、4678、4679、
4689、4694、4695、4697、4698、4704、
4708、4709、4720、4721、4722、4743、
4744、4745、4746、4747、4751、4752、
4753、4754、4755、4757、4758、4759、
4762、4763、4766、4768、4770、4771、
4784、4804、4824、4825、4826、4828、
4830、4835、4836、4843、4846、4847、
4848、4865、4877、4908、4918、4929、
4959、4960、4963、4965、4976、4985、
4988、4989、4991、4992、4995、5001、
5005、5006、5012、5013、5014、5015、
5016、5021、5025、5029、5035、5036、
5046、5047、5050、5059、5062、5063、
5071、5077、5078、5081、5082、5084、
5087、5099、5114、5134、5137、5138、
5151、5152、5159、5165、5198、5199、
5202、5203、5217、5218、5234、5252；中
六 5272、5275、5279、5286、5297、5301、
5306、5308、5344、5345、5349、5350、
5366、5371、5428、5430、5465、5493、
5509、5516、5543、5571、5572、5576、
5582、5606、5610、5612、5621、5642、
5681、5692、5712、5727、5728、5729、
5735、5749、5760、5764、5769、5773、
5783、5805、5839、5840、5913、5927、
5937、5938、6079；下 6511、6687、6696；
补遗 7344、7352、7354、7357、7358、7360、
7361、7370、7375、7392、7393、7412、

7436、7439、7437

兰州府

【甘肃新通志】14/舆地志·建置制·城池/1 下

【汇编】补遗 7347

兰岷路

【东都事略】127、128/西夏传/附录 5、6

【汇编】上 109

兰泉县 兰州，宋徽宗崇宁三年置

【宋史】87/地理志 3/2165

【宋会要】方域 6 之 2/7406

【汇编】中六 5840

兰湟路

【皇宋十朝纲要】16/11 下

【汇编】中六 5782

宁丰郡 丰州，宋徽宗政和五年赐名

【宋史】86/地理志 2/2136

【陕西通志】5/建置 4/32 下

【汇编】中六 5827；补遗 7467

宁化军 原河东岚州宁化县

【宋史】183/盐下/4469

【长编标】241/5875

【长编影】241/2 上

【三朝北盟会编】25/1 下、5 上

【宋会要】职官 47 之 61/3448；食货 16 之 3/
5074、19 之 10/5128、22 之 8/5159；兵 4 之
6/6823、27 之 35/7264、28 之 23/7281；方
域 6 之 7/7409；蕃夷 2 之 37/7710

【元丰九域志】4/177

【汇编】中一 989、1335；中二 2030；中四
3825；中六 5984、5989、5991

宁州 宋徽宗宣和元年赐军额

【宋史】87/地理志 3/2150、2153；187/兵志 1/
4573、4591；188/兵志 2/4620；191/兵志 5/
4733、4739；264/宋琪传/9129；273/李允正
传/9340；277/郑文宝传/9426；314/范纯仁
传/10285；325/刘兼济传/10504

【长编标】19/424；51/1116；52/1133；54/1193；
57/1260；92/2130；127/3018；203/4915；
214/5218；216/5257；222/5400；234/5674；
240/5867；241/5880；284/6946、6947、6948；
326/7855；341/8214；450/10809；470/11222；
504/12001

【长编影】19/4 下；51/8 上；52/4 上；54/17
上；57/8 下；92/14 上；127/14 上；203/5
上；214/23 上；216/6 下；222/2 下；234/3
下；240/38 上；241/6 上；284/2 上；326/15
下；341/17 下；450/3 上；470/2 下；504/4
下

【东都事略】18/张凝传/9 上

【玉海】139/咸平初置振武指挥/15 上

【宋会要】职官 55 之 31/3614；食货 9 之 3/
5490、15 之 17/5071、18 之 8/5126、23 之
28/5188、42 之 12/5567；兵 27 之 25/7259；
方域 5 之 3/7384、5 之 42/7404、18 之 25/
7622

【武经总要】前集 18 上/8 下、18 上

【奏议标】130/张齐贤·上真宗论陕西事宜/
1439；132/陈执中·上仁宗论西边事宜/1457

【奏议影】130/张齐贤·上真宗论陕西事宜/
4423；132/陈执中·上仁宗论西边事宜/4482

【元丰九域志】3/112、115、118、131、132

【安阳集】家传 1/14 上

【过庭录】16

【范文正公集】政府奏议下/荐举/26 上

【太平治迹统类】2/太祖太宗经制西夏

【甘肃新通志】8/舆地志·形胜·泾州直隶州/6
下

【榆林府志】47/7 上

【汇编】中一 940、942、967、968、976、1070、
1091、1108、1196、1300、1305、1315、
1323、1336、1359、1403、1415、1592、
1658；中二 1790、1895、1995、2029、2417、
2720；中三 3133、3329、3590、3694；中四
3776、3820、3827、3907、4044、4045、
4046、4061、4064、4073、4117、4357、
4541；中五 5133；中六 5446、5831、5834；
下 7006；补遗 7093、7244、7289

宁河县 河州，宋徽宗崇宁四年升宁河砦为县

【宋史】87/地理志 3/2163

【甘肃新通志】13/舆地志·古迹·兰州府·河
州/8 上

【汇编】中六 5807；补遗 7414

永州 李继迁攻破

【宋史】485/夏国传上/13988

【汇编】上 55

永兴路

【宋史】340/吕大忠传/10844

【长编标】197/4774；254/6222；300/7303

【长编影】197/6 上；254/14 下；300/6 上

【系年要录】108/1762

【涑水记闻】12/17 上

【汇编】中三 3288、3290、3600；中四 3960、4104；下 6458

永兴军府　　永兴军

【宋史】253/孙全照传/8875；261/陈若拙传/9041；268/柴禹锡传/9222、周莹传/9227；278/雷有终传/9462；287/王嗣宗传/9650；293/张詠传/9802；301/张秉传/9996；306/孙仅传/10101；307/卢琰传/10126；466/周怀政传/13617

【汇编】中一 1464

永兴军路

【宋史】8/真宗纪 3/169；10/仁宗纪 2/205；11/仁宗纪 3/211；15/神宗纪 2/282、288；17/哲宗纪 1/335；19/徽宗纪 1/360；20/徽宗纪 2/381；25/高宗纪 2/453、454、457；26/高宗纪 3/481；29/高宗纪 6/540、541、543；67/五行志 5/1485；85/地理志 1/2107；87/地理志 3/2143、2144；176/屯田/4267、常 平/4285；180/钱 币/4381；181/会 子/4405、盐上/4414、4420、4424；187/兵志 1/4580、4599；186/互市舶法/4565；187/禁军上序/4580；188/步军/4621；191/河北河东陕西义勇/4739、4740；193/招募之制/4804；196/屯 戍 之 制/4895、4896、4899、4901；197/器甲之制/4916；198/马政/4949；210/宰辅 1/5450；211/宰辅 2/5457、5461、5466；212/宰辅 3/5507；258/曹玮传/8987；265/张齐贤传/9154；266/王举元传/9188；267/赵昌言传/9197；268/王显传/9230；273/李允正传/9341；278/王超传/9465；281/寇准传/9532；282/向敏中传/9555；283/林特传/9564、夏竦传/9572、夏安期传/9577；284/陈尧佐传/9583、陈尧咨传/9588；285/梁适传/9624；286/王曙传/9632；288/范雍传/9678、9679、9679；290/郭逵传/9725；291/王博文传/9744；292/郑戬传/9756、9757、9768；294/苏绅传/9813；295/谢景温传/9848；299/孙祖德传/9928、张洞传/9933、仕衡传/9937、胡则传/9942；301/薛田传/9987、赵贺传/10000；302/鱼周询传/10013；303/李防传/10039、陈安石传/10048；304/梁鼎传/10058；305/薛映传/10090；307/张雍传/10122；310/李迪传/10171、李肃之传/10177、杜衍传/10190；311/晏殊传/10197、庞籍传/10201、吕公绰传/10211、吕公孺传/10215；312/曾公亮传/10233；313/文彦博传/10259；314/范仲淹传/10270、范纯粹传/10281；317/钱明逸传/10347；318/王拱辰传/10361；319/刘敞传/10386；322/刘庠传/10452；324/张亢传/10128、许怀德传/10477；326/田敏传/10534；327/王安礼传/10557；329/邓绾传/10599、王陶传/10611；330/李参传/10619；331/罗拯传/10646；332/陆师闵传/10683、孙路传/10688；333/李琮传/10712；336/司马光传/10766；340/吕大防传/10841；343/邓润甫传/10912；344/王觌传/10944；348/陶节夫传/11039；350/和斌传/11080；351/林摅传/11111；352/王襄传/11126；354/路昌衡传/11159；355/上官均传/11181、李南公传/11190、虞策传/11193；356/石豫传/11203、强渊明传/11209；371/徐处仁传/11518；426/吴遵路传/12701；444/刘恕传/13119；466/李神祐传/13607；472/蔡京传/13721；473/秦桧传/13756；485/夏国传上/14002

【长编标】42/890；51/1108；54/1176；56/1236；64/1429；80/1819；115/2692；123/2892、2910；126/2979；128/3031；132/3129、3139；138/3325；146/3542、3543、3544；148/3583；151/3686；157/3810；176/4255；177/4292；205/4965；212/5144、5145；215/5236、5248；218/5294；221/5374；239/5819；240/5867；244/5932；245/5950；246/5990；247/6019、6021；248/6048、6055；263/5440；274/6710、6711；282/6914；283/6927；284/6946、6947；288/7040；289/7067；299/7278；305/7423；326/7853；327/7868；329/7921、7927；331/7978；343/8241；346/8309；366/8794；402/9789；469/

11211；487/11569；508/12096；511/12168；516/12267

【长编影】42/9 上；51/1 下；54/1 上；56/11 下；64/5 下；80/5 上；115/4 上；123/1 上；126/13 上；127/3 上；128/6 下；132/7 下；138/2 下；146/15 上；148/8 下；151/19 下；157/12 下；176/7 上；177/14 上；205/4 上；212/2 上；215/6 下、13 上；218/3 上；221/7 上；239/12 上；240/38 上；244/2 下；245/1 下；246/9 上；247/12 上、13 上；248/11 下、12 下；263/1 上；274/10 上、10 下；282/13 上；283/17 上；284/8 下；288/1 上；299/13 下；305/7 下；326/14 上；327/4 上；329/12 上；331/10 下；343/6 下；346/6 上、7 上；366/14 下；402/11 上；469/8 上；472/5 上；487/7 上；508/1 上；511/18 下；516/3 下

【宋大诏令集】188/韩绛宣抚陕西赐本路敕书（熙宁三年九月）/689；189/陈升之授镇江军节度使赐本镇敕书（熙宁八年四月）/692；219/曲赦熙河兰湟秦凤永兴军路制（大观二年九月二十九日）/840

【宋会要】职官 27 之 14/2943、55 之 31/3614；食货 4 之 7/4849、23 之 28/5188、23 之 29/5189、39 之 3/5490、39 之 31/5504、40 之 6/5511；兵 2 之 4/6773、2 之 39/6791、4 之 6/6823、4 之 9/6824、5 之 9/6844、5 之 13/6846、29 之 8/7296；方域 5 之 3/7384、5 之 36/7401、10 之 15/7481、10 之 22/7484、12 之 15/7527

【系年要录】130/2099

【奏议标】45/王襄·上钦宗论彗星/481；65/赵瞻·上英宗论五路置帅不当更以冯京为安抚/723；123/韩琦·上英宗乞募陕西义勇/1355；132/范仲淹/上仁宗乞严边城实关内/1457、田况·上仁宗兵策十四事/1470；134/范仲淹等·上仁宗论和守攻备四策/1497；136/韩琦·上仁宗论西北议和有大忧者三大利者一/1516；137/司马光·上神宗谏西师/1540

【奏议影】45/王襄·上钦宗论彗星/1708；65/赵瞻·上英宗论五路置帅不当更以冯京为安抚/2374；123/韩琦·上英宗乞募陕西义勇/4194；132/范仲淹·上仁宗乞严边城实关内/4484、田况·上仁宗兵策十四事/4526；134/范仲淹等·上仁宗论和守攻备四策/4603；136/韩琦·上仁宗论西北议和有大忧者三大利者一/4666；137/司马光·上神宗谏西师/4735

【中兴小纪】26/301

【乐全集】19/13 下；21/1 上、5 上

【司马文正公集】7/章奏 5/10 上；29/章奏 27/12 上、14 上；30/章奏 28/9 上

【龙学文集】15/家集 7 上/祖士衡奉敕撰文简向公（敏中）神道碑铭

【安阳集】35/奏状/5 下、6 下、7 上、8 下、10 上、11 下、17 下；家传 2/1 上；家传 3/2 上、3 上、10 上；家传 4/17 上；家传 6/6 上、17 上；47/2 上

【过庭录】11

【鸡肋编】64/15 上；65/20 下

【净德集】21/枢密刘公（庠）墓志铭/234

【欧阳文忠公全集】31/太子太师致仕/杜公墓志铭/3 上

【河南先生文集】20/奏为金汤一带族帐可取状/9 上

【范太史集】40/检校司空左武卫上将军郭公墓志铭/13 上

【范文正公集】年谱补遗/14 上、22 下；别集 4/10 上；言行拾遗 2/8 上；政府奏议上/34 上、16 上

【涑水记闻】7/11 下

【名臣碑传琬琰集】中集 48/韩公形状/1094；50/韩忠彦行状/1143；52/曾太师公亮行状/1185

【榆林府志】4/神木县·水/9 上、12 下

【汇编】上 70、169；中一 1086、1115、1174、1242、1293、1339、1340、1343、1386、1388、1410、1416、1451、1513、1607、1644、1702、1761、1766；中二 1773、1816、1861、1938、1993、2005、2010、2039、2051、2147、2220、2237、2280、2335、2408、2409、2410、2420、2424、2550、2552、2575、2577、2584、2614、2619、2635、2637、2731；中三 2841、2848、2849、2875、2883、2904、2982、3035、3054、3067、3202、3205、3208、3216、3295、

3308、3327、3328、3380、3382、3400、
3447、3500、3501、3502、3516、3549、
3556、3598、3601、3606、3618、3621、
3628、3629、3637、3647、3679、3680、
3697；中四 3814、3820、3862、3868、3879、
3892、3893、3907、3908、3974、3989、
3993、3994、4004、4033、4044、4046、
4099、4102、4111、4119、4274、4291、
4292、4293、4305、4356、4369、4410、
4452；中五 4559、4581、4582、4583、4678、
4834、4835、5126；中六 5269、5301、5349、
5508、5516、5557、5595、5609、5674、
5772、5851、5852、5883、5890、6018、
6030；下 6509、6512、7005；补遗 7492、
7493

永安军 府州
【宋史】21/徽宗 3/391；86/地理志 2/2136
【五代史记纂误补】3/25 下
【东都事略】28/1 上
【宋会要】方域 5 之 4/7385、6 之 6/7408
【延安府志】2/葭州/20 上
【汇编】上 178；中六 5826；下 6117、6581、
7004；补遗 7091

永寿县 邠州
【元丰九域志】3/112
【宋会要】方域 18 之 15/7617、18 之 26/7622
【汇编】中四 4062

永康军 蕃部以马抵永康军中卖
【宋史】198/马政/4932、4933
【系年要录】94/1552
【汇编】中一 1699；下 6400

六画

邦州 秦凤蕃部献
【宋史】20/徽宗纪 2/373
【汇编】中六 5786

巩州 熙河，本通远军，宋徽宗崇宁三年升为
州
【宋史】19/徽宗纪 1/371；28/高宗纪 5/533；
32/高宗纪 9/609；39/宁宗纪 3/764；40/宁
宗纪 4/774、775；64/五行志 2 下/1408；87/

地理志 3/2154、2162、2164、2166；178/役
法 下/4332；366/吴玠传/11413、吴挺传/
11421；368/王德传/11449；369/王渊传/
11485；380/楼炤传/11717；383/虞允文传/
11795；448/李彦仙传/13209；452/刘惟辅传
/13298；486/夏国传下/14027
【三朝北盟会编】60/4 下
【宋会要】职官 43 之 83/3315、43 之 85/3316；
兵 17 之 30/7052、22 之 24/7155；方域 5 之
42/7404、19 之 19/7635
【奏议标】45/王襄·上钦宗论彗星/481
【奏议影】45/王襄·上钦宗论彗星/1708
【陇右金石录】3/59 下
【甘肃新通志】13/舆地志·古迹·巩昌府·安
定县/17 上
【汇编】中六 5783、5803、5804、5805、5822、
5839、5840、6029、6049；下 6511、6748、
7007；补遗 7354、7361

吉乡县 隰州
【元丰九域志】4/168
【汇编】中四 3840

西平郡 西宁州郡名
【宋史】87/地理志 3/2168
【宋会要】方域 5 之 3/7384、6 之 3/7407
【武经总要】前集 18 下/西蕃地界/9 下
【汇编】中一 1721；中六 5852、5854

西宁州 旧青唐城，宋徽宗元符二年陇拶降，
建为鄯州，寻弃之，崇宁三年收复，改为西
宁州
【宋史】19/徽宗纪 1/369；26/高宗纪 3/485；
85/地理志 1 序/2095；87/地理志 3/2162、
2168、2169；181/食货志下 3/4404；190/河
东陕西弓箭手/4720；350/刘仲武传/11081；
353/郑仅传/11147；357/何灌传/11226；
448/郑骧传/13202
【长编纪事本末】140/4 下、9 下、12 下
【东都事略】129/附录 7·西蕃/4 下
【宋会要】职官 68 之 12/3914；选举 29 之 6/
4697；食货 2 之 6/4828、63 之 50/6011、63
之 82/6027；兵 4 之 18/6829、9 之 5/6908；
方域 5 之 3/7384、6 之 1/7406、6 之 2/7406
【皇宋十朝纲要】16/12 上、12 下、13 下、16
上

【奏议标】141/冯澥·上徽宗论湟廓西宁三州/1596、1597

【奏议影】141/冯澥·上徽宗论湟廓西宁三州/4908、4911

【遗山先生集】20/通奉大夫钧州刺史行尚书省参议张君（汝翼字季云）神道碑/10 上

【汇编】中六 5755、5766、5769、5770、5774、5790、5796、5801、5802、5816、5817、5819、5821、5839、5843、5846、5852、5853、5854、5855、5856、5879、5886、5887、5909、5913；下 6838、7007

西安州 泾原，宋哲宗元符二年以南牟会新城建为西安州

【宋史】18/哲宗纪 2/352；23/钦宗纪/431；85/地理志 1 序/2095；87/地理志 3/2157、2160、2161；175/和籴/4247；187/禁军上序/4580；188/熙宁以后之制/4618、4621；253/折可适传/8867；335/种师道传/10750；350/王恩传/11088；353/张叔夜传/11140；367/郭浩传/11440；369/曲端传/11489

【长编标】508/12108、12109、12120；509/12126；510/12133、12141、12142；512/12187；513/12204、514/12220、12221；516/12278；518/12321、12322、12340

【长编影】508/12 上；509/14 下；510/10 上；512/10 下、11 上；513/10 上；514/11 上；516/12 下；518/1 上、21 下

【长编纪事本末】140/3 上

【东都事略】104/3 上；127、128/西夏传/附录5、6

【宋大诏令集】63/建西安州并诸州路进筑宰执转官诏（元符二年五月辛巳）/310；94/泾原路修筑大都临羌寨西安州种建中已下转官制/344

【宋会要】礼 14 之 6/617、20 之 117/823；选举28 之 30/4692；食货 54 之 5/5740、69 之 44/6351；方域 5 之 42/7404、8 之 27/7454、8 之29/7455、10 之 15/7481、18 之 5/7612、18 之 20/7619

【系年要录】40/749

【皇宋十朝纲要】14/5 上

【奏议标】141/任伯雨·上徽宗论湟鄯/1594

【奏议影】141/任伯雨·上徽宗论湟鄯/4902

【朱文公集】71/记濂水集二事/18 下

【初寮集】6/定功继伐碑/1 上

【宋名臣言行录续集】6/张叔夜/1 下

【姑溪居士前集】4/杨判官墓志铭/2 上；20/折渭州墓志铭/1 上

【忠惠集】5/伐贺受降表/4 下

【泊宅编】3/15

【甘肃新通志】9/舆地志·/关梁·固原直隶州/26 上、海城县/28 下；13/舆地志·古迹·固原直隶州·海城县/13 上

【海城厅志】建置沿革/7 下

【海城县志】1/沿革/5 下；6/古迹志/1 下、2上

【嘉靖固原州志】1/文武衙门/21、古迹/14

【隆德县志】4/考证/64 上

【汇编】上 110、111、181、210、211；中六5443、5515、5517、5518、5536、5541、5542、5543、5544、5545、5546、5558、5572、5573、5582、5591、5644、5653、5693、5726、5760、5764、5823、5836、5843、5849、5913、5981、6029、6055、6079；下 6254、7006、7007、7029；补遗7249、7271、7380、7390、7391、7392、7393、7394、7395、7396

西和州 夏光定四年左枢密使吐蕃路招讨使万庆义勇，遣使赍蜡书至西和州宕昌寨，欲联合宋朝攻金

【宋史】40/宁宗纪 4/775

【朝野杂记】乙集 19/边防/1180

【宋会要】礼 20 之 7/823；兵 17 之 30/7052；24 之 37/7197；方域 6 之 3/7407

【汇编】下 6748、6867、6938

西凉州 西凉州蕃部遣使入贡

【长编标】52/1150

【长编影】52/17 下

【汇编】中一 1327

西凉府 河西吐蕃潘罗支占据

【宋史】7/真宗纪 2/12、122、123、125、129、130、131、142、143；8/真宗纪 3/149、152、155、156；257/李继和传/8969；277/郑文宝传/9426；485/夏国传上/13995；492/吐蕃传/14154、14155、14156、14157、14158、14160、唃厮啰传/14161

【长编标】43/920；47/1029；49/1079；50/1092；51/1122；53/1155、1170；54/1180；55/1210、1219；56/1231、1240；58/1278；59/1317；63/1403、1413；64/1428；65/1448；66/1490；68/1528、1538；70/1582；71/1595；72/1641；73/1670；74/1684；75/1717；76/1739；79/1806；82/1870；83/1903；84/1930；85/1958；88/2031；95/2185

【长编影】43/13 上；47/18 上；49/15 上；50/8 下；51/13 下；53/14 上；54/5 下、13 下；55/8 下；56/2 下、4 上、7 上；58/5 上；59/9 下；63/5 上、14 上；64/4 下；65/6 上；66/19 下；70/19 下；71/7 下；72/17 下；73/18 上；74/4 上；75/9 下；76/8 下、12 上；79/3 下；82/8 下；83/14 下；84/16 下；85/11 下、15 上；88/18 下；95/7 上

【东都事略】127、128/西夏传/附录5、6

【宋大诏令集】213/再答向敏中诏（景德三年五月庚申）/809；240/潘罗支追封武威郡王制（景祐元年十月丁酉）/944

【宋会要】仪制 13 之 7/2052；方域 21 之 17/7669、21 之 18/7670、21 之 19/7670、21 之 20/7671、21 之 22/7672；蕃夷 7 之 15/7847、7 之 17/7848、7 之 19/7849

【宋朝事实类苑】78/1022

【初寮集】6/定功继伐碑/1 上

【梁溪集】144/御戎论/1 上

【稽古录】18/82 下、83 上

【汇编】上 56、62、102；中一 1090、1131、1222、1251、1252、1257、1259、1307、1332、1333、1334、1348、1349、1357、1358、1364、1368、1375、1376、1378、1381、1391、1392、1396、1398、1405、1406、1407、1408、1416、1417、1419、1429、1435、1437、1443、1449、1459、1466、1467、1480、1482、1488、1489、1493、1500、1503、1505、1512、1519、1525、1528、1530、1531、1536、1537、1539、1544、1563；补遗 7438、7447

成州　*秦凤*

【宋史】87/地理志 3/2154、2156；191/兵志 5/4736；257/李继和传/8969

【长编标】54/1176；237/5774；240/5867；246/5977；402/9778

【长编影】54/1 上；237/16 下；240/38 上；246/2 上；402/1 下

【宋会要】职官 55 之 31/3614；食货 15 之 18/5071、19 之 8/5127、23 之 28/5188；兵 2 之 4/6773；方域 5 之 36/7401

【奏议标】139/苏辙·上哲宗乞因夏人纳款给还其地/1567

【奏议影】139/苏辙·上哲宗乞因夏人纳款给还其地/4816

【方舟集】16/赵郡王墓志铭/26 上

【河南先生文集】15/故检紫光禄大夫检校右散骑常侍除授右监门卫将军持节惠州诸军事惠州刺史兼御史大夫轻车都尉陇西郡开国侯食邑一千七百户李公墓志铭/12 上

【栾城集】37/论兰州等地状/4 上

【汇编】中一 1259、1339、1416、1664；中三 3612、3621；中四 3801、3820、3875；中五 4748、4830；中六 5834；下 6695、7005

成纪县　*秦州*

【宋史】87/地理志 3/2154；176/屯田/4267；191/河北河东陕西义勇/4733

【长编标】203/4915；216/5262

【长编影】203/5 上；216/9 下

【宋会要】食货 2 之 3/4826、4 之 7/4849、63 之 74/6023；方域 12 之 15/7527

【元丰九域志】3/122

【甘肃新通志】9/舆地志·关梁·秦州直隶州/43 上

【汇编】中一 929；中三 3329、3572、3615、3616；中六 5835；补遗 7477

同州　*永兴军路*

【宋会要】食货 4 之 7/4849、15 之 15/5070、19 之 7/5126、23 之 28/5188、23 之 29/5189、24 之 31/5210、39 之 3/5490；方域 5 之 36/7401、12 之 15/7527

伏羌县　*秦州夕阳镇，古伏羌县之地*

【宋史】1/太祖纪 1/11；257/吴廷祚传/8948

【长编标】3/68、71

【长编影】3/7 上

【甘肃新通志】13/舆地志·古迹·巩昌府·伏羌县/18 下；14/建置志·城池/20 上；15/建置志·官廨/13 上

【汇编】中一 934、936、937；补遗 7298、7360、7476

伊州 王延德西行经过

【宋史】309/王延德传/10157；490/高昌传/14111

【玉海】14/咸平陕西河北地图/32 下

【挥麈前录】4/王延德历叙使高昌行程所见 3/下

【汇编】中一 1012、1013；补遗 7244

华州

【宋会要】食货 15 之 16/5069、19 之 7/5126、23 之 28/5188、23 之 29/5189、24 之 31/5210、39 之 3/5490；方域 5 之 36/7401、12 之 15/7527

华池县 宋真宗大中祥符七年于华池县置庆州缘边都巡检使

【长编标】13/279；83/1899

【长编影】13/1 下；83/12 下

【宋会要】职官 48 之 124/3517；方域 5 之 42/7404

【武经总要】前集 18 上/8 下

华阴县 华阴人张元走投西夏

【宋史】298/陈希亮传/9919

【长编标】214/5210

【长编影】214/16 上

【宋会要】食货 15 之 16/5069、19 之 7/5126、42 之 9/5566

【默记】15/下

【汇编】中一 1624；中二 2029；中三 2872、3587

华亭县 渭州

【宋史】87/地理志 3/2157

【元丰九域志】3/130

【汇编】中四 3838；中六 5836

华亭县 仪州

【长编标】499/11882

【长编影】499/10 上

【武经总要】前集 18 上/16 上、27 上

【甘肃新通志】9/舆地志·关梁·化平川直隶厅/24 上、29 下

【汇编】中一 974、1372；中六 5407；补遗 7226、7339

延川县 延州

【宋史】87/地理志 3/2147、2149；264/宋琪传/9129

【长编标】35/768；65/1465；489/11601

【长编影】35/3 下；65/20 下；489/5 上

【宋会要】食货 19 之 7/5126、22 之 1/5155；方域 5 之 39/7402、12 之 15/7527

【范文正公集】西夏堡寨/3 下

【延安府志】2/12 上；7/绥德州/24 下

【陕西通志】7/疆域 2/42 上；16/关梁 1·延安府·安定县/29 上

【汇编】中一 1069、1464、1465；中二 2643；中六 5309、5828、5830、5831；补遗 7305、7354、7481、7486

延长县 延安府

【长编标】489/11601

【长编影】489/5 上

【宋会要】食货 15 之 15/5070、22 之 1/5155

【延安府志】4/11 下

【汇编】中六 5309；补遗 7482

延水县 延州

【宋史】87/地理志 3/2147

【宋大诏令集】205/郭劝李渭责官制（宝元）/765

【宋会要】食货 15 之 15/5070、19 之 7/5126；方域 5 之 39/7402、18 之 3/7611、18 之 17/7618、18 之 22/7620、18 之 24/7621、18 之 32/7625

【元丰九域志】3/107

【范文正公集】15/延州谢上表/5 下

【延安府志】1/肤施县·城池/7 上

【陕西通志】7/疆域 2·延安府/10 上

【汇编】中一 991、992；中二 1777、2062；中四 4009；中六 5828；补遗 7275、7484

延州 鄜延路经略安抚司驻地，统延、鄜、丹、坊州与保安军，其后又增辖绥德军、银州

【宋史】1/太祖纪 1/11、18；4/太宗纪 1/66；6/真宗纪 1/113；8/真宗纪 3/159；10/仁宗纪 2/194、206、207、208；14/神宗纪 1/265；15/神宗纪 2/277；16/神宗纪 3/312；61/水上/1321、1322、1325；64/五行志 2 下/1404；87/地理志 3/2144、2146、2148、2149；172/增给/4132；175/漕运/4256；176/屯田/4269；181/盐上/4414、4417；186/兵志 1/

4593、互市/4564；187/兵志 1/4573、4574、4599；188/步军/4620、4621；190/河东、陕西弓箭手/4714；191/河北河东陕西义勇/4733、4735、4736、4739、4750、蕃兵/4751；193/召募之制/4801；196/兵志 10/4895；197/器甲之制/4911；198/马政/4932；250/石元孙传/8814；251/慕容德丰传/8836；253/折可适传/8866、李继周传/8870；254/侯延广传/8884、赵赞传/8891；255/宋偓传/8908；257/李继和传/8969、8973；260/田重进传/9024；261/焦继勋传/9043；264/宋琪传/9129；265/张齐贤传/9155、张宗海传/9159；268/王显传/9230；273/马仁瑀传/9346；274/翟守素传/9363；277/裴庄传/9438；278/马知节传/9451；280/田绍斌/9497；281/吕端传/9515；282/向敏中传/9555；283/夏安期传/9577、9578；285/陈执中传/9602、贾昌朝传/9614；286/薛奎传/9630；288/范雍传/9679、孙沔传/9690；289/范廷召传/9698、葛怀敏传/9703；290/狄青传/9718、狄节传/9722；291/李若谷传/9739；292/程戡传/9756、明镐传/9769、王尧臣传/9772、9773、田况传/9783；293/张詠传/9802；294/苏绅传/9813；295/尹洙传/9834、叶清臣传/9850；297/郭劝传/9893；298/李及传/9908；299/施昌言传/9949；300/杨偕传/9954；301/薛田传/9987；302/李绚传/10028；303/田京传/10052；304/梁鼎传/10058；307/李绎传/10135；310/李迪传/10175；311/庞籍传/10199；314/范仲淹传/10270；318/张方平传/10353；320/张存传/10414；323/赵振传/10462、马怀德传/10466；324/张亢传/10128、10486、许怀德传/10477；325/刘平传/10502、郭遵传/10505、武英传/10509、王仲宝传/10514；326/郭恩传/10521；328/王韶传/10579；331/沈括传/10656；332/陆诜传/10681、赵卨传/10684；334/徐禧传/10723；335/种谔传/10745、10747；340/吕大防传/10841；348/王祖道传/11040；349/贾逵传/11052、11055；350/刘阒传/11084、王恩传/11088；464/李昭亮传/13564；466/张继能传/13600、秦翰传/13612、张崇贵传/13617、石全彬传/

13626；471/张惟吉传/13635、吕惠卿传/13707、13708；485/夏国传 上/13988、13996、13998、14002；486/夏国传 下/14017、14019

【长编标】18/403；22/493；35/768、769、776；40/851；41/870；44/949；47/1030；49/1076；50/1101；51/1116；52/1133、1153；54/1175、1185；60/1338、1346；64/1428、1430；67/1495、1502；68/1522；70/1580；74/1684；81/1846；82/1869；86/1965、1973；88/2023；95/2178；103/2389；104/2421；105/2440；122/2881；123/2893；131/3093、3097；132/3130、3147、3149；134/3204；139/3343、3350；142/3422；149/3612、3614、3616；155/3762；157/3798、3810、3812；159/3846、3847、3850；162/3912；165/3971；184/4456；203/4915；207/5021；212/5145、5158；214/5203、5204、5210；216/5257、5260；218/5304、5306；220/5345、5361；221/5371、5377、5380；222/5402、5411；223/5416；225/5477；226/5503；229/5577、5578、5579；231/5611；234/5674；235/5709；236/5754；237/5777；238/5787、5797；240/5867；242/5906；247/6020；254/6222；258/6298；262/6396；271/6649；275/6730；288/7054；313/7585；314/7599；315/7624；316/7654；319/7703、7705；320/7720、7728、7730、7731；323/7784；326/7858；328/7893、7894；329/7921、7922、7926、7932、7933、7937、7939、7940；330/7948、7959；331/7972、7978、7987；337/8133、8134；338/8142、8143；339/8169；342/8222、8226、8230；345/8282；429/10375；431/10419；433/10441、10445；445/10717、10718、10724、10725；460/10996、10999；465/11112；468/11175；510/12140；511/12155；513/12199

【长编影】18/10 上；22/5 下；35/3 下；40/8 下；41/9 上；43/12 下；44/16 上；47/19 上；49/11 下；50/17 下、18 上；51/8 上；52/4 上、20 上；54/1 上、9 上；60/5 上、13 上；64/4 上、5 下、17 上；67/1 上、6 下；70/18 上；74/4 下；77/12 下；81/9 下；82/

8 上；86/1 上、8 上；88/10 上；95/1 下；103/14 上；104/20 上；106/12 上、14 上；111/16 下；114/17 下；120/12 上；122/8 下；123/1 上、2 上；125/3 下、14 下；126/1 下、4 上、5 上、6 上、6 下、8 上、10 下、11 下、13 上、14 上、14 下、15 上、21 下、23 下、24 上；127/2 下、4 上、4 下、5 上、14 上、14 下；128/4 下、10 下、11 上、14 下；129/5 下、6 下；130/1 上、6 上；131/1 上、10 上、15 下、19 下；132/7 下、17 上；133/12 上；134/8 下、9 下、10 上、15 下、17 下；135/8 下、21 上；137/2 上、3 上、21 下；138/20 上；139/6 下、10 下；141/9 下；142/12 上；146/9 上；147/11 上；149/15 上；150/3 上、4 下；151/14 下；152/8 下；154/1 上、10 上；155/5 下；157/3 上、13 上、15 上、15 下；159/7 下、11 上；164/1 上；175/5 上；184/10 下；185/2 下；202/15 下；212/2 上；214/9 下、16 上；216/1 上、9 上；218/3 上、11 下、13 上；219/4 下、7 上；220/10 下、24 上；221/2 上、2 下、12 上、18 上；222/12 下；223/1 上、17 下；225/9 上、23 上；226/2 上；228/7 下；229/12 上、13 上；231/1 下；234/3 下；236/27 下；238/1 上、11 下；240/38 上；242/15 上；245/1 上；247/12 上；250/16 上；254/15 上；258/10 上；262/11 下；271/14 下；272/5 上；275/10 上；298/1 下；313/3 上；314/1 上；315/15 上、16 下；316/15 上；319/4 上、6 上、9 下；320/1 上、8 上、10 上、14 上；321/15 上；326/16 下；327/13 下；328/3 下；329/7 下、11 上、16 下、21 上、22 下；330/3 下、9 上；331/5 下；334/4 上、22 上；336/6 上；338/5 上、5 下；341/6 下；342/2 上、6 下、11 下；344/9 上；347/15 下；354/1 下；366/14 下、17 上；392/9 上；406/1 上；414/8 下；430/8 上；431/11 下；433/3 上、6 下；442/1 上；445/7 上、13 上；460/1 上；465/14 下；468/7 下；482/8 下；510/8 下；511/2 上；513/6 上

【长编纪事本末】140/6 上、11 上

【东都事略】58/韩绛传/3 下；59/范纯粹传/7

上；86/徐禧传/6 下；120/李宪传/6 上；127、128/附录 5、6

【玉海】139/咸平初置振武指挥/15 上；174/37 上、41 下

【宋大诏令集】218/延州保安军德音（康定元年二月丙午）/835；228/回契丹书（庆历四年八月戊戌、右正言集贤校理同修起居注余靖、假右谏议大夫史馆修撰为国信使）/884；235/赐夏国主不还绥州诏/914；236/赐夏国主给还绥州誓诏（熙宁二年二月戊子）/916、赐夏国主诏（元祐四年六月丁巳）/920、赐夏国主诏（元祐五年七月乙酉）/920

【宋太宗实录】76/35 上；79/38 上

【宋会要】礼 20 之 88/808、25 之 39/974、25 之 6/957、41 之 12/1383、45 之 12/1453；职官 25 之 2/2915、41 之 76/3204、47 之 63/3449、48 之 108/3509、48 之 124/3517、55 之 31/3614、64 之 4/3840、65 之 28/3860；食货 4 之 7/4849、15 之 15/5070、19 之 7/5126、22 之 1/5155、23 之 28/5188、23 之 39/5194、24 之 28/5207、36 之 5/5434、36 之 18/5440、36 之 20/5441、36 之 21/5442、36 之 24/5443、36 之 25/5444、38 之 29/5481、38 之 32/5482、39 之 3/5490、42 之 12/5567、63 之 81/6027；兵 2 之 7/6775、8 之 19/6896、8 之 20/6897、8 之 21/6897、8 之 27/6900、22 之 4/7145、24 之 1/7179、24 之 2/7179、24 之 14/7185、27 之 16/7254、27 之 26/7259、27 之 27/7260、27 之 37/7265、27 之 39/7266、27 之 41/7267、27 之 42/7267、27 之 43/7268、28 之 4/7271、28 之 11/7275、28 之 12/7275、28 之 28/7283；方域 5 之 3/7384、5 之 36/7401、6 之 8/7409、8 之 30/7455、12 之 15/7527、13 之 23/7541、18 之 3/7611、18 之 17/7618、18 之 29/7623、18 之 32/7625、19 之 49/7650、20 之 11/7656；蕃夷 7 之 26/7852

【宋朝事实】18/升降州县/10 下

【宋朝事实类苑】75/995；78/1021

【皇宋十朝纲要】9/4 上

【武经总要】前集 18 上/1 下、3 上、5 上、6 下、8 上、34 上；18 下/西蕃地界/1 上

【奏议标】44/陈并·上哲宗答诏论彗星陈四说/461；65/赵瞻·上英宗论五路置帅不当更以冯京为安抚/723；125/范纯粹·上哲宗乞不许蕃官自改汉姓/1381；130/张齐贤·上真宗论陕西事宜/1438、1439；132/刘平·上仁宗乞选用酋豪各守边郡/1455、陈执中·上仁宗论西边事宜/1457、范仲淹·上仁宗乞严边城实关内/1457、范仲淹·上仁宗论夏贼未宜进讨/1462、范仲淹·上仁宗乞先修诸寨未宜进讨/1464、田况·上仁宗论攻策七不可/1466、田况·上仁宗兵策十四事/1467、1468、1470；133/孙沔·上仁宗论范仲淹答元昊书/1472、张亢·上仁宗论边机军政所疑十事/1473、1474、范仲淹·上仁宗攻守二策/1477、庞籍·上仁宗论范仲淹攻守之策/1481、贾昌朝·上仁宗备边六事/1483；134/富弼·上仁宗论不可待西使太过/1489、欧阳修·上仁宗论西鄙议和先防北虏/1490；135/余靖·上仁宗论元昊所上誓书/1514；137/孙觉·上神宗论治边之略/1536；138/司马光·上哲宗乞还西夏六寨/1554、范纯仁·上哲宗答诏论西事/1556、吕大防·上哲宗答招论西事/1557；140/范纯粹·上哲宗论息兵失于欲速/1578

【奏议影】44/陈并·上哲宗答诏论彗星陈四说/1641；65/赵瞻·上英宗论五路置帅不当更以冯京为安抚/2374；125/范纯粹·上哲宗乞不许蕃官自改汉姓/4261；130/张齐贤·上真宗论陕西事宜/4420、4423；132/刘平·上仁宗乞选用酋豪各守边郡/4479、陈执中·上仁宗论西边事宜/4482、范仲淹·上仁宗乞严边城实关内/4483、范仲淹·上仁宗论夏贼未宜进讨/4500、范仲淹·上仁宗乞先修诸寨未宜进讨/4504、田况·上仁宗论攻策七不可/4512、田况·上仁宗兵策十四事/4514、4517、4526；133/孙沔·上仁宗论范仲淹答元昊书/4529、张亢·上仁宗论边机军政所疑十事/4534、4542、范仲淹·上仁宗攻守二策/4544、庞籍·上仁宗论范仲淹攻守之策/4556、贾昌朝·上仁宗备边六事/4562；134/富弼·上仁宗论不可待西使太过/4580、欧阳修·上仁宗论西鄙议和先防北虏/4582；135/余靖·上仁宗论元昊所上誓书/4657；137/孙觉·上神宗论治边之略/4752；138/司马光·上哲宗乞还西夏六寨/4776、范纯仁·上哲宗答诏论西事/4783、吕大防·上哲宗答招论西事/4787；140/范纯粹·上哲宗论息兵失于欲速/4851

【太平治迹统类】2/太祖太宗经制西夏

【隆平集】7/参知政事·李若谷传/13下；15/儒学行义·尹洙传/4上；19/武臣·石元孙传/6上

【稽古录】17/81上；19/89上

【小畜集】29/故商州团练使翟公（守素）墓志铭并序/2下

【画墁集】补遗/游公（师雄）墓志铭/1下、2上、8下

【元丰九域志】3/107、113、120；4/168、173

【元丰类稿】49/本朝政要策·任将/10下

【元宪集】28/诸司使副陕西缘边都监知州葛宗古王从政米吉张世昌并转官制/299

【公是集】51/宋故推忠佐理功臣官制赠尚书左仆射王公（尧臣）行状/610

【文恭集】8/论西夏事宜/95；36/宋故宣徽北院史赠太尉文肃郑公（戬）墓志铭/436；37/宋故奉直郎守侍御史王公（平）墓志铭/445

【文庄集】14/定功继伐碑/1上

【方舟集】15/范元功墓志铭/19上

【东轩笔录】9/4上

【东坡全集】15/张文定公墓志铭/13上；63/跋进士题目后/21下；18/富郑公神道碑/29上；28/奏议·乞擢用刘季孙状/37上

【乐全集】19/平戎十策/13下；20/陈政事三条/2上；21/西事谘目上中书/1上、论种世衡管勾营田不宜差知环州事/9上

【司马文正公集】18/章奏16/3上；35/章奏33/1上；77/书启6/19下；78/太子太保庞公墓志铭/5上

【石林燕语】8/5上；9/3下

【龙川略志】635、下/89

【华阳集】17/赐宣徽南院使判延州程戡告敕口宣/203、204；35/狄武襄公青神道碑/454

【安阳集】35/奏状/5下、10上；家传1/14上、15下、2/1上、2下、4上、3/3上、4/16下、6/17上、7/1上；47/故崇信军节度副使检校尚书工部员外郎尹公墓志铭/2上、故卫

尉卿致仕高公（志宁）墓志铭/7 下、故客省
使眉州防御使赠遂州观察使张公（亢）墓志
铭/13 下

【苏学士集】9/上范希文书/4 上

【欧阳文忠公全集】20/资政殿学士户部侍郎文
正范公神道碑铭/12 上、12 下；21/镇安军节
度使同中书门下平章事赠太师中书令程公神
道碑铭/15 上；29/翰林侍读学士右谏议大夫
杨公墓志铭/5 下；30/镇安军节度使同中书
门下平章事赠中书令谥文简程公墓志铭/14
上；98/奏议/4 下；99/奏议/9 上；105/奏议
/16 上

【河南先生文集】6/上吕相公书/7 下；15/故金
紫光禄大夫检校右散骑常侍除授右监门卫将
军持节惠州诸军事惠州刺史兼御史大夫轻车
都尉陇西郡开国侯食邑一千七百户李公
（渭）墓志铭；20/奏阅习短兵状/2 上、奏为
乞令环庆路与泾原路相应广发兵马牵制贼势
事/4 上、奏为近差赴鄜延路行营其兵马乞移
拨往环庆路事/5 上、奏为已发赴环庆路计置
行军次第乞朝廷特降指挥/6 下、奏为到庆州
闻贼马寇泾原牒刘政同起发赴镇戎军策应事/
8 上、奏为金汤一带族帐可取状/9 上；24/申
拣选军马状/1 下、申和雇人修城状/4 上

【范太史集】16/论枢密院阙官劄子/3 下；40/
检校司空左武卫上将军郭公（逵）墓志铭/1
下、9 上、12 上

【范文正公集】5/上攻守二策状/13 下；9/上枢
密尚书书/12 上；13/东染院使种君墓志铭 5
下；15/延州谢上表/5 下；年谱/22 上、22
下；年谱补遗/2 上、3 上、4 上、4 下、5
下、6 下、7 下、8 上、8 下、9 上、11 上、
13 下、23 上；西夏堡寨/1 上、1 下、2 下、
3 上、3 下、4 上、4 下、5 上、5 下；政府奏
议上/24 上、34 上；诸贤赞颂论疏/4 下、12
下、24 下；褒贤集富/弼撰墓志铭/8 上、9
上；政府奏议下/9 下

【临川集】55/11 下；87/检校太尉赠侍中正惠
马公神道碑/8 下；92/广西转运使屯田员外
郎·苏君墓志铭 7 上

【涑水记闻】2/10 下；4/13 上；7/11 下；9/5
下、6 上、9 下、13 上；11/12 上、17 上；
12/1 下、4 下、10 下；13/7 上；14/3 下、4

上、6 上、10 下

【豫章文集】2/遵尧录 1/3 上；7/遵尧录 3/13
上、15 下

【梅溪集】奏议 3/6 下

【梦溪笔谈校证补】2/权智 949/557

【渑水燕谈录】2/4 上

【名臣碑传琬琰集】上集 22/庞庄敏公籍神道碑
/247、23/孙威敏公沔神道碑/362、26/范忠
献公雍神道碑/408、411；中集 48/韩忠献公
琦行状/1094、50/韩仪公丞相忠彦行状/1143

【儒林公议】上/2 上；下/3 下、4 上

【潞公文集】14/奏议/7 下、18/奏议/9 下；19/
奏议/5 下；20/奏议/5 下

【宁夏府志】4/古迹·平罗县/15 下

【甘肃新通志】29/祠祀志·祠宇下·庆州府·
安化县/8 下

【延安府志】1/诗文/47 上、49 上；2/5 上

【陕西通志】7/疆域 2/40 上；16/关梁 1·延安
府·肤施县/25 下、安塞县/25 下、26 下、
27 上；17/关梁 2·绥德州·清涧县/47 下；
51/名宦 2/5 下；74/经籍 1/49 上

【汇编】上 55、62、63、69、83、85、103、
175；中一 938、962、963、970、971、972、
973、991、992、1007、1028、1056、1057、
1059、1061、1065、1069、1070、1076、
1081、1086、1107、1114、1131、1140、
1148、1152、1154、1174、1195、1201、
1209、1210、1224、1228、1235、1247、
1258、1285、1286、1299、1300、1315、
1329、1336、1338、1339、1343、1353、
1368、1386、1413、1415、1418、1423、
1425、1448、1451、1463、1467、1480、
1487、1496、1507、1516、1519、1545、
1546、1552、1558、1569、1581、1596、
1597、1599、1641、1646、1649、1651、
1652、1656、1658、1659、1660、1676、
1677、1686、1687、1688、1690、1701、
1702、1726、1727、1735、1745、1746、
1750、1762；中二 1774、1775、1796、1799、
1821、1822、1845、1856、1860、1861、
1862、1863、1864、1880、1881、1882、
1883、1884、1885、1886、1888、1889、
1890、1892、1895、1896、1897、1899、

1900、1903、1904、1905、1906、1907、1908、1911、1912、1913、1915、1919、1920、1922、1923、1929、1930、1931、1938、1940、1941、1942、1946、1949、1956、1957、1959、1965、1966、1967、1968、1969、1970、1971、1973、1975、1979、1980、1981、1982、1990、1991、1994、1995、1996、1997、1998、1999、2000、2002、2013、2014、2029、2030、2031、2036、2037、2038、2039、2044、2046、2050、2052、2054、2058、2059、2060、2063、2064、2065、2066、2068、2073、2074、2082、2083、2086、2089、2093、2099、2102、2103、2105、2108、2114、2116、2117、2119、2140、2145、2146、2147、2148、2151、2153、2155、2158、2161、2168、2178、2198、2212、2201、2208、2209、2216、2217、2220、2222、2228、2229、2230、2233、2245、2246、2248、2260、2271、2273、2275、2280、2293、2294、2295、2296、2298、2299、2300、2304、2305、2306、2311、2344、2389、2393、2394、2397、2398、2399、2406、2409、2410、2433、2434、2435、2449、2454、2461、2465、2466、2470、2511、2515、2522、2555、2572、2583、2589、2592、2603、2604、2614、2624、2630、2631、2640、2641、2642、2643、2644、2645、2646、2661、2667、2668、2673、2679、2700、2723、2749、2771、2808、2830；中三 2843、2857、2863、2905、2915、2919、2923、2930、2974、2979、2986、2991、3031、3032、3040、3042、3045、3050、3059、3060、3061、3062、3064、3069、3070、3071、3077、3091、3095、3099、3101、3116、3125、3129、3134、3136、3146、3147、3191、3198、3219、3225、3260、3266、3307、3308、3309、3322、3323、3329、3355、3368、3382、3401、3402、3418、3425、3426、3447、3459、3464、3475、3496、3501、3502、3506、3510、3513、3525、3537、3541、3555、3557、3583、3587、3595、3609、3611、3614、3630、3631、3650、3651、3653、3659、3670、3674、3677、3681、3684、3686、3688、3697、3699、3701、3711、3713、3717、3729；中四 3741、3742、3756、3776、3788、3803、3805、3820、3839、3849、3868、3892、3907、3912、3925、3961、3972、3986、4005、4009、4013、4020、4033、4096、4117、4129、4137、4161、4169、4171、4190、4231、4232、4234、4235、4237、4241、4245、4253、4259、4260、4262、4265、4284、4358、4361、4379、4383、4384、4400、4407、4409、4414、4415、4420、4426、4428、4433、4436、4437、4450、4458、4472、4480、4491、4497、4517、4518、4535；中五 4548、4550、4555、4567、4572、4592、4624、4661、4664、4677、4682、4709、4799、4940、4946、4963、4965、4967、4968、4970、4971、4990、5026、5027、5029、5030、5056、5068、5071、5077、5091、5118、5172、5187、5202、5217、5246、5264；中六 5335、5443、5541、5553、5565、5631、5674、5770、5792、5827、5828、5830、5831、5921；下 6510、6718、6945、6952、7003、7017、7019、7025、7027；补遗 7122、7123、7124、7235、7238、7239、7244、7247、7262、7266、7281、7293、7294、7295、7297、7314、7323、7324、7327、7329、7370、7375、7466、7483、7485

延安府 宋哲宗元祐四年升延州为延安府
【宋史】25/高宗纪 2/456、458、462；26/高宗纪 3/482；29/高宗纪 6/540；87/地理志 3/2146、2149、2150；167/府州军监/3973；172/增给/4149；178/役法下/4331；265/张宗诲传/9159；285/陈执中传/9602；290/郭逵传/9723；308/张佶传/10151；315/韩绛传/10303；317/钱即传/10351；328/薛嗣昌传/10588；330/张景宪传/10620；332/陆师闵传/10683、赵禼传/10686、游师雄传/10688、种世衡传/10741；339/苏辙传/10824；342/王岩叟传/10894；348/陶节夫传/11038；355/李南公传/11190；366/吴玠传/11409；

367/李显忠传/11429；369/曲端传/11490；372/王庶传/11546；466/张崇贵传/13617、13618、13619；471/吕惠卿传/13709；486/夏国传下/14022

【长编标】123/2902；128/3043；315/7624；433/10441；439/10575；442/10630；444/10687、10692；446/10735；452/10846；454/10882；456/10922；457/10940；458/10952；459/10983、10984；460/10996、10997、11001；466/11126；469/11210；470/11234；489/11601；500/11909；510/12151；511/12155；515/12261

【长编影】123/10 上；128/16 下；315/8 下；433/3 上；439/8 上；442/1 上；444/8 下、13 上；446/7 上；452/3 上；454/4 下；456/5 上；457/3 下；458/1 上；459/9 上；460/1 上；466/1 上；469/8 上；470/11 上；489/5 上；500/9 下；510/12 下、17 下；511/2 上；515/22 下

【宋大诏令集】68/庞籍罢相除依前尚书户部侍郎知郓州仍改赐推诚保德翊戴功臣散官勋封食邑食实封制（皇祐五年闰七月壬申）/330

【宋文鉴】119/8 下

【宋会要】礼 20 之 19/824、20 之 132/830、20 之 139/834；职官 57 之 49/3676、64 之 40/3840；食货 24 之 31/5210；兵 2 之 39/6791、8 之 28/6901、9 之 3/6907、17 之 14/7044

【系年要录】2/61；12/279；18/367；129/2090

【皇宋十朝纲要】14/1 下

【奏议标】64/钱顗·上神宗乞择将久任/715；65/余靖·上仁宗乞韩琦兼领大帅镇秦州/718；115/张方平·上神宗论新法/3918；132/田况·上仁宗兵策十四事/1469；133/范仲淹·上仁宗攻守二策/1477、范仲淹·上仁宗再议攻守/1480；134/范仲淹等·上仁宗论和守攻备四策/1496

【奏议影】64/钱顗·上神宗乞则将久任/2353；65/余靖·上仁宗乞韩琦兼领大帅镇秦州/2361；115/张方平·上神宗论新法/3919；132/田况·上仁宗兵策十四事/4522；133/范仲淹·上仁宗攻守二策/4544、范仲淹·上仁宗再议攻守/4550；134/范仲淹等·上仁宗论和守攻备四策/4599

【小畜集】29/故商州团练使翟公（守素）墓志铭并序/2 下

【中兴小纪】4/46、47；26/301

【画墁集】补遗/游公（师雄）墓志铭/2 上

【文恭集】23/除庞籍特授检校太傅昭德军节度使永兴军一路兵马都部署安抚使兼知永兴军加食邑实封制/291

【文庄集】14/陈边事十策/1 上

【东原录】33 上

【北山集】13/西征道里记并序/23 上；16/3 上

【司马文正公集】78/太子太保庞公墓志铭/3 上

【龙川略志】635

【三朝北盟会编】25/5 上；70/8 上；217/1 下；218/8 上

【安阳集】35 奏状/11 下；家传 1/14 上、15 下、2/4 上、3/3 上、7/5 上；8/律诗/4 上

【苏学士集】9/上范希文书/4 上

【邵氏闻见录】10/102；13/144

【龟山集】32/李修撰（夔，字斯和）墓志铭/3 下

【河南先生文集】17/故金紫光禄大夫秘书监致仕上柱国清河县开国子食邑六百户食封一百户张公（宗诲）墓志铭/3 下

【范太史集】18/2 下；40/检校司空左武卫上将军郭公墓志铭/1 下、17 下

【范文正公集】5/上攻守二策/13 下；9/上吕相公书/12 上、上枢密尚书书/16 上；10/祭知环州种染院文/3 下；15/耀州谢上表/6 下；16/让枢密直学士右谏大夫表/9 下；尺牍中/3 上；言行拾遗事录 4/10 上；诸贤赞颂论疏/4 下；襄贤集/富弼撰墓志铭/8 上；13/东染院使种君墓志铭/14 上、试秘书省校书部知耀州华原县事张君（问字道卿）墓志铭/21 下、资政殿大学士礼部尚书赠太子太师谥忠献范公墓志铭/12 上

【济南集】7/郭宣徽（逵）祠堂记/15 上

【香溪集】21/徐忠壮（徽言）传/2 下、3 下

【栾城集】36/乞诛窜吕惠卿状/18 上；41/2 下；42/7 下

【栾城后集】13/颍滨遗老传下/7 上、11 上

【涑水记闻】14/10 上

【梁溪集】[李纲] 行状/1 下

【梁溪漫志】10/5 下

【清波杂志】2/6 下

【随手杂录】13 上

【名臣碑传琬琰集】中集 48/李清臣韩忠献公琦
　　行状/1094；下集 12/颍滨遗老传下/1440；
　　下集 24/故太尉威武军节度使李公行状/1617

【豫章文集】7/遵尧录 6/13 上

【儒林公议】上/2 上；下/3 上、12 上

【潞公文集】27/奏议/6 下

【麈史】中/5 上

【甘肃新通志】13/舆地志·古迹·庆阳府·安
　　化县/30 上；42/兵防志·塞防·庆阳府/6 上

【延安府志】1/诗文/49 上、肤施县·陵墓/20
　　下；4/11 下；5/1 上；7/绥德州/15 上

【吴堡县志】1/疆域/2 上

【陕西通志】7/疆域 2/42 上、/43 下；10/山川
　　3 延安府·肤施县/3 上；16/关梁 1·延安府
　　·安定县/28 下

【汇编】中一 1028、1084、1203、1204、1458；
　　中二 1789、1798、1891、1904、1913、1949、
　　1965、1966、1981、1995、2059、2063、
　　2064、2065、2066、2082、2084、2087、
　　2088、2198、2200、2213、2251、2371、
　　2372、2397、2414、2423、2462、2463、
　　2572、2614、2692、2811；中三 3016、3055、
　　3201、3204、3442、3487、3497、3502、
　　3642、3651、3663、3675、3702；中四 4055、
　　4160、4405、4419、4425；中五 4626、4731、
　　4757、4922、4970、4978、4986、4990、
　　5012、5036、5048、5057、5059、5061、
　　5062、5065、5066、5067、5068、5069、
　　5073、5078、5095、5126、5137、5142、
　　5203、5204、5245、5253、5261；中六 5269、
　　5309、5421、5545、5549、5552、5605、
　　5665、5681、5711、5774、5793、5809、
　　5821、5822、5827、5830、5831、5853、
　　5978、5992、6070；下 6092、6126、6142、
　　6143、6144、6146、6147、6157、6290、
　　6505、6506、6507、6508、6509、6515、
　　6586、6587、6605；补遗 7123、7131、7132、
　　7257、7266、7276、7287、7304、7320、
　　7340、7359、7376、7425、7467、7481、
　　7482、7490、7491

延安郡　鄜延

【宋史】87/地理志 3/2146

【金史】26/地理志下/644

【宋会要】方域 5 之 3/7384

【武经总要】前集 18 上/1 下

【元丰九域志】3/107

【汇编】中三 3129；中四 4009；中六 5827；下
　　6965、7003

延福县　宋太宗淳化中李继隆出讨李继捧，渡
　　河入延福县，自铁茄驿夜入绥州

【宋会要】方域 6 之 3/7407

【元刊梦溪笔谈】13/15

【汇编】中一 1077；下 7009

向德军　宋徽宗大观三年升湟州为向德军节度

【宋史】20/徽宗纪 2/382

【宋会要】方域 5 之 3/7384、6 之 1/7406、6 之
　　3/7407

【汇编】中六 5856；下 7007

邠宁　党项野利种落寄治庆州界，为邠宁节度

【宋史】191/兵志 5/4736；194/廪禄之制/4841；
　　277/郑文宝传/9426；285/陈执中传/9602；
　　295/尹洙传/9833

【长编标】220/5361

【长编影】220/24 上

【宋会要】兵 2 之 4/6773

【武经总要】前集 18 上/8 下、34 上

【范文正公集】年谱补遗/11 上

【甘肃新通志】9/舆地志·关梁·固原直隶州/
　　24 上

【汇编】中一 940、1090、1742；中二 1950、
　　2299、2433；中三 3611、3621、3670；补遗
　　7226、7468

邠宁环庆路

【宋史】191/兵志 5/4736；280/李重诲传/9506；
　　452/高敏传/13285

【宋会要】兵 2 之 4/6773

【汇编】中一 1223；中三 3591、3592、3611、
　　3621

邠州　宋神宗熙宁五年，诏以陕西路分为永兴
　　军、秦凤两路，京兆府、河中府、陕、延、
　　同、华、耀、邠、鄜、解、庆、虢、商、宁、
　　坊、丹、环十五州以及保安军为永兴军路，
　　凤翔府、秦、泾、熙、陇、成、凤、渭、原、
　　阶、河岷十一州以及镇戎、德顺、通远三军

为秦凤路

【宋会要】方域 5 之 36/7401

邠州　环庆

【宋史】1/太祖纪 1/14；4/太宗纪 1/56、69；15/神宗纪 2/279；26/高宗纪 3/482；66/金/1439；67/土/1475；87/地理志 3/2150、2153；187/兵志 1/4573、4591；188/步军/4620；191/兵志 5/4733、4739；196/屯戍之制/4899；251/慕容德丰传/8835；264/宋琪传/9129；268/周莹传/9227；273/李允正传/9340；275/常恩德传/9375；277/裴庄传/9438；280/田绍斌传/9497；292/王尧臣传/9773、9774；302/李绚传/10028；314/范仲淹传/10272、10276；369/曲端传/11490；440/柳开传/13025

【长编标】4/90；35/769；51/1116；52/1133；54/1178；92/2130；93/2153；111/2586；126/2983、2985；132/3141；138/3312、3315、3326；146/3527、3528；148/3590；162/3913；172/4147；203/4915；216/5257；222/5400、5401、5402；223/5416、5432；224/5454、5455；225/5493；234/5674；240/5867；241/5880；248/6048；258/6304；296/7206；403/9801；470/11222；499/11876；504/12001

【长编影】4/9 上；35/9 下；51/8 上；52/4 上；54/1 上、3 下；92/14 上；93/16 下；111/10 上；126/17 下；132/17 上；138/2 下、6 下；146/1 上；148/14 下；162/10 下；203/5 上；216/16 上；222/2 下、3 上、4 下；223/1 上；224/14 上；225/22 下、23 上；234/3 下；240/38 上；241/6 上；248/10 上；258/15 上；296/11 上；403/2 下；470/2 下、16 上；499/5 上；504/4 下

【东都事略】18/张凝传/9 上

【玉海】139/咸平初置振武指挥/15 上

【宋会要】职官 47 之 16/3426、48 之 92/3501、55 之 31/3614、65 之 36/3864、69 之 18/3938；食货 15 之 16/5069、19 之 7/5126、23 之 28/5188、36 之 24/5443、36 之 25/5444、39 之 3/5490、42 之 12/5567；兵 2 之 4/6773、27 之 25/7259、27 之 34/7263；方域 5 之 4/7385、5 之 36/7401、8 之 30/7455、12

之 15/7527、19 之 3/7627

【武经总要】前集 18 上/26 上

【奏议标】132/陈执中·上仁宗论西边事宜/1457、范仲淹·上仁宗乞严边城实关内/1457；136/韩琦·上仁宗论西北议和有大忧者三大利者一/1516

【奏议影】132/陈执中·上仁宗论西边事宜/4482、范仲淹·上仁宗乞严边城实关内/4483；136/韩琦·上仁宗论西北议和有大忧者三大利者一/4666

【太平治迹统类】2/太祖太宗经制西夏

【隆平集】9/枢密曹仪传/13 下

【元丰九域志】3/112、117、118、125

【公是集】51/宋故推忠佐理功臣赠尚书左仆射王公（尧臣）行状/610

【司马文正公集】30/章奏 28/9 上；79/龙图直学士李公（绚）墓志铭/1 下

【安阳集】家传 1/14 上、2/4 上、4/17 下

【欧阳文忠公全集】102/奏议/5 下

【范文正公集】13/东染院使种君墓志铭/16 上；2/古诗/12 上；19/陈乞邠州状/1 上；尺牍中/4 下；年谱/25 上；年谱补遗/10 下、13 上、14 上、15 上；西夏堡寨/1 上；别集 4/10 上；言行拾遗 2/8 上；政府奏议下/荐举 28 上、36 下；褒贤集/张唐英撰文正公传/14 上

【名臣碑传琬琰集】中集 52/曾太师公亮行状/1185

【甘肃新通志】8/舆地志·形胜·泾州直隶州/6 下；42/兵防志·塞防·庆阳府/6 上

【汇编】上 13；中一 939、965、966、976、1057、1069、1075、1108、1194、1195、1204、1293、1300、1305、1315、1323、1336、1339、1346、1415、1416、1464、1498、1592、1597、1658、1682；中二 1790、1907、1908、1956、1995、2005、2200、2294、2417、2429、2430、2544、2570、2571、2574、2576、2579、2580、2586、2635、2640、2671、2694、2716、2778、2779、2791；中三 2837、2863、2875、2937、3011、3035、3177、3329、3400、3618、3621、3647、3654、3694、3695、3698、3705；中四 3776、3820、3827、3907、3973、4061、4063、4064、4088、4117；中五 4837、

5133、5143；中六 5403、5446、5831、5834；下 6143、7004、7005；补遗 7244、7287、7289

会州　宋元丰五年熙河路加"兰会"二字，时未得会州，元符二年始进筑，崇宁三年又以会州隶泾原路

【宋史】18/哲宗纪 2/352、哲宗纪 2/353；29/高宗纪 6/549；32/高宗纪 9/610；87/地理志 3/2157、2159、2162；165/军器监/3920；197/兵志 11/4916；264/宋琪传/9129；314/范纯粹传/10280；325/武英传/10509；332/孙路传/10688；341/孙固传/10876；349/姚麟传/11058；441/洪湛传/13058；467/李宪传/13640；485/夏国传上/13986；486/夏国传下/14020；492/瞎征传/14166

【长编标】35/768；320/7720；331/7869；343/8248；363/8680；366/8793；372/9010；382/9306；483/11484、11485；485/11523；507/12092；509/12126；510/12139、12142；511/12167、12168、12173；512/12187；513/12199、12203；514/12211、12214、12220、12221、12222、12228；515/12243；518/12319、12321

【长编影】35/3 下；320/1 下；331/1 下；343/12 上；363/5 上；366/14 下；372/5 上；382/7 下；483/5 上、5 下；485/4 下；507/17 下；509/11 下、14 下；510/1 下、8 上、10 上；511/9 下、11 下、13 上、13 下、16 下；512/10 下；513/6 下、10 上；514/1 上、7 下、11 上、12 上、12 下；515/1 上、8 下、15 下；518/1 上、17 下

【宋会要】选举 28 之 30/4692；兵 28 之 25/7282；方域 8 之 22/7451、8 之 24/7452、12 之 2/7520、19 之 6/7628、19 之 17/7634、20 之 17/7659；蕃夷 6 之 16/7826

【系年要录】140/2249；199/3377

【皇宋十朝纲要】16/12 上

【武经总要】前集 18 上/22 上；18 下/9 下

【奏议标】139/范育·上哲宗论御戎之要/1574

【奏议影】138/范育·上哲宗论御戎之要/4789

【元丰九域志】3/135

【文庄集】14/陈边事十策/1 上

【东坡全集】25/奏议 2 上

【北山集】13/西征道里记并序/23 上

【司马文正公集】35/章奏 33/1 上

【汉滨集】6/论诸军见攻德顺独王彦未到状/7 上

【朱文公集】71/记漷水集二事/18 下

【初寮集】6/定功继伐碑/1 上

【陇右金石录】3/65 下

【鸡肋编】12/8 下

【容斋四笔】6/5 下

【栾城集】39/论西事状/15 上

【浮溪文粹】14/朝散大夫直龙图阁张公（根）行状/12 下

【浮溪集】24/朝散大夫直龙图阁张公（根）行状/16 下

【朝野杂记】乙集 19/边防/1180

【潞公文集】26/奏议/1 上

【宁夏府志】2/沿革/20 上

【甘肃新通志】13/舆地志·古迹·兰州府·靖远县/6 下；14/建置志·城池/13 下

【嘉靖宁夏新志】3/中卫·古迹/40 上

【汇编】上 86；中一 1069、1117、1723；中二 1796、2640；中四 4253、4275、4276、4282、4344、4375、4384、4445、4497、4520；中五 4561、4648、4652、4665、4677、4695、4704、4708、4759、4848、4865、4877；中六 5280、5493、5506、5534、5536、5538、5540、5543、5554、5555、5556、5557、5561、5562、5563、5566、5569、5572、5575、5577、5581、5582、5583、5595、5598、5618、5642、5650、5651、5726、5764、5784、5789、5836、5838、5839、5898；下 6515、6545、6683、6687、6694、6937、6947、7029；补遗 7357、7358、7390、7392、7404、7418、7419、7425、7438、7439

合川郡　叠州

【武经总要】前集 18 下/西蕃地界/9 下

【汇编】中一 1725

合水县　庆阳府属县，宋神宗熙宁四年置

【宋史】87/地理志 3/2151

【宋会要】食货 15 之 16/5069、19 之 7/5126、22 之 1/5156；兵 28 之 10/7274；方域 5 之 42/7404、12 之 15/7527

【延安府志】4/11 下；5/1 上

【陕西通志】7/疆域 2/40 上、11 上

【汇编】中六 5832；补遗 7482、7483、7484

交城县 诏河东路都总管司于太原府交城县置马监

【宋会要】兵 21 之 7/7128

【汇编】中三 3453

庆州 宋太祖建隆元年升为团练，乾德元年复为军事，宋徽宗政和七年升为节度，宣和七年改州为府。置环庆路经略安抚使，统庆、环、邠、宁、乾五州

【辽史】14/圣宗纪 5/156

【宋史】1/太祖纪 1/14；6/真宗纪 1/116；8/真宗纪 3/160、167；14/神宗纪 1/265；15/神宗纪 2/277、279；21/徽宗纪 3/398；22/徽宗纪 4/405；61/水上/1325；63/火上/1378；64/五行志 2 下/1407；67/土/1474、1483；87/地理志 3/2144、2148、2150；105/诸祠庙/2562；167/府州军监/3973；172/增给/4132；181/盐上/4414、4417；185/矾/4535；186/互市/4564；187/禁军上序/4573、4574、4580、建隆以来之制/4593、4599；188/步军/4620、4621；190/陕西保毅/4705、4710；191/兵志 5/4733、4739、河北河东陕西义勇/4735；194/拣选之制/4825；197/兵志 11/4911；198/马政/4932；251/慕容德丰传/8836；253/折御卿传/8861；255/王凯传/8926；257/李继和传/8969；264/宋琪传/9129；265/张齐贤传/9155；266/钱若水传/9167；269/鱼崇谅传/9247；273/李允正传/9340、9346；275/尹继伦传/9376、田仁朗传/9379；277/郑文宝传/9426、9428、裴庄传/9438；279/张凝传/9480；280/田绍斌传/9497、杨琼传/9501；286/王益柔传/9634；288/程琳传/9676、范雍传/9679；290/张玉传/9722、郭逵传/9725；291/李复圭传/9743；292/王尧臣传/9773；295/尹洙传/9834、9837；299/崔峄传/9947、施昌言传/9949；300/杨畋传/9956；302/何中立传/10029；303/滕宗谅传/10038；304/梁鼎传/10058；305/杨亿传/10080；308/张煦传/10150；309/阎日新传/10167；310/李肃之传/10177；312/曾公亮传/10233；313/文彦博传/10261；314/范仲淹传/10271、10272、10276、范纯仁传/10284、10285；315/韩绛传/10303；317/钱即传/10351；318/王拱辰传/10360、胡宗回传/10371；324/刘文质传/10492、张亢传/10128；325/任福传/10506、10509、刘平传/10502、10505、耿傅传/10512；326/景泰传/10517、史方传/10527、李渭传/10528；328/蔡挺传/10576；329/邓绾传/10597、王广渊传/10609；330/郭申锡传/10620、傅求传/10622；331/孙长卿传/10642、周沆传/10644、楚建中传/10668；332/滕元发传/10674、陆诜传/10681、穆衍传/10691；333/俞充传/10702；334/沈起传/10728、林广传/10737；335/种谔传/10746；340/吕大防传/10842；341/赵瞻传/10878；343/蒋之奇传/10917；347/盛陶传/11006、刘昌祚传/11054、姚兕传/11058；349/刘舜卿传/11062；350/王君万传/11069；353/郑仅传/11147；354/路昌衡传/11158；440/柳开传/13025；452/高敏附传/13286；464/高遵裕传/13576；466/窦神宝传/13600、秦翰传/13612、张继能传/13620；467/梁从吉传/13645、刘惟简传/13646；471/曾布传/13715；485/夏国传上/13988、13992、13994、13996；486/夏国传下/14008、14010、492/吐蕃传/14153

【长编标】4/81、90；15/317；19/425；39/833、834、837；40/851；41/870；43/921；44/947；45/974；47/1036；49/1068、1076；50/1090、1097、1098、1099；51/1107、1116、1117、1121；52/1133；52/1144、1148；54/1176、1185、1193；60/1338；69/1548；70/1580；71/1599；81/1846；83/1899；87/1988；93/2139；95/2199；97/2244；104/2421；165/3971；172/4147；177/4295；184/4456；192/4648；195/4730；203/4915；211/5121、5140；214/5195、5210、5220；215/5236、5253；216/5257；217/5277；218/5304；220/5345、5361；221/5382、5383、5384、5388、5389、5391；222/5400、5403、5404、5409；223/5418、5431、5432、5434；224/5441、5452；225/5493；226/5504；229/5567、5579；234/5674；238/5787；240/5830、5831、5867；241/5880、5881、5883、

5887；242/5905；244/5944；247/6012；248/
6048；255/6242；257/6281；258/6304；263/
6436；264/6458；267/6548；284/6946；287/
7035；288/7054；289/7080；296/7206；299/
7293；366/8797；368/8866；373/9028、
9674；397/9674；403/9824；404/9857；413/
10037；450/10809；465/11105、11112；469/
11214；470/11220、11221、11222；474/
11310；478/11383、11389；479/11404、
11405；501/11941、11942、11945；504/
12001；511/12155；514/12220；519/12344

【长编影】4/1 上、9 上；15/2 上、5 上；19/5
上；39/7 上；40/8 下；41/9 上；43/12 下；
49/11 上、11 下；50/12 上；51/1 上、8 上、
9 下、13 下；52/4 上、16 下；54/1 上、9
上、17 上；57/8 下；60/5 上、11 上；69/5
下；70/18 上；71/10 下；78/7 下；81/9 下；
83/12 下、19 上；93/4 下、16 下；95/19 下；
97/4 下；104/20 上；105/3 下、15 上；114/
20 上；123/4 下；126/1 下、5 上、6 上、13
下、15 上；127/3 下、14 上；128/17 下；
130/1 上；131/10 上、15 下；132/7 下、17
上；134/7 下、15 下；135/3 下、8 下；138/
2 下；145/18 下；146/1 上；150/4 下；154/
12 上；161/5 上；174/20 下；184/10 下；
195/11 下；203/13 下；208/17 下；214/2
下、9 下、16 上、24 下；215/6 下；218/11
下；220/10 下、24 上；221/2 下、13 下、16
上、19 上、20 上；222/2 下、4 下、10 上、
11 上；223/2 下、17 上；224/3 上；225/23
上；226/1 上、4 下、9 上、13 上；230/14
下、15 上；232/8 下；234/3 下；238/1 上；
240/6 下、38 上；240/6 下；241/6 上、9 下；
245/19 上；255/11 上；257/11 上；258/15
上；263/16 下；267/7 下；284/2 上、14 上；
287/20 下；289/18 上；296/11 上；315/15
上；316/12 下；318/15 上；320/13 下；321/
7 上；322/4 上；323/2 上；341/17 下；360/
2 上；366/14 上、17 上；368/15 下；397/4
上；403/21 下；407/14 上；413/5 上；450/3
上；465/7 下、14 下；468/19 下；469/8 上；
470/2 下；474/8 上；478/7 上；479/4 上、7
上；481/11 下；482/3 下、8 下；491/21 下；

492/7 下；498/12 下；501/11 上；504/4 下；
506/9 上；511/1 下；514/8 下；518/7 上；
519/3 上、4 下

【东都事略】7/英宗纪/2 下；18/张凝传/9 上；
20/李继和传/3 下；29/姚内斌传/7 下；47/
杨亿传/1 上；58/韩亿传/3 下；59/范纯粹传
/7 上；127、128/西夏传/附录 5、6

【玉海】139/咸平初置振武指挥/15 上

【宋太宗实录】79/38 上

【宋文鉴】21/送范德孺知庆州/12 下；81/庆州
大顺城记/1 上；116/上韩范二招讨书/10 下

【宋会要】礼 20 之 88/808、25 之 6/957、62 之
44/1716；仪制 10 之 26/2017；职官 48 之 92/
3501、48 之 124/3517、49 之 3/3531、55 之
31/3614、65 之 27/3860；食货 4 之 7/4849、
15 之 16/5069、19 之 7/5126、22 之 1/5156、
23 之 27/5188、23 之 28/5188、23 之 39/
5194、23 之 40/5194、24 之 31/5210、36 之
5/5434、36 之 18/5440、36 之 20/5441、36
之 21/5442、36 之 24/5443、36 之 25/5444、
38 之 31/5482、38 之 32/5482、39 之 3/5490、
42 之 12/5567；刑法 4 之 15/6629；兵 2 之 2/
6772、2 之 7/6775、4 之 1/6820、8 之 19/
6896、8 之 21/6897、14 之 17/7001、17 之
14/7044、22 之 4/7145、24 之 1/7179、24 之
2/7179、27 之 4/7248、27 之 25/7259、28 之
2/7270、28 之 4/7271、28 之 5/7272、28 之
10/7274、28 之 11/7275；方域 5 之 36/7401、
5 之 41/7403、8 之 2/7441、8 之 28/7454、12
之 15/7527、18 之 10/7614、18 之 25/7622、
19 之 3/7627、20 之 1/7651

【皇宋十朝纲要】5/12 上；9/4 上

【武经总要】前集 18 上/1 下、6 上、8 上、12
上、12 下、18 上、34 上；18 下/西蕃地界/1
上；后集 13/6 上

【奏议标】42/吕大防·上神宗论华州山变/436；
65/赵瞻·上英宗论五路置帅不当更以冯京为
安抚/723；125/范仲淹·上仁宗论令陕西主
帅并带押蕃部使/1378、范纯仁·上哲宗论蕃
官久例在汉官之下/1380；130/张齐贤·上真
宗论陕西事宜/1438、1439、杨亿·上真宗论
弃灵州为便/1441；132/范仲淹·上仁宗乞严
边城实关内/1457、田况·上仁宗兵策十四事

/1467、1470；133/范仲淹·上仁宗攻守二策
/1477、范仲淹·上仁宗再议攻守/1480、庞
籍·上仁宗论范仲淹攻守之策/1481；134/范
仲淹等·上仁宗论和守攻备四策/1497；137/
孙觉·上神宗论治边之略/1536；138/范纯仁
·上哲宗缴进后汉光武诏书/1552、司马光·
上哲宗乞还西夏六寨/1554、范纯仁·上哲宗
答诏论西事/1556、吕大防·上哲宗答诏论西
事/1557、1558；139/范纯粹·上哲宗乞以弃
地易被虏之人/1563；141/文彦博·上神宗论
进筑河州/1591

【奏议影】42/吕大防·上神宗论华州山变/
1561；65/赵瞻·上英宗论五路置帅不当更以
冯京为安抚/2374；125/范仲淹·上仁宗乞令
陕西主帅并带押蕃部使/4254、范纯仁·上哲
宗论蕃官久例在汉官之下/4260；130/张齐贤
·上真宗论陕西事宜/4420、4423、杨亿·上
真宗论弃灵州为便/4429；132/范仲淹·上仁
宗乞严边城实关内/4483、田况·上仁宗兵策
十四事/4515、4525；133/范仲淹·上仁宗攻
守二策/4544、范仲淹·上仁宗再议攻守/
4551、庞籍·上仁宗论范仲淹攻守之策/
4554；134/范仲淹等·上仁宗论和守攻备四
策/4603；137/孙觉·上神宗论治边之略/
4725；138/范纯仁·上哲宗缴进后汉光武诏
书/4771、司马光·上哲宗乞还西夏六寨/
4776、范纯仁·上哲宗答诏论西事/4784、吕
大防·上哲宗答诏论西事/4787、4788；139/
范纯粹·上哲宗乞以弃地易被虏之人/4804；
141/文彦博·上神宗论进筑河州/4892

【太平治迹统类】2/太祖太宗经制西夏

【隆平集】15/尹洙传/4上；20/夷狄传/3下

【元丰九域志】3/107、113、115、117、119、
120、131、132、135

【元丰类稿】30/请西北择将东南益兵札子/11
上；49/本朝政要策/任将/2下、添兵/3上

【元刊梦溪笔谈】25/6

【元宪集】33/宋故推诚翊戴功臣彰武军节度延
州管内观察处置等使曹公墓志铭/346

【公是集】51/宋故推忠佐理功臣赠尚书左仆射
王公（尧臣）行状/610

【文庄集】14/陈边事十策/1上

【东原录】33上

【乐全集】21/论种世衡管勾营田不宜差知环州
事/9上

【北山集】13/西征道里记并序/23上

【司马文正公集】35/章奏33/1上；77/书名6/
19下

【伐檀集】上/送李室长庆州宁观/29下

【安阳集】47/故崇信军节度副使检校尚书工部
员外郎伊公墓志表/2上；家传1/14上、15
下、2/1上、8上、3/10上

【宋名臣言行录】后集10/韩绛/2下

【宋朝事实】18/升降州县/11上

【宋朝事实类苑】55/715；56/引湘山野录/742；
78/1021

【苏学士集】1/庆州败/3上；14/内园使连州刺
史知代州刘公（文质）墓志/8上

【鸡肋编】12/8下；29/12下

【忠肃集】拾遗/王开府（拱辰）行状/307

【欧阳文忠公全集】20/资政殿大学士户部侍郎
文正范公神道碑铭/12下；102/奏议/5下

【河南先生文集】6/7下、11下；7/3下；15/
故金紫光禄大夫检校右散骑常侍除授右监门
卫将军持节惠州诸军事惠州刺史兼御史大夫
轻车都尉陇西郡开国侯食邑一千七百户李公
（渭）墓志铭；20/4上、8上、8下、9上；
21/4下

【范太史集】40/检校司空左武卫上将军郭公墓
志铭/12上、13上、18上

【范文正公集】5/上攻守二策状/13下；13/天
章阁待制滕君墓志铭19下、东染院使种君墓
志铭/16上、资政殿大学士礼部尚书赠太子
太师谥忠献范公墓志铭/12上；16/第二表/4
下、让枢密直学士右谏议大夫表；年谱/22
下、24上；年谱补遗/13下、14上、22下；
西夏堡寨/2上；别集4/10上；言行拾遗3/5
下；政府奏议下/荐举22下、26上、28上；
诸贤赞颂论疏/24下；富郑公祭文/1下；褒
贤集/富弼撰墓志铭/9上

【金石萃编】147/折克行神道碑/1上

【临川集】87/检校太尉赠侍中正惠马公神道碑/
7下

【挥麈录】后录6/10上；余话1/2816

【栾城集】39/论西事状/15上

【涑水记闻】10/5上；11/12上；14/6上

【豫章文集】2/遵尧录 1/3 上；7/遵尧录 6/15
　上

【渑水燕谈】2/4 上

【名臣碑传琬琰集】上集 10/韩献肃公绛忠弼之
　碑/159、160、18/张刺史绘神道碑/290；中
　集 48/韩忠献公琦行状/1096、50/韩仪公丞
　相忠彦行状/1143、52/曾太师公亮行状/
　11851、53/鲜于谏议侁行状/119；下集 6/学
　士钱公若水传/1355

【稽古录】17/81 上；18/86 上

【潞公文集】19/奏议/5 下

【甘肃新通志】7/舆地志·山川下·庆阳府·安
　化县/13 上、环县/16 上；9/舆地志·关梁·
　泾州直隶州·镇原县/31 下；29/祠祀志·祠
　宇下·庆州府·安化县/8 下

【汇编】上 55、59、61、62、74、76、85、107、
　119、176、179、196；中一 939、940、941、
　943、945、957、958、962、963、967、968、
　973、977、979、1052、1056、1057、1070、
　1091、1094、1095、1107、1108、1111、
　1113、1117、1127、1128、1131、1140、
　1143、1148、1152、1154、1160、1174、
　1180、1194、1195、1201、1213、1216、
　1217、1221、1226、1227、1231、1235、
　1238、1239、1241、1245、1247、1250、
　1257、1258、1263、1266、1269、1270、
　1271、1278、1291、1295、1300、1301、
　1305、1306、1315、1321、1323、1324、
　1325、1326、1335、1336、1339、1343、
　1353、1359、1370、1403、1411、1415、
　1418、1423、1478、1480、1482、1509、
　1516、1526、1531、1552、1576、1594、
　1595、1597、1601、1606、1613、1619、
　1631、1646、1649、1651、1652、1653、
　1654、1657、1658、1660、1666、1668、
　1690、1701、1702、1730、1766；中二 1780、
　1790、1796、1798、1883、1884、1885、
　1891、1892、1896、1899、1905、1908、
　1938、1946、1959、1980、1982、1994、
　1995、2005、2028、2029、2039、2053、
　2071、2093、2095、2096、2139、2145、
　2146、2147、2148、2162、2178、2208、
　2209、2212、2217、2218、2219、2220、

2228、2260、2274、2280、2293、2295、
2299、2348、2384、2397、2398、2406、
2417、2424、2435、2454、2470、2475、
2504、2507、2509、2558、2569、2572、
2574、2577、2579、2580、2588、2603、
2606、2608、2610、2613、2641、2642、
2697、2720、2730、2777、2778、2779、
2781、2791、2818；中三 2838、2883、2904、
2905、2908、2909、2928、2945、3043、
3057、3097、3118、3125、3129、3134、
3147、3177、3190、3219、3247、3260、
3261、3279、3329、3345、3381、3382、
3406、3407、3408、3412、3423、3426、
3428、3431、3449、3457、3489、3506、
3510、3556、3579、3583、3587、3588、
3589、3590、3591、3593、3595、3598、
3599、3609、3631、3659、3667、3668、
3669、3670、3677、3679、3682、3683、
3684、3685、3687、3688、3690、3694、
3695、3696、3697、3700、3701、3703、
3712、3718、3719、3721；中四 3739、3742、
3743、3751、3762、3763、3776、3803、
3807、3818、3819、3820、3822、3826、
3827、3828、3829、3874、3889、3907、
3912、3964、3967、3968、3973、3990、
3998、4009、4044、4045、4046、4047、
4063、4068、4073、4088、4095、4107、
4108、4116、4117、4169、4186、4196、
4198、4226、4237、4258、4261、4265、
4276、4301、4309、4541；中五 4639、4647、
4648、4661、4664、4677、4678、4683、
4689、4709、4816、4839、4868、4906、
4936、4942、4943、5046、5090、5091、
5121、5126、5129、5131、5132、5133、
5161、5162、5187、5192、5193、5195、
5215、5216、5217、5245、5264；中六 5310、
5334、5340、5395、5429、5446、5486、
5551、5558、5569、5579、5646、5674、
5829、5831、5907、5921、5978；下 6256、
6515、7005、7006、7019、7024、7027；补
遗 7225、7237、7238、7244、7266、7294、
7326、7327、7329、7466

庆阳军　宋徽宗政和七年升庆州为庆阳军，升

渭州为平凉军

【宋史】21/徽宗纪 3/398

【汇编】中六 5907

庆阳府 宋徽宗宣和七年改庆州为庆阳府

【宋史】25/高宗纪 2/467；26/高宗纪 3/486、488；27/高宗纪 4/496；29/高宗纪 6/545、547；87/地理志 3/2148、2150、2154；288/程琳传/9676；333/俞充传/10702；335/种师中传/10754；366/刘锜传/11399；448/郑骧传/13202

【长编标】135/3216；164/3945；465/11101

【长编影】135/3 下；164/1 上、3 下；465/5 上

【宋大诏令集】105/姚古检校少保制（政和七年九月十六日）/390

【宋会要】礼 20 之 39/784、20 之 113/821；方域 5 之 3/7384、5 之 41/7403

【系年要录】38/726

【延安府志】2/5 上；4/11 下；5/1 上

【画墁集】补遗/游公（师雄）墓志铭/3 上

【范文正公集】言行拾遗事录 3/11 上

【济南集】7/郭宣徽（逵）祠堂记/15 上

【甘肃新通志】13/舆地志·古迹·庆阳府·安化县/30 下；15/建置志·官廨/17 下；42/兵防志·塞防·庆阳府/6 上

【陕西通志】16/关梁 1·延安府·保安县/29 下；17/关梁 2·鄜州·宜君县/44 下

【汇编】中一 943；中二 2424；中三 3118、3676；中四 4078、4432；中五 5089；中六 5493、5831、5861、5900、5910、5975、5976、5986；下 6246、6247、7006；补遗 7287、7288、7339、7400、7478、7482、7485

并代路

【宋史】186/食货志下 8/4563；275/孔守正传/9371；324/张亢传/10489；349/贾逵传/11051

【玉海】174/41 下

【乐全集】21/8 下

【宋大诏令集】214/赐鄜延等路经略使不得生事诏/815

【欧阳文忠公全集】115/河东奉使奏草/21 下

【范文正公集】年谱补遗/31 下

【汇编】中一 1149、1645；中二 2483、2605；中三 2967、3002、3043、3238、3542；补遗

7375

并州 河东

【宋史】187/禁军上序/4574、建隆以来之制/4593；255/王凯传/8926；288/范雍传 9679；291/吴育传/9731；300/杨偕传/9956；467/张惟吉传/13635

【长编标】67/1505；71/1604；85/1941；91/2098；126/2976；133/3162、3164、3169、3173；135/3239；137/3279、3282；142/3403；157/3802；184/4456；189/4547；220/5363

【长编影】67/9 上；71/15 上；85/6 上；91/2 下；126/5 上；133/2 下、3 下、11 下；135/23 上；137/5 下；142/8 上；157/6 下；184/10 下；189/1 下；220/25 上

【宋会要】兵 28 之 9/7274

【乐全集】20/陈政事三/2 上；21/种世衡管勾营田不宜差知环州事/8 下

【司马文正公集】73/书启 2/5 下、7 下；首卷/司马温公行状 28/上

【欧阳文忠公全集】108/论史馆日历状/3 下；115/河东奉使奏草/27 上

【河南先生文集】7/庆州大顺城记/1 下

【涑水记闻】11/5 上

【渑水燕谈】2/4 上

【名臣碑传琬琰集】上集 22/庞庄敏公籍神道碑/351；中集 22/张文定公方平墓志铭/724

【汇编】中一 1468、1483；中二 1905、2118、2148、2302、2318、2321、2343、2417、2468、2470、2483、2506、2521、2530、2550、2604；中三 2910、3219、3233、3236、3237、3240、3241、3247、3254、3655、3672；中四 3979

安乡郡 河州

【宋史】87/地理志 3/2163

【元丰九域志】3/133

【汇编】中四 3914；中六 5807

安仁军 郜州

【武经总要】前集 18 下/西蕃地界/9 下

【汇编】中一 1721、1722

安化县 庆州

【宋史】87/地理志 3/2150、2154

【宋会要】方域 18 之 10/7614、18 之 25/7622、

20 之 1/7651

【元丰九域志】3/115

【甘肃新通志】42/兵防志·塞防·庆阳府/6 上

【汇编】中一 942、943；中四 4107、4108；中六 5310、5493、5832；补遗 7287

安化县　渭州

【宋史】87/地理志 3/2157

【长编标】445/10714

【长编影】445/4 下

【宋会要】食货 15 之 19/5072、22 之 3/5157、29 之 15/5315；兵 4 之 14/6827

【元丰九域志】3/130

【元宪集】22/诸司使副陕西缘边都监知州葛宗古王从政米交吉张世昌并转官制/229

【甘肃新通志】9/舆地志·关梁·化平直隶厅/29 下；13/舆地志·古迹·化平直隶厅/13 上、13 下

【陕西通志】7/疆域 2·延安府/11 上

【汇编】中二 2396；中四 3838、4027；中五 5024；中六 5836；补遗 7338、7339、7484、7485

安化郡　庆州

【宋史】87/地理志 3/2150

【武经总要】前集 18 上/8 下

【元丰九域志】3/115

【文恭集】18/张昇可兵部员外郎充天章阁待制环庆路都部署经略安抚等使兼知庆州制/217

【宋朝事实类苑】18/升降州县/11 上

【汇编】中一 941、943、945；中三 3195

安州　环庆

【宋会要】方域 19 之 17/7634

安邑　解州

【宋会要】食货 15 之 16/5069、19 之 7/5126

安塞县　延安府

【甘肃新通志】13/舆地志·古迹·庆阳府·环县/31 上

【延安府志】2/1 上、5 上、12 上

【陕西通志】7/疆域 2·延安府/10 上、11 上、40 上；28/祠祀 1·延安府志·保安县/66 上

【汇编】补遗 7156、7253、7482、7483、7484、7485

米川县　廓州米川城，旧米川县宋徽宗崇宁三年修筑

【宋史】86/地理志 3/2167

【汇编】中六 5859

阶州　秦凤

【宋史】87/地理志 3/2154、2157；180/钱币/4377；191/兵志 5/4736

【长编标】19/423；43/921、922；54/1177；104/2421；118/2790；176/4257；216/5257；239/5819；240/5867；246/5977；251/6110；254/6208；255/6231、6232；261/6362；291/7124；294/7168；297/7222；303/7372；335/8062；402/9778

【长编影】19/4 上；43/12 下；54/1 上；104/20 下、21 上；118/5 上；176/8 上；216/6 下；239/12 上；240/38 上；246/2 上；251/2 上；254/3 下；255/2 上；261/6 下；291/11 上；294/7 下；297/5 下；303/7 下；335/2 上；402/1 下、10 下

【宋会要】职官 43 之 53/3300；食货 15 之 19/5072、19 之 9/5127、23 之 28/5188；兵 2 之 4/6773、4 之 9/6824、22 之 4/7145、24 之 1/7179、24 之 2/7179；方域 5 之 36/7401、18 之 11/7615、18 之 24/7621

【奏议标】139/苏辙·上哲宗乞因夏人纳款给还其地/1567

【奏议影】139/苏辙·上哲宗乞因夏人纳款给还其地/4816

【华阳集】38/朝奉郎尚书虞部员外郎监凤翔府上清太平宫兼兵马都监护军李君丕旦墓志铭/524

【忠肃集】12/直龙图阁蔡君（奕）墓志铭/164

【河南先生文集】15/故金紫光禄大夫检校右散骑常侍李公（渭）墓志铭/12 上

【栾城集】37/论兰州等地状/4 上

【汇编】中一 976、988、1201、1227、1228、1339、1664；中二 1878；中三 3203、3260、3612、3621；中四 3814、3820、3875、3931、3955、3962、3976、4080、4093、4109、4146、4453、4483；中五 4748、4830、4847；中六 5834；下 7006

七画

寿昌县　沙州

46/7292；方域 6 之 8/7409、18 之 8/7613、
20 之 6/7664、28 之 35/7287

【奏议标】133/范仲淹·上仁宗攻守二策/1478

【奏议影】133/范仲淹·上仁宗攻守二策/4546

【武经总要】前集 17/7 下、12 下

【元丰九域志】4/165、166、173、177、179

【欧阳文忠公全集】115/河东奉使奏草/21 下

【范文正公集】5/上攻守二策状/13 下

【香溪集】21/徐忠壮（徽言）传/1 下

【汇编】上 37；中一 927、980、982、983、
988、990、1040、1227、1335、1358、1412、
1413、1414、1428、1649、1690；中二 1905、
2033、2343、2364、2365、2398、2640；中
三 2967、3264、3629、3661；中四 4456；中
五 4566、4599、4742、4780、4834、5157、
5180；中六 5547、5586、5690、5858；下
6088、6089、7008

岚谷县　岢岚军

【宋会要】方域 6 之 7/7409

【元丰九域志】4/177

【汇编】中一 988

利州路

【宋会要】职官 43 之 53/3300；食货 64 之 24/
6111

【汇编】中三 3222；中四 4147

狄道　王厚镇熙州，辟狄道令

【宋史】446/刘铪传/13162

【武经总要】前集 18 下/西蕃地界/9 下

【汇编】中一 1723；中六 5738

狄道县　熙州

【宋史】87/地理志 3/2162

【元丰九域志】3/125

【汇编】中四 3836、3837；中六 5839

怀德军　渭州，本平夏城，宋哲宗绍圣四年筑，
徽宗大观二年展城作军，名为怀德

【宋史】20/徽宗纪 2/381；87/地理志 3/2157、
2158、2160、2161、2162

【三朝北盟会编】60/4 下；196/1 上

【宋会要】礼 20 之 117/823；食货 69 之 44/
6351；方域 5 之 43/7404

【陇右金石录】4/吴玠墓碑/5 上

【姑溪居士后集】20/折渭州墓志铭/1 上

【名臣碑传琬琰集】上集 12/明庭杰撰功迹记/

176

【甘肃新通志】9/舆地志·关梁·固原直隶州·
海城县/28 上；13/舆地志·古迹·固原直隶
州/12 上

【隆德县志】4/考证/64 上

【中国藏西夏文献】19/M182 碑亭出土汉文残碑
（106－49）/32

【汇编】上 211；中六 5517、5809、5836、5837、
5849、5850、5981、6050、6055；下 6504；
补遗 7271、7272、7380、7386、7425

怀德郡　平夏城

【宋会要】方域 8 之 26/7453

【汇编】下 7011

忻州　河东路

【宋史】185/食货志下 7/4514

【长编标】137/3282

【长编影】137/5 下

【宋会要】兵 4 之 6/6823、27 之 1/7247、27 之
35/7264

【武经总要】前集 17/14 上

【欧阳文忠公全集】115/河东奉使奏草/21 下、
27 上

【汇编】中一 925、983、1335；中二 2521；中
三 2910、2967

沙州

【宋史】7/真宗纪 2/133；9/仁宗纪 1/179、
190；10/仁宗纪 2/203；12/仁宗纪 4/230

【长编标】64/1428；110/2552；120/2819

【长编影】64/4 下；110/1 上；120/1 上

【玉海】14/咸平陕西河北地图/32 下

【宋大诏令集】240/沙州曹延禄拜官制（太平兴
国五年四月丁丑）/943

【宋会要】蕃夷 4 之 91/7759

【武经总要】前集 18 上/32 下

【元丰九域志】10/化外州·陕西路/479

【元宪集】33/宋故推诚翊戴功臣彰武军节度延
州管内观察处置等使曹公行状墓志铭/345

【文庄集】14/陈边事十策/1 上

【文昌杂录】1/3 上

【梁溪集】144/御戎论/1 上

【名臣碑传琬琰集】中集 43/曹武穆公玮行状/
1032

【汇编】中一 986、1449、1470、1556、1559、

1626、1628、1669、1679、1681、1716、1735、1738；中二 1797；中三 3164；补遗 7244、7355、7447

沙苑 同州

【宋会要】食货 15 之 15/5070

汾州 河东

【宋史】287/王嗣宗传/9648；363/李光传/11337

【长编标】220/5363；393/9558

【长编影】220/25 上；393/7 下

【元丰九域志】4/173

【文忠集】29/京西北路制置安抚使孙公昭远行状/10 上

【庄简集】9/乞用河东土豪援太原札子/6 下

【吴堡县志】序/1 上

【河南先生文集】15/故宣德郎守大理寺丞累赠司封员外郎皮公墓志铭/5 下

【梁溪集】52/乞令张灏同折可求节制汾晋人马劄子/11 下；54/乞差范世雄充判官札子/5 上；55/奏知折可求兵马行散札子/3 上、乞韩世忠等札子/7 下；173/靖康传信录/下/19 下

【延安府志】8/1 上

【汇编】中一 1161、1320、1413；中三 3672；中五 4802；补遗 7452、7455、7459、7460、7464、7465、7487、7491

汾州县 丹州

【宋会要】食货 19 之 8/5127

良原县 泾州

【宋史】87/地理志 3/2157

【宋会要】食货 15 之 18/5071、19 之 8/5127、29 之 14/5314

【汇编】中四 4032；中六 5836

张掖郡 甘州

【元丰九域志】10/化外州·陕西路/480

【武经总要】前集 18 下/9 下

【汇编】中一 1719

灵台县 泾州

【宋史】87/地理志 3/2157

【宋会要】食货 15 之 18/5071、19 之 8/5127、29 之 14/5314

【汇编】中四 4032；中六 5836

灵州 宋真宗咸平五年李继迁攻陷

【辽史】82/耶律德威传/1291

【宋史】5/太宗纪 2/99、100；6/真宗纪 1/106、115；13/圣宗纪 4/142；67/五行志 5/1483；253/孙全照传/8874；254/侯延广传/8884、8885、药元福传/8895；257/李继和传/8969；259/皇甫继明传/9008；264/宋琪传/9129；265/张齐贤传/9155；266/李至传/9177、张洎传/9214；268/王显传/9230；270/段思恭传/9272；274/王侁传/9364；275/安守忠传/9369、常恩德传/9375；277/张鉴传/9416、宋太初传/9422、卢之翰传/9424、郑文宝传/9425；280/田绍斌传/9497；293/田锡传/9791；299/胡则传/9941；308/卢斌传/10141；326/田敏传/10533；466/窦神宝传/13600、秦翰传/13612、张崇贵传/13618、张继能传/13620

【长编标】10/231、235；18/395、417；19/437；24/559、566；35/767、769；39/833、834、836、837；40/851；41/861；42/891、895；43/910；44/947；49/1068；50/1092、1094、1095、1103

【长编影】10/14 上；18/5 上、22 上；19/15 上；24/20 下、26 下；35/2 下；39/5 下、6 下、7 上；40/9 上；41/2 下、9 上；42/10 下、12 下；43/9 下；44/16 上；49/5 下、11 下、14 上；50/9 上、9 下、12 上、12 下、14 下、15 上、15 下、16 上、16 下、17 上、17 下、18 上、19 上

【长编纪事本末】21/2 上

【东都事略】127、128/西夏传/附录 5、6

【玉海】14/咸平陕西河北地图/32 下；139/咸平初置振武指挥/15 上

【宋大诏令集】186/令赵保吉授夏台节制谕陕西诏（咸平元年正月辛酉）/677；213/谘访宰相枢密援灵州诏（至道元年五月辛亥）/808

【宋太宗实录】76/35 上；79/38 上；80/43 上

【宋会要】职官 42 之 3/3563、64 之 12/3826、66 之 17/3876；兵 8 之 18/6896、8 之 19/6896、27 之 4/7248；方域 6 之 3/7407、21 之 17/7669；蕃夷 4 之 2/7714

【宋名臣言行录续集】2/钱即/14 下

【宋朝事实】16/兵刑/3 下

【皇宋十朝纲要】1/13 上；2/18 下

【太平治迹统类】2/太祖太宗经制西夏

【九国志】1/2 下

【元丰九域志】3/119、135

【元宪集】33/宋故推诚翊戴功臣彰武军节度延州管内观察处置等使曹公行状/343

【东原录】24 上

【龙学文集】14/紫微撰西斋话记/7 下

【初寮集】6/定攻继伐碑/1 上

【苏学士集】14/内园使连州刺史知代州刘公（文质）墓志/8 上

【龟山集】33/钱忠定公（即，字中道）墓志铭/11 下

【武经总要】前集 17/19 下；18 上/6 下、8 下、12 下、15 上、20 下

【临川集】92/户部郎中赠谏议大夫曾公墓志铭/2 上

【名臣碑传琬琰集】下集 2/张稳定公齐贤传/1301、5/李继隆传/1338

【稽古录】17/80 下、81 上

【潞公文集】26/奏议/1 上

【宁夏府志】上/人物/16 上

【甘肃新通志】7/舆地志·山川下·庆阳府·环县/16 上；13/舆地志·古迹·宁夏府·灵州/36 下

【汇编】上 20、52、54、101、102、103、105、902、903；中一 940、950、951、969、970、972、973、979、1003、1007、1036、1052、1053、1054、1055、1056、1057、1063、1067、1068、1069、1070、1071、1074、1085、1086、1092、1094、1096、1104、1105、1106、1107、1113、1114、1116、1117、1118、1119、1120、1121、1122、1123、1124、1126、1127、1128、1132、1135、1136、1139、1140、1141、1142、1147、1149、1159、1160、1162、1164、1165、1166、1168、1171、1172、1174、1176、1180、1182、1183、1185、1186、1194、1196、1197、1198、1204、1207、1210、1221、1226、1233、1234、1235、1236、1237、1239、1247、1248、1251、1255、1258、1279、1334；补遗 7221、7228、7241、7243、7244、7246、7347、7358、7411、7412、7435

灵武郡　灵州，宋真宗咸平五年入西夏

【宋史】201/刑法志 3/5016；251/慕容德丰传/8836；257/李继和传/8969；264/宋琪传/9129；265/张齐贤/9155；266/李至传/9177；267/张洎/9214；273/何承矩传/9346；276/王昭远传/9408；277/郑文宝传/9425、9426、9428；280/田绍斌传/9496、9497、李重海传/9506、徐兴传/9504；305/杨亿传/10080；307/王陟传/10119；308/张佶传/10151、张煦传/10149、杨允恭传10162；441/曾致尧传/13051；466/窦神宝传/13601、张继能传/13620；492/吐蕃传/14152

【长编标】5/126；14/303；17/385；39/833、834、835、836、837；41/862、870、872；42/880、893；44/947、948、949、950；47/1029；49/1075、1076；50/1087、1093、1095、1096、1097

【长编影】5/14 上；14/7 上；17/20 上；39/5 下、6 下、7 上、7 下；41/9 下；42/1 上、12 下；44/16 上；47/18 上；49/11 下；50/5 下、12 上

【东都事略】20/李继和传/3 下；47/杨亿传/1 上；48/曾致尧传/1 上；115/郑文宝传/2 上

【宋太宗实录】76/35 上；79/38 上

【宋会要】兵 8 之 19/6896、14 之 14/6999、27 之 4/7248

【武经总要】前集 18 上/12 下、23 上；后集 13/6 上

【太平治迹统类】2/太祖太宗经制西夏；56/742 引湘山野录

【隆平集】18/田绍斌传/11 上

【元丰类稿】49/本朝政要策·任将/10 下

【汉滨集】15/故客省使雄州防御使泾原路兵马钤辖兼第十一将郭公（成）行状/16 上

【初寮集】6/定功继伐碑/1 上

【宋名臣言行录续集】2/钱即/14 下

【龟山集】33/钱忠定公（即，字中道）墓志铭/11 下

【欧阳文忠公全集】21/碑铭尚书户部郎中赠右谏议大夫曾公神道碑铭/2 上

【河南先生文集】12/朝散大夫给事中知同州军州事兼管内劝农使上柱国陇西县开国伯食邑

五百户赐紫金鱼袋李公（允及）行状/7 上

【临川集】92/户部郎中赠谏议大夫曾公墓志铭/2 下

【涑水记闻】2/2 上

【豫章文集】2/遵尧录 1/3 上

【梁溪集】144/御戎论/1 上

【名臣碑传琬琰集】中集 43/曹武穆公玮行状/1031；下集 2/张文定公齐贤传/1301

【潞公文集】27/奏议/6 下

【甘肃新通志】7/舆地志·山川下·庆阳府·环县/16 上；9/舆地志·关梁·固原直隶州/24 上

【延安府志】1/诗文/49 上

【正德大名府志】10/40 下

【陕西通志】7/疆域 2·延安府/10 上

【汇编】中一 928、944、962、963、969、1055、1056、1062、1063、1068、1090、1094、1105、1107、1111、1112、1114、1115、1117、1121、1123、1125、1126、1127、1128、1136、1137、1138、1140、1143、1150、1151、1152、1153、1161、1171、1174、1176、1177、1180、1181、1182、1185、1189、1207、1208、1209、1210、1223、1234、1235、1236、1246、1254、1260、1263、1266、1268、1269、1270、1278、1279、1292、1293、1294、1312、1324、1380；补遗 7124、7177、7226、7238、7241、7242、7346、7359、7411、7412、7435、7447、7484

陇干县 德顺军陇干县，宋哲宗元祐八年以外底堡置

【宋史】87/地理志 3/2162

【东都事略】104/姚兕传/1 上

【宋会要】礼 20 之 116/828

【系年要录】15/311

【甘肃新通志】13/舆地志·平凉府·静宁州/10 下

【汇编】中三 3578；中六 5837、5944；下 6133；补遗 7249

陇山县 泾原言陇山县王、狸、延三族归顺

【宋史】492/吐蕃传/14157

【宋会要】方域 21 之 21/7671

【汇编】中一 1392

陇西县 通远军境，宋哲宗元祐五年置

【宋会要】方域 5 之 44/7405

陇西郡 泾原

【宋史】87/地理志 3/2157

【元丰九域志】3/130

【元宪集】34/宋故推诚翊戴功臣彰武军节度延州管内观察处置等使曹公墓志铭/352

【汇编】中一 1163；中四 3838；中六 5836

陇成县 秦州

【宋会要】食货 29 之 14/5314

【汇编】中四 3991

陇州 秦凤

【宋史】87/地理志 3/2154、2155、2156；186/兵志 1/4593；187/兵志 1/4573、4599；188/步军/4620；191/兵志 5/4733、4736；277/郑文宝传/9425；293/田锡传/9791；294/苏绅传/9813；299/张洞传/9932；301/梅询传/9984；303/范祥传/10049；328/王韶传/10579、10580；350/王君万传/11070；366/吴玠传/11412；448/郑骧传/13202；464/高遵裕传/13575；468/童贯传/13659；492/董毡传/14164

【长编标】24/546；50/1088、1090；51/1116；52/1133；54/1176；82/1881；92/2130；135/3217；203/4915；204/4937；216/5257；237/5774、5782；240/5867；244/5945；259/6318；263/6453；271/6653；316/7637；325/7821；393/9582；491/11665

【长编影】24/8 下；50/12 上；51/8 下；52/4 上；54/1；82/17 下；92/14 上；135/3 下；203/5 上；204/4 上；216/6 下；237/16 下；240/38 上；244/13 下；259/8 下；263/31 上；271/18 下；316/1 上；325/7 上；393/28 上；491/15 上

【东都事略】42/高遵裕传/2 下；82/王韶传/3 上；98/舒亶传/5 下；115/郑文宝传/2 上

【玉海】139/咸平初置振武指挥/15 上

【宋大诏令集】142/神宗谥议/513；166/求敢勇智谋之士诏（康定元年正月乙酉）/635；203/梁鼎罢度支使诏（咸平六年五月甲寅）/757；219/置熙河路熙河秦凤德音（熙宁五年十月戊戌）/837；240/睹里结等拜官制/942

【宋文鉴】40/范育直龙图阁知秦州/4 上；116/
上韩范二招讨书/10 下

【宋会要】礼 58 之 51/1637；职官 55 之 31/
3614；食货 15 之 18/5071、19 之 8/5127、23
之 28/5188、23 之 32/5185、39 之 3/5490；
兵 2 之 2/6772、2 之 4/6773、9 之 6/6908、
27 之 29/7261；方域 5 之 36/7401、12 之 15/
7527

【系年要录】52/919；199/3377；200/3401

【武经总要】前集 18 上/27 上、27 下、29 上

【奏议标】65/余靖·上仁宗乞韩琦兼领大帅镇
秦州/718；131/富弼·上仁宗论西夏八事/
1451；133/范仲淹·上仁宗再议攻守/1480；
141/任伯雨·上徽宗论湟鄯/15951

【奏议影】65/余靖·上仁宗乞韩琦兼领大帅镇
秦州/2363；131/富弼·上仁宗论西夏八事/
4463；133/范仲淹·上仁宗再议攻守/4552；
141/任伯雨·上徽宗论湟鄯/4904

【蒙兀儿史记】76/安西王忙哥剌传/4 下

【小畜集】28/宣徽南院使镇州都部署郭公（守
文）墓志铭/上

【元丰九域志】3/130、122、125、137

【元宪集】33/宋故推诚翊戴功臣彰武军节度延
州管内观察处置等使曹公墓志铭/345

【文恭集】17/211

【司马文正公集】7/章奏 5/10 上、11 上

【安阳集】家传 2/8 上

【初寮集】6/定功继伐碑/1 上

【陇右金石录】4/重修护国寺感通塔碑考释/56 上

【鸡肋编】12/8 下

【净德集】19/虑边论二/205

【河南先生文集】25/2 下

【画墁集】补遗/游公（师雄）墓志铭/11 上

【范文正公集】西夏堡寨/6；3/律诗/3 上

【临川集】18/次韵元厚之平戎庆捷/6 上；56/
百寮贺复熙河路表/1 上

【栾城集】36/乞诛吕惠卿状/18 上

【浮溪文粹】14/朝散大夫直龙图阁张公（根）
行状/12 上

【浮溪集】24/朝散大夫直龙图阁张公根行状/16
上

【彭城集】21/皇城使昭仪州刺史郭忠绍可差知
岷州制/288、皇城使孙昭谏可差知陇州制/289

【名臣碑传琬琰集】中集 43/曹武穆公玮行状/
1032、1034

【儒林公议】上/4 上

【甘肃新通志】13/舆地志·古迹·化平直隶厅/
13 下

【隆德县志】3/表传/2 下；4/考证/64 上

【汇编】上 145；中一 929、931、964、966、
972、974、1002、1062、1064、1197、1269、
1303、1315、1336、1339、1360、1415、
1523、1527、1556、1592、1634、1673、
1766；中二 1861、1907、2346、2424、2437、
2628、2645、2653、2697、2788、2812、
2833；中三 3134、3178、3295、3296、3329、
3412、3513、3514、3612、3621、3715；中
四 3765、3793、3801、3815、3820、3835、
3838、3867、3896、3897、3969、3977、
4026、4098、4117、4150、4174、4334；中
五 4637、4648、4654、4731、4805、4950；
中六 5317、5331、5611、5683、5693、5777、
5835、5889、5920、5986；下 6295、6357、
6687、6692、6933、7005；补遗 7244、7270、
7271、7272、7338、7386、7435、7441、7469

陇安　陇州

【宋会要】食货 15 之 18/5071、19 之 8/5127

陇城县　秦州属县，宋仁宗庆历五年置

【宋史】87/地理志 3/2155

【武经总要】前集 18 上/30 上

【元丰九域志】3/122、124

【汇编】中一 929、930、985；中三 3074；中六
5835

陇泉县　绥州旧领县

【宋会要】方域 6 之 3/7407

【汇编】下 7009

八画

环庆路

【宋史】6/真宗纪 1/115、117；7/真宗纪 2/
122；9/仁宗纪 1/181；12/仁宗纪 4/233；
15/神宗纪 2/277、288；16/神宗纪 3/304；
18/哲宗纪/348、352；21/徽宗纪 3/398；22/
徽宗纪 4/404、415；26/高宗纪 3/483；67/
土/1483、1486；87/地理志 3/2143、2151、

11165；468/11173、11187、11188；469/
11209；470/11234、11235；471/11249；478/
11389；480/11421、11423、11427；485/
11523、11533、11536；486/11546；488/
11586、11587；489/11601、11603、11615；
491/11665、11672；494/11749、11758；495/
11771、11772、11784、11785；496/11807、
11808、11811；497/11816、11817、11818、
11825、11836；498/11852、11862；499/
11880、11885、11893、11894；500/11909、
11915；501/11942、11943；502/11964；503/
11970、11977、11978、11981、11982、
11984、11990；504/12001、12007、12008、
12014；505/12030、12031、12037、12043、
12045；506/12050、12054、12055、12056、
12059、12060、12061；507/12073、12075；
508/12101、12103；509/12123、12129；510/
12140、12141、12143、12150；511/12160、
12165、12167、12168、12170；512/12187；
513/12199、12201、12205；514/12219、
12220、12231；516/12267；517/12307、
12313；518/12318、12320、12326

【长编影】39/5 下；47/24 上；49/5 下；51/1
下；52/2 下、8 下、9 上、18 下；55/14 上；
57/3 下；66/15 上；69/5 上；74/4 下；77/3
下；82/8 上；87/4 上；88/3 上、9 上、13
下、14 下、15 下；103/12 上；115/4 上、5
下、6 上；117/1 上；122/8 下；125/11 上、
14 下；126/6 上、13 上、17 下；129/7 上；
130/1 上、6 上；132/7 下、17 上；133/9 上；
134/7 下；135/6 上、23 下；137/21 下；
160/3 下；173/12 上；197/6 上；208/1 上；
212/14 下；213/1 上；214/2 下、16 上、24
下；215/16 下；216/3 下、7 上；217/3 上；
218/14 下；220/8 上；221/5 下、13 下；
222/3 上；223/17 下；224/17 上；225/23
上；228/7 下；234/3 上、3 下、9 下；237/3
下；238/6 下；240/38 上；244/9 下；245/3
上、6 上；250/1 上；254/14 下、17 上；
261/1 上、9 上；263/16 下；264/1 上；266/
10 上；284/14 下；287/19 上；288/12 下；
290/14 上；290/6 下；291/4 下；296/11 上；
297/4 下、5 下、14 下；298/17 上；305/7

下；311/7 下、19 上；312/7 上；313/11 上、
12 下；314/2 上、3 下、5 上、6 下、9 下、
11 上、12 上；315/3 下、15 上、15 下、16
下；316/2 下、14 上、15 上；317/19 下；
318/15 上；319/1 上、2 上、4 上、8 上、9
下；320/2 上、7 上、8 上；321/2 下、5 下、
7 上、8 上、11 下、12 上、12 下；322/3 下、
4 上、11 上；325/3 上；326/4 上、13 上；
327/19 上；328/3 上、11 上、11 下、14 上、
16 上；329/7 上、16 下；330/9 上、13 上；
331/1 上、5 下、10 下、21 下；333/11 上；
341/11 下；343/2 上；344/4 上；345/9 下、
14 上；346/7 上、13 下；347/2 下、5 下；
354/2 下；366/17 上；372/5 上、17 上；
389/19 下；395/20 下；407/19 下；408/8
上；411/6 上；413/5 上；424/5 下；434/12
上；458/2 下；466/3 上；467/17 下；468/5
下、19 下；469/8 上；470/16 上；471/12
上；478/6 下；480/6 上、8 上、11 下；485/
4 下、14 上、16 上；486/6 上；488/8 下；
489/5 上、6 上、17 上；491/15 上、21 下；
494/20 上、27 下；495/8 上、9 上、17 上；
496/14 上、15 下；497/1 上、1 下、17 上、
18 下；498/10 下、19 下；499/5 上、9 上、
13 上、19 下；500/9 下、14 下；501/11 上；
502/13 下；503/1 下、7 下、8 下、10 上、11
上、12 上、17 下；504/3 上、4 下、8 上、20
下；505/2 下、10 下、16 下、17 上；506/2
上、5 上、9 上；507/1 下、3 上；508/6 下；
509/9 下、14 下；510/2 下、8 下、9 上、10
上、17 上、17 下；511/6 上、10 下、13 上、
15 上；512/11 上；513/6 上、7 上、11 上；
514/8 下；516/3 下；517/11 上、15 下；
518/1 上、9 上

【隆平集】9/曹玮传/11 下；18/田绍斌传/11
上；20/夷狄传/3 下

【东都事略】104/姚兕传/1 上；104/姚麟传/2
上；58/韩亿传/3 下；8/神宗纪/7 上；84/刘
昌祚传/4 上；86/徐禧传/6 下；104/折可适
传/3 上；115/郑文宝传/2 上；127、128/西
夏传/附录 5、6

【奏议标】44/陈并·上哲宗答诏论彗星陈四说/
461；45/王襄·上钦宗论彗星/1708；123/司

马光·上神宗乞不令陕西义勇戍边及刺充正兵/1362；125/范仲淹·上仁宗乞令陕西主帅并带押蕃部使/1378；132/刘平·上仁宗乞选用酋豪各守边郡/1455、范仲淹/上仁宗论夏贼未宜进讨/1463、田况·上仁宗兵策十四事/1467、1468、1469；133/张亢·上仁宗论边机军政所疑十事/1473、范仲淹·上仁宗攻守二策/1477；134/范仲淹等·上仁宗论和守攻备四策/1497；136/韩琦·上仁宗论西北议和有大忧者三大利者一/1516；138/范纯粹·上神宗论西师不可再举/1551、范纯仁·上哲宗答诏论西事/1556；139/范纯粹·上哲宗乞以弃地易被虏之人/1562、范纯粹·上哲宗乞不妄动以观成败之变/1569；140/苏辙·上哲宗论地界/1579；141/文彦博·上神宗论进筑河州/1591

【奏议影】44/陈并·上哲宗答诏论彗星陈四说/1641；45/王襄·上钦宗论彗星/1708；123/司马光·上神宗乞不令陕西义勇戍边及刺充正兵/4213；125/范仲淹·上仁宗乞令陕西主帅并带押蕃部使/1378；132/刘平·上仁宗乞选用酋豪各守边郡/4478、范仲淹·上仁宗论夏贼未宜进讨/4501、田况·上仁宗兵策十四事/4515、4518、4521、4522、4525；133/张亢·上仁宗论边机军政所疑十事/4534、范仲淹·上仁宗攻守二策/4544；134/范仲淹等·上仁宗论和守攻备四策/4607；136/韩琦·上仁宗论西北议和有大忧者三大利者一/4665；138/范纯粹·上神宗论西师不可再举/4768、范纯仁·上哲宗答诏论西事/4784；139/范纯粹·上哲宗乞以弃地易被虏之人/4803、范纯粹·上哲宗乞不妄动以观成败之变/4823；140/苏辙·上哲宗论地界/4857；141/文彦博·上神宗论进筑河州/4892

【宋会要】礼25之9/959、62之39/1714；职官27之14/2943、41之76/3204、41之125/3229、43之74/3310、50之3/3535、65之27/3860、67之35/3905、68之12/3914；选举27之16/4670；食货2之6/4828、36之18/5440、39之22/5499、39之31/5504、53之8/5723、63之81/6027、69之44/6351；刑法2之29/6510、4之15/6629、4之16/6629；兵1之2/6755、1之5/6756、2之4/6773、4之10/6825、4之18/6828、8之22/6898、8之23/6898、8之27/6900、10之16/6927、18之6/7060、22之13/7150、24之1/7179、24之23/7190、24之25/7191、24之30/7193、27之7/7250、27之17/7255、27之22/7257、27之24/7258、27之25/7259、27之29/7261、27之34/7263、27之38/7265、27之45/7269、28之1/7270、28之5/7272、28之10/7274、28之24/7281、28之25/7282、28之26/7282、28之28/7283、28之37/7288、28之39/7289、28之41/7290；方域5之36/7401、8之6/7443、8之27/7454、12之15/7527、19之13/7632、19之14/7632、20之1/7651、20之5/7653、20之8/7654、20之9/7655、20之10/7655、20之11/7656、20之12/7656、20之13/7657、20之14/7657、20之15/7658、21之15/7668；蕃夷6之7/7822

【玉海】174/37上、41下

【三朝北盟会编】10/11下；77/6上；118/3下

【宋大诏令集】214/赐鄜延等路经略使不得生事诏/815；235/诫约夏国诏/915

【宋文鉴】139/富弼撰范纯祐墓志铭/8下

【宋朝事实类苑】11/132；78/引东轩笔录/1022

【系年要录】16/332；38/726；130/2099；132/2126

【皇宋十朝纲要】5/11下；6/14上；9/4下；14/2上；16/15下；18/1上

【武经总要】前集18上/24下、30下、32上、34上

【东轩笔录】2/1上

【中兴小纪】26/297、27/305

【元丰类稿】30/请减五路城堡札子/14上

【元宪集】33/宋故推诚翊戴功臣彰武军节度延州管内观察处置等使曹公墓志铭/344、345

【文庄集】14/陈边事十策/1上

【文恭集】36/宋故宣徽北院使郑公（戬）墓志铭/436

【东坡全集】16/龙图阁学士滕公墓志铭/5下；18/富公神道碑/29上；28/奏议·乞擢用刘季孙状/37上

【东坡志林】3/70

【乐全集】19/平戎十策/13下

2275、2277、2293、2294、2298、2304、
2334、2347、2348、2374、2384、2390、
2397、2427、2430、2433、2442、2468、
2505、2506、2507、2513、2555、2556、
2567、2568、2582、2588、2609、2614、
2621、2640、2643、2650、2671、2778、
2779；中三 2856、2885、2899、2954、3035、
3083、3088、3094、3163、3181、3197、
3198、3247、3274、3277、3284、3288、
3290、3313、3344、3355、3357、3358、
3380、3395、3397、3404、3410、3412、
3417、3439、3447、3449、3472、3512、
3519、3535、3542、3545、3549、3563、
3565、3566、3578、3579、3580、3587、
3591、3592、3593、3594、3595、3597、
3598、3602、3603、3607、3611、3613、
3618、3620、3621、3627、3633、3634、
3635、3658、3678、3682、3688、3695、
3700、3701、3705、3712、3723、3727；中
四 3775、3777、3779、3790、3804、3820、
3822、3835、3860、3865、3869、3870、
3914、3921、3960、3961、3975、3983、
3984、3989、3991、3993、3995、4032、
4048、4067、4070、4075、4076、4079、
4087、4091、4093、4095、4099、4107、
4111、4114、4116、4118、4119、4120、
4121、4126、4133、4134、4138、4140、
4142、4144、4148、4151、4152、4155、
4156、4157、4169、4170、4171、4172、
4176、4189、4190、4194、4199、4210、
4211、4224、4225、4227、4232、4240、
4241、4254、4257、4259、4260、4268、
4269、4272、4273、4276、4277、4279、
4280、4281、4282、4283、4294、4295、
4298、4301、4302、4308、4329、4339、
4347、4354、4374、4375、4376、4380、
4382、4391、4392、4393、4394、4400、
4409、4413、4432、4436、4437、4441、
4442、4445、4446、4450、4452、4457、
4460、4470、4520、4539；中五 4557、4564、
4573、4576、4582、4586、4590、4591、
4594、4624、4655、4682、4704、4708、
4710、4718、4786、4806、4810、4863、

4905、4908、4909、4914、4927、4936、
4957、4975、5036、5063、5098、5100、
5115、5117、5120、5125、5137、5142、
5143、5148、5185、5187、5203、5209、
5211、5212、5221、5239、5240、5247、
5252、5255、5259、5260、5264；中六 5268、
5271、5280、5281、5285、5290、5291、
5294、5304、5305、5308、5310、5311、
5318、5331、5334、5336、5361、5366、
5367、5369、5370、5373、5381、5382、
5385、5386、5389、5390、5394、5400、
5404、5406、5408、5410、5411、5420、
5421、5422、5429、5433、5435、5437、
5438、5439、5440、5442、5445、5446、
5448、5449、5455、5460、5467、5474、
5476、5477、5478、5479、5486、5491、
5492、5493、5512、5536、5538、5540、
5542、5544、5548、5554、5556、5557、
5559、5562、5565、5567、5574、5580、
5605、5609、5638、5639、5641、5648、
5661、5662、5663、5711、5713、5720、
5793、5812、5821、5852、5856、5880、
5911、5912、5926、5929、5939、5959、
5981、5994、6030；下 6089、6128、6129、
6245、6256、6382、6501、6512、6514、
6515、6519、6949、7005、7013、7014、
7020、7025、7027；补遗 7247、7259、7283、
7331、7375、7377、7390、7403、7413、
7414、7417、7420、7435、7436、7438、
7439、7466、7467、7468

环庆府路
【宋会要】方域 10 之 24/7485

环州　环庆
【辽史】14/圣宗纪 5/156
【宋史】5/太宗纪 2/95；7/真宗纪 2/128；8/真
　　宗纪 3/157；9/仁宗纪 1/180；10/仁宗纪 2/
　　201；12/仁宗纪 4/240；17/哲宗纪 1/335；
　　18/哲宗纪 2/352；26/高宗纪 3/483；29/高
　　宗纪 6/539；32/高宗纪 9/609；33/孝宗纪 1/
　　622；61/水上/1338；67/五行志/1483；87/
　　地 理 志 3/2150、2152；181/盐上/4414、
　　4417；186/兵志 1/4593；187/兵志 1/4573、
　　4591、4599；188/步军/4618、4621；189/厢

19 下、20 下

【宋朝事实类苑】56/引湘山野录/742

【涑水记闻】9/12 下；1/12 下；9/11 下

【豫章文集】2/遵尧录 1/3 上

【朝野杂记】乙集 12/杂事/渡江后名将皆西北人/963

【名臣碑传琬琰集】中集 22/张文定公方平墓志铭/724；下集 2/张文定公齐贤传/1301

【稽古录】17/81 上；18/86 下；19/88 上

【潞公文集】14/奏议/7 下

【甘肃新通志】7/舆地志·山川下·庆阳府·环县/16 上；13/舆地志·古迹·庆阳府·安化县/29 下、舆地志·古迹·庆阳府·环县/31 下

【汇编】上 26、54、55、56、62、84、85、101、119、206；中一 940、942、947、962、963、967、968、989、1057、1063、1064、1075、1090、1094、1095、1096、1107、1111、1112、1113、1120、1122、1123、1126、1127、1128、1131、1132、1140、1142、1149、1152、1154、1160、1164、1171、1174、1181、1182、1186、1201、1209、1210、1226、1227、1228、1231、1233、1235、1239、1245、1247、1250、1257、1258、1259、1263、1266、1269、1270、1271、1278、1283、1299、1300、1301、1305、1306、1312、1314、1315、1321、1322、1323、1324、1326、1335、1336、1338、1339、1343、1347、1351、1352、1353、1359、1360、1365、1367、1370、1371、1385、1415、1417、1418、1419、1420、1423、1424、1451、1483、1494、1506、1508、1513、1516、1531、1532、1535、1583、1598、1600、1606、1609、1610、1612、1613、1615、1634、1635、1637、1644、1646、1647、1649、1651、1652、1654、1657、1658、1664、1665、1666、1668、1690、1703、1707、1715、1730、1741、1751、1752、1766；中二 1790、1842、1863、1905、1908、1938、1982、2005、2014、2039、2052、2160、2178、2228、2294、2295、2296、2299、2305、2338、2384、2386、2398、2399、2406、2417、2420、2424、2430、2447、2448、2449、2451、2454、2462、2468、2513、2586、2603、2630、2641、2643、2645、2652、2730、2832；中三 3017、3019、3020、3022、3026、3028、3030、3031、3048、3076、3083、3104、3125、3134、3147、3174、3190、3198、3215、3247、3260、3261、3277、3279、3283、3284、3329、3344、3390、3407、3412、3449、3458、3496、3510、3513、3546、3582、3617、3631、3699、3700、3712、3771；中四 3776、3785、3795、3820、3907、3964、3973、3978、3979、3990、4008、4023、4045、4068、4073、4088、4108、4116、4119、4123、4125、4182、4213、4215、4216、4259、4260、4265、4276、4293、4343、4541、4562、4647、4678；中五 4884、4936、5058、5126、5129、5132、5161、5162、5181、5182、5184、5187、5189、5191、5192、5194、5195、5199、5208、5212、5216、5217、5245、5264；中六 5379、5782、5831、5833、5852、5861、5880；下 6085、6245、6246、6247、6251、6496、6497、6687、6764、7005、7006、7013、7014、7019、7027；补遗 7158、7238、7241、7244、7247、7293、7295、7375、7394

青州 青州民赵宇上书，言赵元昊必反

【宋史】298/陈希亮传/9918

【长编标】133/3175

【长编影】133/13 上

【东坡全集】14/陈希亮传/1 下

【金石萃编】147/折克行神道碑考释/1 上

【汇编】上 199；中二 2344、2345

武功 京兆府

【宋会要】食货 15 之 14/5069、19 之 6/5126

武功县 醴州

【宋会要】方域 12 之 15/7527、12 之 20/7529

武威郡 凉州

【宋史】328/王韶传/10579

【长编标】389/9473

【长编影】389/19 下

【武经总要】前集 18 下/9 下

【元丰九域志】10/化外州·陕西路/479

【汇编】中一 1715、1718；中三 3513；中五 4789

武胜军 熙河，赐名镇洮军

【宋史】15/神宗纪 2/282；87/地理志 3/2162；191/蕃兵/4757；328/王韶传/10579、10580；332/李师中传/10679；350/王君万传/11070；464/高遵裕传/13575、13576；486/夏国传下/14009

【长编标】188/4530；212/5146；213/5176、5188；226/5501；229/5582；232/5632；233/5664；235/5699；237/5763、5764、5768、5769；241/5883、5886；243/5914；250/6101

【长编影】188/4 下；212/3 下；213/20 下；226/2 上；229/16 下；232/5 上；233/18 下、19 上；235/3 下；237/7 上、11 上、11 下；241/9 下、11 下；243/1 下；250/19 下

【宋会要】职官 41 之 93/3213；兵 9 之 6/6908、28 之 12/7275

【宋朝事实类苑】56/730

【奏议标】141/文彦博·上神宗论进筑河州/1590、1591

【奏议影】141/文彦博·上神宗论进筑河州/4891、4892

【续通鉴】66/1632

【元丰九域志】3/125

【临川集】73/与王子纯书三/6 上、与王子纯书四/5 下

【甘肃新通志】6/舆地志·山川上·兰州府·狄道州/8 上；13/舆地志·古迹·兰州府·狄道州/5 上；14/建置志·城池/4 下

【汇编】上 75；中三 3250、3513、3515、3558、3575、3715、3716；中四 3743、3761、3764、3772、3773、3780、3790、3791、3792、3793、3794、3796、3797、3798、3815、3822、3823、3829、3830、3836、3844、3850、3860、4300；中六 5839；补遗 7333、7334

奉天县 泾原路第十一将驻永兴军奉天县

【长编标】299/7278

【长编影】299/13 下

【宋会要】食货 15 之 14/5069；兵 4 之 9/6824

【汇编】中四 4102

松昌县 凉州

【武经总要】前集 18 上/32 下

【汇编】中一 1669

直罗县 鄜州

【武经总要】前集 18 上/8 下

【宋会要】食货 15 之 16/5069、19 之 7/5126

【汇编】中一 941

枣阳县 宁州

【宋会要】食货 15 之 17/5071

歧州 歧、陇、泾、乾四郡环土坡高原，自泾而南及歧六舍

【长编标】138/3324

【长编影】138/13 上

【宋文鉴】116/上韩范招讨书/10 下

【奏议标】65/余靖·上仁宗乞韩琦兼领大帅镇秦州/718

【奏议影】65/余靖·上仁宗乞韩琦兼领大帅镇秦州/2363

【名臣碑传琬琰集】中集 26/苏文忠公轼墓志铭/778

【汇编】中二 2617、2697、2698、2812；中三 3274

岷州 熙河，宋神宗熙宁六年收复

【宋史】15/神宗纪 2/284、285、287、292、293；26/高宗纪 3/492；27/高宗纪 4/495；30/高宗纪 7/560；64/五行志 2 下/1406、1408；87/地理志 3/2162、2164、2165、2166；175/和籴/4242；181/盐上/4424；186/市易/4552；188/熙宁以后之制/4619；190/河东陕西弓箭手/4720；191/蕃兵/4757；193/召募之制/4802；197/兵志 5/4757；198/马政/4942、4945、4950；303/范祥传/10049；328/王韶传/10580；331/张诜传/10649；335/种谔传/10746、种谊传/10748；336/吕公著传/10776；344/王觌传/10942；349/姚雄传/11059；350/张守约传/11073；353/程之邵传/11151、蒲卣传/11153；357/何灌传/11226；361/张浚传/11301；366/刘锜传/11399；374/李迨传/11595；453/高永年传/13316；464/高遵裕传/13575、13576；468/李祥传/13649；475/刘豫传/13798；492/董毡传/14164、瞎征传/14167

【长编标】188/4530；237/5769；239/5818、5819；240/5868；243/5912、5916；244/5937；246/

5977、5983、5996；247/6013、6015、6021、6022、6024、6029、6030、6031、6032；248/6055、6063；249/6069；250/6082、6103、6105；251/6110、6111、6114、6120、6130；252/6156、6159、6180；253/6193；254/6208、6211、6212、6213、6225；255/6232；256/6248、6266；258/6290、6293；261/6355；262/6408；263/6432、6446；265/6484；266/6535；267/6544；269/6584；272/6659；273/6696；279/6827、6837、6838；280/6861；283/6930；284/6948；286/7000；290/7094；291/7114；294/7163、7164；296/7204、7213、7214；299/7272；300/7303；306/7438；322/7762；343/8248；348/8341；351/8408；412/10020；444/10685；460/10996、10998；472/11269；476/11341；485/11528；489/11605、11606；500/11908；507/12072；511/12171、12172；513/12203；514/12223；517/12304

【长编影】188/5 上；237/11 下；239/12 上；240/38 上；243/1 下；244/7 上；246/2 上、7 上、17 上；247/7 下、8 下、13 下、14 上、15 上、16 下、17 上、20 上、21 下、22 上；248/10 上、20 下、23 下；250/2 下、21 上；251/2 上、6 上、19 下；252/8 下、10 下、27 下；253/5 上、6 下、14 上；254/3 下、6 上、18 上；255/4 上；256/18 上；258/4 下、6 下；262/30 下；263/25 上；265/1 上；267/5 上；269/1 下；272/4 上；279/8 上、17 上；280/10 下、12 下；281/3 下；286/5 上；290/8 下；291/2 上、4 上；294/3 上；296/9 上；306/2 下；322/4 上；337/10 下；343/12 下；345/19 下；400/5 下；404/10 下、20 下；412/3 下；444/4 上；460/1 下；472/9 下；476/4 下；489/8 下、9 上；507/17 下；510/10 上；511/16 下；513/9 上；514/13 上；517/8 上

【长编纪事本末】139/1 上、4 下、17 上、17 下；140/12 下

【东都事略】82/王韶传/4 下

【宋大诏令集】219/置熙河路熙河秦凤德音（熙宁五年十月戊戌）/837

【宋会要】职官 23 之 16/2890、43 之 59/3303、43 之 83/3315、43 之 85/3316、43 之 94/3320、58 之 14/3708、67 之 25/3900；食货 2 之 5/4827、2 之 6/4828、15 之 18/5071、22 之 2/5156、30 之 12/5324、30 之 33/5335、37 之 27/5462、63 之 82/6027；兵 4 之 8/6824、9 之 1/6906、9 之 5/6908、9 之 6/6908、28 之 45/7292、28 之 46/7292；方域 5 之 36/7401、12 之 15/7527、18 之 17/7618、18 之 22/7620、20 之 1/7651；蕃夷 6 之 30/7833、6 之 38/7837

【宋朝事实类苑】56/730

【系年要录】72/1208

【皇宋十朝纲要】9/7 上；10 上/4 上；12/5 上；16/7 下

【奏议标】97/常安民·上哲宗奏为种谊生擒鬼章赏未称功/1049；138/吕陶·上哲宗请以兰州二寨封其酋长/1560；139/范育·上哲宗论御戎之要/1574；141/文彦博·上神宗论进筑河州/1590

【奏议影】97/常安民·上哲宗奏为种谊生擒鬼章赏未称功/3278；138/吕陶·上哲宗请以兰州二寨封其酋长/4794；139/范育·上哲宗论御戎之要/4839；141/文彦博·上神宗论进筑河州/4894

【元丰九域志】3/125、133

【方舟集】16/赵郡王墓志铭/26 上

【初寮集】6/定功继伐碑/1 上

【邵氏闻见录】13/144

【陇右金石录】3/41 下

【鸡肋编】29/12 下

【武经总要】前集 18 上/9 下、32 下

【范文正公集】遗文/9 上

【临川集】56/百寮贺复熙河路表/1 下

【名臣碑传琬琰集】上集 12/吴武安公功绩记/186；下集 14/王荆公安石传/1473

【甘肃新通志】9/舆地志·关梁·巩昌府·岷州/38 下；13/舆地志·古迹·巩昌府·岷州/19 下、秦州直隶州·礼县/24 下；30/祠祀志·寺观·巩昌府·岷州/23 下

【汇编】中一 1669、1725；中四 3765、3798、3810、3813、3814、3815、3820、3823、3836、3844、3850、3853、3857、3858、3860、3863、3875、3877、3882、3890、

3893、3894、3895、3896、3897、3898、
3900、3901、3902、3903、3907、3909、
3910、3911、3912、3915、3916、3917、
3921、3928、3931、3932、3933、3936、
3938、3941、3942、3943、3949、3953、
3954、3955、3957、3962、3963、3966、
3969、3970、3974、3987、3990、3993、
3997、3999、4012、4025、4026、4030、
4032、4034、4035、4036、4039、4043、
4053、4075、4077、4078、4083、4087、
4088、4100、4101、4112、4117、4300、
4316、4509、4511；中五4556、4561、4577、
4697、4825、4845、4847、4848、4855、
4859、4863、4890、4908、4929、4943、
5007、5068、5070、5151、5170、5264、
5265；中六5307、5506、5543、5560、5561、
5570、5584、5637、5690、5724、5729、
5747、5748、5749、5751、5757、5758、
5774、5784、5803、5804、5805、5839、
5844、5845、5856、5859、5877、5887；下
6108、6352、6353、6695、7006；补遗7238、
7335、7339、7364、7368、7435、7478

岢岚军　麟府

【宋史】4/太宗纪1/61；5/太宗纪2/83；86/地
理志2/2134、2136；175/食货志上3/4241；
183/盐下/4469；198/马政/4932；292/丁度
传/9763；300/杨偕传/9955；467/韩守英传/
13632

【长编标】20/448；21/472；43/921；55/1204；
58/1274；104/2421；133/3173；134/3189；
150/3636；156/3792；178/4317；386/9399；
402/9788

【长编影】20/6上；21/2下、3上；43/12下；
55/3下；58/1下；104/20上；133/11下；
134/2下；156/8下、14上；178/12上、12
下；386/4上；402/11上

【三朝北盟会编】25/5上

【宋会要】职官47之61/3448；食货16之3/
5074、19之10/5128、22之8/5159；兵7之
34/6886、24之1/7179、24之2/7179、24之
13/7185、27之8/7250、27之35/7264、27
之36/7264、28之23/7281；方域6之7/7409

【武经总要】前集17/14上

【元丰九域志】4/165、177、178

【文恭集】36/宋故宣徽北院使奉国军节度使明
州管内观察处置等使郑公（戬）墓志铭/438

【欧阳文忠公全集】115/河东奉使奏草/21下；
116/河东奉使奏草下/5下

【范文正公集】尺牍中/6上；西夏堡寨/6；政
府奏议下/边事/12上；褒贤集/富弼撰墓志
铭/10上

【涑水记闻】12/8上

【稽古录】17/78上

【汇编】中一925、927、980、981、986、989、
999、1201、1227、1335、1404、1405、1568、
1649、1690；中二1843、2030、2333、2343、
2364、2386、2641、2695；中三2936、2938、
2968、2973、3005、3060；中五4834；中六
5991

岩州　又作宕州，熙河，宋神宗熙宁六年拔之

【宋史】464/高遵裕传/13576

【长编影】188/4下

【宋朝事实类苑】56/730

【甘肃新通志】13/舆地志·古迹·巩昌府·岷
州/19下

【汇编】中三3250；中四3815、3860；补遗
7339

昌化郡　石州

【宋史】86/地理志2/2134

【武经总要】前集17/7下

【元丰九域志】4/173

【汇编】中一1413、1414；中六5825

昌松县　凉州

【宋史】492/吐蕃传/14155

【长编标】43/921

【长编影】43/13上

【元丰九域志】10/化外州·陕西路/479

【汇编】中一1200、1715

金明县　延安府

【宋史】87/地理志3/2146；264/宋琪传/9129；
324/许怀德传/10477；491/党项传/14144

【长编标】35/768；120/2832；122/2880；123/
2901；126/2966、2980、2981、2988、2990、
2991；127/3007、3009、3019；128/3036、
3037、3041；131/3093；132/3142；135/
3237；138/3319；157/3813；225/5495；236/

5754；238/5803；326/7858；487/11565

【长编影】35/3 下；120/12 上；122/8 下；126/
2 上、2 下、4 上、14 上、14 下、15 下、20
下、21 下、22 上、23 上；127/14 下；128/1
上、4 下、11 下；131/1 上；132/19 下；
135/22 上；157/9 下；225/24 上、24 下；
236/27 下；238/16 上；326/18 下；487/3 下

【宋会要】兵 27 之 26/7259、28 之 11/7275；方
域 5 之 39/7402

【宋朝事实类苑】75/995

【元丰九域志】3/107

【延安府志】2/1 上

【陕西通志】16/关梁 1·延安府·安塞县/26 下

【汇编】上 26；中一 1749；中二 1883、1968、
2031、2036；中四 3788、4009；中六 5827；
补遗 7261、7482

金城郡　兰州

【宋史】87/地理志 3/2165

【元丰九域志】3/135 上

【甘肃新通志】9/舆地志·关梁·兰州府·皋兰
县/1 上

【汇编】中四 4294；中六 5840；补遗 7378

肤施县　延安府

【宋史】87/地理志 3/2146、2147、2150

【宋会要】礼 20 之 88/808、20 之 144/836；食
货 15 之 15/5070；方域 12 之 15/7527、18 之
30/7624、20 之 15/7658

【宋大诏令集】218/延州保安军德音（康定元
年二月丙午）/835

【范文正公集】西夏堡寨/4 上

【元丰九域志】3/107

【梁溪漫志】10/5 下

【陕西通志】7/疆域 2·延安府/10 上；13/山川
6·绥德州·米脂县/53 上；16/关梁 1·延安
府·安塞县/27 上

【延安府志】2/12 上；4/11 下

【汇编】中二 1931、2643；中四 3844、4009；
中六 5463、5809、5827、5828、5831、5921；
下 6290；补遗 7262、7345、7482、7484、
7485

京兆府　永兴军

【长编标】128/3029、3030

【长编影】128/4 上、5 下

【宋会要】食货 15 之 14/5068、17 之 29/5098；
方域 5 之 36/7401、5 之 37/7401、12 之 15/
7527

【范文正公集】15/上枢密尚书书/5 下

【汇编】中二 2043、2048、2062

府州　置麟府路军马司，以太原府代州路钤辖
领之

【宋史】1/太祖纪 1/16、17；4/太宗纪 1/68；
6/真宗纪 1/110；10/仁宗纪 2/198、206；
11/仁宗纪 3/212、220；17/哲宗纪 1/333；
18/哲宗纪 2/352；25/高宗纪 2/458；29/高
宗纪 6/540；64/五行志 2 下/1399、1406、
1408；67/土/1461；86/地理志 2/2135、
2136；87/地理志 3/2146；175/和籴/4241、
4246；176/屯田/4270；183/盐 下/4469；
185/酒/4514、矾/4535；187/禁军上序/
4574、建隆以来之制/4593、4600；190/河
东、陕西弓箭手/4713；191/兵志 5/4750；
193/召募之制/4803；197/兵志 12/4934；
198/马政/4932、4935；253/折德扆传/8861、
折御勋传/8862、折御卿传/8862、折克行传/
8865、8866；257/李继和传/8969；264/宋琪
传/9129；265/张齐贤传/9157；273/何承矩
传/9329；274/翟守素传/9362；276/尹宪传/
9408；277/郑文宝传/9428；278/王德用传/
9467；279/李重贵传/9487；280/李重海传/
9506；285/贾昌朝传/9614；292/丁度传/
9763、郑戬传/9768；294/苏绅传/9813；299
施昌言传/9949；300/杨偕传/9955；314/范
仲淹传/10275；317/冯京传/10339；324/张
亢传/10488、10489；325/刘平传/10501；
326/康德舆传/10523、10536；328/安焘传/
10568；342/王岩叟传/10895；349/窦舜卿传
/11052；446/朱昭传/13170；447/徐徽言传/
13192；461/冯文智传/13509；466/窦神宝传
/13600；467/韩守英传/13632；482/北汉刘
氏世家/13935；486/夏国传下/14203；492/
瞎征传/14167

【长编】5/132；9/213；23/521；30/672；35/
769；37/807；38/825、834；43/922；45/
964；51/1116、1122；52/1136、1150、1152；
55/1204、1209、1213；56/1224、1227；57/
1269；61/1360；62/1388；63/1401、1413、

【奏议影】133/范仲淹·上仁宗攻守二策/4546、贾昌朝·上仁宗备边六事/4561；134/韩琦·上仁宗论备御七事/4596、范仲淹等·上仁宗论和守攻备四策/4605；136/欧阳修·上英宗论西边可攻四事/4691

【续宋编年】2/20

【隆平集】17/翟守素传/112

【小畜集】29/故商州团练使翟公（守素）墓志铭并序/1 下、2 下

【中兴小纪】4/47

【中国考古学会第一次年会论文集】折继闵神道碑/455

【五代史记纂误补】3/25 下

【元丰九域志】4/165、166、175、178、179

【文会谈丛】6 上

【文昌杂录】2/9 上

【东坡全集】15/张公墓志铭/13 上、张文定公（方平）墓志铭/14 上；123/附录 1/辽国/3 下；127、128/附录 5、6

【乐全集】19/13 下；20/陈政事三条/2 上、麟府州城中百姓老弱之口不能自存者若愿渡河令即河东转运司分处于近里州县令存济/19 下、请因郊祀肆赦招怀西贼札子/24 上；21/论高继宣知并州并代路经略安抚等使事/8 下

【玉壶清话】3/6 上

【夷坚志】支庚 3/1153

【安阳集】47/故客省使眉州防御使赠遂州观察使张公（亢）墓志铭/14 上、14 下、17 下；家传/5/3 上

【欧阳文忠公全集】115/河东奉使奏草/27 上、34 下；116/河东奉使奏草/5 下；附录/3/14 上

【画墁集】补遗/游公（师雄）墓志铭/4 上

【茗溪集】48/宋故武功大夫魏国公杨公（宗闵）墓碑/2 下、5 下

【范文正公集】尺牍中/6 上；西夏堡寨/2 下、3 下；诸贤赞颂论疏/24 下；年谱/20 上；年谱补遗/18 下、22 上、23 下

【金石萃编】147/折克行神道碑考释

【契丹国志】7/圣宗天辅皇帝纪/3 下

【香溪集】21/徐忠壮（徽言）传/1 下、2 下

【浮溪集】16/麟府等州抚谕敕书/6 下

【涑水记闻】12/8 上、14 上

【斜川集】5/孙团练墓志铭/30 上

【名臣碑传琬琰集】中集 48/韩忠献公琦行状/1101；下集 13/文彦博传/1451、1452

【稽古录】17/74 上；18/82 上；20/93 上

【延安府志】2/葭州/20 上

【陕西通志】5/建置 4/32 上；17/关梁 2·神木县·古关隘/54 上、府谷县/57 上

【榆林府志】4/府谷县/山/9 上、9 下；6/建置志·关隘/3 上、7 上；47/7 上、10 上

【汇编】上 21、36、39、45、62、65、82、89、109、187、188、190、199、218、234、235；中一 924、925、926、933、940、944、948、952、954、955、982、984、991、993、994、999、1028、1031、1038、1039、1040、1044、1070、1098、1099、1100、1112、1130、1169、1201、1202、1211、1213、1214、1215、1227、1228、1258、1300、1307、1318、1327、1328、1335、1359、1364、1366、1374、1376、1403、1412、1413、1426、1430、1432、1443、1445、1446、1468、1469、1474、1475、1486、1487、1493、1508、1511、1516、1521、1523、1531、1536、1582、1590、1629、1649、1690、1696、1698、1732、1755；中二 1784、1811、1817、1818、1819、1822、1842、1843、1856、1857、1861、1866、2148、2162、2230、2233、2298、2299、2315、2317、2318、2319、2320、2321、2331、2332、2333、2338、2339、2343、2353、2355、2357、2358、2364、2365、2366、2370、2378、2380、2386、2389、2391、2392、2394、2407、2427、2468、2483、2484、2592、2604、2640、2642、2643、2695、2783；中三 2842、2874、2909、2939、2969、2972、3000、3001、3004、3045、3047、3051、3060、3062、3133、3165、3214、3216、3217、3218、3222、3227、3243、3248、3252、3253、3268、3272、3273、3274、3276、3283、3294、3301、3575、3606、3607、3629、3650、3654、3655、3721；中四 3770、3805、3810、3953、4071、4075、4106、4178、4252、4270、4335、4342、4355、4368、4485；中五 4566、

4567、4588、4600、4732、4780、4816、
4832、4846、4854、4915、4925、4969、
5060、5083、5094、5095、5096、5097、
5098、5102、5110、5116、5166、5213、
5233；中六 5370、5387、5717、5826、5827、
5875、5981、5984、5991、5992、5996；下
6088、6089、6117、6137、6146、6147、
6516、6581、7004、7005、7012、7013、
7019、7027；补遗 7091、7093、7125、7237、
7247、7251、7276、7277、7278、7280、
7344、7389、7423、7461、7467、7492

府谷县 府州

【宋史】86/地理志 2/2135；253/孙全照传/
8875；289/高继宣传/9697；326/张岊传/
10523

【长编标】124/2922；125/2947；133/3164、3180；
136/3246

【长编影】124/4 下；125/8 下；133/3 下；136/
1 上

【宋会要】礼 20 之 141/835；方域 18 之 4/7611、
18 之 5/7612、18 之 10/7614、18 之 13/7616、
18 之 14/7616、18 之 25/7622、20 之 11/
7656、20 之 15/7658

【宋大诏令集】188/府州敕牓（宝元二年九月
乙巳）/687

【武经总要】前集 17/14 上

【元丰九域志】4/165

【延安府志】2/葭州/20 上

【净德集】30/送张子公/317

【陕西通志】5/建置 4/33 下；7/疆域 2/43 下；
17/关梁 2·神木县·古关隘/54 上

【名臣碑传琬琰集】下集 13/文彦博传/1451

【榆林府志】4/府谷县·山/9 上、9 下、10 上、
水/12 上、12 下；6/建置志·关隘/3 上、6
下、7 上、7 下、8 上；47/10 上

【汇编】上 234；中一 926、927；中二 1822、
1856、2319、2321、2482；中三 3133、3222、
3283、3643；中六 5826、5875；下 6581；补
遗 7095、7125、7127、7276、7277、7278、
7279、7400、7446、7489、7492、7493、7494

底原州 通远军渭水所出，即古渭州，镇戎军本高户，即古原州，盖昔以陷没，取州名建于他郡。民间呼今原州为底原州，呼镇戎军

为故原州

【长编标】249/6071

【长编影】249/5 上

【汇编】中四 3918

河中府 永兴军路

【宋史】3/太祖纪 3/41；7/真宗纪 2/143、144、
8/真宗纪 3/147、158；9/仁宗纪 1/188；14/
神宗纪 1/271；15/神宗纪 2/279；24/高宗纪
1/444；61/水 上/1319、1321、1324；62/水
下/1361；63/火 上/1386、1389、1390；64/
五行志 2 下/1407；87/地理志 3/2143、2144；
181/盐 上/4413、4421、4424；183/茶 上/
4482；188/步军/4621；191/河北河东陕西义
勇/4736、4739；193/招募之制/4804；196/
屯戍之制/4899；262/昝居润传/9056；265/
李昭遘传/9145；288/范雍传/9678；290/夏
守赟传/9716；313/文彦博传/10258；314/范
纯仁传/10284；320/张存传/10414；325/刘
平传/10502；326/王信传/10518；332/孙路
传/10688、游师雄传/10690；344/李周传/
10935；348/钟传传/11037；366/吴璘传/
11415；426/赵尚宽传/12702、叶康直传/
12707；441/路振传/13062

【长编标】54/1176；64/1429；102/2366；126/
2970、2971、2979、2991、2995；127/3007、
3012、3013；216/5257；218/5294；222/
5400、5401；240/5867；326/7858；331/
7970；469/11210、11213；487/11569；511/
12168

【长编影】54/1 上；64/5 下；102/16 下；126/
13 上、21 上；127/4 上、4 下、9 下；216/7
上；218/3 上；222/2 下、3 上；240/38 上；
326/16 下；331/4 下；469/8 上；487/7 上；
511/13 下

【宋会要】职官 55 之 31/3614；食货 15 之 14/
5069、19 之 6/5126、23 之 28/5188、24 之
31/5210、39 之 3/5490；兵 2 之 4/6773、2 之
39/6791、27 之 34/7263、27 之 40/7266；方
域 5 之 36/7401、12 之 15/7527、19 之 49/
7650

【奏议标】62/赵瞻·上英宗论差中官为陕西钤
辖/687；123/韩琦·上英宗乞募陕西义勇/
1355；132/范仲淹·上仁宗乞严边城实关内/

1457;136/韩琦·上仁宗论西北议和有大忧
者三大利者一/1516

【奏议影】62/赵瞻·上英宗差中官为陕西钤辖/
2279;123/韩琦·上英宗乞募陕西义勇/
4194;132/范仲淹·上仁宗乞严边城实关内/
4483;136/韩琦·上仁宗论西北议和有大忧
者三大利者一/4666

【隆平集】19/石元孙传/6 上

【东轩笔录】9/4 上

【司马文正公集】30/章奏 28/9 上

【安阳集】家传 1/14 上、15 下、4/17 下、6/6
上

【邵氏闻见录】17/187

【欧阳文忠公全集】29/翰林侍读学士右谏议大
夫杨公墓志铭/5 下

【河南先生文集】24/申拣军马状/1 下

【范太史集】40/检校司空左武卫上将军郭公
（逵）墓志铭/9 上

【范文正公集】年谱补遗/7 上、8 上;西夏堡寨
/3 下;别集 4/10 上;言行拾遗实录 3/9 下

【涑水记闻】11/12 上

【名臣碑传琬琰集】上集 3/王珪撰庞庄敏公籍
神道碑/2247;中集 48/李清臣撰韩忠献公琦
行状/1094、52/曾肇撰曾太师公亮行状/1185

【汇编】中一 1339、1416、1451、1631、1761;
中二 1886、1889、1890、1899、1900、1908、
1922、1938、1967、1970、1971、1972、
1982、1983、1995、1996、1997、2005、
2008、2013、2110、2116、2157、2420、
2465、2642;中三 3035、3214、3327、3328、
3378、3400、3538、3612、3613、3621、
3629、3647、3694、3695、3698;中四 3820、
4033、4361、4443、4449;中五 5126;中六
5269、5301、5349、5557

河东县　河中府

【宋会要】食货 15 之 15/5070;方域 12 之 15/
7527

【邵氏闻见录】17/187

【汇编】中四 4443

河东路

【辽史】10/圣宗纪 1/113

【宋史】3/太祖纪 3/48;4/太宗纪 1/71;5/太
宗 2/78;6/真宗纪 1/111;7/真宗纪 2/121、
125、127、133;8/真宗纪 3/156;10/仁宗纪
2/203、205、207;11/仁宗纪 3/212、213、
216、218、219;12/仁宗纪 4/229;14/神宗
纪 1/269;15/神宗纪 2/279、285、287、
288;16/神宗纪 3/304、310;17/哲宗纪 1/
320、333、334;18/哲宗纪 2/344、347、
350、352;19/徽宗纪 1/359、363;20/徽宗
纪 2/373、374、380、384、385、386;21/徽
宗纪 3/400;22/徽宗纪 4/404;23/钦宗纪/
425、427、428;24/高宗纪 1/446;28/高宗
纪 5/529;32/高宗纪 9/603、610;62/水下/
1345、1356;65/木/1422;66/金/1439、
1441;67/土/1463、1486;71/崇天历/1614;
85/地理志 1 序/2094、2095、2096;86/地理
志 2/2131、2138;87/地理志 3/2148、2149、
2150、2153、2170;104/汾阴后土/2535;109/
神御殿/2625;114/巡幸/2705;121/祃祭/
2829、受降献俘/2837;125/士庶人丧礼/
2918;155/科目上/3618;156/科目下/3625;
157/铨法上/3712;163/户部/3850;167/经
略安抚司/3960、都转运使/3964;170/杂制/
4075、4093;171/职钱/4116;172/赠给/4133;
173/农田/4159;174/赋税/4207;175/和籴/4240、
4241、4242、4244、4254、漕运/4253、4254、4256、
4257;176/屯田/4263、4270、常平/4276、
4287;177/役法上/4297;178/振恤/4339;
179/会计/4351、4352、4354、4362;180/钱
币/4381、4382、4383、4384、4385、4386、
4387、4388、4392、4394;181/会子/4403、
4404、4405、盐上/4413、4419、4424;182/盐
中/4440、4446;183/盐下/4469、4470、4471、
茶上/4480;184/茶下/4505;185/酒/4514、坑
冶/4529、矾/4533、4534、4535、4536;186/商
税/4543、4544、互市舶法/4560、4561、4563、
4564;187/禁军上 序/4571、4573、4574、
4575、4577、4580、4581、建隆以来之制/
4587、4591、4597、4599、4600;188/熙宁
以后之制/4618、4622、4629;189/厢兵/
4643、4644、4645、4646、4649、4651、
4656、4657、4661、4662、4664、4670、
4678;190/陕西保毅/4706、4707、4708、河
北、河东强壮/4711、4712、河东陕西弓箭手
/4713、4716、4717、4721、4722、4724、

4725、河北等路弓箭社/4726、4727；191/河北河东陕西义勇/4733、4734、4735、4738、4740、蕃兵/4750、4756、4760；192/保甲/4764、4765、4766、4772、4774、4775、4781、4782；193/召募之制/4800、4802、4803、4805、4808、4809、4814、4817；194/拣选之制/4826、4827、4829、4830、4833、4834、4836、廪给之制/4844；195/训练之制/4854、4855、4856、4858；196/迁补之制/4883、屯戍之制/4894、4899、4900、4903；197/器甲之制/4911、4912、4915、4916、4919；198/马政/4932、4934、4935、4936、4937、4938、4940、4942、4944、4945、4946、4947、4949、4953、4954；212/宰辅3/5531；250/石保兴传/8811、韩崇训传/8824；252/王晏传/8848、武行德传/8856；253/折德扆传/8861、折御卿传/8862、8863、折克行传/8865、8868、孙行友传/8872；254/张从恩传/8886、李继勋传/8893；255/杨廷传/8904、康延泽传/8927；257/李继和传/8974；258/曹彬传/8978；259/袁继忠传/9004；260/崔翰传/9026；261/张铎传/9048；263/石熙传/9103；265/李昭遘传/9145、张齐贤传/9151、9152；266/钱若水传/9170、王举元传/9188；270/魏丕传/9277；272/荆嗣传/9311、曹光实传/9315、司超传/9320；273/李进卿/9324、李守恩传/9334、郭进传/9335、牛思进传/9336、李谦溥传/9337；274/刘审琼传/9365；277/郑文宝传/9428、9429；279/陈兴传/9483；280/田绍斌/9496、张思钧传/9508；281/吕端传/9513；284/宋祁传/9597；285/冯行己传/9612、贾昌朝传/9614；286/王益柔传/9634；287/王嗣宗传/9647；288/任中师传/9671；290/张耆传/9710、郭逵传/9723；291/吴育传/9731；292/丁度传/9763、程戡传/9768、明镐传/9769；293/王禹偁传/9795；294/苏绅传/9813；295/尹洙传/9834、孙甫传/9839、9841、叶清臣传/9854；297/段少连传/9897；300/杨偕传/9955、王沿传/9959；303/范育传/10050；304/范正辞传/10059、10060、杨告传/10073；305/薛映传/10090；307/宋搏传/10127；309/魏震传/10158、张质传/

10158；310/杜衍传/10191；311/吕公弼传/10214；312/韩琦传/10223；313/富弼传/10253；314/范仲淹传/10275、范纯粹传/10279、10280；315/韩绛传/10303；316/唐介传/10329；317/冯京传/10339；318/张方平传/10353、王拱辰传/10359；319/欧阳修传/10377；320/吕溱传/10401、王素传/10403、王靖传/10405；322/齐恢传/10448；324/张亢传/10486、10489；325/任福传/10506；326/郭恩传/10522、张岊传/10524、侍其曙传/10535；327/王安礼传/10553；328/章楶传/10589；329/王广渊传/10609；330/任颛传/10618、李参传/10619、张景宪传/10623、杜纯传/10632、王宗望传/10637；331/沈括传/10656；332/滕元发传/10676、赵禼传/10684；333/张焘传/10701；335/种世衡传/10741、种谔传/10746、种师道传/10751；336/司马光传/10758；343/许将传/10908、林希传/10914；344/孔文仲传/10932、马默传/10947；348/陶节夫传/11038；349/姚古传/11061；350/刘阒传/11084；352/耿南仲传/11131；353/聂昌传/11144；356/蔡居厚传/11210；357/何灌传/11225；358/李纲传上/11249、11254、11255；359/李纲传下/11265；360/宗泽传/11279、11280、11282、11283；363/李光传/11336、张所传/11347；365/岳飞传/11379、11385；366/吴玠传/11410；367/李显忠传/11431、郭浩传/11410；368/牛皋传/11466；369/张盖传/11477、曲端传/11492；381/程瑀传/11742；382/李弥大传/11777；426/张逸传/12699、吴遵路传/12701、程师孟传/12704；431/孙奭传/12802、李之才传/12824；432/刘义叟传/12838；442/石延年传/13071；446/杨震传/13166；447/唐重传/13186、郭忠孝传/13188、13189、徐徽言传/13191、13192；448/刘汲传/13201、李彦仙传/13210、王忠植传/13217；452/翟兴传/13301；453/高永年传/13315、祝公明传/13321；458/张愈传/13440；463/审进传/13537、刘知信传/13543；464/李平传/13571、李端愿传/13571；466/窦神宝传/13600；467/王中正传/13642；468/方腊传/

13661；473/黄潜善传/13743；479/西蜀孟氏世家/13893；482/北汉刘氏世家/13935、13936、13942；484/李筠传/13972、13973、13975、李重进传/13977；485/夏国传上/13995、13997；486/夏国传下/14008、14011、14014、14021

【长编标】43/921；51/1107、1123；52/1131、1139、1150；55/1201、1204、1217；56/1228、1244；58/1274、1281、1294；60/1335、1336；62/1385、1388；65/1451、1457、1461；67/1502、1513；68/1525、1527；71/1597、1605、1611；72/1642；73/1661、1664、1666、1672；79/1808；82/1876；102/2358；104/2421；108/2513；121/2849；123/2892、2895、2903、2914；124/2922、2929；125/2955；126/2973、2975、2979、2980、2992；127/3021；128/3030、3041；129/3070；132/3122、3131、3144、3145、3147、3150；133/3160；134/3195；135/3219、3227、3235、3241；137/3277、3285、3290；145/3506、3511；146/3529、3531、3540；148/3582；150/3636、3637、3638、3639、3652、3654；151/3669、3674、3675、3682、3685、3692；152/3710；154/3738、3739、3740、3742、3743、3748；156/3787；157/3797、3798、3801、3802、3811；158/3819；167/4018、4023、4024；168/4034；176/4253；177/4295；181/4384；186/4489；188/4530；189/4559；191/4615；195/4725；203/4915；214/5208；215/5244；216/5254、5256、5261、5266；217/5283；218/5291、5292、5305、5306、5307、5308、5309；219/5330；220/5334、5335、5336、5337、5342、5343、5344、5345、5347、5359、5360；221/5368、5384、5385、5389、5391；227/5530；229/5577；230/5591、5601；232/5635；233/5648、5649、5659；234/5675；237/5760；239/5811、5822；243/5917、5919；244/5940；245/5949、5952、5953、5955、5961；246/5978、6000；247/6009；260/6330、6334、6338、6339、6342、6344；266/6526、6527、6536；267/6545、6547；280/6869；283/6937；297/7217；300/7305；301/7326；304/7411；312/7566、7567；314/7600、7601；315/7620、7631；316/7637、7642、7654；317/7661、7669、7674、7677；318/7680；319/7700、7701、7703、7705、7709、7710、7712、7715；321/7745、7752、7754；322/7758；323/7777、7781、7782、7789；327/7864、7867；329/7914、7916、7928、7929、7938；330/7963；331/7982；333/8017、8022、8024；336/8092、8093；338/8138、8140；341/8196；342/8223、8225、8226；343/8236；344/8264；345/8282；346/8309、8310；347/8320、8322、8333、8334；348/8348；350/8382；354/8469、8478；364/8725；368/8874；372/9009；374/9061、9072；383/9327；385/9367；386/9399；389/9470；390/9493；393/9559；395/9639；397/9671、9672、9674、9685；398/9716、9717；403/9825；408/9922、9925；409/9953；413/10039；415/10088；419/10154；426/10299；429/10362；432/10426、10433；437/10547；439/10576、10581；442/10630、10649；444/10680；452/10846；453/10860；457/10944；458/10954；464/11901；465/11105；466/11127、11131、11132；468/11179、11184、11187；469/11203、11209；470/11225；471/11238、11239、11245；472/11269；473/11286；474/10302；475/11323；476/11347；477/11371；479/11412；480/11428；485/11518、11519、11520、11527、11533；486/11546、11548、11549；488/11587、11591；493/11711；494/11754；495/11770、11781；496/11812；497/11817、11820、11833；498/11862、11863；499/11874、11885；500/11902、11911、11915；502/11959、11960；503/11985；506/12055、12056、12059、12060；507/12075；508/12101、12103、12105、12106；509/12114、12124、12129；510/12140、12141、12142、12143、12149、12151；511/12154、12160；512/12186；513/12201；514/12227；515/12244、12245；516/12268、12285；517/12307

【长编影】43/12下；51/15下；52/1下、9上、

17 下；55/1 上、5 上；56/4 上、18 上；58/1 下；60/5 上；62/5 上；65/8 上、17 下；67/6 下；68/11 下；71/8 上；72/16 下；73/14 下、19 上；79/15 上；82/13 下；102/9 下；104/20 上；108/2 上；121/1 上；123/1 上；124/7 上；125/14 下；126/13 上；127/2 下、15 下、16 上；128/5 下、16 下；132/7 下、26 上、28 下；133/1 上、2 下、5 下、11 下、16 下；134/1 上、3 上、5 下、7 下、8 下、15 下；135/19 下、25 下；137/4 下；145/11 上；146/1 上；148/8 上；150/15 上；151/9 下、14 下；152/12 上；154/5 上；156/10 上；157/3 上、5 下、10 下、14 上、15 上；158/2 下；167/7 下；168/2 下；176/13 上；181/13 下；188/1 上、5 下；189/5 上；195/5 上、13 下；214/14 上；215/13 下；216/3 上、9 下；217/10 下、11 下；218/1 下、14 下、15 下；219/3 下、4 下、7 下、9 上；220/3 上、8 上、14 上、16 下、18 上、21 下、22 下、23 上、25 上；221/2 上、6 下、7 上、16 上、20 上；227/8 下；229/12 上；230/18 下；232/6 上、8 下；233/14 上；234/3 下；237/3 下、7 上；239/15 上；243/8 上；244/9 下；245/3 上、6 上、11 上；246/2 下、9 上；247/4 上；260/5 上；266/13 下；267/7 上；283/17 上；297/2 上；300/7 下；301/6 下；304/17 上；312/8 上；314/2 上、4 上、11 上；315/5 下、15 上；316/1 上、5 上、15 上；317/4 下、12 下、16 下；318/1 上、1 下；319/2 上、4 上、6 上、9 下、11 下、14 下、15 下、17 上；320/8 上；321/8 下、12 上、15 上、15 下；322/1 上；323/2 上、3 上、6 上、6 下、15 下；327/1 上、2 下；329/3 下、21 下、22 上；330/9 上、13 上；331/14 上；333/4 下、10 下；336/2 下；338/2 上、4 上；341/1 下；342/4 下、6 下；343/2 上；344/9 上；345/9 下；346/7 上、8 下；347/1 上、5 下、12 下；348/13 上；350/2 上；354/1 下、2 下、8 上；364/25 上；368/22 下；372/5 上；374/17 上；380/13 下；383/4 下；385/3 下、7 上；386/3 下；389/19 下；390/14 下；393/7 下；395/20 下；397/1 下、4 上；398/17 上；

403/21 下；408/3 下、6 上；409/3 上；413/6 上；415/18 上；419/10 上；426/5 下；429/9 上；432/10 上；437/18 下；439/8 上、12 下；442/1 上、13 上；444/1 上；452/3 上；453/2 上；456/7 上；457/7 下；458/2 下；464/17 下；465/7 下；466/1 上、3 上；468/16 上、18 下、19 下；469/3 下、8 上；470/7 下；471/1 下、7 上、12 上；472/10 上；473/6 下；474/2 下、3 上；475/3 上；476/10 下；477/17 上；479/10 上；480/3 上、7 下、12 下；485/1 上、2 下、9 上、14 上、16 上；486/6 上、8 下；488/8 下、13 下；493/15 上；494/24 上；495/7 上、15 下；496/15 下；497/1 下、4 上、15 上；498/19 下、20 上；499/5 上、13 下；500/2 下、10 上、15 下；502/3 上、9 下；503/14 下；506/5 上、9 上；507/3 上；508/5 下、7 下、10 下；509/10 上、14 下；510/10 上、16 下、17 下；511/1 上、6 下；512/9 下；513/7 上；514/7 下、13 上、16 下；515/13 下；516/3 下、23 下；517/11 上

【长编纪事本末】83/10 上

【东都事略】86/徐禧传/6 下；93/苏辙传/3 上；127、128/附录5、6

【玉海】141/15 上；174/38 下

【三朝北盟会编】9/4 下；25/5 上；36/8 下；48/13 上；50/8 上；58/6 下；59/1 上；60/4 下；72/2 下

【宋大诏令集】184/陕西铁钱折二公私通行诏/669；186/放陕西河东人夫保甲诏（崇宁四年六月十六日）/680；194/降滕宗谅等官谕陕西四路沿边诏/714；218/曲赦陕西河东德音（熙宁四年二月癸卯）/836；219/克西夏九城陕西河东路德音（绍圣四年四月丁未）/838、陕西河东德音（元符二年五月辛巳）/838、陕西河东曲赦（政和八年六月二十三日）/841、陕西河东曲赦（宣和元年四月二十三日）/841；236/赐夏国诏（元祐八年四月庚申）/921；240/西蕃首领陇拶河西节度制（元符三年三月）/941

【宋文鉴】119/上曾枢密书/8 下

【宋会要】职官 6 之 13/2503、6 之 15/2504、7 之 4/2536、8 之 4/2563、14 之 5/2690、14 之

10/2692、14 之 12/2693、14 之 13/2694、27 之 14/2943、41 之 19/3176、41 之 81/3207、47 之 61/3448、48 之 30/3470、56 之 18/3634、57 之 49/3676、66 之 18/3877、66 之 32/3884；选举 28 之 26/4690、29 之 17/4702；食货 1 之 32/4817、2 之 6/4828、16 之 1/5073、37 之 1/5448、38 之 31/5482、39 之 19/5498、39 之 24/5500、39 之 33/5505、40 之 1/5509、40 之 2/5509、42 之 5/5564、42 之 7/5566、42 之 9/5566、43 之 2/5573、48 之 17/5631、57 之 8/5814、59 之 4/5840、63 之 76/6024、63 之 81/6027、64 之 24/6111、70 之 169/6455、70 之 180/6460；刑法 7 之 18/6742；兵 1 之 12/6759、2 之 7/6775、4 之 16/6828、4 之 18/6828、4 之 28/6834、4 之 29/6834、5 之 9/6844、8 之 33/6903、10 之 16/6927、14 之 17/7001、17 之 8/7041、17 之 14/7044、18 之 2/7058、18 之 17/7066、22 之 4/7145、22 之 14/7150、24 之 1/7179、24 之 13/7185、24 之 20/7188、24 之 25/7191、24 之 29/7193、26 之 39/7246、27 之 16/7254、27 之 21/7257、27 之 34/7263、27 之 35/7264、27 之 37/7265、27 之 39/7266、28 之 8/7273、28 之 25/7282、28 之 27/7283、28 之 28/7283、28 之 31/7285、28 之 37/7288、28 之 39/7289、28 之 40/7289、28 之 41/7290、28 之 42/7290、28 之 43/7291、29 之 1/7293、29 之 4/7294、29 之 8/7296；方域 8 之 30/7455、8 之 34/7457、10 之 24/7485、12 之 13/7526、18 之 3/7611、19 之 4/7627、20 之 6/7664；蕃夷 2 之 37/7710

【宋朝事实类苑】75/引东斋纪事/994、995；78/1021

【系年要录】1/16 四月甲辰日注

【皇宋十朝纲要】13/3 下；14/1 下、2 上、6 上；16/11 上；19/7 上、8 上

【武经总要】前集16 上/36、18 上/34 上；18 下/西蕃地界/1 上

【奏议标】63/刘挚·上哲宗弹奏王中正等四宦官之罪/697；65/范纯仁·上神宗乞令孙永依旧知秦州以观后效/723；82/富弼·上仁宗乞诏陕西等路奏举才武书/891；123/韩琦·上英宗乞募陕西义勇/1355；125/余靖·上仁宗乞收还牧地罢民间马禁/1383、宋祁·上仁宗乞收还牧地罢民间马禁/1384；138/文彦博·上神宗论关中事宜/1548；139/范纯粹·上哲宗乞以弃地易被虏之人/1562、苏辙·上哲宗乞因夏人纳款给还其地/1565、范纯粹·上哲宗乞不妄动以观成败之变/1569；140/范纯粹·上徽宗论进筑非便/1583、张舜民·上徽宗论进筑非便/1584

【奏议影】63/刘挚·上哲宗弹奏王中正等四宦官之罪/2306；65/范纯仁·上神宗乞令孙永依旧知秦州以观后效/2375；82/富弼·上仁宗乞诏陕西等路奏举才武书/2859；123/韩琦·上英宗乞募陕西义勇/4194；125/余靖·上仁宗乞收还牧地罢民间马禁/4268、宋祁·上仁宗乞收还牧地罢民间马禁/4270；138/文彦博·上神宗论关中事宜/4759；139/范纯粹·上哲宗乞以弃地易被虏之人/4803、苏辙·上哲宗乞因夏人纳款给还其地/4811、范纯粹·上哲宗乞不妄动以观成败之变/4823；140/范纯粹·上徽宗论进筑非便/4866、张舜民·上徽宗论进筑非便/4872

【元丰类稿】30/请减五路城堡札子/14 上

【元宪集】32/答内降手诏垂询西陲方略/339

【文忠集】29/京西北路制置安抚使孙公昭远行状/10 上

【东坡全集】18/富郑公神道碑/32 上；15/张文定公（方平）墓志铭/13 上、14 上；16/故龙图阁学士滕公墓志铭/9 下、10 上

【乐全集】18/对诏策/2 上；19/再上议事/26 上；20/陈政事三/2 上、请因郊祀肆赦招怀西贼札子/24 上；21/论高继宣知并州并代路经略安抚等使事/8 下

【司马文正公集】首卷/司马温公行状 28/上；19/章奏 17/1 上；25/章奏 23/3 上

【旧闻证误】2/30

【石林燕语】8/4 下

【龙川略志】635

【华阳集】23/抚问河东路边臣兼赐夏药口宣/284

【安阳集】47/故客省使眉州防御使赠遂州观察使张公（尧）16 上；家传 3/6 下、4/1 上、15 上、17 下、6/6 上

【朱文公集】95 上/少师保信军节度使魏国公致

3003、3011、3024、3026、3032、3034、
3039、3047、3059、3061、3062、3063、
3067、3069、3070、3080、3095、3112、
3122、3124、3140、3144、3155、3156、
3164、3186、3193、3202、3203、3208、
3212、3218、3221、3227、3232、3233、
3241、3244、3245、3247、3248、3251、
3252、3264、3276、3280、3299、3326、
3327、3328、3329、3330、3343、3352、
3356、3395、3418、3433、3471、3497、
3504、3510、3511、3531、3533、3547、
3553、3554、3586、3587、3601、3602、
3606、3610、3614、3624、3625、3626、
3627、3629、3632、3633、3643、3646、
3649、3650、3651、3652、3653、3656、
3657、3661、3663、3664、3665、3666、
3671、3672、3674、3679、3680、3682、
3683、3684、3685、3687、3691、3724、
3725；中四 3741、3752、3755、3761、3770、
3777、3782、3789、3791、3817、3854、
3865、3869、3870、3871、3875、3879、
3888、3914、3974、3981、3983、3986、
3996、3998、4002、4008、4033、4044、
4060、4069、4086、4089、4097、4103、
4105、4106、4107、4110、4113、4122、
4139、4140、4142、4143、4151、4152、
4159、4168、4174、4179、4190、4194、
4202、4203、4206、4207、4213、4227、
4231、4234、4235、4236、4237、4242、
4246、4247、4249、4250、4252、4259、
4278、4283、4284、4285、4287、4297、
4299、4309、4310、4312、4321、4339、
4358、4365、4367、4368、4375、4394、
4398、4426、4427、4436、4437、4441、
4444、4455、4465、4470、4495、4515、
4516、4533、4542、4543；中五 4549、4550、
4558、4566、4573、4582、4583、4586、
4589、4591、4599、4609、4624、4625、
4626、4655、4660、4689、4690、4693、
4703、4708、4716、4721、4739、4745、
4748、4776、4779、4780、4781、4786、
4796、4803、4810、4812、4813、4816、
4819、4840、4908、4912、4914、4918、
4937、4945、4949、4957、4959、4962、
4963、4969、4970、4980、4983、4986、
4988、4990、4992、5003、5048、5054、
5060、5061、5063、5086、5089、5090、
5095、5097、5098、5100、5101、5118、
5120、5123、5125、5134、5135、5136、
5137、5144、5147、5148、5151、5155、
5157、5158、5167、5173、5180、5200、
5203、5206、5207、5208、5211、5213、
5218、5222、5223、5230、5234、5235、
5239、5243、5247、5252、5254、5255、
5256、5260、5262；中六 5268、5272、5273、
5277、5278、5279、5285、5287、5290、
5291、5294、5296、5305、5307、5345、
5363、5368、5370、5382、5385、5387、
5388、5391、5399、5400、5402、5403、
5408、5414、5421、5423、5431、5432、
5444、5481、5486、5492、5512、5514、
5515、5523、5532、5536、5542、5543、
5544、5547、5549、5551、5553、5558、
5561、5567、5577、5582、5586、5589、
5604、5609、5625、5638、5662、5666、
5674、5676、5708、5710、5712、5718、
5720、5723、5776、5779、5793、5808、
5813、5830、5831、5842、5861、5863、
5865、5879、5885、5886、5902、5904、
5913、5915、5916、5929、5935、5936、
5939、5952、5979、5984、5985、5987、
5991、5992、5993、6008、6009、6010、
6011、6015、6016、6018、6019、6020、
6035、6044、6072、6076；下 7010、7011；
补遗 7122、7255、7257、7259、7260、7263、
7267、7268、7269、7308、7342、7343、
7378、7399、7405、7409、7412、7415、
7417、7424、7435、7436、7438、7439、
7444、7452、7453、7464、7465、7481、7487

河西军　即西凉府

【长编标】43/920

【长编影】43/13 上

河西路

【宋会要】方域 18 之 6/7612

【汇编】中六 5462

河州　熙河

【宋史】15/神宗纪 2/282、283、286；17/哲宗
纪 1/325；32/高宗纪 9/608、609；87/地理
志 3/2162、2163、2164、2166、2167、2168；
91/黄河上/2255；176/屯田/4268；188/熙宁
以后之制/4619；190/河东陕西弓箭手/4714、
4720、4723；191/蕃兵/4759；194/拣选之制
/4833、廪给之制/4842；196/屯戍之制/
4899；201/刑法志 3/5018；258/曹玮传/
8986；286/蔡延庆传/9638；287/王嗣宗传/
9647；303/范祥传/10049；317/钱明逸传/
10347；326/景泰传/10518；327/王雱传/
10551；328/王韶传/10580、10581、王厚传/
10582；332/孙路传/10687、游师雄传/
10689、穆衍传/10691、10692；335/种朴传/
10749；336/吕公著传/10776；338/苏轼传/
10802；343/许将传/10910；344/李周传/
10935；349/燕达传/11056、姚麟传/11058、
姚雄传/11060、刘舜卿传/11063；350/苗授
传/11068、张守约传/11073；353/郑仅传/
11147；357/何灌传/11226；446/刘韐传/
13162；452/景思立传/13287；464/高遵裕传
/13576；467/李宪传/13638；485/夏国传上/
13990；492/吐蕃传/14159、唃厮啰传/
14161、董毡传/14164

【长编标】82/1877；85/1958；88/2012；91/
2108；119/2814；188/4529、4530；212/
5146；213/5176；230/5604；232/5632；233/
5648、5651；239/5818、5819；240/5825、
5867；241/5876、5883；242/5904；243/
5924、5912、5913、5914、5918、5919、
5920；244/5931、5932、5937、5940、5943；
245/5949、5950、5961、5964；246/5976、
5978、5981、5983、5996、5997、5998、
5999；247/6006、6008、6019、6021、6022、
6024、6025、6026、6028、6029、6030、
6031、6032、6042、6044；248/6041、6042、
6044、6055、6063；250/6098、6101、6103、
6104；251/6109、6110、6114、6133、6139；
252/6152、6157、6180；253/6189、6190、
6193；254/6209、6212、6213、6220；256/
6255、6259；258/6290、6293、6295；261/
6355、6357；262/6387、6407；263/6420、
6426；267/6544；270/6629；271/6635；272/

6658；273/6676、6686；286/7000；289/
7069；292/7135；294/7163；296/7213、
7214；303/7375；306/7438；311/7549；314/
7603；321/7748；351/8408；381/9274；399/
9731；400/9743、9745；401/9769、9771、
9773；402/9777、9778、9779、9793；404/
9832、9834、9841、9842、9844；407/9905；
412/10020；444/10685；460/10996、10997、
10998；467/11146；474/11314；476/11350；
486/11546；498/11858；510/12142；511/
12171、12172；516/12272；517/12295、
12299、12303、12304、12306、12313；518/
12319；519/12347；520/12356、12383

【长编影】82/14 下；85/21 下；88/2 上；91/11
上；119/16 下；188/4 下；212/3 下；213/10
下；230/18 上；232/5 下；233/3 下、6 下、
7 上；239/12 上；240/1 下；241/2 下、9 下；
243/1 下、7 上、8 上、12 上；244/1 下、2
下、6 下、8 下、11 下；245/1 上、1 下、13
下；246/2 上、5 上、7 上、17 上、20 上、20
下；247/2 下、11 上、12 上、14 上、16 下、
17 上、18 上、23 上；248/4 下、6 下、7 上、
23 下；250/16 上、19 上、21 上；251/1 下、
22 下、28 上；252/3 下、5 上、26 下、27
下；253/4 上、5 上、7 下、14 上；254/7 上、
13 下；258/7 下；262/11 下、30 上；263/3
下；270/9 下；273/2 下；292/6 上；294/3
上；306/12 上；314/4 下；324/7 上；325/7
上；337/10 下；343/12 下；345/19 下；363/
5 上；364/10 上；397/15 下；399/10 上；
400/5 下、7 上；401/8 下、10 上、12 下；
402/1 下；404/4 下、6 下、10 下；407/9 下、
11 下；412/3 下；444/4 上；446/1 上；460/
1 上；474/12 下；476/13 上；493/26 下；
498/15 下；501/11 上；507/17 下；510/10
上；511/11 下、16 下；513/9 上、11 上；
514/4 下、8 下、13 上、16 上、19 下；515/6
上；516/7 上；517/1 上、4 上、8 上、10 上、
15 下；518/1 下、3 上；519/5 下、6 上；
520/2 下、24 上

【长编纪事本末】139/3 上、4 下、5 下、9 上、
17 上、19 上；140/2 下、8 上、12 下

【东都事略】8/神宗纪/4 上；82/王韶传/4 下、

5 上；84/苗授传/3 上；104/姚麟传/1 下、2
上、郭成传/3 下；120/李宪传/5 上；129/附
录 7/西蕃/1 下

【宋大诏令集】212/韩忠彦责散官济州安置制
（十二月癸丑）/804；219/曲赦熙河兰湟秦
凤永兴军路制（大观二年九月二十九日）/
839；239/董毡授检校太尉加恩制（元丰八年
哲宗即位）/938；240/瞎里结等拜官制/942

【宋会要】礼 62 之 47/1718；职官 43 之 83/
3315、43 之 85/3316；食货 2 之 4/4827、15
之 19/5072、30 之 33/5335、39 之 24/5500、
39 之 33/5505、63 之 82/6027、68 之 8/3912；
兵 4 之 8/6824、9 之 1/6906、9 之 3/6907、9
之 5/6908、9 之 6/6908、14 之 18/7001、18
之 5/7060、28 之 23/7281；方域 5 之 36/
7401、6 之 1/7406、18 之 22/7620、18 之 25/
7622、20 之 3/7652；蕃夷 6 之 8/7823、6 之
9/7823、6 之 10/7823、6 之 25/7831、6 之
39/7838

【皇宋十朝纲要】9/6 下、7 上；12/4 下；14/7
下

【武经总要】前集 18 下/西蕃地界/9 下

【奏议标】130/杨亿·上真宗论弃灵州为便/
1441；137/韩琦·上神宗答诏问北边事宜/
1541；139/范育·上哲宗论御戎之要/1574；
141/文彦博·上神宗论进筑河州/1590、1591

【奏议影】130/杨亿·上真宗论弃灵州为便/
4429；137/韩琦·上神宗答诏问北边事宜/
4740；139/范育·上哲宗论御戎之要/1574；
141/文彦博·上神宗论进筑河州/4891、4894

【续通鉴】66/1632

【元丰九域志】3/125、133、135

【元刊梦溪笔谈】21/29

【元宪集】33/宋故推诚翊戴功臣彰武军节度延
州管内观察处置等使曹公墓志铭/345

【乐全集】22/奏第二状/22 下

【司马文正公集】77/书启 6/19 下

【汉滨集】15/故客省使雄州防御使泾原路兵马
钤辖兼第十一将郭公（成）行状/16 上

【安阳集】家传/10/2 下

【初寮集】6/定功继伐碑/1 上

【邵氏闻见录】13/144

【鸡肋编】12/8 下

【忠惠集】2/龙神卫四厢都指挥使开州防御使刘
仲武知熙州兼熙河兰湟路经略安抚使制/21
上

【净德集】30/送蒋熙州/317

【泊宅编】3/15

【画墁集】补遗/游公（师雄）墓志铭/4 上

【范文正公集】遗文/9 上

【栾城集】29/西掖告词/13 下；36/乞诛窜吕惠
卿状/18 上

【名臣碑传琬琰集】中集 26/苏文忠公轼墓志铭
/778

【潞公文集】20/奏议/5 上

【甘肃新通志】6/舆地志·山川上·兰州府·河
州/13 上、14 上；8/形胜·兰州府·皋兰县/
1 下、舆地志·形胜·兰州府·狄道州/2 下；
13/舆地志·古迹·兰州府·河州/7 下、8
上、8 下

【汇编】上 57；中一 1394、1521、1544、1555、
1560、1561、1578、1590、1733；中三 3093、
3223、3251、3274、3275、3291、3515、
3720；中四 3765、3814、3817、3818、3820、
3821、3822、3823、3825、3829、3836、
3837、3846、3847、3848、3849、3850、
3851、3852、3853、3854、3856、3857、
3858、3859、3860、3861、3862、3863、
3864、3866、3868、3872、3875、3876、
3877、3881、3882、3883、3884、3885、
3886、3891、3892、3893、3894、3900、
3901、3904、3906、3907、3909、3911、
3914、3924、3925、3927、3928、3929、
3930、3933、3935、3936、3937、3938、
3939、3940、3943、3945、3946、3947、
3948、3949、3952、3953、3954、3958、
3960、3971、3975、3976、3984、3985、
3987、3988、4002、4014、4081、4083、
4112、4119、4143、4294、4323、4334、
4511；中五 4561、4577、4648、4652、4654、
4659、4660、4661、4685、4695、4697、
4731、4770、4816、4824、4825、4826、
4828、4829、4830、4831、4842、4843、
4847、4848、4852、4853、4856、4857、
4859、4901、4904、4908、4929、4965、
5007、5008、5035、5068、5070、5164、

5165、5175、5224；中六 5349、5397、5430、5461、5505、5506、5543、5559、5561、5563、5569、5570、5571、5573、5576、5579、5580、5584、5588、5592、5596、5610、5625、5628、5632、5636、5638、5640、5657、5668、5670、5673、5675、5681、5683、5692、5718、5722、5726、5727、5728、5729、5734、5738、5747、5748、5753、5761、5773、5775、5802、5803、5804、5805、5807、5808、5839、5846、5851、5856、5887、5906、6079；下 7006；补遗 7329、7335、7336、7337、7338、7339、7360、7401、7429、7435、7437、7435、7441、7473

河清军　府州

【宋史】486/夏国传下/14021、14022

【长编拾补】54/11 上

【三朝北盟会编】9/10 下；25/5 上；48/13 上；118/3 下

【系年要录】12/279；181/3015

【中兴小纪】20/242

【元丰九域志】4/165

【皇宋十朝纲要】19/7 上

【汇编】上 87；中一 927；中六 5957、5993、6010、6015、6019；下 6127、6128、6455、6606

河源军　鄯州

【长编纪事本末】139/1 上

【武经总要】前集 18 下/9 下

【汇编】中一 1721、1722；中六 5724

河滨县　胜州

【元丰九域志】10/化外州·陕西路/480

【汇编】中一 1717

泾州　泾原

【宋史】1/太祖纪 1/14；6/真宗纪 1/117；8/真宗纪 3/156；9/仁宗纪 1/179、181；11/仁宗纪 3/212；15/神宗纪 2/279；29/高宗纪 6/545；62/五行志/1346；64/五行志/1400、1404；65/五行志/1428；67/五行志/1481；87/地理志 3/2157、2162；186/兵志 1/4593；187/兵志 1/4573、4591；188/熙宁以后之制/4616、步军/4620；190/河东陕西弓箭手/4712；191/兵志 5/4733、4735；198/马政/

4932、4937；210/宰辅 1/5432；250/王承衍传/8818；257/李继和传/8969；258/曹玮传/8985；261/陈若拙传/9040；262/刘几传/9076；263/窦俨传/9098；268/柴禹锡传/9222；269/高锡传/9250；272/杨文广传/9308；273/李允正传/9340；275/谭延美传/9373；280/王荣传/9500、李重诲传/9506；283/夏竦传/9572；285/陈执中传/9602、9603；288/范雍传/9678；289/葛怀敏传/9701；290/曹继邺传/9709；291/李复圭传/9743；292/郑戬传/9768、王尧臣传/9772、9773、9774；295/尹洙传/9833；297/段少连传/9897；303/滕宗谅传/10038；307/魏廷式传/10125、李若拙传/10134；309/阎日新传/10167；312/韩琦传/10223；314/范仲淹传/10272；323/赵振传/10461；324/刘文质传/10492；335/种古传/10746；349/刘昌祚传/11054；350/张守约传/11074、周永清传/11076；367/郭浩传/11441；369/曲端传/11492；463/杜惟序传/13540、刘永年传/13551、符惟忠传/13555；464/李遵勖传/13568；485/夏国传上/13991；492/唃厮啰传/14161

【长编标】1/22；4/90；5/126；17/377；18/404；43/921；44/947；50/1090、1091；51/1116、1117；52/1133、1152；54/1176；60/1338；61/1360；85/1955；88/2022；92/2130；93/2138；97/2244；103/2383；104/2400、2421；120/2836；126/2983、2985；127/3006、3013；128/3042；131/3100；132/3129；138/3312、3313、3321、3322、3323、3324；139/3340；143/3456；146/3528；150/3630；184/4456；203/4915；213/5172；216/5257；222/5401、5411；224/5455；233/5668；234/5674；239/5817；240/5867；258/6286；259/6309；287/7087；462/11042、11043、11044

【长编影】1/19 下；4/9 上；5/14 上；17/14 上；18/11 上；43/12 下；44/16 上；50/8 下；51/1 下、8 上、9 下；52/4 上、8 下、18 下、19 上；54/1 上；60/5 上、11 上；61/4 下；85/13 上、18 下；88/10 上；92/14 上；93/3 下；97/4 下；103/8 下；104/20 上；

120/15 上；126/5 上、17 下；127/3 下、9
下；128/8 上；131/6 下、7 上；132/7 下、
17 上；138/2 下、6 下、13 上；139/1 下；
143/24 下；146/1 上；150/4 下；185/10 下；
203/5 上；213/6 下；216/6 下；222/3 上、
12 下；224/5 下；233/21 下；234/3 下；
239/11 上；240/38 上；258/1 上；259/1 上；
287/6 上；462/11 下、12 下

【东都事略】20/李继和传/3 下

【玉海】139/咸平初置振武指挥/15 上

【宋大诏令集】233/906；234/谕夏国泾原秦凤
　熟户弓箭手不可更行侵扰掠过生口并须发还
　诏（治平二年正月丁卯）/913；240/赐潘罗
　支诏（景德元年六月己卯）/944

【宋文鉴】116/10 下

【宋会要】礼 20 之 102/815；职官 41 之 85/
　3209、47 之 16/3426、48 之 92/3501、55 之
　31/3614；食货 15 之 18/5071、19 之 8/5127、
　23 之 28/5188、29 之 14/5314、36 之 24/
　5443、36 之 25/5444、39 之 3/5490；刑法 4
　之 16/6629；兵 2 之 4/6773、24 之 1/7179、
　24 之 2/7179、7 之 17/7255、27 之 22/7257、
　27 之 25/7259、27 之 29/7261、27 之 31/
　7262、27 之 32/7262；方域 5 之 3/7384、5 之
　36/7401、5 之 42/7404、8 之 2/7441、8 之 3/
　7442、18 之 20/7619

【系年要录】38/726；199/3360

【奏议标】65/余靖·上仁宗乞韩琦兼领大帅镇
　秦州/718；130/张齐贤·上真宗论陕西事宜/
　1439；132/陈执中·上仁宗论西边事宜/1456

【奏议影】65/余靖·上仁宗乞韩琦兼领大帅镇
　秦州/2361；130/张齐贤·上真宗论陕西事宜
　/4423；132/陈执中·上仁宗论西边事宜/
　4481

【太平治迹统类】2/太祖太宗经制西夏

【元丰九域志】3/112、117、125、130、131

【元宪集】22/229；33/宋故推诚翊戴功臣彰武
　军节度延州管内观察处置等使曹公行状/344

【公是集】51/宋故推忠佐理功臣赠尚书左仆射
　王公（尧臣）行状/610；53/太中大夫行刑
　部侍郎致仕上柱国赐紫金鱼袋俞公（献卿）
　墓志铭/638

【文庄集】6/泾州谢上表/8 下；18/泾州谢二府

启/7 上

【安阳集】家传 2/4 上、3/3 上、4/1 上；24/9
　上

【苏学士集】14/内园使连州刺史知代州刘公
　（文质）墓志/8 下

【鸡肋编】64/15 上

【京口耆旧传】3/邵鲲传/11 下

【净德集】19/虑边论二/205

【欧阳文忠公全集】32/尚书户部侍郎参知政事
　赠右仆射文安王公墓志铭/2 下

【武经总要】前集 18 上/16 上、26 上、27 上

【河南先生文集】6/上吕相公书/4 上；7/上环
　庆招讨使范希文书/3 上；8/又一直/8 上；
　19/论诸将益兵/3 上、乞墓土兵/6 下；21/乞
　与郑戬对御史台照对水洛事件/4 下

【范文正公集】13/天章阁待制滕君墓志铭/19
　上；年谱/25 上；年谱补遗/13 下、14 上；
　西夏堡寨/1 上；政府奏议下/荐举/22 下、28
　上；诸贤赞颂论疏/12 下；褒贤集/富弼撰墓
　志铭/9 下

【临川集】90/曹穆公行状/3 下

【涑水记闻】11/8 上

【梅尧臣集编年校注】10/156

【渑水燕谈录】2/4 上

【名臣碑传琬琰集】中集 48/韩忠献公琦行状/
　1096、52/曾太师公亮行状/1185

【稽古录】19/87 上

【甘肃新通志】8/舆地志·形胜·平凉府·静宁
　州/5 上、泾州直隶州/6 下、10 下；29/祠祀
　志·祠宇下·庆州府·安化县/8 下；42/兵
　防志·塞防·庆阳府/6 上；

【汇编】上 58；中一 939、944、965、966、
　968、974、1108、1116、1201、1207、1208、
　1220、1221、1223、1227、1242、1257、
　1258、1263、1293、1299、1300、1301、
　1305、1315、1318、1328、1336、1340、
　1371、1372、1396、1415、1422、1423、
　1424、1426、1491、1492、1520、1538、
　1541、1543、1544、1569、1570、1592、
　1606、1625、1628、1635、1636、1640、
　1642、1643、1649、1656、1676、1690、
　1735、1742、1761；中二 1790、1794、1812、
　1905、1950、1956、1957、1994、2008、

2020、 2024、 2160、 2200、 2224、 2253、
2266、 2274、 2292、 2294、 2396、 2417、
2470、 2552、 2570、 2571、 2573、 2576、
2577、 2579、 2580、 2582、 2586、 2589、
2606、 2607、 2609、 2610、 2611、 2612、
2613、 2614、 2615、 2616、 2617、 2635、
2640、 2650、 2651、 2652、 2653、 2671、
2697、 2710、 2730、 2768、 2776、 2778、
2790、 2811、 2812；中三 2838、 2898、 2930、
2946、 3058、 3134、 3264、 3329、 3353、
3569、 3621、 3694、 3695、 3696、 3698；中
四 3776、 3820、 3835、 3838、 3968、 3977、
4032、 4061、 4063、 4066、 4117、 4226；中
六 5645、 5780、 5836、 5852；下 6245、 6684、
6685、 7003、 7005、 7006、 7025；补遗 7244、
7249、 7287、 7289、 7467

泾阳县　泾水神祠在泾阳县，宋徽宗大观四年赐庙额"普贶"

【宋会要】礼20 之 114/821

【画墁集】补遗/游公（师雄）墓志铭/5 下

【汇编】中五 4981；中六 5862

泾原路

【宋史】6/真宗纪 1/117；7/真宗纪 2/134；8/
真宗纪 3/157；9/仁宗纪 1/179、181；11/仁
宗纪 3/212、214、215；12/仁宗纪 4/230、
232、233；15/神宗纪 2/288、284、298；16/
神宗纪 3/304、305、306、312；17/哲宗纪
1/325；18/哲宗纪 2/350、351；19/徽宗纪
1/370；21/徽宗纪 3/398；22/徽宗纪 4/415；
23/钦宗纪/424；25/高宗纪 2/455；67/五行
志/1486；85/地理志 1 序/2096；87/地理志
3/2143、2155、2157、2159、2161、2162；
172/职田/4149；175/和籴/4246；176/屯田
4269、4270；184/茶下/4499、4501；185/坑
冶/4529；186/食货志下 8/4564；187/禁军上
序/4580；188/将兵/4627、4630；189/厢兵/
4674；190/河东陕西弓箭手/4710、4714、
4715、4716、4717、4724、4725；191/蕃兵/
4736、4750、4752、4755、4761；193/召募
之 制/4803；194/拣 选 之 制/4833、4843；
195/训练之制/4857；196/屯戍之制/4895、
4896；197/器甲之制/4911、4916；198/马政
/4949；258/曹玮传/8985；266/王举元传/

9188；269/杨昭俭传/9246；280/王荣传/
9500、李重海传/9506；283/夏竦传/9573、
9574；285/陈执中传/9602；286/王益柔传/
9634；288/范雍传/9678；290/孙继邺传/
9709、张玉传/9722、郭逵传上/9723；292/
王尧臣传/9772、9773、9774、田况传/9778；
295/尹洙传/9833；311/庞籍传/10200；312/
韩 琦 传/10222；314/范 纯 粹 传/10272、
10279、10280；318/张昇传/10363；320/王
素传/10404；323/高化传/10456、赵珣传/
10463、安俊传/10467、向宝传/10468；324/
张亢传/10484、10486、刘沪传/10495；325/
刘平传/10499、10501、桑怿传/10512；327/
王安礼传/10556；328/蔡挺传/10577、王韶
传/10579、章楶 传/10590；330/傅 求 传/
10622；331/卢秉传/10671；332/孙 路 传/
10688、游师雄传/10689、穆衍传/10691；
334/徐禧传/10723；335/种世衡传/10742、
10743；339/苏辙传/10832；342/王岩叟传/
10895；343/许 将 传/10910；348/钟 传 传/
11037、陶节夫传/11038、毛渐传/11040；
349/贾逵传/11051、刘昌祚传/11054、姚麟
传/11058；350/刘仲武传/11081、曲珍传/
11084、郭 成 传/11085、11087、王 恩 传/
11088、赵隆传/11090；354/姚祐传/11162；
355/李南公传/11190；358/李纲传上/11244；
361/张 浚 传/11301；366/吴 玠 传/11408；
367/郭 浩 传/11440；369/曲 端 传/11489；
372/王 庶 传/11546；378/刘 玨 传/11665；
426/叶康直传/12706；442/尹 源 传/13085；
448/李彦仙传/13211；452/翟进传/13302；
459/巢谷传/13472；464/高遵裕传/13576；
467/李舜举传/13644；471/邢恕传/13704；
485/夏国传上/13991、14002；486/夏国传下
/14009、 14010、 14016、 14018、 14020、
14022；491/党项传/14148；492/吐蕃传/
14156

【长编标】56/1225；63/1413、1419；74/1684；
84/1917；85/1949； 88/2023； 103/2383；
125/2949、2953、2954、2956、2957、2959；
126/2971、2979、2983、2985、2995；128/
3026、3028、3032、3033；129/3057、3062；
130/3081、3084、3085；131/3093、3097、

12204；514/12208；515/12247；516/12267、12285；517/12300、12307、12313；518/12320、12322、12326、12340

【长编影】52/1151；56/1 下；63/19 下；74/4 上；84/6 下；103/1 下、8 下、12 上；125/11 上、14 下；126/6 上、13 上、17 下；129/7 上、11 上；130/6 下；131/1 上；132/7 下、8 上、17 上；134/4 上；135/10 下、13 下；137/21 下；138/2 下、6 上、11 下、13 上、20 上；149/7 下、10 下；150/4 下；151/19 下；154/10 上；157/12 下、15 下；173/12 上；175/18 上；192/9 下；197/6 上；204/1 上；214/16 上；216/15 上；217/3 上、6 上；221/5 下；223/17 下；225/23 上；228/7 下；230/6 下；233/14 上；235/21 下；237/2 上；239/11 上；240/38 上；242/12 下；243/12 上；244/5 下、9 下、13 下；245/1 上、3 上、6 上、18 上；246/7 上、17 上、19 上；247/2 下、21 下；248/13 上；250/1 上、18 上；254/14 下；256/4 下；259/1 上；261/1 上；264/12 上；266/4 上、10 上；292/6 上；297/5 下；298/17 上；299/13 下；305/7 下；309/10 下；313/11 上、12 下；314/2 上、3 下、5 上、6 下、8 上、9 下、11 上、12 上；315/3 下、15 上、15 下、16 下；316/2 下、6 下、9 上、14 上、15 上；317/19 下；318/3 下、11 上、12 下、15 上；319/1 上、2 上、4 上、6 下、8 上、9 下、11 上；320/1 上、2 上、7 上、8 上；321/2 下、5 上、5 下、7 上、8 上、11 下、12 上、12 下；322/3 下、4 上、7 下、11 上；323/2 上、15 上；325/13 上、16 上；326/4 上、14 上、15 下、16 下；327/4 上、5 上、8 下、18 上、19 上；328/11 上、16 上；329/3 上、4 上、11 上、12 上、16 下、24 上；330/6 下、7 下、9 上、13 上；331/1 上、10 下、19 下；333/4 下、11 上；335/20 下；336/8 上、11 上；337/10 下；338/15 上；341/11 下；342/6 下；345/9 下；347/5 下；349/1 下、2 上、6 上、9 下；350/1 上、2 上、7 上；360/2 上；368/33 上；375/5 上；378/1 上；389/19 下；393/3 上；395/20 下；401/6 下；403/2 下；405/8 上、9 下；406/14 上；407/10 下、14 上；408/2 上、3 下、6 上；412/9 上、11 下；414/11 下；434/15 上；445/4 下；446/1 上；447/12 下；452/6 上；454/4 下；457/3 下；458/2 下；459/8 下；466/3 上、9 上；467/1 下；468/5 下、19 下；469/8 下；470/11 上、16 上；471/12 上；472/5 上；473/6 下；474/8 上；477/1 上；478/6 下；480/3 上、8 上、11 下；481/1 上；485/1 上、4 下、9 上、14 上；486/6 上；487/8 上；488/8 下；489/3 下、5 上、5 下、6 上、7 上、8 下、12 下；490/17 下、20 上、20 下；491/1 下、7 下、12 上、15 上、21 下；492/2 上、4 上、7 下；493/7 下、17 上、19 下、26 下；494/1 上、5 下、6 上、9 下、10 上、12 上、15 上、17 下、20 上、22 下、27 上、27 下；495/17 上；496/4 上；497/1 下、17 上、17 下、18 下；498/6 下、9 下、10 下、12 下、19 下；499/1 上、2 下、3 下、5 上、9 上、10 上、13 下、16 下、19 下；500/1 上、1 下、2 下、6 下、10 下、16 上、22 下；501/7 下、8 下、11 上；502/8 上、9 下、11 上、13 上、13 下；503/1 下、4 下、5 上、6 上、7 下、8 下、10 上、11 上、12 上、14 上、15 下；504/3 上、8 上、17 下；505/1 上、2 下、7 上、11 下、14 下、16 下、18 上；506/2 上、3 下、5 上、10 上、11 下；507/1 下、4 下、7 上、12 上、17 上；508/1 上、6 下、12 上；509/1 下、7 下、9 上、9 下、10 上、11 下、13 上、14 下；512/6 上、10 上、10 下、11 上、12 下；514/1 上、3 下、4 上、8 上；515/12 上；516/3 下、17 上；517/5 上、11 上、15 下；518/1 上、9 上、20 下、21 下

【长编纪事本末】140/6 上、11 上

【东都事略】8/神宗纪/7 上；82/蔡挺传/2 上；84/刘昌祚传/4 上；86/徐禧传/5 上；104/姚麟传/2 下、3 上、刘仲武传/5 上；107/何灌传/7 上；127、128/西夏传/附录 5、6

【玉海】174/37 上、41 下

【宋大诏令集】214/赐鄜延等路经略使不得生事诏/815；232/又回札子（元符二年四月辛卯大辽泛使萧崇等回）/901；234/谕夏国泾原秦凤熟户弓箭手不可更行侵扰掠过生口并须发还诏（治平二年正月丁）/912；235/诫约

夏国诏/915

【宋会要】礼9之8/532、14之60/617；职官48之127/3519、65之27/3860、65之28/3860、66之17/3876、67之19/3897、68之10/3913；食货2之6/4828、39之31/5504、40之2/5509、40之10/5513、53之8/5723、54之5/5740、63之79/6026、63之81/6027、69之44/6351；刑法7之18/6742；兵1之5/6756、4之3/6821、4之10/6825、4之18/6828、5之5/6842、5之10/6844、8之22/6898、8之23/6898、8之27/6900、8之33/6903、10之16/6927、14之20/7002、14之21/7003、18之6/7060、22之13/7150、24之1/7179、24之21/7189、27之7/7250、27之22/7257、27之24/7258、27之25/7259、27之28/7260、27之33/7263、27之34/7263、28之1/7270、28之2/7270、28之3/7271、28之4/7271、28之6/7273、28之7/7273、28之10/7274、28之24/7281、28之25/7282、28之26/7282、28之27/7283、28之28/7283、28之35/7287、28之37/7288、28之39/7289、28之40/7289、28之41/7290、28之42/7290、28之43/7291、29之11/7298；方域5之42/7404、8之30/7455、8之32/7456、12之15/7527、18之3/7611、18之4/7611、18之6/7612、18之9/7614、18之11/7615、18之14/7616、19之3/7627、19之6/7628、19之8/7629、19之47/7649、19之49/7650、20之12/7667；蕃夷6之1/7819

【皇宋十朝纲要】16/10上、10下、12上、13上、16下；17/18下；18/4下

【武经总要】前集18上/34上

【奏议标】125/王尧臣·上仁宗乞用泾原路熟户/1378；132/刘平·上仁宗乞选用酋豪各守边郡/1455、范仲淹·上仁宗论夏贼未宜进讨/1463、田况·上仁宗论攻策七不可/1466、田况·上仁宗兵策十四事/1467、1468、1469、1470；133/孙沔·上仁宗论范仲淹答元昊书/1472、张亢·上仁宗论边机军政所疑十事/1473、范仲淹·上仁宗攻守二策/1477；134/范仲淹等·上仁宗论和守攻备四策/1497、1498；136/韩琦·上仁宗论西北议和有大忧者三大利者一/1516、吕海·上仁宗论边备弛废/1521；138/范纯粹·上神宗论西师不可再举/1551；139/范纯粹·上哲宗乞不妄动以观成败之变/1569、苏轼·上哲宗论前后致寇之由及当今待敌之要/1572；140/苏辙·上哲宗论地界/1579、苏辙·上哲宗论地界/1579、1580、苏辙·上哲宗论不可失信夏人/1581、张舜民·上徽宗论进筑非便/1585；141/文彦博·上神宗论进筑河州/1590、1591

【奏议影】125/王尧臣·上仁宗乞用泾原路熟户/4253；132/刘平·上仁宗乞选用酋豪各守边郡/4478、范仲淹·上仁宗论夏贼未宜进讨/4503、田况·上仁宗论攻策七不可/4512、田况·上仁宗兵策十四事/4515、4518、4521、4525；133/孙沔·上仁宗论范仲淹答元昊书/4530、张亢·上仁宗论边机军政所疑十事/4534、范仲淹·上仁宗攻守二策/4544；134/范仲淹等·上仁宗论和守攻备四策/4606、4607；136/韩琦·上仁宗论西北议和有大忧者三大利者一/4665、吕海·上仁宗论边备弛废/4679；138/范纯粹·上神宗论西师不可再举/4767；139/范纯粹·上哲宗乞不妄动以观成败之变/4823、苏轼·上哲宗论前后致寇之由及当今待敌之要/4834；140/苏辙·上哲宗论地界/4856、4859、苏辙·上哲宗论不可失信夏人/4862、张舜民·上徽宗论进筑非便/4873；141/文彦博/上神宗论进筑河州/4891、4892

【大金国志】4/太宗纪/2上

【中国考古学会第一次年会论文集】折继闵神道碑/455

【元丰类稿】30/请减五路城堡札子/14上

【元刊梦溪笔谈】13/3、10；19/11

【公是集】10/闻伯庸再安抚泾原/109；51/宋故推忠佐理功臣赠尚书左仆射王公（尧臣）行状/610；53/故朝散大夫尚书刑部郎中致仕上柱国赐紫金鱼袋张公（沔）墓志铭/6

【文恭集】8/论西夏事宜/95；36/宋故宣徽北院使奉国军节度使郑公（戬）墓志铭/436

【文庄集】14/陈边事十策/1上

【东坡全集】18/司马温公神道碑/46上；25/奏议/2上；26/奏议/述灾沴论赏罚及修河事缴进欧阳修议状札子/7下

1866、1872、1903、1908、1938、1944、
1950、1956、1982、1983、1990、2020、
2021、2024、2037、2052、2053、2109、
2110、2111、2117、2120、2141、2147、
2156、2157、2158、2160、2161、2178、
2184、2192、2194、2195、2198、2201、
2209、2212、2213、2219、2224、2235、
2236、2237、2244、2249、2252、2263、
2274、2275、2277、2279、2293、2294、
2295、2299、2300、2304、2305、2315、
2335、2347、2348、2373、2374、2390、
2391、2397、2438、2441、2446、2469、
2517、2550、2551、2552、2555、2558、
2559、2563、2569、2574、2575、2576、
2579、2580、2582、2583、2586、2588、
2606、2607、2609、2612、2614、2615、
2616、2621、2628、2632、2633、2637、
2638、2640、2659、2662、2665、2666、
2669、2671、2694、2707、2730、2788、
2790、2811、2813、2816、2817、2821；中
三 2853、2856、2857、2859、2862、2872、
2885、2895、2897、2903、2905、2909、
2927、2945、2982、2983、3011、3031、
3035、3042、3054、3067、3071、3135、
3164、3171、3174、3181、3197、3199、
3200、3238、3263、3274、3282、3288、
3290、3322、3328、3344、3346、3347、
3353、3368、3370、3395、3397、3399、
3407、3411、3412、3417、3423、3424、
3426、3458、3467、3487、3491、3492、
3507、3511、3542、3545、3547、3551、
3567、3570、3587、3612、3617、3620、
3622、3652、3678、3701、3712、3727、
3736；中四 3744、3770、3774、3784、3789、
3791、3792、3812、3820、3822、3823、
3845、3847、3848、3855、3863、3865、
3867、3868、3869、3870、3874、3877、
3883、3887、3903、3904、3909、3914、
3920、3921、3926、3960、3965、3972、
3975、3977、3983、3992、3995、3996、
3997、4007、4055、4059、4079、4081、
4092、4093、4099、4102、4109、4111、
4115、4116、4126、4133、4134、4140、

4142、4144、4148、4151、4152、4155、
4156、4157、4169、4171、4172、4176、
4181、4182、4185、4188、4189、4190、
4194、4196、4197、4198、4199、4210、
4211、4216、4218、4219、4223、4224、
4225、4226、4227、4232、4238、4240、
4241、4244、4253、4254、4257、4259、
4260、4269、4270、4271、4272、4276、
4277、4279、4280、4281、4282、4283、
4284、4294、4298、4301、4302、4303、
4305、4307、4308、4309、4320、4321、
4326、4336、4337、4338、4339、4346、
4347、4356、4357、4361、4367、4369、
4370、4371、4372、4374、4375、4376、
4377、4380、4391、4394、4397、4399、
4405、4407、4410、4413、4414、4417、
4428、4435、4438、4442、4445、4452、
4457、4458、4465、4470、4477、4491、
4492、4499、4503、4513、4521、4539；中
五 4550、4556、4573、4589、4591、4601、
4602、4604、4605、4606、4608、4609、
4611、4612、4640、4653、4655、4691、
4717、4726、4786、4800、4806、4810、
4827、4828、4837、4849、4864、4868、
4877、4883、4884、4885、4899、4903、
4904、4905、4906、4909、4912、4914、
4934、4935、4939、4944、4952、4976、
4991、5018、5024、5035、5036、5037、
5040、5041、5049、5057、5061、5063、
5065、5082、5083、5084、5098、5103、
5110、5117、5118、5120、5124、5126、
5129、5138、5142、5143、5148、5150、
5155、5159、5160、5177、5183、5184、
5185、5201、5208、5211、5212、5213、
5239、5240、5246、5247、5254、5255、
5257、5258、5260；中六 5268、5272、5275、
5277、5278、5279、5280、5285、5287、
5288、5289、5290、5291、5294、5295、
5301、5304、5305、5308、5309、5311、
5312、5314、5317、5321、5322、5323、
5325、5326、5327、5328、5330、5331、
5332、5333、5334、5337、5338、5340、
5343、5346、5347、5349、5352、5356、

5357、5358、5359、5360、5361、5362、
5363、5365、5366、5370、5371、5377、
5386、5389、5390、5392、5394、5395、
5400、5401、5402、5403、5406、5407、
5408、5409、5410、5411、5412、5413、
5414、5419、5421、5423、5424、5426、
5427、5429、5431、5432、5433、5434、
5435、5436、5437、5438、5439、5440、
5441、5442、5443、5444、5446、5447、
5448、5449、5450、5451、5452、5453、
5454、5455、5457、5458、5461、5462、
5464、5465、5466、5468、5471、5475、
5476、5477、5478、5480、5488、5489、
5491、5495、5496、5501、5504、5509、
5510、5511、5512、5516、5517、5518、
5523、5532、5534、5535、5536、5538、
5539、5541、5543、5544、5545、5555、
5562、5563、5565、5569、5572、5575、
5576、5578、5601、5609、5615、5632、
5638、5639、5643、5648、5653、5661、
5662、5674、5692、5712、5762、5770、
5778、5779、5780、5789、5792、5793、
5796、5822、5838、5843、5904、5908、
5913、5926、5927、5928、5929、5930、
5939、5979、5981、5995、6007、6030、
6050、6055；下 7006；补遗 7247、7259、
7268、7310、7312、7322、7346、7349、
7354、7374、7375、7376、7377、7384、
7385、7403、7404、7411、7418、7419、
7426、7435、7437、7438、7439

泾原仪渭路

【宋史】309/阎日新传/10167

泾原仪渭镇戎德顺军路

【武经总要】前集 18 上/16 上

【汇编】中一 1371、1411

宝鸡　凤翔府

【长编标】332/8003

【长编影】332/7 下

【宋会要】食货 15 之 17/5071、19 之 8/5127

定平县　邠州

【宋史】87/地理志 3/2153

【元丰九域志】3/117

【宋会要】食货 15 之 16/5069、19 之 7/5126、

42 之 12/5567；方域 5 之 42/7404

【汇编】中一 1658；中四 4063；中六 5834

定边军　环庆

【宋史】21/徽宗纪 3/396；87/地理志 3/2150、
2151、2153；335/种师道传/10750；486/夏
国传下/14022

【东都事略】127、128/西夏传/附录 5、6

【宋会要】兵 24 之 30/7193

【三朝北盟会编】60/4 下；118/3 下

【系年要录】16/332

【皇宋十朝纲要】17/16 上、18 下

【汇编】上 86、88、111；中六 5493、5831、
5896、5899、5907、6044；下 6128、6129

定边县　宋哲宗元符二年筑定边城，后改为定边军，宋徽宗政和六年置定边县

【宋会要】方域 5 之 42/7404

【甘肃新通志】13/舆地志·古迹·庆阳府·安化县/29 下

【汇编】补遗 7394

定戎军　筑城定戎军为熙宁砦

【宋史】328/蔡挺传/10578

【汇编】中三 3568

定安县　宁州

【宋史】87/地理志 3/2153

【元丰九域志】3/117、124

【汇编】中一 964；中四 4063；中六 5834

定远县　宋神宗熙宁四年枢密院言，自定远县筑堡至类城，以通粮道入生界

【长编影】220/3 下

【甘肃新通志】13/舆地志·古迹·兰州府·金县/4 上

【汇编】中三 3655；补遗 7376

定羌军　宋太宗淳化四年，析岚州地置定羌军

【宋史】86/地理志 2/2137；277/郑文宝传/9428

【长编标】52/1136

【长编影】52/17 下

【武经总要】前集 17/12 下

【元丰九域志】4/179

【甘肃新通志】13/舆地志·古迹·兰州府·河州/8 上

【汇编】中一 1318、1327、1412；补遗 7338

定胡县　石州，宋徽宗大观三年改隶晋宁军

【宋史】86/地理志 2/2134、2137

【长编标】220/5337

【长编影】220/3 下

【宋会要】食货 16 之 3/5074、货 22 之 7/5159；兵 28 之 9/7274；方域 6 之 8/7409

【元丰九域志】4/173

【武经总要】前集 17/7 下

【延安府志】8/葭州/10 下

【汇编】中一 1413、1414；中三 3654；中六 5825、5858；下 7008，补遗 7490

宕州　秦凤

【宋史】191/蕃兵/4757；303/范祥传/10049；328/王韶传/10580

【长编标】188/4530；246/5984；247/6022；516/12284

【长编影】188/5 上；246/8 上；247/14 上、15 上；516/18 上

【东都事略】82/王韶传/4 下

【宋会要】兵 9 之 6/6908

【宋朝事实类苑】56/730

【皇宋十朝纲要】9/7 上

【奏议标】141/文彦博·上神宗论进筑河州/1590、1591

【奏议影】141/文彦博·上神宗论进筑河州/4891、4894

【临川集】56/百寮贺复熙河路表/1 下

【名臣碑传琬琰集】下集 14/王荆公安石传/1473

【汇编】中四 3765、3815、3822、3823、3844、3857、3858、3878、3890、3894、3895、3896、3898、3909；中六 5616

宕昌县

【宋会要】兵 24 之 37/7197

宜川县　鄜州

【宋史】87/地理志 3/2148

【宋会要】方域 12 之 15/7527

【陕西通志】7/疆域 2/40 上

【汇编】中六 5829；补遗 7483

宜州　泾原

【宋会要】食货 4 之 7/4849

【甘肃新通志】13/舆地志·古迹·化平直隶厅/13 上、13 下

【汇编】补遗 7338

宜君县　坊州

【宋会要】食货 15 之 17/5071、19 之 8/5127；方域 12 之 15/7527

【元丰九域志】3/118

【汇编】中四 4064

宜禄县　邠州

【宋史】87/地理志 3/2153

【长编标】138/3315

【长编影】138/6 下

【宋会要】食货 15 之 16/5069、9 之 7/5126；方域 19 之 3/7627

【元丰九域志】3/112

【汇编】中二 2586；中四 4062；中六 5834

建宁军　宋太祖乾德五年，麟州升建宁军节度，端拱初改镇西军节度

【宋史】86/地理志 2/2135

【宋会要】方域 5 之 4/7385、6 之 5/7408

【武经总要】前集 11/18 下

【欧阳文忠公全集】115/河东奉使奏草/34 下

【苕溪集】48/宋故恩平郡夫人刘氏墓碑/17 下

【榆林府志】5/建置志·沿革/2 下

【汇编】中一 946；中三 2970、3078；下 6582、7004；补遗 7462、7463

建康军　凉州

【武经总要】前集 18 下/9 下

【汇编】中一 1719

肃戎军　鄜延

【宋史】191/蕃兵/4753

【长编标】252/6173

【长编影】252/22 下

【汇编】中三 3397；中四 3944

陕西

【金史】74/宗翰传/1698；80/阿离补传/1810；84/完颜昂传/1886

【长编标】486/11548

【长编影】486/8 下

【大金吊伐录】4/142

【大金国志】5/太宗纪/4 上

【汇编】中六 5296；下 6118、6123、6258

陕西路

【元史】135/塔海铁木儿传/3276

【宋史】5/太宗纪 2/87、88、96；6/真宗纪 1/

107、117；7/真宗纪2/132、140、141、143、145；8/真宗纪3/150、159、162、164、166、170；9/仁宗纪1/178、180、181、182、184；10/仁宗纪2/197、201、205、206、207；11/仁宗纪2/211、212、213、214、215、216、217、218、220、221、225；12/仁宗纪4/229；13/英宗纪/256、258；14/神宗纪1/265；15/神宗纪2/277、278、279、280、281、282、286、289；16/神宗纪3/302、304、310；17/哲宗纪1/320、324、333、334、335、336；18/哲宗纪2/344、347、348、351、352；19/徽宗纪1/359、360、369；20/徽宗纪2/374、385、386；21/徽宗纪3/395、400；22/徽宗纪4/404、415；23/钦宗纪/425、429；24/高宗纪1/446；25/高宗纪2/456；26/高宗纪3/480、487、489；27/高宗纪4/500；28/高宗纪5/528、529；29/高宗纪6/542；30/高宗纪7/556；32/高宗纪9/603；40/宁宗4/770；61/水上/1328；62/水下/1355、1356、1357；66/金/1439、1440、1441、1442；67/土/1462、1475、1485、1488；85/地理志1序/2096；87/地理志3/2143、2170；91/黄河上/2258、2266；94/金水河/2342；95/河北诸水/2369；104/汾阴后土/2535；154/符券/3595；155/科目上/3618；156/科目下/3625、3627、3629；160/保任/3755；162/枢密院/3798、3400、诸殿学士/3816；163/户部/3850；167/宣谕使/3956、都转运使/3965；171/职钱/4116；172/赠给/4133、4144；174/赋税/4207、4210、4223、4224；175/布帛/4234、和籴/4240、4241、4242、4244、4245、4246、4247、4251、4253、4254、4256、4257、4260；176/屯田/4267、4268、4270、4271、常平/4276、4279、4281；177/役法上/4297；179/会计/4351、4352、4355、4362；180/钱币/4381、4383、4384、4385、4386、4387、4388、4380、4391、4392、4393、4394、4398；181/会子/4403、4404、4405、盐上/4413、4414、4415、4417、4419、4420、4423、4424、4425；182/盐中/4440、4445、4448、4451；183/盐下/4470、4473、茶上/4479、4480、4482、4484；184/茶下/4491、4500、4501、4503、4504、4505；185/酒/4514、4516、4517；186/商税/4543、市易/4550、互市舶法/4563、4564、4565；187/禁军上序/4573、4574、4577、4580、建隆以来之制/4591、4593、4597、4598、4599；188/熙宁以后之制/4618、4619、4625、4629、4630；189/厢兵/4643、4644、4645、4646、4647、4648、4649、4650、4651、4652、4656、4657、4661、4664、4672、4674；190/陕西保毅/4705、4706、4707、4708、4709、河北陕西强人砦户/4710、河东陕西弓箭手/4712、4713、4717、4721、4722、4705、4710、4726、4717；191/河北河东陕西义勇/4733、4734、4735、4736、4737、4740、陕西护塞/4740；192/保甲/4765、4766、4768、4774、4775、4781、4784、建炎后乡兵/4785；193/召募之制/4800、4801、4803、4804、4808、4809、4810、4812、4813、4814、4819；194/拣选之制/4827、4829、4830、4832、4836、廪给之制/4842；195/训练之制/4854、4855、4858；196/迁补之制/4881、4883、屯戍之制/4894、4896、4898；197/器甲之制/4911、4912、4915、4920；198/马政/4932、4934、4936、4938、4943、4944、4946、4949、4951、4953；199/刑法志1/4973；200/刑法志2/4987；245/王元偁传/8706；260/崔翰传/9026；265/李昭述传/9144；266/钱若水传/9170、王举正传/9187；272/杨文广传/9308；277/宋太初传/9422、郑文宝传/9426、9427；278/雷孝先传/9463、王德用传/9467；281/孙仲游传/9523；282/李沆传/9538；283/王钦若传/9560、林特传/9564、夏竦传/9574、9575、夏安期传/9577；284/陈尧佐传/9582、宋祁传/9594、9596、9597；285/陈执中传/9602、9516、9621、9623；288/任中正传/9669、范雍传/9678、9679、范子奇传/9680、孙沔传/9690；289/葛怀敏传/9701；290/夏随传/9717、郭奎传/9722；292/程戡传/9755、盛度传/9759、丁度传/9764、明镐传/9769、王尧臣传/9772、9774、田况传/9778、9783；293/田锡传/9791；294/苏绅传/9814、赵师民传/9825；295/叶清臣传/9850、9854；296/梁颢传/

9864；297/段少连传/9897；298/司马池传/
9904、李及传/9908、陈希亮传/9918；299/
李仕衡传/9936、9937、李溥传/9939、胡则
传/9942、薛颜传/9943；300/杨偕传/9954；
301/寇瑊传/9989、杨日严传/9990、9991、
李行简传/9992、郑骧传/10006；302/鱼周询
传/10010、沈逸传/10030；303/陈贯传/
10046、范祥传/10049；304/梁鼎传/10058、
王济传/10068、曹颖叔传/10071、刘湜传/
10075、王彬传/10077、仲简传/10077；305/
晁宗悫传/10087；307/王陟传/10119、董俨
传/10124、杨覃传/10130；310/李迪传/
10172、李承之传/10178、张知白传/10187、
杜衍传/10189；311/晏殊传/10196、章得象
传/10205、张士逊传/10218；312/韩琦传/
10223、10226；313/富弼传/10256；314/范
仲淹传/10268、10275、范纯祐传/10276、范
纯仁传/10283；315/韩缜传/10310；316/包
拯传/10316、唐义问传/10331；317/冯京传/
10339、钱惟演传/10342、钱即传/10351；
318/张方平传/10354、10355、张昇传/
10362；319/欧阳修传/10376；322/杨绘传/
10449；323/周美传/10457、10459、赵振传/
10462、赵珣传/10463；324/石普传/10474、
张亢传/10485、10487、10488、10490、张奎
传/10491、赵滋传/10496；325/任福传/
10506；326/蒋偕传/10519、侍其曙传/
10535；328/李清臣传/10562、蔡挺传/
10575、王韶传/10579、薛向传/10586；329/
邓洵武传/10601、王陶传/10611；330/任颛
传/10617、傅求传/10621、张景宪传/10623；
332/赵卨传/10683、10684、穆衍传/10691；
333/余良肱传/10716；334/沈起传/10728、
萧注传/10734；335/种古传/10746、种师道
传/10751；336/司马光传/10761；338/苏轼
传/10811；340/吕大防传/10840、吕大忠传/
10844；341/傅尧俞传/10883；342/孙永传/
10901；343/蒋之奇传/10916；344/马默传/
10947；345/邹浩传/10956；346/吕陶传/
10980；347/李昭玘传/10999、黄廉传/
11003、张舜民传/11005；348/沈畸传/
11022、王祖道传/11040、赵遹传/11044、
11046；350/刘阒传/11084；352/王襄传/

11126；353/宇文昌龄传/11148、蒲卣传/
11153；354/何常传/11166；355/李谌传/
11191；360/宗泽传/11280；362/吕颐浩传/
11324、范致虚传/11327；366/刘锜传/
11399、吴玠传/11413、吴璘传/11415、
11416；367/李显忠传/11428、11429、郭浩
传/11441；368/王彦传/11452；369/王渊传/
11486、曲端传/11490、11492、11493；370/
郑刚中传/11512；371/徐处仁传/11518；
375/李邴传/11607、张守传/11612；378/卫
肤敏传/11662；379/章谊传/11686；380/楼
炤传/11716、11717；382/张焘传/11760、李
弥大传/11777；383/虞允文传/11795、
11797；393/林大中传/12014；396/赵雄传/
12073；399/郑毅传/12122；403/贾涉传/
12208；407/杜范传/12288；426/张逸传/
12699、叶康直传/12706；432/胡瑗传/
12837、12838；441/洪湛传/13059；445/叶
梦得传/13133；447/陈遘传/13181、唐重传/
13187；448/王忠植传/13217；452/郭浒传/
13289、吴革传/13290；463/符惟忠传/
13555、柴宗庆传/13556；464/李评传/
13571；467/张惟吉传/13635、王中正传/
13643、刘惟简传/13646；469/邵成章传/
13667；470/赵赞传/13679；471/蔡確传/
13698、吕惠卿传/13707、13708、章惇传/
13712；472/蔡絛传/13733；473/黄潜善传/
13743、秦桧传/13755、13756；475/刘豫传/
13796；490/回鹘传/14117

【长编标】3/77；11/247；15/327；18/415；23/
514；24/549；34/745；36/798、799；41/
860、861、872；42/901；43/921；44/944；
46/990、991；47/1012；48/1061；49/1074、
1078；50/1085、1090；51/1109、1112、
1120、1124；53/1161、1164、1171；54/
1175、1176、1177、1190；55/1201、1202、
1204、1206；57/1258；58/1274、1300；59/
1316、1317；60/1335、1336；61/1358、
1378；62/1385；63/1399、1420；64/1425、
1434；65/1461；66/1477；67/1498；68/
1525、1531；69/1555；70/1562、1573；71/
1592、1593、1604；72/1626、1639；73/
1653、1663、1664、1672、1674；74/1682、

1692；75/1715；77/1757、1764；78/1770、1780；81/1838、1852；83/1900；84/1916、1919；85/1937、1942、1944、1950；86/1973；88/2013、2014、2019；89/2038、2044、2057、2060、2061；90/2071、2072、2081、2085、2087、2088、2090；91/2097、2102；92/2117、2128；93/2138；94/2166；95/2199；96/2212、2233；97/2247、2256、2260；101/2330、2339；102/2360；103/2378、2386、2388；104/2400、2404、2406、2421、2425；105/2449、2451、2454；106/2467、2471；107/2503；108/2513、2520、2528；109/2538、2544、2545；110/2565；111/2579、2586；112/2622、2627；113/2647；114/2675、2676；115/2692、2698、2702；117/2753、2765；118/2781、2872、2783；120/2840；122/2876、2879、2888；123/2895、2903、2909；124/2923、2930、2933、2935；125/2941、2949、2953、2958；126/2972、2973、2974、2975、2976、2977、2979、2980、2982、2986、2988、2992；127/3004、3005、3008、3012、3016、3017、3020；128/3028、3029、3030、3031、3034、3037、3040、3041；129/3054、3070、3071、3072；130/3083、3084；131/3099、3105、3109、3112、3116；132/3122、3127、3128、3130、3131、3144、3145、3148、3149、3150、3153、3154；133/3161、3165、3166、3167、3169、3171、3176；134/3187、3190、3192、3195、3196、3198、3199、3200；135/3213、3216、3219、3221、3227、3234、3239；136/3257、3261；137/3277、3280、3288、3291、3298、3299；138/3311、3312、3315、3317、3318、3319、3321、3326；139/3338、3343、3345、3347、3349；140/3364、3366、3370；141/3382、3385、3390；142/3397、3399、3400、3402、3407、3411、3415、3421、3422、3423；143/3431、3453、3459、3462；144/3484、3489；145/3500、3506、3511、3515、3516、3519；146/3529、3533、3534、3535、3536、3537、3542；147/3554、3556；148/3577、3579、3594；149/3597、3598、3599、3600、3602、3605；150/3623、3624、3626、3628、3632、3636、3637、3638、3639；151/3685；153/3715、3721；154/3738、3739、3740、3743、3748；155/3761、3763、3765、3769、3770；156/3787、3792；157/3797、3798、3801、3810；158/3818、3819、3821、3827、3828、3829、3830、3831；160/3862、3863、3870；161/3895；162/3904、3905；163/3923；164/3945、3948、3953、3954、3955、3956、3957；165/3964；166/3991；167/4016、4018、4020、4023、4024；168/4032、4034、4035、4046；171/4111、4120；172/4131、4144；173/4173；174/4194、4195、4204；175/4221、4218、4232、176/4253、4260、4262；177/4287、4295；178/4306；179/4332；181/4375；182/4416；185/4471；186/4492；188/4536；189/4552、4567；190/4594；192/4635、4636、4641、4648、4655；196/4742；198/4790、4791、4807；200/4852；203/4914、4915、4916、4917、4918、4920、4921、4922；205/4965；208/5053、5066；210/5114；211/5123；212/5145；213/5170、5178；214/5197、5199、5202、5208、5210；215/5234、5236、5241、5244、5248；216/5253、5254、5256、5257、5261、5266、5267；217/5272、5273、5277；218/5292、5294、5305、5307、5309、5311、5312、5315、5316；219/5323、5329；220/5334、5335、5347、5351、5357、5358、5360、5361、5363；221/5374、5381、5383、5384、5385、5390、5391；222/5400、5401、5402、5407、5412；223/5424、5425；225/5476、5493；227/5525、5527、5528、5529、5530；228/5550、5554；229/5577；230/5591、5592、5604；231/5610；232/5628、5630、5632、5635；233/5649、5659；236/5731；237/5770、5772、5782、5784；238/5793；239/5820、5822；240/5832、5864；242/5875；243/5926；244/5930、5933、5943、5944；245/5963；246/5981、5993、6000；247/6016、6019、6025、6029、6031；248/6037、6038、6045、6048、6050、6051、6060；249/6078；250/6099；251/6116；252/

6159；253/6188、6161；254/6207、6214、6215、6220；255/6234、6242；256/6257、6262、6263、6266；257/6272、6281；259/6319；262/6396；263/6419、6436、6439；265/6490；266/6536；267/6539、6541、6547；268/6562；269/6600；270/6624、6626、6629；271/6652；272/6661、6662、6668、6669；273/6680、6682、6685；274/6707、6711、6712、6714；275/6732；276/6740、6745、6755、6764；277/6768、6769、6771、6772、6774、6783；279/6837、6845；280/6869、6870、6871、6872、6873；281/6881；283/6921、6927、6928、6936；284/6965；285/6975、6990；287/7025、7033；289/7065；290/7092、7096；291/7113；292/7135；294/7137、7166、7167、7168；295/7192；296/7194、7200、7202、7212；297/7222；298/7260；299/7275、7286；300/7304；302/7358、7360；303/7367、7381；304/7410、7411；305/7423、7424、7431；307/7467、7468；308/7476；309/7506；310/7513、7515、7529；311/7534、7539、7540；312/7559、7569、7572；313/7593；314/7599、7600、7601、7605、7606、7611；315/7620、7626、7629；316/7636、7642、7651、7654；317/7674、7677；318/7693；319/7699；320/7720、7733；321/7738、7745、7749、7753、7754；322/7758、7759、7760、7761、7764；323/7776、7777、7778、7780、7781、7787、7789、7791；324/7807；325/7821、7823、7828、7833；326/7840、7844、7847；327/7869、7870；328/7894、7898、329/7914、7928、7929、7938、7941；330/7951、7955、7960、7961；331/7977、7983、7988、7989；332/8003、8007；333/8024；334/8044、8045；335/8076、8081、8086；336/8092、8093、8095、8109、8110；337/8124；338/8140、8148；339/8162；340/8180、8187、8190；341/8196、8213、8214；342/8227、8228；343/8248；344/8259、8260、8264；345/8281、8284、8288、8289、8290；346/8304、8306、8307、8308、8310、8316；347/8321、8324、8325、8333、8334；

348/8344、8348、8352；350/8382、8388、8398；351/8407；354/8470、8471；355/8488、8494、8496、8499、8501；356/8525；358/8563；359/8587、8599；360/8607、8608、8610；361/8641；362/8670；364/8715、8718；365/8747；366/8786、8794、8805、8806、8807；367/8826；368/8874、8875、8876、8877、8878；370/8960、8964；371/8991、8992；372/9006、9020；374/9072；376/9126；377/9154、9159、9161；378/9194；379/9203、9217；381/9273、9274、9279；382/9299、9300、9314、9319；383/9327、9343；384/9362；385/9377；386/9399；388/9439；389/9453、9454、9471；391/9509；392/9541；394/9593、9597；397/9685、9686；398/9716；399/9731；400/9747；402/9777、9784、9785、9793、9794；403/9802、9821、9825；404/9833、9836、9843；407/9898、9899；408/9922、9925、9943、9945；409/9953、9967、9968、9975；411/9999；413/10036、10039、10041；415/10087；416/10113；419/10154、10155；421/10198、10206；424/10249、10250、10262；425/10289；426/10299；429/10367、10371；430/10384；436/10501；438/10553、10557；442/10630；446/10740；448/10771；450/10817；452/10849；459/10984；463/11055；464/11091；465/11099、11105、11111、11112；466/11128；468/11179、11187；469/11203、11209、11213；470/11226、11231、11235；471/11237、11249；472/11274；474/11302、11309；475/11323；476/11346；477/11357；480/11419、11423、11428；486/11549；487/11567；488/11580、11587、11591；489/11610；490/11624、11638；491/11650、11673；492/11690；493/11704、11711；494/11735、11741、11742；495/11786；496/11809、11813；497/11833；498/11862、11863；499/11876、11888；500/11902、11915、11916；501/11943；502/11951；503/11969、11985、11990；506/12049、12060；507/12089；509/12114；510/12139、12141、12142、12143；511/12170；

512/12178、12179、12180、12182、12183、12184、12186、12189；514/12208、12230；515/12240、12249；516/12268、12269、12270、12278、12282、12285；517/12301；518/12320、12335、12339；519/12351；520/12388

【长编影】3/14 下；11/6 下；15/10 下；18/20 上；23/2 上；24/11 下；34/1 上、7 下；36/6 下、13 下、14 下；41/1 下、2 上、11 下；42/19 下；43/14 上；44/14 上；46/7 上、8 上；47/3 下；48/16 下；49/10 上、14 上；50/4 上、8 上；51/2 下、5 上、12 上、16 上、16 下；52/14 上、15 上；53/7 上、9 上、15 下；54/1 上、9 上；55/1 上、5 上；57/6 下；58/1 下；59/8 下、9 下；60/2 下、4 下；61/3 上、20 下；62/2 下；63/2 上；64/1 下、9 下；65/17 下；66/7 下；67/3 下；68/6 下、13 上；69/12 上；70/2 下；71/5 上、6 上、14、15 上、18 下、19 上；72/4 下、12 下、16 上；73/3 上、12 上、12 下、19 下、21 下；74/11 上；75/8 上、8 下；77/7 下、13 下；78/1 下、10 上；81/2 上、13 下；83/12 下；84/5 下、8 上；85/3 上、7 上、9 上、14 下；86/7 下；88/2 下、4 上、8 上、10 上；89/3 上、7 下、18 下、19 上、21 下、22 上；90/4 下、5 下、13 上、16 上、18 上、19 上、21 上；91/2 上、6 上、9 上；92/3 上、12 下；93/3 下；94/7 上；95/20 上；96/7 上、26 下；97/7 下、15 上、15 下、19 上；101/1 上、1 下、8 上；102/11 上；103/4 下、11 下、12 下、14 下；104/2 上、5 上、7 上、20 上、20 下、24 上；105/13 下、15 上、17 下、18 下；106/20 下；107/11 下；108/2 上；109/5 上、10 下、11 上；110/12 下；111/4 上、10 上；112/17 上、21 上；113/14 下；114/15 上、15 下；115/4 上、10 上、12 下；117/17 下；118/8 上、8 下、9 下；120/18 下；122/7 下；123/1 上、16 上；124/7 上、16 下；125/11 上；126/5 上、6 上、8 上、9 下、10 下、11 下、13 上、14 上、17 上；127/3 上、12 上、14 上；128/4 下、5 下、9 下、14 上、16 下；129/18 下、19 上、19 下；130/6 上；131/6 上、11 上、14 下、

17 下、21 上；132/5 下、26 上、26 下、28 下；133/5 上、5 下、8 上、9 上、11 下；134/1 上、3 下、5 下、5 下、7 下、8 下、12 上；135/1 上、18 上、23 下；136/10 下、14 下；137/4 下、11 下、13 下；138/2 下、6 上、11 下、15 下；139/5 下；140/8 下；141/11 下、12 上；142/24 下；143/1 下、22 下；144/7 上、12 下；145/11 上、18 下；146/1 上、9 上；147/3 上；148/3 下、4 上、5 上、18 上；149/1 下、2 上、3 上、4 上、6 上、8 上、10 上；150/4 上、15 上；151/19 上；153/2 上；154/5 上；155/5 下、6 上；156/9 下、10 上；157/1 下、3 下、10 下、12 下、15 下；158/2 下、4 上、9 上、11 上、12 上；159/9 上；160/2 上、3 下；161/12 下；162/4 下；163/7 上；164/6 上、11 上、11 下、12 上、12 下、13 上、14 上；165/6 上；166/9 上；167/12 下、16 上、18 上；168/4 上、7 上、14 上；171/8 上；172/2 下、13 下；173/10 上；174/12 下；175/2 下、8 下、11 下；176/13 上；177/9 下、16 下；178/2 下；179/9 下；181/5 上；182/19 下；185/5 上；186/7 上、9 上、10 下；188/10 下；189/6 上、19 上；190/16 下；192/2 下；196/5 下；198/1 下、2 下、15 下；200/7 上；203/4 下；205/4 上；208/5 下；210/19 下；211/4 上；212/2 上；213/12 上；214/2 上、6 上、14 上、16 上；215/6 下、10 上、13 下、16 下；216/3 上、9 下、15 上；217/2 下、3 上、10 下；218/1 下、3 上、14 下、15 下、17 下；219/7 上；220/3 上、3 下、7 上、8 上、14 上、16 下、21 下、23 上、25 上；221/2 下、6 下、7 上、16 上、20 上；222/2 下、3 上、4 下、12 下；223/2 上、8 下、9 上；225/8 上、22 下、23 上；226/8 上；227/6 上、7 上、8 下；228/10 上、14 上、15 上；229/12 上；230/6 下、18 上；231/1 下；232/1 上、4 上、5 上、6 上；233/14 上；236/6 下；237/12 下；238/7 上；239/15 上；240/8 下；241/1 下；242/2 上、11 下、14 上；243/14 上；244/1 上、11 下；245/13 上；246/5 上、15 下、21 下；247/12 上、17 上、20 上；248/1 下、12 下、21 上；249/11

上；250/3 下、17 下；251/7 下、11 下；252/11 上；253/5 上；254/2 下、8 下、9 上、11 上、13 上；255/4 下；256/10 上、14 下、15 上、17 下；257/11 上；258/4 下；259/9 上；260/2 上；261/1 上；262/21 下；263/16 下；265/6 下；266/13 下；267/7 上；268/3 上；269/16 下；270/6 下；271/17 下；272/5 上、5 下、10 下、11 下；273/6 上、8 上、10 下、12 下；274/7 上、10 下、11 下、13 下、15 下；275/10 下；276/3 上、7 上、16 上；277/2 上、3 上、4 下、5 上、7 上、14 下；279/7 下；280/19 上；281/1 上；283/1 上、6 上、6 下、13 下；284/18 上；285/4 上、17 上；286/6 下；287/12 下、19 上；288/6 上；289/6 上；290/7 上、10 上、10 下；291/3 下；292/6 上；294/5 下、6 上、7 下、11 上；295/13 下；296/1 上、6 上、8 上、16 上；297/5 下；298/18 下、19 上；299/10 下、19 下、20 上；300/7 上；302/14 下、15 下、16 上；303/3 上、15 上；304/17 上；305/7 下、8 下、14 上、14 下；306/15 下、16 下、19 下；308/2 上；309/3 下、12 上；310/1 下、3 上、7 上、8 上、16 下；311/3 下、8 下、9 下；312/8 上；313/10 上、11 上、12 下；314/1 下、2 上、5 下、11 上；315/5 上、9 下；316/1 上、5 上、15 上；317/16 下；318/12 下；319/1 上；320/1 上、13 下；321/2 下、8 下、12 上、15 上、15 下；322/1 上；323/2 上、3 上、5 上、6 上、11 下、13 下、14 下；324/10 上；325/7 上、13 上、16 上；326/3 下、9 下；327/5 上；328/4 下、8 上；329/2 下、21 上、22 上、24 上；330/9 上、13 上；331/9 下、14 上、19 下；332/7 下、11 下；333/10 下；334/13 上、13 下；335/18 上；336/2 下、11 上；337/9 上；338/9 下；339/3 上、3 下；340/3 下、9 上、12 下；341/1 下；342/8 上；343/11 下；344/9 上；345/9 下；346/6 上、8 下、13 下；347/1 上、4 下、12 下；348/3 下、6 下、7 上、10 下、11 上、12 下；349/5 下；350/2 上、11 上；351/4 下；354/2 下；355/2 上、7 下、8 上、12 上、13 下；356/15 下；358/4 上；359/7 下、18 上；360/2 上；361/4 下；

362/14 上；364/16 下、19 上；365/3 下；366/14 下；367/8 上；368/22 下；370/24 下、27 下；371/20 上；372/5 上、17 上；374/17 上；376/12 上；377/7 上、11 下、13 上；378/19 上；379/4 下；381/22 上、22 下、27 上；382/19 上；383/4 下；384/12 下；385/3 下；386/3 下；388/8 上；389/19 下；390/14 下；391/5 下；392/17 上、17 下；394/7 下；397/15 下；398/17 上；399/10 下；400/9 上；402/14 上；403/2 下、21 下；404/5 上、7 上、13 下；407/4 上、5 上；408/3 上、3 下、6 上、21 上；409/3 上、15 上；411/4 上；413/6 上；416/7 下；419/10 上；421/14 上、22 上；424/1 下、3 上、14 下；425/21 上；426/5 下；429/9 上；430/5 上；436/3 上；438/1 上、5 上；442/1 上；446/12 上；448/7 上；450/10 下；452/6 上；459/9 上；463/8 上；464/17 下；465/7 下；466/3 上；468/18 下；469/3 下、8 上；470/7 下、11 上、16 上；471/12 上；472/10 上；474/2 下、3 上、8 上；475/3 上；476/10 下；477/17 上；480/3 上、7 下、8 上、12 上；486/9 下；487/7 上；488/8 下、13 下；489/12 下；490/10 上、11 下、14 上、17 上；491/4 下；492/13 上；493/15 上；494/8 下、13 上、13 下、14 上；495/20 上；496/15 下；497/15 上；498/19 下、20 上；499/5 上、15 下；500/2 下、15 下；501/11 上；502/3 上；503/14 上；506/9 上；507/15 下；509/14 下；510/10 上；511/15 下；512/9 下；514/1 下、19 上；515/6 下、13 下；516/4 下、5 上、5 下、6 上、6 下、19 下；517/5 上；518/4 上、16 下；519/9 上；520/28 下

【长编纪事本末】21/2 上；83/10 上、7 下；140/12、6 上

【东都事略】10/徽宗纪/5 下；86/徐禧传/5 上、6 下；115/郑文宝传/2 上；127、128/西夏传/附录 5、6

【玉海】14/咸平陕西河北地图/32 下；82/建隆赐锦袍/29 下；143/17 下；174/37 上

【三朝北盟会编】9/4 下；10/4 下；12/7 上；46/4 上；60/4 下；77/6 上；95/1 上；107/7 下；118/3 下；143/2 上；212/9 上；232/9 下

【宋大诏令集】166/求敢勇智谋之士诏（康定元年正月乙酉）/635；184/陕西铁钱折二公私通行诏（大观元年六月二十五日）/668；186/放陕西河东人夫保甲诏（崇宁四年六月十六日）/679；218/陕右宿兵德音（康定二年四月乙巳）/835、陕西解严曲赦（庆历五年三月甲申）/836；219/陕西河东德音（元符二年五月辛巳）/838、陕西河东曲赦（政和八年六月二十三日）/840；232/又回札子（元符二年四月辛卯大辽泛使萧崇等回）/901

【宋会要】礼25之9/959；崇儒2之10/2192、5之22/2257；职官6之13/2503、6之15/2504、8之4/2563、14之5/2690、14之10/2692、14之12/2693、14之13/2693、23之13/2889、43之53/3300、43之56/3301、43之59/3303、43之93/3320、48之30/3470、55之31/3614、56之18/3634、57之32/3667、61之38/3773、64之45/3843、67之25/3900；选举27之9/4466、28之26/4690、29之17/4702、32之7/4746；食货1之32/4817、2之3/4826、20之4/5134、23之22/5185、23之39/5194、24之1/5195、36之5/5434、36之15/5439、38之31/5482、39之1/5489、39之9/5493、39之19/5498、39之23/5500、39之25/5501、39之31/5504、42之9/5566、43之2/5573、48之17/5631、54之4/5739、56之2/5773、64之24/6111、70之163/6452、70之169/6455、70之180/6460；刑法2之4/6497、2之45/6518、4之14/6628、4之16/6629、4之24/6633、6之52/6719、7之13/6740；兵1之1/6754、1之4/6755、1之5/6756、1之12/6759、2之2/6772、2之7/6775、4之4/6822、4之5/6822、4之28/6834、4之29/6834、4之30/6835、5之3/6841、5之4/6841、8之3/7059、8之19/6896、8之21/6897、10之16/6927、14之2/6993、17之8/7041、17之14/7044、17之17/7046、18之2/7058、18之4/7059、18之17/7066、21之7/7128、22之3/7145、22之4/7145、22之6/7146、24之1/7179、24之20/7188、24之25/7191、24之29/7193、26之29/7241、27之4/7248、27之7/7250、27之24/7258、27之25/7259、27之27/7260、27之29/7261、27之34/7263、27之37/7165、27之39/7266、28之1/7270、28之4/7271、28之6/7272、28之8/7273、28之13/7276、28之31/7285、28之40/7289、29之4/7294、29之8/7296、29之11/7298、29之29/7307；方域5之3/7384、5之36/7401、8之30/7455、10之24/7485、10之31/7489、12之4/7521、19之4/7627、19之20/7635、20之1/7651、20之2/7651、20之3/7652、20之5/7653、20之8/7654、20之9/7655、20之10/7655、20之11/7656、20之12/7656、20之13/7657、20之14/7657、20之15/7658、20之16/7658；蕃夷4之9/7718、7之26/7852

【宋朝事实类苑】66/880；75/引东斋纪事/994

【系年要录】5/123、127；6/166；53/947；54/950；66/1125；99/1632；124/2030；125/2041、2046；127/2062、2068；129/2090；130/2099；132/2126；179/2958

【皇宋十朝纲要】13/3下；14/2上；16/11上；18/18下；19/8上

【奏议标】42/郑獬·上神宗论水灾地震/430、吕大防·上神宗论华州山变/436；45/王襄·上钦宗论彗星/479；82/富弼·上仁宗乞诏陕西等路奏举才武/893；123/张方平·上神宗论刺四路弓手充保捷宣毅/1350、韩琦·上英宗乞募陕西义勇/1355、司马光·上神宗乞不令陕西义勇戍边及刺充正兵/1362；125/吕海·上英宗请重造蕃部兵帐/1379、余靖·上仁宗谕马政修之由人不在于地/1383、宋祁·上仁宗乞收还牧地罢民间禁马/1384；134/欧阳修·上仁宗论西贼议和利害/1493、范仲淹等·上仁宗论和守攻备四策/1496、1497、1498；136/韩琦·上仁宗论西北议和有大忧者三大利者一/1516、1517、宋祁·上仁宗论河北根本在真定/1519、吕海·上仁宗论边备弛废/1521；137/杨绘·上神宗论种谔擅入西界/1533、司马光·上神宗论中国当守信义不可轻议用兵/1538、富弼·上神宗谏西师/1539；138/文彦博·上神宗论关中事宜/1548、范纯仁·上哲宗缴进后汉光武诏书/1552、吕大防·上哲宗答诏论西事/1558；

139/苏辙·上哲宗乞因夏人纳款给还其地/
1565、范纯粹·上哲宗乞不妄动以观成败之
变/1569；140/张舜民·上徽宗论进筑非便/
1585；141/孙觉·上哲宗乞熙河选将如折氏
世守/1592

【奏议影】42/郑獬·上神宗论水灾地震/1537、
吕大防·上神宗论华州山变/1560；45/王襄
·上钦宗论彗星/1708；82/富弼·上仁宗乞
诏陕西等路奏举才武/2857；123/张方平·上
神宗论刺四路弓手充保捷宣毅/4186、韩琦·
上英宗乞募陕西义勇/4193、司马光·上神宗
乞不令陕西义勇戍边及刺充正兵/4213；125/
吕海·上英宗请重造蕃部兵帐/4255、余靖·
上仁宗谕马政修之由人不在于地/4268、宋祁
·上仁宗乞收还牧地罢民间禁马/4270；134/
欧阳修·上仁宗论西贼议和利害/4590、范仲
淹等·上仁宗论和守攻备四策/4600、4603、
4607；136/韩琦·上仁宗论西北议和有大忧
者三大利者一/4665、4667、宋祁·上仁宗论
河北根本在真定/4672、吕海·上仁宗论边备
弛废/4677；137/杨绘·上神宗论种谔擅入西
界/4714、司马光·上神宗论中国当守信义不
可轻议用兵/4729、富弼·上神宗谏西师/
4732；138/文彦博·上神宗论关中事宜/
4758、范纯仁·上哲宗缴进后汉光武诏书/
4771、吕大防·上哲宗答诏论西事/4788；
139/苏辙·上哲宗乞因夏人纳款给还其地/
4811、范纯粹·上哲宗乞不妄动以观成败之
变/4824；140/张舜民·上徽宗论进筑非便/
4872；141/孙觉·上哲宗乞熙河选将如折氏
世守/4894

【朝野杂记】乙集19/边防/1180

【靖康要录】11/660；16/1019

【中兴小纪】2/28；4/52；27/305

【元丰类稿】30/请减五路城堡札子/14 上

【元刊梦溪】9/31

【元宪集】32/答内降手诏垂询方略/341

【公是集】51/王公行状/610

【文庄集】14/陈边事十策/1 上

【文忠集】29/京西北路制置安抚使孙公昭远行
状/7 下、10 上；149/奉诏录 4/16 上

【文恭集】36/宋故宣徽北院使赠太尉文肃郑公
（戬）墓志铭/43

【东坡全集】45/书/20 上；15/张公墓志铭/14 上

【东轩笔录】4/2 下

【乐全集】19/平戎十策/13 下；20/请因郊祀肆
赦招怀西贼札子/24 上；21/请罢陕西招讨经
略司事/5 上；22/请省缘边骑兵事/16 下

【包拯集】6/按弹/68；8/106

【北山集】13/西征道里记并序/23 上

【司马文正公集】首卷/司马温公行状/34 下；
7/章奏 5/9 上、12 上；19/章奏 17/1 上；25/
章奏 23/3 上；27/章奏 25/8 下；29/章奏 27/
12 上、13 下；30/章奏 28/2 下、9 上、17
上；78/5 上

【石林燕语】2/5 下；4/3 上；8/4 下

【龙川别志】下/92；下/86

【华阳集】36/宋庠神道碑/465

【名臣碑传琬琰集】下集 24/故太尉威武军节度
使李公行状/1617

【夷坚乙志】9/260

【安阳集】35/奏状/14 上；家传 1/14 上、1/15
下、2/4 上、2/8 上、3/2 上、3/10 上、4/16
下、4/17 上、4/17 下、5/5 下、6/6 上、7/1
上、10/13 上

【朱文公集】95 上/少师保信军节度使魏国公致
仕赠太保张公（浚）行状上/1 下

【孝肃包公奏议】7/93

【宋文鉴】118/苏轼上文侍中论榷盐书/3 下

【邵氏闻见录】13/144

【鸡肋编】29/12 下

【龟山集】33/钱忠定公（即，字中道）墓志铭
/13 上

【京口耆旧传】3/邵鳂传/11 上

【忠肃集】12/右司郎中李公（师中）墓志铭/
167；5/67

【忠穆集】2 上/上边事善后十策/论机会不可失
/11 下

【欧阳文忠公全集】22/碑铭·晏公神道碑/11
下；28/尹师鲁墓志铭/11 下；102/奏议/1
上；21/尚书户部郎中赠右谏议大夫曾公神道
碑铭/2 下；24/石曼卿表/2 上；27/翰林侍读
学士给事中梅公墓志铭/3 上；29/杨公墓志
铭/5 下；31/杜公墓志铭/3 上；46/上书/1
上；97/奏议/2 上、奏议/4 下；99/奏议/12
上、奏议/6 下；附录/2/吴充撰欧阳文忠公

行状/15 下

【武经总要】前集 18 上/1 下、34 上；18 下/西蕃地界/1 上

【河南先生文集】贺参政范谏议启/4 下；14/陈公墓志铭/12 上；19/大臣乞便殿廷对两府大臣议边事/1 下；20/4 上；28/尹师墓志/28 下

【范太史集】40/检校司空左武卫上将军郭公墓志铭/14 上

【范文正公集】年谱/26 上、年谱/27 上；年谱补遗/4 上、6 上、7 上、7 下、11 上、16 下、17 上、23 上、24 上；言行拾遗 2/7 上；政府奏议上/11 下、16 上、16 下、41 上；政府奏议下/边事/10 上、11 上、15 上、19 上、20 上；政府奏议下/杂奏/39；政府奏议上/答手诏五事/20 上；政府奏议下/边事/8 下、政府奏议下/杂奏/38 下；诸贤赞颂论疏/4 下、24 下；9/答安抚王内翰/11 上；13/东染院使种君墓志铭/14 下、张君墓志铭/21 下、资政殿大学士礼部尚书赠太子太师谥忠献范公墓志铭/11 上；16/让观察使第一表/1 上；19/陈乞邠州状/1 上、12 上；张唐英撰文正公传/14 上、富弼撰墓志铭/10 上

【临川集】90/曹穆公行状/12 上；91/田公墓志铭/1 下；92/户部郎中赠谏议大夫曾公墓志铭/2 下、苏君墓志铭/7 上

【南迁录】4

【太平治迹统类】2/太祖太宗经制西夏

【香溪集】21/徐忠壮（徽言）传/1 下

【栾城集】37/论兰州等地状/4 上

【涑水记闻】2/2 上；8/1 上；9/5 下；10/5 上；11/20 下、8 上；4/3 上、5 下；12/5 下

【梁溪集】33/赐夏国主诏书/5 下，99/论淮西军变札子/1 上；118/与秦相公第九书别幅/13 上、与秦相公第十二书别幅/22 上；144/御戎论/1 上

【随手杂录】13 上

【景文集】28/353

【名臣碑传琬琰集】上集 26/范忠献公雍神道碑/411；中集 17/贾公墓志铭/654、43/曹武穆公玮行状/1034、48/韩忠献公琦行状/1105、1096、1098

【滏水集】10/谕陕西东西两路行省诏/2 下

【横塘集】9/论罢童贯宣抚河东札子/4 上

【稽古录】17/81 上；19/89 上；20/92 下、93 上；20/90 上

【豫章文集】7/遵尧录 6/1 上

【儒林公议】下/12 上

【潞公文集】14/奏议/3 下、6 下；17/奏议/2 上；18/奏议/5 上；22/奏议/5 下；25/奏议/1 上；38/举官/1 下

【默记】28 下

【甘肃新通志】7/舆地志·山川下·庆阳府·合水县 15 下、舆地志·山川下·庆阳府·安化县/13 上；8/舆地志·形胜·平凉府/4 下

【汇编】上 107、231、233；中一 1049、1055、1062、1063、1108、1110、1121、1151、1166、1176、1179、1180、1189、1197、1198、1201、1227、1231、1237、1238、1242、1243、1246、1251、1292、1298、1308、1310、1311、1312、1314、1329、1336、1339、1342、1343、1344、1353、1361、1363、1404、1415、1418、1420、1428、1447、1455、1463、1498、1535、1536、1564、1566、1587、1597、1598、1608、1609、1617、1618、1620、1624、1625、1626、1628、1634、1640、1642、1644、1645、1649、1650、1663、1667、1668、1673、1676、1690、1694、1700、1704、1705、1707、1708、1713、1730、1745、1761、1762、1766、1773、1786、1787、1791、1794、1796、1800、1803、1804、1810、1815、1826、1830、1842、1843、1844、1846、1857、1858、1859、1861、1864、1872、1875、1876、1877、1878、1885、1906、1907、1915、1918、1919、1920、1922、1923、1926、1927、1930、1932、1938、1940、1941、1946、1950、1954、1955、1959；中二 1960、1962、1977、1978、1980、1986、1988、1989、1992、1993、1994、2000、2003、2013、2014、2016、2022、2023、2028、2033、2035、2039、2046、2047、2048、2050、2051、2054、2065、2068、2070、2072、2078、2079、2081、2085、2088、2104、2110、2114、2118、2139、2140、2143、2147、2148、2149、2159、2160、2161、

2162、2182、2188、2200、2203、2209、
2225、2226、2236、2257、2258、2263、
2264、2268、2269、2272、2274、2275、
2277、2292、2298、2299、2303、2306、
2312、2313、2316、2317、2322、2323、
2328、2331、2334、2335、2343、2346、
2349、2362、2368、2369、2370、2373、
2375、2378、2380、2384、2388、2389、
2392、2394、2396、2411、2412、2413、
2414、2417、2419、2420、2433、2440、
2456、2457、2458、2468、2469、2472、
2473、2489、2494、2512、2518、2522、
2533、2535、2536、2537、2566、2567、
2573、2575、2582、2590、2591、2592、
2607、2612、2619、2620、2621、2636、
2640、2647、2648、2650、2657、2661、
2669、2671、2678、2690、2705、2713、
2715、2716、2722、2725、2727、2728、
2729、2731、2734、2735、2736、2737、
2738、2739、2743、2748、2749、2755、
2764、2766、2767、2768、2770、2774、
2776、2781、2784、2792、2797、2808、
2813、2817、2819、2820、2821、2822、中
三 2839、2841、2842、2844、2858、2861、
2874、2882、2897、2906、2908、2921、
2922、2923、2927、2937、2938、2940、
2954、2955、2981、3011、3026、3032、
3034、3035、3039、3040、3045、3046、
3047、3058、3059、3060、3061、3066、
3067、3068、3069、3072、3080、3081、
3084、3085、3086、3089、3094、3095、
3099、3109、3122、3125、3129、3133、
3134、3140、3144、3147、3148、3153、
3154、3155、3156、3158、3161、3163、
3165、3173、3186、3188、3189、3193、
3196、3202、3203、3208、3211、3212、
3226、3227、3243、3244、3252、3255、
3259、3262、3264、3265、3277、3284、
3293、3297、3298、3299、3306、3307、
3310、3315、3325、3326、3327、3328、
3329、3330、3340、3341、3343、3344、
3351、3352、3356、3375、3379、3380、
3382、3400、3405、3412、3418、3422、
3428、3432、3451、3452、3459、3461、
3470、3472、3473、3476、3497、3505、
3506、3507、3508、3510、3512、3513、
3516、3519、3520、3521、3531、3533、
3534、3535、3545、3547、3548、3552、
3554、3555、3558、3574、3581、3582、
3586、3587、3597、3599、3605、3606、
3608、3610、3614、3617、3618、3619、
3620、3624、3625、3627、3628、3629、
3633、3643、3644、3648、3649、3650、
3652、3653、3654、3657、3662、3664、
3666、3671、3672、3675、3677、3679、
3680、3682、3683、3685、3692、3694、
3695、3696、3724、3725、3735、中四 3741、
3755、3758、3759、3760、3761、3770、
3799、3805、3807、3816、3817、3820、
3824、3843、3844、3861、3866、3892、
3901、3902、3904、3908、3909、3910、
3912、3916、3953、3963、3968、3974、
3975、3983、3986、3990、3994、3996、
3998、4000、4001、4005、4008、4016、
4020、4036、4037、4060、4061、4081、
4087、4092、4093、4097、4100、4101、
4103、4107、4110、4113、4117、4122、
4131、4132、4134、4138、4139、4142、
4143、4144、4146、4147、4151、4152、
4157、4163、4166、4174、4179、4190、
4195、4207、4222、4225、4245、4253、
4258、4265、4267、4278、4280、4284、
4285、4287、4293、4295、4297、4309、
4310、4311、4312、4315、4319、4326、
4327、4334、4336、4337、4339、4342、
4351、4367、4372、4397、4426、4427、
4428、4436、4437、4441、4442、4452、
4455、4457、4459、4460、4470、4490、
4495、4500、4503、4508、4519、4533、
4542、4543；中五 4553、4560、4566、4572、
4581、4583、4585、4586、4588、4591、
4599、4609、4613、4617、4624、4629、
4639、4640、4656、4660、4678、4689、
4693、4699、4716、4729、4745、4774、
4776、4779、4781、4787、4796、4807、
4816、4819、4836、4837、4840、4911、

4912、4914、4916、4918、4920、4937、
4942、4949、4957、4959、4978、4980、
4990、4992、5051、5066、5085、5086、
5089、5090、5098、5120、5123、5125、
5129、5134、5135、5139、5143、5148、
5151、5155、5157、5158、5160、5167、
5173、5180、5206、5207、5208、5209、
5211、5212、5221、5223、5224、5235、
5243、5256、5263、中六 5268、5273、5296、
5301、5305、5307、5317、5321、5323、
5324、5345、5349、5350、5367、5373、
5382、5388、5391、5399、5400、5403、
5409、5414、5423、5430、5431、5444、
5459、5476、5487、5523、5536、5542、
5544、5558、5561、5604、5609、5712、
5770、5773、5774、5776、5779、5804、
5805、5806、5808、5823、5825、5842、
5846、5850、5852、5853、5861、5863、
5864、5865、5867、5868、5876、5879、
5882、5885、5886、5894、5902、5905、
5908、5911、5913、5915、5916、5928、
5929、5935、5936、5939、5944、5945、
5952、5953、5967、5979、5985、5987、
5995、6009、6016、6018、6019、6020、
6022、6026、6029、6030、6044、6046、
6048、6050、6076；下 6088、6089、6095、
6099、6106、6107、6109、6110、6115、
6124、6128、6134、6148、6150、6243、
6247、6262、6298、6301、6312、6344、
6418、6474、6483、6492、6495、6496、
6500、6501、6505、6507、6508、6511、
6512、6513、6514、6515、6519、6523、
6563、6603、6627、6688、6780、6788、
6822、6931、6937、7005、7009、7013、
7014、7015、7020、7027；补遗 7139、7140、
7243、7247、7258、7260、7265、7266、
7267、7268、7269、7288、7299、7308、
7311、7321、7341、7343、7349、7409、
7415、7446、7450、7454、7464、7471、7472

陕西东路
【宋会要】方域 20 之 4/7652、20 之 11/7656、
　　20 之 12/7656、20 之 15/7658
【汇编】中三 3077、3222、3419

陕西诸路
【宋会要】兵 27 之 7/7250；蕃夷 4 之 9/7718

陕州
【奏议标】132/田况·上仁宗兵策十四事/1469
【奏议影】132/田况·上仁宗兵策十四事/4515

陕府
【宋史】180/钱币/4383
【长编标】138/3310；240/5867
【长编影】138/1 下；240/38 上
【宋会要】食货 24 之 31/5210、36 之 20/5441、
　　55 之 31/5614；兵 27 之 21/7257、27 之 22/
　　7257
【系年要录】3/64；11/253
【范文正公集】政府奏议上/16 上；年谱 4/10
　　上
【汇编】中一 1415、1416、1638、1650、1656；
　　中二 2005、2562、2731；中四 3820；中五
　　4655、5245；下 6092、6123

陕府西路
【长编标】347/8320
【长编影】347/1 上
【宋会要】食货 4 之 7/4849、24 之 31/5210、42
　　之 9/5566、42 之 12/5567；兵 24 之 24/7190
【汇编】中一 1623、1658；中五 4586

姑臧县　凉州
【长编标】43/921
【长编影】43/13 上

姑臧县　凉州
【宋史】492/吐蕃传/14155
【元丰九域志】10/化外州·陕西路/479
【汇编】中一 1715、1200

九画

城平县　绥州
【宋会要】方域 6 之 3/7407
【武经总要】前集 18 上/1 下
【陕西通志】17/关梁 2·绥德州·清涧县/47 下
【汇编】中三 3130；下 7009；补遗 7256

枪罕县　河州
【宋史】87/地理志 3/2163
【武经总要】前集 18 下/9 下

【元丰九域志】3/133

【甘肃新通志】13/舆地志·古迹·兰州府·河州/7 下

【汇编】中一 1723；中四 3915；中六 5807；补遗 7335

咸阳 宋真宗咸平间运咸阳积粟以实边

【宋史】304/梁鼎传/10058

【长编标】54/1176

【长编影】54/10 下

【宋会要】食货 4 之 7/4849、15 之 14/5069、19 之 6/5126

【汇编】中一 1343、1354

威戎军 鄣州

【武经总要】前集 18 下/西蕃地界/9 下

【汇编】中一 1721、1722

威戎军 宋神宗熙宁十年置

【宋史】15/神宗纪 2/292

【汇编】中四 4031

威州 威州在清远军西北八十里，乐山之西

【宋史】277/郑文宝传/9426；466/张继能传/13620

【北山集】34/故武功大夫昭州团练使骁骑尉徐公（量）行状/12 下

【玉壶清话】8/9 上

【汇编】中一 1090、1091、1092；补遗 7406

威远军 本灵州界定远镇，宋太宗至道元年建为威远军

【宋会要】方域 6 之 3/7407

【汇编】中一 1106

威胜州 河东

【宋史】363/李光传/11337

【庄简集】9/乞用河东土豪援太原札子/6 下

【汇编】补遗 7452

威胜军 河东

【宋史】23/钦宗纪/426、428、430；183/盐下条/4469；363/李光传/11337；452/吴革传/13289

【长编纪事本末】145/9 下

【三朝北盟会编】44/6 上；50/7 下；53/2 上；59/1 上

【宋会要】职官 69 之 26/3942

【靖康传信录】3/31

【靖康要录】12/743；14/871

【梁溪集】54/5 上、6 上；173/靖康传信录/下/19 下

【汇编】中一 1335；中六 6010、6016、6018、6020、6021、6022、6023、6024、6025、6026、6036、6073；补遗 7455、7456、7457、7465

威德军 原平夏城，大观二年升为军

【宋会要】方域 5 之 43/7404

威德军 宋徽宗崇宁五年改威德军为石堡寨

【宋史】20/徽宗纪 2/376

【汇编】中六 5812

威德军 保安军北臧底河界

【宋史】87/地理志 3/2147、2148、2160

【宋会要】方域 5 之 39/7402

【皇宋十朝纲要】16/11 上、11 下

【延安府志】2/保安县·关梁/8 下

【汇编】中六 5781、5782、5828、5829、5849；下 7007；补遗 7410

临县 延州，当作"临真县"，脱"真"字

【宋会要】食货 15 之 15/5070

临汾 晋州

【宋会要】食货 19 之 9/5127

临泾县 原州

【宋史】87/地理志 3/2158

【宋会要】食货 19 之 9/5127；礼 20 之 118/823、20 之 119/824

【武经总要】前集 18 上/16 上、18 上、26 上

【元丰九域志】3/131

【文庄集】6/泾州谢上表/8 下；18/泾州谢二府启/7 上

【欧阳文忠公全集】81/制敕 13 上

【河南先生文集】6/上吕相公书/7 下

【汇编】中一 965、967、968、1372；中二 1812、1813、2259、2832；中六 5759、5837、5842

临泉县 晋宁军

【宋史】86/地理志 2/2137

【宋会要】方域 6 之 8/7409

【汇编】中六 5858；下 7008

临泉县 石州

【宋史】86/地理志 2/2134

【宋会要】食货 22 之 7/5159、16 之 3/5074；方
　　域 6 之 8/7409

【元丰九域志】4/173

【汇编】中一 1413；中六 5825；下 7008

临洮　熙河

【长编标】241/5887

【长编影】241/13 上

【三朝北盟会编】75/12 上

【系年要录】197/3319；198/3331

【元丰类稿】21/李宪武胜军节度观察留后制/9
　　上

【文庄集】2/李遵可洮州刺史充保顺军节度使制
　　/15 上

【文恭集】36/宋故宣徽北院使赠太尉郑公
　　（戬）墓志铭/436

【净德集】30/送蒋熙州/317

【栾城集】29/西掖告词/13 下；45/2 上

【汇编】中一 1550；中三 2856；中四 3794、
　　3831；中五 4857、4861、5224；中六 6074；
　　下 6678、6682

临洮军　洮州

【武经总要】前集 18 上/20 下；18 下/西蕃地界
　　/9 下

【汇编】中一 1118、1722

临洮军　鄯州

【武经总要】前集 18 下/西蕃地界/9 下

【汇编】中一 1721

临洮县　洮州

【武经总要】前集 18 下/西蕃地界/9 下

【汇编】中一 1724

临洮郡　熙州，治狄道县

【宋会要】方域 5 之 4/7385

【元丰九域志】3/125

【汇编】中四 3836；下 7003

临晋县　河中府

【宋会要】食货 15 之 15/5070、19 之 6/5126；
　　方域 12 之 15/7527

临真县　延安府

【长编标】489/11601

【长编影】489/5 上

【宋会要】食货 15 之 15/5070、22 之 1/5156

【范文正公集】西夏堡寨/4 下

【汇编】中二 2644；中六 5309

临潼　京兆府

【宋会要】食货 15 之 14/5069、19 之 6/5126

昭德军　昭德军出给公据，令人户往陕西买马

【宋会要】兵 24 之 27/7192

保大军　鄜州

【宋会要】方域 5 之 4/7385

【系年要录】1/8

【朝野杂记】乙集 12/杂事·渡江后名将皆西北
　　人/963

【汇编】中六 5970；下 6764、7004

保成军　本府州靖康军，与年号相碍改称

【宋会要】方域 5 之 4/7385、6 之 6/7408

【汇编】下 6117、7004

保安军　永兴军

【宋会要】方域 5 之 36/7401

保安军　鄜延

【宋史】8/真宗纪 3/153；10/仁宗纪 2/207；
　　11/仁宗纪 3/291；18/哲宗纪 2/347；26/高
　　宗纪 3/482；61/水上/1325；87/地理志 3/
　　2143、2146、2148、2159；181/盐上/4417；
　　186/互市舶法/4563；187/兵志 1/4573；191/
　　兵志 5/4752、4739；198/马政/4932；253/李
　　继周传/8871；280/张思钧传/9508；281/吕
　　端传/9515；290/曹继郧传/9709；308/张煦
　　传/10149；317/邵亢传/10337；324/张亢传/
　　10485；325/刘平传/10502、刘兼济传/
　　10506；326/王信传/10518；332/滕元发传/
　　10674、赵禼传/10684；335/种世衡传/
　　10743；350/刘绍能传/11076；357/刘延庆传
　　/11236；367/郭浩传/11441；369/刘光世传/
　　11478、解元传/11488；452/景思立传/
　　13287；464/高遵裕传/13575；466/张崇贵传
　　/13618；467/卢守懃传/13637；485/夏国传
　　上/13998、13999、14002

【长编标】18/403；25/586；43/922；49/1068；
　　52/1133；54/1175、1176；56/1236；59/
　　1317；65/1460；66/1471；68/1535；73/
　　1674；77/1750；79/1793；80/1831；81/
　　1842；92/2127；94/2168；95/2194；100/
　　2323；102/2355；104/2421；122/2880；123/
　　2896；125/2944、2945、2954、2955、2958；
　　126/2967；128/3028、3045；130/3079、

3085；131/3093、3095、3100；132/3142、3143、3152；134/3197、3198；138/3330；139/3343；140/3363；142/3408；145/3506；146/3536；149/3613、3614；153/3724、3727；154/3735；155/3762；157/3798、3799、3812；159/3846、3847；161/3888；165/3971；168/4034；172/4138；177/4295；183/4431；185/4470；192/4636；215/5241；220/5359；230/5604；244/5942；248/6048；255/6233；258/6300；266/6536；280/6867；288/7052；311/7547；313/7595；315/7621、7630；318/7692；319/7705；320/7733；323/7791；326/7858；328/7893；329/7921；331/7978；334/8056；340/8177；343/8236；365/8750；368/8879；370/8956；382/9304；389/9454；430/10402；432/10426；433/10467、10471；439/10581；441/10623；442/10636；10645；444/10687；445/10717；464/11091；466/11127；470/11234；474/11310；480/11421；485/11535；487/11570；501/11931；505/12045；506/12054；509/12124；511/12160；515/12260；517/12313；519/12344

【长编影】18/10 上；25/14 上；43/12 下；52/4 上；54/1 上；56/10 上、11 上；59/9 下；65/17 上；66/2 下；68/16 上；73/22 上；77/2 上；79/2 上；80/15 上；81/5 下；92/11 上；94/8 下；95/15 上；100/12 下；102/7 上；104/20 上；122/8 下；123/4 下；125/3 下、6 下、7 上、14 下；126/1 下；128/17 下、18 下；130/1 上；131/1 上、3 上；132/17 上、26 下；134/9 下；138/19 下；139/6 下；140/4 下；142/13 上；145/11 上；146/9 上；149/15 上；153/9 上；154/1 上；155/5 下；157/4 上、15 上；159/7 上、8 下、14 下；161/6 下；168/4 上；172/8 下；177/16 下；183/8 上；185/2 下；192/2 下；215/11 下；220/23 上；230/17 下；234/3 下；240/38 上；244/9 下；255/3 下；258/10 下；266/13 下；280/15 下；288/11 上；311/15 上；313/11 上；315/5 下、14 上；318/11 上；319/4 上、6 上、11 下、14 下；320/13 下；323/14 下；326/16 下；328/3 下；329/7 下；331/10 上；334/23 上；340/1 上；343/2

下；365/6 下；368/27 下；370/20 下；382/6 下；430/20 下；432/2 上；434/12 上、15 上；439/12 下；441/14 下；442/6 上、13 上；444/8 上；445/7 上；464/17 下；466/1 上；470/11 上；474/8 上；480/6 上；485/16 上；487/8 上；501/2 下；505/17 上；506/5 上；509/10 下；511/6 下；517/15 下；519/2 下

【宋会要】礼 25 之 6/957；职官 48 之 124/3517、55 之 31/3614、57 之 49/3676、61 之 11/3759；食货 15 之 17/5071、17 之 29/5098、19 之 8/5127、22 之 2/5156、23 之 38/5193、23 之 39/5194、23 之 40/5194、24 之 31/5210、36 之 5/5434、36 之 20/5441、36 之 21/5442、36 之 24/5443、36 之 25/5444、36 之 28/5445、39 之 3/5490；兵 4 之 4/6822、4 之 8/6824、4 之 12/6826、5 之 6/6842、8 之 20/6897、8 之 21/6897、8 之 23/6898、8 之 33/6903、14 之 17/7001、22 之 3/7145、22 之 4/7145、24 之 1/7179、24 之 2/7179、27 之 16/7254、27 之 37/7265、27 之 41/7267、27 之 42/7267、27 之 43/7268、27 之 45/7269、28 之 2/7270、28 之 28/7283；方域 5 之 36/7401、18 之 4/7611、18 之 15/7617、19 之 48/7649

【宋朝事实】18/升降州县/10 下

【宋朝事实类苑】75/996

【系年要录】134/2159

【皇宋十朝纲要】5/10 上；13/2 上

【武经总要】前集 18 上/1 下、6 下、7 上、7 下、8 下、34 上；18 下/西蕃地界/1 上

【续通鉴】66/1618

【宋大诏令集】218/延州保安军德音（康定元年二月丙午）/835；233/赐西夏诏（庆历四年十月庚寅）/908；234/赐夏国主诏（庆历六年九月甲午）/910；235/赐夏国主不还绥州诏/914、赐夏国主乞赎大藏经诏/917

【奏议标】115/张方平·上神宗论新法/1260；125/吕海·上英宗请重造蕃部兵帐/1379

【奏议影】115/张方平·上神宗论新法/3919；125/吕海·上英宗请重造蕃部兵帐/4255

【画墁集】补遗/游公（师雄）墓志铭/2 上

【元丰九域志】3/120、121

【元刊梦溪笔谈】25/35

【东坡全集】16/龙图阁学士滕公墓志铭/5 下；127、128/西夏传/附录 5、6

【乐全集】21/西事谘目上中书/1 上

【北山集】13/西征道里记并序/23 上

【司马文正公集】35/章奏 33/1 上；77/书启 6/21 下

【安阳集】家传 2/2 下、4/16 下、7/1 上

【初寮集】6/定功继伐碑/1 上

【河南先生文集】6/上吕相公书/4 上、7 下

【范文正公集】19/陈乞邓州状/2 上；尺牍中/3 上；年谱补遗/5 下、6 下、7 下、14 下；西夏堡寨/6；诸贤赞颂论疏/24 下

【栾城集】37/再论兰州等地状/11 上

【涑水记闻】2/10 下；4/13 上；9/5 下；11/12 上；12/1 下、6 上

【名臣碑传琬琰集】上集 10/韩献肃公绛忠弼之碑/160；中集 48/韩忠献公琦行状/1106

【潞公文集】18/奏议/5 上

【甘肃新通志】42/兵防志·塞防·庆阳府/6 上

【延安府志】2/5 上

【陕西通志】10/山川 3·延安府·保安县/11 下；16/关梁 1·延安府·安塞县/27 上；28/祠祀 1·延安府志·保安县/66 上；42/茶马/9 上

【汇编】上 66、70、105、222、230；中一 941、970、972、973、974、1059、1060、1061、1115、1201、1228、1315、1336、1338、1339、1385、1387、1415、1418、1463、1465、1474、1487、1494、1506、1510、1515、1526、1597、1600、1606、1623、1629、1649、1650、1651、1690、1728、1746、1750、1762；中二 1780、1845、1853、1854、1855、1856、1863、1884、1885、1886、1895、1896、1930、1931、2014、2025、2037、2039、2075、2090、2091、2095、2096、2097、2102、2105、2111、2151、2178、2181、2259、2260、2296、2297、2299、2313、2393、2418、2583、2628、2640、2643、2644、2667、2674、2692、2702、2797、2807、2808；中三 2843、2846、2915、2998、3015、3018、3028、3031、3045、3060、3061、3068、3070、3074、3084、3089、3091、3092、3093、3098、3125、3129、3134、3147、3157、3176、3208、3217、3225、3266、3284、3315、3390、3397、3423、3449、3459、3463、3465、3484、3512、3541、3651、3666、3688、3702、3713；中四 3753、3776、3820、3832、3865、3908、3973、3995、4035、4069、4133、4158、4166、4219、4231、4234、4247、4249、4265、4319、4361、4384、4452、4480、4528；中五 4558、4653、4663、4670、4690、4694、4755、4969、4972、4976、4988、4989、4991、4992、5012、5026、5027、5087、5095、5142、5161、5209、5245；中六 5279、5290、5302、5477、5480、5533、5554、5639、5656、5711、5827、5829、5830、5838；下 6150、6515、6523、7005、7019、7027；补遗 7100、7103、7156、7245、7262、7287、7322、7438、7485

保定县 泾州彰化军，治保定县

【元丰九域志】3/125

【汇编】中一 966、1336

保顺军 洮州

【宋会要】方域 5 之 4/7385

【汇编】下 7003

保德军 麟府

【宋史】86/地理志 2/2137；183/盐下/4469；198/马政/4932；292/丁度传/9763；324/张亢传/10488

【长编标】43/922；61/1374；62/1388；71/1604；104/2421；133/3172；134/3192；149/3612；220/5337；233/5663；263/6418；287/7022；307/7453；477/11373；514/12224

【长编影】43/12 下；61/16 下；62/5 上；71/15 上；104/20 上；133/3 下、11 下；134/5 上；149/14 上；220/3 下；233/17 下；263/2 上；287/10 下；307/2 上；319/4 上；477/18 下；514/13 上

【宋会要】职官 47 之 61/3448；兵 24 之 1/7179、24 之 2/7179、28 之 9/7274、28 之 35/7287；方域 21 之 6/7664

【武经总要】前集 17/8 下、12 下

【元丰九域志】4/178、179

【欧阳文忠公全集】115/河东奉使奏草/27 上

【范文正公集】别卷/4/1 上

【涑水记闻】12/8 上；14/6 上

【名臣碑传琬琰集】上集 13/文忠烈公彦博传/1451

【陕西通志】17/关梁 2·神木县·古关隘/54 上

【榆林府志】6/建置志·关隘/3 上

【汇编】中一 999、1201、1228、1290、1335、1412、1428、1430、1483、1649、1690；中二 2030、2319、2321、2333、2339、2343、2375、2386；中三 2911、2940、3655；中四 4231、4236；中五 5180；中六 5585；补遗 7278、7492

胜州 河东

【宋史】188/步军/4621

【宋会要】方域 5 之 4/7385、5 之 8/7387

【汇编】中四 4033；下 7004、7005

恒州 西夏遣使告下宋恒、环、庆三州

【辽史】14/圣宗纪 5/156

【隆平集】20/夷狄传/3 下

【汇编】上 119；中一 1231

洪州 原洪门镇，宋仁宗咸平时夏得，宋哲宗绍圣四年四月李沂破

【宋史】18/哲宗纪 2/347

【金史】91/结什角传/2016

【长编标】216/5251；313/7587；485/11536

【长编影】216/1 上；313/9 下；485/16 上

【长编纪事本末】83/9 下

【汇编】中三 3509、3609；中四 4130；中六 5290、5291；下 6745

洮州 熙河，原临洮城，宋哲宗元符二年得之，寻弃之。宋徽宗大观二年收复改为州

【宋史】15/神宗纪 2/284、285、286；17/哲宗纪 1/325；20/徽宗纪 2/380、381；26/高宗纪 3/493；29/高宗纪 6/547；32/高宗纪 9/603；40/宁宗纪 4/773、774；87/地理志 3/2162、2163、2166；184/茶下/4511；190/河东陕西弓箭手/4720、4722；191/兵志 5/4757；258/曹玮传/8986；303/范祥传/10049；312/吴充传/10239；327/王雱传/10551；328/王韶传/10580、薛向传/10587；332/游师雄传/10689；334/林广传/10737；335/种谊传/10746、10748；340/吕大防传/10842；341/赵瞻传/10880；344/王觌传/10942；349/姚兕传/11058、刘舜卿传/11063；350/王文郁传/11075；353/蒲卣传/11153；452/景思立传/13287；464/高遵裕传/13575、13576；468/童贯传/13658；475/刘豫传/13798；492/阿里骨传/14165、赵思忠传/14168

【长编标】188/4530；212/5146；213/5176；232/5632；233/5648、5651；235/5708；237/5769；239/5818、5819；240/5867；243/5912；244/5931、5945；246/5977、5983、5996、5997、5998；247/6006、6022、6028、6029、6032、6041；248/6055、6063；249/6069；250/6103；251/6114；252/6179；254/6209、6212；255/6243；256/6255；259/6314、6318；262/6408；265/6484、6485；286/7007；366/8794；397/9686；398/9699；399/9721；400/9743；402/9778、9779；404/9840、9841、9851；476/11350；491/11651；510/12142；512/12188；514/12213；516/12263、12271；517/12297；518/12325；519/12349；520/12384

【长编影】188/4 下；212/3 下；213/11 上；232/5 下；233/3 下、6 下、7 上；235/12 上；237/12 上；239/12 上、15 上；240/38 上；243/1 下；244/13 下；246/2 上、7 上、17 上；247/14 上、15 上、20 上、22 上；248/4 上、11 上、23 下；249/3 下；250/21 上；251/6 上；252/27 下；254/6 上；255/12 上；256/8 上；259/8 下、13 上；262/30 下；265/1 上；273/12 下；286/12 上；366/14 下；397/15 下；399/1 上；400/5 下；402/1 下；404/4 下、10 上、20 上、20 下；476/4 下、13 上；491/5 下；510/10 上；512/12 上；514/5 上、6 上；516/1 上、7 上；517/2 下；518/7 上；519/7 上；520/24 上

【长编纪事本末】140/8 上、12 下、15 上、15 下

【东都事略】9/哲宗纪/3 下；42/高遵裕传/2 下；82/王韶传/4 下；98/舒亶/5 下；129/附录 7·西蕃/3 下；104/姚麟传/2 上

【宋大诏令集】105/刘法检校少傅制/390；219/置熙河路熙河秦凤德音（熙宁五年十月戊

戌）/837、曲赦熙河路制（熙宁七年五月戊戌）/837；239/董毡特进制（熙宁二年）/937、西蕃邈川首领董毡移镇西平节度制/937

【宋会要】礼 9 之 36/547、14 之 59/616；仪制 10 之 37/2022；食货 2 之 6/4828、63 之 82/6027；兵 4 之 18/6829、9 之 1/6906、9 之 5/6908、17 之 30/7052、28 之 32/7285；方域 5 之 4/7385、6 之 1/7406、6 之 3/7407、8 之 25/7453；蕃夷 6 之 9/7823、6 之 21/7829、6 之 39/7838

【宋朝事实类苑】56/730

【系年要录】72/1208；192/3225、3377

【皇宋十朝纲要】9/7 上；12/4 下、5 上

【奏议标】97/常安民·上哲宗奏为种谊生擒鬼章赏未称功/1049；121/张方平·上神宗谏用兵/1333；141/文彦博·上神宗论进筑河州/1590、1591、任伯雨·上徽宗论湟鄯/1595

【奏议影】97/常安民·上哲宗奏为种谊生擒鬼章赏未称功/3277；121/张方平·上神宗谏用兵/4135；141/文彦博·上神宗论进筑河州/4890、4894、任伯雨·上徽宗论湟鄯/4906

【元丰九域志】3/125、133

【方舟集】16/赵郡王墓志铭/26 上

【乐全集】附录/张方平行状/23 下

【初寮集】6/定功继伐碑/1 上

【邵氏闻见录】13/144

【陇右金石录】3/评洮州诗碑/41 下

【鸡肋编】29/12 下

【武经总要】前集 18 上/32 下；18 下/西蕃地界/9 下

【画墁集】补遗/游公（师雄）墓志铭/4 上、11 上

【临川集】56/百寮贺复熙河路表/1 下

【栾城集】45/贺擒鬼章表/2 上

【能改斋漫录】13/380

【清波杂志】7/1 上

【彭城集】21/皇城使昭州剌史郭忠绍可差知岷州制/288

【名臣碑传琬琰集】上集 12/吴武安公功绩记/186；下集 14/王荆公安石传/1473

【甘肃新通志】6/舆地志·山川上·兰州府·河州/13 上；9/舆地志·关梁·兰州府·河州/20 上

【汇编】中一 1555、1669、1723；中三 3250、3289、3635、3715、3720、3721、3731；中四 3765、3793、3797、3810、3813、3814、3815、3817、3820、3823、3836、3844、3848、3850、3857、3858、3859、3860、3866、3867、3875、3877、3882、3883、3885、3890、3894、3895、3896、3898、3902、3903、3905、3908、3911、3915、3917、3928、3933、3944、3947、3948、3949、3951、3956、3957、3964、3965、3969、3977、3980、3987、3993、4015、4026、4040、4056；中五 4652、4679、4816、4817、4820、4824、4825、4830、4831、4832、4842、4845、4846、4847、4848、4851、4852、4854、4855、4856、4857、4859、4860、4862、4863、4872、4890、4896、4943、4979、5170、5175、5176、5265；中六 5317、5324、5461、5543、5563、5606、5610、5631、5646、5659、5671、5694、5758、5773、5774、5808、5816、5839、5844、5845、5846、5848、5849、5853、5856、5859、5886、5920；下 6352、6353、6623、6687、6696、6727、6748、7003、7007；补遗 7336、7337、7362、7363、7364、7365、7435、7438、7439、7469

洛交县　郿州
【宋会要】方域 12 之 15/7527
【元丰九域志】3/113
【延安府志】2/12 上
【汇编】中二 2145；中四 3976；补遗 7486

洛交郡　郿州
【宋史】87/地理志 3/2148
【宋会要】方域 5 之 4/7385
【汇编】中六 5829；下 7004

宥州　鄜延
【宋会要】礼 62 之 49/1719；方域 19 之 48/7649、19 之 48/7649

宪州　河东
【宋史】183/盐下/4469；187/建隆以来之制/4599
【长编标】53/1771
【长编影】53/15 上
【宋会要】职官 47 之 61/3448

7566、7569；313/7594；314/7603；315/7621、7624；316/7654；319/7711；321/7752；322/7762；323/7777、7778、7789；328/7908；329/7932；330/7963；331/7978、7982、7983、7989；332/8007；334/8044；337/8123；339/8162；341/8198、8204；345/8272；346/8309；349/8366、8372；357/8549；371/8974；381/9273、9274、9281；395/9639；396/9665；402/9788；406/9893；411/10003；412/10030；439/10584；444/10692；452/10849；458/10954；466/11129；467/11148；468/11173；470/11226、11233；474/11314；477/11353；480/11423；482/11462；483/11484、11485；485/11523、11524；486/11546；491/11665、11672；493/11700、11715；494/11743；495/11786；496/11792；497/11817、11835；499/11882；500/11907、11908、11911；501/11940；502/11964；503/11970、11975；504/12009、12011、12015；505/12030、12031、12037、12046；506/12051、12054；507/12072；508/12095、12096、12098、12099、12108、12109；509/12127；510/12132、12134；512/12177；516/12267、12271、12280、12281、12284、12288、12289；517/12296、12299；518/12320

【长编影】45/17 上；123/8 下；126/6 上；128/7 下；132/17 上；137/13 下、21 下；138/12 上；142/4 下；145/19 下；146/16 下；149/7 下、154/4 上；174/14 下；175/3 下、5 上、8 下；176/17 下；192/9 下；202/15 下；203/13 下；204/1 上；208/19 下；210/1 上；214/16 上；216/15 上；217/3 上；218/14 下；221/5 下；225/23 上；226/2 上；228/7 下；230/15 上；235/20 下；237/14 上；238/13 上；239/12 上；240/38 上；241/10 下；242/12 下；244/2 下、9 下；245/3 上、6 上；246/7 上；247/12 上、20 上；248/11 下、12 下；250/1 上；252/5 上；258/10 下；259/9 上；261/1 上；263/16 下；264/1 下；268/4 上；270/4 上；271/5 下；272/6 上、6 下；273/2 下；274/11 上；275/10 上；276/12 下；277/5 上；279/17 上；280/12 下；283/17 上；284/8 下、16 下；286/5 下、6 上；288/1 上；289/12 下；292/6 上；294/6 上；295/11 下；296/13 上；297/18 上；298/17 上；300/14 下；302/6 下；305/9 上；309/10 下；311/7 下；312/7 上、10 上；314/4 下；315/3 下、5 下、9 上；316/4 上、6 下、14 上、15 上；319/11 下；321/12 上、12 下；322/4 上；323/2 上、3 上；328/16 上；329/3 上、12 上、16 下；330/13 上；331/10 下、14 上、19 下；332/11 下；333/4 下、11 上；334/12 下；337/8 下；339/3 下、8 上；341/4 上、9 下；345/1 下；346/7 上；349/6 上；357/17 下；371/4 下；381/22 上、22 下、28 下；389/19 下；395/20 下；402/11 上；406/16 上；411/6 上；412/11 下；439/16 上；444/12 下；445/11 上；450/3 上；452/6 上；458/2 下；466/3 上；468/5 下、19 下；470/9 上、11 上；474/12 下；477/1 上；480/8 上；482/1 下；483/4 下、5 下；485/4 下；486/6 上；491/15 上、21 下；493/7 下、19 下；494/1 上、6 上、9 上、15 上、22 下、27 下；495/7 上、17 上、20 上；496/1 下；497/1 下、17 上；499/1 下、2 下、10 上；500/6 下、10 下；501/9 下、11 上；502/13 下；503/1 下、6 上、8 下、11 上、12 上；504/3 上、8 上；505/2 下、10 下；506/5 上；507/1 下、1 下、12 上；508/1 上、12 上；509/11 下；510/1 下、3 上；512/1 下；516/3 下、7 上、8 上、20 下；517/1 下、4 上；518/1 上、9 下、15 下、20 下

【长编纪事本末】139/14 下、16 下、18 下、20 下

【东都事略】42/高遵裕传/2 下；82/王韶传/3 上；104/折可适传/3 上、刘仲武传/5 上；127、128/西夏传/附录5、6

【玉海】174/元祐定远城/41 下

【三朝北盟会编】60/4 下

【宋大诏令集】213/赐李宪手诏（元丰四年八月辛酉）/810；214/赐鄜延等路经略使不得生事诏/815；219/熙河秦凤永兴路曲赦（崇宁三年四月二十五日）/839；234/谕夏国泾原秦凤熟户弓箭手不可更行侵扰掠过生口并须发还诏（治平二年正月丁卯）/912；235/戒

约夏国诏/915

【宋会要】礼21之48/874；职官27之14/2943、
　41之76/3204、43之47/3296、43之53/
　3300、43之93/3320、43之94/3320、65之
　38/3865；选举3之44/4283；食货2之6/
　4828、15之17/5071、22之2/5156、30之
　11/5324、37之14/5455、39之31/5504、40
　之6/5511、55之31/5763、63之79/6026、
　68之50/6278；刑法7之18/6742；兵4之
　10/6825、4之16/6828、4之36/6838、5之
　8/6843、5之9/6844、5之10/6844、8之22/
　6898、8之33/6903、10之16/6927、14之
　21/7003、22之13/7150、24之21/7189、27
　之27/7260、27之34/7263、28之5/7272、
　28之11/7275、28之12/7275、28之25/
　7282、28之28/7283、28之35/7287、28之
　37/7288、28之41/7290、28之42/7290、29
　之11/7298；方域5之3/7384、5之36/7401、
　12之15/7527、18之9/7614、18之14/7616、
　18之24/7621、18之30/7624、19之14/
　7632、20之2/7651、20之9/7655、20之10/
　7655、20之12/7656、20之13/7657、20之
　14/7657、20之16/7658；蕃夷6之7/7822

【系年要录】130/2099；198/3352

【皇宋十朝纲要】16/12上；17/16下；18/4下

【武经总要】前集18上/34上

【奏议标】45/王襄·上钦宗论彗星/481；133/
　张亢·上仁宗论边机军政所疑十事/1473；
　136/韩琦·上仁宗论西北议和有大忧者三大
　利者一/1516；139/苏辙·上哲宗乞因夏人纳
　款给还其地/1566、1577、范纯粹·上哲宗乞
　不妄动以观成败之变/1569；141/文彦博·上
　神宗论进筑河州/1590、1591

【奏议影】45/王襄·上钦宗论彗星/1708；133/
　张亢·上仁宗论边机军政所疑十事/4534；
　136/韩琦·上仁宗论西北议和有大忧者三大
　利者一/4665、4666；139/苏辙·上哲宗乞因
　夏人纳款给还其地/4815、范纯粹·上哲宗乞
　不妄动以观成败之变/4823；141/文彦博·上
　神宗论进筑河州/4892、4893

【蒙兀儿史记】3/成吉思可汗本纪下/31下

【元丰类稿】30/请减五路城堡札子/14上

【元宪集】28/赐嘉勒斯赉男辖戩敕/297

【文恭集】8/论西夏事谊/95

【东坡全集】39/口宣/13上、23下

【乐全集】附录/王巩撰张方平/行状/19上

【北山集】13/西征道里记并序/23上

【司马文正公集】7/章奏5/11上

【汉滨集】15/故客省使雄州防御使泾原路兵马
　钤辖兼第十一将郭公（成）行状/17上

【华阳集】23/抚问泾原秦凤两路边臣兼赐夏药
　口宣/284

【安阳集】家传2/1上、3/3上、4/17下、6/17
　上、7/5上；35/奏状/17下

【初寮集】6/定功继伐碑/1上

【陇右金石录】3/怀戎堡碑记/65下

【京口耆旧传】3/邵鳞传/11下

【姑溪居士后集】20/折渭州墓志铭/1上

【欧阳文忠公集】127/归田录/11上

【河南先生文集】25/申四路招讨司论本路御贼
　状并书/2下

【画墁集】补遗/游公（师雄）墓志铭/9上

【范太史集】40/检校司空左武卫上将军郭公墓
　志铭/3下、13上、17下

【范文正公集】遗文/8上、9上；9/13上；年
　谱补遗/24上

【临川集】73/与王子纯书/6上

【春渚纪闻】1/杂记·木果异事/1

【栾城集】37/论兰州等地状/4上；41/再论熙
　河边事札子/9下

【涑水记闻】11/5下、8上、17上

【名臣碑传琬琰集】中集15/吕谏议公绰墓志铭
　/636

【儒林公议】上/2上

【潞公文集】17/奏议/2下；17/奏议/1上；19/
　奏议/奏西夏誓诏事/5下

【甘肃新通志】6/舆地志·山川上·固原直隶州
　·海城县/27上；13/舆地志·古迹·兰州府
　·靖远县/6下；14/建置志·城池/13下；
　29/祠祀志·祠宇下·庆州府·安化县/8下

【汇编】上69、82、86、110、180、207、209；
　中一929、933、1531、1734、1742；中二
　1903、1908、1982、2052、2053、2073、
　2147、2293、2299、2304、2305、2390、
　2522、2537、2555、2582、2609、2614、
　2615、2640、2788、2817、2819；中三2851、

2895、2897、3035、3066、3128、3165、
3171、3188、3189、3190、3191、3197、
3198、3200、3205、3238、3247、3282、
3288、3296、3322、3345、3353、3368、
3395、3396、3417、3442、3447、3485、
3487、3499、3511、3514、3519、3542、
3547、3549、3572、3587、3602、3617、
3620、3634、3635、3644、3678、3679、
3712、3715、3716、3718、3727、3729、
3736；中四3752、3753、3754、3757、3783、
3792、3800、3806、3813、3816、3820、
3822、3823、3830、3843、3844、3848、
3849、3862、3865、3869、3870、3877、
3892、3902、3907、3908、3914、3920、
3921、3940、3973、3974、3975、3976、
3983、3989、4004、4013、4014、4027、
4033、4044、4046、4048、4053、4054、
4061、4081、4099、4109、4115、4118、
4120、4125、4134、4143、4147、4152、
4156、4159、4160、4178、4180、4189、
4190、4246、4280、4283、4292、4294、
4300、4305、4309、4310、4321、4339、
4374、4394、4397、4410、4413、4442、
4452、4454、4455、4457、4458、4460、
4465、4470、4522、4524；中五4569、4582、
4583、4604、4611、4617、4633、4634、
4653、4747、4748、4786、4810、4834、
4835、4886、4908、4909、4927、4932、
4935、5017、5029、5046、5051、5063、
5098、5099、5100、5117、5120、5136、
5141、5142、5165、5177、5178、5211、
5231、5239、5240、5246、5247、5251、
5257、5260；中六5268、5271、5272、5281、
5285、5289、5294、5331、5334、5343、
5347、5352、5357、5360、5361、5362、
5366、5368、5371、5374、5386、5389、
5401、5407、5419、5421、5427、5428、
5433、5435、5437、5439、5440、5442、
5446、5448、5449、5450、5451、5452、
5454、5455、5467、5468、5474、5480、
5490、5502、5503、5506、5508、5509、
5510、5512、5517、5518、5534、5538、
5539、5609、5611、5617、5621、5629、

5632、5643、5648、5650、5653、5662、
5701、5720、5745、5748、5751、5757、
5772、5780、5786、5789、5793、5838、
5843、5851、5852、5865、5878、5890、
5901、5927、5930、5939、6007、6029、
6030、6047；下6511、6512、6515、6517、
6684、6689、6925、7005、7006；补遗7309、
7310、7329、7375、7377、7380、7404、
7418、7419、7425、7437、7467

秦州 秦凤

【元史】153/王楫传/3612

【宋史】1/太祖纪1/11；4/太宗纪1/58；5/太
宗纪2/88；6/真宗纪2/141；8/真宗纪3/
159、160、162；9/仁宗纪1/183；11/仁宗纪
3/222；14/神宗纪1/265、268；15/神宗纪
2/283；25/高宗纪2/454、470；26/高宗纪
3/476、480、485、492；28/高宗纪5/518、
519；29/高宗纪6/550；32/高宗纪9/603、
605；33/孝宗纪1/620；38/宁宗纪2/745；
39/宁宗纪3/763；40/宁宗纪4/769、775；
61/水上/1325；62/水下/1346；67/土/1484；
87/地理志3/2143、2154、2156、2157、
2164；105/诸祠庙/2562；119/诸国朝贡/
2813；172/增给/4132；176/屯田/4267、
4268；180/食货志下2/4377；183/茶上/
4482；186/市易/4547、4552；187/禁军上序
/4574、4591、4599、4574、建隆以来之制/
4600；188/熙宁以后之制/4618、4621；190/
陕西保毅/4705、4709、4717、4718；191/河
北河东陕西义勇/4733、4734、蕃兵/4755；
193/召募之制/4803；196/兵志10/4895；
197/器甲之制/4911；198/马政/4932、4935、
4936、4952；200/刑法志2/4988；201/刑法
志/5016；211/宰辅2/5475；236/刘熙古传/
9100；250/王承衍传/8818；252/王景传/
8846；254/侯益传/8880；257/吴廷祚传/
8948、吴元载传/8949、王仁赡传/8956、李
继和传/8969；258/曹玮传/8986、8987、曹
琮传/8989、李超传/8994；259/郭守文传/
8999、尹崇珂传/9001；262/昝居润传/9056；
263/刘熙古传/9100；264/薛居正传/9112；
265/薛惟吉传/9112、李昭述传/9144；266/
温仲舒传/9182、9183；268/王显传/9231；

4940；212/5141、5145、5154、5161、5162；213/5176、5177、5189；214/5206、5211；216/5252、5257；217/5280；218/5312；222/5400；223/5434、5452；224/5461；225/5495；226/5501、5502、5503、5507；228/5557；230/5605；232/5627；233/5648、5664、5665；234/5688；235/5696、5699、5700、5708、5714；238/5787；240/5831、5833、5867；241/5878；242/5904；245/5950、5964；246/5977；247/6008；249/6072；250/6087、6105；251/6110、6111、6112、6118；253/6191；254/6208；258/6295；262/6387；269/6602；277/6785；286/6996；288/7040；299/7272；311/7539；315/7617；320/7731；326/7856；327/7869；329/7915；331/7975、7976、7978；333/8017；336/8109；340/8188、8191；341/8198；343/8236、8246；348/8345、8355、8360；375/9089；393/9582；402/9778、9791、9792；431/10418；447/10757；452/10844、10846；460/10995、11000；467/11164；470/11228、11229；473/11281；476/11337；479/11421；493/11712；495/11782；496/11797；498/11863；499/11881；500/11907；501/11942、11943、11945；504/12003；506/12055、12062；507/12072、12086、12087；508/12096；510/12142；514/12220；517/12296；520/12388

【长编影】3/7 上；16/20 下；18/9 下；19/2 上、3 上、4 上、5 上、9 上；39/5 下、7 上；43/12 下；44/16 上；49/14 上；50/8 上；51/9 下、19 上；54/1 上；57/2 下；61/3 上；68/18 上；72/10 上；73/15 上；76/8 上；77/2 下；78/9 下；80/15 下；83/4 下、13 下；84/5 上；85/6 上、9 下、10 下、11 上、13 上、15 上、16 下、21 下；86/8 下、9 上、15 上；87/5 下；88/18 上；90/1 下、4 下、5 上、16 下、18 上；92/14 上；95/4 下；96/22 下；103/3 下；104/4 上、20 上；110/13 上；117/17 下；120/7 上；123/11 上；126/5 上、17 下；128/14 下；132/7 下、17 上；135/7 上；137/13 下；138/13 上；139/10 下；144/9 下；145/18 下；148/2 下、8 下；

150/4 下；155/14 上；157/12 下；158/10 上；167/3 下；171/8 上；174/11 下；175/6 上；177/19 上；184/10 下；188/4 下；192/9 下；197/6 上；198/1 上；203/5 上；204/4 上；212/2 上、16 下；213/10 上、20 下；214/1 上、9 上、9 下、16 上；216/6 下、10 下、11 上；217/9 下；218/17 下；222/2 下；223/17 下；224/13 上、17 下；225/23 上；226/2 上；228/7 下、15 下；230/8 上、18 下；232/1 上；233/3 下、18 下；234/16 下；235/3 下；238/1 上；240/6 下、38 上；242/12 下；245/7 下、14 上；246/2 上；247/2 下、17 上；249/6 上；250/23 上；251/2 上、4 上；253/5 上；254/3 下；258/7 下；262/11 下；269/18 上；277/10 上；286/3 上；288/1 上；299/8 上；311/8 下；315/2 下；320/11 下；326/16 下；327/4 上；329/2 下；331/10 下；333/4 下；336/11 上；340/10 下；341/7 下；343/2 下；348/4 下；375/4 上；393/28 上；402/1 下、14 上；431/10 下；447/11 下；452/3 上；460/1 上；467/17 下；470/11 上；473/1 上；476/2 上；479/10 上；493/17 上；495/17 上；496/4 上；498/20 上；499/9 上；500/7 上；501/9 下、11 上；504/8 上；506/5 上、12 上；507/12 上；508/1 上；510/10 上；514/16 下、19 下；517/1 下；520/28 下

【长编纪事本末】21/2 上；139/19 上

【东都事略】20/李继和传/3 下；129/附录 7/西蕃/2 上

【玉海】14/咸平陕西河北地图/32 下；174/天禧清水城/38 下、41 上

【三朝北盟会编】143/2 上

【宋大诏令集】234/赐夏国泾原秦凤熟户弓箭手不可更行侵扰掠过生口并须发还诏（治平二年正月丁卯）/912

【宋文鉴】36/西蕃邈川首领阿里骨加食邑/6 下；40/范育直龙图阁知秦州/4 上；116/上韩范二招讨书/10 下

【宋会要】礼 25 之 6/957、25 之 9/959、62 之 39/1714；职官 26 之 15/2926、41 之 93/3213、43 之 59/3303、43 之 83/3315、43 之 94/3320、55 之 13/3614、61 之 38/3773、64

之 11/3826、64 之 45/3843；食货 1 之 3/
4803、2 之 3/4826、4 之 7/4849、15 之 18/
5071、19 之 8/5127、23 之 28/5188、23 之
39/5194、29 之 14/5314、30 之 12/5324、30
之 33/5335、37 之 14/5455、37 之 27/5462、
38 之 32/5482、63 之 74/6023、63 之 75/
6024、67 之 1/6253；兵 1 之 5/6756、2 之 2/
6772、2 之 38/6790、4 之 3/6821、4 之 5/
6822、9 之 6/6908、22 之 4/7145、22 之 6/
7146、22 之 24/7155、24 之 1/7179、24 之 2/
7179、24 之 9/7183、24 之 36/7196、27 之
18/7255、27 之 23/7258、27 之 29/7261、28
之 2/7270、28 之 3/7271、28 之 4/7271、28
之 11/7275、28 之 45/7292、28 之 46/7292；
方域 5 之 3/7384、5 之 36/7401、5 之 42/
7404、8 之 22/7451、8 之 23/7452、8 之 24/
7452、10 之 25/7486、12 之 2/7520、12 之 4/
7521、12 之 15/7527、18 之 9/7614、18 之
14/7616、18 之 22/7620、18 之 30/7624、19
之 3/7627、20 之 2/7651、20 之 7/7654、20
之 9/7657、20 之 10/7655、20 之 13/7657、
20 之 14/7657、20 之 16/7658；蕃夷 4 之 6/
7716、4 之 8/7717、4 之 14/7720、6 之 7/
7822、7 之 23/7851、7 之 26/7852

【宋朝事实】18/升降州县/12 下
【宋朝事实类苑】8/82；56/730
【系年要录】12/271；38/726；47/848；86/1421；
　108/1762；131/2107；199/3360、3377
【皇宋十朝纲要】9/6 下；16/13 下
【欧阳文忠公全集】105/奏议/6 上；114/政府
　奏议/6 下
【武经总要】前集 18 上/20 下、23 下、24 下、
　29 上、29 下、30 上、30 下、31 上、32 上；
　18 下/9 下
【奏议标】65/余靖·上仁宗乞韩琦兼领大帅镇
　秦州/718；115/张方平·上神宗论新法/
　1260；132/田况·上仁宗兵策十四事/1469、
　1470；133/张亢·上仁宗论边机军政所疑十
　事/1474、贾昌朝·上仁宗备边六事/1483、
　范仲淹等·上仁宗论元昊请和不可许者三大
　可防者三/1485；136/刘敞·上仁宗论城古渭
　州有四不可/1520；137/韩琦·上神宗答诏问
　北边事宜/1541；139/苏辙·上哲宗乞因夏人

纳款给还其地/1567；141/文彦博·上神宗论
　进筑河州/1591
【奏议影】65/余靖·上仁宗乞韩琦兼领大帅镇
　秦州/2373、2375；115/张方平·上神宗论新
　法/3920；132/田况·上仁宗兵策十四事/
　4520、4526；133/张亢·上仁宗论边机军政
　所疑十事/4534、贾昌朝·上仁宗备边六事/
　4561、范仲淹等·上仁宗论元昊请和不可许
　者三大可防者三/4568；136/刘敞·上仁宗论
　城古渭州有四不可/4675；137/韩琦·上神宗
　答诏问北边事宜/4740；139/苏辙·上哲宗乞
　因夏人纳款给还其地/4816；141/文彦博·上
　神宗论进筑河州/4892、4893、4894
【蒙兀儿史记】76/安西王忙哥剌传/4 下
【隆平集】9/枢密曹玮传/11 下
【小畜集】28/宣徽南院使镇州都部署郭公（守
　文）墓志铭/22 上
【元丰九域志】3/122、123、124、135、137、
　138
【元丰类稿】47/孙甫行状/9 下
【元刊梦溪笔谈】5/17
【元宪集】24/熟户俞龙潘兼监察御史武骑尉制/
　251；27/赐置勒斯赍诏/290；28/赐置勒斯赍
　男辖戬敕书/297；34/宋故推诚翊戴功臣彰武
　军节度延州管内观察处置等使曹公墓志铭/
　355
【公是集】12/送秦州通判陆学/132
【文庄集】14/陈边事十策/1 上
【东坡全集】15/张文定公（方平）墓志铭/20
　上；45/书/20 上
【东斋纪事补遗】45
【乐全集】22/秦州奏唃厮啰事/20 下、21 下、
　22 下；23/1 上；附录/王巩撰/张方平行状/
　19 上、张方平行状/23 下
【包拯集】6/按弹/68
【司马文正公集】7/章奏 5/11 上
【汉滨集】6/论诸军见攻德顺独王彦未到状/7
　上
【玉壶清话】2/9 下；5/6 上
【石林燕语】10/6 下
【龙川别志】下/94；6/35
【华阳集】37/梁庄肃公适墓志铭/496；家传 1/
　15 下、2/1 上、8 上、12 上、12 下、15 下、

3/4 下、4/6 上、7/5 上

【邵氏闻见录】13/144

【陇右金石录】3/平洮州诗碑/41 下

【京口耆旧传】3/邵鲲传/11 下

【净德集】19/虑边论二/205；30/送蒋熙州/317

【忠肃集】拾遗/王开府（拱辰）行状/307

【河南先生文集】4/秦州新筑东西城记/7 上；
　18/论城水洛利害表/8 下；24/申拣选军马状
　/6 下

【画墁集】补遗/游公（师雄）墓志铭/3 上、5
　下、9 上

【范太史集】40/检校司空左武卫上将军郭公墓
　志铭/13 上

【范文正公集】年谱补遗/3 下、23 上；西夏堡
　寨/2 下；政府奏议下/边事/19 上；遗文/9
　上

【临川集】40/15 上；88/翰林侍读学士知许州
　军州事梅公神道碑/5 上

【涑水记闻】2/6 上、7 上；10/5 上；11/8 上；
　12/5 下、17 上；12/6 上

【清波杂志】7/1 上

【彭城集】35/故朝散大夫给事中集贤院学士权
　通判南京留守司御史台刘公行状/467

【景文集】19/尹学士自濠梁移倅秦州/240

【名臣碑传琬琰集】中集 22/张文定公方平墓志
　铭/719；48/韩忠献公琦行状/1095、韩仪公
　丞相忠彦行状/1143；下集 16/冯文简公京传
　/1501

【儒林公议】上/4 上

【潞公文集】17/奏议/2 下；17/奏议/3 下；19/
　奏议/5 下；38/举官/2 上、3 上、3 下

【甘肃新通志】6/舆地志·山川上·固原直隶州
　·海城县/27 下；9/舆地志·关梁·巩昌府
　·岷州/38 下、秦州直隶州/43 下；13/舆地
　志·古迹·平凉府·静宁州/10 下、化平直
　隶厅/13 下、巩昌府·伏羌县/18 下、秦州直
　隶州·礼县/24 下；14/建置志·城池/21 下

【吴堡县志】序/1 上

【陕西通志】7/疆域 2/43 下

【榆林府志】47/7 上

【汇编】上 29、57、73、87、93、94、176、
　229；中一 928、929、931、933、934、935、
　936、937、938、944、948、958、959、964、

969、970、971、972、975、976、978、979、
985、988、1008、1014、1032、1045、1065、
1066、1086、1087、1117、1118、1122、
1127、1195、1201、1204、1207、1227、
1228、1237、1251、1257、1259、1263、
1302、1303、1313、1336、1339、1401、
1415、1426、1486、1493、1502、1504、
1506、1509、1514、1517、1525、1527、
1529、1531、1532、1533、1536、1537、
1538、1539、1540、1541、1543、1545、
1548、1549、1551、1554、1558、1576、
1577、1586、1592、1646、1649、1651、
1652、1666、1673、1674、1675、1679、
1680、1682、1684、1690、1712、1713、
1722、1734、1766；中二 1791、1798、1800、
1905、1916、1946、1956、1983、2053、
2056、2058、2072、2147、2148、2255、
2257、2277、2292、2295、2311、2349、
2350、2386、2417、2428、2434、2435、
2437、2481、2533、2534、2537、2567、
2610、2616、2617、2620、2621、2623、
2628、2642、2652、2653、2666、2679、
2697、2735、2785、2786、2811、2812、
2813、2816、2818、2819、2834、2836；中
三 2853、2855、2865、2866、2867、2897、
2903、2905、2907、2908、2931、3051、
3059、3061、3067、3074、3084、3134、
3143、3144、3147、3163、3184、3186、
3188、3192、3194、3195、3196、3198、
3199、3200、3205、3207、3208、3219、
3237、3246、3250、3258、3260、3282、
3287、3288、3289、3290、3292、3296、
3297、3298、3329、3349、3350、3352、
3353、3366、3382、3412、3424、3426、
3427、3428、3443、3471、3477、3485、
3487、3491、3498、3499、3504、3507、
3513、3516、3519、3520、3530、3546、
3552、3553、3554、3558、3560、3563、
3567、3568、3572、3573、3576、3585、
3587、3589、3609、3612、3615、3616、
3623、3634、3644、3656、3679、3694、
3701、3702、3704、3706、3711、3713、
3715、3716、3720、3721、3728、3732、

3736；中四 3746、3754、3757、3766、3772、
3780、3803、3815、3819、3820、3822、
3835、3843、3844、3846、3848、3855、
3870、3872、3875、3887、3900、3916、
3930、3931、3932、3953、3955、3971、
3985、3991、4026、4033、4052、4061、
4093、4098、4100、4101、4155、4173、
4316、4355、4359、4364、4370、4397、
4452、4466、4503、4530、4535；中五 4558、
4594、4654、4717、4800、4805、4830、
4836、4858、4890、4909、4950、4981、
5039、5046、5048、5068、5071、5114、
5138、5153、5169、5177、5191、5199、
5202、5220、5224、5239、5247、5248、
5258；中六 5274、5289、5343、5346、5363、
5371、5372、5381、5386、5400、5406、
5419、5420、5427、5429、5443、5449、
5481、5490、5501、5508、5511、5543、
5569、5589、5591、5629、5673、5674、
5690、5747、5752、5774、5779、5780、
5783、5801、5803、5804、5812、5834、
5877、5878、5889、5986、5994、5995；下
6125、6126、6243、6245、6282、6357、
6395、6458、6514、6684、6687、6693、
6694、6865、6867、6868、6876、6907、
6933、7003、7005、7007、7019、7020；补
遗 7092、7159、7238、7243、7250、7251、
7290、7292、7298、7309、7312、7327、
7329、7335、7338、7355、7364、7470、
7477、7490、7491

秦陇凤翔阶成州路
【武经总要】前集 18 上/27 下
【汇编】中一 931

真宁县　宁州
【宋史】87/地理志 3/2153
【宋会要】食货 15 之 17/5071、19 之 8/5127
【元丰九域志】3/117
【汇编】中四 4063；中六 5834

真罗县　鄜州
【宋会要】食货 4 之 7/4849

莫门军　洮州
【武经总要】前集 18 下/9 下
【汇编】中一 1724

晋山军　夏人围晋山军
【方舟集】15/19 上
【汇编】下 6510

晋宁军　石州
【宋史】18/哲宗纪 2/353；25/高宗纪 2/458、
　461；85/地理志 1 序/2095；86/地理志 2/
　2134、2137；87/地理志 3/2149；372/王庶传
　/11546；447/徐徽言传/13191
【长编标】514/12227、12229；515/12259
【长编影】514/16 下、17 下；515/22 上
【宋会要】方域 6 之 8/7409、18 之 18/7618
【系年要录】18/367；20/400；21/433
【奏议标】141/任伯雨·上徽宗论湟鄯/1594
【奏议影】141/任伯雨·上徽宗论湟鄯/4902
【中兴小纪】4/47
【苕溪集】48/宋故武功大夫魏国公杨公（宗
　闵）墓碑/5 下、宋故敦武郎知麟州建宁寨累
　杨公（震）墓碑/11 下
【香溪集】21/徐忠壮（徽言）传/1 下、2 下、
　3 下
【榆林府志】5/建置志·沿革/4 上；47/7 上
【延安府志】8/1 上
【陕西通志】17/关梁 2·葭州/50 下
【汇编】中六 5588、5589、5590、5604、5693、
　5825、5830、5858、5913；下 6088、6089、
　6142、6145、6146、6147、6148、6156、
　6158、6167、7008；补遗 7093、7399、7424、
　7461、7462、7487

晋州　河东
【宋史】23/钦宗纪/430；180/食货志下 2/4381；
　311/吕公弼传/10214；344/孙览传/10929；
　363/李光传/11337；468/童贯传/13659
【长编标】102/2365；212/5150；393/9558、9559；
　397/9672；438/10553；506/12062；514/
　12227
【长编影】102/15 下；212/7 上；393/7 下；
　397/3 上；438/1 下；506/5 上、12 上；514/
　16 下
【宋会要】食货 16 之 1/5073、19 之 9/5127
【奏议标】115/张方平·上神宗论新法/1260
【奏议影】115/张方平·上神宗论新法/3920
【庄简集】9/乞用河东土豪援太原札子/6 下
【梁溪集】52/乞令张灏同折可求节制汾晋人马

札子/11 下

【汇编】中一 1630；中三 3122、3563、3656、
3702；中五 4802、4803、4814、4985；中六
5274、5400、5481、5490、5889、6023、
6024；补遗 7452、7459

晋昌县 瓜州

【武经总要】前集 18 下/西蕃地界/9 下

【元丰九域志】10/化外州·陕西路/479

【汇编】中一 1716、1720

尅胡县 府州

【宋会要】兵 28 之 9/7274

【汇编】中三 3655

原州 泾原

【宋史】1/太祖纪 1/14；7/真宗纪 2/122；8/真
宗 3/154；9/仁宗纪 1/180；26/高宗纪 3/
485；32/高宗纪 9/609、610；33/孝宗纪 1/
618；87/地理志 3/2157、2158、2162、2164；
167/职官志 7/3989；176/屯田/4265、4267；
181/食货志下 3/4417；187/兵志 1/4573、
4591、4593；188/熙宁以后之制/4618；191/
蕃兵/4733、4735；198/马政/4932、4935；
250/王彦升传/8829；254/药元福传/8894；
257/李继隆传/8968、李继和传/8969；261/
郭琼传/9032；265/张齐贤传/9155、9166、
9167；266/钱若水传/9167；271/石曦传/
9290；273/李允正传/9340、9346；277/刘综
传/9432、张鉴传/9416、卢之翰传/9424；
279/许均传/9485；285/陈执中传/9617；
288/范雍传/9678；291/王博文传/9744；
292/王尧臣传/9772、9773、9774、田况传/
9783；294/苏绅传/9813；303/田京传/
10052；311/吕公弼传/10215；314/范仲淹传
/10271；320/王素传/10403；323/安俊传/
10467；324/张亢传/10484；325/王仲宝传/
10514；326/景泰传/10517、蒋偕传/10519；
328/薛向传/10586；335/种古传/10744；
349/刘舜卿传/11062；350/张守约传/11072；
366/吴璘传/11418；367/郭浩传/11440、杨
政传/11442；453/刘化源传/13332；466/窦
神宝传/13618；485/夏国传上/13995；491/
党项传/14144、14146；492/吐蕃传/14154、
14155、14156

【长编标】4/90；10/236；17/385；41/862；43/

921；45/974；49/1076；50/1090、1091、
1094、1099、1100；51/1116、1117、1133；
52/1152；54/1186；55/1206、1210；60/
1338；61/1360；63/1416；81/1854；82/
1872；91/2100；92/2130；97/2244、2253；
102/2367；103/2383、2385；104/2400、
2421；120/2845；123/2892；126/2970；132/
3141；134/3197；153/3728；156/3778；165/
3971；184/4456；192/4642、4643、4644；
203/4915；213/5172；216/5252、5257；218/
5312；225/5494；234/5674；240/5867；249/
6069、6071；256/6255；271/6652；299/
7278；462/11042、11043、11044；469/
11211；491/11661、11665、11666

【长编影】4/9 上；10/17 下；17/20 上；41/1
上、2 下；43/12 下；45/17 下；49/11 下；
50/11 上、16 下；51/8 上、9 下；52/4 上、
19 上；54/11 上；55/5 上；56/10 上、11 上；
60/5 上；61/4 下；63/17 上；81/9 上；82/
10 上；91/4 下；92/14 上；97/4 下、11 上；
102/17 下；103/8 下；104/1 下、20 上；
120/23 上；123/1 上；126/5 上、15 上；
132/17 上；134/9 下；153/13 上；156/2 上；
165/10 下；184/10 下；192/9 下；203/5 上；
213/6 下；216/1 上；218/17 下；225/23 上；
234/3 下；240/38 上；249/5 上；256/8 上；
271/17 下；299/13 下；462/11 下、12 下；
469/8 上；491/15 上

【东都事略】20/李继和传/3 下；29/7 下；82/
蔡挺传/2 上

【玉海】139/咸平初置振武指挥/15 上；174/37
上

【三朝北盟会编】192/5 下

【宋会要】礼 20 之 118/823、25 之 9/959、25 之
36/957；职官 48 之 92/3501、55 之 31/3614、
67 之 19/3897；食货 15 之 19/5072、19 之 9/
5127、22 之 3/5157、23 之 28/5188、23 之
39/5194、24 之 31/5210、36 之 5/5434、36
之 20/5441、36 之 21/5442、36 之 24/5443、
36 之 25/5444、39 之 3/5490、42 之 12/5567；
兵 2 之 4/6773、4 之 1/6820、4 之 9/6824、
22 之 4/7145、22 之 5/7146、24 之 1/7179、
24 之 2/7179、27 之 3/7248、27 之 16/7254、

27 之 20/7256、27 之 25/7259、27 之 29/
7261、27 之 31/7262、28 之 1/7270、28 之 4/
7271、28 之 5/7272、28 之 10/7274；方域 5
之 36/7401、5 之 42/7404、18 之 25/7622、
18 之 27/7623、18 之 29/7624；蕃夷 6 之 6/
7821

【系年要录】38/726；198/3351、3360、3367、
3373、3377；200/3379

【武经总要】前集 18 上/16 上、18 上、19 下、
20 下、22 下、26 上、34 上

【奏议标】125/范仲淹·上仁宗乞令陕西主帅并
带押蕃部使/1378；130/张齐贤·上真宗论陕
西事宜/1438、1439、张齐贤·上真宗乞进兵
解灵州之危/1439；134/范仲淹等·上仁宗论
和守攻备四策/1497；137/孙觉·上神宗论治
边之略/1536

【奏议影】125/范仲淹·上仁宗乞令陕西主帅并
带押蕃部使/4254；130/张齐贤·上真宗论陕
西事宜/4420、4423、张齐贤·上真宗乞进兵
解灵州之危/4424；134/范仲淹等·上仁宗论
和守攻备四策/4605；137/孙觉·上神宗论治
边之略/4725

【隆平集】16/王彦升传/13 上

【元丰九域志】3/112、115、119、125、130、
131、132、135

【元丰类稿】30/请西北择将东南益兵札子/11
上；49/本朝政要策·任将/10 下

【公是集】51/王公行状/610

【乐全集】21/西事谘目上中书/1 上

【安阳集】家传 4/6 上、3/10 上、6/17 上、7/5
上

【苏学士集】14/内园使连州刺史知代州刘公
（文质）墓志/8 上

【鸡肋编】上/33

【河南先生文集】8/上四路招讨使郑侍郎议御贼
书/7 下；13/东染院使种君墓志铭/16 下；
15/故金紫光禄大夫检校右散骑常侍李公
（渭）墓志铭/12 上；年谱补遗/13 上、14
上、20 下、31 下；西夏堡寨/4 上；政府奏
议下/11 下；政府奏议下荐举/22 下

【涑水记闻】9/12 下

【豫章文集】2/遵尧录 1/3 上

【名臣碑传琬琰集】中集 27/王懿敏公素真赞/

804；下集 2/张文定公齐贤传/1301、5/李继
隆传/1338、6/学士钱公若水传/1355

【甘肃新通志】8/舆地志·形胜·平凉府/4 下；
9/舆地志·关梁·化平川直隶厅/29 下、泾
州直隶州·镇原县/31 下；13/舆地志·古迹
·庆阳府·环县/31 下

【汇编】上 28、58、62；中一 939、942、953、
954、962、963、965、966、967、968、1038、
1040、1051、1081、1088、1095、1117、
1118、1164、1170、1172、1173、1196、
1200、1201、1205、1216、1217、1221、
1227、1234、1235、1236、1247、1257、
1258、1263、1264、1265、1281、1283、
1289、1300、1301、1305、1315、1328、
1336、1348、1355、1363、1365、1371、
1372、1385、1386、1415、1418、1423、
1426、1443、1515、1517、1520、1589、
1592、1606、1610、1621、1631、1634、
1635、1643、1644、1649、1651、1656、
1658、1664、1690、1737；中二 1774、1790、
1861、1905、1947、2037、2039、2216、
2292、2294、2299、2393、2417、2513、
2552、2553、2563、2579、2580、2583、
2618、2635、2643、2651、2652、2653、
2671、2730、2790、2814、2832；中三 2885、
3017、3019、3021、3022、3028、3043、
3053、3075、3125、3134、3147、3182、
3258、3259、3298、3306、3329、3344、
3440、3447、3487、3496、3506、3569、
3570、3609、3621、3634、3644、3712；中
四 3776、3820、3838、3918、3966、3977、
4061、4102、4116、4451；中五 5126、5245；
中六 5331、5697、5759、5808、5836、5837、
5868；下 6245、6497、6683、6685、6686、
6687、6688、7006、7007、7019、7020；补
遗 7238、7243、7244、7247、7295、7327、
7339

原渭路 吐蕃、党项款塞者谓之熟户，余谓之
生户，陕西则秦陇、原渭、环庆、鄜延四路，
河东则隰石、麟府二路

【武经总要】前集 18 上/34 上

【汇编】中二 2298

振武

【宋史】5/太宗纪2/96

【长编标】37/807

【长编影】37/2 上

【武经总要】前集17/14 上

【奏议标】134/范仲淹等·上仁宗论和守攻备四策/1497

【奏议影】134/范仲淹等·上仁宗论和守攻备四策/4603

【汇编】中一 925、1009、1097

振武军　胜州

【宋会要】方域5 之 8/7387

【汇编】下 7005

振武军　鄯州,本吐蕃铁刃城

【武经总要】前集18 下/西蕃地界/9 下

【汇编】中一 1722

铁州　即岷州下属之铁城

【甘肃新通志】13/舆地志·古迹·巩昌府·岷州/19 下

【汇编】补遗 7340

积石军　熙河,原溪哥城,宋徽宗崇宁三年童贯复

【宋史】20/徽宗纪2/381；25/高宗纪2/471；32/高宗纪9/608；87/地理志3/2162、2163、2167、2168、2169；167/经略安抚司/3961；175/和籴/4246；190/河东陕西弓箭手/4722；280/王荣传/9500、徐兴传/9504、李重海传/9506；309/杨允恭传/10162；350/刘仲武传/11082；353/蒲卣传/11153；468/童贯传/13658

【长编标】42/880；47/1029；50/1095；513/12193、12194

【长编影】42/1 上；47/18 上；50/12 上；513/1 上

【长编纪事本末】139/1 上；140/12 下、15 上

【东都事略】127、128/西夏传/附录5、6

【玉海】14/咸平陕西河北地图/32 下

【宋大诏令集】94/童贯移镇武信军节度加食邑实封制（政和四年十二月十二日）/344

【宋会要】选举29 之 6/4697；兵4 之 18/6829；9 之 5/6908；方域6 之 3/7407

【系年要录】199/3377

【武经总要】前集18 上/12 下；18 下/9 下

【朱文公集】71/记潏水集二事/18 下

【初寮集】6/定功继伐碑/1 上

【河南先生文集】12/朝散大夫李公（允及）行状/7 上

【宋朝事实类苑】56/引湘山野录/742

【涑水记闻】11/5 下

【汇编】上 111；中一 1094、1111、1117、1181、1182、1222、1223、1268、1722；中二 2816；中六 5565、5724、5751、5753、5758、5807、5816、5839、5845、5846、5847、5848、5849、5854、5855、5879、5884、5886、5938、5969；下 6687、7029；补遗 7244、7437、7439

高平县　宋太宗至道二年以古高平县置镇戎军

【宋会要】方域5 之 42/7404

【甘肃新通志】13/舆地志·古迹·固原直隶州/11 下

【隆德县志】4/考证/64 上

【汇编】下 7007；补遗 7241、7271

高平郡　镇戎军本高平郡,即古原州

【长编标】249/6071

【长编影】249/5 上

【汇编】中四 3918

离石县　石州

【宋史】86/地理志2/2134

【元丰九域志】4/173

【汇编】中一 1413；中六 5825

凉州

【宋史】492/吐蕃传/4154

【元丰九域志】10/化外州·陕西路/479

【长编标】5/136；49/1078；50/1102；55/1219；117/2766；123/2911；131/3115；142/3412

【长编影】5/17 下；49/14 上；50/18 下；55/16 下；117/18 下；123/17 下；131/20 下；142/17 上

【玉海】14/咸平陕西河北地图/32 下

【武经总要】前集18 上/32 下；18 下/西蕃地界/9 下

【隆平集】20/夷狄传/3 下

【元宪集】34/宋故推诚翊戴功臣彰武军节度延州管内观察处置等使曹公墓志铭/355

【陇右金石录】4/重修护国寺感通塔碑考释/56 上

【甘肃新通志】9/舆地志·关梁·兰州府·皋兰

县/1 上

【汇编】上 122、145；中一 1161、1199、1202、
1287、1669、1673、1715、1718；补遗 7244、
7378

酒泉

【长编标】389/9473

【长编影】389/19 下

【汇编】中五 4789

浩叠府　陕西路市马处

【宋史】198/马政/4932

【长编标】104/2421

【长编影】104/20 上

【汇编】中一 1649、1690

朔方县　葭州

【陕西通志】13/山川 6·葭州·边外/73 下

【汇编】补遗 7490

益州　陕西路军装䌷绢锦皆出益州等路

【长编标】177/4290

【长编影】177/14 上

【宋会要】食货 64 之 24/6111；方域 10 之 22/
7484

【汇编】中三 3205、3208、3222

宽州　延州东北二百里故宽州，范仲淹令种世
衡修为青涧城

【宋史】335/种世衡传/10741

【长编标】128/3043

【长编影】128/16 下

【武经总要】前集 18 上/1 下

【范文正公集】9/上吕相公书/12 上；10/祭知
环州种染院文/3 下；年谱补遗/7 上；西夏堡
寨/6；13/东染院使种君墓志铭/14 上

【涑水记闻】9/9 下

【儒林公议】下/12 上

【陕西通志】13/山川 6·绥德州·清涧县/54
上；14/城池/28 上；16/关梁 1·延安府·安
定县/29 上；17/关梁 2·绥德州·清涧县/47
下

【汇编】中二 2064、2082、2083、2084、2088、
2113、2642、2643；中三 3055、3129；补遗
7256、7257、7267、7305

宾德军　西宁州

【宋会要】方域 5 之 3/7384、6 之 1/7406

【汇编】中六 5852；下 7007

通远军　熙河，宋神宗熙宁五年以秦州古渭砦
为通远军

【宋史】5/太宗纪 2/95；15/神宗纪 2/281；17/
哲宗纪 1/319；19/徽宗纪 1/371；27/高宗纪
4/508；87/地理志 3/2143、2152、2154、
2155、2162、2164、2165、2166；95/河北诸
水/2372；181/盐上/4424；186/市易/4552；
189/厢兵/4675；193/召募之制/4802；195/
训练之制/4863；196/屯戍之制/4899；198/
马政/4942、4950；201/刑法志 3/5016；264/
宋琪传/9130；266/钱若水传/9167；273/董
遵诲传/9343、贺惟忠传/9344；274/王文宝
传/9361、王仅传/9364；277/裴庄传/9438；
303/范祥传/10049；328/王韶传/10580；
332/孙路传/10687、游师雄传/10689；335/
种谊传/10749；339/苏辙传/10832；349/姚
雄传/11059；350/张守约传/11073；368/王
德传/11447；464/高遵裕传/13575；466/窦
神宝传/13600；486/夏国传下/14016；491/
党项传/14138

【长编标】9/204；18/417；19/437；35/767、
769；45/974；228/5551；233/5645、5662、
5664、5665；235/5717；237/5757、5768、
5770、5775；238/5787、5797、5798；239/
5818、5819；240/5868；243/5915、5924；
244/5946；246/5997；247/6012；248/6059；
249/6071；250/6093；251/6112、6116；253/
6193；258/6294；262/6410；263/6420；265/
6518；266/6525；267/6544；268/6570；270/
6621；271/6641；272/6659；274/6711、
6713；286/7000；290/7094；291/7114；294/
7164、7166；296/7213、7214；297/7229、
7231；299/7272、7280；311/7543；319/
7711；320/7728；322/7766；323/7790；329/
7934；331/7982；333/8013、8024；335/
8069；337/8126、8128；341/8201；342/
8222；343/8248；350/8397；352/8450；356/
8515；402/9779；404/9840、9841、9842；
409/9955；412/10030；444/10683、10684、
10685、10686；445/10722；449/10794；452/
10846；460/10998、10999、11000；462/
11042、11043、11044；466/11129；470/
11232；473/11278；476/11341；477/11353；

479/11412；483/11484、11485；489/11610；491/11662；493/11715；495/11782；503/11969；507/12085、12086；510/12142；511/12164；517/12313；518/12319；520/12388

【长编影】9/5 上；18/22 上；19/15 上；35/2 下；45/17 上；228/11 上；233/16 下、18 下、19 上；235/20 下；237/1 上、11 上、12 下、16 下；238/1 上、11 下；239/11 上、12 上；240/38 上；243/1 下、12 上；244/13 下；246/19 下；247/6 上；248/20 上、20 下；249/5 上；250/12 下；251/4 上、7 上；253/6 下；262/32 下；263/3 下、15 上；265/27 下；266/4 上；267/5 上；268/10 下；270/2 下；271/8 上；272/4 上；274/10 下、12 上；286/5 上；290/8 下；291/4 上；294/3 下、4 上、5 下；296/17 下、18 上；297/12 下、13 下；299/8 上、14 下；311/12 上；319/11 上；320/8 上；322/7 下；323/13 下；329/18 下、22 下；331/14 上；333/1 上、10 下；335/8 上；337/10 下；341/6 上、18 下；342/2 上、12 下；343/12 下；350/13 下；352/23 上；356/8 上；402/1 下；404/10 下；409/4 下；412/11 下；444/4 上；445/11 上；449/14 下；452/5 下；460/1 上；462/11 上；466/3 上；470/11 上；473/1 上；476/4 下；477/1 上；479/10 上；483/5 上、5 下；489/12 下；491/15 下；493/19 下；495/17 下；503/1 上；507/13 上；510/10 上；511/10 下；518/1 上；520/28 下

【长编纪事本末】139/4 下、17 下；140/1 下

【东都事略】29/7 下

【玉海】174/熙宁绥德城/41 上、元祐定远城/41 下

【三朝北盟会编】212/9 上

【宋大诏令集】219/置熙河路熙河秦凤德音（熙宁五年十月戊戌）/837

【宋会要】职官 43 之 61/3304、43 之 94/3320、58 之 14/3708；食货 2 之 5/4827、15 之 20/5071、19 之 9/5127、29 之 15/5315、30 之 12/5324、37 之 27/5462、38 之 32/5482、63 之 78/6025；兵 4 之 8/6824、4 之 13/6826、5 之 12/6845、8 之 18/6896、8 之 31/6902、9 之 5/6908、9 之 6/6908、28 之 12/7275、28 之 35/7287；方域 5 之 36/7401、5 之 41/7403、5 之 42/7404、8 之 22/7451、8 之 27/7454、18 之 9/7614、18 之 14/7616、18 之 23/7621、20 之 1/7651、20 之 9/7655、20 之 12/7656、20 之 14/7657、20 之 19/7660

【奏议标】138/吕陶·上哲宗请以兰州二寨封其酋长/1560；139/范育·上哲宗论御戎之要/1573、1574、1575

【奏议影】138/吕陶·上哲宗请以兰州二寨封其酋长/4794；139/范育·上哲宗论御戎之要/4836、4839、4842

【元丰九域志】3/122、125、137、138、139

【元丰类稿】49/本朝政要策·任将/10 下

【龙川略志】6/35

【陇右金石录】3/张从墓志铭/59 下

【画墁集】补遗/游公（师雄）墓志铭/4 上、6 下

【范文正公集】遗文/9 上

【挥麈录后录】余话 1/281－6

【栾城后集】13/颍滨遗老传下/7 上；14/4 上

【涑水记闻】1/12 下

【名臣碑传琬琰集】下集 6/学士钱公若水传/1355

【甘肃新通志】8/形胜·兰州府·皋兰县/1 下；13/舆地志·古迹·巩昌府·安定县/17 上、通渭县/17 下、宁远县/18 上

【汇编】上 21、82；中一 929、933、947、948、962、963、969、970、971、972、1057、1067、1070、1083、1096、1195、1216、1217、1525、1588、1598；中二 2833；中三 3165、3184、3188、3519、3736；中四 3754、3764、3765、3771、3772、3773、3783、3788、3793、3796、3799、3801、3803、3805、3806、3810、3812、3813、3814、3815、3820、3836、3852、3855、3867、3883、3889、3910、3918、3932、3934、3988、3989、3990、3995、3997、3999、4000、4003、4012、4053、4075、4078、4087、4088、4100、4101、4117、4243、4259、4294、4304、4319、4358、4359、4416、4424、4454、4460、4464、4470、4486、4509、4511、4534、4542；中五 4548、4561、4631、4659、4697、4831、4846、

4847、 4848、 4852、 4853、 4908、 4918、
4935、 5005、 5006、 5007、 5029、 5044、
5056、 5070、 5071、 5072、 5073、 5076、
5077、 5081、 5082、 5084、 5099、 5137、
5138、 5140、 5151、 5152、 5170、 5177、
5199、 5201、 5202、 5234、 5243；中六 5268、
5289、 5347、 5543、 5642、 5673、 5728、
5729、 5749、 5760、 5782、 5783、 5834、
5839、 5840、 5859、 5877；下 6256、 6563、
7006、 7007；补遗 7326、 7327、 7347、 7354、
7360、 7361、 7375、 7410

通远州 熙河
【长编标】345/8293
【长编影】345/19 下
【汇编】中五 4577

通远县 环州
【宋史】87/地理志 3/2152
【宋会要】方域 5 之 41/7403、18 之 6/7612、18
　之 12/7615、20 之 5/7653、20 之 8/7654、20
　之 11/7656、20 之 13/7657、20 之 14/7657
【武经总要】前集 18 上/12 下
【元丰九域志】3/119
【甘肃新通志】13/舆地志·古迹·庆阳府·环
　县/31 下
【汇编】中一 1094、1095、1096；中四 4108；
　中六 5833、5852、5880；下 7006、7013、
　7014；补遗 7474

通渭县 宋徽宗崇宁五年熙河兰湟经略司状，
巩州管下通渭县元系守御寨，欲乞复为寨，
依旧置寨主、监押各一员。通渭县逼近西界，
若改复为寨，委得经久稳便
【宋会要】方域 5 之 43/7404、19 之 19/7635
【甘肃新通志】9/舆地志·关梁·巩昌府·通渭
　县/36 上
【汇编】中六 5822；补遗 7478

绥宁县 原州
【宋史】87/地理志 3/2164
【汇编】中六 5808

绥州 宋神宗熙宁二年收复，废为绥德城
【奏议标】138/吕大防·上哲宗答诏论西事/
　1557；140/苏辙·上哲宗论地界/1579
【奏议影】138/吕大防·上哲宗答诏论西事/
　4787；140/苏辙·上哲宗论地界/4856

【宋会要】方域 6 之 3/7407、8 之 30/7455、8
　之 32/7456

绥德 延州
【宋史】18/哲宗纪 2/353；85/地理志 1 序/
　2095；86/地理志 2/2137、2146、2148；471/
　吕惠卿传/13707
【长编标】216/5254；306/7437；317/7673；326/
　7858；510/12140
【长编影】216/3 上；306/2 上；317/16 下；
　326/16 下；510/8 下
【长编纪事本末】140/11 上
【宋会要】职官 57 之 49/3676；方域 5 之 41/
　7403
【奏议标】139/范育·上哲宗论御戎之要/1573
【奏议影】139/范育·上哲宗论御戎之要/4836
【元丰类稿】22/王中正种谔降官制/10 上
【苕溪集】48/宋故敦武郎知麟州建宁寨累赠太
　师秦国公杨公（震）墓碑/11 下
【朝野杂记】乙集 12/杂事/渡江后名将皆西北
　人/963
【延安府志】7/1 上、诗文/22 下、24 下
【汇编】中三 3610；中四 4037、4111、4207、
　4361、4404；中六 5541、5651、5711、5792、
　5827、5830、5858、5913；下 6764、7006；
　补遗 7154、7354、7424、7482

绥德州 延安府
【三朝北盟会编】218/2 上
【延安府志】7/1 上、绥德州/15 上、24 下；8/
　葭州/10 下
【吴堡县志】1/疆域/2 上
【陕西通志】7/疆域 2/42 上、43 下；13/山川 6
　·绥德州·米脂县/53 上；14/城池/27 上；
　16/关梁 1·延安府·延川县/33 上；17/关梁
　2·绥德州·清涧县/47 下
【汇编】下 6587；补遗 7257、7313、7327、7345、
　7354、7479、7480、7481、7488、7490、
　7491、7492

绥德县 清涧城，即故绥德县
【长编标】147/3565
【长编影】147/11 上
【宋会要】食货 15 之 15/5070；方域 6 之 3/7407
【武经总要】前集 18 上/1 下
【汇编】中三 2863、3130；下 7009

十一画

梓州路　陕西路军装紬绢锦皆出益、梓、利州路
　【宋会要】食货 64 之 24/6111
　【汇编】中三 3222

乾州　环庆路
　【宋史】87/地理志 3/2148、2150、2153、2156；324/张亢传/10128
　【长编标】141/3384；316/7640
　【长编影】141/11 下；316/3 下
　【宋文鉴】116/10 下
　【宋会要】兵 2 之 4/6773
　【安阳集】家传 2/4 上
　【范文正公集】年谱补遗/15 上
　【汇编】中二 2039、2200、2697、2716、2725；中三 3621；中四 4177；中六 5831

常乐县　瓜州
　【元丰九域志】10/化外州·陕西路/480
　【汇编】中一 1716

崞县　忻代巡检使领兵屯崞县，以控扼二敌
　【长编标】137/3281
　【长编影】137/5 下
　【汇编】中二 2521

崇信县　渭州，宋神宗熙宁五年隶
　【宋史】87/地理志 3/2156、2157
　【元丰九域志】3/130
　【汇编】中四 3838；中六 5836

铜城军　泾州
　【甘肃新通志】9/舆地志·关梁·泾州直隶州·宠信县/31 上
　【汇编】补遗 7476

银州
　【宋会要】方域 8 之 32/7456、19 之 48/7649
　【文昌杂录】1/3 上
　【初寮集】6/定功继伐碑/1 上
　【龟山集】33/钱忠定公（即，字中道）墓志铭/10 下
　【陕西通志】7/疆域 2·延安府/10 上；17/关梁 2·绥德州·米脂县/46 上
　【梁溪集】144/御戎论/1 上
　【延安府志】7/绥德州·清涧县·山川/16 上；

8/1 上
　【延绥镇志】1/地理志 3 下
　【汇编】补遗 7223、7345、7350、7355、7410、7435、7447、7484、7487

银川郡　银州
　【宋史】87/地理志 3/2150
　【汇编】中六 5831

银城县　麟州
　【宋史】86/地理志 2/2135；313/文彦博传/10258
　【长编标】125/2947；133/3164
　【长编影】125/8 下；133/3 下
　【宋会要】方域 5 之 4/7385、6 之 5/7408、18 之 25/7622、20 之 4/7652
　【元丰九域志】4/166
　【名臣碑传琬琰集】下集 13/实录文忠烈献公彦博传/1451
　【陕西通志】13/山川 6·葭州·神木县/63 下
　【汇编】中一 1040；中二 1856、2319、2321；中三 3077；中六 5826、5884；下 7004；补遗 7312

商州　永兴军
　【宋史】196/屯戍之制/4901
　【宋会要】方域 5 之 36/7401
　【长编标】402/9794
　【长编影】402/11 上
　【系年要录】109/1774
　【汉滨集】6/论诸军见攻德顺独王彦未到状/7 上
　【汇编】中五 4834、4835；下 6460、6694、7005

康乐县　熙州
　【甘肃新通志】13/舆地志·古迹·兰州府·狄道州/4 下
　【汇编】补遗 7334

康宁军　宋于郦州置康宁军，金仍旧，元复为郦州
　【长编标】234/5674
　【长编影】234/3 下
　【延安府志】5/1 上
　【汇编】中四 3776；补遗 7482

清水县　秦州
　【宋史】4/太宗纪 1/59；87/地理志 3/2154；275/田仁朗传/938；323/周美传/10457、李

师中传/10679；463/刘文裕传/13546

【长编标】19/430；90/2087；132/3142；149/3605

【长编影】19/9 上；90/18 上；132/17 上；149/8 下

【宋会要】食货 19 之 8/5127、29 之 14/5314

【武经总要】前集 18 上/27 下、29 下

【元丰九域志】3/107、122

【涑水记闻】11/8 上

【甘肃新通志】13/舆地志·古迹·秦州直隶州/20 下

【隆德县志】4/考证/64 上

【汇编】上 233；中一 930、932、964、978、1586；中二 2295；中三 2897、3558；中四 3991、4009；中六 5835；补遗 7271、7287

清远军　环庆

【宋史】5/太宗纪 2/95、97、98；6/真宗纪 1/116；16/神宗纪 3/305；257/李继和传/8969；259/皇甫继明传/9008；265/张齐贤传/9155、9157；273/李允正传/9340；277/卢之翰传/9424、郑文宝传/9426、9427；278/王超传/9465；279/周仁美传/9491；280/田绍斌传/9496、9497；299/李溥传/9939；308/裴济传/10144；324/刘文质传/10492；350/张守约传/11073；466/窦神宝传/13600、秦翰传/13612、张继能传/13620；485/夏国传上/13987、13988；486/夏国传下/14011

【长编标】39/837；41/870；44/948、949；45/957；51/1109；318/7683、7684、7693；319/7717；320/7720；321/7739

【长编影】39/7 上；41/9 上；44/16 上；45/2 下；51/3 上；318/3 下、12 上；319/17 上；320/2 上；321/2 下

【东都事略】127、128/西夏传/附录 5、6

【宋大诏令集】186/令赵保吉授夏台节制谕陕西诏（咸平元年正月辛酉）/677

【宋会要】职官 64 之 12/3826；兵 8 之 11/6892、8 之 26/6900、27 之 4/7248；方域 10 之 24/7485

【武经总要】前集 18 上/12 下

【奏议标】130/张齐贤·上真宗论陕西事宜/1438、1439、张齐贤·上真宗乞进兵解灵州之危/1439

【奏议影】130/张齐贤·上真宗论陕西事宜/

4422、4423、张齐贤·上真宗乞进兵解灵州之危/4423

【宋朝事实类苑】56/引湘山野录/742

【太平治迹统类】2/太祖太宗经制西夏

【隆平集】18/田绍斌传/11 上；20/夷狄传/3 下

【玉壶清话】8/9 上

【苏学士集】14/内园使连州刺史知代州刘公（文质）墓志/8 上

【净德集】19/虑边论二/205

【名臣碑传琬琰集】下集 2/张文定公齐贤传/1301

【稽古录】7/8 上、81 上

【甘肃新通志】13/舆地志·古迹·宁夏府·灵州/36 下

【汇编】上 54、80、101、102、113；中一 1083、1090、1091、1092、1094、1107、1108、1109、1110、1111、1113、1115、1123、1128、1131、1132、1136、1137、1138、1174、1180、1194、1196、1208、1209、1210、1211、1221、1233、1234、1239、1241、1242、1259、1296、1475；中四 3833、4215、4216、4217、4221、4252、4254、4268；补遗 7243

淳化县　邠州

【宋史】87/地理志 3/2153

【汇编】中六 5834

梁泉县　罢凤州梁泉县差来保甲

【长编标】476/11337

【长编影】476/2 上

【宋会要】兵 2 之 38/6790

【汇编】中五 5169、5177

隆德府　河东

【宋史】23/钦宗纪/426、430；86/地理志 2/2131；349/姚古传/11061；358/李纲传/11245；368/王德传/11447

【长编纪事本末】145/9 下

【三朝北盟会编】44/6 上；59/1 上

【靖康传信录】3/27

【靖康要录】14/871

【梁溪集】118/与秦相公第九书别幅/13 上；173/靖康传信录/下/19 下

【朝野杂记】乙集 12/杂事/渡江后名将皆西北人/963

13287；471/邢恕传/13704；485/夏国传上/
13996、13998；486/夏国下/14019；491/党
项传/14145；492/吐蕃传/14156、14157、
14158、14159

【长编标】3/68；16/356；43/921、922；44/
947；49/1076；50/1090、1091、1094、1099、
50/1100；51/1116、1122；52/1133、1150、
1152；54/1176、1178、1185、1189；55/
1210；56/1226；59/1326；60/1344；61/
1360；63/1404、1411、1416；64/1428；68/
1538；71/1610；74/1684；76/1734；78/
1770；79/1792；81/1854；82/1872、1877；
83/1907；85/1940、1949、1955；86/1974；
87/1992、1993；88/2013；91/2108；92/
2130；103/2375；104/2421；106/2470、
2472；109/2534；111/2589；115/2706；120/
2836；125/2954；126/2979；127/3005、
3012；128/3026、3027、3035、3042；129/
3054；131/3099、3100、3101、3112；132/
3141、3145、3149、3151；133/3177；134/
3190、3206；135/3220、3222、3236、3240；
137/3302、3303；138/3309、3310、3311、
3315、3316、3321、3322、3328；139/3338、
3340、3342、3345、3348、3355；142/3398；
143/3457、3458、3459；144/3486、3487、
3490；147/3556；148/3575、3576、3577；
149/3600、3606、3607、3609；150/3626、
3627、3628、3629、3630、3631、3635；151/
3686；153/3728；155/3773；156/3788；161/
3886、3888；165/3971；168/4039；171/
4104；174/4206；176/4259；180/4356；184/
4456；186/4487；192/4642、4643、4644；
195/4729；198/4790；203/4915；204/4940；
210/5114；213/5172；214/5210；216/5257；
218/5312；221/5377；222/5400；225/5494；
228/5548；230/5600、5601；234/5674；238/
5787；239/5822；240/5830；245/5966；247/
6027；249/6071；250/6094；251/6109；256/
6255；259/6309、6316；263/6417；264/
6467；269/6609；270/6621；274/6712；275/
6734；276/6762；290/7095；297/7220、
7222；299/7278；301/7333；312/7572、
7573；314/7608；315/7630；320/7733；321/

7741；322/7769；324/7807；327/7867；329/
7927；331/7982；335/8081；337/8133；338/
8137；342/8230；343/8235、8236；350/
8388；361/8639、8640；362/8655；367/
8820；370/8955；371/8984；373/9024；389/
9452、9454；402/9778；404/9838、9849；
409/9978；430/10384；435/10487；445/
10724；465/11098；468/11185；469/11207、
11211；470/11235；480/11425；481/11435、
11442、11447；486/11545；491/11672；493/
11711；494/11752；496/11796；499/11874；
500/11906；502/11964；504/12013；505/
12034；510/12144；512/12181；517/12306；
518/12322

【长编影】3/7上；16/20下；43/12下；44/16
上；49/11下；50/11上、16下；51/8上、
13下；52/4上、18上、19上；54/1上、3
下、9上、13下；55/2下；56/2下、8下、
11上；59/9上；60/11上；61/4下；63/17
上；64/4下；68/18下；71/20上；74/4上；
76/8上；78/1下；79/1上；81/15上；82/
10上、14下；83/1上；86/9上；87/4上、5
下、8上；88/3上；91/11上；92/14上；
103/1下；104/20上；106/9上；109/1下；
111/12下；115/16下；120/15上；125/14
下；126/13上；127/2下、8下；128/2上、
2下、16上；129/4下；132/17上、26下；
131/6下、7上、8上、18上；132/7下；
133/15上；134/9下；135/6下、23下；
137/21下；138/6下、13上、18上；139/10
下、17下；142/3上；143/25上、26下；
144/9下、12下；147/3下；148/1下、2下；
149/3下、9上、11上；150/4下、12上；
151/5下、19下；153/11上；155/10上；
156/10下；161/5上、5下、7下；165/10
下；168/8上；171/1下；174/14下；176/10
上；180/9下；184/10下；186/5下；192/9
下；195/11下；198/1下；203/5上；204/6
上；210/19上；213/6下；214/16上；216/1
上、15上；218/17下；221/10上；222/2
下；225/23上；228/7下；230/14下、15
上；232/11上；234/3下；238/1上；239/15
下；240/6下、38上；245/15下；247/19

上；249/5 上；250/13 上；251/1 下；256/8
上；259/1 上、7 上；264/9 上；269/24 上；
270/2 下；274/11 上；275/13 上；276/22
下；290/9 上；297/4 下、6 上；299/13 下；
301/12 下；312/13 上；314/8 下；315/15
上；320/13 下；321/5 下；322/10 下；324/
10 下；327/2 下；329/12 上；331/10 下；
335/18 上；337/16 下；338/1 上；342/10
下；343/2 上、2 下；350/2 上；361/3 下；
362/1 上；367/1 上；370/19 下；371/14 上；
373/1 上；389/4 上、5 下；402/1 下；404/9
下、18 上；409/24 上；430/4 下；435/4 上；
445/13 上；457/4 下；459/9 上；465/5 上；
468/19 下；469/8 上；470/16 上；480/10
上；481/1 上、7 下、11 下；486/6 下；491/
21 下；493/15 上；494/10 上、20 下、22 上；
496/4 上；499/2 下；500/6 下；502/11 上；
503/6 下；504/8 上；505/7 下；510/12 下；
512/5 上；517/10 下；518/1 上、7 上

【玉海】139/咸平初置振武指挥/15 上；141/15
上；174/38 下

【宋大诏令集】240/赐潘罗支诏（景德元年六
月己卯）/943

【宋会要】礼25 之 6/957、25 之 9/959；职官55
之 31/3614、64 之 45/3843、65 之 25/3859；
食货15 之 19/5072、19 之 9/5127、22 之 3/
5157、23 之 27/5188、23 之 28/5188、23 之
39/5194、23 之 40/5194、24 之 31/5210、29
之 15/5315、36 之 5/5434、36 之 18/5440、
36 之 20/5441、36 之 21/5442、36 之 24/
5443、36 之 25/5444、38 之 32/5482、39 之
3/5490、42 之 12/5567；刑法2 之 7/6499；
兵2 之 4/6773、4 之 2/6821、4 之 9/6824、4
之 10/6825、8 之 21/6897、22 之 1/7144、22
之 4/7145、22 之 5/7146、22 之 6/7146、24
之 1/7179、24 之 2/7179、27 之 16/7254、27
之 27/7260、27 之 29/7261、28 之 4/7271、
28 之 10/7274；方域5 之 3/7384、5 之 36/
7401、5 之 42/7404、8 之 23/7452、8 之 26/
7453、12 之 15/7527、18 之 14/7616、21 之
17/7669、21 之 19/7670、21 之 20/7671、22
之 1/7144；蕃夷4 之 5/7716、4 之 91 之 7759

【系年要录】38/726；199/3360

【皇宋十朝纲要】5/11 下；16/10 下、11 上

【武经总要】前集18 上/14 下、16 上、17 下、
18 上、22 上、22 下、23 下、24 下、26 上、
32 上、32 下、34 上；18 下/西蕃地界/1 上

【奏议标】44/陈并·上哲宗答诏论彗星陈四说/
461；65/余靖·上仁宗乞韩琦兼领大帅镇秦
州/718、赵瞻·上英宗论五路置帅不当更以
冯京为安抚/2374；125/王尧臣·上仁宗乞用
泾原路熟户/1378；130/张齐贤·上真宗论陕
西事宜/1438、1439、张齐贤·上真宗乞进兵
解灵州之危/1439；132/范仲淹·上仁宗乞严
边城实关内/1457、田况·上仁宗兵策十四事
/1467、1468、1470；136/刘敞·上仁宗论城
古渭州有四不可/1520；140/范纯粹·上哲宗
论息兵失于欲速/1578

【奏议影】44/陈并·上哲宗答诏论彗星陈四说/
1644；65/余靖·上仁宗乞韩琦兼领大帅镇秦
州/2363、赵瞻·上英宗论五路置帅不当更以
冯京为安抚/723；125/王尧臣·上仁宗乞用
泾原路熟户/4253；130/张齐贤·上真宗论陕
西事宜/4420、4423、张齐贤·上真宗乞进兵
解灵州之危/4424；132/范仲淹·上仁宗乞严
边城实关内/4483、田况·上仁宗兵策十四事
/4515、4517、4526；136/刘敞·上仁宗论城
古渭州有四不可/4674；140/范纯粹·上哲宗
论息兵失于欲速/4851

【隆平集】9/曹玮传/11 下

【元丰九域志】3/130、125、131、135、137、138

【元丰类稿】47/故朝散大夫尚书刑部郎中充天
章阁待制兼侍读上轻车都尉赐紫金鱼袋孙公
（甫字之翰）行状/9 下

【元宪集】33/宋故推诚翊戴功臣彰武军节度延
州管内观察处置等使曹公行状/343；34/宋故
推诚翊戴功臣彰武军节度延州管内观察处置
等使曹公墓志铭/353

【公是集】51/宋故推忠佐理功臣赠尚书左仆射
王公（尧臣）行状/610、611

【文恭集】36/宋故宣徽北院使郑公（戬）墓志
铭/436

【东坡全集】15/张文定公墓志铭/13 上；20/李
继和传/3 下；82/蔡挺传/2 上；86/徐禧传/5
上；104/刘仲武传/5 上；127、128/西夏传/
附录5、6

【乐全集】19/平戎十策/13 下；21/西事谘目上中书/1 上

【司马文正公集】30/章奏 28/3 上；79/殿中丞薛府君（薛仪字式之）墓志铭/7 下

【汉滨集】15/故省使雄州防御使泾原路兵马钤辖兼第十一将郭公（成）行状/17 上

【安阳集】24/表状/3 上；43/祭文/1 上；47/故崇信军节度副使检校尚书工部员外郎尹公墓表/2 上、故客省使眉州防御使赠遂州观察使张公（亢）墓志铭/15 下

【华阳集】家传/2/4 上、8 上、3/1 下、2 上、10 上

【苏学士集】14/内园使连州刺史知代州刘公（文质）墓志/8 上

【鸡肋编】64/15 上

【净德集】19/虑边论二/205

【欧阳文忠公全集】12/律诗/9 下；14/律诗/2 上；105/奏议/6 上；114/奏议/6 下

【河南先生文集】8/上四路招讨使郑侍郎议御贼书/7 下；18/与水洛城董士廉第三书/8 下；19/论诸将益兵/3 上；别集 4/10 上；政府奏议下/荐举/28 上

【涑水记闻】10/5 上；11/8 上；12/11 下、13 上

【名臣碑传琬琰集】中集 15/吕谏议公绰墓志铭/636、27/王懿敏公素墓志铭/803、43/曹武穆公玮行状/1031、1034、48/韩忠献公琦行状/1096；下集 2/张文定公齐贤传/1301、16/冯文简公京传/1501

【墨客挥犀】9/2 上

【默记】15/下

【甘肃新通志】8/舆地志·形胜·平凉府·静宁州/5 上、10 下；9/舆地志·关梁·平凉府·静宁州/22 下、固原直隶州/25 下；13/舆地志·古迹·平凉府·静宁州/10 下、化平直隶厅/13 上、13 下

【陕西通志】7/疆域 2/40 上

【隆德县志】1/沿革表/11 上；4/考证/64 上

【汇编】上 28、64、65、85、103；中一 934、958、959、965、966、967、968、1007、1117、1161、1162、1201、1207、1221、1227、1228、1234、1235、1236、1247、1257、1258、1263、1264、1265、1281、1283、1300、1305、1307、1315、1327、1328、1336、1338、1339、1343、1345、1346、1347、1348、1353、1357、1362、1365、1371、1375、1382、1386、1392、1395、1400、1406、1415、1417、1418、1419、1424、1426、1439、1443、1444、1449、1495、1501、1502、1508、1520、1521、1523、1529、1548、1549、1551、1553、1554、1558、1567、1577、1585、1590、1592、1593、1619、1627、1633、1646、1649、1651、1652、1658、1659、1666、1669、1670、1673、1674、1684、1690、1727；中二 1858、1863、1938、1990、2005、2031、2037、2039、2147、2160、2165、2189、2192、2197、2199、2200、2207、2208、2216、2224、2229、2230、2233、2274、2275、2280、2292、2293、2294、2296、2299、2311、2348、2386、2393、2417、2431、2437、2469、2522、2545、2547、2550、2552、2555、2556、2562、2563、2575、2579、2583、2584、2585、2587、2589、2609、2610、2613、2617、2622、2637、2639、2650、2651、2653、2671、2672、2689、2778、2780、2785、2786、2789、2793、2812、2833、2834、2835；中三 2853、2854、2855、2856、2858、2865、2866、2868、2872、2885、2895、2898、2903、2905、2906、2907、2908、2927、2933、2934、2935、2954、2982、3125、3134、3147、3159、3170、3172、3184、3219、3258、3259、3260、3279、3282、3298、3306、3329、3347、3352、3366、3370、3382、3426、3428、3492、3506、3507、3513、3568、3569、3570、3587、3609、3617、3621、3634、3636、3694、3706、3708、3712、3728、3399；中四 3751、3764、3765、3776、3803、3818、3819、3820、3823、3835、3838、3912、3918、3923、3931、3966、3977、4027、4050、4092、4102、4127、4148、4149、4169、4254、4261、4265、4271、4293、4327、4368、4410、4451、4452；中五 4609、4612、4647、4649、4687、4830、

5030、 5061、 5066、 5089、 5121、 5126、
5143、 5214、 5215、 5239、 5245、 5257、
5258；中六 5285、 5288、 5289、 5334、 5336、
5345、 5358、 5361、 5377、 5402、 5429、
5437、 5443、 5454、 5456、 5470、 5644、
5646、 5697、 5762、 5778、 5779、 5836、
5837、 5907、 5927、 5986；下 6245、 6247、
6684、 6685、 7006、 7007、 7011、 7019、
7020；补遗 7244、 7249、 7251、 7255、 7263、
7270、 7271、 7285、 7291、 7338、 7378、 7483

渭源县　秦凤

【甘肃新通志】14/建置志·城池/6 上

【汇编】补遗 7475

湟水军　原邈川城

【长编标】514/12202

【长编影】514/4 下

【宋会要】兵 9 之 1/6906；方域 6 之 1/7406

【汇编】中五 4843；中六 5571、5576

湟水县　鄯州

【武经总要】前集 18 下/9 下

【元丰九域志】10/化外州·陕西路/479

【汇编】中一 1716、1721

湟州　熙河

【辽史】12/圣宗纪 3/131

【宋史】18/哲宗纪 2/353；19/徽宗纪 1/366、
367、368；20/徽宗纪 2/374、382；22/徽宗
纪 4/403；65/木/1417；66/金/1437；85/地
理志 1 序/2095；87/地理志 3/2162、2164、
2167、2168、2169；175/和籴/4246、4247；
184/茶 下/4498；185/坑 冶/4528、4529；
186/互市/4564；190/河东陕西弓箭手/4718、
4719、4722、4723；312/韩忠彦传/10231；
318/胡宗回传/10371；328/王韶传/10579、
王 厚 传/10582、10583、安 焘 传/10568、
10592；332/孙路传/10687、穆衍传/10691、
10692；343/许 将 传/10910；344/李 周 传/
10935；346/张庭坚传/10981；348/徐 勣 传/
11025；349/姚 雄 传/11060；350/苗 授 传/
11067、刘 仲 武 传/11081；353/郑 仅 传/
11147；357/河 灌 传/11226；369/王 渊 传/
11485；446/刘 輪 传/13162；467/李 宪 传/
13638；468/李 祥 传/13649、童 贯 传/13658；
471/邢 恕 传/13704；472/蔡 卞 传/13730；

486/夏国传下/14019、14020；492/瞎征传/
14177

【长编标】507/12093；516/12267；517/12297；
518/12333；519/12348、12349；520/12383、
12384

【长编影】507/17 下；516/5 上、7 上、9 下、
10 下、20 下；517/2 下、5 上、8 上、9 下、
10 上；518/1 上、7 上、15 上、19 下、21
下；519/6 上、7 上、9 上、9 下；520/2 下、
18 下、24 上、28 下

【长编纪事本末】139/1 上、3 上、4 下、5 下、
9 上、11 下、13 下、14 下、15 下、16 下、
17 上、18 下、19 上；140/1 上、1 下、2 下、
4 下、6 上、8 上、8 下、9 下

【东都事略】10/徽宗纪/2 下；82/王韶传/3 上、
王厚传/6 上；129/西蕃传/4 下；附录 7/西
蕃传/4 上

【三朝北盟会编】109/4 上

【宋大诏令集】209/孙路落职知兴国军制（元符
三年正月）/789；212/韩忠彦责散官济州安
置制（十二月癸丑）/804；219/曲赦熙河兰
湟秦凤永兴军路制（大观二年九月二十九
日）/839；239/西蕃邈川首领董毡移镇西平
节度制/937、董毡加恩制/938；240/厮铎督
朔方节度制（景德元年十月癸卯）/944

【宋文鉴】69/代范忠宣贺平河外三州表/4 上

【宋会要】礼 14 之 60/617；职官 43 之 78/3312、
48 之 112/3511、67 之 34/3904、68 之 5/
3910、68 之 8/3905、68 之 12/3914、78 之
30/4190；选举 29 之 6/4697；食货 30 之 33/
5335、63 之 50/6011；兵 4 之 18/6829、9 之
2/6906、9 之 3/6907、9 之 4/6907、14 之 20/
7002；方域 5 之 3/7384、6 之 1/7406、6 之
3/7407、8 之 24/7452、8 之 25/7453、18 之
2/7610、18 之 10/7614、19 之 18/7634、20
之 6/7653、20 之 9/7655、20 之 15/7658、28
之 45/7292；蕃夷 6 之 39/7838

【系年要录】6/166

【皇宋十朝纲要】14/6 下、7 上；16/12 上、16
上

【奏议标】130/杨亿·上真宗论弃灵州为便/
1441；141/文彦博·上神宗论进筑河州/
1590、任伯雨·上徽宗论湟鄯/1594、1595、

冯澥·上徽宗论湟廓西宁三州/1596、1597

【奏议影】130/杨亿·上真宗论弃灵州为便/
4429；141/文彦博·上神宗论进筑河州/
4890、任伯雨·上徽宗论湟鄯/4902、4903、
4907、冯澥·上徽宗论湟廓西宁三州/4907、
4911

【续通鉴】66/1632

【中兴小纪】1/14

【丹阳集】1/贺收复湟州表/19 下

【文庄集】2/李遵可洮州刺史充保顺军节度使制
/15 上

【击壤集】7/和人闻韩魏公出镇永兴过洛/3 上

【玉照新志】1/1

【初寮集】6/定功继伐碑/1 上

【宋名臣言行录续集】6/张叔夜/1 下

【邵氏闻见录】5/42

【净德集】30/送蒋熙州/317

【忠惠集】2/种师中湟州观察使侍卫亲军马军都
指挥使制/21 上；5/贺收复湟鄯表/5 下

【苕溪集】48/宋故武功大夫魏国公杨公（宗
闵）墓碑/3 下、5 下

【范文正公集】2/古诗/14 上

【栾城集】29/西掖告词/13 下

【梁溪集】176/建炎进退志总叙 3/4 下

【朝野杂记】乙集 19/边防/1180

【名臣碑传琬琰集】中集 50/韩仪公丞相忠彦行
状/1142

【甘肃新通志】8/形胜·兰州府·皋兰县/1 下、
形胜·兰州府·狄道州/2 下；13/舆地志·
古迹·兰州府·河州/8 上

【陕西通志】17/关梁 2·神木县·古关隘/54 上

【新安志】7/洪尚书（中孚）/5 下

【汇编】上 85、86；中一 1036、1407、1550；
中二 2704；中三 3461、3513、3514、3515、
3635；中四 3821、3822、3848、3859、3912、
3959；中五 4654、4659、4685、4770、4857、
4951、4965、5224、5233、5242；中六 5461、
5462、5463、5506、5571、5603、5610、
5611、5614、5618、5621、5622、5623、
5625、5631、5632、5634、5637、5638、
5642、5645、5646、5647、5649、5652、
5653、5658、5659、5660、5661、5668、
5669、5670、5672、5673、5674、5675、
5678、5680、5681、5694、5695、5698、
5700、5701、5702、5704、5706、5717、
5718、5719、5720、5721、5722、5724、
5726、5727、5729、5730、5733、5734、
5736、5737、5738、5739、5740、5741、
5742、5743、5744、5745、5746、5747、
5748、5751、5752、5753、5755、5759、
5760、5761、5762、5766、5768、5770、
5773、5776、5783、5784、5789、5796、
5802、5809、5814、5816、5817、5819、
5821、5823、5824、5839、5843、5851、
5853、5856、5879、5886、5887、5898、
5899、5906、5911、5913、5923、5926、
5937、6029；下 6102、6113、6114、6115、
6937、7007；补遗 7360、7393、7401、7406、
7407、7412、7424、7429、7435、7436、
7437、7438、7441、7461、7473、7492

十三画

榆林　无定河即奢延水，自榆林界入米脂

【蒙古源流】4/5 上

【陕西通志】7/疆域 2/42 上；13/山川 6·绥德
州·米脂县/53 上、53 下；16/关梁 1·榆林
府·榆林县/36 下

【榆林府志】4/葭州·水/16 上

【横山县志】1/地理志·山脉/7 上

【汇编】下 6861、6927；补遗 7263、7345、
7350、7351、7481

榆林　距庆州四十里

【宋史】452/高敏传/13285；486/夏国传下/
14008

【长编标】214/5204、5220；241/5880

【长编影】214/24 下；241/6 上

【宋会要】方域 8 之 22/7451

【华阳集】35/狄武襄公神道碑/454

【汇编】上 74；中二 1860；中三 3592、3593；
中四 3827

榆林县　胜州榆林郡，领榆林、河滨二县

【元丰九域志】10/化外州·陕西路/480

【汇编】中一 1717

榆林郡　胜州

【宋会要】方域 5 之 8/7387

【武经总要】前集 18 下/西蕃地界/1 上

【元丰九域志】10/化外州·陕西路/480

【汇编】中一 1717、1730；下 7005

楼烦县　徙麟州勒厥麻族于宪州楼烦县

【宋史】6/真宗纪 1/118；287/王嗣宗传/9648

【长编标】53/1171

【长编影】53/15 上

【汇编】中一 1320、1333

感恩县　熙河昌化军

【长编标】321/7755

【长编影】321/17 上

解县　永兴军

【宋史】277/郑文宝传/9425

【汇编】中一 1063、1064

靖康军　府州永安军，犯陵名改

【宋史】86/地理志 2/2136

【宋会要】方域 5 之 4/7385、6 之 5/7408、6 之 6/7408

新平县　邠州

【宋史】87/地理志 3/2153

【宋会要】方域 12 之 15/7527

【元丰九域志】3/112

【汇编】中四 4062；中六 5834

新平郡　邠州郡名

【宋史】87/地理志 3/2153

【宋会要】方域 5 之 4/7385

【元丰九域志】3/112

【汇编】中四 4061；下 7004

新秦县　麟州

【宋史】86/地理志 2/2135

【长编标】125/2947

【长编影】125/8 下

【宋会要】礼 20 之 79/804；方域 5 之 4/7385、6 之 5/7408、18 之 17/7618、20 之 2/7651、20 之 11/7656

【元丰九域志】4/166

【文恭集】17/张偰可东染院使张偰可礼宾使制/210

【东轩笔录】8/4 上

【延安府志】8/葭州·神木县·古迹/18 下

【陕西通志】5/建置 4/32 上；13/山川 6·葭州·神木县/63 下

【汇编】中一 946、984、1040、1606；中二 1856、2320、2360、2640；中三 3077；中六 5785、5826、5884；下 6976、7004；补遗 7279、7467

新渭州　泾原

【宋史】492/唃厮啰传/14161

【长编标】85/1958

【长编影】85/21 下

【宋会要】蕃夷 6 之 2/7819

【汇编】中一 1544

鄜延路

【宋史】7/真宗纪 2/131；9/仁宗纪 1/181；10/仁宗纪 2/204；12/仁宗纪 4/233；14/神宗纪 1/269；15/神宗纪 2/288；16/神宗纪 3/304、306、307；17/哲宗纪 1/330、332；18/哲宗纪 2/345、348、350、352；20/徽宗纪 2/374；22/徽宗纪 4/404；29/高宗纪 6/541；85/地理志 1 序/2096；87/地理志 3/2143、2146、2151、2152、2159；175/和籴/4247、4256；176/屯田/4270；180/钱币/4393；184/茶下/4501；188/将兵/4627；189/兵志 2 将兵/4628；190/河东陕西弓箭手/4712、4713、4715、4717、4725；191/蕃兵/4750、4752、4754；193/召募之制/4803；194/拣选之制/4833、廪禄之制/4843；196/屯戍之制/4895、4902；197/器甲之制/4911、4912；198/马政/4949；251/符彦卿传/8837；253/折德扆传/8881；265/张宗诲传/9159；283/夏竦传/9572、9573；285/贾炎传/9621；286/蔡延庆传/9639；289/葛怀敏传/9701；290/郭逵传/9724、9725；292/王尧臣传/9774、田况传/9778；295/尹洙传/9833；303/陈安石传/10047、范育传/10050；311/吕公弼传/10213；312/韩琦传/10222、10223；313/富弼传/10250；314/范纯粹传/10279、10280；317/钱即传/10351；323/周美传/10457；324/张亢传/10486；325/刘平传/10501、10502；326/田敏传/10534、张岊传/10523、李渭传/10528；327/王安礼传/10553；328/李清臣传/10563、章楶传/10589；332/李师中传/10678、陆诜传/10681、赵卨传/10683、10685、10686、游师雄传/10688；334/徐禧传/10722、10723、林

广传/10737；335/种谔传/10747；344/孔平
仲传/10934；347/张舜民传/11005；349/贾
逵传/11051、11052、姚兕传/11058；350/曲
珍传/11083；353/宇文昌龄传/11147；355/
李谠传/11192；361/张浚传/11300；366/吴
璘传/11415；367/郭浩传/11441；369/曲端
传/11490；370/胡世将传/11511；372/王庶
传/11546；380/楼炤传/11717；446/刘锜传/
13162；447/唐重传/13186、程迪传/13189；
452/高敏传/13285、陈淬传/13295；464/孙
平传/13571；466/张崇贵传/13618、石全彬
传/13626；467/王中正传/13642、13643、张
惟吉传/13635、13637、李宪传/13638；471/
吕惠卿传/13708；485/夏国传上/13991、
13995；486/夏国传下/14010、14016、
14017、14020、14022；491/党项传/14148

【长编标】52/1151；55/1218；63/1410；65/
1465；67/1502；72/1624、1644；73/1662；
74/1684；75/1719；83/1900；111/2590；
117/2745；122/2880；123/2901；124/2922、
2931；125/2953；126/2995；128/3026、
3028、3032、3033；129/3062；130/3080、
3084；131/3093、3094、3099、3100、3104、
3111；132/3130；133/3180；134/3195、
3201、3205；135/3241；137/3303；139/
3338；141/3385；142/3399；149/3600、
3613；154/3738；157/3810；160/3862；172/
4139；173/4139；185/4471；190/4594；202/
4892；203/4926；208/5068；213/5165；214/
5199、5210、5220；216/5267；217/5273；
218/5307；219/5330、5331；220/5352、
5353；221/5373；222/5403；223/5434；224/
5457；225/5495；226/5511；228/5547；233/
5652、5659；238/5803；240/5868；244/
5940；245/5952；246/5992、5998、5999；
247/6009、6010；250/6081、6087、6097、
6100；255/6234、6241；258/6303；260/
6349；263/6417；264/6481；266/6532；273/
6681、6683、6686；274/6711；277/6784；
280/6866；281/6881；282/6903；283/6921；
284/6947；288/7054；289/7080；290/7099；
291/7118；293/7148；295/7182、7183；297/
7218；298/7241；300/7303；302/7343；305/

7422；306/7437；308/7491；309/7504；311/
7539；312/7566；313/7594、7595；314/
7600、7602、7604、7607、7609、7611；315/
7631、7633；316/7642；318/7680、7683、
7692；319/7700、7701、7702、7703、7704、
7705、7706、7712、7713、7715、7717；320/
7720、7721、7728；321/7749、7751、7752；
323/7777、7782、7790；324/7806、7807；
325/7820、7821；326/7852、7854、7856、
7858、7859；327/7869；328/7892、7896、
7897、7902、7903、7905、7906；329/7920、
7925、7926、7932；330/7951、7954、7955、
7960、7961、7962；331/7966、7968、7971、
7978、7979；333/8013；334/8047、8049、
8052、8057；335/8064；336/8095、8109、
337/8133、8134；338/8141、8151、8155、
339/8171；341/8207；342/8222、8223、
8224、8230；343/8235；344/8264；345/
8273、8282、8287；346/8309、8310；347/
8322、8326、8337；349/8369；354/8471；
356/8526；358/8569；359/8585；366/8797；
369/8905；372/9009；374/9061；381/9274；
382/9309；389/9470；395/9639；396/9665；
403/9802；404/9854；405/9864；408/9928；
409/9967；411/10002；412/10029；413/
10039；414/10061；417/10127；434/10468；
436/10501；445/10726；446/10735；452/
10844；458/10954；459/10984；466/11129、
11131、11132；467/11147；468/11173、
11188；469/11214；470/11236、11234；471/
11249；474/11302、11311；478/11384、
11388；480/11423、11427；483/11484；484/
11501；485/11533；486/11545、11546；487/
11564；488/11586；490/11641；491/11667、
11670、11672；494/11753、11758；495/
11771；496/11806、11807；497/11817、
11818、11820、11832；498/11853；499/
11874、11877、11886；500/11908、11909；
501/11934；502/11957、11958；504/12008；
505/12037、12043、12045、12046；506/
12050、12052、12061；507/12073、12075；
508/12106、12110；509/12124；510/12134、
12136、12143；511/12156、12163；512/

12197、12186、12188、12191；513/12195、12201；514/12222；515/12240；516/12267、12278、12284；517/12296；518/12327

【长编影】52/18 下；55/15 下；63/11 上；65/8 上、20 下；67/6 下；72/2 下、20 上；73/10 下；74/4 下；75/11 上；83/12 下；111/13 下；117/1 上；122/8 下；123/8 下；124/7 上；125/7 上、11 上、14 下；126/6 上、6 下、13 上、17 下；128/2 上、3 下、7 上、7 下；129/11 上；130/1 上、6 上；131/1 上、15 下；132/7 下、17 上、26 下；133/10 上、15 上；134/7 下、17 上；135/23 下；137/21 下；139/1 下；141/11 下；142/4 下；149/15 上；154/3 上、4 下；157/15 上、15 下；160/3 下；172/9 上；173/12 上；185/9 上；190/16 下；202/3 下；203/13 下；208/1 上；213/1 上；214/2 下、6 下、16 上、24 下；216/3 上、15 上；217/2 下、3 上、11 下；218/14 下；219/9 上、10 下；220/16 下；221/5 下、16 上；222/4 下；223/1 上、17 下；224/1 下、17 上；225/23 上；228/7 下；233/7 下、14 上；238/16 上；240/38 上；244/9 下；245/3 上、6 上、11 上；246/9 上、20 下；247/4 上、20 上；250/1 上、6 下、16 上、18 上；255/3 下；258/15 上；260/17 上；263/1 上；264/22 下；266/10 上；273/7 上、8 下；274/10 下；277/15 上；280/15 下；281/1 上；282/3 下；283/1 上；284/2 上；288/12 下；289/18 上；290/12 上、12 下、14 上；291/4 下、7 下；293/3 上；295/4 上；297/2 下、4 下、5 下；298/1 下；300/6 上；302/1 下；305/7 下；306/2 上；308/15 上；309/10 下；311/7 下；312/7 下、8 上；313/11 上、12 下；314/2 上、3 下、4 下、5 上、9 下、11 上、12 上；315/3 下、4 上、9 下、13 下、15 上、16 下、17 上；316/5 上、13 上、15 上、15 下、16 上；318/1 上、11 上；319/2 上、4 上、6 上、10 上、11 下、14 上、17 上；320/1 上、2 下、8 上；321/12 上、12 下；323/2 上、6 下、13 下；324/9 下、10 下；325/3 上、7 上；326/13 上、16 上；327/4 上；328/3 上、5 上、6 下、11 上、11 下、14 上；329/6 上、10 下、11

上、16 下；330/6 下、9 上、13 上；331/1 上、1 下、10 上、10 下；334/15 下、17 上、23 上；335/3 下；336/3 下；337/17 上；338/4 上、11 上、15 上；339/6 下；341/6 下、11 下；342/2 上、4 下、6 下、10 下；343/2 上；344/9 下；345/2 下、9 下、14 上；346/7 上、8 下；347/2 下、15 上；349/1 下；354/2 下；356/15 下；358/9 下；359/6 上；366/17 上；369/12 下；372/5 上；374/8 上；381/22 下；382/9 下；389/19 下；395/20 下；396/18 上；401/8 下；403/2 下；404/23 上；405/4 上；408/8 上；409/13 下、23 上；411/6 上；412/9 上；413/6 上；414/8 上；417/5 上；434/12 上；436/4 上；445/13 上；446/6 下、7 上；452/3 上；458/2 下；459/9 上；466/3 上；467/1 下；468/5 上、19 下；469/8 上；470/9 上、16 上；471/1 下、12 上；474/2 下、8 上；478/2 上、6 上；480/3 上、8 上、11 下；483/4 上；484/9 上；485/14 上、16 上；486/6 上；487/2 下；488/8 下；490/20 下；491/19 下、21 下；494/24 上、27 下；495/8 上；496/14 上、14 下；497/14 上；498/10 下；499/3 下、5 上、6 下、14 上；500/9 下；501/5 下；502/8 上、9 下、10 上；504/8 上；505/10 下、16 下、17 上；506/2 上、3 上、11 下；507/1 下、3 上；508/10 下、12 上；509/10 下、14 下；510/3 上、10 上；511/1 下、2 上、2 下、9 上、13 下；512/9 下、14 上；513/1 上、6 上、6 下；514/12 下、14 上、15 下、17 上、18 上；515/6 上；516/3 下、18 上；517/2 上、3 上、5 上、7 下、11 上；518/3 下、9 下、16 下、21 下

【长编纪事本末】83/7 下；140/11 上

【东都事略】8/神宗纪/7 上；18/富郑公神道碑/29 上；25/奏议/2 上；28/1 上；39/口宣/20 下；52/吕公孺传/8/8 下；86/徐禧传/5 上、6 下；104/折可适传/3 上；127、128/西夏传/附录 5、6

【玉海】143/17 下；174/41 下

【三朝北盟会编】36/8 下；75/12 上/宇文虚中撰刘公翰神道碑；77/6 上；118/3 下

【宋大诏令集】214/赐鄜延等路经略使不得生事

诏/815；233/赐赵德明诏（景德元年正月丁巳）/906；235/戒约夏国诏/915；236/赐夏国诏（元祐八年四月庚申）/921

【宋文鉴】127/记客言/2 上

【宋会要】礼25 之 9/959、62 之 49/1719；职官 23 之 15/2890、27 之 14/2943、41 之 76/3204、43 之 74/3310、49 之 4/3531、49 之 5/3532、66 之 18/3877、67 之 35/3905；食货 2 之 6/4828、39 之 22/5499、39 之 26/5501、53 之 8/5723、63 之 81/6027；刑法 4 之 16/6629、7 之 18/6742、7 之 22/6744；兵 1 之 5/6756、2 之 7/6775、4 之 1/6820、4 之 16/6828、8 之 22/6898、8 之 23/6898、8 之 24/6899、8 之 32/6903、8 之 33/6903、10 之 16/6927、14 之 20/7002、17 之 17/7046、17 之 25/7050、18 之 6/7060、22 之 13/7150、24 之 15/7186、24 之 21/7189、24 之 23/7190、24 之 25/7191、27 之 17/7255、27 之 18/7255、27 之 21/7257、27 之 22/7257、27 之 24/7258、27 之 28/7260、27 之 29/7261、27 之 34/7263、27 之 38/7165、27 之 41/7267、28 之 1/7270、28 之 2/7270、28 之 4/7271、28 之 5/7272、28 之 11/7275、28 之 19/7279、28 之 24/7281、28 之 25/7282、28 之 26/7282、28 之 28/7283、28 之 29/7284、28 之 37/7288、28 之 38/7288、28 之 40/7289、28 之 41/7290、28 之 42/7290、28 之 43/7291；方域 5 之 36/7401、6 之 8/7409、8 之 6/7443、8 之 26/7453、8 之 30/7455、10 之 25/7486、12 之 15/7527、18 之 3/7611、18 之 5/7611、18 之 6/7612、18 之 17/7618、18 之 21/7620、18 之 22/7620、18 之 24/7621、18 之 32/7625、19 之 5/7628、19 之 14/7632、19 之 49/7650、20 之 2/7651、20 之 11/7656、20 之 15/7658、28 之 19/7279、28 之 25/7282、28 之 37/7288、28 之 40/7289、28 之 41/7290

【系年要录】12/279；79/1298；96/1582；124/2030；129/2090；130/2099；132/2115

【皇宋十朝纲要】5/9 下；14/2 上；16/10 上、12 下、15 下；17/13 下

【武经总要】前集 18 上/1 下、34 上

【奏议标】44/陈并·上哲宗答诏论彗星陈四说/

461；45/王襄·上钦宗论彗星/481；62/赵瞻·上英宗论差中官为陕西钤辖/687；125/吕诲·上英宗请重造蕃部兵帐/1379；131/富弼·上仁宗论西夏八事/1451；132/刘平·上仁宗乞选用酋豪各守边郡/1455、范仲淹·上仁宗论夏贼未宜进讨/1463、田况·上仁宗兵策十四事/1467、1468；133/孙沔·上仁宗论范仲淹答元昊书/1472、张亢·上仁宗论边机军政所疑十事/1473、范仲淹·上仁宗攻守二策/1477；134/范仲淹等·上仁宗论和守攻备四策/1497；136/韩琦·上仁宗论西北议和有大忧者三大利者一/1516、司马光·上神宗纳横山非便/1528；138/范纯仁·上哲宗答诏论西事/1556；139/范纯粹·上哲宗乞以弃地易被虏之人/1562、1563、苏辙·上哲宗乞因夏人纳款给还其地/1565、范纯粹·上哲宗乞不妄动以观成败之变/1569、苏轼·上哲宗论前后致寇之由及当今待敌之要/1572；140/范纯粹·上哲宗论息兵失于欲速/1579、苏辙·上哲宗论地界/1579、范纯粹·上徽宗论进筑非便/1583、张舜民·上徽宗论进筑非便/1585；141/文彦博·上神宗论进筑河州/1591

【奏议影】44/陈并·上哲宗答诏论彗星陈四说/1641；45/王襄·上钦宗论彗星/1708；62/赵瞻·上英宗论差中官为陕西钤辖/2279；125/吕诲·上英宗请重造蕃部兵帐/4256；131/富弼·上仁宗论西夏八事/4462；132/刘平·上仁宗乞选用酋豪各守边郡/4478、范仲淹·上仁宗论夏贼未宜进讨/4502、田况·上仁宗兵策十四事/4515、4519；133/孙沔·上仁宗论范仲淹答元昊书/4531、张亢·上仁宗论边机军政所疑十事/4535、范仲淹·上仁宗攻守二策/4544；134/范仲淹等·上仁宗论和守攻备四策/4607；136/韩琦·上仁宗论西北议和有大忧者三大利者一/4665、司马光·上神宗纳横山非便/4699；138/范纯仁·上哲宗答诏论西事/4784；139/范纯粹·上哲宗乞以弃地易被虏之人/4804、苏辙·上哲宗乞因夏人纳款给还其地/4809、范纯粹·上哲宗乞不妄动以观成败之变/4823、苏轼·上哲宗论前后致寇之由及当今待敌之要/4832；140/范纯粹·上哲宗论息兵失于欲速/4855、苏辙·上哲宗论地界/4856、4857、范纯粹·上徽宗论进筑非

便/4867、张舜民·上徽宗论进筑非便/4874；141/文彦博·上神宗论进筑河州/4892

【隆平集】19/武臣·石元孙传/7 下

【名臣碑传琬琰集】上集 10/韩献肃公绛忠弼之碑/159、26/范镇撰吕惠穆公公弼神道碑/402；中集 36/929

【靖康要录】15/927

【中兴小纪】26/301

【元刊梦溪笔谈】5/17

【元宪集】30/抚问鄜延路知州郭署等/315

【元史】149/石天应传/3526

【文庄集】14/陈边事十策/1 上

【乐全集】19/平戎十策/13 下；21/请罢陕西招讨经略司事/5 上

【北山集】13/西征道里记并序/23 上；34/武功大夫昭州团练使骁骑尉徐公（量）行状/11 上

【司马文正公集】14/言程戡第二札子/7；25/章奏 23/3 上；78/太子太保庞公墓志铭/3 上

【汉滨集】15/故客省使雄州防御使泾原路兵马钤辖兼第十一将郭公（成）行状/16 下

【华阳集】23/抚问鄜延环庆路边臣兼赐夏药口宣/284、抚问鄜延环庆路沿边臣寮口宣/285；24/赐鄜延副都总管贾逵赴阙生料口宣/297

【名臣碑传琬琰集】下集 24/故太尉威武军节度使李公行状/1617

【后山谈丛】3/3 下

【安阳集】家传/1/15 下、2/1 上、2/4 上、2/8 上、2/14 上、3/3 上、3/10 上、4/17 下、6/17 上；35 奏状/7 上、17 下

【曲洧旧闻】6/5 上

【初寮集】6/定功继伐碑/1 上

【吴礼部诗话】15 下

【邵氏闻见录】5/42；10/101

【鸡肋编】62/资政殿大学士李公（青臣）行状/24 上

【龟山集】32/李修撰（夔，字斯和）墓志铭/3 下、5 上；33/钱忠定公（即，字中道）墓志铭/10 上、10 下、13 上、13 下

【京口耆旧传】3/邵鲲传/11 上

【姑溪居士后集】20/折渭州墓志铭/1 上

【忠正德文集】9/辩诬笔录/10 下

【忠肃集】7/殿前副都指挥使建武军节度使贾逵

谥武恪谥议/102；12/直龙图阁蔡君（奕）墓志铭/164

【忠穆集】1/上边事备御十策·料彼已/5 上

【欧阳文忠公全集】20/资政殿学士户部侍郎文正范公神道碑铭/12 上；127/归田录/11 上

【河南先生文集】4/秦州新筑东西城记/7 上；7/答环庆招讨使范希文书/1 下；15/故金紫光禄大夫检校右散骑常侍李公（渭）墓志铭/12 下；20/奏军前事宜状/1 下、奏为乞令环庆路与泾原路相应发兵马牵制贼势事/4 上、奏为近差赴鄜延路行营其兵马乞移拨往环庆路事/5 上、奏为已发赴环庆路计置行军次第乞朝廷特降指挥/6 下

【画墁集】补遗/游公（师雄）墓志铭/1 下、2 上、2 下

【范太史集】11/贺鄜延路奏米脂川大捷表/9 下；16/论枢密院阙官札子/3 下；40/检校司空左武卫上将军郭公墓志铭/17 下、18 上

【范文正公集】5/上攻守二策/13 下；9/上吕相公书/13 上、上枢密尚书书/16 上；15/耀州谢上表/6 上；19/陈乞邓州状/12 上；年谱补遗/2 上、6 下、8 上；年谱拾遗事录/22 上；西夏堡寨/5 下；别集 4/10；言行拾遗 3/9 下；政府奏议 64/23 下；政府奏议下/焉举/37 下；诸贤赞颂论疏/12 下；遗文/9 上

【金石萃编】147/折克行神道碑、折克行神道碑考释/1 上

【闻见近录】13 上

【栾城集】37/论兰州等地状/4 上；39/论西事状/15 上；42/论前后处置夏国乖方札子/7 下

【涑水记闻】8/6 下；9/3 下；11/21 上；12/1 上、1 下、16 下；14/3 下、10 上

【耆旧续闻】6/7 上

【梁溪集】33/5 下；172/靖康传信录/中/7 上

【蒙斋笔谈】上/4 上

【靖康传信录】2/14

【稽古录】20/90 上

【儒林公议】上/2 上

【平远县志】4/山川/16 下

【甘肃新通志】29/祠祀志·祠宇下·庆州府·安化县/8 下

【延安府志】1/诗文/47 上；7/诗文/22 下

【陕西通志】5/建置 4/39 上；7/疆域 2/42 上；

16/关梁 1·延安府·安定县/28 下、保安县/29 下、榆林府·定边县/67 下；17/关梁 2·绥德州·米脂县/46 上

【榆林府志】47/7 上、10 上

【汇编】上 31、58、76、83、86、88、108、109、110、175、179、180、196、197、201、205、206、213、232、234；中一 991、992、1289、1328、1422、1442、1462、1464、1467、1486、1488、1491、1496、1500、1526、1527、1570、1607、1611、1647、1651、1656、1665、1676、1685、1702、1709、1742、1745、1749、1750、1757、1758；中二 1774、1794、1800、1828、1853、1855、1856、1857、1862、1866、1880、1881、1882、1886、1887、1903、1908、1911、1912、1913、1933、1936、1938、1940、1955、1956、1965、1966、1982、2005、2036、2037、2048、2051、2052、2053、2064、2100、2105、2116、2117、2118、2120、2147、2151、2152、2155、2156、2157、2158、2161、2162、2168、2178、2184、2199、2200、2209、2211、2212、2222、2229、2235、2236、2237、2348、2249、2251、2271、2274、2275、2293、2294、2298、2299、2300、2305、2313、2335、2374、2384、2390、2395、2397、2410、2463、2470、2506、2533、2555、2582、2614、2615、2621、2637、2640、2645、2650、2671、2726、2820；中三 2885、2905、2915、3025、3029、3035、3053、3068、3070、3071、3077、3088、3094、3102、3129、3176、3181、3238、3247、3256、3268、3290、3314、3315、3316、3320、3329、3344、3345、3378、3395、3396、3404、3405、3417、3423、3434、3439、3442、3447、3454、3455、3457、3475、3476、3477、3501、3504、3506、3535、3542、3543、3545、3549、3565、3581、3582、3587、3589、3590、3592、3599、3602、3603、3610、3617、3619、3620、3627、3633、3651、3652、3653、3656、3664、3671、3678、3682、3683、3695、3699、3701、3703、3705、3713、3726、3727、3735；中四 3768、3770、3807、3808、3809、3820、3822、3847、3865、3869、3870、3871、3879、3884、3888、3902、3914、3921、3922、3925、3926、3935、3947、3972、3973、3975、3976、3982、3988、3993、3995、4015、4021、4035、4036、4045、4070、4074、4075、4076、4079、4080、4082、4084、4085、4090、4091、4092、4093、4096、4107、4108、4109、4111、4114、4115、4116、4118、4120、4121、4126、4133、4134、4138、4140、4142、4143、4144、4151、4152、4155、4156、4157、4165、4168、4169、4170、4171、4179、4184、4186、4189、4190、4194、4195、4200、4205、4213、4218、4219、4227、4228、4230、4231、4232、4233、4234、4235、4236、4242、4245、4247、4249、4252、4253、4255、4260、4261、4280、4282、4283、4293、4302、4308、4309、4312、4319、4321、4325、4327、4329、4334、4339、4354、4355、4358、4361、4362、4367、4370、4375、4377、4382、4387、4388、4391、4392、4393、4399、4404、4405、4407、4408、4413、4414、4417、4419、4435、4436、4437、4441、4442、4445、4449、4452、4453、4477、4478、4480、4484、4485、4496、4514、4516、4521、4523、4527、4535、4539；中五 4548、4549、4550、4554、4557、4566、4569、4572、4573、4576、4582、4583、4586、4591、4592、4601、4607、4624、4625、4629、4632、4635、4636、4655、4682、4692、4703、4708、4712、4744、4763、4786、4810、4829、4837、4841、4863、4865、4877、4908、4914、4919、4923、4924、4925、4927、4934、4937、4940、4945、4954、4963、4967、4972、4978、5032、5036、5047、5061、5063、5066、5098、5100、5101、5111、5117、5120、5126、5129、5136、5142、5145、5148、5157、5162、5183、5184、5209、5211、5212、5218、5232、5239、5244、5246、

5247、5251、5254、5255、5256、5258、5259、5260、5261、5262、5264；中六 5272、5276、5285、5290、5291、5293、5294、5297、5304、5305、5319、5322、5333、5334、5336、5362、5366、5367、5369、5381、5385、5386、5387、5388、5395、5402、5403、5405、5406、5408、5421、5426、5431、5432、5449、5462、5463、5474、5476、5477、5478、5489、5491、5492、5514、5515、5520、5533、5536、5539、5544、5551、5553、5556、5557、5562、5563、5564、5565、5566、5583、5585、5589、5590、5596、5609、5616、5630、5632、5634、5638、5643、5648、5650、5653、5662、5708、5709、5711、5713、5720、5778、5793、5794、5796、5812、5823、5828、5868、5869、5871、5889、5913、5925、5926、5929、5935、5939、6008、6009、6030、6074；下 6087、6089、6098、6126、6128、6129、6142、6143、6148、6150、6363、6382、6403、6491、6507、6509、6511、6512、6515、6516、6517、6873、6942、6949、7005、7008、7009、7012、7013、7020、7025；补遗 7093、7122、7125、7128、7129、7132、7154、7265、7304、7340、7375、7376、7377、7396、7399、7400、7402、7408、7415、7417、7435、7438、7436、7439、7453、7454、7466、7481、7486

鄜州　永兴军

【宋会要】方域 5 之 36/7401

鄜州　鄜延

【宋史】5/太宗纪 2/81；10/仁宗纪 2/208；11/仁宗纪 3/212；12/仁宗纪 4/233；17/哲宗纪 1/333；25/高宗纪 2/463；26/高宗纪 3/480；61/水上/1321、1322、1326；62/水下/1346、1365；65/木/1427；87/地理志 3/2146、2148；181/盐上/4414；187/兵志 1/4573、4591；188/步军/4620、4621；191/兵志 5/4739；249/范杲传/8798；252/李洪义传/8855；254/侯延广传/8884；255/杨廷传/8904；257/李继和传/8969；258/曹琮传/8989；261/袁彦传/9046；262/刘几传/9067；

264/宋琪传/9129；265/张齐贤传/9155、张宗海传/9159；276/尹宪传/9408；277/许骧传/9436；283/夏辣传/9572；285/陈执中传/9602；290/夏守赟传/9716、夏随传/9717；295/叶清臣传/9850；308/张煦传/10150；314/范仲淹传/10270；324/张亢传/10484；325/刘兼济传/10504；326/李渭传/10529；328/蔡挺传/10575、薛向传/10585；333/潘夙传/10718；335/种谊传/10748；342/王严叟传/10895；350/和斌传/11079；353/宇文昌龄传/11114；367/李显忠传/11427；452/魏彦明传/13299；466/窦神宝传/13600、石全彬传/13626；467/卢守勲传/13637

【辽史】13/圣宗纪 4/140；115/西夏记/1523

【长编标】22/493；35/768；42/897；43/922；49/1076；52/1133；54/1185；56/1230、1242；60/1338；63/1410；64/1429；82/1869；126/2970、2972、2983、2985、2989、2990、2991、2995、2996、2997；127/3005、3006、3008、3012、3013；128/3026；132/3129；145/3506、3519；149/3612；153/3715、3727、3728；173/4171；203/4915；205/4965；234/5674；240/5867；245/5968；246/5991；248/6048；319/7712；325/7816、7820、7821；326/7844、7858；327/7864；341/8213；452/3 上；469/11210；490/11617；494/11754

【长编影】22/5 下；35/3 下；42/15 上；43/12 下；49/11 下；52/4 上；54/1 上、9 上；56/6 上、16 下；60/5 上；63/11 上；64/5 下；82/8 上；126/5 上、6 下、17 下、21 上；127/3 下、5 上、9 下；128/2 上；132/7 下、17 上、25 下；145/11 上；149/15 上；153/2 上；173/5 下；203/5 上；205/4 上；234/3 下；240/38 上；245/17 上；246/9 上；248/10 上；252/22 下；311/15 上；319/11 下；325/3 上、6 下、7 上；326/6 上、16 下；327/1 上；341/16 下；452/3 上；465/14 下、16 下；469/8 上；490/1 上；494/24 下

【宋会要】职官 48 之 29/3470、55 之 31/3614；食货 1 之 30/4816、4 之 7/4849、15 之 16/5069、16 之 1/5073、19 之 7/5126、23 之 28/5188、36 之 24/5443、36 之 25/5444、39 之

3/5490、42 之 12/5567、59 之 4/5940、63 之
81/6027、64 之 4/6840；兵 24 之 1/7179、27
之 16/7254、27 之 25/7259、28 之 39/7289；
方域 5 之 4/7385、5 之 36/7401、8 之 2/
7441、12 之 15/7527、19 之 49/7650

【系年要录】21/433

【武经总要】前集 18 上/1 下、8 下

【奏议标】130/张齐贤·上真宗论陕西事宜/
1438、1439；132/刘平·上仁宗乞选用酋豪
各守边郡/1455、范仲淹·上仁宗乞严边城实
关内/1457、陈执中·上仁宗论西边事宜/
1457、田况·上仁宗兵策十四事/1467

【奏议影】130/张齐贤·上真宗论陕西事宜/
4420、4423；132/刘平·上仁宗乞选用酋豪
各守边郡/4478、陈执中·上仁宗论西边事宜
/4482、范仲淹·上仁宗乞严边城实关内/
4483、田况·上仁宗兵策十四事/4515

【名臣碑传琬琰集】上集 22/夏文庄公竦神道碑
/342；中集 48/韩忠献公琦行状/1096

【五代史纂误补】3/李仁福/12 上

【元丰九域志】3/107、113、115、117、118

【东轩笔录】9/4 上

【安阳集】家传 1/15 下、2/1 上、2/8 上、3/3
上

【河南先生文集】15/故金紫光禄大夫检校右散
骑常侍李公（渭）墓志铭/13 下、17/故金紫
光禄大夫张公（宗海）墓志铭/3 下；24/申
拣选军马状/1 下、申和雇人修城状/4 上

【范文正公集】年谱补遗/3 上、4 下、5 下、7
上、7 下、8 上、21 上；西夏堡寨/3 上

【涑水记闻】11/12 上；14/6 上

【斜川集】5/孙团练墓志铭/30 上

【彭城集】21/291

【甘肃新通志】7/舆地志·山川下·庆阳府·合
水县/15 下

【延安府志】2/12 上；4/11 下；5/1 上

【陕西通志】7/疆域 2/40 上、42 上；51/名宦
2/8 上

【榆林府志】6/建置志·关隘/3；47/7 上

【汇编】上 13、62、118、224；中一 941、942、
971、982、1047、1057、1069、1070、1190、
1201、1228、1235、1247、1258、1315、
1336、1339、1343、1353、1381、1397、

1415、1423、1442、1451、1487、1519、
1658；中二 1777、1787、1790、1890、1894、
1898、1899、1905、1909、1913、1914、
1915、1920、1940、1950、1956、1969、
1970、1973、1981、1982、1983、1994、
1998、1999、2000、2005、2008、2037、
2039、2052、2099、2102、2110、2111、
2116、2145、2157、2158、2253、2254、
2255、2266、2273、2296、2312、2348、
2417、2465、2466、2467、2613、2614、
2642、2797；中三 2915、3011、3047、3129、
3370；中四 3776、3820、3873、3907、3944、
3976、4009、4033、4063、4064、4117、
4119、4236、4247、4290、4327、4329、
4332、4334、4350、4361、4366、4541；中
五 5046、5083、5091、5097、5110、5126、
5255；中六 5829；下 6167、7004、7005；补
遗 7093、7233、7264、7278、7288、7480、
7482、7486

郦城县　康定二年以郦州郦城县置康定军

【长编标】130/3082

【长编影】130/4 上

【元丰九域志】3/113

【武经总要】前集 18/8 上

【范文正公集】年谱补遗/8 上；西夏堡寨/3 下；
言行拾遗事录 3/9 下

【汇编】中二 2116、2145、2146、2157、2642、
2643

郦畤　郦州

【长编标】39/835

【长编影】39/7 上

雍州

【宋史】344/王觌传/10942

【长编标】39/834、836；465/11102；470/11235

【长编影】39/5 下、7 上；465/5 上；470/16 上

【宋文鉴】116/10 下

【净德集】30/317

【汇编】中一 1122、1127；中二 2697；中五
4890、5089、5143、5224

廓州　熙河，宋哲宗元符二年以廓州为宁塞城，
宋徽宗崇宁三年弃之，四年收复仍为廓州

【宋史】18/哲宗纪 2/353；19/徽宗纪 1/369；
85/地理志 1 序/2095；87/地理志 3/2162、

2166、2167、2168、2169；175/和籴/4246；190/河东陕西弓箭手/4722；322/吴择仁传/10443；328/王厚传/10583；350/赵隆传/11090；357/河灌传/11226；472/蔡卞传/13724；492/唃厮罗传/14160、董毡传/14163

【长编标】82/1877；119/2814；247/6019；404/9841；426/10299；507/12092；516/12263；519/12353

【长编影】82/14 下；119/16 下；247/12 上；404/10 下；426/5 下；507/17 下；516/1 上、3 下；519/9 上

【长编纪事本末】139/8 下、14 下、16 下、17 上、17 下；140/1 上、2 下、4 下、6 上、8 下、9 下、12 下

【东都事略】10/徽宗纪/2 下；82/王厚传/6 上

【宋会要】职官 68 之 12/3914；选举 29 之 6/4697；食货 63 之 50/6011；兵 4 之 18/6829、9 之 5/6908、14 之 20/7002；方域 6 之 1/7406、6 之 3/7407、13 之 22/7541

【宋朝事实类苑】56/730

【奏议标】45/王襄·上钦宗论彗星/481；141/冯澥·上徽宗论湟廓西宁三州/1596、1597

【奏议影】45/王襄·上钦宗论彗星/1709；141/冯澥·上徽宗论湟廓西宁三州/4907、4911

【元刊梦溪笔谈】2/31

【东轩笔录】3/4 上；7/4 上

【初寮集】6/定功继伐碑/1 上

【京口耆旧传】6/王厚传/16 下

【汇编】中一 1521、1733；中二 2056、2057；中三 3714；中四 3815、3892、3898；中五 4846、4848、4957；中六 5505、5606、5608、5613、5660、5695、5733、5736、5737、5744、5748、5749、5751、5759、5760、5761、5767、5768、5769、5770、5772、5774、5775、5777、5780、5817、5819、5821、5839、5843、5844、5845、5853、5854、5855、5859、5879、5886、5887、5913、5969、6029；下 7007；补遗 7437

叠州 熙河

【宋史】20/徽宗纪 2/373；197/兵志 5/4757；303/范祥传/10049；328/王韶传/10580；349/刘昌祚传/11053；464/高遵裕传/13576

【长编标】188/4530；246/5984；247/6022；255/6232；273/6687；516/12284；518/12324

【长编影】188/4 下；246/8 上；247/14 上、15 上；255/2 上；273/12 下；516/7 上、18 上；518/7 上

【东都事略】82/王韶传/4 下

【宋会要】兵 9 之 6/6908、17 之 30/7052

【宋朝事实类苑】56/730

【皇宋十朝纲要】9 下/7 上

【奏议标】141/文彦博·上神宗论进筑河州/1590、1591

【奏议影】141/文彦博·上神宗论进筑河州/4891

【临川集】56/百贺复熙州表/1 下

【名臣碑传琬琰集】下集 14/王荆公安石传/1473

【汇编】中三 3250、3522；中四 3765、3815、3822、3844、3857、3858、3860、3878、3890、3894、3895、3896、3898、3909、3962、4015；中六 5610、5616、5646、5786；下 6748

十四画

嘉麟县 凉州

【宋史】492/吐蕃传/14154

【长编标】43/921

【长编影】43/13 上

【元丰九域志】10/化外州·陕西路/479

【汇编】中一 1200、1715

熙州 熙河

【宋史】15/神宗纪 2/282；22/徽宗纪 4/403；28/高宗纪 5/533；40/宁宗纪 4/774；61/五行志 1/1327；87/地理志 3/2162；95/河北诸水/2372；167/府州军监/3973；175/和籴/4242；176/屯田/4268；186/互市/4564、市易/4552；190/河东陕西弓箭手/4717、4718、4720、4723；193/召募之制/4803；196/屯戍之制/4899；253/折可适传/8867；286/蔡延庆传/9638；303/范育传/10051；314/范纯粹传/10281；322/吴择仁传/10443；328/王韶传/10580、10581；331/张诜传/10649；332/孙路传/10687、游师雄传/10690、穆衍传/10691；336/吕公著传/10776；343/蒋之奇传

/10916；348/钟传传/11037、赵遹传/11045；349/姚雄传/11060；350/苗授传/11068、刘仲武传/11082；353/程之邵传/11151；355/李譓传/11191；357/河灌传/11226；369/王渊传/11485；380/楼炤传/11717；446/刘韐传/13162；448/郑骧传/13202；452/景思立传/13287；453/高永年传/13315；464/高遵裕传/13575；467/李宪传/13639；486/夏国下/14007；490/于阗传/14109；492/阿里骨传/14165

【长编标】188/4530；239/5818、5819；240/5825、5867；241/5886；242/5901；243/5913、5914、5918、5919、5925；244/5937、5945、5946、5961；245/5964；246/5976、5985；247/6008、6018、6021、6022、6031；248/6051、6055、6059；249/6072；250/6080、6103、6110；251/6109、6111、6112、6114、6120；252/6179、6180；253/6189、6193；254/6205、6209、6211；255/6232；256/6262、6263；258/6290、6293、6295、6305；261/6355；262/6410；263/6420、6426；265/6488；267/6544；268/6570；270/6629；271/6635；272/6665；273/6686；276/6754；286/6999；290/7086；291/7114；295/7190；296/7204、7213；299/7279；304/7392；305/7428、7429；312/7578；316/7653；323/7781；325/7821；326/7854；327/7880；328/7902；329/7934；333/8017、8024；336/8102；337/8126；338/8142；341/8204；342/8230；345/8293；349/8369；350/8395；351/8408；364/8708；367/8820；375/9093；382/9314；399/9731；400/9743、9745；402/9779；404/9840、9841；413/10043；441/10623；442/10645；444/10679、10680、10690；445/10724、10725；446/10740；460/10996、10997、10998；461/11019；462/11043、11044；464/11086；470/11232；476/11337、11341；478/11389；483/11485；487/11570；488/11589；493/11715；494/11733、11737；495/11783、11784；496/11791；499/11874、11887；501/11941、11942；504/12013；505/12045；507/12085、12086；511/12173；512/12188；513/12203；514/12217、12218、12227；515/12243、12244；516/12267；517/12299、12300、12303

【长编影】188/5 上；239/12 上、15 上；240/1下、38 上；241/10 下、11 下；242/10 下；243/1 下、7 上、8 上、12 上；244/7 上、13下；245/11 上、14 上；246/1 上、8 下、17上、20 上；247/2 下、14 上、15 上、22 上；248/12 下、17 上、20 上；249/6 上；250/1上、21 上；251/1 下、2 上、4 上、6 上、11上；252/27 下；253/4 上、6 下、7 下；254/1 上、4 上、6 上、7 上；255/2 下；256/14下、15 下；258/4 下、6 下、7 下、8 下、10上、16 上；261/1 下；262/11 下、32 下；263/3 下、8 下、15 上；265/4 上；267/5 上；268/10 下；270/9 下；271/3 下；272/4 上；273/11 上；276/3 下；286/5 上；290/1 下；291/4 上；295/12 上；296/9 上；299/14 下；304/1 上；305/12 下；312/17 下；315/2 上；316/15 上；323/6 上；325/7 上；326/16 下；327/14 上；328/11 上；329/18 下、22 下；333/4 下、10 下；336/10 上；337/10 下；338/4 上；341/8 下；342/9 下、11 下；345/12 上、19 下；349/3 下；350/12 上；351/5上；364/10 上；367/1 上；375/7 上；382/13上；399/10 上；400/5 下、7 上；402/1 下；404/10 上；413/9 上；441/14 下；442/13上；444/1 上、4 上；445/13 上；446/12 上；460/1 上；461/4 下；462/11 上；464/12 下；470/11 上；476/4 下；478/7 上；483/4 下；487/8 上；488/11 下；493/17 上、26 下；494/6 上、10 上；495/17 上；496/1 下；497/2 下；499/2 下、9 上；501/11 上；504/8 上；505/2 下、17 上；506/9 上；507/12上、17 下；511/11 下、16 下；512/12 上；513/9 上；514/8 下、13 上、16 上、19 下；515/8 下、10 上；516/1 上、3 下；517/4 上、8 上

【长编纪事本末】139/1 上、3 上、4 下、11 下、14 下、15 下、17 上、19 上、19 下；140/1下、2 下、8 上、12 下

【东都事略】82/王韶传/4 下

【三朝北盟会编】11/14 下

【宋大诏令集】219/置熙河路熙河秦凤德音（熙

宁五年十月戊戌) /837

【宋会要】礼20之39/784；职官43之53/3300、43之59/3303、43之61/3304、43之74/3310、43之83/3315、43之85/3316、43之94/3320、58之14/3708；食货15之18/5071、19之8/5127、30之12/5324、30之33/5335、39之24/5500、39之25/5501、63之76/6024、63之82/6027；兵4之8/6824、9之5/6908、14之21/7003、17之30/7052、18之5/7060、22之24/7155、28之29/7284、28之36/7287；方域5之3/7384、5之36/7401、6之2/7406、10之25/7486、20之2/7651、20之9/7655、20之15/7658、20之28/7654；蕃夷4之93/7760、6之9/7823、6之10/7823、7之41/7860

【宋朝事实类苑】56/730

【系年要录】108/1762；131/2107；197/3319；198/3331；199/3377

【皇宋十朝纲要】16/12下；18/4下

【奏议标】45/王襄·上钦宗论彗星/481；138/吕陶·上哲宗请以兰州二寨封其酋长/1559；140/范纯粹·上哲宗论息兵失于欲速/1578、苏辙·上哲宗论地界/1580；141/文彦博·上神宗论进筑河州/1590

【奏议影】45/王襄·上钦宗论彗星/1708；138/吕陶·上哲宗请以兰州二寨封其酋长/4790；140/范纯粹·上哲宗论息兵失于欲速/4850、苏辙·上哲宗论地界/4858、4859；141/文彦博·上神宗论进筑河州/4889

【朝野杂记】乙集19/边防/1180

【名臣碑传琬琰集】中集50/韩仪公丞相忠彦行状/1143；下集14/王荆公安石传/1473

【元丰九域志】3/125、133、135上、138

【司马文正公集】77/书启6/19下

【龙川略志】635

【夷坚三志辛】4/1410

【初寮集】6/定功继伐碑/1上

【京口耆旧传】3/邵䱷传/11下；6/王厚传/16下

【净德集】30/送蒋熙州/317

【泊宅编】3/15

【画墁集】补遗/游公（师雄）墓志铭/4上、5下

【范文正公集】遗文/9上

【临川集】56/百寮贺复熙河路表/1下

【挥麈前录】1/7下

【栾城集】42/论前后处置夏国乖方札子/7下

【栾城后集】14/拟答西夏诏书/4上

【彭城集】8/熙州行/108

【潞公文集】20/奏议/5上

【甘肃新通志】8/形胜·兰州府·皋兰县/1下；9/舆地志·关梁·兰州府·狄道州/15下；13/舆地志·古迹·兰州府·狄道州/4上、4下、河州/8下

【汇编】上87、94、176、229；中三3184；中四3795、3810、3813、3815、3816、3818、3820、3821、3823、3830、3836、3844、3846、3848、3850、3851、3853、3854、3856、3858、3864、3866、3867、3871、3872、3875、3878、3883、3887、3893、3894、3895、3896、3898、3903、3909、3910、3912、3915、3916、3920、3928、3931、3932、3933、3934、3935、3936、3938、3947、3948、3949、3950、3952、3954、3955、3956、3957、3958、3969、3970、3971、3972、3974、3975、3985、3988、3989、3990、3993、3997、3999、4002、4006、4012、4014、4018、4021、4040、4053、4074、4078、4087、4088、4101、4146、4147、4155、4173、4188、4294、4311、4316、4334、4358、4359、4364、4380、4391、4416、4424、4465、4466、4470、4482、4500、4509、4511、4517、4535、4536；中五4554、4555、4615、4617、4659、4660、4661、4687、4697、4720、4768、4824、4825、4826、4831、4832、4847、4848、4853、4859、4908、4909、4939、4965、4967、4981、4989、4992、5002、5005、5029、5030、5035、5036、5056、5060、5069、5070、5080、5081、5082、5086、5139、5140、5170、5201、5224、5226、5235、5247、5257、5258；中六5289、5302、5306、5307、5346、5349、5357、5358、5363、5371、5374、5375、5386、5402、5406、5428、5429、5430、5443、5449、5455、5466、5477、

5500、　5503、　5506、　5563、　5570、　5579、
5580、　5584、　5588、　5591、　5598、　5600、
5606、　5609、　5632、　5635、　5636、　5674、
5687、　5724、　5726、　5727、　5728、　5729、
5738、　5739、　5745、　5746、　5747、　5748、
5752、　5753、　5757、　5760、　5761、　5769、
5773、　5776、　5779、　5780、　5782、　5790、
5803、　5804、　5805、　5839、　5856、　5859、
5877、　5878、　5906、　5927、　5928、　5930、
5965、5986、6029、6079；下 6220、6458、
6483、　6511、　6514、　6678、　6682、　6687、
6748、6864、6937、7005；补遗 7329、7333、
7334、7340、7360、7435、7436

熙兰路

【长编标】446/10728、10735；456/10922、10923；
458/10953；459/10984

【长编影】446/1 上、7 上；456/5 上、6 上；
458/1 上；459/9 上

【汇编】中五5063、5066

熙河路

【宋史】15/神宗纪 2/282、283、284、285、
286、289、293；16/神宗纪 3/304、305、
312；17/哲宗纪 1/321、332；18/哲宗纪 2/
347、348、350、353；20/徽宗纪 2/374；21/
徽宗纪 3/397；29/高宗纪 6/541；67/五行志
5/1463；87/地理志 3/2162；105/诸祠庙/
2562；153/诸臣服下/3566；172/增给/4149；
175/和 籴/4244；176/屯 田/4268、4269；
180/钱币/4388；181/会子/4404；183/盐下/
4471；186/商税/4543；188/熙宁以后之制/
4628；189/厢兵/4643；190/河东陕西弓箭手
/4714、4715、4717、4718、4725；191/蕃兵
/4758、4759；193/招募之制/4802；196/屯
戍之制/4902；197/器甲之制/4916；198/马
政/4941；253/折可适传/8868；286/蔡延庆
传/9638；290/张玉传/9722、郭逵传/9725；
303/范育传/10051；311/吕公弼传/10214；
312/韩琦传/10227；314/范纯粹传/10279；
318/胡宗回传/10371；321/钱颛传/10436；
326/张岊传/10523；327/王安石传/10547、
王雱传/10551；328/安焘传/10566、王韶传/
10581、章楶传/10589；329/舒亶传/10603；
331/卢秉传/10671；332/陆师闵传/10683、

游师雄传/10689、穆衍传/10691；334/熊本
传/10731；335/种古传/10745；337/范百禄
传/10793、范镇禹传/10789；339/苏辙传/
10824、10830、10832；341/孙固传/10876；
342/王岩叟传/10894、孙永传/10901；343/
郑润甫传/10911；348/钟传传/11037；349/
姚兕传/11058、姚雄传/11059；350/苗授传/
11068、王赡传/11072、张守约传/11073、王
文郁传/11075、赵隆传/11090；353/郑仅传/
11147；354/姚祐传/11162；355/上官均传/
11179、叶涛传/11182；361/张浚传/11301；
366/吴玠传/11411、吴璘传/11415；372/王
庶传/11546；395/王阮传/12053；448/郑骧
传/13202；452/刘惟辅传/13298、翟进传/
13302；467/王中正传/13643、李宪传/
13639、13640；471/蔡确传/13698、邢恕传/
13704、章惇 传/13712；486/夏 国 传 下/
14016、14022；492/董毡传/14164、阿里骨
传/14165、赵思忠传/14168

【长编标】215/5239；228/5552；233/5653；239/
5818、5819；240/5826、5831；241/5878、
5881、5886；242/5901、5904；244/5930、
5932、5934、5936、5940、5943；245/5950、
5961、5967；246/5998；247/6032；248/
6047、6049；249/6069、6072；250/6085、
6101、6103、6105；251/6109、6116、6139、
6170、6178；252/6180；253/6193；254/
6205、6208、6217、6222；255/6232；256/
6247；258/6295；259/6316；260/6333、
6339、6345；261/6355；262/6387、6392、
6398、6399、6402、6410、6413；263/6420、
6432、6436、6438、6439、6440；265/6516；
267/6545、6549、6553；268/6572；269/
6602；270/6619、6622、6625；271/6638；
272/6659、6662、6668、6670；273/6675、
6676、6679、6680、6686；274/6701、6706、
6712、6713；275/6727、6730、6731；276/
6741；277/6775、6777、6785、6786；278/
6799、6808；279/6819、6820、6821、6838、
6842；280/6849、6865、6869、6872；281/
6892；282/6918；284/6962；285/6973；286/
6999、7000；287/7016、7029；288/7040；
289/7078；290/7089；291/7114、 7115、

7117、7119；293/7155；294/7167；295/7183；296/7213；297/7231、7236；298/7258；299/7272、7273、7278；300/7303；303/7375；305/7417；308/7476、7491；310/7528；312/7566；313/7590、7592、7598；314/7602；315/7618、7624、7633；316/7640、7643、7652、7654；317/7677；319/7709、7711、7713；320/7728、7731、7732；321/7743、7752；322/7761、7762；323/7777、7785、7786；325/7817、7829；327/7867、7869、7870、7878；328/7894、7903、7908；329/7915、7917；330/7952、7962；331/7966、7968、7982；333/8017、8024；334/8030；335/8084；336/8097；340/8188；341/8204；342/8222、8227；343/8248；344/8263；347/8320、8325、8326；348/8353、8362；349/8368、8369、8372；350/8381；351/8406；352/8448、8450；360/8608、8624；364/8707、8708、8735；365/8770；366/8802、8803；367/8842、8845；372/9017；373/9027；375/9106；381/9278；382/9308、9312、9317；383/9340；395/9639；396/9665；401/9767；402/9778、9779；404/9840、9842、9852、9853、9857；405/9862、9873、9874；406/9892、9893；407/9905；412/10030；414/10054；430/10394；431/10418；443/10658、10660、10662、10673；444/10684、10687、10688、10689、10690、10692、10693；445/10711、10715、10716、10718；446/10728、10729、10734、10735、10736；447/10758、10759、10760；449/10792；452/10845、10849；454/10882；455/10907；458/10952；459/10984；460/10996、10998、11000；462/11042、11043、11044；464/11083；465/11115、11117、11124；466/11129、11130；467/11145、11155；468/11173、11188；470/11223；471/11251；473/11286；474/11314；476/11340；477/11353、11358；479/11412、11413；480/11422、11423；483/11484、11485；484/11501；485/11528；486/11546；488/11586、11587、11589；489/11604、11607、11608；491/11654、11659、11663、11664、11665、11666、11670、11672、11673；492/11678、11681、11684；493/11700、11723；494/11726、11732；495/11786；497/11817、11836；499/11880；500/11900、11907、11908、11909；501/11940、11941、11943；502/11964；503/11985；504/12013、12014；505/12030；507/12073、12090、12091、12092；508/12095、12096、12098、12099；509/12129；510/12142；511/12160、12164、12168、12173；512/12183、12188；514/12217；515/12242、12247、12259；516/12271；517/12313；518/12317、12318、12319、12320、12321、12322、12326、12327、12336；520/12383

【长编影】215/9 上；228/11 下；233/7 下；239/12 上、14 下、15 上；240/2 上、6 下、38 上；241/11 下；242/12 下；244/11 下、14 下；245/1 上、1 下、6 上、11 上、16 上；246/19 上；247/14 上、16 下、22 上；248/12 下、20 下；249/5 下；250/5 下、18 上、21 上、23 上；251/2 上、5 下、7 上；252/3 下、5 上、27 下；253/1 上、5 上；254/1 上、3 下、10 下、13 下、15 上；255/2 上、3 上；256/6 上；258/3 下、5 上、7 下、8 下、10 上；259/7 上；260/4 下、14 下；261/1 上、9 上；262/11 下；263/3 上、13 上、16 上、18 下、19 上、19 下、20 上；265/26 上；267/6 上、9 上、12 下；268/12 下；269/12 上；270/1 上；271/8 上；272/6 上；273/2 下；274/2 上、2 下、6 上、6 下、11 上、11 下；275/2 上、6 下、9 下；276/3 下；277/16 上；278/5 下；279/23 下；280/1 上、14 下、18 上；281/10 下；282/17 上；284/3 下、8 下；285/2 下；286/2 下、5 上、6 上；287/5 上、16 上；288/1 上；289/16 下；290/4 上；291/4 下；293/10 上；294/5 下；295/6 上；296/17 下；297/13 下、18 上；298/17 上；299/13 下；300/6 上；303/2 下、10 上；305/2 下；308/1 下、15 上；310/15 下；312/7 上；313/9 下、10 上、12 下；314/2 上、4 下、5 上、5 下、6 下、9 下；315/3 下、9 上、16 下；316/3 下、4 上、6 下、14 上、15 上；317/19 下；319/9 下、11

下；320/8 上、10 下、12 上；321/7 上、12
下；322/3 下、4 上；323/2 上；325/4 上、
13 上；327/4 上、5 上、5 下、12 下；328/11
下、16 上；329/3 上、4 上、22 下；330/6
下、13 上；331/1 上、2 下、14 上、14 下；
333/4 下、10 下；334/1 下；335/20 下；
336/6 上；340/9 下；341/9 上；342/2 上、8
上；343/12 下；344/9 上；347/1 上；348/11
上；349/2 上、3 下、6 上；350/1 上；351/3
上；352/21 下、23 上；360/2 上、15 下；
364/10 上、10 下、34 上；365/24 上；366/
24 上、24 下；367/21 上；372/14 上；373/
16 下；375/19 下；381/22 上；382/9 下、13
上、17 上；383/15 下；395/20 下；396/18
上；401/6 下；402/1 下；404/10 下、20 下；
405/2 上、11 下；406/14 上；407/10 下；
412/11 下；414/2 上；430/12 下；431/10
下；443/4 下、7 下；444/4 上、8 上、13 上；
445/2 上；446/1 上；447/12 下；449/13 上；
452/3 上、6 上；454/4 下；455/2 上；458/1
上；459/9 上；460/1 上；462/11 上；464/11
上；465/16 下、25 上；466/3 上；467/1 上、
9 下；468/5 下、19 下；470/6 下、11 上；
471/12 上；473/6 下；474/12 下；476/4 下；
477/1 上、5 下；479/10 上；480/6 上、8 上；
483/4 下、5 下；484/9 上；485/4 下、9 上；
486/6 上；488/8 下、11 下；489/7 上、10
上；491/7 下、12 上、15 上、21 下；492/2
下、5 下、8 上；493/7 下、17 上、19 下；
494/1 下、2 上、6 上、6 下、8 下、9 上、12
上、15 下；495/17 上、20 上；497/1 下、18
下；499/1 下、3 下、5 下、9 上、9 下、10
上；500/1 下、7 下、8 上、8 下、9 上；501/
9 下、11 上；502/13 下、14 上；503/5 上；
504/8 上；505/1 下、4 上、5 下、8 下、16
上、18 下；507/1 下、2 上、16 上、17 上、
18 下；508/1 上；509/11 下、12 上、14 下；
510/8 下；511/6 下、9 下、13 下、16 下；
512/11 下；514/4 上、8 上、8 下、12 下、16
下、17 下；515/8 上、12 上、12 下、22 上；
516/2 上、3 上、7 上、7 下、10 上、22 下；
23 上；517/1 上、1 下、5 上、9 上、9 下、
11 下、15 下；518/1 上、9 上、9 下、17 下；

520/24 上

【长编纪事本末】139/2 上；140/3 上

【东都事略】42/高遵裕传/2 下；61/种谊传/6
下；82/王厚传/6 上；93 下/苏辙传/2 上、3
上；98/舒亶传/5 下；104/姚麟传/1 下；
120/李宪传/6 上；104/折可适传/3 上；127、
128/西夏传/附录5、6

【玉海】174/41 下

【三朝北盟会编】10/11 下；60/4 下；107/7 下；
118/3 下；192/5 下

【宋大诏令集】181/川茶博马御笔（大观□年□
月□日）/655；219/曲赦熙河制（熙宁七年
五月戊戌）/837、熙河秦凤永兴路曲赦（崇
宁三年四月二十五日）/839；239/赐阿里骨
诏（元祐明堂）/939

【宋会要】职官 41 之 76/3204、43 之 47/3296、
43 之 48/3297、43 之 53/3300、43 之 58/
3302、43 之 59/3303、43 之 93/3320、43 之
94/3320、44 之 42/3384、61 之 16/3762、61
之 21/3764、66 之 18/3877、66 之 32/3884、
66 之 33/3884、67 之 27/3902、67 之 34/
3904；食货 2 之 4/4827、2 之 5/4827、2 之
6/4828、30 之 11/5324、39 之 24/5500、39
之 25/5501、39 之 26/5501、39 之 31/5504、
39 之 33/5505、40 之 2/5509、40 之 6/5511、
43 之 2/5573、63 之 79/6026、68 之 50/6278；
刑法 2 之 45/6518、7 之 18/6742；兵 4 之 9/
6824、4 之 10/6825、4 之 18/6828、4 之 19/
6829、4 之 36/6838、5 之 9/6844、5 之 10/
6844、6 之 15/6862、8 之 22/6898、8 之 23/
6898、9 之 1/6906、9 之 6/6908、10 之 16/
6927、14 之 20/7002、17 之 17/7046、17 之
21/7048、18 之 5/7060、18 之 6/7060、21 之
30/7139、22 之 13/7150、24 之 25/7191、28
之 13/7276、28 之 24/7281、28 之 25/7282、
28 之 27/7283、28 之 28/7283、28 之 29/
7284、28 之 35/7287、28 之 36/7287、28 之
37/7288、28 之 39/7289、28 之 40/7289、28
之 41/7290、28 之 42/7290、29 之 11/7298；
方域 5 之 36/7401、6 之 1/7406、8 之 24/
7452、8 之 26/7453、12 之 15/7527、18 之
17/7618、18 之 22/7620、18 之 25/7622、19
之 14/7632、19 之 18/7634、19 之 20/7635、

志铭/27 上

【涑水记闻】/13/17 上

【谈苑】1/5 上

【铁围山丛谈】2/12 上

【梁溪集】54/乞留熙河蕃僧军前使唤札子/12
下；144/御戎论/1 上；164/吊国殇文/9 上

【梁溪漫志】2/10 下

【梦溪笔谈校证】2/948

【清波杂志】7/1 上

【蒙斋笔谈】上/4 上

【潞公文集】26/奏议/1 上、3 下；37/辞免/9
下

【甘肃新通志】6/舆地志·山川上·固原直隶州
·海城县/26 上、27 上；8/舆地志·形胜·
兰州府·狄道州/2 下；14/建置志·城池/13
下

【新安志】7/洪尚书（中孚）/5 下

【汇编】上 76、81、84、85、88、108、109、
110、177、180、207、208、209、211、237；
中三 3093、3516、3710、3711、3715、3720、
3721；中四 3752、3754、3769、3792、3812、
3813、3815、3816、3817、3818、3819、
3820、3830、3832、3844、3847、3848、
3853、3860、3861、3862、3863、3864、
3865、3867、3868、3870、3871、3873、
3883、3894、3895、3896、3900、3903、
3908、3910、3912、3913、3914、3916、
3919、3920、3922、3924、3926、3928、
3930、3931、3932、3933、3934、3936、
3938、3939、3940、3944、3947、3949、
3950、3951、3953、3955、3956、3957、
3959、3960、3961、3962、3965、3968、
3969、3970、3971、3972、3975、3976、
3977、3981、3982、3983、3984、3985、
3993、4002、4003、4005、4006、4007、
4012、4013、4014、4020、4021、4024、
4025、4027、4028、4029、4031、4032、
4037、4038、4040、4042、4046、4052、
4053、4054、4056、4061、4072、4079、
4087、4099、4102、4105、4109、4110、
4117、4119、4120、4130、4131、4134、
4139、4140、4143、4144、4145、4147、
4148、4151、4152、4156、4160、4171、
4177、4178、4180、4189、4190、4192、
4194、4203、4212、4240、4241、4245、
4246、4248、4259、4263、4264、4265、
4273、4274、4275、4276、4283、4284、
4290、4293、4294、4295、4298、4301、
4302、4305、4309、4316、4321、4330、
4336、4339、4369、4372、4373、4374、
4375、4379、4385、4392、4394、4397、
4399、4420、4424、4435、4441、4442、
4445、4454、4458、4465、4466、4470、
4471、4472、4492、4536、4542；中五 4548、
4553、4565、4586、4591、4597、4601、
4602、4603、4604、4608、4609、4611、
4617、4618、4626、4640、4643、4655、
4688、4697、4710、4711、4722、4743、
4744、4746、4747、4748、4757、4758、
4763、4767、4768、4773、4776、4807、
4810、4824、4828、4830、4831、4846、
4848、4852、4853、4857、4860、4863、
4865、4867、4868、4875、4882、4886、
4887、4898、4899、4903、4908、4909、
4921、4930、4935、4939、4962、4965、
4966、4981、4995、4999、5000、5001、
5006、5012、5013、5014、5015、5017、
5018、5019、5021、5023、5024、5025、
5028、5034、5035、5036、5037、5039、
5040、5041、5044、5047、5050、5051、
5057、5062、5063、5066、5068、5069、
5070、5072、5073、5074、5076、5077、
5081、5082、5084、5091、5093、5094、
5098、5099、5100、5117、5118、5120、
5134、5136、5137、5140、5141、5142、
5149、5155、5165、5170、5177、5178、
5179、5186、5196、5197、5200、5201、
5202、5203、5205、5210、5211、5223、
5231、5235、5239、5240、5244、5246、
5247、5254、5255、5257、5260、5262、
5265、5266；中六 5267、5271、5272、5273、
5274、5279、5280、5281、5282、5285、
5286、5289、5294、5304、5305、5307、
5311、5312、5315、5316、5325、5326、
5329、5330、5331、5332、5334、5338、
5340、5343、5346、5347、5352、5357、

5359、 5360、 5361、 5362、 5363、 5366、
5372、 5374、 5384、 5386、 5389、 5401、
5402、 5403、 5406、 5407、 5413、 5419、
5420、 5427、 5428、 5429、 5430、 5433、
5436、 5437、 5438、 5439、 5440、 5442、
5444、 5445、 5447、 5448、 5449、 5450、
5451、 5452、 5454、 5455、 5463、 5465、
5467、 5468、 5471、 5476、 5491、 5501、
5504、 5505、 5508、 5510、 5512、 5532、
5534、 5536、 5540、 5542、 5543、 5544、
5553、 5555、 5557、 5561、 5562、 5569、
5576、 5578、 5579、 5580、 5583、 5589、
5590、 5597、 5600、 5601、 5604、 5606、
5610、 5611、 5622、 5624、 5628、 5629、
5632、 5638、 5639、 5640、 5642、 5645、
5648、 5651、 5670、 5673、 5680、 5684、
5687、 5692、 5697、 5706、 5712、 5725、
5737、 5762、 5763、 5772、 5774、 5779、
5780、 5784、 5789、 5802、 5806、 5838、
5841、 5844、 5851、 5852、 5865、 5878、
5890、 5898、 5905、 5906、 5909、 5926、
5927、 5939、 5959、 5986、 5994、 5995、
6029、 6030、 6047、 6079；下 6109、 6115、
6127、 6129、 6130、 6148、 6262、 6377、
6398、 6400、 6445、 6496、 6497、 6511、
6515、 6517、 6524、 6689、 6696、 7005、
7007、 7011、 7012、 7020、 7029；补遗 7357、
7358、 7364、 7371、 7375、 7377、 7380、
7386、 7388、 7404、 7412、 7418、 7419、
7430、 7431、 7435、 7436、 7437、 7438、
7448、 7458、 7473

熙河兰巩路 绍兴九年由熙河兰廓路改
【宋会要】方域6之1/7406、6之2/7406

熙河兰会路 元丰五年熙河路加"兰会"二字
【宋史】18/哲宗纪2/350；19/徽宗纪1/367；
20/徽宗纪2/373；87/地理志3/2161；176/
屯田/4270；191/蕃兵/4760；194/拣选之制/
4833；196/屯戍之制/4901；198/马政/4954
【长编标】331/7968、7982、7983；337/8126；
339/8167；341/8196；345/8282；350/8381、
8394；352/8448、8449；357/8537；366/
8780、8793；380/9240；388/9440；389/
9449、9470；393/9561、9582；401/9767；

402/9789、9793；405/9861；408/9928；411/
10002；505/12028；510/12142；511/12160；
514/12213、12216、12218；516/12267；517/
12307
【长编影】331/14 上；337/10 下；339/8 上；
341/1 下；345/9 下；350/1 上、11 下；352/
21 下；357/8 上；366/14 下；380/19 上；
388/8 下；389/1 上、19 下；393/7 下、28
上；401/6 下；402/11 上；405/1 下；408/8
上；411/6 上；505/2 下；510/10 下；511/11
下；514/7 下、8 下；516/3 下；517/11 上
【长编纪事本末】139/20 上、20 下
【宋大诏令集】219/熙河兰会路德音（崇宁二年
七月七日）/839
【皇宋十朝纲要】16/11 下
【宋会要】职官43之75/3311；食货63之81/
6027；兵28之46/7292；方域6之1/7406
【奏议标】138/吕大防·上哲宗答诏论西事/
1557
【奏议影】138/吕大防·上哲宗答诏论西事（未
印上）/4787
【东坡全集】38/口宣/20 下
【司马文正公集】35/章奏33/1 上
【曲洧旧闻】6/5 上
【欧阳修撰集】1/上皇帝万言书/11 上
【汇编】中四 4454、4455、4507、4509、4524、
4533；中五 4573、4608、4615、4620、4621、
4633、4655、4665、4677、4740、4784、
4785、4786、4803、4805、4828、4834、
4835、4841、4872、4874、4914、4927；中
六 5425、5465、5517、5563、5577、5580、
5609、5638、5662、5690、5742、5743、
5754、5757、5782、5786；下 7007；补遗
7464

熙河兰州路
【奏议标】138/吕大防·上哲宗答诏论西事/
1557
【奏议影】138/吕大防·上哲宗答诏论西事/
4787（未印上）

熙河兰岷路 元祐四年由熙河兰会路改
【宋史】17/哲宗纪1/332；18/哲宗纪2/350；
87/地理志3/2162；190/河东陕西弓箭手/
4716

【长编标】364/8708；446/10728；458/10954；460/10996；469/11213；470/11226；473/11279；487/11571；489/11602、11604；490/11638

【长编影】364/10 上；446/1 上；458/2 下；460/1 上；469/8 上；470/9 上；473/1 上；487/9 上；489/5 下；490/17 下

【宋会要】兵 8 之 33/6903、17 之 5/7040、22 之 13/7150；方域 6 之 1/7406

【范文正公集】遗文/11 上

【玉海】174/14 下

【潞公文集】37/辞免/9 下

【汇编】中五 4660、4843、5034、5055、5061、5063、5068、5128、5136、5152、5236、5251、5268、5270、5303、5309、5310、5321、5425；下 7007；补遗 7371、7372、7373、7375

熙河兰湟路　崇宁四年由熙河兰会路改

【宋史】20/徽宗纪 2/373、374、381；22/徽宗纪 4/405；191/邕钦溪洞壮丁条/4748；369/王渊传/11485

【宋大诏令集】181/川茶博马御笔（大观□年□月□日）/655；219/曲赦熙河兰湟秦凤永兴军路制（大观二年九月二十九日）/839

【宋会要】兵 4 之 36/6838；方域 6 之 1/7406、6 之 2/7406、10 之 29/7488

【皇宋十朝纲要】16/14 上

【新安志】7/洪尚书（中孚）/5 下

【汇编】中六 5782、5786、5789、5790、5805、5851、5852、5862、5875、5938；下 7007；补遗 7412

熙河兰廓路　宣和二年由熙河兰湟路改

【宋史】22/徽宗纪 4/405；87/地理志 3/2162

【宋会要】方域 6 之 1/7406

【皇宋十朝纲要】16/11 下

【汇编】中六 5782、5938；下 7007

熙河湟廓路　崇宁三年改熙河兰会路为熙河湟廓路，寻改为熙河兰湟路

【皇宋十朝纲要】16/11 下

【汇编】中六 5782

彰化军　泾州

【宋会要】方域 5 之 3/7384

【元丰九域志】3/125

【汇编】中一 966；下 7003

鄯州　熙河

【宋史】18/哲宗纪 2/353；19/徽宗纪 1/369；85/地理志 1 序/2096；87/地理志 3/2168；175/和籴/4246；187/序/4581；189/厢兵/4674；190/河东陕西弓箭手/4718、4719、4723；312/韩忠彦传/10231；318/胡宗回传/10371；328/安焘传/10568、王绍传/10579、王厚传/10583、章楶传/10592；343/许将传/10910；345/陈璀传/10965；346/张庭坚传/10981；349/姚雄传下/11060；350/王赡传/11071、赵隆传/11090；395/王阮传/12053；453/高永年传/13316；471/邢恕传/13704；472/蔡京传/13724、蔡卞传/13730；486/夏国传下/14019；491/党项传/14144；492/唃厮啰传/14161、瞎征传/14166

【长编标】117/2765；247/6019；515/12248；516/12267、12274、12275；517/12297；518/12324、12333；519/12347、12348、12349；520/12377、12383、12384

【长编影】117/17 下；247/12 上；515/12 下；516/3 下、7 上、9 下、10 下、20 下；517/2 下、5 上、9 下、10 上；518/1 上、7 上、15 上；519/5 下、6 上、7 上；520/18 下、24 上、28 下

【长编纪事本末】139/1 上、3 上、5 下、8 下、11 下、15 下、17 上；140/1 上、2 下、4 下、6 上、8 上、8 下

【东都事略】10/徽宗纪/2 下；82/王厚传/6 上；129/附录 7/西蕃/4 下；附录 7/西蕃/王厚传/6 上

【三朝北盟会编】109/4 上

【宋会要】礼 14 之 60/617；职官 68 之 8/3912；兵 9 之 3/6907、9 之 4/6907、14 之 20/7002、28 之 45/7292；方域 5 之 3/7384、6 之 1/7406、6 之 3/7407、13 之 22/7541、19 之 18/7634

【宋朝事实类苑】56/730

【系年要录】6/166

【皇宋十朝纲要】14/7 上、7 下、20 下；16/12 上

【武经总要】前集 18 下/9 下

【奏议标】141/文彦博·上神宗论进筑河州/1591、任伯雨·上徽宗论湟鄯/1594、1595、

冯澥·上徽宗论湟廓西宁三州/1597

【奏议影】141/文彦博·上神宗论进筑河州/
4894、任伯雨·上徽宗论湟鄯/4902、4906、
冯澥·上徽宗论湟廓西宁三州/4911

【朝野杂记】乙集19/边防/1180

【名臣碑传琬琰集】中集50/韩仪公丞相忠彦行
状/1142

【中兴小纪】1/14

【元丰九域志】10/化外州·陕西路/479

【玉照新志】1/1

【邵氏闻见录】5/42

【忠惠集】5/贺收复湟鄯表/5下

【泊宅编】3/15

【梁溪集】176/建炎进退志总叙3/4下

【甘肃新通志】6/舆地志·山川上·兰州府·渭
源县/10上；8/舆地志·形胜·兰州府·狄
道州/2下；29/祠祀志·祠宇下·西宁府·
西宁县/31下

【新安志】7/洪尚书（中孚）/5下

【汇编】中一1712、1714、1716、1721；中四
3815、3823、3892、3898、4051；中五5233、
5242；中六5462、5571、5602、5603、5608、
5610、5611、5614、5618、5622、5623、
5625、5631、5632、5634、5638、5642、
5645、5646、5649、5657、5658、5659、
5660、5669、5671、5672、5673、5674、
5675、5679、5680、5692、5695、5698、
5707、5718、5719、5721、5724、5727、
5730、5733、5736、5737、5738、5740、
5746、5748、5759、5760、5761、5762、
5766、5768、5769、5770、5772、5773、
5774、5775、5780、5789、5814、5819、
5824、5852、5853、5854、5906、5913、
5926、5969、6029、6079；下6102、6113、
6114、6115、6937；补遗7121、7226、7407、
7412、7473

鄯城县　鄯州

【元丰九域志】10/化外州·陕西路/479

【汇编】中一1716

十五画

横渠　凤翔府

【宋会要】食货15之17/5071、19之8/5127

敷川县　宋徽宗崇宁三年置敷川县

【甘肃新通志】13/舆地志·古迹·兰州府·靖
远县/6下

【汇编】补遗7408

敷文县　会州

【宋史】87/地理志3/2159

【汇编】中六5838

敷政县　延州

【宋史】87/地理志3/2146

【宋会要】食货4之7/4899、19之7/5126

敷施县　又作肤施县，延州

【宋史】87/地理志3/2146

【长编标】130/3079

【长编影】130/1上

【宋会要】礼20之8/823；食货15之15/5070、
22之1/5155

【武经总要】前集18上/6下

【奏议标】132/范仲淹·上仁宗论夏贼未宜进讨
/1463

【奏议影】132/范仲淹·上仁宗论夏贼未宜进讨
/4501

【范文正公集】年谱补遗/7下

【汇编】中一973；中二2111、2151；中五
4573；中六5828

蕃禾县　河西军即古凉州，领姑臧、神鸟、蕃
禾、昌松、嘉麟五县

【宋史】492/吐蕃传/14155

【汇编】中一1200

碾伯县　唃厮啰称邈川城

【甘肃新通志】14/建置志·城池/38上

【汇编】补遗7475

震武军　熙河

【宋史】21/徽宗纪3/396；22/徽宗纪4/403；
87/地理志3/2169；357/何灌传/11226；446/
刘锜传/13162；486/夏国传下/14021

【宋会要】兵14之21/7003；方域6之3/7407

【皇宋十朝纲要】18/4上

【靖康要录】15/927

【初寮集】6/1上

【汇编】上87；中六5839、5887、5899、5923、
5924、5925、5930；补遗7438、7439

镇戎军　泾原

【宋史】6/真宗纪 1/118；7/真宗纪 2/124、131；8/真宗纪 3/164；10/仁宗纪 2/201；11/仁宗纪 3/219；15/神宗纪 2/278；17/哲宗纪 1/324、325、335；19/徽宗纪 1/370；32/高宗纪 9/609；62/五行志 1 下/1346；64/五行志 2 下/1406、1407；67/五行志 5/1485；87/地理志 3/2157、2158、2160；105/诸祠庙/2562；175/漕运/4256、和籴/4247；176/屯田/4265；181/盐上/4414；183/茶上/4484；186/互市舶法/4563；187/建隆以来之制/4599；190/河东陕西弓箭手/4712；191/蕃兵/4751；196/屯戍之制/4896；197/器甲之制/4911；198/马政/4933、4936；253/折可适传/8867；257/李继隆传/8968、李继和传/8969、8973；258/曹玮传/8984；265/张齐贤传/9155；272/杨文广传/9308；277/卢之翰传/9424、刘综传/9432；279/陈兴传/9483、许均传/9485；285/陈执中传/9602；287/李纮传/9655；289/葛怀敏传/9701、9702、9703；292/郑戬传/9768、王尧臣传/9773、9774、田况传/9783；294/苏绅传/9814；295/尹洙传/9834；300/王沿传/9959；303/范祥传/10049、田京传/10051；308/张佶传/10151；312/韩琦传/10222；323/刘谦传/10461、赵珣传/10463、向宝传/10468；324/张亢传/10482、10484、10485；325/刘兼济传/10504、任福传/10506、王珪传/10508、桑怿传/10512、王仲宝传/10513、10514；326/王信传/10518；332/李师中传/10676；335/种古传/10745；338/苏轼传/10811；348/陶节夫传/11039；349/姚雄传/11059；350/苗履传/11068、张守约传/11073；353/郑仅传/11147；369/曲端传/11489；426/张纶传/12694；471/邢恕传/13704；485/夏国传上/13996；486/夏国传下/14016；490/回鹘传/14115；491/党项传/14146；492/吐蕃传/14155、14156、14157

【长编标】43/923；49/1076；50/1090、1092、1094、1099、1100、1102；51/1117、1121、1122；52/1149、1150、1152；53/1155、1156、1170；54/1175、1178、1193；55/1216；56/1233、1235、1236；57/1251、1255；59/1317；60/1337；63/1404、1409、1411、1416；64/1428；65/1449；66/1487；67/1510；68/1528；74/1684；81/1846；83/1887；84/1921；88/2013、2030；89/2058；90/2082；91/2100、2107；92/2130；97/2253；98/2278；102/2360；104/2421；106/2470；109/2545；111/2589、2591；116/2724；120/2845；123/2892；125/2953、2954、2955；126/2980、2982、2983；128/3042；129/3054；131/3093、3094、3096、3099、3111；132/3140、3141、3142、3145、3147、3149；133/3176；134/3195、3203；135/3217；137/3300、3301、3302；138/3310、3314、3316、3320、3322、3328；139/3339、3340；140/3368；144/3479、3487；145/3512；149/3614；150/3632、3638；153/3727、3728；155/3761；156/3777；159/3854；161/3888；165/3971；175/4224；176/4271；177/4294；183/4423；198/4790；218/5304；225/5494；228/5561；234/5674；235/5717；240/5868；241/5888；247/6013；249/6071；254/6210；256/6255；259/6309；273/6688；280/6867；284/6961；286/6999；290/7088；297/7228；298/7241；299/7278；316/7637；319/7713；320/7726；321/7737、7753；322/7770；325/7819；328/7892、7908；329/7917；331/7979；334/8042；337/8121；339/8166；348/8351；382/9314、9317；389/9452、9454；397/9686；402/9778；403/9800；404/9835、9844；405/9866；407/9916；408/9924、9925、9941；414/10057；419/10145、10146、10158；461/11027；464/11094；465/11098；467/11148；470/11220、11235；472/11264；473/11279；477/11357、11359、11377；485/11522；486/11547；487/11565；498/11854；504/12007、12009；508/12109；510/12150；512/12187；513/12204；514/12220；515/12260；516/12283；517/12304；518/12322

【长编影】43/12 下；49/11 下；50/11 上、16 下、18 下；51/9 下、13 上、14 下；52/9 下、17 下、18 上、19 上；53/2 下、14 下；54/1 上、3 下、17 上；55/14 上；56/10 上、11

上；57/1 上、4 下；59/9 下；60/5 上；63/
10 下、17 上；64/4 下、9 上；65/5 上、7
上；66/16 下；67/14 上；68/10 上；74/4
上；81/9 上；83/1 上；84/9 下；88/17 下；
89/20 上；90/13 下；91/4 下、9 下；92/14
上；97/10 上、12 上；98/9 上；102/11 下；
104/20 上；106/9 上；109/11 上；111/14
上；116/7 上；120/23 上；123/1 上；125/14
下；126/15 上；128/15 下、17 下；129/1
下、3 上、4 下、7 上；131/1 上、2 上、15
下；132/17 上；133/14 下；134/7 下、9 下；
135/3 下；137/3 下、21 下；138/6 下、17
下；139/10 下；140/8 下；144/3 下；145/18
下；149/11 上、15 上；150/4 下；153/13
上；155/4 上；156/1 上；159/14 下；161/6
下；165/10 下；175/2 下；176/21 上；177/
15 下；183/1 上；198/1 下；218/11 下；
225/23 上；228/19 下；234/3 下；235/20
下；240/2 上、38 上；241/13 下；247/6 下；
249/5 上、5 下；254/5 上；256/8 上；259/1
上；273/13 上；280/16 上；286/4 下；290/
14 下；297/11 下；298/1 下；299/13 下；
316/1 上；319/11 下；320/7 上；321/1 下、
12 下；322/11 上；325/5 下；328/11 下；
329/4 上；331/11 下；334/11 上；337/5 下；
339/7 下；348/10 上；382/13 下、17 上；
389/4 上、5 下；397/15 下；402/1 下；403/
2 上；404/7 上；405/5 上；407/19 下；408/
5 下、19 上；414/4 下；419/2 下、10 上、13
下；461/11 下；464/20 下；465/2 上；467/3
上；470/2 下、16 上；472/5 上；473/1 上；
477/4 下、6 下、23 上；485/4 下；486/6 上；
487/2 下；498/12 下；504/8 上；508/12 下；
510/1 下、9 上；512/10 下；513/10 上；
514/11 上；515/22 下；516/17 下；517/8
上；518/1 上

【长编纪事本末】83/8 下

【东都事略】20/李继和传/3 下；61/种诂传/4
上；82/蔡挺传/2 上；127、128/西夏传/附
录5、6

【玉海】174/1 下、37 上、38 下

【宋大诏令集】240/赐潘罗支诏（景德元年六
月己卯）/944

【宋会要】礼20 之 40/784、21 之 48/874、25 之
6/957、25 之 9/959、62 之 34/1711；职官 55
之 31/3614、60 之 21/3743、66 之 6/3871；
选举 27 之 16/4670；食货 4 之 1/4846、15 之
19/5072、19 之 9/5127、22 之 3/5157、23 之
27/5188、23 之 28/5188、23 之 39/5194、23
之 40/5194、24 之 31/5210、29 之 15/5315、
36 之 5/5434、36 之 18/5440、36 之 20/5441、
36 之 21/5442、36 之 24/5443、36 之 25/
5444、36 之 28/5445、39 之 3/5490、39 之 9/
5493、43 之 2/5573、54 之 4/5739、63 之 39/
6006；刑法 2 之 7/6499、7 之 11/6739；兵 4
之 2/6821、4 之 9/6824、8 之 21/6897、8 之
28/6901、8 之 30/6902、8 之 36/6905、14 之
17/7001、15 之 12/7022、22 之 1/7144、22
之 3/7145、22 之 4/7145、24 之 1/7179、27
之 6/7249、27 之 8/7250、27 之 16/7254、27
之 27/7260、27 之 29/7261、27 之 31/7262、
27 之 33/7263、28 之 10/7274、28 之 34/
7286；方域 5 之 36/7401、5 之 42/7404、5 之
43/7404、8 之 27/7454、8 之 32/7456、10 之
15/7481、18 之 9/7614、18 之 11/7615、18
之 14/7616、18 之 20/7619、19 之 2/7626、
19 之 6/7628、20 之 5/7653、20 之 9/7655、
20 之 10/7655、20 之 12/7656、20 之 15/
7658、20 之 16/7658、21 之 17/7669、20 之
21/7671；蕃夷 4 之 3/7715、7 之 26/7852

【系年要录】15/311；198/3351、3352；199/
3360、3373、3377

【皇宋十朝纲要】5/11 下；12/5 上；16/10 下、
11 上

【武经总要】前集 18 上/16 上、18 上、20 上、
20 下、22 上、22 下、23 上、23 下、34 上；
18 下/西蕃地界/1 上

【奏议标】125/王尧臣·上仁宗乞用泾原路熟户
/1378；130/张齐贤·上真宗论陕西事宜/
1438、1439、张齐贤·上真宗乞进兵解灵州
之危/1439；132/陈执中·上仁宗论西边事宜
/1456、田况·上仁宗论攻策七不可/1466；
133/张亢·上仁宗论边机军政所疑十事/
1473、范仲淹·上仁宗攻守二策/1478、范仲
淹等·上仁宗论元昊请和不可许者三大可防
者三/1485；134/范仲淹等·上仁宗论和守攻

备四策/1496

【奏议影】125/王尧臣·上仁宗乞用泾原路熟户/4253；130/张齐贤·上真宗论陕西事宜/4420、4423、张齐贤·上真宗乞进兵解灵州之危/4424；132/陈执中·上仁宗论西边事宜/4482、田况·上仁宗论攻策七不可/4510；133/张亢·上仁宗论边机军政所疑十事/4534、范仲淹·上仁宗论守二策/4546、范仲淹等·上仁宗论元昊请和不可许者三大可防者三/4566；134/范仲淹等·上仁宗论和守攻备四策/4599

【名臣碑传琬琰集】中集48/韩忠献公琦行状/1094、曹武穆公玮行状/1031；下集2/张文定公齐贤传/1301、5/李继隆传/1338

【中国考古学会第一次年会论文集】折继闵神道碑/455

【元丰九域志】3/130、131、135、136、137

【元刊梦溪笔谈】13/5；19/11

【元宪集】33/宋故推诚翊戴功臣彰武军节度延州管内观察处置等使曹公墓志铭/344

【公是集】10/闻伯庸再安抚泾原/109；51/宋故推忠佐理功臣赠尚书左仆射王公（尧臣）行状/610

【文庄集】14/陈边事十策/1上

【文恭集】36/宋故宣徽北院使赠太尉文肃郑公（戬）墓志铭/436

【东坡全集】18/司马温公神道碑/46上；36/制敕/1上

【乐全集】21/西事谘目上中书/1上

【石林燕语】9/3下

【安阳集】47/故崇信军节度副使检校尚书工部员外郎尹公墓志铭/2上、故客省使眉州防御使赠遂州观察使张公（亢）墓志铭/13上；家传2/1上、2下、4上、8上、3/1下、2上、4/6上、7/4上、4下

【苏学士集】9/上范希文书/4上

【姑溪居士后集】20/折渭州墓志铭/1上

【河南先生文集】3/悯忠/4下；6/上陕西招讨使夏宣徽小启/11下；8/上四路招讨使郑侍郎议御贼书/7下；20/奏为到庆州闻贼马寇泾原路牒刘政同起发赴镇戎军策应事/8上、奏为擅易庆州兵救援泾原路事/8下；22/用属国/2上；25/申宣抚韩枢密乞修安国镇状/

1上

【河南通志】63/忠烈/5下

【范文正公集】5/13下；16/9下；19/12上；尺牍中/与韩魏公/3下；年谱补遗/13上、13下、14上；西夏堡寨/6；言行拾遗2/8上；政府奏议下/荐举22下；诸贤赞颂论疏/4下；遗文/9上

【栾城集】29/西掖告词/15下

【涑水记闻】4/14下；11/8上；12/6上、11下

【朝野杂记】乙集12/杂事·渡江后名将皆西北人/963

【稽古录】18/82下；20/90上

【儒林公议】上/2上

【默记】28下

【万历固原州志】上/城堡/140

【甘肃新通志】8/舆地志·形胜·平凉府/4下；9舆地志·关梁·固原直隶州/25；13/舆地志·古迹·平凉府/隆德县/11下、固原直隶州/11下、12上；14/建置志·城池/11下

【海城县志】6/古迹志/2上

【隆德县志】4/考证/64上

【固原州志】1/古迹/15

【汇编】上 20、29、62、63、81、85、103、176、190、207、209、211、212、237；中一 967、968、1117、1118、1143、1170、1172、1173、1201、1205、1217、1227、1229、1233、1234、1235、1236、1238、1247、1257、1258、1259、1263、1264、1265、1280、1281、1283、1287、1299、1301、1306、1307、1309、1321、1324、1327、1328、1329、1330、1333、1338、1339、1345、1346、1347、1359、1366、1372、1373、1374、1383、1384、1385、1386、1389、1396、1400、1402、1415、1418、1421、1422、1442、1443、1444、1450、1452、1458、1459、1460、1466、1473、1495、1498、1515、1523、1534、1535、1536、1574、1576、1581、1583、1586、1589、1590、1592、1597、1609、1610、1615、1618、1619、1628、1643、1646、1650、1651、1652、1659、1663、1664、1667、1668、1678、1685、1690、1707、1709、1715、1727、1737、1766；中二 1798、

1854、1861、1863、1864、1947、1950、
2014、2038、2039、2053、2065、2066、
2074、2076、2077、2078、2079、2090、
2091、2092、2095、2096、2100、2102、
2104、2107、2111、2160、2165、2178、
2179、2193、2194、2195、2196、2199、
2200、2201、2202、2208、2212、2213、
2214、2217、2219、2220、2228、2292、
2293、2294、2298、2299、2304、2311、
2315、2347、2384、2393、2398、2399、
2424、2517、2518、2522、2544、2545、
2546、2547、2549、2550、2553、2554、
2555、2557、2571、2572、2575、2579、
2580、2583、2587、2589、2615、2621、
2635、2635、2637、2639、2640、2641、
2643、2645、2647、2650、2651、2652、
2671、2672、2678、2716、2730、2769、
2783、2787、2788、2789、2790、2813、
2819、2834、2835；中三2897、2903、2904、
2916、2931、3018、3052、3059、3068、
3076、3084、3092、3093、3098、3125、
3147、3260、3306、3352、3467、3472、
3491、3492、3493、3519、3544、3571、
3631、3712、3736；中四3776、3818、3820、
3831、3838、3918、3966、3977、4008、
4016、4027、4047、4052、4102、4126、
4244、4245、4247、4257、4267、4284、
4290、4295、4307、4331、4392、4394、
4398、4460；中五4596、4653、4752、4772、
4773、4783、4816、4830、4837、4842、
4843、4880、4882、4904、4909、4914、
4915、4947、4948、4949、5080、5131、
5133、5134、5143、5150、5245；中六5279、
5282、5283、5289、5295、5298、5395、
5448、5538、5542、5562、5572、5604、
5636、5645、5762、5778、5779、5788、
5793、5802、5823、5836、5837、5849、
6054、6055；下 6133、6683、6684、6685、
6686、6687、6692、6764、7006、7007、
7019、7020；补遗7241、7242、7243、7245、
7247、7255、7271、7272、7273、7285、
7290、7375、7380、7382、7473

镇西军　鄜州统属

【武经总要】前集18 下/9 下

【汇编】中一 1721

镇西军　麟州军名

【宋会要】方域5 之4/7385、6 之5/7408

【元丰九域志】4/166

【延绥镇志】1/地理志/6 下

【榆林府志】5/建置志・沿革/2 下

【汇编】中一 1040；下 6582、7004；补遗 7493

镇洮

【长编标】239/5819

【长编影】239/12 上

【汇编】中四 3814

镇洮军　王韶收复武胜军，赐名镇洮军

【宋史】15/神宗纪2/282；87/地理志3/2162；
186/市易/4549；328/王韶传/10580；335/种
师道传/10753；350/苗授传/11067；464/高
遵裕传/13575

【长编标】237/5770、5774、5775；238/5786、
5787、5789、5793、5797、5798；239/5808、
5809、5811、5817、5818、5819；243/5912、
5914；283/6924；316/7641；321/7752；322/
7762；352/8450

【长编影】237/11 下、12 下、16 下；238/1 上、
3 上、6 下、11 下；239/2 下、3 下、6 上、
11 上、12 上；243/1 下；283/3 上；316/4
上；321/12 下；322/4 上；352/22 下

【东都事略】84/苗授传/3 上

【宋大诏令集】219/置熙河路熙河秦凤德音（熙
宁五年十月戊戌）/837

【宋会要】职官41 之94/3213；兵4 之6/6823、
9 之6/6908、28 之25/7282；方域5 之3/
7384、6 之2/7406

【画墁集】补遗/游公（师雄）墓志铭/10 下

【甘肃新通志】13/舆地志・古迹・兰州府・狄
道州/4 上

【汇编】中四 3793、3794、3797、3798、3799、
3801、3803、3804、3805、3806、3810、
3811、3812、3813、3814、3815、3849、
3851、3859、4043、4178、4283、4300、
4374、4424；中六5316；补遗 7333

德顺军　泾原

【宋史】11/仁宗纪3/215；15/神宗纪2/293；
16/神宗纪3/312；87/地理志3/2157、2158、

【潞公文集】19/奏议/5 下

【甘肃新通志】8/舆地志·形胜·平凉府·静宁
州/10 下；9/舆地志·关梁·固原直隶州/25
下；13/舆地志·古迹·兰州府·狄道州/5
上、平凉县/11 上、平凉府·隆德县/11 上、
平凉府·静宁州/10 下、11 上

【隆德县志】1/古迹/24 下、沿革表/11 上；3/
表传/2 下；4/考证/64 上

【汇编】上 80、81、89、237、238；中一 929、
965、968、1117、1577、1593、1666、1673、
1727；中二 2579、2613、2665、2666、2769、
2785、2788、2789、2790、2801、2833、
2835、2836；中三 2840、2855、2858、2862、
2865、2875、2897、2905、2908、2982、
3070、3075、3125、3132、3134、3147、
3165、3208、3258、3259、3260、3282、
3298、3352、3397、3424、3427、3428、
3472、3507、3609、3634、3651、3652、
3712；中四 3776、3783、3812、3818、3820、
3838、3850、3869、3874、3923、3966、
3977、3992、3998、4018、4024、4047、
4048、4067、4102、4109、4110、4127、
4146、4197、4438；中五 4561、4571、4582、
4816、4830、4935、5126、5150、5245；中
六 5275、5414、5462、5463、5541、5562、
5645、5663、5697、5802、5836、5837、
5928、5944、5994；下 6243、6245、6247、
6684、6685、6686、6687、6688、6693、
6694、6697、6764、7006、7007、7020；补
遗 7249、7251、7252、7253、7270、7272、
7285、7290、7291、7300、7320、7329、
7334、7475

虢州　永兴军

【宋史】5/太宗纪 2/100；8/真宗纪 3/148；25/
高宗纪 2/459；26/高宗纪 3/481、489；63/
火上/1390；64/五行志 2 下/1401；85/京西
路/2115；119/录 周 后/2796；180/钱 币/
4381；181/盐上/4413；191/河北河东陕西义
勇/4739；196/屯戍之制/4901；200/刑法志
2/4989；280/田绍斌传/9497；287/宋湜传/
9646；296/韩丕传/9860；298/司马池传/
9905；300/王沿传/9959；301/李行简传/
9992；303/张晶之传/10034；306/谢泌传/

10095；322/刘庠传/10452；328/蒲宗孟传/
10572；329/邓绾传/10599；333/李载传/
10708；345/陈瓘传/10966；346/张庭坚传/
10982；355/杨畏传/11184

【宋太宗实录】79/38 上

【宋会要】职官 55 之 31/3614、64 之 12/3826；
食货 15 之 16/5069、19 之 7/5126、23 之 28/
5188、39 之 3/5490；方域 5 之 36/7401、12
之 15/7527

【系年要录】3/64；109/1774

【汇编】中一 1137、1139、1140、1339、1416；
中四 3820、3908；中五 4834、4835；下
6092、6460、7005

虢县　凤翔府

【宋会要】食货 15 之 17/5071、19 之 8/5127

潘原县　渭州

【宋史】87/地理志 3/2157；190/陕西保毅/
4709；257/李继和传/8970；292/王尧臣传/
9773；314/范仲淹传/10272；326/景泰传/
10517

【长编标】16/356；50/1091；51/1121；138/3310

【长编影】16/20 下；50/8 下；51/13 下；138/2 下

【宋会要】礼 25 之 9/959；食货 15 之 19/5072、
19 之 9/5127、29 之 15/5315；兵 27 之 29/7261

【系年要录】38/726

【武经总要】前集 18 上/16 上、18 上

【元丰九域志】3/130

【公是集】51/宋故推忠佐理功臣赠尚书左仆射
王公（尧臣）行状/610

【安阳集】家传 2/4 上

【范文正公集】年谱补遗/25 上

【稽古录】20/90 上

【汇编】中一 959、967、1258、1307、1336、
1372；中二 2200、2545、2563、2570、2571、
2576、2579、2580、2652；中四 3838、4027；
中六 5836；下 6245、7020

十六画

儒林县　银州

【宋史】87/地理志 3/2150

【汇编】中六 5831

隰川县　隰州治隰川县

【元丰九域志】4/168

【汇编】中四 3839

隰州 麟府

【宋史】6/真宗纪 1/117；7/真宗纪 2/123；64/
五行志 2 下/1399；86/地理志 2/2134、2135、
2137；162/枢密院/3798；180/钱币/4385；
181/盐上/4413、4423；185/矾/4533；187/
兵志 1/4599；188/兵志 2·步军/4621；191/
兵志 5/4750；249/魏咸信传 8804；257/李继
和传/8969；259/袁继忠传/9004；266/钱若
水传/9167；285/陈执中传/9617；314/范纯
仁传/10286；322/刘庠传/10451；326/田敏
传/10534；330/杜纯传/10632；363/李光传/
11337；456/裴承询传/13400；492/吐蕃传/
14157

【长编标】51/1111；52/1148；54/1175；56/
1227；123/2902；126/2970；133/3173；218/
5292；220/5348；226/5510；233/6418；247/
6020；319/7702、7703；323/7781；338/
8140；470/11227

【长编影】51/8 上；52/6 下；54/1 上；56/3
下；123/10 上；126/5 上；133/11 下；218/1
下；220/13 上；226/9 上；233/22 上；247/
12 上；319/2 上、4 上；323/6 下；338/2 上；
470/9 下

【三朝北盟会编】59/1 上

【宋会要】职官 47 之 61/3448；食货 16 之 2/
5073、19 之 10/5128；方域 8 之 30/7455、12
之 4/7521、12 之 18/7528、13 之 22/7541

【武经总要】前集 17/7 下；18 上/1 下

【名臣碑传琬琰集】下集 6/学士钱公若水传/
1355

【元丰九域志】3/107、113；4/168、173

【安阳集】47/故卫尉卿致仕高公墓志铭/7 下

【庄简集】9/乞用河东土豪援太原札子/6 下

【范文正公集】年谱补遗/5 下

【涑水记闻】14/3 下、6 上

【稽古录】18/83 上

【汇编】中一 1216、1217、1258、1300、1316、
1338、1375、1376、1392、1413、1414、
1607、1766；中二 1789、1905、1956、2030、
2103、2145、2299、2343；中三 3129、3629、
3661、3721；中四 3839、3840、3892、4009、

4033、4228、4231、4236、4237、4312、
4515；中五 5136；中六 5826、6024、6035、
6036、6037、6039；下 7010；补遗 7452

十七画

邈川 唃厮啰境内

【宋史】10/仁宗纪 2/208；11/仁宗纪 3/222；
14/神宗纪 1/264；15/神宗纪 2/294；17/哲
宗纪 1/321；18/哲宗纪 2/345、346、352、
353；19/徽宗纪 1/358；85/地理志 1 序/
2096；87/地理志 3/2167；121/受降献俘/
2838；190/河东陕西弓箭手/4718；258/曹玮
传/8986；317/钱惟演传/10347；318/胡宗回
传/10371；328/安焘传/10568、王厚传/
10582；332/孙路传/10688、穆衍传/10692；
349/姚雄传/11060；350/王赡传/11070、
11071、11072、赵隆传/11090；357/何灌传/
11226；369/王渊传/11485；453/高永年传/
13315；486/夏国传下/14018；492/唃厮啰传
/14160、14162、董毡传/14164、14165、瞎
征传/14166、14167

【长编标】82/1877；91/2110；111/2587；119/
2814；128/3035；138/3323；145/3509；153/
3726；158/3823；169/4073；197/4774；202/
4891、4896；272/6663；285/6991；286/
6997；302/7343、7350；309/7494；314/
7603；323/7789；338/8147；346/8307；360/
8608；398/9699；402/9781、9789；407/
9905；421/10183；444/10680、10681、
10682、10685、10686；454/10886；471/
11238；476/11350；477/11374；487/11570；
492/11678；501/11944；507/12092、12093；
509/12124；513/12194、12203、12204；514/
12212、12213、12214、12216、12217、
12218、12219、12220、12223、12224、
12227、12232；515/12241、12242、12243、
12244、12248；516/12263、12267、12271、
12272、12286、12287、12288、12289；517/
12295、12296、12299、12301；518/12317、
12318、12324、12325；519/12344、12347；
520/12356、12377

【长编影】82/14 下；91/12 下；111/10 下；

119/16 下；128/9 上；138/13 上；153/12
上；158/5 下；169/18 上；197/6 上；202/2
下、6 下；272/6 下；285/18 下；286/3 下；
302/1 下、7 下；309/2 上；314/4 下；323/
12 下；338/9 下；346/6 上；360/2 上；398/
2 下；402/5 上；407/9 下；421/1 上；444/1
上、4 上；454/8 上；471/1 下；476/13 上；
477/20 上；487/8 上；492/2 上；501/11 上；
507/17 下；509/10 上；511/16 下；513/1
上、9 上；514/4 下、7 下、8 上、8 下、11
上、13 上、16 上、19 下；515/6 上、8 下、9
上、12 下；516/1 上、3 下、7 上、8 上、20
下；517/1 上、1 下、2 上、4 上、5 下；518/
1 上、7 上、18 下；519/5 下、9 上；520/2
下、8 下

【长编纪事本末】139/1 上、9 上、13 下、18
下；140/2 下

【东都事略】82/王厚传/6 上；129/附录 7/西蕃
/1 下、2 上、3 上、4 上、4 下

【宋大诏令集】212/韩忠彦降磁州团副制（崇
宁元年）/804；219/熙河兰会路德音（崇宁
二年七月七日）/839、熙河秦凤永兴路曲赦
（崇宁三年四月二十五日）/839；236/答夏
国诏（元符二年十二月壬寅）/921；239/唃
厮啰保顺河西等军节度使制（康定二年正月
乙未）/936、西蕃邈川首领董毡移镇西平节
度制/937、西蕃阿里骨起复河西节度制（元
祐元年二月丁丑）/938

【宋会要】兵 9 之 1/6906、9 之 3/6907、28 之
37/7288；蕃夷 6 之 7/7822、6 之 8/7823、6
之 28/7832；方域 6 之 1/7406、19 之 18/7634

【奏议标】65/余靖·上仁宗乞韩琦兼领大帅镇
秦州/718；141/任伯雨·上徽宗论湟鄯/1595

【奏议影】65/余靖·上仁宗乞韩琦兼领大帅镇
秦州/2362；141/任伯雨·上徽宗论湟鄯/4906

【丹阳集】1/贺收复湟州表/19 下

【元刊梦溪笔谈】25/31

【东轩笔录】2/1 上

【乐全集】19/平戎十策/13 下；22/秦州奏唃厮
啰事/2 下、21 上；23/奏夏州事宜/1 上；附
录/张方平行状/23 下

【初寮集】6/定功继伐碑/1 上

【邵氏闻见录】13/144

【欧阳文忠公全集】102/奏议 1 下

【涑水记闻】12/6 上、16 下

【甘肃新通志】13/舆地志·古迹·兰州府·皋
兰县/2 上

【汇编】中一 1394、1521、1530、1555、1562、
1564、1587、1684、1733、1759；中二 1921、
2054、2056、2235、2616、2804、2811；中
三 3017、3082、3093、3222、3289、3290、
3291、3319、3320、3349、3385、3388、
3421、3635；中四 3881、4014、4050、4051、
4052、4108、4114、4143、4318、4519、
4533；中五 4581、4640、4671、4818、4833、
4843、4901、4954、5002、5003、5004、
5005、5007、5008、5057、5144、5145、
5175、5176、5181、5229、5237、5238；中
六 5267、5302、5337、5429、5430、5461、
5506、5532、5560、5561、5565、5568、
5569、5570、5571、5576、5578、5579、
5581、5582、5584、5588、5592、5596、
5597、5598、5599、5602、5606、5608、
5610、5612、5614、5618、5622、5624、
5625、5628、5629、5630、5632、5633、
5640、5646、5652、5655、5657、5668、
5669、5678、5686、5694、5701、5723、
5724、5735、5736、5739、5742、5743、
5751、5761、5772、5775、5780、5782、
5814、5887、5913；补遗 7395、7406、7436

襄乐县　宁州领襄乐、定安、真宁三县

【宋史】87/地理志 3/2153；369/曲端传/11491；
372/王庶传/11546

【元丰九域志】3/117

【宋会要】食货 15 之 17/5071、18 之 8/5126

【汇编】中四 4063；中六 5834；下 6143

十八画

曜州　永兴军

【宋会要】兵 2 之 5/6774

【汇编】中三 3621

二十画

醴州　庆阳府

【宋史】21/徽宗纪 3/399；26/高宗纪 3/476；87/地理志 3/2144、2150、2153、2156

【汇编】中六 5831

醴州 永兴军

【金史】26/地理志下/652

【宋会要】方域 12 之 20/7529

【汇编】下 6971

耀州 永兴军

【宋会要】方域 5 之 36/7401

二十三画

麟州 麟府

【辽史】13/圣宗纪 4/140；115/西夏记/1525

【宋史】2/太祖纪 2/26；6/真宗纪 1/117、118；10/仁宗纪 2/198、206；11/仁宗纪 3/212、220；16/神宗纪 3/310；18/哲宗纪 2/347；23/钦宗纪/431；64/五行志 2 下/1402；86/地理志 2/2135、2137；175/和籴/4246；176/屯田/4269、4270；183/盐下/4469；186/互市/4564；190/陕西保毅/4706；193/召募之制/4803；198/兵志 12·马政/4932；250/韩崇训传/8824、8825；253/李继周传/8871、折御卿传/8863、8864；255/王凯传/8925；257/李继和传/8969；259/郭守文传/8999；264/宋琪传/9129；265/张齐贤传/9157；274/翟守素传/9362；275/田仁朗传/9380；277/郑文宝传/9429；279/张进传/9486；280/李重海传/9506；285/陈执中传/9612；288/孙沔传/9689；289/高继宣传/9697；292/郑戬传/9768；293/张咏传/9800；294/苏绅传/9813；299/施昌言传/9949；300/杨偕传/9955；303/陈安石传/10048；311/庞籍传/10201、吕公弼传/10214；313/文彦博传/10258；314/范仲淹传/10275；317/冯京传/10339；319/欧阳修传/10377；323/赵振传/10462、安俊传/10467；324/张亢传/10489、刘文质传/10492；325/刘平传/10502、任仲宝传/10514；326/张昷传/10523；336/司马光传/10758；349/郝质传/11049；350/苗授传/11067、王文郁传/11074、11075、贾岩传/11086；447/徐徽言传/13191；466/窦神宝传/13600；485/夏国传上/13982、13988、

14001；486/夏国传下/14009；491/党项传/14139、14145

【长编标】1/11；2/41；3/67；8/197；13/289；25/586；30/673；35/769；38/825；39/834；40/851；43/922；45/964；47/1015、1023；51/1116、1122；52/1136、1137、1138、1139、1150、1152；53/1161、1171；63/1413；67/1495；68/1537；71/1591；72/1640；73/1666；79/1808；82/1876；104/2421；123/2896、2903、2911；125/2947、2949、2953；126/2970；132/3154；133/3160、3163、3164、3169；134/3188、3189、3195、3196、3197、3198；137/3282；148/3574、3582；155/3763；157/3811；159/3845、3847；164/3956；178/4317；183/4430；185/4469、4470、4477；186/4486、4488；188/4525；189/4551；190/4567；193/4679、4680；195/4725；204/4937；215/5247；218/5306、5292；219/5324；220/5345、5354、5363、5364；221/5372、5373、5379；228/5552；230/5604；233/5659；239/5807；241/5875、5878；245/5968；253/6192；287/7022、7023；289/7070；290/7086；297/7227；316/7640、7650；317/7674、7675；319/7703、7705、7712；325/7820、7823；326/7852；327/7866；329/7914；334/8043；335/8073、8078；337/8121；338/8143；339/8166；344/8263、8264、8265；347/8320、8324；348/8360；379/9207；385/9379；397/9674、9685；432/10434；437/10547；439/10576；456/10924；465/11115、11117；466/11126、11127、11128、11131、11135；467/11146；473/11287；474/11308；475/11322；478/11392；479/11412；480/11429；482/11471；484/11512；485/11520；489/11607；510/12149、12151；514/12227；517/12297

【长编影】1/9 上；2/14 下；3/6 下；13/10 上；25/13 下；30/6 下；35/4 下；38/7 下；39/6 上；40/8 下；43/12 下；45/9 上；47/12 下；51/8 上、13 下；52/6 上、7 下、8 上、9 上、19 上；53/15 上；63/14 上；67/1 上；68/11 下；71/4 上、15 上、17 下；72/16 下；73/

14 下；79/15 上；82/13 下；104/20 上；123/10 下；125/8 下、11 上；126/5 上；132/1 上；133/1 上、2 下、3 下、8 上、11 下、18 下；134/2 上；137/5 下；148/1 上、8 上；155/6 上；157/14 上；159/6 下、8 上；164/13 下；178/12 下；183/7 上；185/2 下、3 上、9 下、10 上；186/4 下；188/1 上；189/5 上；190/22 下；193/17 上；195/8 上；204/4 上；215/16 上；218/1 下、13 上；219/4 下；220/18 上；221/5 上、11 下；228/7 下、11 下；230/15 上、17 下；233/14 上；239/2 上；241/2 上；245/17 上；253/5 上；287/11 上；289/10 上；290/1 下、7 下、14 上；297/10 上；316/3 上、6 下、12 下；317/16 下；319/4 上、6 上、11 下；325/6 下、9 上；326/13 下；327/2 下；329/1 下；334/12 上；335/15 下；337/5 下；339/8 上；344/9 上；347/1 上、4 下；348/17 上；379/10 上；385/7 上；397/4 上；432/10 上；437/18 下；439/8 上；456/7 上；465/16 下、19 上；466/1 上、2 上、3 上、5 下、8 下、13 上；467/2 上；473/6 下、8 上；474/8 上；475/1 上；478/9 下；479/10 上；480/12 上；482/8 下；484/18 下；485/2 上；489/10 上；510/16 下；517/2 下

【东都事略】127、128；附录5、6

【玉海】139/咸平初置振武指挥/15 上；174/37 上

【三朝北盟会编】75/宇文中虚撰刘公韦合神道碑/12 上

【宋太宗实录】29/17 上；79 之 39 上

【宋会要】礼 20 之 79/804、25 之 6/957；仪制 10 之 21/2014；职官 41 之 81/3207；食货 1 之 30/4816、2 之 6/4828、19 之 10/5128、22 之 5/5158、36 之 24/5443、38 之 31/5482、63 之 80/6026、63 之 81/6027、65 之 23/6167、68 之 4/6310、70 之 164/6452；兵 4 之 6/6823、8 之 19/6896、8 之 21/6897、24 之 1/7179、24 之 2/7179、24 之 12/7184、24 之 24/7190、27 之 40/7266、27 之 41/7267、27 之 43/7268、27 之 44/7268、28 之 8/7273；方域 5 之 4/7385、6 之 5/7408、6 之 8/7409、8 之 30/7455、12 之 13/7526、12 之 14/7526、18 之 3/7611、18 之 6/7612、18 之 7/7613、18 之 8/7613、18 之 16/7617、18 之 17/7618、20 之 2/7651、20 之 4/7652、20 之 11/7656、20 之 12/7656

【系年要录】131/2112

【武经总要】前集 11/18 下；17/10 上、14 上、17 上、18 上、19 上、19 下；18 下/西蕃地界/1 上

【奏议标】133/范仲淹·上仁宗攻守二策/1478；134/韩琦·上仁宗论备御七事/1494；134/范仲淹等·上仁宗论和守攻备四策/1497；136/欧阳修·上英宗论西边可攻四事/1525

【奏议影】133/范仲淹·上仁宗攻守二策/4546；134/韩琦·上仁宗论备御七事/4596；134/范仲淹等·上仁宗论和守攻备四策/4605；136/欧阳修·上英宗论西边可攻四事/4691

【隆平集】17/翟守素传/112

【名臣碑传琬琰集】上集 22/庞庄敏公籍神道碑/351、23/孙威敏公沔神道碑/368；中集 44/张忠定公詠行状/1046、48/韩忠献公琦行状/1101；下集 13/文忠烈公彦博传

【小畜集】29/故商州团练使翟公（守素）墓志铭并序/2 下

【中国考古学会第一次年会论文集】折继闵神道碑/455

【元丰九域志】4/165、166

【文会谈丛】6 上

【文庄集】14/陈边事十策/1 上

【文恭集】19/故麟州兀罗族下班殿侍三班差使罗佑亲男崖可本族副都军主制/241

【方舟集】15/赵郡王墓志铭/19 上

【东轩笔录】8/4 上

【东坡全集】15/故省使眉州防御使赠遂州观察使张公（兑）墓志铭/13 上、14 上

【乐全集】19/平戎十策/13 下；20/陈政事 3/2 上；21/请罢陕西招讨经略司事/5 上、论高继宣知并州并代路经略安抚等使事/8 下

【司马文正公集】首卷/司马温公行状/28/上；4/章奏 2/9 上、10 上；11/章奏 9/5 上；73/书启 2/7 下；78/太子太保庞公墓志铭/8 下

【玉壶清话】3/6 上

【夷坚志支庚】3/1153

【安阳集】47/故客省使眉州防御使赠遂州观察

使张公（亢）墓志铭/14 上、14 下、17 下；
50/墓志/3 上；家传/5/3 上

【皇宋十朝纲要】14/2 下

【忠肃集】11/唐忠肃公神道碑/152

【欧阳文忠公全集】32/资政殿大学士尚书左仆
　射赠吏部尚书正肃吴公墓志铭/9 下；85/8
　下；108/论史馆日历状/3 下；115/河东奉使
　奏草/27 上、34 下；116/河东奉使奏草下/4
　下；附录 2/吴充撰欧阳文忠公行状/15 下、
　3/14 上

【画墁集】补遗/游公（师雄）墓志铭/2 上

【苕溪集】48/宋故武功大夫魏国公杨公（宗
　闵）墓碑/5 下

【范文正公集】尺牍中/6 上；西夏堡寨/6；16/
　让枢密直学士右谏议大夫表/9 下；年谱补遗
　/18 下、22 上、23 下；襃贤集/富弼撰墓志
　铭/10 上

【金石萃编】147/折克行神道碑考释

【契丹国志】7/圣宗天辅皇帝纪/3 下；22/控制
　诸国/7 下

【香溪集】21/徐忠壮（徽言）传/1 下

【浮溪集】16/麟府等州抚谕敕书/6 下

【涑水记闻】12/7 下、8 上、14 上

【景文集】62/张尚书行状/831

【稽古录】17/29 上、81 上

【潞公文集】18/奏议/5 下

【延安府志】8/葭州·神木县·古迹/19 上

【延绥镇志】1/地理志 6 下

【吴堡县志】1/沿革/1 上

【陕西通志】5/建置 4/32 上；97/艺文 13/32
　下；13/山川 6·葭州/56 下、神木县/63 下；
　17/关梁 2·神木县·古关隘/54 上

【榆林府志】5/建置志·沿革/2 下

【汇编】上 62、65、68、75、76、82、87、100、
　109、111、118、172、173、187、188、189、
　190、199、221、234、235、237、239；中一
　923、925、927、933、934、945、946、954、
　955、984、1010、1015、1020、1025、1026、
　1028、1031、1033、1034、1038、1039、
　1040、1044、1047、1070、1112、1131、
　1140、1141、1152、1154、1201、1211、
　1213、1215、1221、1228、1258、1300、
　1307、1316、1317、1318、1319、1320、
　1328、1331、1333、1334、1335、1426、
　1428、1429、1443、1467、1475、1482、
　1483、1487、1493、1511、1516、1521、
　1531、1606、1649、1690、1698、1727、
　1730；中二 1790、1796、1842、1856、1857、
　1861、1866、1905、2230、2233、2315、
　2317、2318、2319、2320、2321、2331、
　2333、2335、2338、2339、2343、2353、
　2355、2357、2364、2365、2366、2370、
　2483、2484、2520、2521、2552、2572、
　2604、2640、2642、2645、2695、2783；中
　三 2864、2873、2874、2909、2938、2939、
　2971、2973、3000、3004、3045、3047、
　3051、3062、3070、3077、3078、3132、
　3133、3179、3214、3216、3221、3232、
　3233、3234、3235、3237、3238、3240、
　3241、3242、3243、3245、3248、3252、
　3253、3254、3266、3273、3274、3276、
　3294、3356、3419、3431、3574、3606、
　3607、3629、3632、3650、3651、3654、
　3656、3665、3678、3680、3727、3731、
　3735；中四 3752、3753、3770、3810、3825、
　3953、4066、4071、4074、4075、4077、
　4094、4106、4176、4182、4186、4205、
　4208、4231、4234、4247、4332、4335、
　4342、4355、4368、4395、4459、4488、
　4489、4524；中五 4566、4567、4586、4588、
　4600、4732、4780、4816、4969、4983、
　4987、5060、5155、5159、5166、5199、
　5213、5217、5220、5233；中六 5272、5276、
　5279、5547、5601、5785、5826、
　5858、5884、5996、5997、6034、6074；下
　6088、6089、6137、6510、6516、6582、
　6977、7004、7012、7013、7019；补遗 7242、
　7244、7247、7281、7312、7322、7353、
　7461、7467、7492、7493

麟府路

【宋史】7/真宗纪 2/123、125、141；11/仁宗纪
　3/213；16/神宗纪 3/304；162/枢密院/3798；
　175/漕运/4256；187/兵志 1/4574、4593；
　190/兵志 4·河东陕西弓箭手/4713；198/马
　政/4932、4950；283/夏竦传/9572；289/高
　继宣传/9697；291/吴育传/9731；292/丁度

传/9763；299/张若谷传/9929；300/杨偕传/
9955、9956；340/吕大忠传/10846；350/李
浩传/11078；446/朱昭传/13170、杨震传/
13167；485/夏国传上/13981；486/夏国传下
/14010；491/党项传/14137

【长编拾补】54/11 上

【长编标】39/837；52/1150、1151；56/1224、
1232；97/2245；109/2537；122/2880；123/
2900、2910；125/2949；130/3084；132/
3144；133/3180；134/3192、3202；135/
3214、3226、3241；136/3246；152/3709；
185/4469；213/5165、5173；215/5236；216/
5254；219/5324；220/5348；221/5373；224/
5454；226/5511；228/5547、5550；230/
5601；241/5877、5878；245/5961；260/
6333；261/6364；262/6396；270/6627；286/
7007；290/7099；314/7603；315/7618、
7622、7626、7633、7634；317/7674、7676；
318/7692；319/7701、7703；325/7832；337/
8116；339/8161；341/8207；379/9203；402/
9792；453/10860；466/11126；468/11184；
471/11238；474/11302；480/11418；498/
11863；500/11925；506/12055、12062；510/
12149；511/12169；513/12201；514/12224、
12225、12226、12228

【长编影】39/8 下；52/18 上、18 下；56/1 上；
97/6 上；109/4 下；122/8 下；123/8 下、17
上；125/11 上、14 下；130/6 上；132/7 下；
133/17 下；134/5 下、14 上；135/1 下、12
上；136/1 上；152/12 上；185/2 下；213/1
上；215/6 下；216/3 上；219/4 下；220/8
上、25 上；221/5 下；224/14 上；226/2 上；
228/7 下；230/15 上；241/3 下；245/11 上；
260/4 下；261/9 上；262/11 下；270/8 上；
286/11 上；290/12 下；314/4 上、5 上、5
下、9 下、12 下；315/3 下、6 下、10 下、16
下、17 上；317/16 下；318/11 上；319/3
上、15 上；325/16 上；337/2 上；339/2 下；
341/11 下；379/4 下；402/14 上；453/2 上；
466/1 上、3 上；468/16 下；471/1 下；474/
2 下；480/3 上、6 上；498/20 上；500/22
下；506/5 上、12 上；510/17 下；511/14
下；513/7 上；514/13 上、16 下、17 下

【玉海】141/15 上

【三朝北盟会编】25/5 上；36/8 下；50/8 上；
58/6 下

【宋大诏令集】233/答西平王赵德明诏（大中祥
符九年十月）/906

【宋会要】职官 31 之 3/3002、60 之 21/3743、
64 之 41/3841；食货 39 之 22/5499、42 之 5/
5564、43 之 2/5573、48 之 17/5631、70 之
163/6452；兵 4 之 6/6823、5 之 3/6841、8 之
23/6898、8 之 24/6899、18 之 2/7058、18 之
6/7060、22 之 4/7145、27 之 41/7267；方域
6 之 8/7409、8 之 30/7455、10 之 24/7485、
20 之 10/7666

【系年要录】1/164 甲辰日注

【武经总要】前集 16 上/36、17/14 上、20 上；
18 上/34 上

【奏议标】62/赵瞻·上英宗论差中官为陕西铃
辖/687；132/田况·上仁宗兵策十四事/
1467；133/张方平·上仁宗因郊禋肆赦招怀
西贼/1475

【奏议影】62/赵瞻·上英宗论差中官为陕西铃
辖/2279；132/田况·上仁宗兵策十四事/
4514；133/张方平·上仁宗因郊禋肆赦招怀
西贼/4538

【隆平集】17/折御卿传/11 下；18/李重贵传/
12 上

【名臣碑传琬琰集】上集 23/孙威敏公沔神道碑
/368

【文庄集】14/陈边事十策/1 上

【文恭集】36/宋故宣徽北院使郑公（戬）墓志
铭/436

【乐全集】19/平戎十策/13 下；20/麟府州城中
百姓老弱之口不能自存者若愿渡河令河东
转运司分处于近里州县务令存济/19 下、请
因郊祀肆赦招怀西贼札子/24 上、陈政事/3 上

【北山集】13/西征道里记并序/23 上

【华阳集】23/285；家传 3/6 下、10 上

【初寮集】6/定功继伐碑/1 上

【净德集】19/虑边论 2/205

【欧阳文忠公全集】31/太子太师致仕杜祁公墓
志铭/4 下；88/11 上

【苕溪集】48/宋故武功大夫魏国公杨公（宗
闵）墓碑/3 下、4 下、5 上、宋故恩平郡夫

人刘氏墓碑/17 下

【范文正公集】年谱补遗/5 下；褒贤集/张唐英
　撰·文正公传/14 上

【南迁录】1

【涑水记闻】14/3 下；12/1 下

【斜川集】5/孙团练墓志铭/30 上

【靖康传信录】2/14

【豫章文集】7/遵尧录 6/14 上

【儒林公议】上/4 上

【潞公文集】22/奏议/6 下

【延安府志】2/葭州/20 上

【陕西通志】17/关梁 2·葭州·府谷县/57 上；
　42/茶马/9 上

【梁溪集】55/2 下、7 下；172/靖康传信录/中/
　7 上

【榆林府志】47/7 上

【汇编】上 28、42、43、58、179；中一 925、
　952、1121、1128、1144、1214、1317、1327、
　1328、1374、1381、1382、1404、1484、
　1570、1586、1608、1675、1747、1749；中
　二 1794、1796、1857、1862、2098、2103、
　2148、2161、2162、2233、2274、2298、
　2331、2378、2380、2386、2388、2389、
　2391、2392、2394、2399、2414、2420、
　2430、2439、2482、2520、2604、2605、
　2628、2760；中三 2885、2937、2942、3001、
　3005、3217、3224、3238、3241、3254、
　3356、3378、3484、3565、3566、3597、
　3603、3610、3647、3650、3658、3672、
　3677、3705、3717、3727、3729；中四 3752、
　3825、3835、3871、3893、3981、3984、
　3986、4001、4056、4076、4103、4143、
　4144、4151、4152、4155、4156、4159、
　4160、4163、4169、4171、4206、4207、
　4209、4219、4228、4236、4244、4247、
　4249、4337、4505、4539、4591、4729、
　4836、5054、5095、5097、5100、5118、
　5119、5144、5157、5207、5209、5221；中
　六 5400、5424、5481、5490、5549、5558、
　5567、5585、5586、5589、5590、5991、
　5993、6008、6009、6012、6014、6015、
　6021、6034、6035；下 6515、6581、6731、
　7008；补遗 7093、7245、7263、7280、7290、

7336、7424、7436、7442、7453、7459、
7460、7461、7462

3. 金朝与西夏交界或相关的州府郡县

三画

三水县　邠州

【金史】26/地理志下/652

【汇编】下 6971

门山县　鄜延

【金史】26/地理志下/648

【元史】1/太祖纪/21

【汇编】下 6874、6965

四画

天德军　云中府路

【宋史】23/钦宗纪/427；447/徐徽言传/13191；
　486/夏国传下/14021

【金史】71/斡鲁传/1634；73/阿离合懑传附孙
　宗宁传/1677；74/宗望传/1703；134/西夏传
　/2865、2867、2868

【大金吊伐录】1/南宋回书/12

【大金国志】2/太祖纪/2 下；3/太宗纪 3/7 下；
　4/太宗纪/3 下；9/太宗纪/4 上；13/海陵炀
　王纪上/1 下

【元朝名臣事略】1 之 1/太师鲁国忠武王（木华
　黎）传/5 下

【长编标】335/8061

【长编影】335/1 上

【长编拾补】54/11 上

【三朝北盟会编】9/10 下；14/11 下；15/1 下、
　7 下；48/13 上

【系年要录】181/3015

【皇宋十朝纲要】18/13 下；19/7 上

【契丹国志】11/天祚帝纪中/11 上

【中兴小纪】4/52

【元丰九域志】4/178

【文恭集】36/宋故宣徽北院使奉国军节度使明
　州管内观察处置等使太尉文肃郑公（戬）墓

志铭/436

【河南先生文集】23/按地图/3 下

【汇编】上 87、125；中一 999；中二 2165；中三 3005；中四 4482；中六 5795、5945、5947、5952、5956、5957、5970、5971、5972、5975、5993、6010、6011、6015、6019；下 6150、6255、6456、6584、6606、6872；补遗 7443

云内州

【三朝北盟会编】9/10 下；14/11 下；15/1 下、7 下；48/13 上

【大金国志】4/太宗纪/3 下；13/海陵炀王纪上/1 下

【汇编】中六 5957、5970、5972、6011、6019；下 6584

云中府路

【大金国志】9/太宗纪/4 上

【汇编】下 6456

太原府

【金史】26/地理志下/629；81/耶律怀义传/1827；82/耶律涂山传/1835

【汇编】中六 6024；补遗 7456

中京

【金史】70/习室传/1623

【汇编】中六 5948

中部郡　　鄜延

【金史】26/地理志下/649

【汇编】下 6966、6967

化平县　　凤翔

【金史】26/地理志下/646

【汇编】下 6963

化平县　　宋安化县，属宜州，寻改属渭州，金大定七年改为化平县

【甘肃新通志】13/舆地志·古迹·化平直隶厅/13 上

【汇编】补遗 7338

凤翔军

【金史】26/地理志下/644；123/爱申传/2691

【汇编】下 6962

凤翔府

【金史】3/太宗吴乞买纪/62；16/宣宗纪下/364；17/哀宗守绪纪上/383；19/睿宗宗尧纪

/409；25/南京路/598；26/凤翔路/644；50/権场/1113；57/百官志 3/1327；98/完颜纲传/2175；100/完颜间山传/2204；101/仆散端传/2232；108/胥鼎传/2379、把胡鲁传/2391；111/古里甲石伦传/2444、讫石烈牙吾塔传/2459；113/白撒传/2487、赤盏合喜传/2493；124/郭虾蟆传/2709

【元史】165/完颜石柱传/3886

【汇编】下 6817、6848、6851、6871、6880、6881、6932、6935、6976

凤翔路

【金史】26/地理志下/644

【蒙兀儿史记】3/成吉思可汗本纪下/31 下

【隆德县志】1/沿革表/11 上

【汇编】下 6921、6962；补遗 7251

长武　　泾州

【金史】26/地理志下/652

【汇编】下 6971、6972

丹州　　鄜延

【金史】26/地理志下/648

【元史】1/太祖纪/21

【汇编】下 6874、6965

火山军

【大金国志】13/海陵炀王纪上/1 下

【汇编】下 6584

五画

古会州　　秦凤

【金史】26/地理志下/650；134/西夏传/2867

【大金吊伐录】4/139

【汇编】下 6094、6103

石州　　河东北路

【金史】26/地理志下/631

【大金国志】19/章宗纪/1 下

【汇编】下 6786、6961

甘谷县　　凤翔

【金史】26/地理志下/647

【汇编】下 6964

平凉行省

【金史】112/完颜合达传/2466

【汇编】下 6878

平凉军　凤翔

【金史】26/地理志下/646

【汇编】下 6963

平凉府　凤翔

【金史】15/宣宗纪中/347；20/天文志/423；26/地理志下/646；79/张中彦传/1789；92/庐庸传/2042；100/完颜闾山/2204；101/仆散端传/2232；108/把胡鲁传/2391；110/杨云翼传/2422、韩玉传/2429；116/石盏女鲁欢传/2542；121/来谷守中传/2642；128/蒲察郑留传/2768；134/西夏传/2873

【蒙兀儿史记】3/成吉思可汗本纪下/31 下

【汇编】下 6830、6833、6834、6839、6860、6867、6871、6904、6921、6963

平凉郡　庆原

【金史】26/地理志下/652

【汇编】下 6971

东山县　镇戎州

【甘肃新通志】13/舆地志·古迹·固原直隶州/12 上

【固原州志】1/古迹/14

【汇编】补遗 7242、7472

归化州

【大金吊伐录】1/南宋回书/12

【汇编】中六 5971

乐州

【金史】3/太宗纪/63；84/完颜昂传/1886

【汇编】下 6258

兰州

【金史】3/太宗纪/63；10/章宗纪 2/242；14/章宗纪上/305、311；15/宣宗纪中/330；24/地理志上/558；26/地理志下/653；50/食货志 5/1114、1115；62/交聘表下/1482；80/赤盏晖传/1806、阿离补传/1810；81/蒲察胡盏传/1820；101/仆散端传/2232；103/乌古论长寿传/2272；113/白撒传/2485；123/陀满胡土门传/2687；134/西夏传/2870、2871、2872、2873、2875

【元史】121/速不台传/2977

【蒙兀儿史记】3/成吉思可汗本纪下/30 下

【汇编】上 130、132、133、135；下 6258、6259、6762、6772、6799、6800、6838、

6839、6841、6842、6861、6906、6910、6975

宁边州

【大金吊伐录】1/南宋回书/12

【三朝北盟会编】14/11 下；15/7 下

【汇编】中六 5970、5971、5972

宁州　庆原

【宋史】369/曲端传/11490；372/王庶传/11546

【金史】14/章宗纪上/311；26/地理志下/650；116/承立传/2550；134/西夏传/2873

【宋会要】方域 5 之 36/7401

【方舟集】16/26 上

【汇编】上 133；下 6142、6143、6695、6839、6848、6970、7005

永寿县　庆原

【金史】26/地理志下/652

【汇编】下 6971

六画

巩州

【宋史】28/高宗纪 5/533；40/宁宗纪 4/774、775；383/虞允文传/11797；402/安丙传/12194；403/张威传/12215；406/崔与之传/12260

【金史】3/太宗纪/63；12/章宗纪 4/271；14/宣宗纪上/318；15/宣宗纪中/344；26/地理志下/654；45/刑志/1018；57/诸府节镇兵等职/1325；62/交聘表下/1474、1482、1493、1495；79/张中彦传/1789、1790；80/阿离补传/1810；82/完颜习不主传/1840；87/徒单合喜传/1943；91/蒲察世术传/2022；98/完颜纲传/2175；101/仆散端传/2232；103/乌古论长寿传/2272；106/术虎高琪传/2340；108/胥鼎传/2379、把胡鲁传/2391；112/完颜合达传/2466；113/白撒传/2486、赤盏合喜传/2493；116/石盏女鲁欢传/2542；121/来谷守中传/2642；123/杨沃衍传/2684；124/郭虾蟆传/2709；134/西夏传/2875

【金史】附录/进金史表/2900

【大金国志】25/宣宗纪/5 下

【汇编】下 6258、6392、6483、6734、6817、6833、6843、6848、6851、6860、6864、6865、6866、6868、6871、6872、6876、6934

西宁州

【金史】3/太宗纪/63；16/宣宗纪下/354；26/地理志下/647；80/阿离补传/1810；84/完颜昂传/1886；103/乌古论长寿传/2272；134/西夏传/2875

【元史】1/太祖纪/24

【蒙兀儿史记】3/成吉思可汗本纪下/31 上

【汇编】上 135；下 6258、6865、6870、6919、6964

西安州

【大金吊伐录】4/139

【汇编】下 6094

成纪县　凤翔

【金史】26/地理志下/647；93/承裕传/2065；98/完颜纲传/2175、2178

【汇编】下 6964

当川县　临洮

【金史】26/地理志下/654

【汇编】下 6974

同州

【金史】72/觳英传/1661

【元史】165/完颜石柱传/3886

【汇编】下 6493、6932

华州

【金史】98/完颜纲传/2175

【汇编】下 6817

华亭县　凤翔

【金史】26/地理志下/646

【汇编】下 6963

延长县　鄜延

【金史】26/地理志下/648

【汇编】下 6965

延州　鄜延

【金史】15/宣宗纪中/330；23/五行志/543；26/地理志下/644

【汇编】下 6965

延安府

【金史】3/太宗吴乞买纪/59；14/宣宗纪上/311、313；26/地理志下/632、648；72/娄室传/1652；82/郑建充传/1846；101/乌古论庆寿传/2239；104/温迪罕达字子达传/2299；108/把胡鲁传/2391；112/完颜合达传/2464、2465；120/乌林答琳传/2627；134/西夏传/2872、2873

【元史】1/太祖纪/21

【汇编】上 131、132、135；下 6160、6835、6839、6840、6843、6863、6871、6874、6875、6961

邠州　庆原

【金史】14/宣宗纪上/311；26/地理志下/651；92/庐庸传/2042；110/韩玉传/2429；120/乌林答琳传/2627

【汇编】下 6830、6833、6835、6839、6971

会州

【金史】14/宣宗纪上/303、311；16/宣宗纪下/353、369；24/地理志上/549；26/地理志下/655；103/乌古论长寿传/2271、2272；106/移剌塔不也传/2347；108/把胡鲁传/2390；124/郭虾蟆传/2708、2709；134/西夏传/2871、2874、2875

【元史】121/速不台传/2977

【汇编】上 131、135；下 6834、6839、6845、6851、6863、6870、6881、6882、6910、6961

庄浪县　本宋通边寨，入金后改置庄浪县

【甘肃新通志】13/舆地志·古迹·平凉府·静宁州/10 下、隆德县/11 上

【隆德县志】4/考证/64 上

【汇编】补遗 7272、7290、7300

庆州　庆原

【金史】14/宣宗纪上/311；24/地理志上/562；26/地理志下/650；50/食货志 5/1114；94/瑶里孛迭传/2095；106/移剌塔不也传/2346

【南迁录】13

【汇编】下 6789、6827、6828、6839、6970

庆阳府　庆原

【金史】3/太宗纪/63；13/卫绍王纪/296；26/地理志下/650；57/百官志 3/1327

【汇编】下 6285、6833、6970、6976

庆原路

【金史】26/地理志下/641、650；134/西夏传/2872

【汇编】上 131、135

安化县　凤翔

【金史】26/地理志下/646、647

【汇编】下 6963、6964

安化县　庆原

【金史】26/地理志下/650

【汇编】下 6970

安国军　庆原

【金史】26/地理志下/650

【汇编】下 6970

兴宁军　庆原

【金史】26/地理志下/650

【汇编】下 6970

米脂县　宋仁宗宝元中置米脂寨，神宗元丰中
改为城，入金升为米脂县

【玉海】108/元丰崇政殿奏藩乐/15 下

【延安府志】7/1 上、绥德州/24 下、绥德州·
清涧县·山川/2 下；8/1 上

【延绥镇志】1/地理志/1 上

【陕西通志】7/疆域 2/42 上、43 下；13/山川 6
·绥德州/51 下；14/城池/27 下；17/关梁 2
·绥德州/45 下

【汇编】补遗 7248、7254、7345、7354、7387、
7480、7481、7486、7487

七画

坊州　鄜延

【金史】14/宣宗纪上/311；26/地理志下/649；
72/娄室传/1652

【元史】1/太祖纪 21

【大金国志】19/章宗纪/1 下

【汇编】下 6160、6789、6839、6932、6966

岚州

【大金国志】19/章宗纪/1 下

【汇编】下 6786

狄道县　临洮

【金史】26/地理志下/654

【汇编】下 6974

怀安县　庆原

【金史】26/地理志下/650

【汇编】下 6970

怀羌县　临洮

【金史】26/地理志下/654

【汇编】下 6975

冶坊县　凤翔

【金史】26/地理志下/647

【汇编】下 6964

汧阳郡　凤翔

【金史】26/地理志下/647

【汇编】下 6964

汧源县　凤翔

【金史】26/地理志下/647

【汇编】下 6964

汾州

【金史】82/耶律涂山传/1836

【汇编】补遗 7456

良原县　庆原

【金史】26/地理志下/652

【汇编】下 6972

灵台县　庆原

【金史】26/地理志下/652

【汇编】下 6972

陇干县　凤翔

【金史】26/地理志下/645

【汇编】下 6962

陇西郡　渭州

【金史】26/地理志下/646

【汇编】下 6963

陇州　凤翔

【金史】26/地理志下/647；113/赤盏合喜传/
2493；134/西夏传/2868

【汇编】上 128；下 6880、6964

陇城县　凤翔

【金史】26/地理志下/647

【汇编】下 6964

鸡川县　秦州

【甘肃新通志】13/舆地志·古迹·秦州直隶州
·秦安县/23 下

【汇编】补遗 7320

鸡川县　凤翔

【金史】26/地理志下/647

【汇编】下 6964

八画

环庆

【金史】26/地理志下/650；79/张中彦传/1789；84/完颜杲传/1878；134/西夏传/2867

【汇编】下 6497

环州

【金史】3/太宗纪/63；6/世宗雍纪上/131；14/宣宗纪上/311；19/睿宗宗尧纪/409；26/地理志下/651；50/食货志 5/1114；84/完颜杲传/1878；87/徒单合喜传/1944；113/白撒传/2486；134/西夏传/2868、2870、2872、2873、2876

【大金吊伐录】4/139

【宁夏府志】3/山川·灵州/10 上

【汇编】上 127、128、130、132、133、136；下 6094、6103、6285、6773、6838、6839、6877、6949、6970

武州

【宋史】486/夏国传下/14021

【大金吊伐录】1/南宋回书/12

【大金国志】13/海陵炀王纪上/1 下

【长编纪事本末】144/7 上；494/26 上

【长编拾补】54/11 上

【三朝北盟会编】25/5 上；48/13 上

【皇宋十朝纲要】18/18 下

【汇编】上 87；中六 5364、5971、5979、5992、6015、6019；下 6584

直罗县 鄜延

【金史】26/地理志下/649

【汇编】下 6966

岢岚军

【大金国志】4/太宗纪/3 下

【汇编】中六 6011

固原州 泾原

【文恭集】17/211

【甘肃新通志】6/舆地志·山川上·固原直隶州·海城县/27 下；7/舆地志·山川下·庆阳府·环县/17 上

【海城厅志】山川/6 下

【隆德县志】4/考证/64 上

【汇编】中三 3178；补遗 7250、7271、7273、7288、7380、7391

金肃军 西京道

【宋史】486/夏国传下/14021、14022

【大金国志】4/太宗纪/3 下

【长编拾补】54/11 上

【三朝北盟会编】8/13 上；9/10 下；25/5 上；118/3 下

【系年要录】12/279；181/3015

【皇宋十朝纲要】19/7 上

【汇编】上 87；中六 5957、5993、6010、6011、6015、6019；下 6127、6128、6606

金城郡

【金史】26/地理志下/654

【汇编】下 6975

肤施县 鄜延

【金史】26/地理志下/648

【汇编】下 6965

京兆府

【金史】134/西夏传/2876

【汇编】上 136

府州

【宋史】29/高宗纪 6/540；446/朱昭传/13170

【金史】3/太宗纪/60；72/娄室传/1652

【大金国志】4/太宗纪/3 下；10/熙宗纪/1 下

【三朝北盟会编】59/1 上

【系年要录】85/1394；127/2066

【靖康要录】14/871

【方舟集】15/范元功墓志铭/19 上

【汇编】中六 6011、6012、6039、6073；下 6159、6160、6392、6489、6500、6510

河东

【宋史】32/高宗纪 9/603；447/徐徽言传/13191

【金史】3/太宗吴乞买纪/57、61；5/海陵亮纪/108、111、112；7/世宗纪中/155、166、169、174；9/章宗璟纪 1/211；12/章宗纪 4/284；13/卫绍王永济纪/295、296；15/宣宗纪中/337、339；19/睿宗宗尧纪/408；23/五行志/536、538、541、542；44/兵制/997；47/田制/1049、租赋/1056、1057、1058、1059；48/钱币/1076、1079、1080；50/和籴/1119、区田/1124、入粟鬻度牒/1125；51/进士诸科/1134；72/娄室传/1651、银术可传/1659、1660、1661、1662；74/宗翰传/1696、1697、1698；77/宗弼传/1754；80/突合速传/1802；81/耶律怀义传/1827；82/郑建充传/1847；92/毛硕传/2034；97/张大节传/2146；99/李革传/2198；100/完颜伯嘉传

/2212、李复亨传/2217；102/完颜弼传/
2255、必兰阿鲁带传/2262；103/完颜蒲剌都
传/2299；106/移剌塔不也传/2347；107/张
行信传/2364；108/胥鼎传/2375、2376、
2377、2378、2383；111/古里甲石伦传/
2440、2441；112/完颜合达传/2465；113/完
颜赛不传/2481；118/郭文振传/2584、2587；
123/陀满胡土门传/2687、2688、禹显传/
2692；129/李通传/2785

【大金吊伐录】1/南宋回书/12

【大金国志】13/海陵炀王纪上/1下

【三朝北盟会编】107/7下，232/9下

【系年要录】8/205；9/227；15/319；20/395、
400；30/595；100/1646；129/2090

【靖康要录】9/532

【中兴小纪】4/47

【宗忠简集】1/乞回銮疏/42上

【香溪集】21/徐忠壮（徽言）传/1下、2下；
118/与秦相公第九书别幅/13上

【汇编】中六5971、6024、6025；下6088、
6089、6109、6119、6120、6133、6134、
6147、6148、6155、6158、6204、6311、
6420、6508、6584、6627；补遗7456

河东路　河东北路

【金史】14/宣宗珣纪上/304、307；26/地理志
下/632；57/百官志3/1327

【南迁录】4

【大金国志】3/太宗纪3/7下；4/太宗纪/3下；
19/章宗纪/5上

【汇编】中六5993、6011；下6788、6798、
6839、6961、6976

河州

【宋史】380/楼炤传/11717

【金史】3/太宗纪/63；9/章宗璟纪1/222、225；
10/章宗纪2/229、232；26/地理志下/655；
47/食货志/1060；80/阿离补传/1810；84/完
颜昂传/1886；86/李师雄传/1922；87/徒单
合喜传/1942；107/张行信传/2369；110/赵
秉文传/2428；113/赤盏合喜传/2493；122/
纳合蒲剌都传/2663

【元史】1/太祖纪/24；121/速不台传/2977

【元史译文证补】1下/22上

【蒙兀儿史记】3/成吉思可汗本纪/30上、31上

【系年要录】197/3319；198/3331；199/3377

【方舟集】16/赵郡王墓志铭/26上

【朝野杂记】乙集19/边防/1180

【名臣碑传琬琰集】上集12/吴武安公功绩记/
186

【汇编】下6258、6353、6511、6678、6679、
6682、6683、6687、6696、6856、6866、
6904、6907、6910、6919、6922、6937、6959

泾川县　泾州

【金史】26/地理志下/652

【汇编】下6971、6972

泾州　庆原

【金史】3/太宗吴乞买纪/62；26/地理志下/
652；62/交聘表下/1495；65/斡者传附孙璋
传/1549；71/吾扎忽传/1639；72/娄室传附
子活女传/1653、银术可传/1661、拔离速传/
1665；79/张中孚传/1788；80/斜卯阿里传/
1800；81/蒲察胡盏传/1819；84/完颜杲传/
1878；91/庞迪传/2012；92/卢庸传/2042；
105/萧贡传/2320；107/张行信传/2369；
110/韩玉传/2429；112/移剌蒲阿传/2470；
126/李汾传/2741；134/西夏传/2871

【汇编】下6830、6833、6856、6971

泾原

【宋史】369/曲端传/11490；372/王庶传/
11546；448/李彦仙传/13211

【金史】3/太宗吴乞买纪/63；14/宣宗纪上/
311；19/睿宗宗尧纪/409；26/地理志下/
650；72/银术可传/1661；77/宗弼传/1753；
78/阿离补传/1810；79/张中孚传/1788；80/
1880；134/西夏传上/2865

【大金吊伐录】4/139

【三朝北盟会编】118/3下；143/2上；192/5下

【宋会要】兵29之11/7298；方域5之36/7401、
8之26/7453

【系年要录】12/279；130/2099；15/311；38/
726；198/3351

【北山集】13/西征道里记并序/23上

【忠正德文集】8/丙辰笔录/5上

【忠穆集】5/上时政书/15上

【范文正公集】诸贤赞颂论疏/12下、24下

【汇编】上127；下6094、6103、6127、6128、
6133、6142、6143、6213、6243、6245、

6246、6256、6258、6259、6427、6497、
6512、6515、6683、6689、6839、7005、
7011、7025、7027

治平县　凤翔
【甘肃新通志】13/舆地志·古迹·平凉府·静
　宁州/11 上
【汇编】补遗 7320

定平县　庆原
【金史】26/地理志下/651
【汇编】下 6971

定边军
【大金吊伐录】4/139
【汇编】下 6094

定西州　临洮
【金史】16/宣宗纪下/354；113/白撒传/2485；
　123/杨沃衍传/2684
【汇编】下 6841、6864、6865、6866、6869

定西县　临洮
【甘肃新通志】13/舆地志·古迹·巩昌府·安
　定县/17 上
【汇编】补遗 7347

定远县　临洮
【金史】26/地理志下/654
【汇编】下 6975

宜川县　鄜延
【金史】26/地理志下/648
【汇编】下 6966

宜君县　鄜延
【金史】26/地理志下/649
【汇编】下 6967

宜禄县　庆原
【金史】26/地理志下/651
【汇编】下 6971

陕西路
【宋史】40/宁宗纪4/774
【金史】3/太宗吴乞买纪/54、62、63；4/熙宗
　亶纪/75、76、79、80、81、82；5/海陵亮纪
　/111；6/世宗雍纪上/124、125、127、130；
　7/世宗纪中/155、166、169、174；10/章宗
　纪2/234；12/章宗纪4/270、280、284；13/
　卫绍王永济纪/294、295、296；14/宣宗纪上
　/311、312、318；15/宣宗纪中/329、330、

334、353；16/宣宗纪下/354；17/哀宗纪上/
378；18/哀宗纪下/400；19/睿宗宗尧纪/
408、409；23/五行志/536、538、539、541、
542；27/漕渠/685；44/兵制/997、禁军/
1003、1004、1006、1007、1008；46/户口/
1033；47/田制/1050、租赋/1055、1057、
1058；48/钱币/1069、1075、1077、1079、
1082、1084、1085；49/盐/1104、1105、茶/
1109；50/食货志5/1114；51/选举志1序/
1133、1134；55/宣抚司/1243、司农司/
1244；56/三路检察司及外路仓库/1290；57/
按察司/1308；60/交聘表上/1400；61/交聘
表中/1418；66/合住传/1562；68/阿鲁补传/
1597；69/宗隽传/1604；70/宗宪传/1615、
1616；71/婆卢火传/1639、吾扎忽传/1639、
阇母传/1643；72/娄室传/1651、1652、活女
传/1653、海里传/1657、彀英传/1661、
1662、沃侧传/1664、习古乃传/1667；74/宗
翰传/1696、1697、1698；76/宗磐传/1729；
77/刘豫传/1760；79/张中彦传/1789；80/斜
卯阿里传/1800、阿离补传/1810；81/耶律怀
义传/1827；82/完颜习不主传/1840、纥石烈
胡剌传/1841、颜盏门都传/1844、郑建充传/
1847；83/张通古传/1860；84/完颜昂传/
1886；87/纥石烈志宁传/1933、仆散忠义传/
1935、徒单合喜传/1944；88/石琚传/1959；
89/苏保衡传/1973；91/结什角传/2016；92/
卢孝俭传/2041、卢庸传/2041；93/宗浩传/
2078；98/完颜纲传/2175；99/李革传/2198；
100/完颜伯嘉传/2212、2213、李复亨传/
2218；101/仆散端传/2232；102/田琢传/
2050、必兰阿鲁带传/2262；103/完颜仲元传
/2266；104/邹谷传/2299；106/刘炳传/
2338、术虎高琪传/2343、2345；108/胥鼎传
/2375、2376、2377、2378、2382、把胡鲁传
/2390、2391、2392；109/陈规传/2405、
2409、2410、2411、许古传/2415；110/杨云
翼传/2425、冯璧传/2433；111/撒合辇传/
2448、纥石烈牙吾塔传/2459；112/完颜合达
传/2466；113/白撒传/2486；114/白华传/
2505、2506、合周传/2516；118/苗道润传/
2573、郭文振传/2587；119/完颜仲德传/
2606；120/石家奴传/2614；122/从坦传/

2660、2661、纳合蒲剌都传/2663、侯小叔传/2670；124/术甲脱鲁灰传/2698、乌古孙仲端传/2701；128/傅慎微传/2763、张特立传/2774；129/蒲察合住传/2778；134/西夏传/2867、2868、2870

【大金国志】13/海陵炀王纪上/1 下；19/章宗纪/5 上；22/东海郡侯纪/1 下

【蒙兀儿史记】3/成吉思可汗本纪下/19 上

【汇编】上 127、128、130；中六 6024；下6258、6289、6497、6584、6693、6745、6746、6762、6772、6773、6798、6815、6817、6824、6839、6843、6844、6849、6854、6864、6878、6908、6935；补遗 7456

陕西东路

【金史】56/百官俸给/1345

【汇编】下 6976

陕西西路

【金史】56/百官俸给/1345

【汇编】下 6976

九画

咸宁郡　　廊延

【金史】26/地理志下/648

【汇编】下 6965

威戎县　　凤翔

【金史】26/地理志下/645

【甘肃新通志】13/舆地志·古迹·平凉府·静宁州/11 上

【汇编】下 6962；补遗 7475

威胜军

【大金吊伐录】2/76

【汇编】中六 6027

临泾县　　庆原

【金史】26/地理志下/652

【汇编】下 6971

临泉县　　河东北路

【金史】26/地理志下/632

【汇编】下 6961

临洮府

【金史】14/宣宗纪上/314、318；17/哀宗守绪纪上/378；24/地理志上/549；26/地理志下/

653；87/徒单合喜传/1943；103/乌古论长寿传/2272；113/白撒传/2486、赤盏合喜传/2493；123/陀满胡土门传/2687

【元史】1/太祖纪/24；121/按竺迩传/2982；133/也罕的斤传/3226

【蒙兀儿史记】3/成吉思可汗本纪下/31 上

【汇编】下 6840、6841、6842、6843、6866、6877、6918、6919、6922、6933、6961、6974

临洮郡

【金史】26/地理志下/653

【汇编】下 6974

临洮路

【金史】12/章宗纪 4/277；14/宣宗纪上/311；15/宣宗纪中/336；26/地理志下/653；57/百官志 3/1327；91/结什角传/2016、杨仲武传/2019；98/完颜纲传/2175；101/仆散端传/2232；103/乌古论长寿传/2272；108/把胡鲁传/2390

【宋大诏令集】105/刘法检校少保制（政和四年四月七日）/390

【汇编】中六 5884；下 6675、6745、6815、6816、6817、6839、6842、6870、6974、6976

临真县　　廊延

【金史】26/地理志下/648

【汇编】下 6965

保安军　　廊延

【金史】10/章宗纪 2/242；13/卫绍王纪/296；14/宣宗纪上/311、313；15/宣宗纪中/342；26/地理志下/644；50/食货志 5/1114、榷场/1115；134/西夏传/2870、2871、2872、2874

【元史】1/太祖纪/21

【大金国志】19/章宗纪/1 下

【汇编】上 130、132、134；下 6762、6772、6789、6799、6800、6833、6839、6840、6857、6966、6874

保定县　　庆原，大定七年更名泾川县

【金史】26/地理志下/652

【汇编】下 6972

洮州

【金史】3/太宗纪/63；15/宣宗纪中/331；24/地理志上/549；26/地理志下/654；80/阿离补传/1810；91/结什角传/2016、2017；103/乌古论长寿传/2299；107/张行信传/2369；

113/赤盏合喜传/2493

【元史】1/太祖纪/24；121/速不台传/2977

【蒙兀儿史记】3/成吉思可汗本纪下/31 上

【汇编】下 6258、6856、6866、6910、6919、6961

洛川县　鄜延

【金史】26/地理志下/649

【汇编】下 6966

洛交县　鄜延

【金史】26/地理志下/649

【汇编】下 6966

洧州　凤翔

【金史】113/赤盏合喜传/2493

【汇编】下 6880

神木县　金宣宗兴定初罢麟州镇西军为神木寨

【榆林府志】5/建置志·沿革/2 下

【汇编】下 6582

十画

秦凤路

【金史】26/地理志下/646、650；79/张中彦传/1789；134/西夏传/2867

【大金吊伐录】4/139

【大金国志】4/太宗纪/2 上

【汇编】上 127；中六 6007；下 6094、6103、6962、6963

秦州　凤翔路

【金史】5/海陵亮纪/116；12/章宗纪 4/277、281；14/宣宗纪上/303；16/宣宗纪下/354；26/地理志下/644、646；50/榷场/1115；57/诸府节镇兵等职/1327；65/孙璋传/1551；79/张中彦传/1789；82/乌延胡里改传/1837；84/完颜昂传/1886；87/徒单合喜传/1941、1943、1944；92/毛硕传/2034；93/承裕传/2065；98/完颜纲传/2175、2177；102/完颜弼传/2254；103/乌古论长寿传/2272；106/术虎高琪传/2340；108/胥鼎传/2379；111/纥石烈牙吾塔传/2459；122/蒲察娄室传/2668、女奚烈资禄传/2669；123/爱申传/2691；130/温特罕氏传/2803；134/西夏传/2868

【元史】121/按竺迩传/2982

【大金国志】25/宣宗纪/5 下

【蒙兀儿史记】3/成吉思可汗本纪下/31 下

【汇编】上 128；下 6258、6392、6800、6842、6848、6866、6921、6922、6934、6935、6962、6963

秦安县　凤翔

【金史】26/地理志下/647

【汇编】下 6964

晋宁州　河东北路

【金史】26/地理志下/632

【延安府志】8/1 上

【汇编】下 6961；补遗 7487

晋宁军　河东北路

【金史】3/太宗纪/59、60；26/地理志下/631、632；72/娄室传/1652；128/张奕传/2761

【汇编】下 6147、6159、6160、6961

晋阳　河东北路

【金史】26/地理志下/631

【汇编】下 6961

原州　庆原

【金史】3/太宗吴乞买纪/62；6/世宗雍纪上/128；19/睿宗宗尧纪/409；26/地理志下/652；56/百官俸给/1345；61/交聘表中/1418；65/孙璋传/1549；87/徒单合喜传/1943；107/高汝砺传/2357

【汇编】下 6971、6976

积石州　临洮

【金史】3/太宗纪/63；16/宣宗纪下/363、366；26/地理志下/654；101/仆散端传/2232；134/西夏传/2872

【蒙兀儿史记】3/成吉思可汗本纪下/31 上

【元史】1/太祖纪/24；121/按竺迩传/2982

【元史译文证补】1 下/21 下

【汇编】上 131、132；下 6258、6842、6879、6880、6912、6918、6922、6974

积石军　临洮

【宋史】32/高宗纪 9/608

【金史】16/宣宗纪下/359；24/地理志上/549；26/地理志下/653；79/张中彦传/1790；84/完颜昂传/1886；91/结什角传/2016；92/庐庸传/2042；95/粘割斡特剌传/2108；98/完

颜纲传/2175；113/赤盏合喜传/2493

【系年要录】197/3323

【汇编】下 6258、6680、6725、6744、6745、6746、6815、6841、6866、6874、6961、6974

朔州

【金史】3/太宗纪/48；72/娄室传/1651

【大金吊伐录】1/南宋回书/12

【大金国志】4/太宗纪/3 下

【汇编】中六 5971、5976、6011

通边县　德顺军通边寨，庆历八年置，金升为县

【金史】26/地理志下/651

【甘肃新通志】13/舆地志·古迹·平凉府·隆德县/11 上

【隆德县志】1/古迹/24 下

【汇编】下 6963；补遗 7252、7300

通远县　庆原

【金史】26/地理志下/651

【汇编】下 6970

绥德州　鄜延

【金史】16/宣宗纪下/354、359；26/地理志下/649；50/食货志 5/1114；72/娄室传/1652；112/完颜合达传/2464；128/卢克忠传/2758；134/西夏传/2870、2874

【元史】1/太祖纪/21

【蒙古源流笺证】4/3 下

【蒙兀儿史记】27/木合黎传/5 下

【系年要录】18/367

【中兴小纪】4/47

【香溪集】21/徐忠壮（徽言）传/2 下

【汇编】上 130、134；下 6146、6147、6160、6773、6867、6874、6875、6923、6966

绥德军　鄜延

【金史】3/太宗纪/59；8/世宗纪下/179；14/宣宗纪上/311、314；15/宣宗纪中/332、342；50/食货志 5/1114；72/娄室传/1652；111/古里甲石伦传/2443

【汇编】下 6147、6762、6772、6839、6840、6850、6857、6860

十一画

乾州　京兆府路

【金史】14/宣宗纪上/311

【汇编】下 6839

崇信县　凤翔

【金史】26/地理志下/646

【汇编】下 6963

宠谷县　临洮

【金史】15/宣宗纪中/338、339、340；16/宣宗纪下/353、359；26/地理志下/654；113/白撒传/2486

【汇编】下 6856、6864、6874、6875、6877、6975

商州　京兆府路

【金史】103/完颜仲元传/2266

【汇编】下 6844

康乐县　临洮

【金史】26/地理志下/654

【汇编】下 6974

清水县　凤翔

【金史】26/地理志下/647

【元史】1/太祖纪/24

【蒙兀儿史记】3/成吉思可汗本纪下/31 下

【汇编】下 6921、6964、6965

清涧县　鄜延

【金史】26/地理志下/649

【延安府志】2/12 上；7/绥德州/1 上、2 下、15 上

【陕西通志】7/疆域 2/42 上；14/城池/28 上

【汇编】下 6966；补遗 7257、7345、7480、7481、7485

淳化县　庆原

【金史】26/地理志下/651

【汇编】下 6971

隆州　夏金战于隆州

【金史】15/宣宗纪中/345；112/完颜合达传/2464；134/西夏传/2874

【汇编】上 134；下 6858、6859

隆德县　凤翔，原隆德寨

【金史】26/地理志下/646

【蒙兀儿史记】3/成吉思可汗本纪下/31 上

【梁溪集】54/奏知令折彦质控扼守备札子/6 上

【甘肃新通志】13/舆地志·陵墓/57 下；14/建置志·城池/10 下

【隆德县志】3/表传/2 下；4/考证/64 上

【汇编】 下 6921、6963；补遗 7270、7271、7272、7376、7456、7477

隆德府

【金史】82/耶律涂山传/1835

【汇编】补遗 7456

十二画

彭阳县　庆原

【金史】26/地理志下/652

【汇编】下 6971

彭原县　庆原

【金史】26/地理志下/650

【汇编】下 6970

葭州　河东北路

【元史】1/太祖纪/21；149/石天应传/3526

【金史】13/卫绍王纪/292、295；15/宣宗纪中/336、344；16/宣宗纪下/360、361；24/地理志上/549；26/地理志下/632；56/百官俸给/1345；111/古里甲石伦传/2443；112/完颜合达传/2466；116/承立传/2551；130/冯妙真传/2802；134/西夏传/2871、2874

【蒙兀儿史记】27/木合黎传/5 下

【延安府志】7/绥德州/24 下；8/1 上、葭州/10 下

【吴堡县志】序/1 上；1/疆域/2 上

【陕西通志】5/建置 4/39 上；7/疆域 2/42 上、43 下；14/葭州·城池/28 上

【榆林府志】4/葭州·山/15 上、15 下、葭州·水/16 上、16 下；5/建置志·沿革/4 上；6/建置志·关隘/4 下

【汇编】上 134；下 6827、6832、6855、6858、6860、6861、6873、6874、6875、6878、6961、6976；补遗 7345、7350、7354、7383、7400、7479、7486、7487、7488、7489、7490、7491

渭州　凤翔

【金史】3/太宗吴乞买纪/62；26/地理志下/646；72/拔离速传/1665；79/张中孚传/1788；80/斜卯阿里传/1800；84/完颜杲传/1878

【汇编】下 6963

湟州

【金史】110/赵秉文传/2428

【汇编】下 6959

十三画

榆次县　河东北路

【宋史】23/钦宗纪/428；335/种师中传/10754；349/姚古传/11061

【三朝北盟会编】60/4 下

【汇编】中六 6016、6017、6048

新平县　庆原

【金史】26/地理志下/651

【汇编】下 6971

鄜延路

【金史】15/宣宗纪中/336；16/宣宗纪下/361；26/地理志下/650；47/租赋/1058、1059；57/百官志 3/1327；92/庐庸传/2042；110/杨云翼传/2421；113/白撒传/2486；130/冯妙真传/2802；134/西夏传/2867、2873、2875

【大金吊伐录】4/139

【汇编】上 127、134、135；下 6094、6103、6841、6845、6855、6877、6976

鄜州

【金史】7/世宗纪中/157；14/宣宗纪上/311；16/宣宗纪下/360；26/地理志下/649；72/娄室传/1652；74/斜哥传/1699、宗文传/1712；82/郑建充传/1846；101/乌古论庆寿传/2239；112/完颜合达传/2466；116/承立传/2542、2550；122/完颜六斤传/2666、纥石烈鹤寿传/2668、蒲察娄室传/2668、女奚烈资禄传/2669

【元史】1/太祖纪/21

【大金国志】19/宣宗纪/1 下

【汇编】下 6160、6789、6839、6843、6848、6860、6874、6966

廓州

【金史】3/太宗纪/63；80/阿离补传/1810；81/高彪 1824；84/完颜昂传/1886

【汇编】下 6258

十四画

熙州

【金史】3/太宗吴乞买纪/62；19/睿宗宗尧纪/
409；23/五行志/535；26/地理志下/653；
66/挞懒传/1567；84/完颜昂传/1886

【汇编】下 6258、6974

熙河路

【金史】3/太宗纪/63；4/熙宗亶纪/78；19/睿
宗宗尧纪/409；23/五行志/536；26/地理志
下/650；77/宗弼传/1753；80/赤盏晖传/
1806、阿离补传/1810；84/完颜杲传/1877；
91/杨仲武传/2019；134/西夏传/2867

【大金吊伐录】4/139

【汇编】上 127；下 6094、6103、6258、6259、
6675

熙秦路

【金史】26/地理志下/644、653；82/乌延胡里
改传/1837；84/完颜昂传/1886；91/结什角
传/2018；134/西夏传/2870

【汇编】上 129；下 6962、6964、6974

十五画

敷政县　　鄜延

【金史】26/地理志下/648

【汇编】下 6965

镇戎州　　凤翔，本镇戎军，金大定二年改为州

【金史】26/地理志下/646

【甘肃新通志】13/舆地志·古迹·固原直隶州/
12 上

【固原州志】1/古迹/14

【汇编】下 6963；补遗 7242、7472

镇戎军　　凤翔

【金史】3/太宗吴乞买纪/62；14/宣宗纪上/
311；15/宣宗纪中/342；19/睿宗宗尧纪/
409；26/地理志下/646；79/张中孚传/1788；
84/完颜杲传/1877；87/徒单合喜传/1942；
91/庞迪传/2012；92/卢庸传/2042；113/白
撒传/2485、2486；116/石盏女鲁欢传/2542；
131/马贵中传/2813；134/西夏传/2871、
2874

【元史】121/速不台传/2977

【汇编】上 130、134；下 6833、6839、6857、
6860、6869、6877、6910、6963、6964

镇远军　　凤翔

【金史】26/地理志下/647

【汇编】下 6964

德州

【三朝北盟会编】14/11 下

【汇编】中六 5970

德顺州　　凤翔

【金史】5/海陵亮纪/116；6/世宗雍纪上/127、
129、130；26/地理志下/644；44/禁军/
1006；56/百官俸给/1345；61/交聘表中/
1418；65/翰者传/1550；82/颜盏门都传/
1845；86/乌延蒲离黑传/1919、夹谷查剌传/
1926；87/徒单合喜传/1944

【隆德县志】1/沿革表/111 上、古迹/24 下；4/
考证/64 上

【汇编】下 6962、6976；补遗 7251、7252、7272

德顺军

【金史】5/海陵亮纪/111；14/宣宗纪上/311；
16/宣宗纪下/363；19/睿宗宗尧纪/409；26/
地理志下/644、653；72/拔离速传/1665；84/
完颜杲传/1877；108/把胡鲁传/2391；111/纥
石烈牙吾塔传/2459；113/白撒传/2485

【元史】1/太祖纪/24；121/速不台传/2977、按
竺迩传/2982

【元史译文证补】1 下/21 下

【汇编】下 6839、6869、6871、6879、6910、
6912、6921、6922、6935、6962、6974

虢州　　京兆府路

【金史】98/完颜纲传/2175

【汇编】下 6817

潘原县　　凤翔

【金史】26/地理志下/646

【汇编】下 6963

十六画

儒州　　银州

【大金吊伐录】1/南宋回书/12

【汇编】中六 5971

十七画

襄乐县　庆原
【金史】26/地理志下/651
【汇编】下 6971

二十画

耀州
【金史】14/宣宗纪上/311
【汇编】下 6839

二十三画

麟州
【金史】3/太宗纪/60；72/娄室传/1652
【大金国志】17/世宗纪/4 下
【汇编】下 6159、6160、6767

麟府路
【金史】26/地理志下/650；134/西夏传/2867
【大金吊伐录】4/139
【大金国志】3/太宗纪 3/7 下
【汇编】上 127；中六 5993；下 6094、6103

(二) 与西夏交界或相关的城镇堡寨及其他地名

1. 辽朝与西夏交界或相关的城镇堡寨及其他地名

三画

三角川　金肃军
【辽史】20/兴宗纪 3/241；114/萧迭里得传/1515；115/西夏记/1527
【汇编】上 121；中三 3157

大同川　大同县建于此
【辽史】41/西京道西京大同府/506
【汇编】中三 3127

大柳谷　北界地名

【欧阳文忠公全集】115/河东奉使奏草/21 下
【汇编】中三 2966

大狼水砦　又作大狼水寨，宋真宗景德元年，麟府路折惟昌奉诏自火山军入契丹朔州界，破大狼水砦
【宋史】7/真宗纪 2/125
【汇编】中一 1404

大狼水寨　又作大狼水砦
【长编标】58/1274
【长编影】58/1 下
【宋会要】方域 21 之 5/7663；蕃夷 1 之 28/7686
【汇编】上 36；中一 1404

上石楞坡　云中西北
【大金国志】13/海陵炀王纪上/1 下
【汇编】下 6584

山后镇　契丹据山后诸镇
【宋史】317/钱彦远传 10345
【汇编】中三 3088

四画

天德城　宋庆历年间边奏契丹修天德城
【宋史】292/田况传/9781
【汇编】中三 2880

五合川　府州言，入契丹五合川拔黄太尉寨，获马牛万计
【宋史】6/真宗纪 1/110
【长编标】45/971
【长编影】45/15 下
【武经总要】前集 16 上/36 上
【汇编】中一 1213、1214

五花城　云中路置西南面都招讨司、西京兵马都部置司、金肃河清军、五花城、南大王府、乙室王府、山金司，以控制夏国
【松漠纪闻】1 上/5·8 下
【契丹国志】22/州县载记/3 下
【汇编】中六 6000、6011；下 6571

五画

石家寨　兴中
【辽史】86/耶律合里只传/1327

【汇编】中三 3023

可敦城　辽兴宗重熙间筑
【辽史】91/耶律唐古传/1362
【汇编】中一 1714

宁仁　契丹集兵宁仁、静寇镇，待河冻过唐龙
镇劫掠蕃族
【长编标】152/3709
【长编影】152/12 上
【汇编】中三 3001

六画

夹山　夹山部落叛归李元昊
【欧阳文忠公全集】115/河东奉使奏草/21 下
【汇编】中三 2967

八画

青冢　西京道
【长编标】24/540
【长编影】24/3 下
【汇编】中一 1001

青塚　西京道
【宋会要】方域 21 之 9/7665
【汇编】上 41

拔黄太尉砦　五合川，言泥族居
【宋史】6/真宗纪 1/110；253/折御卿传/8863；
324/刘文质传/10492
【汇编】上 172；中一 1213

金肃城　金肃军
【辽史】20/兴宗纪 3/241；115/西夏记/1527
【宋史】485/夏国传上/13999
【元刊梦溪笔谈】25/4
【汇编】上 67、121；中三 3006、3156

狗泊　天德军附近
【三朝北盟会编】10/4 下
【汇编】中六 5953

十画

唐隆镇　夏国遣使求此镇
【辽史】20/兴宗纪 3/243；115/西夏记/1527

【东都事略】102/林摅传/2 下
【汇编】中三 3168；中 6/5800

十一画

黄砦　五合川，宋真宗咸平二年破
【武经总要】前集 16 上/36
【汇编】中一 1214

十四画

静寇镇　契丹集兵宁仁、静寇镇，待河冻过唐
龙镇劫掠蕃族
【长编标】152/3709
【长编影】152/12 上
【汇编】中三 3001

2. 宋朝与西夏交界或相关的城镇堡寨及其他地名

一画

一公　青唐
【宋会要】蕃夷 6 之 34/7835
一公城　洮州，宋徽宗崇宁二年收复，改为循
化城
【宋史】87/地理志 3/2163、2167
【元丰九域志】3/133
【长编纪事本末】139/14 下、17 下
【长编标】477/11359；511/12171；512/12188；
513/12193；516/12263、12283；517/12304、
12313；518/12334
【长编影】477/6 下；511/16 下；512/12 上；
516/1 上、18 上；517/7 下、8 上、10 上、15
下；518/15 下
【宋会要】兵 9 之 1/6906、9 之 5/6908
【汇编】中四 3915；中五 5179；中六 5560、
5563、5564、5606、5616、5634、5636、
5638、5640、5650、5728、5744、5749、
5807、5938
一条城　狄青巡边时筑，本名龙沟堡

【甘肃新通志】13/舆地志·古迹·兰州府·金
　县/4 上
【汇编】补遗 7266

二画

十二盘　环庆
【宋会要】方域 20 之 13/7657

十二盘堡　庆州，宋神宗熙宁三年破
【长编标】158/3828
【长编影】158/10 下
【武经总要】前集 18 上/8 下
【汇编】中一 941；中三 3085

十二盘寨　庆州，宋神宗熙宁三年破
【宋史】334/林广传/10737
【长编标】214/5195、5203、5204、5205
【长编影】214/3 下、10 上、10 下、11 上
【汇编】中三 3579、3580、3583

十川　九羊谷附近
【长编标】496/11797
【长编影】496/4 上
【汇编】中六 5377

丁星原　宋徽宗崇宁七年夏人围
【宋史】87/地理志 3/2167、2168
【东都事略】127/西夏传/附录 5/4 上
【汇编】上 111；中六 5937、5938

七朱川　熙河
【长编标】319/7711
【长编影】319/11 上
【汇编】中四 4243

七郎山寨　杨七郎屯兵筑城
【陕西通志】16/关梁 1·延安府·宜川县/31 下
【汇编】补遗 7285

七崖巉　又作七巉，定西之东，通远之北
【长编标】462/11042、11044
【长编影】462/11 上、12 下

七麻堡　通远军通渭寨领
【元丰九域志】3/139
【汇编】中三 3519

七麻堡　通渭县
【甘肃新通志】9/舆地志·关梁·巩昌府·通渭
　县/36 上

【汇编】补遗 7478

七麻堡　秦州，宋神宗熙宁五年废
【宋史】87/地理志 3/2155、2165
【宋会要】方域 20 之 14/7657
【汇编】中四 3844；中六 5784、5835

七襄平　延州
【长编标】82/1870
【长编影】82/8 上
【汇编】中一 1519

七巉　又作七崖巉，定西之东，通远之北
【长编标】462/11043、11044
【长编影】462/12 上、12 下

卜宗城　熙河兰岷
【长编标】474/11314
【长编影】474/13 上
【汇编】中五 5165

卜结陇川　熙州，疑"卜"前脱"聚"字
【长编标】460/10996
【长编影】460/2 上

八百步寨　与萧关相对，宣和元年由泾原路自
　萧关进筑
【宋会要】兵 14 之 21/7003
【汇编】中六 5929

八州原　庆州
【宋史】279/张凝传/9480
【汇编】中一 1324

八州原下寨　环庆
【长编标】54/1186
【长编影】54/11 上
【汇编】中一 1355

八帕克巴原　环庆
【长编标】474/11310
【长编影】474/9 下

八狼戍　宋太宗太平兴国三年王泥猪寇
【宋史】4/太宗纪 1/58
【汇编】中一 976

八狼砦　秦州，宋太宗太平兴国三年置
【宋史】492/吐蕃传/14153
【汇编】中一 979

八狼寨　秦州，宋太宗太平兴国三年置
【长编标】19/424
【长编影】19/5 上

【汇编】中一 976

人头堡　保安军，长城岭路经过
【武经总要】前集 18 上/6 下
【汇编】中一 973

人顺砦　庆阳府安化县
【宋史】87/地理志 3/2150
【汇编】中一 943

九井原　宋仁宗天圣初破夏人于此
【宋史】323/周美传/10457
【汇编】上 231

九州台　延州城
【长编标】207/5021
【长编影】207/2 上

九州台堡　宋仁宗嘉祐中程戡判延州调兵增筑
【宋史】349/贾逵传/11052
【陕西通志】10/山川 3·延安府·肤施县/1 下；
　16/关梁 1·延安府·肤施县/25 下
【汇编】中三 3476；补遗 7274、7314

九羊谷　泾原，宋哲宗元符元年进筑
【宋史】87/地理志/2161
【长编标】487/11565、11566；491/11659；494/
　11727、11752、11756、11757、11758、
　11759；495/11781；496/11795、11796、
　11797、11798、11799、11800；499/11894；
　512/12187
【长编影】487/6 上、6 下；491/12 上、12 下；
　494/1 下、23 下、26 下、27 下、28 下、29
　上；495/15 下；496/4 下、5 上、5 下、6 上、
　7 上、7 下、8 下；499/21 上；512/10 下
【宋会要】方域 18 之 6/7612
【汇编】中六 5275、5298、5299、5325、5352、
　5361、5364、5365、5366、5367、5370、
　5375、5376、5377、5378、5379、5380、
　5562、5850

九羊谷寨　怀德军，宋哲宗元符元年进筑
【长编标】496/11808
【长编影】496/15 下
【汇编】中六 5382

九羊砦　怀德军，宋哲宗元符元年进筑赐名
【宋史】87 地理志 3/2160、2161、2162
【汇编】中六 5518、5837、5850

九羊寨　怀德军，宋哲宗元符二年进筑九羊谷
寨赐名
【宋史】87/地理志 3/2158、2160、2161
【长编标】496/11808；499/11894；503/11976、
　11984；504/12009；505/12029；507/12080
【长编影】496/15 下；499/21 下；503/6 下、12
　下；504/11 下；505/3 下；507/8 上
【宋会要】礼 20 之 117/823；兵 17 之 6/7040；
　方域 18 之 19/7619、域 20 之 8/7654
【皇宋十朝纲要】14/4 上
【汉滨集】15/故客省使雄州防御使泾原路兵马
　钤辖兼第十一将郭公（成）行状/17 上、17
　下
【汇编】中六 5381、5382、5411、5437、5441、
　5450、5466、5496、5809、5849；补遗 7378、
　7383

九阳堡　定边军
【宋史】87/地理志 3/2151、2153、2154
【汇编】中六 5493

九巉　熙河
【长编标】452/10846
【长编影】452/3 上
【汇编】中五 5048

刁撒城　又作彤撒城，洮西安抚使领
【长编影】517/10 上
【汇编】中六 5638

了钟堡　秦州，宋神宗熙宁元年废
【宋会要】兵 28 之 4/7271；方域 20 之 7/7654
【汇编】中三 3499

乜羊　秦凤路通远军
【宋会要】方域 20 之 2/7651

乜羊堡　宋神宗熙宁五年隶通远军
【宋史】87/地理志 3/2164
【汇编】中六 5784

三画

三十井　凉州
【武经总要】前集 18 下/西蕃地界/9 下
【汇编】中一 1718

三川口　延州之北
【宋史】250/石元孙传/8814；288/范雍传/
　9679；325/刘平传/10502；326/王信传/

10518；485/夏国传上/13996

【长编标】126/2967、2968、2977、2982、2989；
128/3041；129/3053

【长编影】126/2 下、3 上、11 上、15 上、21
上；128/15 上；129/3 下

【东都事略】127/西夏传/附录5/3 下

【隆平集】19/石元孙传/6 上

【石林燕语】9/3 下

【河南先生文集】3/悯忠/4 下

【涑水记闻】11/12 上；12/9 下、11 下、13 上

【名臣碑传琬琰集】上集3/庞庄敏公籍神道碑/
247

【稽古录】19/89 上

【汇编】上 63、64、103；中二 1884、1885、
1886、1888、1892、1893、1894、1896、
1897、1927、1929、1946、1969、2013、
2073、2104、2192、2197、2214、2646

三川砦　在捺龙川、天赋川、武延川之间，西
控妙娥山一带，西北入天都山路，可至灵武

【宋史】10/仁宗纪2/209；17/哲宗纪1/325；
87/地理志3/2158、2161

【东都事略】5/仁宗纪/7 上

【武经总要】前集18 上/21 下

【汇编】中一 1678；中二 2081、2098；中五
4849；中六 5837、5850

三川堡　怀德军

【宋史】87/地理志3/2158、2160

【武经总要】前集18 上/22 下

【汇编】中一 1619；中六 5850

三川寨　镇戎军，宋仁宗天圣八年置

【宋史】15/神宗纪2/278；292/郑戬传/9768

【元丰九域志】3/136

【长编标】128/3042、3045；129/3053；139/3338、
3339；144/3487；218/5304；235/5717；404/
9844；405/9866；419/10158；485/11524；
487/11566；496/11798；504/12012

【长编影】128/15 下、18 下；129/3 上；139/2
上、2 下、3 上；144/10 下；218/11 下；
235/20 下；404/13 上、13 下；405/5 下；
419/13 下；485/7 下；487/5 上；496/6 下；
504/13 上

【东都事略】82/蔡挺传/2 上

【宋会要】食货22 之4/5157；兵8 之30/6902；

兵27 之29/7261

【乐全集】21/西事谘目上中书/1 上

【安阳集】家传2/2 下

【范文正公集】16/9 下；年谱补遗/13 上；诸贤
赞颂论疏/24 下

【甘肃新通志】6/舆地志·山川上·平凉府·隆
德县/21 上

【汇编】中一 1678；中二 2097、2584、2585、
2074、2077、2553、2571、2651、2787；中
三 3571、3631、3783、4881、5281、5282；
中六 5299、5378；下 7027；补遗 7270

三川镇　鄜州洛交县，宋神宗熙宁七年废县置

【长编标】250/6105

【长编影】250/23 下

【宋会要】方域12 之15/7527

【汇编】中四/3976

三门寨　秦州

【长编标】88/2026

【长编影】88/14 上

【汇编】中一 1572

三山　地斥泽

【宋史】492/吐蕃传/14156

【宋会要】方域21 之19/7670

【汇编】中一 1357、1358

三叉口　宋太宗太平天国八年袁继忠等戍

【宋史】272/荆嗣传/9312

【汇编】中二 1006

三白堡　秦凤

【长编标】50/1091

【长编影】50/8 下

三百堡　镇戎军，由此可入仪州制胜关

【宋史】257/李继和传/8969

【汇编】中一 1257

三交川　火山军，改为三交堡

【宋会要】方域20 之16/7658

三交川堡　晋宁军，宋神宗元符元年九月二十
三日赐名

【长编标】502/11959

【长编影】502/9 下

【汇编】中六 5432

三交川岭堡　麟府神泉寨

【长编标】502/11965

【长编影】502/15 上

【汇编】中六 5434

三交堡 火山军，旧三交川

【宋会要】方域 20 之 16/7658

三交堡 晋宁军，宋神宗元符元年神泉砦筑堡
毕工，赐名三交堡

【宋史】85/地理志 1 序/2096；86/地理志 2/
2138；257/李继隆传/8965；258/潘美传/
8993；259/郭守文传/8999；274/梁迥传/
9356；275/田仁朗传/9380；280/张思钧传/
9508；463/刘文裕传/13547

【长编标】502/11965；514/12225

【长编影】502/15 上；514/15 上

【榆林府志】4/葭州·山/15 下

【汇编】中一 1020、1023、1025；中六 5434、
5586、5858、5913；补遗 7390

三关城 延州

【长编标】133/3174

【长编影】133/12 上

【范文正公集】西夏堡寨/5 下

【汇编】中二 2344、2644

三关堡 河州

【长编标】343/8248

【长编影】343/12 下

【汇编】中五 4561

三阳砦 秦州成纪县，宋太祖开宝元年置

【宋史】87/地理志 3/2154、2155；191/兵志 5/
4752；258/曹玮传/8986；492/吐蕃传/14153

【元丰九域志】3/124

【长编标】87/1992；88/2026；225/5494

【长编影】87/4 上；88/14 上；225/24 上

【宋会要】食货 29 之 14/5314；兵 4 之 12/6826

【武经总要】前集 18 上/30 上、30 下

【安阳集】家传 7/5 上

【甘肃新通志】9/舆地志·关梁·秦州直隶州/
43 上

【汇编】中一 931、948、959、979、985、1008、
1553、1555、1572；中三 3396、3487、3712；
中四 3991；中六 5835；补遗 7237

三阳镇 秦州

【宋会要】食货 15 之 18/5071、19 之 8/5127；
兵 27 之 19/7256、28 之 11/7275

三谷口 秦州三阳砦扼三谷口

【武经总要】前集 18 上/30 上

【汇编】中一 959

三岔 秦凤路通远军

【宋会要】方域 20 之 2/7651

三岔口 渭州

【系年要录】199/3360

【汇编】下 6685

三岔堡 通远军，宋神宗熙宁四年置

【宋史】87/地理志 3/2164；486/夏国传下/
14009

【元丰九域志】3/139

【长编标】266/6525、6536；331/7983；470/
11232

【长编影】266/4 上；330/13 上；331/14 下；
470/14 上

【姑溪居士后集】20/折渭州墓志铭/1 上

【甘肃新通志】9/舆地志·关梁·巩昌府·陇西
县/32 下

【汇编】上 75、210；中三 3736；中四 3995、
4442、4454；中五 5140；中六 5784；补遗
7333

三岔寨 环庆，宋哲宗元符二年七月十八日筑

【长编标】509/12123；513/12201；514/12216

【长编影】509/9 下；513/8 上；514/7 下

【汇编】中六 5532、5567、5577

三角城 德顺军

【武经总要】前集 18 上/24 下

【陕西通志】13/山川 6·葭州/106 上

【汇编】中一 1593；补遗 7241

三松木 麟州

【武经总要】前集 17/18 上

【汇编】中一 1039

三松岭 麟府

【长编标】133/3181；136/3246

【长编影】133/18 上；136/1 下

三店川 泾原

【宋史】326/田敏传/10534

【汇编】中一 1607

三店沟 环州

【武经总要】前集 18 上/13 下

【汇编】中一 1666

三店寨 环州

【长编标】97/2248

【长编影】97/8 上

【汇编】中一 1609

三菱川　府州

【武经总要】前集 17/15 下

【汇编】中一 925、926

三咩　河州

【乐全集】22/秦州奏唃厮啰事/20 上

【汇编】中一 1394

三泉寨　鄜延

【宋史】332/游师雄传/10689

【长编标】219/5330；220/5363；221/5373；226/5510

【长编影】219/9 上；220/8 上、25 上；221/6 下；226/9 上

【画墁集】补遗/游公（师雄）墓志铭/2 上

【汇编】中三 3651、3652、3659、3672、3679、3721

三亭　河中府

【宋会要】食货 15 之 15/5070

三都口　秦州

【宋史】329/王广洲传/10609

【长编标】149/3606

【长编影】149/8 下

【涑水记闻】11/8 上

【汇编】中三 2897

三都寨　环庆

【长编标】220/5362

【长编影】220/24 上

三族砦　麟州

【宋史】275/田仁朗传/9380；491/党项传/14139、14140

【汇编】中一 1020

干布城　又名罗格城，河州

【长编标】513/12204

【长编影】513/11 上

【汇编】中六 5573

干盐池堡　原定戎堡，宋徽宗崇宁间建

【甘肃新通志】9/舆地志·关梁·固原直隶州/26 上

【汇编】补遗 7396

土门砦　秦州成纪县

【宋史】87/地理志 3/2154；325/刘平传/10502；492/吐蕃传/14153

【元丰九域志】3/124

【长编标】16/356

【长编影】16/20 下

【汇编】中一 948、958；中二 1885；中六 5835

土门堡　秦州成纪县

【宋史】87/地理志 3/2155

土门堡　秦州成纪县三阳砦领

【甘肃新通志】9/舆地志·关梁·秦州直隶州/43 上

【汇编】补遗 7237

土门堡　属安定堡地分

【长编标】126/2967；464/11085

【长编影】126/1 下；464/12 下

【武经总要】前集 18 上/1 下

【涑水记闻】11/12 上

【隆平集】19/石元孙传/6 上

【汇编】中二 1883、1884、1888、1896；中三 3131；中五 5086

土西　府州

【宋会要】兵 27 之 41/7267

【汇编】中三 3268

土明堡　鄜延，宋仁宗庆历二年城

【宋史】323/周美传/10458

【长编标】135/3238

【长编影】135/22 下

【汇编】上 233

土桥堡　环庆，宋哲宗元符二年六月奏毕工

【长编标】511/12167

【长编影】511/13 上

【汇编】中六 5556

土塠寨　鄜延

【长编标】135/3238

下邽　延州

【元宪集】34/宋故推诚翊戴功臣彰武军节度延州管内观察处置等使曹公墓志铭/354

【汇编】中一 1601

下虎寨　盐州

【长编标】41/862

【长编影】41/2 下

【汇编】中一 1168

下峡堡　秦州成纪县定西砦领
【甘肃新通志】9/舆地志·关梁·秦州直隶州/43 上
【汇编】补遗 7237

下硖砦　秦州成纪县
【宋史】87/地理志 3/2154
【汇编】中六 5835

下硖堡　秦州成纪县定西砦领
【宋史】87/地理志 3/2155

下蜗牛堡　秦州成纪县
【宋史】87/地理志 3/2154

下蜗牛堡　秦州成纪县三阳砦领
【宋史】87/地理志 3/2155
【元丰九域志】3/124
【甘肃新通志】9/舆地志·关梁·秦州直隶州/43 上
【汇编】中一 948；中六 5835；补遗 7237

下寨子　火山军
【潞公文集】22/奏议/7 上
【汇编】补遗 7336

下镇砦　火山军
【宋史】86/地理志 2/2137
【汇编】中六 5827

下镇寨　火山军
【宋会要】方域 18 之 31/7625

大义寨　庆州
【宋史】452/高敏传/13285
【长编标】214/5220
【长编影】214/25 上
【汇编】中三 3592、3593

大元城　秦州清水县，宋筑
【甘肃新通志】13/舆地志·古迹·秦州直隶州·清水县/24 上
【汇编】补遗 7478

大石　河东
【宋会要】兵 27 之 10/7251

大甘堡　秦州，宋神宗熙宁元年置
【宋史】87/地理志 3/2155
【元丰九域志】3/123
【宋会要】方域 20 之 14/7657
【汇编】中三 3519、3644；中六 5835

大甘谷口寨　秦州，宋神宗熙宁元年秋七月乙

亥筑
【宋史】14/神宗纪 1/268
【汇编】中三 3498

大甘谷口寨城　秦州
【宋会要】方域 8 之 24/7452

大卢　泾原
【长编标】50/1091
【长编影】50/8 下

大宁　隰州
【宋会要】食货 19 之 10/5128

大宁镇　隰州
【宋会要】食货 16 之 2/5073

大虫谷口　保安军顺宁寨
【武经总要】前集 18 上/7 上
【汇编】中三 3028

大虫坑　绥德军
【宋史】87/地理志 3/2150
【汇编】中六 5831

大虫堪　原州顺成谷
【宋史】466/窦神宝传/13601
【汇编】中一 1289

大虫后巘　泾州西北八九十里
【宋会要】兵 27 之 32/7262
【汇编】中二 2653

大虫前后巘　泾州西北八九十里
【宋会要】兵 27 之 32/7262

大虫前后巘　泾州
【长编标】139/3340
【长编影】139/4 上

大虫前巘　泾州西北八九十里
【宋会要】兵 27 之 29/7261
【汇编】中二 2653

大虫巘　泾州西北八九十里
【长编影】56/6 上
【汇编】中一 1380

大虫巘堡　原州
【范文正公集】年谱补遗/29 下
【汇编】中三 3019

大虫巘堡　原州，宋仁宗庆历二年筑
【宋史】320/王素传/10403
【长编标】153/3728
【长编影】153/13 上

【宋会要】兵 27 之 22/7257

【名臣碑传琬琰集】中集 27/王懿敏公素真赞/804

【汇编】中一 1638；中三 3020、3021、3022

大同堡 熙河路湟州，以接应堡改

【宋史】87/地理志 3/2169

【皇宋十朝纲要】17/18 上

【宋会要】方域 20 之 16/7658

【汇编】中六 5899、5906

大会平 绥德城

【宋史】334/高永能传/10726；486/夏国传/14010

【长编标】299/7273、7277；300/7298

【长编影】299/8 下、12 上；300/1 下

【宋会要】蕃夷 6 之 15/7826

【汇编】上 76；中四 4100、4102、4104

大名乾川 环州，咸平六年六月己卯赐名肃远。又作大洛乾川

【玉海】174/37 上

【汇编】补遗 7247

大扶寨 环州

【宋会要】食货 22 之 2/5156

大岘城 环州

【长编标】97/2248

【长编影】97/8 上

【汇编】中一 1609

大里 河西

【华阳集】35/狄武襄公青神道碑/454

【汇编】中二 1860

大吴神流堆 宥州

【宋史】350/张蕴传/11087

【汇编】上 240

大沙堆 鄜延用兵地

【长编标】498/11849；499/11886；511/12165

【长编影】498/8 上；499/14 上；511/10 下

大枝 环州

【宋会要】食货 19 之 8/5127

大板寨 泾原

【长编标】103/2385、2389

【长编影】103/10 下、14 下

【汇编】中一 1637、1641

大拔城 庆州

【范文正公集】西夏堡寨/2 上；言行拾遗 2/2 上

【汇编】中二 2062、2641

大拔砦 环州通远县，宋神宗元丰二年废

【宋史】87/地理志 3/2152；291/王博文传/9744

【长编标】299/7293

【长编影】299/26 上

【宋会要】方域 18 之 12/7615

【武经总要】前集 18 上/12 下、14 上、14 下

【汇编】中一 1095、1371、1613、1644；中四 4108；中六 5833

大明泊 庆州

【武经总要】前集 18 上/12 上

【汇编】中一 1148

大和 河东

【宋会要】方域 19 之 17/7634

大和谷 赐名大和寨，河东筑

【长编标】514/12224、12225

【长编影】514/14 上、15 下

大和砦 麟州，宋哲宗元符二年进筑赐名

【宋史】85/地理志 1 序/2095；86/地理志 2/2135、2138

【汇编】中六 5826、5858、5913

大和堡 麟州，宋哲宗元符二年进筑，玛克密娘赐名

【宋史】85/地理志 1 序/2095；86/地理志 2/2135

【长编标】514/12224、12225

【长编影】514/14 上、15 上

【汇编】中六 5585、5586、5826、5913

大和寨 麟州，宋哲宗元符二年进筑大和谷，赐名大和寨

【长编标】514/12224、12225、12228

【长编影】514/14 上、14 下、15 上、15 下、17 下

【宋会要】方域 20 之 3/7652

【茗溪集】48/宋故武功大夫魏国公杨公（宗闵）墓碑/3 下

【汇编】中六 5585、5586、5589、5590；补遗 7424

大定城 宋神宗元丰中与夏人分界处

【甘肃新通志】13/舆地志·古迹·兰州府·皋

兰县/2 下

【汇编】补遗 7340

大郎堡　宋仁宗宝元初筑

【宋史】290/狄青传/9718

【华阳集】35/狄武襄公青神道碑/454

【汇编】中二 1860、1861

大柳平　兰州，宋哲宗元祐七年筑

【长编标】470/11229；473/11279、11281

【长编影】470/11 下；473/1 上、3 上

【汇编】中五 5138、5139、5152、5154

大柳树　去延州二十里

【东轩笔录】9/4 上、105 下

【汇编】中二 1889

大顺城　庆州，宋仁宗庆历二年四月置

【宋史】15/神宗纪 2/277；87/地理志 3/2050、2151；186/互市舶法/4564；190/兵河北陕西强人砦户/4710；191/蕃兵/4754；262/刘几传/9076；290/张玉传/9722；310/李肃之传/10177；312/韩琦传/10226；313/文彦博传/10261；314/范仲淹传/10271；323/范恪传/10465；328/蔡挺传/10575、10576；332/陆昇传/10681、孙路传/10689；334/林广传/10736；349/姚兕传/11057；350/刘绍能传/11076；452/高敏传/13285；464/高遵裕传/13575；467/梁从吉传/13646；485/夏国传上/14002；486/夏国传下/14008

【元丰九域志】3/115

【长编标】136/3265、3266；148/3591；149/3599；208/5062、5063、5066、5067；214/5204、5219、5220；215/5248；216/5254；217/5278、5280；234/5680；241/5880；258/6304；262/6396；281/6889；296/7206；328/7903；474/11309、11310；479/11412；505/12029

【长编影】136/18 上；148/15 上；149/2 下；208/14 上、15 下、17 下；213/5 下；214/2 下、10 下、11 上、24 上；215/16 下；216/3 下；217/7 上、9 上；225/23 下；234/9 下；241/6 下；258/15 上；262/21 上；281/8 上；296/11 上；328/11 下；419/10 下；474/9 上；479/11 下；505/4 上

【东都事略】104/姚兕传/1 上；127、128/西夏传/附录 5、6

【宋大诏令集】234/赐夏国主遵守藩仪诏/913；235/戒约夏国诏/915、赐夏国主诏（治平四年闰三月）/915

【宋会要】仪制 10 之 26/2017、11 之 28/2038；职官 56 之 18/3634、66 之 6/3871；食货 22 之 2/5156、38 之 31/5482；兵 5 之 6/6842、5 之 8/6843、28 之 4/7271、28 之 5/7272；方域 8 之 28/7454、19 之 14/7632

【皇宋十朝纲要】5/12 上；9/4 下

【武经总要】前集 18 上/8 下

【奏议标】134/范仲淹等·上仁宗论和守攻备四策/1497；136/司马光·上神宗纳横山非便/1527；137/刘述·上神宗论不可伐丧/1535、富弼·上神宗谏西师/1539

【奏议影】134/范仲淹等·上仁宗论和守攻备四策/4603；136/司马光·上神宗纳横山非便/4698；137/刘述·上神宗论不可伐丧/4719、富弼·上神宗谏西师/4732

【元刊梦溪笔谈】13/16；25/6

【司马文正公集】25/章奏 23/3 上

【安阳集】家传 3/10 上、6/7 下、8 下

【宋文鉴】53/宇文之邵撰·上皇帝书/2 下；81/1 上；116/10 下

【鸡肋集】12/8 下；29/12 下

【欧阳文忠公全集】20/范公神道碑/12 下；105/奏议/8 上

【范太史集】40/检校司空左武卫上将军郭公墓志铭/12 上

【范文正公集】2/古诗/12 上；诸贤赞颂论疏/24 下；言行拾遗事录 3/11 上；年谱/24 上；言行拾遗 1/5 上；政府奏议下/荐举/26 上；褒贤集·富弼撰墓志铭/8 下；

【名臣碑传琬琰集】中集 19/唐质肃公介墓志铭/682；52/曾太师公亮行状/1183

【豫章文集】7/遵尧录 6/15 上

【潞公文集】18/奏议/5 下

【甘肃新通志】13/舆地志·古迹·庆阳府·安化县/29 下、30 上

【汇编】上 69、74、107、230；中一 941、942、943；中二 2453、2503、2504、2505、2507、2508、2509、2565、2574、2697、2720；中三 2877、2883、3378、3395、3398、3403、3406、3407、3408、3409、3410、3412、

3413、3414、3417、3421、3425、3430、
3431、3434、3451、3463、3472、3480、
3506、3566、3578、3579、3588、3589、
3591、3592、3593、3595、3607、3610、
3622、3623、3712、3725；中四 3779、3827、
3889、3973、3986、4037、4088、4392；中
五 4648、4943、4949、4980、5160、5161、
5162、5199、5259；中六 5365、5466、5975；
下 7027；补遗 7283、7294、7322、7396

大顺寨 庆州安化县
【元丰九域志】3/115
【汇编】中一 942

大泉岭寨 仪州，宋真宗大中祥符三年八月壬
申废
【长编标】74/1687
【长编影】74/7 上
【汇编】中一 1497

大洛门 隶秦州橐篦寨下
【宋会要】方域 18 之 21/7620

大洛门寨 秦州，宋真宗天禧元年筑
【宋史】266/温仲舒传/9182；467/蓝继宗传/
13633
【长编标】82/1879；83/1907；85/1941、1946；
88/2015；90/2072、2084；91/2104、2109
【长编影】82/16 上；83/18 上；85/6 上、11
上；88/3 上；90/5 上、15 下；91/7 下、11
下
【汇编】中一 1065、1522、1568、1583、1584、
1589、1590

大洛乾川 环州肃远砦，又作大名乾川
【武经总要】前集 18 上/13 上
【汇编】中一 1370

大浑津寨 石州
【宋会要】食货 22 之 7/5159

大原 岷州
【邵氏闻见录】13/144
【汇编】中六 5774

大狼砦 延州
【武经总要】前集 18 上/4 下
【汇编】中三 3131

大通城 宋徽宗崇宁二年收复，原达南城
【宋史】87/地理志 3/2163、2164、2167

【长编纪事本末】139/14 下、18 上；140/12 下
【宋会要】兵 9 之 5/6908
【皇宋十朝纲要】16/9 下、13 上
【汇编】中六 5728、5745、5750、5772、5796、
5807、5845、5937、5938

大通河古城 宋神宗熙宁年间王厚收复河湟时
筑
【甘肃新通志】13/舆地志·古迹·凉州府·平
番县/47 上
【汇编】补遗 7335

大麻川 宋徽宗崇宁元年于此筑怀柔堡
【甘肃新通志】14/建置志·城池/13 下
【汇编】补遗 7404

大隆萨 兰州
【长编标】473/11280
【长编影】473/2 上
【汇编】中五 5153

大落门 秦州
【长编标】54/1195；73/15 上；83/1891；85/
1941
【长编影】54/18 上；73/15 上；83/5 上；85/6
上、11 上
【汇编】中一 1360、1493、1525、1536、1537

大落门城 秦州，宋真宗大中祥符八年七月请
置寨
【长编标】85/1941
【长编影】85/6 上
【汇编】中一 1536

大落门砦 秦州，宋太宗雍熙中温仲舒取，宋
真宗大中祥符中再置
【武经总要】前集 18 上/29 上
【汇编】中一 1032

大落门新砦 宋真宗大中祥符七年张佶置
【宋史】492/吐蕃传/14159
【汇编】中一 1529

大落门寨 秦州
【宋会要】方域 19 之 1/7626

大落门新寨 秦州
【宋会要】蕃夷 6 之 1/7819

大厥堡 绥德军
【宋史】87/地理志 3/2150
【汇编】中六 5831

大榆　　洮河、兰州、鄯州之间
【宋史】328/王韶传/10579
【奏议标】141/文彦博·上神宗论进筑河州/1591
【奏议影】141/文彦博·上神宗论进筑河州/4894
【汇编】中三 3513；中四 3823

大像砦　　秦州成纪县伏羌城管
【宋史】87/地理志 3/2154
【宋会要】方域 8 之 22/7451
【汇编】中三 3552；中六 5835

大像堡　　秦州天水县
【宋史】87/地理志 3/2155

大障湾　　泾原
【长编标】496/11799
【长编影】496/4 上
【汇编】中六 5379

大潭　　秦州
【宋会要】食货 15 之 18/5071

大潭镇　　秦州大潭县
【甘肃新通志】13/舆地志·古迹·秦州直隶州·礼县/24 下
【汇编】补遗 7238

万井口　　三叉口附近
【宋史】272/荆嗣传/9312
【汇编】中一 1006

万世　　鄜延
【龟山集】33/钱忠定公（即，字中道）墓志铭/13 下
【汇编】补遗 7417

万全　　河中府
【宋会要】食货 19 之 6/5126

万全砦　　保安军
【宋史】87/地理志 3/2148
【汇编】中六 5829

万岁寨　　渭州，宋仁宗庆历三年前筑
【宋会要】兵 27 之 29/7261、兵 27 之 31/7262
【长编标】139/3339
【长编影】139/3 上
【汇编】中二 2652

万安城　　宋仁宗天圣初筑
【宋史】323/周美传/10457

【汇编】上 232

万安城　　鄜延
【长编标】128/3037
【长编影】128/11 下

万安砦　　丰林县
【武经总要】前集 18 上/7 下
【范文正公集】年谱补遗/3 下、4 上
【汇编】中二 1939、1989、2418

万安砦　　延安府敷政县
【宋史】87/地理志 3/2147
【长编标】225/5495
【长编影】225/24 下
【武经总要】前集 18 上/1 下
【陕西通志】16/关梁 1·延安府·安塞县/46 下
【汇编】中三 3131、3713；中六 5828；补遗 7262

万安寨　　在延州丰林县，原万安镇
【宋会要】食货 15 之 15/5070、19 之 7/5126、22 之 1/5156；兵 28 之 11/7275；方域 18 之 5/7612
【范文正公集】西夏堡寨/3 下
【汇编】中二 2643

万安镇　　丰林县，改为万安寨
【宋会要】方域 18 之 5/7612

万安镇　　延州
【宋史】264/宋琪传/9129；325/刘平传/10502
【长编标】35/768；126/2967
【长编影】35/3 下；126/1 下
【河南先生文集】6/上吕相公书/7 下
【范文正公集】西夏堡寨/1 上；年谱补遗/7 下
【涑水记闻】11/12 上
【陕西通志】16/关梁 1·延安府·安塞县/27 上
【汇编】中一 1069；中二 1884、1886、1896、2111、2260、2640、2641；补遗 7262

万泉　　河中府
【宋会要】食货 15 之 15/5070

上下铁窟　　秦州弓门寨领
【宋史】87/地理志 3/2155
【元丰九域志】3/124
【汇编】中一 964；中六 5835

上木鱼川　　泾原
【长编标】496/11799

【长编影】496/4 上

【汇编】中六 5379

上古城　秦州

【长编标】85/1941

【长编影】85/6 上

【汇编】中一 1536

上石门　泾原

【长编标】89/2058

【长编影】89/20 上

【宋会要】方域 8 之 32/7456

【汇编】中一 1581

上平关　隰州

【宋史】86/地理志 2/2134

【元丰九域志】4/168

【长编标】281/6896

【长编影】281/13 上

【武经总要】前集 18 上/4 上

【汇编】中三 3130；中四 3840、4038；中六
　　5826

上平岩　隰州石楼县

【宋史】86/地理志 2/2134

【汇编】中六 5826

上平寨　河东

【宋会要】兵 27 之 21/7257

上邽城　清水县

【甘肃新通志】13/舆地志·古迹·秦州直隶州/
　　20 下

【汇编】补遗 7287

上贤村　文水县

【三朝北盟会编】50/8 上

【汇编】中六 6021

上追镇　延州定蕃镇

【宋会要】方域 12 之 15/7527

上硖岩　秦州成纪县

【宋史】87/地理志 3/2154

【甘肃新通志】9/舆地志·关梁·秦州直隶州/
　　43 上

【汇编】中六 5835；补遗 7237

上硖堡　秦州成纪县定西岩领

【宋史】87/地理志 3/2155

上蜗牛　秦州成纪县三阳岩领

【宋史】87/地理志 3/2154

【元丰九域志】3/124

【汇编】中一 948；中六 5835

山丹　当秦州入古渭寨大路

【宋会要】方域 20 之 7/7654

山丹堡　秦州，宋神宗熙宁三年废

【宋会要】方域 8 之 22/7451、20 之 1/7651、20
　　之 7/7654

【汇编】中三 3499、3552、3644

山丹峡口　秦州

【长编标】85/1941

【长编影】85/6 上

【汇编】中一 1536

山西堡　怀德军

【宋史】87/地理志 3/2161

【陕西通志】16/关梁 1·延安府·宜川县/31 下

【汇编】中六 5850；补遗 7285

山河　宁州

【宋会要】食货 19 之 8/5127

山河岩　渭州

【武经总要】前集 18 上/16 上

【汇编】中一 1372

山河镇　宁州真宁县

【元丰九域志】3/117

【汇编】中四 4063

山岩　渭州

【武经总要】前集 18 上/17 下

【汇编】中一 1008

山前堡　西安州

【宋史】87/地理志 3/2161、2162

【汇编】中六 5517

乞神平　洮西

【宋史】328/王韶传/10580

【汇编】中四 3781

乞神平堡　又作策缴盂勒堡，镇洮军

【长编标】235/5719；236/5730；237/5757、
　　5775、5764；238/5797

【甘肃新通志】9/舆地志·关梁·兰州府·渭源
　　县/18 上

【汇编】补遗 7332

义合　绥德

【宋会要】方域 19 之 48/7649

义合岩　绥德军，宋神宗元丰四年收复

【宋史】18/哲宗纪 2/344；86/地理志 2/2137；87/地理志 3/2146、2148、2149；176/屯田/4269；190/河东、陕西弓箭手/4715；314/范纯粹传/10280；349/刘昌祚传/11054；486/夏国传下/14012

【元丰九域志】3/107

【东都事略】128/西夏传/附录 6/2 上

【宋会要】兵 8 之 32/6903、28 之 37/7288；方域 5 之 41/7403、19 之 7/7629

【司马文正公集】35/章奏 33/1 上

【龙川略志】635

【栾城后集】13/颍滨遗老传下/7 上

【姑溪居士后集】20/折渭州墓志铭/1 上

【延安府志】7/绥德州·关梁/7 上

【陕西通志】17/关梁 2·绥德州/45 上

【汇编】上 78、108、110、206；中四 4009、4231、4252、4269、4284、4296、4297、4303、4361、4458、4477、4514；中五 4552、4584、4567、4662、4664、4708、4766、4988、5071、5077、5202、5218、5244、5247；中六 5481、5651、5828、5830、5858；下 7006；补遗 7348

义合寨　绥德军，宋神宗元丰四年收复

【长编标】322/7758、7764；326/7858；337/8134；342/8227；365/8749、8751；372/9009；382/9310；408/9944；439/10581；460/10999；483/11483；506/12055；518/12335

【长编影】322/1 下；326/18 下；337/17 下；342/8 上；344/10 下；346/9 下；365/5 下；372/8 上；382/12 上；408/22 上；439/13 上；460/5 上；483/4 上；506/6 上；518/17 上

【宋大诏令集】236/赐夏国诏（元祐八年四月庚申）/921

【宋会要】兵 4 之 10/6825、8 之 26/6900、8 之 32/6903、28 之 37/7288；方域 5 之 41/7403、19 之 7/7629

【奏议标】138/司马光·上哲宗乞还西夏六寨/1553；139/范纯粹·上哲宗乞以弃地易被虏之人/1562

【奏议影】138/司马光·上哲宗乞还西夏六寨/4776；139/范纯粹·上哲宗乞以弃地易被虏之人/4803

义合镇　鄜延

【长编标】220/5356

【长编影】220/20 上

【汇编】中三 3665

义谷　京兆府

【宋会要】食货 19 之 6/5126

义征　庆州

【武经总要】前集 18 上/8 下

【汇编】中一 941

义征川　保安军

【武经总要】前集 18 上/7 下

【汇编】中二 2418

义兴冶　河东

【宋会要】兵 27 之 10/7251

夕阳下镇　秦州成纪县

【长编标】158/3828

【长编影】158/10 上

【汇编】中三 3084

夕阳上镇　秦州成纪县

【长编标】158/3828

【长编影】158/10 上

【汇编】中三 3084

夕阳镇　秦凤绥远寨

【宋会要】食货 15 之 18/5071；方域 12 之 15/7527

夕阳镇　秦州成纪县

【宋史】257/吴廷祚传/8948；270/高防传/9261

【元丰九域志】3/122

【长编标】3/68；158/3827；424/10249

【长编影】3/7 上；158/10 上；424/1 下

【武经总要】前集 18 上/27 下

【玉壶清活】2/9 下

【甘肃新通志】9/舆地志·关梁·秦州直隶州/43 上

【汇编】中一 928、929、932、934、935、936；中三 3084；补遗 7477

久良津　府州

【长编标】304/7408；499/11871；514/12212

【长编影】304/14 上；499/1 下；514/4 上

【宋会要】食货 16 之 1/5073、22 之 5/5158

广吴岭　又作网威岭，秦州

【长编标】85/1941；175/4224、4228

【长编影】85/6 上

广吴岭堡　秦州通远军

【宋史】303/范详传 10049

【长编标】174/4203

【长编影】174/11 下

【宋会要】方域 20 之 14/7657

【稽古录】20/92 下

【汇编】中三 3186、3187、3188

广吴堡　秦凤路通远军

【宋会要】方域 20 之 14/7657

广吴堡　巩州

【宋史】87/地理志 3/2164

【汇编】中六 5784

广武　秦州

【宋会要】方域 20 之 13/7657

广武砦　秦州清水县

【宋史】87/地理志 3/2155

【汇编】中六 5835

广武堡　秦州清水县床穰寨领

【元丰九域志】3/124

【汇编】中一 964

广武寨　秦州清水县床穰寨领

【宋会要】方域 20 之 13/7657

【汇编】中四 4061

广割岭　兰州

【长编标】442/10636

【长编影】442/6 上

【汇编】中五 4991

门山　延州

【宋会要】食货 4 之 7/4849

之子平　又作之字平，与美利寨相近，控扼清
　　远军界

【长编影】497/1 下；498/10 下；509/9 下、14
　　下；511/2 下

【汇编】中六 5385、5394、5532、5536、5553、
　　5557、5833；补遗 7401

之子平寨　又作之字平，宋哲宗元符元年进筑
　　赐名

【长编影】499/10 下；500/2 下；510/9 上；
　　511/6 下、13 上；512/9 下

【汇编】中六 5407、5417、5542、5554、5556、
　　5561

之字平　又作之子平

【宋史】18/哲宗纪 2/352；87/地理志 3/2152

【长编标】497/11817；498/11852；499/11882；
　　500/11905；509/12123、12129；510/12141；
　　511/12156、12160、12168；512/12186

【宋会要】方域 19 之 17/7634

【甘肃新通志】9/舆地志·关梁·庆阳府·环县
　　/59 上

已布寨　又作恰布寨，夏国献

【长编影】158/3818；159/3847

弓门城　秦州，宋太宗太平兴国间筑寨

【甘肃新通志】13/舆地志·古迹·秦州直隶州
　　·清水县/24 上

【汇编】补遗 7240

弓门砦　秦州清水县，宋太宗太平兴国元年置

【宋史】87/地 理 志 3/2155；191/蕃 兵/4752；
　　258/曹玮传/8986；492/吐蕃传/14153

【长编影】19/6 上

【宋会要】食货 15 之 18/5071、19 之 8/5127、
　　29 之 14/5314；兵 27 之 19/7256、27 之 31/
　　7262、28 之 3/7271；方域 18 之 25/7622

【武经总要】前集 18 上/24 下、29 上、29 下、
　　32 下

【甘肃新通志】9/舆地志·关梁·秦州直隶州·
　　清水县/45 下

【汇编】中一 931、932、964、977、979、985、
　　1555、1593；中三 3075、3396；中四 3991；
　　中六 5835；补遗 7477

弓门寨　秦州清水县，宋太宗太平兴国元年置

【元丰九域志】3/124

【长编标】19/426；87/1992；132/3142；139/
　　3340；177/4298

【长编影】87/4 上；132/19 上；139/3 下；177/
　　19 上

【宋会要】兵 27 之 29/7261；28 之 3/7671

【武经总要】前集 18 上/24 下

【名臣碑传琬琰集】中集 43/曹武穆公玮行状/
　　1032

【元宪集】33/宋故推诚翊戴功臣彰武军节度延
　　州管内观察处置等使曹公墓志铭/345、353

【汇编】中一 964、1553、1556、1557、1672；
　　中二 2295、2653、2836；中三 3208、3443；
　　中六 5835

弓钟砦 秦州甘谷县
【宋史】87/地理志 3/2156
【汇编】中六 5835
弓袋口水寨 在秦州臬篦寨下大洛门
【宋会要】方域 18 之 21/7620
女遮堡 宋神宗元丰五年九月筑
【宋会要】兵 8 之 29/6901；方域 20 之 12/7656
【初寮集】6/定功继伐碑/1 上
【汇编】中四 4426、4434、4455；补遗 7436
女萌骨堆 晋宁军
【宋史】86/地理志 2/2138
【汇编】中六 5858
小三阳砦 秦州成纪县
【宋史】87/地理志 3/2154
【汇编】中 6/5835
小弓门砦 秦州清水县
【宋史】87/地理志 3/2155
【汇编】中六 5835
小卢 泾原
【长编标】50/1091
【长编影】50/8 下
小卢谷 泾原
【长编标】51/1121
【长编影】51/14 上
小卢新寨 渭州平凉县，宋太祖开宝七年置
【宋会要】兵 27 之 29/7261；方域 18 之 4/7611
【汇编】中二 2652
小永宁 秦州成纪县
【宋史】87/地理志 3/2154
【汇编】中六 5835
小红崖 赐名弥川堡，河东筑
【长编标】514/12224
【长编影】514/14 上
小赤 环州
【宋会要】食货 19 之 8/5127
小芦新寨 泾原
【长编标】139/3340
【长编影】139/3 上
小定西 秦州成纪县
【宋史】87/地理志 3/2154
【汇编】中六 5835
小峡口 宋徽宗崇宁二年所筑绥远关
【甘肃新通志】9/舆地志·关梁·西宁府·西宁县/70 下
【汇编】补遗 7406
小洛门 原名来远，在秦州黑谷
【长编标】78/1779；133/3174；137/3291
【长编影】78/9 下；133/12 上；137/13 下
【宋会要】兵 27 之 19/7256；方域 19 之 1/7626
小洛门砦 秦州，宋真宗大中祥符九年增修
【宋史】258/曹玮传/8986；266/温仲舒传/9182；467/蓝继宗传/13633
【长编标】90/2084；91/2109
【长编影】90/15 下；91/7 下、11 下
【汇编】中一 1065、1509、1553、1555、1567、1568、1584、1589、1590
小洛门寨 秦州，宋真宗天禧元年筑
【长编标】74/1697；77/1751；87/1992；88/2013、2015；90/2084；91/2109
【长编影】74/15 下；77/2 下；87/4 上；88/3 上、5 上；90/5 上、15 下；91/7 下、11 下
【宋会要】方域 19 之 1/7626
【汇编】中一 1065、1498、1506、1568、1583、1584、1589、1590
小康堡 环州
【宋史】277/郑文宝传/9426；485/夏国传上/13987
【太平治迹统类】2/太祖太宗经制西夏
【汇编】上 54；中一 1063
小落门 秦州
【长编标】73/1667
【长编影】73/15 上
【汇编】中一 1493；中二 2344、2537
小落门砦 秦州，宋真宗大中祥符二年建
【宋史】87/地理志 3/2156；324/刘文质传/10492
【武经总要】前集 18 上/31 下
【苏学士集】14/内园使连州刺史知代州刘公（文质）墓志/8 下
【甘肃新通志】13/舆地志·古迹·巩昌府·伏羌县/18 下
【汇编】中一 931、932、1489、1525、1613；中六 5835；补遗 7298
小榆 洮河、兰州、鄯州之间

【宋史】328/王韶传/10579

【奏议标】141/文彦博·上神宗论进筑河州/1591

【奏议影】141/文彦博·上神宗论进筑河州/4894

【汇编】中三3513；中四3823

飞井坞　泾原路德顺军，改为飞井寨

【宋会要】方域18之27/7623、19之21/7636、20之19/7660

飞井坞寨　镇戎军，宋徽宗政和七年赐名飞泉砦

【宋史】87/地理志3/2159

【宋会要】方域19之20/7635

【皇宋十朝纲要】17/18下

【汇编】中六5838、5908

飞井堡　镇戎军乾兴砦管下

【宋史】87/地理志3/2159

【汇编】中六5838

飞井寨　泾原路德顺军，以飞井坞置

【宋会要】方域18之27/7623、19之21/7636、20之19/7660

飞乌泉　咸州

【宋史】277/郑文宝传/9426

【汇编】中一1090

飞鸦川　鳞府

【延绥镇志】1/地理志6上

【榆林府志】6/建置志·关隘/4下

【汇编】补遗7383、7493

飞泉砦　原镇戎军飞井坞，宋徽宗政和七年赐名

【宋史】87/地理志3/2159

【汇编】中六5838

飞泉寨　原镇戎军飞井坞，宋徽宗政和七年赐名

【三朝北盟会编】60/4下

【皇宋十朝纲要】17/18下

【汇编】中六5908、6044

飞鸢堡寨　岚州

【宋会要】食货16之3/5074、19之10/5128、22之7/5159

子午镇　京兆府

【宋会要】食货15之14/5069；方域12之15/7527

子河汊　丰州，产鞍马

【宋会要】兵24之12/7184

马川堡　鄜延

【宋会要】方域20之2/7651

马务堡　岷州，改为马务镇

【长编标】264/6482

【长编影】264/22下

【宋会要】方域12之15/7527、20之2/7651

马务镇　岷州，原马务堡

【长编标】264/6482

【长编影】264/22下

【宋会要】方域12之15/7527；食货15之19/5072、22之3/5157

马兰川　熙河

【宋会要】兵9之6/6908

马兰平　环庆，赐名荔原堡

【宋会要】兵28之2/7270；方域20之6/7653

马扎堡　宋哲宗元符初赐名

【延安府志】7/绥德州·关梁/6上

【汇编】补遗7379

马坊村　乾州

【宋会要】食货42之12/5567

【汇编】中一1658

马村下寨　文水县

【三朝北盟会编】50/8上

【汇编】中六6021

马武　玉关

【东坡全集】39/进紫薇花诗/2上

【汇编】中五4882

马岭大川口　环州石昌镇

【武经总要】前集18上/14下

【汇编】中一1371

马岭坡　环州通远县

【元丰九域志】3/119

【汇编】中一1096

马岭寨　庆州西七十里，宋仁宗庆历元年前置

【长编标】51/1121；132/3141、3142；225/5494；479/11407

【长编影】51/13下；132/18上、18下；225/23下；479/7下

【范文正公集】年谱补遗/12下；西夏堡寨/3下

【汇编】中二 2294、2295、2512、2643

马岭镇　环州通远县

【宋会要】食货 15 之 17/5071、19 之 8/5127、22 之 2/5156

【武经总要】前集 18 上/12 下

【汇编】中一 1094

马泊　泾原

【中国考古学会第一次年会论文集】折继闵神道碑/455

【汇编】上 190

马练川　河州

【长编标】247/6022

【长编影】247/14 上

【东都事略】82/王韶传/4 下

【皇宋十朝纲要】9/7 上

【奏议标】141/文彦博·上神宗论进筑河州/1591

【奏议影】141/文彦博·上神宗论进筑河州/4894

【汇编】中四 3823、3858、3890、3894

马练平　环州

【宋史】328/蔡挺传/10575

【汇编】中三 3407

马练城　东南到怀柔八十里

【陇右金石录】3/65 下

【甘肃新通志】14/建置志·城池/13 下

【汇编】补遗 7404、7418

马栏城　鄜州

【宋史】323/赵珣传/10463、10464

【长编标】137/3301

【长编影】137/22 上

【陕西通志】17/关梁 2·鄜州·宜君县/44 下

【汇编】中二 2549、2554；补遗 7288

马栏堡　绥德军

【宋史】87/地理志 3/2150

【汇编】中六 5831

马家谷　兰州

【长编标】334/8035

【长编影】334/5 上

【汇编】中四 4473

马家巉　镇戎军

【宋史】486/夏国传下/14025

【系年要录】198/3352

【汇编】上 91；下 6684

马骔砦　秦州狄道县

【宋史】87/地理志 3/2162

【汇编】中六 5839

马骔寨　熙河路熙州

【宋会要】方域 18 之 18/7618

马铺寨　庆州，宋仁宗庆历二年环庆请筑

【宋史】314/范仲淹传/10271、范纯祐传/10276

【长编标】135/3228；136/3265

【长编影】135/13 下；136/18 上

【宋会要】兵 27 之 28/7260；方域 19 之 3/7627

【宋文鉴】139/范纯祐墓志铭/8 下

【范文正公集】年谱/2 下；西夏堡寨/1 下；褒贤集/富弼墓志铭/8 下

【涑水记闻】11/12 上

【甘肃新通志】13/舆地志·古迹·庆阳府·安化县/29 下

【汇编】中二 1897、2438、2441、2503、2504、2507、2508、2641；补遗 7283

马御山　熙河兰会

【长编标】88/2012

【长编影】88/2 上

马简川　岷州，即荔川寨

【长编标】135/3238；253/6202

【长编影】135/22 下；253/14 上

马蔺平　庆州

【宋会要】兵 28 之 2/7270；方域 20 之 6/7653

【汇编】中三 3423、3426

马蹄川　又作马蹢川，延州丰林县

【长编标】157/3804

【玉海】174/37 上

【宋会要】方域 20 之 11/7656

【武经总要】前集 18 上/1 下

【汇编】中三 3077、3131；补遗 7247

马蹢川　又作马蹄川，延州

【长编影】157/7 下

【汇编】中三 3064

马鬃寨　熙州

【长编标】247/6033

【长编影】247/23 下

马鬃寨　宋真宗大中祥符二年徙秦州采造务为

马鬃寨
【长编标】72/1633
【长编影】72/10 上
【汇编】中一 1486

四画

扎实嘉裕勒 熙河，宋哲宗元符元年九月壬申
毕工，以通会堡为名
【长编标】502/11966
【长编影】502/15 下
【汇编】中六 5434

厅子部 鄜延
【长编标】135/3238
【长编影】135/23 上

历精 唃氏南徙至此
【宋文鉴】53/宇文邵上皇帝书 2 下
【汇编】中三 3430

历精城 又作哩沁城，河湟
【长编标】119/2814；127/3008；132/3134
【奏议标】132/田况·上仁宗兵策十四事/1469
【奏议影】132/田况·上仁宗兵策十四事/4522
【甘肃新通志】13/舆地志·古迹·兰州府·河
州/8 下
【儒林公议】上/73 下
【汇编】中二 1789；补遗 7479

历精耶卑城 青唐
【乐全集】22/秦州奏唃厮啰事/22 上
【汇编】中二 2158

巨家庄 乾州
【宋会要】食货 42 之 12/5567
【汇编】中一 1658

丰州城 河东
【长编标】195/4732
【长编影】195/5 上

丰林城 延州，宋仁宗康定二年张亢修
【范文正公集】年谱补遗/3 下、4 上
【宋会要】食货 15 之 15/5070；兵 28 之 11/7275
【汇编】中二 1939、1989

丰林堡 宋仁宗宝元初筑
【宋史】290/狄青传/9718
【华阳集】35/狄武襄公青神道碑/454

【汇编】中二 1860

丰林镇 延安府
【宋史】87/地理志 3/2146
【宋会要】食货 15 之 15/5070、22 之 1/5156；
方域 12 之 15/7527

王官 庆州
【宋史】341/赵瞻传/10878
【汇编】中三 3381

王泽庄 宁州
【宋会要】食货 42 之 12/5567
【汇编】中一 1658

王家平 熙州城东
【长编标】404/9841、9842
【长编影】404/10 下、12 下
【汇编】中五 4847、4848

王家城 泾原，原石门堡
【宋会要】方域 8 之 32/7456

王家城 德顺军水洛城领
【宋史】87/地理志 3/2158
【元丰九域志】3/137
【汇编】中二 2834；中六 5837

开平寨 原州
【宋会要】食货 15 之 19/5072、22 之 3/5157；
兵 27 之 30/7261、27 之 31/7262；方域 18 之
9/7614

开边砦 原州，宋真宗咸平元年置
【宋史】87/地理志 3/2158；191/兵志 5/4753
【汇编】中三 3397；中六 5837

开边堡 静宁州得胜砦领
【宋史】87/地理志 3/2158
【甘肃新通志】9/舆地志·关梁·平凉府·静宁
州/22 下
【汇编】补遗 7270

开边寨 原州，宋真宗咸平元年置
【长编标】139/3339、3340
【长编影】139/2 下、3 下
【元丰九域志】3/132
【宋会要】食货 19 之 9/5127；兵 27 之 29/7261
【甘肃新通志】9/舆地志·关梁·泾州直隶州·
镇原县/31 下
【汇编】中一 1205；中二 2651、2652；补遗
7327

开光州　麟府至西夏界
【长编标】228/5552
【长编影】228/12 上

开光岭　鄜延
【长编标】219/5330
【长编影】219/9 下

开光堡　鄜延路肤施县
【宋会要】方域 20 之 15/7658

开光堡　绥德军，宋哲宗元符元年四月置
【宋史】85/地理志 1 序/2096；87/地理志 3/2147、2149
【长编标】489/11612；494/11730；496/11807；497/11816；498/11860；518/12335
【长编影】489/14 下；494/4 上；496/14 上；497/1 上；498/15 下；518/17 上
【宋会要】方域 20 之 15/7658
【名臣碑传琬琰集】上集 10/韩献肃公绛忠弼之碑/159
【延安府志】7/绥德州·关梁/6 上
【陕西通志】17/关梁 2·绥德州/45 上
【汇编】中三 3599；中六 5318、5355、5381、5385、5398、5463、5828、5830、5913；补遗 7378、7379

开远砦　原州
【武经总要】前集 18 上/19 上
【汇编】中一 967

开远堡　镇戎军，宋真宗咸平元年置
【宋史】87/地理志 3/2158；289/葛怀敏传/9701
【元丰九域志】3/137
【长编标】138/3328；459/10982；462/11042、11044
【长编影】138/17 下；459/8 下；462/11 上；512/10 下
【宋会要】食货 15 之 19/5072、22 之 4/5157；方域 20 之 15/7658
【武经总要】前集 18 上/23 上
【甘肃新通志】9/舆地志·关梁·固原直隶州/26 上；13/舆地志·古迹·固原直隶州/11 下
【固原州志】1/古迹/16
【汇编】中一 1205、1217、1666；中二 2546、2621、2834；中五 5065、5081、5082、5562、5837；补遗 7242、7331、7472

开疆堡　镇戎军

【宋史】87/地理志 3/2159
【汇编】中六 5838

天门关　麟府
【长编标】136/3246
【长编影】136/1 上

天圣砦　镇戎军，宋仁宗天圣元年置
【宋史】87/地理志 3/2158；350/刘仲武传/11081
【长编标】104/2424；139/3339；503/11985；504/12007；507/12073；508/12099
【长编影】104/22 上；139/2 下；503/14 上；504/8 上；507/1 下；508/1 上
【宋会要】食货 54 之 4/5739；兵 27 之 29/7261、28 之 39/7289；方域 5 之 3/7384
【武经总要】前集 18 上/22 上、22 下
【固原州志】1/古迹/15
【汇编】中一 1217、1619、1628、1668；中二 2640、2651；中五 5253；中六 5444、5448、5491、5512、5837；下 7003；补遗 7473

天圣寨　泾原路镇戎军，原杏林堡
【宋会要】食货 15 之 19/5072、19 之 9/5127、22 之 3/5157；兵 27 之 30/7261、28 之 39/7289；方域 18 之 20/7619

天府川　三川砦附近
【武经总要】前集 18 上/2 下
【汇编】中一 1678

天降山砦　刘延庆筑
【宋史】364/韩世忠传/11355
【汇编】中六 5914

天降山新城　鄜延，宋徽宗政和八年制戎城改
【宋史】87/地理志 3/2147
【汇编】中六 5828

天浑津堡　晋宁军定胡县
【宋史】86/地理志 2/2137
【汇编】中六 5858

天浑津寨　石州定胡县
【元丰九域志】4/173
【汇编】中一 1413

天浑寨　葭芦寨附近
【长编标】317/7864
【长编影】317/1 上
【汇编】中四 4365

天津界 保德军
【武经总要】前集 17/8 下
【汇编】中三 3075

天都城 熙州
【宋史】348/钟传传/11037
【长编标】494/11727、11733
【长编影】494/1 下、6 上
【金石萃编】147/折克行神道碑/1 上
【汇编】上 195；中六 5346、5352、5357

天都寨 西安州，宋哲宗元符二年置
【宋史】18/哲宗纪 2/352；85/地理志 1 序/
2096；87/地理志 3/2161；188/熙宁以后之制
/4618、4621；350/王恩传/11088
【长编标】500/11912；508/12097、12098、12099、
12103、12108、12109；509/12128；；510/
12141、12142、12143、12144、12150；518/
12321
【长编影】500/10 下；508/2 上、3 下、4 下、8
上、12 上、12 下、13 上；509/14 下；510/
10 上、10 下、11 上、12 下、17 下；518/1
上
【宋会要】方域 18 之 5/7612、18 之 20/7619、
19 之 5/7628、19 之 15/7633、19 之 17/7634
【皇宋十朝纲要】14/5 上
【姑溪居士前集】4/杨自杰墓志铭/2 上
【海城县志】6/古迹志/1 下；建置沿革/7 下、
19 上
【汇编】中六 5279、5422、5443、5517、5518、
5536、5542、5543、5545、5644、5913；补
遗 7391、7394

天桥子 府州
【武经总要】前集 17/14 上
【汇编】中一 925

天麻川 泾原
【宋史】257/李继和传/8973；491/党项传/
14137
【长编标】51/1115；83/1887
【长编影】51/8 上；83/1 上
【武经总要】前集 18 上/1 上、2 下、24 下
【汇编】上 30；中一 1299、1523、1593、1678、
1727

元和市 泾原
【宋史】87/地理志 3/2159

【汇编】中六 5838

无定川 鄜延
【宋史】16/神宗纪 3/305；335/种古传/10746；
486/夏国传下/14010
【长编标】218/5306
【长编影】218/13 上
【涑水记闻】14/10 上
【汇编】中三 3631、3687；中四 4188、4405

韦丁 兰州
【长编标】501/11942
【长编影】501/11 上
【汇编】中六 5428

韦子川 葭芦寨附近
【长编标】495/11770
【长编影】495/7 上
【汇编】中六 5368

韦章堡 环州清平关西
【龟山集】33/钱忠定公（即，字中道）墓志铭
/11 下
【汇编】补遗 7413

韦精川 熙河
【宋会要】方域 19 之 17/7634

云内 宋徽宗宣和四年徐徽言定天德、云内族
帐
【宋史】447/徐徽言传/13191
【汇编】补遗 7443

云州城 榆林郡
【宋会要】方域 5 之 8/7387
【汇编】下 7005

云岩镇 鄜延
【宋会要】方域 12 之 15/7527

木宁 又作默宁，泾原
【长编标】132/3123

木瓜平堡 环州，宋神宗元丰五年五月置
【长编标】326/7840
【长编影】326/3 下
【汇编】中四 4343

木瓜原 庆阳府
【宋史】87/地理志 3/2153
【汇编】中六 5833

木瓜原 麟府葭芦和吴堡间
【宋史】176/屯田/4270

【长编标】344/8264；351/8406

【长编影】344/9 上；351/3 下

【汇编】中五 4566、4587、4619、4655

木瓜铺　麟州

【长编标】287/7023；290/7101

【长编影】287/11 上；290/14 上

【汇编】中四 4066、4077

木瓜堡　庆阳府

【宋史】87/地理志 3/2152、2153

【汇编】中六 5833

木瓜源　河东

【宋会要】食货 4 之 5/4848

木邦山　又作玛尔巴山，熙河

【长编标】128/3035

木场　保安军

【宋史】280/张思钧传/9508

【汇编】中一 1115

木杨口　鄜延

【大金吊伐录】4/139

【汇编】下 6094

木鱼　泾原

【宋会要】方域 18 之 6/7612

木鱼川　镇羌寨南至怀远寨

【长编标】487/11566；496/11796

【长编影】487/2 下；496/4 上

【宋会要】方域 18 之 6/7612

【汇编】中六 5275、5299、5376、5379、5380

木波　环州，距庆州淮安八十里

【宋会要】食货 15 之 17/5071、22 之 2/5156；兵 5 之 8/6843、28 之 11/7275；方域 12 之 18/7528

木波岭　环州

【武经总要】前集 18 上/9 下、14 上

【汇编】中一 1370、1613

木波砦　西至六盘关二十里

【武经总要】前集 18 上/16 上

【汇编】中一 1372

木波寨　环州

【长编标】51/1121；225/5494

【长编影】51/13 下；225/23 上

【宋会要】兵 28 之 4/7271

【范文正公集】西夏堡寨/1 下

【汇编】中一 1306；中二 2641；中三 3507、3712

木波镇　环州

【宋史】191/蕃兵/4754；466/刘承规传/13608；491/党项传/14145

【元丰九域志】3/119

【长编标】52/1148；54/1186；104/2409；132/3141；258/6304；296/7206；478/11383、11389；479/11404、11407

【长编影】52/16 下；54/11 上；104/9 下；258/15 上；296/11 上；478/2 上、4 上、7 上；479/7 上

【武经总要】前集 18 上/14 下、16 下

【汇编】中一 1096、1226、1326、1355、1371、1647；中三 3398；中四 3973、4088；中五 5182、5187、5191、5192、5194

木宗城　熙河

【宋史】15/神宗纪 2/289

【汇编】中四 4005

木峡　泾原

【长编标】139/3339

【长编影】139/3 上

木峡口　镇戎军北

【宋史】176/屯田/4265；279/许均传/9485

【长编标】50/1094；56/1233

【长编影】50/11 上；56/8 下

【宋会要】食货 4 之 1/4846、63 之 39/6006；兵 27 之 6/7249

【汇编】中一 1264、1265、1280、1369、1382

木㙰山　鄜延

【华阳集】35/狄青神道碑/454

【汇编】中二 1860

木藏城　河州

【宋史】328/王韶传/10580

【东都事略】82/王韶传/4 下

【汇编】中四 3857、3858

五井川　泾原

【长编标】103/2383

【长编影】103/8 下

【汇编】中一 1635

五井堡　原州

【宋会要】兵 4 之 1/6820

【汇编】中一 1517

五龙川　延州
【宋史】311/庞籍传/10199
【长编标】132/3140；135/3237；327/7874
【长编影】132/17 上；135/22 上；327/9 上
【宋朝事实类苑】75/995
【武经总要】前集 18 上/1 下
【涑水记闻】4/13 上
【东轩笔录】9/4 上、105 下
【司马文正公文集】78/太子太保庞公墓志铭/3 上
【汇编】中二 1890、1895、1968、2293、2462、2464；中三 3131；中四 4378

五台　河东界附近
【延安府志】1/诗文/47 上
【汇编】补遗 7122

五百步城　乐州，宋徽宗崇宁三年筑，赐名德固砦
【宋史】87/地理志 3/2167
【汇编】中六 5938

五交原　同州
【系年要录】124/2030
【名臣碑传琬琰集】下集 24/故太尉威武军节度使李公行状/1617
【汇编】下 6492；补遗 7130

五交镇　庆州安化县，范仲淹筑
【宋史】191/兵志 5/4755
【宋会要】食货 22 之 2/5156
【元丰九域志】3/115
【武经总要】前集 18 上/11 上
【甘肃新通志】9/舆地志·关梁·庆阳府·安化县/57 下；42/兵防志·塞防·庆阳府/6 上
【汇编】中一 941、942、1370；中三 3398；补遗 7286、7287

五牟谷堡　又作鄂摩克谷堡，熙宁八年筑
【长编标】271/6641；273/6676

五牟谷堡　宋徽宗崇宁三年四月戊辰筑
【皇宋十朝纲要】16/9 下
【汇编】中六 5772

五里　陇州
【宋会要】食货 19 之 8/5127

五里墩　府州府谷县北

【榆林府志】6/建置志·关隘/7 下
【汇编】补遗 7278

五谷口　泾原瓦亭附近
【宋史】323/赵珣传/10463
【长编标】137/3300；138/3328
【长编影】137/21 下；138/17 下
【汇编】中二 2549、2554、2621

五原　曹玮出兵袭五原外界巴勒藏族
【元宪集】33/宋故推诚翊戴功臣彰武军节度延州管内观察处置等使曹公墓志铭/345
【汇编】中一 1399

五原　元丰五路攻夏，种谔军至五原
【宋史】331/沈括传/10656
【长编标】325/7820
【长编影】325/6 下

五原　威州东控五原
【宋史】277/郑文宝传/9426、9427；349/姚兕传/11057
【长编标】214/5195
【长编影】214/2 下
【玉壶清话】8/9 上
【汇编】中一 1090、1091；中四 4250

五原塞　麟州新秦县银城
【宋史】86/地理志 2/2135
【元丰九域志】4/166
【陕西通志】7/疆域 2·延安府/10 上
【汇编】中一 1040；中六 5826；补遗 7484

支子平　灵州至清远军
【长编标】49/1072
【长编影】49/8 下
【汇编】中一 1240

不经掌　延州
【长编标】468/11175
【长编影】468/7 下
【汇编】中五 5118

不勤谷　环庆
【长编标】479/11407
【长编影】479/7 上

太平监　秦州天水县
【宋史】87/地理志 3/2155
【汇编】中六 5835

太扶寨　环州

【宋会要】食货 15 之 17/5071

太和砦 葭州神木县，宋哲宗元符二年进筑赐
　　名
　【陕西通志】17/关梁 2・葭州・神木县/54 下
　【汇编】补遗 7397

太和堡 麟州，宋哲宗元符二年置
　【宋会要】方域 20 之 15/7658
　【榆林府志】6/建置志・关隘/4 上
　【汇编】补遗 7279

车道岘 去原州二十五里
　【长编标】91/2100
　【长编影】91/4 下
　【宋会要】兵 27 之 20/7256
　【汇编】中一 1589

瓦龙谷堡 秦州
　【武经总要】前集 18 上/32 下
　【汇编】中三 3075

瓦平寨 怀德军
　【三朝北盟会编】61/1 上
　【汇编】中六 6052

瓦当砦 又作旺丹左，环庆筑
　【长编标】510/12140
　【宋会要】方域 19 之 17/7634

瓦吹 又作斡楚，河湟
　【长编标】516/12288；518/12333
　【宋会要】兵 9 之 3/6907；方域 19 之 18/7634
　【汇编】中六 5621、5649

瓦吹峡 又作斡楚峡，河湟
　【长编标】520/12383

瓦吹砦 乐州（逦川城、湟州），宋哲宗元符
　　二年收复，三年赐名宁洮砦
　【宋史】87/地理志 3/2167
　【汇编】中六 5937

瓦吹寨 乐州（逦川城、湟州），宋哲宗元符
　　二年收复，三年赐名宁洮砦
　【长编纪事本末】139/5 下、8 下
　【宋会要】兵 9 之 3/6907；方域 19 之 18/7634
　【汇编】中六 5686、5687、5730、5732

瓦和市 熙河
　【长编标】492/11684；496/11797；503/11970
　【长编影】492/7 下；496/4 上；503/1 下
　【汇编】中六 5340、5377、5434

瓦亭砦 渭州
　【宋史】32/高宗纪 9/609；62/五行志/1345；
　　67/五行志/1484；87/地理志 3/2157；191/兵
　　志 5/4754；279/陈兴传/9483；289/葛怀敏传
　　/9701；331/卢秉传/10671
　【长编影】51/13 下；350/1 上
　【宋会要】礼 25 之 9/959
　【系年要录】38/726
　【武经总要】前集 18 上/17 上
　【甘肃新通志】6/舆地志・山川上・平凉府・隆
　　德县/21 上
　【陕西通志】17/关梁 2・鄜州・宜君县/44 下
　【汇编】中一 1306、1371、1372、1400；中二
　　2546；中三 3397；中五 4608、4609；中六
　　5836；下 6245、7020；补遗 7270、7288

瓦亭寨 渭州
　【宋史】7/真宗纪 2/134；26/高宗纪 3/483；
　　300/王沿传/9959；323/赵珣传/10463；325/
　　王珪传/10508；442/尹源传/16 上
　【长编影】137/21 下；138/6 下、13 上、17 下
　【宋会要】食货 15 之 19/5072、22 之 3/5157；
　　兵 27 之 30/7261、27 之 31/7262、28 之 10/
　　7274
　【武经总要】前集 18 上/27 上
　【安阳集】家传 2/2 下、3/1 下
　【欧阳文忠公全集】31/尹君墓志铭/7 上
　【河南先生文集】8/上又一首/8 上
　【名臣碑传琬琰集】中集 43/曹武穆公玮行状/
　　1035；48/韩公行状/1095
　【汇编】中一 974；中二 2079、2074、2190、
　　2193、2545、2549、2550、2551、2552、
　　2554、2555、2587、2617、2621、2790

瓦亭寨 渭州安化县
　【宋史】324/张亢传/10128
　【元丰九域志】3/130
　【长编标】52/1121；66/1485；88/2016；128/
　　3026、3042；131/3101；137/3300；138/
　　3314、3316、3324、3328；139/3339、3340；
　　225/5494；350/8381
　【长编影】52/18 上；66/15 上；88/5 上；128/2
　　上、15 下；131/8 上；139/2 下、3 上；225/
　　23 上；350/1 上
　【宋会要】食货 29 之 15/5315；兵 27 之 29/7261

【武经总要】前集 18 上/23 下

【隆平集】19/李纬传/14 下

【河南先生文集】21/奏诏及四路可指挥分擘本
　　路兵马弓箭手把截贼马来路状/1 下；25/申
　　宣抚韩枢密乞修安国镇状/1 上、申四路招讨
　　司论本路御贼状并书/2 下

【奏议标】65/于靖·上仁宗乞韩琦兼领大帅镇
　　秦州/718

【奏议影】65/于靖·上仁宗乞韩琦兼领大帅镇
　　秦州/2363

【安阳集】47/故崇信军节度副使检校尚书工部
　　员外郎尹公墓志铭/2 上；家传 2/4 上、4/7
　　上

【汇编】中一 1327、1568；中二 2037、2202、
　　2651、2653、2665、2666、2769、2789、
　　2812、2835；中三 2858、2859、2905、3712；
　　中四 3838、4027

瓦都城　邈川
【宋会要】兵 28 之 45/7292

瓦浪　由岚州合河津过河三十五里至
【武经总要】前集 17/10 上
【汇编】中一 1428

瓦堂川　延州
【武经总要】前集 18 上/1 下
【汇编】中三 3131

日木多泉　兰、会交界处
【初寮集】6/定功继伐碑/1 上
【汇编】补遗 7439

日密垒　夏州东，宋哲宗绍圣五年吕惠卿破，
　　遂进筑
【长编标】494/11731
【长编影】494/5 上
【汇编】中六 5355

中山堡　绥德军，宋哲宗元符初赐名
【宋史】87/地理志 3/2150
【姑溪居士后集】20/折渭州墓志铭/1 上
【延安府志】7/绥德州·关梁/6 上
【汇编】上 206；中六 5831；补遗 7379

中安堡　德顺军
【宋史】87/地理志 3/2158；350/郭成传/11085；
　　452/郭浒传/13289
【元丰九域志】3/137

【长编标】235/5717
【长编影】235/20 下
【宋会要】食货 15 之 19/5072、22 之 4/5157；
　　方域 20 之 12/7656
【武经总要】前集 18 上/25 下
【汇编】上 238；中二 2834、2835；中四 3783；
　　中六 5837

中岭　属原州靖安堡
【宋会要】方域 20 之 11/7656

中岭　麟府
【长编标】185/4469
【长编影】185/3 上

中岭堡　原州靖安县
【宋史】87/地理志 3/2162
【汇编】中六 5837

中城砦　秦州清水县
【宋史】87/地理志 3/2155
【汇编】中六 5835

中城堡　秦凤床穰寨领
【宋史】87/地理志 3/2155
【元丰九域志】3/124
【汇编】中一 964

中都　坊州
【宋会要】食货 4 之 7/4849

中原　环庆，贼马常由此犯德州
【长编标】474/11310
【长编影】474/8 上
【汇编】中五 5161

中候寨　府州，宋仁宗庆历二年修建
【宋史】292/明镐传/9769；324/张亢传 10489
【长编标】133/3172；136/3247、3248；149/
　　3612；189/4551
【长编影】133/11 上；136/2 上；149/13 下；
　　189/5 上
【玉海】174/37 上
【宋会要】兵 27 之 40/7266；方域 18 之 3/7611、
　　20 之 16/7658
【武经总要】前集 17/18 上
【中国考古学会第一次年会论文集】折继闵神道
　　碑/455
【欧阳文忠公全集】115/河东奉使奏草/27 上、
　　34 下

【榆林府志】6/建置志·关隘/5 上

【汇编】上 189；中二 2366、2484、2487；中三
　　2911、2970、3252；下 7012、7013；补遗
　　7247、7276

中郭普　属原州靖安堡

【宋会要】方域 20 之 11/7656

中普堡　原州靖安堡领

【宋史】87/地理志 3/2158

【元丰九域志】3/132

【汇编】中三 3075；中六 5837

贝旺川　又作背冈川，鄜延

【长编影】326/6 上；328/5 上

【汇编】中四 4350、4387

仁孝寨　河东，旧阿翁寨

【宋会要】方域 18 之 4/7611

仆射谷　延州附近

【宋史】323/马怀德传/10466

【汇编】中二 2086

分水岭　环庆

【长编标】54/1186

【长编影】54/11 上

公主泉　泾原

【宋史】257/李继和传/8970

【长编标】50/1091

【长编影】50/8 下

【汇编】中一 1258

公宗堡　熙河兰会进筑

【长编标】513/12193

【长编影】513/1 上

凤川寨　范仲淹令移烽火台山上

【范文正公集】年谱补遗/12 上

【汇编】中二 2476

凤川城　庆州，宋真宗大中祥符中筑

【宋会要】职官 48 之 124/3517

【武经总要】前集 18 上/11 下

【汇编】中一 941、1526、1576

凤川寨　庆州东，宋仁宗庆历前置

【长编标】135/3217

【长编影】135/3 下

【奏议标】133/范仲淹·上仁宗再议攻守/1480

【奏议影】133/范仲淹·上仁宗再议攻守/4551

【范文正公集】西夏堡寨/1 下、2 下

【汇编】中二 2424、2641、2642

凤川镇　庆州，宋真宗大中祥符中筑

【宋史】191/蕃兵/4755；325/任福传/10506

【长编标】128/3044；132/3141、3143

【长编影】128/17 下；132/18 下、20 上

【宋会要】职官 48 之 124/3517；食货 15 之 16/
　　5069、19 之 7/5126、22 之 2/5156；兵 14 之
　　17/7001

【武经总要】前集 18 上/10 下

【甘肃新通志】9/舆地志·关梁·庆阳府·合水
　　县/59 上

【汇编】中一 941、1577；中二 2090、2095、
　　2096、2295、2296；中三 3398；补遗 7286

乌丁原　环州

【宋史】87/地理志 3/2153

【汇编】中六 5833

乌川　庆州

【武经总要】前集 18 上/8 下

【汇编】中一 941

乌仑川　环州

【武经总要】前集 18 上/13 上

【汇编】中一 1370

乌仑砦　环州通远县，范仲淹置

【宋史】87/地理志 3/2152；191/蕃兵/4752

【元丰九域志】3/119

【武经总要】前集 18 上/13 上

【甘肃新通志】8/舆地志·形胜·庆阳府·环县
　　/12 上

【汇编】中一 1096、1370；中三 3397；中六
　　5833；补遗 7474

乌仑寨　环州

【宋会要】食货 22 之 2/5156

乌龙　太原

【宋会要】方域 6 之 8/7409、19 之 17/7634、20
　　之 15/7658

乌龙川　河东

【长编标】505/12037；506/12062；507/12075；
　　508/12106

【长编影】505/10 下；506/12 上；507/3 上；
　　508/10 下

【宋会要】方域 18 之 18/7618

【汇编】中六 5473、5489、5490、5492、5515

乌龙谷　河东
【长编标】495/11770
【长编影】495/7 上

乌龙砦　晋宁军，宋哲宗元符二年进筑赐名
【宋史】18/哲宗纪 2/352；85/地理志 1 序/
　2096；86/地理志 2/2138；87/地理志 3/2149
【宋会要】方域 6 之 8/7409
【陕西通志】17/关梁 2·葭州/50 上
【汇编】中六 5514、5830、5858、5913；下
　7008；补遗 7398

乌龙寨　火山军，旧乌龙川北岭寨
【宋会要】方域 18 之 18/7618

乌龙寨　麟府，距延安之暖安山二十五里
【长编标】506/12055；508/12106；514/12224、
　12225、12227、12228；517/12301
【长编影】506/5 上；508/10 下；514/13 上、16
　下、17 下；517/5 下
【苕溪集】48/宋故武功大夫魏国公杨公（宗
　闵）墓碑/3 下
【汇编】中六 5481、5490、5515、5585、5586、
　5589、5590、5633；补遗 7424

乌尔戬川　会州
【初寮集】6/定功继伐碑/1 上
【汇编】补遗 7438

乌尔戬咸巴川　又作武延咸泊川，镇戎军西北
【长编影】57/1 上
【汇编】中一 1398

乌兰寨　环州
【长编标】474/11310；478/11383；479/11404
【长编影】474/8 上；478/2 上；479/4 上、7 上
【汇编】中五 5162、5182、5192、5195

乌延城　延州
【宋史】486/夏国传下/14011
【宋会要】方域 8 之 33/7457、19 之 48/7649、
　19 之 49/7650
【武经总要】前集 18 上/6 下
【陕西通志】7/疆域 2·延安府/10 上
【汇编】上 77；中一 1148；下 7012；补遗 7484

乌池　灵州
【宋史】485/夏国传上/13988
【东都事略】127/附录 6/2 下
【汇编】上 55、102

乌鸡　渭州
【姑溪居士后集】20/折渭州墓志铭/1 上
【汇编】上 210

乌鸡川　环庆
【宋史】334/林广传/10737
【长编标】214/5195
【长编影】214/2 下
【汇编】中三 3579、3580

乌鸡三岔新砦　西安州，宋徽宗崇宁五年赐名
　通安砦
【宋史】87/地理志 3/2161
【汇编】中六 5518

乌埏口　南至塞门寨九十里
【陕西通志】16/关梁 1·延安府·安塞县/27 上
【汇编】补遗 7348

乌崿寨　环州
【宋会要】食货 15 之 17/5071、19 之 8/5127

午狼务　庆州
【宋会要】食货 42 之 12/5567
【汇编】中一 1658

牛羊川　鄜延顺宁寨附近
【宋会要】兵 8 之 35/6904

牛栏砦　原州
【宋史】279/许均传/9485
【汇编】中一 1081

牛圈界堠　环州
【宋史】87/地理志 3/2152
【汇编】中六 5833

牛精谷　熙河
【长编标】243/5912
【长编影】243/1 下
【宋会要】兵 9 之 6/6908

牛鞍堡　秦州定西砦领
【甘肃新通志】9/舆地志·关梁·秦州直隶州/
　43 上
【汇编】补遗 7237

升平塔　延安府，宋哲宗绍圣四年赐名
【宋史】87/地理志 3/2147
【延安府志】7/绥德州·古迹/8 上
【汇编】中六 5828；补遗 7382

升平镇　坊州，宋神宗熙宁元年省升平县为镇
【宋会要】食货 15 之 17/5071；方域 12 之 15/

7527

【元丰九域志】3/118

【汇编】中四 4064

升啰岭　河东筑，赐名通秦寨

【长编标】514/12224

【长编影】514/14 上

长干　麟州屈野河地

【长编标】185/4469

【长编影】185/3 上

长山　秦州，宋太宗太平兴国二年前置

【宋史】87/地理志 3/2155；492/吐蕃传/14143

【汇编】中六 5835

长山堡　秦州静戎领

【宋史】87/地理志 3/2155

【元丰九域志】3/124

【甘肃新通志】9/舆地志·关梁·秦州直隶州·

　　秦安县/44 下

【汇编】中一 985；补遗 7477

长山寨　秦州，宋太宗太平兴国二年前置

【长编标】18/402；139/3340

【长编影】18/9 下；139/3 下

【宋会要】兵 27 之 29/7261、27 之 31/7262

【汇编】中二 2653

长平　麟府

【宋会要】兵 27 之 41/7267

长乐川　又作长乐州，威州

【汇编】中一 1090

长乐州　又作长乐川，威州

【宋史】277/郑文宝传/9426

长宁寨　延州，宋仁宗康定中废，庆历复置

【长编标】125/2954；127/3019；131/3093；146/

　　3536

【长编影】125/14 下；127/14 上；131/1 上；

　　146/9 下

【武经总要】前集 18 上/3 上

【奏议标】132/范仲淹·上仁宗乞先修诸寨未宜

　　进讨/1464

【奏议影】132/范仲淹·上仁宗乞先修诸寨未宜

　　进讨/4504

【安阳集】家传 4/16 下

【范文正公集】9/16 上；西夏堡寨/2 下

【潞公文集】18/奏议/9 下

【陕西通志】17/关梁 2·绥德州·清涧县/48 下

【汇编】中二 1863、2030、2064、2222、2642、

　　2808；中三 2843、3130；补遗 7280、7324

长宁镇　原醴州武功县扶风店，当大路冲要

【宋会要】方域 12 之 15/7527、12 之 20/7529

长青　凤翔府

【宋会要】食货 19 之 8/5127

长武砦　泾州，宋真宗咸平三年废县置

【宋会要】兵 27 之 29/7261

【武经总要】前集 18 上/26 下

【范文正公集】西夏堡寨/1 上

【汇编】中一 965；中二 2640、2653

长武寨　泾原路泾州东北，废泾州长武县为寨

【长编标】139/3340；234/5674

【长编影】139/4 上；234/3 下

【宋会要】方域 18 之 13/7616

【汇编】中四 3776

长武镇　泾州，宋真宗咸平四年升为县，五年

　　省为寨，宋徽宗政和七年升为平凉军

【元丰九域志】3/125

【宋会要】方域 5 之 42/7404

【汇编】中一 1336；下 7006

长岭　环庆

【长编标】44/949

【长编影】44/18 下

长城坂　屈野河附近

【宋史】350/王文郁传/11074

【汇编】上 237

长城岭　鄜延北

【长编标】326/7858；328/7905；494/11730、

　　11731；498/11859；511/12169

【长编影】326/18 下；328/5 下；494/4 下、5

　　上；498/16 下；511/15 上

长城岭寨　鄜延，以西接连环庆路金汤、白豹

【长编标】328/7905

【长编影】328/14 上

【宋会要】方域 8 之 6/7443、19 之 8/7629、19

　　之 48/7649、20 之 2/7651

长道寨　秦州

【宋会要】食货 15 之 18/5071

长樵砦　秦州清水县

【宋史】87/地理志 3/2155

【汇编】中六 5835

长樵寨 秦州床穰寨领

【宋会要】方域 20 之 13/7657

【汇编】中四 4061

长燋堡 秦州静戎寨领

【元丰九域志】3/124

【汇编】中一 985

丹山堡 秦州伏羌县，宋神宗熙宁三年废

【宋史】87/地理志 3/2155

【宋会要】方域 20 之 2/7651

【汇编】中六 5835

丹巴城 又作当标城，河州之南，宋哲宗元符
二年七月毕斯布结以城降

【长编影】507/18 上；511/16 下；512/11 下；
513/1 上、9 上；516/1 上；517/8 上、10 上

【汇编】中六 5560、5563、5564、5570、5606、
5637、5638

丹头砦 延安府延川县，宋仁宗庆历中修，宋
哲宗元符二年九月废

【宋史】87/地理志 3/2147

【武经总要】前集 18 上/4 下

【陕西通志】16/关梁 1·延安府·安定县/29 上

【汇编】中三 3130；中六 5828；补遗 7305

丹头堡 后为丹头寨，延安府，宋仁宗庆历中
修

【宋史】87/地理志 3/2148

【武经总要】前集 18 上/4 下

【陕西通志】16/关梁 1·延安府·安定县/29 上

【汇编】中三 3130；中六 5829；补遗 7305

丹头寨 旧称丹头堡，延安府延川县，宋仁宗
庆历中修，宋哲宗元符二年九月废

【元丰九域志】3/107

【长编标】515/12240

【长编影】515/6 上

【宋会要】食货 15 之 15/5070、22 之 1/5156

【汇编】中四 4009；中六 5596

丹头镇 延安府安定县

【陕西通志】16/关梁 1·延安府·安定县/29 上

【汇编】补遗 7305

六谷 西凉

【长编标】65/1448；66/1490；68/1537、1538；
71/1595

【长编影】65/6 下；66/19 下；68/9 下、18 上、
18 下；71/7 下

六逋宗城 洮州

【宋史】332/游师雄传/10689；349/姚兕传/
11058

【画墁集】补遗/游公（师雄）墓志铭/4 上

【汇编】中五 4852、4854、4857

六盘山寨 德顺军

【武经总要】前集 18 上/23 下

【汇编】中二 2835

六盘关 泾原

【长编标】55/1216

【长编影】55/14 上

六盘关砦 瓦亭西南陇山上

【武经总要】前集 18 上/16 下

【汇编】中一 1371

六盘关寨 隆德，宋韩魏公置寨

【隆德县志】1/古迹/24 下

【汇编】补遗 7252

六盘砦 渭州，宋真宗咸平三年筑

【隆德县志】3/表传/2 下

【汇编】补遗 7270

六盘寨 渭州平凉县

【宋会要】方域 18 之 31/7625

文城镇 隰州，宋神宗熙宁五年省文成县为镇

【元丰九域志】4/168

【汇编】中四 3840

方山原 陇州

【宋史】27/高宗纪 4/496、506

【系年要录】52/919；200/3401

【汇编】下 6294、6295、6692

方渠 宋仁宗天圣初夏人寇平凉方渠

【宋史】323/周美传/10457

【汇编】上 231

方渠 旧名通远，天圣元年改为方渠

【宋会要】方域 5 之 41/7403

【汇编】下 7006

方渠砦 环州

【宋史】87/地理志 3/2152

【汇编】中六 5833

火罗沟 环州通远县，宋徽宗政和三年置罗沟
堡

【宋史】87/地理志 3/2152

【宋会要】方域 20 之 8/7654、20 之 9/7655

【汇编】中六 5833、5880

心波　又作新伯，秦凤

【长编标】212/5143

双埠　会州

【宋会要】兵 14 之 15/7000

【汇编】中一 1218

双林堡　绥德军

【宋史】87/地理志 3/2150

【汇编】中六 5831

双泉砦　秦州成纪县

【宋史】87/地理志 3/2154

【汇编】中六 5835

双峰桥　又作双烽桥，麟州

【长编标】133/3179

【长编影】133/17 上

双烽桥　又作双峰桥，麟州

【长编标】185/4469

【长编影】185/3 上

尹遇合　晋宁军

【宋史】86/地理志 2/2138

【汇编】中六 5858

巴宁会　会州西

【长编标】510/12132；511/12163；514/12216

【长编影】510/1 下；511/9 下；514/7 下

【汇编】中六 5538、5555、5577

巴金城　湟州

【长编纪事本末】139/3 上、5 下、8 下、18 下；
　　140/2 下

【汇编】中六 5726、5727、5729、5730、5732、
　　5751、5761

巴珍旺　又作把京玉，兰州西关堡近西

【长编影】516/8 上

【汇编】中六 5612

巴哩城　又作必利城，泾原

【长编影】149/9 下

巴凌　洮州

【长编标】262/6408

【长编影】262/30 下

【汇编】中四 3987

巴凌川　熙河

【长编标】404/9841

【长编影】404/10 下

【汇编】中五 4847、4848

巴赞　熙河

【长编标】517/12295

【长编影】517/1 上

【汇编】中六 5628

水口堡　镇戎军

【宋史】87/地理志 3/2158、2159

【汇编】中六 5838

水东口　泾原

【长编标】335/8062

【长编影】335/1 上

【汇编】中四 4482

水陂　环州

【宋会要】食货 19 之 8/5127

水泉堡　会州

【宋史】87/地理志 3/2159、2160、2162

【汇编】中六 5838

水泉堡　西安州

【大金吊伐录】4/139

【汇编】下 6094

水泉堡　宋徽宗崇宁元年秦凤刘德西筑

【甘肃新通志】14/建置志·城池/13 下

【陇右金石录】3/65 下

【汇编】补遗 7404、7418、7419

水洛城　德顺军，宋仁宗庆历四年置

【宋史】11/仁宗纪 3/216；26/高宗纪 3/493；
　　27/高宗纪 4/497；32/高宗纪 9/607；33/孝
　　宗纪 1/620；87/地理志 3/2158；105/诸祠庙
　　/2562；191/兵志 5/4754；221/宰辅表 2/
　　5468；286/王益柔传/9634；292/郑戬传/
　　9768；295/尹洙传/9837、孙甫传/9841；
　　302/鱼周询传/10010；312/韩琦传 10223；
　　324/刘沪传/10494、10495、赵滋传/10497；
　　349/刘舜卿传/11062；366/吴玠传/11408

【长编标】132/3142；135/3217、3222；139/
　　3340；144/3486；145/3513；146/3827；147/
　　3556；148/3575、3576、3578、3583、3591；
　　149/3605、3606、3607、3608；150/3627、
　　3633；151/3666；155/3759、3764、3772；
　　170/4078；192/4644；230/5593；234/5673；

247/6021；294/7168；299/7278；479/11412；507/12073

【长编影】132/17 上；135/3 下；144/9 下；146/1 上；147/3 上；148/1 下、2 下、8 下、14 下、15 上；149/7 下、10 下；150/4 下、10 下；151/1 下、5 下、19 上；155/13 下；170/1 下；192/9 下；234/2 下；247/13 下；299/13 下；419/10 上；479/10 上；507/2 上

【宋会要】礼 20 之 42/785、20 之 116/828、25 之 9/959；职官 56 之 18/3634、64 之 45/3843；食货 15 之 19/5072、22 之 4/5157；兵 4 之 9/6824、27 之 29/7261、27 之 34/7263

【奏议标】133/范仲淹·上仁宗再议攻守/1480

【奏议影】133/范仲淹·上仁宗再议攻守/4552

【武经总要】前集 18 上/25 下、32 下

【元丰九域志】3/137

【元丰类稿】47/故朝散大夫尚书刑部郎中充天章阁待制兼侍读上轻军都尉赐紫金鱼袋公孙甫行状/9 下

【东坡全集】36/制敕/2 上

【汉滨集】6/论诸军见攻德顺独王彦未到状/7 上

【夷坚三志辛】4/1410

【安阳集】47/故崇信军节度副使检校尚书工部员外郎尹公墓志表/2 上；家传 2/15 下、4/6 上、7 上

【陇右金石录】3/48 上

【欧阳文忠公全集】28/尹师鲁墓志铭/11 下；105/奏议/6 上、8 下

【河南先生文集】9/答秦凤路招讨使文龙图书/1 下、与水洛城董士廉第三书/8 下、答谏官欧阳舍人论城水洛书/10 上；18/论城水洛利害表/8 下；21/奉诏令刘沪董士廉却且往水洛城勾当状/3 下、乞与郑戬下御史台照对水洛事状/4 下

【范文正公集】政府奏议下/荐举/36 下；西夏堡寨/6 上

【涑水记闻】10/5 上；11/5 下、8 上

【名臣碑传琬琰集】中集 48/韩忠献公琦行状/1098

【默记】15/下

【甘肃新通志】6/舆地志·山川上·平凉府·静宁州/19 上；13/舆地志·古迹·平凉府·静宁州/10、舆地志·陵墓/57 下

【汇编】中二 2295、2424、2437、2645、2652、2653、2785、2786、2812、2813、2814、2816、2817、2834、2836；中三 2837、2852、2853、2854、2855、2857、2858、2860、2861、2862、2865、2866、2867、2872、2875、2876、2879、2895、2896、2903、2905、2907、2908、2909、2926、2933、2946、2948、2954、2982、3044、3051、3075、3095、3165、3282、3397；中四 3775、3893、4102；中五 4741、4949、4980、5199、中六 5833、5843、5942、5944；下 6671、6693、6694、7020；补遗 7290、7291、7374、7477

水洛亭　水洛废县北

【甘肃新通志】13/舆地志·古迹·平凉府·静宁州/10 下

【汇编】补遗 7290

水洛寨　宋孝宗升为县

【隆德县志】4/考证/64 上

【汇编】补遗 7272

水逻　陇坻之右

【文恭集】36/郑戬墓志铭/436

【汇编】中三 2856

五画

打绳川　会州，宋徽宗崇宁元年以打绳川为怀柔堡

【宋史】87/地理志 3/2161

【长编标】485/11523；499/11873、11874；502/11964；504/12011；509/12126、12129；511/12164、12168；514/12217、12229；515/12247

【长编影】485/4 下；499/2 下；502/13 下；504/8 上；509/11 下、14 下；511/9 下、13 下；513/9 上；514/1 上、4 上、8 上、17 下；515/12 上

【宋会要】方域 19 之 6/7628、20 之 17/7659

【陇右金石录】3/65 下

【甘肃新通志】14/建置志·城池/13 下

【汇编】中六 5280、5402、5433、5452、5517、5534、5536、5555、5570、5557、5578、

5590、5601；补遗7404、7418

打绳川城寨　会州
【宋会要】方域19之17/7634

扑水原　河湟
【宋史】87/地理志3/2163、2167
【汇编】中六5808、5937

扑麻龙堡　巩州
【宋史】87/地理志3/2165
【汇编】中六5784

艾蒿寨　鄜延
【长编标】128/3037
【长编影】128/11下

艾蒿镇　秦州天水县
【元丰九域志】3/122
【甘肃新通志】9/舆地志·关梁·秦州直隶州/
　　43上
【汇编】中一929；补遗7477

节义峰　环庆路柔远寨东
【宋史】485/夏国传上/13994
【宋会要】方域19之3/7627
【汇编】上61；中二2438

节义烽　环庆路柔远寨东
【长编标】115/2691；135/3228
【长编影】115/4上、16上；135/13下
【河南先生文集】15/故金紫光禄大夫检校右散
　　骑常侍李公（渭）墓志铭/13下
【汇编】中一1702、1706；中二2441

节占城　青海
【初寮集】6/定功继伐碑/1上
【汇编】补遗7438

古安西城　凉州
【武经总要】前集18下/西蕃地界/9下
【汇编】中一1719

古城　葫芦河川
【武经总要】前集18上/23上
【汇编】中一1143

古城子　隆德县页河镇
【隆德县志】4/考证/64上
【汇编】补遗7272

古骨龙城　湟州，宋徽宗政和六年进筑，赐名
　　震武城
【宋史】87/地理志3/2169；357/何灌传/11226；

468/童贯传/13659；486/夏国传下/14020、
14021
【宋会要】方域8之24/7452、8之25/7453
【汇编】上86；中六5887、5889、5898、5899

古浊轮川
【榆林府志】4/神木县·水/9上
【汇编】补遗7492

古高平　泾原，下瞰天都
【长编标】485/11522；496/11797、11799；508/
　　12099
【长编影】485/5上；496/5下、6下、8上；
　　508/4下
【宋会要】方域19之5/7628、19之14/7632、
　　20之17/7659

古高平堡　泾原，赐名高平堡
【长编标】494/11758
【长编影】494/28上
【宋会要】方域20之9/7655

古郭隆　熙河
【初寮集】6/定功继伐碑/1上
【汇编】补遗7438

古塔鼎宗堡　熙河，似可句读古塔、鼎宗堡，
　　待考
【长编标】513/12193
【长编影】513/1上
【汇编】中六5564

古道场　陇州
【宋会要】食货15之18/5071

古道堡　秦州清水县
【宋史】87/地理志3/2155
【元丰九域志】3/124
【宋会要】兵28之3/7271
【甘肃新通志】9/舆地志·关梁·秦州直隶州·
　　清水县/45下
【汇编】中一964、985；中三3443；中六5835；
　　补遗7334

古道寨　秦州
【宋会要】方域20之16/7658
【汇编】中四3843

古渭城　秦州
【宋史】186/食货志下8/4547；290/郭逵传/
　　9723；323/安俊传/10468

【汇编】中三 3198、3571

古渭砦 秦州，宋仁宗皇祐四年以渭州地置，
宋神宗熙宁五年改古渭砦为通远军

【宋史】15/神宗纪 2/281；87/地理志 3/2155、
2164、2165；191/蕃 兵/4753；198/马 政/
4935；258/曹 琮 传/8989；303/范 祥 传/
10049；328/王 韶 传/10579、10580；331/马
仲甫传/10647；350/张守约传/11073；464/
高遵裕传/13575、13576

【长编影】224/17 下；229/1 上、16 下；230/11
上；232/1 上；262/11 下、22/4 上

【安阳集】家传 7/5 上、10/2 下

【涑水记闻】11/8 上

【汇编】中一 1737；中三 2898、3186、3189、
3305、3396、3486、3498、3513、3567、
3709；中四 3738、3743、3748、3749、3754、
3764、3765、3984、3985、4300；中六 5783、
5835

古渭寨 秦州，宋仁宗皇祐四年以渭州地置，
宋神宗熙宁五年改古渭砦为通远军

【宋史】176/屯田/4267；186/互市/4564；350/
苗授传/11068

【元丰九域志】3/138

【长编标】175/4224、4225、4226、4228；176/
4256、4267、4272；177/4291；183/4431；
192/4644；198/4789；212/5146、 5147、
5161；213/5176、5177；214/5205、5206；
216/5262；224/5461；225/5494；226/5501；
229/5566、 5582；230/5598、 5604；231/
5610；233/5645、 5646、 5665；238/5787；
241/5887；243/5914；262/6387；490/11625

【长编影】175/5 上、8 下、10 下；176/8 上、9
下、17 下；177/13 上；183/6 上；192/9 下；
198/1 上；212/4 下；213/10 上；214/11 下、
12 上；216/9 下；225/24 上；226/2 上；
231/1 下；233/19 上；238/1 上；241/13 上；
243/1 下；490/7 下

【宋会要】职官 41 之 93/3213；食货 2 之 4/
4827、38 之 32/5482、55 之 31/5763、63 之
75/6024、67 之 1/6253、67 之 2/6253；兵 9
之 6/6908、22 之 5/7146、28 之 4/7271、28
之 11/7275；方域 5 之 43/7404、8 之 24/
7452、18 之 22/7620、20 之 7/7654；蕃夷 6

之 12/7824

【奏议标】141/文彦博·上神宗论进筑河州/
1591

【奏议影】141/文彦博·上神宗论进筑河州/
4894

【华阳集】37/梁庄肃公适墓志铭/496

【安阳集】家传/5/5 下；7/5 上

【汇编】中三 3184、3191、3198、3199、3202、
3203、3205、3207、3217、3306、3443、
3485、3499、3520、3562、3572、3615、
3616、3715、3716；中四 3755、3773、3793、
3803、3831、3850、3860、4173；中六 5320；
下 7007

古寨堡 镇戎军，宋神宗元丰五年置

【宋会要】方域 20 之 5/7653

【汇编】中四 4460

古壕门 泾原

【汉滨集】15/故客省使雄州防御使泾原路兵马
钤辖兼第十一将郭公（成）行状/17 下

【汇编】补遗 7383

石人堡 秦州伏羌寨

【元丰九域志】3/122

【汇编】中一 930

石人铺砦 秦州成纪县伏羌城领

【宋史】87/地理志 3/2154

【汇编】中六 5835

石人铺寨 秦州成纪县伏羌城领

【宋会要】方域 8 之 22/7451

【汇编】中三 3552

石门 泾原

【宋史】85/地理志 1 序/2096；87/地理志 3/
2160、2161；290/张玉传/9722；324/刘沪传
/10494；334/林广传/10737；492/吐蕃传/
14156

【元丰九域志】3/137

【长编标】63/1404；83/1887；144/3487；240/
5831、 5832；244/5940；321/7752； 486/
11548；496/11808；507/12080；513/12204

【长编影】63/6 上；83/1 上；144/10 上；240/7
下；244/8 下；321/12 下；486/6 上；496/15
下；507/7 下；513/11 上

【宋会要】兵 28 之 25/7282；方域 19 之 6/7628、
19 之 14/7632、20 之 8/7654

【武经总要】前集 18 上/23 下

【文恭集】36/郑戬墓志铭/436

【汉滨集】15/故客省使雄州防御使泾原路兵马
　铃辖兼第十一将郭公（成）行状/17 上

【汇编】中一 1259、1366、1391、1523、2786、
　2834、2835；中三 2856、3165、3668；中四
　3864、4283、4376；中六 5271、5291、5293、
　5295、5381、5382、5496、5837、5849、
　5850、5899、5911、5913；补遗 7378、7386

石门口　陇山北陲

【甘肃新通志】6/舆地志·山川上·固原直隶州
　·海城县/27

【汇编】补遗 7381

石门川　镇戎军

【宋史】7/真宗纪 2/124；258/曹玮传/9884

【长编标】56/1240

【长编影】56/14 下

【元宪集】34/宋故推诚翊戴功臣彰武军节度延
　州管内观察处置等使曹公墓志铭/352

【汇编】中一 1389、1390

石门子　属震武军，宋徽宗政和八年赐名石门堡

【宋史】87/地理志 3/2169

【长编标】320/7731；483/11484；489/11604

【长编影】320/10 下；483/4 下、5 下；489/7
　上

【汇编】中四 4263；中六 5312、5899

石门关　即石城，怀德军，宋哲宗元符二年筑

【甘肃新通志】9/舆地志·关梁·固原直隶州·
　海城县/28 上

【汇编】补遗 7386

石门城　镇戎军，宋哲宗绍圣四年赐名平夏城

【宋史】87/地理志 3/2158

【长编标】485/11523、11524、11526、11527；
　486/11545、11547

【长编影】485/6 上、7 上、8 上、8 下；486/6
　上、8 上

【玉海】174/41 下

【宋会要】方域 8 之 26/7453、18 之 19/7619、
　19 之 6/7628、19 之 44/7647、20 之 8/7654

【汇编】中六 5280、5281、5282、5283、5293、
　5295、5837；下 7011；补遗 7375

石门峡　泾原

【宋史】87/地理志 3/2161；328/章楶传/10589

【长编标】486/11548；496/11808

【长编影】486/7 上；496/15 下

【东都事略】104/3 上；127、128/附录 5、6

【汉滨集】15/故客省使雄州防御使泾原路兵马
　铃辖兼第十一将郭公（成）行状/16 下、17
　下

【姑溪居士后集】20/折渭州墓志铭/1 上

【甘肃新通志】6/舆地志·山川上·固原直隶州
　·海城县/27 上；9/舆地志·关梁·固原直
　隶州·海城县/28 上；13/舆地志·古迹·固
　原直隶州/12 上

【海城县志】6/古迹/2 下

【隆德县志】4/考证/64 上

【汇编】上 110、180、207；中六 5285、5294、
　5382、5850；补遗 7271、7376、7380、7381、
　7383、7386

石门后峡　镇戎军

【长编标】139/3338

【长编影】139/2 上

【宋会要】兵 27 之 29/7261

【汇编】中二 2651；中六 5377

石门前峡　镇戎军

【宋会要】兵 27 之 29/7261

【汇编】中二 2651

石门前后峡　镇戎军西北

【长编标】496/11797

【长编影】496/4 上

【宋会要】兵 27 之 29/7261

【汇编】中六 5377

石门碤　秦州附近

【长编标】132/3142

【长编影】132/17 上

【汇编】中二 2295

石门铺　河东

【宋会要】兵 27 之 5/7249、28 之 27/7283

石门堡　震武军，地名石门子，政和七年赐名

【宋史】87/地理志 3/2169

石门堡　环庆路，宋政和七年置

【宋会要】方域 20 之 8/7654

【汇编】中六 5911

石门堡　德顺军

【宋史】87/地理志 3/2158

【长编标】170/4078

【长编影】170/1 下

【宋会要】方域 8 之 32/7456

石门堡　怀德军，宋哲宗元符元年赐名

【宋史】87/地理志 3/2158

【长编标】496/11808；507/12080；513/12204

【长编影】496/15 下；507/7 下；513/11 上

【皇宋十朝纲要】14/4 上

【甘肃新通志】9/舆地志·关梁·固原直隶州·海城县/28 上

石门寨　泾原

【长编标】486/11548

【长编影】486/8 下

【宋会要】方域 19 之 6/7628

【汇编】中六 5291、5295

石子门　环庆路德顺军，宋政和七年改为石门堡

【宋会要】方域 20 之 8/7654

石台神砦　府州，宋仁宗康定中改名安丰砦

【宋史】326/张岊传/10524

【武经总要】前集 17/14 上

【汇编】上 235；中一 925

石昌镇　环州通远县，宋真宗咸平中重修

【宋史】191/蕃兵/4754；279/周仁美传/9492；491/党项传/14141

【元丰九域志】3/119

【长编标】103/2385

【长编影】103/10 下

【宋会要】食货 15 之 17/5071、22 之 2/5156

【武经总要】前集 18 上/14 上、14 下

【太平治迹统类】2/太祖太宗经制西夏

【欧阳文忠公全集】79/制敕/7 下

【甘肃新通志】9/舆地志·关梁·庆阳府·安化县/59 下

【汇编】中一 1063、1095、1096、1116、1371、1613、1637；中二 2830；中三 3398；补遗 7286

石胡　延州

【宋会要】食货 19 之 7/5126

石胡砦　延州

【武经总要】前集 18 上/3 上

【汇编】中三 3130

石胡砦　延州，宋仁宗庆历中筑

【武经总要】前集 18 上/4 上

【汇编】中三 3130

石胡镇　延州

【武经总要】前集 18 上/4 上

【汇编】中三 3130

石峡子　熙河定西城北

【长编标】452/10844；466/11129；470/11230；473/11480

【长编影】452/3 上；466/3 上；470/11 上；473/1 上

【范文正公集】遗文/9 上

【汇编】中五 4908、5047、5098、5139

石梯子　府州

【武经总要】前集 17/14 上

【汇编】中一 925

石硖　熙河汝遮谷附近

【长编标】331/7983；470/11230；473/11280、11281

【长编影】331/14 下；470/11 上；473/1 上

【汇编】中五 5140、5153

石棚泉堡　西安州

【宋史】87/地理志 3/2161

【汇编】中六 5518

石堡城　鄯州

【宋史】16/神宗纪 3/306；348/陶节夫传/11038、11039；350/张守约传/11072

【长编标】319/7714；326/7858；328/7895、7896；335/8063

【长编影】319/11 下；326/16 下；328/5 上；335/2 下

【武经总要】前集 18 下/西蕃地界/9 下

【汇编】中一 1722；中四 4244、4248、4361、4387；中六 5762

石堡砦　宋徽宗崇宁三年十月筑，赐名威德军，五年复为砦

【宋史】20/徽宗纪 2/376；87/地理志 3/2147；348/陶节夫传/11038；466/张崇贵传/13617

【长编标】494/11730；498/11859

【长编影】494/4 上；498/15 下

【延绥镇志】1/地理志/8 下

【汇编】中一 1085；中六 5355、5397、5793、
　　5812、5828；下 6945

石堡砦　延州北

【宋史】253/李继周传/8870；280/张思钧传/
　　9508

【长编标】38/825；409/9977

【长编影】38/8 上；409/23 上

【延安府志】2/保安县·关梁/8 下

【初寮集】6/定功继伐碑/1 上

【鸿庆居士集】35/宋故右中奉大夫致仕赠少师
　　陈公（豫）神道碑/11 上

【甘肃新通志】16/关梁 1·延安府·安塞县/27
　　下

【汇编】上 221；中一 1113、1115；中五 4924；
　　补遗 7348、7410、7438

石堡寨　即延州威塞军

【宋会要】方域 5 之 39/7402、19 之 48/7649

石堡寨　张崇贵会李继迁部下张浦于石堡寨，
　　椎牛酾酒犒谕

【长编标】36/793

【长编影】36/8 下

石堡寨　宋徽宗崇宁三年十月筑，赐名威德军，
　　五年复为砦

【宋史】331/沈括传/10656

【元刊梦溪笔谈】13/15

【皇宋十朝纲要】16/11

【武经总要】前集 18 上/6 下

【汇编】中一 1077、1148；中四 4419；中六
　　5781

石楼　隰州

【宋会要】食货 19 之 10/5128

石觜堡　延州，宋仁宗庆历四年置

【长编标】151/3665

【长编影】151/1 上

【汇编】中三 2948

石墙子　泾原

【长编标】487/11566

【长编影】487/2 下

【汇编】中六 5299

石壕镇　陕州

【宋会要】方域 12 之 15/7527

左胜　邠州

【宋会要】食货 42 之 12/5567

【汇编】中一 1658

布尼雅堡　又作布娘堡，鄜延

【长编影】328/5 上

【汇编】中四 4387

布谷口　环庆

【金史】26/地理志/650；134/西夏传上/2867

【汇编】上 127

布娘堡　又作布尼雅堡，鄜延

【长编标】328/7895

玉城镇　虢州

【宋会要】方域 12 之 15/7527

末邦山　河州

【长编标】314/7603

【长编影】314/5 上

正川堡　会州

【宋史】87/地理志 3/2160

【汇编】中六 5838、5839

正川堡　秦凤，宋徽宗崇宁元年刘西德筑

【陇右金石录】3/65 下

【甘肃新通志】14/建置志·城池/13 下

【汇编】补遗 7404、7418、7419

正原堡　怀德军

【宋史】87/地理志 3/2160

【宋会要】方域 19 之 15/7633

【汇编】中六 5849

正原堡　泾原荡羌寨西北

【长编标】494/11758；495/11781；504/12006、
　　12009；506/12061；518/12321

【长编影】494/28 下；495/15 下；504/8 上；
　　506/11 下；518/1 上

【宋会要】方域 8 之 26/7453

【汇编】中六 5370、5447、5450、5453、5455、
　　5489、5644；下 7011、7012

甘扑堡　河州来同堡，宋徽宗崇宁三年筑，赐
　　名甘扑堡

【宋史】87/地理志 3/2163

【长编纪事本末】140/1 下

【汇编】中六 5760、5808

甘北　永兴军兴平县

【宋会要】食货 15 之 14/5069、19 之 6/5126

甘谷城　秦州，宋神宗熙宁元年置

【宋史】14/神宗纪 1/268；32/高宗纪 9/609；87/地理志 3/2155；176/屯田/4267；349/姚雄传/11059；350/张守约传/11072；426/叶康直传/12707

【长编标】212/5143、5147；214/5196；216/5262；224/5460；225/5494；238/5799；255/6231；272/6659；290/7097；303/7375；315/7618；320/7731；322/7766；329/7915；402/9792；444/10692；477/11353；505/12041、12042；510/12142

【长编影】212/1 上、4 下；214/2 下；216/9 下；224/17 下；225/23 上；238/13 上；315/3 下；320/10 下；322/7 下；329/2 下；340/12 下；402/14 上；419/10 上；477/1 上；505/14 下；510/10 上

【宋会要】礼 62 之 39/1714；职官 56 之 18/3634；食货 2 之 3/4826、29 之 14/5314、63 之 74/6023、63 之 75/6024；兵 28 之 11/7275；方域 8 之 23/7452、8 之 24/7452、20 之 7/7654

【系年要录】199/3360

【元丰九域志】3/123

【忠肃集】12/直龙图阁蔡君（奕）墓志铭/164

【范太史集】40/检校司空左武卫上将军郭公墓志铭/13 上

【栾城集】41/再论熙河边事札子/9 下

【潞公文集】19/奏议/5 下

【汇编】中三 3489、3498、3499、3520、3556、3562、3581、3615、3616、3644、3679、3708、3712；中四 3806、3991、4156、4263、4304、4397、4453、4531；中五 4836、4949、4950、4980、5017、5178；中六 5289、5475、5543；下 6685；补遗 7329

甘谷堡　秦州，宋神宗熙宁元年修筑赐名

【宋史】331/马仲甫传/10647

【宋会要】礼 62 之 41/1715

【汇编】中三 3498、3506

甘谷寨　秦凤

【安阳集】家传 7/5 上

【名臣碑传琬琰集】中集 48/韩忠献公琦行状/1106

【汇编】中三 3465、3487

甘泉　延州

【宋会要】食货 15 之 15/5070

甘泉城　宋仁宗康定元年筑

【范文正公集】年谱补遗/4 上

【汇编】中二 1989

甘泉城　宋神宗元丰中置

【甘肃新通志】13/舆地志·古迹·巩昌府·通渭县/17 下

【汇编】中六 5783；补遗 7333

甘泉城　秦州天水县，宋神宗熙宁元年置

【宋史】87/地理志 3/2154、2164

【汇编】中六 5835

甘泉堡　西安州

【宋史】87/地理志 3/2161

【汇编】中六 5518

甘泉堡　渭州，宋徽宗崇宁五年于甜井子修筑赐名

【宋史】87/地理志 3/2157

【皇宋十朝纲要】16/16 下

【北山集】13/西征道里记并序/23 上

【汇编】中六 5822、5836；下 6515

本当堡　秦凤

【宋史】87/地理志 3/2154、2164

【甘肃新通志】9/舆地志·关梁·巩昌府·通渭县/36 上

【汇编】中六 5784、5835；补遗 7478

丙龙堡　秦州伏羌城领

【宋史】87/地理志 3/2155

【元丰九域志】3/122

【汇编】中一 930；中六 5835

丙龙寨　秦州伏羌城领

【宋会要】方域 8 之 22/7451

【汇编】中三 3552

龙口　鄜延

【乐全集】22/秦州奏唃厮啰事/21 上

【汇编】中一 1587

龙口川　延州

【范文正公集】西夏堡寨/5 上

【汇编】中二 2644

龙口平　延州

【武经总要】前集 18 上/5 下

【汇编】中三 3131

龙口平寨　延州，宋仁宗庆历四年改为龙安寨

【长编标】150/3624、3625

【长编影】150/3 上

【汇编】中三 2923

龙川　河州

【奏议标】141/文彦博·上神宗论进筑河州/1590

【奏议影】141/文彦博·上神宗论进筑河州/4891

【汇编】中四 3821

龙川城　绥德军

【宋会要】礼 20 之 139/834

【汇编】中六 5809

龙门　河中府

【宋会要】食货 15 之 14/5069、19 之 6/5126

龙门口　栲栳砦之西

【陕西通志】16/关梁 1·延安府·安塞县/27 下

【汇编】补遗 7293

龙门川　麟府

【宋史】326/张岊传/10523

【长编标】133/3181

【长编影】133/18 上

【武经总要】前集 17/14 上

【汇编】上 235；中一 925

龙马岭　环庆

【长编标】115/2691

【长编影】115/4 上

龙支　西蕃

【宋会要】蕃夷 6 之 41/7839

龙支城　旧宗哥城，宋哲宗元符二年改今名，寻弃之，宋徽宗崇宁三年收复

【宋史】18/哲宗纪 2/353；85/地理志 1 序/2096；87/地理志 3/2167、2168、2169；189/厢兵/4674

【长编标】516/12267、12275；517/12297；518/12340

【长编影】516/3 下、7 上；517/2 下、10 上；518/21 下

【长编纪事本末】140/3 上、7 下

【宋会要】兵 28 之 45/7292；方域 6 之 1/7406

【奏议标】141/任伯雨·上徽宗论湟鄯/1595

【奏议影】141/任伯雨·上徽宗论湟鄯/4906

【汇编】中一 1716；中六 5608、5610、5631、5638、5653、5694、5765、5771、5854、5860、5913、5937、5938

龙化川子　贼马来路

【宋会要】方域 19 之 20/7635

龙公川　熙河

【长编标】260/6332

【长编影】260/3 上

【汇编】中四 3981

龙平关　宋哲宗元符二年环庆路新筑之字平关城名曰龙平关

【宋史】85/地理志 1 序/2096

【长编标】511/12168

【长编影】511/13 上

【汇编】中六 5913

龙田平　延州丰林县，改为龙安寨

【宋会要】方域 18 之 18/7618

龙安　鄜延

【宋会要】兵 28 之 11/7275

龙安庄　宁州

【宋会要】食货 42 之 12/5567

【汇编】中一 1658

龙安砦　鄜延

【宋史】191/蕃兵/4753

【汇编】中三 3396

龙安寨　延州，宋仁宗庆历四年六月置

【宋史】87/地理志 3/2146、2147、2150；311/庞籍传/10200；323/马怀德传/10466；332/游师雄传/10688；486/夏国传下/14017

【长编标】135/3238；150/3624；338/8142

【长编影】135/22 下；150/3 上；338/5 上

【宋会要】食货 22 之 1/5156；兵 29 之 39/7289；方域 18 之 18/7618

【武经总要】前集 18 上/5 下

【元丰九域志】3/107

【画墁集】补遗/游公（师雄）墓志铭/2 上

【陕西通志】16/关梁 1·延安府·安塞县/26 下

【汇编】上 83；中二 2086、2464、2644；中三 2923、3131、3651；中四 4009、4517；中五 5255；中六 5827、5828；补遗 7273

龙坊　延安

【中兴小纪】4/46

【汇编】下 6144

龙沟堡　宋狄青筑，后改为一条城
【甘肃新通志】13/舆地志·古迹·兰州府·金
　　县/4 上
【汇编】补遗 7266

龙竿城　泾原
【长编标】103/23903；131/3101
【长编影】103/15 上；131/7 下

龙泉城　延安府
【龟山集】33/钱忠定公（即，字中道）墓志铭
　　/13 上
【汇编】补遗 7415

龙泉砦　宋徽宗宣和二年改名通泉，寻复故
【宋史】87/地理志 3/2149、2150
【汇编】中六 5831

龙泉堡　怀德军通远砦管下
【宋史】87/地理志 3/2161
【汇编】中六 5850

龙泉寨　宋徽宗宣和二年改名通泉，寻复故
【陕西通志】17/关梁 2·绥德州·米脂县/46 下
【横山县志】1/地理志·山脉/7 下
【汇编】补遗 7352、7434

龙泉新寨　银川城，宋徽宗崇宁三年筑
【宋会要】礼 20 之 139/834
【汇编】中六 5785

龙泉镇　邠州新平县
【宋会要】食货 15 之 16/5069、19 之 7/5126；
　　方域 12 之 15/7527
【元丰九域志】3/112
【汇编】中四 4062

龙移川　晋宁军
【宋史】86/地理志 2/2138
【汇编】中六 5859

龙落川　泾原
【长编标】131/3100
【长编影】131/7 下

龙德　德顺州附近
【元史】1/太祖纪/24
【元史译文补正】1 下/21 下
【蒙兀儿史记】3/成吉思可汗本纪下/31 上
【梁溪集】54/缴进折彦质等谘目札子/11 上
【汇编】下 6912、6921；补遗 7458

平川寨　宋仁宗天圣三年延州修

【长编标】103/2388；106/2476
【长编影】103/13 上；106/12 上、14 上
【汇编】中一 1640、1660、1659

平戎　庆州华池县
【宋会要】职官 48 之 124/3517；食货 19 之 7/
　　5126
【奏议标】133/范仲淹·上仁宗再议攻守/1480
【奏议影】133/范仲淹·上仁宗再议攻守/4551

平戎砦　秦州成纪县
【宋史】87/地理志 3/2154
【汇编】中六 5835

平戎砦　庆阳府合水县平戎川，范仲淹置
【甘肃新通志】7/舆地志·山川下·庆阳府·合
　　水县/15 下
【汇编】补遗 7288

平戎砦　延安府，地本杏子河东山，宋哲宗绍
　　圣四年赐名
【宋史】87/地理志 3/2147、2148
【汇编】中六 5828

平戎砦　延安府保安县东北九十里
【宋史】85/地理志 1 序/2096
【陕西通志】16/关梁 1·延安府·保安县/29 下
【汇编】中六 5913；补遗 7295

平戎堡　秦州三阳领
【元丰九域志】3/124
【甘肃新通志】9/舆地志·关梁·秦州直隶州/
　　43 上
【汇编】中一 948；补遗 7237

平戎道　延安府宜川县
【宋史】311/庞籍传/10200
【陕西通志】16/关梁 1·延安府·宜川县/31 下
【汇编】中二 2464；补遗 7285

平戎寨　庆阳府合水县平戎川，范仲淹置
【长编标】135/3217
【长编影】135/3 下
【汇编】中二 2424

平戎寨　延州，旧杏子河新寨，宋仁宗庆历二
　　年置，宋哲宗元符元年改
【长编标】491/11659；503/11974
【长编影】491/12 上；503/4 下
【宋会要】礼 20 之 119/824；方域 18 之 7/7613、
　　18 之 22/7620

【范文正公集】西夏堡寨/1 下

【汇编】中二 2641；中六 5325、5436、5462、5821

平戎镇　庆州，宋神宗元丰四年废，宋哲宗元祐元年复

【宋史】87/地理志 3/2148、2150、2151；191/兵志 5/4755

【长编标】368/8866

【长编影】368/15 下

【宋会要】职官 48 之 124/3517；食货 15 之 16/5069、22 之 2/5156；方域 12 之 15/7527

【武经总要】前集 18 上/8 下

【汇编】中一 941、1526；中三 3398；中四 4689

平西营　地名青石峡，宋哲宗绍圣中筑

【甘肃新通志】9/舆地志·关梁·巩昌府·安定县/33 下

【汇编】补遗 7379

平西砦　会州，宋哲宗绍圣四年筑

【宋史】87/地理志 3/2159

【汇编】中六 5838

平西寨　会州，宋哲宗绍圣四年筑

【长编标】489/11607、11610；494/11727、11729、11732、11733；500/11909；508/12099

【长编影】489/10 上、12 下；494/1 上、3 下、5 下、6 上；500/9 上；508/1 上

【汇编】中六 5315、5317、5352、5354、5356、5357、5420、5512

平兴　泾原

【长编标】74/1684

【长编影】74/4 上

平安砦　原州，宋仁宗天圣五年置

【宋史】87/地理志 3/2158；191/蕃兵/4753

【元丰九域志】3/132

【长编标】139/3339、3340；225/5494

【长编影】139/2 下、3 下；225/23 上

【宋会要】礼 25 之 9/959；兵 27 之 29/7261

【武经总要】前集 18 上/19 上、22 下

【汇编】中一 967、1372、1619、1656；中二 2651、2652；中三 3397、3712；中六 5837；下 7020

平安寨　在原州西八十里

【宋会要】食货 15 之 19/5072、22 之 3/5157；

兵 27 之 30/7261、27 之 31/7262；方域 18 之 5/7612

平安寨堡　鄜延路延州丰林县

【宋会要】方域 20 之 6/7653

平阳村　乾州

【宋会要】食货 42 之 12/5567

【汇编】中一 1658

平阳城　宋哲宗崇宁七年筑

【东都事略】121/童贯传/2 上；127、128/西夏传/附录 5、6

【汇编】上 111；中六 5889

平远砦　环州，宋仁宗天禧五年置

【宋史】191/蕃兵/4754；323/赵振传/10462

【武经总要】前集 18 上/13 下

【汇编】中一 1612、1636、1666；中三 3397

平远寨　环州，宋仁宗天禧五年置

【宋史】87/地理志 3/2152

【元丰九域志】3/119

【长编标】103/2385；194/4692；195/4729、4730

【长编影】103/10 下；194/5 下；195/11 下

【宋会要】职官 65 之 22/3857；食货 15 之 17/5071、19 之 8/5127、22 之 2/5156；兵 4 之 5/6822、27 之 45/7269；方域 18 之 9/7614

【皇宋十朝纲要】4/2 上

【姑溪居士后集】20/折渭州墓志铭/1 上

【汇编】上 206；中一 1096、1636、1637；中三 3274、3279、3283、3284、3546；中六 5833

平羌砦　延州，宋哲宗绍圣四年三月克胡山新砦赐名

【宋史】18/哲宗纪 2/347

【汇编】中六 5276

平羌寨　延州，宋哲宗绍圣四年三月克胡山新砦赐名

【宋史】85/地理志 1 序/2096；87/地理志 3/2147

【长编标】485/11536；487/11564；492/11680；494/11730

【长编影】485/16 上；487/2 下；492/4 上；494/4 上

【系年要录】40/749

【宋会要】方域 18 之 6/7612

【汇编】中六 5291、5298、5337、5355、5828、

5913；下 6254

平定寨 范仲淹谋建于葫芦泉
【甘肃新通志】7/舆地志·山川下·庆阳府·环县/17 上
【汇编】补遗 7288

平泉 熙河
【宋会要】方域 12 之 15/7527

平泉村 乾州
【宋会要】食货 42 之 12/5567
【汇编】中一 1658

平泉堡 渭州，宋仁宗庆历前置
【长编标】139/3339
【长编影】139/2 下
【宋会要】兵 27 之 30/7261；方域 18 之 14/7616
【汇编】中二 2651；中三 3492

平夏川 泾原
【宋史】350/赵隆传/11090
【汇编】中六 5443

平夏城 至没烟峡口止二十里
【宋会要】方域 19 之 15/7633

平夏城 即石门城，泾原
【长编标】486/11545；487/11565；491/11662；493/11710；494/11726、11735、11752、11756；496/11795、11797；498/11859；499/11894；503/11983；504/12009；508/12109；510/12132、12138；513/12204；518/12338
【长编影】486/7 下；487/4 上、4 下、5 上；491/13 上、15 上、18 下、22 上；493/15 下；494/1 下、9 上、23 上、26 上、27 下；496/4 下、6 上、6 下；498/16 上；499/21 下；503/5 上、12 下、14 下、15 下；504/9 上、9 下、11 上、11 下、12 上、12 下、13 下；508/2 上、2 下、3 上、13 上；510/2 上；513/10 下、11 上；518/19 上
【宋会要】兵 8 之 34/6904；方域 5 之 43/7404、8 之 26/7453、10 之 15/7481、18 之 11/7615
【汇编】中四 4126

平等寨 麟府
【宋会要】兵 27 之 21/7257
【汇编】中一 1599

东大树村 乾州
【宋会要】食货 42 之 12/5567

【汇编】中一 1658

东上拶 岷州宕昌
【金史】113/白撒传/2485
【汇编】下 6869

东山砦 泾原
【宋史】191/蕃兵/4754；257/李继和传/8969
【武经总要】前集 18 上/17 下
【汇编】中一 1258、1372

东山寨 镇戎军，宋真宗咸平二年筑
【长编标】50/1091；53/1170；139/3339、3340
【长编影】53/14 下；139/2 下、3 下
【宋史】87/地理志 3/2158
【宋会要】食货 15 之 19/5072、19 之 9/5127、22 之 3/5157；兵 27 之 8/7250、27 之 30/7261、27 之 31/7262；方域 18 之 21/7620
【系年要录】199/3357
【武经总要】前集 18 上/22 下、23 上
【甘肃新通志】13/舆地志·古迹·固原直隶州/12 上
【固原州志】1/古迹/14
【汇编】中一 1205、1217；中二 2652；中三 3397；下 6684；补遗 7242、7472

东川 廓州
【宋史】354/姚祐传/11162
【长编标】325/7820
【长编影】325/6 下
【长编纪事本末】140/8 下
【汇编】中四 4332；中六 5775、5995

东女之崖 延州，狄青出此破敌
【华阳集】35/狄青神道碑/454
【汇编】中二 1860

东水口堡 镇戎军，宋神宗元丰四年废
【宋会要】方域 20 之 10/7655
【汇编】中四 4295

东水泉堡 西安州
【宋史】87/地理志 3/2162
【汇编】中六 5518

东北冷牟 会州，宋哲宗元符元年赐名新泉堡
【宋史】87/地理志 3/2159
【汇编】中六 5838

东北森摩寨 宋哲宗元符二年九月筑，赐名新泉寨

【长编标】515/12247、12259

【长编影】515/12 上、22 上

【汇编】中六 5600、5604

东西关　秦州外城

【宋会要】方域 12 之 4/7521

东西口堡　镇戎军，宋神宗熙宁元年置

【宋会要】方域 20 之 9/7655

【汇编】中三 3519

东西川口城　秦凤，宋徽宗政和五年筑，赐名
堡川

【宋史】87/地理志 3/2155

【皇宋十朝纲要】17/16 下

【汇编】中六 5835、5901

东西水口堡　镇戎军，宋神宗熙宁元年置，元
丰四年废

【宋史】87/地理志 3/2158

【宋会要】方域 20 之 10/7655

【汇编】中六 5837

东华池镇　庆阳府合水县东北一百一十里，宋
神宗熙宁七年改为寨

【甘肃新通志】9/舆地志·关梁·庆阳府·合水
县/58 下

【汇编】补遗 7338

东关城　岢岚城水砦外

【范文正公集】西夏堡寨/2 上

【汇编】中二 2641

东关城　秦州，俗名韩公城，宋仁宗庆历中为
韩琦筑

【宋会要】方域 8 之 22/7451

【甘肃新通志】14/建置志·城池/21 下

【汇编】中五 4558；补遗 7355

东关堡　兰州，宋神宗元丰四年置巩哥堡，六
年重修改名

【宋史】87/地理志 3/2165、2166

【元丰九域志】3/135 上

【长编标】321/7749、7755；382/9303；412/10031；
452/10845；509/12129

【长编影】321/11 下、17 上；382/5 下；412/12
下；452/3 上；509/14 下

【宋会要】方域 8 之 28/7454、12 之 2/7520、20
之 3/7526

【甘肃新通志】9/舆地志·关梁·兰州府·皋兰
县/2 上

【汇编】中四 4279、4290、4294、4295、4544；
中五 4753、4935、5043、5047、5247；中六
5536、5840；补遗 7353

东谷砦　定边军，宋仁宗康定元年前置

【宋史】87/地理志 3/2151、2154；191/蕃兵/
4755；452/高敏传/13286

【元丰九域志】3/115

【长编标】134/3201；214/5220；225/5494；226/
5504；474/11310

【长编影】134/13 上；214/24 下；225/23 上；
226/4 下；474/8 上

【宋会要】方域 19 之 14/7632

【武经总要】前集 18 上/9 下

【范文正公集】5/13 下

【汇编】中 一 940、942、943、1370；中二
2398；中三 3398、3591、3712、3719；中五
5161、5162、5259；中六 5493

东谷堡　河州，宋神宗熙宁七年置

【宋史】87/地理志 3/2163

【宋会要】方域 20 之 3/7652

【甘肃新通志】9/舆地志·关梁·兰州府·河州
/20 上

【汇编】中四 3975；中六 5807；补遗 7338

东谷寨　狄道东八十里，宋将王韶自东谷直趋
武胜

【宋史】486/夏国传下/14009

【甘肃新通志】6/舆地志·山川上·兰州府·狄
道州/8 上

【汇编】上 75；补遗 7333

东谷寨　环庆

【宋史】486/夏国传下/14008

【宋会要】方域 19 之 14/7632

【奏议标】133/范仲淹·上仁宗攻守二策/1477

【奏议影】133/范仲淹·上仁宗攻守二策/4545

【河南先生文集】20/奏为乞令环庆路与泾原路
相应广发兵马牵制贼势事/4 上

【汇编】上 74；中二 2209

东谷镇　庆州

【宋会要】食货 22 之 2/5156

东迎城　河州

【宋史】87/地理志 3/2163

【长编标】513/12193；517/12303

【长编影】513/1 上；517/10 上

【汇编】中六 5564、5638、5808

东冷牟　又作东楞摩，熙河

【长编标】485/11523；492/11684；502/11964；
503/11970；504/12011、12013；506/12052；
509/12123、12126

【长编影】503/1 下

【宋会要】方域 19 之 6/7628、19 之 17/7634、
20 之 17/7659

【汇编】中六 5434

东受降城　胜州

【武经总要】前集 18 下/西蕃地界/1 上

【汇编】中一 1730

东河湾堡　怀德军

【宋史】87/地理志 3/2160

【汇编】中六 5850

东宜　洮州

【宋史】335/种谔传/10746

【汇编】中四 3860、4040

东城砦　秦州

【宋史】87/地理志 3/2155

东城堡　秦州清水县床穰堡领

【宋史】87/地理志 3/2155

【元丰九域志】3/124

【汇编】中一 964；中六 5835

东菱　鄜延

【长编标】126/2981

【长编影】126/14 下

东胜堡　府州，宋仁宗庆历元年九月置

【宋史】324/张亢传/10488

【金史】24/地理志上/549；50/食货志 5/1114；
122/纥石烈鹤寿传/2668；134/西夏传/2870

【元史】119/木华黎传/2934；149/石天应传/
3526

【元朝名臣事略】1 之 1/太师鲁国忠武王（木华
黎）传/5 下

【长编标】133/3172

【长编影】133/10 下

【蒙古源流笺证】4/3 下

【蒙兀儿史记】2/木合黎传/5 上

【双溪醉隐集】5/济黄河/11 下

【陕西通志】17/关梁 2/葭州府·谷县/57 上

【榆林府志】4/府谷县·山/9 下；6/建置志·
山关隘/7 上

【汇编】上 130；中 2/2339；下 6773、6789、
6829、6872、6873、6923、6953、6961；补
遗 7277、7280

东弯堡　怀德军

【宋史】87/地理志 3/2160

【汇编】中六 5849

东原　湟州

【宋会要】兵 4 之 22/6831

东原　鄜延

【宋文鉴】127/2 上

【汇编】中三 3103

东偏头税场　河东沿边税场

【长编标】499/11871；513/12206

【长编影】499/1 上；513/12 下

东楞摩　又作东冷牟，熙河安西城东北

【长编影】485/4 下；492/8 上；494/1 上；502/
13 下；504/8 上；509/9 下、11 下

【汇编】中六 5280、5352、5433、5449、5452、
5454、5532、5534

东鞍堡　秦州弓门寨领

【元丰九域志】3/124

【汇编】中一 964

东镇　解州

【宋会要】食货 15 之 16/5069、19 之 7/5126

旧土砦　秦州成纪县

【宋史】87/地理志 3/2154

【汇编】中六 5835

旧水堡　秦州

【元丰九域志】3/122

【汇编】中一 930

旧水谷砦　秦州成纪县

【宋史】87/地理志 3/2154

【汇编】中六 5835

旧水谷寨　秦州伏羌城

【宋会要】方域 8 之 22/7451

【汇编】中三 3552

旧石昌　环州

【宋会要】食货 19 之 8/5127

旧杏子河新寨　鄜延，宋哲宗绍圣四年改为平
戎寨

【宋会要】方域 18 之 7/7613

旧金汤新寨　金汤城
【宋会要】方域 8 之 30/7455

旧那娘山新寨　宋元符元年改为殊羌寨
【宋会要】方域 18 之 6/7612

旧那娘山新寨　鄜延，宋元符元年改为殄戎寨
【宋会要】方域 18 之 7/7613

旧子口　火山军
【长编标】477/11372
【长编影】477/18 下
【汇编】中五 5180

旧远寨　环州，宋仁宗天禧五年置
【长编标】97/2248
【长编影】97/8 上
【汇编】中一 1609

旧娘岭　保安军
【长编标】318/7695
【长编影】318/12 下
【武经总要】前集 18 上/7 上
【华阳集】35/狄青神道碑/454
【涑水记闻】14/3 下
【汇编】中二 1860；中三 3028；中四 4223、4235

旧德川　环州
【长编标】311/7552
【武经总要】前集 18 上/12 下、15 上
【汇编】中一 1094、1142

旧德州　环庆
【长编标】99/2297
【长编影】99/6 上；311/19 上
【汇编】中四 4119

旧德堡　环州，宋徽宗崇宁五年置
【宋史】87/地理志 3/2152、2153；317/钱即传/10351
【龟山集】33/钱忠定公（即，字中道）墓志铭/11 下
【延绥镇志】1/地理志 2 下、3 下
【汇编】中六 5822、5833；补遗 7223、7254、7413

北乡镇　河中府
【宋会要】食货 15 之 15/5070

北石砦　秦州

【武经总要】前集 18 上/32 下
【汇编】中三 3075

北务村　乾州
【宋会要】食货 42 之 12/5567
【汇编】中一 1658

北关　兰州
【长编标】316/7652；352/8448
【长编影】316/14 上；352/21 下

北关　熙州
【长编标】263/6434
【长编影】263/15 下

北关　太原
【梁溪集】54/乞赏血战戮累溃人札子/13 上
【靖康传信录】3/31
【汇编】中六 6021；补遗 7458

北关堡　熙河
【长编标】271/6641
【长编影】271/8 上
【汇编】中四 4003

北关堡　熙州，宋神宗熙宁五年置
【宋史】87/地理志 3/2162；332/孙路传/10687；350/王君万传/11070
【元丰九域志】3/125
【梁溪集】54/8 上
【甘肃新通志】9/舆地志·关梁·兰州府·狄道州/14 下
【汇编】中四 3794、3837；中五 4659；中六 5839；补遗 7332、7457

北拓镇　坊州宜君县
【元丰九域志】3/118
【汇编】中四 4064

北拦坡　屈野河附近
【宋史】350/贾岩传/11086
【汇编】上 240

北岭上堡　西安州
【宋史】87/地理志 3/2161
【汇编】中六 5517

北岭寨　赐名乌龙寨，河东火山军
【长编标】506/12062；508/12106
【长编影】506/12 上；508/10 下
【宋会要】方域 18 之 18/7618

北河堡　河州，宋神宗元丰三年置

【宋史】87/地理志 3/2163

【长编标】296/7214

【长编影】296/18 上

【宋会要】方域 20 之 3/7652

【汇编】中四 4117；中六 5807

北柘镇　坊州

【宋会要】食货 15 之 17/5071、19 之 8/5127

北原　平凉附近

【金史】110/韩玉传/2429

【汇编】下 6830

北浪口　秦凤

【宋史】87/地理志 3/2160

【汇编】中六 5838

北横山堡　鄜延，宋仁宗庆历中城

【宋史】323/周美传/10457

【长编标】135/3238

【长编影】135/22 下

【汇编】上 233

叶公城　又作移公城，河州

【长编影】2/14 下

【汇编】中一 1521

叶燮会　泾原，宋神宗熙宁元年蔡挺兴筑，赐
名熙宁寨

【宋史】289/葛怀敏传/9702

【长编标】137/3301

【长编影】137/22 下

【长编纪事本末】83/8 下

【画墁集】补遗/游公（师雄）墓志铭/1 下

【安阳集】家传 7/4 上

【名臣碑传琬琰集】中集 48/韩忠献公琦行状/
1106

【汇编】中二 2546；中三 3465、3467、3491、
3492、3494

叶燮寨　泾原路请修筑

【长编标】134/3196

【长编影】134/8 下

【宋会要】方域 18 之 3/7526

【汇编】中一 1212；中二 2392

卢儿堡　鄜延，宋仁宗庆历中城

【宋史】323/周美传/10457

【长编标】135/3238

【长编影】135/22 下

【汇编】上 233

卢子关城　延州

【武经总要】前集 18 上/16 下

【汇编】中一 1148

卢子砦　府州

【武经总要】前集 17/16 上

【汇编】中一 926

卢关　宋哲宗元符二年四月二十五日鄜延路言
筑毕

【长编标】509/12125

【长编影】509/11 下

【宋会要】方域 19 之 16/7633、20 之 5/7653

【汇编】中六 5534、5535

卢关寨　鄜延路

【宋史】253/李继周传/8870

四门砦　秦州，宋真宗大中祥符四年置

【宋史】258/曹玮传/8986；308/张佶传/10151

【汇编】中一 1517、1555

四门寨　秦凤

【长编标】85/1946；88/2014

【长编影】85/11 上；88/3 下

四顾砦　秦州成纪县

【宋史】87/地理志 3/2155

四顾砦　秦州清水县

【宋史】87/地理志 3/2155

四顾堡　秦州成纪县三阳寨领

【元丰九域志】3/124

【甘肃新通志】9/舆地志・关梁・秦州直隶州/
43 上

【汇编】中一 949；补遗 7237

四顾寨　秦州冶坊堡管桥子、古道、永安、四
顾、咸寨、李子等六小寨

【宋会要】方域 20 之 16/7658

【汇编】中四 3843

业乐镇　庆州

【宋史】191/兵志 5/4755；486/夏国传下/14008

【元丰九域志】3/115

【长编标】54/1186；214/5220；225/5494；241/
5880；258/6304；296/7206

【长编影】54/11 上；214/24 下；225/23 上；
241/6 上；258/15 上；296/11 上

【宋会要】食货 15 之 16/5069、19 之 7/5126、

22 之 2/5156；兵 5 之 8/6843、28 之 10/
7274、28 之 11/7275

【武经总要】前集 18 上/10 下

【涑水记闻】12/6 上

【甘肃新通志】42/兵防志·塞防·庆阳府/6 上

【汇编】上 74；中一 942、1355、1576、1577；
中二 2091；中三 3398、3591、3712；中四
3827、3973、4088；补遗 7287

业燮寨　泾原

【宋会要】兵 4 之 3/6821

田家流　徐量与刘法在此遇敌

【北山集】34/武功大夫昭州团练使骁骑尉徐公
（量）行状/11 上

【汇编】补遗 7401、7402

代北　契丹求

【宋史】312/韩琦传/10227

【汇编】中四 3985

仪位达磨　延州

【宋会要】职官 48 之 124/3517

【汇编】中一 1526

外底堡　宋哲宗元祐八年以外底堡置陇干县

【宋史】87/地理志 3/2158

【甘肃新通志】8/舆地志·形胜·平凉府·静宁
州/10 下

【汇编】中六 5837；补遗 7249

令丁谷　熙河洮岷

【长编标】279/6827

【长编影】279/8 上

尔扬寨　又作床穰寨，秦州

【长编影】88/14 上

【汇编】中一 1572

尔结罗　麟府

【长编标】471/11238

【长编影】471/1 下

【汇编】中五 5144

尔珠　又作者谷，秦凤

【长编影】149/9 下

斥候堡　府州府谷县

【宋史】86/地理志 2/2135

【元丰九域志】4/166

【长编标】409/9979

【长编影】409/25 上

【宋会要】蕃夷 2 之 28/7706

【榆林府志】47/7 上

【汇编】中一 927；中五 4925；中六 5826；补遗
7094

生地骨堆　麟府

【宋史】326/张岊传/10524

【汇编】上 235

禾波镇　又作木波镇，环州附近

【长编影】132/17 上

【汇编】中二 2294

丘护　湟州，改为善治堡

【宋会要】方域 20 之 11/7656

白巾　保安军

【涑水记闻】4/13 上

【汇编】中二 1895

白马川　环州洪德寨北

【长编标】311/7552；318/7681；474/11309

【长编影】311/19 上；318/1 上；474/8 上

【武经总要】前集 18 上/8 下

【汇编】中一 940；中四 4119、4213；中五
5160、5161

白马砦　清远军

【宋史】280/杨琼传/9501

【汇编】中一 1241

白马寨　清远军

【宋史】257/李继和传/8969

【长编标】49/1072；50/1092

【长编影】49/8 下；50/9 下

【汇编】中一 1240、1259

白石　熙河

【宋会要】食货 19 之 8/5127；方域 12 之 15/
7527

白石城　秦州清水县西北四十里，宋太祖开宝
间置堡

【甘肃新通志】13/舆地志·古迹·秦州直隶州
·清水县/24 上

【汇编】补遗 7238

白石泉　乾州

【宋会要】食货 42 之 12/5567

【汇编】中一 1658

白石堡　秦凤

【宋会要】方域 20 之 7/7654

白石堡　秦州床穰寨领
【宋会要】兵 28 之 4/7271；方域 20 之 7/7654
【元丰九域志】3/124
【龙川别志】下/94
【武经总要】前集 18 上/23 下
【汇编】中一 964；中二 2835；中三 3499、3561

白石镇　岷州
【宋会要】食货 15 之 19/5071、22 之 2/5156

白石镇　秦州
【长编标】250/6105
【长编影】250/23 下
【宋会要】食货 15 之 18/5071

白龙堆　沙州
【武经总要】前集 18 下/西蕃地界/9 下
【汇编】中一 1721

白乔家会铺　保德军
【武经总要】前集 17/12 下
【汇编】中一 1413

白池　长城岭至灵州怀远镇九驿之一
【武经总要】前集 18 上/6 下
【汇编】中一 973

白池　灵州
【宋史】485/夏国传上/13988
【东都事略】127、128/西夏传/附录 5、6
【汇编】上 55、102

白严河镇　渭州
【宋会要】食货 15 之 19/5072
【元丰九域志】3/130
【汇编】中四 3838

白沙　夏使宿白沙
【宋朝事实类苑】11/132
【汇编】中三 3357

白沙镇　秦州陇城县
【宋会要】食货 15 之 18/5071、19 之 8/5127
【元丰九域志】3/122
【汇编】中一 930

白坡　黄河渡口
【元圣武亲征录】113
【汇编】下 6958

白鱼峰　环庆
【长编标】474/11310
【长编影】474/9 下

白波流　鄜延
【长编标】489/11612
【长编影】489/14 下
【汇编】中六 5318

白草　延州，正当西界满堂川
【宋会要】兵 4 之 5/6822、28 之 28/7283；方域
19 之 18/7634

白草平　岷州古城西
【长编标】263/6446
【长编影】263/3 下
【陇右金石录】3/65 下
【汇编】中四 4343；补遗 7418

白草平　麟州屈野河西
【宋史】303/陈安石传/10048；311/庞籍传/
10201；326/郭恩传/10521；486/夏国传下/
14010
【长编标】133/3163；185/4477；263/6446；316/
7651；317/7657、7674
【长编影】133/3 下；185/7 下；263/25 上；
316/12 下；317/1 上、16 下
【武经总要】前集 17/18 下
【欧阳文忠公全集】32/资政殿大学士尚书左丞
赠吏部尚书正肃吴公墓志铭/9 下；108/论史
馆日历状/3 下
【涑水记闻】12/7 下
【甘肃新通志】14/建置志·城池/13 下
【汇编】上 76；中二 2320、2343、3078、3228、
3240、3241、3254；中四 3991、4186、4192、
4205、4208；补遗 7404

白草原　秦凤怀戎堡
【宋史】87/地理志 3/2159；348/钟传传/11037
【汇编】中六 5838

白草砦　延州延川县，宋哲宗元符二年废，后
复置，隶绥德军
【宋史】86/地理志 2/2137；87/地理志 3/2147、
2149
【长编标】344/8265；518/12335
【长编影】344/9 上；518/17 上
【武经总要】前集 18 上/3 下
【华阳集】35/狄青神道碑/454
【范文正公集】西夏堡寨/2 下；9/上枢密尚书
书/12 上
【陕西通志】17/关梁 2·绥德州·清涧县/47 下

【汇编】中二 1860、2064、2642；中三 3130；中五 4567；中六 5651、5828、5830、5831、5858；补遗 7281、7312

白草寨　鄜延
【宋史】176/屯田/4269；311/吕公弼传/10213
【长编标】132/3142；331/7978；513/12300
【长编影】132/17 上；331/10 上；513/6 下
【宋会要】食货 15 之 15/5070、22 之 1/5156；兵 4 之 4/6822
【元丰九域志】3/108
【汇编】中二 2296；中三 3439、3475；中四 4009、4452、4458；中六 5566

白洛觜　又作博罗觜，宋哲宗元符元年五月进筑，赐名威羌
【宋史】87/地理志 3/2147
【长编标】494/11730；498/11849
【宋会要】方域 18 之 5/7611、19 之 16/7633
【皇宋十朝纲要】14/4 下
【陕西通志】16/关梁 1·延安府·安定县/28 下
【汇编】中六 5392、5535、5828；下/7013；补遗 7388

白洛觜新寨　又作博罗觜新寨，赐名威羌寨
【长编标】498/11849
【宋会要】方域 18 之 5/7612

白豹和市　庆州
【长编标】329/7925
【长编影】329/10 下
【宋会要】方域 8 之 6/7443、19 之 8/7629

白豹城　庆州，宋哲宗元符二年收复
【宋史】10/仁宗纪 2/209；18/哲宗纪 2/352；85/地理志 1/2096；87/地理志 3/2148、2151、2154；187/兵志 1/4580；291/孙复圭传/9743；292/田况传/9779；314/范仲淹传/10271；323/赵振传/10461、范恪传/10465；325/任福传/10506、武英传/10509；334/林广传/10737；452/高敏传/13286；485/夏国传上/13995、13996
【长编标】328/ 7905；510/12151；511/12155、12170；512/12186
【长编影】328/14 上；510/8 下、17 下；511/1 下、15 上；512/9 下
【宋会要】兵 1 之 11/6759、8 之 21/6897；方域 8 之 6/7443、8 之 28/7454、18 之 19/7619、19 之 8/7629、19 之 17/7634、20 之 2/7651
【范文正公集】诸贤赞颂论疏/24 下
【甘肃新通志】13/舆地志·古迹·庆阳府·安化县/29 下、30 上
【汇编】中四 4393、4404；中六 5493、5540、5548、5549、5551、5558、5559、5561、5829、5832、5913；下 7027；补遗 7283、7396

白豹寨　庆州，宋哲宗元符二年四月己巳筑毕
【长编标】494/11727；504/12020；509/12123
【长编影】494/1 上；504/20 下；509/9 下
【汇编】中六 5353、5460、5532、5548

白塔　平凉经略使蔡建议城白塔
【宋朝事实类苑】8/82
【汇编】中三 3491

白塔地　麟州，东与岚州合河津隔河相对
【宋史】300/杨偕传/9955
【长编标】134/3188
【长编影】134/2 上
【宋会要】方域 18 之 7/7613
【汇编】中二 2364、2365

白落觜　又作博罗觜，鄜延威戎、珍羌之间，赐名威羌
【长编标】509/12125
【宋会要】方域 19 之 16/7633、20 之 5/7653

白岊河　仪州制胜关东二十里
【宋会要】兵 27 之 31/7262

白登台　云中郡
【宋会要】方域 5 之 8/7387
【汇编】下 7004

白榆林砦　秦州陇城县
【元丰九域志】3/124
【汇编】中一 985

白榆林堡　秦州静戎领
【宋史】87/地理志 3/2155
【汇编】中六 5835

白骥镇　邠州新平县
【元丰九域志】3/112
【汇编】中四 4062

乐业镇　庆州
【宋史】309/阎日新传/10167
【汇编】中一 1411

乐蟠镇 环庆
【宋会要】方域 12 之 15/7527

训狐城 秦凤
【范太史集】40/检校司空左武卫上将军郭公墓
　　志铭/7 上
【汇编】中三 3427

汉川 环庆
【长编标】474/11310
【长编影】474/10 上

汉村 同州
【名臣碑传琬琰集】下集 24/故太尉威武军节度
　　使李公行状/1617
【汇编】补遗 7130

立马城 泾原，宋仁宗庆历五年置
【宋史】87/地理志 3/2158
【元丰九域志】3/132
【汇编】中三 3075；中六 5837

立马城堡 环庆路原州
【宋会要】方域 20 之 9/7655

兰州西城 兰州
【范文正公集】遗文/11 上
【汇编】中五 5236

兰州城 兰州
【长编标】316/7641；330/7950；332/8009；334/
　　8035；342/8224；343/8234；473/11279
【长编影】316/4 下；330/5 上；332/13 上；
　　334/5 下；342/5 下；343/1 上；473/1 下
【宋会要】方域 8 之 25/7453；蕃夷 6 之 2/7819

兰宗堡 又作鼐宗堡，河湟，宋徽宗崇宁三年
　　四月十三日收复
【宋史】87 地理志 3/2168；350/苗履传/11069；
　　453/高永年传/13316
【长编标】516/12263、12271
【长编影】516/1 上、7 上
【宋会要】兵 9 之 5/6908
【汇编】中六 5624、5760

兰泉废城 兰州南城
【宋会要】方域 8 之 25/7453

兰皋 兰会
【长编标】382/9306
【长编影】382/7 下
【汇编】中五 4759

兰家堡 泾原
【长编标】401/9767；462/11042、11044
【长编影】401/6 下；462/11 下、12 下
【汇编】中五 4827、4831、5081、5082

兰溪宗堡 又作溪兰宗堡，鄯州
【宋史】349/姚雄传下/11060
【汇编】中六 5625

宁川堡 府州安丰砦外第九砦，宋哲宗元符元
　　年赐名
【宋史】86/地理志 2/2135
【陕西通志】17/关梁 2·府谷县/57 上
【榆林府志】6/建置志·关隘/7 上
【汇编】中六 5826；补遗 7279、7389

宁川堡 湟州，宋哲宗元符二年收复，三年赐
　　名，寻弃之。宋徽宗崇宁二年收复
【宋史】85/地理志 1 序/2096；87/地理志 3/
　　2167
【长编纪事本末】139/4 下、8 下、19 上
【宋会要】兵 9 之 3/6907
【汇编】中六 5687、5729、5733、5735、5913、
　　5937

宁川寨 宋哲宗元符元年河东筑第九寨毕工，
　　赐名宁川寨
【长编标】497/11832
【长编影】497/15 上
【榆林府志】47/7 上
【汇编】中六 5388；补遗 7094

宁丰砦 府州
【宋史】86/地理志 2/2135
【汇编】中六 5826

宁韦堡 西安州
【宋史】87/地理志 3/2160、2161
【汇编】中六 5517

宁边砦 府州，地名端正平，宋哲宗元符二年
　　进筑赐名
【宋史】86/地理志 2/2136
【榆林府志】6/建置志·关隘/8 上
【汇编】中六 5826；补遗 7400

宁西城 西宁州，宋徽宗崇宁三年林金城赐名
【宋史】87/地理志 3/2168
【长编纪事本末】140/4 下
【汇编】中六 5766、5854

宁西峰　麟州
【长编标】185/4469
【长编影】185/2 下

宁西堡　泰州
【宋史】87/地理志 3/2155
【甘肃新通志】9/舆地志·关梁·秦州直隶州/43 上
【汇编】补遗 7237

宁安砦　西安州，宋徽宗崇宁五年武延川峣朱龙山下新寨赐名宁安
【宋史】87/地理志 3/2161
【汇编】中六 5517

宁远城　宋天圣十年修赤蒿城堡，更名宁远城
【宋会要】方域 8 之 22/7451

宁远砦　宋仁宗天禧三年置，属巩州，宋神宗熙宁五年属通远军，宋徽宗崇宁三年升为县
【宋史】85/地理志 1 序/2095；87/地理志 3/2154、2164；191/兵志 5/4753
【陇右金石录】3/59 下
【武经总要】前集 18 上/31 下
【汇编】中一 932；中三 3396；中六 5783、5835、5913；补遗 7361

宁远堡　镇戎军，宋真宗大中祥符三年八月筑
【长编标】74/1684
【长编影】74/4 上
【宋会要】方域 20 之 15/7658
【汇编】中一 1495、1498

宁远寨　秦州床穰堡管静边、临川、德成、广武、宁远、长樵、定川、陕河、安远、和戎、镇边等十一小寨
【宋会要】方域 20 之 13/7657

宁远寨　宋哲宗元符二年诏河东新筑端正平寨名曰宁远
【长编标】509/12124
【长编影】509/10 下

宁远寨　宋真宗咸平六年九月筑府州西塞岭毕工，赐名宁远
【宋史】289/高继宣传/9697；485/夏国传上/13997
【长编标】55/1213；82/1876；135/3239、3241
【长编影】55/11 下；82/13 下；135/23 上、25 下

【武经总要】前集 17/20 上
【汇编】上 65；中一 952、1366、1521；中二 2468、2472

宁远寨　宋仁宗天禧三年置，属巩州，宋神宗熙宁五年属通远军，宋徽宗崇宁三年升为县
【宋史】350/王君万传/11069
【元丰九域志】3/139
【长编标】132/3142；233/5664
【长编影】132/17 上；233/18 下
【宋会要】食货 15 之 20/5072；兵 28 之 12/7275
【安阳集】家传 2/12 上；3/1 上、1 下；7/5 上
【潞公文集】38/举官/3 下
【甘肃新通志】13/舆地志·古迹·巩昌府·宁远县/18 上
【汇编】中一 1598；中二 2295、2428、2472、2543；中三 3487、3718；中四 3772；补遗 7292、7410

宁远寨　宁远寨在河外，介麟丰二州之间
【宋史】11/仁宗纪 3/212；300/杨偕传/9955；349/郝质传/11049
【长编标】133/3163；134/3187、3188、3189、3196；136/3246；137/3282；509/12124
【长编影】133/3 下；134/1 上、2 上、3 上；136/1 下；137/5 下；509/10 上
【宋会要】方域 18 之 7/7613
【玉海】174/38 下
【武经总要】前集 17/18 上
【东坡全集】15/张公墓志铭/14 上
【乐全集】21/请罢陕西招讨经略司事/5 上
【安阳集】47/故客省使眉州防御史赠遂州观察史张公墓志铭 14/下
【苕溪集】48/宋故敦武郎知麟州建宁寨累赠太师秦国公杨公（震）墓碑/11 上
【涑水记闻】12/8 上
【汇编】中二 2320、2330、2332、2333、2335、2362、2364、2365、2366、2370、2483、2520、2521、5532；补遗 7255、7415

宁羌寨　环州通远县，宋哲宗元符二年赐名
【宋史】85/地理志 1 序/2096；87/地理志 3/2151、2152、2153、2154
【长编标】514/12216；517/12297
【长编影】514/7 下；517/2 下
【宋会要】食货 42 之 12/5567；方域 18 之 6/

7612

【甘肃新通志】13/舆地志·古迹·兰州府·河
州/8 上

【汇编】中一 1658；中六 5493、5577、5631、
5833、5913；下 7013；补遗 7338

宁武寨　麟府

【榆林府志】47/7 上

【汇编】补遗 7094

宁和　延州永宁关浮梁城，赐名宁和

【长编标】258/6298

【长编影】258/10 上

宁府砦　府州府谷县

【宋史】86/地理志 2/2136；326/郭恩传/10523

【元丰九域志】4/166

【宋会要】食货 22 之 5/5158；方域 18 之 25/
7622

【武经总要】前集 17/14 上

【中国考古学会第一次年会论文集】折继闵神道
碑/455

【汇编】上 190；中一 925、926、927；中三
3133、3229；中六 5826

宁府寨　麟府

【长编标】185/4476

【长编影】185/9 下

宁河砦　岚石路

【长编标】514/12224、12225

【长编影】514/13 上

【汇编】中六 5585

宁河砦　晋宁军窟薛岭，宋哲宗元符二年赐名
宁和砦

【宋史】85/地理志 1 序/2095；86/地理志 2/
2138

【陕西通志】17/关梁 2·葭州/50 下

【汇编】中六 5858、5859、5913；补遗 7399

宁河砦　河州旧香子城，宋神宗熙宁六年赐名
宁河砦，宋徽宗崇宁四年升为县

【宋史】87/地理志 3/2163；328/王韶传/10581

【长编影】252/8 上

【东都事略】8/神宗纪/4 上

【宋会要】蕃夷 6 之 9/7823

【汇编】中四 3933、3941、3946、3949；中六
5807

宁河堡　隶岚石路

【宋会要】方域 20 之 3/7652

宁河堡　晋宁军哥崖岭，宋哲宗元符二年赐名

【宋史】85/地理志 1 序/2095；86/地理志 2/
2137

【长编标】514/12225

【长编影】514/17 下

【陕西通志】17/关梁 2·葭州/51 上

【榆林府志】4/葭州·山/15 下

【汇编】中六 5586、5590、5859、5913；补遗
7397、7400

宁河寨　晋宁军窟薛岭，宋哲宗元符二年赐名
宁河寨

【长编标】514/12224

【长编影】514/13 上

【汇编】中六 5585

宁河寨　河州旧香子城，宋神宗熙宁六年赐名
宁河寨，宋徽宗崇宁四年升为县

【长编标】243/5912；245/5950、5964；251/6112；
252/6179；270/6629

【长编影】243/1 下；245/1 上、13 下；251/4
上；252/27 下；270/9 下

【宋会要】方域 18 之 22/7620；蕃夷 6 之 10/
7823

【元丰九域志】3/133

【系年要录】197/3319

【甘肃新通志】13/舆地志·古迹·兰州府·河
州/8 上

【榆林府志】4/葭州·山/15 下

【汇编】中四 3850、3868、3872、3932、3948、
3976、4002；下/6679；补遗 7400、7414

宁居砦　熙河，筑城香子，赐名宁居砦

【东都事略】84/苗授传/3 上

【汇编】中四 3859

宁城砦　河州，宋仁宗庆历六年置

【宋会要】方域 18 之 25/7622

【汇编】中三 3093

宁城寨　河州，宋仁宗庆历六年置

【苕溪集】48/宋故武功大夫魏国公杨公（宗
闵）墓碑/3 下

【汇编】补遗 7424

宁星和市　麟州

【宋史】186/互市/4564

【长编标】185/4470；249/6070；315/7618

【长编影】185/4 上；249/4 下；315/3 下

【宋会要】兵 27 之 41/7268

【汇编】中三 3267、3735；中四 3918、4155

宁洮砦　宋徽宗崇宁三年赐名

【甘肃新通志】9/舆地志·关梁·西宁府·碾伯县/75 上

【汇编】补遗 7408

宁洮寨　乐州，故瓦吹砦，宋哲宗元符二年收复，三年赐名

【宋史】87/地理志 3/2167

【长编纪事本末】139/4 下、5 下、8 下、9 上

【宋会要】兵 9 之 3/6907

【汇编】中六 5687、5729、5730、5732、5733、5735、5937

宁砦城　宋哲宗元符二年以廓州为宁砦城

【宋史】18/哲宗纪 2/353

【汇编】中六 5613

宁塞城　宋哲宗元符二年以廓州为宁塞城

【宋史】85/地理志 1 序/2096；86/地理志 3/2166

【长编标】516/12267、12274；517/12297

【长编影】516/3 下、7 上、9 下；517/2 下、10 上

【宋会要】兵 28 之 45/7292；方域 6 之 3/7407

【汇编】中六 5608、5610、5613、5614、5631、5638、5777、5859、5913

宁塞砦　廓州

【宋史】86/地理志 3/2166

【汇编】中六 5859

宁塞堡　熙河

【宋史】87/地理志 3/2163

【汇编】中六 5808

宁塞堡　秦州静戎寨领

【元丰九域志】3/124

【汇编】中一 985

宁疆砦　府州，宋徽宗宣和六年独移庄岭建堡赐名

【宋史】86/地理志 2/2136

【汇编】中六 5827

闪竿滩　熙河

【长编标】470/11231

【长编影】470/11 上

【汇编】中五 5140

必利城　又作巴哩城，泾原

【长编标】149/3607

【涑水记闻】11/8 上

【汇编】中三 2898

永丰　延州

【延安府志】1/诗文/47 上

【汇编】补遗 7123

永平川　鄜延

【宋史】350/曲珍传/11083

【武经总要】前集 18 上/5 上

【汇编】中三 3131；中四 4325

永平砦　绥平砦，宋仁宗庆历中改永平

【陕西通志】17/关梁 2·绥德州·清涧县/48 下

【汇编】补遗 7399

永平砦　延安府延川县，宋仁宗康定元年修

【宋史】87/地理志 3/2147；191/蕃兵/4753

【武经总要】前集 18 上/1 下

【陕西通志】17/关梁 2·绥德州·清涧县/47 下、48 上

【汇编】中三 3130、3396；中六 5828；补遗 7262、7281

永平寨　延州，宋仁宗康定中废，庆历复置

【宋史】314/范仲淹传/10270；485/夏国传上/13996

【元丰九域志】3/107

【长编标】74/1684；126/2977；130/3081；135/3238

【长编影】74/4 上；126/10 下；225/23 上；320/8 上

【宋会要】食货 15 之 15/5070、22 之 1/5156；兵 28 之 11/7275

【欧阳文忠公全集】20/资政殿学士户部侍郎文正范公神道碑/12 下

【范文正公集】诸贤赞颂论疏/24 下；年谱补遗/3 下；言行拾遗 3/9 下

【涑水记闻】9/6 上；11/5 下；12/9 下

【豫章文集】7/遵尧录 6/15 上

【汇编】上 63；中一 1495；中二 1927、1929、1946、2089、2155、2159、2816；中三 3713；中四 4009、4259；下 7027；补遗 7294

永乐川　鄜延

【长编标】335/8072

【长编影】335/10 上

【汇编】中四 4488

永乐川砦　宋神宗熙宁元年进筑

【宋史】486/夏国传下/14008

【长编标】219/5330

【长编影】219/9 上

【汇编】上 74；中三 3652

永乐川第四埭　延州

【长编标】329/7925

【长编影】329/10 下

【汇编】中四 4404

永乐城　宋神宗元丰五年建，寻废

【宋史】16/神宗纪 3/308、309；17/哲宗纪 1/
　330；87/地理志 3/2147；184/茶 下/4500；
　312/王珪 传/10242；313/富弼 传/10256；
　327/王安礼 传/10556；328/章楶 传/10589；
　331/沈括 传/10656；334/李稷 传/10722、
　10723、10725、徐禧 传/10722、10723、李稷
　传/10725、高永能 传/10726、刘斱 传/10729；
　335/种谔 传/10747、10748；336/吕公著 传/
　10775；337/范祖禹 传/10799；341/赵瞻 传/
　10880；349/刘昌祚 传/11054；350/曲珍 传/
　11083；355/上官均 传/11179；447/程迪 传/
　13189；456/姚宗明 传/13402；467/李宪 传/
　13640、李舜举 传/13644；471/章惇 传/
　13712；486/夏 国 传 下/14011、14012、
　14013、14016

【长编标】325/7925；329/7926、7927、7832、
　7933、7934、7935、7936、7939；330/7952；
　331/7985、7991；339/8165；363/8690；365/
　8749；366/8792；370/8959；372/9905；374/
　9061；375/9106；378/9181；380/9241；381/
　9284；382/9313、9314；405/9870、9871；
　407/9910；415/10084；429/10370、10375；
　432/10425；433/10445、10446、10467；435/
　10489；438/10554；439/10568；443/10662；
　444/10692、10694；445/10716；446/10735；
　455/10907；459/10988；470/11235；471/
　11251；474/11315；484/11804；491/11659

【长编影】325/10 下；329/7 下、10 下、11 下、
　12 上、15 上、16 下、18 上、19 上、22 下；

330/1 上、1 下、3 下、4 下、6 下、9 上、10
　上、11 上、13 上；331/1 下、5 下、9 上、10
　下、16 下、17 上、21 下；336/11 上；337/
　17 上；340/9 上；344/3 下、9 上；345/10
　上、10 下；353/3 上；360/2 上、15 下；
　363/14 上；366/14 下；367/21 下；372/4
　上；374/8 上；381/30 上；382/13 下；405/8
　上、9 下；407/14 上；415/13 上；432/2 上；
　433/6 下；434/12 上；435/14 下；438/1 下；
　439/1 上；443/7 下；444/13 上；455/6 下；
　459/13 下；470/16 上；471/12 上；474/12
　下；484/11 下；485/4 下；491/12 上

【东都事略】86/沈括传/4 上、徐禧传/5 下、6
　下；90/赵瞻传/2 下；120/李宪传/6 上；
　128/附录 6/2 上、2 下

【宋大诏令集】236/赐夏国主诏（元祐五年七月
　乙酉）/920

【宋会要】职官 66 之 32/3884；食货 15 之 15/
　5070；兵 4 之 11/6825、8 之 28/6901；方域
　18 之 30/7624、19 之 9/7630、19 之 11/7631

【宋朝事实类苑】75/994

【皇宋十朝纲要】10 下/2 下；12/3 上

【奏议标】63/刘挚·上哲宗王中正等四宦官之
　罪/698；127/范纯仁·上哲宗论回河/1400；
　138/文彦博·上神宗论关中事宜/1549、司马
　光·上哲宗乞还西夏六寨/1553、吕大防·上
　哲宗答诏论西事/1557；139/范纯粹·上哲宗
　乞以弃地易被虏之人/1563、韩维·上哲宗论
　息兵弃地/1563；140/苏辙·上哲宗论地界/
　1579

【奏议影】63/刘挚·上哲宗王中正等四宦官之
　罪/2307；127/范纯仁·上哲宗论回河/4311；
　138/文彦博·上神宗论关中事宜/4761、司马
　光·上哲宗乞还西夏六寨/4772、吕大防·上
　哲宗答诏论西事/4785；139/范纯粹·上哲宗
　乞以弃地易被虏之人/4804、韩维·上哲宗论
　息兵弃地/4805；140/苏辙·上哲宗论地界/
　4856

【东坡全集】69/永乐事/2 下

【司马文正公集】34/6 下；35/章奏 33/1 上

【邵氏闻见录】5/42；10/102；17/187

【范太史集】26/论宦者札子/5 上

【栾城集】36/乞诛窜吕惠卿状/18 上；41/再论

熙河边事札子/9 下、三论熙河边事札子/17
下；42/论前后处置夏国乖方札子/7 下

【清真集】参考资料 3/词话/140

【名臣碑传琬琰集】中集 50/韩仪公丞相忠彦行
状/1137

【潞公文集】26/奏议/1 上、3 下；27/奏议/6
下

【延安府志】7/绥德州·米脂县·古迹/28 下

【陕西通志】17/关梁 2·绥德州·米脂县/46
下；66/人物 12/12 上

【汇编】上 77、78、79、82、108、109；中四
4383、4386、4400、4401、4404、4406、
4407、4409、4410、4411、4412、4413、
4414、4415、4416、4417、4418、4419、
4420、4421、4422、4423、4424、4425、
4428、4430、4431、4432、4433、4434、
4435、4436、4437、4438、4439、4441、
4444、4445、4450、4453、4455、4456、
4457、4458、4476、4477、4486、4500、
4501、4514、4529；中五 4563、4567、4573、
4574、4575、4622、4626、4640、4643、
4649、4652、4662、4677、4688、4699、
4712、4721、4722、4731、4742、4751、
4767、4768、4771、4772、4884、4885、
4905、4945、4951、4960、4963、4968、
4971、4972、4977、4979、4985、4986、
4992、5001、5018、5020、5025、5036、
5058、5067、5143、5148、5149、5166、
5181、5222、5223、5262；中六 5282、5325、
5326、5335、5828；补遗 7352、7357、7358、
7359、7416

永乐堠　鄜延

【长编标】328/7895

【长编影】328/3 下

【汇编】中四 4384、4387

永乐镇　河中府河东县

【邵氏闻见录】17/187

【宋会要】方域 12 之 15/7527

【汇编】中四 4443

永宁村　邠州

【宋会要】食货 42 之 12/5567

【汇编】中一 1658

永宁冶　秦州

【宋会要】食货 15 之 18/5071

永宁城　秦州

【长编标】85/1941

【长编影】85/6 上

【汇编】中一 1536

永宁砦　巩州

【宋史】87/地理志 3/2164

永宁砦　隰州石楼县

【宋史】86/地理志 2/2135

【汇编】中六 5826

永宁砦　通远军

【宋史】87/地理志 3/2154

【汇编】中六 5783

永宁砦　秦州，宋太祖建隆二年置

【宋史】40/宁宗纪 4/769；87/地理志 3/2154；
198/兵志 12·马政/4935、4950；290/孙继业
传/9709；492/吐蕃传/14159

【武经总要】前集 18 上/28 下、29 上

【汇编】中一 931、932、1032、1560、1583；中
三 3305

永宁堡　丰州南数十里

【长编标】195/4732

【长编影】195/14 上

永宁堡　府州

【宋史】323/孟元传/10460

【武经总要】前集 17/14 上

【汇编】中一 925、926；中三 3221

永宁寨　丰州

【宋会要】食货 22 之 7/5159

永宁寨　永宁寨一在秦州旧尚书寨，宋太宗至
道三年改；一在府州府谷县，宋仁宗嘉祐六
年废；一在晋州临汾县，宋太祖开宝三年置；
一在秦凤路通远军，宋太祖建隆二年置；一
在施州，宋神宗元丰三年置

【宋会要】方域 18 之 14/7616

永宁寨　府州府谷县，宋仁宗嘉祐六年废

【宋史】492/吐蕃传/14157

【宋会要】方域 18 之 14/7616

【武经总要】前集 17/16 上

【中国考古学会第一次年会论文集】折继闵神道
碑/455

【安阳集】家传 3/1 上

【汇编】上 190；中一 925、1392；中二 2472；
中三 3283；中四 3855

永宁寨 通远军

【宋史】492/唃厮啰传/14161

【长编标】258/6307；272/6659；274/6713；298/
7257；470/12232

【长编影】258/18 上；272/4 上；298/15 下；
470/14 上

【宋会要】食货 15 之 20/5072

【乐全集】22/秦州奏唃厮啰事/21 上

【安阳集】家传 2/12 下

【汇编】中一 1544、1587；中二 2434；中四
4012、4098；中五 5140

永宁寨 秦州，旧尚书寨，宋太祖建隆二年置

【宋史】188/兵志 2·步军/4620；258/曹玮传/
8986

【长编标】57/1253；85/1958；87/1992；88/2013、
2015；89/2045；90/2084；91/2109；93/
2135；120/2829；135/3220；141/3387；158/
3828；192/4644；198/4789；243/5924

【长编影】57/2 下；85/21 下；87/4 上；88/3
上、5 上；89/9 上；90/15 下；91/11 下；
93/1 上；120/9 下；135/7 上；141/14 上；
158/10 上；192/9 下；198/1 上；243/12 上

【宋会要】食货 29 之 14/5314、30 之 12/5324、
67 之 1/6253、67 之 2/6253；兵 22 之 5/
7146；方域 18 之 14/7616、19 之 1/7626、20
之 7/7654；蕃夷 6 之 2/7819

【元宪集】24/熟户俞龙潘兼监察御史武骑尉制/
251

【安阳集】家传 3/1 下、5/5 下、7/5 上

【武经总要】前集 18 下/西蕃地界/9 下

【汇编】中一 933、1195、1401、1520、1555、
1567、1568、1584、1590、1593、1722；中
二 2543、2728；中三 3084、3298、3306、
3485、3487、3499；中四 3991、4117；中六
5835；补遗 7159

永宁寨西城 秦州，至捺啰呱凡五十五里

【宋会要】方域 19 之 1/7626

永庆寨 秦州，宋真宗大中祥符九年置

【长编标】86/1982

【长编影】86/16 上

【汇编】中一 1552

永兴堡 葭州神木县东北

【延绥镇志】1/地理志/6 下

【陕西通志】13/山川 6·葭州·神木县/63 上

【汇编】补遗 7312、7493

永兴寨 秦州

【长编标】89/2039

【长编影】89/9 上

【汇编】中一 1579

永安城 延州

【宋史】264/宋琪传/9129

【长编标】35/768

【长编影】35/3 下

【汇编】中一 1069

永安砦 秦州清水县

【宋史】87/地理志 3/2155

永安砦 丰州

【宋史】86/地理志 2/2136

【汇编】中六 5827

永安堡 秦州冶坊寨领

【宋史】87/地理志 3/2155

【宋会要】方域 20 之 16/7658

【元丰九域志】3/124

【甘肃新通志】9/舆地志·关梁·秦州直隶州·
清水县/45 下

【汇编】中一 985；中四 3843；补遗 7334

永安寨 丰州

【元丰九域志】4/175

【长编标】195/4732；294/7169

【长编影】195/14 上；294/7 下

【宋会要】兵 4 之 8/6824

【司马文正公集】8/章奏 6/12 上

【汇编】中三 3280、3302；中四 4083

永安镇 仪州

【宋会要】食货 19 之 9/5127

永安镇 河中府

【宋会要】食货 15 之 15/5070

永安镇 延州，宋太宗太平兴国二年四月升为
保安军

【元丰九域志】3/120

【长编标】18/403

【长编影】18/10 上

【宋朝事实类苑】18/升降州县/10 下

【汇编】中一 970、972、973

永寿镇　邠州
【宋会要】食货 42 之 12/5567
【汇编】中一 1658

永昌镇　宁州定平县
【宋会要】食货 42 之 12/5567
【元丰九域志】3/117
【汇编】中一 1658；中四 4063

永固砦　秦州陇城县
【宋史】87/地理志 3/2155
【汇编】中六 5835

永固堡　秦州静戎领
【元丰九域志】3/124
【汇编】中一 985

永和关　隰州
【宋会要】食货 16 之 2/5072、19 之 10/5128

永和砦　宋徽宗宣和元年取
【长编影】329/22 下
【东都事略】127、128/西夏传/附录 5、6
【汇编】上 111；中四 4424

永和砦　环州，宋仁宗天禧中置
【宋史】87/地理志 3/2148；191/兵志 5/4754
【长编标】478/11383
【长编影】478/2 上
【武经总要】前集 18 上/13 上、14 上
【汇编】中一 1094、1370、1613；中三 3397；中五 5182；中六 5833

永和寨　环州，宋仁宗天禧中置
【元丰九域志】3/120
【长编标】134/3195；258/6304；296/7206；352/8449
【长编影】134/7 下；258/15 上；296/11 上；352/22 下
【宋会要】食货 15 之 17/5071、19 之 8/5127、22 之 2/5156；兵 5 之 8/6843
【汇编】中一 1096；中二 2384；中四 3973、4088

永和镇　河中府
【宋会要】方域 12 之 15/7527

永洛城　泾原
【长编标】230/5593
【长编影】230/7 下
【挥麈后录】1/神宗置封椿库以为开拓境土之资

/11 下；8/高宗擢用徐师川/12 上
【草木子】3/19 上
【涑水记闻】14/10 上、10 下、12 上
【汇编】中四 3744、4405、4408、4409、4422、4426、4446；补遗 7327

圣林寨　秦州伏羌城领
【宋会要】方域 8 之 22/7451
【汇编】中三 3552

圣泉　清远军
【武经总要】前集 18 下/西蕃地界/1 上
【汇编】中一 1730

司川　疑作"同川"，庆州
【宋会要】食货 19 之 7/5126

边定砦　环州，疑为"定边砦"
【武经总要】前集 18 上/19 下
【汇编】中三 3028

六画

邦磋堡　秦州静戎领
【元丰九域志】3/124
【汇编】中一 985

巩心堡　兰州
【长编标】331/7982
【长编影】331/14 上
【汇编】中四 4454

巩令城　又作观凌城，熙河
【长编标】237/5783；238/5786
【宋会要】蕃夷 6 之 8/7822

巩沁城　熙河兰会
【长编标】119/2814
【长编影】119/17 下

巩昌　巩州
【元史】121/按竺迩传/2982
【汇编】下 6922

巩命城　又作巩令城，宋神宗熙宁五年八月甲辰王韶破木征于此
【宋史】15/神宗纪 2/282
【汇编】中四 3802

巩哥关　又作恭噶关，兰州，宋神宗元丰四年置，六年改东关堡
【宋史】87/地理志 3/2165

【长编标】321/7748；334/8035

【宋会要】方域 12 之 2/7520

【甘肃新通志】9/舆地志·关梁·兰州府·皋兰县/2 上

【汇编】中四 4543；中六 5840；补遗 7353

地尾 府州，地为蛇之误

【宋会要】兵 27 之 44/7268

权家庄 邠州

【宋会要】食货 42 之 12/5567

【汇编】中一 1658

芝川 同州

【宋会要】食货 15 之 15/5070

寺子岔堡 西安州

【宋史】87/地理志 3/2158、2160、2161

【长编标】512/12187

【长编影】512/10 下

【汇编】中六 5518、5562、5837、5850

寺城寨 泾原

【宋会要】礼 20 之 95/812

【汇编】中六 5550

吉那 鄜延

【宋会要】兵 28 之 26/7282

吉河 河州

【宋会要】蕃夷 6 之 10/7823

耳朵城 庆州柳泉镇领，宋真宗大中祥符元年筑，乾兴元年随柳泉镇划属原州

【长编标】69/1548

【长编影】69/5 下

【宋会要】方域 8 之 27/7454

【汇编】中一 1479

耳朵城 原州

【宋史】87/地理志 3/2162

【宋会要】方域 20 之 9/7655

【武经总要】前集 18 上/20 上

【元丰九域志】3/132

【安阳集】家传 7/5 上

【万历固原州志】上/古迹/138

【汇编】中一 1619；中三 3076、3487；中六 5837；补遗 7259

西子城 秦州

【金史】50/榷场/1115

【汇编】下 6800

西水口 镇戎军

【宋史】289/葛怀敏传/9760

【长编标】137/3301

【长编影】137/21 下

【汇编】中二 2546、2554

西平砦 熙河，宋哲宗绍圣四年六月进筑青石峡赐名

【宋史】18/哲宗纪 2/348；85/地理志 1 序/2095

【宋大诏令集】219/熙河秦凤永兴路曲敕（崇宁三年四月二十五日）/839

【汇编】中六 5311、5772、5913

西市城 又作西使城，熙河

【宋史】350/赵隆传/11090

【长编标】248/6062；444/10684

【长编影】248/23 上；444/4 上

【安阳集】家传 7/5 上

【宋会要】兵 8 之 24/6899

【汇编】中三 3486；中四 3910、4167、4168；中五 5006

西市新城 熙河

【宋史】16/神宗纪 3/305；349/刘舜卿传/11062；467/李宪传/13639

【长编标】315/7632；316/7639、7641

【长编影】315/15 上；316/2 上、2 下、4 上

【宋会要】兵 8 之 24/6899

【甘肃新通志】13/舆地志·古迹·兰州府·皋兰县/2 上

【汇编】中四 4168、4169、4173、4175、4176、4178；补遗 7344

西宁城 巩昌府会宁县东三十里武城川，章楶筑

【甘肃新通志】13/舆地志·古迹·巩昌府·会宁县/17 下

【汇编】补遗 7387

西宁寨 当为熙宁寨之误，李宪请原路自西宁寨进置保障，直抵鸣沙城，以为驻兵讨贼之地

【宋会要】兵 28 之 25/7282

西宁寨 通远军附近

【长编标】319/7711

【长编影】319/11 上

【汇编】中四 4243

西华池镇　环庆

【甘肃新通志】9/舆地志·关梁·庆阳府·合水
县/58 下

【汇编】补遗 7338

西关城　兰州

【长编标】401/7967；402/9777；444/10688；446/
10729

【长编影】401/7 下；402/1 下；444/9 上；446/
1 上

西关城　秦州，俗名韩公城，宋仁宗庆历中为
韩琦筑

【宋会要】方域 8 之 22/7451

【甘肃新通志】14/建置志·城池/21 下

【汇编】中五 4558；补遗 7355

西关堡　熙河

【宋会要】方域 19 之 17/7634

西关堡　兰州，宋神宗元丰六年置

【宋史】87/地理志 3/2165、2166；187/禁军上
序/4579；332/穆衍传/10691；350/李浩传/
11079；467/李宪传/13640

【金史】134/西夏传/2872、2873

【长编标】333/8018；335/8071；341/8196；388/
9440；393/9574；398/9699；399/9731；400/
9745；401/9768；402/9778、9789；404/
9853；405/9869；474/11315；509/12129；
516/12271

【长编影】333/5 上；335/8 上、9 上；341/1
下；388/8 下；393/21 下；398/2 下；399/10
上；400/7 上；401/8 下；402/12 上；405/8
上；474/12 下；509/14 下；516/7 上、8 上

【宋会要】方域 20 之 4/7652；蕃夷 4 之 17/7722

【元丰九域志】3/135

【栾城集】39/论西事状/15 上

【甘肃新通志】9/舆地志·关梁·兰州府·皋兰
县/3 上

【汇编】上 132、133；中四 4294、4467、4468、
4486、4533；中五 4784、4804、4818、4824、
4828、4831、4835、4865、4884、5118、
5165；中六 5610、5612、5840；下 6956

西安州城　西安州

【宋会要】礼 14 之 60/9617

【海城县志】6/古迹志/1 下

【固原州志】1/古迹/14

【汇编】中六 5545；补遗 7393、7396

西安砦　府州

【宋史】253/折可适传/8868

【汇编】上 176

西安堡　府州，宋仁宗庆历中置

【宋史】86/地理志 2/2135

【长编标】189/4551

【长编影】189/5 上

【宋会要】食货 22 之 5/5158；兵 27 之 40/7266；
方域 18 之 3/7526、20 之 11/7656、20 之 16/
7658

【元丰九域志】4/166

【武经总要】前集 17/16 下

【汇编】中一 926、927；中三 3133；中六 5826

西安寨　府州

【宋会要】方域 18 之 3/7611

【中兴小纪】4/47

【中国考古学会第一次年会论文集】折继闵神道
碑/455

【汇编】上 190；中三 3252；下 6147、7012

西赤城　仪州

【宋会要】食货 19 之 9/5127

西赤城　渭州

【宋会要】食货 15 之 19/5072

西赤城镇　渭州安化县

【元丰九域志】3/130

【汇编】中四 3838

西谷砦　庆州，宋仁宗天禧前置

【宋史】87/地理志 3/2151、2152；190/河北陕
西强人砦户/4710；191/蕃兵/4755；486/夏
国传下/14008

【武经总要】前集 18 上/9 下、10 上

【河南先生文集】20/奏为擅易庆州兵救援泾原
路事/8 下

【汇编】上 74；中一 941、942、1370；中二
2219、2509；中三 3398；中六 5833

西谷寨　庆州

【长编标】136/3266；214/5220；224/5450；225/
5494；284/6960

【长编影】136/18 上；214/24 下；224/11 上；
225/23 下；284/14 上

【宋会要】食货 15 之 16/5069、19 之 7/5126、

22 之 2/5156；兵 4 之 4/6822

【元丰九域志】3/115

【涑水记闻】12/6 上

【汇编】中二 2091；中三 3303、3591、3704、3712；中四 4047

西陉寨　河东代州

【长编标】258/6287、6293；260/6335、6344；261/6369；262/6376、6378、6413；263/6430；265/6499、6500；270/6628

西青砦　秦州成纪县

【宋史】87/地理志 3/2154、2155

【汇编】中六 5835

西青堡　秦州三阳砦领

【元丰九域志】3/124

【甘肃新通志】9/舆地志·关梁·秦州直隶州/43 上

【汇编】中一 948；补遗 7237

西固　阶州

【甘肃新通志】9/舆地志·关梁·阶州直隶州/49 下

【汇编】补遗 7474

西罗城　熙州

【长编标】248/6059

【长编影】248/20 上

【汇编】中四 3910

西和市　庆州

【宋史】291/李复圭传/9743

【汇编】中三 3588

西使城　又作西市城，宋神宗元丰四年以兰州西使城为定西城

【宋史】87/地理志 3/2164、2165

【长编标】316/7652；319/7707、7716；320/7728；321/7743；366/8793

【长编影】316/6 下、14 上；319/6 下、16 上；320/8 上；321/7 上、11 下、12 下；366/14 下

【宋会要】兵 4 之 10/6825、28 之 25/7282

【汇编】中四 4151、4181、4188、4239、4251、4259、4276、4279、4283、4374、4375；中五 4677；中六 5783、5840

西使新城　熙河

【宋会要】方域 8 之 25/7453

西柳拨川　麟府

【长编标】49/1074

【长编影】49/10 上

西城砦　秦州清水县

【宋史】87/地理志 3/2155

【汇编】中六 5835

西城堡　秦州床穰寨领

【宋史】87/地理志 3/2155

【元丰九域志】3/124

【汇编】中一 964

西荆堡　兰州

【东坡全集】38/敕书/2 上

【汇编】中五 4836

西洛　熙河

【长编标】514/12219

【长编影】514/8 下

【汇编】中六 5581

西原堡　河州，宋神宗元丰三年置

【宋史】87/地理志 3/2163

【长编标】296/7214

【长编影】296/18 上

【宋会要】方域 20 之 3/7652

【汇编】中六 5807

西㩉哆寨　环庆，宋哲宗元符元年三月进筑，赐名横山寨

【长编标】495/11771；496/11795

【长编影】495/8 上、9 上；496/4 上

【汇编】中六 5369、5375

西㩉哆新寨　环庆，宋哲宗元符元年三月进筑，赐名横山寨

【长编标】495/11784

【长编影】495/17 上

【汇编】中六 5372

西寨岭　赐名宁远，麟府

【长编标】55/1213

【长编影】55/11 下

西壕寨　原州，宋太宗端拱元年筑

【宋史】87/地理志 3/2158；191/蕃兵/4753

【宋会要】礼 25 之 9/959；食货 15 之 19/5072、19 之 9/5127、22 之 3/5157；方域 18 之 27/7623

【武经总要】前集 18 上/19 下

【元丰九域志】3/132

【甘肃新通志】9/舆地志·关梁·泾州直隶州·镇原县/31 下

【汇编】中一 967、1038、1040；中三 3397；中六 5837；下 7020；补遗 7476

灰家觜　环州，宋哲宗元符元年进筑，赐名兴平城

【宋史】87/地理志 3/2152

【长编标】474/11309、11310、11311；489/11603、11615；494/11728；496/11799

【长编影】474/8 上；489/6 上、17 上；494/1 上、27 下；495/9 上；496/4 上

【宋会要】兵 28 之 44/7291

【甘肃新通志】13/舆地志·古迹·庆阳府·环县/31 下

【汇编】中五 5160、5161、5162、5311、5318、5353、5366、5369、5377、5379、5833；补遗 7387

灰家觜新寨　兴平城

【宋会要】方域 8 之 28/7454

达龙谷堡　秦州，宋仁宗庆历中筑

【武经总要】前集 18 上/32 下

【汇编】中三 3075

达谷　又作德古，秦凤泾原

【长编标】149/3607

达罕堡　秦凤

【长编标】472/11268

【长编影】472/9 下

【汇编】中五 5150

达南宗　湟州，改为通津堡

【宋会要】方域 20 之 6/7653

达南城　湟州，宋徽宗崇宁三年改通津堡

【宋史】87/地理志 3/2163

【长编纪事本末】139/17 下、18 上

【汇编】中六 5750、5784、5807、5937

达南城　乐州，改为大通城

【长编纪事本末】139/14 下

【宋会要】兵 9 之 5/6908

【汇编】中六 5728、5745

达隆堡　秦凤，宋仁宗庆历五年置

【宋史】87/地理志 3/2155

【长编标】476/11337

【长编影】476/2 上

【宋会要】兵 2 之 38/6790；方域 20 之 10/7655

【元丰九域志】3/124

【甘肃新通志】9/舆地志·关梁·巩昌府·伏羌县/37 上

【汇编】中三 3074；中五 5169、5177、5835；补遗 7298

达磨　庆州

【武经总要】前集 18 上/10 下

【汇编】中一 941

百子会　麟府

【长编标】477/11372

【长编影】477/18 下

【汇编】中五 5180

百关　秦州

【隆平集】9/枢密曹玮传/11 下

【汇编】中一 1554

百里镇　泾州

【长编标】129/3054

【长编影】129/4 下

【宋会要】食货 15 之 18/5071、19 之 8/5127、29 之 14/5314

【汇编】中二 2107；中四 4032

百鱼平　环州，宋神宗元丰五年五月置

【长编标】326/7840

【长编影】326/3 下

【汇编】中四 4343

百胜砦　府州，宋仁宗庆历年间修复

【宋史】86/地理志 2/2135

【宋会要】礼 20 之 141/835；食货 22 之 5/5158；兵 27 之 40/7266；方域 18 之 3/7611、18 之 4/7611、18 之 5/7612、20 之 16/7658

【玉海】174/37 上

【武经总要】前集 17/14 上

【汇编】中一 925；中三 3133；中六 5826、5875；下 7012、7013；补遗 7247

百胜堡　府州

【宋史】292/明镐传/9769；324/张亢传 10489

【汇编】中二 2484、2487

百胜寨　府州，宋仁宗庆历年间修复

【长编标】133/3172；136/3247、3248；149/3612；189/4551

【长编影】133/11 上；136/2 上、2 下；149/13
　　下；189/5 上

【元丰九域志】4/165

【欧阳文忠公全集】115/河东奉使奏草/27 上、
　　34 下

【榆林府志】6/建置志·关隘/5 上

【汇编】中一 927；中三 2911、2969、3252；补
　　遗 7279

百家镇 秦州

【宋会要】食货 15 之 18/5071、19 之 8/5127、
　　29 之 14/5314

【元丰九域志】3/122

【汇编】中一 930；中四 3991

扬博隆城 又作羊牧隆城，渭州

【长编标】103/2390

【长编影】103/15 上；131/7 上；132/20 上

【汇编】中一 1641；中二 2296

邪没龙川 德顺军，又作邪洛龙川，蕃语为羊
　　牧隆城，宋真宗天禧元年置羊牧隆城，宋仁
　　宗庆历三年改隆德寨

【武经总要】前集 18 上/24 上

【甘肃新通志】13/舆地志·古迹·平凉府·隆
　　德县/11 上

【隆德县志】4/考证/64 上

【汇编】中二 2835；补遗 7271、7291

邪洛陇川 德顺军，又作邪没龙川，蕃语为羊
　　牧隆城，宋真宗天禧元年置羊牧隆城，宋仁
　　宗庆历三年改隆德寨

【隆德县志】1/古迹/24 下

【汇编】补遗 7252

毕利川 秦凤

【宋会要】兵 28 之 4/7271；方域 20 之 7/7654

【汇编】中三 3499

毕利城 秦州，宋神宗熙宁元年八月置

【宋会要】方域 20 之 1/7651、8 之 23/7452

【东轩笔录】2/1 上

【汇编】中一 1562；中三 3504

毕家砦 米脂县古名

【陕西通志】14/城池/27 下

【汇编】补遗 7354

师子堡 泾原

【长编标】128/3042；139/3339

【长编影】128/15 下；139/2 下

师子堡 渭州

【宋史】325/王珪传/10508

【宋会要】兵 27 之 30/7261

【安阳集】家传 2/2 下

【河南先生文集】25/申宜抚韩枢密乞修安国镇
　　状/1 上

【汇编】中二 2074、2079、2651、2769

尖竿城 秦州，宋神宗熙宁四年置

【宋史】87/地理志 3/2155

【宋会要】方域 20 之 10/7655

【元丰九域志】3/123

【汇编】中三 3644、3736；中六 5835

光羊口 会州

【皇宋十朝纲要】16/12 上

【汇编】中六 5789

光禄塞 银城县

【宋会要】方域 5 之 4/7385

【汇编】下 7004

当川堡 熙州，刘家川堡改名，宋神宗熙宁六
　　年置

【宋史】87/地理志 3/2162；334/高永能传/
　　10726；452/景思立传/13287

【长编标】245/5950

【长编影】245/1 下

【东都事略】82/王韶传/4 下

【宋会要】方域 20 之 2/7651

【汇编】中四 3837、3848、3858、3916、4100；
　　中六 5839

当标城 又作丹巴城，河州，宋徽宗崇宁二年
　　改安疆寨

【宋史】87/地理志 3/2163

【长编标】507/12097；511/12171；512/12188；
　　513/12193、12202；516/12263；517/12304、
　　12306

【汇编】中六 5808

当标城 湟州，宋徽宗崇宁四年改为安疆寨

【长编纪事本末】139/17 上、18 下、19 上

【宋会要】兵 9 之 1/6906、9 之 5/6908；方域 18
　　之 10/7614

【汇编】中六 5728、5749、5750、5752、5809

当标砦 河州，宋徽宗崇宁二年改安疆寨

【宋史】87/地理志 3/2167

【汇编】中六 5938

当标寨　河州，宋徽宗崇宁二年改安疆寨

　【长编纪事本末】139/14 下

　【汇编】中六 5744

吐浑川　河东路进筑

　【宋史】486/夏国传下/14009

　【长编标】219/5330

　【长编影】219/9 上

　【陕西通志】17/关梁 2·绥德州/45 上

　【汇编】上 74；中三 3652；补遗 7378

吃罗铁壁　徐量战于此

　【北山集】34/武功大夫昭州团练使骁骑尉徐公

　　（量）行状/11 下

　【汇编】补遗 7401

吃啰岔堡　原州靖安寨领

　【宋史】87/地理志 3/2158

　【元丰九域志】3/132

　【宋会要】方域 20 之 11/7656

　【汇编】中三 3075；中六 5837

吕川寨　岷州，宋神宗熙宁七年五月置

　【长编标】253/14 上

　【长编影】253/14 上

　【甘肃新通志】9/舆地志·关梁·巩昌府·岷州

　　/38 下

　【汇编】中四 3954；补遗 7335

同安堡　西安州通安砦管下

　【宋史】87/地理志 3/2162

　【汇编】中六 5518

同官　鄜延

　【宋史】369/曲端传/11490

　【汇编】下 6143

同波北堡　鄜州

　【宋史】86/地理志 3/2166

　【汇编】中六 5859

同城　甘州

　【长编标】43/921

　【长编影】43/13 上

同城戍　宁寇军号同城戍

　【武经总要】前集 18 下/西蕃地界/9 下

　【汇编】中一 1719

同家川　环州

【长编标】474/11310

【长编影】474/8 上

【汇编】中五 5161

同家堡　夏人围同家堡

　【宋会要】职官 65 之 25/3859

同家堡　生户献地，泾原

　【宋史】87/地理志 3/2158

　【长编标】262/6396；358/8575

　【长编影】262/11 下；358/13 上

　【文恭集】8/95

　【汇编】中三 3368；中四 3986；中六 5837

同家堡子　德顺军

　【潞公文集】18/奏议/5 下

　【汇编】补遗 7322

网威岭　又作广吴岭，秦州

　【长编标】175/4224、4228

　【长编影】175/5 上、9 上

团山子铺　代州

　【长编标】322/7760

　【长编影】322/2 下

　【汇编】中四 4298

团州城　邈川

　【乐全集】22/秦州奏唃厮啰事/20 上

　【汇编】中一 1394

团保寨　环州

　【宋会要】食货 15 之 17/5071、22 之 2/5156

团堡　环州

　【宋会要】食货 19 之 8/5127

团堡砦　环州通远县，宋仁宗天禧中筑

　【宋史】87/地理志 3/2152；191/蕃兵/4754

　【武经总要】前集 18 上/14 上、14 下

　【元丰九域志】3/120

　【汇编】中一 1096、1371、1613；中三 3398；

　　中六 5833

回中　泾原

　【文庄集】6/泾州谢上表/8 下

　【儒林公议】上/2 上、9 上

　【汇编】中二 1812、1903、1944

回乐　灵州

　【长编标】39/835

　【长编影】39/7 上

回乐砦　河州

【东都事略】82/王韶传/4 下
【汇编】中四 3858

竹牛岭　秦凤
【长编标】237/5758、5764
【长编影】237/2 上、7 下
【宋会要】兵 4 之 5/6822

朱龙　渭州
【姑溪居士后集】20/折渭州墓志铭/1 上
【汇编】上 210

朱台堡　环州，本朱灰台，宋徽宗政和三年赐
名
【宋史】87/地理志 3/2152
【汇编】中六 5833

朱灰台　环州，宋徽宗政和三年赐名朱台堡
【宋史】87/地理志 3/2152
【汇编】中六 5833

朱梁川　熙河
【长编标】401/9767
【长编影】401/6 下
【汇编】中五 4828

伏归砦　秦州成纪县
【宋史】87/地理志 3/2154
【元丰九域志】3/124
【汇编】中一 948；中六 5835

伏羌城　秦州，宋太祖建隆三年置，宋神宗熙
宁三年改寨为城
【宋史】40/宁宗纪 4/775；87/地理志 3/2155；
175/和籴/4247
【长编标】85/1941；340/8188
【长编影】85/6 上；340/10 下
【东都事略】121/童贯传/2 上；127、128/西夏
传/附录 5、6
【宋会要】食货 15 之 18/5071、19 之 8/5127、
29 之 14/5314；兵 4 之 12/6826、27 之 19/
7256；方域 8 之 22/7451
【东轩笔录】2/1 上
【忠肃集】12/右司郎中李公（师中）墓志铭/
167
【汇编】上 111；中一 1536、1562；中三 3521、
3552；中四 3991、4530；中六 5823、5835、
5889；下 6867

伏羌砦　秦州，宋太祖建隆三年置

【宋史】8/真宗纪 3/160、161；87/地理志 3/
2154、2155；191/蕃兵/4752；257/吴廷祚传
/8948；258/曹玮传/8986；492/吐蕃传/
14153、14159
【长编标】87/1992、2002；88/2012、2026；90/
2085；91/2109；132/3142；158/3827、3828；
188/4529
【长编影】87/4 上；88/2 上、14 上；90/16 下；
91/11 下；132/17 上；158/10 上；188/4 下
【宋会要】方域 8 之 22/7451
【玉海】174/41 上
【武经总要】前集 18 上/28 下、29 上、30 下
【元丰九域志】3/122、123
【安阳集】家传/7/5 上
【稽古录】18/85 下
【潞公文集】38/举官/3 上
【甘肃新通志】9/舆地志·关梁·巩昌府·宁远
县/36 下
【汇编】中一 930、931、932、936、937、1008、
1032、1553、1555、1559、1560、1561、
1572、1585、1590、1613；中二 2295；中三
3084、3250、3396、3487、3552、3644；中
六 5835；补遗 7292、7327、7478

伏羌寨　湟州，政和八年隶西宁州
【宋会要】方域 18 之 6/7612

伏羌寨　秦州，后改伏羌城
【宋会要】兵 14 之 17/7001；方域 8 之 22/7451、
20 之 1/7651

伏洛津寨　石州
【宋会要】食货 19 之 10/5128、22 之 7/5159

伏落寨　石州
【长编标】120/2836
【长编影】120/15 下
【汇编】中一 1736

伏落津寨　石州平夷县
【宋史】86/地理志 2/2134
【长编标】218/5292
【长编影】218/1 下
【武经总要】前集 17/12 下
【汇编】中一 1413；中三 3629

伏藁城　怀远城旧名
【隆德县志】4/考证/64 上
【汇编】补遗 7272

任奴川　熙河，宗哥大首领甘遵治兵于此
　【宋史】258/曹玮传/8986
　【汇编】中一 1555

伦布宗城　熙州
　【长编标】402/9779；404/9841
　【长编影】402/1 下；404/12 下
　【汇编】中五 4831

伦布宗堡　熙河
　【长编标】513/12193
　【长编影】513/1 上
　【汇编】中六 5564

伊兰萧堡　青唐
　【长编标】517/12299
　【长编影】517/4 上
　【汇编】中六 5632

伊济　又作俄枝、野黎，麟州
　【长编影】193/17 上；220/24 上
　【汇编】中三 3272、3670

乩六岭　兰湟
　【宋史】87/地理志 3/2166、2168
　【汇编】中六 5938、5840

乩当川　乐州，宋徽宗崇宁三年赐名来宾城
　【宋史】87/地理志 3/2167
　【长编纪事本末】139/5 下
　【宋会要】方域 8 之 21/7451
　【汇编】中六 5731、5784、5937

乩当城　乐州，宋徽宗崇宁三年赐名来宾城
　【长编纪事本末】139/3 上、4 上、4 下、5 下、
　　8 下、9 上、11 下、19 上
　【宋会要】兵 9 之 5/6908
　【汇编】中六 5726、5728、5729、5731、5732、
　　5735、5740、5752

乩名　延州
　【宋史】311/庞籍传/10199
　【汇编】中二 2464

乩罗　通渭县控扼浅井、乩罗和市、结珠龙、
　　化川子一带贼马来路，逼近西界
　【长编标】491/11654；495/11783
　【宋会要】方域 19 之 20/7635

乩洛宗堡　又作伽罗总堡，兰州
　【长编标】329/7916；330/7950；331/7982、7983
　【长编影】330/4 下

　【宋会要】方域 20 之 7/7654、20 之 14/7657
　【汇编】中四 4434

华池　宋朝进筑
　【宋会要】方域 8 之 33/7457
　【汇编】下 7012

华池　庆州
　【宋会要】兵 14 之 17/7001；方域 12 之 15/
　　7527、19 之 48/7649
　【儒林公议】上/2 上
　【汇编】中二 1904

华池砦　庆阳府
　【宋史】87/地理志 3/2050

华池寨　庆州
　【宋史】325/任福传/10506；332/穆衍传/10691
　【长编标】128/3044；132/3141、3143；135/
　　3217；333/8023；465/11112、11113
　【长编影】128/17 下；132/17 上；135/3 下；
　　333/9 下；465/14 下
　【宋会要】兵 14 之 17/7001；方域 18 之 26/7622
　【奏议标】133/范仲淹·上仁宗再议攻守/1480
　【奏议影】133/范仲淹·上仁宗再议攻守/4551
　【范文正公集】西夏堡寨/1 下
　【涑水记闻】12/6 上
　【汇编】中二 2090、2091、2095、2096、2295、
　　2296、2424、2641；中五 5091

华池镇　庆州，废为华池东、西二寨
　【宋史】191/蕃兵/4755
　【长编标】333/8023；465/11112
　【长编影】333/9 下；465/14 下
　【宋会要】食货 22 之 2/5156；兵 28 之 2/7270；
　　方域 18 之 26/7622、20 之 6/7653
　【武经总要】前集 18 上/8 上、8 下
　【汇编】中一 941；中二 2146；中三 3398、3423

华沼　延州
　【涑水记闻】4/13 上
　【汇编】中二 1895

延川城　延州
　【长编标】132/3142
　【长编影】132/19 下
　【武经总要】前集 18 上/5 上、25 上
　【范文正公集】西夏堡寨/3 下
　【陕西通志】16/关梁 1·延安府·安定县/28 下

【汇编】中一 991、1666；中二 2643；补遗 7304

延子城 保安军，宋真宗天禧四年置，天圣元年改德靖寨

【宋会要】方域 18 之 4/7526

【汇编】中一 1606

延水镇 延州

【长编标】271/6653

【长编影】271/18 下

【宋会要】食货 4 之 7/4849；方域 12 之 15/7527

延州城 延州

【玉海】174/37 上

【陕西通志】17/关梁 2·绥德州·清涧县/48 上

【汇编】补遗 7247、7262

延安城 延安府

【皇宋十朝纲要】14/1 下

【汇编】中五 5253

延安寨 延州丰林县，宋仁宗康定元年置

【长编标】130/3079

【长编影】130/1 上

【宋会要】食货 23 之 39/5194；方域 18 之 5/7612

【奏议标】132/范仲淹·上仁宗论夏贼未宜进讨/1462

【奏议影】132/范仲淹·上仁宗论夏贼未宜进讨/4500

【汇编】中二 2150、2151；中三 3147

延祥镇 同州，旧灵信镇

【宋会要】食货 15 之 16/5069、19 之 7/5126；方域 12 之 15/7527

向家峡 泾原

【长编标】137/3301、3302

【长编影】137/22 下、23 下

后山砦 绥州城平县

【陕西通志】17/关梁 2·绥德州·清涧县/47 下

【汇编】补遗 7256

后石门 泾原，怀远寨对境，东去平夏城约二十里

【长编标】487/11566；494/11757；496/11795、11796、11799

【长编影】487/2 下；491/12 上；494/26 下、27 上；496/4 上

【宋会要】方域 18 之 6/7612、19 之 14/7632

【汇编】中六 5271、5275、5298、5299、5325、5326、5364、5365、5375、5676、5677、5679、5680

后河川 府州

【宋史】324/张亢传/10488；326/康德舆传/10536

【长编标】133/3182

【长编影】133/19 下

【武经总要】前集 17/15 下

【宋文鉴】23/13 下

【涑水记闻】12/7 下

【榆林府志】4/府谷县·水/12 上

【汇编】中一 925、926；中二 2316、2339、2358；补遗 7096、7277

后康古 马衔山

【长编标】243/5914

【长编影】243/3 上

【汇编】中四 3850

邠州城 环庆

【宋会要】方域 8 之 30/7455

创迪章 又作床地掌、状地掌，泾原

【长编影】487/2 下；496/4 上

【汇编】中六 5299、5375、5376、5379、5380

会川城 熙河青纳森新寨，宋哲宗元符二年赐名会川城

【宋史】18/哲宗纪 2/352；85/地理志 1 序/2096；87/地理志 3/2155、2159、2160

【金史】26/地理志下/655；134/西夏传/2868

【长编标】511/12160；518/12334

【长编影】511/6 下；518/15 下

【北山集】13/西征道里记并序/23 上

【甘肃新通志】13/舆地志·古迹·兰州府·靖远县/6 下

【朔方新志】1/山川·中卫/21 下

【汇编】上 128；中六 5554、5650、5838、5913；下 6515；补遗 7390、7392

合水寨 庆州

【长编标】135/3217；225/5494

【长编影】135/3 下；225/23 上

【奏议标】133/范仲淹·上仁宗再议攻守/1480

【奏议影】133/范仲淹·上仁宗再议攻守/4551

【东轩笔录】9/4 上

【甘肃新通志】7/舆地志·山川下·庆阳府·合

水县/15 下

【汇编】中二 1889、2424；中三 3712；补遗 7288

合水镇 庆州

【宋史】191/蕃兵/4755

【武经总要】前集 18 上/10 下

【汇编】中一 1577；中三 3398

合仪寨 鄜延附近

【宋大诏令集】236/赐夏国诏（元祐八年四月庚申）/921

合岭镇 本延州合领关

【宋会要】方域 12 之 15/7527

合流平 麟府

【汉滨集】15/故客省使雄州防御使泾原路兵马钤辖兼第十一将郭公（成）行状/19 下

【汇编】补遗 7402

合道寨 环州

【长编标】103/2385

【长编影】103/10 下

【汇编】中一 1637

合道镇 环州通远县

【宋史】191/蕃兵/4754；280/杨琼传/9502；326/卢鉴传/10528

【长编标】478/11383

【长编影】478/2 上

【宋会要】食货 15 之 17/5071、19 之 8/5127、22 之 2/5156

【武经总要】前集 18 上/12 下、14 下

【元丰九域志】3/119

【汇编】中一 1094、1096、1152、1371；中三 3398

杀金平 秦州

【汉滨集】6/论诸军见攻德顺独王彦未到状/7 上

【汇编】下 6694

杀獐川 属原州靖安堡

【宋会要】方域 20 之 11/7656

杀獐川堡 原州靖安寨领

【宋史】87/地理志 3/2158

【元丰九域志】3/132

【汇编】中三 3075；中六 5837

各子口水寨 秦州

【宋会要】方域 18 之 21/7620

多农谷堡 熙河

【长编标】271/6641

【长编影】271/8 上

【汇编】中四 4003

多僧城 又作剿心城，河州

【长编影】82/14 下

【汇编】中一 1521

刘沟堡 秦州，宋神宗熙宁二年陷

【宋史】349/刘昌祚传/11053；486/夏国传下/14007

【汇编】上 73；中三 3522

刘家川堡 熙州，宋神宗熙宁六年改为当川堡

【宋史】87/地理志 3/2162

【长编标】244/5945；245/5950

【长编影】244/13 下；245/1 上

【汇编】中四 3866、3868；中六 5839

刘家堡 熙河

【宋史】342/孙永传/10901

【汇编】中三 3516

刘璠堡 镇戎军北

【宋史】289/葛怀敏传/9701；292/王尧臣传/9772；303/范祥传/10049；323/范恪传/10465；326/景泰传/10517

【长编标】128/3042；131/3096、3103、3104；132/3143；135/3240；137/3301；138/3310；139/3338；144/3479

【长编影】128/16 上；131/10 上；132/17 上；135/23 下；137/21 下；138/2 上；139/2 上；144/3 下

【宋会要】兵 27 之 29/7261

【奏议标】132/田况·上仁宗论攻策七不可/1466

【奏议影】132/田况·上仁宗论攻策七不可/4510

【武经总要】前集 18 上/20 下、23 上

【河南先生文集】8/议修堡寨书/5 上；20/奏为到庆州闻贼马寇泾原路牒刘政同起发赴镇戎军策应事/8 上、奏为擅易庆州兵救援泾原路事/8 下

【范文正公集】年谱/22 下

【汇编】中一 1118、1143；中二 2017、2081、2208、2212、2217、2219、2293、2296、

2469、2546、2554、2563、2565、2651、2783

齐吉克台 宋徽宗宣和元年为鄜延环庆兵讨平

【初寮集】6/定功继伐碑/1 上

【汇编】补遗 7439

齐讷纳森 又作青南讷心、青讷纳森、青讷纳
森心、齐讷纳森心、青南讷心，熙河安西城
东北

【长编影】485/4 下；494/1 下、22 上；495/17
上；499/13 下；503/1 下

【汇编】中六 5280、5352、5362、5371、5434

齐讷纳森心 又作青南讷心、青讷纳森、齐讷
纳森、青讷纳森心、青南讷心，熙河

【长编影】494/6 上

【汇编】中六 5357

齐玛克堡 通远军

【长编标】341/8201

【长编影】341/6 上

【汇编】中四 4534

齐家寨 府谷县

【榆林府志】4/府谷县·水/12 下

【汇编】补遗 7493

齐暖城 西蕃

【长编标】407/9905；513/12204

【长编影】407/9 下；513/11 上

【汇编】中五 4901；中六 5573

交城镇 宁州安定县

【元丰九域志】3/117

【汇编】中四 4063

庆平堡 熙州，宋神宗熙宁五年置

【宋史】87/地理志 3/2162；464/高遵裕传/
13575

【宋会要】方域 20 之 9/7655

【长编标】237/5769；238/5797；239/5811

【长编影】237/11 下；238/11 上；239/6 上

【元丰九域志】3/125

【甘肃新通志】9/舆地志·关梁·兰州府·渭源
县/18 上

【汇编】中四 3797、3798、3805、3811、3837、
3844；中六 5839；补遗 7332

庆平镇 熙州

【甘肃新通志】9/舆地志·关梁·兰州府·渭源
县/18 上

【汇编】补遗 7332

汝遮城 宋哲宗绍圣三年进筑赐名安西城

【宋史】471/章惇传/13712

【长编标】350/8394

【长编影】350/11 下

【东都事略】127、128/西夏传/附录 5、6

【汇编】上 109；中五 4615；中六 5337

汝遮峗堡 又作努扎峗堡，熙河兰岷

【长编标】470/11229；473/11281

汝遮堡 又作努扎堡，通远军，宋神宗元丰五
年改为定西城

【宋史】87/地理志 3/2164、2165

【长编标】323/7790；331/7982

【宋会要】方域 8 之 22/7451

【范文正公集】遗文/8 上

【汇编】中五 5240；中六 5783、5840

汝遮寨 又作努扎、努扎，宋哲宗绍圣三年进
筑赐名安西城

【宋史】87/地理志 3/2159；332/游师雄传/
10689；486/夏国传下/14016

【长编标】330/7950；331/7982；333/8017；460/
10997；466/11130；467/11164、11165；470/
11229、11231、11232、11233；473/11280、
11281、11286；479/11413；483/11484、
11485

【长编影】330/5 下；467/17 下；470/11 上

【东都事略】93 下/苏辙传/3 上

【皇宋十朝纲要】13/4 上、7 上

【龙川略志】635

【画墁集】补遗/游公（师雄）墓志铭/6 下、9
上

【范文正公集】遗文/11 上

【名臣碑传琬琰集】下集 12/颖滨遗老传下/
1440

【汇编】上 82；中五 5084、5114、5115、5200、
5201、5203、5204、5205、5235、5236、
5248；中六 5838

汤谷 秦凤

【长编标】212/5143

【长编影】212/1 上

汤厮甘 西宁州

【宋史】87/地理志 3/2168

【汇编】中六 5854

羊马店 *邠州*

【宋会要】食货 42 之 12/5567

【汇编】中一 1658

羊牧 *渭州*

【宋会要】食货 15 之 19/5072、19 之 9/5127

羊牧隆城 又作扬博隆城，德顺军，宋仁宗天
　　禧元年置，庆历三年改隆德寨

【宋史】292/王尧臣传/9772；324/赵滋传/
　　10496；325/任福传/10506、10507；485/夏
　　国传上/13997

【长编标】131/3100、3101；132/3143；139/3339、
　　3343

【长编影】139/2 下、6 上

【宋会要】兵 27 之 29/7261；方域 8 之 32/7456、
　　18 之 4/7611

【武经总要】前集 18 上/24 下

【元丰九域志】3/137

【安阳集】家传 2/4 上

【河南先生文集】3/悯忠/4 下

【甘肃新通志】13/舆地志·古迹·平凉府·隆
　　德县/11 上；14/建置志·城池/10 下

【隆德县志】1/古迹/24 下、建置/31 上、沿革
　　表/11 上；3/表传/2 下；4/考证/64 上

【汇编】上 64；中一 1588、1593；中二 2214、
　　2581、2201、2202、2293、2651、2834；补
　　遗 7251、7252、7270、7271、7272、7291、
　　7376

关西 *华州*

【宋会要】食货 15 之 16/5069

安二 *唃厮啰境内*

【宋史】485/夏国传上/13994

【长编标】117/2765

【长编影】117/2765

【汇编】上 61

安人堡 *秦州弓门寨领*

【元丰九域志】3/124

【汇编】中一 964

安儿城 *河湟，宋神宗熙宁三年收复，赐名保
　　塞堡*

【宋史】87/地理志 3/2168

【长编标】515/12244；516/12271；517/12297；
　　518/12324；519/12352

【长编影】515/9 上；516/20 下；517/2 下；
　　518/7 上；519/9 上

【长编纪事本末】140/4 上、4 下、8 下

【宋会要】兵 9 之 3/6907、9 之 5/6908、28 之
　　45/7292

【奏议标】141/任伯雨·上徽宗论湟鄯/1595

【奏议影】141/任伯雨·上徽宗论湟鄯/4906

【汇编】中六 5599、5614、5620、5629、5631、
　　5646、5660、5694、5760、5766、5767、
　　5775、5854

安川堡 *熙州，宋哲宗元符三年置*

【宋史】87/地理志 3/2164、2167；453/高永年
　　传/13316

【长编纪事本末】139/4 下、5 下、9 上、17 下

【宋会要】兵 9 之 3/6907；方域 20 之 2/7651

【甘肃新通志】9/舆地志·关梁·西宁府·碾伯
　　县/75 上

【汇编】中六 5687、5729、5735、5750、5808、
　　5937；补遗 7395

安乡关 *河州*

【宋会要】兵 9 之 3/6907

安乡城 *河州*

【长编标】188/4530；247/6019、6022；265/6488；
　　271/6641；513/12203；516/11271、11272

【长编影】188/5 上；247/12 上、14 上、20 上；
　　265/4 上；271/8 上；513/9 上；516/7 上、8
　　上

【宋会要】方域 13 之 22/7541

【奏议标】141/文彦博·上神宗论进筑河州/
　　1591

【奏议影】141/文彦博·上神宗论进筑河州/
　　4894

【汇编】中四 3823、3892、3895、3898、3902、
　　3993、4003；中六 5571、5610、5612

安丰砦 *府州，旧号石台神砦，宋仁宗康定中
　　筑*

【宋史】86/地理志 2/2135；326/张岊传/10524

【长编标】345/8272

【长编影】345/2 上

【宋会要】食货 22 之 5/5158；方域 18 之 10/
　　7614

【元丰九域志】4/165

【武经总要】前集 17/15 下

【陕西通志】17/关梁 2·府谷县/57 上

【榆林府志】47/7 上

【汇编】上 235；中一 925、926、927；中三 3133；中五 4569；中六 5826；补遗 7094、7389

安丰寨　府州

【长编标】495/11781

【长编影】495/15 下

【汇编】中六 5370

安仁　陇州

【宋会要】食货 19 之 8/5127

安化　庆州

【宋会要】食货 4 之 7/4849

安化　陇州

【宋会要】食货 15 之 18/5071

安化峡　仪州制胜关南

【宋会要】兵 27 之 31/7262

安化峡　秦凤

【长编标】139/3340

【长编影】139/3 下

安化镇　泾原

【宋会要】方域 12 之 15/7527

安平寨　镇戎军

【长编标】153/3727

【长编影】153/12 上

安平寨　泾州镇原县西八十里，宋仁宗天圣五年置

【甘肃新通志】9/舆地志·关梁·泾州直隶州·镇原县/31 下

【汇编】补遗 7327

安宁寨　秦州，宋神宗熙宁八年闰四月置

【宋会要】食货 29 之 14/5314

【汇编】中四 3991

安边城　环州，地名徐丁台，宋徽宗崇宁五年筑赐名

【宋史】87/地理志 3/2152；188/熙宁以后之制/4618、4621；317/钱即传/10351

【玉海】174/41 下

【皇宋十朝纲要】16/15 下

【龟山集】33/钱忠定公（即，字中道）墓志铭/11 下

【甘肃新通志】13/舆地志·古迹·庆阳府·环

县/31 下

【汇编】中六 5812、5822、5833；补遗 7375、7413、7416

安边砦　镇戎军，宋仁宗庆历二年前筑

【宋史】87/地理志 3/2152；289/葛怀敏传/9701

【汇编】中二 2546

安边堡　镇戎军，宋神宗熙宁四年废入开远

【宋史】87/地理志 3/2158

【宋会要】食货 15 之 19/5072

【武经总要】前集 18 上/17 上、18 上/22 下

【元丰九域志】3/137

【汇编】中一 1205、1217、1372；中六 5837

安边寨　镇戎军，宋徽宗熙宁四年废

【长编标】137/3300

【长编影】137/21 下

【宋会要】方域 18 之 9/7614

【汇编】中二 2554；中三 3736

安边寨　秦凤，宋真宗天禧二年三月辛亥曹玮请名新筑大洛门寨为安边寨

【长编标】91/2104

【长编影】91/7 下

【宋会要】方域 12 之 15/7527

【汇编】中一 1589

安西　根括安西、金城膏腴地土

【宋会要】兵 4 之 16/6828

安西城　湟州，宋徽宗崇宁四年置

【宋史】18/哲宗纪 2/345；85/地理志 1 序/2096；87/地 理 志 3/2155、2159、2164、2166；190/河东陕西弓箭手/4716；277/郑文宝 传/9427；326/10523；340/吕 大 忠 传/10846；348/钟传传/11037；350/王文郁传/11075

【长编标】485/11523、11525、11527；488/11586、11587；491/11670；492/11683；494/11732；496/11792；507/12087；514/12222

【长编影】485/4 下、9 上；487/6 下；488/8 下；491/21 下；492/4 上；494/5 下；496/1 下；507/12 上；514/12 下

【玉海】174/41 下

【宋会要】兵 6 之 15/6862、28 之 43/7291；方域 12 之 5/7522、18 之 10/7614、19 之 6/7628、19 之 14/7632

【甘肃新通志】13/舆地志·古迹·兰州府·皋

兰县/2 上

【汇编】上 238；中六 5271、5280、5282、5287、5300、5304、5305、5313、5333、5337、5338、5339、5340、5350、5356、5375、5502、5583、5783、5835、5838、5840、5913；补遗 7347、7375

安西堡　泾原

【宋史】289/葛怀敏传/9760

【长编标】137/3302

【长编影】137/23 上

【汇编】中二 2547

安夷镇　秦州陇城县

【元丰九域志】3/122

【汇编】中一 930

安远砦　秦州

【宋史】87/地理志 3/2156；191/蕃兵/4752

【宋会要】食货 19 之 8/5127；兵 2 之 38/6790、22 之 5/7146；方域 20 之 13/7657

【武经总要】前集 18 上/32 下

【汇编】中三 3075、3396、3398；中六 5835

安远砦　延州，宋仁宗康定元年二月陷

【宋史】10/仁宗纪 2/208；14/神宗纪 1/270、272；40/宁宗纪 4/775；61/五行志 1 上/1325；87/地理志 3/2147、2155、2156；191/蕃兵/4751；290/狄青传/9718、郭达传/9724；311/庞籍传/10199、吕公弼传/10211；349/刘昌祚传/11054

【长编影】125/14 下；126/4 上、10 下、13 上、14 下；127/8 上、14 下；128/4 下、14 下、16 下；132/17 上；225/24 上；476/2 上；492/4 上；494/4 上；498/15 下；499/5 上

【宋会要】兵 2 之 38/6790、27 之 26/7259、28 之 11/7275

【长编纪事本末】83/10 上

【宋大诏令集】235/赐夏国主不还绥州诏/914、夏国秉常乞进誓文永遵臣礼赐诏（熙宁元年）/915、答夏国主秉常诏（熙宁四年九月庚子）/917；236/赐夏国主给还绥州誓诏（熙宁二年二月戊子）/916

【武经总要】前集 18 上/11 下、6 下、30 下

【奏议标】132/范仲淹·上仁宗乞先修诸寨未宜进讨/1464

【奏议影】132/范仲淹·上仁宗乞先修诸寨未宜进讨/4504

【元丰九域志】3/124

【华阳集】30/安远寨普萨可充本族正军主制/387；35/狄青神道碑/454

【安阳集】家传 1/14 上；4/16 下

【河南先生文集】20/奏为擅易庆州兵救援泾原路事/8 下

【范文正公集】西夏堡寨/5 上

【涑水记闻】9/9 下；12/1 下、9 下

【潞公文集】18/奏议/9 下

【甘肃新通志】13/舆地志·古迹·巩昌府·通渭县/18 上；16/关梁 1·延安府·安塞县/27 上

【陕西通志】17/关梁 2·绥德州·清涧县/48 上

【汇编】中一 1148、1558、1592、1613；中二 1860、1861、1863、1904、1927、1928、1939、1942、1995、2003、2005、2031、2036、2045、2046、2073、2083、2088、2219、2222、2295、2299、2464、2554、2644、2808；中三 3131、3172、3524、3525、3535、3538、3539、3540、3713、3723；中五 4573、5169、5177；中六 5338、5339、5355、5397、5404、5828；汇编下 6866；补遗 7158、7253、7262、7324、7348

安远堡　镇戎军熙宁寨管下

【宋史】87/地理志 3/2159

【长编标】137/3300

【长编影】137/21 下

【武经总要】前集 18 上/22 上、23 上

【汇编】中一 1205、1628；中六 5838

安远寨　延州，宋仁宗康定元年二月陷

【宋史】14/神宗纪 1/269；332/赵卨传/10684；485/夏国传上/13996；486/夏国传下/14008

【长编标】87/1999；125/2954；126/2969、2977、2980、2981；127/3011、3013、3019；128/3029、3041、3043；132/3144；135/3237；146/3536；225/5495；226/5515；467/11337；492/11680；494/11730；498/11859；499/11877

【长编影】87/10 下；146/9 上；226/12 下

【东都事略】78/吕诲传/3 上；127、128/西夏传/附录 5、6

【宋大诏令集】214/赐鄜延等路经略使不得生事

【延安府志】2/12 上

【陕西通志】16/关梁 1 · 延安府 · 安塞县/26
下、28 下；17/关梁 2 · 葭州府 · 谷县/57
上；28/祠祀 1 · 延安府志 · 保安县/66 上

【榆林府志】6/建置志 · 关隘/7 下

【汇编】上 83、206、233；中三 3064、3071、
3077、3131、3396、3651、3653；中四 4009、
4215、4217、4238、4261、4281、4378、
4469；中五 5086；中六 5828、5831、5893；
补遗 7156、7247、7273、7278、7280、7304、
7486

安南寨　延州

【长编标】146/3536

【长编影】146/9 上

【汇编】中三 2843

安塞　泰州

【宋史】87/地理志 3/2155

安塞砦　环州，北控西界九皇原路

【宋史】87/地理志 3/2152、2153；191/蕃兵/
4754

【长编标】134/3204；479/11407

【长编影】134/15 下；479/7 上

【宋会要】食货 15 之 15/5070、15 之 17/5071、
19 之 8/5127、22 之 2/5156；方域 19 之 7/
7629、19 之 11/7631、19 之 12/7631、19 之
13/7632、19 之 16/7633、20 之 5/7653

【武经总要】前集 18 上/14 上

【元丰九域志】3/119

【范文正公集】年谱补遗/12 下；西夏堡寨/3 下

【汇编】中一 1096、1613；中二 2406、2512、
2643；中三 3397；中五 5194、5195；中六
5833

安塞堡　延州，宋仁宗庆历六年九月置

【宋史】16/神宗纪 3/312；87/地理志 3/2147、
2148、2150

【长编标】159/3846；322/7759；345/8282；479/
11406；509/12125

【长编影】159/7 下；322/1 上；345/8 下、10
上、14 下；479/4 上；509/11 下

【宋会要】礼 25 之 6/957；食货 22 之 1/5156；
兵 18 之 13/7064；方域 19 之 7/7629、19 之
16/7633

【元丰九域志】3/107

【范太史集】40/检校司空左武卫上将军郭公墓
志铭/11 下

【甘肃新通志】16/关梁一 · 延安府 · 安塞县/27
下

【延安府志】2/1 上

【陕西通志】9/舆地志 · 关梁 · 庆阳府 · 环县/
59 上

【汇编】中三 3090、3577；中四 4009、4296、
4297；中五 4572、4574、4576、5194；中六
5534、5535、5827、5828、5829、5831；下
6843、6858、6859、6875、7019；补遗 7286、
7348、7482

安疆寨　河州，宋徽宗崇宁二年以当标城改

【宋史】87/地理志 3/2163、2167

【宋会要】兵 9 之 5/6908；方域 18 之 10/7614

【汇编】中六 5728、5808、5938

安疆寨　庆州，宋神宗元丰五年礓诈寨赐名

【宋史】18/哲宗纪 2/348；85/地理志 1 序/
2095、2096；87/地理志 3/2150、2151；314/
范纯粹传/10280；328/章楶传/10589；332/
孙路传/10689；339/苏辙传/10824；486/夏
国传下/14016

【长编标】323/7776；328/7903；365/8749、8751；
368/8867；372/9009；375/9093；381/9278；
382/9304、9313、9314；397/9671；429/
10370；434/10469、10470；455/10907、10908；
471/11250；474/11309、11310；478/11384；
489/11603；492/11682；495/11785；504/
12001

【长编影】323/2 上；325/13 上；328/11 下；
346/9 下；368/12 上；372/5 上；375/7 上；
382/13 下；397/1 下；434/6 下、12 上；
471/12 上；474/8 上；478/2 上；492/4 上；
504/4 下

【长编纪事本末】101/6 下、8 上；139/14 下、
17 下、20 上；140/1 下

【东都事略】9/哲宗纪/2 下；59 下/范纯粹传/7
上

【宋大诏令集】236/赐夏国诏（元祐四年六月戊
申）/920

【宋会要】兵 28 之 33/7286；方域 18 之 10/
7614、19 之 11/7631、19 之 13/7632、19 之
14/7632

【奏议标】138/司马光·上哲宗乞还西夏六寨/
1553、1554；139/范纯粹·上哲宗乞以弃地
易被虏之人/1562、1563、139/苏辙·上哲宗
乞因夏人纳款给还其地/1565

【奏议影】138/司马光·上哲宗乞还西夏六寨/
4772、4776；139/范纯粹·上哲宗乞以弃地
易被虏之人/4803、4804、139/苏辙·上哲宗
乞因夏人纳款给还其地/4809

【皇宋十朝纲要】12/4 下；4/2 上、2 下

【元丰九域志】3/115

【司马文正公集】35/章奏 33/1 上

【初寮集】6/定功继伐碑/1 上

【栾城集】37/论兰州等地状/4 上、再论兰州等
地状/11 上

【汇编】中一 942；中四 4309、4336、4392；中
五 4584、4662、4664、4689、4704、4708、
4720、4744、4754、4757、4771、4772、
4796、4812、4960、4974、4975、4991、
5058、5149、5160、5161、5162、5181、
5183、5227、5229、5237、5259；中六 5272、
5310、5313、5339、5365、5447、5744、
5749、5754、5760、5832、5913；补遗 7436

兴平　永兴军

【宋会要】食货 4 之 7/4849

兴平会　河州

【东都事略】82/王韶传/5 上

【汇编】中四 3947

兴平城　原环州灰家觜新寨，宋哲宗元符元年三月置

【宋史】18/哲宗纪 2/349；85/地理志 1 序/
2096；87/地理志 3/2152、2153；328/王韶传
/10581；332/孙路传/10689

【大金吊伐录】4/139

【长编标】494/11758；496/11807；500/11905；
511/12155

【长编影】494/27 下；496/14 上；500/2 下；
511/1 下

【宋会要】方域 8 之 28/7454、18 之 21/7620

【玉海】174/41 下

【甘肃新通志】13/舆地志·古迹·庆阳府·环
县/31 下

【汇编】中四 3946；中六 5365、5366、5381、
5417、5552、5833、5913；下 6094；补遗

7375、7387

兴平寨　庆州

【宋史】187/禁军上序/4580；332/孙路传/
10688

【长编标】496/11807；508/12105

【长编影】496/14 上；508/7 下

【汇编】中六 5365、5513、5514

米川城　廓州旧米川县，宋徽宗崇宁三年修筑赐名

【宋史】86/地理志 3/2167

【长编纪事本末】139/18 上

【汇编】中六 5750、5860

米谷镇　秦凤

【大金吊伐录】4/139

【元丰九域志】3/123

【甘肃新通志】9/舆地志·关梁·秦州直隶州/
43 上

【汇编】中一 929；下 6094；补遗 7477

米脂　鄜延

【宋会要】兵 4 之 10/6825、5 之 13/6846、8 之
26/6900、8 之 28/6901、8 之 29/6901；方域
5 之 41/7403、6 之 8/7409、19 之 5/7628、19
之 7/7629、19 之 11/7631、19 之 12/7631、
19 之 13/7632、19 之 15/7633、19 之 48/7649

米脂城

【宋史】87/地理志 3/2148；334/高永能传/
10726

【长编标】334/8043

【长编影】334/12 上

【三朝北盟会编】60/4 下

【宋会要】礼 20 之 88/808；方域 5 之 41/7403

【陕西通志】14/城池/27 下

【汇编】中六 5367、5830、5922、6042；下
7006；补遗 7354

米脂寨　绥德军，宋神宗元丰四年置

【金史】24/地理志上/549

【宋史】16/神宗纪 3/304、305；18/哲宗纪 2/
349；85/地理志 1 序/2095、2096；87/地理
志 3/2146、2148、2149；176/四夷乐/3362；
187/兵志 1/4580；190/河东、陕西弓箭手/
4715；253/折可适传/8866；314/范纯粹传/
10280；332/赵禼传/14 下；334/徐禧传/
10273；335/种古传/10746、10747；339/苏

辙传/10824；350/曲珍传/11083；471/吕惠卿传/13709；486/夏国传下/14010、14011、14012、14015、14016

【长编纪事本末】101/6 下、8 上

【长编标】316/7651、7653；317/7657、7658、7659、7665、7673；318/7694；321/7740；322/7758、7764；325/7820；326/7858；329/7916；330/7948；335/8072；338/8140；342/8227；344/8253；345/8283；346/8311；365/8749、8751、8752；366/8794；368/8867；372/9009；375/9093；381/9278；382/9304、9314；397/9671；429/10370；434/10469、10470；471/11250；486/11548；491/11672；492/11680；494/11730、11742、11753、11758；495/11771；497/11819；498/11858、11859、11860、11863；506/12062；507/12075；510/12151；511/12168；514/12227；518/12335

【长编影】316/13 上、14 下；317/1 下、2 下、9 上、16 下；318/13 下；321/4 下；322/1 下；325/6 下；326/18 下；329/3 下；330/3 下、11 上、13 上；335/9 下；338/3 上；342/8 上；344/1 上、9 上；345/10 下；346/9 下；365/5 下；366/14 下；368/16 上；372/5 上；375/7 上；381/26 上；382/13 下；397/1 下；429/12 上；434/12 上；471/12 上；486/8 下；491/21 下；492/4 上；494/4 上、14 下、24 上、27 上；495/8 上；497/2 下；498/15 下、20 上；506/5 上、12 上；507/3 上；510/17 下；511/13 下；514/16 下；518/17 上

【东都事略】9/哲宗纪/2 下；93 下/苏辙传/2 上；59 下/范纯粹传/7 上

【宋大诏令集】236/赐夏国诏（元祐四年六月戊申）/920

【宋文鉴】119/上曾枢密书/8 下

【宋会要】兵 28 之 33/7286；方域 6 之 8/7409、18 之 17/7618、19 之 5/7628、19 之 9/7630、19 之 11/7631、19 之 13/7632

【皇宋十朝纲要】12/4 下；14/2 上

【奏议标】138/司马光·上哲宗乞还西夏六寨/1553、1554；139/范纯粹·上哲宗乞以弃地易被虏之人/1562、1563、苏辙·上哲宗乞因夏人纳款给还其地/1565

【奏议影】138/司马光·上哲宗乞还西夏六寨/4772、4775；139/范纯粹·上哲宗乞以弃地易被虏之人/4803、4804、苏辙·上哲宗乞因夏人纳款给还其地/4809

【名臣碑传琬琰集】下集 14/吕参政惠卿传/1478

【司马文正公集】35/章奏 33/1 上

【初寮集】6/定功继伐碑/1 上

【龟山集】32/李修撰（夔，字斯和）墓志铭/4 上

【姑溪居士后集】20/折渭州墓志铭/1 上

【栾城集】37/论兰州等地状/4 上、再论兰州等地状/11 上

【延安府志】7/绥德州/24 下

【吴堡县志】序/1 上

【陕西通志】13/山川 6·绥德州·米脂县/53 上

【榆林府志】4/葭州·山/14 下

【汇编】上 77、78、80、206；中五 4552、4563、4567、4575、4584、4662、4664、4665、4678、4689、4703、4708、4720、4744、4754、4757、4758、4772、4796、4812、4960、4974、4975、4991、5149、5227、5229、5237、5261、5262；中六 5276、5296、5300、5334、5337、5338、5339、5354、5355、5359、5363、5366、5367、5368、5369、5386、5397、5398、5399、5400、5481、5490、5492、5549、5557、5558、5589、5651、5665、5828、5830、5831、5913；下 6961、7008；补遗 7344、7345、7354、7436、7491

讲朱 熙河

【宋会要】兵 9 之 1/6906；蕃夷 6 之 21/7829、6 之 31/7834

讲朱城 又作讲珠城、嘉木卓城，熙河

【长编标】487/11570；512/12188；513/12193、12203；516/12263；517/12304；518/12333

讲朱城 河州，宋哲宗元符二年收复，寻弃之。宋徽宗崇宁二年再收复

【宋史】87/地理志 3/2163；332/游师雄传/10689；349/刘舜卿传/11063；335/种谔传/10746

【奏议标】141/苏辙·上哲宗乞约鬼章讨阿里骨

/1592

【奏议影】141/苏辙·上哲宗乞约鬼章讨阿里骨
/4897

【东坡全集】25/奏议/6 上

【画墁集】补遗/游公（师雄）墓志铭/4 上

【栾城集】29/西掖告词/13 下

【汇编】中四 3860、4040；中五 4852、4854、
4856、4857、4887；中六 5808

讲朱寨 又作嘉木卓寨，熙河

【长编标】517/12306

讲珠城 又作讲朱城、嘉木卓城，熙河

【长编标】267/6547；404/9841、9842；405/
9868、9869、9873；407/9906、9907

讷迷堡 又作纳迷，熙河兰岷

【长编标】467/11164

军马寨 麟州，宋真宗咸平中置

【长编标】185/4469

【长编影】185/2 下

【宋会要】兵 27 之 41/7267

【汇编】中三 3224、3266

军城寨 定远军

【宋会要】方域 18 之 25/7622

那丁原 庆州

【宋史】87/地理志 3/2152

【汇编】中六 5832

那罗牟堡 西安州

【宋史】87/地理志 3/2161

【汇编】中六 5518

那娘 又作纳木囊，横山

【长编标】494/11730

那娘山寨 河西路，宋哲宗元符元年改殊羌寨

【宋史】87/地理志 3/2147

【宋会要】方域 18 之 6/7612、19 之 16/7633、
20 之 5/7653

【汇编】中六 5462、5535、5828

那娘山新寨 又作纳木囊山新寨，宋哲宗元符
元年改殊羌寨

【长编标】498/11847

阳平 凤翔府

【宋会要】食货 15 之 17/507、19 之 8/5127

阳平务 凤翔府

【宋会要】食货 15 之 18/5071

阳武寨 代州

【三朝北盟会编】25/1 下

【汇编】中六 5989

好水 渭州

【宋会要】兵 27 之 27/7260

好水川 泾原隆德县

【宋史】11/仁宗纪 3/211；253/折可适传/8861；
292/王尧臣传/9773；295/尹洙传/9834；
312/韩琦传/10222；314/范仲淹传/10271；
325/王珪传/10508、桑怿传/10512、王仲宝
传/10514；350/王光祖传/11077；485/夏国
传上/13997

【长编标】131/3100、3102、3110、3115；132/
3130、3132；138/3323；150/3630、3631、
3632；487/11565、11566

【长编影】131/10 上、15 下、20 下；132/7 下；
138/13 上；150/4 下；487/2 下

【东都事略】104/3 上；127、128/附录 5、6

【宋朝事实类苑】55/71；66/880

【皇宋十朝纲要】5/11 下

【武经总要】前集 18 上/24 上

【奏议标】44/陈并·上哲宗答诏论彗星陈四说/
461；65/余靖·上仁宗乞韩琦兼领大帅镇秦
州/718、范纯仁·上神宗乞令孙永依旧知秦
州以责后效/723；132/田况·上仁宗兵策十
四事/1467、1568

【奏议影】44/陈并·上哲宗答诏论彗星陈四说/
1644；65/余靖·上仁宗乞韩琦兼领大帅镇秦
州/2361、范纯仁·上神宗乞令孙永依旧知秦
州以责后效/2376；132/田况·上仁宗兵策十
四事/4515、4518

【宋会要】兵 27 之 27/7260

【公是集】51/王公行状/610

【玉壶清话】6/7 下

【乐全集】20/陈政事三条/2 上；21/西事谘目
上中书/1 上、论除渭州路招讨使事/7 上

【石林燕语】9/3 下

【安阳集】家传 2/4 上

【姑溪居士后集】20/折渭州墓志铭/1 上

【忠肃集】12/宫苑使阁门通事舍人王公（易）
墓志铭/169

【欧阳文忠公全集】28/尹师鲁墓志铭/11 下；
212/墓志尚书户部侍郎参知政事赠右仆射文

安王公墓志铭/2 上

【河南先生文集】22/奏诏分析董士廉奏臣不公
　　事状/1 上

【范文正公集】诸贤赞颂论疏/12 下、24 下；褒
　　贤集/富弼撰墓志铭/8 下

【容斋四笔】12/11 下

【清波杂志】2/6 下

【隆平集】15/尹洙传/4 上；20/夷狄传/3 下

【儒林公议】上/2 上

【甘肃新通志】6/舆地志·山川上·平凉府·隆
　　德县/21 上

【河南通志】63/忠烈/5 下

【隆德县志】3/表传/2 下；4/考证/64 上

【汇编】上 64、103、114、176、180、207；中
　　一 1678；中二 1904、2189、2193、2194、
　　2195、2196、2197、2198、2199、2202、
　　2208、2213、2218、2225、2226、2241、
　　2244、2256、2273、2276、2297、2298、
　　2311、2372、2416、2559、2583、2604、
　　2616、2646、2811、2835；中三 2907、2930、
　　3531；中六 5298、5299、5336；下 7025、
　　7026；补遗 7270、7271、7272、7273

好水砦　镇戎军，宋哲宗绍圣四年赐名灵平砦
　【宋史】87/地理志 3/2158、2160
　【汇编】中六 5837

好水寨　镇戎军，宋哲宗绍圣四年赐名灵平砦
　【长编标】485/11523；486/11545、11547
　【长编影】485/4 下；486/6 上
　【宋会要】方域 18 之 12/7615、19 之 6/7628、
　　19 之 44/7647
　【汇编】中六 5281、5282、5283、5291、5293、
　　5295、5849

观化堡　定边军
　【宋史】87/地理志 3/2154；356/任谅传/11221
　【皇宋十朝纲要】17/18 下
　【汇编】中六 5493、5885、5907

观兵亭　庆阳府环县东六里，种世衡建
　【甘肃新通志】13/舆地志·古迹·庆阳府·环
　　县/31 下
　【汇编】补遗 7283

观凌城　又作巩令城，河州
　【长编标】474/11314
　【长编影】237/22 下；238/1 上；474/12 下

【汇编】中四 3803；中五 5164

牟尼拉　又作没宁浪，丰州
　【长编影】159/7 下
　【汇编】中三 3091

牟谷口　秦州青鸡川南路
　【宋会要】蕃夷 6 之 6/7821

牟城　晋宁军
　【长编标】515/12259
　【长编影】515/22 上
　【汇编】中六 5604

牟新寨　疑作"冷牟新寨"，秦凤
　【宋会要】方域 18 之 24/7621

红楼　麟州西城
　【宋史】326/郭恩传/10521；485/夏国传上/
　　14001
　【陕西通志】13/山川 6/葭州·神木县/63 下
　【汇编】上 68；中三 3228；补遗 7312

七画

玛巴尔　又作抹邦，熙州
　【长编影】240/10 上

玛尔城　逊川
　【长编标】514/12217
　【长编影】514/8 下
　【汇编】中六 5579

玛尔巴山　又作木邦山，熙河北
　【长编标】247/6022；488/11589
　【长编影】128/9 上；247/14 下；488/12 上

玛尔布城　熙河兰会路
　【长编标】517/12297
　【长编影】517/2 下
　【汇编】中六 5631

玛克朗　在河东路葭芦寨西北榆木川
　【长编标】495/11770
　【长编影】495/7 上
　【汇编】中六 5368

玛克密娘　河东，赐名大和堡
　【长编标】514/12224
　【长编影】514/13 上
　【汇编】中六 5585

玛勒　秦凤

【长编标】235/5719

【长编影】235/21 下

【汇编】中四 3785

麦川堡　庆州，宋徽宗政和六年置

　　【宋史】87/地理志 3/2151

　　【大金吊伐录】4/139

　　【汇编】中六 5832；下 6094

麦泾堡　环州通远县，改为衡家堡

　　【宋会要】方域 20 之 13/7657、20 之 21/7661

　　【汇编】下 7014

远近湫砦　秦州成纪县

　　【宋史】87/地理志 3/2155

　　【元丰九域志】3/124

　　【汇编】中一 948；中六 5835

远近湫堡　秦州三阳砦领

　　【宋史】87/地理志 3/2155

杜肷川　麟府

　　【宋史】255/王凯传/8925

　　【汇编】中二 2561

杜家堡　渭州

　　【武经总要】前集 18 上/17 上

　　【汇编】中一 1372

杨班湫　鄜州

　　【元丰九域志】3/114

　　【汇编】中二 2146

邯中　熙河兰会

　　【奏议标】141/文彦博·上神宗论进筑河州/1591

　　【奏议影】141/文彦博·上神宗论进筑河州/4894

克乌寨　石州

　　【长编标】344/8265

　　【长编影】344/9 上

　　【汇编】中五 4567

克戎寨　即浮图寨，绥德军，宋神宗元丰四年置

　　【宋史】18/哲宗纪 2/347；85/地理志 1 序/2096；87/地理志 3/2149、2150

　　【金史】14/宣宗纪上/314；15/宣宗纪中/332；134/西夏传/2865

　　【长编标】485/11533；486/11545；489/11613；518/12335

【长编影】485/14 上；486/6 上；489/14 下；518/17 上

【宋会要】方域 18 之 7/7613

【延安府志】7/绥德州·古迹/8 上

【陕西通志】17/关梁 2·绥德州/45 下

【汇编】上 132、134；中六 5289、5292、5293、5318、5651、5830、5831、5913；下 6840、6850；补遗 7382、7387

克胡山寨　鄜延，宋哲宗绍圣四年置

　　【宋史】18/哲宗纪 2/347；87/地理志 3/2147

　　【汇编】中六 5276、5828

克胡山新寨　又作格虎山新寨，鄜延

　　【长编标】486/11548

克胡砦　又作剋胡砦，石州

　　【宋史】86/地理志 2/2137；447/徐徽言传/13191

　　【武经总要】前集 17/8 下

　　【汇编】中三 3075；中六 5858

克胡寨　又作剋胡寨，石州

　　【长编标】154/3740；397/9672

　　【长编影】154/5 上；326/14 上；327/1 上；397/3 上

　　【宋会要】食货 22 之 7/5159

　　【香溪集】21/徐忠壮（徽言）传/1 下

　　【汇编】中三 3039；中四 4356、4357、4365；中五 4818；下 6089

克特口　宋徽宗宣和元年为泾原合熙秦兵所平

　　【初寮集】6/定功继伐碑/1 上

　　【汇编】补遗 7439

贡珠堡　秦凤

　　【安阳集】家传 7/5 上

　　【汇编】中三 3487

声塔平　鄜延，宋哲宗绍圣四年五月筑，赐名威戎

　　【长编标】487/11564；492/11680；494/11730；498/11859

　　【长编影】486/6 上、8 下；487/2 下；492/4 上；494/4 上；498/15 下

　　【宋会要】方域 18 之 7/7613

　　【皇宋十朝纲要】14/3 上

　　【汇编】中四 4387；中六 5297、5300、5337、5338、5339、5355、5397

声塔平新寨　　鄜延
　　【长编标】486/11545、11548
　　【长编影】486/6 上、8 下
　　【汇编】中六 5293、5296

苇子湾　　镇戎军
　　【武经总要】前集 18 上/23 上
　　【汇编】中一 1118、1143

花川堡　　熙河
　　【长编标】470/11229、11230；473/11281；483/
　　　11484、11485
　　【长编影】470/11 上；473/1 上；483/4 下、5
　　　下
　　【汇编】中五 5138、5139、5154

花石峁　　府谷县西十里
　　【榆林府志】4/府谷县·山/10 上、水/12 上
　　【汇编】补遗 7095、7277

花佛堡　　绥德军，宋神宗元丰二年置
　　【长编标】300/7300
　　【长编影】300/3 下
　　【汇编】中四 4104

花佛岭堡　　绥德军
　　【宋史】87/地理志 3/2150
　　【汇编】中六 5831

芦子川　　天都山
　　【长编标】243/5914
　　【长编影】243/1 下
　　【汇编】中四 3850

芦子塞　　府州
　　【长编标】67/1505
　　【长编影】67/9 上
　　【汇编】中一 1468

芦关砦　　延安府，宋太宗至道后废
　　【宋史】87/地理志 3/2146
　　【汇编】中六 5828

芦移堡　　延州
　　【宋史】87/地理志 3/2147、2148
　　【陕西通志】16/关梁 1·延安府·安塞县/27 上
　　【汇编】中六 5828、5829；补遗 7262

走马城　　庆阳府
　　【甘肃新通志】42/兵防志·塞防·庆阳府/6 上
　　【汇编】补遗 7287

赤沙川口　　庆州

赤谷　　凤翔府
　　【宋会要】食货 15 之 17/5071、19 之 8/5127

赤凫峰　　鄜延
　　【宋会要】方域 20 之 5/7653

赤坞镇　　凉州
　　【武经总要】前集 18 下/西蕃地界/9 下
　　【汇编】中一 1719

赤城镇　　宁州
　　【宋会要】食货 42 之 12/5567
　　【汇编】中一 1658

赤城镇　　渭州
　　【长编标】139/3340
　　【长编影】139/3 下
　　【宋会要】兵 27 之 29/7261、27 之 31/7262
　　【汇编】中二 2653

赤城镇　　鄜州
　　【宋会要】食货 15 之 16/5069、19 之 7/5126
　　【元丰九域志】3/114
　　【延安府志】1/诗文/47 上
　　【汇编】中二 2146；补遗 7122

赤捷谷章　　又作赤犍谷掌，麟州
　　【长编影】193/17 下

赤崖堡　　秦州三阳砦领
　　【甘肃新通志】9/舆地志·关梁·秦州直隶州/
　　　43 上
　　【汇编】补遗 7237

赤崖湫砦　　秦州成纪县
　　【宋史】87/地理志 3/2155
　　【元丰九域志】3/124
　　【汇编】中一 949；中六 5835

赤崖湫堡　　秦州三阳砦领
　　【宋史】87/地理志 3/2155

赤嵫峰堡　　鄜延，宋哲宗元符二年四月修筑
　　【长编标】509/12125
　　【长编影】509/11 下
　　【汇编】中六 5534

赤犍谷掌　　又作赤捷谷章，麟州
　　【长编标】185/4469；193/4679
　　【长编影】185/2 下
　　【宋会要】兵 27 之 41/7267
　　【汇编】中三 3224、3266

赤蒿城堡　河州，改为宁远城
【宋会要】方域 8 之 22/7451

赤蒿城　庆州
【长编标】111/2591
【长编影】111/14 上
【汇编】中一 1685

赤槁城　泾原
【宋会要】方域 8 之 27/7454

赤藁城　镇戎军，宋仁宗明道年赐名怀远城
【玉海】174/38 下
【甘肃新通志】9/舆地志·关梁·固原直隶州/
　25 下
【汇编】补遗 7255、7285

杏子河寨　延州，旧杏子河新寨，宋仁宗庆历
　二年置，宋哲宗元符元年改
【长编标】491/11659、11660、11661；498/11859
【长编影】491/12 上；498/17 上
【宋会要】方域 18 之 7/7613
【武经总要】前集 18 上/5 上
【汇编】中三 3131；中六 5325、5462

杏子河新寨　鄜延，赐名平戎寨
【宋会要】方域 18 之 22/7620

杏子城　延州
【长编标】491/11661
【长编影】491/14 下
【延安府志】2/保安县·古迹/9 下
【汇编】中六 5328；补遗 7485

杏子堡　延安府
【宋史】87/地理志 3/2147；369/刘光世传/
　11479
【汇编】中六 5828、6062；补遗 7104

杏子镇　鄜延
【龟山集】33/钱忠定公（即，字中道）墓志铭
　/13 下
【汇编】补遗 7417

杏林堡　镇戎军，宋仁宗天圣元年筑，改名天
　圣砦
【宋会要】方域 18 之 20/7619
【汇编】中一 1628

李子砦　秦州清水县冶坊堡管
【宋史】87/地理志 3/2155
【汇编】中六 5835

李子堡　秦州清水县冶坊堡管
【宋史】87/地理志 3/2155
【元丰九域志】3/124
【甘肃新通志】9/舆地志·关梁·秦州直隶州·
　清水县/45 下
【汇编】中一 985、1568；补遗 7334

李子寨　秦州清水县冶坊堡管
【宋会要】方域 20 之 16/7658
【汇编】中四 3843

李内彭　又作李诺平，兰州，宋哲宗元祐七年
　筑，赐名定远城
【长编标】446/10729；460/10997
【长编影】446/1 上；460/1 上；470/11 下；
　473/1 上、7 上
【汇编】中五 5035、5069、5137、5138、5152、
　5155

李村　宁州
【宋会要】食货 42 之 12/5567
【汇编】中一 1658

李武堡　德顺军
【武经总要】前集 18 上/24 下
【汇编】中一 1666

李家堡　镇戎军
【宋史】87/地理志 3/2159
【汇编】中六 5838

李诺平　又作李内彭，兰州，宋哲宗元祐七年
　筑，本龛谷砦，废之，改筑定远城
【宋史】87/地理志 3/2166；303/范育传/10051；
　332/穆衍传/10691；335/种谊传/10749；
　486/夏国传下/14016
【长编标】467/11155、11164、11165；470/
　11229；473/11279、11286
【长编影】467/9 下、17 下
【宋会要】方域 20 之 14/7657
【汇编】上 82；中五 4965、5021、5113、5114、
　5115、5118、5151、5253、5840

李诺坪　兰州，宋哲宗元祐七年筑，本龛谷砦，
　废之，改筑定远城
【甘肃新通志】13/舆地志·古迹·兰州府·金
　县/4 上
【汇编】补遗 7376

李厮坚谷口　湟州，宋哲宗元符元年置，名通

会堡
【宋会要】方域 20 之 15/7658
【汇编】中六 5463

来川　廓州
【长编纪事本末】140/8 下
【汇编】中六 5775

来平砦　绥德军
【宋史】87/地理志 3/2149
【汇编】中六 5830

来同堡　河州，旧名甘扑堡，宋徽宗崇宁三年
筑，赐名来同堡
【宋史】87/地理志 3/2163、2168
【汇编】中六 5808、5938

来远砦　府州
【武经总要】前集 17/16 下
【汇编】中一 926

来远砦　秦凤，新筑大、小落门二寨为安边、
来远
【宋史】191/蕃兵/4753
【宋会要】食货 19 之 8/5127
【武经总要】前集 18 上/27 下、29 上、30 下
【汇编】中一 932、1032、1525、1613；中三
3396

来远寨　丰州
【长编标】195/4732
【长编影】195/14 上
【司马文正公集】8/章奏 6/12 上
【汇编】中三 3280

来远寨　秦州
【长编标】141/3387
【长编影】141/14 上
【安阳集】家传 7/5 上
【汇编】中二 2728；中三 3487

来远寨　秦凤，新筑大、小落门二寨为安边、
来远
【长编标】91/2104；103/2390；470/11232
【长编影】91/7 下；103/15 上；470/11 上
【武经总要】前集 18 上/31 上
【汇编】中一 1589、1642；中五 5140

来远寨　秦凤路通远军，宋真宗天禧元年置，
宋神宗熙宁七年废
【宋史】87/地理志 3/2155、2164

【宋会要】方域 18 之 9/7614
【元丰九域志】3/139
【汇编】中一 1588；中六 5783、5835

来远镇　陇州
【宋会要】食货 19 之 8/5127

来远镇　秦凤，原南栅店
【宋会要】方域 12 之 15/7527

来远镇　巩州
【宋史】40/宁宗纪 4/775；87/地理志 3/2164
【金史】14/宣宗纪上/318；134/西夏传/2873
【甘肃新通志】9/舆地志·关梁·巩昌府·宁远
县/36 下
【汇编】上 132；下 6843、6864、6865；补遗
7478

来羌城　河州，宋徽宗崇宁三年王厚收复
【宋史】32/高宗纪 9/608；87/地理志 3/2163、
2167
【长编纪事本末】139/17 上；140/8 上
【系年要录】197/3323
【甘肃新通志】13/舆地志·古迹·兰州府·河
州/8 下
【汇编】中 六 5749、5773、5808、5937；下
6608、6680；补遗 7408

来宾城　秦凤，以舡当川置
【宋会要】方域 8 之 21/7451

来宾城　乐州，宋徽宗崇宁三年舡当城赐名
【宋史】86/地理志 3/2166、2167
【长编纪事本末】139/8 下、14 下、17 上、17
下、18 上、18 下、19 上、20 上；140/8 上
【宋会要】兵 9 之 5/6908
【汇编】中六 5728、5733、5745、5749、5750、
5751、5752、5753、5754、5773、5784、
5859、5937

扶风店　醴州，改为长宁镇
【宋会要】方域 12 之 20/7529

抚宁　鄜延
【宋会要】方域 8 之 27/7454

抚宁和市场　横山山界
【长编标】130/3084；131/3093
【长编影】130/6 上；131/1 上
【汇编】中二 2161、2178

抚宁城　绥德军，宋神宗熙宁四年赵璞置

【宋史】330/张景宪传/10622；486/夏国传下/
14008、14009

【长编标】219/5330

【长编影】219/9 上

【陕西通志】17/关梁 2·绥德州/45 上

【汇编】上 74；中三 3652、3663、3681；补遗
7378

抚宁砦　绥州

【宋史】275/田仁朗传/9380

【汇编】中一 1020

抚宁堡　绥德军，宋神宗熙宁四年置

【宋史】15/神宗纪 2/279；87/地理志 3/2147；
315/韩绛传/10303

【长编标】219/5320、5330；220/5356；221/5368、
5369、5385、5388、5389、5390、5391；222/
5413；225/5477

【长编影】219/1 上、3 下；220/20 上；221/20
上；222/14 上；225/9 上

【长编纪事本末】139/14 下

【汇编】中三 3645、3649、3665、3674、3687、
3688、3691、3711；中六 5744、5828

抚宁寨　绥德军，宋神宗熙宁四年种谔取

【范太史集】40/检校司空左武卫上将军郭公墓
志铭/12 下

【汇编】中三 3676

折姜会　又作戬章会，环州

【长编标】509/12129；513/12199

【东都事略】61/种诂传/4 上

【汇编】中三 3493

护水砦　火山军

【宋史】86/地理志 2/2137

【汇编】中六 5827

把京玉　又作巴珍旺，兰州西关堡近西，可系
桥通路，直入邈川

【长编标】516/12272

把拶公原　积石军

【宋史】87/地理志 3/2169

【汇编】中六 5855

把拶宗城　熙河湟水南

【宋史】87/地理志 3/2167

【长编纪事本末】139/3 上、4 下、5 下、8 下、
9 上

【汇编】中六 5726、5729、5731、5732、5733、
5937

连城　西宁城俗名，章粢筑

【甘肃新通志】13/舆地志·古迹·巩昌府·会
宁县/17 下

【汇编】补遗 7387

步驼沟　麟府

【长编标】133/3172

【长编影】133/11 上

坚博　熙河

【长编标】324/7805

【长编影】324/9 上

【汇编】中四 4324

吹龙城　河州

【元丰九域志】3/134

【汇编】中四 3915

吹龙寨　兰州，宋神宗元丰四年置

【宋史】87/地理志 3/2165

【长编标】333/8024

【长编影】333/10 下

【宋会要】食货 43 之 3/5574

【汇编】中四 4469、4470；中六 5840

吹东龙堡　秦凤，宋神宗元丰五年以通西寨改

【宋会要】方域 18 之 30/7624

【汇编】中四 4460

吹莽城　又作吹麻城，故渭州

【长编影】88/3 上；91/11 上、12 下

【汇编】中一 1567、1590、1591

吹鄂特川　熙河兰会

【长编标】493/11715

【长编影】493/19 下

【汇编】中六 5347

吹麻城　又作吹莽城，故渭州

【宋史】258/曹玮传/8986；492/吐蕃传/14159、
14161

【长编标】88/2013；91/2108、2110

【汇编】中一 1555、1560、1590

吹藏堡　秦州，宋神宗熙宁元年置

【宋史】87/地理志 3/2154

【长编标】472/11268

【长编影】472/9 下

【宋会要】方域 20 之 14/7657

4459、4487、4490、4515；中五 4566、4567、
4587、4599、4602、4603、4662、4664、
4703、4708、4731、4742、4766、4769、
4802、4803、4812、4813、4955、4962、
4988、5071、5077、5202、5229、5250；中
六 5585、5589、5825、5858；下 7008；补遗
7097、7353、7487、7489、7490、7491

足永镇　延州
【宋会要】食货 22 之 1/5156

围罗　又作罗韦，永乐埭
【长编影】328/5 上
【汇编】中四 4387

园林驿　即园林堡，宋仁宗庆历五年置
【陕西通志】16/关梁 1·延安府·保安县/29 下
【汇编】补遗 7298

园林堡　保安军，宋仁宗庆历五年置
【宋史】87/地理志 3/2147、2148；191/蕃兵条/
4753
【宋会要】食货 40 之 2/5509；方域 20 之 4/
7526；兵 28 之 39/7289
【武经总要】前集 18 上/6 上
【元丰九域志】3/121
【陕西通志】16/关梁 1·延安府·保安县/29 下
【汇编】中三 3074、3131、3397；中五 5254、
5255；中六 5828、5829；补遗 7298

园林寨　鄜延
【宋会要】兵 28 之 11/7275、28 之 40/7289

里罗节砚　环州，木瓜堡北至界堠里罗节砚五
里
【宋史】87/地理志 3/2152
【汇编】中六 5833

利威堂　熙河
【甘肃新通志】14/建置志·城池/13 下
【汇编】补遗 7404

利亭镇　阶州
【宋会要】食货 15 之 19/5072、19 之 9/5127
【甘肃新通志】9/舆地志·关梁·阶州直隶州/
49 上
【汇编】补遗 7475

乱山子　西安州
【大金吊伐录】4/139
【汇编】下 6094

伯鱼城　清远军
【宋史】277/郑文宝传/9426、9427
【玉壶清话】8/9 上
【汇编】中一 1090、1091

伺候峰　麟州
【长编标】133/3179；185/4469
【长编影】133/17 上；185/2 下
【宋会要】兵 27 之 41/7267
【汇编】中三 3224、3266

伺堠烽　麟府
【长编标】193/4679
【长编影】193/17 上
【汇编】中三 3272

佛口城　定边军，宋徽宗政和六年四月筑
【宋史】335/种师道传/10750
【汇编】中六 5896

佛口砦　鄜延
【宋史】364/韩世忠传/11355
【汇编】中六 5914

佛空平　原州
【长编标】139/3340
【长编影】139/3 下
【宋会要】兵 27 之 29/7261、27 之 31/7262
【安阳集】家传 7/5 上
【范文正公集】年谱补遗/19 下
【汇编】中二 2652；中三 3017、3487

佛空坪堡　镇远县西北，宋仁宗庆历中修筑
【甘肃新通志】42/兵防志·塞防·泾州直隶州/
4 下
【汇编】补遗 7287

佛堂谷　环州
【宋会要】食货 19 之 8/5127

佛堂堡　绥德军，宋仁宗庆历二年置
【宋史】87/地理志 3/2150；323/周美传/10458
【长编标】135/3238
【长编影】135/22 下
【陕西通志】16/关梁 1·延安府·安定县/28 下
【汇编】上 233；中六 5831；补遗 7304

伽罗　又作乱罗，熙河
【长编标】514/12214
【长编影】491/7 下；495/17 上、20 上；514/6
上

【汇编】中六 5325、5371、5372、5374

伽罗总堡　又作虮洛宗堡，熙州。"总"、"宗"
为吐蕃语，义为"城、堡、寨"

【长编影】329/3 下；331/14 上

【甘肃新通志】9/舆地志·关梁·兰州府·皋兰
县/3 下

【汇编】中四 4454；补遗 7352

皂郊堡　秦州，木榷场也

【甘肃新通志】9/舆地志·关梁·秦州直隶州/
43 下

【汇编】补遗 7477

近湫堡　秦州三阳砦领

【甘肃新通志】9/舆地志·关梁·秦州直隶州/
43 上

【汇编】补遗 7237

余丁城　宋徽宗崇宁五年二月筑，赐名镇西

【皇宋十朝纲要】16/15 下

【汇编】中六 5812

谷藏堡　熙河路岷州，曾隶通远军

【长编标】252/6180

【长编影】252/28 下

【宋会要】方域 20 之 1/7651

【甘肃新通志】9/舆地志·关梁·巩昌府·岷州
/38 下

【汇编】中四 4087；补遗 7337

坐交砦　秦州清水县领

【宋史】87/地理志 3/2155

【元丰九域志】3/124

【汇编】中一 964；中六 5835

坐交堡　秦州清水县弓门寨领

【宋史】87/地理志 3/2155

狄青寨　保安县城西八十里

【延安府志】2/保安县·关梁/8 下

【汇编】补遗 7259

狄道城　宋置镇洮军，更名熙州

【甘肃新通志】13/舆地志·古迹·兰州府·狄
道州/4 上

【汇编】补遗 7333

彤撒城　又作刁撒城，河州

【宋史】87/地理志 3/2163

【长编标】517/12307

【汇编】中六 5808

龟儿镇　熙河安西城管下

【宋史】87/地理志 3/2155

【汇编】中六 5835

龟儿觜镇　定西东至龟儿觜镇六十五里

【宋史】87/地理志 3/2164

【汇编】中六 5783

床川寨　又作状川寨，岷州，宋神宗熙宁七年
置

【宋史】193/召募之制/4802；198/兵志 12/4942

【长编标】265/6485；296/7214

【长编影】265/1 上

【宋会要】食货 2 之 5/4827、22 之 3/5157

【甘肃新通志】9/舆地志·关梁·巩昌府·岷州
/38 下

【汇编】中四 3993、4088、4117；补遗 7335

床地掌　又作创迪章、状地掌，泾原

【宋会要】方域 18 之 6/7612

【长编标】487/11566；494/11757、11795、11796；
496/11799

【长编影】494/27 上

【汇编】中六 5275、5365

应接堡　震武军，宋徽宗政和六年赐名大同堡

【宋史】87/地理志 3/2169

【汇编】中六 5899

庐布津场　阶州

【宋会要】食货 15 之 19/5072

怀宁砦　又作怀宁寨，故长宁寨也，庆历中重
修，赐名怀宁砦

【宋史】87/地理志 3/2147、2148、2149；176/
屯田/4268；253/折御卿传/8865；349/贾逵
传/11052、燕达传/11056；350/张蕴传/
11087

【长编标】221/5390；225/5495；232/5630；275/
6730；331/7987；342/8227；518/12335

【长编影】221/22 上；225/23 上；232/4 上；
275/10 上；327/1 上；331/18 下；342/8 上；
518/17 上

【宋会要】职官 66 之 20/3878；食货 2 之 4/
4827、15 之 15/5070、22 之 1/5156、63 之
76/6024；兵 18 之 3/7059、28 之 1/7275；方
域 5 之 41/7403

【类范】78/1021

【武经总要】前集 18 上/3 上

【元丰九域志】3/108

【范太史集】40/检校司空左武卫上将军郭公
（逵）墓志铭/8 下、9 上

【陕西通志】17/关梁 2·绥德州·清涧县/48 下

【汇编】上 174、240；中三 3130、3454、3474、
3476、3537、3622、3684、3713；中四 3759、
3760、4009、4020、4366、4456；中五 4552；
中六 5651、5828、5830；下 7006；补遗 7280

怀戎堂 熙河

【甘肃新通志】14/建置志·城池/13 下

【汇编】补遗 7404

怀戎堡 秦凤，宋徽宗崇宁二年筑打绳川赐名

【宋史】87/地理志 3/2159、2160；350/郭成传/
11085

【汉滨集】15/故客省使雄州防御使泾原路兵马
钤辖兼第十一将郭公（成）行状/19 下

【陇右金石录】3/65 下

【甘肃新通志】14/建置志·城池/13 下

【汇编】上 239；中六 5838、5839；补遗 7402、
7404、7418、7419

怀安砦 庆阳府

【宋史】273/李允正传/9340

【汇编】中一 1306

怀安路 庆州

【长编标】131/3115

【长编影】131/20 下

怀安寨 庆州

【金史】134/西夏传/2865

【长编标】327/7865、7885；434/10469

【长编影】327/1 下、19 上；434/13 下

【汇编】上 133

怀安镇 庆州

【长编标】78/1777；214/5195

【长编影】78/7 下；214/3 上

【汇编】中一 1509

怀远 泾原

【宋会要】兵 4 之 18/6829

怀远城 泾原，宋仁宗明道元年筑

【宋史】87/地理志 3/2159；312/韩琦传/10222；
324/任福传/10506；335/种谔传/10745；
485/夏国传上/13996

【长编标】111/2591；131/3100

【长编影】111/14 上；131/7 上

【玉海】174/38 下

【宋会要】方域 8 之 27/7454

【武经总要】前集 18 上/25 上

【安阳集】家传 2/4 上

【河南先生文集】3/悯忠/4 下

【容斋四笔】12/11 下

【甘肃新通志】9/舆地志·关梁·平凉府·静宁
州/22 下、固原直隶州/25 下

【隆德县志】4/考证/64 上

【汇编】上 64；中一 1666、1685；中二 2189、
2201、2214、2241；中三 3445；中六 5838；
补遗 7255、7270、7271、7272、7285

怀远砦 德顺军

【宋史】87/地理志 3/2158

怀远砦 又作怀远寨，泾原

【宋史】17/哲宗纪 1/333；87/地理志 3/2158、
2160

【长编标】485/11524；487/11566；496/11797

【长编影】485/4 下；487/2 下；496/4 上

【宋会要】兵 4 之 17/6828；方域 18 之 6/7612、
19 之 14/7632

【东都事略】61/种谔传/4 下

【涑水记闻】12/11 下

【甘肃新通志】9/舆地志·关梁·固原直隶州/
25 下

【汇编】中二 2197；中三 3446；中六 5271、
5275、5281、5299、5376、5380、5756、
5837、5850；补遗 7285

怀来堡 府州

【武经总要】前集 17/15 下

【汇编】中一 925

怀羌城 河州

【宋史】87/地理志 3/2163、2167

【长编纪事本末】140/8 上

【汇编】中六 5773、5807

怀和城 泾原

【皇宋十朝纲要】16/13 上

【汇编】中六 5796

怀和砦 西宁州

【宋史】86/地理志 3/2168

【汇编】中六 5854

怀和寨　又作怀和砦，积石军
【宋史】87/地理志3/2166、2169
【宋会要】兵4之25/6832
【皇宋十朝纲要】16/12下
【汇编】中六5790、5855

怀威堡　庆州
【宋史】87/地理志3/2151、2152
【汇编】中六5833

怀德城　怀德军
【金史】91/庞迪传/2012
【三朝北盟会编】61/1上
【汇编】中六6053；下6255

闰西镇　凤翔府
【宋会要】食货19之8/5127

冷水泉砦　秦州成纪县
【宋史】87/地理志3/2154
【汇编】中六5835

冶方寨　又作冶坊寨，秦凤
【长编影】88/14上
【汇编】中一1572

冶坊堡　秦州
【宋史】87/地理志3/2155
【宋会要】兵27之19/725；方域20之16/7658
【甘肃新通志】9/舆地志·关梁·秦州直隶州·
　清水县/45下
【汇编】补遗7334

冶坊寨　又作冶方寨，秦州清水县
【宋史】87/地理志3/2155；191/兵志5/4752；
　258/曹玮传/8986；492/吐蕃传/14160
【长编标】87/1992；88/2026；90/2068；132/
　3142
【长编影】87/4上；90/1下；132/17上
【宋会要】食货15之18/5071；兵27之19/
　7256、28之3/7271
【武经总要】前集18上/29上、29下、32下
【元丰九域志】3/124
【汇编】中一964、985、1553、1555、1581、
　1582；中二2295；中三3075、3396、3443；
　中四3843、4011；中六5835

冶坊镇　秦州
【甘肃新通志】13/舆地志·古迹·秦州直隶州
　·清水县/24上

【汇编】补遗7334

沙井岭　丰州
【元丰九域志】4/175
【汇编】中三3301

沙克朔勒　又作沙黍浪，麟府
【长编影】185/10上

沙宁浪　河东
【宋会要】方域21之12/7667
【汇编】上44

沙谷砦　河东
【宋史】1/太祖纪1/5；253/折德扆传/8861；
　483/北汉刘氏世家/13934
【东都事略】28/1上
【汇编】上170、178；中一924

沙谷寨　原属北汉，折德扆破之
【长编标】1/16
【长编影】1/14上
【汇编】中一923

沙阿寨　又作奢俄寨，丰州界
【长编影】193/17下；294/8上

沙威牌　又作"蛇尾"，府州
【长编影】193/17上
【汇编】中三3272

沙黍浪　又作沙鼠浪、沙克朔勒，麟府
【宋史】326/郭恩传/10522
【长编标】185/4477
【汇编】中三3228

沙鼠浪　又作沙黍浪，麟州
【宋史】485/夏国传上/14001
【汇编】上68

沙滩砦　阶州
【宋史】326/李渭传/10529
【甘肃新通志】9/舆地志·关梁·阶州直隶州/
　49下
【汇编】中一1665；补遗7474

沙滩寨　阶州
【宋会要】方域18之23/7621
【河南先生文集】15/故金紫光禄大夫检校右散
　骑常侍李公（渭）墓志铭/12上
【汇编】中一1664

汾水镇　鄜延
【宋会要】方域12之15/7527

没宁浪　又作牟尼拉，丰州南，西夏欲以此为
　　界
【长编标】185/3847
【文恭集】36/宋故宣徽北院使赠太尉文肃郑公
　　（戬）墓志铭/438
【汇编】中三 3005

没烟口　宋哲宗元符元年五月筑通峡寨于此
【长编标】321/7752；328/7902；500/11906
【长编影】321/12 下；328/11 上；500/6 下
【宋会要】兵 28 之 25/7282、28 之 27/7283
【汇编】中四 4283、4376；中六 5418

没烟前口　宋哲宗绍圣四年章楶进筑
【长编标】494/11758
【长编影】494/28 下
【宋会要】方域 19 之 16/7633
【汇编】中六 5366

没烟前峡　熙宁寨对境，宋哲宗绍圣五年五月
　　二十二日进筑，以通峡寨为名
【宋史】87/地理志 3/2160
【长编标】494/11758；495/11781；496/11811；
　　497/11817、11835；498/11851、11854、
　　11862；499/11871、11881、11893；500/
　　11906；504/12008
【长编影】494/28 下；495/15 下；496/18 上；
　　497/1 下、17 下；498/9 下、12 下、19 下；
　　499/1 上、9 上、21 下；500/6 下；504/8 上
【宋会要】方域 18 之 24/7621、19 之 14/7632、
　　19 之 16/7633
【汇编】中六 5271、5367、5370、5384、5386、
　　5393、5395、5400、5406、5449、5463、5849

没烟前峡口　宋哲宗元符元年二月二十四日于
　　此进筑
【长编标】494/11756、11757
【长编影】494/26 上、27 下
【汇编】中六 5364、5365

没烟前峡山寨　宋哲宗元符元年六月筑，赐名
　　通峡
【皇宋十朝纲要】14/4 下
【汇编】中六 5401

没烟后峡　泾原
【宋史】87/地理志 3/2160
【长编标】491/11666；494/11752、11757、11758；

495/11787；498/11854、11862；499/11871、
　　11881、11893；500/11906；504/12008
【长编影】491/15 上；494/13 下、27 下、28
　　下；495/15 下；498/12 下、19 下；499/1
　　上、9 上、19 下、21 下；500/6 下；504/8 上
【宋会要】方域 8 之 26/7453、18 之 6/7612、19
　　之 15/7633、19 之 16/7633
【皇宋十朝纲要】14/4 下
【汇编】中六 5331、5362、5365、5366、5370、
　　5395、5400、5401、5406、5410、5411、
　　5418、5449、5462、5849

没烟后峡寨　泾原路筑
【长编标】499/11892
【长编影】499/20 上

没烟峡寨　宋哲宗绍圣中泾原进筑
【长编标】485/11522
【长编影】485/5 下
【汇编】中六 5279

没烟寨　宋哲宗绍圣中泾原路筑
【长编标】485/11527
【长编影】485/9 上

没烟后寨　泾原路德顺军，改为荡羌寨
【宋会要】方域 18 之 6/7612

状川寨　岷州，又作床川寨
【长编影】296/18 上

状地掌　又作床地掌、创迪章，泾原
【长编影】494/27 下

羌城堡　原州绥宁砦领
【宋史】87/地理志 3/2158
【汇编】中六 5837

灾竿堡　秦凤
【范文正公集】遗文/9 上
【汇编】中五 4908

诃诺城　吐蕃
【甘肃新通志】13/舆地志·古迹·兰州府·河
　　州/8 上
【汇编】补遗 7338

社家掌　环州
【宋会要】食货 19 之 8/5127

启祖峰　庆州
【宋史】87/地理志 3/2152
【汇编】中六 5832

良乜　又作稜美，鄜延
　　【长编标】328/7895

良恭镇　岷州长道县
　　【宋会要】食货 22 之 3/5157；方域 12 之 15/
　　　7527

良恭镇　秦州，后改属岷州
　　【武经总要】前集 18 上/31 下、32 上
　　【甘肃新通志】13/舆地志·古迹·秦州直隶州
　　　·礼县/24 下
　　【汇编】中一 1008、1613；补遗 7238

良辅镇　同州
　　【宋会要】食货 15 之 16/5069

张义堡　镇戎军，宋神宗熙宁五年十二月筑
　　【宋史】87/地理志 3/2158
　　【长编标】241/5888；290/7088
　　【长编影】241/13 下；290/3 下
　　【宋会要】礼 20 之 116/822；食货 15 之 19/
　　　5072、22 之 4/5157；方域 20 之 10/7655
　　【元丰九域志】3/137
　　【汇编】中四 3831、3841、4074；中六 5342、
　　　5837

张村　宁州
　　【宋会要】食货 42 之 12/5567
　　【汇编】中一 1658

张村　泾州
　　【长编标】139/3340
　　【长编影】139/4 上
　　【宋会要】兵 27 之 29/7261、27 之 32/7262
　　【汇编】中二 2653

张都衙　鄜延
　　【长编标】492/11681
　　【长编影】492/5 上

张家堡　镇戎军，宋仁宗康定前筑
　　【宋史】325/任福传/10507、武英传/10509；
　　　485/夏国传上/13996
　　【长编标】131/3100、3102
　　【长编影】131/37 下、9 上
　　【安阳集】家传 2/4 上
　　【隆德县志】4/考证/64 上
　　【汇编】上 64；中二 2194、2202；补遗 7272

张崏堡　原州靖安县
　　【宋会要】方域 20 之 11/7656

【宋史】87/地理志 3/2162
　　【汇编】中六 5837

灵平城
　　【长编标】485/11527
　　【长编影】485/9 上
　　【汇编】中六 5287

灵平砦　泾原，又作灵平寨，即好水寨，宋神
　　宗元丰四年筑
　　【金史】15/宣宗纪中/342
　　【宋史】18/哲宗纪 2/347；85/地理志 1 序/
　　　2096；87/地理志 3/2158、2160、2161；328/
　　　章楶传/10589；348/钟传传/11037
　　【长编标】486/11545；487/11565；491/11662；
　　　493/11711；499/11894；503/11983；504/
　　　12009；505/12029；508/12079、12110；514/
　　　12211；519/12342
　　【长编影】486/6 上；487/2 下；491/12 上、15
　　　上；493/15 上；499/19 下；503/6 上、12
　　　上；504/8 上；505/2 下；508/1 上、12 上；
　　　514/11 上；519/1 下
　　【宋会要】职官 67 之 29/3902；方域 18 之 12/
　　　7615
　　【汉滨集】15/故客省使雄州防御使泾原路兵马
　　　钤辖兼第十一将郭公（成）行状/17 上
　　【汇编】中四 4126；中六 5285、5288、5292、
　　　5293、5294、5295、5298、5299、5326、
　　　5328、5331、5345、5365、5411、5437、
　　　5441、5448、5450、5466、5510、5512、
　　　5519、5582、5640、5654、5837、5849、
　　　5850、5913；下 6857；补遗 7378

灵平镇　泾原
　　【长编标】494/11757
　　【长编影】494/27 上
　　【汇编】中六 5365

灵州川　灵州
　　【宋史】253/折可适传/8867；348/钟传传/
　　　11037
　　【皇宋十朝纲要】16/11 下
　　【汇编】中六 5782、5791

灵林　泾原，安泊招纳到西界生口
　　【宋会要】兵 17 之 6/7040

灵信镇　同州延祥镇
　　【宋会要】方域 12 之 15/7527

尾丁硙　折可适破夏于此

【宋史】253/折可适传/8881

【汇编】上175

阿干堡　兰州，宋神宗元丰六年置

【宋史】87/地理志3/2162、2165

【宋会要】方域20之4/7526

【元丰九域志】3/135上

【甘肃新通志】9/舆地志·关梁·兰州府·皋兰
　　县/2下；13/舆地志·古迹·兰州府·皋兰
　　县/2下

【汇编】中四4294；中六5839、5840；补遗
　　7255、7353

阿干水　兰州

【宋史】87/地理志3/2165

【汇编】中六5840

阿尔　又作安二，唃厮啰境内

【长编影】117/17下

【汇编】中一1713

阿纳城　又作踏白城，熙河，改名定羌城

【长编标】245/5950；252/6179

【长编影】244/13下；245/1上；246/5上；
　　247/16下；252/27下

【汇编】中四3866、3867、3868、3876、3900、
　　3948

阿都关砦　鄜延

【宋史】253/李继周传/8870

【陕西通志】16/关梁1·延安府·安塞县/25下

【汇编】上221；补遗7235

阿原烽　环州，改为阿原堡

【宋史】87/地理志3/2152

【宋会要】方域20之8/7654

【汇编】中四5833；下7013

阿原堡　环州通远县

【宋史】87/地理志3/2152

【宋会要】方域20之8/7654

【汇编】中六5833；下7013

阿翁寨　河东，改为仁孝寨

【宋会要】方域18之4/7526

阿诺　吐蕃

【宋史】492/唃厮啰传/14162

【汇编】中三3385

阿密阿特城　又作阿密鄂特城，吐蕃

【甘肃新通志】13/舆地志·古迹·兰州府·皋
　　兰县/2上

【汇编】补遗7395

阿密鄂特城　又作阿密阿特城，吐蕃

【长编影】516/7上、8上；517/2下

【汇编】中六5611、5612、5631

陇干城　渭州，宋仁宗庆历三年以城置德顺军

【甘肃新通志】13/舆地志·古迹·平凉府·静
　　宁州/10下

【隆德县志】3/表传/2下

【汇编】补遗7270、7291

陇山堡　泾原

【长编标】53/1170

【长编影】53/14下

陇西寨　陇州

【长编标】271/6653

【长编影】271/18下

陇西镇　秦凤，原安边寨

【宋会要】方域12之15/7527

陇西镇　陇州

【长编标】271/6653

【长编影】271/18下

陇朱　董毡遣兵击夏国处

【长编标】316/7637

【长编影】316/1上

【宋会要】方域19之18/7634；蕃夷6之16/
　　7826

陇朱寨　邈川附近

【宋会要】方域19之18/7634

【汇编】中六5686

陇朱黑城　又作隆珠黑城，乐州，宋哲宗元符
　　二年收复，三年赐名安陇砦

【宋史】87/地理志3/2167；350/王瞻传/11070

【长编标】514/12217；516/12289

【长编影】516/20下

【长编纪事本末】139/9上

【汇编】中六5568、5622、5733、5937

陇州城　陇州

【涑水记闻】11/5下

【汇编】中二2816

陇阳城　秦州，宋神宗熙宁四年置

【宋史】87/地理志3/2155

【宋会要】方域 20 之 10/7655

【元丰九域志】3/123

【汇编】中三 3644、3736；中六 5835

陇阳堡　秦州

【长编标】472/11268

【长编影】472/9 下

【宋会要】食货 19 之 8/5127；方域 20 之 10/7655

【汇编】中五 5150

陇阪　陇州

【甘肃新通志】8/舆地志·形胜·平凉府·静宁州/5 上

【彭城集】21/知京师张祐可知陇州制/294、皇城使孙昭谏可差知陇州制/299

【汇编】补遗 7249、7469

陇宗　又作罗觜，环庆

【宋史】49/姚兕传/11058

【长编影】509/14 下

【汇编】中四 3940；中六 5536

陇城　秦州

【宋会要】食货 15 之 18/5071

陇城川堡　秦州

【长编标】145/3513；149/3607；155/3772

【长编影】145/17 下；149/9 下、10 上；155/14 上

【宋会要】礼 62 之 39/1714；方域 20 之 3/7652、27 之 33/7263

【汇编】中三 3051、3074

陇城砦　秦凤

【宋史】191/蕃兵/4752

【武经总要】前集 18 上/25 下、32 下

【汇编】中二 2836；中三 3075、3396

陇城寨　秦州，宋仁宗庆历五年五月置

【宋会要】方域 18 之 25/7622

【陇右金石录】3/48 上

【甘肃新通志】9/舆地志·关梁·秦州直隶州·秦安县/44 上

【汇编】补遗 7374、7477

陇竿城　宋真宗天禧中曹玮筑，渭州

【甘肃新通志】8/舆地志·形胜·平凉府·静宁州/5 上

【汇编】补遗 7249

陇诺城　秦凤

【奏议标】140/苏辙·上哲宗论不可失信夏人/1582

【奏议影】140/苏辙·上哲宗论不可失信夏人/4864

陇诺堡　秦州，宋神宗熙宁元年置

【宋史】87/地理志 3/2155；339/苏辙传/10832；342/王严叟传/10895

【长编标】460/10995、10996、11000；467/11165；473/7 上

【长编影】467/17 下；470/11 上；473/6 下

【宋会要】方域 20 之 14/7657

【元丰九域志】3/123

【龙川略志】635

【汇编】中三 3519、3644；中五 5074、5083、5115、5138、5155、5202；中六 5835

妙娥　陇州

【宋会要】食货 19 之 8/5127

妙敦　熙河

【宋史】258/曹玮传/8986

【汇编】中一 1555

邵寨镇　邻州

【元丰九域志】3/113

【汇编】中四 4062

努扎　又作努札、汝遮，熙河定西城附近

【长编标】442/10636；446/10729；452/10845、10846、10847；460/10996；462/11042、11044

【长编影】331/14 上；442/6 上；446/1 上；452/3 上；460/1 上；462/11 上；466/3 上；470/7 下、11 上；473/1 上、6 下；479/10 上；483/4 下、5 下

【栾城后集】13/颍滨遗老传下/11 上

【汇编】中四 4455；中五 4992、5035、5047、5048、5049、5068、5069、5081、5082、5100、5135、5137、5138、5139、5140、5141、5152、5153，5154、5155、5200

努扎川　又作努札川、汝遮川，熙河

【长编影】331/14 下

【汇编】中四 4454

努扎堡　又作汝遮堡，熙河定西城附近

【长编影】323/14 上；331/14 上

【汇编】中四4454

努扎岘堡　又作汝遮岘堡，熙河
【长编影】470/11 上；473/1 上
【汇编】中五5138、5139、5154

努札川　又作努扎川、汝遮川，熙河
【长编影】329/3 下

鸡川　原州靖安堡
【宋会要】方域20 之 11/7656

鸡川堡　原州靖安领
【宋史】87/地理志 3/2158
【元丰九域志】3/133
【汇编】中三3075；中六5837

鸡川寨　秦州，宋神宗熙宁八年闰四月置
【宋会要】食货29 之 14/5314
【汇编】中四3991

鸡川寨　秦州，宋英宗治平四年置
【宋史】87/地理志 3/2158；331/马仲甫传/
　　10647
【长编标】350/8388；477/11353；490/11624
【长编影】340/13 上；350/7 上；477/1 上；
　　490/7 上
【宋会要】兵28 之 2/7270、28 之 3/7271；方域
　　18 之 11/7615、19 之 3/7627、20 之 6/7653、
　　20 之 17/7659
【玉海】174/37 上
【安阳集】家传7/5 上
【范太史集】40/检校司空左武卫上将军郭公墓
　　志铭/7 上
【范文正公集】遗文/9 上
【甘肃新通志】13/舆地志·古迹·秦州直隶州
　　·秦安县/23 下
【汇编】中三3424、3426、3427、3443、3486、
　　3498；中四4531；中五4612、4908、5178；
　　中六5835；补遗7320

鸡觜堡　定边军
【宋史】87/地理志 3/2154
【汇编】中六5494

鸡觜堡　环州
【宋史】87/地理志 3/2152
【汇编】中六5833

纳木萨勒宗城　河州
【长编标】252/6180

【长编影】252/27 下
【汇编】中四3949

纳木囊　又作那娘，横山
【长编影】494/4 下、5 上

纳木囊山新寨　又作那娘山新寨，鄜延，宋哲
　　宗元符元年赐名珍羌寨
【长编影】498/6 下
【汇编】中六5391

纳本城　宗哥大首领等献
【宋会要】蕃夷6 之 33/7835

纳叶　熙河兰会
【长编标】442/10636；452/10845
【长编影】442/6 上；452/4 上

纳克密　熙河兰会
【长编标】446/10729；479/11411
【长编影】446/1 上；479/10 上

纳克垒城　又作纳克叠城，熙河
【长编标】248/6063

纳克叠城　又作纳克垒城，熙河
【长编影】248/23 下
【汇编】中四3911

纳克隆川　又作捺龙川，泾原
【长编影】131/7 下

纳述堡　秦州清水县
【宋史】87/地理志 3/2155
【汇编】中六5835

纳迷山丹堡　秦凤
【宋会要】兵28 之 4/7271

纳迷川堡　熙河兰岷路
【宋会要】方域20 之 19/7660
【汇编】中五5234

纳迷城　又作纳克密，兰州
【长编标】479/11411
【长编影】479/10 上
【汇编】中五5198

纳迷砦　兰州至通远、定西之间
【宋史】486/夏国传下/14016
【汇编】上82

纳迷堡　秦州，宋神宗熙宁三年废，正系秦州
　　入古渭寨经直大路
【宋史】332/游师雄传/10689；337/范百禄传/
　　10793

【长编标】466/11130；470/11229、11231、11232、11233；473/11279、11280、11281、11286；483/11484、11485

【长编影】466/4 下；467/17 下；470/11 上；473/1 上、6 下；483/4 下、5 下

【宋会要】方域 8 之 22/7451、20 之 2/7651、20 之 7/7654

【皇宋十朝纲要】13/4 上

【画墁集】补遗/游公（师雄）墓志铭/6 下

【范太史集】44/资政殿学士范公（百禄）墓志铭/14 下

【汇编】中三 3499、3552、3644；中五 5084、5114、5137、5138、5139、5140、5141、5152、5153、5154、5155、5196、5197、5205

八画

青川堡 环州通远县，改为威宁堡

【宋会要】方域 20 之 11/7656、20 之 21/7671

【汇编】下 7013

青冈 环庆北界

【奏议标】130/张齐贤·上真宗论陕西事宜/1438；130/张齐贤·上真宗乞进兵解灵州之危/1439

【奏议影】130/张齐贤·上真宗论陕西事宜/4419；130/张齐贤·上真宗乞进兵解灵州之危/4423

青冈峡口 环庆

【长编标】489/11603

【长编影】489/6 上

【汇编】中六 5311

青冈城 环州

【宋史】277/郑文宝传/9426；280/杨琼传/9501

【玉壶清话】8/9 上

【汇编】中一 1090、1091、1241

青冈砦 又作青冈寨，清远军

【宋史】257/李继和传/8971；265/张齐贤传/9155；280/杨琼传/9502；466/张继能传/13620

【汇编】中一 1234、1241、1259

青冈寨 又作青冈砦，清远军

【长编影】49/11 下

【名臣碑传琬琰集】下集 2/张文定公齐贤传/1301

【汇编】中一 1233、1246

青化 鄜延

【宋会要】食货 19 之 7/5126；兵 28 之 11/7275

青化砦 又作青化寨，延州，宋太宗太平兴国二年重修

【武经总要】前集 18 上/4 下

【汇编】中三 3131

青化堡 延州，宋太宗太平兴国二年重修

【长编标】225/5495

【长编影】225/23 上

【武经总要】前集 18 上/4 下

【陕西通志】16/关梁 1·延安府·肤施县/25 下

【汇编】中三 3131、3713；补遗 7240

青化寨 又作青化砦，延州丰林县，宋太宗太平兴国二年重修

【宋史】323/马怀德传/10466

【宋会要】方域 18 之 13/7616

【汇编】中二 2087

青化镇 延州

【宋会要】食货 15 之 15/5070、22 之 1/5156

【元丰九域志】3/108

【范文正公集】西夏堡寨/4 下

【陕西通志】16/关梁 1·延安府·肤施县/25 下

【汇编】中二 2643；中四 4009；补遗 7240

青石岭 泾原

【长编标】50/1091

【长编影】50/8 下

青石峡 又作青石硖，通远军，宋哲宗绍圣四年六月筑，赐名西平寨

【宋史】18/哲宗纪 2/348

【长编标】485/11524；489/11610；509/12126

【长编影】485/4 下；489/10 上、12 下；509/12 下

【甘肃新通志】9/舆地志·关梁·巩昌府·安定县/33 下

【汇编】中六 5281、5311、5312、5315、5317；补遗 7379

青石峡口 熙河安西城东北

【长编标】485/11523

【长编影】485/4 下

【宋会要】方域 19 之 6/7628、20 之 17/7659

【汇编】中六 5280

青石崖堡　延州

【宋史】87/地理志 3/2148

【汇编】中六 5829

青卢移　鄜延

【龟山集】33/钱忠定公（即，字中道）墓志铭
/13 下

【汇编】补遗 7417

青讷纳森　又作青南讷心、齐讷纳森、青讷纳
森心、齐讷纳森心、青南纳心，泾原，宋哲
宗元符二年进筑，赐名会川城

【长编影】499/13 下；504/8 上、14 下；506/3
下、5 上；509/9 下、11 下；510/1 下、8 上、
9 上、10 上；511/6 下

【汇编】中六 5408、5454、5478、5480、5532、
5534、5538、5540、5542、5543、5553、5554

青讷纳森心　又作青南讷心、齐讷纳森、青讷
纳森、齐讷纳森心、青南纳心，熙河安西城
东北

【长编影】502/13 下

【汇编】中六 5433

青远军　环庆

【宋会要】方域 19 之 17/7634

青远堡　秦州三阳砦领

【甘肃新通志】9/舆地志·关梁·秦州直隶州/
43 上

【汇编】补遗 7237

青岗峡　环庆

【宋会要】方域 19 之 17/7634

青岗寨　清远军

【长编标】49/1072、1075；50/1092、1100

【长编影】49/8 下；50/16 下

【汇编】中一 1240、1283

青闰城　延州

【宋会要】食货 19 之 7/5126

青沙岘　泾原

【长编标】487/11566

【长编影】487/2 下

【汇编】中六 5299

青鸡　秦州

【长编标】88/2016；225/5494

【长编影】88/5 上；225/23 上

【宋会要】兵 28 之 11/7275

【汇编】中一 1568

青鸡川　秦州

【长编标】132/3151

【长编影】132/26 上

【宋会要】兵 27 之 27/7260、28 之 2/7270、28
之 3/7271；方域 19 之 3/7627、20 之 16/
7658；蕃夷 6 之 6/7821

【范太史集】40/检校司空左武卫上将军郭公墓
志铭/7 上

【汇编】中二 2522；中三 3424、3427、3712

青鸡寨　秦州界

【宋会要】兵 22 之 7/7147

青鸡寨　秦州

【宋会要】兵 22 之 6/7146

【汇编】中三 3507

青岭　鄜延

【长编标】501/11934

【长编影】501/5 下

【汇编】中六 5426

青南讷心　又作齐讷纳森、青讷纳森心、齐讷
纳森心，熙河

【宋会要】方域 8 之 26/7453

【甘肃新通志】13/舆地志·古迹·兰州府·靖
远县/6 下

【汇编】下 7012；补遗 7392

青南讷心　又作齐讷纳森、青讷纳森心、齐讷
纳森心、青南纳心，秦凤，宋哲宗元符二年
建筑，赐名会川城

【宋史】87/地理志 3/2159；190/河东陕西弓箭
手/4717；348/钟传传/11037

【长编标】485/11523；499/11885；502/11964；
503/11970；504/12013；506/12052；509/
12123、12126；510/12132、12139、12142；
511/12160

【宋会要】兵 4 之 16/6828；方域 19 之 6/7628、
19 之 15/7633、20 之 17/7659

【汇编】中六 5346、5363、5838

青南纳心　又作齐讷纳森、青讷纳森心、齐讷
纳森心、青南讷心，熙河

【长编标】494/11727；495/11782

青秋　凤翔府

【宋会要】食货19之8/5127

青美朗　又作青眉浪，麟州

【长编影】133/17上、17下；137/5下

【汇编】中二2521

青眉浪　又作青美朗，麟州

【宋史】255/王凯传/8925；326/张岊传/10523

【长编标】133/3179、3180；137/3282

【中国考古学会第一次年会论文集】折继闵神道
　　碑/455

【汇编】上189、234；中二2353

青盐地　去熙河林金城约二百里

【长编纪事本末】140/4下

【汇编】中六5766

青唐城

【宋会要】蕃夷6之25/7831、6之33/7835

青唐崄　熙河

【宋史】486/夏国传下/14018

【长编标】516/12287；517/12299、12304、12313；
　　519/12352

【长编影】516/21下；517/4上、8上、15下；
　　519/9上

【皇宋十朝纲要】14/6下

【汇编】上84；中六5621、5629、5632、5637、
　　5639、5661

青涧川　延州

【长编标】147/3565

【长编影】147/11上

青涧城　延州，地名青涧川，宋仁宗庆历中修

【宋史】1/神宗纪1/267；87/地理志3/2147、
　　2149；187/禁军上序/4754；188/禁军下熙宁
　　以后之制/4622；191/蕃兵/4751、4753、
　　4757；290/张玉传/9721；311/庞籍传/
　　10200；314/范仲淹传/10270；315/韩绛传/
　　10303；323/马怀德传/10466；328/薛向传/
　　10586；332/陆诜传/10681、赵卨传/10683；
　　334/高永能传/10725；335/种世衡传/10742、
　　10744、种古传/10745、种师中传/10755；
　　485/夏国传上/10998

【长编标】128/3043；129/3072；134/3188、3191、
　　3202；135/3229、3231、3232、3236；138/
　　3330、3331、3332；148/3591；149/3618；

156/3780；167/4021；215/5241；216/5254；
　　217/5277；218/5294；225/5495；235/5709；
　　326/7858；327/7868；338/8140；518/12335

【长编影】128/16下；129/19下；134/1下、4
　　下、14下；135/14下、17上、17下、21上；
　　138/20上、20下、21上；148/15上；149/9
　　下；156/3上；167/13下；215/11上；216/3
　　下；217/6下；218/3上；225/23上；235/13
　　下；326/16下；327/4上；338/2下；518/17
　　上

【东都事略】127、128/西夏传/附录5、6

【宋会要】礼25之6/957；职官56之18/3634；
　　食货15之15/5070、22之1/5156、40之2/
　　5509；兵1之4/6755、28之11/7275、28之
　　39/7289；方域19之49/7650

【武经总要】前集18上/4上

【奏议标】133/范仲淹·上仁宗攻守二策/1478；
　　136/司马光·上神宗纳横山非便/1529

【奏议影】133/范仲淹·上仁宗攻守二策/4548；
　　136/司马光·上神宗纳横山非便/4704

【元丰九域志】3/109

【安阳集】家传/6/17上

【欧阳文忠公全集】105/奏议/8上

【范文正公集】13/18上

【涑水记闻】9/12下；10/7上

【名臣碑传琬琰集】上集10/韩献肃公绛忠弼之
　　碑/159；下集24/故太尉威武军节度使李公
　　行状/1617

【延安府志】7/诗文/22下

【陕西通志】66/人物12/12下

【汇编】上105；中二2145；中三2877、2921、
　　2983、3020、3030、3054、3130、3396、
　　3444、3446、3448、3456、3599、3713；中
　　四4361、4369、4515；中五4980、5254、
　　5255；中六5651；下7019；补遗7128、
　　7154、7155

青塘城　青唐

【涑水记闻】11/8上

【汇编】中三2898

青塞堡　麟府

【宋史】255/王凯传/8925

【玉海】174/37上

【汇编】中二2561；补遗7247

青藏　洮州
【宋会要】蕃夷 6 之 26/7831

青藏峡　洮州
【长编标】404/9841
【长编影】404/12 上

武功　永兴军
【宋会要】食货 4 之 7/4849

武平砦　阶州，宋仁宗庆历五年置
【甘肃新通志】9/舆地志·关梁·阶州直隶州/
49 下
【汇编】补遗 7474

武平寨　秦凤路阶州
【宋会要】方域 18 之/7615

武宁　泰州
【宋会要】方域 20 之 13/7657

武休　凤州
【宋会要】食货 15 之 18/5071

武延　镇戎军北
【宋史】257/李继和传/8969；258/曹玮传/
8985；279/陈兴传/9483；466/秦翰传/13613
【长编标】50/1092、1100；225/5494
【长编影】50/16 下；225/23 上
【奏议标】130/张齐贤·上真宗乞进兵解灵州之
危/1439
【奏议影】130/张齐贤·上真宗乞进兵解灵州之
危/4424
【汇编】中一 1234、1259、1283、1399、1400；
中三 3712

武延川　泾原
【宋史】87/地理志 3/2161；258/曹玮传/8985；
265/张齐贤传/9156；300/俞献卿传/9977
【公是集】53/太中大夫行刑部侍郎致仕上柱国
赐紫金鱼袋俞公（献卿）墓志铭/638
【武经总要】前集 18 上/21 下
【河南先生文集】3/悯忠/4 下
【涑水记闻】12/11 下
【甘肃新通志】6/舆地志·山川上·平凉府·隆
德县/21 上、固原直隶州·海城县/27 下
【汇编】中一 1236、1399、1625、1678；中二
2197、2214；中六 5517；补遗 7250

武延咸泊川　又作乌尔戬咸巴川，镇戎军西北
【长编标】57/1251

武延鹹泊川　泾原镇戎军西北
【长编标】57/1251
【长编影】57/1 上
【元宪集】33/宋故推诚翊戴功臣彰武军节度延
州管内观察处置等使曹公行状/345；34/宋故
推诚翊戴功臣彰武军节度延州管内观察处置
等使曹公墓志铭/353
【名臣碑传琬琰集】下集 2/张文定公齐贤传/
1301
【海城县志】6/古迹志/2 上
【甘肃新通志】6/舆地志·山川上·固原直隶州
·海城县/27 下
【汇编】中一 1399、1400；补遗 7249、7250

武安堡　泰州三阳砦领
【元丰九域志】3/124
【甘肃新通志】9/舆地志·关梁·秦州直隶州/
43 上
【汇编】中一 948；补遗 7237

武城　凤翔府
【宋会要】食货 15 之 17/5071、19 之 8/5127

武城　武城川，章桨筑
【甘肃新通志】13/舆地志·古迹·巩昌府·陇
西县/17 上
【汇编】补遗 7387

武城寨　原州
【宋会要】兵 27 之 29/7262
【汇编】中二 2652

武胜城　武胜军
【长编标】237/5769
【长编影】237/11 下
【汇编】中四 3798

武都　熙河
【系年要录】72/1208
【汇编】下 6352

武家坪　延州
【陕西通志】10/山川 3·延安府·肤施县/1 下
【汇编】补遗 7274

武源川　渭州
【海城县志】6/古迹志/2 上
【汇编】补遗 7248

奉渡镇　京兆府
【宋会要】食货 15 之 14/5069

坼候堡　府州府谷县，宋徽宗至和三年修复
【宋会要】方域 20 之 15/7658

林金城　熙河，宋徽宗崇宁三年四月十三日收
　　复，改宁西城
【宋史】87/地理志 3/2168
【长编标】518/12324
【长编影】518/7 上
【长编纪事本末】140/4 下、8 下
【宋会要】兵 9 之 3/6907、9 之 5/6908
【汇编】中六 5629、5646、5760、5766、5775、
　　5854

林堡　德顺军
【武经总要】前集 18 上/25 上
【汇编】中二 2835

林擒城　熙河
【长编标】515/12244
【长编影】515/9 上
【汇编】中六 5599

枝子平　破夏人于枝子平
【宋史】324/刘文质传/10492
【苏学士集】14/内园使连州刺史知代州刘公
　　（文质）墓志/8 上
【汇编】中一 1220、1221

板井　清远军
【长编标】509/12129
【长编影】509/14 下
【宋会要】方域 19 之 17/7634
【汇编】中六 5536

松木骨堆　麟州
【宋史】86/地理志 2/2135
【汇编】中六 5826

松花砦　麟州
【宋史】253/折御卿传/8861
【宋会要】方域 21 之 4/7663
【陕西通志】13/山川 6·葭州/56 下
【汇编】上 35、172；补遗 7242

松花寨　麟州，宋真宗咸平前置
【长编标】45/964
【长编影】45/9 上
【宋会要】方域 21 之 4/7663
【汇编】上 35；中一 1211

耶卑城　宗哥

【乐全集】22/22 下
【汇编】中三 3291

直罗　鄜延
【长编标】132/3143
【长编影】132/20 上

直罗县砦　鄜州
【武经总要】前集 18 上/8 下
【汇编】中二 2147

苦井　镇戎军
【武经总要】前集 18 上/7 下
【汇编】中一 973

若兰　通远军
【长编标】470/11229
【长编影】470/11 上
【汇编】中五 5138

茄越　河东
【宋会要】兵 27 之 10/7251

者达当　秦州，宋神宗熙宁五年废
【宋会要】方域 20 之 14/7657
【汇编】中四 3844

者达堡　秦州，宋神宗熙宁五年废
【宋史】87/地理志 3/2165
【甘肃新通志】9/舆地志·关梁·巩昌府·通渭
　　县/36 上
【汇编】中六 5835；补遗 7478

者谷　又作尔珠，秦凤
【长编标】149/3607

枣阳镇　宁州
【宋会要】食货 19 之 8/5127

枣社镇　宁州定安县
【元丰九域志】3/117
【汇编】中四 4063

奇鲁朗口　泾原
【长编标】480/11419
【长编影】480/4 下
【汇编】中五 5208

抹邦　又作玛巴尔，熙州
【长编标】240/5834
【宋会要】兵 9 之 6/6908

拔掌　环州
【宋会要】食货 19 之 8/5127

押班岭　鄜延，与北界山林接连

【宋会要】兵 27 之 18/7255

抱罕　即枹罕，河州

【奏议标】141/文彦博·上神宗论进筑河州/1591

【奏议影】141/文彦博·上神宗论进筑河州/4894

拉家城　秦州

【长编影】149/9 下

拦马堡　渭州，宋仁宗庆历前置

【长编标】139/3339

【长编影】139/2 下

【宋会要】兵 27 之 29/7261

【汇编】中二 2651

招安砦　又作招安寨，延州，宋仁宗庆历中狄青筑

【宋史】486/夏国传下/14017

【宋会要】食货 19 之 7/5126；兵 28 之 11/7275

【武经总要】前集 18 上/5 上

【陕西通志】16/关梁 1·延安府·安塞县/27 上

【汇编】上 83；中三 3131；补遗 7260、7284、7285

招安寨　又作招安砦，延州，宋仁宗庆历二年四月筑

【宋史】87/地理志 3/2147；290/狄青传/9718、9721；311/庞籍传/10199

【长编标】135/3238；515/12260

【长编影】135/22 下；515/22 下

【宋会要】礼 20 之 8/823；食货 15 之 15/5070、22 之 1/5156；方域 10 之 15/7481

【华阳集】35/狄武襄公青神道碑/454

【汇编】中二 1859、1860、1861、2464；中五4573；中六 5605、5828

卓望口铺　熙河兰岷

【长编标】470/11230；487/11570

【长编影】470/12 下；487/8 上

虎谷镇　丹州

【宋会要】食货 15 之 17/5071

尚书砦　又作尚书寨，秦州，宋太祖建隆三年前建，改为永宁寨

【宋史】1/太祖纪 1/11

【宋会要】方域 18 之 14/7616

【武经总要】前集 18 上/28 下

【汇编】中一 932、937、1195

呼尔敦　麟州

【长编影】185/10 下

鸣犊镇　京兆府

【宋会要】食货 15 之 14/5069、19 之 6/5126

呢啰朗　府州

【长编影】507/3 下

【汇编】中六 5492

岭耳　青南讷心附近，与泾原相对

【宋会要】兵 4 之 16/6828

岭胜驿　秦凤

【宋会要】兵 28 之 38/7288

帕克川　又作罗泊川，永乐埭

【长编影】328/5 上

【汇编】中四 4387

帕克巴原　环州

【长编标】474/11310

【长编影】474/8 上

【汇编】中五 5161

明沙戍　咸州

【宋史】277/郑文宝传/9426

【汇编】中一 1090

易臧川　原州

【长编标】225/5494

易臧州　原州

【长编影】225/23 下

【汇编】中三 3712

罗兀城　又名啰兀城，鄜延

【长编标】397/9674；381/9283

【长编影】397/4 下；381/30 下

【宋会要】方域 8 之 27/7454

罗韦　又作围罗，永乐埭

【长编标】328/7895

罗瓦城　抚宁县

【元刊梦溪笔谈】13/15

【汇编】中一 1077

罗瓦抹逋　湟州

【长编标】516/12263

【长编影】516/1 上

【宋会要】兵 28 之 45/7292

罗瓦抹逋城　湟州旧通湟寨

【长编纪事本末】139/9 上

【汇编】中六 5733

罗日堡 东接兰州，北临黄河
【长编影】331/14 下
【甘肃新通志】9/舆地志·关梁·兰州府·皋兰
县/3 下
【汇编】中四 4454；补遗 7352

罗甘 秦凤
【长编标】144/3486

罗交驿 原州
【长编标】139/3340
【长编影】139/3 下
【宋会要】兵 27 之 29/7261
【汇编】中二 2652

罗克密 鄜延
【长编标】494/11731
【长编影】494/4 上
【汇编】中六 5355

罗帏 鄜延
【宋会要】方域 19 之 48/7649

罗沟堡 环州，宋徽宗政和三年置
【宋史】87/地理志 3/2152
【宋会要】方域 20 之 8/7654、20 之 9/7655
【汇编】中六 5833、5880

罗和市 秦凤
【范文正公集】遗文/9 上
【汇编】中五 4908

罗使 原州
【宋会要】食货 19 之 9/5127

罗泊川 又作帕克川，永乐埭
【长编标】328/7895

罗格 熙州
【长编标】514/12217
【长编影】514/8 下
【汇编】中六 5579

罗格城 又作千布城，熙河兰会筑
【长编标】517/12297
【长编影】517/2 下

罗格堡 又作千布城，熙河
【长编标】513/12204
【长编影】513/11 上；516/20 下；518/15 上
【汇编】中六 5573、5621、5649

罗家平 河东

【宋会要】兵 27 之 5/7249

罗啰 当为卓啰
【长编标】516/12271
【长编影】516/7 上
【汇编】中六 5611

罗密谷岭堡 鄜延，《长编》影印本作罗窟谷
岭堡，宋哲宗元符元年四月筑，赐名临夏寨
【长编标】497/11817
【长编影】497/2 上
【汇编】中六 5385、5386

罗密谷岭寨 鄜延，宋哲宗元符二年改临夏寨
【宋会要】方域 18 之 21/7620
【汇编】中六 5463

罗密谷岭新寨 《长编》影印本作罗窟谷岭
新寨，赐名临夏寨，鄜延进筑
【长编标】497/11831
【长编影】497/14 上
【汇编】中六 5387

罗窟谷城寨 鄜延，宋哲宗元符元年四月筑，
赐名临夏寨
【长编标】497/11820
【长编影】497/4 上
【汇编】中六 5387

罗窟寨 鄜延
【长编标】494/11731；498/11859
【长编影】494/4 上；498/15 下
【汇编】中六 5355、5398

罗渠谷岭 鄜延
【长编标】489/11613
【长编影】489/14 下

罗觜 又作陇宗，环庆筑
【长编标】509/12129

牧龙堡 德顺军治平砦领
【宋史】87/地理志 3/2158
【元丰九域志】3/137
【汇编】中三 3472；中六 5837

牧羊峰 府州
【长编标】260/6334；298/7255
【长编影】260/5 下；298/14 上

牧隆城 渭州，宋真宗天禧元年筑
【玉海】174/38 下
【汇编】补遗 7255

和川镇 晋州

【宋会要】食货 16 之 1/5073

和尔川寨 岷州，宋神宗熙宁七年五月置

【长编标】252/6156；253/6202；280/6861

【长编影】252/8 下；253/14 上；280/10 下

【汇编】中四 3942、3954、4034

和尔扬寨 又作和尔寨、床穰寨，秦州

【长编影】88/14 上；132/19 上；139/3 下

【汇编】中二 2295

和尔寨 又作床穰寨、和尔扬寨，秦州

【长编影】87/4 上

和宁寨 宋徽宗政和三年以雁头寨改

【宋会要】方域 18 之 15/7617

【汇编】中六 5880

和戎砦 秦州清水县

【宋史】87/地理志 3/2155

【汇编】中六 5835

和戎寨 秦州床穰寨领

【宋会要】方域 20 之 13/7657

【汇编】中四 4061

和尚原 凤州

【方舟集】16/赵郡王墓志铭/26 上

【汉滨集】6/论诸军见攻德独王彦未到状/7 上

【汇编】下 6694、6697

和诺克 庆州淮安军镇

【长编标】226/5504

【长编影】226/4 下

【汇编】中三 3719

制戎城 延州，宋徽宗政和八年天降山新城赐名

【宋史】21/徽宗纪 3/400；85/地理志 1 序/2096；87/地理志 3/2147；175/和籴/4247

【东都事略】121/童贯传/2 上；127、128/西夏传/附录 5、6

【初寮集】6/定功继伐碑/1 上

【忠惠集】6/贺破夏贼界捷表/3 下

【汇编】 上 111；中六 5823、5828、5889、5913、5920；补遗 7426、7439

制羌城 熙河，宋徽宗政和八年筑

【宋史】85/地理志 1 序/2096

【宋会要】方域 19 之 21/7636

【汇编】中六 5913、5920

制羌砦 西宁州，地名�毡岭，宋徽宗政和八年赐名

【宋史】87/地理志 3/2169

【汇编】中六 5854

质孤堡 又作智固，兰州，宋神宗元丰六年废

【宋史】87/地理志 3/2165；303/范祥传/10051；332/穆衍传 10691；339/苏辙传/10832；342/王岩叟传/10894；486/夏国传下/14016

【长编标】331/7992；333/8013；335/8067；382/9303；421/10194；442/10636；444/10683、10684、10687、10690；445/10715；446/10729、10736；447/10760；448/10774；452/10843、10845、10846、10847、10848、10849、10850；455/10913；458/10952、10953；460/10995、10996、10998；462/11042、11043；470/11229、11230；473/11279；483/11484

【长编影】333/1 上；335/6 上；382/5 下；462/11 上

【宋会要】方域 8 之 28/7454、20 之 3/7652、20 之 15/7658

【奏议标】139/范育·上哲宗论御戎之要/1573；140/苏辙·上哲宗论地界/1580、苏辙·上哲宗论不可失信夏人/1582

【奏议影】139/范育·上哲宗论御戎之要/4837；140/苏辙·上哲宗论地界/4585、苏辙·上哲宗论不可失信夏人/4862

【元丰九域志】3/135

【栾城集】41/三论熙河边事札子/17 下

【甘肃新通志】9/舆地志·关梁·兰州府·皋兰县/3 上

【汇编】上 82；中四 4294、4464、4485；中五 4753、4965、5012、5024、5036、5037、5041、5062、5082、5118、5247；中六 5840；补遗 7352

质孤寨 兰州，元丰五年废罢

【长编影】446/6 上

【奏议影】140/4855

【栾城集】42/论前后处置夏国乖方札子/7 下

【汇编】中五 5036

爬流沙 麟府

【苕溪集】48/宋故敦武郎知麟州建宁寨累赠太师秦国公杨公（震）墓碑/11 上

【汇编】补遗 7415

乳浪寨　岚州

【宋会要】食货 16 之 3/5074、22 之 7/5159

乳浪寨　保德军

【武经总要】前集 17/8 下

【汇编】中三 3075

金平　熙河

【宋会要】兵 9 之 5/6908

金汤川结明萨庄　环庆

【长编标】220/5361

【汇编】中三 3670

金汤城　庆州东北百五十里，宋神宗元丰五年三月曲珍败夏人于此，宋哲宗元符二年筑

【宋史】18/哲宗纪 2/352；85/地理志 1 序/2096；87/地理志 3/2148

【长编标】214/5195；510/12136、12150、12151；514/12230

【长编影】134/17 上；214/2 下；510/5 上、17 下；514/19 下

【玉海】174/41 下

【宋会要】方域 8 之 30/7455、19 之 17/7634、19 之 48/7649

【陕西通志】16/关梁 1·延安府·保安县/29 下

【汇编】中四 3864；中六 5539、5548、5591、5829、5913；补遗 7375、7400

金汤砦　又作金汤寨，庆州东北百五十里，宋神宗元丰五年三月曲珍败夏人于此，宋哲宗元符二年筑

【宋史】87/地理志 3/2148

【长编影】510/3 上

【甘肃新通志】42/兵防志·塞防·庆阳府/6 上

【汇编】中六 5539、5829；补遗 7287

金汤镇　环庆

【长编标】60/1339

【长编影】60/6 下

【汇编】中一 1424

金汤新寨　鄜延

【长编标】510/12136

【长编影】510/5 上

金村堡　庆州，宋仁宗嘉祐元年置

【宋史】87/地理志 3/2150、2151

【长编标】479/11407

【长编影】479/7 上

【宋会要】方域 20 之 1/7651

【汇编】中四 4107；中五 5194、5195；中六 5832

金谷峗　熙河

【宋史】87/地理志 3/2168

【汇编】中六 5854

金柜镇　庆州

【宋会要】食货 22 之 2/5156

金明　鄜延

【奏议标】132/陈执中·上仁宗论西边事宜/1456；133/贾昌朝·上仁宗备边六事/1483；140/范纯粹·上徽宗论进筑非便/1584；140/张舜民·上徽宗论进筑非便/1585

【奏议影】132/陈执中·上仁宗论西边事宜/4481；133/贾昌朝·上仁宗备边六事/4561；140/范纯粹·上徽宗论进筑非便/4872；140/张舜民·上徽宗论进筑非便/4874

金明城　延州，宋仁宗庆历前置

【范文正公集】西夏堡寨/2 下

【汇编】中二 2642

金明砦　又作金明寨，延州，宋仁宗庆历前置

【宋史】18/哲宗纪 2/345；328/李清臣传/10563；485/夏国传上/13996

【东都事略】127、128/西夏传/附录 5、6

【宋会要】兵 28 之 39/7289

【武经总要】前集 18 上/5 上、5 下

【范文正公集】言行拾遗 3/6 上

【陕西通志】16/关梁 1·延安府·安塞县/26 下

【汇编】上 63、103；中一 991；中二 2107；中三 3131；中五 5254、5258；补遗 7261

金明寨　又作金明砦，延州，宋仁宗庆历前置

【宋史】10/仁宗纪 2/208；11/仁宗纪 3/212；87/地理志 3/2146；191/兵志 5/4750；285/陈执中传/9602；贾昌朝传/9614；288/范雍传/9679；290/夏随传/9717；292/王尧臣传/9772、明镐传/9769；295/叶清臣传/9850；311/庞籍传/10199；313/富弼传/10250；323/10457；348/钟传传/11037；471/吕惠卿传/13709；486/夏国传下/14017

【长编标】82/1870；126/2967、2977、2981、2982；127/3008、3014；128/3029、3032；131/3093；132/3143、3144；135/3237；138/

3319、3323；157/3813；236/5754；238/5803；326/7858；346/8315

【长编影】82/8 上；126/1 下、4 上、10 下、13 上、14 上、21 上；127/5 上、10 下；128/4 下、6 下、11 上、14 下；131/1 上；132/17 上；135/22 上；138/13 上；157/16 上；236/27 下；238/16 上；326/16 下；346/13 上

【宋会要】食货 15 之 15/5070、19 之 7/5126、22 之 1/5156；刑法 7 之 22/6744；兵 28 之 39/7289；方域 18 之 30/7624、19 之 49/7650

【宋大诏令集】218/延州保安军德音（康定元年二月丙午）/835

【宋朝事实类苑】78/1021

【皇宋十朝纲要】14/1 下

【武经总要】前集 18 上/5 下

【东轩笔录】9/4 上

【奏议标】65/余靖·上仁宗乞韩琦兼领大帅镇秦州/718

【奏议影】65/余靖·上仁宗乞韩琦兼领大帅镇秦州/2361

【东坡全集】18/富郑公神道碑/29 上

【鸡肋集】62/资政殿大学士李公（青臣）行状/24 上

【河南先生文集】20/奏金明寨状/2 上；24/申军前事宜状/2 上、申和雇人修城状/4 上、与延师论事状/5 上

【范文正公集】9/上枢密尚书书/16 上；16/9 下；年谱补遗/4 上；诸贤赞颂论疏/24 下

【涑水记闻】4/13 上；12/1 上、1 下、9 下

【隆平集】20/夷狄传/3 下

【景文集】96/送承制兼济知原州诗序/968

【稽古录】18/82 下；19/89 上

【潞公文集】18/奏议/9 下

【延安府志】2/1 上

【陕西通志】7/疆域 2·延安府/10 上；16/关梁 1·延安府·安塞县/25 下、27 上

【汇编】上 83、114、231、232；中一 1328、1486、1519、1653、1746；中二 1787、1880、1883、1884、1890、1892、1893、1895、1896、1904、1911、1912、1927、1929、1931、1938、1940、1949、1970、1973、1998、1999、2000、2015、2043、2044、2045、2046、2050、2051、2063、2064、2068、2073、2178、2293、2296、2300、2330、2463、2464、2466、2467、2468、2572、2592、2616、2811；中三 3131、3684；中四 3808、3844、4361；中五 4585、5232、5253、5255、5257、5258、5261；中六 5306、5827；下 7027；补遗 7235、7262、7323、7324、7482、7484

金城　兰州

【宋史】187/兵志 1/4580；190/河东陕西弓箭手/4716；198/马政/4937；448/郑骧传/13202

【长编标】316/7641；403/9823；444/10685、10686；445/10725；460/10997、10998；470/11230；474/11314；485/11527；487/11568；491/11659、11670

【长编影】316/4 上；403/21 下；444/4 上；445/13 上；460/1 上、11 上；470/12 下；474/12 下；487/6 下；491/12 上、21 下

【宋会要】兵 4 之 16/6828；方域 8 之 25/7453

【宋文鉴】35/除程戡安武军节度使加食邑实封再判延州制/5 上

【武经总要】前集 18 下/西蕃地界/9 下

【奏议标】133/贾昌朝·上仁宗备边六事/1483；139/范育·上哲宗论御戎之要/1574、1575；141/文彦博·上神宗论进筑河州/1591

【奏议影】133/贾昌朝·上仁宗备边六事/4561；139/范育·上哲宗论御戎之要/4839、4842；141/文彦博·上神宗论进筑河州/4894

【中国考古学会第一次年会论文集】折继闵神道碑/455

【初寮集】6/定功继伐碑/1 上

【栾城集】41/乞罢熙河修质孤、胜如等寨札子/2 下

【汇编】上 190；中一 1723；中三 3263、3403；中四 3823、4178；中五 4838、5007、5008、5013、5031、5070、5139、5165；中六 5300、5326、5334、5350、5986；补遗 7435

金城关　兰州，宋哲宗绍圣四年进筑

【宋史】18/哲宗纪 2/347；85/地理志 1 序/2096；87/地理志 3/2166；193/招募之制/4804；348/钟传传/11037；350/王文郁传/11074

【长编标】485/11522；489/11600；491/11649；493/11711；494/11757；496/11792；508/

12096；509/12129；513/12203；514/12221；
516/12288

【长编影】485/4 下、9 上；487/6 下；489/3
下；491/13 下；493/15 上；494/5 下、27
下；496/1 下；508/1 上；509/14 下；513/10
上；514/12 上；516/20 下

【宋会要】礼 20 之 136/832；兵 28 之 42/7290；
方城 19 之 5/7628、方城 19 之 17/7634、20
之 17/7659

【皇宋十朝纲要】14/2 下

【武经总要】前集 18 上/33 上

【画墁集】补遗/游公（师雄）墓志铭/9 上

【甘肃新通志】9/舆地志・关梁・兰州府・皋兰
县/1 上

【汇编】中一 1669；中五 5248；中六 5275、
5279、5286、5287、5288、5289、5301、
5308、5323、5345、5349、5356、5366、
5375、5509、5536、5572、5582、5621、
5622、5840、5913；补遗 7378

金城堡　府州，宋仁宗庆历元年九月置

【宋史】324/张亢传/10488

【长编标】133/3172

【长编影】133/16 下

【武经总要】前集 17/14 上

【陕西通志】17/关梁 2・葭州府・谷县/57 上

【榆林府志】6/建置志・关隘/7 上

【汇编】中一 926；中二 2339；补遗 7277、
7278、7280

金家堡　府州

【宋史】491/党项传/14143

【宋会要】食货 37 之 2/5449

【汇编】上 25；中一 1202

肤公城　乐州，旧名结啰城，宋徽宗崇宁三年
收复改名

【宋史】86/地理志 3/2166、2167

【皇宋十朝纲要】16/13 上

【汇编】中六 5796、5859

肤施　永兴军

【宋会要】食货 4 之 7/4849

鱼河堡　啰兀城北五十里

【延绥镇志】1/地理志 3 下

【陕西通志】11/山川 4・榆林县/49 下

【汇编】补遗 7223、7410

鱼家庄　延州

【长编标】128/3041

【长编影】128/14 下

【汇编】中二 2073

忽里堆　麟州

【宋史】326/郭恩传/10521；485/夏国传上/
14001

【长编标】185/4477

【名臣碑传琬琰集】上集 22/庞庄敏公籍神道碑
/351

【司马文正公集】73/书启 2/5 下；78/8 下

【汇编】中三 3228、3236、3238、3240

忽都城　青唐

【长编纪事本末】139/5 下、8 下

【汇编】中六 5731、5733

枭篦寨　秦州，宋真宗大中祥符七年改肃远
寨

【宋会要】方城 18 之 9/7614

【汇编】中一 1531

枭篦寨　秦州，宋真宗大中祥符七年改威远寨

【长编标】83/1891

【长编影】83/4 下

【武经总要】前集 18 上/30 下

【汇编】中一 1525

周家堡　泾原

【宋史】262/刘几传/9067

【汇编】中三 3370

店子平　麟州

【宋会要】兵 27 之 41/7267

【汇编】中三 3266

庙州铺　秦州

【宋会要】职官 43 之 83/3315

【汇编】中六 5804

床穰砦　又作床穰砦，秦州，宋太祖开宝九年
置，熙宁三年罢为镇，八年改为堡

【宋史】87/地理志 3/2155；191/兵志 5/4752；
258/曹玮传/8986；492/吐蕃传/14153

【宋会要】兵 27 之 29/7261、28 之 3/7271

【武经总要】前集 18 上/28 上

【安阳集】家传 4/6 上

【涑水记闻】11/5 下、8 上

【汇编】中一 931、964、979、985；中二 2653、

2813、2816、2836；中三 2897、3075、3443；
中六 5835

床穰堡 秦州，宋太祖开宝九年置，熙宁三年
罢为镇，八年改为堡
【宋史】87/地理志 3/2155
【元丰九域志】3/124
【宋会要】方域 20 之 13/7657
【汇编】中四 4011、4061；中六 5835

床穰寨 又作和扬寨、和尔寨，秦州，宋太
祖开宝九年置
【元丰九域志】3/124
【长编标】19/423；87/1992；88/2026；132/3142；
139/3340；145/3513；149/3605、3606；271/
6653
【长编影】19/4 上；145/17 上；149/8 下；271/
18 下
【汇编】中一 964、975

床穰镇 秦州，宋太祖开宝九年置，熙宁三年
罢为镇，八年改为堡
【宋史】87/地理志 3/2155
【宋会要】方域 12 之 15/7527
【甘肃新通志】9/舆地志·关梁·秦州直隶州·
清水县/45 上
【汇编】中六 5835；补遗 7239

床穰 秦凤
【宋会要】兵 27 之 19/7256、27 之 31/7262

床穰寨 秦州
【宋会要】兵 28 之 3/7271

府中 麟府
【武经总要】前集 17/12 下
【汇编】中一 1413

府城寨 又作府城镇，庆州，宋神宗元丰二年
八月废
【宋史】87/地理志 3/2150、2151；191/蕃兵/
4755
【长编标】299/7293
【长编影】299/26 上
【宋会要】食货 22 之 2/5156；方域 18 之 25/
7622
【汇编】中一 943；中三 3398；中四 4108；中六
5832

府城镇 环州

【武经总要】前集 18 上/14 下
【汇编】中一 1095

闹讹堡 环庆荔原堡北
【奏议标】132/田况·上仁宗兵策十四事/1467
【奏议影】132/田况·上仁宗兵策十四事/4514

闹讹堡 宋神宗熙宁三年五月筑
【宋史】486/夏国传下/14008
【长编标】214/5203
【皇宋十朝纲要】9/4 上
【汇编】上 74；中三 3556

浅井 宋哲宗元符元年三月钟传帅秦凤师进筑
【宋史】332/陆师闵传/10683；340/吕大忠传/
10846；348/钟传传/11037
【长编标】446/10729；466/11129；470/11229；
473/11286；483/11484；491/11654；493/
11715；495/11770、11783、11784；496/
11792；497/11819；503/11970；504/12011；
514/12214
【长编影】446/1 上；466/3 上；470/11 上；
473/1 上、6 下；483/4 下、5 下；491/7 下；
493/19 下；495/7 上、17 上；496/1 下；
497/2 下；503/1 下；504/8 上；514/6 上、6
下
【宋会要】方域 19 之 19/7635
【汇编】中五 5035、5098、5138、5153、5155、
5239；中六 5325、5343、5346、5347、5368、
5371、5372、5375、5386、5434、5452、5822

浅井川 秦凤
【范文正公集】遗文/9 上
【汇编】中五 4908

法直 至查路处七里，河东
【宋会要】兵 27 之 6/7249

法喜 凤翔府
【宋会要】食货 19 之 8/5127

河口镇 阶州福津县
【甘肃新通志】9/舆地志·关梁·阶州直隶州/
49 上
【汇编】补遗 7475

河州城
【宋会要】蕃夷 6 之 2/7819

河池 凤州
【宋会要】食货 19 之 9/5127

河津堡　府州
【宋会要】兵 28 之 9/7274

河浜堡　府州
【武经总要】前集 17/16 上
【汇编】中一 926

河诺城　河州，宋神宗熙宁七年改定羌城
【宋史】87/地理志 3/2163
【汇编】中六 5807

河滨　府州
【宋会要】食货 22 之 5/5158

河滨堡　麟州
【宋会要】兵 27 之 42/7267

河滨堡　府州府谷县，宋徽宗至和三年修复
【宋史】86/地理志 2/2136
【长编标】185/4470；409/9979
【长编影】185/3 下；409/25 上
【宋会要】兵 27 之 41/7267；方域 20 之 15/
　　7658；蕃夷 2 之 28/7706
【武经总要】前集 17/15 下
【中国考古学会第一次年会论文集】折继闵神道
　　碑/455
【元丰九域志】4/166
【汇编】上 190；中一 925、927；中三 3222、
　　3225、3266；中六 5826

油平　鄜延
【宋会要】方域 19 之 48/7649

油平寨　泾原安远北
【长编标】326/7858；492/11681
【长编影】326/16 下；492/5 上
【汇编】中四 4361；六 5338

注鹿原砦　秦州成纪县
【宋史】87/地理志 3/2154
【汇编】中六 5835

注鹿原堡　秦州定西城领
【宋史】87/地理志 3/2155

注鹿堡　秦州定西砦领
【甘肃新通志】9/舆地志·关梁·秦州直隶州/
　　43 上
【汇编】补遗 7237

泥多谷　麟州
【武经总要】前集 17/19 下
【汇编】中一 1039

泥阳　宁州
【宋会要】食货 15 之 17/5071

泥阳镇　宁州襄乐县
【宋史】331/孙长卿传/10642
【宋会要】食货 19 之 8/5127
【元丰九域志】3/117
【汇编】中 3/3381；中 4/4063

泥棚障　泾原
【长编标】487/11566；496/11795、11796、11799
【长编影】487/2 下；496/4 上
【宋会要】方域 18 之 6/7612
【汇编】中六 5275、5299、5376、5379、5380

波罗谷　泾原安远西
【长编标】492/11681
【长编影】492/4 上
【汇编】中六 5338

泾定　泾原
【甘肃新通志】14/建置志·城池/13 下
【汇编】补遗 7404

治平　泾原
【宋会要】兵 4 之 18/6829

治平砦　又作治平寨，德顺军，宋英宗治平四
　　年置
【宋史】32/高宗纪 9/605、607；87/地理志 3/
　　2155、2158；366/吴挺传/11421；452/景思
　　立传/13287
【金史】26/地理志下/646
【长编影】271/4 上；293/3 上；469/8 上；479/
　　10 上
【宋会要】食货 15 之 19/5072、22 之 4/5157、
　　29 之 1/5315；兵 28 之 2/7270；方域 18 之
　　11/7615、19 之 3/7627、20 之 6/7653、20 之
　　17/7659
【系年要录】199/3360
【元丰九域志】3/137
【汉滨集】6/论诸军见攻德顺独王彦未到状/7
　　上
【玉海】174/37 上
【龙川别志】下/94
【安阳集】家传 7/5 上
【范太史集】40/检校司空左武卫上将军郭公墓
　　志铭/7 上

【潞公文集】19/奏议/5 下

【甘肃新通志】13/舆地志·古迹·平凉府·静宁州/11 上

【汇编】中三 3424、3426、3427、3472、3485、3561、3666；中四 4002、4024；中五 5126、5199；中六 5835、5837；下 6685、6693、6694、6963、6964；补遗 7247、7320、7329

治平寨　又作治平砦，泾原

【长编标】271/6636；469/11211；479/11412；490/11642；507/12073

【长编影】271/4 下；490/20 下；507/1 下

【宋会要】兵 28 之 3/7271；方域 18 之 12/7615

【汇编】中四 4002；中六 5322、5491

治坊堡　冶坊堡误，秦凤

【宋会要】兵 4 之 12/6826

治房砦　冶坊砦误，秦州

【武经总要】前集 18 上/28 上

【汇编】中一 931

宗谷寨　西宁州，宋徽宗崇宁三年筑

【宋史】87/地理志 3/2169；328/王厚传/10583

【汇编】中六 5854

宗哥城　又作总噶尔城，唃厮啰境内

【宋史】8/真宗纪 3/161；15/神宗纪 2/290；18/哲宗纪 2/353；85/地理志 1 序/2096；87/地理志 3/2168；258/曹玮传/8987；318/胡宗回传/10371；335/种谊传/10748；350/王赡传/11070；453/高永年传/13316；485/夏国传上/13994；492/吐蕃传/14159、唃厮啰传/14161、瞎征传/14166

【长编标】82/1877；85/1958；119/2814；187/4510；514/12218、12219、12222、12223、12224、12226、12232；515/12241、12243、12244；516/12264、12267

【长编纪事本末】139/9 上、11 下、17 上、19 上；140/1 上、2 下、3 上、4 下、8 下

【东都事略】129/附录 7·西蕃/3 上

【宋会要】兵 9 之 1/6906、9 之 2/6906、9 之 3/6907、9 之 5/6908；方域 6 之 1/7406；蕃夷 6 之 1/7819、6 之 33/7835、7 之 24/7851 注引玉海、7 之 24/7851

【宋朝事实类苑】78/1022 引东轩笔录

【皇宋十朝纲要】10 上/3 上；14/6 上、6 下

【奏议标】141/任伯雨·上徽宗论湟鄯/1595

【奏议影】141/任伯雨·上徽宗论湟鄯/4906

【元刊梦溪笔谈】25/31

【东轩笔录】2/1 上

【乐全集】22/秦州奏唃厮啰事/20 上

【涑水记闻】11/8 上

【儒林公议】上/73 下

【汇编】上 61；中一 1394、1544、1562、1563、1564、1675；中二 1789；中三 2898、3388；中四 4005、4014、4017、4115；中五 4843、4855；中六 5569、5571、5576、5579、5582、5603、5608、5617、5618、5623、5629、5694、5735、5739、5740、5752、5759、5760、5761、5762、5765、5766、5775、5854、5913

宗噶尔川　乐州

【初寮集】6/定功继伐碑/1 上

【汇编】补遗 7437

定川砦　秦州清水县

【宋史】87/地理志 3/2154

【汇编】中六 5835

定川砦　镇戎军，宋仁宗庆历二年筑

【宋史】11/仁宗纪 3/214；87/地理志 3/2158；303/范祥传/10049

【奏议标】132/田况·上仁宗论攻策七不可/1466；133/范仲淹等·上仁宗论元昊请和不可许者三大可防者三/1485、1486；134/韩琦·上仁宗论备御七事/1494、范仲淹等·上仁宗论和守攻备四策/1496

【奏议影】132/田况·上仁宗论攻策七不可/4510；133/范仲淹等·上仁宗论元昊请和不可许者三大可防者三/4566、4570；134/韩琦·上仁宗论备御七事/4593、范仲淹等·上仁宗论和守攻备四策/4599

【东都事略】82/蔡挺传/2 上

【武经总要】前集 18 上/17 下、21 下、22 上

【范文正公集】西夏堡寨/1 上

【甘肃新通志】9/舆地志·关梁·固原直隶州/25 下

【汇编】中一 1372、1678；中二 2081、2556、2640；中三 3571；中六 5837；补遗 7285

定川堡　秦州床穰寨领

【宋史】87/地理志 3/2155

【元丰九域志】3/124

【汇编】中一 964

定川堡　镇戎军，宋仁宗庆历二年筑

【宋史】10/仁宗纪 2/209；289/葛怀敏传/9701；292/王尧臣传/9772；442/尹源传/16 上

【长编】128/3042；132/3143

【长编影】132/20 上

【武经总要】前集 18 上/17 下

【安阳集】家传 2/2 下

【欧阳文忠公全集】31/太常博士尹君墓志铭/7 上

【汇编】中一 1372；中二 2074、2081、2098、2293、2296、2546、2551、2552

定川寨　秦州床穰寨领

【宋会要】方域 20 之 13/7657

定川寨　镇戎军，宋仁宗庆历二年筑

【宋史】288/范雍传/9679；303/滕宗谅传/10037；311/庞籍传/10200；314/范仲淹传/10272；323/赵珣传/10463；349/刘昌祚传/11053；350/和斌传/11079；485/夏国传上/13998

【长编】131/3096；134/3205；135/3220；137/3300、3301、3302；138/3312、3316、3322、3325、3328、3329、3331；139/3338、3340、3350、3352；141/3381；142/3412；144/3479；145/3515；149/3597、3606；150/3630、3631、3632；152/3703；235/5717；328/7903；485/11524；487/11566；496/11798；504/12012

【长编影】131/4 上；134/17 上；135/6 下；137/21 下、22 上；138/2 下、6 下、13 上、15 上、17 下；139/10 下；141/8 上；142/17 上；144/3 下；145/18 下；149/1 上；150/8 上、8 下、9 下；152/7 上；328/11 下；485/4 下；487/2 下；496/4 上；504/8 上

【东都事略】127、128/西夏传/附录 5、6

【隆平集】20/夷狄传/3 下

【奏议标】65/余靖·上仁宗乞韩琦兼领大帅镇秦州/718

【奏议影】65/余靖·上仁宗乞韩琦兼领大帅镇秦州/2361

【宋会要】方域 18 之 27/2623；食货 22 之 4/5157；兵 27 之 29/7261、27 之 32/7262

【宋文鉴】116/上韩范二招讨书/10 下

【元丰九域志】3/136

【文恭集】36/宋故宣徽北院使赠太尉文肃郑公（戬）墓志铭/436

【乐全集】20/陈政事三条/2 上；21/论除渭州路招讨使事/7 上

【石林燕语】9/3 下

【安阳集】家传 3/1 下、4 下、6 下、10 上

【欧阳文忠公全集】32/尚书户部侍郎参知政事赠左仆射文安王公墓志铭/2 下

【河南先生文集】7/上环庆招讨使范希文书/3 上；8/议修堡寨书/5 上

【范文正公集】13/东染院使种君墓志铭/16 上、天章阁待制滕君墓志铭/19 上；年谱/25 上；年谱补遗/13 上；言行拾遗事录/1/5 上；褒贤集/富弼撰墓志铭/9 上

【栾城集】1/诗/1 上

【涑水记闻】4/14 下；11/8 上

【稽古录】20/90 上

【儒林公议】上 2 上

【固原州志】1/古迹/14

【汇编】上 65、105、114；中二 1904、2017、2503、2544、2549、2550、2551、2553、2554、2555、2556、2557、2559、2569、2570、2571、2573、2574、2576、2582、2587、2604、2612、2616、2619、2621、2634、2639、2647、2651、2654、2675、2678、2680、2697、2759、2783、2788、2811、2819；中三 2882、2898、2930、2990；中四 4392；中五 4980；中六 5281、5282、5299、5378、5452；下 7020、7026；补遗 7472

定平砦　秦州陇城县

【宋史】87/地理志 3/2155

【元丰九域志】3/124

【汇编】中一 985；中六 5835

定平砦　延州，宋真宗大中祥符九年前置

【宋史】61/五行志 1 上/1325

【长编标】87/1999

【长编影】87/10 下

【汇编】中一 1558

定边城　定边军，宋哲宗元符二年三月筑，后改为军

【宋史】18/哲宗纪 2/352；85/地理志 1 序/

2096；87/地理志 3/2151、2153；187/兵志
1/4580；191/蕃兵/4761；356/任谅传/11221

【长编标】91/2107；505/12037；506/12050；507/
12075；508/12105；509/12125、12126、12128；
511/12170

【长编影】91/9 下；505/10 下；506/2 上；507/
3 下、4 下；508/7 下；509/11 下、14 下；
511/15 上

【宋会要】食货 19 之 8/5127；方域 8 之 27/
7454、19 之 17/7634

【玉海】174/41 下

【甘肃新通志】13/舆地志·古迹·庆阳府·安
化县/29 下

【汇编】中一 1590；中六 5474、5478、5492、
5493、5494、5513、5514、5533、5534、
5536、5559、5885、5913；补遗 7375、7394

定边砦　宋神宗熙宁五年隶陇州
【宋史】87/地理志 3/2155
【汇编】中六 5835

定边砦　秦州
【武经总要】前集 18 上/29 下
【汇编】中一 932

定边砦　环州
【宋史】87/地理志 3/2152
【武经总要】前集 18 上/20 上
【范文正公集】西夏堡寨 6
【汇编】中二 2645；中三 3076；中六 5833

定边寨　秦州
【长编标】127/3004；263/6453
【长编影】127/2 上；263/31 上
【汇编】中二 1990

定边寨　环州，宋仁宗天禧五年置
【宋史】330/傅求传/10622
【长编标】97/2248；103/2385；135/3217；139/
3340；195/4729；497/11818；499/11882；
506/12060；512/12186
【长编影】97/8 上；103/10 下；135/3 下；139/
3 下；195/11 下；497/2 下；499/10 下；
506/9 上；512/9 下
【宋会要】食货 15 之 17/5071、22 之 2/5156；
兵 27 之 29/7261、27 之 31/7262；方域 18 之
9/7614
【武经总要】前集 18 上/13 下

【奏议标】133/范仲淹·上仁宗再议攻守/1480
【奏议影】133/范仲淹·上仁宗再议攻守/4552
【范文正公集】年谱补遗/12 下；西夏堡寨/1
下、3 下、6 上
【汇编】中一 1609、1612、1637；中二 2424、
2512、2641、2643、2652；中三 3277、3279；
中六 5386、5407、5487、5561

定边镇　秦凤
【宋会要】方域 12 之 15/7527

定边镇　庆阳安化县东北二百里
【甘肃新通志】42/兵防志·塞防·庆阳府/6 上
【汇编】补遗 7287

定边镇　清远军
【武经总要】前集 18 下/西蕃地界/1 上
【汇编】中一 1730

定戎砦　西安州，宋哲宗元符二年冬建
【宋史】85/地理志 1 序/2096；87/地理志 3/
2159、2161、2162
【宋会要】礼 20 之 79/804、20 之 100/814、20
之 117/823
【甘肃新通志】14/建置志·城池/13 下
【陇右金石录】3/65 下
【姑溪居士前集】4/杨判官（杰）墓志铭/2 上
【汇编】中六 5517、5518、5545、5760、5809、
5838、5913；补遗 7404、7418

定戎堡　庆州
【宋史】87/地理志 3/2152
【汇编】中六 5832、5833

定戎堡　宋徽宗崇宁间所建
【甘肃新通志】9/舆地志·关梁·固原直隶州/
26 上
【汇编】补遗 7396

定戎堡　环州
【宋史】87/地理志 3/2152
【大金吊伐录】4/140
【汇编】下 6094

定戎堡　秦州床穰寨领
【宋史】87/地理志 3/2155
【元丰九域志】3/124
【汇编】中一 964

定戎堡　西安州，宋哲宗元符二年赐名
【宋史】87/地理志 3/2155、2161

【甘肃新通志】9/舆地志·关梁·固原直隶州/26 上

【汇编】中六 5517；补遗 7396

定戎寨　西安州

【大金吊伐录】4/139

【宋会要】礼 20 之 7/823

【汇编】下 6094

定戎寨　泾原路修筑麟隈寨，赐名定戎寨

【长编标】514/12216

【长编影】514/7 下

【宋会要】方域 18 之 7/7613

【姑溪居士后集】20/折渭州墓志铭/1 上

【汇编】上 211；中六 5577

定戎镇　陇州

【宋会要】食货 15 之 18/5071、19 之 8/5127

定戎镇　陇州

【武经总要】前集 18 上/29 下

【汇编】中一 932

定西　游师雄相视叶燮会、胡卢河、定西三川之地

【画墁集】补遗/游公（师雄）墓志铭/1 下

【汇编】中三 3494

定西城　宋神宗元丰四年以兰州西使城为定西城，五年改定西城为通远军，以汝遮堡为定西城，属通远军

【宋史】16/神宗纪 3/312；18/哲宗纪 2/345；87/地理志 3/2164、2165；311/卢秉传/10671；332/游师雄传/10689；339/苏辙传/10832；342/王岩叟传/10895；348/钟传传/11037；350/苗授传/11068；486/夏国传下/14014

【金史】134/西夏传/2865

【长编标】319/7711；321/7748；323/7784；327/7878；328/7902；329/7932；330/7952；331/7982、7983；332/7998；333/8017、8022；334/8030；336/8098；348/8362；349/8375、8376、8377；350/8381、8384、8389；362/8662；365/8751；382/9303、9310；390/9486；398/9699；400/9743、9744；401/9767；402/9778、9783；404/9842；429/10367；433/10487；439/10581；444/10683、10684；445/10711；446/10735、10736；452/10844、10845、10846、10847、10949；458/10953、10982；460/10995、10996、10997、10998、10999、11000；462/11042、11043、11044；466/11129；467/11155、11164、11165；470/11229、11232；473/11280；478/11389；495/11783；508/12099

【长编影】319/11 下；321/11 下；323/8 上；327/12 下；328/11 上；329/16 上；330/6 下；331/14 上；332/3 上；333/4 下、9 上；334/1 下；336/6 下；337/10 下；341/9 上；342/2 上；348/18 下；349/2 上、4 下、8 下、9 下；350/1 上、3 下、8 上；362/7 上；382/5 下、11 下；398/2 下；400/5 下；401/6 下；402/1 下、6 下；404/10 下；419/10 上；429/9 上；435/12 下；439/12 下；444/4 上；445/2 上；452/3 上、6 上；453/3 上；458/1 上；459/8 下；460/1 上；462/11 上；466/3 上；467/9 下、17 下；470/11 上；473/1 上；478/7 上；495/17 上；508/1 上

【东都事略】127、128/西夏传/附录 5、6

【玉海】174/41 上、41 下

【宋大诏令集】236/赐夏国诏（元祐八年四月庚申）/921

【宋会要】职官 43 之 61/3304、56 之 18/3634；食货 2 之 6/4828、63 之 81/6027；兵 4 之 11/6825、5 之 12/6845、8 之 28/6901、8 之 29/6901、18 之 11/7063、18 之 15/7065、27 之 19/7256、28 之 29/7284、28 之 33/7286；方域 8 之 22/7451、18 之 30/7624、19 之 11/7631

【皇宋十朝纲要】12/4 下

【奏议标】138/司马光·上哲宗乞还西夏六寨/1554、138/吕陶·上哲宗请以兰州二寨封其酋长/1559、1560；139/范育·上哲宗论御戎之要/1573；140/苏辙·上哲宗论地界/1580、140/苏辙·上哲宗论不可失信夏人/1582

【奏议影】138/司马光·上哲宗乞还西夏六寨/4776、138/吕陶·上哲宗请以兰州二寨封其酋长/4790；139/范育·上哲宗论御戎之要/4836；140/苏辙·上哲宗论地界/4858、140/苏辙·上哲宗论不可失信夏人/4864

【元丰九域志】3/139

【司马文正公集】35/章奏 33/1 上

【龙川略志】635

【画墁集】补遗/游公（师雄）墓志铭/6 下

【范文正公集】遗文/11 上

【栾城集】42/拟答西夏诏书/7 下

【栾城后集】13/颍滨遗老传下 7 上；14/4 上

【甘肃新通志】13/舆地志·古迹·巩昌府·安
定县/17 上

【汇编】上 80、82、108、133、134、135；中四
4173、4244、4279、4295、4304、4314、
4319、4358、4359、4379、4391、4413、
4426、4435、4454、4455、4460、4461、
4466、4469、4472、4498、4509、4536；中
五 4548、4601、4602、4603、4604、4606、
4608、4609、4610、4613、4651、4664、
4695、4697、4753、4766、4795、4818、
4825、4826、4827、4831、4834、4847、
4949、4959、4960、4976、4980、4988、
5005、5006、5023、5037、5046、5047、
5048、5051、5056、5063、5065、5068、
5069、5070、5071、5074、5077、5081、
5082、5083、5084、5098、5113、5114、
5115、5137、5138、5139、5152、5153、
5187、5202、5218、5236、5243；中六 5371、
5512、5783、5840；补遗 7327、7347、7375

定西砦　又作定西寨，秦州，宋太祖建隆二年
置

【宋史】87/地理志 3/2155；258/曹玮传/8986

【甘肃新通志】9/舆地志·关梁·秦州直隶州/
43 上

【汇编】中一 1555；补遗 7237

定西砦　秦州成纪县，宋太宗太平兴国中筑

【宋史】87/地理志 3/2154；191/兵志 5/4752

【武经总要】前集 18 上/30 上、30 下

【汇编】中一 931、959、1008；中三 3396；中
六 5835

定西堡　秦凤

【宋史】289/葛怀敏传/9760

【长编标】137/3301

【长编影】137/21 下

【汇编】中二 2546、2554

定西寨　熙河

【宋会要】食货 2 之 6/4828、63 之 79/6026

定西寨　又作定西砦，秦州，宋太祖建隆二年
置

【长编标】87/1992；88/2026

【长编影】87/4 上；88/14 上

【宋会要】食货 15 之 18/5071、19 之 8/5127；
方域 18 之 30/7624

【元丰九域志】3/122

【汇编】中一 929、930、1553、1572

定远军城　定远军

【宋史】87/地理志 3/2166

【汇编】中六 5840

定远城　熙河，原李诺平

【宋会要】方域 8 之 28/7454、20 之 3/7652、20
之 14/7657

定远城　兰州，宋哲宗元祐七年五月李内彭赐
名

【宋史】87/地理志 3/2159、2162、2165；332/
穆衍传/10691；342/王岩叟传/10895

【长编标】446/10729；470/11226、11232；473/
11279；479/11412；483/11484；493/11710

【长编影】446/1 上；470/7 下、11 上；473/1
上、6 下；479/10；483/5 上、6 上；493/15
上

【东都事略】93 下/苏辙传/3 上；127、128/西
夏传/附录 5、6

【玉海】174/41 下

【名臣碑传琬琰集】下集 12/颍滨遗老传下/
1440

【奏议标】140/张舜民·上徽宗论进筑非便/
1585

【奏议影】140/张舜民·上徽宗论进筑非便/
4873

【龙川略志】/635

【画墁集】补遗/游公（师雄）墓志铭/6 下

【范文正公集】遗文/8 上、11 上

【栾城后集】13/颍滨遗老传下/11 上

【甘肃新通志】13/舆地志·古迹·兰州府·金
县/4 上

【汇编】上 109；中五 4771、5035、5083、5084、
5135、5137、5138、5139、5151、5152、
5153、5155、5200、5203、5236、5240、
5247、5253；中六 5344、5838、5840；补遗
7375、7376

定远砦　兰州

【宋史】87/地理志 3/2165

【汇编】中六 5840

定远砦　环州，在三店沟，天圣中置

【武经总要】前集 18 上/13 下

【汇编】中一 1666

定远堡　绥德军，宋哲宗元符初赐名

【宋史】87/地理志 3/2150

【延安府志】7/绥德州·关梁/6 上

【汇编】中六 5831；补遗 7379

定远寨　诏以定远等四寨归夏人

【长编标】382/9313

【长编影】382/13 下

【汇编】中五 4771

定远镇　灵州，宋太宗至道中建为威远军，宋
真宗咸平中陷，后为定州

【宋会要】方域 6 之 3/7407

【武经总要】前集 18 下/西蕃地界/1 上

【汇编】中一 1106、1729

定羌城　河州，阿纳城改名，宋神宗熙宁六年
置

【宋史】87/地理志 3/2162、2163；328/王韶传/
10581

【金史】26/地理志下/655；122/纳合蒲剌都传/
2664

【长编标】243/5912；244/5945；245/5950；246/
5981；252/6179；271/6653

【长编影】243/2 上；244/13 下；245/1 上；
246/5 上；252/27 下；271/17 下

【宋会要】方域 8 之 22/7451

【畿辅通志】77/忠节·大名府/14 上

【汇编】中四 3867、3868、3946、3948、4005；
中六 5839；下 6842、6855

定羌寨　河东

【长编标】327/7864

【长编影】327/1 上

【汇编】中四 4365

定胡寨　鄜延

【长编标】381/9275；397/9672

【长编影】381/23 上；397/3 上

【汇编】中五 4742、4814

定蕃镇　延州丰林县，宋太宗太平天国八年改

【宋会要】方域 12 之 15/7527

【汇编】中一 1007

宕昌城　岷州，宋太宗雍熙七年置

【宋史】27/高宗纪 4/508；40/宁宗纪 4/775；
64/五行志 2 下/1408；87/地理志 3/2165

【金史】98/完颜纲传/2175；113/白撒传/2485

【宋会要】食货 22 之 3/5157；兵 17 之 30/7052、
23 之 9/7164；方域 18 之 32/7625

【甘肃新通志】9/舆地志·关梁·巩昌府·岷州
/39 上；13/舆地志·古迹·巩昌府·岷州/
19 下

【汇编】下 6748、6815、6864、6869；补遗
7337、7339

宕昌寨　岷州，宋神宗熙宁七年置

【长编标】256/6266

【长编影】256/18 上

【朝野杂记】乙集 19/边防/1180

【甘肃新通志】9/舆地志·关梁·巩昌府·岷州
/39 上；13/舆地志·古迹·巩昌府·岷州/
19 下

【汇编】中四 3966；下 6938；补遗 7337、7339

宜谷　岷州长道县

【宋会要】方域 12 之 15/7527

宜罗娥泊　西北至镇戎军故砦五十里

【武经总要】前集 17/16 上

【汇编】中一 926

宜春　坊州

【宋会要】食货 4 之 7/4849

官马川　环庆

【长编标】329/7925

【长编影】329/10 下

【汇编】中四 4404

实卜沙谷　熙河兰岷

【长编标】243/5924

【长编影】243/12 上

该朱城　熙河兰岷

【长编标】505/12028

【长编影】505/3 上

该珠城　又作盖珠城，宋徽宗崇宁元年四月兰
州兵深入取

【长编标】489/11615；516/12271

【长编影】489/17 上；516/7 上、8 上

【汇编】中六 5611、5612

房陵村　宁州

【宋会要】食货 42 之 12/5567

【汇编】中一 1658

弥川砦　晋宁军，地名弥勒川，宋哲宗元符二
年赐名

【宋史】85/地理志 1 序/2096；86/地理志 2/
2135、2138

【陕西通志】17/关梁 2·葭州/50 下

【汇编】中六 5826、5858、5913

弥川堡　晋宁军，地名小红崖，宋哲宗元符二
年赐名

【宋史】85/地理志 1 序/2096；86/地理志 2/
2138

【长编标】514/12224、12225

【长编影】514/13 上、17 下

【宋会要】方域 20 之 3/7652

【陕西通志】17/关梁 2·葭州/51 上

【汇编】中六 5858、5859、5913；补遗 7397

弥川寨　晋宁军，地名弥勒川，宋哲宗元符二
年赐名

【长编标】514/12224、12225

【长编影】514/13 上、17 下

【陕西通志】13/山川 6·葭州/58 下

【榆林府志】4/葭州·山/14 下

【汇编】中六 5585、5586、5590；补遗 7400、
7494

弥勒　麟州

【长编标】185/4469

【长编影】185/2 下

【宋会要】兵 27 之 41/7267

【汇编】中三 3224、3266

弥勒川　赐名弥川寨，河东筑

【长编标】514/12224

【长编影】514/13 上

弥勒砦　麟府

【陕西通志】13/山川 6·葭州/58 下

【汇编】补遗 749

建子城　保安军，宋真宗天禧四年置，宋仁宗
天圣元年改德靖寨

【武经总要】前集 18 上/7 上

【元丰九域志】3/121

【汇编】中一 1623

建宁砦　又作建宁寨，麟州，宋仁宗庆历二年
置

【宋史】23/钦宗纪/431；86/地理志 2/2135；
292/明镐传/9769；324/张亢传 10489；367/
杨存中传/11433；446/杨震传/13167

【武经总要】前集 17/16 下

【汇编】中一 926、1039；中六 5826、6034

建宁堡　府谷县，宋仁宗康定中张亢修

【宋史】324/张亢传 10489

【榆林府志】6/建置志·关隘/6 下

【陕西通志】17/关梁 2·葭州府·谷县/57 上

【汇编】补遗 7279、7280

建宁寨　又作建宁砦，麟州，宋仁宗庆历二年
置

【长编标】136/3247、3248；149/3612

【长编影】136/1 下、2 上、2 下；149/13 下、
14 下

【宋会要】仪制 10 之 21/2014；食货 22 之 5/
5158

【武经总要】前集 17/18 上

【中国考古学会第一次年会论文集】折继闵神道
碑/455

【元丰九域志】4/166

【欧阳文忠公全集】115/河东奉使奏草/27 上

【涑水记闻】12/7 下

【榆林府志】6/建置志·关隘/3 上

【汇编】上 190；中一 1040；中二 2343、2366、
2484、2487；中三 2911；补遗 7278

建安堡　麟府

【延绥镇志】1/地理志 6 上

【陕西通志】7/疆域 2/43 下

【榆林府志】6/建置志·关隘/4 下

【汇编】补遗 7383、7488、7493

屈丁堡　延安府

【宋史】87/地理志 3/2148

【龟山集】33/钱忠定公（即，字中道）墓志铭
/13 下

【陕西通志】16/关梁 1·延安府·安塞县/27 上

【汇编】中六 5828、5829；补遗 7262、7417

屈乞村　庆州

【宋史】485/夏国传下/13981

【长编标】208/5062

【长编影】208/14 上

【汇编】上 69；中三 3408

屈野川 *麟州*
【宋会要】方域 21 之 4/7663

肃远砦 *环州，宋真宗咸平六年六月赐大落门乾川寨名*
【宋史】87/地理志 3/2152；191/蕃兵/4754；326/郭恩传/10521
【长编影】54/18 上；99/6 上；280/15 上；312/10 上；326/3 下；357/2 下；474/8 上；478/2 上；479/4 上、7 上
【玉海】174/37 上
【宋会要】职官 66 之 37/3886；食货 19 之 8/5127；方域 18 之 9/7614
【武经总要】前集 18 上/13 上
【范文正公集】年谱补遗/12 下、西夏堡寨/3 下
【元丰九域志】3/119
【甘肃新通志】8/舆地志·形胜·庆阳府·环县/12 上
【汇编】中一 1094、1096、1360、1370、1615；中二 2512、2643；中三 3198、3397；中四 4125、4343；中五 4632、4648、5162、5182、5192、5195、5196；中六 5833；补遗 7247、7474

肃远堡 *镇戎军*
【宋史】87/地理志 3/2159
【汇编】中六 5838

肃远寨 *秦州，旧名橐篦*
【宋会要】方域 18 之 9/7614
【汇编】中一 1531

肃远寨 *环州，大落门乾川寨赐名*
【长编标】54/1195；99/2297；280/6866；312/7569；326/7840；357/8531；474/11310；478/11383；479/11404
【宋会要】食货 15 之 17/5071、22 之 2/5156

肃定堡 *麟州，宋仁宗庆历五年置*
【宋史】86/地理志 2/2135
【长编标】189/4551；253/6201；511/12169
【长编影】189/5 上；253/13 上；511/14 下
【宋会要】食货 22 之 5/5158；兵 27 之 40/7266；方域 18 之 3/7611、20 之 11/7656、20 之 16/7658
【武经总要】前集 17/19 下
【净德集】21/枢密刘公（庠）墓志铭/233
【汇编】中一 1039；中三 3077、3252；中四

3753；中六 5558、5826；下 7012

陕河寨 *秦州床穰寨领*
【宋会要】方域 20 之 13/7657
【汇编】中四 4061

弩扎堡 *又作汝遮堡，熙河*
【长编影】323/13 下
【汇编】中四 4319

驼驼平 *环州*
【武经总要】前集 18 上/13 下
【汇编】中一 1370

驼驼会 *环州*
【武经总要】前集 18 上/15 下
【汇编】中一 1142

驼项堡 *秦州伏羌寨领*
【宋史】87/地理志 3/2154
【宋会要】方域 8 之 22/7451
【元丰九域志】3/122
【汇编】中一 930；中三 3552；中六 5835

驼项寨 *秦州*
【宋史】87/地理志 3/2154
【宋会要】方域 8 之 22/7451

细巷口 *秦凤*
【长编标】139/3340
【长编影】139/3 下

细浮图砦 *本西夏砦，宋神宗元丰四年收复，隶延州延川县，七年改隶绥德军；宋哲宗元祐四年给赐夏人，绍圣四年收复，赐名克戎砦*
【宋史】87/地理志 3/2147、2149；190/陕西弓箭手/4715；486/夏国传下/14009
【长编影】221/2 下；316/3 上；321/2 下；492/4 上；498/15 下
【陕西通志】17/关梁 2·绥德州/45 下
【汇编】中三 3674；中四 4176、4269；中六 5338、5355、5397、5828、5830；补遗 7387

细浮图寨 *本西夏砦，宋神宗元丰四年收复，隶延州延川县，七年改隶绥德军；宋哲宗元祐四年给赐夏人，绍圣四年收复，赐名克戎砦*
【长编标】221/5369；316/7640；319/7703、7717；321/7740；322/7758、7764；492/11680；494/11730；498/11859

【长编影】319/4 上；322/1 上、6 上

【宋会要】兵 4 之 10/6825、8 之 26/6900；方域
　　19 之 7/7629

【延安府志】7/绥德州·古迹/8 上

【汇编】中四 4231、4296、4297、4303；补遗
　　7382

细惠川口　庆州

【宋会要】方域 20 之 6/7653

细腰城　宋仁宗庆历二年建寨，庆历四年范仲
　　淹筑，庆历五年隶原州

【宋史】314/范仲淹传/10271；335/种世衡传/
　　10743

【长编标】135/3228；138/3320；139/3340；153/
　　3728；154/3735；155/3769；156/3778

【长编影】135/13 下；138/11 上；139/3 下；
　　153/13 上；154/1 上；156/2 上

【东都事略】127、128/西夏传/附录 5、6

【玉海】174/37 上

【宋会要】兵 27 之 28/7260、27 之 31/7262；方
　　域 19 之 3/7627

【武经总要】前集 18 上/19 下

【文恭集】36/宋故宣徽院使赠太尉文肃郑
　　（戬）公墓志铭/436

【欧阳文忠公全集】20/范公神道碑/12 下

【范文正公集】13/东染院使种君墓志铭 16 下；
　　年谱/24 上、31 下；西夏堡寨/4 上；褒贤集
　　/富弼撰墓志铭/9 上；年谱补遗/19 上、29
　　下

【涑水记闻】9/12 下

【甘肃新通志】13/舆地志·古迹·庆阳府·环
　　县/31 下

【汇编】上 108；中二 2438、2441、2509、
　　2603、2604、2643、2652、2832；中三 2856、
　　3019、3022、3028、3031、3043、3048、
　　3053；补遗 7247、7295

细腰葫芦峡城　庆州，宋仁宗庆历四年筑

【平远县志】5/古迹/21 上

【甘肃新通志】13/舆地志·古迹·固原直隶州
　　·平远县/12 下

【海城县志】6/古迹志/2 上

【汇编】补遗 7295、7380、7382

经且　宥州

【长编标】452/10845

【长编影】452/4 下

孟乜　又作默特，鄜延

【长编标】328/7895

孟门　石州

【武经总要】前集 17/8 上

【汇编】中一 1414

承平砦　又名承平寨，延州丰林县，宋仁宗天
　　圣六年置，康定元年废，庆历五年复置

【宋史】323/周美传/10457

【宋会要】方域 18 之 12/7615

【陕西通志】17/关梁 2·绥德州·清涧县/48 上

【汇编】上 232；中三 3076；补遗 7262

承平寨　又名承平砦，延州丰林县，宋仁宗天
　　圣六年置，康定元年废，庆历五年复置

【宋史】311/庞籍传/10199；314/范仲淹传/
　　10270；324/许怀德传/10477；485/夏国传上
　　/13999

【宋大诏令集】233/赐西夏诏（庆历四年十月庚
　　寅）/908

【长编标】106/2476；125/2944、2954；126/2966、
　　2988；127/3019；130/3081、3082；135/
　　3237、3238；146/3536；152/3706；154/3735

【长编影】106/14 上；125/1 下、6 下、14 下；
　　126/2 上、20 下、27 上；127/14 下；130/3
　　上、4 上；146/9 上；152/9 下；154/1 上

【宋会要】职官 27 之 26/7259；方域 18 之 12/
　　7615

【奏议标】132/范仲淹·上仁宗乞先修诸寨未宜
　　进讨/1464

【奏议影】132/范仲淹·上仁宗乞先修诸寨未宜
　　进讨/4504

【安阳集】4/17 下；家传 4/16 下

【欧阳文忠公全集】20/范公神道碑/12 下

【河南先生文集】24/与延帅论事状三首/5 上

【范文正公集】9/上枢密尚书书/12 上；16/9
　　下；年谱补遗/3 下、4 上、9 上；西夏堡寨/
　　4 下；言行拾遗 3/9 下

【涑水记闻】4/13 上

【豫章文集】7/遵尧录 6/15 上

【汇编】上 66；中一 1660；中二 1853、1855、
　　1863、1883、1895、1939、1989、2030、
　　2031、2036、2064、2089、2155、2156、
　　2159、2222、2223、2463、2464、2468、

2572、2642、2644、2808；中三 2843、2998、
3013、3031；补遗 7294

九画

珂诺城　熙河
【宋史】15/神宗纪 2/285；328/王韶传/10580；
350/苗授传/11067；452/景思立传/13287；
467/李宪传/13638；492/董毡传/14164
【长编标】251/6112；252/6160；316/7637
【长编影】251/4 上；252/11 下；316/1 上
【东都事略】82/王韶传/4 下；84/苗授传/3 上
【宋会要】蕃夷 6 之 9/7823、6 之 16/7826
【汇编】中四 3848、3857、3858、3859、3932、
3943、3944、3950、4150、4174

城平川寨　延州
【长编标】106/2476
【长编影】106/12 上

城桥关　河州，宋哲宗元符三年赐名安乡关
【宋史】87/地理志 3/2164
【甘肃新通志】13/舆地志·古迹·兰州府·河
州/8 上
【汇编】中六 5808；补遗 7401

标纳城　河州侧近
【乐全集】22/22 下
【汇编】中三 3291

栋栜堡　熙河
【长编标】271/6641
【长编影】271/8 上
【汇编】中四 4003

柏子砦　麟州，宋仁宗庆历前置
【宋史】326/张昷传/10523；485/夏国传上/
13997
【汇编】上 65、235

柏子堡　麟府
【陕西通志】17/关梁 2·葭州府·谷县/57 上
【汇编】补遗 7280

柏子寨　麟州，宋仁宗庆历前置
【宋史】324/张亢传/10489
【长编标】133/3181；136/3247；137/3282
【长编影】133/18 上；136/1 下；137/5 下
【安阳集】47/张公墓志铭 14/下

【汇编】中二 2483、2484、2521

柏林堡　绥德军
【宋史】87/地理志 3/2150；369/曲端传/11489
【延绥镇志】1/地理志 6 上
【榆林府志】6/建置志·关隘/4 下
【汇编】中六 5831、6055；补遗 7383、7493

柳谷堡　鄜延，宋仁宗庆历二年置
【宋史】323/周美传/10457
【长编标】135/3238
【长编影】135/22 下
【汇编】上 233

柳青平　鄜延
【长编标】501/11934
【长编影】501/5 下
【汇编】中六 5426

柳拨川　麟府
【宋史】485/夏国传上/13998
【汇编】上 55

柳泉乡　庆州
【宋会要】兵 4 之 1/6820
【汇编】中一 1631

柳泉镇　庆州
【长编标】83/1908
【长编影】83/19 上

柳泉镇　原州
【宋史】87/地理志 3/2158；191/蕃兵/4753；
291/王博文传/9744
【长编标】103/2385；139/3340
【长编影】103/11 上；139/3 下
【宋会要】礼 25 之 9/959；食货 15 之 19/5072、
19 之 9/5127、22 之 3/5157；兵 27 之 29/
7261、27 之 31/7262
【武经总要】前集 18 上/18 下、19 下
【元丰九域志】3/132
【范文正公集】西夏堡寨/4 上
【甘肃新通志】9/舆地志·关梁·泾州直隶州·
镇原县/31 下
【汇编】中一 967、1038、1531、1619、1644；
中二 2643、2652；中三 3028、3397；中六
5837；下 7020；补遗 7301、7327

柳榆堡　延安府，范仲淹筑
【陕西通志】16/关梁 1·延安府·保安县/28 下

【汇编】补遗 7281

柳镇路　环州
【宋会要】兵 27 之 20/7256
【汇编】中一 1596

栎阳　京兆府
【宋会要】食货 15 之 14/5069

栎阳　长安之北
【画墁集】补遗/游公（师雄）墓志铭/5 下
【汇编】中五 4981

栏干堡　麟州连谷县，宋英宗治平三年置
【宋会要】方域 20 之 12/7656
【汇编】中三 3419

栏马　镇戎军东南
【宋会要】兵 27 之 30/7261

柽杨沟　泾原
【宋史】253/折德扆传/8867
【汇编】上 175

柽林砦　秦州成纪县
【宋史】87/地理志 3/2154
【汇编】中六 5835

柽林堡　秦州
【宋史】87/地理志 3/2155
【元丰九域志】3/122
【汇编】中一 930

柽栅　郦州
【范文正公集】年谱补遗/21 上
【汇编】中三 3047

故府寨　环庆
【长编标】479/11404
【长编影】479/4 上
【汇编】中五 5191

故城务　阶州
【宋会要】食货 15 之 19/5072

故城镇　岷州
【宋会要】食货 15 之 18/5071

故城镇　将利县
【甘肃新通志】9/舆地志·关梁·阶州直隶州/49 上
【汇编】补遗 7474

故砦堡　镇戎军
【宋史】87/地理志 3/2162
【汇编】中六 5837

故镇铺　环庆
【长编标】479/11407
【长编影】479/7 下

胡卢　庆州
【鸡肋集】12/送龙图范丈德孺帅庆/8 下；29/庆州新修帅府记/12 下
【汇编】中五 4648、4943

胡卢泉　原州靖安砦
【武经总要】前集 18 上/20 上
【汇编】中三 3028、3076

胡卢河川　泾原
【奏议标】140/张舜民·上徽宗论进筑非便/1585
【奏议影】140/张舜民·上徽宗论进筑非便/4873

胡卢河川　镇戎军
【武经总要】前集 18 上/23 上
【汇编】中一 1143

胡田　陇州
【长编标】82/1881
【长编影】82/17 下
【汇编】中一 1523

胡家川庄　延州
【范文正公集】西夏堡寨/5 上
【汇编】中二 2644

胡家川寨　延州
【范文正公集】西夏堡寨/5 上
【汇编】中二 2644

封子八　郦延
【宋会要】兵 28 之 34/7286

南山堡　河州，宋神宗熙宁七年置，寻改南川砦
【宋史】87/地理志 3/2163、2164
【长编标】252/6178；253/6202
【长编影】252/26 下；253/14 上
【甘肃新通志】9/舆地志·关梁·兰州府·河州/20 上
【汇编】中四 3945、3954；中六 5807；补遗 7337

南川堡　熙州，宋神宗熙宁六年置
【宋史】17/哲宗纪 1/324；87/地理志 3/2157
【长编标】271/6641

【长编影】271/8 上

【长编纪事本末】140/1 下

【东都事略】9/哲宗纪/3 下

【宋会要】兵 9 之 1/6906；方域 20 之 2/7651

【元丰九域志】3/126、133

【东坡全集】41/祝文/18 下

【栾城集】29/西掖告词/5 下；45/贺擒鬼章表/
2 上

【梁溪漫志】6/蜀中石刻东坡文字稿/2 上

【甘肃新通志】9/舆地志·关梁·兰州府·狄道
州/15 上、河州/20 上

【汇编】中四 3837、3915、3916、4003；中五
4842、4857、4861、4873、4874；中六 5739、
5760、5807、5839；补遗 7332

南川寨　　河州南四十三里

【长编标】253/6202；285/6988；292/7135；400/
9743、9744；401/9769、9771、9773；402/
9777、9778；404/9834、9842、9844；406/
9892；413/10042

【长编影】253/14 上；285/15 上；292/6 上；
400/5 下；401/8 下、10 上、12 下；402/1
下；404/6 下、10 下；406/14 上；413/9 上

【宋会要】礼 62 之 47/1718；兵 9 之 1/6906；蕃
夷 7 之 36/7857

【长编纪事本末】139/11 下

【皇宋十朝纲要】12/4 下

【栾城集】29/西掖告词/13 下

【汇编】中四 3954、4081；中五 4824、4825、
4828、4829、4830、4831、4842、4847、
4899、4938；中六 5739；补遗 7337

南平会　　泾原

【宋会要】方域 19 之 17/7634

南市城　　又作南使，宋真宗大中祥符九年置，西南抵秦州百五十里，去渭州笼竿城八十里

【宋史】257/李继和传/8969；258/曹玮传/
8985；350/王君万传/11070

【长编标】50/1091；86/1974；90/2068；236/
5751；237/5757

【长编影】50/9 上；86/9 上；90/1 下；236/25
上；237/1 上

【宋会要】兵 27 之 19/7256；方域 8 之 23/7452

【武经总要】前集 18 上/24 下、32 上

【隆平集】9/曹玮传/11 下

【元宪集】33/宋故推诚翊戴功臣彰武军节度延
州管内观察处置等使曹公墓志铭/345

【乐全集】22/20 下

【汇编】中一 1258、1548、1549、1551、1554、
1557、1563、1577、1581、1593；中四 3787、
3794

南头平　　鄜延

【苕溪集】48/宋故武功大夫贵州刺史永兴军路
马步军副都总管特赠右武大夫光州防御使累
赠太师魏国公杨公（宗闵）墓碑/5 下

【汇编】补遗 7462

南达堡　　河州，宋徽宗崇宁三年赐通津堡

【宋史】87/地理志 3/2163

【皇宋十朝纲要】16/10 上

【汇编】中六 5777、5808

南华池镇　　庆州

【武经总要】前集 18 上/11 上

【汇编】中一 1577

南关　　熙州

【长编标】263/6434

【长编影】263/15 下

南关城　　延州

【长编标】314/7599

【长编影】314/1 上

【汇编】中四 4137

南关堡　　熙州，宋神宗熙宁六年置

【宋史】23/钦宗纪/429；87/地理志 3/2162；
95/河渠志上 5/2372

【三朝北盟会编】50/7 下

【元丰九域志】/3/125

【梁溪集】54/奏知掩袭南北关贼马札子/8 上、
奏知进兵次第札子/13 上

【靖康传信录】3/31

【甘肃新通志】9/舆地志·关梁·兰州府·狄道
州/14 下

【汇编】中四 3837、3990；中六 5839、6020、
6021、6023；补遗 7332、7457、7458

南安　　鄜延

【宋大诏令集】233/赐西夏诏（庆历四年十月庚
寅）/908

南安寨　　又作南安砦，延州，宋仁宗康定元年
废，庆历五年复置

【宋史】485/夏国传上/13999

【长编标】127/3019；131/3111；152/3706；154/3735

【长编影】127/14 下；131/15 下；152/9 下；154/1 上

【宋会要】方域 18 之 29/7624

【武经总要】前集 18 上/2 下

【奏议标】132/范仲淹·上仁宗乞先修诸寨未宜进讨/1464；133/范仲淹·上仁宗攻守二策/1478；141/文彦博·上神宗论进筑河州/1591

【奏议影】132/范仲淹·上仁宗乞先修诸寨未宜进讨/4504；133/范仲淹·上仁宗攻守二策/4546；141/文彦博·上神宗论进筑河州/4894

【华阳集】35/狄武襄公青神道碑/454

【安阳集】家传 4/16 下、17 下

【初寮集】6/定功继伐碑/1 上

【姑溪居士后集】20/折渭州墓志铭/1 上

【范文正公集】9/12 上；年谱补遗/3 下；西夏堡寨/2 下、5 上、13 下

【陕西通志】17/关梁 2·绥德州·清涧县/47 下

【汇编】上 66、209；中二 1860、1939、2030、2064、2228、2399、2642、2644、2808；中三 2998、3013、3031、3129；中四 3823；补遗 7281、7435

南阳川　泾原

【长编标】496/11797

【长编影】496/4 上

【汇编】中六 5377

南牟会　又作鼐摩会，西安州，宋哲宗元符二年收复，二年改州

【宋史】87/地理志 3/2161；187/兵志 1/4580；190/河东陕西弓箭手/4717

【长编标】485/11523；492/11684；493/11715；494/11732；499/11873；502/11964；503/11970；507/12091；508/12095、12097、12098、12108；509/12127、12128；510/12131、12142

【长编影】492/7 下；494/5 下

【东都事略】104/折可适传/3 上

【三朝北盟会编】60/4 下

【宋会要】礼 14 之 60/617、20 之 95/812；兵 4 之 16/6828；方域 5 之 42/7404、8 之 27/7454、18 之 20/7619、19 之 6/7628、20 之

17/7659

【皇宋十朝纲要】14/5 上

【初寮集】6/定功继伐碑/1 上

【甘肃新通志】13/舆地志·古迹·固原直隶州·海城县/13 上

【海城县志】1/沿革/5 下；6/古迹志/1 下

【固原州志】1/文武衙门/21

【汇编】上 180；中六 5340、5356、5363、5516、5517、5545、5550、6042；下 7006、7007；补遗 7391、7393、7394、7396、7436、7441

南牟会新城　即西安州

【宋会要】方域 5 之 42/7404、8 之 27/7454、8 之 28/7454

南牟谷口　秦州

【宋史】191/蕃兵/4755

【宋会要】兵 28 之 2/7270；方域 19 之 3/7627、20 之 17/7659

【汇编】中三 3424、3427

南冷牟　泾原

【长编标】506/12052

南谷　秦州

【宋史】331/马仲甫传/10647

【长编标】139/3339

【长编影】139/3 上

【宋会要】兵 27 之 30/7261

【甘肃新通志】6/舆地志·山川上·兰州府·渭源县/10 上

【汇编】中三 3498；补遗 7226

南使城　泾原筑，宋真宗天禧元年赐名静边砦

【长编标】92/2118

【长编影】92/3 下

【汇编】中一 1591

南使城　秦州

【宋史】492/吐蕃传/14159

【长编标】86/1974

【长编影】86/9 上

【汇编】中一 1560

南宗岭　熙河

【宋史】87/地理志 3/2169

【汇编】中六 5854

南宗堡　湟州，宋徽宗崇宁三年置，赐名临宗寨

【宋会要】方域18之2/7610

【汇编】中六5784

南宗堡　乐州，宋哲宗元符二年收复，寻弃之，后再收复

【宋史】87/地理志3/2168

【长编纪事本末】139/14下

【汇编】中六5744、5938

南宗堡　湟州，宋徽宗政和七年筑，赐名大同

【长编纪事本末】139/4下、9上

【皇宋十朝纲要】17/18上

【汇编】中六5729、5735、5906

南宗寨　湟州

【长编纪事本末】139/11下

【汇编】中六5740

南栅店　宋乾兴元年于南栅店置来远镇

【宋会要】方域12之15/7527

南峰寨　延州，宋太宗太平兴国六年置

【宋会要】方域18之22/7620

【汇编】中一992

南倍韮谷　去瓶形东南二十五里，河东

【宋会要】兵27之5/7249

南舜城　邠州

【宋会要】食货42之12/5567

【汇编】中一1658

南葡麿　泾原

【长编影】506/3下

【汇编】中六5478

南撒宗城　河州

【宋史】350/王君万传/11070

【长编标】252/6152

【长编影】252/5上

【汇编】中四3939、3940

草川　渭州

【宋会要】食货19之9/5127

草城　麟府之间

【长编标】164/3956

【长编影】164/13上

草城川　岢岚军东

【宋史】190/河东、陕西弓箭手/4712；289/高继勋传/9695；292/郑戬传/9768

【长编标】178/4317

【长编影】178/12下

【文恭集】36/宋故宣徽北院使赠太尉文肃郑（戬）公墓志铭/438

【欧阳文忠公全集】115/河东奉使奏草/21下

【汇编】中三2968、3004、3005

荙村　鄜延

【长编标】104/2409；126/2988

【长编影】104/10上；126/20下

【汇编】中一1647

荒土平　葭芦寨附近

【长编标】495/11770

【长编影】495/7上

【汇编】中六5368

荒堆　鄜延

【宋史】332/游师雄传/10688

【长编标】219/5330；220/5338、5363；221/5372、5373、5388、5390；226/5510；233/5662

【长编影】219/9上；220/4上、8上；221/1上、11下、19上、20上；226/9上；233/16上

【画墁集】补遗/游公（师雄）墓志铭/2上

【汇编】中三3651、3652、3656、3659、3672、3674、3681、3689、3691、3721；中四3771

荒堆三泉　鄜延

【宋史】486/夏国传下/14008

【陕西通志】17/关梁2·绥德州/45上

【汇编】上74；补遗7378

荒堆寨　延州，宋神宗熙宁四年建

【宋史】340/吕大防传/10841

【长编标】221/5372

【长编影】221/5下、6下

【汇编】中三3678、3679

荡羌砦　宋哲宗元符元年没烟后寨改，后属怀德军

【宋史】87/地理志3/2160、2161

【海城县志】6/古迹志/1下

【汇编】中六5517；补遗7394

荡羌寨　德顺军，宋哲宗元符元年没烟后寨改

【宋史】85/地理志1序/2096；87/地理志3/2160

【长编标】499/11881；500/11906；503/11976；504/12006、12009、12015；505/12029；507/

12080；508/12099

【长编影】499/9 上、19 下；500/6 下；503/6
上；504/8 上、17 下；505/2 下；507/7 下；
508/1 上

【宋会要】兵 17 之 6/7040；方域 18 之 6/7612、
18 之 19/7619、20 之 8/7654

【皇宋十朝纲要】14/4 下；16/11 上

【汉滨集】15/故客省使雄州防御使泾原路兵马
钤辖兼第十一将郭公（成）行状/17 上、19
上

【姑溪居士后集】20/折渭州墓志铭/1 上

【汇编】 上 208；中 六 5401、5406、5411、
5418、5437、5441、5447、5450、5455、
5457、5462、5466、5496、5512、5779、
5849、5913；补遗 7378、7384

菝麦城　范龙图筑

【陕西通志】11/山川 4・榆林府・靖边县/54 上

【汇编】补遗 7274

荔川寨　岷州，即马简川，宋神宗熙宁七年置

【宋史】87/地理志 3/2165；193/召募之制/
4802；198/马政/4942

【长编标】253/6202；296/7214

【长编影】253/14 上；296/18 上

【宋会要】职官 23 之 16/2890；食货 2 之 5/
4827、22 之 2/5156

【甘肃新通志】9/舆地志・关梁・巩昌府・岷州
/38 下

【汇编】中四 3954、4088、4117；补遗 7335

荔子寨　岷州，宋神宗熙宁六年置

【宋会要】方域 18 之 17/7618

【汇编】中四 3916

荔原川　环庆

【甘肃新通志】7/舆地志・山川下・庆阳府・合
水县/15 下

【汇编】补遗 7288

荔原砦　庆州，宋英宗治平四年三月置

【甘肃新通志】9/舆地志・关梁・庆阳府・安化
县/58 上

【汇编】补遗 7317

荔原堡　庆州，宋英宗治平四年三月置

【宋史】191/兵志 5/752；87/地理志 3/2148、
2151；191/蕃兵/4754；291/李复圭传/9743；
303/范育传/10050；328/蔡挺传/10575；

334/林广传/10737；349/姚兕传/11057、姚
雄传/11059；486/夏国传下/14008、14009

【长编标】213/5171；214/5195、5203、5204、
5218、5219、5220；216/5254；217/5280；
234/5674、5679、5680；267/6548；281/
6889；328/7903；433/10469；474/11310

【长编影】213/5 下；214/2 下、9 下、23 上、
24 下；216/3 上；217/8 下；225/23 上；
234/6 下、9 下；267/7 下；328/11 下；434/
12 上；474/8 上

【东都事略】104/姚兕传/1 上

【玉海】174/37 上

【宋会要】食货 22 之 2/5156；兵 5 之 6/6842；
方域 19 之 3/7627、20 之 6/7653、20 之 17/
7659

【甘肃新通志】42/兵防志・塞防・庆阳府/6 上

【汇编】上 74、75；中三 3398、3407、3426、
3463、3566、3578、3579、3580、3583、
3588、3590、3591、3593、3610、3623、
3712；中四 3778、3779、3998、4392；中五
4974、5161、5162；补遗 7247、7287

药邦碛　西宁州

【宋史】87/地理志 3/2168

【汇编】中六 5854

查路　至冉家庄四十里，河东

【宋会要】兵 27 之 5/7249

荣河郡　府州

【宋会要】方域 6 之 6/7408

【汇编】下 6117

要册湫　宁州真宁县

【元丰九域志】3/117

【汇编】中四 4063

赵林砦　渭州

【武经总要】前集 18 上/17 下

【汇编】中一 1007

赵福堡　宋仁宗康定元年陷

【宋史】10/仁宗纪 2/209；289/葛怀敏传/9701

【长编标】128/3042；137/3301

【长编影】128/16 上；137/21 下

【安阳集】家传 2/2 下

【汇编】中二 2074、2098、2546、2554

赵福新堡　泾原

【长编标】137/3301

【长编影】137/22 下

剋胡山砦　又作克胡山砦，宋哲宗绍圣四年筑，赐名平羌寨

　【宋史】18/哲宗纪 2/347

　【汇编】中六 5276

剋胡砦　石州

　【宋史】176/食货志上 4/4269

　【汇编】中三 3075；中四 4458

剋胡寨　又作克胡寨，麟府

　【长编标】326/7854；327/7864

剋胡寨　石州临泉县

　【元丰九域志】4/174

　【汇编】中一 1413

殄羌砦　又作殄羌寨，延州，宋哲宗元符元年进筑赐名

　【宋史】85/地理志 1 序/2096；87/地理志 3/2147

　【长编影】498/6 下、15 下；501/5 下

　【宋会要】方域 19 之 16/7633、20 之 5/7653

　【龟山集】32/李修撰（夔，字斯和）墓志铭/4 上

　【甘肃新通志】16/关梁 1·延安府·安塞县/27 上

　【陕西通志】16/关梁 1·延安府·安定县/28 下

　【汇编】中六 5391、5397、5426、5535、5828、5913；补遗 7348、7385、7387

殄羌寨　又作殄羌砦，地名那你娘山，宋哲宗元符元年赐名

　【长编标】498/11847、11859；501/11934；509/12125

　【长编影】498/6 下、16 上；509/11 下

　【宋会要】方域 18 之 7/7613

　【汇编】中六 5534

研龙城　研为斫之误，熙河

　【长编影】314/11 上

　【汇编】中四 4151

斫龙　又作喀罗、研龙，熙河兰岷

　【长编标】314/7611；487/11570；491/11659

　【宋会要】蕃夷 6 之 17/7827、6 之 31/7834

斫龙城　熙河，又作喀罗城

　【甘肃新通志】13/舆地志·古迹·兰州府·皋

兰县/2 上

　【汇编】补遗 7395

斫斯博城　熙州

　【长编标】444/10681

　【长编影】444/1 上

　【汇编】中五 5003

斫鞍堡　秦州清水县

　【宋史】87/地理志 3/2154

　【汇编】中六 5835

斫鞍堡　秦州弓门寨领

　【宋史】87/地理志 3/2155

　【元丰九域志】3/124

　【汇编】中一 964

咸泊　泾原

　【宋会要】方域 21 之 19/7670

咸泉戍　沙州

　【武经总要】前集 18 下/9 下

　【汇编】中一 1721

威川砦　镇戎军，本密多台，宋徽宗政和七年赐名

　【宋史】87/地理志 3/2159

　【金】134/西夏传/2865

　【三朝北盟会编】60/4 下

　【宋会要】方域 19 之 20/7635

　【汇编】上 127；中六 5837、5908、6044

威宁砦　庆州

　【宋史】87/地理志 3/2152

　【汇编】中六 5833

威宁堡　庆州，宋徽宗政和六年置

　【宋史】87/地理志 3/2151

威宁堡　环州通远县，旧青川堡

　【宋会要】方域 20 之 11/7656、20 之 21/7671

　【汇编】下 7013

威边砦　庆州

　【宋史】87/地理志 3/2151、2152

　【金史】26/地理志下/650；134/西夏传/2867

　【汇编】上 127；中六 5832

威戎城　延州，宋哲宗绍圣四年置

　【宋史】18/哲宗纪 2/348；85/地理志 1 序/2096；87/地理志 3/2147、2149；471/吕惠卿传/13709

　【金史】26/地理志下/645；134/西夏传/2867

【大金吊伐录】4/139

【长编标】487/11564；489/11612；490/11638；
　　497/11833；498/11849；504/12004

【长编影】487/2 下；489/14 下；490/17 上；
　　497/15 下；498/7 下；504/7 上

【宋会要】兵 4 之 27/6833；方域 19 之 16/7633、
　　20 之 5/7653

【皇宋十朝纲要】14/3 上、4 下

【延安府志】7/绥德州·古迹/8 上

【陕西通志】16/关梁 1·延安府·安塞县/27
　　上、28 下

【汇编】上 127；中六 5297、5300、5318、
　　5320、5388、5392、5393、5447、5535、
　　5828、5830、5893、5913；下 6094；补遗
　　7262、7304、7382

威戎堡　　德顺军
【宋史】87/地理志 3/2158、2159

【宋会要】食货 15 之 19/5072、22 之 4/5157

【甘肃新通志】13/舆地志·古迹·平凉府·静
　　宁州/11 上

【汇编】中六 5837、5838；补遗/7475

威戎寨　　鄜延，以声塔平置
【宋会要】方域 18 之 7/7613

威多寨　　泾原路德顺军，原密多台
【宋会要】方域 18 之 4/7611、19 之 21/7636、
　　20 之 19/7660

威远砦　　秦州
【宋史】349/刘昌祚传/11053

【武经总要】前集 18 上/28 上

【汇编】中一 931、932；中三 3516

威远寨　　通远军，宋真宗大中祥符七年置，宋
　　神宗熙宁八年改为镇
【宋史】87/地理志 3/2155、2164

【武经总要】前集 18 上/30 下

【元丰九域志】3/138

【汇编】中一 1525；中六 5783、5835

威远寨　　秦州，大落门枭篦寨改名
【宋史】258/曹玮传/8986

【长编标】83/1891；87/1992；88/2013；90/
　　2084；91/2109；242/5904

【长编影】83/5 上；87/4 上；88/3 上；90/15
　　下；91/11 下；242/12 下

【宋会要】兵 27 之 19/7256

【隆平集】9/曹玮传/11 下

【元宪集】33/宋故推诚翊戴功臣彰武军节度延
　　州管内观察处置等使曹公墓志铭/345

【乐全集】22/秦州奏唃厮啰事/22 下

【名臣碑传琬琰集】中集 43/曹武穆公玮行状/
　　1032

【汇编】中一 1525、1553、1554、1555、1556、
　　1567、1584、1590；中三 3292；中四 3848

威远镇　　通远军
【长编标】294/7164

【长编影】294/4 上

【宋会要】食货 15 之 20/5072；方域 12 之 15/
　　7527

【甘肃新通志】9/舆地志·关梁·巩昌府·宁远
　　县/36 下

【汇编】补遗 7478

威羌城　　延州
【宋史】18/哲宗纪 2/352；471/吕惠卿传/13709

【龟山集】32/李修撰（夔，字斯和）墓志铭/4
　　上

【汇编】中六 5533；补遗 7385

威羌砦　　延州，宋哲宗元符元年二月置
【宋史】18/哲宗 2/352；85/地理志 1 序/2096；
　　87/地理志 3/2147、2148

【长编标】498/11849；499/11881；501/11934；
　　509/12125

【长编影】498/15 下；499/9 下；501/5 下；
　　509/11 下

【宋会要】方域 18 之 5/7611

【陕西通志】16/关梁 1·延安府·安塞县/27
　　上、安定县/28 下

【汇编】中六 5397、5406、5426、5534、5828、
　　5829；下 7013；补遗 7262；7388

威羌寨　　鄜延，旧白洛觜新寨
【长编标】509/12125

【长编影】509/11 下

【宋会要】方域 18 之 5/7612、19 之 16/7633、
　　20 之 5/7653

【汇编】中六 5534

威武堡　　狄青驻兵处
【榆林府志】4/古迹/22 下

【汇编】补遗 7260

威章巴　　环庆

【长编标】499/11882

【长编影】499/10 下

【汇编】中六 5407

威塞岩　秦州

　【宋史】87/地理志 3/2155

威塞堡　秦州清水县静戎寨领

　【元丰九域志】3/124

　【汇编】中一 985

威塞堡　秦州冶坊堡领

　【宋会要】方域 20 之 16/7658

　【甘肃新通志】9/舆地志·关梁·秦州直隶州·
　　清水县/45 下

　【汇编】补遗 7334

威塞寨　秦州冶坊堡领

　【宋史】87/地理志 3/2155

　【宋会要】方域 20 之 16/7658

　【汇编】中四 3843；中六 5835

挟河岩　秦州清水县

　【宋史】87/地理志 3/2154

　【汇编】中六 5835

挟河堡　秦州清水县

　【宋史】87/地理志 3/2155

　【元丰九域志】3/124

　【汇编】中一 964

拽木岔　泾原

　【长编标】487/11566

　【长编影】487/2 下

　【汇编】中六 5299

捞南　熙河

　【长编标】258/6293

　【长编影】258/7 上

捞啰呝　秦州

　【宋会要】方域 19 之 1/7626

　【汇编】中一 1520

捞啰哤　又作咱尔隆

　【宋史】258/曹玮传/8986

　【长编标】87/1992；91/2107

　【汇编】中一 1555、1556

轻清泊

　【北山集】34/武功大夫昭州团练使骁骑尉徐公
　　（量）行状/11 上

　【汇编】补遗 7401

背水　塞门寨以北

　【长编标】326/7858

　【长编影】326/16 下

　【汇编】中四 4361

背水川　延州

　【潞公文集】18/奏议/9 下

　【汇编】补遗 7324

背罔川　又作贝旺川，鄜延

　【长编标】326/7844；328/7895

虐泥岩　庆州安化县

　【范文正公集】西夏堡寨/2 上；言行拾遗 2/2
　　上

　【汇编】中二 2062、2641

虐泥堡　庆州安化县

　【元丰九域志】3/115

　【汇编】中一 942

临川岩　又作临川寨，秦州清水县

　【宋史】87/地理志 3/2150

　【宋会要】方域 20 之 13/7657

　【汇编】中四 4061；中六 5835

临川堡　秦州床穰寨领

　【宋史】87/地理志 3/2155

临川堡　怀德军萧关管下

　【宋史】16/神宗纪 3/304；87/地理志 3/2160

　【汇编】中四 4158；中六 5850

临川堡　绥德军

　【宋史】87/地理志 3/2148

　【长编标】315/7620

　【长编影】315/5 下

　【宋会要】兵 8 之 23/6898

　【延安府志】7/绥德州·关梁/6 上

　【汇编】中六 5831；补遗 7379

临江岩　秦州

　【武经总要】前集 18 上/31 上、32 上

　【汇编】中一 932、1008、1613

临江寨　岷州，宋太宗雍熙二年置，六年隶秦
　　州

　【长编标】243/5924；247/6013、6022；252/6156、
　　6180

　【长编影】243/12 上；247/7 下、14 上；252/8
　　下、27 下

　【宋会要】食货 22 之 3/5157；方域 18 之 22/

7620

【奏议标】141/文彦博·上神宗论进筑河州/
1591

【奏议影】141/文彦博·上神宗论进筑河州/
4894

【甘肃新通志】9/舆地志·关梁·巩昌府·岷州
/38 下

【汇编】中四 3823、3855、3890、3895、3916、
3942、3948；补遗 7335

临羌　熙河兰会

【奏议标】141/文彦博·上神宗论进筑河州/
1591

【奏议影】141/文彦博·上神宗论进筑河州/
4894

临羌砦　西安州，宋哲宗元符二年置

【海城县志】6/古迹志/1 下

【汇编】补遗 7394

临羌寨　泾原路德顺军秋苇川

【宋会要】方域 10 之 15/7481、18 之 5/7612、
18 之 20/7619

临羌寨　西安州，宋哲宗元符二年置

【宋史】85/地理志 1 序/2096；87/地理志 3/
2161、2162；187/兵志 1/4580；188/禁军下
熙宁以后之制/4618、4621；350/王恩传/
11088

【长编标】508/12108、12109、513/12204；518/
12321

【长编影】508/12 上；513/10 上；518/1 上

【东都事略】104/折可适传/3 上

【皇宋十朝纲要】14/5 上

【姑溪居士后集】20/折渭州墓志铭/1 上

【汇编】上 181、209；中六 5443、5516、5517、
5518、5573、5644、5850、5913

临泾镇　京兆府

【宋会要】食货 15 之 14/5069、19 之 6/5126

临宗砦　又作临宗寨，湟州，宋徽宗崇宁三年
置

【宋史】20/徽宗纪 2/374；87/地理志 3/2167、
2168；369/王渊传/11485

【长编纪事本末】139/14 下、19 上；140/2 下、
4 下、8 上

【宋会要】兵 9 之 5/6908；方域 18 之 2/7610

【皇宋十朝纲要】16/10 上、12 下、13 上

【初寮集】6/定功继伐碑/1 上

【甘肃新通志】9/舆地志·关梁·西宁府·碾伯
县/75 上

【汇编】中六 5745、5753、5762、5767、5773、
5778、5784、5793、5796、5797、5937、
5938；补遗 7408、7437

临洮城　宋徽宗大观二年收复，改为洮州

【宋史】86/地理志 3/2166；349/刘舜卿传/
11063

【长编纪事本末】140/15 下

【宋会要】方域 6 之 3/7407、8 之 25/7453

【汇编】中五 4856；中六 5848、5853、5859

临洮堡　熙州，宋神宗元丰七年置

【宋史】87/地理志 3/2162、2165

【长编标】341/8196；488/11589

【长编影】341/1 下；488/11 下

【宋会要】方域 20 之 8/7654

【汇编】中四 4533；中五 4617；中六 5307、
5839、5840

临真　延州

【宋会要】食货 4 之 7/4849

临夏寨　隶鄜延路，旧罗密谷岭寨

【宋会要】方域 18 之 21/7620

临夏寨　又作临夏砦，绥德军，宋哲宗元符四
年置

【宋史】87/地理志 3/2147、2149

【长编标】494/11730；497/11831；498/11860；
518/12335

【长编影】494/4 上；497/14 上；498/15 下；
518/17 上

【陕西通志】17/关梁 2·绥德州/45 下

【汇编】中六 5354、5355、5387、5398、5463、
5651、5828、5830；补遗 7387

临高原　同州

【名臣碑传琬琰集】下集 24/故太尉威武军节度
使李公行状/1617

【汇编】补遗 7130

临滩堡　河州

【宋史】87/地理志 3/2164

【汇编】中六 5808

临塞堡　麟州，西至西界大横水约六里，宋仁
宗嘉祐四年废

【宋史】326/郭恩传/10522

【长编标】185/4477；189/4551

【长编影】185/10 上；189/5 上

【宋会要】兵 27 之 40/7266；方域 18 之 3/7526、18 之 3/7611

【武经总要】前集 17/17 上

【汇编】中一 1038；中三 3228、3252、3267；下 7012

临潼　永兴军

【宋会要】食货 4 之 7/4849

省章峡口堡　湟州

【长编纪事本末】139/4 下

【汇编】中六 5729

省章寨　湟州

【长编纪事本末】139/9 上

【汇编】中六 5735

哑儿峡　又作雅尔峡，秦凤

【长编标】174/4202、4203；175/4224

哑儿峡寨　古渭州附近

【宋史】303/范祥传/10049

【稽古录】20/92 下

【汇编】中三 3186

哑儿堡　巩州，宋神宗元丰七年废

【宋史】87/地理志 3/2164

【汇编】中六 5784

哑儿堡　通远军宁远寨领，宋仁宗皇祐二年置，宋神宗元丰七年废

【宋会要】方域 20 之 12/7656

【元丰九域志】3/139

【汇编】中一 1598；中三 3165

咱尔隆　又作捣啰咙，泾原

【长编影】86/15 下；87/4 上；91/9 下

【汇编】中一 1552、1553、1590

峥峰　鄜延进筑

【宋会要】方域 19 之 16/7633

峡口　威州

【宋史】277/郑文宝传/9426

【汇编】中一 1090

峡口堡　乐州，宋徽宗崇宁二年王厚收复

【宋史】87/地理志 3/2168

【汇编】中六 5938

峡口堡　湟州

【长编纪事本末】139/9 上

【汇编】中六 5735

峣朱龙　又作峣济噜，泾原

【长编标】485/11524

峣济噜　又作峣朱龙，泾原

【长编影】485/4 下

【汇编】中六 5281

贴围城堡　秦凤路阶州

【宋会要】方域 20 之 9/7655

毗沙镇　京兆府

【宋会要】食货 15 之 14/5069、19 之 6/5126

郢南谷　秦州

【武经总要】前集 18 上/31 上

【汇编】中一 932

炭泉镇　邠州

【宋会要】方域 12 之 15/7527

显圣镇　宁州真宁县

【元丰九域志】3/117

【汇编】中四 4063

星和市　当为宁星和市，府州

【元丰九域志】4/165

【汇编】中一 927

星罗默隆　与河东交界

【长编标】496/11808；511/12170

【长编影】496/15 下；511/15 上

星哈罗　又作香桓楼，环庆

【长编影】509/14 下

【汇编】中六 5536、5537

星最朗　麟州

【长编标】287/7023；290/7101

【长编影】287/11 上；290/14 上

【汇编】中四 4066、4077

贵乌　又作撩吴，泾原

【长编影】132/2 上

界泉店　华州华阴县

【宋会要】食货 42 之 9/5566

【汇编】中一 1624

骨朵寨　疑即张元所筑麟州建宁寨

【榆林府志】6/建置志·关隘/3 上

【汇编】补遗 7278

骨谷城　秦州

【系年要录】72/1208

【汇编】下 6352

骨谷镇 岷州

【宋会要】食货 15 之 18/5071

骨谷镇 秦州

【武经总要】前集 18 上/31 上

【名臣碑传琬琰集】上集 12/吴武安公功绩记/186

【汇编】中一 1008；下 6353

骨邽川 熙河

【皇宋十朝纲要】16/10 上

【汇编】中六 5777

秋苇川口堡 西安州

【宋史】87/地理志 3/2162

【汇编】中六 5518

秋苇川堡 西安州

【宋史】87/地理志 3/2162

【汇编】中六 5518

秋苇川寨 改为临羌寨

【长编标】505/12044；506/12061；508/12096、12097、12098、12099、12108、12109；509/12127

【长编影】505/17 上；506/11 下；508/1 上、12 上；509/13 上

【东都事略】104/折可适传/3 上

【三朝北盟会编】60/4 下

【宋会要】礼 20 之 95/812；方域 18 之 5/7612、18 之 20/7619

【皇宋十朝纲要】14/5 上

【汇编】上 180；中六 5477、5489、5509、5510、5511、5517、5518、5535、5541、5550、6042

秋苇平新砦 西安州，赐名临羌

【宋史】87/地理志 3/2161

【汇编】中六 5517

秋林村 邠州

【宋会要】食货 42 之 12/5567

【汇编】中一 1658

香子城 本吐蕃城，宋神宗熙宁七年置宁河寨，宋徽宗崇宁四年升为县，属河州

【宋史】87/地理志 3/2163；191/蕃兵/4757；350/苗授传/11067；452/景思立传/13287

【长编标】239/5812；243/5912、5913；244/5931、

5940、5947；245/5950、5964；246/5997

【长编影】239/6 上；243/1 下、12 上；244/1 下、8 下、13 下；245/1 上、13 下；246/17 上

【东都事略】82/王韶传/4 下；84/苗授传/3 上；104/姚麟传/2 上

【宋会要】兵 9 之 6/6908；方域 18 之 22/7620

【东轩笔录】7/1 上

【甘肃新通志】13/舆地志·古迹·兰州府·河州/8 上

【汇编】中四 3811、3848、3849、3850、3856、3857、3858、3859、3861、3864、3866、3868、3872、3883、3912、3976；中六 5807；补遗 7414

香沟寨 环州

【长编标】97/2248

【长编影】97/8 上

【汇编】中一 1609

香谷 秦凤

【宋史】87/地理志 3/2159

【汇编】中六 5838

香柏砦 庆州

【武经总要】前集 18 上/12 上

【汇编】中一 1148

香桓 环庆

【宋会要】方域 19 之 17/7634

香桓楼 又作星哈罗，环庆

【长编标】509/12129

笃丁硙 青唐

【长编纪事本末】139/4 上

【汇编】中六 5728

笃龙硙头 唃厮罗

【宋会要】兵 28 之 38/7288

毡毛山 西凉

【宋会要】兵 14 之 17/7001

保于沟 环州

【宋会要】食货 19 之 8/5127

保川城 秦凤，宋徽宗政和五年九月筑东西川城赐名

【皇宋十朝纲要】17/16 下

【汇编】中六 5901

保宁寨 丰州，宋仁宗嘉祐七年置

【宋史】86/地理志 2/2136

【元丰九域志】4/175

【长编标】195/4732；294/7169；516/12274

【长编影】195/14 上；294/7 下；516/9 下

【宋会要】兵 4 之 8/6824；食货 22 之 7/5159；
方域 18 之 15/7617

【奏议标】136/司马光·上神宗纳横山非便/
1529

【奏议影】136/司马光·上神宗纳横山非便/
4704

【司马文正公集】8/章奏 6/12 上

【苕溪集】48/宋故敦武郎知麟州建宁寨杨公
（震）墓碑/11 上

【汇编】中三 3280、3302；中四 4083；中六
5614、5827；补遗 7415

保宁镇　陇州

【宋会要】食货 15 之 18/5071

保安军子城　天圣二年改名德靖寨

【长编标】100/2323

【长编影】100/12 下

保安城　鄜延

【陕西通志】16/关梁 1·延安府·保安县/29 下

【河南先生文集】24/申军前事宜状/5 上

【汇编】中二 2467、2468；补遗 7400

保安砦　秦州

【宋史】87/地理志 3/2156

【汇编】中六 5835

保胜砦　保安军，宋仁宗康定二年置，庆历十
年废

【武经总要】前集 18 上/7 下

【陕西通志】16/关梁 1·延安府·保安县/29 下

【汇编】中一 1623；补遗 7281

保胜寨　保安军

【宋会要】方域 18 之 4/7526

保敦谷　又作堡敦谷，湟州，宋徽宗崇宁三年
兴筑，赐名绥平堡

【宋会要】方域 20 之 9/7655

【汇编】中六 5784

保敦谷　廓州，宋徽宗崇宁三年兴筑，赐名绥
平堡

【宋史】86/地理志 3/2166；350/王赡传/11071；
453/高永年传/13316

【长编纪事本末】140/4 下、6 上

【汇编】中六 5603、5767、5770、5859

保敦岭　青唐附近

【宋会要】兵 9 之 3/6907

保塞砦　又作保塞寨，西宁州，旧名安儿城，
宋徽宗崇宁三年收复赐名

【宋史】87/地理志 3/2166、2168

【长编纪事本末】140/4 上

【甘肃新通志】9/舆地志·关梁·西宁府·西宁
县/72 上

【汇编】中六 5766、5854；补遗 7407

俄枝军营　麟州

【宋会要】兵 27 之 44/7268

俄枝盘堆　又作伊济，麟州

【长编标】185/4469；193/4679

【长编影】185/2 下

【宋会要】兵 27 之 41/7267

【金石萃编】147/折克行神道碑/1 上

【汇编】上 196；中三 3224

信垒堡　镇戎军

【宋会要】方域 20 之 12/7656

【汇编】中三 3472

信岔堡　泾原，宋英宗治平四年置

【宋史】87/地理志 3/2158、2159

【汇编】中六 5837

顺宁寨　保安军，宋仁宗庆历四年置

【宋史】18/哲宗纪 2/345；20/徽宗纪 2/374；
87/地理志 3/2147、2148；186/食货志下 8/
互市舶法/4563；350/刘绍能传/11076、张蕴
传/11087；452/景思立传/13287；486/夏国
传下/14009、14017

【长编标】154/3735；161/3888；220/5359；221/
5390；223/5416、5418；242/5906；244/
5943；315/7630；318/7692、7697；319/
7701；320/7721；326/7858；328/7893；339/
8171；368/8879；370/8956；410/9992；456/
10922；461/11085；487/11570；489/11612；
498/11847；506/12054；508/12102；510/
12134；511/12155、12160、12169；513/
12200

【长编影】154/1 上；161/6 下；220/23 上；
223/1 上、2 下；242/15 上；244/11 下；

315/14 上；318/11 上、15 上；319/2 上；
320/2 下；326/16 下；328/3 下；339/11 上；
368/27 下；370/20 下；410/11 上；456/5
上；464/12 下；487/8 上；489/14 下；498/6
下；506/5 上；508/7 下；510/3 上；511/2
上、6 下、14 下；513/6 下

【长编纪事本末】140/12 下

【东都事略】127、128/西夏传/附录 5、6

【宋会要】食货 15 之 17/5071、22 之 2/5156；
兵 4 之 8/6824、8 之 35/6904、14 之 4/6994、
18 之 17/7066；方域 18 之 15/7617、19 之
18/7634、19 之 48/7649

【皇宋十朝纲要】14/1 下

【武经总要】前集 18 上/7 上

【元丰九域志】3/121

【元刊梦溪笔谈】25/35

【北山集】34/武功大夫昭州团练使骁骑尉徐公
（量）行状/12 下

【涑水记闻】14/3 下

【潞公文集】18/奏议/5 下

【陕西通志】16/关梁 1·延安府·保安县/29 下

【汇编】上 74、83、110、230；中三 3028、
3031、3092、3098、3666、3699、3700；中
四 3849、3865、4166、4198、4219、4228、
4235、4236、4255、4361、4384、4526；中
五 4653、4690、4694、4926、5059、5086、
5248、5250；中六 5302、5318、5392、5480、
5481、5513、5539、5553、5554、5558、
5566、5796、5828、5829、5845；补遗 7295、
7322、7408

顺安 鄜延，正当西界满堂川

【宋会要】兵 4 之 5/6822、28 之 11/7275；方域
5 之 41/7403

顺安砦 绥德军，宋哲宗元符二年废，后复置

【宋史】87/地理志 3/2148

【长编标】518/12335

【长编影】518/17 上

【宋会要】方域 5 之 14/7403

【汇编】中六 5651、5831；下 7006

顺安砦 延州延川县，宋初建南安砦，宋仁宗
康定中弃之，庆历中修复改名，宋神宗元丰
七年隶绥德军

【宋史】87/地理志 3/2147、2148、2149

【武经总要】前集 18 上/1 下

【元丰九域志】3/107

【范太史集】40/检校司空左武卫上将军郭公墓
志铭/9 上、11 下

【陕西通志】17/关梁 2·绥德州·清涧县/47 下

【汇编】中三 3129、3537、3577；中四 4009；
中六 5828、5830；补遗 7281

顺安寨 延州

【宋会要】食货 15 之 15/5070、22 之 1/5156

顺安寨 绥德军，宋哲宗元符二年废，后复置

【长编标】214/5193；225/5495

【长编影】214/1 上；225/23 上

【宋会要】兵 4 之 4/6822

【奏议标】137/富弼·上神宗谏西师/1539

【奏议影】137/富弼·上神宗谏西师/4732

【汇编】中三 3475、3713

顺城 庆州

【宋会要】食货 15 之 16/5069、19 之 7/5126

顺通堡 积石军

【宋史】87/地理志 3/2169

【汇编】中六 5855

皈名 鄜延

【长编标】135/3238

【长编影】135/22 下

皇甫店 鄜延

【范文正公集】年谱补遗/4 下

【汇编】中二 2099

鬼通砦 环州

【宋史】87/地理志 3/2152

【汇编】中六 5833

狮子梁 府州

【榆林府志】4/府谷县·山/9 下

【汇编】补遗 7277

独车形 至查路处五里，河东

【宋会要】兵 27 之 5/7249

独车形谷 瓶形东路三十里，河东

【宋会要】兵 27 之 5/7249

独家原 环州

【宋史】277/郑文宝传/9426

【汇编】中一 1090

独家堡 镇戎军

【长编标】218/5304

【长编影】218/11 下

【汇编】中三 3631

饶咩浪　麟州

【宋史】86/地理志 2/2135

【汇编】中六 5826

胜如川　熙兰

【长编标】444/10684

【长编影】444/5 上、5 下

【奏议标】139/范育·上哲宗论御戎之要/1573

【奏议影】139/范育·上哲宗论御戎之要/4837

胜如堡　兰州，宋神宗元丰六年废

【宋史】87/地理志 3/2159、2165；303/范育传/10051；332/穆衍传/10691；339/苏辙传/10832；342/王岩叟传/10894；486/夏国传下/14016

【长编标】331/7982；333/8013；335/8067；382/9303；421/10194；441/10623；442/10636；443/10662；444/10683、10687、10690；445/10715；446/10729、10736；447/10760；448/10774；452/10843、10845、10846、10847、10848、10849、10850；455/10913；458/10952、10953；460/10995、10996、10998；462/11042、11043；470/11229、11230；473/11281、11286；483/11484

【长编影】331/14 上；333/1 上；335/6 上；381/5 下；421/2 上；441/14 下；442/6 上；443/7 下；444/4 上、8 上；445/5 下；446/1 下；447/12 下；448/9 下；452/3 上、6 上；455/11 下；458/1 上；460/1 上；462/11 上；470/11 上；473/1 上、6 下；483/5 上、6 上

【宋会要】刑法 6 之 20/6703；方域 20 之 3/7652、8 之 28/7454、20 之 14/7657、20 之 15/7658

【皇宋十朝纲要】13/1 上、2 上

【奏议标】139/范育·上哲宗论御戎之要/1573

【奏议影】139/范育·上哲宗论御戎之要/4836

【元丰九域志】3/135

【栾城集】41/乞罢熙河修质孤、胜如等寨札子/2 下

【甘肃新通志】9/舆地志·关梁·兰州府·皋兰县/3 上

【汇编】上 82；中四 4294、4454；中五 4955、4965、4985、4991、4992、5001、5005、5012、5013、5021、5040、5041、5042、5043、5046、5047、5048、5049、5050、5051、5062、5063、5068、5069、5070、5081、5082、5118、5138、5139、5153、5155、5247、5253；中六 5838、5840；补遗7352

胜如寨　兰州

【奏议标】140/苏辙·上哲宗论地界/1580；140/苏辙·上哲宗论不可失信夏人/1582

【奏议影】140/苏辙·上哲宗论地界/4858；140/苏辙·上哲宗论不可失信夏人/4864

【栾城集】41/三论熙河边事札子/17 下；42/论前后处置夏国乖方札子/7 下

【汇编】中五 5024、5036、5037

胜羌堡　庆州

【宋史】87/地理志 3/2151

【汇编】中六 5832

胜羌寨　怀德军

【宋史】87/地理志 3/2160

【汇编】中六 5849、5850

胜灵堡　熙河

【长编标】341/8196

【长编影】341/1 下

【汇编】中四 4533

胜铎谷　宋徽宗崇宁三年筑五步城，赐名德固寨

【宋史】87/地理志 3/2168

【汇编】中六 5938

恰布砦　又作己布寨，疑恰为己之误，夏国献

【长编影】158/1 下；159/8 上

【汇编】中三 3079、3091

恌精龙　唃厮罗境

【宋会要】兵 28 之 38/7288

闻喜堡　秦州三阳砦领

【元丰九域志】3/124

【甘肃新通志】9/舆地志·关梁·秦州直隶州/43 上

【汇编】中一 948；补遗 7237

间川砦　岷州，宋神宗熙宁七年置

【宋史】87/地理志 3/2165；193/召募之制/4802；198/马政/4942

【汇编】中四 4088、4117

间川寨 又作吕川寨，岷州
【长编标】253/6202；296/7214
【长编影】296/18 上
【宋会要】职官 23 之 16/2890；食货 2 之 5/4827、22 之 3/5157；方域 18 之 27/7623

阆奲 熙河兰会
【奏议标】141/文彦博·上神宗论进筑河州/1591
【奏议影】141/文彦博·上神宗论进筑河州/4894

炳灵寺 渡河至青唐凡四百里
【宋会要】兵9 之 2/6906

洪门 鄜延
【长编标】35/768
【长编影】35/3 下

洪崖坞 麟州
【长编标】185/4469
【长编影】185/2 下
【宋会要】兵 27 之 41/7267
【汇编】中三 3224、3266

洪得寨 环州
【宋会要】食货 15 之 17/5071、22 之 2/5156；兵 8 之 27/6900

洪德砦 环州，宋真宗咸平四年十月置
【宋史】6/真宗纪 1/118；7/真宗纪 2/121、124；87/地理志 3/2152、2153；191/蕃兵/4754；253/折可适传/8867；273/李允正传/9340；280/杨琼传/9501；290/孙继业传/9709；328/章楶传/10589；491/党项传/14145
【长编标】49/1072、1075；52/1132；54/1188、1193；56/1231、1239、1242；66/1486；99/2296；103/2385；311/7552；318/7681；320/7728；474/11309、11310；478/11383；479/11404、11405、11406、11407、11408
【长编影】49/8 下、11 上；52/3 上；54/12 上、17 上；56/7 上；66/15 下；99/6 上；103/11 上；311/19 上；318/1 上；320/8 上、13 下；474/8 上；478/2 上；479/4 上、7 上
【宋会要】礼 62 之 31/1710；兵 8 之 27/6900
【皇宋十朝纲要】4/2 上
【武经总要】前集 18 上/12 下、13 上、14 上、15 上
【元丰九域志】3/120
【姑溪居士后集】20/折渭州墓志铭/1 上
【甘肃新通志】8/舆地志·形胜·庆阳府·环县/12 上；9/舆地志·关梁·庆阳府·环县/59 下
【汇编】上 27、28、206、207；中一 1094、1096、1142、1240、1241、1245、1306、1314、1322、1356、1359、1360、1370、1381、1389、1390、1466、1583、1613、1615、1636；中三 3397；中四 4119、4213、4259、4260、4265；中五 5160、5161、5162、5181、5182、5183、5192、5193、5194、5196；中六 5833；补遗 7286、7474

洒水 泾原，宋哲宗元符二年筑，赐名天都寨
【长编标】500/11912
【长编影】500/10 下
【汇编】中六 5422

洒水平寨 泾原，宋哲宗元符二年筑，赐名天都寨
【长编标】504/12006、12009；506/12052、12061；508/12096、12097、12098、12099、12108、12109；509/12127
【长编影】504/8 上；506/3 下、11 下；508/1 上、12 上；509/13 上
【宋会要】礼 20 之 95/812；方域 18 之 20/7619
【皇宋十朝纲要】14/5 上
【汇编】中六 5448、5450、5452、5453、5455、5478、5489、5509、5510、5511、5517、5518、5550

洒金平 乐州，宋徽宗崇宁二年筑，赐名绥远关
【宋史】87/地理志 3/2167
【长编纪事本末】139/11 下
【汇编】中六 5740、5937

涝谷镇 河中府
【宋会要】食货 15 之 15/5070、19 之 6/5126

浊轮砦 麟州
【宋史】183/食货志下 5·盐下/4469；198/兵志 12·马政/4932
【汇编】中一 1335、1690

浊轮寨 麟州
【长编标】45/962；47/1015；53/1171；61/1374；

104/2421；185/4469

【长编影】45/7 上；47/6 下；53/15 上；61/16
下；104/20 上；185/2 下

【宋会要】职官 41 之 81/3207；兵 27 之 41/7267

【汇编】中一 1333、1334、1428、1649；中三
3224、3266

洞儿堰 府州外城之北门

【榆林府志】4/府谷县·山/9 下

【汇编】补遗 7277

洮山寨 岷州

【长编标】247/6013

【长编影】247/7 下

【汇编】中四 3890

洮州城 洮州

【长编标】398/9699；402/9789

【长编影】398/2 下；402/12 上

【栾城集】45/贺擒鬼章表/1 上

【汇编】中五 4818、4835、4860

洮城 即洮州

【长编标】412/10025

【长编影】412/7 上

【宋大诏令集】239/赐阿里骨诏（元祐三年七
月辛亥）/939

【东坡全集】37/敕文/30 上

【甘肃新通志】14/建置志·城池/4 下

【汇编】中五 4921、4930；补遗 7333

洛川 鄜州

【宋会要】食货 15 之 16/5069、19 之 7/5126

【延安府志】5/1 上

【陕西通志】7/疆域 2/40 上

【甘肃新通志】42/兵防志·塞防·庆阳府/6 上

【汇编】补遗 7287、7482、7483

洛门 秦州

【宋史】290/孙继业传/9709

【甘肃新通志】9/舆地志·关梁·巩昌府·伏羌
县/37 上；13/舆地志·古迹·巩昌府·伏羌
县/18 下

【汇编】中一 1583；补遗 7298

洛谷 凤翔府

【宋会要】食货 15 之 17/5071、19 之 8/5127

洛郊 鄜州

【宋会要】食货 4 之 7/4849

洛施 又作罗日，兰州

【长编标】330/7950；331/7983

【长编影】330/4 下

【宋会要】方域 20 之 7/7654、20 之 14/7657

【汇编】中四 4434

洛原城 环庆

【长编标】329/7925

【长编影】329/10 下

【汇编】中四 4404

洛原故城 环庆

【宋会要】方域 8 之 6/7443、19 之 8/7629、20
之 2/7651

济义原堡 环庆

【皇宋十朝纲要】18/1 上

【汇编】中六 5911

济桑 以北则入甘、凉诸部，熙河

【长编标】505/12028

【长编影】505/2 下

【汇编】中六 5465、5466

浑州寨 鄜延

【宋会要】兵 28 之 11/7275

将克节 宥州，又作垆克节

【长编标】452/10845

【长编影】452/4 下

将鸡砦 秦州，宋真宗天禧中筑

【武经总要】前集 18 上/27 下、31 上、32 上

【汇编】中一 932、1008、1613

前石门 泾原

【长编标】485/11525；486/11547

【长编影】485/7 上；486/6 上

【宋会要】方域 19 之 6/7628、19 之 43/7647

【汇编】中六 5291、5295

首阳镇 渭州宋仁宗皇祐初筑，俗呼为熟羊城

【甘肃新通志】13/舆地志·古迹·巩昌府·陇
西县/17 上

【汇编】补遗 7305

首赊呋岭 乐州

【宋史】87/地理志 3/2167

【汇编】中六 5937

总噶尔城 又作宗哥城，即龙支城

【长编标】518/12340

【长编影】82/15 上；187/8 下；514/8 下、13

上、19 下；515/1 上、6 上、8 下、9 上、10 上；516/1 上；518/21 下

【汇编】中六 5580、5584、5592、5596、5598、5599、5600、5606、5653

宣威城　鄯州

【长编纪事本末】140/8 上

【汇编】中六 5773

宣威城　西宁州

【宋史】87/地理志 3/2168、2169；324/张宗颜传/11477；453/高永年传/13316

【长编纪事本末】140/12 下

【皇宋十年纲要】16/12 上、12 下、13 上

【初寮集】6/定功继伐碑/1 上

【汇编】中六 5790、5793、5798、5845、5854；补遗 7437

宣威砦　府州，宋仁宗庆历元年九月置

【宋史】324/张亢传/10488

【武经总要】前集 17/15 上

【汇编】中一 925、926；中二 2340

宣威寨　府州，宋仁宗庆历元年九月置

【长编标】133/3172；185/4551

【长编影】133/11 上；185/5 上

【宋会要】兵 27 之 40/7266；方域 18 之 3/7611、18 之 13/7616、20 之 16/7658

【汇编】中三 3252、3283；补遗 7012

宫马川　环庆

【宋会要】方域 8 之 6/7443、20 之 2/7651

宫马川堡　环庆

【宋会要】方域 19 之 8/7629

宫池　泾州

【宋会要】食货 19 之 8/5127

客台津　河东

【长编标】325/7820

【长编影】325/6 下

染杖谷　麟府

【长编标】133/3179；185/4679

【长编影】133/17 上；185/17 下

美利寨　环庆

【长编标】497/11817

【长编影】497/1 下

【甘肃新通志】7/舆地志·山川下·庆阳府·环县/16 上

【汇编】中六 5385；补遗/7242

美泥砦　环州

【武经总要】前集 18 下/西蕃地界/1 上

【范文正公集】言行拾遗 2/2 上；西夏堡寨/1 下

【汇编】中一 1730；中二 2062、2641

美泥堡　环州

【武经总要】前集 18 上/8 下

【元丰九域志】3/115

【汇编】中一 940、942

娄城　又作啰兀、罗兀城，去绥德城百余里

【长编影】216/3 上；218/13 上；219/1 上、9 上；220/3 下、4 上、8 上、10 下、16 下、20 上、24 上、25 上；221/1 上、2 上、11 下、16 上、18 上、20 上；223/2 上；225/9 上；226/11 上；228/13 上；233/18 上；262/11 下

【汇编】中三 3610、3631、3645、3652、3655、3656、3658、3659、3663、3665、3670、3672、3674、3681、3683、3686、3692、3699、3711、3721；中四 3985

娄城堡　又作啰兀城堡，鄜延

【长编影】222/1 下、14 上；228/13 上；240/2 上

【汇编】中三 3693、3698；中四 3818

养马城　泾原，宋仁宗天圣三年前筑

【宋史】289/葛怀敏传/9760

【长编标】137/3300；138/3328

【长编影】137/21 下；138/17 下

【汇编】中二 2546、2554、2621

祖平　晋宁军

【宋史】86/地理志 2/2137

【汇编】中六 5859

祖逋领　延州

【长编标】468/11175

【长编影】468/7 下

【汇编】中五 5118

神木砦　麟州，宋仁宗庆历五年置

【宋史】86/地理志 2/2135

【长编标】218/5306；344/8265；465/11115、11117；514/12224

【长编影】218/13 上；344/10 下；465/16 下；

514/14 下

【宋会要】兵 27 之 40/7266；方域 18 之 16/7617

【元丰九域志】4/166

【延绥镇志】1/地理志/6 下

【榆林府志】5/建置志·沿革/2 下

【汇编】中一 1040；中三 3132、3632；中五 5091、5094；中六 5826；下 6582；补遗 7493

神木堡　麟府

【宋史】86/地理志 2/2135；176/食货志上 4/屯田/4269

【长编标】185/4471；253/6201；325/7832；329/7914；344/8263

【长编影】185/2 下；253/13 上；325/16 上；329/1 下；344/9 上

【宋会要】食货 22 之 5/5158；方域 20 之 4/7526、20 之 4/7652

【元丰九域志】4/166

【净德集】21/枢密刘公（庠）墓志铭/233

【延绥镇志】1/地理志/6 下

【陕西通志】5/建置 4/32 上；13/山川 6·葭州/56 下、58 下

【汇编】中一 1040；中三 3077、3225；中四 3753、4337、4395、4459；中五 4567；中六 5826；补遗 7242、7467、7493、7494

神木寨　在麟州连谷县

【宋会要】食货 22 之 5/5158；方域 18 之 16/7617

神林　麟州

【宋会要】方域 18 之 3/7526、18 之 3/7611、20 之 16/7658

【汇编】下 7012

神林砦　德顺军

【武经总要】前集 18 上/17 下、23 下

【汇编】中一 1372；中二 2835

神林堡　德顺军

【武经总要】前集 18 上/24 下

【汇编】中一 1593

神林堡　麟州，宋仁宗嘉祐四年废

【长编标】189/4551

【长编影】189/5 上

【宋会要】兵 27 之 41/7267

【汇编】中三 3252、3267

神林堡城　麟州

【宋会要】兵 27 之 43/7268

神树堡　麟州，宋真宗咸平中废，宋仁宗庆历中修复

【武经总要】前集 17/17 上、19 上

【范文正公集】西夏堡寨/2 下

【涑水记闻】12/4 下、6 上

【汇编】中一 1039；中二 1822、2091、2642；中三 3133

神泉　麟府

【宋会要】方域 6 之 8/7409

神泉砦　又作神泉寨，晋宁军，宋哲宗元符元年四月赐名

【宋史】85/地理志 1 序/2096；86/地理志 2/2137、2138

【长编标】497/11820；499/11885；501/11938；502/11965；506/12055、12062；507/12075；508/12107；510/12149；511/12169；514/12224、12228

【长编影】497/4 上；499/13 上；501/8 上；502/15 上；506/5 上、12 上；507/3 上；508/10 下；510/16 下；511/14 下；514/15 下、17 下

【宋会要】方域 6 之 8/7409

【陕西通志】17/关梁 2·葭州/50 上

【汇编】中六 5387、5408、5427、5434、5481、5490、5492、5515、5547、5558、5585、5586、5589、5590、5858、5913；下 7008；补遗 7388

神泉寨　又作神泉砦，太原

【宋会要】兵 8 之 34/6904；方域 19 之 17/7634、20 之 16/7658

神堆　麟府附近

【长编标】56/1232

【长编影】56/8 上

神堂砦　麟州新秦县，宋真宗大中祥符二年镇戎军始置，咸平中废，宋仁宗庆历中修

【宋史】86/地理志 2/2135；105/诸祠庙/2564；311/吕公弼传/10214；350/贾嵩传/11086

【长编影】185/2 下；220/4 上；221/5 下；335/15 下

【苕溪集】48/宋故武功大夫魏国公杨公（宗闵）墓碑/3 上、3 下

【延安府志】8/葭州·神木县·古迹/18 下

【汇编】上 239；中二 2642；中三 3078、3224、
3656、3657、3678；中四 4489；中六 5826；
下 6976；补遗 7424、7427

神堂堡　定边军，宋徽宗大观二年置

【宋史】87/地理志 3/2151、2154

【宋会要】方域 20 之 14/7657

【汇编】中六 5493、5852

神堂堡　麟州

【宋史】18/哲宗纪 2/347

【长编标】490/11623

【长编影】490/6 上

【范文正公集】西夏堡寨/2 上

【武经总要】前集 17/18 下

【汇编】中二 2642；中三 3078；中六 5276、
5319

神堂寨　麟州新秦县，宋真宗大中祥符二年镇
戎军始置，咸平中废，宋仁宗庆历中修

【长编标】185/4469；220/5338；221/5372；335/
8078

【宋会要】礼 20 之 41/785；食货 22 之 5/5158；
兵 27 之 41/7267；方域 18 之 26/7622

【元丰九域志】4/166

【玉海】174/37 上

【汇编】中一 1040；中三 3266；中六 5663；补
遗 7247

扁江新寨　德顺军，宋哲宗绍圣四年改镇羌寨

【宋会要】方域 18 之 6/7612

【汇编】中六 5275

姚家川　泾原

【长编标】131/3101

【长编影】131/8 上

姚家堡　好水川附近

【宋史】325/王仲宝传/10514

【隆德县志】4/考证/64 上

【汇编】中二 2198；补遗 7272

架麻平　熙河

【宋史】350/苗授传/11067

【长编标】243/5912

【汇编】中四 3859

贺家寨　延州，宋太宗太平兴国六年置

【宋会要】方域 18 之 3/7611

【汇编】中一 991

矜戎堡　庆州

【宋史】87/地理志 3/2148

【汇编】中六 5832、5833

癸宗　河州

【宋会要】兵 28 之 44/7291

柔远川　庆州

【宋史】308/张煦传/10149

【汇编】中一 1324

柔远城　庆州

【宋史】28/蔡挺传/10575；334/林广传/10737

【长编影】208/14 上；214/2 下

【武经总要】前集 18 上/10 下

【汇编】中一 1576；中三 3579、3408、3579、
3580

柔远砦　又作柔远寨，庆州，宋真宗大中祥符
七年前置

【宋史】87/地理志 3/2150、2151；191/蕃兵/
4755；258/曹玮传/8987；485/夏国传上/
13992、13994、14002；486/夏国传下/14008

【宋会要】职官 48 之 124/3517

【武经总要】前集 18 上/9 下、11 下

【甘肃新通志】9/舆地志·关梁·庆阳府·安化
县/58 上

【汇编】上 59、61、63、69、74；中一 941、
943、1370、1526、1577、1595；中三 3398；
补遗 7286

柔远堡　庆州

【长编标】434/10469

【长编影】434/12 上

【汇编】中五 4974

柔远寨　又作柔远砦，庆州，宋真宗大中祥符
七年前置

【宋史】314/范仲淹传/10271；325/任福传/
10506、武英传/10509；328/蔡挺传/10575；
329/王广渊传/10609

【长编标】83/1908；93/2139；128/3044；135/
3217、3228；136/3266；208/5062；214/
5195、5196、5220；220/5362；221/5382；
222/5403；224/5450；225/5494；229/5580；
287/7033；328/7903；474/11310、11311；
512/12186

【长编影】83/19 上；93/4 下；128/17 下；135/

3 下、13 下；136/18 上；214/24 下；220/24
上；221/14 上；222/10 上；224/11 上；225/
23 上；229/13 上；287/17 上；328/11 下；
474/8 上；512/9 下

【玉海】174/祥符山川城寨图/37 上

【宋会要】仪制 10 之 26/2017、11 之 28/2038；
职官 48 之 124/3517；食货 15 之 16/5069、19
之 7/5126、22 之 2/5156；兵 14 之 18/7001、
27 之 28/7260；方域 8 之 28/7454、19 之 3/
7627

【奏议标】133/范仲淹·上仁宗攻守二策/1477、
133/范仲淹·上仁宗再议攻守/1480

【奏议影】133/范仲淹·上仁宗攻守二策/4545、
133/范仲淹·上仁宗再议攻守/4551

【元丰九域志】3/115

【欧阳文忠公全集】20/范公神道碑/12 下

【河南先生文集】20/奏为乞令环庆路与泾原路
相应广发兵马牵制贼势事/4 上、奏为擅易庆
州兵救援泾原路事/8 上

【范文正公集】5/上枢密尚书书/13 下；年谱/
24 上；褒贤集 1/富弼撰墓志铭/8 下

【涑水记闻】12/6 上

【稽古录】18/86 上

【汇编】中一 942、1531、1594；中二 2090、
2091、2092、2093、2095、2096、2209、
2219、2398、2424、2438、2441、2503、
2504、2505、2509；中三 3406、3591、3610、
3667、3671、3682、3696、3704、3712；中
四 3743、3889、4067、4095、4392；中五
5161、5162；中六 5561；补遗 7247

柔远镇　环庆

【宋史】279/张凝传/9480

【长编标】54/1186

【长编影】54/11 上

【汇编】中一 1324、1355

骆驼城　即绥远寨，宋徽宗政和六年筑

【甘肃新通志】13/舆地志·古迹·庆阳府·安
化县/30 上

【汇编】补遗 7425

骆驼巷　环庆

【宋史】87/地理志 3/2151、2154

【长编标】509/12122；510/12150；511/12160

【长编影】509/9 下；510/17 上；511/6 下

【汇编】中六 5493、5532、5548、5554

骆驼巷城　环庆

【宋会要】方域 8 之 27/7454

骆家寨　丰林县

【宋会要】方域 18 之 3/7526

结公城　德顺军

【宋史】292/郑戬传/9768；324/刘沪传/10494

【长编标】144/3486

【长编影】144/10 上

【宋会要】职官 64 之 45/3843

【武经总要】前集 18 上/26 上、32 下

【涑水记闻】10/5 上；11/5 下

【汇编】中二 2786、2816、2817、2835；中三
2855、2907、2908、3075

结明萨庄　金汤川

【长编标】220/5361

【长编影】220/24 上

【汇编】中三 3670

结沟堡　怀德军

【宋史】87/地理志 3/2160

【汇编】中六 5849、5850

结阿堡　熙州，宋神宗熙宁七年置

【宋会要】方域 20 之 3/7652

【汇编】中四 3975

结河川　熙河

【宋史】15/神宗纪 2/285

【长编标】244/5945；252/6155、6179

【长编影】244/13 下；252/8 上、27 下

【宋会要】蕃夷 6 之 9/7823

【汇编】中四 3867、3940、3941、3948、3949

结河堡　熙州，宋神宗熙宁七年置

【宋史】87/地理志 3/2162

【长编标】239/5812；241/5876；244/5945

【长编影】239/6 上；241/2 下；244/13 下

【东都事略】82/王韶传/4 下

【宋会要】方域 20 之 15/7658

【元丰九域志】3/126

【甘肃新通志】9/舆地志·关梁·兰州府·狄道
州/15 上

【汇编】中四 3811、3825、3837、3858、3866；
中六 5839；补遗 7332

结宗城　河州

【长编标】513/12204

【长编影】513/11 上

【宋会要】兵 28 之 44/7291

【汇编】中六 5573

结星　又作结胜，鄜延

【长编影】229/1 上

【汇编】中四 3737、3739

结胜　又作结星，鄜延

【长编标】229/5565

【长编影】229/1 上

结珠　贼马来路

【宋会要】方域 19 之 20/7635

结珠　秦凤

【长编标】466/11130

【长编影】466/3 上

【汇编】中五 5100

结珠龙　兰州，藏语"十八谷"

【宋史】486/夏国传下/14007

【汇编】上 82

结珠龙川　又作结中龙川，熙河

【长编标】470/11230、11231、11232；479/11411

结珠龙川城　熙河

【长编标】479/11411

【皇宋十朝纲要】13/4 上

【汇编】中五 5205

结珠龙峣　又作聚卜结隆峣，通远军

【长编标】470/11229

结珠龙寨　又作聚卜结隆，通远军

【宋史】332/游师雄传/10689；486/夏国传下/14016

【长编标】470/11229、11232、11233；483/11484

【画墁集】补遗/游公（师雄）墓志铭/6 下

【汇编】中五 5084

结啰城　廓州，宋徽宗崇宁三年收复，改肤公城

【宋史】86/地理志 3/2166、2167

【长编纪事本末】140/4 下、6 上、8 下

【宋会要】兵 9 之 5/6908、14 之 20/7002

【汇编】中六 5760、5767、5770、5772、5775、5859

统万城　俗名白城子，即夏州，匈奴赫连勃勃建

【长编标】35/778

【长编影】35/11 下

【横山县志】1/地理志·古迹/13 上

【汇编】下 6942

统安城　朔方

【宋史】22/徽宗纪 4/403；486/夏国传下/14020

【东都事略】107/何灌传/7 上

【皇宋十朝纲要】18/4 上

【汇编】中六 5923、5924、5928

十画

珠龙川　兰州

【宋会要】方域 20 之 19/7660

【汇编】中五 5234

珠旺　泾原熙河与西界相邻地名

【长编标】474/11309；476/11341；499/11873

【长编影】474/9 上、9 下；476/5 下；499/2 下

珠城　邈奔以此城叛夏归蕃

【宋史】492/唃厮啰传/14162

【汇编】中三 3385

秦王井　保安军

【武经总要】前集 18 上/6 下

【汇编】中一 973

秦平堡　晋宁军

【宋史】86/地理志 2/2138

【汇编】中六 5859

秦州西城　秦州

【宋会要】方城 8 之 22/7451

【汇编】中五 4558

秦州东城　秦州

【宋会要】方城 8 之 22/7451

【汇编】中五 4558

秦安砦　秦州

【甘肃新通志】6/舆地志·山川上·固原直隶州·海城县/27 下；14/建置志·城池/24

【汇编】下 6583；补遗 7250

秦店　宁州

【宋会要】食货 42 之 12/5567

【汇编】中一 1658

秦亭　大食使由沙州、西界抵秦亭

【长编标】101/2342

【长编影】101/11 上

秦亭 秦凤水洛城之西
【奏议标】133/范仲淹·上仁宗再议攻守/1480
【奏议影】133/范仲淹·上仁宗再议攻守/4552

秦亭 秦州
【长编标】135/3217；322/7762
【长编影】135/3 下；322/4 下
【玉壶清话】2/9 下
【彭城集】21/289
【安阳集】家传 2/15 下
【范文正公集】尺牍中与韩魏公/3 下
【甘肃新通志】13/舆地志·古迹·平凉府·静宁州/10 下
【汇编】中一 935；中二 2518、2424、2437；中四 4300；中五 4950；补遗 7290

秦庭 德顺军水洛城之西
【范文正公集】西夏堡寨/6 上
【汇编】中二 2645

秦隆诺城 即隆诺城，在秦州。标点本误以"秦隆诺城"为地名。"秦"下漏"州"字
【长编标】479/11412
【长编影】479/11 上
【汇编】中五 5199

秦渡 京兆府
【宋会要】食货 19 之 6/5126

埋井烽 麟州
【宋会要】兵 27 之 44/7268

埋井寨 府州
【宋会要】方域 21 之 4/7663
【汇编】上 36

埋浪庄 又作默隆庄，麟府
【长编标】193/4679

埋浪庄 府州
【宋会要】兵 27 之 41/7267、27 之 44/7268
【汇编】中三 3268

埒克节 又作将克节，熙河
【长编标】442/10636
【长编影】442/6 上
【汇编】中五 4992

桔槔峰 麟府
【武经总要】前集 17/16 上
【汇编】中一 926

桔槔砦 火山军
【宋史】86/地理志 2/2137
【武经总要】前集 17/14 下
【汇编】中一 925；中六 5827

桔槔寨 宋熙宁元年废
【宋会要】方域 18 之 32/7625

栲栳砦 延州丰林县，宋真宗大中祥符九年七月前置，康定元年陷，夏州进纳，宋仁宗庆历五年修复
【宋史】10/仁宗纪 2/208；61/五行志 1 上/1325；311/庞籍传/10199
【长编影】127/5 上、14 下
【宋会要】兵 27 之 26/7259；方域 18 之 32/7625
【武经总要】前集 18 上/6 下
【奏议标】132/范仲淹·上仁宗乞先修诸寨未宜进讨/1464
【奏议影】132/范仲淹·上仁宗乞先修诸寨未宜进讨/4504
【安阳集】家传 4/16 下
【范文正公集】9/16 上；西夏堡寨/5 上
【潞公文集】18/奏议/9 下
【延安府志】2/5 上
【陕西通志】16/关梁 1·延安府·安塞县/27 下
【汇编】中一 973、1558；中二 1998、1999、2031、2036、2063、2222、2464、2644、2808；中三 3077；补遗 7293、7324、7485

栲栳寨 延州丰林县，宋真宗大中祥符九年七月前置，康定元年陷，宋仁宗庆历五年修复
【宋史】485/夏国传上/13999
【长编标】87/1999；126/2977；127/3008、3019；135/3237；146/3536；152/3706；154/3735
【长编影】87/10 下；126/11 上；135/22 上；146/9 上；152/9 下；154/1 上
【宋大诏令集】233/赐西夏诏（庆历四年十月庚寅）/908
【宋会要】食货 15 之 15/5070；兵 27 之 26/7259；方域 18 之 32/7625
【武经总要】前集 18 上/5 下
【安阳集】4/故崇信军节度副使检校尚书工部员外郎尹公墓志铭/17 下
【陕西通志】16/关梁 1·榆林府·靖边县/70 下
【汇编】上 66；中三 2843、2998、3013、3031、3077、3131；下 6944

桥子 属秦州冶坊堡
【宋会要】方域 20 之 16/7658

桥子谷寨 泾州，庞籍修
【长编标】135/3237；138/3313
【长编影】135/22 上、22 下；138/2 下
【汇编】中二 2577

桥子砦 秦州清水县
【宋史】87/地理志 3/2155

桥子堡 秦州清水县
【宋史】87/地理志 3/2155
【宋会要】方域 20 之 16/7658
【元丰九域志】3/124
【甘肃新通志】9/舆地志·关梁·秦州直隶州·清水县/45 下
【汇编】中一 985；中四 3843；中六 5835；补遗 7239、7334

桥店子平 麟州
【宋会要】兵 27 之 41/7267

桦泉 府州
【宋会要】兵 27 之 44/7268

桦泉骨堆 又作喀沁郭特，府州
【长编标】193/4679
【宋会要】兵 27 之 41/7267
【汇编】中三 3268

格虎山新寨 又作克胡山新寨，鄜延
【长编影】486/8 下
【汇编】中六 5296

椤啰哤 秦州部领军马直入吐蕃地
【宋会要】蕃夷 4 之 7/7717

配岗 鄜延
【长编标】220/5356
【长编影】220/20 上
【汇编】中三 3665

都锡城 吐蕃
【文庄集】14/陈边事十策/1 上
【汇编】中二 1799、1800

都纲都格 又作道光都隔，麟州
【长编影】193/17 上
【汇编】中三 3272

莽沁 吐蕃
【文庄集】14/陈边事十策/1 上
【汇编】中二 1800

莲华堡 镇戎军西南
【宋史】289/葛怀敏传/9701、9703；292/郑戬传/9768
【长编标】137/3301、3302；144/3487
【长编影】137/21 下；144/10 下
【文恭集】36/宋故宣徽北院使赠太尉文肃郑公（戬）墓志铭/436
【范文正公集】年谱补遗/13；西夏堡寨/1 上
【耆旧续闻】4/6 上
【甘肃新通志】13/舆地志·古迹·平凉府·隆德县/11 下
【隆德县志】4/考证/64 上
【汇编】中二 2546、2547、2553、2554、2640、2787、2788；补遗 7273、7290

获水寨 火山军
【宋会要】方域 18 之 22/7620

获耕堡 熙河，宋哲宗绍圣四年定远城废为获耕堡
【宋会要】方域 20 之 14/7657
【汇编】中五 5253

恭噶关 又作巩哥关，熙河，宋神宗元丰六年改东关堡
【长编影】321/11 下；334/5 上
【汇编】中四 4279、4472

盐川砦 巩州，宋神宗熙宁六年置
【宋史】87/地理志 3/2164；464/高遵裕传/13576
【汇编】中四 3877

盐川堡 通远军，宋神宗熙宁六年八月置
【金史】24/地理志上/549
【元丰九域志】3/139
【汇编】中四 3916；下 6961

盐川寨 巩州，宋神宗熙宁六年置
【长编标】245/5971；246/5984
【长编影】245/19 下；246/8 上
【汇编】中四 3874、3878；中六 5783

盐川寨 通远军，宋神宗熙宁八年七月置
【长编标】247/6012；296/7214；297/7231
【长编影】247/6 上；296/17 下；297/13 下
【宋会要】食货 29 之 15/5315
【汇编】中四 3889、3997

盐川镇 巩州

【宋史】40/宁宗纪4/775

【汇编】下 6865

盐井川　通远军

【长编标】245/5971；247/6012、6022

【长编影】245/19 下；247/14 上

【汇编】中四 3895

盐井城　通远军

【长编标】230/5595；246/5997

【长编影】230/12 上；246/19 下

【汇编】中四 3883

盐官镇　岷州

【长编标】296/7213；297/7231

【长编影】296/17 下；297/13 下

【宋会要】方域 12 之 15/7527

盐官镇　秦州

【长编标】87/1995；105/2442

【长编影】87/7 下；105/8 上

【宋会要】食货 15 之 18/5071、19 之 8/5127

盐泉砦　秦州成纪县

【宋史】87/地理志 3/2154

【汇编】中六 5835

盐院　麟州

【长编标】185/4469

【长编影】185/3 上

【宋会要】兵 27 之 41/7267

盐堆城　庆州

【宋会要】兵 28 之 2/7270；方域 20 之 6/7653

【汇编】中三 3423

哥诺城　鄯州

【长编纪事本末】140/6 上

【汇编】中六 5770

哥崖岭堡　麟府

【长编标】514/12224

【长编影】514/13 上

【汇编】中六 5585

晋桥店　晋州

【宋会要】食货 16 之 1/5073

栗亭　成州

【宋会要】食货 15 之 18/5071

贾家　环州

【宋会要】食货 19 之 8/5127

贾胡疃　麟府

【长编标】304/7408；499/11871；511/12154；513/12206；514/12211、12212

【长编影】304/14 上；499/1 下；511/1 上；513/12 下；514/3 下、4 上

逋宗城　洮州

【宋史】16/神宗纪 3/305；335/种谔传/10746

【汇编】中四 3860、4040

逋祖岭平　定边军

【宋史】87/地理志 3/2153

【汇编】中六 5494

殊羌寨　延州，宋哲宗元符元年那娘山新寨改

【宋会要】方域 18 之 6/7612

【汇编】中六 5462

夏阳镇　同州

【宋会要】食货 15 之 16/5069、15 之 15/5070

原川子　会州

【宋史】87/地理志 3/2159

【汇编】中六 5838

原平　鄜延

【长编标】489/11612

【长编影】489/14 下

【汇编】中六 5318

原安砦　鄜延

【宋史】323/周美传/10457

【汇编】上 233

原安寨　鄜延

【长编标】135/3238

【长编影】135/22 下

哲图堡　通远军

【长编标】470/11229

【长编影】470/11 上

【汇编】中五 5138

党龙耳江　董毡遣兵击夏国处

【宋会要】蕃夷 6 之 16/7826

党罗原　环州

【宋史】87/地理志 3/2152

【汇编】中六 5833

党逋城　熙河

【宋史】258/曹玮传/8986

【汇编】中一 1555

哨马营　西安州，为哨探夏人之处

【海城县志】6/古迹志/2 上

【汇编】补遗 7249

哩沁城　又作历精城，熙河

【长编影】119/16 下；127/5 上；132/7 下

【甘肃新通志】13/舆地志·古迹·兰州府·皋兰县/2 上

【汇编】中一 1733；中二 1999、2278；补遗 7255

哩恭宗堡　河州

【长编标】407/9907

【长编影】407/11 下

【汇编】中五 4904

峰帖峡寨　秦凤阶州，宋神宗熙宁七年修复

【长编标】255/6231

【长编影】255/2 上

【长编纪事本末】140/12 下

【宋会要】方域 18 之 24/7621

【甘肃新通志】7/舆地志·山川下·阶州直隶州·本州/9 下；9/舆地志·关梁·阶州直隶州/49 下

【汇编】中四 3962、3976；中六 5845；补遗 7474

圆川砦　秦州成纪县

【宋史】87/地理志 3/2154

【汇编】中六 5835

圆子堡　兰湟

【宋史】87/地理志 3/2166、2168

【汇编】中六 5840、5938

圆州堡　秦州定西砦领

【宋史】87/地理志 3/2155

【甘肃新通志】9/舆地志·关梁·秦州直隶州/43 上

【汇编】补遗 7237

圆堡　宋哲宗元符三年八月赐名宁川堡

【宋会要】兵 9 之 3/6907

【汇编】中六 5687

圆堡　河湟

【长编标】518/12333

【长编影】518/15 下

【汇编】中六 5649

铁巾　保安军

【武经总要】前集 18 上/7 下

【汇编】中一 973

铁门砦　延州，又作芦子

【陕西通志】16/关梁 1·延安府·安塞县/25 下

【汇编】补遗 7235

铁刅城　鄜州

【武经总要】前集 18 下/9 下

【汇编】中一 1722

铁冶镇　秦州天水县

【元丰九域志】3/122

【宋会要】食货 15 之 18/5071、29 之 14/5314

【甘肃新通志】9/舆地志·关梁·秦州直隶州/43 上

【汇编】中一 929；中四 3991；补遗 7477

铁茄平　绥州

【武经总要】前集 18 上/3 下

【陕西通志】17/关梁 2·绥德州·清涧县/47 下

【汇编】中三 3130；补遗 7313

铁炉骨堆　府州，宋徽宗宣和六年建寨，赐名震威城

【宋史】86/地理志 2/2136

【宋会要】方域 8 之 33/7457

【榆林府志】6/建置志·关隘/8 上

【汇编】中六 5827、5981；补遗 7446

铁炉骨堆新寨　震威城

【宋会要】方域 8 之 33/7457

铁城子　熙河，又名摩宗城

【长编标】244/5945

【长编影】244/13 下

【汇编】中四 3866

铁城堡　岷州

【宋史】15/神宗纪 2/292、293；29/高宗 6/547；87/地理志/2165；350/王君万传/11070

【长编标】279/6827；280/6861；281/6884；283/6930；291/7126

【长编影】279/8 上；280/10 下；281/3 下；283/8 下；291/14 下

【宋会要】兵 9 之 1/6906；方域 20 之 1/7651

【甘肃新通志】9/舆地志·关梁·巩昌府·岷州/38 下

【汇编】中四 4026、4027、4034、4036、4039、4097；补遗 7337

铁原砦　原州

【武经总要】前集 18 上/18 上、19 上

【汇编】中一 967、1372

铁窟砦 秦州清水县

【宋史】87/地理志 3/2155

【汇编】中六 5835

积石 环庆

【长编标】42/880；47/1029；50/1095

【长编影】42/1 上；47/18 上；50/12 下

【奏议标】130/杨亿·上真宗论弃灵州为便/1440

【奏议影】130/杨亿·上真宗论弃灵州为便/4426

积石岭 灵州南

【宋史】277/郑文宝传/9426

【宋会要】兵 27 之 4/7248

【太平治迹统类】2/太祖太宗经制西夏

【汇编】中一 1090、1107

积石砦 清远军

【宋史】273/李允正传/9340；466/张继能传/13620

【汇编】中一 1091、1092

笔簇川 绥州

【名臣碑传琬琰集】中集 48/韩忠献公琦行状/1106

【汇编】中三 3465

笔簇城 秦州

【宋史】272/杨文广传/9308；331/马仲甫传/10647

【东坡全集】15/张文定公（方平）墓志铭/20 上

【乐全集】附录/张方平行状/23 下

【安阳集】家传 7/5 上

【范文正公集】年谱补遗/21 上

【汇编】中三 3044、3288、3289、3485、3486、3498、3500

倒淋砦 秦州

【甘肃新通志】9/舆地志·关梁·秦州直隶州·清水县/45 上

【汇编】补遗 7239

候桥川 鄜延

【欧阳文忠公全集】144/书简/8 上

【汇编】中三 3209

倍菫 至查路处五里，河东

【宋会要】兵 27 之 5/7249

皋兰堡 兰州，宋神宗元丰四年置

【宋史】87/地理志 3/2165；350/王文郁传/11075

【元丰九域志】3/135 上

【长编标】247/6022；316/7652；321/7755；341/9196；460/10998；474/11314

【长编影】247/14 上；316/14 上；321/17 上；341/1 下；460/3 下；474/12 下

【宋会要】兵 4 之 10/6825；方域 20 之 3/7652

【甘肃新通志】9/舆地志·关梁·兰州府·皋兰县/2 下

【汇编】中四 3895、4151、4188、4290、4294、4295、4533；中五 4555、5070、5165；中六 5840；补遗 7347

皋兰镇 将利县

【甘肃新通志】9/舆地志·关梁·阶州直隶州/49 上

【汇编】补遗 7474

徐丁台 环庆，宋徽宗崇宁五年筑，赐名安边城

【宋史】87/地理志 3/2152；187/禁军上序/4581

【龟山集】33/钱忠定公（即，字中道）墓志铭/11 下

【汇编】中六 5833；补遗 7413

狼山 庆州

【宋会要】食货 42 之 12/5567

【汇编】中一 1658

狼井堡 镇戎军

【宋史】87/地理志 3/2162

【汇编】中六 5838

狼水砦 朔州

【宋史】253/折御卿传/8863；467/韩守英传/13632

【汇编】上 172；中一 1405

鸥枭城 秦州生户住地

【长编标】149/3607

【长编影】149/9 下

鸥鹆 即鸥枭城，秦州

【范太史集】40/检校司空左武卫上将军郭公墓志铭/7 上

【汇编】中三 3427

裒城 泾原
【涑水记闻】11/8 上
【汇编】中三 2898

裒篰寨 秦州
【宋会要】方域 18 之 9/7614、18 之 21/7620

留修城 德顺军
【汉滨集】6/论诸军见攻德顺独王彦未到状/7 上
【汇编】下 6694

旄牛城 青唐
【甘肃新通志】29/祠祀志·祠宇下·西宁府·西宁县/31 下
【汇编】补遗 7121

郭马砦 秦州陇城县
【宋史】87/地理志 3/2155
【元丰九域志】3/124
【汇编】中一 985；中六 5835

郭马堡 秦州静戎砦领
【宋史】87/地理志 3/2155

郭北平 鄜延
【长编标】128/3037
【长编影】128/11 下

郭栅寨 汾州附近
【梁溪集】55/奏知折可求兵马冲散札子/3 上
【汇编】补遗 7460

郭堡平 延州
【东轩笔录】9/4 上
【汇编】中二 1889

高平 建为安塞堡，延州
【长编标】159/3846
【长编影】159/7 下
【汇编】中三 3090

高平砦 又作高平寨，镇戎军，宋仁宗庆历二年置
【宋史】87/地理志 3/2158；485/夏国传上/13996
【长编标】328/7902
【长编影】328/11 下
【东都事略】82/蔡挺传/2 上；127、128/西夏传/附录 5、6
【武经总要】前集 18 上/22 上
【元丰九域志】3/136

【河南先生文集】3/悯忠/4 下；6/上吕相公书/7 下
【汇编】上 66、105；中一 1628；中二 2214、2259、2639、2640；中三 3571；中四 4392；中六 5837

高平堡 泾原，宋哲宗元符元年六月置
【宋史】87/地理志 3/2160
【长编标】494/11758
【长编影】494/27 下；496/4 上
【宋会要】方域 20 之 9/7655
【汇编】中六 5366、5377、5379、5663、5837、5850

高平寨 镇戎军，宋仁宗庆历二年筑
【宋史】85/地理志 1 序/2095
【长编标】153/3724；325/7819；485/11526；503/11976、11984；504/12012
【长编影】153/9 上；325/6 上；485/4 下、9 上；496/4 上；503/6 上、12 上；504/1 上、8 上；508/1 上
【宋会要】食货 22 之 3/5157；方域 18 之 12/7615、19 之 14/7632
【甘肃新通志】13/舆地志·古迹·固原直隶州/11 下
【汇编】中三 3015；中六 5271、5279、5280、5282、5283、5287、5377、5437、5441、5452、5512、5913；补遗 7241

高头平 延州
【宋史】324/张亢传/10484
【长编标】128/3027
【长编影】128/2 下
【汇编】中二 2038

高奴 延州
【宋史】292/程戬传/9757
【宋大诏令集】218/延州保安军德音（康定元年二月丙午）/835
【景文集】96/送承制刘兼济知原州诗序/968
【儒林公议】上/2 上
【汇编】中二 1893、1903、1931；中三 3400

高岭 唃厮罗境内
【宋会要】兵 28 之 38/7288

高岭 环州
【宋史】253/折可适传/8867
【汇编】上 175

高店 蒿店之误，镇戎军南
【长编标】51/1121
【长编影】51/13 下
【汇编】中一 1306

高峰堡 西安州
【宋史】87/地理志 3/2161
【汇编】中六 5517

高家堡 环州
【宋会要】食货 19 之 8/5127

高家湾 黄河附近
【榆林府志】4/府谷县·水/12 上
【汇编】补遗 7277

离思曲 绥州
【东都事略】61/种谔传/4 下
【汇编】中三 3446

栾川镇 虢州
【宋会要】方域 12 之 15/7527

席苇平城 渭州
【宋史】87/地理志 3/2157；335/孙师道传/10751
【三朝北盟会编】52/1 下、60/4 下
【甘肃新通志】13/舆地志·古迹·平凉府·平凉县/10 上
【汇编】中六 5836、5902、5904、6044；补遗 7426

席鸡城砦 即清远军
【宋史】280/田绍斌传/9496
【汇编】中一 1092

席径岭堡 宋徽宗崇宁四年筑
【契丹国志】10/天祚帝纪上/1 下
【汇编】中六 5799

庞公原 洮州
【长编纪事本末】140/8 上
【汇编】中六 5773

唐龙镇 府州
【宋史】6/真宗纪 1/116；7/真宗纪 2/141；198/马政/4932；259/袁继忠传/9004；491/党项传/14145、14146、14147
【长编标】43/922；49/1074；54/1193；56/1224；57/1269；61/1372；67/1505、1513；68/1535；71/1615；82/1880；101/2344；104/2421；152/3709

【长编影】43/12 下、14 上；49/10 上；54/17 上；56/1 上；57/17 上；61/14 下；67/9 上、17 上；68/16 上；82/17 上；101/12 上；104/20 上；152/12 上
【宋会要】仪制 9 之 29/2002；食货 37 之 4/5450；兵 24 之 1/7179、24 之 13/7185、27 之 21/7257；方域 12 之 14/7526、21 之 4/7663、21 之 5/7663；蕃夷 1 之 39/7692
【武经总要】前集 17/14 上；18 下/西蕃地界/1 上、9 下
【范文正公集】西夏堡寨/3 上
【汇编】上 28、29、30、36；中一 925、926、984、1201、1228、1244、1245、1359、1374、1403、1410、1427、1468、1469、1484、1523、1568、1627、1649、1690、1731；中二 2642；中三 3001

唐推堡 绥德军
【宋史】87/地理志 3/2150
【汇编】中六 5831

凉州城 周回五十里，如凤形
【宋会要】方域 21 之 15/7668

凉棚砦 镇戎军，宋英宗治平四年置
【宋会要】方域 20 之 12/7656
【汇编】中三 3472

凉棚堡 镇戎军，宋英宗治平四年置
【宋史】87/地理志 3/2158
【汇编】中六 5837

海末堡 绥德军
【宋史】87/地理志 3/2150
【延安府志】7/绥德州·关梁/6 上
【汇编】中六 5831；补遗 7379

海宁砦 泾原
【宋史】191/蕃兵/4753
【汇编】中三 3397

海波流 麟州
【长编标】473/11287
【长编影】473/8 上
【汇编】中五 5155

海喇 西安州
【海城县志】6/古迹志/1 下
【汇编】补遗 7393

海喇都城 宋哲宗元符二年筑，金熙宗皇统间

陷于西夏

【海城厅志】城图/6 上

【汇编】补遗 7397

浮图 鄜延

【宋会要】方域 5 之 41/7403、19 之 5/7628、19 之 11/7631、19 之 12/7631、19 之 13/7632、19 之 15/7633、19 之 48/7649

【奏议标】139/范纯粹·上哲宗乞以弃地易被虏之人/1562、1563

【奏议影】139/范纯粹·上哲宗乞以弃地易被虏之人/4803、4804

浮图砦 原属延州，宋哲宗元丰七年隶绥德城

【宋史】85/地理志 1 序/2095

【长编影】342/8 上；471/12 上

【东都事略】59 下/范纯粹传/7 上

【汇编】中五 4552、4708、5149；中六 5913

浮图堡 绥德军

【宋史】87/地理志 3/2150；486/夏国传下/14012、14016

【宋会要】方域 5 之 41/7403

【汇编】上 78；中六 5831；下 7006

浮图寨 又作浮屠寨，原属延州，宋神宗元丰五年景思谊、曲珍破，宋哲宗元丰七年隶绥德城

【宋史】87/地理志 3/2147、2148；314/范纯粹传/10280

【元丰九域志】3/108

【长编标】326/7858；331/7987；342/8227；346/8311；365/8749、8751；372/9009；382/9313、9314；429/10370；471/11250；485/11533；486/11545；491/11672；492/11680、11682

【长编影】326/18 上；331/18 下；342/8 上；344/8 上；346/9 下；372/5 上；382/13 下；429/12 上；485/14 上；486/6 上；491/21 下；492/4 上

【长编纪事本末】101/6 下

【宋大诏令集】236/赐夏国诏（元祐四年六月戊申）/920

【宋会要】职官 66 之 20/3878；兵 8 之 33/6903、28 之 33/7286；方域 18 之 7/7613、19 之 5/7628、19 之 11/7631、19 之 13/7632

【皇宋十朝纲要】12/4 下

【奏议标】138/司马光·上哲宗乞还西夏六寨/1553

【奏议影】138/司马光·上哲宗乞还西夏六寨/4772、4776

【司马文正公集】35/章奏 33/1 上

【初寮集】6/定功继伐碑/1 上

【名臣碑传琬琰集】中集 50/韩仪公丞相忠彦行状/1137

【汇编】中四 4009、4401、4457；中五 4565、4584、4662、4664、4703、4708、4771、4772、4812、4960、5227、5237；中六 5276、5289、5293、5334、5339、5828、5830；补遗 7436

浮屠寨 又作浮图寨，原属延州，宋神宗元丰五年景思谊、曲珍破，宋哲宗元丰七年隶绥德城

【宋史】332/赵禼传/14 下

【长编标】320/7734；397/9671；434/10469、10470

【长编影】320/14 上；397/1 下；434/12 上

【东都事略】9/哲宗纪/2 下

【宋会要】兵 28 之 33/7286

【皇宋十朝纲要】12/4 下；14/2 上

【汇编】中四 4265；中五 4796、4812、4974、4975、4991、5262

浮梁 延州

【长编标】258/6298

【长编影】258/10 上

【汇编】中四 3972

流井堡 环州

【宋史】87/地理志 3/2152

【汇编】中六 5833

流江口 仪州

【长编标】139/3340

【宋会要】兵 27 之 29/7261

【汇编】中 2/2652

流沙 沙州

【武经总要】前集 18 下/9 下

【汇编】中一 1720

润努川 秦州

【长编标】89/2046

【长编影】89/9 下

【汇编】中一 1579

浪爽平 麟州

【长编标】185/4469

【长编影】185/2 下

【宋会要】兵 27 之 41/7267

【司马文正公集】4/章奏 2/9 上

【汇编】中三 3224、3234、3266

瓶形寨 河东

【宋会要】兵 27 之 6/7249、27 之 10/7251

朔宁 河东

【宋会要】蕃夷 2 之 37/7710

【汇编】中六 5984

朔武 麟府

【宋会要】蕃夷 2 之 37/7710

【汇编】中六 5984

益机滩新堡 熙河

【宋史】448/郑骧传/13202

【汇编】中六 5986

宾草堡 绥德军，宋神宗熙宁四年置

【宋史】87/地理志 3/2147

【长编标】220/5356；221/5385

【长编影】220/20 上；221/16 上

【宋会要】方域 8 之 27/7454、20 之 13/7657

【宋朝事实类苑】78/1021

【汇编】中三 3553、3665、3683、3684；中六 5828

诸葛亮城 镇戎军

【范文正公集】西夏堡寨/1 上

【汇编】中二 2640

陵井 麟府

【宋史】289/高继宣传/9697

【长编标】136/3246

【长编影】136/1 上

【汇编】中二 2482

陵头村 宁州

【宋会要】食货 42 之 12/5567

【汇编】中一 1658

陷山砦 秦州，宋太宗太平兴国中筑

【武经总要】前集 18 上/31 上

【汇编】中一 1008

陷道口铺 环州

【宋史】87/地理志 3/2152

【汇编】中六 5833

娘镖城 会州

【皇宋十朝纲要】16/12 上

【汇编】中六 5789

通川堡 兰州，宋哲宗元符三年筑赐名，寻弃之。宋徽宗崇宁二年再收复

【宋史】87/地理志 3/2165

【新安志】7/洪尚书（中孚）/5 下

【汇编】中六 5840；补遗 7412

通川堡 湟州，宋徽宗崇宁二年收复

【宋史】87/地理志 3/2167

【长编纪事本末】139/4 下、9 上

【汇编】中六 5729、5735、5937、5938

通化堡 定边军

【宋史】87/地理志 3/2153、2154

【汇编】中六 5493、5494

通归堡 环州

【宋史】87/地理志 3/2153

【汇编】中六 5833

通四寨 熙河定西城

【宋会要】方域 8 之 22/7451

通边城 即德顺军通边寨

【甘肃新通志】13/舆地志·古迹·平凉府·隆德县/11 上

【汇编】补遗 7300

通边砦 德顺军，宋仁宗庆历八年置

【宋史】87/地理志 3/2158；191/兵志 5/蕃兵/4754

【元丰九域志】3/137

【汇编】中三 3132、3397；中六 5837

通边寨 德顺军，宋仁宗庆历八年筑

【长编标】230/5593；235/5717

【长编影】230/6 下；235/20 下

【宋会要】食货 15 之 19/5072、22 之 4/5157；方域 18 之 9/7614

【甘肃新通志】13/舆地志·古迹·平凉府·隆德县/11 上

【隆德县志】1/古迹/24 下；4/考证/64 上

【汇编】中四 3744、3783；补遗 7252、7272、7300

通西 熙河

【奏议标】139/范育·上哲宗论御戎之要/1573；140/苏辙·上哲宗论地界/1580

【奏议影】139/范育·上哲宗论御戎之要/4836；

140/苏辙·上哲宗论地界/4585

【栾城集】42/论前后处置夏国乖方札子/7 下

【汇编】中五 5036

通西砦 通远军，宋神宗元丰五年置

【宋史】87/地理志 3/2164

【长编影】335/8 上；336/6 下；341/9 上；444/
4 上；452/3 上；462/11 上

【宋会要】方域 18 之 30/7624

【栾城集】42/论前后处置夏国乖方札子/7 下

【甘肃新通志】13/舆地志·古迹·巩昌府·安
定县/17 上

【汇编】中四 4460、4486、4498、4536；中五
5005、5006、5036、5037、5048、5081；中
六 5783；补遗 7354

通西寨 楚栋陇堡赐名，隶通远军

【长编标】335/8069；336/8098；341/8204；444/
10683；446/10735、10736；452/10846；462/
11042、11043

通过堡 泾原

【长编标】316/7641

【长编影】316/4 上

【宋会要】方域 8 之 25/7453

【汇编】中四 4178

通过堡子 于没烟峡头修，泾原

【长编标】500/11917；505/12044；512/12187

【长编影】500/16 上；505/17 上；512/10 下、
11 上

通会关 会州，宋哲宗元符元年建筑赐名

【宋史】87/地理志 3/2159

【汇编】中六 5838

通会堡 熙河路，后划属泾原路西安州，地名
祭厮圣谷口，宋哲宗元符元年赐名

【宋史】87/地理志 3/2161

【汇编】中六 5517

通会堡 湟州，宋哲宗元符元年以李厮坚谷口
置

【宋史】85/地理志 1 序/2096

【宋会要】方域 20 之 15/7658

【汇编】中六 5463、5913

通会堡 熙河，宋哲宗元符元年筑扎实嘉裕勒
赐名

【长编标】502/11966

【长编影】502/15 下

【汇编】中六 5434

通庆城 保安军

【宋史】87/地理志 3/2148、2151、2152

【汇编】中六 5829、5833

通关堡 镇戎军

【宋史】87/地理志 3/2161

【汇编】中六 5850

通安砦 泾原

【宋史】87/地理志 3/2155、2159、2161、2162

【汇编】中六 5835、5838

通安寨 泾原

【宋会要】兵 4 之 26/6833

【汇编】中六 5893

通远砦 怀德军

【宋史】87/地理志 3/2160

【汇编】中六 5849、5850

通谷堡 熙州，宋神宗熙宁五年置

【宋史】87/地理志 3/2162、2165

【宋会要】方域 20 之 9/7655

【元丰九域志】3/125

【甘肃新通志】6/舆地志·山川上·兰州府·狄
道州/8 下；9/舆地志·关梁·兰州府·狄道
州/15 上

【汇编】中四 3837、3844；中六 5839、5840；
补遗 7328、7332

通怀堡 秦凤，张普筑

【甘肃新通志】14/建置志·城池/13 下

【汇编】补遗 7404

通怀堡 秦凤

【金史】134/西夏传/2867

【陇右金石录】3/怀戎堡碑记/65 下

【汇编】上 127；补遗 7418、7419

通岷砦 洮州

【宋史】86/地理志 3/2166

【汇编】中六 5859

通峡 泾原

【宋会要】兵 17 之 6/7040；方域 18 之 19/7619、
20 之 8/7654

通峡砦 怀德军，宋哲宗元符元年五月筑没烟
前峡赐名

【宋史】87/地理志 3/2160、2161；253/折可适

传/8868

【汇编】上176；中六5849

通峡寨　德顺军，宋哲宗元符元年筑没烟前峡赐名

【宋会要】方域18之24/7621

【汇编】中六5463

通峡寨　怀德军，宋哲宗元符元年五月筑没烟前峡赐名

【宋史】85/地理志1序/2096；175/和籴/4247

【长编标】499/11881；500/11906；503/11976、11983；504/12009；505/12029；507/12080；508/12099；513/12199

【长编影】499/9上、19下；500/6下；503/6上、12上；504/8上；505/2下；507/7下；508/1上；513/6上

【宋会要】职官62之57/5977

【皇宋十朝纲要】14/4下

【汉滨集】15/故客省使雄州防御使泾原路兵马钤辖兼第十一将郭公（成）行状/17上

【姑溪居士后集】20/折渭州墓志铭/1上

【汇编】上211；中六5401、5406、5411、5418、5437、5441、5450、5466、5496、5512、5565、5823、5843、5913；补遗7378

通陕寨　泾原

【宋会要】食货54之5/5740

【汇编】中六5843

通斫令城　青唐

【乐全集】22/22下

【汇编】中三3291

通泉堡　秦凤路新泉砦管下

【宋史】87/地理志3/2159

【汇编】中六5839

通泉寨　绥德军，宋徽宗宣和二年改龙泉砦

【宋史】87/地理志3/2149

【陕西通志】17/关梁2·绥德州·米脂县/46下

【汇编】中六5831；补遗7434

通济桥堡　震武军，宋徽宗政和六年赐名善治堡

【宋史】87/地理志3/2169

【汇编】中六5899

通津堡　河州，宋徽宗崇宁三年以达南宗改

【宋史】86/地理志2/2135；87/地理志3/2157、

2158、2163

【长编纪事本末】139/17下

【宋会要】方域20之6/7653

【皇宋十朝纲要】16/10上

【新安志】7/洪尚书（中孚）/5下

【汇编】中六5750、5777、5808、5826、5937、5938；补遗7412

通津堡　麟州

【长编标】220/5337

【长编影】220/3下

【宋会要】食货22之5/5157；兵28之9/7274

【武经总要】前集17/19上、19下

【元丰九域志】4/166

【汇编】中一1039、1040；中三3077、3133、3655

通秦　隶岚石路

【宋会要】方域20之3/7652

通秦砦　晋宁军，地名升啰岭，宋哲宗元符二年赐名

【宋史】86/地理志2/2137

【汇编】中六5858

通秦堡　麟府，地名精移堡，宋哲宗元符二年赐名

【宋史】85/地理志1序/2096；86/地理志2/2137

【长编标】514/12224、12229

【长编影】514/13上、17下

【陕西通志】17/关梁2·葭州/51上

【榆林府志】4/葭州·山/14下

【汇编】中六5585、5590、5859、5913；补遗7397、7400

通秦寨　麟府，宋哲宗元符二年升啰岭赐名

【宋史】85/地理志1序/2096

【长编标】514/12224、12229

【长编影】514/13上、17下

【榆林府志】4/葭州·山/14下

【汇编】中六5585、5590、5913；补遗7400

通绰克古城　青唐附近

【长编标】513/12193

【长编影】513/1上

【汇编】中六5564

通渭砦　通远军

【范文正公集】遗文/9 上

【汇编】中五 4908

通渭砦 秦州

【奏议标】140/苏辙·上哲宗论地界/1580

【奏议影】140/苏辙·上哲宗论地界/4857、4858

【范太史集】40/检校司空左武卫上将军郭公墓志铭/13 上

【范文正公集】遗文/8 上

【汇编】中五 5240

通渭堡 通远军,熙宁元年置

【宋史】486/夏国传下/14016

【元丰九域志】3/139

【汇编】上 82;中三 3519

通渭堡 秦州,宋神宗熙宁元年改擦珠堡为通渭堡,五年改为砦,元丰中升为县

【宋史】87/地理志 3/2155

【长编标】225/5494

【长编影】225/23 上

【宋会要】方域 8 之 24/7452、20 之 7/7654

【潞公文集】19/奏议/5 下

【甘肃新通志】13/舆地志·古迹·巩昌府·通渭县/17 下

【汇编】中三 3499、3520、3713;中六 5835;补遗 7326、7329

通渭寨 通远军

【宋史】87/地理志 3/2164;332/游师雄传/10689

【长编标】238/5799;446/10735、10736;459/10982;470/11229、11232

【长编影】238/13 上;446/7 上、8 下;459/8 下;470/11 上

【宋会要】兵 28 之 11/7275、28 之 12/7275;方域 18 之 23/7621

【画墁集】补遗/游公（师雄）墓志铭/6 下

【安阳集】家传 7/5 上

【栾城集】42/论前后处置夏国乖方札子/7 下

【汇编】中三 3679;中四 3806;中五 5036、5037、5065、5084、5137、5140;中六 5783

通湟寨 乐州,故啰兀抹通城,宋哲宗元符二年收复,三年赐名

【宋史】87/地理志 3/2167

【甘肃新通志】9/舆地志·关梁·西宁府·碾伯

县/75 上

【汇编】中六 5937;补遗 7408

通湟寨 湟州

【宋史】87/地理志 3/2165

【长编纪事本末】139/4 下、5 下、9 上;140/8 上

【汇编】中六 5729、5731、5733、5773、5840

通塞谷 赐名通塞堡,环庆进筑

【长编标】496/11808

【长编影】496/14 上、15 下

通塞堡 环州通远县,宋哲宗元符元年进筑通塞谷赐名

【宋史】85/地理志 1 序/2096;87/地理志 3/2151

【长编标】496/11808;498/11856

【长编影】496/14 上、15 下;498/13 下

【宋会要】方域 18 之 21/7620、20 之 5/7653

【皇宋十朝纲要】14/4 上

【汇编】中六 5381、5382、5396、5832、5913;下 7013

绥平城 宋神宗熙宁七年范纯粹请隶绥德城

【宋史】323/马怀德传/10466

【长编标】225/5495;342/8227

【长编影】225/23 上;342/8 上

【宋会要】兵 28 之 11/7275;方域 5 之 14/7403

【范太史集】40/检校司空左武卫上将军郭公墓志铭/8 下

【汇编】中二 2086;中三 3454、3713;中五 4552;下 7006

绥平砦 绥德军,宋庆历中置,天圣中改永平,后废。庆历中修复,改绥平,宋神宗元丰七年隶绥德城

【宋史】87/地理志 3/2147、2148

【长编标】518/12335

【长编影】518/17 上

【武经总要】前集 18 上/3 上

【画墁集】补遗/游公（师雄）墓志铭/1 下

【范太史集】40/检校司空左武卫上将军郭公墓志铭/11 下

【陕西通志】17/关梁 2·绥德州·清涧县/48 下

【汇编】中三 3130、3577、3653;中六 5651、5828、5830;补遗 7399

绥平堡 廓州,旧名保敦谷,宋徽宗崇宁三年

兴筑赐名

【宋史】86/地理志 3/2166、2168

【长编纪事本末】140/6 上

【宋会要】方域 20 之 9/7655

【皇宋十朝纲要】16/10 上

【汇编】中六 5770、5777、5784、5854、5859

绥平寨　延州

【金史】134/西夏传/2875

【宋会要】食货 15 之 15/5070、22 之 1/5156

【长编标】214/5193；301/7331

【长编影】214/1 上；301/11 下

【奏议标】137/富弼·上神宗谏西师/1539

【奏议影】137/富弼·上神宗谏西师/4732

【元丰九域志】3/108

【汇编】上 135；中四 4009、4107

绥宁砦　原州，宋仁宗庆历四年筑

【宋史】87/地理志 3/2157；191/蕃兵/4753

【长编标】225/5494；299/7278；469/11211；507/
12073

【长编影】225/23 上；469/8 上

【武经总要】前集 18 上/18 下、19 下

【元丰九域志】3/132

【安阳集】家传/7/5 上

【甘肃新通志】9/舆地志·关梁·泾州直隶州·
镇原县/31 下

【汇编】中一 967；中三 3028、3076、3397、
3487、3712；中五 5126；中六 5837；补遗
7301

绥宁堡　怀德军

【宋史】87/地理志 3/2160

绥宁寨　原州，宋仁宗庆历四年筑

【长编标】299/7278；507/12073

【长编影】299/13 下；507/1 下

【宋会要】食货 15 之 19/5072、22 之 3/5157；
兵 4 之 9/6824；方域 18 之 15/7617

【汇编】中四 4102；中六 5491

绥边砦　西宁州，旧名宗谷，宋徽宗崇宁二年
改名

【甘肃新通志】9/舆地志·关梁·西宁府·西宁
县/72 上

【汇编】补遗 7407

绥边砦　西宁州，旧名宗谷，宋徽宗崇宁三年
改名

【宋史】87/地理志 3/2169

【汇编】中六 5854

绥戎砦　西安州

【宋史】87/地理志 3/2161

【汇编】中六 5517

绥戎堡　西安州

【宋史】87/地理志 3/2161、2162；350/郭成传/
11085

【汉滨集】15/故客省使雄州防御使泾原路兵马
钤辖兼第十一将郭公（成）行状/19 下

【汇编】上 239；中六 5517、5518；补遗 7402

绥州城　宋真宗咸平四年闰十月筑

【长编标】437/10546

【长编影】437/18 下

【玉海】174/38 下

【宋会要】方域 8 之 30/7455

【汇编】中五 4982；下 7010；补遗 7255

绥州砦　延州，宋仁宗庆历中复赐名

【武经总要】前集 18 上/3 上

【汇编】中三 3130

绥安砦　原州

【武经总要】前集 18 上/20 下

【汇编】中三 3076

绥远关　熙河

【宋会要】兵 9 之 5/6908

绥远砦　秦州

【宋史】87/地理志 3/2155

【汇编】中六 5835

绥远砦　庆州，地名骆驼巷，宋哲宗元符二年
进筑赐名

【宋史】85/地理志 1 序/2095；87/地理志 3/
2151、2152、2153

【长编标】511/12160

【长编影】511/6 下

【初寮集】6/定功继伐碑/1 上

【甘肃新通志】13/舆地志·古迹·庆阳府·安
化县/30 上

【汇编】中六 5493、5554、5833、5913；补遗
7425、7437

绥远寨　秦凤，旧夕阳镇

【宋会要】方域 12 之 15/7527

【长编标】263/6453

【长编影】263/31 上

绥和 鄜州

【武经总要】前集 18 下/9 下

【汇编】中一 1721

绥城 绥州

【安阳集】35/奏状/5 下、17 下；家传 7/4 上

【潞公文集】18/奏议/4 下

【汇编】中三 3466、3482、3500、3549；补遗
7321

绥德城 绥德军，宋真宗咸平四年筑，宋神宗
熙宁二年改为绥德城，元符二年改为军

【宋史】14/神宗纪 1/272；15/神宗纪 2/298；
16/神宗纪 3/307；18/哲宗纪 2/346、353；
87/地理志 3/2147、2148、2149；331/沈括传
/10656；332/滕元发传/10676、赵卨传/
10684；334/高永能传/10725；350/曲珍传/
11083、张蕴传/11087；486/夏国传下/
14010、14016

【长编标】214/5193、5203、5210；216/5254；
217/5277；220/5337、5353；221/5369、
5387、5388；222/5413；223/5417；225/
5495；226/5515；228/5547、5550；229/
5568；230/5591；232/5631；233/5663；235/
5717；274/6713；275/6730；299/7273、
7277；300/7298、7300；306/7437；315/
7617、7618、7620、7624、7625、7630；316/
7651；318/7680；319/7700；325/7818；328/
7893；329/7922；342/8227；344/8235；382/
9319；419/10154；437/10546；444/10682；
445/10718；452/10848；474/11308；475/
11322；479/11412；489/11612；491/11672；
510/12140；518/12335

【长编影】214/9 下、16 上；216/3 下；217/6
下；220/3 下；221/2 上、18 上；222/13 下；
223/1 上、2 上；225/23 上；226/12 下；
228/7 下；229/4 上；230/6 上；232/5 上；
235/20 下；274/12 上；275/10 上；299/8
下、12 上；300/1 下、3 下；306/2 下；315/
2 上、3 下、5 上、6 上、8 下、9 上、13 上；
316/12 下；318/1 上；319/2 上、17 上；
325/5 上、6 下；328/3 下；329/7 下、16 下、
19 上、21 上；342/8 上；344/1 上；382/19
上；419/10 上；437/18 下；444/4 上；445/7

下；452/6 上；474/8 上；475/3 上；479/10
上；489/14 下；491/21 下；518/17 上

【长编纪事本末】83/10 上

【宋大诏令集】235/答夏国主秉常诏（熙宁四年
九月庚子）/917；236/赐夏国主进誓表答诏/
918、赐夏国主诏（元祐五年七月乙酉）/
920

【宋要会】职官 56 之 18/3634；食货 22 之 1/
5156；兵 8 之 24/6899、28 之 11/7275、28 之
33/7286；方域 5 之 41/7403、6 之 3/7407、8
之 30/7455、8 之 32/7456、19 之 48/7649

【宋朝事实类苑】78/1021

【元丰九域志】3/109；4/168

【东都事略】61/种谔传/4 下；86/徐禧传/5 下；
127、128/西夏传/附录 5、6

【奏议标】140/苏辙·上哲宗论不可失信夏人/
1581

【奏议影】140/苏辙·上哲宗论不可失信夏人/
4862

【续通鉴】67/1658

【东坡全集】16/故龙图阁学士滕公墓志铭/9 下

【北山集】34/武功大夫昭州团练使骁骑尉徐公
（量）行状/12 下

【玉海】174/41 上

【延安府志】7/1 上

【皇宋十朝纲要】9/4 上；14/2 上

【姑溪居士后集】20/折渭州墓志铭/1 上

【范太史集】40/检校司空左武卫上将军郭公墓
志铭/11 下

【涑水记闻】11/20 下、21 上；14/3 下、10 上、
10 下

【名臣碑传琬琰集】中集 48/韩忠献公琦行状/
1106

【潞公文集】19/奏议/5 下

【汇编】上 75、76、82、107、206、240；中三
3197、3446、3449、3461、3465、3513、
3535、3539、3540、3555、3577、3583、
3587、3655、3675、3684、3686、3698、
3699、3713、3723、3727；中四 3740、3743、
3760、3783、3840、4019、4020、4100、
4101、4102、4104、4154、4155、4157、
4160、4161、4170、4186、4213、4227、
4234、4252、4330、4331、4332、4384、

4400、4405、4409、4414、4415、4418、
4420、4423、4426、4493；中五4552、4563、
4774、4949、4962、4963、4980、4982、
5005、5027、5050、5159、5167、5199；中
六5268、5318、5334、5651、5828、5830；
下7006、7009；补遗7326、7327、7328、
7329、7408、7482

绥德寨　鄜延
【长编标】491/11667
【长编影】491/19 下
【奏议标】137/富弼·上神宗谏西师/1539
【奏议影】137/富弼·上神宗谏西师/4732
【汇编】中六5333

十一画

球场寨　延州延水县，宋太宗太平兴国六年置
【宋会要】方域18 之29/7623
【汇编】中一992

琉璃堡　府州
【宋史】324/张亢传/10488、赵滋传/10498
【长编标】133/3172
【长编影】133/10 上
【榆林府志】6/建置志·关隘/7 下
【安阳集】47/故客省使眉州防御使赠遂州观察
　　使张公（亢）墓志铭/14 上
【汇编】中二2339、2340；补遗7278

垓地平堡　镇戎军
【宋史】87/地理志3/2159
【汇编】中六5838

堆沙堡　泾原
【武经总要】前集18 上/23 上
【汇编】中一1205

梅回　河东代州
【宋会要】兵27 之10/7251

梅谷堡　镇戎军
【宋史】87/地理志3/2159
【汇编】中六5838

乾川堡　秦州，宋神宗熙宁三年废
【宋史】87/地理志3/2155
【宋会要】方域8 之22/7451、20 之1/7651、20
　　之2/7651

【汇编】中三3552、3644；中六5835

乾川寨　赐名肃远寨，环庆
【长编标】54/1195；83/1891
【长编影】54/18 上；83/5 上

乾州堡　秦凤
【潞公文集】17/奏议/2 下
【汇编】补遗7309

乾兴砦　镇戎军，宋真宗乾兴元年筑
【宋史】87/地理志3/2158、2159
【汇编】中六5837、5838

乾兴寨　镇戎军，宋真宗乾兴元年筑
【长编标】126/2982；135/3217；139/3339；225/
　　5494；335/8082；504/12007；507/12073；
　　508/12099
【长编影】126/15 上；135/3 下；139/2 下；
　　225/23 上；335/18 上；345/4 下；503/14
　　上；504/8 上；507/1 下；508/1 上
【宋会要】食货15 之19/5072、22 之3/5157；
　　兵27 之30/7261、28 之10/7274；方域18 之
　　14/7616
【武经总要】前集18 上/22 上、22 下
【奏议标】133/范仲淹·上仁宗再议攻守/1480
【奏议影】133/范仲淹·上仁宗再议攻守/4552
【元丰九域志】3/136
【范文正公集】西夏堡寨/6 上；年谱补遗/20 下
【汇编】中一1619、1628；中二1947、2424、
　　2643、2645、2651；中三3017、3076、3712；
　　中四4490；中五4571；中六5444、5448、
　　5491、5512

乾谷峗　青唐
【长编标】519/12352
【长编影】519/9 下
【汇编】中六5661

乾谷堡　鄜延
【宋史】323/周美传/10457
【长编标】135/3238
【长编影】135/22 下
【汇编】上233

乾沟堡　渭州境，宋仁宗康定元年陷
【宋史】10/仁宗纪2/209
【长编标】128/3042
【长编影】128/16 上

【安阳集】家传 2/2 下
【汇编】中二 2074、2098

乾河堡 渭州境，宋仁宗康定元年陷
【宋史】10/仁宗纪 2/209
【长编标】128/3042
【长编影】128/16 上
【安阳集】家传 2/2 下
【汇编】中二 2074、2098

勒飯台 定边军
【宋史】87/地理志 3/2153
【汇编】中六 5493

勒难平 鄜延
【长编标】409/9977
【长编影】409/23 下
【汇编】中五 4924

勒崖原 定边军
【宋史】87/地理志 3/2153
【汇编】中六 5494

萌门寨 环庆
【长编标】214/5201、5204；499/11882；504/12020；509/12123；513/12201；514/12216
【长编影】214/9 下；499/10 下、13 上；504/20 下；509/9 下；513/7 上；514/7 下
【汇编】中三 3583；中六 5407、5408、5460、5532、5567、5577

萌井 横山
【长编标】318/7683
【长编影】318/3 下

萌邪门三岔新城 改为环州通远县宁羌寨
【宋会要】方域 18 之 6/7612
【汇编】下 7013

菜园 秦州
【宋会要】方域 8 之 22/7451、20 之 7/7654

菜园岰 秦州成纪县
【宋史】87/地理志 3/2155

菜园堡 秦凤，宋神宗熙宁三年废
【宋史】87/地理志 3/2155
【宋会要】兵 28 之 4/7271
【元丰九域志】3/122
【汇编】中一 930；中六 5835

萧关县废城 熙河
【宋会要】方域 8 之 25/7453

萧关故城 熙河
【宋会要】方域 8 之 26/7453

萧镇 原州
【宋会要】食货 15 之 19/5072、22 之 3/5157
【元丰九域志】3/132
【甘肃新通志】9/舆地志·关梁·泾州直隶州·镇原县/31 下
【汇编】中一 1196；补遗 7476

黄石池 秦凤
【长编标】139/3340
【长编影】139/3 下

黄石河镇 渭州华亭县
【元丰九域志】3/131
【汇编】中四 3838

黄石渠 渭州
【宋会要】食货 15 之 19/5072

黄保镇 耀州
【宋会要】食货 15 之 16/5069、19 之 7/5126

黄帷寨 延州
【长编标】126/2969
【长编影】126/4 上
【涑水记闻】12/10 下
【汇编】中二 1881、1905

曹公庄 宁州
【宋会要】食货 42 之 12/5567
【汇编】中一 1658

曹司堡 秦州
【元丰九域志】3/122
【汇编】中一 929

硖口堡 秦州
【宋史】350/张守约传/11072
【甘肃新通志】9/舆地志·关梁·秦州直隶州/43 上
【汇编】中三 3499；补遗 7237

硖石堡 怀德军
【宋史】87/地理志 3/2160
【汇编】中六 5850

奢俄寨 又作沙阿寨
【长编标】193/4679；294/7169

雪山镇 凉州
【武经总要】前集 18 下/西蕃界界/9 下
【汇编】中一 1719

雪泥堡　庆州，宋仁宗庆历前置
【武经总要】前集 18 上/8 下
【汇编】中一 941

捺龙川　又作纳克隆川，泾原
【长编标】131/3100
【武经总要】前集 18 上/21 下
【甘肃新通志】6/舆地志·山川上·平凉府·静
　宁州/19 下
【隆德县志】4/考证/64 上
【汇编】中一 1678；补遗 7269、7271、7272

捺吴川　秦凤
【范太史集】40/检校司空左武卫上将军郭公墓
　志铭/7 上
【汇编】中三 3427

採林　距庆州四十里
【皇宋十朝纲要】9/4 下
【汇编】中三 3591

接应堡　湟州，改为大同堡
【宋会要】方域 20 之 16/7658

接应堡　会州，宋徽宗政和六年赐名静胜堡
【宋史】87/地理志 3/2160
【宋会要】方域 20 之 11/7656
【汇编】中六 5838

探长堡　秦州天水县
【宋史】87/地理志 3/2155
【元丰九域志】3/122
【汇编】中一 930；中六 5835

探长寨　秦州成纪县
【宋史】87/地理志 3/2154
【宋会要】方域 8 之 22/7451
【汇编】中三 3552

砦浪骨堆　晋宁军
【宋史】86/地理志 2/2138
【汇编】中六 5858

常宁寨　邠州永寿县
【宋会要】食货 42 之 12/5567；方域 18 之 15/
　7617
【元丰九域志】3/112
【汇编】中一 1658；中四 4062

常理堡　原州靖安堡领
【宋史】87/地理志 3/2158
【宋会要】方域 20 之 11/7656

【元丰九域志】3/132
【汇编】中三 3075；中六 5837

啰兀　鄜延
【奏议标】137/富弼·上神宗答诏问北边事宜/
　1544
【奏议影】137/富弼·上神宗答诏问北边事宜/
　4748

啰兀城　又作娄城，绥德军，宋神宗熙宁四年
置
【宋史】15/神宗纪 2/278；87/地理志 3/2147、
　2149；253/折德扆传/8881；303/范育传/
　10050；311/吕公弼传/10214；315/韩绛传/
　10303；327/王安礼传/10553；330/张景宪传
　/10620；332/赵卨传/10684；334/高永能传/
　10725；335/种谔传/10746；349/燕达传/
　11056；350/李浩传/11078；452/景思立传/
　13287；464/李平传/13571、李端愿传/
　13571；486/夏国传下/14008、14009
【长编标】216/5254；218/5306；219/5320、5323、
　5324、5330、5357；220/5337、5338、5352、
　5353、5356、5361；221/5367、5369、5373、
　5379、5385、5386、5387、5390、5391；223/
　5417；225/5477；226/5513；228/5553；233/
　5663；258/6299；381/9243；445/10716
【长编影】258/10 下；381/30 上；397/4 上
【东都事略】58/韩绛传/3 下；127、128/西夏
　传/附录 5、6
【宋会要】职官 1 之 18/2338、65 之 35/3864、
　65 之 37/3865；兵 28 之 9/7274；方域 8 之
　27/7454、20 之 13/7657
【宋朝事实类苑】78/1021
【皇宋十朝纲要】9/5 上
【东坡全集】16/故龙图阁学士滕公墓志铭/9 下
【画墁集】补遗/游公（师雄）墓志铭/2 上
【范太史集】40/检校司空左武卫上将军郭公墓
　志铭/12 下
【金石萃编】147/折克行神道碑/1 上
【闻见近录】/6 下
【栾城集】41/三论熙河边事札子/17 下
【名臣碑传琬琰集】上集 10/韩献肃公绛忠弼之
　碑/159、160
【潞公文集】26/奏议/1 上
【延安府志】7/绥德州·米脂县·古迹/28 下

【陕西通志】11/山川 4·榆林县/49 下

【汇编】上 74、75、107、173、174、196；中三 3449、3553、3599、3632、3646、3647、3651、3654、3656、3657、3663、3666、3676、3682、3684、3687、3688、3699、3735；中四 3973；中五 4751、4815、4962、5025；中六 5828、5831；补遗 7357、7410

啰兀城堡 又作娄城堡，鄜延

【长编标】222/5399、5413；228/5553；240/5825

啰瓦城 府州

【宋会要】兵 28 之 9/7274

啰尔干 秦凤

【长编影】144/10 下

啰叱抹通城 湟州

【宋史】87/地理志 3/2166、2167

【汇编】中六 5840、5937、5938

啰严城 旧罗严城，宋神宗元丰四年置，寻废，宋徽宗崇宁三年修复赐名

【陕西通志】17/关梁 2·绥德州·米脂县/47 上

【汇编】补遗 7410

啰没宁堡 西安州

【宋史】87/地理志 3/2161

【汇编】中六 5517

啰迷谷口 秦凤

【宋史】87/地理志 3/2160

【汇编】中六 5838

崆峒 泾原

【长编标】138/3310

【长编影】138/2 上

略阳 秦凤

【长编标】144/3486

【长编影】144/10 上

蛇尾 麟州

【宋会要】兵 27 之 41/7267

【汇编】中三 3268

蛇尾掊 又作沙咸牌，麟府

【长编标】193/4679

野鸡塞 环州，宋神宗元丰五年破之

【姑溪居士后集】20/折渭州墓志铭/1 上

【汇编】上 206

野狸 麟州

【宋会要】兵 27 之 41/7267

野狸坞 麟州

【长编标】185/4469

【长编影】185/2 下

【宋会要】兵 27 之 41/7267

【汇编】中三 3224、3266

野家店 延州

【宋史】323/周美传/10457

【长编标】135/3238

【长编影】135/23 上

【汇编】上 232

野韮川 泾原

【宋会要】方域 18 之 6/7612

野坞 麟州

【宋会要】兵 27 之 41/7267

【汇编】中三 3268

野鹊 又作伊济、俄枝

【长编标】220/5361

鄂摩克谷堡 又作五年谷堡，熙河

【长编影】173/2 下；271/8 上

【汇编】中四 4003

崖石 熙河

【宋会要】方域 12 之 15/7527

崇奇城 秦州

【武经总要】前集 8 上/28 下

【汇编】中一 932

银川 河州

【长编标】252/6179

【长编影】252/27 下

【宋会要】蕃夷 6 之 10/7823

【汇编】中四 3949

银川 鄜延

【长编标】188/4529

【长编影】188/4 下

【宋会要】礼 20 之 139/834

【北山集】34/武功大夫昭州团练使骁骑尉徐公（量）行状/12 上

【初寮集】6/定功继伐碑/1 上

【甘肃新通志】6/舆地志·山川上·兰州府·河州/14 上

【延安府志】7/绥德州·关梁/6 上

【汇编】中六 5785；补遗 7337、7379、7408、

7438

银川城　宋徽宗崇宁五年废银州为银川城
【宋史】20/徽宗纪2/376；87/地理志3/2150
【宋会要】礼20之139/834；方域8之32/7456
【玉海】174/41下
【汇编】中六5831、5814；补遗7375

银川砦　宋神宗元丰五年永乐城赐名
【宋史】87/地理志3/2147、2150；486/夏国传
　下/14011
【长编标】329/7926、7927、7931
【长编影】329/12下、15上
【东都事略】86/沈括传/4上
【宋会要】兵8之29/6901
【陕西通志】17/关梁2·绥德州·米脂县/46下
【汇编】上77；中四4420；中六5828、5831；
　补遗7416

银川寨　宋神宗元丰五年永乐城赐名
【长编标】157/3811
【长编影】157/14上；329/12下、15上
【宋会要】兵8之28/6901；方域18之30/7624、
　19之9/7630
【皇宋十朝纲要】10下/3上
【汇编】中三3070；中四4409、4410、4411、
　4412、4416、4425

银成寨　麟州
【宋会要】方域21之8/7665
【汇编】上40

银冶　陕州
【宋会要】食货15之15/5070、19之7/5126

银冶务　陇州
【宋会要】食货19之8/5127

银瓮　麟府
【范文正公集】褒览集/张唐英撰文正公传/14
　上
【汇编】中三2937

银城　麟州
【宋会要】兵27之43/7268；方域21之6/7664
【长编标】514/12226、12227
【长编影】514/13上、16下
【汇编】上37、38；中六5586、5589

银城砦　麟州，宋仁宗庆历五年置
【武经总要】前集17/17上、18下、19下

【汇编】中一1039；中三3077、3078

银城寨　麟州，宋仁宗庆历五年置
【长编标】133/3164；185/4469、4471、4477；
　290/7086；510/12149
【长编影】133/4上；185/2下；290/1下；510/
　16下
【玉海】174/37上
【宋会要】食货22之5/5158；兵27之41/7267；
　方域18之25/7622、21之8/7665
【元丰九域志】4/166
【范文正公集】西夏堡寨/2上
【汇编】中一1040；中二2642；中三3224、
　3266；中四4074；中六5547；补遗7247

移公城　又作叶公城，河湟
【长编标】82/1877

甜井子　泾原
【宋史】87/地理志3/2157
【汇编】中六5836

甜井觜　定边军
【宋史】87/地理志3/2154
【汇编】中六5494

甜井寨　泾原，宋徽宗崇宁五年赐名甘泉堡
【皇宋十朝纲要】16/16下
【汇编】中六5822

甜水堡　范仲淹筑
【甘肃新通志】9舆地志·关梁·庆阳府·环县
　/59下
【汇编】补遗7286

笼干　渭州
【名臣碑传琬琰集】中集43/曹武穆公玮行状/
　1034
【汇编】中一1673

笼竿城　宋仁宗庆历三年置，德顺军
【宋史】8/真宗纪3/157；258/曹玮传/8985；
　292/王尧臣传/9773；323/赵珣传/10463；
　325/刘兼济传/10504、任福传/10507
【长编标】83/1906；84/1917；86/1974；87/1996；
　88/2013；89/2058；103/2390；132/3123；
　137/3302；139/3339、3342
【长编影】83/18上；84/6下；86/9上；87/8
　上；88/3上；89/20上；103/15上；132/2
　上；137/21下；139/2下、6上

【玉海】174/38 下

【宋会要】食货 15 之 19/5072；兵 27 之 29/
7261、4 之 1/6820；方域 5 之 42/7404、8 之
23/7452、8 之 32/7456

【武经总要】前集 18 上/23 下、25 上

【元丰九域志】3/137

【元宪集】34/宋故推诚翊戴功臣彰武军节度延
州管内观察处置等使曹公墓志铭/352

【公是集】51/宋故推忠佐理功臣赠尚书左仆射
王公（尧臣）行状/611

【安阳集】家传 2/4 上、3/4 下

【欧阳文忠公全集】32/王公墓志铭 2 下

【涑水记闻】4/14 下；12/11 下

【隆平集】19/李纬传 14 下

【景文集】96/送承制刘兼济知原州诗序/968

【名臣碑传琬琰集】中集 48/韩忠献公琦行状/
1096

【汇编】中一 1529、1534、1549、1551、1558、
1567、1581、1641、1666、1672；中二 1893、
2197、2202、2263、2555、2557、2579、
2580、2613、2651、2652、2665、2666、
2833、2835；下 7007；补遗 7255

笼竿城　渭州

【宋会要】食货 19 之 9/5127；方域 5 之 43/
7404、8 之 23/7524

第十七堡　泾原

【宋史】87/地理志 3/2155、2159

【汇编】中六 5835、5838

第五将城　河州

【金史】14/宣宗珣纪上/313；134/西夏传上/
2872

【汇编】上 132

笤江寨　泾原德顺军，宋哲宗绍圣四年六月二
十四日赐名镇羌寨

【长编标】489/11603、11607

【长编影】489/8 下、10 上

【汇编】中六 5314、5315

偏头砦　火山军，宋仁宗嘉祐六年废

【宋史】86/地理志 2/2137

【宋会要】方域 18 之 15/7617

【汇编】中三 3283；中六 5827

兜答　河东

【三朝北盟会编】25/5 上

【大金国志】3/太宗纪 3/7 下

【汇编】中六 5993

得胜　渭州六盘山外

【宋会要】兵 4 之 18/6829、27 之 30/7261；方
域 8 之 22/7451

得胜砦　德顺军，天圣六年置

【宋史】87/地理志 3/2158、2161

【长编影】507/1 下

【宋会要】兵 4 之 17/6828；方域 19 之 14/7632

【武经总要】前集 18 上/24 下

【元丰九域志】3/137

【甘肃新通志】9/舆地志·关梁·平凉府·静宁
州/22 下

【隆德县志】4/考证/64 上

【汇编】中一 1666；中六 5271、5491、5518、
5756、5837；补遗 7270、7271、7272

得胜堡　德顺军

【宋会要】礼 25 之 9/959

【汇编】下 7020

得胜寨　渭州

【宋会要】食货 15 之 19/5072、22 之 4/5157；
方域 18 之 5/7612、19 之 14/7632

得胜寨　泾原

【长编标】139/3339；459/10982；462/11042、
11044；507/12073

【长编影】139/2 下；459/8 下；462/11 上

【汇编】中五 5065、5081、5082

得胜寨　秦州伏羌城领

【宋史】87/地理志 3/2154、2155

【宋会要】方域 8 之 22/7451

【元丰九域志】3/122

【汇编】中一 930；中三 3552；中六 5835

得铁砦　秦州清水县

【宋史】87/地理志 3/2155

【汇编】中六 5835

得铁堡　秦州弓门寨领

【宋史】87/地理志 3/2155

【元丰九域志】3/124

【汇编】中一 964

盘曲　环州

【宋会要】食货 19 之 8/5127

盘陀　河东

【宋史】349/姚古传/11061

【三朝北盟会编】46/4 上；60/4 下

【汇编】中六 6016、6017、6048

盘泊　会州

【长编标】474/11314

【长编影】474/12 下

【汇编】中五 5165

盘堆　麟州之境西至盘堆

【长编标】185/4469

【长编影】185/2 下

盘觜砦　秦州

【甘肃新通志】9/舆地志·关梁·秦州直隶州·清水县/45 上

【汇编】补遗 7239

斜谷　凤翔府

【宋会要】食货 19 之 8/5127

龛谷　西蕃

【武经总要】前集 18 上/24 下

【汇编】中一 1666

龛谷砦　兰州，宋神宗元丰四年置，宋哲宗元祐七年废，绍圣四年修复为堡

【宋史】85/地理志 1 序/2096；87/地理志 3/2165；452/刘惟辅传/13298；486/夏国传下/14016

【金史】134/西夏传/2865

【甘肃新通志】13/舆地志·古迹·兰州府·金县/3 下

【汇编】上 82、135；中六 5840、5913；补遗 7380

龛谷堡　又作康古、康谷，兰州，宋神宗元丰四年置，宋哲宗元祐七年废，绍圣四年修复为堡

【宋史】87/地理志 3/2165

【长编标】319/7707；321/7748

【长编影】319/6 下

【宋会要】兵 14 之 17/7001；方域 20 之 14/7657；蕃夷 6 之 2/7819

【汇编】中四 4239；中六 5783

龛谷寨　又作康古、康谷，兰州，宋神宗元丰四年置，宋哲宗元祐七年废，绍圣四年修复为堡

【宋史】323/赵珣传/10463；342/王岩叟传/

10895；492/董毡传/14063、吐蕃传/14156、14159、唃厮啰传/14161

【长编标】85/1958；88/2012；119/2814；132/3123；149/3607；188/4529；321/7755；323/7790；330/7950；341/8204；349/8375；404/9854；421/10194；444/10683、10684、10688；452/10845；460/10998；470/11230；483/11484、11485

【长编影】119/17 上、17 下；188/4 下；321/17 上；330/4 下；341/9 下；421/2 上

【东都事略】129/附录 7·西蕃/3 上

【宋会要】食货 2 之 6/4828、63 之 79/6026；方域 18 之 24/7621、19 之 11/7631、20 之 14/7657、21 之 20/7671

【武经总要】前集 18 上/28 下

【奏议标】138/吕陶·上哲宗请以兰州二寨封其酋长/1559、1560；139/范育·上哲宗论御戎之要/1574

【奏议影】138/吕陶·上哲宗请以兰州二寨封其酋长/4790、4794；139/范育·上哲宗论御戎之要/4837

【元丰九域志】3/135 上

【栾城集】39/论西事状/15 上

【涑水记闻】11/8 上

【汇编】中一 932、1391、1392、1406、1544、1560；中二 2263；中三 2898、3250、3388；中四 4290、4294、4434、4536；中五 4697、4865、4955、5083、5253

猫牛城　河湟

【宋史】485/夏国传上/13994

【长编标】162/3901

【长编影】162/1 上

【汇编】上 61

祭旗坡　吐蕃

【甘肃新通志】6/舆地志·山川下·平凉府·隆德县/20 上

【隆德县志】1/古迹/24 下；3/表传/2 下

【汇编】补遗 7250、7252、7270

祭厮坚谷口　泾原

【宋史】87/地理志 3/2161

【汇编】中六 5517

商馆铺　延州

【范文正公集】西夏堡寨/5 上

【汇编】中二 2644

章山堡 德顺军水洛城附近
【长编标】149/3605
【长编影】149/8 上
【涑水记闻】11/8 上
【汇编】中三 2897

章川堡 泾原，至秦州床穰寨百八十里
【宋会要】兵 27 之 33/7263
【长编标】144/3486；145/3513
【长编影】144/10 上；145/17 上

章川堡 泾原，宋仁宗庆历三年筑
【宋史】87/地理志 3/2158；324/刘沪传/10494
【武经总要】前集 18 上/25 上
【安阳集】47/故崇信军节度副使检校尚书工部
　　员外郎尹公墓表/2 上；家传 4/6 上
【涑水记闻】11/5 下
【汇编】中二 2786、2813、2816、2835、2836；
　　中三 2905；中六 5837

章龙峡石 岷州
【长编标】488/11589
【长编影】488/11 下
【汇编】中六 5307

章爱哩乌 又作掌野狸坞，麟州
【长编影】193/17 上
【汇编】中三 3272

章堡 晋宁军宁河砦北
【宋史】86/地理志 2/2138
【汇编】中六 5858

望狼堆 府州
【宋会要】兵 27 之 41/7267、27 之 44/7268
【汇编】中三 3268

望梅原 清远军附近
【长编标】49/1072
【长编影】49/8 下
【汇编】中一 1240

麻乜娘 麟州，宋哲宗元符二年进筑，赐名大
　　和堡
【宋史】86/地理志 2/2135
【汇编】中六 5826

麻川寨 熙河路岷州
【宋会要】方域 18 之 27/7623

麻也娘 麟州，宋哲宗元符二年进筑，赐名大
　　和堡
【陕西通志】17/关梁 2・葭州・神木县/54 下
【汇编】补遗 7397

麻长台 西安州，张叔夜筑
【甘肃新通志】13/舆地志・古迹・固原直隶州
　　・海城县/13 上
【汇编】补遗 7394

麻务镇 泾原
【系年要录】15/311
【汇编】下 6133

麻谷 河东
【宋会要】兵 27 之 10/7251

麻谷寨 鄜延延水县，宋太宗太平兴国六年置
【宋会要】方域 18 之 24/7621
【汇编】中一 992

麻亭寨 邠州
【宋会要】食货 42 之 12/5567；方域 18 之 26/
　　7622
【元丰九域志】3/112
【汇编】中一 1658；中四 4062

麻家堡 渭州
【宋会要】食货 15 之 19/5072、19 之 9/5127

麻窟 至查路处十里，河东
【宋会要】兵 27 之 6/7249

庸咙城 熙河
【长编标】513/12202
【长编影】513/9 上
【汇编】中六 5570

康古 又作康谷、龛谷，兰州
【长编标】74/1684
【长编影】56/2 下；74/4 上
【汇编】中一 1375、1495

康古堡 又作康谷、龛谷、康固，兰州
【长编影】321/11 下
【汇编】中四 4279

康古寨 又作康谷、龛谷、康固，兰州
【长编标】402/9777
【长编影】85/21 下；88/2 上；132/2 上；323/
　　13 下；348/1 上；349/8 下；402/1 下；444/
　　4 上；452/3 上；460/1 上；470/12 下
【文庄集】14/陈边事十策/1 上
【栾城集】41/乞罢熙河修质孤、胜如堡等寨札

子/2 下

【汇编】中一 1561；中二 1800；中四 4319；中
五 4593、4604、4830、5005、5006、5013、
5047、5070、5139

康乐城　熙州，宋神宗熙宁六年置

【长编标】239/5816；243/5915、5924、5925；
244/5945；245/5950、5957；246/5985

【长编影】239/10 下；243/1 下、12 上；244/13
下；245/1 上、1 下、7 下

【汇编】中四 3811、3855、3856、3866、3868、
3870

康乐寨　熙州，宋神宗熙宁六年五月改康乐城
为寨

【宋史】87/地理志 3/2162

【长编标】244/5946；245/5950

【长编影】244/13 下；245/1 上；246/8 下

【元丰九域志】3/125

【汇编】中四 3837、3852、3867、3868、3878；
中六 5839

康固寨　又作康古、龛谷，兰州

【长编标】412/10031

【长编影】412/12 下

【汇编】中五 4935

康谷　又作康古、龛谷

【长编标】56/1226

【长编影】149/9 下

【奏议标】138/吕陶·上哲宗请以兰州二寨封其
酋长/1559、1560

【奏议影】138/吕陶·上哲宗请以兰州二寨封其
酋长/4790、4794

阎精堡　河州

【宋史】87/地理志 3/2163

【长编标】271/6653

【长编影】271/18 下

【汇编】中六 5807

减井子　渭州

【姑溪居士后集】20/折渭州墓志铭/1 上

【汇编】上 210

减泊口　渭州

【汉滨集】15/故客省使雄州防御使泾原路兵马
钤辖兼第十一将郭公（成）行状/17 上、17
下

【姑溪居士后集】20/折渭州墓志铭/1 上

【汇编】上 210；补遗 7378、7383

减隈寨　泾原路德顺军，改为定戎寨

【长编影】514/7 下

【宋会要】方域 18 之 7/7613

【汇编】中六 5577

减猥　又作碱隈，泾原

【长编标】502/11964；505/12032；509/12128

【长编影】505/6 下

【宋会要】方域 19 之 17/7634

减猥川　又作碱隈川，泾原。周围约及十里，
产红、白盐

【长编标】513/12202

减猥城　又作碱隈寨，赐名定戎寨，泾原筑

【长编标】512/12187

【长编影】512/10 下

【汇编】中六 5562

清化砦　延州

【宋史】253/李继周传/8870

【武经总要】前集 18 上/5 上

【华阳集】35/狄武襄公青神道碑/454

【汇编】上 221；中一 991；中二 1860

清水谷掌　麟州

【长编标】185/4469

【长编影】185/2 下

【宋会要】兵 27 之 41/7267

【汇编】中三 3224、3266

清水河城　会州，宋徽宗政和六年赐名静胜堡

【玉海】174/41 下

【宋会要】方域 8 之 22/7451、8 之 24/7524

【皇宋十朝纲要】17/16 上

【甘肃新通志】13/舆地志·古迹·兰州府·靖
远县/6 下

【汇编】中六 5898；补遗 7375、7425

清水河新城　会州，宋徽宗政和六年赐名静胜
堡

【宋史】87/地理志 3/2160

【宋会要】方域 8 之 4/7452

【汇编】中六 5838、5898

清水城　即会州清水河城

【宋会要】方域 8 之 24/7524

清水堡　鄜延

【长编标】135/3238

【长编影】135/22 下

清水镇　秦州清水县

【宋会要】食货 15 之 18/5071

【元丰九域志】3/122

【汇编】中一 930

清平　凤翔府

【宋会要】食货 15 之 17/5071、19 之 8/5127

清平关　环州，宋哲宗元符三年筑

【甘肃新通志】9/舆地志・关梁・庆阳府・环县/59 上

【汇编】补遗 7401

清平关　环州，宋哲宗绍圣中筑

【龟山集】33/钱忠定公（即，字中道）墓志铭/11 下

【汇编】补遗 7413

清平关　环州，地名之字平，宋哲宗元符二年进筑赐名

【宋史】18/哲宗纪 2/352；87/地理志 3/2152

【长编标】513/12199

【长编影】513/6 上、11 上

【汇编】中六 5557、5565、5574、5833

清平砦　西宁州

【宋史】87/地理志 3/2166、2168、2169

【汇编】中六 5854、5855、5859

清平砦　宋徽宗崇宁二年赐名，西宁州

【甘肃新通志】9/舆地志・关梁・西宁府・西宁县/72 上

【汇编】补遗 7407

清平堡　横山寨东北

【横山县志】1/地理志・古迹/13 下、14 下

【汇编】补遗 7259、7352

清平寨　宋徽宗崇宁三年溪兰宗赐名清平寨，西宁州

【宋会要】兵 4 之 25/6832

【长编纪事本末】140/4 下

【皇宋十朝纲要】16/12 下

【汇编】中六 5767、5796

清平镇　凤翔府，大观元年升为军，隶永兴

【宋史】87/地理志 3/2150

【宋会要】食货 15 之 17/5071

【甘肃新通志】42/兵防志・塞防・庆阳府/6 上

【汇编】补遗 7287

清边砦　环州

【武经总要】前集 18 上/12 下

【汇编】中一 1094

清边砦　绥德军

【宋史】87/地理志 3/2148、2149

【汇编】中六 5830、5831

清边寨　绥德

【陕西通志】17/关梁 2・绥德州・米脂县/46 下

【汇编】补遗 7354

清远城　清远军，宋真宗咸平中置

【奏议标】130/张齐贤・上真宗论陕西事宜/1438、杨亿・上真宗论弃灵州为便/1440

【奏议影】130/张齐贤・上真宗论陕西事宜/4423、杨亿・上真宗论弃灵州为便/4427

【甘肃新通志】13/舆地志・古迹・宁夏府・灵州/36 下

【汇编】补遗 7243

清远寨　灵州

【宋史】280/杨琼传/9501

【长编标】49/1072

【长编影】49/8 下

【龟山集】33/钱忠定公（即，字中道）墓志铭/13 上

【汇编】中一 1240、1241；补遗 7415

清远镇　灵州

【甘肃新通志】13/舆地志・古迹・宁夏府・灵州/36 下

【汇编】补遗 7243

清岩砦堡　府州

【武经总要】前集 17/15 上

【汇编】中一 925

清泉镇　邠州

【宋会要】方域 12 之 15/7527

清涧城　又作青涧城，绥德军，宋仁宗康定元年置

【宋史】87/地理志 3/2146、2148；187/兵志 1/4600；323/马怀德传/10466；335/种世衡传/10743

【长编影】128/16 下；134/1 下；138/20 上

【系年要录】124/2030

【元丰九域志】3/109

【东轩笔录】8/4 下

【乐全集】21/论种世衡管勾营田不宜差知环州/9 上

【补梦溪笔谈】下/2/权智/950

【欧阳文忠公全集】20/资政殿学士户部侍郎文正范公神道碑铭/12 下

【范文正公集】13/东染院使种君墓志铭/5 下、14 上、14 下；年谱补遗/3 下、7 上；西夏堡寨/3 上、5 上；诸贤赞颂论疏/12 下；褒贤集·富弼撰墓志铭/8 上

【涑水记闻】9/9 下、10 上、11 下、13 上

【豫章文集】7/遵尧录6/15 上

【中卫县志】10/铭诗/23 上

【延安府志】7/绥德州/15 上、清涧县·山川/16 下

【陕西通志】13/山川 6·绥德州·清涧县/56 上；14/城池/28 上；17/关梁 2·绥德州·清涧县/49 上

【汇编】中二 1946、2082、2083、2084、2085、2086、2088、2089、2113、2145、2148、2060、2089、2364、2417、2449、2450、2451、2453、2454、2624、2627、2628、2630、2631、2634、2642、2644；中六 5828、5830；下 6492、7027；补遗 7257、7267、7282、7294、7302

清涧砦　宋仁宗庆历中筑

【陕西通志】17/关梁 2·绥德州·清涧县/47 下

【汇编】补遗 7257

清涧渡　河中府

【宋会要】食货15 之15/5070

清塞堡　府州，宋仁宗庆历二年置

【宋史】292/明镐传/9769；324/张亢传 10489

【长编标】133/3172；136/3246、3247、3248；189/4551

【长编影】133/11 上 136/1 下、2 上、2 下；189/5 上

【宋会要】兵27 之40/7266；方域18 之3/7526、7611；20 之16/7658

【中国考古学会第一次年会论文集】折继闵神道碑/455

【欧阳文忠公全集】115/河东奉使奏草/27 上、34 下；附录 2/吴充撰欧阳文忠公行状/15 下、3/14 上

【汇编】上 190；中二 2484、2487；中三 2874、2911、2969、3252；下 7012

混胪谷　青唐

【宋会要】蕃夷6 之35/7836

淮安　庆州

【宋会要】职官48 之124/3517；食货15 之16/5069、19 之7/5126

淮安寨　环庆

【范文正公集】言行拾遗事录3/5 上

【汇编】中二 1925

淮安镇　庆州，宋真宗咸平五年前置

【宋史】61/水上/1325；191/兵志 5/4755；452/高敏传/13286；486/夏国传下/14007

【长编标】52/1132、1148；54/1186；66/1486；96/2220；214/5220；225/5494；226/5504；258/6304；296/7206；326/7848

【长编影】52/3 上、16 下；54/11 上；66/15 上；96/15 上；214/24 下；225/23 上；226/4 下；258/15 上；296/11 上；326/9 下

【宋会要】礼62 之31/1710；职官48 之124/3517；食货22 之2/5156；兵5 之8/6843、8 之28/6901；方域12 之18/7528

【武经总要】前集18 上/9 下、10 下、12 上

【元丰九域志】3/115

【范文正公集】言行拾遗事录3/5 下

【汇编】上 74；中一 940、941、942、1148、1314、1325、1326、1355、1360、1370、1466、1526、1577、1603；中二 2097；中三 3398、3712、3719；中四 3973、4088、4351

淳化　泾原

【宋史】369/曲端传/11490

【汇编】下 6143

深柏坞　麟府

【长编标】133/3180

【长编影】133/18 上

深柏堰　府州百胜砦所在地

【武经总要】前集17/15 上

【汇编】中一 925

深柏堰　麟州

【宋史】323/赵振传/10462；326/张岊传/10524

【汇编】中二 2331

粗儿原　会川城界

【宋史】87/地理志 3/2159

【汇编】中六 5838

断道坞　麟府

【宋史】12/仁宗纪 4/241

【长编标】185/4476、4478；186/4486

【长编影】185/9 下；186/4 下

【稽古录】20/93 上

【汇编】中三 3227、3243

密多台　宋徽宗政和七年赐名威川砦

【宋史】87/地理志 3/2159

【宋会要】方域 18 之 4/7526、19 之 20/7635、19 之 21/7636、20 之 19/7660

【皇宋十朝纲要】17/18 下

【汇编】中六 5838、5908

密鄂充　渭州

【长编标】487/11566

【长编影】487/2 下

【汇编】中六 5299

密章堡　又作密藏堡，河州

【长编标】513/12204

【宋会要】兵 28 之 44/7291

密藏堡　又作密章堡，河州

【长编影】513/11 上

【汇编】中六 5573

盖龙岿　熙河

【宋史】87/地理志 3/2169

盖龙嵬　熙河

【宋史】87/地理志 3/2169

【汇编】中六 5855

盖朱城　又作该珠城，宋徽宗崇宁元年四月兰州兵深入取

【皇宋十朝纲要】18/4 下

【汇编】中六 5927

盖村　邠州

【宋会要】食货 42 之 12/5567

【汇编】中一 1658

梁店　邠州

【宋会要】食货 42 之 12/5567

【汇编】中一 1658

谋朱城　河州，宋哲宗元符二年收复，寻弃之。宋徽宗崇宁二年再收复

【甘肃新通志】13/舆地志·古迹·兰州府·河

州/8 下

【汇编】补遗 7394

隆云　庆州

【长编标】474/11310

【长编影】474/8 上

【汇编】中五 5161

隆珠　又作陇朱，熙州

【长编影】514/8 下

【汇编】中六 5579

隆诺堡　秦州

【长编标】467/10996、11155、11164；470/11229；473/11286

【长编影】467/9 下、17 下；470/11 下、12 上；473/7 上

【汇编】中五 5113、5114

隆诺特堡　秦州

【长编标】402/9792；446/10729；452/10845、10846、10849；462/11042、11044

【长编影】402/14 上；446/1 上；452/3 上、6 上；460/1 上；462/11 上

【栾城后集】13/颍滨遗老传下/7 上

【汇编】中五 4836、5035、5046、5048、5051、5068、5071、5077、5081、5082

隆德城　隆德砦俗名，德顺军，宋仁宗天禧元年置，庆历三年改羊牧隆城为寨

【甘肃新通志】14/建置志·城池/10 下

【汇编】补遗 7376

隆德砦　德顺军，宋仁宗天禧元年置，庆历三年改羊牧隆城为寨

【宋史】87/地理志 3/2158、2159；191/蕃兵/4754

【长编标】225/5494；299/7278；318/7692；330/7956；332/8005；335/8082；345/8275；462/11042、11044；490/11642；499/11894；507/12073

【长编影】225/23 上；299/13 下；318/11 上；330/10 上；332/9 下；335/18 上；345/4 下；462/11 上；490/19 下、20 下；499/21 上；507/2 上

【宋会要】礼 25 之 9/959；职官 66 之 21/3878；食货 15 之 19/5072、22 之 4/5157；兵 4 之 9/6824、4 之 18/6829、28 之 10/7274、28 之 28/7283；方域 18 之 4/7526

【武经总要】前集 18 上/24 上、24 下

【元丰九域志】3/137

【范文正公集】年谱补遗/24 下

【甘肃新通志】13/舆地志·古迹·平凉府·隆
德县/11 上；14/建置志·城池/10 下

【隆德县志】1/建置/31 上、古迹/24 下、沿革
表/11 上；4/考证/64 上

【汇编】中一 1666；中二 2834、2835；中三
3070、3397、3712；中四 4102、4219、4438、
4463、4490；中五 4571、5081、5082；中六
5322、5411、5837、5838；下 7020；补遗
7251、7252、7272、7291、7376

绫子窠　环州

【宋会要】兵 27 之 45/7269

【汇编】中三 3284

绰罗川　岷州

【长编标】247/6022

【长编影】247/14 上

【汇编】中四 3894

十二画

郾车　威胜军附近

【梁溪集】54/奏知令折彦质控扼守备札子/6 上

【汇编】补遗 7457

博罗觜　又作白洛觜，延州，宋哲宗元符元年
二月置，赐名威羌寨

【长编影】494/4 上、14 下；498/7 下、15 下；
509/11 下

【汇编】中六 5355、5359、5393、5398、5534

博罗觜新寨　又作白洛觜新寨，鄜延，改为威
羌寨

【长编影】498/7 上

博望堡　秦州冶坊砦领

【元丰九域志】3/124

【甘肃新通志】9/舆地志·关梁·秦州直隶州·
清水县/45 下

【汇编】中一 985；补遗 7334

博锡　通远军

【长编标】470/11229

【长编影】470/11 上

【汇编】中五 5138

堪坡　秦凤

【长编标】132/3151

【长编影】132/26 下

【汇编】中二 2313

塔子岔　又作塔子觜，泾原

【长编影】487/4 下

【汇编】中六 5299

塔子觜　又作塔子岔，泾原石门峡东，宋哲宗
元符元年三月癸酉筑，赐名石门堡

【长编标】487/11566；496/11799

【长编影】496/4 上、15 下

【皇宋十朝纲要】14/4 上

【甘肃新通志】9/舆地志·关梁·固原直隶州·
海城县/28 上

【汇编】中六 5379、5381、5382；补遗 7386

塔南城　熙河

【长编标】272/6658

【长编影】272/3 上

鹁鸽泉　原州，改柳泉镇

【武经总要】前集 18 上/18 下

【汇编】中一 967

鹁鸽泉砦　环州，宋仁宗天禧前置

【宋史】291/王博文传/9744

【长编标】103/2385

【长编影】103/11 上

【汇编】中一 1644

鹁鸽原　原州，改柳泉镇

【甘肃新通志】9/舆地志·关梁·泾州直隶州·
镇原县/31 下

【汇编】补遗 7301

斯丹南　熙河

【长编标】513/12202

【长编影】513/9 上

【汇编】中六 5570

斯伯勒　熙河

【长编标】491/11654

【长编影】491/7 下

【汇编】中六 5325

斯伯勒川　熙河，预先置城寨

【长编标】495/11783

【长编影】495/17 上

【汇编】中六 5371

斯纳家　熙河洮岷
【长编标】279/6835
【长编影】279/15 上

斯鲁丁　又作厮归丁，熙河兰岷
【长编标】514/12232
【长编影】514/19 下；516/1 上
【汇编】中六 5592

斯噜丹　熙河
【长编标】516/12271
【长编影】516/7 上

韩公城　秦州，即州东、西关城，宋仁宗庆历
　　二年韩琦筑
【宋会要】方城 8 之 22/7451
【甘肃新通志】13/舆地志·古迹·秦州直隶州/
　　20 下；14/建置志·城池/21 下
【汇编】中五 4558；补遗 7287、7355

韩村　宁州
【宋会要】食货 42 之 12/5567
【汇编】中一 1658

朝那　泾原
【长编标】51/1121；135/3217
【长编影】51/13 下；135/3 下
【安阳集】家传 2/15 下
【范文正公集】西夏堡寨/6 上
【儒林公议】上/9 上
【甘肃新通志】13/舆地志·古迹·平凉府·静
　　宁州/10 下
【汇编】中一 1306；中二 1944、2424、2437、
　　2645；补遗 7290

彭阳城　镇戎军，宋太宗咸平六年筑
【宋史】87/地理志 3/2158；191/蕃兵/4754；
　　257/李继和传/8970；326/景泰传/10517
【元丰九域志】3/132
【长编标】50/1091；138/3310；139/3339；299/
　　7278；507/12073
【长编影】50/8 下；138/2 上；139/2 下；299/
　　13 下；507/1 下
【宋会要】食货 15 之 19/5072、19 之 9/5127、
　　22 之 3/5157；兵 4 之 9/6824、27 之 29/
　　7261、27 之 31/7262
【武经总要】前集 18 上/19 下、22 下
【河南先生文集】8/文一首/7 下；25/申四路招

讨司论本路御贼状并书/2 下
【甘肃新通志】13/舆地志·古迹·固原直隶州/
　　12 上
【汇编】中一 968、1038、1196、1217、1373；
　　中二 2563、2652、2653、2788、2790；中三
　　3397；中四 4102；中六 5491、5837；补遗
　　7245

彭城　镇戎军东
【宋会要】兵 27 之 30/7261

彭城砦　镇戎军
【宋史】62/五行志 1/1346
【汇编】中一 1583

彭城寨　镇戎军
【宋会要】兵 27 之 29/7261
【汇编】中二 2651

彭原　庆州
【宋会要】食货 42 之 12/5567
【汇编】中一 1658

葫芦泉　环庆定边寨和乾兴寨之间
【长编标】134/3202；135/3217
【长编影】134/13 下；135/3 下
【甘肃新通志】7/舆地志·山川下·庆阳府·环
　　县/17 上
【范文正公集】西夏堡寨/1 下、6 上；5/13 下
【汇编】中二 2398、2424、2641、2645；补遗
　　7288

葫芦寨　环庆
【长编标】138/3320
【长编影】138/11 上

募窟泉　环州
【宋史】279/周仁美传/9491
【汇编】中一 1064

葺平砦　渭州
【宋史】367/郭浩传/11440
【汇编】中六 5994

葛陵汤　宗哥城东
【长编纪事本末】140/2 下
【汇编】中六 5761

董志镇　庆州
【宋会要】食货 22 之 2/5156

董城镇　秦州成纪县
【元丰九域志】3/122

【甘肃新通志】9/舆地志·关梁·秦州直隶州/
43 上

【汇编】中一 929；补遗 7477

董哥平砦 秦州

　【宋史】87/地理志 3/2156

　【汇编】中六 5835

董家砦 火山军，宋太宗雍熙三年置

　【宋史】86/地理志 2/2137

　【宋会要】方域 18 之 3/7611

　【汇编】中一 1031；中六 5827

董家堡 秦州

　【宋会要】兵 22 之 6/7146、22 之 7/7147

　【汇编】中三 3507

董家寨 火山军

　【宋会要】方域 18 之 3/7526

落川 鄜州

　【宋会要】食货 4 之 7/4849

落门 吐蕃

　【甘肃新通志】6/舆地志·山川上·兰州府·渭
　　源县/10 上

　【汇编】补遗 7226

葭芦成 横山附近

　【宋史】18/哲宗纪 2/353；344/孙览传/10929

　【汇编】中六 5274

葭芦砦 宋神宗元丰五年收复，六月隶石州。
　　宋哲宗元祐四年以葭芦砦给赐西人。绍圣四
　　年收复。元符二年以葭芦砦为晋宁军

　【宋史】86/地理志 2/2137

　【陕西通志】17/关梁 2·葭州/50 上

　【汇编】中六 5858；补遗 7388

葭芦寨 宋神宗元丰五年收复，六月隶石州。
　　宋哲宗元祐四年以葭芦砦给赐西人。绍圣四
　　年收复。元符二年以葭芦砦为晋宁军

　【宋史】16/神宗纪 3/310；17/哲宗纪 1/319；
　　85/地理志 1 序/2095；86/地理志 2/2134；
　　176/屯田/4269、4270；253/折克行传/8866；
　　314/范纯粹传/10280；328/安焘传 10566、章
　　綮传/10589；331/沈括传/10656；332/赵禼
　　传/14 下、滕元发传/10676；344/马默传/
　　10949；452/陈淬传/13296；486/夏国传下/
　　14012、14014、14016

　【元史】149/石天应传/3526

【长编标】219/5330；325/7818、7820；326/
7854、7855、7858；327/7864、7867、7871、
7887；328/7898；334/8037；335/8071、
8080；342/8232；348/8356；349/8367；351/
8406；356/8526；359/8584；365/8749、
8751；372/9009；378/9181；379/9204；
9207；381/9275；382/9313、9314；393/
9558、9559、9560；397/9671、9672、9673；
411/10002；421/10194；429/10370；434/
10469、10470；455/10907；471/11250；485/
11518、11527；490/11623；494/11753；495/
11770；497/11819；498/11864；506/12062；
508/12107；514/12224、12227；515/12259

【长编影】219/9 上；325/6 下、16 上；326/6
上、10 下、13 上、14 上、15 下、16 下；
327/1 上、2 下、20 上；328/8 上；334/6 下；
335/9 上、16 下；342/12 上；348/13 上；
349/2 上、3 上；351/3 下；356/15 下；359/
5 上；372/5 上；378/8 上；379/7 下、10 上；
381/23 上；382/13 下；393/7 下；397/1 下、
3 上；411/6 下；421/2 上；429/12 上；434/
12 上；455/6 下；471/12 上；485/1 上、2
下、9 上；490/6 上；494/24 上；495/7 上；
497/2 下；498/20 上；506/12 上；508/11
上；514/13 上、16 下、17 下；515/22 上

【长编纪事本末】101/6 下、8 上

【东坡全集】16/故龙图阁学士滕公墓志铭/9 下

【东都事略】9/哲宗纪/2 下；59 下/范纯粹传/7
上

【宋大诏令集】236/赐夏国诏（元祐四年六月戊
申）/920

【宋会要】食货 4 之 5/4848、39 之 34/5505；
刑法 6 之 18/6702；兵 4 之 11/6825、4 之
14/6827、8 之 34/6904、28 之 33/7286；方
域 6 之 8/7409、18 之 18/7618、19 之 11/
7631、19 之 12/7631、19 之 13/7632、19 之
48/7649

【宋朝事实类苑】75/994

【皇宋十朝纲要】10 下/2 下；12/3 上；12/4
下；14/1 下、2 下

【奏议标】138/司马光·上哲宗乞还西夏六寨/
1553；139/范纯粹·上哲宗乞以弃地易被虏
之人/1562、1563；141/任伯雨·上徽宗论湟

鄁/1594

【奏议影】138/司马光·上哲宗乞还西夏六寨/
4776；139/范纯粹·上哲宗乞以弃地易被虏
之人/4803、4804；141/任伯雨·上徽宗论湟
鄁/4902

【元丰九域志】4/173

【司马文正公集】35/章奏33/1 上

【初寮集】6/定功继伐碑/1 上

【欧阳文忠公全集】20/资政殿学士户部侍郎文
正范公神道碑铭/12 下

【栾城集】36/乞诛窜吕惠卿状/18 上

【延安府志】8/葭州·城池/3 下

【吴堡县志】序/1 上

【陕西通志】13/山川 6·葭州/57 上；14/葭州
·城池/28 上

【榆林府志】5/建置志·沿革/4 上

【汇编】上 78、80；中一 1413；中二 2604、
2641；中三 3652；中四 4332、4333、4337、
4350、4352、4353、4354、4356、4357、
4358、4361、4365、4368、4381、4389、
4419、4430、4458、4459、4473、4487、
4489；中五 4555、4566、4567、4587、4599、
4602、4603、4619、4632、4636、4662、
4664、4703、4708、4730、4731、4732、
4742、4767、4768、4769、4771、4796、
4812、4814、4955、4960、4962、4963、
4974、4975、4991、5058、5149、5181、
5227、5229、5236、5252；中六 5272、5277、
5278、5279、5287、5319、5363、5368、
5386、5400、5490、5585、5589、5590、
5604、5693、5825、5913；下 6873、7008；
补遗 7264、7436、7486、7487、7491

森摩幹滩 兰州，又作心冈竿滩

【长编标】382/9303

【长编影】382/5 下

【汇编】中五 4753

粟邑镇 京兆府

【宋会要】食货 15 之 14/5069、19 之 6/5126

惠丁堡 环州

【宋史】87/地理志 3/2152、2153

【汇编】中六 5833

惠宁 麟州

【宋会要】兵 27 之 40/726；方域 18 之 3/7624、

20 之 16/7658

惠宁堡 麟州，宋仁宗庆历五年置

【宋史】86/地理志 2/2135

【长编标】189/4551

【长编影】189/5 上

【宋会要】方域 18 之 3/7611、20 之 11/7656

【元丰九域志】4/166

【净德集】21/枢密刘公（庠）墓志铭/233

【武经总要】前集 17/19 下

【延安府志】8/葭州·神木县·古迹/18 下

【汇编】中一 1039、1040；中四 3753；中六
5826；下 6976、7012

惠民堡 怀德军

【宋史】87/地理志 3/2160

【汇编】中六 5850

惠定堡 麟州

【宋会要】食货 22 之 5/5158

惠银寨 麟府

【苕溪集】48/宋故武功大夫魏国公杨公（宗
闵）墓碑/3 下

【汇编】补遗 7424

超没堆 丰州

【元丰九域志】4/175

【汇编】中三 3302

超然台 一作凤台，宋神宗熙宁中蒋之奇改名

【甘肃新通志】13/舆地志·古迹·兰州府·狄
道州/5 下

【汇编】补遗 7335

雄边 秦州庚穰寨领

【元丰九域志】3/124

【汇编】中一 964

雄勇镇 岚州，宋太宗太平兴国七年置火山军

【元丰九域志】4/17

【汇编】中一 999

硝坑堡 镇戎军，宋神宗熙宁元年置

【宋史】87/地理志 3/2158

【宋会要】方域 20 之 10/7655

【汇编】中六 5837

雁头寨 宋徽宗政和三年改和宁寨

【宋会要】方域 18 之 15/7617

【汇编】中六 5880

搜鬼堡 鄜延

【金史】134/西夏传/2875

【汇编】上 135

撲吴　又作贵乌，泾原

【长编标】132/3123

撲吴川　泾原

【宋会要】方域 18 之/7615

撲吴川　泾原

【宋会要】兵 28 之 3/7271

撲哆　又作撲移，横山附近

【长编影】494/1 上

【汇编】中六 5353

撲移　又作撲哆，横山附近

【长编标】494/11727

雅尔峡　又作哑儿峡，秦凤

【长编影】174/11 下；175/5 上

雅克青哈　延州

【长编标】82/1870

【长编影】82/8 上

【汇编】中一 1519

赏逋岭砦　横山附近

【宋史】486/夏国传下/14008

【汇编】上 74

赏逋岭寨　鄜延

【长编标】219/5330

【长编影】219/9 上

【汇编】中三 3652

赏堡岭川　鄜延

【宋史】350/李浩传/11078

【汇编】中三 3647

掌野狸坞　又作章爱哩乌，麟府

【长编标】193/4679

喷洙　秦凤

【名臣碑传琬琰集】中集 48/韩忠献公琦行状/
　1106

【汇编】中三 3465

喷珠　秦凤

【宋史】272/杨文广传/9308

【汇编】中三 3500

哱啰岭　麟府，赐名通秦寨

【长编标】14/12224

【长编影】14/13 上

【汇编】中六 5585

喀木　喀木为人名，《长编》标点本误改为地名
　"龛谷"

【长编影】483/5 上

喀木漭　又作架麻平，熙河

【长编影】243/1 下

【汇编】中四 3850

喀托克邛州堡　环庆

【长编标】214/5195

喀托克印州堡　环庆

【长编影】214/2 下

【汇编】中三 3580

喀沁郭特　又作桦泉骨堆，府州

【长编影】193/17 上

【汇编】中三 3272

喀罗　又作研龙、研龙，熙河，宋哲宗元符四
　年孙路进筑

【长编标】505/12028；506/12053；509/12124

【长编影】487/8 上；505/3 上；506/4 上；509/
　10 上

【汇编】中六 5302、5532

喀罗川　兰州之西

【长编标】505/12028；506/12052；507/12092

【长编影】505/2 下；506/3 下；507/17 下

【汇编】中六 5465、5466、5478、5505

喀罗谷　熙河兰会

【长编标】492/11678

【长编影】492/2 下

嶙峰堡　鄜延，宋哲宗元符二年筑

【宋会要】方域 19 之 16/7633

【汇编】中六 5535

景山镇　庆州安化县

【宋会要】食货 22 之 2/5156

【元丰九域志】3/115

【宋会要】食货 15 之 16/5069、19 之 7/5126

【汇编】中一 942

鼎凌宗　熙河

【长编标】517/12304；519/12242

【长编影】517/8 上；519/1 上

【汇编】中六 5637、5654

黑儿寨　延州，宋仁宗康定元年陷

【长编标】126/2970

【长编影】126/4 上

【汇编】中二 1905

黑山营 榆林西北十里
【陕西通志】16/关梁 1·榆林府·榆林县/63 下
【汇编】补遗 7263

黑牛川 延州安远附近
【长编标】492/11681
【长编影】492/4 上
【汇编】中六 5338

黑水 鄜延
【宋会要】兵 4 之 27/6833、8 之 25/6899、14
之 19/7002、28 之 11/7275

黑水砦 绥德军，宋太宗太平兴国六年置
【奏议标】137/富弼·上神宗谏西师/1539
【奏议影】137/富弼·上神宗谏西师/4732
【陕西通志】16/关梁 1·延安府·安定县/28 下
【汇编】补遗 7304

黑水堡 延州
【宋史】87/地理志 3/2147；323/周美传/10457；
486/夏国传下/14017
【宋会要】食货 15 之 15/5070、22 之 1/5156
【元丰九域志】3/107
【画墁集】补遗/游公（师雄）墓志铭/1 下
【陕西通志】16/关梁 1·延安府·安定县/28 下
【汇编】上 83、233；中三 3653；中四 4009；补
遗 7304

黑水堡 绥德军，宋太宗太平兴国六年置
【宋史】87/地理志 3/2147、2150；331/楚建中
传/10667
【长编标】320/7729
【长编影】320/10 上
【宋会要】食货 49 之 20/5643；兵 4 之 27/6833
【武经总要】前集 18 上/3 下
【画墁集】补遗/游公（师雄）墓志铭/1 下
【延安府志】2/安定县·关梁/15 下
【陕西通志】16/关梁 1·延安府·安定县/28 下
【汇编】中二 2821；中三 3130、3653；中四
4261、4281；中六 5828、5830、5831、5893；
补遗 7303、7304

黑水寨 绥德军，宋太宗太平兴国六年置
【长编标】492/11680；494/11730；498/11859
【长编影】492/4 上；494/4 上；498/15 下
【汇编】中六 5337、5355、5397

黑水寨 延州
【长编标】146/3536；214/5193；225/5495
【长编影】146/9 上；214/1 上；225/23 上
【宋朝事实类苑】78/1021
【安阳集】家传 4/16 下
【范太史集】40/检校司空左武卫上将军郭公墓
志铭/11 下
【延安府志】7/绥德州·清涧县·关梁/18 下
【汇编】中二 2808；中三 2843、3577、3684、
3713；补遗 7304

黑谷 秦州
【宋会要】方域 19 之 1/7626

黑松林 鄜延
【宋史】325/刘兼济传/10504
【汇编】中二 1894

黑泊寨 延州延水县，宋太宗太平兴国六年置
【宋会要】方域 18 之 32/7625
【汇编】中一 992

黑城 熙河，宋哲宗元符三年筑
【长编标】254/6214；516/12288
【长编影】254/8 上；516/20 下
【宋会要】兵 9 之 3/6907
【汇编】中四 3958；中六 5615、5621、5687

黑岩沟 原州
【武经总要】前集 18 上/22 下
【汇编】中一 1619

犊奴川 水洛城
【甘肃新通志】13/舆地志·古迹·平凉府·静
宁州/10 下
【汇编】补遗 7290

甏牛城 又作氂牛城，西宁州，宋神宗崇宁三
年改宣威城
【宋史】87/地理志 3/2169
【汇编】中六 5854

铺心谷 河州
【宋会要】蕃夷 6 之 9/7823
【汇编】中四 3949

鹅毛瓦都城 邈川
【宋会要】兵 28 之 45/7292

策凌城 河州
【长编标】513/12204
【长编影】513/11 上

【汇编】中六 5573

策缴不勒堡　又作乞神平堡，镇洮军，宋神宗熙宁五年九月赐名庆平堡

【长编影】235/22 下；236/5 下；237/1 上、7 上、17 上；238/11 上

【汇编】中四 3785、3788、3790、3801、3805

箪箖川　秦州

【长编标】88/2016

【长编影】88/5 上

【汇编】中一 1568

箪箖城　秦州

【宋史】10/仁宗纪 2/206；272/杨文广传/9308

【长编标】124/2920；132/3142

【长编影】124/2 下；132/17 上

【范文正公集】西夏堡寨/2 下

【汇编】中二 1817、2295、2642

筛金平　熙州

【长编纪事本末】140/1 下

【汇编】中六 5760

智固　又作质孤，兰州

【长编标】441/10623

【长编影】441/14 下

【汇编】中五 4989

智固堡　又作质孤，兰州，宋神宗元丰五年废

【长编标】452/10846

【长编影】331/22 上；421/11 上；442/6 上；444/1 上、8 上；445/5 下；446/1 下、7 下、8 上；447/14 上；448/9 下；452/1 上、4 下、5 下、6 上、7 下、8 上、8 下；458/1 上；460/1 上；462/11 上；470/11 上；473/1 上、6 下；483/5 上

【汇编】中四 4458；中五 4991、4992、5005、5006、5012、5063、5068、5069、5070、5081、5138、5139、5152、5153、5155

堡川城　秦州，宋徽宗政和六年赐名

【宋史】87/地理志 3/2155

【汇编】中六 5835

堡子山　宋仁宗元丰四年曲珍败夏人于此

【陕西通志】10/山川 3·延安府·甘泉县/9 上

【汇编】补遗 7345

堡子砦　秦州清水县

【宋史】87/地理志 3/2155

堡子砦　秦州成纪县

【宋史】87/地理志 3/2154

【汇编】中六 5835

堡宁寨　丰州

【宋会要】方域 18 之 15/7617

堡敦谷　湟州，置绥平堡

【宋会要】方域 20 之 9/7655

御安堡　绥德军

【宋史】87/地理志 3/2150

【陕西通志】16/关梁 1·延安府·安塞县/26 下

【汇编】中六 5831；补遗 7273

御谋城　延州，宋哲宗崇宁三年置

【宋史】20/徽宗纪 2/373；87/地理志 3/2147、2148

【皇宋十朝纲要】16/11 上

【龟山集】33/钱忠定公（即，字中道）墓志铭/13 上

【汇编】中六 5781、5787、5828；补遗 7415

御谋山城　鄜延

【皇宋十朝纲要】16/11 上

【汇编】中六 5781

循化城　河州，宋徽宗崇宁二年收复，改一公城

【宋史】87/地理志 3/2163、2167

【长编纪事本末】139/14 下、20 上、20 下；140/8 上、12 下

【宋会要】兵 9 之 5/6908

【皇宋十朝纲要】16/8 上

【汇编】中六 5728、5745、5754、5757、5773、5807、5844、5845、5938

番家铺　至查路处七里，河东

【宋会要】兵 27 之 6/7249

腊家砦　秦州

【甘肃新通志】9/舆地志·关梁·秦州直隶州·清水县/45 上

【汇编】补遗 7239

鲁旺　熙河兰会路

【长编标】514/12217；517/12297

【长编影】514/8 下；517/2 下

【汇编】中六 5579、5631

鲁格特堡　河州附近

【初寮集】6/定功继伐碑/1 上

【汇编】补遗 7237

湟中　熙河兰会

【奏议标】141/文彦博·上神宗论进筑河州/1591

【奏议影】141/文彦博·上神宗论进筑河州/4894

湟城　青唐附近

【长编纪事本末】140/4 下

【汇编】中六 5767

割牛城　童贯与夏人战于此

【东都事略】127、128/西夏传/附录 5、6

【汇编】上 111

割踏城　萧关附近。宋徽宗重和元年种师道平荡，宣和元年夏人弃

【三朝北盟会编】60/4；198/1 上

【东都事略】107/种师道传/2 上

【汇编】中六 5940、6044；下 6519

割踏砦　萧关附近。宋徽宗重和元年种师道取

【东都事略】127、128/西夏传/附录 5、6

【汇编】上 111

善治堡　湟州，宋徽宗政和六年置，以丘护改

【宋史】87/地理志 3/2169

【宋会要】方域 20 之 11/7656

【汇编】中六 5899

善征泊伯　去得胜寨百余里，宋哲宗元符元年钟传会熙、秦、泾原三路进筑

【长编标】496/11797

【长编影】496/4 上

【宋会要】方域 19 之 14/7632

【汇编】中六 5271、5377

寒岭　麟州新秦县，改为宁远寨

【长编标】137/3282

【长编影】137/6 上

【宋会要】方域 18 之 8/7613

富平　陕西

【宋史】366/刘锜传/11399

【三朝北盟会编】192/5 下

【系年要录】38/726

【汇编】下 6246、6247、6497

道口务镇　秦州成纪县

【元丰九域志】3/122

【甘肃新通志】9/舆地志·关梁·秦州直隶州/43 上

【汇编】中一 929；补遗 7477

道光都隔　又作都纲都格，麟州

【长编标】193/4679

道先都隔　先为光之误，麟州

【宋会要】兵 27 之 44/7268

【汇编】中三 3269

登高台　即东山堡

【甘肃新通志】13/舆地志·古迹·平凉府·静宁州/11 上

【隆德县志】1/古迹/24 下

【汇编】补遗 7252、7475

十三画

塌岭岔　泾原

【长编标】346/8308

【长编影】346/7 上

【汇编】中五 4582

楞摩新寨　熙河兰岷

【长编标】515/12244

【长编影】515/9 下

槐安道　又作槐安镇

【甘肃新通志】9/舆地志·关梁·庆阳府·安化县/57 下

【汇编】补遗 7286

槐安镇　又作槐安道，范仲淹置

【甘肃新通志】9/舆地志·关梁·庆阳府·安化县/57 下；42/兵防志·塞防·庆阳府/6 上

【汇编】补遗 7286、7287

榆木　即麟府神泉寨，宋哲宗元符二年赐名

【长编标】444/10683；498/11863；506/12055、12062

【长编影】444/4 上；498/20 上；506/5 上、12 上

【玉海】14/咸平陕西河北地图/32 下

【奏议标】139/范育·上哲宗论御戎之要/1573

【奏议影】139/范育·上哲宗论御戎之要/4836

【汇编】中六 5400、5481、5490；补遗 7244

榆木川　晋宁军

【宋史】86/地理志 2/2137

【长编标】495/11770

【长编影】495/7 上

【汇编】中六 5368、5858

榆木川寨 麟府，宋哲宗元符元年进筑

【长编标】497/11817、11819、11820

【长编影】497/1 下、2 下、4 上

【汇编】中五 5005、5006；中六 5385、5386、5387

榆木岔堡 通远军，宋神宗元丰五年置

【宋史】87/地理志 3/2164

【长编标】322/7766；333/8013；341/8204；460/11000；462/11042、11043

【长编影】322/7 下；333/1 下；341/9 上；460/1 上；462/11 上

【宋会要】食货 2 之 6/4828、63 之 79/6026；方域 20 之 9/7655

【龙川略志】635

【汇编】中四 4304、4460、4464、4536；中五 5072、5081、5082、5202；中六 5783、5784

榆木岔寨 通远军，宋神宗元丰五年置

【甘肃新通志】9/舆地志·关梁·巩昌府·安定县/33 下

【汇编】补遗 7379

榆中 熙河

【长编标】460/10998

【长编影】460/1 上

【汇编】中五 5070

榆平岭 麟府

【长编标】185/4469；193/4679

【长编影】185/3 上；193/17 下

榆林砦 秦州

【武经总要】前集 18 上/31 下

【汇编】中一 932

榆林砦 秦州成纪县

【宋史】87/地理志 3/2154

【汇编】中六 5835

榆林堡 秦州伏羌城领

【元丰九域志】3/122

【汇编】中一 930

榆林堡 渭州

【系年要录】199/3360

【汇编】下 6685

榆林塞 金汤砦南

【甘肃新通志】42/兵防志·塞防·庆阳府/6 上

【汇编】补遗 7287

榆林寨 秦州伏羌城领

【宋会要】方域 8 之 22/7451

【汇编】中三 3552

榆塿店 环州

【宋会要】食货 19 之 8/5127

榆塞 兰州

【宋史】303/范育传/10051

【汇编】中五 4965、5021

楼罗觜 环庆

【宋会要】方域 19 之 17/7634

毂藏堡 岷州

【长编标】252/6180

【长编影】252/27 下

【汇编】中四 3949

勤武堂 渭州，蔡挺建

【甘肃新通志】13/舆地志·古迹·平凉府·平凉县/10 上

【汇编】补遗 7319

蓝田 永兴军

【宋会要】食货 4 之 7/4849

蒿平岭 银州附近

【宋史】364/韩世忠传/11355

【名臣碑传琬琰集】上集 13/韩忠武王世忠中兴佐命定国元勋之碑/193

【汇编】中六 5794、5795

蒿平寨 延州，宋太宗太平兴国六年置

【宋会要】方域 18 之 17/7618

【汇编】中一 991

蒿店 渭州

【宋会要】兵 27 之 30/7261

蒿店沟 渭州

【武经总要】前集 18 上/17 下

【汇编】中一 1372

蒿店寨 乾州

【宋会要】食货 42 之 12/5567

【汇编】中一 1658

蒿店寨 渭州平凉县

【宋会要】兵 27 之 29/7261；方域 18 之 26/7622

【汇编】中二 2652

蒲桃谷 延州

【宋史】253/折德扆传/8866

【汇编】上 175

楚村 庆州

【宋会要】食货 42 之 12/5567

【汇编】中一 1658

楚陇城 又作楚栋陇堡，赐名通西寨，隶通远军

【长编标】321/7748；474/11314

【长编影】321/11 下；474/13 上

【汇编】中四 4279；中六 5165

楚栋陇堡 又作陇城，宋神宗元丰六年五月赐名通西寨，隶通远军

【长编标】329/7934；335/8069

【长编影】329/18 下；335/8 上

【汇编】中四 4416、4486

零口镇 京兆府

【宋会要】食货 15 之 14/5069

虞儿堡 鄜延

【长编标】135/3238

【长编影】135/22 下

虞家庄 去延州二十里

【长编标】132/3140

【长编影】132/17 上

【汇编】中二 2293

虞家堡 延州

【宋史】323/周美传/10458

【长编标】128/3037

【长编影】128/11 下

【汇编】上 232

暖泉山 鄜延筑

【长编标】506/12055、12062；507/12075；508/12106

【长编影】506/5 上、12 上；507/3 上；508/10 下

【汇编】中六 5481、5490、5492、5515

暖泉砦 晋宁军，宋哲宗元符二年筑

【宋史】18/哲宗纪 2/352；86/地理志 2/2138

【陕西通志】17/关梁 2·绥德州·米脂县/46 上

【汇编】中六 5514、5858；补遗 7399

暖泉寨 绥德军，宋哲宗元符二年暖泉山新寨赐名

【宋史】85/地理志 1 序/2096；87/地理志 3/

2149、2150

【长编标】506/12055、12059；508/12103、12106；511/12155；512/12191；514/12230；518/12335

【长编影】506/5 上、9 上；508/10 下；511/2 上；512/14 上；514/19 下；518/17 上

【宋会要】礼 20 之 144/836；方域 19 之 17/7634

【陕西通志】17/关梁 2·绥德州·米脂/46 上

【汇编】中六 5481、5486、5515、5548、5552、5564、5591、5651、5809、5830、5831、5913；补遗 7399

路罗甘 秦州铎厮那所献

【宋史】324/刘沪传/10494

【汇编】中二 2786

嗣武城 绥德军

【宋史】87/地理志 3/2149、2150

【皇宋十朝纲要】16/11 上

【延安府志】7/绥德州·米脂县·古迹/28 下

【汇编】中六 5781、5830、5831；补遗 7410

嗣武砦 旧罗严城，宋神宗元丰四年制，寻废，宋徽宗三年修复赐名

【延安府志】7/绥德州·米脂县·古迹/28 下

【陕西通志】17/关梁 2·绥德州·米脂县/47 上

【汇编】补遗 7410

嵩店 泾原

【长编标】139/3339

【长编影】139/3 上

翟子砦 银夏绥府都巡检使石保兴尝巡按

【宋史】250/石保兴传/8811

【汇编】中一 1017

照川砦 秦州成纪县

【宋史】87/地理志 3/2154

【汇编】中六 5835

照川堡 秦州三阳砦领

【宋史】87/地理志 3/2155

【元丰九域志】3/124

【甘肃新通志】9/舆地志·关梁·秦州直隶州/43 上

【汇编】中一 949；补遗 7237

错凿城 熙河

【宋史】87/地理志 3/2163；331/张诜传/10649

【长编标】507/12092；511/12171；512/12188；

513/12193；516/12263；517/12303、12306；518/12334；520/12377

【长编影】507/17 下；511/16 下；512/11 下；513/1 上；516/1 上；517/7 下、8 上、10 上；518/15 下；520/18 下

【宋会要】兵 9 之 1/6906；蕃夷 6 之 34/7835、6 之 36/7836

【汇编】中四 4032；中六 5506、5560、5563、5564、5606、5634、5637、5638、5650、5669、5808

锡尔噶城 又作溪哥城，熙河

【长编影】519/6 上

【汇编】中六 5658

锡桂城 积石军附近

【初寮集】6/定功继伐碑/1 上

【汇编】补遗 7437

锡勒噶尔城 又作溪哥城，熙河

【长编影】507/17 下；511/16 下；513/1 上

【汇编】中六 5505、5560、5564、5565

锡斡井 泾原

【汉滨集】15/故客省使雄州防御使泾原路兵马钤辖兼第十一将郭公（成）行状/19 上

【汇编】补遗 7385

稜美 又作良乜，鄜延

【长编影】328/5 上

【汇编】中四 4387

解池 解州

【长编标】145/3507

【长编影】145/12 下

【宋文鉴】118/苏轼上文侍中论榷盐书/3 下

【汇编】中四 3994

解板沟 河东

【长编标】409/9979

【长编影】409/25 上

靖川堡 晋宁军

【宋史】86/地理志 2/2138

【汇编】中六 5859

靖化堡 府州，宋仁宗嘉祐四年废

【宋史】86/地理志 2/2136

【元丰九域志】4/165

【长编标】189/4551；510/12139

【长编影】189/5 上；510/8 上

【宋会要】食货 22 之 5/5158；27 之 40/7266；方域 18 之 3/7611、20 之 11/7656、20 之 16/7658

【武经总要】前集 17/16 下

【中国考古学会第一次年会论文集】折继闵神道碑/455

【汇编】上 190；中一 926、927、1038；中三 3133、3252；中六 5540、5826；下 7012

靖宁塞 庆阳东路

【甘肃新通志】42/兵防志·塞防·庆阳府/6 上

【汇编】补遗 7287

靖边寨 绥德军

【范文正公集】年谱补遗/24 下

【陕西通志】16/关梁 1·延安府·保安县/29 下

【汇编】中三 3070；补遗 7295

靖边镇 又作静边镇，泾原，宋真宗天禧元年六月南使城赐名

【长编影】92/3 下

【汇编】中一 1591

靖边镇 即靖边寨，延安府保安县西南一百里

【陕西通志】16/关梁 1·延安府·保安县/29 下

【汇编】补遗 7295

靖安砦 原州，宋仁宗庆历五年筑

【宋史】86/地理志 2/2135；191/蕃兵/4754

【长编影】225/23；507/1 下

【宋会要】兵 28 之 10/7274

【元丰九域志】3/133

【安阳集】家传 7/5 上

【武经总要】前集 18 上/20 上

【汇编】中三 3075、3076、3397、3487、3712；中六 5491、5826

靖安堡 原州

【宋会要】食货 15 之 19/5072、22 之 3/5157；方域 20 之 11/7656

靖安寨 原州

【长编标】225/5494；469/11211；507/12073

【长编影】469/10 下

靖夏城 渭州，宋徽宗政和六年席苇平新城赐名

【宋史】21/徽宗纪 3/400；85/地理志 1 序/2096；87/地理志 3/2157；175/和籴/4247；486/夏国传下/14020

【东都事略】107/种师道传/2 上；121/童贯传/
　2 上；127、128/西夏传/附录 5、6

【三朝北盟会编】60/4 下

【宋会要】方域 19 之 21/7636

【初寮集】6/定功继伐碑/1 上

【忠惠集】6/贺破夏贼界捷表/3 下

【甘肃新通志】13/舆地志·古迹·平凉府·平
　凉县/10 上

【汇编】上 86、111；中六 5823、5836、5889、
　5913、5920、5936、6044；补遗 7426、7439

鹑觚原　邠州宜禄县

【元丰九域志】3/113

【汇编】中四 4062

新土砦　泰州

【宋史】87/地理志 3/2154

【汇编】中六 5835

新门　原州

【宋会要】食货 19 之 9/5127

新门砦　原州，宋太宗至道二年筑

【宋史】87/地理志 3/2158；191/蕃兵/4753

【宋会要】礼 25 之 9/959；方域 18 之 25/7622

【武经总要】前集 18 上/19 下

【元丰九域志】3/132

【甘肃新通志】9/舆地志·关梁·泾州直隶州·
　镇原县/31 下

【汇编】中一 967、1038、1205；中三 3076、
　3397、3644；中六 5837；下 7020；补遗 7327

新门寨　原州

【宋会要】方域 18 之 25/7622

新开　陇州，疑为新关之误

【宋会要】食货 19 之 8/5127

新水谷寨　泰州伏羌城

【宋会要】方域 8 之 22/7451

【汇编】中三 3552

新水堡　泰州陇城县

【宋史】87/地理志 3/2154

【元丰九域志】3/122

【汇编】中一 930；中六 5835

新旧水谷　泰州

【宋会要】方域 8 之 22/7451

新市城　鄜延

【宋史】486/夏国传下/14007

【汇编】上 76

新市镇　同州

【宋会要】食货 15 之 14/5069、15 之 15/5070、
　19 之 7/5126

新关　陇州

【宋会要】食货 15 之 18/5071

新兴堡　延安府安塞县西南一百五十里

【陕西通志】16/关梁 1·延安府·安塞县/26 下

【汇编】补遗 7239

新安东镇　将利县

【甘肃新通志】9/舆地志·关梁·阶州直隶州/
　49 上

【汇编】补遗 7474

新安砦　栲栳砦之西龙门口，王信筑

【陕西通志】16/关梁 1·延安府·安塞县/27 下

【汇编】补遗 7293

新安寨　延州

【宋会要】食货 15 之 15/5070

新伯　又作心波，秦凤

【长编影】212/1 上

新店　延州

【范文正公集】年谱补遗/4 下

【汇编】中二 2099

新店　乾州

【宋会要】食货 42 之 12/5567

【汇编】中一 1658

新泽砦　府州

【宋史】4/太宗纪 1/68

【汇编】中一 993

新城堡　原州

【宋史】87/地理志 3/2158

【宋会要】食货 19 之 9/5127

【汇编】中六 5837

新城镇　原州彭阳县

【宋史】191/蕃兵/4753

【宋会要】食货 15 之 19/5072、22 之 3/5157

【武经总要】前集 18 上/19 上

【元丰九域志】3/132

【甘肃新通志】9/舆地志·关梁·泾州直隶州·
　镇原县/31 下

【汇编】中一 967、1619；中三 3397；补遗
　7327、7328

【汇编】中六 5751、5753、5773、5786、5845、5846、5849、5855；下 6974

溢机堡　熙河，宋徽宗宣和六年赐名安羌城

【宋史】22/徽宗纪 4/414；87/地理志 3/2162

【宋会要】方域 8 之 25/7453

【汇编】中六 5839、5980

滨草堡　鄜延罗兀城

【宋会要】方域 8 之 27/7454

塞门砦　延州，宋真宗大中祥符九年七月前置，宋仁宗康定元年陷，宋神宗元丰四年复置

【宋史】61/5 行志 1 上/1325；485/夏国传上/13995

【东都事略】127、128/附录 5、6

【武经总要】前集 18 上/6 下

【陕西通志】17/关梁 2·绥德州·清涧县/48 上

【汇编】上 62、110；中一 1148、1558；补遗 7262

塞门寨　延州，宋真宗大中祥符九年七月前置，宋仁宗康定元年陷，宋神宗元丰四年复置

【宋史】10/仁宗纪 2/208；14/神宗纪 1/269、270、272；17/哲宗纪 1/327、335；18/哲宗纪 2/344；20/徽宗纪 2/374；87/地理志 3/2146、2147；190/河东、陕西弓箭手条/4715；191/兵志 5/4750；253/李继周传 8870；277/郑文宝传/9426；285/陈执中传 9602；290/郭逵传/9724；292/王尧臣传/9772；304/方偕传/10070；311/庞籍传/10199；314/范仲淹传/10270；317/邵亢传/10337；323/赵振传/10462；324/许怀德传/10477、张亢传/10128；332/赵禼传/10684、10686；349/刘昌祚传/11054；485/夏国传上/13996；486/夏国传下/14008、14012、14017

【长编标】39/835；87/1999；122/2880；126/2977、2980、2981、2982；127/3011、3014、3019；128/3027、3029、3036、3040、3041、3043；130/3084、3089；132/3143、3144；134/3196；135/3237；146/3536；151/3692；225/5495；226/5515；319/7713；320/7734；321/7744；322/7758；323/7791；326/7858；331/7971；342/8222；345/8282；346/8311；348/8356；372/9010；382/9310；404/9837；409/9966、9976、9977；410/9992；412/10022；419/10159；429/10367、10370、10375；437/10550；439/10581；440/10588；443/10662；445/10725；446/10728、10729、10735；452/10848；460/10999；483/11480；489/11613；492/11680；494/11731；497/11818；498/11859；499/11878

【长编影】39/7 上；87/10 下；122/8 下；126/10 下、13 上、14 下；127/8 上、10 下、14 下；128/4 下、14 下、16 下；130/6 上；132/17 上；134/8 下；135/22 上；146/9 下；151/25 上；225/23 上；319/11 下；320/14 上；321/8 上；322/1 上；323/14 下；326/16 下；328/3 下；331/5 上；342/2 上；345/10 上；346/9 下；348/13 上；372/5 上；382/11 下；404/8 上；409/13 下、23 上；410/11 下；412/4 下；419/14 下；429/9 上；437/12 上；439/12 下；440/2 下；443/7 上；445/13 上；446/1 上；452/6 上；460/1 上；483/1 上；489/14 下；492/4 下；494/4 上；497/2 下；498/15 下；499/5 上

【长编纪事本末】83/10 上

【东都事略】78/吕海传/3 上；127、128/西夏传/附录 5、6

【宋大诏令集】214/赐鄜延等路经略使不得生事诏/815；235/赐夏国主不还绥州诏/914、235/夏国秉常乞进誓文永遵臣礼赐诏（熙宁元年）/915、235/答夏国主秉常诏（熙宁四年九月庚子）/917；236/赐夏国主给还绥州誓诏（熙宁二年二月戊子）/916、236/赐夏国主诏（元祐四年六月丁巳）/920、236/赐夏国诏（元祐八年四月庚申）/921；237/赐夏国诏（元祐四年六月戊申）/920

【宋文鉴】119/上曾枢密书/8 下

【宋会要】礼 25 之 39/974、62 之 48/1718；职官 64 之 40/3840；食货 15 之 15/5070；兵 4 之 10/6825、27 之 26/7259、27 之 27/7260、28 之 11/7275、28 之 37/7288；方域 8 之 6/7443、19 之 7/7629、19 之 48/7649

【皇宋十朝纲要】9/1 上、2 上；12/6 上；16/12 下

【奏议标】132/陈执中·上仁宗论西边事宜/1456、132/范仲淹·上仁宗乞先修诸寨未宜进讨/1464；139/范纯粹·上哲宗乞以弃地易

【长编标】514/12224
【长编影】514/13 上
【汇编】中六 5585

福宁寨　鄜延
【长编标】318/7695
【长编影】318/12 下
【汇编】中四 4223

福庆川　府州
【苕溪集】48/宋故武功大夫魏国公杨公（宗闵）墓碑/4 上
【汇编】补遗 7433

十四画

静化堡　府州
【武经总要】前集 17/18 下
【汇编】中二 2366

静宁　渭州，初名伏羗城，赐名怀远，后改晋宁
【甘肃新通志】6/舆地志·山川上·固原直隶州·海城县/27 下
【隆德县志】3/表传/2 下；4/考证/64 上
【汇编】补遗 7250、7270、7272

静边砦　德顺军，宋真宗天禧二年筑
【宋史】87/地理志 3/2158、2159；191/蕃兵/4754；292/王尧臣传/9772
【武经总要】前集 18 上/12 上、24 上、24 下；18 下/西蕃地界/1 上
【北山集】34/武功大夫昭州团练使骁骑尉徐公（量）行状/12 上
【汇编】中一 1148、1593、1666、1727；中二 2293、2835、2836；中三 3397；中六 5837、5838；补遗 7403

静边堡　渭州
【长编标】132/3123、3151
【长编影】132/17 上、26 下
【宋会要】食货 15 之 19/5072、19 之 9/5127；兵 4 之 18/6829、27 之 28/7260
【玉海】174/37 上
【汇编】中二 2313、2522；补遗 7247

静边寨　渭州平凉县
【宋会要】兵 27 之 30/7261；方域 18 之 10/7614

静边寨　秦州床穰寨领
【宋史】87/地理志 3/2155
【宋会要】方域 20 之 13/7657
【汇编】中四 4061

静边寨　德顺军，宋真宗天禧二年筑
【宋史】16/神宗纪 3/312、313；292/郑戬传/9768；320/王素传/10404；323/赵珣传/10463；331/卢秉传/10671；486/夏国传下/14014
【长编标】103/2390；135/3224；139/3339；144/3486；149/3605；155/3772；178/4317；225/5494；273/6696；299/7278；318/7692；330/7956；349/8367、8368、8377、8378；350/8381、8387、8388；385/9381；490/11642；500/11901；507/12073
【长编影】103/15 上；155/13 下；225/23 上；273/19 下；299/13 下；318/11 上、12 下；330/10 上；334/12 下；345/7 上；349/2 上、11 上；350/1 上、7 上；462/11 上；490/20 下；500/2 下；507/1 下
【宋会要】礼 25 之 9/959；食货 15 之 19/5072、22 之 4/5157、29 之 1/5315；兵 4 之 9/6824、4 之 17/6828、27 之 29/7261、28 之 4/7271、28 之 10/7274、28 之 28/7283；蕃夷 6 之 6/7821
【元丰九域志】3/137
【安阳集】47/故崇信军节度副使检校尚书工部员外郎尹公墓志表/2 上
【河南先生文集】25/申四路招讨司论本路御贼状并书/2 下
【涑水记闻】11/8 上；12/11 下
【名臣碑传琬琰集】中集 27/王懿敏公素墓志铭/803
【甘肃新通志】13/舆地志·古迹·平凉府·隆德县/11 上
【隆德县志】1/古迹/24 下；4/考证/64 上
【汇编】上 80；中一 1593、1641；中二 2197、2263、2296、2651、2788；中三 2855、2897、2905、3051、3346、3347、3422、3428、3504、3712；中四 4018、4024、4102、4219、4222、4438、4475；中五 4571、4602、4606、4607、4608、4609、4612、5082；中六 5322、5414、5491、5756；下 7020；补遗 7252、7253、7271、7272

静边镇　泾原

【宋会要】方域 12 之 15/7527

静边镇　秦州，祥符中筑于南市城西

【武经总要】前集 18 上/5 上、7 下、15 上、32
　上

【汇编】中一 1142、1577；中二 2418；中三
　3131

静边镇　秦州

【宋史】87/地理志 3/2155

【宋会要】方域 20 之 13/7657

【汇编】中六 5835

静戎砦　秦州陇城县，宋太宗太平兴国四年筑

【宋史】87/地理志 3/2155；191/蕃兵条/4752；
　258/曹玮传/8986

【长编标】87/1992；88/2026；92/2118

【长编影】87/4 上；88/14 上

【宋会要】食货 15 之 18/5071；兵 27 之 19/
　7256、28 之 3/7271

【武经总要】前集 18 上/30 上

【元丰九域志】3/124

【甘肃新通志】9/舆地志·关梁·秦州直隶州·
　清水县/45 下

【汇编】中一 931、959、964、985、1553、
　1555、1572；中三 3396、3443；中六 5835；
　补遗 7240

静安寨　原州

【武经总要】前集 18 上/20 上

【汇编】中三 3028

静羌砦　麟州，宋仁宗庆历八年置

【宋史】86/地理志 2/2135

【长编标】287/7023

【长编影】287/11 上

【宋会要】方域 18 之 6/7612

【武经总要】前集 17/17 上

【元丰九域志】4/166

【延安府志】8/葭州·神木县·古迹/18 下

【榆林府志】6/建置志·关隘/5 上

【汇编】中一 1039、1040；中三 3132；中四
　4066；中六 5826；下 6976；补遗 7279

静羌堡　麟州

【武经总要】前集 17/18 上

【汇编】中二 2366

静羌寨　麟州连谷县

【宋会要】方域 18 之 6/7612

静胜堡　会州，宋徽宗政和六年清水河新城接
　应堡赐名

【宋史】87/地理志 3/2160

【宋会要】方域 20 之 11/7656

【汇编】中六 5838、5839

静塞城　麟府

【苕溪集】48/宋故武功大夫魏国公杨公（宗
　闵）墓碑/3 下

【汇编】补遗 7424

静塞砦　渭州，唐宪宗元和中置，后改安国镇

【武经总要】前集 18 上/16 上

【汇编】中一 1372

静塞堡　秦州静戎领

【元丰九域志】3/124

【汇编】中一 985

斡楚　又作瓦吹，河湟

【长编影】516/22 上；518/15 下

【汇编】中六 5621、5649

斡楚峡　又作瓦吹峡，河湟

【长编影】520/24 上

戬章会　又作折姜会，清远军

【长编影】509/14 下；513/6 上

【汇编】中六 5536、5565

嘉木扎寨　又作礓诈寨，庆州，宋神宗元丰五
　年二月赐名安疆寨

【长编影】323/2 上

【汇编】中四 4309

嘉木卓城　又作讲朱城、讲珠城，熙河

【长编标】402/9779；514/12216；515/12241

【长编影】267/7 上；402/1 下；404/10 下；
　405/7 上、8 上；407/10 下、11 下；487/8
　上；507/17 下；511/16 下；512/11 下；513/
　1 上、9 上；514/7 下；515/6 上、9 上；516/
　1 上；517/9 上；518/15 上

【汇编】中四 3997；中五 4831、4846、4847、
　4848、4882、4884、4903、4904；中六 5302、
　5506、5560、5563、5564、5570、5577、
　5596、5599、5606、5637、5649

嘉木卓寨　又作讲朱寨，熙河

【长编影】517/10 上

【汇编】中六 5638

蔡园川 泾原

【宋史】486/夏国传下/14025

【汇编】上 91

蔺家堡 泾原

【长编标】401/9767；402/9778

【长编影】401/7 上；402/3 上

聚卜结隆 又作结珠龙，通远军

【长编标】452/10845

【长编影】452/3 上；470/11 上；483/4 下、5 下

【汇编】中五 5047、5137、5138、5139、5140、5141

聚卜结隆川 又作结珠龙川，熙河

【长编影】473/1 上；479/10 上

【汇编】中五 5152、5153、5154、5198

聚卜结隆城 又作结珠龙城，通远军

【长编影】479/10 上

聚卜结隆峗 又作结珠龙峗，通远军

【长编影】470/11 上

【汇编】中五 5138

截原砦 原州，宋太宗太平兴国元年筑

【宋史】87/地理志 3/2158；191/蕃兵/4753；350/张守约传/11072

【宋会要】食货 19 之 9/5127；方域 18 之 29/7624

【元丰九域志】3/132

【甘肃新通志】9/舆地志·关梁·泾州直隶州·镇原县/31 下

【汇编】中一 966、1619；中三 3182、3397；中六 5837；补遗 7328

截原寨 边民于截原寨、柳镇二路偷卖违禁物色与人口

【宋会要】兵 27 之 20/7256

碱泊 镇戎军西北

【宋大诏令集】240/赐潘罗支诏（景德元年六月己卯）/944

【名臣碑传琬琰集】中集 43/曹武穆公为行状/1032

【汇编】中一 1396、1399

碱隈 又作减猥，泾原

【长编影】502/13 下；509/14 下

碱隈川 又作减猥川，泾原

【长编标】513/9 上

碱隈寨 又作减猥城，赐名定戎堡，宋哲宗元符二年筑

【长编标】514/12216

【长编影】512/10 下；514/7 下

【汇编】中六 5562、5577

厮归丁兰宗堡 湟州

【长编标】516/12263

厮归丁南宗堡 湟州

【宋会要】兵 8 之 35/6904、28 之 45/7292

厮哥罗川 西宁州

【宋史】87/地理志 3/2168

【汇编】中六 5854

摧沙木峡 镇戎军

【长编标】139/3339

【长编影】139/3 上

【宋会要】兵 27 之 29/7261

【汇编】中二 2652

摧沙堡 镇戎军

【长编标】55/1216

【长编影】55/14 上

【系年要录】199/3360

【汇编】中一 1366；下 6685

摖珠堡 秦州

【宋会要】方域 8 之 23/7452

【汇编】中三 3504

摘星堡 德顺军

【武经总要】前集 18 上/25 上

【汇编】中一 1666

摘星楼 延州，范仲淹守

【延安府志】1/肤施县·宫室/14 下

【汇编】补遗 7275

熙宁砦 镇戎军，宋神宗熙宁元年置

【宋史】87/地理志 3/2158、2159、2160；175/漕运/4256；328/蔡挺传/10578

【长编标】286/6999；319/7713；320/7726；321/7750、7751、7752、7753；322/7770；325/9819；327/7868；335/8062；345/8275；485/11526；494/11756；496/11797；504/12009；508/12095

【长编影】286/4 下；319/11 下；320/7 上；321/1 下、12 下；322/11 上；325/5 下；327/4 上；335/1 上；345/4 下；485/4 下；

494/26 下；496/4 上；504/8 上；508/1 上

【长编纪事本末】83/8 下

【东都事略】61/种诂传/4 上；82/蔡挺传/2 上

【宋会要】礼 62 之 41/1715；食货 22 之 3/5157、43 之 2/5573；兵 28 之 25/7282、8 之 27/7283；方域 18 之 14/7616、19 之 14/7632

【皇宋十朝纲要】16/11 上

【汉滨集】15/故客省使雄州防御使泾原路兵马钤辖兼第十一将郭公（成）行状/17 下

【安阳集】家传 7/4 上、4 下

【画墁集】补遗/游公（师雄）墓志铭/1 下

【汇编】中三 3467、3491、3492、3493、3494、3568、3571；中四 4052、4244、4245、4247、4257、4267、4282、4283、4284、4307、4331、4369、4375、4376、4482；中五 4571、5131、5134；中六 5271、5282、5283、5364、5377、5450、5452、5508、5512、5779、5837、5838、5850；补遗 7383

熙宁棚　泾原叶燮会改

【名臣碑传琬琰集】中集 48/韩忠献公琦行状/1106

【汇编】中三 3465

熙宁寨　渭州平凉县

【宋会要】方域 18 之 14/7616

熙州城　熙河

【宋会要】兵 28 之 29/7284；食货 2 之 5/4827

裴家垣　鄜州西

【宋会要】兵 27 之 40/7266

裴家垣寨　麟州西

【长编标】189/4551

【长编影】189/5 上

【宋会要】方域 18 之 3/7611、20 之 16/7658

【汇编】中三 3252；下 7012

锹镢川　又作锹钁川，泾原

【长编标】485/11522

【宋会要】方域 19 之 5/7628、20 之 17/7659

锹钁川　又作锹镢川，泾原

【长编影】485/4 下

【汇编】中六 5279

锹钁川中路堡　西安州

【宋史】87/地理志 3/2161

【汇编】中六 5518

鼐宗城　河州

【长编标】514/12232

【长编影】514/8 下

【汇编】中六 5579

鼐宗堡　又作兰家堡，熙河

【长编标】514/12232；517/12297；519/12342

【长编影】514/19 下；515/10 上；516/1 上、7 上；517/2 下；519/1 上

【汇编】中六 5592、5600、5606、5610、5631

鼐宗堡　河州

【长编标】513/12204；517/12297；519/12342

【长编影】513/11 上；518/20 下；519/1 上

【汇编】中六 5573、5621、5653

鼐摩会　又作南牟会，宋哲宗元符二年四月泾原进筑，赐名西安州

【长编标】474/11314

【长编影】485/5 下；492/7 下；493/20 上；499/3 上；502/13 下；507/17 上；508/1 上、12 上；509/13 上、14 下；510/1 上、10 上

【汇编】中六 5341、5347、5504、5508、5509、5510、5511、5512、5518、5535、5536、5538、5543

端午坪　又作端正平，府州，疑午为正之误。宋哲宗元符二年正月折克行克，四月七日筑，赐名宁边砦

【榆林府志】6/建置志·关隘/8 上

【汇编】补遗 7400

端正平　又作端正坪，府州，宋哲宗元符二年正月折克行克，四月七日筑，赐名宁边砦

【宋史】86/地理志 2/2136

【长编标】479/11404；505/12037；507/12075；508/12105；509/12124

【长编影】479/4 上；505/10 上；507/3 上；508/7 下；509/10 上

【范文正公集】西夏堡寨/2 下

【汇编】中二 2642；中五 5192；中六 5473、5492、5514、5532、5826

遮羊堡　宋神宗熙宁七年隶巩州，元丰元年复隶岷州

【宋史】87/地理志 3/2164、2165

【长编标】290/7094

【长编影】290/8 下

【宋会要】方域 20 之 1/7651

【汇编】中四 4075、4087；中六 5784

遮阳堡　宋神宗熙宁七年置

【甘肃新通志】9/舆地志·关梁·巩昌府·岷州 /38 下

【汇编】补遗 7337

漂浪木　府州

【长编标】507/12075

【长编影】507/3 上

【汇编】中六 5492

漫哆口　怀德军

【宋史】87/地理志 3/2161

【汇编】中六 5850

漫哆隘　郭成泾原兵破夏人于此

【宋史】350/郭成传/11085

【汇编】上 239；中四 4196

寨门寨　寨门为塞门之误，鄜延

【长编标】489/11613

【长编影】489/15 上

【宋会要】兵 8 之 26/6900

剿心城　又作令僧城，河湟

【长编标】82/1877

褊东城　泾原

【长编标】487/11566

【长编影】487/2 下

【汇编】中六 5299

褊江三　镇戎军

【宋史】289/葛怀敏传/9760

【汇编】中二 2546

褊江川　泾原

【宋会要】方域 19 之 14/7632

翠岩铺　又作庆平镇

【甘肃新通志】9/舆地志·关梁·兰州府·渭源 县/18 上

【汇编】补遗 7332

十五画

氂牛城　唃厮啰境内

【长编标】117/2765；132/3134

【长编影】117/17 下；132/7 下

【儒林公议】上/73 下

【汇编】中一 1713；中二 1789；中三 3104

犛牛城　河湟

【奏议标】132/田况·上仁宗兵策十四事/1469

【奏议影】132/田况·上仁宗兵策十四事/4522

增子堡　宋哲宗元祐六年西人礼要拆毁

【长编标】464/11085

【长编影】464/12 下

【汇编】中五 5086

横山砦　庆州，宋哲宗元符元年五月赐名

【宋史】85/地理志 1 序/2096；87/地理志 3/ 2151、2152、2153、2154

【长编影】496/14 上；498/13 下；505/11 上； 509/14 下、15 上

【宋会要】方域 18 之 21/7620

【横山县志】1/地理志·古迹/14 下

【汇编】中六 5375、5381、5396、5493、5833、 5913；补遗 7352

横山寨　庆州

【长编标】496/11795、11811；498/11856；505/ 12037；509/12129

【宋会要】方域 18 之 21/7620、19 之 17/7634、 20 之 5/7653

横水涧　熙河

【长编标】503/11970

【长编影】503/1 下

【汇编】中六 5434

横戎堡　麟州，宋仁宗庆历中置

【宋史】326/郭恩传/10521

【长编标】185/4477；189/4551

【长编影】185/10 上；189/5 上

【宋会要】兵 27 之 40/7266；方域 18 之 3/7611、 20 之 16/7658

【武经总要】前集 11/18 下；17/18 下

【汇编】中一 1039；中三 3078、3228、3252； 下 7012

横扬寨　麟州新秦县，宋真宗天禧四年置，宋 英宗治平元年再废

【宋会要】方域 18 之 17/7618

【汇编】中一 1606

横阳川　府州

【宋会要】方域 21 之 4/7663

横阳堡　麟州，宋仁宗庆历五年置

【宋史】86/地理志 2/2135；326/郭恩传/10521

【宋会要】食货 22 之 5/5158；兵 27 之 41/7267；
　方域 20 之 11/7656

【武经总要】前集 17/17 下

【元丰九域志】4/166

【斜川集】5/孙团练墓志铭/30 上

【汇编】中一 1038、1040；中三 3228；中五
　5097；中六 5826

横阳寨　麟州，宋真宗大中祥符二年置

【长编标】185/4469

【长编影】185/2 下

【玉海】174/37 上

【宋会要】兵 27 之 41/7267

【汇编】中三 3224、3266；补遗 7247

横杨寨　麟州新秦县

【宋会要】方域 18 之 17/7618

横谷砦　火山军

【宋史】86/地理志 2/2137

【宋会要】方域 18 之 24/7621

【汇编】中一 1031；中六 5827

横岭　渭州

【宋史】335/种师道传/10751

【三朝北盟会编】60/4 下

【汇编】中六 5902、6044

横岭砦　西安州，系天都砦管下

【海城县志】6/古迹志/1 下

【汇编】补遗 7394

横岭堡　西安州

【宋史】87/地理志 3/2161

【汇编】中六 5517

横河平　泾原

【宋史】16/神宗纪 3/306

【长编标】319/7714

【长编影】319/11 下

【汇编】中四 4244、4248

薉毛觜　宋哲宗元符元年筑，赐名兴平城

【宋史】87/地理志 3/2152

【汇编】中六 5833

蕉蒿堡　环庆

【长编标】158/3828

【长编影】158/10 下

【宋会要】方域 20 之 13/7657

【汇编】中三 3085

蕃市城　湟州北，宋哲宗绍圣四年正月二十四
　日以通远军康谓修筑毕工

【宋史】20/徽宗纪 2/374

【宋会要】方域 8 之 27/7454

【汇编】中六 5268、5796

震武城　宋徽宗政和六年六月筑古骨龙城，赐
　名震武城

【宋史】21/徽宗纪 3/396；87/地理志 3/2169；
　350/赵隆传/11091；446/刘𬭚传/13162

【宋会要】兵 9 之 5/6908；方域 8 之 25/7453

【皇宋十朝纲要】17/16 上

【汇编】中六 5897、5898、5899、5926

震威城　府州旧铁炉骨堆新寨，宋徽宗宣和六
　年改

【宋史】23/钦宗纪/427；86/地理志 2/2136；
　446/朱昭传/13170

【长编拾补】54/11 上

【宋会要】方域 8 之 33/7457

【榆林府志】6/建置志·关隘/8 上

【汇编】中六 5827、5981、6012、6014、6015；
　补遗 7446

撒宗城　河州

【宋史】350/苗授传/11068

【东都事略】104/姚兕传/1 上

【汇编】中四 3925、3940

撒逋口　熙河

【长编纪事本末】140/12 下

【汇编】中六 5845

噶家城　秦州

【涑水记闻】11/8 上

【汇编】中三 2898

噶勒斡　熙河

【长编标】488/11589

【长编影】488/11 下

【汇编】中六 5307

瞎令古城　震武军，宋徽宗政和七年进筑，赐
　名德通城

【宋史】87/地理志 3/2169

【东都事略】121/童贯传/2 上

【皇宋十朝纲要】17/18 下、19 上

【汇编】中六 5889、5899、5908、5909

踏白城　又作阿纳城，河州西北

【宋史】15/神宗纪 2/285；328/王韶传/10581；334/林广传/10737；452/景思立传/13287；467/李宪传/13638；492/董毡传/14164

【长编标】244/5945；247/6024；250/6098；252/6156、6178、6179；253/6190；254/6220；402/9777、9778；404/9852；406/9892

【长编影】250/16 上；252/8 下、26 下、27 下；253/4 上；254/13 下；402/1 下；404/20 下；406/14 上

【东都事略】82/王韶传/5 上；104/姚兕传/1 上、郭成传/3 下；120/李宪传/5 上

【宋会要】礼 14 之 59/616；兵 18 之 5/7060；蕃夷 6 之 9/7823

【奏议标】97/常安民·上哲宗奏为种谊生擒鬼章赏未称功/1049

【奏议影】97/常安民·上哲宗奏为种谊生擒鬼章赏未称功/3277

【汉滨集】15/故客省使雄州防御使泾原路兵马钤辖兼第十一将郭公（成）行状/16 上

【邵氏闻见录】13/144

【画墁集】补遗/游公（师雄）墓志铭/4 上

【甘肃新通志】13/舆地志·古迹·兰州府·河州/8 下

【汇编】中四 3924、3925、3930、3935、3936、3941、3945、3946、3947、3948、3949、3952、3959、3960；中五 4830、4831、4853、4863、4872、4899、5265；中六 5775；补遗 7336、7340、7341

镇川堡　麟州，宋仁宗庆历五年置

【宋史】86/地理志 2/2135；292/明镐传/9769；324/张亢传 10489

【长编标】133/3172；136/3247、3248；189/4551

【长编影】133/11 上；136/2 上；189/5 上

【玉海】174/37 上

【宋会要】食货 22 之 5/5158；兵 27 之 40/7266；方域 18 之 3/7611、20 之 2/7651、20 之 16/7658

【武经总要】前集 17/18 上、18 上/32 下

【元丰九域志】4/166

【欧阳文忠公全集】115/河东奉使奏草/27 上、34 下

【延安府志】8/葭州·神木县·古迹/18 下

【榆林府志】6/建置志·关隘/3 上

【汇编】中一 1039、1040；中二 2484、2487、2640；中三 2911、2971、3075、3252；中六 5826；下 6976、7012；补遗 7247、7278

镇川寨　麟州

【宋会要】方域 18 之 3/7611、7612

【汇编】下 7012

镇川寨　麟州

【长编标】149/3612

【长编影】149/13 下

【宋会要】方域 18 之 3/7611

【汇编】下 7013

镇子峁　府谷县西二十里

【榆林府志】4/府谷县·水/12 上；6/建置志·关隘/7 下

【汇编】补遗 7277、7278

镇边砦　绥德军

【宋史】87/地理志 3/2149；191/兵志 5/4760

【龟山集】33/钱忠定公（即，字中道）墓志铭/13 上

【汇编】中四 4061；中六 5830、5831、5835；补遗 7415

镇边堡　秦州清水县

【宋史】87/地理志 3/2155

【元丰九域志】3/124

【汇编】中一 964

镇边寨　秦州床穰堡领

【宋会要】方域 20 之 13/7657

镇戎军故砦　府州，安丰砦西北五十里

【武经总要】前集 17/16 上

【汇编】中一 926

镇戎砦　德顺军，怀远砦东之十里

【宋史】87/地理志 3/2158

【汇编】中六 5837

镇西城　宋徽宗崇宁五年廓延筑戴王井赐名

【皇宋十朝纲要】16/15 下

【汇编】中六 5812

镇西堡　镇戎军，宋仁宗康定前筑

【宋史】87/地理志 3/2159

【长编标】126/2982

【长编影】126/15 上

【汇编】中二 1947；中六 5838

【宋史】292/王尧臣传/9773；312/韩琦传/10222

【长编标】129/3054；131/3100；175/4221

【长编影】129/4 下；131/7 上；175/2 下

【宋会要】兵 27 之 29/7261

【武经总要】前集 18 上/24 下

【公是集】51/宋故推忠佐理功臣赠尚书左仆射
　　王公（尧臣）行状/611

【安阳集】家传 2/4 上

【容斋四笔】12/11 下

【隆德县志】1/古迹/25 上

【汇编】中二 2107、2189、2201、2241、2579、
　　2580、2651、2835；补遗 7473

德通城　震武军，宋徽宗政和七年进筑，以瞎
　　令古城改

【宋史】87/地理志 3/2169

【汇编】中六 5899

德靖砦　鄜延

【宋史】324/张亢传/10128

【长编标】130/3079；135/3217、3222

【长编影】130/1 上；135/3 下、8 下

【河南先生文集】7/答环庆招讨使范希文书/1 下

【范文正公集】年谱补遗/5 下；西夏堡寨/5 上

【汇编】中二 2037、2102、2151、2436、2506、
　　2641、2644

德靖砦　保安军，宋真宗天禧四年置

【宋史】17/哲宗纪 1/326；87/地理志 3/2148、
　　2151、2159；191/蕃兵/4753；349/刘昌祚传
　　/11054；485/夏国传上/13995；486/夏国传
　　下/14016

【长编影】100/12 下；122/8 下；125/15 下；
　　128/2 上；130/1 下；131/17 上；132/20 上；
　　134/13 上；135/4 上；192/16 下；225/23
　　上；267/7 下；317/4 下；320/13 下；409/7
　　下；474/8 上；507/3 上

【东都事略】127、128/西夏传/附录 5、6

【宋会要】食货 15 之 17/5071、19 之 8/5127、
　　22 之 2/5156；兵 5 之 4/6841、5 之 6/6842、
　　8 之 30/6902、22 之 8/7147、27 之 41/7267、
　　28 之 11/7275；方域 18 之 4/7611、19 之 14/
　　7632、19 之 48/7649

【武经总要】前集 18 上/7 上

【元丰九域志】3/121

【潞公文集】18/奏议/9 下

【延安府志】1/诗文/47 上

【陕西通志】16/关梁 1·延安府·保安县/29 下

【汇编】上 62、81、108、110；中一 1606、
　　1623；中三 3261、3396、3397、3464、3713；
　　中四 3923、3998、4202、4265、4477、4514；
　　中五 4918、5161、5162、5259；中六 5491、
　　5829、5838；补遗 7122、7259、7324

德靖寨　又作德青，保安军延子城改名，鄜延

【长编标】100/2323；122/2880；125/2955；128/
　　3026；130/3079；131/3111；132/3143；134/
　　3201；135/3217、3222；192/4652；225/
　　5495；267/6548；317/7660；320/7734；326/
　　7858；409/9959；474/11310；507/12075

【奏议标】132/范仲淹·上仁宗论夏贼未宜进讨
　　/1463；133/范仲淹·上仁宗攻守二策/1477、
　　133/范仲淹·上仁宗再议攻守/1480、133/庞
　　籍·上仁宗论范仲淹攻守之策/1481

【奏议影】132/范仲淹·上仁宗论夏贼未宜进讨
　　/4501；133/范仲淹·上仁宗攻守二策/4545、
　　133/范仲淹·上仁宗再议攻守/4551、133/庞
　　籍·上仁宗论范仲淹攻守之策/4555

德靖寨　鄜延

【长编标】125/14 下；131/3111；132/3143

【长编影】131/17 下；132/17 上

【范文正公集】5/13 下

【汇编】中二 1863、2228、2296、2398、2424

德靖镇　鄜延

【长编标】318/7691

【长编影】318/11 上

【汇编】中四 4218

德静砦　延州

【宋史】367/郭浩传/11441

【范文正集】西夏堡寨/1 下

【汇编】中二 2641；下 6150

德静寨　鄜延

【长编标】250/6094；337/8134

【长编影】250/13 上；337/17 下

磐塘　葭州

【陕西通志】7/疆域 2/43 下

【汇编】补遗 7489

虢川镇　凤翔府

【宋会要】食货 15 之 17/5071

鹞子城　延州
【范文正公集】西夏堡寨/5 上
【汇编】中二 2644

鹞子隘　宗哥城附近
【宋会要】兵 9 之 5/6908

胧哥　又作罗格，湟州
【长编标】516/12288；518/12333

胧哥城　湟州
【宋会要】兵 28 之 45/7292

胧哥堡　湟州
【宋会要】兵 28 之 44/7291

胧哥堡　西宁府碾伯县巴金岭上
【甘肃新通志】9/舆地志·关梁·西宁府·碾伯
　县/75 上
【汇编】补遗 7395

熟羊城　巩昌府陇西县西北四十里，宋仁宗皇
　祐初筑
【甘肃新通志】13/舆地志·古迹·巩昌府·陇
　西县/17 上
【汇编】补遗 7305

熟羊砦　通远军，宋神宗熙宁八年置
【宋史】87/地理志 3/2164；198/马政/4942
【汇编】中四 4117；中六 5783

熟羊堡　通远军
【宋会要】兵 28 之 6/7272

熟羊寨　通远军，宋神宗熙宁八年置
【宋史】87/地理志 3/2155；95/河北诸水/2372；
　190/河东陕西弓箭手/4713；193/召募之制/
　4802；456/侯可传/13406
【长编标】263/6435；296/7214；470/11232
【长编影】263/15 上；296/18 上；470/11 上
【宋会要】职官 23 之 16/2890；食货 2 之 5/
　4827、29 之 15/5315、63 之 78/6025；兵 28
　之 6/7273
【元丰九域志】3/139
【安阳集】家传 7/5 上
【甘肃新通志】9/舆地志·关梁·巩昌府·陇西
　县/32 下
【汇编】中三 3467、3487、3519、3550、3643；
　中四 3989、3990、3997、4088；中五 5140；
　中六 5835；补遗 7333

摩宗城　熙河

【长编标】244/5945；271/6653
【长编影】244/13 下；271/17 下
【汇编】中四 3866、4005

额勒色克　熙河与泾原交会边面
【长编标】502/11964；503/11970、11977
【长编影】502/13 下；503/7 下
【汇编】中六 5433、5437

额勒克色　又作额勒克色会，熙河与泾原交会
　边面
【长编标】503/11970

额勒克色会　又作额勒克色，熙河与泾原交会
　边面
【长编影】503/1 下
【汇编】中六 5434

额勒济格城　熙河
【长编标】513/12202
【长编影】513/9 上
【汇编】中六 5570

熨斗平堡　又作熨斗坪堡，通远军，宋神宗元
　丰五年置
【宋史】87/地理志 3/2164、2165
【长编标】333/8013；335/8067；452/10845、10846；
　462/11042、11043
【长编影】333/1 上；335/6 上；452/3 上；462/
　11 上
【宋会要】方域 8 之 28/7454、20 之 3/7526、20
　之 3/7652、20 之 9/7655
【汇编】中四 4460、4464、4485；中五 5047、
　5048、5081、5082、5247；中六 5783、5784

熨斗坪堡　又作熨斗平堡，通远军，宋神宗元
　丰五年置
【长编标】329/7915
【长编影】329/3 上
【甘肃新通志】9/舆地志·关梁·巩昌府·安定
　县/33 下
【汇编】中四 4397；补遗 7379

劈通川堡　西安州
【宋史】87/地理志 3/2161
【汇编】中六 5517

劈通流　西安州
【宋史】87/地理志 3/2161
【汇编】中六 5517

十六画

颠倒堡 原州临泾县
【宋史】87/地理志 3/2158
【汇编】中六 5837

薄家庄 岢岚军、火山军之间
【范文正公集】西夏堡寨/2 上
【汇编】中二 2641

冀城 秦州
【宋史】258/曹琮传/8989
【甘肃新通志】14/建置志·城池/20 上
【汇编】中一 1737；补遗 7476

螅蜊峪 葭州
【吴堡县志】1/疆域/2 上
【汇编】补遗 7491

蹉库 又作蹉鹃，泾原
【长编影】149/9 下

蹉鹃 又作蹉库，泾原
【长编标】149/3607

默宁 又作木宁，泾原
【长编影】132/2 上

默隆庄 又作埋浪庄，府州
【长编影】193/17 上
【汇编】中三 3272

穆宁 水洛城附近
【长编标】144/3486
【长编影】144/10 上

穆楞川 熙州
【长编标】240/5834
【长编影】240/10 上
【汇编】中四 3820

篯南 熙河
【宋史】350/苗授传/11068
【长编标】316/7637
【长编影】316/1 上
【汇编】中四 4174、4197

篯南城 董毡遣兵击夏国处
【宋会要】蕃夷 6 之 16/7826、6 之 21/7829

赞长堡 又作捞汤堡，熙河
【长编标】271/6641
【长编影】271/8 上
【汇编】中四 4003

赞占堡 通远军
【长编标】470/11229
【长编影】470/11 上
【汇编】中五 5138

赞纳克城 熙河，宋神宗熙宁七年二月置
【长编标】250/6080、6081、6094
【长编影】250/1 上
【汇编】中四 3920、3921

衡家堡 环州通远县，旧麦泾堡
【宋会要】方域 20 之 13/7657、20 之 21/7671
【汇编】下 7014

膌家城 秦州
【长编标】149/3607
【汉滨集】6/7 上
【汇编】下 6694

雕巢堡 鄜延，宋仁宗庆历中筑
【宋史】323/周美传/10457
【长编标】135/3238
【汇编】上 233

雕窠铺 鄜延
【长编标】301/7331
【长编影】135/22 下；301/11 下
【汇编】中四 4107

十七画

勩启楼堡 环州
【宋会要】食货 19 之 8/5127

戴王井 鄜延，宋徽宗崇宁五年筑，赐名镇西
【皇宋十朝纲要】16/15 下
【汇编】中六 5812

戴原寨 环州
【宋会要】兵 27 之 20/7256
【汇编】中一 1596

擦珠堡 秦州天水县，宋神宗熙宁元年改为通渭堡
【宋史】87/地理志 3/2155
【汇编】中六 5835

擦珠堡 秦州毕利城
【宋会要】方域 20 之 1/7651

擦珠谷堡 秦凤，赐名通渭堡
【宋会要】方域 20 之 7/7654

锡厮狐川 兰州

【宋史】87/地理志 3/2166

【汇编】中六 5840

邈川城 熙河

【宋史】87/地理志 3/2167

【甘肃新通志】14/建置志·城池/38 上

【汇编】中六 5937；补遗 7475

濯筋水堡 延州肤施县

【元丰九域志】3/108

【汇编】中四 4009

十八画

榛珠 秦凤

【宋会要】兵 28 之 4/7271

礓石寨 庆州

【长编标】232/5637

【长编影】232/8 下

【汇编】中四 3763

礓诈砦 庆阳府安化县，宋神宗元丰五年收复
赐名安疆寨，宋哲宗元祐四年给赐夏人

【宋史】87/地理志 3/2150、2151

【汇编】中六 5832

礓诈寨 又作嘉木札寨，庆州安化县，宋神宗
元丰五年收复赐名安疆寨

【长编标】319/7706；323/7776

【长编影】319/6 下

【宋会要】方域 18 之 10/7614

【汇编】中四 4238；中六 5310

镰刀砦 丰林县，宋仁宗庆历五年修复

【宋史】485/夏国传上/13999

【长编标】152/3706；154/3735

【长编影】152/9 下；154/1 上

【宋大诏令集】233/赐西夏诏（庆历四年十月
庚寅）/908

【宋会要】方域 18 之 31/7625

【安阳集】家传 4/17 下

【汇编】上 66；中三 2998、3013、3031、3077

十九画

蟾牟山堡 熙河

【长编标】470/11232

【长编影】470/12 上

膻哥堡 乐州，宋哲宗元符二年收复，三年赐
名宁川堡

【宋史】87/地理志 3/2167

【宋会要】兵 9 之 3/6907；方域 20 之 2/7651

【长编纪事本末】139/5 下、13 下

【汇编】中六 5615、5687、5730、5731、5741、
5937

二十画

耀武镇 渭州平凉县

【宋史】191/蕃兵/4754

【长编标】139/3340

【长编影】139/3 上

【宋会要】礼 25 之 9/959；食货 15 之 19/5072、
22 之 3/5157；兵 27 之 29/7261、27 之 31/
7262

【武经总要】前集 18 上/18 上

【元丰九域志】3/13

【汇编】中一 1372；中二 2652；中三 3397；中
四 3838；下 7020

耀德镇 环州

【宋史】280/田绍斌传/9497

【长编标】44/949、950

【长编影】44/16 上

【武经总要】前集 18 上/12 下、15 下

【汇编】中一 1094、1137、1142、1208、1210

二十一画

麝香堡 庆阳府

【宋史】87/地理志 3/2153

【汇编】中六 5833

3. 金朝与西夏交界或相关的城镇堡寨及其他地名

二画

八馆 天德

【大金国志】13/海陵炀王纪上/1 下

【系年要录】181/3015

【中兴小纪】4/52

【松漠纪闻】1 上/5

【汇编】下 6150、6571、6584、6606

九羊寨　凤翔

【金史】26/地理志下/646；134/西夏传/2868

【汇编】上 128；下 6963

九星原　环庆

【金史】26/地理志下/650；134/西夏传/2867

【大金吊伐录】4/139

【汇编】上 127；下 6094、6103

三画

三川寨　凤翔

【金史】26/地理志下/646

【汇编】下 6963

三阳务　凤翔

【金史】26/地理志下/647

【汇编】下 6964

三塠山　鄜延

【金史】26/地理志下/648

【汇编】下 6965

大北岔　陕西行省

【金史】15/章宗纪中/329；134/西夏传/2873

【汇编】上 133；下 6849

大谷　鄜延

【大金吊伐录】4/139

【汇编】下 6094

大昌镇　庆原

【金史】26/地理志下/651

【汇编】下 6971

大顺城　庆原

【金史】26/地理志下/650

【汇编】下 6970

大通城　临洮

【金史】16/章宗纪下/361；26/地理志下/654；
113/白撒传/2486；134/西夏传/2875

【长编纪事本末】140/1 下

【汇编】上 135；中六 5760；下 6877、6878、
6975

万全寨　鄜延

【大金吊伐录】4/139

【汇编】下 6094

万安川　鄜延

【大金吊伐录】4/139

【汇编】下 6094

万安寨　延州，宋仁宗庆历前置

【金史】26/地理志下/648

【汇编】下 6965

义合寨　鄜延绥德州

【金史】26/地理志下/649

【汇编】下 6966

弓门寨　凤翔

【金史】26/地理志下/647

【汇编】下 6964

飞泉寨　凤翔

【金史】26/地理志下/646

【汇编】下 6963

马岭坂　庆原

【金史】26/地理志下/651

【汇编】下 6970

四画

开边寨　庆原

【金史】26/地理志下/652

【汇编】下 6971

开光堡　鄜延

【金史】26/地理志下/649

【大金吊伐录】4/139

【汇编】下 6094、6966

开远堡　凤翔

【金史】26/地理志下/646

【汇编】下 6963

天圣寨　凤翔

【金史】26/地理志下/646

【汇编】下 6963

云岩镇　鄜延

【金史】26/地理志下/648

【汇编】下 6966

木瓜堡　庆原

【金史】26/地理志下/651

【金史】26/地理志下/646

【汇编】下 6963

白草寨　鄜延

【金史】26/地理志下/649

【汇编】下 6966

白豹城　庆原

【金史】26/地理志下/652

【汇编】下 6970、6972

乐盘镇　鄜延

【金史】26/地理志下/648

【汇编】下 6965

宁安寨　凤翔

【金史】26/地理志下/646；134/西夏传/2875

【汇编】上 135；下 6963

宁远城　临洮

【金史】26/地理志下/654

【汇编】下 6975

宁远寨　临洮

【金史】26/地理志下/655

宁河堡　河东北路

【金史】26/地理志下/632

【汇编】下 6962

宁河寨　河东北路

【金史】26/地理志下/632

【汇编】下 6962

宁洮寨　金太宗天会九年金取

【金史】19/睿宗宗尧纪/409；80/阿离补传/
　1810；84/完颜昂传/1877

【汇编】下 6258

永平寨　鄜延

【金史】26/地理志下/648

【汇编】下 6965

永和寨　庆原

【金史】26/地理志下/651

【汇编】下 6970

永和镇　鄜延

【金史】26/地理志下/649

【汇编】下 6966

永祚堡　河东北路

【金史】26/地理志下/632

【汇编】下 6962

六画

西关堡　临洮

【金史】26/地理志下/654；134/西夏传/2872、
　2873

【汇编】下 6975

西赤城　凤翔

【金史】26/地理志下/646

【汇编】下 6963

西顾堡　凤翔

【金史】26/地理志下/647

【汇编】下 6964

西壕寨　庆原

【金史】26/地理志下/652

【汇编】下 6971

百里镇　庆原

【金史】26/地理志下/652

【汇编】下 6972

过腰带　云中西北

【大金国志】13/海陵炀王纪上/1 下

【汇编】下 6584

吐禄泺　乙室耶剌部

【金史】3/太宗纪/49；134/西夏传/2866

【汇编】上 125；中六 5977

伏羌城　凤翔

【金史】26/地理志下/647

【汇编】下 6964

华池寨　庆原

【金史】26/地理志下/650

【汇编】下 6970

合水寨　庆原

【金史】26/地理志下/650

【汇编】下 6970

合苏馆　在河东，有八馆，与金粟城、五花城
　隔河相近

【松漠纪闻】8 下

【汇编】中六 6011

合道镇　庆原

【金史】26/地理志下/651

【汇编】下 6970

交城镇　庆原

【金史】26/地理志下/651

【汇编】下 6970

庆平堡　临洮
【金史】26/地理志下/654
【汇编】下6974

羊狼寨　黄鹤岔附近
【金史】15/宣宗纪中/331；134/西夏传/2865
【汇编】上134；下6850

安边寨　庆原
【金史】26/地理志下/651
【汇编】下6970

安羌堡　临洮
【金史】26/地理志下/654
【汇编】下6975

安陇寨　金太宗天会九年金取
【金史】19/睿宗宗尧纪/409；80/完颜大传/
1810、阿离补传/1810；84/完颜杲传/1878、
完颜昂传/1886
【汇编】下6258

安国镇　凤翔
【金史】26/地理志下/646
【汇编】下6963

安定堡　鄜延
【金史】26/地理志下/644；134/西夏传/2874、
2875
【汇编】上135、136；下6965

安寨堡　鄜延
【金史】14/宣宗纪上/319；15/宣宗纪中/345；
16/宣宗纪下/359；91/杨仲武传/2019；101/
马古论庆寿传/2239；112/完颜合达传/2464、
2465；134/西夏传/2873
【汇编】中六5835

安寨堡　鄜延
【金史】26/地理志下/648
【汇编】下6965

安疆寨　庆原
【金史】26/地理志下/650
【汇编】下6970

兴平城　庆原
【金史】26/地理志下/651
【汇编】下6970

米脂寨　鄜延
【金史】24/地理志上/549；26/地理志下/649、
650；134/西夏传/2867
【汇编】下6966

七画

杨班湫　鄜延
【金史】26/地理志下/649
【汇编】下6966

克戎寨　鄜延
【金史】26/地理志下/649
【汇编】下6966

克胡寨　河东北路
【金史】26/地理志下/632
【汇编】下6961

杏子堡　鄜延
【大金吊伐录】4/139
【汇编】下6094

赤城镇　庆原
【金史】26/地理志下/650
【汇编】下6970

来同堡　临洮
【金史】26/地理志下/654
【汇编】下6975

来羌城　临洮
【金史】14/宣宗纪上/318；16/宣宗纪下/356；
26/地理志下/654；113/完颜赛不传/2480；
134/西夏传/2873、2875
【汇编】上133；下6843、6871、6975

来宾城
【金史】80/阿离补传/1810
【汇编】下6258

扶风　凤翔
【金史】113/赤盏合喜传/2493
【汇编】下6880

护川堡　河东北路
【金史】26/地理志下/632
【汇编】下6962

吴堡砦　河东北路
【金史】26/地理志下/632
【汇编】下6962

园林堡　鄜延
【金史】26/地理志下/649
【汇编】下6966

怀宁寨　鄜延
【金史】26/地理志下/649
【汇编】下6966

怀远　凤翔

【金史】26/地理志下/646

【汇编】下 6963

汧阳郡　凤翔

【金史】26/地理志下/647

【汇编】下 6964

张义寨　凤翔

【金史】26/地理志下/646

【汇编】下 6963

灵平砦　凤翔

【金史】26/地理志下/646

【汇编】下 6963

灵宝　陕西

【金史】111/纥石烈牙吾塔传/2459

【汇编】下 6908

阿干堡　临洮

【金史】26/地理志下/654

【汇编】下 6975

阿原堡　环庆

【大金吊伐录】4/139

【汇编】下 6094

陇安寨　鄜延

【金史】26/地理志下/647

【汇编】下 6965

邵寨镇　庆原

【金史】26/地理志下/652

【汇编】下 6971、6972

纳米镇　临洮

【金史】26/地理志下/654

【汇编】下 6975

八画

武延川　泾原

【金史】134/西夏传

【汇编】上 132

板井口　泾原

【大金吊伐录】4/139

【汇编】下 6094

枣社镇　庆原

【金史】26/地理志下/651

【汇编】下 6971

卧山台　环庆

【大金吊伐录】4/139

【汇编】下 6094

昂阿下水　天德军

【三朝北盟会编】10/4 下

【汇编】中六 5953

和尚原　旧属金临洮

【金史】12/章宗纪 4/277

【汇编】下 6816

和政寨　金太宗天会九年取

【金史】19 睿宗宗尧纪/409；80/阿离补传/1810

【汇编】下 6258

征原堡　西安州

【大金吊伐录】4/139

【汇编】下 6094

质孤堡　临洮

【金史】15/宣宗纪中/340；16/宣宗纪下/364；26/地理志下/654；134/西夏传/2874、2875

【汇编】上 135；下 6856、6879、6975

金汤寨　鄜延

【金史】26/地理志下/649

【汇编】下 6966

金柜镇　庆原

【金史】26/地理志下/650

【汇编】下 6970

床穰镇　凤翔

【金史】26/地理志下/647

【汇编】下 6964

治平砦　凤翔

【金史】26/地理志下/646

【汇编】下 6963

定边寨　庆原

【金史】26/地理志下/651

【汇编】下 6970

定戎镇　凤翔

【金史】26/地理志下/647

【汇编】下 6964

定西寨　凤翔

【金史】26/地理志下/647

【汇编】下 6964

定安堡　鄜延

【金史】72/娄室传/1652

【汇编】下 6160

定远寨　环庆

【金史】8/阿离补传/1810

【汇编】下 6258

宕遵源　麟州

【大金国志】17/世宗纪/4 下

【汇编】下 6767

官地寨　庆原

【金史】26/地理志下/652

【汇编】下 6972

弥川寨　河东北路

【金史】26/地理志下/632

【汇编】下 6962

九画

柳泉镇　庆原

【金史】26/地理志下/652

【汇编】下 6971

南川堡　临洮

【金史】26/地理志下/654、655

【汇编】下 6974

荡羌寨　凤翔

【金史】26/地理志下/646；134/西夏传/2865

【汇编】上 128；下 6963

荔原堡　庆原

【金史】26/地理志下/652

【汇编】下 6970、6972

要关镇　庆原

【金史】26/地理志下/651

【汇编】下 6971

殄羌砦　鄜延

【大金吊伐录】4/139

【汇编】下 6094

威川寨　泾原

【金史】26/地理志下/650；134/西夏传/2867

【大金吊伐录】4/139

【皇宋十朝纲要】17/18 下

【汇编】下 6094、6103

威边寨　环庆

【金史】26/地理志下/650

【大金吊伐录】4/139

【汇编】下 6094、6103

威戎堡　凤翔

【金史】26/地理志下/645

【汇编】下 6962

临潼

【金史】82/萧恭传/1839

【汇编】下 6608

临夏寨　鄜延

【金史】26/地理志下/649

【大金吊伐录】4/139

【汇编】下 6094、6966

临滩堡　临洮

【金史】26/地理志下/654

【汇编】下 6975

曷董馆

【大金国志】3/太宗纪 3/7 下

【三朝北盟会编】25/5 上

【汇编】中六 5993

秋山堡　环庆

【大金吊伐录】4/139

【汇编】下 6094

保大馆　河东

【大金国志】3/太宗纪/7 下

【三朝北盟会编】25/5 上

【汇编】中六 5993

顺宁寨　鄜延

【金史】26/地理志下/649

【汇编】下 6966

亭口镇　庆原

【金史】26/地理志下/651

【汇编】下 6971

阁川水　凤翔

【金史】26/地理志下/646

【汇编】下 6963

洪德砦　庆原

【金史】26/地理志下/651

【汇编】下 6970

神木砦　河东北路

【金史】26/地理志下/632

【汇编】下 6962

神林堡　德顺军

【金史】16/宣宗纪下/363；134/西夏传/2875

【汇编】上 135；下 6879

神泉砦　河东北路

【金史】26/地理志下/632

【汇编】下 6962

神崖馆

【大金国志】3/太宗纪 3/7 下

【三朝北盟会编】25/5 上

【汇编】中六 5993

贺罗口　泾原

【大金吊伐录】4/139

【汇编】下 6094

贺罗川　泾原

【大金吊伐录】4/139

【汇编】下 6094

贺家原　环庆

【大金吊伐录】4/139

【汇编】下 6094

柔远寨　庆原

【金史】26/地理志下/650

【汇编】下 6970

结耶猪川　熙河

【金史】14/宣宗纪上/319；113/完颜赛不传/
　　2480；134/西夏传/2873

【汇编】上 133；下 6843

结藏城　凤翔

【金史】26/地理志下/647

【汇编】下 6964

十画

秦安城

【甘肃新通志】14/建置志·城池/24

【汇编】下 6583

晋安堡　河东北路

【金史】26/地理志下/632

【汇编】下 6962

原川镇　金临洮

【金史】26/地理志下/654

【汇编】下 6975

射香堡　庆原

【金史】26/地理志下/651

【汇编】下 6970

鸳鸯泊　云中

【三朝北盟会编】12/4 上

【汇编】中六 5966

鸳鸯泺　袭辽主于此

【金史】3/太祖纪/47；70/习室传/1623

【汇编】中六 5948、5974

高峰镇　定西州

【金史】134/西夏传/2875

【汇编】上 135

流井堡　庆原

【金史】26/地理志下/651

【汇编】下 6970

窨土峡　会州

【金史】103/乌古论长寿传/2271

【汇编】下 6834

通归堡　环庆

【大金吊伐录】4/139

【汇编】下 6094

通边寨　凤翔

【金史】26/地理志下/646

【汇编】下 6963

通关堡　泾原

【大金吊伐录】4/139

【汇编】下 6094

通谷堡　临洮

【金史】26/地理志下/654

【汇编】下 6974

通怀堡　秦凤

【金史】26/地理志下/650

【大金吊伐录】4/139

【汇编】下 6094、6103

通峡寨　凤翔

【金史】26/地理志下/646；134/西夏传/2865

【汇编】上 128；下 6963

通津堡　临洮

【金史】26/地理志下/632

【汇编】下 6975

通秦砦　隆州附近

【金史】15/宣宗纪中/344、345

【汇编】下 6858

通秦堡　河东北路

【金史】26/地理志下/632

【汇编】下 6962

通秦寨 河东北路

【金史】15/章宗纪中/345；26/地理志下/632；
112/完颜合达传/2464；116/内族·承立传/
2551；134/西夏传/2865

【榆林府志】4/葭州·水/16 上

【汇编】上 134；下 6858、6859、6861、6962

通晋堡 河东北路

【金史】26/地理志下/632

【汇编】下 6962

绥戎堡 泾原

【大金吊伐录】4/139

【汇编】下 6094

十一画

乾兴堡 凤翔

【金史】26/地理志下/646

【汇编】下 6963

萧镇 庆原

【金史】26/地理志下/652

【汇编】下 6971

黄鹤岔

【金史】15/宣宗纪中/331；134/西夏传/2874

【汇编】上 134；下 6849

常宁寨 庆原

【金史】26/地理志下/652

【汇编】下 6971

野鹊馆

【大金国志】3/太宗纪 3/7 下

【三朝北盟会编】25/5 上

【汇编】中六 5993

累胜寨 鄜延

【金史】134/西夏传/2867

【汇编】上 127

累胜寨 鄜延

【金史】26/地理志下/650

【大金吊伐录】4/139

【汇编】下 6094、6103

得胜堡 凤翔

【金史】26/地理志下/646

【汇编】下 6963

猪觜镇 临洮

【金史】26/地理志下/654

【汇编】下 6975

康定堡 河东北路

【金史】26/地理志下/632

【汇编】下 6962

鹿儿原 新泉城附近

【金史】113/赤盏合喜传/2493；134/西夏传/
2874

【汇编】上 134、6863

清河城 陕西

【金史】111/纥石烈牙吾塔传/2459

【汇编】下 6935

清泉镇 庆原

【金史】26/地理志下/652

【汇编】下 6971

清涧城 鄜延

【金史】26/地理志下/649

【汇编】下 6966

隃糜泽 凤翔

【金史】26/地理志下/652

【汇编】下 6964

隆德砦 凤翔

【金史】26/地理志下/646

【汇编】下 6963

巢寨谷 环庆

【大金吊伐录】4/139

【汇编】下 6094

十二画

塔子平榷场 庆原

【金史】26/地理志下/651

【汇编】下 6970

彭池原 庆原

【金史】26/地理志下/650

【汇编】下 6970

彭阳堡 凤翔

【金史】26/地理志下/646

【汇编】下 6963

董志镇 庆原

【金史】26/地理志下/650

【汇编】下 6970

惠丁堡　庆原
【金史】26/地理志下/651
【汇编】下 6970

景骨城　临洮
【金史】26/地理志下/654
【汇编】下 6974

循化城　临洮
【金史】26/地理志下/654
【汇编】下 6975

渭平寨　鄜延
【金史】72/娄室传/1652
【汇编】下 6160

渭源堡　临洮
【金史】26/地理志下/654
【汇编】下 6974

裕民馆
【大金国志】3/太宗纪 3/7 下
【三朝北盟会编】25/5 上
【汇编】中六 5993

强川堡　河东北路
【金史】26/地理志下/632
【汇编】下 6962

十三画

榆林馆
【大金国志】3/太宗纪 3/7 下
【三朝北盟会编】25/5 上
【汇编】中六 5993

禁坑　陕西
【金史】103/完颜仲元传/2266
【汇编】下 6844

暖泉堡　鳞府
【金史】26/地理志下/650；134/西夏传/2867
【大金吊伐录】4/139
【汇编】上 127；下 6094、6103

暖泉寨　鄜延
【金史】26/地理志下/649
【汇编】下 6966

睦阳川　庆原
【金史】26/地理志下/650

【汇编】下 6970

嗣武城　鄜延
【金史】26/地理志下/644
【汇编】下 6966

靖安砦　庆原
【金史】26/地理志下/652
【汇编】下 6971

新兴镇　凤翔
【金史】26/地理志下/647
【汇编】下 6964

新城堡　庆原
【金史】26/地理志下/652
【汇编】下 6971

新泉城　镇戎军附近
【金史】113/赤盏合喜传/2493；134/西夏传/2865
【汇编】上 134；下 6863

鄜城　鄜延
【金史】26/地理志下/649
【汇编】下 6966

溪哥城　临洮
【金史】113/白撒传/2486
【汇编】下 6872

十四画

静边寨　凤翔府
【金史】26/地理志下/644
【汇编】下 6963

静边寨　保安州
【金史】26/地理志下/644
【汇编】下 6966

厮刺馆　河东
【大金国志】3/太宗纪 3/7 下
【三朝北盟会编】25/5 上
【汇编】中六 5993

熙宁寨　凤翔
【金史】26/地理志下/646
【汇编】下 6963

锹镢川口　泾原
【大金吊伐录】4/139
【汇编】下 6094

十五画

镇边寨　*鄜延*
【金史】26/地理志下/649
【汇编】下 6966

德安寨　*鄜延*
【金史】26/地理志下/648
【汇编】下 6965

德靖砦　*鄜延*
【金史】26/地理志下/649
【汇编】下 6966

熟羊寨　*临洮*
【金史】14/宣宗纪上/315；103/乌古论长寿传/2272；106/移剌塔不也传/2347；134/西夏传/2872
【汇编】上 132；下 6840、6841、6842

十七画

曙鸡岭寨　*环庆*
【大金吊伐录】4/139
【汇编】下 6094

二十画

耀武镇　*凤翔*
【金史】26/地理志下/646
【汇编】下 6963

（三）与西夏交界或相关的山川、关津、道路与驿站

1. 辽朝与西夏交界或相关的山川、关津、道路与驿站

二画

九十九泉　*天德军，集军于此伐夏*
【辽史】19/兴宗纪 2/231；41/地理志 5/508
【长编标】152/3705

【长编影】152/8 下
【欧阳文忠公全集】23/赠刑部尚书余襄公神道碑铭/8 下
【汇编】中三 2975、2988、2990

四画

太保山　*庆州*
【辽史】37/地理志 1/444
【汇编】中一 1680

五画

永安山　*京西北路*
【辽史】16/圣宗纪 7/193；17/圣宗纪 8/197、199、200、202、203；18/兴宗纪 1/211、222；19/兴宗纪 2/230；20/兴宗纪 3/237、244、246；21/道宗纪 1/255、256、258；68/游幸表/157、162、163、165、167、172、176
【汇编】中三 2924

六画

夹山　*天德军北，天祚帝避金兵于此*
【太平治迹统类】26/15 上
【长编标】150/3636；151/3679、3680；152/3711
【长编影】150/13 上；151/14 下；152/13 下
【三朝北盟会编】9/10 下；12/4 上
【宋会要】蕃夷 2 之 37/7710
【欧阳文忠公全集】115/河东奉使奏草/21 下；118/河北奉使奏草/18 上
【范文正公集】政府奏议下/边事/12 上
【儒林公议】下/3 下
【汇编】中三 2935、2967、2976、2977、3007、3033；中六 5957、5966、5982、5984；补遗7298

八画

垆朐河　*又作泸朐河，黑山之西*
【辽史】91/耶律唐古传/1362
【汇编】中一 1456

河西
【辽史】13/圣宗纪 4/149；36/属国军条/431；
　70/属国表/1143；86/耶律合里只传/1327；
　93/萧惠传/1374
【汇编】中三 3023

九画

草城川贼路　　岢岚以北
【宋会要】兵 27 之 8/7250

十一画

黄河
【辽史】15/圣宗纪 6/173；30/天祚帝纪 3/347、
　354；87/萧孝友传/1334、1335；93/萧惠传/
　1375；114/萧迭里得传/1515、萧特烈传/
　1517；115/西夏记/1527
【汇编】上 120；中一 1515；中三 3010、3093、
　3148、3157；中六 5973

银瓮口　　河东附近
【欧阳文忠公全集】115/河东奉使奏草/21 下
【汇编】中三 2966

十二画

黑山　　辽西南封域
【辽史】33/行营/374；91/耶律唐古传/1362
【汇编】中一 1456

黑河　　庆州
【辽史】37/地理志 1/444
【汇编】中一 1680

十四画

模㪍山　　黄河北
【辽史】15/圣宗纪 6/173
【汇编】中一 1515

十七画

翼只水　　蕃部逆命者居

【辽史】94/耶律化哥传/1381
【汇编】中一 1518

2. 宋朝与西夏交界或相关的山川、关津、道路与驿站

二画

十二盘路口　　环庆
【长编标】126/2966
【长编影】126/2 上

丁令谷　　西宁州
【宋史】87/地理志 3/2169
【长编纪事本末】139/19 上
【汇编】中六 5752、5854

丁令宗谷　　湟州
【长编纪事本末】140/2 下
【汇编】中六 5762

七襄平、雅克青哈至金明路　　鄜延
【长编标】82/1870
【长编影】82/8 上

九羊谷　　泾原
【宋会要】方域 18 之 6/7612、19 之 16/7633、
　19 之 15/7633

九羊谷、白草原趋天都大路　　泾原
【长编标】487/11566
【长编影】487/4 下

九陵水　　宁州安定县
【元丰九域志】3/117
【汇编】中四 4063

三画

三川谷　　镇戎军
【宋会要】兵 27 之 29/7261
【汇编】中二 2652

三川路　　泾原
【长编标】225/5494
【长编影】225/23 上
【宋会要】兵 28 之 10/7274
【汇编】中三 3712

三分山谷　保安军
【武经总要】前集 18 上/6 下
【汇编】中一 973

三危山　瓜州
【宋会要】方域 5 之 8/7387
【汇编】下 7005

三交川岭　晋宁军
【宋史】86/地理志 2/2138
【汇编】中六 5858

三交堡　晋宁军
【宋史】86/地理志 2/2138
【汇编】中六 5858

三松岭　麟府
【宋史】289/高继宣传/9697；326/张岊传/
10523
【汇编】上 235；中二 2482

三菱河　府州
【武经总要】前集 17/14 上
【汇编】中一 926

三都谷　秦州
【宋史】258/曹玮传/8986；310/李迪传/10171；
492/吐蕃传/14159；唃厮啰传/14160
【长编标】88/2012；111/2587；132/3142、3151
【长编影】88/2 上；111/10 下；132/17 上、26
下
【玉海】174/37 上
【宋会要】兵 14 之 17/7001、27 之 27/7260
【宋朝事实类苑】78/1022 引东轩笔录
【元宪集】33/宋故推诚翊戴功臣彰武军节度延
州管内观察处置等使曹公墓志铭/345
【东轩笔录】2/1 上
【乐全集】22/20 下；22/秦州奏唃厮啰事/21 上
【隆平集】9/枢密曹玮传/11 下
【名臣碑传琬琰集】中集 43/曹武穆公玮行状/
1032、1034
【稽古录】18/85 下
【儒林公议】上/4 上
【汇编】中一 1530、1554、1555、1556、1559、
1560、1561、1562、1563、1566、1587、
1604、1673；中二 2295、2313、2522；补遗
7247

三都谷路　秦州

【潞公文集】38/举官/3 上
【汇编】补遗 7292

三都谷至渭州静边堡路
【宋会要】兵 27 之 28/7260

三诺巩哥岭　河湟
【宋史】87/地理志 3/2168
【汇编】中六 5938

土侯谷　环州
【宋会要】食货 19 之 8/5127

大小设遮谷　熙河
【长编影】473/2 下
【汇编】中五 5153

大小实结谷　熙河
【长编标】473/11281

大小铁锅二山　绥德城地隔黄河大小铁锅二山
【宋会要】方域 8 之 32/7456

大力川　即大理河
【陕西通志】13/山川 6·绥德州/51 下
【汇编】补遗 7248

大卢川路　原州新城镇控大卢川路
【武经总要】前集 18 上/18 上
【汇编】中一 967

大虫谷道　环州
【长编标】479/11407
【长编影】479/7 上
【汇编】中五 5195

大里河　又作大理水、大理河，在绥德城西北
城下，出沙漠，东流入无定河
【长编标】81/1840；492/11680、11682；494/
11730；498/11859
【长编影】81/3 下；492/4 上；494/4 上；498/
15 下
【皇宋十朝纲要】14/1 下
【范文正公集】西夏堡寨/4 下
【隆平集】20/夷狄传/3 下
【汇编】上 113；中一 1514；中二 2644；中五
5253；中六 5337、5339、5355、5397

大岘川　入灵武路，环州，平远砦控
【武经总要】前集 18 上/13 下、14 上
【汇编】中一 1612、1613

大陇山　秦州清水县
【元丰九域志】3/122

【汇编】中一930

大和谷　麟府进筑

【宋史】86/地理志 2/2135

【长编标】514/12224

【长编影】514/13 上

【皇宋十朝纲要】14/6 上

【汇编】中六 5582、5585、5826

大河　黄河

【宋史】335/种谔传/10746

【长编标】435/10487；460/10998

【长编影】435/12 下；460/3 下

【宋会要】兵 28 之 42/7290

【奏议标】133/范仲淹·上仁宗再议攻守/1478；
　134/韩琦·上仁宗论备御七事/1494；139/范
　纯粹·上哲宗乞不妄动以观成败之变/1570

【奏议影】133/范仲淹·上仁宗再议攻守/4546；
　134/韩琦·上仁宗论备御七事/4593；139/范
　纯粹·上哲宗乞不妄动以观成败之变/4828

【蒙兀儿史记】3/成吉思可汗本纪下/30 下

【汇编】中四 4040；中六 5275；下 6906

大胡河　原州

【元丰九域志】3/132

【汇编】中一 1196

大顺川　庆州

【宋会要】方域 8 之 28/7454

大顺路　环庆

【宋会要】兵 28 之 10/7274

大神山　怀柔东南

【陇右金石录】3/65 下

【甘肃新通志】14/建置志·城池/13 下

【汇编】补遗 7404、7418

大铁锅山　河东

【宋会要】方域 8 之 30/7455

【汇编】下 7011

大铁碣山　与绥州相隔

【长编标】51/1124

【长编影】51/16 下

【武经总要】前集 18 下/西蕃地界/1 上

【汇编】中一 1309、1727

大通河　河湟

【甘肃新通志】13/舆地志·古迹·凉州府·平
　番县/47 上

【汇编】补遗 7335

大通河桥　熙河

【宋史】328/王厚传/10584

【皇宋十朝纲要】16/12 下

【汇编】中六 5790、5791

大理川　即大理河，在绥德州西北城下

【陕西通志】13/山川 6·绥德州/51 下

【汇编】补遗 7248

大理水　又作大理河、大里河，在绥德城西北
　城下，出沙漠，东流入无定河

【东都事略】61/种谔传/4 下

【延安府志】7/绥德州·山川/2 下

【汇编】上 174、232；中三 3446；补遗 7321

大理河　又作大理水、大里河，在绥德城西北
　城下，出沙漠，东流入无定河

【宋史】253/折御卿传/8865；323/周美传/
　10457；332/赵卨传/10683

【长编标】485/11518、11519

【长编影】485/1 上、2 上

【武经总要】前集 18 上/1 下、7 上

【陕西通志】13/山川 6·绥德州/51 下；16/关
　梁 1·延安府·安定县/28 下、山脉/6 下

【横山县志】1/地理志·山脉/7 上

【汇编】中三 3028、3129、3455；中六 5277；
　补遗 7248、7304、7351

大堡津　保德军，宋真宗咸平四年置

【元丰九域志】4/179

【长编标】61/1374

【长编影】61/16 下

【武经总要】前集 11/18 下；17/12 下

【汇编】中一 1290、1413、1428；中三 3078

大槃山　鄜州

【元丰九域志】3/114

【汇编】中二 2146

大寨泉　环庆

【长编标】513/12199、12205

【长编影】513/6 下、12 上

【龟山集】33/钱忠定公（即，字中道）墓志铭
　/11 下

【汇编】中六 5565、5574；补遗 7413、7414

大横水　麟州

【长编标】185/4469；193/4679

【长编影】185/2 下；193/17 上

【司马文正公集】4/章奏 2/9 上

【宋会要】兵 27 之 41/7267、27 之 44/7268

【武经总要】前集 17/17 上

【汇编】中一 1038；中三 3224、3234、3266、3272

大震关　仪州

【武经总要】前集 18 上/27 上

【汇编】中一 974

万户谷　麟州

【宋史】253/折御卿传/8863

【长编标】45/964

【长编影】45/9 上

【宋会要】方域 21 之 4/7663

【汇编】上 35、172；中一 1211

万惠岭　泾原将王恩整军出万惠岭

【宋史】350/王恩传/11088

【汇编】中五 4556

上下永宁关　河东隰州

【宋会要】方域 12 之 18/7528

上木竹谷　秦州

【甘肃新通志】13/舆地志·古迹·秦州直隶州·礼县/24 下

【汇编】补遗 7238

上平关　河东隰州

【宋会要】食货 16 之 2/5073、19 之 10/5128；方域 12 之 5/7522

上源西驿　在惠宁西坊，掌河西蕃部贡奉，祥符元年改都亭西驿

【玉海】172/35 上

【汇编】补遗 7250

口铺　宋辽争口铺

【长编标】237/5772、5773；241/5884

【长编影】237/14 下；241/9 下

【汇编】中四 3800、3801、3830

义连铺　延州

【范文正公集】西夏堡寨/5 下

【汇编】中二 2645

广吴岭　秦凤古渭寨

【长编标】175/4224

女萌烽　晋宁军

【宋史】86/地理志 2/2138

【汇编】中六 5858

女遮川　熙河

【宋会要】方域 20 之 7/7654

小卢关　渭州

【武经总要】前集 18 上/16 上

【汇编】中一 1372

小卢谷　潘原县正当小卢谷蕃贼来路

【长编标】51/1121

【长编影】51/13 下

【汇编】中一 1307

小红崖　晋宁军

【宋史】86/地理志 2/2138

【长编标】514/12224

【长编影】514/13 上

【陕西通志】17/关梁 2·葭州/51 上

【汇编】中六 5585、5859；补遗 7397

小陇山　秦州

【元丰九域志】3/122

【汇编】中一 930

小陇山　渭州

【元丰九域志】3/130

【汇编】中四 3838

小神山　怀柔东南

【陇右金石录】3/65 下

【甘肃新通志】14/建置志·城池/13 下

【汇编】补遗 7404、7418

小铁锡山　河东

【宋会要】方域 8 之 30/7455

【汇编】下 7011

小铁碣山　与绥州相隔

【长编标】51/1124

【长编影】51/16 上

【武经总要】前集 18 下/西蕃地界/1 上

【汇编】中一 1309、1727

子午山　庆阳府

【金史】26/地理志下/650、651

【元丰九域志】3/117

【武经总要】前集 18 上/8 下

【汇编】中四 4063；下 6970、6971

子午狗道岭　鄜延

【宋会要】3517/职官 48 之 124

【汇编】中一 1526

子午岭　庆州凤川镇控子午岭入西夏界

【甘肃新通志】9/舆地志·关梁·庆阳府·合水县/59 上

【汇编】补遗 7286

子河汊　丰州控制子河汊一带蕃部

【宋史】5/太宗纪 2/96；253/折御卿传/8862、8863、王承美传/8869

【长编标】37/807；38/825

【长编影】37/2 上；38/7 下

【东都事略】28/1 上；123/附录 1/辽国/3 下

【宋会要】兵 24 之 1/7179、24 之 3/7180、24 之 12/7184、方域 21 之 2/7662

【武经总要】前集 17/20 上

【契丹国志】7/圣宗天辅皇帝纪/3 下

【隆平集】17/武臣传/11 下

【汇编】上 178、179；中一 952、1097、1098、1099、1112、1228、1516

子夏山　河东

【宋史】23/钦宗纪/430

【汇编】中六 6023

马屯山　渭州

【元丰九域志】3/131

【汇编】中四 3838

马岭　环州

【宋史】331/孙长卿传/10642

【元丰九域志】3/119

【长编标】51/1121；225/5494；479/11407

【长编影】51/13 下；225/23 上；479/7 上

【武经总要】前集 18 上/14 上、14 下

【汇编】中一 1096、1306、1371、1613；中三 3381、3712；中五 5195

马岭山　庆州

【元丰九域志】3/115

【汇编】中一 942

马岭川大路　环州

【武经总要】前集 18 上/12 下

【汇编】中一 1095

四画

开光谷　葭州

【宋史】257/李继隆传/8965；491/党项传/14139

【陕西通志】13/山川 6·葭州/59 上

【汇编】中一 1024；补遗 7241

开光岭　绥德州

【宋史】486/夏国传下/14008

【长编标】219/5330

【长编影】219/9 上

【陕西通志】17/关梁 2·绥德州/45 上

【汇编】上 74；中三 3652；补遗 7378

天门关　麟府

【宋史】289/高继宣传/9697

【三朝北盟会编】25/5 上

【汇编】中二 2482；中六 5991、5992

天山　鄜延

【长编标】489/11618

【长编影】489/14 下

【汇编】中六 5318

天井关　泾原

【梁溪集】54/6 上

【汇编】补遗 7457

天浑津　石州

【宋会要】食货 16 之 3/5074

天都山　也称西华山、西山，西安州

【宋史】87/地理志 3/2161；187/兵志 1/4580；190/河东陕西弓箭手/4717；253/折可适传/8867；258/曹玮传/8965；279/陈兴传/9483；332/游师雄传/10689；350/王恩传/11088；353/张叔夜传/11140；486/夏国传下/14011

【长编标】44/950；485/11522；486/11546；493/11712；494/11726、11727、11733、11749、11752、11756；495/11782；496/11796、11799、11800；498/11852；499/11873、11874、11880、11893；500/11906、11907、11911、11912；501/11933、11943；502/11964；503/11970；504/12013；505/12035、506/12055；508/12097；510/12142；511/12165；514/12215

【长编影】44/16 上；485/4 下；486/6 上；487/2 下；493/1 上、5 下、6 上、17 上、19 下、20 上、22 上、26 下；495/17 上；496/4 上；498/2 下、9 上、9 下、19 下；500/6 下、10 下；501/4 上、11 上；502/13 下；503/1 下、6 上；504/8 上、17 下；505/7 下；506/5 上；510/2 下、10 上、10 下、12 下

【宋大诏令集】9/哲宗谥册/42；142/哲宗谥议（崇德三年七月二十三日）/514；240/赐潘罗支诏（景德元年六月己卯）/944

【宋会要】礼20之95/812；食货40之10/5513；兵8之33/6903；方域5之42/7404、8之26/7453、18之5/7612、18之6/7632、21之19/7670

【皇宋十朝纲要】14/3下

【武经总要】前集18上/2下；18下/西蕃地界/1上

【奏议标】141/任伯雨·上徽宗论湟鄯/1594

【奏议影】141/任伯雨·上徽宗论湟鄯/4902

【中卫县志】1/山川/2下

【元宪集】33/宋故推诚翊戴功臣彰武军节度延州管内观察处置等使曹公墓志铭/344、352

【初寮集】6/定功继伐碑/1上

【宋名臣言行录续集】6/张叔夜/1下

【忠穆集】6/与折中古书/6下

【斐然集】14/折彦质赠父/13下

【名臣碑传琬琰集】中集43/曹武穆公玮公行状/1031

【甘肃新通志】6/舆地志·山川上·固原直隶州·海城县/26上；13/舆地志·古迹·兰州府·皋兰县/2上

【朔方新志】1/山川·中卫/21下

【海城厅志】山川/6下

【海城县志】6/古迹志/1下、3上

【嘉靖宁夏新志】3/中卫·古迹/40上

【汇编】中一 1210、1396、1401、1441、1495、1678、1727、1737；中六 5273、5279、5293、5298、5299、5346、5347、5352、5356、5357、5361、5363、5364、5371、5376、5378、5379、5380、5394、5402、5406、5410、5411、5419、5421、5422、5426、5429、5433、5434、5437、5443、5448、5449、5450、5451、5454、5458、5471、5472、5481、5508、5511、5512、5515、5516、5517、5538、5541、5544、5550、5556、5685、5686、5693、5979；下 6412、6414、7006、7011；补遗 7347、7388、7389、7390、7391、7393、7394、7441

天涧　河东

【长编标】510/12140；511/12054；513/12206

【长编影】510/8下；511/1上；513/11上

【玉海】14/咸平陕西河北地图/32下

【汇编】中六 5541、5551、5574

天涧路　通灵州

【长编标】49/1069

【长编影】49/5下

【玉海】14/咸平陕西河北地图/32下

【汇编】补遗 7244

天朝关　黄河边

【长编标】17/376

【长编影】17/13下

无定河　鄜延

【宋史】266/钱若水传/9170；277/索湘传/9420；323/周美传/10458；334/徐禧传/10722、高永能传/10726；350/曲珍传/11083；441/崔遵度传/13062；471/吕惠卿传/13707；486/夏国传下/14011

【长编标】214/5210；315/7620；317/7658、7674、7675；327/7874；329/7926

【长编影】214/16上；315/5下；317/2上、16下；318/1上；327/9上；329/11下、19上

【宋会要】兵8之25/6899、8之28/6901、8之29/6901、14之18/7001；方域8之30/7455、8之32/7456

【宋朝事实类苑】75/994；78/1021

【武经总要】前集18上/1下

【范文正公集】13/种君墓志铭/14下；西夏堡寨/5上

【涑水记闻】14/10上

【延安府志】7/绥德州·山川/2下；7/绥德州·米脂县·古迹/28下；7/绥德州·清涧县·山川/2下、16上

【陕西通志】13/山川6·绥德州/51下；13/山川6·绥德州·米脂县/53上、53下；17/关梁2·绥德州·米脂县/46下

【横山县志】1/地理志·山脉/7下；1/地理志·古迹/13上

【汇编】中二 2085、2644；中3/2923、3130、3587、3684、3698、3729；中四 4037、4158、4187、4188、4193、4208、4209、4213、4378、4386、4405、4406、4408、4414、4423、4426、4430；下 6942、7011；补遗 7248、7321、7345、7346、7350、7351、

7352、7416

无定河川　绥州城下

【长编标】329/7932、7938

【长编影】329/16 下、21 上

韦精山　又作威经山，过会州即入

【长编标】509/12129

【长编纪事本末】140/3 上

【朱文公集】71/记濡水集二事/18 下

【朔方新志】1/山川·中卫/21 下

【汇编】中六 5764；下 7029；补遗 7390

木鱼川入怀远大路　泾原

【长编标】487/11566

木敦谷　青唐

【长编标】516/12286

【长编影】516/20 下

【汇编】中六 5620

五龙山　延州肤施县

【元丰九域志】3/107

【汇编】中四 4009

五龙水　郭遵与夏战死于此

【涑水记闻】11/4 下

【汇编】中二 1960

五牟谷　湟州

【宋史】15/神宗纪 2/290

【长编标】273/6676、6695

【长编纪事本末】139/17 上

【皇宋十朝纲要】10/3 上

【汇编】中四 4014、4017；中六 5749

五里墩墹　府州府谷县

【榆林府志】4/府谷县·山/9 下

【汇编】补遗 7277

不憨谷　环州

【长编标】479/11407

【长编影】479/7 上

【汇编】中五 5194

车箱峡路　庆州

【武经总要】前集 18 上/12 上

【汇编】中一 1148

车箱峡路　李继迁谋取此路入寇环庆

【长编标】55/1216

【长编影】55/14 上

【汇编】中一 1366

瓦宁路　又作瓦亭路，泾原

【长编影】50/8 下

瓦吾谷　秦州

【系年要录】86/1421

【汇编】下 6395

瓦吹峡　又作幹楚峡，河州

【长编标】520/12383

瓦亭山　秦州

【元丰九域志】3/123

【汇编】中一 929、930

瓦亭路　又作瓦宁路，泾原

【长编标】50/1091

瓦桥

【长编标】319/7706

【长编影】319/6 下

【汇编】中四 4238

瓦桥关

【辽史】19/兴宗纪 2/227

【隆平集】20/契丹·耶律隆绪传/2 下

【契丹国志】8/兴宗纪/4 上

【汇编】中二 2419、2431、2535

少华山　华州

【奏议标】42/吕大防·上神宗论华州山变/436

【奏议影】42/吕大防·上神宗论华州山变/1561

【汇编】中四 3807

日斤水　隰州

【元丰九域志】4/168

【汇编】中四 3840

中条山　河中府河东县

【邵氏闻见录】17/187

【汇编】中四 4443

分水岭　环庆

【宋史】279/张凝传/9480；491/党项传/14144

【长编标】54/1186

【长编影】54/11 上

【长编纪事本末】139/17 上

【汇编】中一 1324、1355；中六 5749

乌仁关　延安府宜川县

【宋史】311/庞籍传/10200

【长编标】135/3238

【长编影】135/22 下

【陕西通志】16/关梁 1·延安府·宜川县/31 下

【汇编】中二 2464；补遗 7285

乌龙谷　麟府
【长编标】495/11770
【长编影】495/7 上
【汇编】中六 5368

乌兰关　兰州
【武经总要】前集 18 下/西蕃地界/9 下
【甘肃新通志】9/舆地志·关梁·兰州府·靖远县/18 上
【汇编】中一 1723；补遗 7386

乌延岭　延州
【武经总要】前集 18 上/6 下
【汇编】中一 1148

牛精谷　河州
【宋史】350/苗授传/11067；467/李宪传/13638
【长编标】243/5912
【长编影】243/1 下
【东都事略】84/苗授传/3 上；104/姚麟传/2 上
【宋会要】兵 9 之 6/6908
【汇编】中四 3849、3850、3857、3859

毛驼山　丰州
【宋会要】蕃夷 1 之 13/7679
【汇编】中一 1036

升啰岭　葭州
【宋史】86/地理志 2/2137
【陕西通志】17/关梁 2·葭州/50 下
【榆林府志】4/葭州·山/14 下
【汇编】中六 5858；补遗 7398、7400

长山岭　秦州
【武经总要】前集 18 上/30 上
【甘肃新通志】9/舆地志·关梁·秦州直隶州·清水县/45 下
【汇编】中一 985；补遗 7240

长安岭　鄜延
【长编标】498/11859
【长编影】498/17 上
【汇编】中六 5398

长武路　邠州至泾州
【范文正公集】年谱补遗/14 上；西夏堡寨/1 上
【汇编】中二 2635、2640

长岭　环庆
【长编标】44/949

【长编影】44/16 上
【汇编】中一 1209

长城
【宋史】486/夏国传下/14007
【汇编】上 83

长城岭　鄜延
【宋史】290/郭逵传/9724；350/刘绍能传/11076、张蕴传/11087
【长编标】326/7858；328/7895；494/11730；498/11859
【长编影】326/16 下；328/5 上；494/4 上；498/15 下
【宋会要】兵 28 之 39/7289
【武经总要】前集 18 上/6 下
【续通鉴】67/1658
【汇编】上 230、240；中一 973；中三 3538、3540；中四 4361、4387、4393；中五 5255；中六 5355、5397

长城岭路　鄜延
【武经总要】前集 18 上/6 下
【汇编】中一 973

丹头驿　绥德军
【宋史】87/地理志 3/2149
【汇编】中六 5830

丹寅岭　河湟
【长编纪事本末】140/12 下
【汇编】中六 5845

丹喇关　又作颠耳关、巅耳关，会州，先赐名通会关，因河州已置，改赐会宁关
【长编影】493/19 下；494/1 上、22 上、22 下；495/17 上；496/19 上；498/15 下
【汇编】中六 5347、5352、5361、5362、5371、5372、5385、5396

六盘山　泾原
【元史译文补正】1 下/22 下
【长编标】131/3101；139/3339
【长编影】131/7 下；139/2 下
【宋会要】兵 27 之 29/7261
【武经总要】前集 18 上/17 下、23 上
【安阳集】家传 3/4 下
【宁夏府志】22/纪事/50 下
【甘肃新通志】6/舆地志·山川上·平凉府·隆

【元丰九域志】3/112

【长编标】220/5362

【长编影】220/24 上

【甘肃新通志】6/舆地志·山川上·平凉府·静
宁州/18 下

【汇编】中三 3668、3671；中四 4062；补遗
7291

石门驿 泾原

【宋会要】方域 10 之 15/7481

石门峡 高平县

【甘肃新通志】6/舆地志·山川上·固原直隶州
·海城县/27 上

【汇编】补遗 7380

石门路

【长编标】50/1092

【长编影】50/9 下

石马山 隰州

【元丰九域志】4/168

【汇编】中四 3840

石马川 府州府谷县西七十里

【武经总要】前集 17/14 上、17 上

【榆林府志】4/府谷县·水/12 下

【汇编】中一 925、1039；补遗 7493

石台谷 故方渠县境

【甘肃新通志】7/舆地志·山川下·庆阳府·环
县/16 上

【汇编】补遗 7225

石尖山 渭州

【宋史】367/郭浩传/11440

【汇编】中六 5994

石佛峡 渭州

【姑溪居士后集】20/折渭州墓志铭/1 上

【汇编】上 209

石岭关 太原府

【三朝北盟会编】25/1 下

【汇编】中六 5989

石昌木波路 环州

【宋会要】兵 28 之 5/7272

石要岭 熙河

【系年要录】72/1208

【汇编】下 6353

石堂山 坊州

【元丰九域志】3/119

【汇编】中四 4064

石楼山 隰州

【元丰九域志】4/169

【汇编】中四 3840

石稞驿 石州

【宋会要】食货 16 之 3/5074、22 之 7/5158

玉门关 沙州

【宋会要】方域 5 之 8/7387

【武经总要】前集 18 下/西蕃地界/9 下

【东坡全集】21/三马图赞并引/10 上

【汇编】中一 1721；中六 5273；下 7005

玉京关 会州

【宋会要】方域 12 之 2/7520

玉楼山 定西城东

【长编标】382/9303

【长编影】382/5 下

【汇编】中五 4753

末邦山 熙州，王韶征西羌屯兵于此

【宋史】328/王韶传/10580

【长编标】314/7603

【长编影】314/4 下

【汇编】中四 3781、4143

本敦谷 湟州

【长编标】517/12304；519/12352

【长编影】517/9 下；519/5 上

【汇编】中六 5657、5660

龙马岭 庆州

【宋史】485/夏国传上/13994

【长编标】115/2691、2706

【长编影】115/4 上、16 上

【汇编】上 61；中一 1702、1706

龙马泉 秦州成纪县

【元丰九域志】3/123

【汇编】中一 929

龙札谷 环州

【宋史】87/地理志 3/2153

【汇编】中六 5833

龙泉 隰州

【元丰九域志】4/169

【汇编】中四 3840

平定 泾原

【涑水记闻】4/14 下

【汇编】中二 2557

平定之路　麟府

【三朝北盟会编】53/2 上

【靖康要录】12/743

【汇编】中六 6018、6025

东山　镇戎军

【宋史】7/真宗纪 2/12

【元丰九域志】3/136

【长编标】53/1170

【长编影】53/14 下

【系年要录】199/3360

【汇编】中一 1217、1333、1351；中六 5837；
　　下 6685

东石岭　泾原

【宋史】257/李继和传/8969

【汇编】中一 1258

东西关　秦州外城

【宋会要】方域 12 之 2/7520

东黑山　丰州

【宋会要】蕃夷 1 之 13/7679

【汇编】中一 1036

归娘谷　宋仁宗康定元年十一月张继勋破敌处

【东都事略】5/仁宗纪 7 上

【范文正公集】年谱补遗/7 上

【汇编】中二 2109、2114

叶市族路　白豹城北

【宋会要】兵 14 之 18/7001

卢关　延州

【宋史】253/李继周传/8870；264/宋琪传/
　　9129；285/陈执中传/9602

【汇编】上 221；中一 1069；中二 1949

卢河川路　庆州

【武经总要】前集 18 上/8 下

【汇编】中一 941

仙芝水　隰州永和县

【元丰九域志】4/168

【汇编】中四 3840

令丁谷　岷州

【长编标】279/6827

【长编影】279/8 上

【汇编】中四 4026

令精谷　鄜州

【长编纪事本末】140/6 上

【汇编】中六 5770

鸟鼠山　渭州潘原县

【元丰九域志】3/131

【汇编】中四 3838

鸟鼠同穴山　沙州

【武经总要】前集 18 下/西蕃地界/9 下

【汇编】中一 1721

白石山　熙州

【元丰九域志】3/125

【汇编】中四 3837

白严河　仪州制胜关东二十里

【宋会要】兵 27 之 29/7261

【汇编】中二 2652

白岩河　秦凤

【长编标】139/3340

【长编影】139/3 下

白鱼峰　环州

【长编标】474/11310

【长编影】474/8 上

【汇编】中五 5161

白城谷　熙河

【范文正公集】遗文/9 上

【汇编】中五 4908

白家津　府州卢子砦

【武经总要】前集 17/14 上

【汇编】中一 926

乐山　清远军西北八十里

【宋史】277/郑文宝传/9426

【汇编】中一 1090

汉阳水　秦州

【武经总要】前集 18 上/31 上

【汇编】中一 1008

立子谷　晋宁军

【宋史】86/地理志 2/2138

【汇编】中六 5859

兰泉　兰州

【元丰九域志】3/135 上

【汇编】中四 4294

宁乡水　石州

【元丰九域志】4/173

【长编影】239/10 下

【汇编】中四 3811

西山　李继周等败末藏、末腋等族于此

【宋史】253/李继周传/8870

【汇编】上 221

西山　熙河

【长编标】250/6098

【长编影】250/16 下

西山　陇州，又作天都山

【长编标】82/1881；329/7936

【长编影】82/17 下；329/19 上

【名臣碑传琬琰集】中集 22/张文定公方平墓志铭/724

【甘肃新通志】6/舆地志·山川上·固原直隶州·海城县/26 上

【海城县志】6/古迹志/3 上

【汇编】上 175；中一 963、1523；中三 3261；中四 3978、3979、4026、4097、4423；补遗 7388

西山谷　泾原

【长编标】487/11565

【长编影】487/4 上

西川　廓州

【宋史】354/姚祐传/11162

【长编纪事本末】140/8 下

【潞公文集】14/奏议/3 下

【汇编】中六 5775、5995；补遗 7261

西关　兰州城

【宋会要】职官 66 之 22/3879

西江　秦州清水县，俗称汉阳水

【武经总要】前集 18 上/31 上

【汇编】中一 1008

西海　熙河

【宋会要】蕃夷 6 之 25/7831

西驿所　待西北人使

【栾城集】44/乞裁损待高丽事件札子/1 上

【汇编】中五 5044

西寒岭　府州

【玉海】174/37 上

【汇编】补遗 7247

西寨岭　府州

【长编标】55/1213

【长编影】55/11 下

【汇编】中一 1366

托子桥　熙河

【系年要录】197/3319

【汇编】下 6679

吐延水　延州

【元丰九域志】3/107

【汇编】中四 4009

吐浑河　以吐浑河分麟府、岚石两路地分

【宋史】253/折克行传/8866；350/王文郁传/11074

【长编标】511/12169

【长编影】511/14 下

【榆林府志】4/神木县·水/7 上

【汇编】上 174、237；中六 5558；补遗 7379

吃莫河　延安府保安县西六十里

【陕西通志】10/山川 3·延安府·保安县/11 下

【汇编】补遗 7485

回山　泾州保定县

【元丰九域志】3/125

【汇编】中一 1336

曲律山　泾原

【宋史】350/曲珍传/11084

【汇编】中五 4883

竹牛岭　兰州府狄道州东

【宋史】328/王韶传/10580

【长编标】237/5758、5764

【长编影】237/2 上、7 上

【宋会要】兵 4 之 5/6822

【甘肃新通志】6/舆地志·山川上·兰州府·狄道州/8 上

【汇编】中四 3788、3789、3790、3791、3793；补遗 7333

竹尖岭　仪州

【宋史】180/钱币/4381

【汇编】中三 3123

竹竿形路　去瓶形东北五十里，河东

【宋会要】兵 27 之 6/7249

朱圉山　秦州

【元丰九域志】3/122

【汇编】中一 929

伏云路

【长编标】485/11528

【长编影】485/9 上

【汇编】中六 5287

伏龙山 延州

【宋史】349/贾逵传/11052

【元丰九域志】3/108

【汇编】中三 3476；中四 4009

伏龟山 鄜州

【司马文正公集】79/殿中丞薛府君墓志铭/7 下

【陕西通志】51/名宦 2/8 上

【汇编】中二 1990；补遗 7264

伏虎龙头山 延州

【陕西通志】10/山川 3·延安府·肤施县/1 下

【汇编】补遗 7274

伏落关 延州

【宋史】279/耿全斌传/9491

【武经总要】前集 18 上/1 下

【陕西通志】17/关梁 2·绥德州·清涧县/47 下

【汇编】中一 1378；中三 3130；补遗 7313

伏落津 河东路

【武经总要】前集 17/9 上

【汇编】中一 1147

伏落津 河东路石州

【宋会要】食货 16 之 3/5074

【宋史】280/王呆传/9505

【汇编】中一 1232

伏落津路 石州

【宋会要】食货 17 之 17/5092

乢名道 延安府

【陕西通志】16/关梁 1·延安府·宜川县/31 下

【汇编】补遗 7285

乢毡岭 西宁州，宋徽宗政和八年赐名制羌寨

【宋史】87/地理志 3/2169

【汇编】中六 5854

华池水 鄜州洛交县

【元丰九域志】3/113

【甘肃新通志】7/舆地志·山川下·庆阳府·合水县/15 下

【汇编】中二 2146；补遗 7288

华池川路 环庆

【长编标】225/5494

【长编影】225/23 上

【汇编】中三 3712

华池路 环庆

【宋会要】兵 28 之 10/7274

延川水 宁州安定县

【元丰九域志】3/117

【汇编】中四 4063

延庆水 庆州

【元丰九域志】3/115

【范太史集】40/检校司空左武卫上将军郭公（逵）墓志铭/9 上

【汇编】中一 942；中三 3538

延州大路 鄜延

【宋会要】兵 28 之 11/7275

延州路 延州

【宋史】289/范廷召传/9698

【汇编】中一 1148

延福驿 绥州

【武经总要】前集 17/7 下

【汇编】中一 1414

自镇戎军至渭州，沿泾河大川直抵泾邠

【宋会要】兵 27 之 29/7261

向家峡 泾原

【宋史】289/葛怀敏传/9701、9703

【长编标】137/3301

【长编影】137/21 下

【汇编】中二 2546、2547、2554

后桥川口 庆州西北

【长编标】136/3265

【长编影】136/18 上

【甘肃新通志】13/舆地志·古迹·庆阳府·安化县/29 下

【汇编】补遗 7283

后桥堡川路 庆州

【武经总要】前集 18 上/11 下

【汇编】中一 941

会宁关 会州，由通会关改名，即颠耳关

【宋史】85/地理志 1 序/2095；87/地理志 3/2159

【长编标】496/11812；498/11858；499/11873；500/11916；516/12265

【长编影】496/19 上；498/15 下；499/2 下、9 上；516/2 上

【宋会要】兵 4 之 17/6828

【武经总要】前集 18 下/西蕃地界/9 下

【汇编】中一 1723；中六 5385、5396、5402、5406、5606、5838、5913

会通　宋哲宗元符元年筑丹喇关赐名

【长编标】495/11783

【长编影】495/17 上

【汇编】中六 5371

会通关　河州

【长编标】498/11858

【长编影】498/15 下

【系年要录】197/3319

【汇编】下 6678、6679

合水关　麟州东一百二十里

【陕西通志】17/关梁 2·神木县·古关隘/54 上

【汇编】补遗 7492

合龙岭　熙河

【宋史】350/李浩传/11079

【汇编】中四 4040

合江　岚州

【宋会要】方域 13 之 5/7532

合河关　麟州

【长编标】133/3164

【长编影】133/4 上

【宋会要】方域 21 之 6/7664

【陕西通志】17/关梁 2·神木县·古关隘/54 上

【榆林府志】6/建置志·关隘/3 上

【汇编】补遗 7278、7492

合河津　岚州

【宋史】485/夏国传上/13997

【长编标】61/1374；134/3188；220/5337

【长编影】61/16 下；134/2 上；220/3 下

【宋会要】食货 16 之 3/5074、食货 22 之 7/5159；兵 28 之 9/7274；方域 18 之 7/7613

【武经总要】前集 17/17 上

【安阳集】50/墓志/3 上

【欧阳文忠公全集】附录 2/吴充欧阳文忠公行状/15 下、3/14 上

【汇编】上 65；中一 1038、1039、1428；中二 2365；中三 2873、2874、3655

合河津关　岚州

【武经总要】前集 17/10 上

【汇编】中一 1428

合领关　延州合岭镇

【宋会要】方域 12 之 15/7527

多叶谷　又作多移谷，洮东

【长编标】279/6827

【长编影】279/8 上

【汇编】中四 4025

多移谷　又作多叶谷，洮东

【宋史】15/神宗纪 2/292

【汇编】中四 4025

多移岭　定边军绥远寨

【宋史】87/地理志 3/2154

【汇编】中六 5494

庆州大路　环庆

【宋会要】兵 28 之 11/7275

汝遮山　又作努扎山，熙河兰岷

【长编标】474/11314

汝遮川　又作努扎川、努扎川，熙河

【宋史】303/范育传/10051

【长编标】329/7916；331/7983

【汇编】中五 4965、5021

汤谷　秦州

【长编标】212/5143

【长编影】212/1 上

【宋会要】方域 8 之 23/7452

【汇编】中三 3489、3556

关岭　秦凤

【春渚纪闻】1/杂记·木果异事/1

【汇编】中四 4292

关河

【朝野杂记】乙集 19/边防/1180

【汇编】下 6937

安人谷　泾州

【武经总要】前集 18 上/26 上

【汇编】中一 965

安儿峡　熙河

【长编纪事本末】139/11 下

【汇编】中六 5739

安乡关　会州

【宋会要】方域 12 之 2/7520

安乡关　河州，旧陈桥关，宋哲宗元符三年赐名

【宋史】87/地理志 3/2163、2164、2167；349/
姚雄传/11060

【长编纪事本末】139/3 上、4 下、5 下、9 上、
11 下

【东都事略】82/王厚传/上

【宋会要】兵 9 之 3/6907、9 之 4/6907

【甘肃新通志】13/舆地志·古迹·兰州府·河
州/8 上

【汇编】中六 5681、5704、5727、5729、5734、
5736、5739、5808、5937；补遗 7401

安乡城桴桥　河州，黄河渡口置桴桥

【宋会要】方域 13 之 5/7532

安化峡　仅州

【宋会要】兵 27 之 29/7261

【汇编】中二 2652

安化楼　庆阳府安化县，章楶建

【甘肃新通志】13/舆地志·古迹·庆阳府·安
化县/30 上

【汇编】补遗 7373

安西路　鄜延

【元刊梦溪笔谈】5/17

【汇编】中四 4355

米胡川　鄜延

【长编标】348/8342

【长编影】348/2 上

【汇编】中五 4593

米脂川　延川县

【宋会要】兵 18 之 9/7062

【延安府志】7/绥德州/24 下、米脂县·古迹/
28 下

【陕西志通】17/关梁 2·绥德州·米脂县/46
下；97/艺文 13/33 上、33 下

【汇编】补遗 7346、7352、735、7416

那娘山　又作纳木囊山，鄜延

【长编标】494/11742；498/11847；509/12125

【陕西通志】16/关梁 1·延安府·安定县/28 下

【汇编】补遗 7387

异山　黄河北，去丰州约五百里

【宋会要】兵 24 之 12/7184

阳关　沙州

【武经总要】前集 18 下/西蕃地界/9 下

【汇编】中一 1721

阳晋水　泾原

【元丰九域志】3/131

【汇编】中一 968

好水　泾原

【宋会要】方域 18 之 11/7615

【甘肃新通志】6/舆地志·山川上·平凉府·隆
德县/21 上

【隆德县志】4/考证/64 上

【汇编】中四 4126；补遗 7270、7272

好水河　泾原

【宋史】328/章粢传/10590

【长编标】486/11545、11546、11547；487/11566；
496/11797

【长编影】486/6 上、6 下、8 上；487/2 下；
496/4 上

【宋会要】方域 19 之 6/7628、19 之 43/7647

【靖康要录】11/660

【甘肃新通志】13/舆地志·古迹·固原直隶州/
12 上

【隆德县志】4/考证/64 上

【汇编】中六 5285、5291、5293、5294、5295、
5299、5377、6030、6031；补遗 7271、7380

欢乐烽　庆州

【长编标】474/11310

【长编影】474/8 上

【汇编】中五 5161

驰毛川路　麟府

【长编标】71/1591

【长编影】71/4 上

驰毛川路　戎人蹊径

【长编标】71/1591

【长编影】71/4 上

【汇编】中一 1482

七画

玛尔巴山　又作抹邦山，熙河北

【长编标】247/6022；488/11589

【长编影】228/15 下；237/7 上、11 上；240/10
上；247/14 上；488/11 下

【汇编】中三 3732；中四 3790、3791、3796、
3820、3895；中六 5307

远川 延州东北
【武经总要】前集18上/5上
【陕西通志】16/关梁1·延安府·安塞县/26下
【汇编】中一991；补遗7239
远望山 隰州
【元丰九域志】4/168
【汇编】中四3840
杜胡川 熙河
【中国考古学会第一次年会论文集】折继闵神道碑/455
【汇编】上190
豆津 陕州
【宋会要】方域13之3/7531
芙蓉谷 鄜延
【宋史】323/周美传/10458
【长编标】135/3238
【长编影】135/22下
【汇编】上232
苇子驿 鄜延丰林县
【长编标】35/768
【长编影】35/3下
芦关 塞门北
【长编标】35/768；497/11818
【长编影】35/3下；497/2下
【汇编】中六5386
芦关塞 金明路
【陕西通志】16/关梁1·延安府·安塞县/25下
【汇编】补遗7235
赤土谷 府州
【武经总要】前集17/14上
【汇编】中一925
赤土岭 府州
【涑水记闻】12/7下
【汇编】中二2316
赤谷川 秦州
【甘肃新通志】9/舆地志·关梁·秦州直隶州/43下
【汇编】补遗7477
赤沙岭 乐州
【宋史】87/地理志3/2167
【汇编】中六5937
赤岭 西宁州
【宋史】87/地理志3/2168
【汇编】中六5854
赤城川 秦州
【武经总要】前集18上/29上
【汇编】中一964
赤城路 李元昊由此入寇鄜延
【宋史】485/夏国传上/13995
【长编标】122/2880；132/3143
【长编影】122/8下；132/8下
【汇编】上62；中一1750；中二2296
赤泉水 凉州
【武经总要】前集18下/西蕃地界/9下
【汇编】中一1719
赤洪水 石州
【元丰九域志】4/173
【汇编】中一1414
赤捷谷 又作赤犍谷，麟州
【长编影】193/17下
【汇编】中三3272
赤犍谷 又作赤捷谷，麟州
【长编标】193/4679
赤犍谷 麟州
【宋会要】兵27之44/7268
杏子河 鄜延
【宋史】87/地理志3/2147
【长编标】491/11659、11660、11661；498/11859
【长编影】491/12上、12下、13下、14下；498/15下
【汇编】中六5325、5326、5327、5398、5828
来远驿 宋都开封
【宋会要】方域10之11/7479
把拶桥 即京玉关
【甘肃新通志】9/舆地志·关梁·兰州府·皋兰县/2上
【汇编】补遗7401
把离谷 宁河
【宋会要】蕃夷6之9/7823
【汇编】中四3949
连彫山 熙河
【长编纪事本末】140/12下
【汇编】中六5845
步陀沟路 府州

【武经总要】前集 17/14 上

【汇编】中一 925

步驼沟　宣威砦建于此

【宋史】324/张亢传/10488

【汇编】中二 2340

吹篪谷　秦凤

【潞公文集】17/奏议/2 下

【汇编】补遗 7309

吴厖烽　府州

【宋史】86/地理志 2/2136

【汇编】中六 5826

吴朝谷　延州

【长编标】151/3665

【长编影】151/1 上

【汇编】中三 2948

吴堡津　麟府

【宋史】447/徐徽言传/13193

【香溪集】21/徐忠壮（徽言）传/1 下、3 下

【汇编】中六 6025；下/6089、6157

岚石路　丰州

【苕溪集】48/宋故敦武郎知麟州建宁寨杨公

　　（震）墓碑/11 上

【汇编】补遗 7415

里乾谷　定边军

【宋史】87/地理志 3/2153

【汇编】中六 5494

秃头岭　原州

【宋史】486/夏国传下/14025

【系年要录】199/3373

【汇编】上 91；下 6686

伺候峰　麟州

【宋会要】兵 27 之 41/7267、27 之 44/7268

佛平川　原州

【武经总要】前集 18 上/20 上

【汇编】中三 3076

余川　熙河

【宋史】467/李宪传/13638

【汇编】中四 3935

迎龙谷　临宗附近

【皇宋十朝纲要】16/13 上

【汇编】中六 5797

库鲁克谷　又作混胪谷，熙河

【长编影】517/7 下

【汇编】中六 5634

庐子关　延州

【武经总要】前集 18 上/1 下

【汇编】中三 3130

怀州渡　鄜延

【宋史】486/夏国传下/14010

【长编标】315/7634

【长编影】315/16 下

【宋会要】食货 49 之 20/5643；兵 8 之 24/6899

【汇编】上 76；中四 4172、4281

怀安路　环庆

【宋史】463/杜审琦传/13540

【长编标】131/3115

【长编影】131/20 下

【汇编】中二 2256

怀远驿　汴河北，宋真宗景德三年置

【长编标】506/12061

【长编影】506/11 下

【宋会要】方域 10 之 12/7479、10 之 13/7480

【汇编】中一 1454；中六 5489

冷谷　青唐

【长编标】516/13286

【长编影】516/20 下

【汇编】中六 5620

汪田丁零宗谷　湟州西南

【长编纪事本末】140/2 下

【汇编】中六 5761

沙谷津　保德军

【元丰九域志】4/179

【长编标】61/1374

【长编影】61/16 下

【武经总要】前集 17/14 上

【范文正公集】别卷 4/1 上

【汇编】中一 926、1290、1428；中三 2940

沙峰子山　永兴

【榆林府志】4/府谷县·水/12 下

【汇编】补遗 7493

汭水　泾州

【元丰九域志】3/125

【汇编】中一 1336

汾河　河东

【宋史】198/马政/4937

【长编标】192/4643

【长编影】192/8 下

【汇编】中三 3264

没遮川 麟州，静羌寨南

【武经总要】前集 17/17 上

【汇编】中一 1039

宋家 怀州

【宋会要】方域 13 之 3/7531

牢山 麟州

【范文正公集】年谱补遗/4 下

【汇编】中二 2099

牢山驿 麟州

【范文正公集】西夏堡寨/6

【汇编】中二 2645

张师岭 麟州

【武经总要】前集 17/18 上

【汇编】中二 2366

灵环路 环庆

【宋史】275/尹继伦传/9376

【汇编】中一 1143

灵盐路 环州

【武经总要】前集 18 上/15 上

【汇编】中一 1142

陇山 泾原

【宋史】7/真宗纪 2/122；190/河东陕西弓箭手/4715、4716；257/李继和传/8969；258/曹玮传/8984、8985；279/许均传/9485；349/刘昌祚传/11055；485/夏国传上/13997；492/吐蕃传/14156

【长编标】49/1078；50/1091；51/1115、1122；55/1203；56/1225、1233；60/1337；68/1538；76/1734；83/1906；148/3576；230/5593；237/5758；267/6547；312/7573；414/10065；425/10279；435/10489；445/10714；469/11211

【长编影】49/14 上；50/8 下；51/8 上、13 下；53/14 下；55/2 下；56/1 下、8 下；60/5 上；68/18 下；76/8 上；83/18 上；148/2 下；230/6 下；237/2 上；267/7 下；312/13 上；414/11 下；425/13 上；435/14 上；445/4 下；469/8 上

【宋会要】礼 20 之 116/828；职官 64 之 45/3843；兵 4 之 7/6823、4 之 10/6825、4 之 14/6827、27 之 8/7250、27 之 29/7261；方域 5 之 42/7404

【元丰九域志】3/130

【长编纪事本末】21/2 上

【玉海】14/咸平陕西河北地图/32 下

【武经总要】前集 18 上/16 上、20 下、22 下、23 下

【元宪集】33/宋故推诚翊戴功臣彰武军节度延州管内观察处置等使曹公墓志铭/344

【河南先生文集】3/悯忠/4 下

【栾城集】32/北门书诏麻制除刘昌祚武康军节度殿前副都指挥使制/2 上

【涑水记闻】11/8 上

【甘肃新通志】6/舆地志·山川上·平凉府·静宁州/18 下、舆地志·山川上·平凉府·隆德县/21 上、舆地志·山川上·固原直隶州·海城县/27 上；9/舆地志·关梁·化平川直隶厅/29 下

【汇编】上 64；中一 1118、1217、1237、1251、1257、1258、1299、1307、1333、1361、1362、1369、1371、1372、1375、1382、1421、1422、1423、1502、1517、1529；中二 2214、2652、2653、2835；中三 2866、2897、2908；中四 3744、3789、3838、3998、4127、4293；中五 4647、4944、4952、4957、4961、4976、5024、5126；中六 5944；下 7007；补遗 7243、7270、7339、7381

陇川 泰州

【涑水记闻】11/8 上

【汇编】中三 2897

陇关 泰州远在陇关之外

【涑水记闻】11/8 上

【汇编】中三 2897

陇陇 德顺军西占陇坻

【长编标】144/3486

【长编影】144/9 下

【汇编】中二 2785

陇坻 汉阳有坂，名曰陇坻，州城处西，故曰陇西

【长编标】138/3324；230/5593

【长编影】138/13 上；230/6 下

【武经总要】前集 18 下/西蕃地界/9 下

【奏议标】65/余靖·上仁宗乞韩琦兼领大帅镇
秦州/718

【奏议影】65/余靖·上仁宗乞韩琦兼领大帅镇
秦州/2363

【文恭集】36/宋故宣徽北院使赠太尉文肃郑公
（戬）墓志铭/436

【涑水记闻】10/5 上

【梅尧臣集编】编年校注/22/610

【彭城集】21/新知河中府叶康直知秦州制/289

【甘肃新通志】13/舆地志·古迹·平凉府·静
宁州/10 下

【汇编】中一 1722；中二 2617、2812；中三
2856、2907、3183；中四 3744；中五 4950；
补遗 7290

陇城川　秦州

【武经总要】前集 18 上/23 下

【安阳集】家传 4/6 上

【涑水记闻】11/8 上

【汇编】中二 2814、2836；中三 2899

妙娥山　泾原

【武经总要】前集 18 上/2 下

【汇编】中一 1678

努扎山　又作汝遮山，熙河兰岷

【长编影】474/13 上

【汇编】中五 5165

鸡川水　俗名水洛口，鸡川谷

【甘肃新通志】13/舆地志·古迹·秦州直隶州
·秦安县/23 下

【汇编】补遗 7320

鸡靶岭　折可适败夏人于此

【东都事略】9/哲宗纪/6 上；127、128/西夏传
/附录 5、6

【汇编】上 110；中五 5254

纲威岭　秦凤古渭寨

【长编影】175/5 上

【汇编】中三 3191

纳木囊山　又作那娘山，鄜延

【长编影】494/14 下；498/15 下；509/11 下

【汇编】中六 5355、5398、5534

纳迷川　熙河

【宋会要】方域 20 之 19/7660

八画

青冈岭　环庆

【金石萃编】147/折克行神道碑/1 上

【汇编】上 197

青冈峡　环州

【宋史】264/宋琪传/9130；375/丁罕传/9377；
485/夏国传上/13988

【长编标】35/769；40/851；509/12128

【长编影】35/4 上；40/9 上；509/14 下

【武经总要】前集 18 上/12 下

【甘肃新通志】7/舆地志·山川下·庆阳府·环
县/16 上

【汇编】上 55；中一 1070、1094；中六 5536；
补遗 7241、7242

青化川　延州

【陕西通志】16/关梁 1·延安府·肤施县/25 下

【汇编】补遗 7240

青化川口　延州

【武经总要】前集 18 上/1 下

【汇编】中三 3131

青丹谷　乐州

【宋史】87/地理志 3/2167

【汇编】中六 5937

青丹谷　湟州

【长编纪事本末】139/8 下、17 下；140/1 上

【汇编】中六 5733、5749、5759

青石峡　西宁州

【宋会要】食货 2 之 6/4828、63 之 82/6027

青岗川　本灵州大路

【甘肃新通志】7/舆地志·山川下·庆阳府·环
县/16 上

【汇编】补遗 7241、7242

青岗岭　即青岗峡

【甘肃新通志】7/舆地志·山川下·庆阳府·环
县/16 上

【汇编】补遗 7241

青岗峡　府州

【武经总要】前集 17/14 上

【汇编】中一 925

青岗峡　环州洪德寨西北

【长编标】474/11310

【长编影】474/8 上

【武经总要】前集 18 上/15 上

【宁夏府志】3/山川·名胜·灵州/19 下

【汇编】中一 1142；中五 5161；补遗 7307

青沙岘　好水河趋灵平寨

【长编标】487/11566

青没怒川　府州宁川堡北

【宋史】86/地理志 2/2135

【汇编】中六 5826

青鸡川　泾原

【宋史】191/蕃兵/4755

【长编标】88/2016

【长编影】88/5 上

【宋会要】方域 18 之 11/7615

【汇编】中一 1568；中三 3426、3427

青高山　鄜延

【长编标】509/12125

【长编影】509/11 下

【宋会要】方域 19 之 16/7633、20 之 5/7653

【文庄集】14/陈边事十策/1 上

【汇编】中二 1800；中六 5534、5535

青唐西峡　河湟

【长编纪事本末】140/8 下

【汇编】中六 5775

青唐谷　河湟

【长编纪事本末】140/4 下

【汇编】中六 5766

青唐峡　青唐

【长编纪事本末】140/4 下

【汇编】中六 5767

青涧川　延州

【长编标】147/3565

【长编影】147/11 上

【武经总要】前集 18 上/1 下

【汇编】中三 2863、3130

青藏川　洮州

【初寮集】6/定功继伐碑/1 上

【汇编】补遗 7438

青藏峡　洮州

【长编标】404/9841

【长编影】404/10 下

【汇编】中五 4847、4848

武延易藏川　泾原

【宋会要】兵 28 之 10/7274

垅山　泾原

【宋史】257/李继和传/8973

【汇编】中一 1299

枡枒岭　西安州

【宋史】87/地理志 3/2162

【汇编】中六 5518

板井川　环庆细腰城东北

【范文正公集】西夏堡寨/4 上

【汇编】中二 2643

邽山　秦州成纪县

【元丰九域志】3/122

【汇编】中一 929

直罗路　庆州入鄜州

【长编标】32/3143

【长编影】32/17 上

【汇编】中二 2296

苦井路　环州至灵州

【宋史】257/李继隆传/8967

【汇编】中一 1141

范公井　延州

【延安府志】1/肤施县·山川/6 下

【汇编】补遗 7275

者达谷　秦凤

【涑水记闻】11/8 上

【汇编】中三 2898

奈王川　刘绍能败夏处

【宋史】350/刘绍能传/11076

【汇编】上 230

奈龙川　德顺军

【武经总要】前集 18 上/23 下

【汇编】中二 2835

抹邦山　又作玛尔巴山，熙州，王韶征西羌屯
　　兵于此

【长编标】228/5556；237/5764、5768；240/5834

【甘肃新通志】6/舆地志·山川上·兰州府·狄
　　道州/6 下

【汇编】补遗 7334

抹牟岭　乐州

【宋史】87/地理志 3/2168

【汇编】中六 5938

招安驿　原延安府招安寨
【宋史】87/地理志 3/2148、2150
【长编标】515/12260
【长编影】515/23 上
【宋会要】方域 10 之 15/7481
【陕西通志】16/关梁 1・延安府・安塞县/26 下
【汇编】中六 5829、5831；补遗 7273

卧牛峰　麟府
【宋史】326/郭恩传/10522；485/夏国传上/14001
【长编标】185/4477
【长编影】185/10 下
【陕西通志】13/山川 6・葭州・神木县/63 上
【汇编】上 68；补遗 7312

尚堡岭　折克行与夏人战地
【金石萃编】147/折克行神道碑/1 上
【汇编】上 196

呸嚛川　又作呸嚛川，熙河
【长编影】390/9 上

呸嚛川　又作呸嚛川，熙河
【长编标】390/9486
【宋会要】食货 2 之 6/4828、63 之 81/6027；兵 4 之 13/6826
【汇编】中五 4795

岭胜驿　唃厮啰境内
【宋会要】兵 28 之 38/7288
【汇编】中五 5245

岷山　河州
【东都事略】104/姚麟传/2 上
【汇编】中四 3857

帕美官道谷　鄜延
【长编影】135/23 上

明堂川　麟府
【宋史】350/贾嵓传/11086
【北山集】34/故武功大夫昭州团练使骁骑尉徐公（量）行状/11 上
【武经总要】前集 18 下/西蕃地界/1 上
【陕西通志】13/山川 6・绥德州・米脂县/53 下
【榆林府志】4/葭州・水/16 下
【汇编】上 239；中一 1727；补遗 7350、7377

岢岚水　岢岚军
【元丰九域志】4/177
【汇编】中一 989

岢河　麟府
【宋会要】方域 18 之 8/7613

易藏山　镇戎军
【武经总要】前集 18 下/西蕃地界/1 上
【汇编】中一 1727

罗川　泥阳
【宋史】331/孙长卿传/10642
【汇编】中三 3381

罗川水　宁州真宁县
【元丰九域志】3/118
【汇编】中四 4063

罗川水　邠州三水县
【元丰九域志】3/113
【汇编】中四 4062

罗川水　鄜州直罗县
【元丰九域志】3/113
【汇编】中二 2146

罗交驿　原州东南
【宋会要】兵 27 之 31/7262

牦牛宗谷　熙河
【长编纪事本末】140/8 下
【汇编】中六 5775

制胜关　渭州，宋神宗熙宁七年废
【宋史】87/地理志 3/2157
【甘肃新通志】13/舆地志・古迹・化平直隶厅/13 下
【汇编】中六 5836；补遗 7338

制胜关　仪州，旧号大震关
【宋史】198/马政/4933；257/李继和传/8969；326/10527
【长编标】43/922；50/1091；60/1337；72/1623；104/2421；139/3339、3340
【长编影】43/12 下；50/8 下；60/4 下；72/2 上；104/20 上；139/3 上、3 下、4 上
【宋会要】兵 24 之 1/7179、27 之 29/7261、27 之 31/7262；方域 12 之 3/7521
【武经总要】前集 18 上/17 下、23 下、27 上
【隆平集】19/卢鉴传/2 上
【汇编】上 236；中一 974、1008、1201、1228、1257、1308、1421、1485、1649、1690；中二 2652、2653、2836

版井川　折姜会至版井川六十里
【长编标】513/12199
【长编影】513/6 上
【汇编】中六 5565

征通谷中路　西安州
【宋史】87/地理志 3/2162
【汇编】中六 5518

质孤河　又作智固河
【长编标】421/10194

乳骆河　河湟
【宋史】87/地理志 3/2168、2169
【汇编】中六 5854、5938

乳酪河　湟州
【长编纪事本末】140/4 下、8 上
【汇编】中六 5767、5773

金山　会州之西，青海之东，甘州之南，邈州之北
【武经总要】前集 18 下/西蕃地界/9 下
【汇编】中一 1725

金龙山　金明砦倚金龙山
【陕西通志】16/关梁 1·延安府·安塞县/26 下
【汇编】补遗 7261

金汤路　白豹城东
【长编标】128/3044
【长编影】128/17 下
【宋会要】兵 14 之 17/7001
【汇编】中二 2095、2096

金明驿　绥德军
【宋史】87/地理志 3/2150
【陕西通志】16/关梁 1·延安府·安塞县/26 下
【汇编】中六 5831；补遗 7273

金城关　兰州
【宋会要】兵 28 之 43/7291；方域 12 之 5/7522

受降城路　府州
【武经总要】前集 17/14 上
【汇编】中一 926

狐路谷　田钦祚戍
【宋史】272/荆嗣传/9312
【汇编】中一 1006

狗道岭　庆州子午山
【宋会要】职官 48 之 124/3517
【长编标】126/2994

【长编影】126/26 上
【武经总要】前集 18 上/8 下
【安阳集】家传 1/15 下
【汇编】中一 941；中二 1981

兔毛川　又作兔毫川，麟府
【宋史】255/王凯传/8925、8926；289/高继勋传/9695；300/杨偕传/9956；324/张亢传/10489、赵滋传/10498；485/夏国传上/13997
【长编标】133/3179；136/3247；137/4698
【长编影】133/17 上；136/1 下
【元丰九域志】4/166
【武经总要】前集 17/14 上、17 上
【陕西通志】13/山川 6·葭州·神木县/63 下；17/关梁 2·葭州·府谷县/57 上
【汇编】上 65；中一 926、1039、1040、1612；补遗 7279、7280

兔头川　银州
【宋史】257/李继隆传/8965；491/党项传/14139
【汇编】中一 1024

兔毫川　又作兔毛川，麟府
【长编影】137/10 下

京玉关　兰州，本名把拶桥，宋哲宗元符三年赐名
【宋史】87/地理志 3/2164、2166、2168；453/高永年传/13316
【长编纪事本末】139/3 上、4 下、5 下、9 上、11 下；140/8 上
【东都事略】82/王厚传/6 上；129/附录 7/西蕃/4 下
【宋会要】兵 9 之 3/6907、9 之 4/6907；方域 12 之 5/7522
【甘肃新通志】9/舆地志·关梁·兰州府·皋兰县/2 上
【汇编】中六 5681、5704、5727、5729、5730、5733、5736、5739、5773、5808、5840、5938；补遗 7401

河关路　麟州
【长编标】133/3164
【长编影】133/3 下
【汇编】中二 2321

河湟甘肃瓜沙路
【武经总要】前集 18 上/32 下

【陇右金石录】3/65 下

【甘肃新通志】14/建置志·城池/13 下

【汇编】补遗 7404、7418

屈金支山　兰州东

【宋史】87/地理志 3/2165

【元丰九域志】3/135 上

【汇编】中四 4294；中六 5840

屈野川　麟府

【宋史】86/地理志 2/2135；491/党项传 7/14137

【元丰九域志】4/166

【陕西通志】13/山川 6·葭州·神木县/63 下

【汇编】上 28；中一 1040；中六 5826；补遗 7312

屈野河　麟府，一作曲源河

【宋史】186/互市/4563；266/王举元传/9188；285/冯行己传/9612；326/郭恩传/10521；336/司马光传/10758；350/王文郁传/11086、贾岩传/11086；485/夏国传上/14001

【长编标】133/3163；157/3811；181/4384；183/4430；185/4469、4470、4471、4476、4477；186/4488；189/4547；193/4680

【长编影】133/3 下；157/14 上；168/6 上；181/13 下；183/7 上；185/2 下、5 上；193/17 上

【玉海】174/37 上

【宋会要】食货 38 之 30/5481；兵 27 之 41/7267、27 之 42/7267、27 之 43/7268、27 之 44/7268；方域 21 之 7/7664

【司马文正公集】4/章奏 2/9 上；11/章奏 9/5 上；78/太子太保庞公墓志铭 8 下

【欧阳文忠公全集】85/赐昭德军节度使检校太傅知并州庞籍抚谕戎勗诏/8 下

【范文正公集】9/上枢密尚书书/12 上

【涑水记闻】8/13 下；12/7 下

【名臣碑传琬琰集】上集 22/庞庄敏公籍神道碑/351

【稽古录】20/93 上

【陕西通志】13/山川 6·葭州·神木县/63 下

【榆林府志】4/神木县·水/9 上

【汇编】上 68、237、239；中二 2064、2320、2343；中三 3070、3212、3216、3221、3224、3226、3227、3228、3232、3234、3238、3240、3242、3243、3244、3266、3273、3294；补遗 7247、7279、7312、7492

孤石山　熙州

【元丰九域志】4/168

【汇编】中四 3840

细卷口　仪州制胜关南

【宋会要】兵 27 之 29/7261、7262

【汇编】中二 2652

细惠川　庆州

【宋会要】兵 28 之 2/7270

细惠川口　环庆

【宋会要】兵 28 之 2/7270

【汇编】中三 3423

孟门山　熙州

【元丰九域志】4/168

【汇编】中四 3840

承平川大路　延州

【范文正公集】西夏堡寨/4 下

【汇编】中二 2644

承宁关　延州

【宋会要】食货 15 之 15/5070

九画

枯柴谷　秦凤

【宋史】87/地理志 3/2159

【汇编】中六 5838

栋栋谷　熙河

【长编标】273/6676

【长编影】273/2 下

【汇编】中四 4014

相济乾川　环州

【长编标】474/11310

【长编影】474/8 上

【汇编】中五 5161

柏谷　麟州

【宋史】349/郝质传/11049

【汇编】中二 2520

柏林山　绥德军龙川城

【宋会要】礼 20 之 139/834

【汇编】中六 5809

柏株山　鄜延银川城

【宋会要】礼 20 之 139/834

【汇编】中六 5785

柳阴河　泾原

【长编标】487/11566

【长编影】487/2 下

【汇编】中六 5299

柳泊岭　保安军

【武经总要】前集 18 上/6 下

【汇编】中一 973

柳泉镇路　原州西，通佛空平、细腰城，至环

州定边寨

【宋会要】兵 27 之 31/7262

栏马关　宋哲宗元符中赐名

【陕西通志】17/关梁 2·绥德州/45 下

【汇编】补遗 7387

栏竿岭　麟州

【武经总要】前集 17/10 上

【汇编】中一 1429

柽沟段大道　泾原

【长编标】499/11894

【长编影】499/21 上

【汇编】中六 5411

故关路　自陇州入秦州路

【长编标】149/3605

【长编影】149/8 下

胡公山　石州离石县

【元丰九域志】4/173

【汇编】中一 1413

胡卢河　泾原

【宋史】271/张藏英传/9291；273/李延渥传/

9324、何继筠传/9326；328/蔡挺传/10576

【汇编】中三 3593

胡卢河　又作葫芦河

【长编标】317/7677；344/8263

【长编影】308/16 上；317/19 下；319/11 下；

321/12 下；327/19 上；328/11 上；341/11

下；344/9 上

【东都事略】84/刘昌祚传/4 上

【汇编】中四 4211、4240、4248、4284、4380、

4391、4394、4539；中五 4565

胡卢河川　泾原

【画墁集】补遗/游公（师雄）墓志铭/1 下

【汇编】中三 3494

胡卢河川

【长编标】50/9 下；318/7684

【长编影】50/1092；318/3 下

【汇编】中四 4216

胡卢河大川

【长编标】317/7677

【长编影】317/19 下

胡卢河川路　镇戎军

【武经总要】前集 18 上/20 下

【汇编】中一 1118

胡芦河　泾原

【长编标】319/7713；344/8263

【长编影】319/13 上；344/9 上

【汇编】中五 4565

南口峰　沙州西

【武经总要】前集 18 下/9 下

【汇编】中一 1721

南山　熙河

【宋史】87/地理志 3/2170；328/王韶传/10581；

338/苏轼传/10802；350/王君万传/11070；

350/张守约传/11073

【长编标】244/5945；246/5997；252/6179

【长编影】244/13 下；246/17 上、20 上；252/

27 下

【东都事略】82/王韶传/4 下、5 上

【宋会要】蕃夷 6 之 9/7823

【奏议标】137/司马光·上神宗谏西师/1539

【奏议影】137/司马光·上神宗谏西师/4733

【朱文公集】71/记濬水集二事/18 下

【汇编】中三 3275、3636；中四 3794、3858、

3866、3882、3884、3946、3947、3948、

3949；中六 5837；下 7029

南山石峡　熙河

【长编标】317/7667

【长编影】317/10 下

【汇编】中四 4204

南山堡　原州

【元丰九域志】3/133

【汇编】中三 3028

南牟谷口　秦州

【宋会要】兵 28 之 2/7270

南牟驿　泾原
【宋会要】方域 10 之 15/7481

南厮罗川　秦凤
【长编标】505/12041
【长编影】505/14 下
【汇编】中六 5475

荔原路　环庆
【宋会要】兵 28 之 10/7274

带星岭　唃厮啰境内
【宋史】485/夏国传上/13994
【长编标】117/2765
【长编影】117/17 下
【汇编】上 61；中一 1713

赵家山　熙河
【长编标】250/6087
【长编影】250/6 下
【汇编】中四 3922

研龙川　研为研之误，熙州
【长编标】501/11941
【长编影】501/11
【汇编】中六 5428

威经山　又作韦精山，会州
【长编影】509/14 下
【汇编】中六 5536

鸦儿路　夏州附近
【宋史】253/李继周传/8870
【陕西新通志】16/关梁 1・延安府・安塞县/27
　上
【汇编】上 221；补遗 7348

背水　塞门以北
【宋会要】方域 19 之 48/7649

临平山　河州
【长编纪事本末】139/2 上
【汇编】中六 5725

临泉水　石州临泉县
【宋史】328/王厚传/10583
【元丰九域志】4/174
【汇编】中一 1413

临洮河　清远军西北
【宋史】277/郑文宝传/9426
【汇编】中一 1090

省章东峡　湟州

【长编纪事本末】139/11 下
【汇编】中六 5740

省章峡　会州，改为绥远关
【宋会要】方域 12 之 2/7520
【汇编】中六 5784

省章峡　湟州
【长编标】516/12287
【长编影】516/20 下
【长编纪事本末】139/9 上、11 下、14 下；140/
　7 下、8 上、8 下
【宋会要】兵 9 之 1/6906、9 之 2/6906、9 之 3/
　6907；方域 19 之 18/7634
【皇宋十朝纲要】14/7 下
【奏议标】141/文彦博・上神宗论进筑河州/
　1591；141/任伯雨・上徽宗论湟鄯/1595
【奏议影】141/文彦博・上神宗论进筑河州/
　4907；141/任伯雨・上徽宗论湟鄯/4906
【汇编】中六 5571、5617、5621、5675、5681、
　5686、5694、5735、5740、5744、5771、
　5773、5775

哑儿硖　又作雅尔峡，秦凤
【长编标】175/4224
【乐全集】22/秦州奏唃厮啰事/21 上
【汇编】中一 1587

峗北岭　泾原
【长编标】512/12187
【长编影】512/10 下
【汇编】中六 5562

峗朱龙山　西安州
【宋史】87/地理志 3/2161
【汇编】中六 5517

显谷岭　少华山前阜
【奏议标】42/吕大防・上神宗论华州山变/436
【奏议影】42/吕大防・上神宗论华州山变/1561
【汇编】中四 3807

星将硖　乐州
【初寮集】6/定功继伐碑/1 上
【汇编】补遗 7437

星章峡　湟州
【长编标】514/12218；516/12287；517/12300、
　12304；518/12333；519/12342
【长编影】514/8 下；517/5 上、8 上；518/15

上；519/1 上、9 上

【宋会要】兵 9 之 2/6906；方域 19 之 18/7634

【汇编】中六 5580、5632、5637、5649、5654、
5660

骨延岭 熙河

【长编纪事本末】139/20 上

【皇宋十朝纲要】16/8 上

【汇编】中六 5754、5757

种山谷 熙河

【长编纪事本末】140/4 下

【汇编】中六 5766

秋菁驿 泾原

【宋会要】方域 10 之 15/7481

笃龙崄关 唃厮啰境内

【宋会要】兵 28 之 38/7288

【汇编】中五 5245

笃罗川 熙州

【长编标】470/11231

【长编影】470/11 上

【汇编】中五 5140

看都川 秦凤

【范文正公集】遗文/9 上

【汇编】中五 4908

毡毛山 兰州

【宋史】492/吐蕃传/14159

【长编标】88/2012

【长编影】88/2 上

【汇编】中一 1560、1561

俄枝盘堆 麟州

【宋会要】兵 27 之 41/7267

顺宁路 鄜延

【宋会要】兵 28 之 11/7275

顺成谷 原州野狸族迁于此

【宋史】466/窦神宝传/13601

【汇编】中一 1289

顺安驿 绥德军

【宋史】87/地理志 3/2149

【汇编】中六 5830

段木岭 庆州

【宋史】485/夏国传上/14002

【长编标】208/5062

【长编影】208/14 上

【汇编】上 69；中三 3408

飯名、平戎道 鄜延

【长编标】135/3238

【长编影】135/22 下

皇甫川 河东

【长编标】497/11832

【长编影】497/15 上

【汇编】中六 5388

独移庄岭 府州

【宋史】86/地理志 2/2136

【汇编】中六 5827

胜宗隘 湟州西南

【长编纪事本末】139/18 下、19 上；140/2 下、
3 上

【皇宋十朝纲要】16/7 下

【初寮集】6/定功继伐碑/1 上

【汇编】中六 5751、5752、5761、5765；补遗
7437

胜铎谷 湟州之北

【长编纪事本末】140/2 下、7 下

【汇编】中六 5761、5771

闾家峡 河州

【系年要录】197/3319

【汇编】下 6678

闾精谷 河州

【长编标】252/6179

【长编影】252/27 下

【宋会要】蕃夷 6 之 9/7823

【汇编】中四 3948、3949

阁川水 渭州

【元丰九域志】3/131

【汇编】中四 3838

洪河 邠州

【宋会要】食货 42 之 12/5567

【汇编】中一 1658

洪德大川路 环庆

【长编标】479/11407

【长编影】479/7 下

浇水 于陇州浇水等处置采木务

【长编标】82/1881

【长编影】82/17 下

【汇编】中一 1523

浊轮川　麟府

【宋史】257/李继隆传/8965

【汇编】中一 1024

洮山　唃厮啰境内

【奏议标】141/文彦博·上神宗论进筑河州/1591

【奏议影】141/文彦博·上神宗论进筑河州/4889

【汇编】中四 3822

洮山路　熙河

【长编标】247/6022

【长编影】247/14 下

【汇编】中四 3894

洮川　熙州

【长编标】404/9842

【长编影】404/10 下

【汇编】中五 4847、4848

洮水　洮州

【宋史】95/河渠志上 5/2372；350/张守约传/11073

【元丰九域志】3/125

【长编标】239/5811；263/6434；314/7603；404/9841、9842

【长编影】239/6 上；263/15 上；314/4 下；404/12 上、13 上

【宋会要】兵 9 之 1/6906

【武经总要】前集 18 下/西蕃地界/9 下

【奏议标】138/吕陶·上哲宗请以兰州二寨封其酋长/1560

【奏议影】138/吕陶·上哲宗请以兰州二寨封其酋长（未印洮）/4794

【画墁集】补遗/游公（师雄）墓志铭/4 上

【汇编】中一 1724；中四 3837、3866、3989、3990、4039、4143；中五 4824、4847、4848、4854

洮河　熙河

【宋史】61/水上/1327；66/五行志 4/1441；87/地理志 3/2166；91/黄河上/2255；191/蕃兵 4759；197/兵志 5/4757；317/钱明逸传/10347；328/王韶传/10579；328/安焘传/10566；332/李师中传/10679；492/吐蕃传/14159

【长编标】149/3607；212/5146；214/5205；226/5507；233/5662；234/5677；237/5767、5768、5769、5771；238/5792、5798；239/5817；242/5901；244/5937、5945；245/5964；247/6028；306/7449；323/7777；326/7857；333/8024；488/11589；507/12087

【长编影】149/9 下；212/3 下；226/2 下、7 下；232/1 上；233/3 下、16 下；234/6 下；237/10 上、11 下、14 上；242/10 下；244/7 上；246/20 上；247/1 上、15 上；306/12 上；323/2 上；326/16 下；333/10 下；488/11 下；507/12 上

【宋会要】瑞异 2 之 22/2092；食货 43 之 3/5574；兵 9 之 6/6908、28 之 23/7281；方域 13 之 22/7541

【奏议标】141/文彦博·上神宗论进筑河州/1590

【奏议影】141/文彦博·上神宗论进筑河州/4889

【甘肃新通志】9/舆地志·关梁·兰州府·狄道州/15 下；14/建置志·城池/4 下

【临川集】41/上五事札子/4 上；73/与王子纯书/5 下

【涑水记闻】11/8 上

【彭城集】8/熙州行/108

【潞公文集】20/奏议/5 上

【汇编】中一 1560；中三 2898、3223、3513、3558、3720；中四 3761、3764、3766、3767、3771、3777、3791、3795、3798、3800、3821、3823、3844、3846、3864、3884、3886、3898、3966、3970、3978、4112、4309、4360、4469、4470；中五 4901；中六 5307、5502、5859；补遗 7329、7330、7333、7340

洛川水　鄜州

【元丰九域志】3/113

【汇编】中二 2146

洛门　秦州

【长编标】85/1941

【长编影】85/6 上

【汇编】中一 1536

洛水

【元丰九域志】3/107、113、117、118

【系年要录】124/2030

【长编影】128/18 下

【汇编】中二 2098

秦川　秦凤

【长编标】183/4431

【长编影】183/8 下

【宋会要】食货 1 之 28/4815

【汇编】中三 3552

秦王井驿　长城岭北

【武经总要】前集 18 上/6 下

【汇编】中一 973

秦州路　甘州回纥进奉出入

【宋会要】蕃夷 4 之 8/7717

秦州路　西凉府、回鹘贡奉

【宋会要】方域 21 之 23/7672

埋井峰　又作满济彭，麟府

【宋史】253/折御卿传/8863

【长编影】45/9 上；193/17 上

【宋会要】兵 27 之 41/7267

【汇编】上 172；中一 1211；中三 3268、3272

桥山　横山古称

【陕西通志】11/山川 4·榆林府·怀远县/51 下

【横山县志】1/地理志·山脉/6 下

【汇编】补遗 7351

桥子谷　延州

【宋史】290/狄青传/9718；311/庞籍传/10199

【华阳集】35/狄青神道碑/454

【陕西通志】16/关梁 1·延安府·安塞县/27
　　上、27 下

【汇编】中二 1860、1861、2464；补遗 7260、
　　7284

格隆谷　洮州

【长编标】404/9841

【长编影】404/10 下

【汇编】中五 4847、4848

都卢山　朝那湫及泾水所出

【武经总要】前集 18 上/20 下

【汇编】中一 1118

都亭驿

【长编标】350/8395

【长编影】350/12 下

【玉海】172/35 上

【栾城集】44/乞裁损待高丽事件札子/1 上

【汇编】中五 4616、5044；补遗 7250

都亭西驿　夏使汴京驻地

【长编标】140/3362；403/9807

【长编影】140/4 下；403/7 上

【汇编】中五 4838

都督山　卧羊梁劼特族地

【宋史】490/高昌传/14110

【挥麈前录】4/王延德历叙使高昌行程所见/3
　　下

【汇编】中一 1011、1013

壶口山　㴂州

【元丰九域志】4/169

【汇编】中四 3840

荷叶川　河东进筑

【长编标】494/11753

【长编影】494/24 上

【汇编】中六 5363

盐井川　通远军

【长编标】245/5971；247/6012

【长编影】245/19 下；247/6 上

【汇编】中四 3874、3889

哥龙谷　河湟

【宋史】349/刘舜卿传/11063

【汇编】中五 4856

哥崖岭　晋宁军

【宋史】86/地理志 2/2138

【汇编】中六 5859

哥崖岭　葭州

【陕西通志】17/关梁 2·葭州/51 上

【榆林府志】4/葭州·山/15 下

【汇编】补遗 7397、7400

聂家山　河湟

【长编标】188/4 下

【长编影】188/4529

逋祖岭　定边军

【宋史】87/地理志 3/2154

【汇编】中六 5494

破他岭　秦州

【长编标】73/1667

【长编影】73/15 上

【汇编】中一 1493

破啰川　庆州

【宋史】350/刘绍能传/11076

【汇编】上 230

柴棱沟　环庆

【长编标】320/7726

【长编影】320/7 上

【宋会要】方域 10 之 24/748

【汇编】中四 4256、4280

党龙耳江　熙河

【宋史】492/董毡传/14164

【长编标】316/7637

【长编影】316/1 上

【汇编】中四 4150、4174

晒厮温厮岭　河湟

【长编纪事本末】140/4 下

【汇编】中六 5767

铁山　熙河

【宋史】350/赵隆传/11090

【汇编】中六 5780

铁冶川　麟府

【长编标】220/5363

【长编影】220/25 上

【汇编】中三 3672

铁冶沟　麟府

【宋史】350/刘阒传/11084

【汇编】中三 3601

铁碣山　绥州地隔铁碣山

【宋史】266/钱若水传/9170

【汇编】中一 1311

铁堠子岭　西宁州

【宋史】87/地理志 3/2168

【长编纪事本末】139/5 下

【汇编】中六 5731、5854

铎龙桥　河湟

【宋史】86/地理志 3/2166

【汇编】中六 5859

积石山

【武经总要】前集 18 下/西蕃地界/9 下

【汇编】中一 1724

皋兰山　积石山下

【武经总要】前集 18 下/9 下

【汇编】中一 1724

皋兰山　兰州皋兰县

【元丰九域志】3/135 上

【宋会要】礼 20 之 79/804

【甘肃新通志】14/舆地志·建置制·城池/1 下

【汇编】中四 4294；中六 5841；补遗 7347

高平岭　银州附近

【三朝北盟会编】217/1 下

【汇编】下 6586

高岭　唃厮啰境内

【宋会要】兵 28 之 38/7288

【汇编】中五 5245

离石水　石州离石县

【元丰九域志】4/173

【汇编】中一 1413

浦洛河　环庆

【宋史】187/建隆以来之制/4589；257/李继隆
　　传/8967；277/张鉴传/9416、卢之翰传/
　　9424、刘综传/9432；279/周仁美传/9491；
　　280/田绍斌传/9497；283/夏竦传/9572；
　　292/田况传/9778；304/刘师道传/10064；
　　466/窦神宝传/13600、阎承翰传/13611、张
　　崇贵传/13618；485/夏国传上/13987、13989

【长编标】49/1071；50/1099；54/1193

【长编影】49/8 上；50/16 上；54/17 上

【东都事略】127、128/西夏传/附录 5、6

【宋太宗实录】79/38 上

【宋会要】兵 8 之 9/6896；方域 8 之 1/7441

【武经总要】前集 18 上/12 下、15 上；18 下/西
　　蕃地界/1 上

【隆平集】18/田绍斌传/11 上

【汇编】上 54、56、101；中一 1094、1116、
　　1120、1123、1132、1136、1137、1138、
　　1140、1142、1164、1238、1281、1359、
　　1481、1728、1730

浦洛峡　夏州附近

【长编标】73/1651

【长编影】73/2 上

【汇编】中一 1490

浩亹　熙河

【宋史】328/王韶传/10579

【汇编】中三 3513

浩亹水　出塞外入湟水

【武经总要】前集 18 下/西蕃地界/9 下

【汇编】中一 1723

浩亹河　熙州狄道县
【元丰九域志】3/126
【汇编】中四 3837

宽州川　延州
【武经总要】前集18 上/1 下
【汇编】中三 3130

浆水谷　环州
【武经总要】前集18 上/15 上
【汇编】中一 1142

娘娘谷　鄜延
【东轩笔录】9/4 上
【汇编】中二 1890

能家川　泾原
【宋史】485/夏国传上/13997
【汇编】上 64

通会关　熙河，丹喇关赐名
【长编标】493/11715
【长编影】493/19 下
【汇编】中六 5347

通会关　会州，即颠耳关，宋神宗熙宁七年置
【宋史】18/哲宗纪2/350；87/地理志3/2163
【元丰九域志】3/133
【长编标】252/6178；496/11812；498/11858
【长编影】252/26 下；496/19 上；498/15 下
【系年要录】198/3331
【甘肃新通志】9/舆地志·关梁·兰州府·靖远
　县/18 上
【汇编】中四 3915、3945；中六 5384、5385、
　5396、5397、5807；下 6682；补遗 7386

通远大路
【长编标】462/11042、11043
【长编影】462/11 上、12 下

通塞川　庆州
【武经总要】前集18 上/9 下、12 上
【汇编】中一 1148、1370

通塞谷　环庆
【长编标】496/11808
【长编影】496/15 下
【汇编】中六 5382

通塞路　环州通远县
【宋会要】方域20 之5/7653

【汇编】下 7013

绥远关　湟州，宋徽宗崇宁二年筑篩金平赐名
【宋史】87/地理志3/2167、2168
【长编纪事本末】139/11 下
【甘肃新通志】9/舆地志·关梁·西宁府·西宁
　县/70 下
【汇编】中六 5740、5937、5938；补遗 7406

绥远关　湟州，宋徽宗崇宁三年以省章峡置
【宋史】328/王厚传/10583
【长编纪事本末】139/14 下、16 下、19 上；
　140/2 下
【宋会要】方域12 之2/7520
【汇编】中六 5745、5748、5752、5753、5761、
　5768、5784

十一画

乾川谷　古渭州西北二百里
【长编标】132/3142
【长编影】132/17 上
【汇编】中二 2295

乾谷　府州
【武经总要】前集17/14 上
【汇编】中一 926

乾谷川路　府州
【武经总要】前集17/14 上
【汇编】中一 926

乾河　宋太宗至道二年周仁美与夏人战此
【宋史】279/周仁美传/9492
【汇编】中一 1132

萌盖河　渭州之西
【汉滨集】15/故客省使雄州防御使泾原路兵马
　钤辖兼第十一将郭公（成）行状/17 上
【汇编】补遗 7378

萝泊川　麟府
【宋史】86/地理志2/2136
【元丰九域志】4/175
【汇编】中三 3301

菊花河　河湟
【宋史】87/地理志3/2163、2167
【汇编】中六 5808、5937

萧关　泾原

【宋史】87/地理志 3/2160、2161、2162；92/黄河中/2297；257/李继和传/8969；265/张齐贤传/9155；277/郑文宝传/9426；290/孙继邺传/9709；312/韩琦传/10223；348/钟传传/11037；468/童贯传/13659；471/邢恕传/13704；486/夏国传下/14020；491/党项传/14142

【长编标】50/1091；1092；1100；319/7713

【长编影】50/16 下；56/5 下；319/11 下；510/17 下

【宋会要】礼 9 之 8/532；食货 43 之 2/5573；兵 14 之 20/7002、14 之 21/7003；蕃夷 2 之 30/7707

【东都事略】107/种师道传/2 上；121/童贯传/2 上

【宋大诏令集】102/种师道保静军节度使制/379；240/赐潘罗支诏（景德元年六月己卯）/944

【皇宋十朝纲要】16/12 下、13 上

【武经总要】前集 18 上/16 上、20 下、23 上、23 下

【资治通鉴】212/6742

【奏议标】130/张齐贤·上真宗乞进兵解灵州之危/1439

【奏议影】130/张齐贤·上真宗乞进兵解灵州之危/4424

【长编纪事本末】140/11 上

【中国考古学会第一次年会论文集】折继闵神道碑/455

【元宪集】34/宋故推诚翊戴功臣彰武军节度延州管内观察处置等使曹公墓志铭/352

【宋文鉴】119/上曾枢密书/8 下

【姑溪居士后集】20/折渭州墓志铭/1 上

【宛陵集】1/环州通判张殿丞/14 下

【梅尧臣集编】编年校注 23/655

【名臣碑传琬琰集】中集 48/韩忠献公琦行状/1096；下集 2/张文定公齐贤传/1301

【甘肃新通志】9/舆地志·关梁·固原直隶州/24 上

【隆德县志】4/考证/64 上

【汇编】上 24、86、190、210、644；中一 1090、1118、1143、1234、1236、1258、1259、1283、1372、1380、1383、1396、

1707、1736；中二 2517、2613、2835；中三 3167；中四 4245、4248；中六 5549、5666、5762、5791、5792、5793、5797、5798、5849、5850、5889、5929、5930、5933、5940；补遗 7226、7271

萧玛伊克隗　又作萧磨移隗，泾原

【长编影】485/4 下

【汇编】中六 5280

萧磨移隗　又作萧玛伊克隗，泾原

【长编】485/11522

黄石河　仪州

【宋会要】食货15 之 20/5072；兵 27 之 31/7262

黄石河路　仪州

【长编标】145/3513；149/3605

【长编影】145/17 下；149/8 上、8 下

【宋会要】兵 27 之 29/7261、27 之 33/7263

【安阳集】47/故崇信军节度副使检校尚书工部员外郎尹公墓志表/2 上；家传 4/6 上

【涑水记闻】11/5 下、8 上

【汇编】中二 2653、2814、2816、2897、2905

黄河

【旧五代史】125/1647

【辽史】12/圣宗纪 3/131

【宋史】6/真宗纪 1/116；7/真宗纪 2/122；15/神宗纪 2/287；23/钦宗纪/432；29/高宗纪 6/539；87/地理志 3/2162、2163、2165、2166、2167、2169；175/和籴/4244；176/屯田/4269；186/食市易/4552、互市/4564；187/兵志 1/4581；190/河东陕西弓箭手/4718；191/蕃兵/4757；255/王凯传/8925；257/李继隆传/8967、李继和传/8969；258/曹玮传/8985；266/钱若水传/9170；266/王举元传/9188；276/尹宪传/9408；277/郑文宝传/9426、9428；280/杨琼传/9502；283/夏竦传/9572；286/王益柔传/9634；289/高继勋传/9695、高继宣传/9697；299/施昌言传/9949；300/杨偕传/9955；305/杨亿传/10080；309/王延德传/10157；310/杜衍传/10191；313/文彦博传/10258；314/范仲淹传/10275；320/余靖传/10409；323/赵振传/10462；324/张亢传/10488、10489，刘文质传/10492；325/任福传/10506、刘平传/10501；328/王韶传/10579、10580，薛向传/

10587；332/陆诜传/1068；335/种谔传/10746、10747、种谊传/10748；340/吕大防传/10841；343/许将传/10910；344/孙览传/10929；350/苗授传/11067、苗履传/11069、王赡传/11070、王文郁传/11075、刘仲武传/11082；353/张叔夜传/11140；372/王庶传/11546；426/吴遵路传/12701；448/李彦仙传/13211；464/高遵裕传/13575、13576；467/韩守英传/13632、张惟吉传/13635、李宪传/13638；468/李祥传/13649；485/夏国传上/13983、13994；486/夏国传下/14011、14012、14022；490/高昌传/14110；491/党项传/14137；492/吐蕃传/14156、唃厮啰传/14161、瞎征传/14166、木征传/14168

【长编标】17/376；20/447；39/835；44/948、949；45/977；48/1057；50/1087；51/1123；54/1196；55/1202、1204、1212、1228；56/1224、1402；67/1505；69/1554；80/1831；122/2880；123/2902；125/2954；133/3162、3163；134/3188、3189、3195、3200；141/3383；150/3642；152/3709；214/5210；218/5306；220/5337、5363；221/5372、5373、5379、5385；222/5413；226/5510；243/5913；247/6019、6020、6022、6026、6030；248/6040；252/6179；254/6210；264/6466；281/6896；291/7115；306/7449；314/7603；317/7660；318/7683；319/7700；320/7720、7726；321/7737、7739、7749、7751、7752；324/7795、7805；325/7820；326/7854、7855；327/7866、7877；328/7900；330/7950；331/7971、7978；332/8009；333/8014；336/8094、8102；343/8248；348/8344；349/8349；351/8408；352/8405、8426；353/8461；363/8680；402/9778、9788、9792；412/10025；419/10146；431/10419；435/10487；444/10681、10684、10685、10687、10688；445/10716；446/10735；447/10760；452/10844；455/10912；456/10924；464/11091；465/11101；466/11129；470/11220；474/11308、11314、11315；476/11337、11350；477/11358、11372；485/11520；488/11589；489/11604、11607、11613；491/11654、11659；492/11678；495/11678；498/11863；500/11911；505/12030、12031、12035；506/12054、12055；507/12091；509/12124、12126；510/12139；511/12160、12163；513/12202、12203、12204、12205；514/12212、12213、12215、12216、12219、12221、12225、12228；516/12271、12272、12286、12288、12290；517/12295、12301、12303、12304；518/12317、12322、12333

【长编影】17/13 下；20/5 下；39/7 上；44/9 下、16 上；45/13 上；50/12 上；51/15 下；52/9 下、17 下；53/14 上、15 上；54/3 上、13 下、17 下；55/10 下；63/4 下；67/9 上；69/11 上；80/15 下；86/13 上；122/8 下；123/2 上；125/14 下；133/2 下、3 下、11 下；134/2 上、5 上、7 下；141/9 下；150/3 下；152/12 上；214/16 上；218/13 上；220/3 上、3 下、8 上、25 上；221/5 下、6 下、11 下、16 上；222/13 下；226/9 上；243/1 下；247/12 上、14 上、17 上、18 上、20 上、21 下、22 上；248/4 上、11 上；252/27 下；254/4 上；264/8 下；281/13 上；291/4 上、4 下；306/12 上；314/4 上；317/19 下；318/3 上；319/2 上；320/6 下、8 上；321/2 上、2 下、12 上、12 下；324/1 上、9 上；325/6 下；326/14 上、15 下、16 下；327/2 下、12 上；328/16 上；330/4 下；331/10 下、14 上；332/13 上；333/1 下；336/2 下、10 上；343/12 上、12 下；348/8 下、10 下；349/9 下；351/5 上；352/22 下；353/5 下；402/1 下、10 下、11 上；419/2 下；435/12 下；444/4 上；452/3 上；464/17 下；470/6 下；474/8 上、11 下、12 下；476/13 上；477/6 下、18 下；485/2 下；488/11 下；489/7 上、9 下；491/7 下、12 上；492/2 上；495/20 上；498/9 下；500/10 下；505/2 下、7 下；506/5 上；507/17 下；509/10 上、11 下、14 下；510/10 上；511/6 下、9 下、16 下；513/9 上、10 上、11 上；514/7 下、8 下、12 上、13 上、16 下；516/2 上、7 上、8 上、20 下；517/1 上、1 下、5 下、8 上；518/1 上、7 上、15 上

【宋会要】礼 20 之 136/832、58 之 3/1626；职

【范文正公集】5/上攻守二策状/13 下；尺牍中
　/3 上、6 上；年谱补遗/5 下、23 下；别集
　4/10 上；政府奏议上/16 上

【临川集】56/百寮贺复熙河路表/1 下

【挥麈前录】4/王延德历叙使高昌行程所见/3
　下；后录 4/张邦昌僭伪事迹/张思聪撰立张
　伪诏/12 下

【香溪集】21/徐忠壮（徽言）传/1 下、2 下

【栾城集】37/论兰州等地状/4 上；41/乞罢熙
　河修质孤、胜如等寨札子/2 下；42/论前后
　处置夏国乖方札子/7 下

【浮溪集】16/麟府等州抚谕敕书/6 下

【涑水记闻】9/3 下；12/1 下

【谈苑】1/5 下

【桯史】7/79

【梁溪集】118/与秦相公第九书别幅/13 上；
　176/建炎进退志总叙 3/4 下

【清波杂志】7/1 上

【名臣碑传琬琰集】上集 22/夏文庄公竦神道碑
　/342；中集 48/韩忠献公琦行状/1100、1106；
　下集 13/文忠烈公彦博传/1451、14/王荆公
　安石传/1473

【靖康要录】12/731、737

【宁夏府志】3/山川·宁夏·宁朔县/2 上

【甘肃新通志】6/舆地志·山川上·固原直隶州
　·海城县/26 上；9/舆地志·关梁·兰州府
　·皋兰县/1 上、3 上、3 下 13/舆地志·古迹
　·兰州府·靖远县/6 下；；29/祠祀志·祠宇
　下·西宁府·西宁县/31 下

【延安府志】1/诗文/49 上；2/葭州/20 上；7/
　绥德州·清涧县·山川/16 上；8/1 上；8/葭
　州·城池/3 下

【延绥镇志】1/地理志 6 下

【吴堡县志】1/疆域/2 上

【陕西通志】7/疆域 2/40 上、42 上、43 下；
　13/山川 6·葭州/56 下、58 下；13/山川 6·
　葭州·神木县/63 下；16/关梁 1·延安府·
　保安县/29 下；16/关梁 1·延安府·宜川县/
　31 下；16/关梁 1·延安府·延川县/33 上；
　17/关梁 2·绥德州·清涧县/47 下、葭州·
　吴堡县/52 下、神木县·古关隘/54 上

【海城县志】6/古迹志/3 上

【榆林府志】4/府谷县·水/12 上、12 下；4/葭

州·山/15 下；4/葭州·水/16 上；6/建置志
·关隘/3 上

【汇编】上 27、29、42、65、67、111、116、
　168、179、188；中一 924、925、926、927、
　931、952、959、965、967、973、980、982、
　987、989、1011、1012、1036、1039、1077、
　1079、1090、1091、1126、1130、1147、
　1152、1208、1209、1212、1213、1214、
　1228、1258、1266、1268、1269、1286、
　1290、1309、1311、1318、1321、1327、
　1332、1333、1345、1357、1359、1361、
　1366、1405、1407、1412、1413、1414、
　1428、1432、1433、1468、1479、1514、
　1516、1531、1586、1612、1630、1669、
　1712、1727、1728、1745、1746、1750、
　1757；中二 1775、1794、1795、1798、1810、
　1863、1866、1976、2005、2056、2057、
　2103、2118、2230、2233、2235、2318、
　2319、2321、2331、2339、2343、2360、
　2361、2364、2365、2367、2375、2380、
　2384、2397、2399、2440、2482、2494、
　2605、2675、2692、2695、2723、2731、
　2740、2760、2783、2785；中三 2856、2873、
　2874、2885、2905、2909、2924、2925、
　2939、2941、2942、2948、2965、2968、
　3001、3002、3003、3004、3005、3034、
　3059、3062、3075、3130、3133、3160、
　3162、3185、3186、3188、3221、3249、
　3361、3367、3439、3444、3461、3465、
　3513、3514、3515、3519、3543、3553、
　3587、3624、3632、3636、3653、3655、
　3658、3660、3672、3678、3679、3681、
　3683、3698、3721、3731；中四 3753、3765、
　3793、3810、3813、3815、3817、3821、
　3822、3840、3848、3850、3859、3860、
　3892、3893、3895、3896、3901、3902、
　3903、3905、3908、3912、3915、3941、
　3944、3948、3949、3951、3956、3972、
　3991、4006、4009、4012、4038、4078、
　4079、4088、4100、4101、4139、4143、
　4211、4214、4227、4228、4256、4259、
　4268、4273、4280、4282、4294、4300、
　4309、4322、4324、4332、4355、4356、

【长编影】237/11 下

【汇编】中四 3797、3798

野勺口　来远寨北八里

【长编标】141/3387

【长编影】141/14 上

【汇编】中二 2728

野吴谷　秦州

【宋史】8/真宗纪 3/162；258/曹玮传/8986

【元宪集】33/宋故推诚翊戴功臣彰武军节度延
　　州管内观察处置等使曹公墓志铭/345

【乐全集】22/秦州奏唃厮啰事/21 上

【汇编】中一 1555、1578、1587

鄂摩克谷　河湟

【长编影】273/2 下、18 上

【汇编】中四 4014、4017

崇化坊　宋神宗熙宁三年五月十九日置，以待
　　蕃客

【玉海】172/35 下

【宋会要】方域 10 之 11/7479

【汇编】中三 3555；补遗 7328

铜城山　渭州潘原县

【元丰九域志】3/131

【汇编】中四 3838

银城河　河东

【榆林府志】6/建置志·关隘/3 上

【汇编】补遗 7278

甜水谷　环州

【宋史】277/郑文宝传/9426

【汇编】中一 1090

笼竿川　泾原陇山外

【宋史】8/真宗纪 3/150；485/夏国传上/13981

【长编标】76/1734

【长编影】76/8 上

【宋会要】方域 5 之 42/7404

【名臣碑传琬琰集】中集 43/曹武穆公玮行状/
　　1034

【元宪集】33/宋故推诚翊戴功臣彰武军节度延
　　州管内观察处置等使曹公墓志铭/345

【汇编】上 64；中一 1502、1527、1673；下
　　7007

笼落川　泾原

【宋史】325/耿传传/10512

【安阳集】家传 2/4 上

【河南先生文集】3/悃忠/4 下

【汇编】中二 2195、2202、2214

笼江川　泾原

【长编标】485/11523；489/11604

【长编影】485/4 下；489/6 上、7 上

【汇编】中六 5280、5298、5300、5311、5312

偏江川　泾原

【长编标】137/3301

假木岭　即突厥川，与夏国分界

【武经总要】前集 18 上/8 下

【汇编】中一 941

得胜路　泾原

【长编标】225/5494

【长编影】225/23 上

【宋会要】兵 28 之 10/7274

【汇编】中三 3712

凫谷川　熙河

【宋会要】兵 8 之 24/6899；方域 20 之 14/7657

麻子川　兰州与通远军之间

【长编标】473/11279

【长编影】473/1 上

【汇编】中五 5152

麻宗山　乐州

【宋史】87/地理志 3/2167

【汇编】中六 5937

麻累山　会州

【宋史】87/地理志 3/2160

【汇编】中六 5838

阎翁栅路　去瓶形东南二百里，河东

【宋会要】兵 27 之 6/7249

清水谷　麟州

【宋史】86/地理志 2/2135

【长编标】193/4679

【长编影】193/17 下

【宋会要】兵 27 之 44/7268

【汇编】中六 5826

清水河　又作蔚如水

【宋史】372/王庶传/11546；486/夏国传下/
　　14020

【汇编】下 6142

清水河　又作大黑水

【汇编】上 208；中一 1090、1258、1586、1587；中六 5778、5850、5902、6044；补遗 7271、7381、7382、7383

葫芦河　泾原

【宋史】87/地理志 3/2161；257/李继和传/8969；277/郑文宝传/9426；335/种师道传/10751；467/李宪传/13639；468/程昉传/13653；486/夏国传下/14011

【长编标】328/7902；341/8207、11314

【长编影】474/12 下

【宋会要】兵 8 之 28/6901、14 之 19/7002、28 之 29/7283、28 之 30/7284

【涑水记闻】14/8 上

【汇编】上 77；中四 4220、4224；中五 4571、5165

葫芦河川　泾原

【宋史】328/章楶传/10589

【长编标】327/7885；345/8275；485/11523；486/11546；487/11565；491/11665；504/12007

【长编影】327/19 上；345/4 下；485/4 下；486/6 上；487/2 下；491/15 上；496/4；504/8 上；508/1 上；509/14 下；518/1 上

【甘肃新通志】6/舆地志·山川上·固原直隶州·海城县/27 上；13/舆地志·古迹·固原直隶州/12 上

【固原州志】1/文武衙门/22

【汇编】中六 5280、5285、5293、5294、5298、5299、5331、5377、5448、5449、5512、5536、5645；补遗 7380、7382

葫芦峡　泾原

【甘肃新通志】13/舆地志·古迹·固原直隶州·平远县/12 下

【海城县志】6/古迹志/2 上

【汇编】补遗 7295、7382

葫泸河川　南北平坦

【宋会要】方域 19 之 6/7628、20 之 21/7661

葱梅官道谷　鄜延

【宋史】323/周美传/10458

【长编标】135/3238

【汇编】上 232

落门谷　秦州

【武经总要】前集 18 上/29 上

【汇编】中一 1032

葭芦山　麟府

【长编标】220/5363

【长编影】220/25 上

【汇编】中三 3672

葭芦川　麟府

【宋史】253/折德扆传/8881；259/袁继忠传/9005；272/曹克明传/9316；485/夏国传上/13986；486/夏国传下/14008

【金史】116/承立传/2551

【长编标】329/7930

【长编影】329/15 上

【东都事略】28/1 上

【武经总要】后集 13/5 下

【姑溪居士后集】20/折渭州墓志铭/1 上

【延安府志】8/葭州·城池/3 下；8/1 上

【陕西通志】13/山川 6·葭州/57 上；17/关梁 2·绥德州/45 上

【榆林府志】4/神木县·水/7 上；4/葭州·山/14 下、水/16 上、16 下

【汇编】上 53、74、174、179、206；中一 996、1018、1019；中四 4412；下 6859、6861；补遗 7264、7350、7378、7379、7400、7486、7487

惠宁西坊　掌河西蕃部员奉

【玉海】172/35 上

【汇编】补遗 7250

雄勇津　火山军

【宋会要】食货 16 之 3/5074、22 之 8/5159

【武经总要】前集 17/14 上

【中国考古学会第一次年会论文集】折继闵神道碑/455

【汇编】上 190；中一 926

雄勇津路　麟府

【武经总要】前集 17/14 上

【汇编】中一 925

雅尔乌谷　秦凤

【长编标】89/2044

【长编影】89/8 上

雅尔峡　又作哑儿峡，古渭寨

【长编影】175/5 上

【汇编】中三 3191

紫河　胜州，又作紫河汉

【武经总要】前集 18 下/西蕃地界/1 上

渭川路　泾原

【宋会要】兵 28 之 10/7274

渭水

【宋史】61/水上/1321；94/三白渠/2346；270/
　高防传/9261；308/卢斌传/10139；367/杨政
　传/11444

【长编标】216/5262；249/6071

【长编影】216/9 下；249/5 上

【宋会要】食货 2 之 3/4826、63 之 75/6024

【武经总要】前集 18 上/27 下、31 上

【元丰九域志】3/122

【东坡全集】41/祝文/18 下

【玉壶清话】2/9 下

【闻见近录】13 上

【名臣碑传琬琰集】中集 43/曹武穆公玮行状/
　1032

【梁溪漫志】6/2 上

【甘肃新通志】6/舆地志·山川上·固原直隶州
　·海城县/27 下

【汇编】中一 929、930、931、934、935、936、
　1008、1399；中二 1933；中三 3615；中四
　3918；中五 4873、4874；补遗 7250

渭河

【宋史】8/真宗纪 3/147；32/高宗纪 9/603；
　181/盐上/4424；266/温仲舒传/9182；308/
　张佶传/10151；340/吕大防传/10841；366/
　吴玠传/11410；453/张玘传/13328

【长编标】73/1667；88/2016；263/6435

【长编影】73/15 上；88/5 上；263/15 上

【宋会要】职官 64 之 11/3826

【武经总要】前集 18 上/27 下

【东轩笔录】2/1 上

【画墁集】补遗/游公（师雄）墓志铭/5 下

【甘肃新通志】13/舆地志·古迹·平凉府·静
　宁州/10 下

【汇编】中一 932、1065、1087、1493、1517、
　1562、1568；中四 3989、3990；中五 4981；
　补遗 7290

湫水　石州

【元丰九域志】4/174

【汇编】中一 1413

湟水

【宋史】349/姚雄传/11060；449/李诚之传/

13244

【长编纪事本末】139/5 下

【皇宋十朝纲要】14/6 下

【武经总要】前集 18 下/西蕃地界/9 下

【丹阳集】1/贺收复湟州表/19 下

【汇编】中一 1722；中六 5623、5681、5731；
　补遗 7406

寒岭　麟府

【宋史】349/郝质传/11049

【长编标】137/3282

【长编影】137/5 下

【汇编】中二 2520、2521

道光谷　麟州

【长编标】185/4469、4470

【长编影】185/2 下

【宋会要】兵 27 之 41/7267

【汇编】中三 3224、3266

隔祚岭　麟府

【长编标】495/11770

【长编影】495/7 上

【汇编】中六 5368

隘路口　秦州

【长编标】85/1941

【长编影】85/6 上

【汇编】中一 1536

疏属山　鄜州

【元丰九域志】3/114

【汇编】中二 2146

缘陇山假道水洛城　从此入寇仪州

【宋会要】兵 27 之 31/7262

十三画

榆林关　胜州

【宋会要】方域 5 之 8/7387

【汇编】下 7005

楼子山　由夏州至高昌经此

【宋史】490/高昌传/14110

【汇编】中一 1011

鹊子山　西安州

【长编标】512/12187

【长编影】512/10 下

【汇编】中六 5562

蒲川河 原州彭阳县

【元丰九域志】3/132

【汇编】中一 1196

蒲水 坊州

【元丰九域志】3/118

【汇编】中四 4064

蒲水 隰州

【元丰九域志】4/169

【汇编】中四 3840

碎金谷 保安军北

【宋史】325/刘平传/10502

【长编标】126/2967

【长编影】126/1 下

【涑水记闻】11/12 上

【陕西通志】16/关梁 1・榆林府・榆林县/63 下

【汇编】中二 1884、1886、1896；补遗 7262

暖泉峰 丰州西北

【元丰九域志】4/175

【汇编】中三 3302

暖泉峰 府州北

【武经总要】前集 17/14 上

【汇编】中一 926

解卖鞍马道 秦州蕃部往来至永宁寨

【宋会要】兵 28 之 4/7271

新开路 环庆

【长编标】54/1186

【长编影】54/11 上

【汇编】中一 1355

新安驿 熙河驿站

【长编标】258/6305

【长编影】258/16 上

【宋会要】蕃夷 6 之 11/7824

【汇编】中四 3974

新店驿 麟州

【范文正公集】西夏堡寨/5 下

【汇编】中二 2645

满济彭 又作埋井峰，麟州

【长编标】45/965；193/4679

满堂川 无定河东

【长编标】228/5550；299/7277

【长编影】228/7 下；299/12 上

【延安府志】7/绥德州・山川/2 下

【汇编】中三 3729；中四 4102；补遗 7491

满堂川路 绥德州

【宋会要】兵 4 之 4/6822

【武经总要】前集 18 上/1 下

【陕西通志】17/关梁 2・绥德州・清涧县/47 下

【汇编】中三 3130、3475；补遗 7313

滔河

【长编标】88/2012；214/5205

【长编影】88/2 上；214/9 下

【宋会要】兵 14 之 17/7001

【汇编】中一 1561；中三 3585

溪兰宗山 青唐

【长编纪事本末】140/4 下

【汇编】中六 5766

塞门川 延州

【长编标】225/5494；492/11681

【长编影】225/23 上；492/4 上

【武经总要】前集 18 上/1 下

【潞公文集】18/奏议/9 下

【汇编】中三 3131、3713；中六 5338；补遗 7324

塞门路 延州

【长编标】122/2880

【长编影】122/8 下

【甘肃新通志】16/关梁 1・延安府・安塞县/27 下

【汇编】中一 1750；补遗 7348

窟野河 麟府

【武经总要】前集 17/17 上、18 下、19 下

【司马文正公集】首卷 28/上

【汇编】中一 1039、1141；中 3/3078、3233

窟野河路 麟州

【武经总要】前集 17/19 下

【汇编】中一 1141

十四画

斡楚峡 又作瓦吹峡，河州

【长编影】520/24 上

【汇编】中六 5670

嘉岭山 延州

【长编标】126/2993

【长编影】126/24 上

【延安府志】1/肤施县·山川/5 下、6 下；1/肤
　　施县·宫室/14 下

【陕西通志】10/山川 3·延安府·肤施县/1 下；
　　28/祠祀 1·延安府·肤施县/60 下

【汇编】中二 1979；补遗 7274、7275

橐驼路　宋朝入夏道路，李继迁于赤沙川，橐
　　驼路置会贸易

【宋史】257/李继隆传/8967；279/周仁美传/9492；
　　308/卢斌传/10141；466/张崇贵传/13617

【长编标】51/1112；55/1216

【长编影】51/5 上；55/14 上

【汇编】中一 1084、1132、1141、1149、1297、
　　1366

蔚汾水　西与黄河合，因名合河津

【武经总要】前集 17/10 上

【汇编】中一 1428

蔚茹河　泾原

【宋史】257/李继隆传/8968

【长编标】41/861

【长编影】41/2 上

【名臣碑传琬琰集】下集 5/李继隆传/1338

【汇编】中一 1172

碱河　环州通远县

【元丰九域志】3/119

【汇编】中一 1096

碱泊口　泾原

【三朝北盟会编】60/4 下

【汇编】中六 6042

碱泊川　镇戎军西北

【宋史】279/陈兴传/9483；466/秦翰传/13613

【元宪集】33/宋故推诚翊戴功臣彰武军节度延
　　州管内观察处置等使曹公行状/345；34/宋故
　　推诚翊戴功臣彰武军节度延州管内观察处置
　　等使曹公墓志铭/353

【汇编】中一 1399、1400

臧底河　保安军北宋夏交界处

【宋史】87/地理志 3/2148；364/韩世忠传/
　　11355；446/杨震传/13166

【东都事略】11/徽宗纪/3 上

【三朝北盟会编】52/1 下

【姚平仲小传】1 上

【汇编】中六 5830、5896、5904、5914

擦珠谷　秦凤

【宋会要】方域 20 之 7/7654

【汇编】中三 3499

熙河道　熙河

【东牟集】14/右朝奉郎王公（彦隆）墓志/7 上

【汇编】补遗 7332

裴家山　合河津黄河东

【长编标】134/3188

【长编影】134/2 上

【宋会要】方域 18 之 7/7613

【汇编】中二 2365

漆水　邠州新平县

【元丰九域志】3/113

【汇编】中四 4062

滴水崖　抚宁县

【元刊梦溪笔谈】13/15

【汇编】中一 1077

褊江川　泾原

【长编标】487/11565；496/11797

【长编影】487/2 下；496/4 上

【宋会要】方域 19 之 14/7632

【汇编】中六 5271、5298、5299、5377、5379

十五画

横山　宋夏山界

【宋史】176/屯田/4269；334/徐禧传/10722；
　　335/种谔传/10747；350/张守约传/11073

【长编标】229/5582；314/7602；317/7677；318/
　　7680、7684；319/7700；321/7739；322/
　　7762、7771；326/7857、7859；328/7893、
　　7894；329/7923、7931、7933

【长编影】229/16 下；314/3 下；317/19 下；
　　318/1 上、3 下、15 上；319/2 上、9 下、17
　　上；321/2 下、8 下；322/3 下、4 上、6 上；
　　326/16 下；328/3 下；329/8 下、15 上、16
　　下、22 下

【宋会要】兵 8 之 25/6899、8 之 28/6901；方域
　　8 之 28/7454、19 之 17/7634、19 之 48/7649、
　　19 之 49/7650

【奏议标】132/范仲淹·上仁宗乞严边城实关内
　　/1457

【奏议影】132/范仲淹·上仁宗乞严边城实关内
　　/4483

【鸡肋集】65/18 下

【范文正公集】别集 4/10 上

【名臣碑传琬琰集】中集 48/韩忠献公琦行状/
　　1094

【儒林公议】上/12 上

【汇编】中一 1160；中二 1908、1909、1915、
　　1966、2005、2331；中五 5241；下 6089、6092

十六画

颠耳关　又作巅耳关、撷耳关、丹喇关，熙河
【长编标】491/11659；493/11715；494/11726、
　　11727、11752；495/11782、11783；496/
　　11812；498/11858

颠耳关　会州，又作丹喇关，宋哲宗元符元年
　　建筑，赐名通会关
【宋史】87/地理志 3/2159
【汇编】中六 5838

默音峡　平夏城以西
【汉滨集】15/故客省使雄州防御使泾原路兵马钤
　　辖兼第十一将郭公（成）行状/17 上、17 下
【汇编】补遗 7378、7383

圜水　鄜州
【元丰九域志】3/113
【汇编】中二 2146

篯南谷　熙河
【长编纪事本末】140/8 上
【汇编】中六 5773

十七画

藏丹河　鄜延
【初寮集】6/定功继伐碑/1 上
【汇编】补遗 7439

十九画

蟾羊山　又作蟾牟山，熙河兰会

【长编标】452/10845
【长编影】452/3 上
【汇编】中五 5047

蟾牟山　又作蟾羊山，熙河兰会
【长编标】460/10996；470/11232；473/11281
【长编影】460/1 上；470/14 上；473/1 上
【汇编】中五 5068、5138、5140、5154

巅耳关　又作颠耳关、撷耳关、丹喇关，熙河
【宋史】332/陆师闵传/10683；348/钟传传/
　　11037
【长编影】491/7 下、12 上
【宋会要】方域 8 之 26/7453、19 之 15/7633
【汇编】中六 5325、5343、5346；下 7011、7012

二十一画

露骨山　熙河
【宋史】328/王韶传/10580；350/苗授传/11068
【长编标】246/5983、5996、5997、5998；248/
　　6044
【长编影】246/7 上、17 上、20 上；248/6 下
【东都事略】82/王韶传/4 下；104/姚麟传/1 下
【甘肃新通志】6/舆地志·山川上·兰州府·河
　　州/13 上
【汇编】中四 3847、3857、3858、3877、3882、
　　3883、3884、3906、4040；补遗 7336

二十三画

麟州路　麟州
【武经总要】前集 17/7 下
【汇编】中一 1414

3. 金朝与西夏交界或相关
的山川、关津、道路与驿站

二画

九陵水　庆原
【金史】26/地理志下/651
【汇编】下 6970

三画

大陇山　凤翔
【金史】26/地理志下/647
【汇编】下 6964

大盘山　鄜延
【金史】26/地理志下/649
【汇编】下 6966

大湖河　庆原
【金史】26/地理志下/652
【汇编】下 6971

小陇山　凤翔
【金史】26/地理志下/646
【汇编】下 6963

马岭　庆原
【金史】26/地理志下/651
【汇编】下 6970

马屯山　凤翔
【金史】26/地理志下/646
【汇编】下 6963

马吉峰　葭州
【金史】15/章宗纪中/336；116/承立传/2551；
　134/西夏传/2874
【榆林府志】4/葭州·山/15 上
【汇编】上 134；下 6855

四画

天德路
【金史】81/蒲察胡盏传/1819
【汇编】中六 5948

云岩山　鄜延
【金史】26/地理志下/644
【汇编】下 6966

五龙山　鄜延
【金史】26/地理志下/648
【汇编】下 6965

瓦亭山　凤翔
【金史】26/地理志下/647
【汇编】下 6964

中陇山　凤翔
【金史】26/地理志下/647

【汇编】下 6964

乌仁关　鄜延
【金史】26/地理志下/648
【汇编】下 6966

丹阳驿　鄜延
【金史】26/地理志下/648
【汇编】下 6965

六盘
【金史】98/完颜纲传/2175
【汇编】下 6817

五画

古萧关　泾原
【金史】26/地理志下/650
【大金吊伐录】4/139
【汇编】下 6094、6103

石门山　庆原
【金史】26/地理志下/652
【汇编】下 6971

石堂山　鄜延
【金史】26/地理志下/644
【汇编】下 6967

龙马泉　凤翔
【金史】26/地理志下/647
【汇编】下 6964

东山　凤翔
【金史】26/地理志下/646
【汇编】下 6963

北谷口　泾原威川寨略
【金史】26/地理志下/650
【汇编】下 6103

北谷川　西安州
【大金吊伐录】4/139
【汇编】下 6094

白水泊　云中
【三朝北盟会编】9/7 上；12/4 上
【汇编】中六 5954、5966

白石山　临洮
【金史】26/地理志下/654
【汇编】下 6974

白环水　凤翔

【金史】26/地理志下/647

【汇编】下 6964

鸟鼠山　凤翔

【金史】26/地理志下/646

【汇编】下 6963

永木岭　鄜延

【金史】16/章宗纪下/362；134/西夏传/2875

【汇编】上 135；下 6878

永宁关　鄜延

【金史】26/地理志下/649

【汇编】下 6966

圣塔谷　鄜延

【大金吊伐录】4/139

【汇编】下 6094

六画

吐延水　鄜延

【金史】26/地理志下/648

【汇编】下 6965

伏龙山　金鄜延

【金史】26/地理志下/648

【汇编】下 6965

仲山　庆原

【金史】26/地理志下/651

【汇编】下 6971

华池水　鄜延

【金史】26/地理志下/649

【汇编】下 6966

延川水　庆原

【金史】26/地理志下/651

【汇编】下 6971

延庆水　庆原

【金史】26/地理志下/650

【汇编】下 6970

会安关　乌兰关

【甘肃新通志】9/舆地志·关梁·兰州府·靖远县/18 上

【汇编】补遗 7386

米脂谷　鄜延

【金史】26/地理志下/650；134/西夏传/2867

【大金吊伐录】4/139

【汇编】中五 4568；下 6094、6103

阳晋水　庆原

【金史】26/地理志下/652

【汇编】下 6971

阴山

【金史】3/太宗纪/49；19/景宣皇帝宗峻纪/407；47/田制/1046；60/交聘表上/1390；71/斡鲁传/1634；74/宗望传/1701、1702；134/西夏传/2865、2866

【汇编】上 125；中六 5975、5977

七画

赤沟川　镇戎军

【金史】116/石盏女鲁欢传/2542

【汇编】下 6860

岐山　凤翔

【金史】23/五行志/542；26/地理志下/645；113/赤盏合喜传/2493

【汇编】下 6880

吴山　凤翔

【金史】26/地理志下/647

【汇编】下 6964

吴岳山　凤翔

【金史】26/地理志下/647

【汇编】下 6964

余睹谷　金获辽帝于此

【金史】3/太宗吴乞买纪/52；70/习室传/1623；76/宗干传/1741

【汇编】中六 5948

库利山　鄜延

【金史】26/地理志下/644

【汇编】下 6965、6966

汧水　凤翔

【金史】26/地理志下/645、647

【汇编】下 6964

汭水　庆原

【金史】26/地理志下/651

【汇编】下 6971

八画

松子岭

【大金国志】4/太宗纪/3 下
【汇编】中六 6011

拄天山　绥德州
【金史】112/完颜合达传/2464
【汇编】下 6867

招安驿　鄜延
【金史】26/地理志下/648
【汇编】下 6965

罗川水　庆原
【金史】26/地理志下/651、652
【汇编】下 6971

罗川水　鄜延
【金史】26/地理志下/649
【汇编】下 6966

委布谷口　环庆
【金史】26/地理志下/650；134/西夏传/2867
【大金吊伐录】4/139
【汇编】上 127；下/6094、6103

京玉关　临洮
【金史】26/地理志下/654
【汇编】下 6975

沮水　鄜延
【金史】26/地理志下/649
【汇编】下 6967

沮河　鄜延
【金史】26/地理志下/649
【汇编】下 6967

泾水　庆原
【金史】26/地理志下/651、652；92/卢庸传/2041
【汇编】下 6971

宜水　天德境
【金史】72/娄室传/1650；134/西夏传/2865
【汇编】上 125

孟门山　鄜延
【金史】26/地理志下/648
【汇编】下 6966

九画

咸河　庆原
【金史】26/地理志下/650

【汇编】下 6970

重覆山　鄜延
【金史】26/地理志下/648
【汇编】下 6965

独战山　鄜延
【金史】26/地理志下/648
【汇编】下 6965

洛川水　鄜延
【金史】26/地理志下/649
【汇编】下 6966

洛水
【金史】19/睿宗宗尧纪/409；26/地理志下/642、643、644、648、649、651
【汇编】下 6965、6966、6967、6970

洛阳沟　鳞府
【金史】26/地理志下/650；134/西夏传/2867
【大金吊伐录】4/139
【汇编】上 127；下/6094、6103

洮水　临洮
【金史】26/地理志下/654
【汇编】下 6974

十画

秦市川　环庆
【大金吊伐录】4/139
【汇编】下 6094

秦岭山　鄜延
【金史】26/地理志下/647
【汇编】下 6965

桥山　鄜延
【金史】26/地理志下/649
【汇编】下 6967

笄头山　凤翔
【金史】26/地理志下/646
【元丰九域志】3/130
【汇编】中四 3838；下 6963

高泉山　庆原
【金史】26/地理志下/652
【汇编】下 6971

高峰岭　定西州
【金史】113/白撒传/2485

【汇编】下 6869

浩亹河　临洮
【金史】26/地理志下/654
【汇编】下 6974

十一画

萧关　泾原
【金史】134/西夏传/2867
【汇编】上 127

黄河
【金史】24/地理志上/549；26/地理志下/632、
　633、635、636、637、640、642、643、644、
　648、650、653；74/宗望传/1703；78/刘筈
　传/1772；113/白撒传/2486；132/完颜元宜
　传/2829；134/西夏传/2867、2876
【大金吊伐录】4/册大楚皇帝文/129；4/139
【大金国志】4/太宗纪/3 下、8 下；9/太宗纪/4
　上
【三朝北盟会编】25/5 上
【汇编】上 127、132、136；中三 3104；中六
　5971、5975、5991、6011、6060；下 6093、
　6094、6103、6456、6579、6878、6961、
　6962、6965

野谷　天德军，败救辽夏兵于此
【金史】2/太祖纪/37；60/交聘表上/1388；71/
　斡鲁传/1634、1650；72/娄室传/1650；134/
　西夏传/2865
【汇编】上 125；中六 5947、5948

铜城山　凤翔
【金史】26/地理志下/646
【汇编】下 6963

银瓮口　云中
【大金国志】13/海陵炀王纪上/1 下
【汇编】下 6584

十二画

鹁鸽谷　鄜延
【大金吊伐录】4/139
【汇编】下 6094

朝那水　庆原

【金史】26/地理志下/652
【汇编】下 6971

葫芦川
【金史】116/承立/2551；134/西夏传/2865
【汇编】上 134

景山　庆原
【金史】26/地理志下/650
【汇编】下 6970

渭水　鄜延
【金史】3/太宗吴乞买纪/59；26/地理志下/
　641、642、643、644、645、647
【汇编】下 6965

渭牙川水　鄜延
【金史】26/地理志下/648
【汇编】下 6965

疏属山　鄜州洛交县
【金史】26/地理志下/649
【汇编】下 6966

十三画

蒲川河　庆原
【金史】26/地理志下/652
【汇编】下/6971

蒲谷水　鄜延
【金史】26/地理志下/649
【汇编】下 6967

溪哥路　西凉
【金史】113/白撒传/2486
【汇编】下 6877

十五画

潘水　庆原
【金史】26/地理志下/651
【汇编】下 6971

潼关　京兆府
【金史】98/完颜纲传/2175；103/完颜仲元传/
　2266；108/胥鼎传/2379；110/杨云翼传/
　2421
【汇编】下 6817、6849

十六画

圜水　鄜延
【金史】26/地理志下/649
【汇编】下 6966

十七画

濯巾水　鄜延
【金史】26/地理志下/648
【汇编】下 6965

濯巾河　鄜延
【金史】26/地理志下/648
【汇编】下 6965

十八画

蟠冢山　凤翔
【金史】26/地理志下/644
【汇编】下 6964

（四）与党项西夏相关的汉唐元明地名

1. 与党项西夏相关的汉魏地名

三画

三封县　即宥州地
【宁夏府志】4/古迹·宁夏·宁朔县/10 上
【汇编】下 6941

广武县　丰林镇
【陕西通志】16/关梁 1·延安府·肤施县/25 下
【汇编】补遗 7314

广洛县　延州，金明砦
【武经总要】前集 18 上/1 下
【汇编】中三 3131

马岭县　环州马岭镇，汉代为牧地，川形似马岭，因为县名

【武经总要】前集 18 上/12 下
【汇编】中一 1095

四画

太原郡
【延安府志】2/葭州/20 上
【汇编】下 6581

五画

龙州
【延绥镇志】1/地理志/8 下
【汇编】下 6945

北华州　鄜州保大军
【宋会要】方域 5 之 4/7385
【汇编】下 7004

六画

西安州　盐州
【宁夏府志】4/古迹·灵州/17 上
【汇编】下 6946

西海郡
【元史】60/地理志 3/1450
【汇编】下 7086

安定县　泾州故地
【甘肃新通志】8/舆地志·形胜·泾州直隶州/6 下
【汇编】补遗 7289

八画

武威郡　凉州
【宋会要】方域 5 之 8/7387
【汇编】下 7005

单于台　云州
【宋会要】方域 5 之 8/7387
【汇编】下 7004

居延故城　西海郡
【元史】60/地理志 3/1450

【汇编】下 7086

九画

统万镇　夏州
【横山县志】1/地理志·古迹/13 上
【汇编】下 6942

十画

圁阳县　即神木县
【榆林府志】5/建置志·沿革/2 下
【汇编】下 6582
高奴县　延州
【武经总要】前集 18 上/1 下
【汇编】中三 3131

十一画

奢延水　一作银水，一作无定河
【横山县志】1/地理志·古迹/13 上
【汇编】补遗 7248、7345；下 6942
奢延县　上郡
【榆林府志】5/建置志·沿革/4 下
【汇编】下 6944

十二画

黑水　统万城之北
【嘉靖宁夏新志】2/古迹/56 上
【汇编】下 6941
富平县　耀州
【宁夏府志】2/沿革/18 下、19 上；4/古迹·宁
　　夏·宁朔县/10 上
【汇编】下 6939、6940

十三画

新秦　麟州
【延安府志】8/葭州·神木县·古迹/19 上
【汇编】下 6977

十六画

薄骨律镇　灵州，后魏置
【宋会要】方域 5 之 8/7387
【宁夏府志】2/沿革/19 上
【汇编】下 6939、7005

2. 与党项西夏相关的唐五代地名

三画

大振门　制胜关旧号
【甘肃新通志】9/舆地志·关梁·化平川直隶厅
　　/29 下
【汇编】补遗 7339
马邑郡　云州大同军
【宋会要】方域 5 之 8/7387
【汇编】下 7004

四画

方渠县　环州
【甘肃新通志】7/舆地志·山川下·庆阳府·环
　　县/16 上；13/舆地志·古迹·庆阳府·环县
　　/31 上
【汇编】补遗 7225、7479
方渠镇　唐灵州方渠镇，晋置威州，周为环州
　　后降为通远军
【宋会要】方域 5 之 41/7403
【汇编】下 7006

五画

白水军　鄜州
【武经总要】前集 18 下/西蕃地界/9 下
【汇编】中一 1722
宁州
【陕西通志】21/职官 2·邠宁/2 下
【汇编】补遗 7226
宁寇军
【武经总要】前集 18 下/9 下

【汇编】中—1720

3. 与党项西夏相关的元朝地名

三画

山丹州　元世祖至元二十二年隶甘肃行省
【元史】60/地理志 3/1450
【汇编】下 7087

山丹县　甘州
【蒙兀儿史记】3/成吉思可汗本纪下/6 下
【汇编】下 6819

山丹城　甘肃行省
【元史】60/地理志 3/1450
【汇编】下 7087

四画

无定河
【蒙古源流笺证】4/3 下
【汇编】下 6923

六盘山
【元史】1/铁木真/24
【蒙兀儿史记】3/成吉思可汗本纪下/31 下；6/安西王忙哥剌传/4 下
【汇编】下 6921、6924、6925、6933

五画

甘州
【元史】60/地理志 3/1450
【蒙兀儿史记】3/成吉思可汗本纪下/6 下
【汇编】下 6819、7085

甘州路
【元史】60/地理志 3/1450
【汇编】下 7085

甘肃
【蒙兀儿史记】3/成吉思可汗本纪下/30 下、31 下
【汇编】下 6906、6921

甘肃行省
【元史】60/地理志 3/1450
【汇编】下 7086、7087

甘肃行中书省
【元朝秘史】14/1 上
【汇编】下 6914

龙骨山　蒙古阿拉善额鲁特旗
【蒙兀儿史记】3/成吉思可汗本纪下/6 下
【汇编】下 6819

东平镇　神木县中嫰寨，张亢筑
【榆林府志】6/建置志·关隘/5 上
【汇编】补遗 7276

瓜州
【元史】60/地理志 3/1450
【汇编】下 7086

兰州
【元史】60/地理志 3/1450
【汇编】下 7087

宁夏
【元史】20/成宗纪 3/443
【元史译文补正】1 下/21 下
【汇编】下 6911、7043

宁夏府
【蒙兀儿史记】3/成吉思可汗本纪下/30 下
【汇编】下 6906

永昌路
【元史】60/地理志 3/1450
【汇编】下 7085

六画

西宁州
【元史】60/地理志 3/1450
【汇编】下 7087

西江　清水县
【元史】1/太祖纪/24
【蒙兀儿史记】3/成吉思可汗本纪下/31 下
【汇编】下 6921

西凉州
【元史】60/地理志 3/1450
【汇编】下 7085

西凉府

【元史】60/地理志3/1450

【汇编】下7085

延安路

【延安府志】5/1 上；8/1 上

【汇编】补遗7482、7487

亦集乃路　又作亦即纳、额济纳

【元史】60/地理志3/1450

【蒙兀儿史记】49/耶律阿海传/1 上

【汇编】下6809、7086

庄浪州　通边废县，元置庄浪州

【隆德县志】1/古迹/24 下

【汇编】补遗7252

七画

吴州　原定胡县

【延安府志】8/葭州/10 下

【汇编】补遗7490

应理州

【元史】60/地理志3/1450

【汇编】下7087

沙山　应理州

【元史】60/地理志3/1451

【蒙兀儿史记】3/成吉思可汗本纪下/30 下

【汇编】下6906、7087

沙州

【元史】60/地理志3/1450

【汇编】下7086

沙州路

【元史】60/地理志3/1450

【汇编】下7086

阿儿不合　又作阿力麻里，值和林南向西夏之通道

【元朝秘史】14/1 上

【蒙兀儿史记】3/成吉思可汗本纪下/30 上；44/脱栾传/1 下

【汇编】下6900、6901、6912、6913

阿力麻里　又作阿儿不合

【元朝秘史】14/1 上

【汇编】下6913

阿里马　阿儿不合

【元朝秘史】14/1 上

【汇编】下6913

阿里麻里城　阿儿不合

【元朝秘史】14/1 上

【汇编】下6913

纳怜站　宁夏府路屯田处

【元史】60/地理志3/1451

【汇编】下7086

八画

枣园　宁夏府路

【元史】60/地理志3/1450

【汇编】下7086

鸣沙州

【宁夏志】上/古迹/12 下

【元史】60/地理志3/1450

【汇编】下6948、7086、7087

金河　鄂尔多斯右翼

【蒙古源流】4/5 上

【汇编】下6927

府州

【延安府志】2/葭州/20 上

【汇编】下6581

肃州

【元史】60/地理志3/1450

【汇编】下7085、7086

肃州路

【元史】60/地理志3/1450

【汇编】下7085

九画

哈老徒　萨里川

【元史】1/太祖纪/25

【汇编】下6924

贵池　淮西

【宋学士全集】18/18 上

【汇编】上474

泉水渠　甘州路

【元史】60/地理志3/1450

【汇编】下7085

浑垂山　又作雪山、察速山

【元史】1/太祖纪/23

【蒙兀儿史记】3/成吉思可汗本纪下/30 下；
　28/字斡儿出传/4 上；44/脱栾传/2 下

【汇编】下 6904、6905

十画

盐池城 灵州东

【蒙兀儿史记】3/成吉思可汗本纪下/30 下

【汇编】下 6911

起辇谷 成吉思汗葬于此

【元朝秘史】14/9 上

【汇编】下 6926

鸭子翅 甘州路

【元史】60/地理志 3/1450

【汇编】下 7085

铁门关

【元朝秘史】14/1 上

【汇编】下 6914

铁木儿忏察关 阿里附近

【元朝秘史】14/1 上

【汇编】下 6913

十一画

萨里川 成吉思汗崩于此

【元史】1/太祖纪/25

【元朝秘史】14/9 上

【蒙古源流】4/5 上

【汇编】下 6924、6926、6927

黄河

【元史】1/太祖纪/24、25；60/地理志 3/1451；
　149/石天应传/3526

【元史译文补正】1 下/21 下

【蒙古源流笺证】4/3 下

【蒙兀儿史记】2/木合黎传/5 上；3/成吉思可
　汗本纪下/8 下、31 上、30 下

【汇编】下 6827、6873、6875、6906、6909、
　6911、6912、6918、6923、7087

雪山 又作浑垂山、察速山

【元朝秘史】14/1 上

【蒙兀儿史记】3/成吉思可汗本纪下/30 下；

28/字斡儿出传/4 上

【汇编】下 6905、6911、6914

十二画

葭州

【延安府志】2/葭州/20 上

【汇编】下 6581

喀喇乌苏 意为黑水

【蒙古源流笺证】4/3 下

【汇编】下 6923

黑山 甘州路屯田处

【元史】60/地理志 3/1450

【汇编】下 7085

黑水 喀喇乌苏

【蒙兀儿史记】21/塔阳汗传/9 上

【汇编】下 6987

十三画

掫斡儿合 又作撒麻耳干、薛迷则干、挦思
　干、撒马尔罕、薛迷思干

【元朝秘史】14/1 上

【汇编】下 6913

掫斡儿合惕 又作一眼井、盎昏塔郎呼图克、
　盎昏塔郎、翁吉答兰

【元朝秘史】14/1 上

【蒙兀儿史记】3/成吉思可汗本纪下/30 上

【汇编】下 6900、6913

锡喇乌苏 榆林蒙语音译

【蒙古源流】4/5 上

【汇编】下 6927

满峪 甘州路，元世祖于此立军屯

【元史】60/地理志 3/1450

【汇编】下 7085

十四画

察速秃山 又作浑垂山、雪山

【蒙兀儿史记】44/脱栾传/2 下

【汇编】下 6904

十五画

撒麻耳干　搠斡儿合
【元朝秘史】14/1 上
【汇编】下 6913

潼关
【圣武亲征录】/89
【元史】1/太祖纪/19；118/特薛禅传/2915
【汇编】下 6839、6844、6929

额济纳　又作亦即纳、亦集乃。西夏语"额济"意为水，"纳"意为黑
【蒙兀儿史记】2/成吉思可汗本纪上/26 下；20/札木合传/20 上
【汇编】下 6808

4. 与党项西夏相关的明清地名

二画

丁香川　葭州，又作真乡川、明堂川
【榆林府志】4/葭州·水/16 下
【汇编】补遗 7350

七里宝山　海城县
【甘肃新通志】6/舆地志·山川上·固原直隶州·海城县/27 下
【汇编】补遗 7250

三画

三山儿　宋盐池地
【陕西通志】16/关梁 1·榆林府·定边县/68 下
【汇编】下 6942

三山堡　宋盐池地三山儿
【延绥镇志】1/地理志/10 下
【陕西通志】16/关梁 1·榆林府·定边县/68 下
【汇编】下 6942、6955

三交峰　葭州
【榆林府志】4/葭州·山/15 下
【汇编】补遗 7390

三岔关　兰州

【甘肃新通志】9/舆地志·关梁·兰州府·狄道州/14 下
【汇编】补遗 7332

三塘铺　神木县
【榆林府志】4/神木县·水/9 上
【汇编】补遗 7492

土门山　去延州八十里
【陕西通志】16/关梁 1·延安府·安塞县/25 下
【汇编】补遗 7235

土门砦　绥德州
【陕西通志】17/关梁 2·绥德州/45 下
【汇编】补遗 7387

下马关川　惠安
【平远县志】10/文艺·预旺城城隍庙记/51 下
【汇编】下 6955

大小劳山　延安府甘泉县
【陕西通志】10/山川 3·延安府·甘泉县/6 下
【汇编】补遗 7258

大柏油堡　延绥镇
【延绥镇志】1/地理志/6 下
【汇编】补遗 7493

大黑水　清水河
【平远县志】4/山川/18 上
【汇编】补遗 7377

大墩梁山　横山县
【横山县志】1/地理志·山脉/7 上、古迹/14 下
【汇编】补遗 7351、7352

万户峪　葭州北
【陕西通志】13/山川 6·葭州/56 下、58 下
【汇编】补遗 7242、7494

万家墩　府谷县
【陕西通志】7/疆域 2/43 下
【榆林府志】4/府谷县·水/12 下
【汇编】补遗 7489、7493

万箭崖　葭州，落珠崖
【陕西通志】13/山川 6·葭州/57 下
【汇编】补遗 7494

山神庙沟　永兴
【榆林府志】4/神木县·水/9 上
【汇编】补遗 7492

广武城　属中卫县，夏兴州地
【宁夏府志】5/建置·城池/8 上

女遮峪　皋兰县东三十五里
【甘肃新通志】6/舆地志·山川上·兰州府·皋
　兰县/2 下
【汇编】补遗 7344

小山　府谷县
【榆林府志】4/府谷县·山/9 下；6/建置志·
　山关隘/7 上
【汇编】补遗 7277

小劳山　延安府甘泉县
【陕西通志】10/山川 3·延安府·甘泉县/6 下
【汇编】补遗 7258

小李望　葭州北五十里
【汇编】补遗 7400
【榆林府志】4/葭州·山/14 下

小南山　横山县
【横山县志】1/地理志·山脉/6 下
【汇编】补遗 7351

小峡口河北关　又作德安关，即宋绥远关
【甘肃新通志】9/舆地志·关梁·西宁府·西宁
　县/70 下
【汇编】补遗 7407

小峡口河南关　又作武定关，即宋绥远关
【甘肃新通志】9/舆地志·关梁·西宁府·西宁
　县/70 下
【汇编】补遗 7407

小泉峡　秦州清水县
【甘肃新通志】9/舆地志·关梁·秦州直隶州·
　清水县/45 下
【汇编】补遗 7239

马栏镇　邠州
【陕西通志】17/关梁 2·邠州·宜君县/44 下
【汇编】补遗 7288

马翅谷　邠州
【陕西通志】13/山川 6·邠州·洛川县/42 上
【汇编】下 6480

马跑泉　葭州吴堡县
【陕西通志】13/山川 6·葭州·吴堡县/62 上
【汇编】补遗 7492

乡石崖川　屈野河附近
【榆林府志】4/神木县·水/9 上
【汇编】补遗 7492

乡羊坊堡　海城县东北乡
【甘肃新通志】6/舆地志·山川上·固原直隶州
　·海城县/27 上
【汇编】补遗 7380

四画

王家大寨　宋神木县百盛寨
【榆林府志】6/建置志·关隘/5 上
【汇编】补遗 7279

王家沙窊　府谷县
【榆林府志】4/府谷县·水/12 下
【汇编】补遗 7493

王家圳村　横山县东南一百六十里，宋为龙泉
　寨
【横山县志】1/地理志·山脉/7 下
【汇编】补遗 7352

开光川　俗语开荒川，葭州北百里
【金石萃编】147/折克行神道碑/1 上
【陕西通志】13/山川 6·葭州/59 上
【汇编】上 196；补遗 7241

开光铺　绥德州
【陕西通志】17/关梁 2·绥德州/45 上
【汇编】补遗 7378

开城路　固原州
【固原州志】1/古迹/16
【汇编】补遗 7472

开荒川　又名开光川，发源于葭州西北二十里
　黑龙潭
【陕西通志】13/山川 6·葭州/59 上
【汇编】补遗 7241

天成山　又作天都山
【中卫县志】1/山川/2 下
【汇编】补遗 7389

天景山　在宣和堡东南
【中卫县志】1/山川/2 下
【汇编】补遗 7389

元昊台　兰州府皋兰县西十五里
【甘肃新通志】13/舆地志·古迹·兰州府·皋
　兰县/2 下
【汇编】补遗 7255

韦州山　中卫

【嘉靖宁夏新志】3/中卫·古迹/40 上

【汇编】补遗 7390

韦州堡　平远县

【平远县志】4/山川/16 下

【汇编】下 6949

木瓜园　府谷县

【陕西通志】5/建置 4/33 下

【汇编】补遗 7494

木瓜堡　府谷县

【榆林府志】4/府谷县·水/12 上

【汇编】补遗 7277

木瓜堡川　府谷县

【榆林府志】4/府谷县·水/12 上

【汇编】补遗 7277

五女川　葭州西七十里

【陕西通志】13/山川 6·葭州/57 下

【榆林府志】4/葭州·水/16 上

【汇编】下 6861；补遗 7494

五兰峁儿　葭州神木县

【陕西通志】13/山川 6·葭州·神木县/63 下

【汇编】补遗 7312

五谷黑城子　绥西路铁鞭镇

【榆林府志】21/兵志·边防/3 上

【汇编】下 6955

太卢川　泾州

【甘肃新通志】9/舆地志·关梁·泾州直隶州·镇原县/31 下

【汇编】补遗 7328

太白山　榆林府靖边县西南里许，文昌山西

【陕西通志】11/山川 4·榆林府·靖边/54 上

【汇编】补遗 7274

太和谷　葭州神木县

【陕西通志】17/关梁 2·葭州·神木县/54 下

【汇编】补遗 7397

车儿会沟　葭州北七十里

【陕西通志】17/关梁 2·葭州/50 下

【汇编】补遗 7399

中卫县　甘肃宁夏府

【蒙兀儿史记】3 成吉思可汗本纪下/30 下

【宁夏府志】5/建置·城池/8 上、20 上

【陕西通志】13/山川 6·葭州/57 下

【汇编】下 6906、6947

中岘堡　巩昌府通渭县

【甘肃新通志】9/舆地志·关梁·巩昌府·通渭县/36 上

【汇编】补遗 7478

中林堡　巩昌府通渭县

【甘肃新通志】9/舆地志·关梁·巩昌府·通渭县/36 上

【汇编】补遗 7478

凤凰山　延安府西

【陕西通志】10/山川 3·延安府·肤施县/1 上；13/山川 6·葭州/56 下；28/祠祀 1·延安府/59 下

【汇编】补遗 7242、7274、7275

乌仑山　庆阳府环县

【甘肃新通志】7/舆地志·山川下·庆阳府·环县/16 上

【汇编】补遗 7474

乌龙河　葭州

【陕西通志】17/关梁 2·葭州/50 上

【汇编】补遗 7398

乌龙铺　葭州

【陕西通志】17/关梁 2·葭州/51 上

【汇编】补遗 7341

乌兰山　兰州

【甘肃新通志】9/舆地志·关梁·兰州府·靖远县/18 上

【汇编】补遗 7386

牛头山　清水县西

【甘肃新通志】9/舆地志·关梁·秦州直隶州·清水县/45 上

【汇编】补遗 7239

牛家山　庆阳府环县西一百里

【甘肃新通志】7/舆地志·山川下·庆阳府·环县/16 上

【汇编】补遗 7479

牛圈池　庆阳府安化县西北百里

【甘肃新通志】7/舆地志·山川下·庆阳府·安化县/14 上

【汇编】补遗 7375

长盐池　朔方县西

【陕西通志】13/山川 6·葭州·边外/73 下

【汇编】补遗 7490

文昌山　榆林府靖边县
【陕西通志】11/山川4·榆林府·靖边县/54 上
【汇编】补遗7274

方渠城　庆阳府环县
【甘肃新通志】13/舆地志·古迹·庆阳府·环
县/31 上
【汇编】补遗7479

火家集　隆德县西北
【隆德县志】1/古迹/24 下；1/建置/31 上
【汇编】补遗7252

双山堡　榆林
【榆林府志】4/葭州·水/16 上
【汇编】下 6861

双河堡　固原海城县
【甘肃新通志】6/舆地志·山川上·固原直隶州
·海城县/27 上
【汇编】补遗7380

水洛口　又作鸡川水，鸡川寨
【甘肃新通志】13/舆地志·古迹·秦州直隶州
·秦安县/23 下
【汇编】补遗7320

水洛川　庄浪县东南
【甘肃新通志】13/舆地志·古迹·平凉府·静
宁州/10 下
【汇编】补遗7290

水洛县　静宁州
【甘肃新通志】13/舆地志·古迹·平凉府·静
宁州/10 下
【汇编】补遗7290

五画

打拉池　海城县
【甘肃新通志】14/建置志·城池/13 下
【汇编】补遗7404

打喇赤　西安州
【甘肃新通志】9/舆地志·关梁·固原直隶州/
26 上
【汇编】补遗7396

打喇池堡　靖远县东
【陇右金石录】3/65 下
【汇编】补遗7419

打磴口　李王渠附近
【平罗记略】1/山川/12 上
【汇编】下 6952

打壁峪关　兰州府狄道州北三十五里
【甘肃新通志】9/舆地志·关梁·兰州府·狄道
州/14 下
【汇编】补遗7332

古将台　平虏城西北
【嘉靖宁夏新志】2/宁夏总镇·古迹/55 上
【汇编】补遗7260

石门镇　阶州西
【甘肃新通志】9/舆地志·关梁·阶州直隶州/
49 上
【汇编】补遗7475

石门镇　即沙家镇，延安府保安县东北五十里
【陕西通志】16/关梁1·延安府·保安县/29 下
【汇编】补遗7295

石门堡　葭州
【延安府志】8/葭州·城池/3 下
【汇编】补遗7486

石井　又作种公井，绥德州清涧县城内西
【延安府志】7/绥德州·山川/3 上；7/绥德州
·清涧县·山川/16 下
【陕西通志】13/山川6·绥德州·清涧县/56 上
【汇编】补遗7267

石岔里　绥德州
【陕西通志】7/疆域2/42 上
【汇编】补遗7480

石城　即石门关，固原海城县南一百一十里
【甘肃新通志】9/舆地志·关梁·固原直隶州·
海城县/28 上
【汇编】补遗7386

石城山　海城南一百一十里
【海城厅志】山川/6 下
【汇编】补遗7391

石峡口　即石门峡江口，海城县
【甘肃新通志】6/舆地志·山川上·固原直隶州
·海城县/27 上
【海城县志】6/古迹志/2 下
【汇编】补遗7380、7381

石峡水　即甜水河，海城县东北一百一十里
【甘肃新通志】6/舆地志·山川上·固原直隶州

·海城县/27 上
【汇编】补遗 7380

石涝池　延绥镇
【延绥镇志】1/地理志/10 下
【汇编】下 6955

石涝池　榆林府定边县
【陕西通志】16/关梁 1·榆林府·定边县/68 下
【汇编】下 6942

石涝池堡　延绥镇
【延绥镇志】1/地理志/10 下
【汇编】下 6954

石崖窑村　府谷县
【榆林府志】4/府谷县·水/12 上
【汇编】补遗 7277

石嘴头　府谷县
【榆林府志】4/府谷县·水/12 上
【汇编】补遗 7277

石嘴峰　葭州
【榆林府志】4/葭州·水/16 上
【汇编】下 6861

石擦村　绥德州
【吴堡县志】1/疆域/2 上
【汇编】补遗 7491

石壑子　神木县
【榆林府志】4/神木县·水/9 上
【汇编】补遗 7492

玉柱峰　府谷县城东门外山四
【榆林府志】4/府谷县·山/9 上
【汇编】补遗 7276

龙州
【陕西通志】16/关梁 1·榆林府·定边县/69 下
【汇编】下 6943

龙州城　宋夏州石堡砦
【延绥镇志】1/地理志/8 下
【汇编】下 6945

龙州堡　榆林府靖边县
【陕西通志】16/关梁 1·榆林府·靖边县/71 上
【汇编】补遗 7281

龙尾峰　葭州
【榆林府志】4/葭州·水/16 上
【汇编】下 6861

龙城关　龙州堡东

龙州堡　榆林府·靖边县/71 上
【汇编】补遗 7281

龙湫　兰州府狄道州
【甘肃新通志】6/舆地志·山川上·兰州府·狄
道州/7 上
【汇编】补遗 7361

平水　又作大理川
【陕西通志】13/山川 6·绥德州/51 下
【汇编】补遗 7248

平乐镇　阶州东北一百九十里
【甘肃新通志】9/舆地志·关梁·阶州直隶州/
49 上
【汇编】补遗 7474

平戎川　庆阳府合水县东北八十里
【甘肃新通志】7/舆地志·山川下·庆阳府·合
水县/15 下
【汇编】补遗 7288

平远所　旧作平虏所，一作豫王城，旧元豫王
城
【平远县志】5/古迹/20 上
【汇编】下 6955

平虏所　又作平远所
【平远县志】5/古迹/20 上
【汇编】下 6955

平虏城　宁夏
【嘉靖宁夏新志】2/宁夏总镇·古迹/55 上
【汇编】补遗 7260

平溪　绥德州
【陕西通志】13/山川 6·绥德州/51 下
【汇编】补遗 7248

东冈镇　兰州府皋兰县东十八里
【甘肃新通志】9/舆地志·关梁·兰州府·皋兰
县/2 上
【汇编】补遗 7353

东古城　河州
【甘肃新通志】13/舆地志·古迹·兰州府·河
州/7 下
【汇编】补遗 7335

旧安边营　延绥镇
【延绥镇志】1/地理志/10 下
【汇编】下 6954

旧安边营　榆林府定边县

【陕西通志】16/关梁 1·榆林府·定边县/67 下

【汇编】下 6942

北象山　隆德县北

【隆德县志】1/坛庙祠宇寺观表/40 上；3/表传
　　/2 下；4/考证/64 上

【汇编】补遗 7270、7272、7473

付家坪　府谷县

【榆林府志】4/府谷县·水/12 下

【汇编】补遗 7493

印字山　固原海城县

【甘肃新通志】6/舆地志·山川上·固原直隶州
　　·海城县/27 上

【海城县志】6/古迹志/2 下

【汇编】补遗 7380、7381

白城子　统万城俗名，即夏州

【横山县志】1/地理志·古迹/13 上

【汇编】下 6942

白崖堡　秦州清水县西北四十里

【甘肃新通志】13/舆地志·古迹·秦州直隶州
　　·清水县/24 上

【汇编】补遗 7238

兰县　地近米钵山

【宁夏府志】上/山川/5 下

【汇编】补遗 7390

宁远城　巩昌府宁远县

【甘肃新通志】13/舆地志·古迹·巩昌府·宁
　　远县/18 上

【汇编】补遗 7410

宁条梁　与横山相连

【横山县志】1/地理志·山脉/6 下

【汇编】补遗 7351

宁夏

【宁夏府志】2/沿革/18 上

【甘肃新通志】9/舆地志·关梁·固原直隶州/
　　26 上、9 下

【陕西通志】7/疆城 2·延安府/10 上；16/关梁
　　1·榆林府·定边县/68 上

【汇编】下 6938、6942；补遗 7286、7396

宁夏县　宁夏府

【宁夏府志】2/沿革/18 下

【甘肃新通志】14/建置志·城池/32 下

【汇编】下 6939；补遗 7254

宁夏府

【元朝秘史】14/1 上

【宁夏府志】5/建置·城池/1 下

【甘肃新通志】14/建置志·城池/32 下

【汇编】下 6914、6939；补遗 7254

宁朔县　宁夏府

【甘肃新通志】14/建置志·城池/32 下；16/关
　　梁 1 延安府·安塞县/27 上

【汇编】补遗 7254、7348

宁塞堡　榆林府定边县

【陕西通志】16/关梁 1·榆林府·定边县/70 下

【汇编】下 6944

永宁桥　洮河

【甘肃新通志】9/舆地志·关梁·兰州府·狄道
　　州/15 下

【汇编】补遗 7340

永宁镇　巩昌府伏羌县西四十里

【甘肃新通志】13/舆地志·古迹·巩昌府·伏
　　羌县/18 下

【汇编】补遗 7298

永济堡　榆林府定边县

【陕西通志】16/关梁 1·榆林府·定边县/67
　　下、70 上

【汇编】下 6942、6944

司家河　平凉府隆德县

【甘肃新通志】6/舆地志·山川上·平凉府·隆
　　德县/21 上

【汇编】补遗 7270

六画

巩令城　兰州府狄道州西南

【甘肃新通志】13/舆地志·古迹·兰州府·狄
　　道州/5 上

【汇编】补遗 7334

老观堡　固原海城县西北

【甘肃新通志】6/舆地志·山川上·固原直隶州
　　·海城县/27 上

【汇编】补遗 7380

老鸦关　河东

【陕西通志】17/关梁 2·绥德州·清涧县/49 上

【汇编】补遗 7257

老鸦关渡　绥德州清涧县东一百二十里老鸦关
【陕西通志】17/关梁 2·绥德州·清涧县/49 上
【汇编】补遗 7257

西古城　河州西二十里
【甘肃新通志】13/舆地志·古迹·兰州府·河州/7 下
【汇编】补遗 7335

西倾山　狄道州
【甘肃新通志】6/舆地志·山川上·兰州府·狄道州/7 上
【汇编】补遗 7361

页河子　陇水河西过
【甘肃新通志】6/舆地志·山川上·平凉府·隆德县/21 上
【汇编】补遗 7270

页河镇　渭州
【隆德县志】4/考证/64 上
【汇编】补遗 7272

吃莫川　保安军
【陕西通志】10/山川 3·延安府·保安县/11 下
【汇编】补遗 7485

曲源河　一名屈野河
【陕西通志】13/山川 6·葭州·神木县/63 下
【汇编】补遗 7312

乔家关　河州西南
【甘肃新通志】13/舆地志·古迹·兰州府·河州/8 下
【汇编】补遗 7479

延安府
【延绥镇志】1/地理志/8 下
【汇编】下 6945

会宁县　兰州
【甘肃新通志】9/舆地志·关梁·兰州府·靖远县/18 上、固原直隶州/26 上;13/舆地志·古迹·兰州府·靖远县/6 下
【汇编】补遗 7386、7396、7408

合道城　庆阳府环县西南七十里
【甘肃新通志】13/舆地志·古迹·庆阳府·环县/31 下
【汇编】补遗 7474

刘家崖窑　府谷县
【榆林府志】4/府谷县·水/12 下

【汇编】补遗 7493

庆阳府
【陕西通志】16/关梁 1·榆林府·定边县/67 下
【延绥镇志】1/地理志/8 下
【汇编】下 6942、6945

关桥堡　固原海城县
【甘肃新通志】6/舆地志·山川上·固原直隶州·海城县/27 上
【汇编】补遗 7380

安仁谷　泾州
【甘肃新通志】6/舆地志·山川上·泾州·直隶州·本州/34 上
【汇编】补遗 7288

安化镇　阶州东
【甘肃新通志】9/舆地志·关梁·阶州直隶州/49 上
【汇编】补遗 7475

安边营　延州
【银川小志】古迹/19 上
【汇编】下 6947

安远镇　巩昌府通渭县,宋仁宗天禧二年置安远寨
【甘肃新通志】13/舆地志·古迹·巩昌府·通渭县/18 上
【汇编】补遗 7253

安定县　延安府
【延安府志】2/1 上、12 上;7/绥德州/15 上、24 下
【陕西通志】7/疆域 2·延安府/10 上、42 上;16/关梁 1·延安府·安定县/29 上;11/山川 4·榆林府·怀远县/51 下
【汇编】补遗 7257、7305、7351、7354、7479、7480、7481、7482、7484、7485、7486

安塞县　榆林府
【陕西通志】16/关梁 1·榆林府·定边县/69 上
【汇编】下 6943

米钵山　近平凉
【宁夏志】上/山川/5 下
【朔方新志】1/山川·中卫/21 下
【嘉靖宁夏新志】3/中卫·古迹/40 上
【汇编】补遗 7390

阳三川　古庄浪县

【甘肃新通志】13/舆地志·古迹·平凉府·静
　宁州/10 下

【汇编】补遗 7290

观音山　中卫北五十里

【朔方新志】1/山川·中卫/21 下

【汇编】补遗 7390

红土城　隆德县西北四十里

【甘肃新通志】13/舆地志·古迹·平凉府·静
　宁州/11 上

【隆德县志】1/古迹/24 下

【汇编】补遗 7252、7475

红古堡　固原海城县

【甘肃新通志】6/舆地志·山川上·固原直隶州
　·海城县/27 上

【汇编】补遗 7380

红盐池　朔方县东

【陕西通志】13/山川 6·葭州·边外/73 下

【汇编】补遗 7490

红德城　榆林府定边县

【陕西通志】16/关梁 1·榆林府·定边县/68 上

【汇编】下 6942

七画

杨家城　即麟州，神木县西北四十里

【陕西通志】5/建置 4/32 上

【汇编】补遗 7467

花马池　灵州

【宁夏府志】4/古迹·灵州/17 上

【汇编】下 6946

花马池　榆林府定边县

【陕西通志】16/关梁 1·榆林府·定边县/68 下

【汇编】下 6942

花石崖　葭州北一百一十里

【陕西通志】17/关梁 2·葭州/50 下

【汇编】补遗 7398

芹河　延绥镇

【延绥镇志】1/地理志 2 下

【汇编】补遗 7254

苍头峁　府谷县

【榆林府志】4/府谷县·水/12 上

【汇编】补遗 7277

苍耳坪　大理河附近

【陕西通志】13/山川 6·绥德州/51 下

【汇编】补遗 7248

芦水　葭州

【陕西通志】7/疆域 2/43 下

【汇编】补遗 7488

走马城　延绥镇

【延绥镇志】1/地理志/10 下

【汇编】下 6954

李家石堡　府谷县

【陕西通志】7/疆域 2/43 下

【汇编】补遗 7489

李旺东堡　即镇戎所

【平远县志】5/古迹/21 上

【汇编】补遗 7380

李旺堡　即章楶所筑平夏城

【甘肃新通志】6/舆地志·山川上·固原直隶州
　·海城县/27 上

【海城县志】6/古迹志/2 下

【汇编】补遗 7381

折家坪　绥德州

【陕西通志】7/疆域 2/42 上

【汇编】补遗 7479

折家河　府谷县

【榆林府志】4/府谷县·水/12 下

【汇编】补遗 7493

把都关　榆林府靖边县宁塞堡南

【陕西通志】16/关梁 1·榆林府·靖边县/71 上

【汇编】补遗 7281

把都河　榆林府定边县

【陕西通志】16/关梁 1·榆林府·定边县/70 上

【汇编】下 6944

把都河　榆林府靖边县

【陕西通志】16/关梁 1·榆林府·靖边县/71 上

【汇编】补遗 7281

把都河堡　榆林府定边县

【陕西通志】16/关梁 1·榆林府·定边县/70 上

【汇编】下 6944

牡丹山　隆德县北

【隆德县志】1/古迹/25 上

【汇编】补遗 7473

乱柴铺　页河子

【甘肃新通志】6/舆地志·山川上·平凉府·隆
德县/21 上

【汇编】补遗 7270

秃尾河　麟府

【陕西通志】13/山川 6·葭州/59 上

【榆林府志】4/神木县·水/7 上

【汇编】补遗 7241、7379

岔道铺　葭州西北五十里

【陕西通志】17/关梁 2·葭州/50 下

【汇编】补遗 7398

岔道堝　绥德州

【陕西通志】7/疆域 2/42 上

【汇编】补遗 7479

狄青园　绥德州

【陕西通志】7/疆域 2/42 上

【汇编】补遗 7480

狄青河　榆林府怀远县

【榆林府志】4/古迹/22 下

【汇编】补遗 7260

狄青原　怀远县西南七十里

【榆林府志】4/古迹/22 下

【横山县志】1/地理志·古迹/13 下

【汇编】补遗 7259、7260

狄道州　原武胜军

【甘肃新通志】14/建置志·城池/4 下

【汇编】补遗 7333

角弓峪堡　即角弓镇，阶州西北

【甘肃新通志】9/舆地志·关梁·阶州直隶州/
49 上

【汇编】补遗 7475

角弓镇　即角弓峪堡，阶州西北

【甘肃新通志】9/舆地志·关梁·阶州直隶州/
49 上

【汇编】补遗 7475

怀远县　榆林府

【榆林府志】5/建置志·沿革/4 下

【汇编】下 6944

怀远县

【陕西通志】7/疆域 2/42 上；13/山川 6·葭州/
边外/73 下

【榆林府志】4/古迹/22 下

【汇编】补遗 7260、7479、7480、7490

冷窑子镇　大理河南岸

【横山县志】1/地理志·山脉/6 下

【汇编】补遗 7351

冶坊县　秦州

【甘肃新通志】13/舆地志·古迹·秦州直隶州
·清水县/24 上

【汇编】补遗 7334

沐沟　绥德州

【陕西通志】7/疆域 2/42 上

【汇编】补遗 7480

沙峁头　葭州神木县南一百二十里

【陕西通志】13/山川 6·葭州·神木县/63 下

【汇编】补遗 7312

沙家镇　即石门镇，保安县东北五十里

【陕西通志】16/关梁 1·延安府·保安县/29 下

【汇编】补遗 7295

诃诺木藏城　河州

【甘肃新通志】13/舆地志·古迹·兰州府·河
州/8 上

【汇编】补遗 7338

良恭县　岷州

【甘肃新通志】13/舆地志·古迹·巩昌府·岷
州/19 下

【汇编】补遗 7478

张掖河　甘州府张掖县

【甘肃新通志】29/祠祀志·祠宇下·甘州府·
张掖县/52 上

【汇编】下 6761

阿干镇　皋兰县西四十里

【甘肃新通志】9/舆地志·关梁·兰州府·皋兰
县/2 下

【汇编】补遗 7353

阿拉善旗　蒙古扎萨克辖

【元朝秘史】14/1 上

【汇编】下 6914

陇水　苦水河

【甘肃新通志】6/舆地志·山川上·固原直隶州
·海城县/27 下

【汇编】补遗 7250

陇水河　又作甜水、六盘水

【甘肃新通志】6/舆地志·山川上·平凉府·隆
德县/21 上

【汇编】补遗7270

陇西县　陇西县西四十里有陇西郡侯王德墓

【甘肃新通志】13/舆地志·陵墓/57下

【汇编】补遗7477

陇城关　又作陇城镇，即宋陇城寨

【甘肃新通志】9/舆地志·关梁·秦州直隶州·秦安县/44上

【汇编】补遗7477

陇城镇　即陇城关

【甘肃新通志】9/舆地志·关梁·秦州直隶州·秦安县/44上

【汇编】补遗7477

鸡川谷　秦州秦安县

【甘肃新通志】13/舆地志·古迹·秦州直隶州·秦安县/23下

【汇编】补遗7320

八画

环县　庆阳府

【延安府志】2/5上

【汇编】补遗7485

青化镇　延安府肤施县

【陕西通志】16/关梁1·延安府·肤施县/25下

【汇编】补遗7240

武定关　即宋绥远关

【甘肃新通志】9/舆地志·关梁·西宁府·西宁县/70下

【汇编】补遗7406

武城川　巩昌府陇西县西六十里

【甘肃新通志】13/舆地志·古迹·巩昌府·陇西县/17上

【汇编】补遗7387

松树梁　府谷县

【榆林府志】4/府谷县·水/12上

【汇编】补遗7277

苦水河　固原

【甘肃新通志】6/舆地志·山川上·固原直隶州·海城县/27下

【汇编】补遗7250

范老关　宋范仲淹屯兵于此，明废

【陕西通志】16/关梁1·榆林府·靖边县/71上

【汇编】补遗7280

枣湾沟　神木县

【陕西通志】7/疆域2/43下

【汇编】补遗7489

抱龙川　怀远

【甘肃新通志】6/舆地志·山川上·平凉府·静宁州/19下

【汇编】补遗7269

招安桥　桥子谷

【陕西通志】16/关梁1·延安府·安塞县/27下

【汇编】补遗7260

卧牛山　秦州清水县

【甘肃新通志】9/舆地志·关梁·秦州直隶州·清水县/45下；13/舆地志·古迹·秦州直隶州·清水县/24上

【汇编】补遗7334

虎头峁　葭州

【陕西通志】13/山川6·葭州/59上

【汇编】补遗7241

虎峪沟　葭州北百七十里高家堡西

【陕西通志】13/山川6·葭州/60下

【汇编】补遗7493

峁轲辘山　无定河南岸

【横山县志】1/地理志·山脉/7下

【汇编】补遗7351

昊王古渠

【平罗记略】1/山川/12上

【汇编】下6952

固原州

【蒙兀儿史记】3/成吉思可汗本纪下/31下

【汇编】下6921

固原直隶州

【甘肃新通志】14/建置志·城池/11下

【汇编】补遗7242

金宿城　肃州

【陕西通志】5/建置4/33下

【汇编】补遗7494

庙儿山　府谷县

【榆林府志】4/府谷县·水/12下

【汇编】补遗7493

庙儿湾　保安县

【陕西通志】7/疆域2·延安府/11上

【汇编】补遗 7484

府谷县　葭州
【延安府志】2/葭州/20 上
【汇编】下 6581

河西驿　吴堡县
【陕西通志】7/疆域 2/43 下
【汇编】补遗 7488

河套
【陕西通志】5/建置 4/32 上、33 下；16/关梁 1
　·延安府·保安县/29 下
【汇编】补遗 7400、7467、7494

单家集　距羊牧隆城五里
【隆德县志】4/考证/64 上
【汇编】补遗 7272

定仙岭　绥德州
【陕西通志】17/关梁 2·绥德州·清涧县/47 下
【汇编】补遗 7313

定边　榆林府
【陕西通志】16/关梁 1·榆林府·定边县/67
　下、68 上、68 下
【汇编】下 6942

定边营　延绥镇
【延绥镇志】1/地理志/10 下
【汇编】下 6955

定远镇　唐朝方城，宋威远军，夏定州
【朔方新志】3/古迹/80 下
【汇编】下 6946

房塔沟　永兴沙峰子山东
【榆林府志】4/府谷县·水/12 下
【汇编】补遗 7493

弥勒河　葭州北
【陕西通志】13/山川 6·葭州/58 下
【汇编】补遗 7494

屈家南沟　神木县
【陕西通志】13/山川 6·葭州/58 下
【汇编】补遗 7494

驼山　延绥镇
【延绥镇志】1/地理志/2 下
【汇编】补遗 7254

孟门镇　吴堡县
【陕西通志】7/疆域 2/43 下
【汇编】补遗 7488

孟坝镇　宋西壕镇
【甘肃新通志】9/舆地志·关梁·泾州直隶州·
　镇原县/31 下
【汇编】补遗 7476

九画

柳湖水　延安府
【陕西通志】10/山川 3·延安府·肤施县/3 上
【汇编】补遗 7276

栏杆堡　神木县东南
【榆林府志】6/建置志·关隘/3 上
【汇编】补遗 7278

胡崖寨　葭州吴堡县
【陕西通志】17/关梁 2·葭州·吴堡县/52 下
【汇编】补遗 7492

郝家角　府谷县
【榆林府志】4/府谷县·水/12 下
【汇编】补遗 7493

南甲　兰州府
【甘肃新通志】13/舆地志·古迹·兰州府·狄
　道州/5 上
【汇编】补遗 7334

草场山　又作岝山
【陕西通志】13/山川 6·绥德州·清涧县/54 上
【汇编】补遗 7267

草梁山　宁条梁
【横山县志】1/地理志·山脉/6 下
【汇编】补遗 7351

砖井堡　延绥镇
【延绥镇志】1/地理志/10 下
【汇编】下 6954

临河镇　灵州
【宁夏府志】4/古迹·灵州/18 上
【汇编】下 6946

省嵬山　黄河东岸
【宁夏府志】3/山川·宁夏·宁朔县/2 上
【汇编】下 6944

响水堡　绥德军
【延安府志】7/1 上
【延绥镇志】1/地理志 3 下
【横山县志】1/地理志·山脉/7 下

【汇编】补遗 7223、7351、7481

哈剌兀速　河套

【嘉靖宁夏新志】2/古迹/56 上

【汇编】下 6941

哈密峡　中卫

【朔方新志】1/山川·中卫/21 下

【嘉靖宁夏新志】3/中卫·古迹/40 上

【汇编】补遗 7390

界牌山　鄜州

【陕西通志】7/疆域 2/40 上

【汇编】补遗 7483

种公井　青涧城内，种世衡建

【陕西通志】13/山川 6·绥德州·清涧县/56 上

【汇编】补遗 7267

保安县　榆林府

【陕西通志】16/关梁 1·榆林府·定边县/70
上、70 下

【汇编】下 6944

保安县　延安府

【甘肃新通志】7/舆地志·山川下·庆阳府·合
水县/15 下

【延安府志】2/1 上、5 上

【陕西通志】7/疆域 2·延安府/10 上、11 上、
40 上；71/陵墓 2/3 下

【汇编】补遗 7103、7288、7482、7483、7484、
7485

狮子崖　葭州

【榆林府志】4/葭州·水/16 上

【汇编】下 6861

帝原水　绥德州

【陕西通志】13/山川 6·绥德州·米脂县/53 上

【汇编】补遗 7345

闾芳堡　固原海城县

【甘肃新通志】6/舆地志·山川上·固原直隶州
·海城县/27 上

【汇编】补遗 7380

洪门镇　夏洪州

【宁夏府志】4/古迹·夏宁·朔县/13 上

【汇编】下 6945

神木营　绥德州

【吴堡县志】1/疆域/2 上

【汇编】补遗 7491

神林铺　平凉府隆德县

【甘肃新通志】6/舆地志·山川上·平凉府·隆
德县/21 上

【汇编】补遗 7270

将台堡　得胜寨

【隆德县志】4/考证/64 上

【汇编】补遗 7271、7272

将军峪　巩昌府陇西县北四十里

【甘肃新通志】6/舆地志·山川上·巩昌府·陇
西县/41 下

【汇编】补遗 7478

姚杜庄　好水川口

【隆德县志】4/考证/64 上

【汇编】补遗 7272

十画

秦安县　宋秦安砦，金秦安城

【甘肃新通志】14/建置志·城池/24 上

【汇编】下 6583

桠树涧　延绥镇

【延绥镇志】1/地理志/10 下

【汇编】下 6954

栖云阁　兰州府金县西三十里马衔山口

【甘肃新通志】13/舆地志·古迹·兰州府·金
县/4 上

【汇编】补遗 7479

真乡川　一作明堂川，一作丁香川，葭州

【榆林府志】4/葭州·水/16 上、16 下

【汇编】下 6861；补遗 7350

莲华山　海城南一百五十里

【海城厅志】山川/6 下、19 上

【汇编】补遗 7391

莲花山　海城西南

【海城厅志】山川/6 下

【汇编】补遗 7391

莲花山　榆林府靖边县

【陕西通志】11/山川 4·榆林府·靖边县/54 上

【汇编】补遗 7274

莲花古城　镇戎军

【隆德县志】4/考证/64 上

【甘肃新通志】13/舆地志·古迹·平凉府·隆

德县/11 下

【汇编】补遗 7273、7290

莲花池　镇戎军

【隆德县志】4/考证/64 上

【汇编】补遗 7273

莲花城　镇戎军

【甘肃新通志】13/舆地志·古迹·平凉府·隆

德县/11 下

【陕西通志】13/山川 6·葭州·边外/73 下

【汇编】补遗 7290、7490

莲花原　镇戎军

【隆德县志】4/考证/64 上

【汇编】补遗 7273

恭门镇　秦州清水县北七十里

【甘肃新通志】9/舆地志·关梁·秦州直隶州·

清水县/45 下

【汇编】补遗 7477

盐泽　怀远县北

【陕西通志】13/山川 6·葭州·边外/73 下

【汇编】补遗 7490

夏家寨子　隆德

【隆德县志】4/考证/64 上

【汇编】补遗 7271

峰贴城　西固

【甘肃新通志】9/舆地志·关梁·阶州直隶州/

49 下

【汇编】补遗 7474

铁边山　庆阳府安化县北

【甘肃新通志】7/舆地志·山川下·庆阳府·安

化县/13 上

【汇编】补遗 7288

笔架山　麟州

【陕西通志】13/山川 6·葭州·神木县/63 下

【汇编】补遗 7312

乘风桥　蔡挺建

【甘肃新通志】9/舆地志·关梁·平凉府·平凉

县/22 下

【汇编】补遗 7331

皋兰县　兰州府

【甘肃新通志】14/舆地志·建置制·城池/1 下

【汇编】补遗 7347

高和尚砭　绥德州

【陕西通志】7/疆域 2/42 上

【汇编】补遗 7480

高家园　绥德州

【陕西通志】7/疆域 2/42 上

【汇编】补遗 7480

高家脊　葭州北四十里

【榆林府志】4/葭州·山/15 下

【汇编】补遗 7400

高家堡　神木县

【延安府志】8/1 上

【延绥镇志】1/地理志/6 上

【陕西通志】13/山川 6·葭州/58 下、60 下

【榆林府志】4/神木县·水/7 上；6/建置志·

关隘/4 下

【汇编】补遗 7379、7383、7486、7493、7494

涝池堡　盐池东

【延绥镇志】1/地理志/10 下

【汇编】下 6955

海子井　灵州

【平远县志】4/山川/16 下

【汇编】下 6949

海城　宋哲宗元符二年为东牟会

【海城厅志】山川/6 下；建置沿革/7 下

【海城县志】1/沿革/5 下；6/古迹志/1 下

【汇编】补遗 7390、7391、7394

预旺城　平远县

【平远县志】5/古迹/20 上、21 上；10/文艺·

预旺城城隍庙记/51 下

【汇编】下 6955、6956；补遗 7380

通天柱　又作玉柱峰，府州城东门

【榆林府志】4/府谷县·山/9 上

【汇编】补遗 7276

通边堡　庄浪县

【甘肃新通志】13/舆地志·古迹·平凉府·隆

德县/11 上

【汇编】补遗 7300

通西故城　宋巩州通西寨

【甘肃新通志】13/舆地志·古迹·巩昌府·安

定县/17 上

【汇编】补遗 7354

通渭城　巩昌府通渭县南

【甘肃新通志】13/舆地志·古迹·巩昌府·通

渭县/17 下

【汇编】补遗 7326

十一画

萧金镇　泾州镇原县东一百二十里

【甘肃新通志】9/舆地志·关梁·泾州直隶州·
镇原县/31 下

【汇编】补遗 7476

营田堡　种世衡营田处

【陕西通志】17/关梁 2·绥德州·清涧县/48 上

【汇编】补遗 7257

营盘山　葭州

【榆林府志】4/葭州·水/16 上

【汇编】下 6861

营墙崄　即张元所筑金城堡，府州

【榆林府志】6/建置志·关隘/7 上

【汇编】补遗 7277

黄堆山　同州

【陕西通志】12/山川 5·同州/55 上

【汇编】补遗 7225

雪山　近平凉兰县

【宁夏府志】上/山川/5 下

【汇编】补遗 7390

雪山　河州，又作白石山

【甘肃新通志】6/舆地志·山川上·兰州府·河
州/13 上

【汇编】补遗 7336

砦山　即宽州古城

【陕西通志】13/山川 6·绥德州·清涧县/54 上

【汇编】补遗 7267

常乐堡　延绥镇

【延绥镇志】1/地理志 2 下、3 下

【汇编】补遗 7223、7254

啰庞山　灵州西

【甘肃新通志】7/舆地志·山川下·宁夏府·灵
州条/21 下

【汇编】下 6744

圈马城　神木县东南四里

【榆林府志】4/古迹/22 上

【汇编】补遗 7463

铜城　宋置铜城军处

【甘肃新通志】9/舆地志·关梁·泾州直隶州·

宠信县/31 上

【汇编】补遗 7476

银川河　熙河

【甘肃新通志】6/舆地志·山川上·兰州府·河
州/14 上

【汇编】补遗 7337

银川驿　熙州

【甘肃新通志】13/舆地志·古迹·兰州府·河
州/8 下

【汇编】补遗 7340

银水　一作无定河，一作奢延水

【延安府志】7/绥德州·清涧县·山川/16 上

【陕西通志】7/疆域 2/42 上

【汇编】补遗 7345、7481

银州关　银州

【陕西通志】17/关梁 2·绥德州·米脂县/46 上

【榆林府志】21/兵志·边防条/3 上

【汇编】下 6955；补遗 7350

甜水　又作陇水河

【甘肃新通志】6/舆地志·山川上·平凉府·隆
德县/21 上

【汇编】补遗 7270

甜水河　又名石峡水

【甘肃新通志】6/舆地志·山川上·固原直隶州
·海城县/27 上

【汇编】补遗 7380

偏关　延绥镇

【延绥镇志】1/地理志 2 下

【汇编】补遗 7254

清川堡　河东北路

【金史】26/地理志下/632

【汇编】下 6962

清水河

【甘肃新通志】6/舆地志·山川上·固原直隶州
·海城县/27 上

【平远县志】4/山川/18 上

【海城县志】6/古迹志/2 下、3 上

【汇编】补遗 7377、7380、7381

清平堡　延绥镇

【延绥镇志】1/地理志/8 下

【汇编】下 6945

清边寨　鄜延

【金史】26/地理志下/644

【汇编】下 6966

清源　渭源县南
【甘肃新通志】14/建置志·城池/6 上
【汇编】补遗 7475

深井　宋延州地
【延绥镇志】1/地理志/10 下
【汇编】下 6954

隆城　隆德县
【隆德县志】3/表传/2 下；4/考证/64 上
【汇编】补遗 7270、7273

十二画

塔儿山　葭州
【榆林府志】4/葭州·水/16 下
【汇编】补遗 7350

韩家堰　葭州
【陕西通志】17/关梁 2·葭州/51 上
【汇编】补遗 7341

葫芦峡城　镇戎所
【万历固原州志】上/城堡/140
【汇编】补遗 7382

落门镇　秦州
【甘肃新通志】9/舆地志·关梁·巩昌府·伏羌
　县/37 上；13/舆地志·古迹·巩昌府·伏羌
　县/18 下
【汇编】补遗 7298

落珠崖　一作万箭崖，葭州
【陕西通志】13/山川 6·葭州/57 下
【汇编】补遗 7494

葭芦河　葭州
【陕西通志】17/关梁 2·葭州/50 下
【汇编】补遗 7398

硝河城　固原州
【甘肃新通志】6/舆地志·山川上·固原直隶州
　·海城县/27 下
【汇编】补遗 7250

喀罗城　一作研龙城，兰州府皋兰县西北
【甘肃新通志】13/舆地志·古迹·兰州府·皋
　兰县/2 上
【汇编】补遗 7395

黑龙潭　葭州北百二十里
【陕西通志】13/山川 6·葭州/59 上

【汇编】补遗 7241

黑河桥　甘州府张掖县
【甘肃新通志】9/舆地志·关梁·甘州府·张掖
　县/92 下
【汇编】下 6760

焦家坪　府谷县
【陕西通志】7/疆域 2/43 下
【汇编】补遗 7489

堡子中塌　即张元所筑中堠寨
【榆林府志】6/建置志·关隘/5 上
【汇编】补遗 7276

街子河　鄜州
【陕西通志】7/疆域 2/40 上
【汇编】补遗 7483

温家畔　府谷县
【榆林府志】4/府谷县·水/12 上；6/建置志·
　关隘/7 下
【汇编】补遗 7277、7278

温家湾　葭州
【吴堡县志】1/疆域/2 上
【汇编】补遗 7491

湫谷水　平凉府平凉县东
【甘肃新通志】9/舆地志·关梁·平凉府·平凉
　县/22 下
【汇编】补遗 7331

湫谷桥　又作乘风桥
【甘肃新通志】9/舆地志·关梁·平凉府·平凉
　县/22 下
【汇编】补遗 7331

十三画

榆林县　榆林府
【榆林府志】5/建置志·沿革/2 上
【汇编】下 6955

榆林府
【吴堡县志】1/疆域/2 上
【陕西通志】7/疆域 2/43 下；13/山川 6·葭州
　边外/73 下
【榆林府志】5/建置志·沿革/1 下
【汇编】补遗 7228、7240、7489、7491

榆林城　绥德州
【延安府志】7/绥德州/24 下

【汇编】补遗 7354

榆溪水　延绥镇

【延绥镇志】1/地理志/2 下

【汇编】补遗 7254

蒙古堡　固原海城县东

【甘肃新通志】6/舆地志·山川上·固原直隶州·海城县/27 上

【汇编】补遗 7380

蒙城　宁夏

【陕西通志】16/关梁 1·榆林府·定边县/68 上

【汇编】下 6942

碎金镇　榆林府榆林县

【延安府志】7/绥德州·米脂县·古迹/28 下

【汇编】补遗 7410

碎金镇　榆林府榆林县

【陕西通志】16/关梁 1·榆林府·榆林县/63 下

【汇编】补遗 7262

雷家寨　绥德州

【陕西通志】7/疆域 2/42 上

【汇编】补遗 7479

靖边县　榆林府

【陕西通志】14/城池/14 下；16/关梁 1·榆林府·定边县/69、70 上、70 下

【汇编】下 6943、6944

靖边县　鄜延

【陕西通志】7/疆域 2·延安府/10 上、11 上；10/山川 3·延安府·保安县/11 下

【汇编】补遗 7484、7485

靖远县　会州

【陇右金石录】3/65 下

【甘肃新通志】9/舆地志·关梁·固原直隶州/26 上

【汇编】补遗 7396、7419

靖远营　永乐城

【陕西通志】14/城池/14 下

【汇编】下 6943

新兴堡　延绥镇

【延绥镇志】1/地理志/10 下

【汇编】下 6954、6955

新安边　延绥镇

【延绥镇志】1/地理志/10 下

【汇编】下 6954

新安边营　榆林府定边县

【陕西通志】16/关梁 1·榆林府·定边县/67 下

【汇编】下 6942

塞门驿　延安府

【延安府志】5/1 上

【汇编】补遗 7482

福乐坪　绥德州

【陕西通志】7/疆域 2/42 上

【汇编】补遗 7480

十四画

静宁州

【甘肃新通志】1/建置志·官廨/7 上；6/舆地志·山川上·平凉府·隆德县/21 上；13/舆地志·陵墓/57 下；14/建置志·城池/9 上

【汇编】补遗 7251、7270、7475、7477

蔚如水　渭州，又作清水河、葫芦河

【海城县志】6/古迹志/3 上

【汇编】补遗 7381

旗鼓山　静宁州

【甘肃新通志】6/舆地志·山川上·平凉府·静宁州/19 上

【汇编】补遗 7291

寨西山　吴堡县西三里

【吴堡县志】1/山川/3 上

【汇编】补遗 7353

寨沟　葭州西北七十里

【陕西通志】17/关梁 2·葭州/50 下

【榆林府志】4/葭州·山/15 下

【汇编】补遗 7400、7399

寡妇山　庆阳府安化县北

【甘肃新通志】7/舆地志·山川下·庆阳府·安化县/13 上

【汇编】补遗 7237

寡阜砦　庆阳府城北三十里

【甘肃新通志】7/舆地志·山川下·庆阳府·安化县/13 上

【汇编】补遗 7237

十五画

撒马儿罕　搠斡儿合

【元朝秘史】14/1 上

【汇编】下 6913

镇罗堡 靖边东

【陕西通志】16/关梁 1·榆林府·定边县/69 上

【汇编】下 6943

镇原县 泾州

【甘肃新通志】9/舆地志·关梁·固原直隶州/24 上；42/兵防志·塞防·泾州直隶州/4 下

【隆德县志】4/考证/64 上

【汇编】补遗 7226、7273、7287

镇靖堡 延绥镇

【延绥镇志】1/地理志/8 下

【汇编】下 6945

镇靖堡 靖边东

【陕西通志】16/关梁 1·榆林府·定边县/69 上、69 下

【汇编】下 6943

德安关 即宋徽宗崇宁二年所建绥远关

【甘肃新通志】9/舆地志·关梁·西宁府·西宁县/70 下

【汇编】补遗 7406

豫王城 又作平远所，平远县

【平远县志】5/古迹/20 上；10/文艺·预旺城城隍庙记/51 下

【汇编】下 6955、6956

豫旺故城 平远县

【甘肃新通志】13/舆地志·古迹·固原直隶州·平远县/12 下

【汇编】下 6956

（五）关中、关内、关右、关辅、西陲、陇右、河东、河右、河外、河曲、河西、河陇、河南、河朔、河湟、秦陇等地名

三画

山西

【金史】73/完颜希尹传/1685；121/粘割韩奴传

/2636；134/西夏传/2867

【三朝北盟会编】60/4 下

【延安府志】8/葭州/10 下

【吴堡县志】1/疆域/2 上

【陕西通志】7/疆域 2/42 上、43 下；16/关梁 1·延安府·延川县/33 上

【汇编】中六 5995、5996、6047；补遗 7479、7481、7487、7488、7489、7490、7491、7492

川陕

【宋史】377/季陵传/11649；379/韩肖胄传/11690

【大金国志】9/太宗纪/4 上

【三朝北盟会编】109/3 上

【系年要录】85/1394；96/1582；136/2184

【朝野杂记】甲集 18/兵马·前诸军/561

【梁溪集】175/建炎进退志总叙下/10 下

【清波杂志】12/7 下

【汇编】下 6111、6112、6150、6303、6381、6392、6403、6456、6472、6528

四画

云中

【宋史】253/折德扆传/8861；335/种师中传/10754；475/刘豫传/13802；485/夏国传下/14021、14022、14024

【大金国志】5/太宗纪/4 上；10/熙宗纪/1 下；13/海陵炀王纪上/1 下

【三朝北盟会编】9/4 下；12/4 上、7 上；25/1 下、5 上；214/1 下

【宋会要】方域 5 之 8/7387；蕃夷 2 之 37/7710

【系年要录】9/211；40/744；57/995；107/1750；122/1971；181/3015

【奏议标】133/贾昌朝·上仁宗备边六事/1483

【奏议影】133/贾昌朝·上仁宗备边六事/4561

【契丹国志】22/州县载记/3 下

【中兴小纪】2/28；4/47；9/115；20/242

【东坡全集】18/富郑公神道碑/32 上

【玉壶清话】3/6 上

【松漠纪闻】7/上；13 下

【鸿庆居士集】33/宋故左朝请大夫直龙图阁章公（绹）墓志铭/17 上

【汇编】中三 2956、2957、3294；中六 5951、

5966、5968、5974、5983、5985、5988、5989、5992、6000、6017；下 6118、6120、6124、6146、6252、6253、6310、6455、6489、6491、6578、6584、6606、7005；补遗 7444

云朔　契丹驻兵地

【长编标】151/3669

【长编影】151/5 上

五画

北庭

【长编标】44/947

【长编影】44/16 下

六画

西陲

【长编标】365/8751；366/8787；382/9319；394/9591

【长编影】365/7 上；366/10 上；382/19 上；394/6 上

【奏议标】137/范纯仁·上神宗论小人妄陈边事/1537

【奏议影】137/范纯仁·上神宗论小人妄陈边事/4728

西域

【元史】120/曷思麦里传/2970；136/哈喇哈孙传/3291；165/完颜石柱传/3886

【长编标】44/947；50/1087；389/9473；402/9777

【长编影】44/16 下；50/6 上；389/22 上；402/2 上

【元史译文补正】26 上/地理志·西北地附录·释地上·畏兀儿地/3 下

【元圣武亲征录】/60

【元朝秘史】14/1 上

【蒙兀儿史记】3/成吉思可汗本纪下/30 上；25/乞失里黑传/3 下

【梁溪集】35/拟制诏一·节度使殿前都指挥使除检校少保移镇充鄜延路经略安抚使（制）/12 上

【汇编】下 6807、6898、6913、6914、6929、6931、6932、6980、7028

西鄙

【奏议标】136/欧阳修·上英宗论西边可攻四事/1525

【奏议影】136/欧阳修·上英宗论西边可攻四事/4692

西塞

【长编标】366/8791、8792

【长编影】366/14 上、14 下

关中

【元史】1/太祖纪/19

【辽史】27/天祚帝纪 1/317

【宋史】175/和籴/246；180/钱币/4381、4393；193/召募之制/4809；278/雷简夫传/9460；283/夏竦传/9572；286/薛奎传/9630；292/王尧臣传/9722、9773、9774；294/苏绅传/9813；295/尹洙传/9833；297/郭劝传/9893；299/李仕衡传/9936；305/晁宗悫传/10087；310/李迪传/10171；314/范仲淹传/10272、范纯祐传/10276；320/王素传/10404；324/石普传/10472；330/傅求传/10621；332/穆衍传/10691；333/余良肱传/10716；338/苏轼传/10802；367/郭浩传/11442；447/唐重传/13186；452/吴革传/13289

【金史】79/张中彦传/1789

【长编标】54/1185；88/2013；124/3012；126/2988；133/3131、3139；137/3291；138/3312；140/3370；142/3407、3412、3425；146/3543、3544；149/3597、3617；150/3629；175/4222；214/5199；216/5253；224/5458；322/7770；323/7792、7793；325/7828、7819；326/7840；327/7869；328/7902；329/7933；372/9005；397/9574；407/9910；446/10728；458/10953；489/11603；494/11727；505/12044

【长编影】54/9 上；88/2 下；126/6 下；132/7 下、15 下；133/2 下、8 上；134/9 下；137/13 下；138/2 下；140/8 下、10 上；142/12 上、24 下、28 上；146/15 上；149/6 下；150/4 下；175/3 下；214/16 上；216/3 上；224/17 下；322/11 上；323/15 上；325/13 上、16 上；326/3 下；327/5 上；328/11；329/16 下；372/4 上；397/4 上；407/14 上；

458/1 上；489/6 上；494/1 上；505/16 下

【宋会要】职官 64 之 12/3826；食货 23 之 39/
5194；兵 14 之 1/6993、兵 27 之 29/7261；方
域 12 之 4/7521

【玉海】139/咸平初置振武指挥/16 上

【三朝北盟会编】77/6 上

【宋大诏令集】102/刘昌祚加恩制（元祐四年
宗祀）/376

【宋朝事实类苑】56/730；74/978

【系年要录】11/253；12/271；18/367；129/
2090；181/3015

【奏议标】41/吕大防·上英宗应诏论水灾/419；
131/富弼·上仁宗论西夏八事/1448、1450；
132/范仲淹·上仁宗乞严边城实关内/1457、
132/田况·上仁宗兵策十四事/1468；134/范
仲淹等·上仁宗论和守攻备四策/1496；136/
刘敞·上仁宗论城古渭州有四不可/1520、
136/司马光·上神宗纳横山非便/1527、
1528；137/司马光·上神宗谏西师/1540；
138/文彦博·上神宗论关中事宜/1549、138/
司马光·上哲宗乞还西夏六寨/1553；140/张
舜民·上徽宗论进筑非便/1585；141/任伯雨
·上徽宗论湟鄯/1594

【奏议影】41/吕大防·上英宗应诏论水灾/
1505；131/富弼·上仁宗论西夏八事/4448、
4457；132/范仲淹·上仁宗乞严边城实关内/
4483、132/田况·上仁宗兵策十四事/4516；
134/范仲淹等·上仁宗论和守攻备四策/
4599；136/刘敞·上仁宗论城古渭州有四不
可/4674、136/司马光·上神宗纳横山非便/
4696、4697、4698、4699；137/司马光·上
神宗谏西师/4727；138/文彦博·上神宗论关
中事宜/4760、138/司马光·上哲宗乞还西夏
六寨/4775；140/张舜民·上徽宗论进筑非便
/4874；141/任伯雨·上徽宗论湟鄯/4902

【蒙兀儿史记】3/成吉思可汗本纪下/16 下

【公是集】51/宋故推忠佐理功臣赠尚书左仆射
王公（尧臣）形状/610；53/故朝散大夫尚
书刑部郎中致仕上柱国赐紫金鱼袋张公
（沔）墓志铭/6

【文庄集】14/陈边事十策/1 上

【文恭集】8/95

【东轩笔录】1/1 上；4/2 下

【乐全集】19/平戎十策/13 下；21/西事谘目上
中书/1 上、论除渭州路招讨使事/7 上；22/
请省缘边骑兵事/16 下、22 下

【包拯集】7/请出内库钱帛往逐路籴粮草/97；
8/言陕西盐法二/106

【司马文正公集】25/章奏 23/3 上；29/章奏 27/
14 上；30/章奏 28/3 上、9 上；35/章奏 33/1
上、8 下

【华阳集】38/朝奉郎尚书虞部员外郎凤翔府上
清太平宫兼兵马都监护军李君丕旦墓志铭/
524

【安阳集】家传 3/10 上、7/1 上

【孝肃包公奏议】7/93

【宋文鉴】116/上韩范二招讨书/10 下

【苏学士集】9/上范希文书/4 上

【邵氏闻见录】5/42；13/144

【松漠纪闻】1 上/5；8 下

【欧阳文忠公全集】105/奏议/16 上

【河南先生文集】7/答环庆招讨使范希文书/1
下

【画墁集】补遗/游公（师雄）墓志铭/11 上

【范太史集】40/检校司空左武卫上将军郭公墓
志铭/13 上

【范文正公集】尺牍中/4 下；年谱/25 上；别集
4/10 上；言行拾遗事录 2/8 上、3/9 下；诸
贤赞论疏/4 下；褒贤集/富弼撰墓志铭/8 上；
9/答安抚王内翰/11 上

【临川集】88/翰林侍读学士知许州军州事梅公
神道碑/5 上

【容斋三笔】11/5 上

【栾城集】27/西掖告词/6 上

【涑水记闻】14/9 上

【耆旧续闻】6/7 上

【梁溪集】144/御戎论/1 上

【谏议优行状】1191

【景文集】28/减边兵议/353

【名臣碑传琬琰集】上集 22/夏文庄公竦神道碑
/342；26/范忠献公雍神道碑/408；中集 26/
苏文忠公轼墓志铭/778；27/王懿敏公素墓志
铭/803；48/韩忠献公琦行状/1106；下集 2/
曾太师公亮行状/1185

【儒林公议】上/3 上、12 上；下/3 上

【潞公文集】18/奏议/1 下；25/奏议/5 上、6 下

【默记】15/下

【甘肃新通志】8/形胜·兰州府·皋兰县/1下；8/舆地志·形胜·泾州直隶州/6下；9/舆地志·关梁·固原直隶州/24上；29/祠祀志·祠宇下·庆州府·安化县/8下

【汇编】中一1111、1308、1344、1354、1565、1566、1586、1609、1742；中二1795、1796、1801、1802、1816、1827、1858、1861、1878、1892、1907、1908、1909、1935、1936、1937、1948、1965、2005、2065、2066、2070、2157、2159、2160、2189、2213、2236、2237、2275、2292、2318、2331、2366、2393、2422、2506、2537、2558、2559、2570、2571、2576、2580、2584、2635、2636、2637、2650、2669、2671、2694、2697、2698、2716、2718、2748、2767、2773、2822；中三2847、2872、2882、2896、2919、2921、2928、3016、3122、3147、3148、3175、3190、3194、3274、3275、3293、3346、3347、3368、3386、3433、3459、3465、3527、3587、3610、3628、3637、3648、3677、3679、3697、3707；中四3815、4285、4307、4320、4321、4336、4338、4342、4371、4372、4391、4415；中五4659、4664、4674、4699、4770、4816、4905、4971、5063、5158；中六5311、5317、5353、5476、5612、5692、5700、5713、5774、5868、6011、6020、6026；下6087、6089、6123、6126、6146、6497、6508、6511、6571、6607、6839、6844；补遗7226、7289、7299、7319、7349、7359、7360、7450、7466、7467、7471

关内

【宋史】322/刘庠传/10452；278/雷孝先传/9463；295/尹洙传/9833；317/钱即传/10351；328/薛向传/10585

【长编标】50/1094；320/7731；326/7843

【长编影】50/11上；320/12上；326/4上

【宋会要】食货63之39/6006

【奏议标】132/范仲淹·上仁宗乞严边城实关内/1457；138/范纯粹·上神宗论西师不可再举/1551

【奏议影】132/范仲淹·上仁宗乞严边城实关内

/4483；138/范纯粹·上神宗论西师不可再举/4768

【安阳集】47/故客省史眉州防御史赠遂州观察史张公墓志铭（兖）/13下，15下；家传/3/10上

【范文正公集】别集4/10上

【容斋四笔】6/5上

【汇编】中一1307、1743；中二1859、1990、2005、2006、2609；中三2883；中四4264、4292、4348；中六5764、5868

关右

【宋史】266/温仲舒传/9182；282/李沆传/9539；296/梁颢传/9865；304/王济传/10067；310/李迪传/10171；468/童贯传/13659

【长编标】41/874、875；42/891；44/949、950；50/1099；54/1185、1186；88/2013；327/7866

【长编影】41/13上、14下；42/10下；44/16上；50/16上；54/9上；88/2下；327/2下

【宋会要】职官64之11/3826；食货23之29/5189

【奏议标】137/刘述·上神宗论不可伐丧/1535；139/苏辙·上哲宗乞因夏人纳款给还其地/1566

【奏议影】137/刘述·上神宗论不可伐丧/4719；139/苏辙·上哲宗乞因夏人纳款给还其地/4812

【三朝北盟会编】75/12上

【太平治迹统类】2/太祖太宗经制西夏

【文庄集】14/陈边事十策/1上

【初寮集】6/定功继伐碑/1上

【净德集】21/枢密刘公（庠）墓志铭/234

【栾城集】37/论兰州等地状/4上

【延安府志】7/诗文/22下

【汇编】中一1065、1087、1108、1183、1208、1209、1210、1219、1237、1282、1353、1354、1566；中二1801、2023；中三3480；中四4293、4368；中五4747；中六5924、6074；补遗7154、7435

关东

【宋史】190/河东、陕西弓箭手/4720；283/夏竦传/9572

3698

【长编影】137/7 上、8 上；140/8 下；152/2 下

【东都事略】20/李继和传/3 下

【宋会要】兵 7 之 34/6886

【皇宋十朝纲要】5/12 上

【奏议标】64/钱·上神宗乞择将久任/715；134/韩琦·上仁宗论备御七事/1494；137/孙觉·上神宗论治边之略/1536

【奏议影】64/钱·上神宗乞择将久任/2353；134/韩琦·上仁宗论备御七事/4592；137/孙觉·上神宗论治边之略/4725

【契丹国志】18/刘六符传/5 上

【公是集】43/拟朝廷报契丹书/505

【安阳集】家传 3/6 下

【画墁集】补遗/游公师雄墓志铭/3 下

【闻见近录】21 下

【涑水记闻】11/5 上

【名臣碑传琬琰集】中集 17/王琦撰贾文元公昌朝墓志铭/655；下集 6/学士钱公若水传/1355

【儒林公议】下/3 上

【畿辅通志】109/司马光撰礼部尚书张公墓志铭/14 下

【汇编】中一 963、980、1216、1217、1259、1263；中二 2510、2530、2532、2533、2535、2541、2542、2589、2717、2759；中三 2988、2997、3496、3497；中五 4769、4770、4772；补遗 7269

关辅

【宋史】196/兵志 10/4895；258/曹彬传/8989；277/张鉴传/9416；293/王禹偁传/9795；301/马元方传/9986；336/司马光传/10766

【长编标】41/860、870、872、873；42/894、896；43/910；123/2910、2911；126/2996；131/3115；139/3350；164/3945；328/7902；372/9907

【长编影】41/1 上、9 上、9 下、10 上、11 上、12 上、12 下；42/12 下、15 上；43/9 下；123/17 上；126/27 上；131/20 上；139/10 下；164/3 下；328/11 上；372/5 上

【宋大诏令集】186/令赵保吉授夏台节制谕陕西诏（咸平元年正月辛酉）/677

【宋会要】兵 27 之 5/7249

【奏议标】41/吕大防·上英宗应诏论水灾/419；131/富弼·上仁宗论西夏八事/1452；134/韩琦·上仁宗论备御七事/1494、134/范仲淹等·上仁宗论和守攻备四策/1496、1497；136/韩琦·上仁宗论西北议和有大忧者三大利者一/1516；139/范纯粹·上哲宗乞以弃地易被房之人/1561

【奏议影】41/吕大防·上英宗应诏论水灾/1505；131/富弼·上仁宗论西夏八事/4466；134/韩琦·上仁宗论备御七事/4593、134/范仲淹等·上仁宗论和守攻备四策/4600、4604；136/韩琦·上仁宗论西北议和有大忧者三大利者一/4664；139/范纯粹·上哲宗乞以弃地易被房之人/4798

【元宪集】30/抚问知永兴军夏谏/320

【文庄集】6/泾州谢上表/8 下；9/乞依谏官抗议表/12 上；14/陈边事十策/1 上

【安阳集】家传 1/15 下；2/8 上；3/2 上、6 下、10 上

【龟山集】33/钱忠定公（即，字中道）墓志铭/13 下

【名臣碑传琬琰集】上集 26/范忠献公雍神道碑/411；中集 48/韩忠献公琦行状/1105

【范文正公集】2 古诗/12 上；13/资政殿大学士礼部尚书赠太子太师谥忠献范公墓志铭/12 上；政府奏议下/边事/10 上；褒贤集/富弼撰墓志铭/9 上

【河南先生文集】7/上环庆招讨使范希文书/3 上

【汇编】中一 1131、1143、1164、1174、1175、1176、1177、1185、1186、1190、1193、1196、1197、1762；中二 1797、1801、1802、1812、1814、1891、1983、2147、2254、2255、2347、2569、2573、2574、2575、2647、2678、2759；中三 2882、3327、3386、3636；中四 4391；中五 4701；补遗 7416

七画

汧陇　指汧水和陇山

【文恭集】14/175；18/219

【汇编】中三 3162、3179

灵夏

【初寮集】6/定功继伐碑/1 上

【陕西通志】7/疆域 2/42 上

【汇编】补遗 7440、7480

陇右

【宋史】18/哲宗纪 2/353；19/徽宗纪 1/369；198/马政/4937；330/傅求传/10621；344/李周传/10935；350/张守约传/11073；367/杨存中传/11438；395/陆游传/12058；486/夏国传下/14022；492/吐蕃传/14151

【长编标】50/1094；232/5630；516/12265、12268

【长编影】50/11 上；232/1 上；516/2 上、3 下

【宋大诏令集】8/哲宗谥议/37；9/哲宗谥册/42；142/哲宗谥议（崇德三年七月二十三日）/514；219/熙河秦凤永兴路曲赦（崇宁三年四月二十五日）/839；240/西蕃首领陇拶河西节度制（元祐三年三月）/941

【宋会要】礼 29 之 72/1099；食货 2 之 4/4827、63 之 39/6006

【汇编】中一 931、965、967；中三 3196；中四 3754、3760；中五 4770；中六 5608、5676、5682、5685、5686、5772、5774

陇西

【宋史】283/夏竦传/9575；410/曹彦约传/12342

【金史】26/地理志下/644；103/乌古论长寿传/2272

【隋书】83/1845

【长编标】449/10794

【长编影】449/14 下

【宋会要】食货 4 之 7/4849；方域 6 之 3/7407

【武经总要】前集 18 上/27 上

【奏议标】141/文彦博·上神宗进筑河州/1591

【奏议影】141/文彦博·上神宗进筑河州/4894

【文恭集】18/李昭述可依前刑部侍郎充龙图阁学士秦凤路马步军副都部署兼知秦州制/219

【初寮集】6/定功继伐碑/1 上

【画墁集】补遗/游公（师雄）墓志铭/11 上

【汇编】上 2；中一 974；中三 3162；中四 3823；中五 5504；中六 5317、5751、5783；下 6851、6964；补遗 7435

八画

青唐

【元史】60/地理志 3/1450

【宋史】15/神宗纪 2/281；18/哲宗纪 2/353；18/哲宗纪 2/353；85/地理志 1 序/2096；175/和籴/4245、4247；190/河东陕西弓箭手/4718；318/胡宗回传/10371；322/吴择仁传/10443；324/刘涣传/10493；328/安焘传/10568、王韶传/10579、王厚传/10583；331/马仲甫传/10647；332/孙路传/10688、游师雄传/10689、10692；335/种谊传/10748；339/苏辙传/10830；340/吕大防传/10482；341/赵瞻传/10880；346/张庭坚传/10981；349/刘昌祚传/11053、姚麟传/11059、11060；350/苗履传/11069、王君万传/11069、王瞻传/11070、11071、11072；356/钱通传/11202；445/叶梦得传/13133；447/唐重传/13186；448/郑骧传/13202；453/高永年传/13315；462/僧智缘传/13524；464/高遵裕传/13575、13576；468/童贯传/13658；471/章惇传/13712；485/夏国传上/13994；490/于阗传/14109、拂菻传/14124；492/阿里骨传/14165、瞎征传/14166、14167

【长编标】111/2587；117/2765；119/2814；128/3035；131/3114；149/3607；245/5961；246/5984；247/6022；265/6484；325/7820；346/8302；349/8378；350/8382；353/8459；365/8771；366/8794、8800；372/9012、9013；398/9699；400/9744；402/9777、9779；404/9840、9842；405/9868；407/9905；444/10681；454/10886；455/10912；474/11312；476/11350；477/11359；490/11641；501/11943、11944；503/11974；505/12029；506/12052；507/12092；511/12172；513/12193、12194；514/12213、12214；515/12241、12242、12243、12248、12262；516/12263、12267、12268、12271、12286、12287、12289；517/12295、12296、12299、12301、12303、12304、12313；518/12318、12319、12320、12324、12325；519/12342、12348、12349、12352；520/12377、12383

【长编影】131/19 上；226/2 上；233/7 下、18 下；245/11 上；246/8 上；247/14 上；265/1 上；269/2 下；279/8 上；280/10 下；322/4 上；325/7 上；340/13 下；348/11 下；372/

10 上；402/1 下；404/10 下、19 下；444/1
上；474/11 下；505/2 下、17 下；506/3 下；
507/17 下；511/16 下；513/1 上、11 上；
514/4 下、8 下、13 上、16 上、19 下；515/1
上、6 上、8 下、10 上、12 下、13 下、22
下；516/1 上、2 上、3 下、5 上、7 上、8
下、17 上、19 上、20 下；517/1 上、1 下、2
下、4 上、5 下、7 上、7 下、8 上、9 下、15
下；518/1 上、14 上、17 下、19 下；519/1
上、5 上、5 下、6 上、9 上；520/1 上、18
下、24 上

【长编纪事本末】139/2 上、3 上、4 上、4 下、
8 下、9 上、11 下、14 上、17 上；140/1 上、
1 下、2 下、3 上、4 下、7 下

【东都事略】10/徽宗纪/2 下、3 下、4 上；82/
王韶传/3 上；129/附录七/西蕃/4 上

【宋大诏令集】209/孙路落职知兴国军制（元
符三年正月）/789；210/率府率添差监随州
酒税王厚责授贺州别驾郴州安置制/793；
236/答夏国诏（元符二年十二月壬寅）/
921；240/青唐首领撒结逋厥鸡归顺补内殿承
制制（元符三年五月）/942

【宋会要】礼 14 之 60/617；职官 41 之 93/3213、
43 之 78/3312、67 之 27/3902、67 之 30/
3902、67 之 33/3904、67 之 34/3904；兵 9 之
1/6906、9 之 2/6906、9 之 3/6907、9 之 4/
6907、9 之 5/6908、28 之 12/7275、28 之 35/
7287；方域 6 之 1/7406

【宋朝事实类苑】56/730

【皇宋十朝纲要】14/5 下、6 上、6 下、7 上、7
下

【奏议标】139/范育·上哲宗论御戎之要/1574；
141/文彦博·上神宗论进筑河州/1590、1591

【奏议影】139/范育·上哲宗论御戎之要/4840、
4841；141/文彦博·上神宗论进筑河州/
4889、4900、4901、4907

【元丰九域志】3/133

【元刊梦溪笔谈】19/11；25/31

【文昌杂录】1/3 上

【东轩笔录】7/4 上

【乐全集】22/秦州奏唃厮啰事/20 上、22 上

【北山集】34/故武功大夫昭州团练使骁骑尉徐
公（量）行状/12 下

【初寮集】6/定功继伐碑/1 上

【邵氏闻见录】13/144

【忠惠集】5/代贺受降表/4 下

【画墁集】补遗/游公（师雄）墓志铭/4 上

【苕溪集】48/宋故武功大夫杨公（宗闵）墓碑
/3 下

【临川集】41/上五事札子/4 上

【挥麈后录】1/神宗置封椿库以为开拓境土之资
/11 下

【浮溪文粹】14/朝散大夫直龙图阁张公（根）
行状/12 上

【浮溪集】24/朝散大夫直龙图阁张公根行状/16
上

【渑水燕谈】2/6 上

【甘肃新通志】29/祠祀志·祠宇下·西宁府·
西宁县/31 下

【汇编】上 61；中一 1394；中二 2055、2056、
2158、2243、2615；中三 3498、3513、3514、
3516、3566、3714、3715、3716、3718、
3720；中四 3767、3768、3772、3797、3815、
3823、3871、3877、3878、3895、3915、
3993、3999、4027、4034、4300、4333、
4426、4427、4531、4532；中五 4597、4709、
4830、4843、4846、4850、4852、4854、
5003、5163；中六 5461、5466、5478、5505、
5506、5560、5561、5564、5565、5568、
5569、5571、5572、5574、5576、5579、
5580、5581、5582、5584、5588、5600、
5601、5602、5603、5604、5605、5606、
5607、5608、5610、5611、5613、5615、
5617、5618、5620、5621、5624、5625、
5628、5629、5630、5631、5632、5633、
5634、5636、5637、5639、5641、5642、
5643、5646、5647、5648、5649、5651、
5652、5654、5655、5656、5657、5658、
5659、5660、5668、5669、5670、5673、
5674、5675、5681、5682、5683、5688、
5689、5693、5695、5701、5702、5705、
5706、5714、5725、5726、5728、5729、
5732、5733、5734、5737、5739、5740、
5741、5744、5747、5749、5759、5760、
5761、5762、5765、5766、5769、5771、
5774、5814、5819、5853、5909、5913；下

7087；补遗 7121、7355、7386、7392、7406、
7424、7435、7436、7437、7438、7439、7440

青海

【宋史】87/地理志 3/2169；492/唃厮啰传/
14161

【长编标】85/1958

【长编影】85/21 下

【宋会要】蕃夷 6 之 2/7819

【武经总要】前集 18 下/西蕃地界/9 下

【长编纪事本末】140/4 下、6 上、8 上

【初寮集】6/定功继伐碑/1 上

【甘肃新通志】30/祠寺志·寺观·巩昌府·岷
州/23 下

【汇编】中一 1544、1724；中六 5766、5770、
5773、5854、5855；补遗 7368、7438

岷南

【宋会要】蕃夷 6 之 30/7833

【汇编】中五 5264

京西

【宋史】10/仁宗纪 2/206；175/漕运/4241；
198/马政/4934

【涑水记闻】12/5 下

【汇编】中二 1843、1920、1920、2030、2033

河内

【宋史】319/欧阳修传/10377

【长编影】326/10 下

【汇编】中三 2873；中四 4351

河右

【宋史】268/王显传/9230

【宋大诏令集】9/真宗谥册/39；94/童贯移镇武
信军节度使加食邑实封制（政和四年十二月
二日）/344；102/姚古昭庆军节度使加食邑
实封制（政和七年正月十日）/377

【范太史集】11/贺鄜延路奏米脂川大捷表/9 下

【汇编】中一 1086、1632；中四 4200；中六
5884、5900

河东

【宋史】198/兵志 12·马政/4932；53/高永年传
/13315

【长编标】56/1228、1244；60/1338；62/1388；
67/1502；82/1876；102/2358

【长编影】56/4 下、18 上；60/5 下；62/5 上、

5 下；67/7 上；82/13 下；102/9 下

【宋大诏令集】236/赐夏国诏（元祐八年四月庚
申）/921

【奏议标】134/韩琦·上仁宗论备御七事/1494；
136/韩琦·上仁宗论西北议和有大忧者三大
利者一/1516、136/韩琦·上仁宗论西北议和
有大忧者三大利者一/1517、136/宋祁·上仁
宗论河北根本在真定/1519、136/司马光·上
神宗纳横山非便/1527、1528；139/苏辙·上
哲宗乞因夏人纳款给还其地/1567

【奏议影】134/韩琦·上仁宗论备御七事/4596；
136/韩琦·上仁宗论西北议和有大忧者三大
利者一/4665、136/韩琦·上仁宗论西北议和
有大忧者三大利者一/4667、136/宋祁·上仁
宗论河北根本在真定/4674、136/司马光·上
神宗纳横山非便/4696、4698；139/苏辙·上
哲宗乞因夏人纳款给还其地/4817

【汇编】上 228；中一 1690

河北

【宋史】369/王渊传/11486

【金史】74/宗翰传/1698；104/纳坦谋嘉传/
2288

【长编标】488/11586

【长编影】488/8 下

【三朝北盟会编】107/7 下

【系年要录】5/123；129/2090

【香溪集】21/徐忠壮（徽言）传/1 下

【梁溪集】118/与秦相公第九书别幅/13 上

【汇编】下 6089、6106、6109、6123、6311、
6508、6836

河外

【宋史】23/钦宗纪/432；342/王严叟传/10895；
446/朱昭传/13170；466/窦神宝/13600

【长编标】39/834；344/8264、8265；348/8344；
365/8749；400/9745；402/9788；408/9940；
439/10576；456/10924；467/11146；469/
11208；470/11220、11222；474/11308、
11312；480/11429；489/11607；491/11654；
506/12055

【长编影】39/5 下；344/9 上；348/3 下；402/
11 上、14 上；408/18 下；439/8 上；456/7
上；467/1 下；469/8 上；470/2 下；474/8

上、11 下；480/12 下；489/9 下；491/7 下；506/5 上

【宋会要】职官 65 之 35/3864；方域 20 之 3/7652、21 之 17/7669

【奏议标】138/司马光·宋哲宗乞还西夏六寨/1552

【奏议影】138/司马光·宋哲宗乞还西夏六寨/4772

【三朝北盟会编】25/5 上

【宋朝事实】16/兵刑/3 下

【夷坚三志辛】支庚 3/1153

【东坡全集】16/故龙图阁学士滕公墓志铭/10 上

【元丰类稿】26/军功制一/3 上、军功制二/3 下

【汇编】中一 1116、1122、1123、1334；中五 4566、4567、4594、4657、4834、4836、4915、4970、4987、5060、5083、5110、5124、5131、5133、5159、5163、5213、5247；中六 5315、5325、5481、5993、5996、6012、6061

河西

【元史】1/太祖纪/6、10、14、21；14/世祖纪 11/295；17/世祖纪 14/365；18/成宗纪 1/388；20/成宗纪 3/443；22/武宗纪 1/494；32/文宗纪 1/712；77/祭祀志 6/1926；85/百官志 1/2139；98/兵志 1/2509、2515、2517；103/户婚/2641；120/吾也而传/2968、曷思麦里传/2970、镇海传/2964；121/速不台传/2977；122/巴而术阿而忒的斤传/3000、昔儿吉思传/3015；123/艾貌传/3039、绍古儿传/3025；125/3072；129/3155；132/麦里传/3210；133/也罕的斤传/3226；135/塔海帖木儿传/3276；136/哈剌哈孙传/3291；146/耶律楚材传/3457；149/耶律留哥传/3514、移剌捏儿传/3530；151/张荣传/3581、薛塔剌海传/3563；165/完颜石柱传/3886

【辽史】4/太宗纪下/54；13/圣宗纪 4/149；20/兴宗纪 3/240；36/属国军/431；70/属国表/1143；86/耶律合里只传/1327；93/萧惠传/1374

【宋史】6/真宗纪 1/118；7/真宗纪 2/123、128、133；87/地理志 3/2167；165/鸿胪寺/3903；183/盐 下/4469；191/蕃 兵/4751；198/马政/4932；250/韩崇训传/8825；253/折御卿传/8863、王承美传/8869；258/曹玮传/8985；259/袁继忠传/9005；264/宋琪传/9129；265/张齐贤传/9155；266/王诏传/9189；267/张洎传/9214；268/王显传/9231；274/王侁传/9364；279/耿全斌传/9491；280/钱守俊传/9503、王杲传/9505；289/葛怀敏传/9702；291/王博文传/9745；318/张方平传/10357；324/刘涣传/10493；325/刘平传/10502；326/郭恩传/10522；328/王韶传/10579；330/杨仲元传/10715；355/郭知章传/11197；447/徐徽言传/13190、13191；468/童贯传/13659；485/夏国传上/13987、13988、13989、14001；491/党项传/14140、14144、14145；492/吐蕃传/14156

【金史】16/宣宗纪下/361；84/昂传/1886；98/完颜纲/2175；113/赤盏合喜传/2494；114/白华传/2503

【长编标】1/11；2/56；10/233；38/823；36/794；38/823、825；39/833、838；41/874；42/891；44/948；45/964；49/1068、1076；52/1148；54/1178、1185、1191；56/1227、1228、1240；60/1346；62/1388；72/1637；78/1770；102/2358；104/2409、2421；105/2443；111/2584；119/2813；125/2957；150/3657；151/3680；154/3737；156/3781；188/4527；194/4697；346/8302；509/12122；514/12227

【长编影】1/9 上；38/8 上；39/5 下；44/16 上；45/9 上、10 上；49/5 下、11 下；52/14 上、16 下；53/13 下；54/9 上、15 上；56/4 上、14 下；60/5 上、12 下；72/14 上；78/1 下；102/9 下；104/10 上、20 上；119/16 下；134/2 上、10 下；151/14 下；152/12 上；155/1 下；188/2 下；232/4 上；238/1 上；243/1 下；322/4 上；335/1 上；344/9 上；346/1 上；466/3 上；509/11 下；514/16 下

【大金国志】22/东海郡侯纪/3 上

【东都事略】28/冯继业传/1 上

【皇宋十朝纲要】14/7 上

1212、　1221、　1232、　1233、　1235、　1247、
1303、　1304、　1322、　1325、　1326、　1330、
1332、　1335、　1353、　1354、　1358、　1375、
1376、　1377、　1378、　1391、　1392、　1411、
1424、　1430、　1433、　1441、　1470、　1487、
1508、　1629、　1630、　1647、　1649、　1675、
1690、　1733、　1738；中二1781、　1876、　2056、
2057、　2143、　2365、　2395、　2483、　2647、
2820；中三2935、　2972、　2977、　3001、　3010、
3024、　3043、　3047、　3072、　3143、　3167、
3233、　3245、　3250、　3267、　3280、　3295、
3367、　3513、　3515；中四3760、　3803、　3821、
3850、　3978、　3979、　4300、　4482；中五4567、
4580、　4648、　4807、　4980、　5097、　5098、
5191；中六5530、　5534、　5589、　5674、　5787、
5871、　5889、　5970、　5974、　5993、　6011、
6076；下6088、　6089、　6258、　6588、　6589、
6796、　6806、　6811、　6812、　6818、　6823、
6825、　6826、　6853、　6857、　6874、　6878、
6882、　6883、　6884、　6885、　6897、　6898、
6899、　6904、　6907、　6910、　6917、　6926、
6927、　6928、　6929、　6930、　6931、　6932、
6933、　6936、　6958、　6977、　6987、　6990、
6992、　6993、　7002、　7014、　7015、　7035、
7036、　7040、　7042、　7043、　7046、　7052、
7054、　7055、　7061、　7064、　7065、　7071、
7089；补遗7093、　7096、　7099、　7172、　7174、
7178、　7208、　7209、　7210、　7217、　7220、
7221、　7222、　7245、　7246、　7248、　7250、
7298、　7443

河曲

【辽史】1/太祖纪上/11；15/圣宗纪6/176；19/
　　兴宗纪2/231；34/兵卫志上序/396

【宋史】198/兵志12/4937；257/李继和传/8969

【文恭集】23/除庞籍特授检校太傅昭德军节度
　　使永兴军一路兵马都部署安抚使兼知永兴军
　　加食邑实封制/291

【斐然集】14/折彦质赠父/13下

【汇编】中一1258；中三3007、3201、3264；
　　下6412

河陇

【长编标】39/835

【长编影】39/7上

【奏议标】130/杨亿·上真宗论弃灵州为便/
　　1441

【奏议影】130/杨亿·上真宗论弃灵州为便/
　　4429

河南

【辽史】87/萧孝穆传/1334；90/耶律义先传附
　　弟/1357；96/耶律仁先传/1396；114/萧迭里
　　得传/1515

【宋史】17/哲宗纪1/326；312/韩琦传/10223；
　　314/范纯仁传/10287；344/李周传/10935；
　　486/夏国传下/14010

【金史】134/西夏传/2868、2876

【长编标】63/1402；125/2953；326/7848；344/
　　8263；405/9868、9873；407/9906、9907；
　　426/10300；444/10681、10682；455/10912；
　　465/11101、11115、11117；470/11231；476/
　　11340、11341、11350；477/11358、11359、
　　11374

【长编影】63/4上；125/14下；344/9上；405/
　　7上；407/10下、11下；426/5下；444/1
　　上；455/10下；465/4下、16下；470/11
　　上；476/4下、13上；477/5下、20上

【宋大诏令集】239/赐阿里骨诏（元祐三年七月
　　辛亥）/939

【宋会要】兵28之37/7288；方域19之13/7632

【文庄集】14/陈边事十策/1上

【东坡全集】25/奏议/6上；37/赦文/30上

【范太史集】44/资政殿学士范公（百禄）墓志
　　铭/14下

【汇编】上89、128；中二1798、1862、2702；
　　中三3149；中五4565、4770、4882、4886、
　　4899、4903、4904、4921、4930、4958、
　　5003、5004、5059、5089、5093、5140、
　　5169、5170、5175、5176、5178、5181、
　　5197、5237、5238、5252

河朔

【宋史】189/厢兵/4643；195/训练之制/4857；
　　267/李惟清传/9216；287/李昌龄传/9653；
　　285/冯行己传/9612；295/叶清臣传/9852；
　　302/鱼周询/10011

【金史】114/白华传/2503

【长编标】73/1660；155/3758；163/3933

【长编影】73/9 上；155/2 上；163/16 下

【三朝北盟会编】232/9 下

【宋大诏令集】140/真宗加谥诏（天圣二年八月）/504

【宋会要】职官 3 之 36/2415

【奏议标】134/欧阳修·上仁宗论议元昊通和事/1491、134/田况·上仁宗乞访执政专以虏患为急/1495、134/范仲淹等·上仁宗论和守攻备四策/1498、1499

【奏议影】134/欧阳修·上仁宗论议元昊通和事/4585、134/田况·上仁宗乞访执政专以虏患为急/4597、134/范仲淹等·上仁宗论和守攻备四策/4609

【汇编】中一 1037、1085、1491、1631；中三 2954、3114、3139、3351；中四 3904；下 6627、6897

河湟

【宋史】266 李至传/9177；277/郑文宝传/9427；305/杨亿传/10081；310/张知白传/10187；318/胡宗回传/10372；334/熊本传/10731；340/刘挚传/10683；344/李周传/10935；349/姚雄传/11060；350/苗授传/11067；353/郑仅传/11147；355/李谠传/11191；467/李宪传/13638；492/唃厮啰传/14161

【长编标】42/893；50/1097；117/2765；127/3021；150/3640；188/4527；252/6180；253/6191；507/12092

【长编影】42/12 下；50/14 上；117/18 上；127/16 下；150/16 上；188/3 上；252/27 下；253/5 上；507/17 下

【东都事略】82/王韶传/5 上

【宋大诏令集】239/董毡加恩制/938

【奏议标】130/杨亿·上真宗论弃灵州为便/1441

【奏议影】130/杨亿·上真宗论弃灵州为便/4429

【击壤集】7/和人闻韩魏公出镇永兴过洛/3 上

【华阳集】5/依韵和蔡枢密岷洮恢复部落迎降/43

【初寮集】6/定功继伐碑/1 上

【邵氏闻见录】13/144

【忠惠集】2/直祕阁陕西路运使陈遘除直龙图阁知庆州直龙图阁知庆州侯临知延安府制/17

下；5/代贺受降表/4 下

【栾城集】27/西掖告词/16 下

【梁溪漫志】6/2 上

【甘肃新通志】13/舆地志·古迹·凉州府·平番县/47 上；29/祠祀志·祠宇下·西宁府·西宁县/31 下

【汇编】中一 1171；中 3/3461、3891、3947、3948、3953、3959、4127、4533；中五 4873；中六 5506、5774；补遗 7121、7335、7392、7421、7441

陕右

【宋史】28/高宗纪 5/529；85/京城/2096；167/都转运使/3964；180/钱币/4385；187/禁军上序/4582；193/召募之制/4809；277/郑文宝传/9425；365/岳飞传/11386；366/吴璘传/11415、11416；377/李陵传/11647；378/胡交修传/11679；380/楼炤传/11717；382/道夫传/11765、勾涛传/11772；448/郑骧传/13203；452/翟兴传/13301；468/童贯传/13658

【金史】19/睿宗宗尧纪/409；23/五行志/543；74/宗翰传/1698；82/耶律涂山传/1836、乌延胡里改传/1837、颜盏门都传/1744；87/徒单合喜传/1942；91/庞迪传/2013；92/毛硕传/2034、徒单克宁/2045；98/完颜匡传/2171；103/完颜仲元传/2266；107/张行信传/2369；108/把胡鲁传/2392；113/白撒传/2487；124/马庆祥传/2695

【宋大诏令集】218/陕右宿兵德音（康定二年四月乙巳）/835

【长编标】146/3545；214/5204、5220

【长编影】146/16 下；214/24 下

【皇宋十朝纲要】9/4 下

【奏议标】44/韩宗武·上徽宗答诏论日食/463

【奏议影】44/韩宗武·上徽宗答诏论日食/1650

【名臣碑传琬琰集】下集 24/故太尉威武军节度使李公行状/1617

【安阳集】家传 2/4 上；35 奏状/5 下

【苏学士集】9/上范希文书/4 上

【范文正公集】诸贤赞论疏/4 下

【梁溪集】144/御戎论/1 上

【潞公文集】18/奏议/1 下

【汇编】中二 2065、2066、2200、2257、2258；中三 2850、3500、3591、3593；中六 5335、5680、5737；下 6856；补遗 7144、7319、7450

九画

洮东

【宋史】17/哲宗纪 1/324；344/王觌传/10942；349/刘舜卿传/11063

【长编标】238/5792；279/6821；404/9841、9842

【长编影】238/6 下；279/3 上；404/11 下、12 上

【皇宋十朝纲要】12/4 下

【汇编】中四 3804、4025；中五 4817、4818、4847、4856、4890

洮西

【宋史】191/蕃兵/4757；328/王韶传/10580、王厚传/10583；349/刘舜卿传/11063；350/苗授传/11068、王君万传/11070、李浩传/11079；427/张载传/12723；490/龟兹传/14123

【长编标】237/5764、5678、5679；238/5798；239/5817；244/5931；245/5964、5966；247/6025；251/6112；252/6152、6155；254/6225；255/6239；268/6559；272/6662；404/9841、9842；516/12271、12272

【长编影】237/7 上、11 下；238/11 下；239/11 上；244/1 下；245/13 下、18 上；247/17 上；251/4 上；252/8；254/17 上；255/8 下；268/1 上；272/5 下；404/10 下；516/7 上、8 上

【宋会要】礼 29 之 72/1099；食货 2 之 4/4827

【汇编】中四 3781、3791、3798、3806、3812、3861、3872、3874、3901、3912、3932、3939、3941、3961、3963、3998、4013、4040；中五 4847、4848、4856；中六 5610、5612、5682、5736

十画

秦中

【宋史】301/袁抗传/10002；314/范纯仁传/

10285；328/薛向传/10585；349/刘舜卿传/11062；472/蔡卞传/13730

【文恭集】8/论西夏事宜/95；18/李昭述可依前刑部侍郎充龙图阁学士秦凤路马步军副都部署兼知秦州制/219；36/宋故宣徽北院使赠太尉文肃郑公（戬）墓志铭/436

【汇编】中三 2856、3162、3368、3595

秦陇

【宋史】277/郑文宝传/9425；316/包拯传/10316；325/刘平传/10501；372/王庶传/11546；448/郑骧传/13202

【长编标】50/1088、1090

【长编影】50/5 下、7 下

【宋会要】兵 27 之 29/7261

【系年要录】94/1560

【奏议标】132/刘平·上仁宗乞选用酋豪各守边郡/1455；136/欧阳修·上英宗论西边可攻四事/1525

【奏议影】132/刘平·上仁宗乞选用酋豪各守边郡/4487；136/欧阳修·上英宗论西边可攻四事/4691

【文庄集】14/陈边事十策/1 上

【河南先生文集】25/申四路招讨司论本路御贼状并书/2 下

【景文集】101/策题三道/981

【汇编】中一 1254、1256；中二 1800、1866、2652、2653、2788、2826；下 6142、6401

十二画

渭北

【宋史】1/太祖纪 1/11；95/河北诸水/2366；257/李继和传/8970；264/薛惟吉传/9112；266/温仲舒传/9182；281/寇准传/9528；367/杨政传/11444；453/张玘传/13327；467/蓝继宗传/13633；492/吐蕃传/14154

【宋会要】职官 64 之 11/3826

【汇编】中一 936、1065、1066、1087

渭南

【宋史】29/高宗 6/547；255/王彦超传/8910；266/温仲舒传/9182；281/寇准传/9528

【汇编】中一 1065、1066

湟中

【宋史】328/王韶传/10579；357/何灌传/11226

【长编标】514/12212

【长编影】514/4 下

【三朝北盟会编】75/12 上

【宋大诏令集】219/熙河秦凤永兴路曲赦（崇
　宁三年四月二十五日）/839；240/西蕃西赊
　罗撒西平节度西蕃邈川首领制（崇宁元年十
　一月丙戌）/942

【宋会要】兵 9 之 1/6906；方域 6 之 1/7406

【奏议标】141/文彦博·上神宗论进筑河州/1591

【奏议影】141/文彦博·上神宗论进筑河州/4894

【初寮集】6/定功继伐碑/1 上

【忠惠集】5/贺收复湟鄯表/5 下

【甘肃新通志】29/祠祀志·祠宇下·西宁府·
　西宁县/31 下

【汇编】中三 3513；中四 3823；中五 4843；中
　六 5571、5576、5721、5772、6074；补遗
　7121、7407、7435

十五画

镇西楼　凤凰山上，范仲淹建

【陕西通志】10/山川 3·延安府·肤施县/1 上；
　14/延安府·城池/6 上

【汇编】补遗 7274、7276

镇朔楼　庆阳府安化县北城上，范仲淹建

【甘肃新通志】13/舆地志·古迹·庆阳府·安
　化县/30 上

【汇编】补遗 7287

三、隋唐党项人迁徙地

二画

九原郡　丰州
【旧唐书】38/地理志 1/1417
【新唐书】37/地理志 1/976
【汇编】上 668、669

三画

三交县　麟州
【旧唐书】41/地理志 4/1707
【新唐书】43 下/地理志 7 下/1133
【汇编】上 630、849

三泉县　剑南道雅州
【旧唐书】41/地理志 4/1707
【汇编】上 630

三嗟谷　凤州
【新唐书】6/代宗纪/167
【汇编】上 680

大邑县　邛州
【新唐书】42/地理志 6/1682
【汇编】上 637

大非川　吐谷浑
【旧唐书】69/侯君集传/2510
【册府元龟】985/11566 上
【汇编】上 627、628

大度山　吐蕃
【新唐书】216 上/吐蕃传上/6078
【汇编】上 641

大散关
【新唐书】221 上/6216
【汇编】上 11

大震关　河陇
【旧唐书】11/代宗纪/273

【资治通鉴】223/7146
【汇编】上 681、686

万吉都督府　唐代宗永泰元年以内徙党项置，属灵州都督府
【新唐书】43 下/地理志 7 下/1123
【汇编】上 847

万卑州　陇右道
【新唐书】43 下/地理志 7 下/1133
【汇编】上 850

义诚县　可州
【旧唐书】41/地理志 4/1708
【新唐书】43 下/地理志 7 下/1133
【汇编】上 630、849

广平县　后改恭州和集县
【新唐书】42/地理志 6/1087
【汇编】上 661

卫山县　翼州
【新唐书】42/地理志 6/1084
【汇编】上 677

小部川县　远州
【旧唐书】41/地理志 4/1708
【新唐书】43 下/地理志 7 下/1133
【汇编】上 630、849

飞州　松州都督府
【新唐书】43 下/地理志 7 下/1133
【汇编】上 850

马兰山　同州
【新唐书】221 上/6216
【汇编】上 11

马邑州　唐玄宗开元十七年置，在秦、成二州山谷间，隶秦州都督府。唐代宗宝应元年徙于成州盐井故城
【新唐书】43 下/地理志 7 下/1132
【汇编】上 849

马岭县　庆州

【资治通鉴】235/7576

【汇编】上733、734

马岭镇　方渠县

【旧唐书】144/杨朝晟传/39287

【资治通鉴】235/7576

【元氏长庆集】49/制诰/6上

【汇编】上732、733、760

马牧城　吐谷浑

【旧唐书】40/地理志3/1638

【汇编】上615

四画

丰州

【旧唐书】38/地理志1/1416、1417；48/食货志
上/2110

【新唐书】37/地理志1/970、972、976；64/方
镇表/1765、1777；210/田缙传/5935

【元和郡县图志】4/关内道4/16下

【汇编】上651、668、712、729、747、748、
755、812

丰安军　朔方节度使领

【新唐书】64/方镇表/1761

【唐大诏令集】59/授王晙朔方道行军总管制/
315

【汇编】上644、651

丰利山　青海东

【隋书】40/元谐传/1171

【资治通鉴】175/5442

【汇编】上608、609

开元州　静边州都督府

【新唐书】43下/地理志7下/1122

【汇编】上847

开光县　银州

【旧唐书】38/地理志1/1413

【汇编】上666

开州

【旧唐书】57/师立传/2299

【中国藏西夏文献】18/元赠敦武校尉军民万户
府百夫长唐兀公碑铭/157

【汇编】上626

天保军　羁縻府州

【新唐书】42/地理志6/1087

【汇编】上672

天保郡　羁縻府州

【新唐书】42/地理志6/1087

【汇编】上672

天德军

【宋史】491/党项传/14138

【新唐书】64/方镇表1/1777

【唐大诏令集】130/710

【元和郡县图志】4/关内道4/16下

【李卫公会昌一品集】13/条疏太原以北备事宜
状/105；14/条疏边上事宜状/112

【汇编】上20、87、729、747、748、786、787、
819

云山县　保州天保郡

【新唐书】42/地理志6/1088

【汇编】上672

云山郡　奉州，羁縻党项

【新唐书】42/地理志6/1087

【汇编】上672

云中都督府　领州五，有党项部落。属夏州都
督府

【旧唐书】38/地理志1/1414

【汇编】上667

云州

【资治通鉴】232/7475

【李卫公会昌一品集】14/边疏边上事宜/112

【汇编】上718、786

木波堡　朔方

【旧唐书】144/杨朝晟传/3928

【资治通鉴】234/7540；235/7576

【汇编】上728、729、731、733

五原

【旧唐书】144/杜希全传/3923

【白氏长庆集】3/新乐府/42上；54/16上

【元氏长庆集】49/制诰/6上

【汇编】上725、726、745、759

太原

【李卫公会昌一品集】16/请先降使至党项屯集

处状/138

【汇编】上 802

车茹川　鄯州附近

【册府元龟】985/11566 上

【汇编】上 628

牙利　霸州静戎郡

【新唐书】42/地理志 6/1088

【汇编】上 663

中受降城　丰州

【辽史】41/地理志 5/509

【新唐书】37/地理志 1/976；53/食货志/1373；64/方镇表 1/1761、1777

【唐大诏令集】59/授王晙朔方道行军总管制/315

【李卫公会昌一品集】5/32

【韩昌黎集】20 序/36

【汇编】上 644、651、669、729、749、750、783、858

化州　夏州都督府

【旧唐书】38/地理志 1/1413

【汇编】上 666

凤州

【旧唐书】10/肃宗纪/260

【新唐书】221 上/6214

【汇编】上 11、678

凤翔府

【旧唐书】10/肃宗纪/260；11/代宗纪/279；152/马璘传/4065、4066

【新唐书】221 上/6214

【唐大诏令集】130/709、710

【资治通鉴】223/7146；254/8268

【文苑英华】584/为崔邠公谢除凤翔节度使表/3021

【汇编】上 11、13、677、678、684、686、689、694、809、819、839

乌州　安定州都督府

【旧唐书】38/地理志 1/1409

【汇编】上 664

乌延城　夏州

【旧唐书】17 上/敬宗纪/509

【册府元龟】410/4876 上

【汇编】上 767

乌海　吐谷浑

【旧唐书】3/太宗纪下/45

【册府元龟】985/11566 上

【汇编】上 623、628

乌笼州　静边州都督府

【新唐书】43 下/地理志 7 下/1124

【汇编】上 848

牛心堆　唐军破吐谷浑于此

【旧唐书】3/太宗纪下/45

【册府元龟】985/11566 上

【汇编】上 623、628

长州　夏州都督府，唐太宗贞观七年于德静县置

【旧唐书】38/地理志 1/1409、1414、1418

【新唐书】43 下/地理志 7 下/1122

【汇编】上 659、666、848

长武城　高骈守城御党项

【旧唐书】182/高骈传/4703

【汇编】上 831

长泽县　宥州

【旧唐书】38/地理志/1418

【唐会要】70/1247

【汇编】上 762、768

长泽县　唐武宗置三使以统散居西北党项，在盐、夏、长泽者为一使

【旧唐书】198/党项羌传/5293

【新唐书】221 上/6214

【宋史】491/党项传/14138

【汇编】上 6、13、20、666

长泉县　六胡州附近

【旧唐书】8/玄宗纪上/182；97/张说传/3052

【册府元龟】986/11584 上

【汇编】上 647、651

丹州

【新唐书】64/方镇表 1/1778、1791

【汇编】上 659、673

丹岩县　严州

【旧唐书】41/地理志 4/1708

【新唐书】43 下/地理志 7 下/1133

【汇编】上 631、849

丹岭县　芳州

【旧唐书】40/地理志 3/1638

【汇编】上 615

六胡州 灵州大都督府，以降突厥置鲁州、丽
州、含州、塞州、依州、契州
【旧唐书】8/玄宗纪上/182；9/玄宗纪下/210；
38/地理志 1/1415、1418；120/郭子仪传/
3451；148/李吉甫传/3996
【新唐书】50/兵志/1338；146/李吉甫传/4742
【册府元龟】986/11584 上
【资治通鉴】212/6745；232/7475；239/7703
【汇编】上 643、647、649、651、662、665、
717、752、754、767

文州 松州都督府
【旧唐书】41/地理志 4/1699
【汇编】上 671、672

方渠 庆州
【旧唐书】97/张说传/3053；144/杨朝晟传/
3927
【旧五代史】43/唐书/明宗纪/587
【新五代史】6/唐书/明宗纪/63；27/唐臣/药彦
稠传/299
【册府元龟】360/4275 上
【资治通鉴】235/7576
【汇编】上 655、731、733、872、874

方渠镇 邠州
【五代会要】29/353
【汇编】上 18

火井县 邛州
【新唐书】42/地理志 6/1082
【汇编】上 637

尹州 芳池州都督府
【旧唐书】38/地理志 1/1409
【新唐书】43 下/地理志 7 下/1122
【汇编】上 664、848

邓州 河曲六州
【旧唐书】8/玄宗纪上/184；97/张说传/3053
【稽古录】15/39 下
【汇编】上 655、656、657

五画

邛州 武德元年析雅州置

【新唐书】42/地理志 6/1082
【汇编】上 637

邛州 松州下都督府
【旧唐书】41/地理志 4/1699
【汇编】上 671

石州
【旧唐书】198/党项传/5293
【新唐书】221 上/党项传/6217
【资治通鉴】232/7475；235/7585
【汇编】上 6、12、717、734

石陇县 雅州
【旧唐书】41/地理志 4/1707
【汇编】上 630

左封 会州
【新唐书】42/地理志 6/1084
【汇编】上 677

左封 窦珪于此击走党项
【旧唐书】61/窦珪传/2366
【新唐书】42/地理志 1/1087
【汇编】上 614、638

布州 静边州都督府
【新唐书】43 下/地理志 7 下/1123
【汇编】上 847

玉山县 玉州
【旧唐书】41/地理志 4/1710
【新唐书】43 下/地理志 7 下/1124
【汇编】上 633、848

玉州 唐太宗贞观五年置，松州都督府
【旧唐书】41/地理志 4/1699、1710
【新唐书】43 下/地理志 7 下/1124
【汇编】上 633、671、848、850

甘松县 严州
【旧唐书】41/地理志 4/1708
【新唐书】43 下/地理志 7 下/1133
【汇编】上 631、849

可州 松州都督府，唐太宗贞观四年处党项西
羌
【旧唐书】41/地理志 4/1699、1707
【新唐书】43 下/地理志 7 下/1133；221 上/
6215
【汇编】上 10、630、671、849

龙泉川　银州

【旧唐书】38/地理志 1/1413

【汇编】上 666

平凉城　原州

【旧唐书】13/德宗纪下/371、398；152/刘昌传
/4071、4072

【新唐书】170/刘昌传/5174

【汇编】上 723、724

平康县　松州交川郡

【新唐书】42/地理志 6/1086

【汇编】上 690

东受降城　朔方节度使

【新唐书】64/方镇表 1/1761、1771、1777

【汇编】上 651、712、729

东受降城　丰州

【新唐书】37/地理志 1/976

【李卫公会昌一品集】13/条疏太原以北备事宜
状/105；14/条疏边上事宜状/112

【汇编】上 669、783、784、787

东夏州　乐容州都督府

【新唐书】43 下/地理志 7 下/1123

【汇编】上 847

东陵县　麟州

【旧唐书】41/地理志 4/1707

【新唐书】43 下/地理志 7 下/1132

【汇编】上 630、849

归义州　武周天授三年置，在泾、陇。唐代宗
宝应元年内附

【新唐书】43 下/地理志 7 下/1134；221 上/党
项传/6216

【汇编】上 11、850

归仁　宥州

【旧唐书】38/地理志 1/1418

【汇编】上 768

归化县　维州

【新唐书】42/地理志 6/1085

【汇编】上 810

归化县　霸州

【新唐书】42/地理志 6/1088

【汇编】上 663

归化镇　泾原

【册府元龟】410/4785 下

【汇编】上 742

归正县　彭州

【旧唐书】41/地理志 4/1709

【新唐书】43 下/地理志 7 下/1133

【汇编】上 631、849

归州　武周天授二年置，乃唐于内徙至灵、夏
党项部置，后属静边州都督府，隶灵州都督
府

【旧唐书】198/党项羌传/5292

【新唐书】43 下/地理志 7 下/1124、1134；221
上/6216

【汇编】上 5、11、847、850

归远县　彭州

【旧唐书】41/地理志 4/1709

【新唐书】43 下/地理志 7 下/1133

【汇编】上 631、849

归定县　祐州

【旧唐书】41/地理志 4/1710

【新唐书】43 下/地理志 7 下/1124

【汇编】上 633、847

归诚郡　悉州

【新唐书】42/地理志 6/1087

【汇编】上 638

归顺州　武周天授三年置，在泾、陇。唐代宗
宝应元年内附，属静边州都督府，隶灵州都
督府

【旧唐书】198/党项羌传/5292

【新唐书】43 下/地理志 7 下/1124；221 上/
6216

【汇编】上 5、11、847

归顺县　保州天保郡

【新唐书】42/地理志 6/1088

【汇编】上 672

归唐县　肆州

【旧唐书】41/地理志 4/1710

【新唐书】43 下/地理志 7 下/1133

【汇编】上 632、849

归德州　松州都督府，后侨治银州

【新唐书】43 下/地理志 7 下/1134

【汇编】上 850

归德县　诺州
【旧唐书】38/地理志 1/1413；41/地理志 4/
　1708
【汇编】上 631、666

北开州　夏州都督府，唐太宗贞观八年改为化
　州
【旧唐书】38/地理志 1/1414
【汇编】上 666

北夏州　静边州都督府
【新唐书】43 下/地理志 7 下/1123
【汇编】上 847

叶州　安置羌酋昝插部
【新唐书】216 上/吐蕃传上/6078
【汇编】上 641

叶护　党项地西至
【隋书】83/1845
【旧唐书】198/5290
【新唐书】221 上/党项传/6214
【新五代史】74/党项传/912
【五代会要】29/353
【汇编】上 1、3、9、15、17

卢山县　雅州卢山郡
【新唐书】42/地理志 6/1083
【汇编】上 663

卢山郡　雅州
【新唐书】42/地理志 6/1083
【汇编】上 663

目州　松州都督府
【新唐书】43 下/地理志 7 下/1133
【汇编】上 850

仙州　河曲六州
【旧唐书】8/玄宗纪上/184；97/张说传/3053
【汇编】上 655、656

丛州　松州都督府，唐太宗贞观五年党项归附
　置
【旧唐书】41/地理志 4/1699、1706
【新唐书】43 下/地理志 7 下/1132
【汇编】上 630、671、849

白州
【资治通鉴】246/7961
【汇编】上 786

白豆州　松州都督府
【新唐书】43 下/地理志 7 下/1133
【汇编】上 850

白登州　云中都督府
【旧唐书】38/地理志 1/1414
【汇编】上 667

乐川县　叠州都督府
【旧唐书】40/地理志 3/1638
【汇编】上 614

乐容州　松州都督府后内迁，属灵州都督府
【旧唐书】41/地理志 4/1699
【新唐书】43 下/地理志 7 下/1123、1134；221/
　6214
【汇编】上 12、671、847、850

乐容州都督府　吐蕃附近关内道
【新唐书】43 下/地理志 7 下/1123；221 上/
　6214
【汇编】上 12、847

讬州　松州都督府
【新唐书】43 下/地理志 7 下/1133
【汇编】上 850

兰池都督府　唐中宗神龙三年置，后为宥州，
　以安置党项部，先属灵州都督府，后为关内
　道正州
【旧唐书】8/玄宗纪上/182；38/地理志 1/1419；
　93/王晙传/2988；97/张说传/3052
【新唐书】37/地理志 1/974；43 下/地理志 7 下
　/1123
【册府元龟】986/11584 上
【资治通鉴】212/6745
【张说之文集】17/拨川郡王碑奉勒撰/9 上
【汇编】上 647、649、651、652、768、847

宁州　邠宁节度使
【新唐书】64/方镇表 1/1767、1784
【汇编】上 673

宁州　朔方节度使
【旧唐书】38/地理志 1/1409；198/党项羌传/
　5293
【新唐书】64/方镇表 1/1763；221 上/6216、
　6217
【宋史】491/党项传/14138

【册府元龟】167/2014 下

【资治通鉴】247/7993；248/8021

【汇编】上 6、11、13、20、659、664、708、797、800、841、915

宁远县　乾州

【新唐书】42/地理志 6/1088

【汇编】上 708

宁远县　丛州

【旧唐书】41/地理志 4/1707

【新唐书】43 下/地理志 7 下/1132

【汇编】上 630、849

宁定州　武周天授三年置，在泾、陇。宝应元年内附

【旧唐书】198/党项羌传/5292

【新唐书】43 下/地理志 7 下/1134；221 上/6216

【汇编】上 5、11、850

宁保都督府　唐代宗永泰元年以内徙党项置。属灵州都督府

【新唐书】43 下/地理志 7 下/1123

【汇编】上 847

宁朔县　夏州

【旧唐书】38/地理志 1/1413、1414

【汇编】上 666

宁朔郡　灵州大都督府

【旧唐书】38/地理志 1/1418

【汇编】上 768

宁静州　芳池州都督府

【新唐书】43 下/地理志 7 下/1124

【汇编】上 848

永丰县　丰州九原郡

【新唐书】37/地理志 1/972

【汇编】上 669

永平都督府　唐代宗永泰元年以内徙党项置。属灵州都督府

【新唐书】43 下/地理志 7 下/1123；221 上/6217

【汇编】上 12、847

永州　河西党项

【旧唐书】11/代宗纪/278

【汇编】上 694

永利州　安化州都督府

【旧唐书】38/地理志 1/1409

【汇编】上 664

永和州　安化州都督府

【新唐书】43 下/地理志 7 下/1124

【汇编】上 848

永定州　属陇右河西。唐代宗永泰元年又内附

【新唐书】43 下/地理志 7 下/1134

【汇编】上 850

永慈县　奉州

【旧唐书】41/地理志 4/1708

【新唐书】43 下/地理志 7 下/1133

【汇编】上 631、849

台州　松州都督府，本西沧州，唐太宗贞观元年处党项置，八年改

【旧唐书】41/地理志 4/1699

【新唐书】43 下/地理志 7 下/1134

【汇编】上 671、850

六画

吉当县　懿州

【旧唐书】41/地理志 4/1706

【汇编】上 629

西山　乾州

【旧唐书】117/崔宁传/3398、3399

【新唐书】42/地理志 6/1088

【汇编】上 69、708

西义州　唐太宗贞观四年置，八年改为可州，隶松州都督府

【旧唐书】41/地理志 4/1707

【汇编】上 630

西仁州　唐太宗贞观三年置

【旧唐书】41/地理志 4/1708

【汇编】上 631

西平郡

【中国藏西夏文献】18/唐静边州都督拓跋守寂墓志铭并盖/24

西归州　静边州都督府

【新唐书】43 下/地理志 7 下/1124

【汇编】上 847

西戎州　唐太宗贞观五年以拓拔赤辞降置，属松州都督府。内迁后属宜定州都督府，隶庆州都督府

【旧唐书】38/地理志 1/1409

【新唐书】43 下/地理志 7 下/1124、1134

【汇编】上 664、848、850

西吉州　松州都督府，唐太宗贞观五年置

【旧唐书】41/地理志 4/1706

【汇编】上 629

西沧州　唐太宗贞观六年置，八年更名台州，后复故名。隶庆州都督府

【旧唐书】41/地理志 4/1710

【新唐书】43 下/地理志 7 下/1134

【汇编】上 633、850

西使县　位州

【旧唐书】41/地理志 4/1710

【新唐书】43 下/地理志 7 下/1124

【汇编】上 632、848

西金州　松州都督府，唐太宗贞观五年置

【旧唐书】41/地理志 4/1708

【汇编】上 631

西受降城　朔方节度使领

【新唐书】37/地理志 1/976；64/方镇表 1/1761、1771、1777

【汇编】上 651、669、712、729

西盐州　松州都督府，唐太宗贞观四年置

【旧唐书】41/地理志 4/1710

【汇编】上 632

西唐州　松州都督府，唐太宗贞观四年置

【旧唐书】41/地理志 4/1709

【汇编】上 632

西雅州　松州都督府，唐太宗贞观五年置

【旧唐书】41/地理志 4/1707

【汇编】上 630

西集州　松州都督府，唐太宗贞观五年置

【旧唐书】41/地理志 4/1709

【汇编】上 632

西麟州　松州都督府，唐太宗贞观五年置

【旧唐书】41/地理志 4/1707

【汇编】上 629

达违州　松州都督府

【旧唐书】41/地理志 4/1699；43 下/地理志 7 下/1133

【新唐书】43 下/地理志 7 下/1133

【汇编】上 671、850

成州　松州都督府

【旧唐书】41/地理志 4/1699

【汇编】上 671

成州

【旧唐书】11/代宗纪/273

【资治通鉴】223/7146

【汇编】上 681、686、689

百丈县　雅州卢山郡

【新唐书】42/地理志 6/1083

【汇编】上 663

执州　松州都督府

【新唐书】43 下/地理志 7 下/1132

【汇编】上 850

轨州　唐太宗贞观二年以党项细封步赖部置，属松州都督府

【旧唐书】41/地理志 4/1699、1709；198/党项羌传/5291

【新唐书】43 下/地理志 7 下/1133；221 上/党项传/6215

【资治通鉴】193/6068

【汇编】上 4、10、619、632、671、849

匡州　灵州大都督府

【旧唐书】38/地理志 1/1419

【新唐书】64/方镇表 1/1763

【汇编】上 659、767、768

至凉州　松州都督府

【旧唐书】41/地理志 4/1699

【新唐书】43 下/地理志 7 下/1132、1133

【汇编】上 671、850

当州　松州都督府

【旧唐书】41/地理志 4/1699

【新唐书】42/地理志 6/1086、1087

【全唐文】285/张九龄文/8 下、9 上；287/张九龄文/8 下

【汇编】上 636、638、660、661、671、672、690

光州　松州都督府

【旧唐书】41/地理志 4/1699；43 下/地理志 7 下/1132

【汇编】上 671、850

同州　党项来寇

【旧唐书】11/代宗纪/279、280；120/郭子仪传 /3461

【新唐书】221 上/党项传/6216

【汇编】上 11、694、695、696

同官　党项来寇

【新唐书】221 上/党项传/6216

【资治通鉴】221/7100；222/7126

【汇编】上 11、676、680

同昌郡

【旧唐书】40/地理志 3/1638、1699

【汇编】上 615、671

曲岭　轨州都督府

【旧唐书】41/地理志 4/1709

【汇编】上 632

华原　奉天附近

【新唐书】221 上/6216

【资治通鉴】222/7126

【汇编】上 11、680

延州

【旧唐书】144/杜希全传/3923；179/张濬传/ 4659；198/党项羌传/5293

【新唐书】64/方镇表/1763、1767、1769、1770、 1773；221 上/党项传/6216

【旧五代史】82/晋书/少帝纪/1082

【全唐文】646/李绛文/8 下

【资治通鉴】247/7993；274/8964；283/9253

【汇编】上 6、12、13、659、673、726、747、 797、841、863、897

延恩县　宥州

【旧唐书】15/宪宗纪下/449；38/地理志 1/ 1418；148/李吉甫传/3996

【唐大诏令集】99/500

【汇编】上 751、752、768

延避州　松州都督府

【新唐书】43 下/地理志 7 下/1133

【汇编】上 850

行庆州

【新唐书】221 上/党项传/6217

【汇编】上 12

行原州

【新唐书】170/郝玼传/5181

【汇编】上 742

行凉州

【旧唐书】152/郝玼传/4078

【汇编】上 741

兆州　松州都督府

【新唐书】43 下/地理志 7 下/1133

【汇编】上 850

邠宁

【旧唐书】151/范希朝传/4058

【新唐书】8/宣宗纪/248、249；173/裴识传/ 5219

【新五代史】74/党项传/912

【唐大诏令集】130/709、710

【资治通鉴】221/7090；247/7993；254/8268

【稽古录】15/51 上

【汇编】上 15、674、722、797、809、811、 813、817、819、827、831、839

邠州

【旧唐书】11/代宗纪/276、278；120/郭子仪传 /3459、3468；121/仆固怀恩传/3488；179/ 张濬传/4658；195/回纥传/5205；196 上/吐 蕃传上/5237、5239；198/党项羌传/5293

【新唐书】64/方镇表 1/1767、1769；221 上/西 域上/6217

【旧五代史】138/党项传/1845

【新五代史】74/党项传/912

【宋史】491/党项传/14138

【册府元龟】987/11596 下

【资治通鉴】221/9076；223/7146；247/7993； 248/8021；249/8045、8056

【文苑英华】800/郑处梅·邠州节度使听记/ 4231

【汇编】上 6、11、13、15、20、673、675、 685、686、687、691、692、693、694、695、 700、708、797、800、814、825、830、841、 911

会州　党项来寇

【隋书】83/党项传/1846

【新唐书】42/地理志 6/1086、1087；64/方镇表
　　1/1763、1777

【资治通鉴】178/5550；23/7146

【汇编】上 2、611、659、689、690

合川县　叠州

【旧唐书】40/地理志 3/1638

【资治通鉴】191/5993

【汇编】上 614、615、618

合川郡　叠州下都督府

【旧唐书】40/地理志 3/1638

【汇编】上 615

合河关

【旧唐书】97/张说传/3052

【汇编】上 647

合道　吐蕃要道

【旧唐书】144/杨朝晟传/3928

【资治通鉴】235/7576

【汇编】上 731、733

名山县　雅州卢山郡

【新唐书】42/地理志 6/1083

【汇编】上 663

旭州　安化州都督府

【隋书】83/党项传/1846

【旧唐书】38/地理志 1/1409

【新唐书】43 下/地理志 7 下/1124

【汇编】上 2、664、848

旭定都督府　唐代宗永泰元年以内徙党项置，
　　属灵州都督府

【新唐书】43 下/地理志 7 下/1123

【汇编】上 847

齐帝州　松州都督府

【新唐书】43 下/地理志 7 下/1133

【汇编】上 850

交川县　松州交川郡

【新唐书】42/地理志 6/1086

【汇编】上 690

交川郡　松州

【旧唐书】41/地理志 4/1699、1700

【新唐书】42/地理志 6/1086

【汇编】上 671、690

交成城　和川县

【旧唐书】40/地理志 3/1638

【汇编】上 615

庆州

【旧唐书】38/地理志 1/1407、1408、1409；97/
　　张说传/3053；144/杜希金传/3923；193/邓
　　神佐女传/5152；198/党项羌传/5292、5293

【新唐书】64/方镇表 1/1763、1767、1769；216
　　下/吐蕃传下/6092、6098、6099；221 上/党
　　项传/6215、6217

【旧五代史】138/党项传/1845

【新五代史】74/党项传/912

【宋史】491/党项传/14141、14142

【五代会要】29/353

【册府元龟】560/6732 上

【唐大诏令集】128/690

【资治通鉴】235/7585；247/7993；288/9391

【元氏长庆集】49/制诰/6 上

【汇编】上 5、6、10、12、15、17、20、655、
　　657、659、662、664、708、711、726、734、
　　759、797、826、904

庆州都督府　隶党项羁縻州

【新唐书】43 下/地理志 7 下/1124

【汇编】上 848

忱州　松州都督府

【新唐书】43 下/地理志 7 下/1133

【汇编】上 850

江源县　嵫州

【旧唐书】41/地理志 4/1706

【新唐书】43 下/地理志 7 下/1132

【汇编】上 629、849

江源郡　当州

【新唐书】42/地理志 6/1086

【汇编】上 636

汝州　河曲六州

【旧唐书】8/玄宗纪上/184；97/张说传/3053

【汇编】上 655

关内

【唐大诏令集】128/689、690

【汇编】上 646、662

安仁县　邛州临邛郡

【新唐书】42/地理志 6/1082

【汇编】上 637

安化县　叠州都督府
【旧唐书】40/地理志 3/1638
【汇编】上 614

安化州都督府　领州七，寄治庆州怀安界
【旧唐书】38/地理志 1/1409、1415
【新唐书】43 下/地理志 7 下/1122、1124
【汇编】上 664、848

安乐州　原州
【新唐书】64/方镇表 1/1763
【汇编】上 659

安定州都督府　后改为宜定州都督。寄治庆
　州怀安界
【旧唐书】38/地理志 1/1409
【汇编】上 664

安居县　保州天保郡
【新唐书】42/地理志 6/1088
【汇编】上 672

安信县　霸州静戎郡
【新唐书】42/地理志 6/1090
【汇编】上 663

米州　宜定州都督府
【旧唐书】38/地理志 1/1409
【新唐书】43 下/地理志 7 下/1124
【汇编】上 664、848

许州　河曲六州
【旧唐书】8/玄宗纪上/184；97/张说传/3053
【稽古录】15/39 下
【汇编】上 655、657

那川县　松州都督府蛾州
【旧唐书】41/地理志 4/1709
【汇编】上 631

那吉州　呼延州都督府
【旧唐书】38/地理志 1/1414
【汇编】上 667

阴河城　夏州
【旧唐书】17 上/敬宗纪/509
【册府元龟】410/4876 上
【汇编】上 767

如州　松州都督府
【旧唐书】41/地理志 4/1699

【新唐书】43 下/地理志 7 下/1132
【汇编】上 671、850

好畤县　党项来寇
【资治通鉴】222/7113
【汇编】上 678

纪州　松州都督府
【新唐书】43 下/地理志 7 下/1133
【汇编】上 850

七画

远州　唐太宗贞观四年置，松州都督府
【旧唐书】41/地理志 4/1699、1708；198/党项
　羌传/5291
【新唐书】43 下/地理志 7 下/1133；221 上/党
　项传/6214
【资治通鉴】193/606
【汇编】上 4、10、619、630、671、849

坊州　吐蕃寇坊州，掠党项羊马而去
【旧唐书】11/代宗纪/312；196 下/吐蕃传下/
　5245
【新唐书】64/方镇表 1/1763、1767
【汇编】上 659、673、711

丽州　宥州
【旧唐书】38/地理志 1/1418
【新唐书】64/方镇表 1/1761
【汇编】上 656、767

志德州　松州都督府
【新唐书】43 下/地理志 7 下/1133
【汇编】上 850

芳丛县　轨州都督府下肆州
【旧唐书】41/地理志 4/1710
【新唐书】43 下/地理志 7 下/1133
【汇编】上 849、632

芳州　武德元年置
【旧唐书】11/代宗纪/278；40/地理志 3/1638
【资治通鉴】190/5966
【汇编】上 615、616、694

芳池州都督府　皆内徙党项野利部。寄治庆州
　怀安界，后隶灵州都督府
【旧唐书】38/地理志 1/1409

【新唐书】43 下/地理志 7 下/1124；221 上/党
项传/6217

【汇编】上 12、664、847、848

赤山岭　泾州灵台县西五十里

【旧唐书】195/回纥传/5206

【汇编】上 700

赤水　黑党项居于其西

【旧唐书】198/党项羌传/5292

【新唐书】221 上/党项传/6215

【册府元龟】985/11566 上

【汇编】上 5、10、628

严州　松州都督府

【旧唐书】41/地理志 4/1699、1708；198/党项
羌传/5291

【新唐书】43 下/地理志 7 下/1133；221 上/党
项传/6215

【资治通鉴】193/6068

【汇编】上 4、10、619、631、671、849

严道县　雅州卢山郡

【新唐书】42/地理志 6/1083

【汇编】上 663

还州　宜定州都督府

【旧唐书】38/地理志 1/1409

【新唐书】43 下/地理志 7 下/1124

【汇编】上 664、848

扶州　松州都督府

【旧唐书】41/地理志 4/1699

【新唐书】42/地理志 6/1086

【汇编】上 671、672、690

抚宁县　银州

【旧唐书】38/地理志 1/1413

【汇编】上 666

连谷县　旧属胜州，唐玄宗天宝元年属麟州

【旧唐书】38/地理志 1/1419；97/张说传/3052

【新唐书】37/地理志 1/975

【资治通鉴】212/6745

【汇编】上 647、650、669、670

求易州　松州都督府

【新唐书】43 下/地理志 7 下/1133

【汇编】上 850

吴州　武周天授二年置，乃唐于内徙至灵、夏

等州党项部置，后属静边州都督府，隶灵州
都督府

【旧唐书】198/党项羌传/5292

【新唐书】43 下/地理志 7 下/1122、1124；221
上/党项传/6216

【汇编】上 5、11、847、848、850

利和县　当州江源郡

【新唐书】42/地理志 6/1086

【汇编】上 636

利恭县　麟州

【旧唐书】41/地理志 4/1707

【新唐书】43 下/地理志 7 下/1133

【汇编】上 630、849

位丰县　位州

【旧唐书】41/地理志 4/1710

【新唐书】43 下/地理志 7 下/1124

【汇编】上 632、848

位州　唐太宗贞观四年置，原名西盐州，八年
更名，松州都督府

【旧唐书】38/地理志 1/1409；41/地理志 4/
1699、1710

【新唐书】43 下/地理志 7 下/1124、1133

【汇编】上 632、664、671、848、850

谷邛州　松州都督府

【新唐书】43 下/地理志 7 下/1133

【汇编】上 850

谷和县　当州江源郡

【新唐书】42/地理志 6/1086

【汇编】上 636

狄道　金城郡

【隋书】3/炀帝纪上/73

【汇编】上 611

库山　鄯州附近

【旧唐书】69/侯君集传/2510

【册府元龟】985/11566 上

【汇编】上 627、628

序州　唐太宗贞观十年置，属松州都督府

【旧唐书】40/地理志 3/1638；41/地理志 4/
1699、1711

【新唐书】43 下/地理志 7 下/1133

【汇编】上 615、633、671、849

八画

青石岭

【新唐书】170/刘昌传/5174

【册府元龟】410/4785 下

【汇编】上 724、742

青海

【隋书】40/元谐传/1171

【旧唐书】198/吐谷浑传/5297、5298

【册府元龟】985/11566 上

【汇编】上 608、623、628

武功县　党项来寇

【旧唐书】11/代宗纪/273；120/郭子仪传/3455

【资治通鉴】223/7146

【汇编】上 681、682、687

奉天县　京兆府

【旧唐书】10/肃宗纪/262；11/代宗纪/273、276、278；114/周智光传/3369；120/郭子仪传/3455、3461；121/仆固怀恩传/3488；195/回纥传/5205；196 上/吐蕃传上/5237、5239

【新唐书】221 上/党项传/6216

【资治通鉴】223/7146

【汇编】上 11、679、681、682、685、687、691、693、694、695、696

奉州　唐太宗贞观三年置，原名西仁州，八年更名，松州都督府

【旧唐书】41/地理志 4/1699、1708；198/党项羌传/5291

【新唐书】42/地理志 6/1087；43 下/地理志 7 下/1132；221 上/党项传/6215

【资治通鉴】193/6068

【汇编】上 4、10、619、631、671、672、849

奉德县　奉州

【旧唐书】41/地理志 4/1708

【新唐书】43 下/地理志 7 下/1133

【汇编】上 631、849

林州　芳池州都督府

【旧唐书】38/地理志 1/1409

【新唐书】43 下/地理志 7 下/1124

【汇编】上 664、848

松州　领党项羁縻州

【旧唐书】41/地理志 4/1699；60/道彦传/2342；61/窦轨传/2365；96 上/吐蕃传上/5221、5224；198/党项羌传/5290

【新唐书】2/太宗纪/37、38；16/吐蕃传上/6078；42/地理志 6/6083；221 上/党项传/6214、6215

【新五代史】74/党项传/912

【五代会要】29/353

【资治通鉴】190/5966、5983；191/5988；195/6139

【汇编】上 3、9、10、15、17、614、616、618、623、625、635、636、671、672、690

松州都督府

【旧唐书】41/地理志 4/1699、1706、1711

【新唐书】43 下/地理志 7 下/1134

【汇编】上 629、633、671、850

直州　唐太宗贞观五年置，原名西集州，八年更名，松州都督府

【旧唐书】41/地理志 4/1699、1709

【新唐书】43 下/地理志 7 下/1132

【汇编】上 632、671、849

茂州　地接党项

【旧唐书】41/地理志 4/1699；196 上/吐蕃传上/5224

【新唐书】216/吐蕃传上/6077

【汇编】上 640、672

苗州　松州都督府

【新唐书】43 下/地理志 7 下/1133

【汇编】上 850

拔揭州　松州都督府

【新唐书】43 下/地理志 7 下/1133

【汇编】上 850

招武县　乾州

【新唐书】42/地理志 6/1088

【汇编】上 708

呼延州都督府　领州三：贺鲁、那吉、跌跌。有党项部落，寄在朔方县界。内徙后属夏州都督府

【旧唐书】38/地理志 1/1414

【汇编】上 667

岷州

【隋书】53/杨武通传/1359

【旧唐书】11/代宗纪/273；40/地理志 3/1636、1638；41/地理志 4/1706；58/马三宝传/2316

【新唐书】216 下/吐蕃传下/6092；221 上/高昌
　　传/6225

【资治通鉴】190/5966；191/6000；223/7146

【汇编】上 612、615、616、617、619、629、
　　671、681、686

明桑州　松州都督府

【新唐书】43 下/地理志 7 下/1133

【汇编】上 850

岩州　唐太宗贞观五年置，原名西金州，八年
　　更名，松州都督府

【新唐书】43 下/地理志 7 下/1130

岩绿县　夏州

【旧唐书】38/地理志 1/1413

【汇编】上 666

昌塞州　静边州都督府

【新唐书】43 下/地理志 7 下/1124

【汇编】上 847

忠顺都督府　唐代宗永泰元年以内徙党项置。
　　属灵州都督府

【新唐书】43 下/地理志 7 下/1123

【汇编】上 847

罗云州　武周天授三年置，在泾、陇。唐代宗
　　宝应元年内附

【旧唐书】198/党项羌传/5292

【新唐书】43 下/地理志 7 下/1134、221 上/党
　　项传/6216

【汇编】上 5、11、850

罗水县　松州都督府下远州

【旧唐书】41/地理志 4/1708

【新唐书】43 下/地理志 7 下/1133

【汇编】上 630、849

和义州　武周天授三年置，在泾、陇。唐代宗
　　宝应元年内附

【新唐书】43 下/地理志 7 下/1133；221 上/党
　　项传/6216

【汇编】上 11、850

和宁州　武周天授三年置，在泾、陇。唐代宗
　　宝应元年内附

【新唐书】43 下/地理志 7 下/1133、221 上/党
　　项传/6216

【汇编】上 11、850

和同县　叠州都督府

【旧唐书】40/地理志 3/1638

【汇编】上 614

和昔州　松州都督府

【新唐书】43 下/地理志 7 下/1133

【汇编】上 850

和集县　恭州恭化郡

【新唐书】42/地理志 6/1087

【汇编】上 661

和善县　麟州

【旧唐书】41/地理志 4/1707

【新唐书】43 下/地理志 7 下/1133

【汇编】上 630、849

依政县　邛州临邛郡

【新唐书】42/地理志 6/1082

【汇编】上 637

卑州　松州都督府

【旧唐书】41/地理志 4/1699

【新唐书】43 下/地理志 7 下/1124

【汇编】上 671、847

质州　松州都督府

【新唐书】43 下/地理志 7 下/1133

【汇编】上 850

舍利州　云中都督府

【旧唐书】38/地理志 1/1414

【汇编】上 667

金川县　维州维川县

【新唐书】42/地理志 6/1085

【汇编】上 810

金池县　松州都督府下岩州

【旧唐书】41/地理志 4/1708

【新唐书】43 下/地理志 7 下/1133

【汇编】上 631、849

金原县　轨州都督府

【旧唐书】41/地理志 4/1709

【新唐书】43 下/地理志 7 下/1133

【汇编】上 632、849

府州

【宋史】447/徐徽言传/13192

【旧五代史】138/党项传/1845

【新五代史】74/党项传/912

【汇编】上 15、218

府谷县

【中国考古学会第一次年会论文集】折继闵神道碑/455

【汇编】上 187

河西

【旧唐书】144/杜希全传/3923；147/杜佑传/3979；161/刘沔传/4233、4234；161/石雄传/4235；198/党项羌传/5230

【新唐书】8/宣纪/247；50/兵志/1339；221 上/党项传/6217

【旧五代史】138/吐蕃传/1839、党项羌传/1845

【新五代史】74/党项传/912

【册府元龟】170/2059 上；956/11241 上；994/11676 下

【全唐文】22/元宗文 3/9 下

【唐大诏令集】128/689

【资治通鉴】223/7146；234/7540；235/7585；246/7961；78/9082；279/9122

【元氏长庆集】49/制诰/刘颇河中府河西县令/2 下

【李卫公会昌一品集】14/请发陈许襄阳等兵状/112

【汇编】上 6、12、15、646、658、686、726、729、735、736、766、771、772、773、775、786、803、860、881、884、887、888

河曲

【旧唐书】8/玄宗纪上/184；97/张说传/3053；120/郭子仪传/3450

【新唐书】156/戴休颜传/4899；222/南蛮上南诏传上/6278

【册府元龟】977/11480 上；992/11653 上；996/11697 上

【唐大诏令集】128/690

【资治通鉴】214/6832；232/7475

【张说之文集】17/拨川郡王碑奉勒撰/9 上

【李卫公会昌一品集】14/请发陈许襄阳等兵状/111；16/论盐州屯集党项传/138

【汇编】上 620、649、653、655、662、665、712、717、735、787、800、802

河州　松州都督府

【旧唐书】41/地理志 4/1699

【新唐书】43 下/地理志 7 下/1133

【汇编】上 671、850

河州　党项来寇

【旧唐书】120/郭子仪传/3464

【新唐书】1/高祖纪/16

【资治通鉴】191/6003

【汇编】上 616、619、708

河南　六州胡所居之河南朔方

【旧唐书】8/玄宗纪上/184；97/张说传/3053

【汇编】上 655、656

河唐县　松州都督府下盍州

【旧唐书】41/地理志 4/1709

【汇编】上 632

泾州

【旧唐书】11/代宗纪/273；14/宪宗纪上/424；120/郭子仪传/3455；121/仆固怀恩传/3488；152/马璘传/4066；161/李光颜传/4221；196 上/吐蕃传上/5237；198/党项羌传/5292

【新唐书】6/肃宗纪/163；64/方镇表 1/1763、1767、1769；171/李光颜传/5186；221 上/党项传/6216

【册府元龟】999/11728 下

【唐大诏令集】130/710

【资治通鉴】223/7146

【稽古录】15/48 上

【汇编】上 5、11、659、673、675、681、682、685、686、693、707、708、741、760、761、763、819、909

宝州　松州都督府

【新唐书】43 下/地理志 7 下/1133

【汇编】上 850

宝州　芳池州都督府

【旧唐书】38/地理志 1/1409

【新唐书】43 下/地理志 7 下/1124

【汇编】上 664、848

宝鸡　党项来寇

【旧唐书】10/肃宗纪/260

【新唐书】221 上/党项羌传/6216

【资治通鉴】222/7113

【汇编】上 11、678

宝剑州　松州都督府

【新唐书】43 下/地理志 7 下/1133

【汇编】上 850

定州 河西党项部落

【旧唐书】11/代宗纪/278

【汇编】上 694

定远军 朔方节度使

【新唐书】64/方镇表/761

【唐大诏令集】59/315

【汇编】上 644、651

定廉县 维州维川县

【新唐书】42/地理志 6/1087

【汇编】上 672、810

宕州 叠州都督府

【旧唐书】40/地理志 3/1638；133/李晟传/3661

【汇编】上 615、684

宜州

【旧唐书】11/代宗纪/278

【汇编】上 694

宜芳州 属陇右。唐代宗永泰元年又内附

【新唐书】43 下/地理志 7 下/1133

【汇编】上 850

宜定州都督府 本安定，后改名。有野利、拓
拔部。寄治庆州怀安界

【新唐书】43 下/地理志 7 下/1124

【汇编】上 848

肃远山 击破拓跋赤辞于肃远山

【旧唐书】198/党项羌传/5291

【新唐书】221 上/党项传/6215

【汇编】上 5、10

始目州 松州都督府

【新唐书】43 下/地理志 7 下/1133

【汇编】上 850

经略军

【旧唐书】15/宪宗纪下/449；38/地理志 1/
1418；148/李吉甫传/3996

【唐大诏令集】99/500

【资治通鉴】239/7703

【汇编】上 751、752、754、768

经略故城

【旧唐书】148/李吉甫传/3996

【汇编】上 748、752

九画

契州 灵州大都督府

【旧唐书】38/地理志 1/1418

【新唐书】64/方镇表 1/1761

【汇编】上 656、767

枯川县 松州都督府下盍州

【旧唐书】41/地理志 4/1709

【汇编】上 632

柘州 吐蕃与诸杂羌戎寇陷

【旧唐书】117/崔宁传/3398

【汇编】上 693

柘州 松州交川郡

【新唐书】42/地理志 6/1086

【汇编】上 690

柘州 松州都督府

【旧唐书】41/地理志 4/1699

【汇编】上 671、672

柘州 松州都督府

【旧唐书】38/地理志 1/1413；41/地理志 4/
1699

【新唐书】42/地理志 6/1087

【全唐文】285/张九龄文/9 上

【汇编】上 637、660、666、671、672

柘刚州 松州都督府

【新唐书】43 下/地理志 7 下/1133

【汇编】上 850

柘县 拓州彭山郡

【新唐书】42/地理志 6/1087

【汇编】上 637

柘钟州 松州都督府

【新唐书】43 下/地理志 7 下/1133

【汇编】上 850

相兴都督府 羁縻党项府

【新唐书】43 下/地理志 7 下/1123

【汇编】上 847

故经略军

【李卫公会昌一品集】14/条疏边上事宜状/112

【汇编】上 787

南和州 静州静川郡

【新唐书】42/地理志 6/1087

【汇编】上 641

带河县　松州都督府
【旧唐书】41/地理志 4/1710
【新唐书】43 下/地理志 7 下/1122
【汇编】上 633、848

荣经县　雅州卢山郡
【新唐书】42/地理志 6/1084
【汇编】上 663

研州　松州都督府
【旧唐书】41/地理志 4/1699
【新唐书】43 下/地理志 7 下/1133
【汇编】上 671、850

威州　安化州都督府领
【旧唐书】38/地理志 1/1409
【新唐书】43 下/地理志 7 下/1124
【汇编】上 664、848

威州　朔方节度领，古鸣沙地
【新唐书】64/方镇表 1/1785
【资治通鉴】285/9303；291/9485
【汇编】上 830、901、910

拱州　松州都督府
【旧唐书】41/地理志 4/1699
【汇编】上 671

临邛郡　邛州
【新唐书】42/地理志 6/1082、1083
【汇编】上 663、637

临州都督府
【新唐书】43 下/地理志 7 下/1132
【汇编】上 849

临河县　羁縻丛州领
【旧唐书】41/地理志四/1707
【新唐书】43 下/地理志 7 下/1132
【汇编】上 630、849

临泉县　羁縻丛州领
【旧唐书】41/地理志 4/1707
【新唐书】43 下/地理志 7 下/1132
【汇编】上 630、849

临洮　党项东接临洮
【隋书】83/党项传/1845
【旧唐书】61/窦轨传/2366
【汇编】上 1、614

临洮郡
【旧唐书】40/地理志 3/1636、1638
【汇编】上 614、671

临津县　羁縻彭州领
【旧唐书】41/地理志 4/1709
【新唐书】43 下/地理志 7 下/1133
【汇编】上 631、849

临溪县　邛州临邛县
【新唐书】42/地理志 6/1082
【汇编】上 637

临塞城　夏州
【旧唐书】17 上/敬宗纪/509
【册府元龟】410/4876 上
【汇编】上 767

临潭县　临州领
【旧唐书】40/地理志 3/1636
【汇编】上 671

临翼郡　翼州
【新唐书】42/地理志 6/1084、1088
【汇编】上 663、677

昭远县　贞州昭德郡
【新唐书】42/地理志 6/1088
【汇编】上 664

昭德县　贞州昭德郡
【新唐书】42/地理志 6/1088
【汇编】上 664

昭德郡　党项羁縻州郡
【新唐书】42/地理志 6/1088
【汇编】上 663

毗州　松州都督府
【旧唐书】41/地理志 4/1699
【新唐书】43 下/地理志 7 下/1133
【汇编】上 671、850

显川县　松州都督府下嶂州
【旧唐书】41/地理志 4/1710
【新唐书】43 下/地理志 7 下/1124
【汇编】上 633、847

显平县　松州都督府下嶂州
【旧唐书】41/地理志 4/1710
【新唐书】43 下/地理志 7 下/1124
【汇编】上 633、847

思义州　静边州都督府
【新唐书】43 下/地理志 7 下/1124
【汇编】上 847

思乐州　静边州都督府
【新唐书】43 下/地理志 7 下/1124
【汇编】上 847

思安县　松州都督府下奉州
【旧唐书】41/地理志 4/1708
【汇编】上 631

思帝州　松州都督府
【旧唐书】41/地理志 4/1699
【新唐书】43 下/地理志 7 下/1133
【汇编】上 671

思璧州　云中都督府
【旧唐书】38/地理志 1/1413
【新唐书】43 下/地理志 7 下/1120
【汇编】上 667

迴乐州　静边州都督府
【新唐书】43 下/地理志 7 下/1124
【汇编】上 848

种州　芳池州都督府
【新唐书】43 下/地理志 7 下/1124
【汇编】上 848

保宁县　霸州静戎郡
【新唐书】42/地理志 6/1088
【汇编】上 663

保州　松州交川郡领
【新唐书】42/地理志 6/1087
【汇编】上 690、672

保善州　武周天授三年置，在泾、陇。宝应元年内附
【旧唐书】198/党项羌传 5292
【新唐书】43 下/地理志 7 下/1133、221 上/党项传/6216
【汇编】上 5、11、850

保塞州　临州都督府
【新唐书】43 下/地理志 7 下/1132
【汇编】上 849

俄彻县　轨州都督府领
【旧唐书】41/地理志 4/1709
【新唐书】43 下/地理志 7 下/1133

【汇编】上 632、849

顺化州　武周天授三年置，在泾、陇。唐代宗宝应元年又内附
【新唐书】43 下/地理志 7 下/1134；221 上/6216
【汇编】上 11、850

剑州　松州都督府
【旧唐书】41/地理志 4/1699
【汇编】上 671

剑南道
【旧唐书】41/地理志 4/1699、1700、1703、1706
【汇编】上 671、672

胜州　盐夏邠宁延麟胜庆等州皆有党项，诸镇分领之
【旧唐书】38/地理志 1/1419；198/党项羌传/5290
【新唐书】37/地理志 1/975；64/方镇表 1/1766；221/党项传/6217
【宋史】491/党项传/14138
【资治通鉴】247/7993；284/9283
【汇编】上 6、13、20、669、670、672、797、899

酉和州　松州都督府
【新唐书】43 下/地理志 7 下/1133
【汇编】上 850

恒香县　芳州
【旧唐书】40/地理志 3/1638
【汇编】上 615

恤于真山　追破丑氏至此
【旧唐书】57/师立传/2299
【汇编】上 626

恤州　松州都督府，内迁后属静边州都督府，隶庆州都督府
【新唐书】43 下/地理志 7 下/1124、1134
【汇编】上 848、850

洪川县　羁縻彭州领
【旧唐书】41/地理志 4/1706
【新唐书】43 下/地理志 7 下/1133
【汇编】上 63、849

洪州　松州都督府

【旧唐书】41/地理志 4/1709

【新唐书】43 下/地理志 7 下/1133

【汇编】上 631

洪和城　临州都督府

【旧唐书】40/地理志 3/1636

【汇编】上 671

洮州　临州都督府，领党项部落

【旧唐书】40/地理志 3/1636、1638

【新唐书】43 下/地理志 7 下/1132

【汇编】上 615、671、849

洮阳城　临州都督府

【旧唐书】40/地理志 3/1636

【汇编】上 671

津州　松州都督府

【新唐书】43 下/地理志 7 下/1133

【汇编】上 850

津州　叠州都督府

【旧唐书】40/地理志 3/1638

【汇编】上 615

洛平县　松州都督府下嶂州

【旧唐书】41/地理志 4/1710

【新唐书】43 下/地理志 7 下/1124

【汇编】上 633、847

洛稽县　岷州

【旧唐书】41/地理志 4/1706

【汇编】上 629

宥州

【旧唐书】9/玄宗纪下/210；15/宪宗纪下/449；
　17 上/敬宗纪/509；38/地理志 1/1418；148/
　李吉甫传/3996；198/党项羌传/5290

【新唐书】64/方镇表 1/1763；146/李吉甫传/
　4739、4742；210/田绪传/5935；221 上/党项
　羌/6217、6218

【宋史】485/夏国传上/13982

【蒙兀儿史记】154/34 下

【东都事略】127、128/附录 5、6

【册府元龟】410/4876 上

【唐大诏令集】99/500

【唐会要】70/1247

【资治通鉴】214/6832；239/7703

【汇编】上 6、12、13、49、100、577、659、

　662、751、752、753、754、755、762、767

美原　党项来寇

【资治通鉴】221/7100

【汇编】上 676

祐州　唐太宗贞观四年置，属松州都督府

【旧唐书】41/地理志 4/1699、1710

【新唐书】43 下/地理志 7 下/1124、1134

【汇编】上 633、671、847、850

祝州　松州都督府

【新唐书】43 下/地理 7 下/1133

【汇编】上 850

贺鲁州　呼延州都督府

【旧唐书】38/地理志 1/1413

【新唐书】43 下/地理志 7 下/1120

【汇编】上 667

骆驼堰　张说追击羌胡至此

【旧唐书】97/张说传/3052

【资治通鉴】212/6745

【汇编】上 647、650

统州　松州都督府

【旧唐书】41/地理志 4/1699

【新唐书】43 下/地理志 7 下/1133

【汇编】上 671、850

十画

蚕州　松州都督府

【旧唐书】41/地理志 4/1699

【汇编】上 671

秦州　党项来攻

【旧唐书】11/代宗纪/271、273；111/崔光远传
　/3319；138/韦伦传/3781

【资治通鉴】223/7146

【汇编】上 676、681、686

秦州都督府　领党项羁縻州

【新唐书】43 下/地理志 7 下/1132

【汇编】上 849

秦陇　北有党项

【文苑英华】584/为崔邠公谢除凤翔节度使表/
　3021

【汇编】上 677

桂川县　松州都督府下嶂州
【旧唐书】41/地理志 4/1710
【汇编】上 633

桥州　唐太宗贞观六年置，属松州都督府。内
　　迁后属宜定州都督府，隶庆州都督府
【旧唐书】38/地理志 1/1409；40/地理志 3/
　　1638；41/地理志 4/1699、1711；57/师立传/
　　2299
【新唐书】43 下/地理志 7 下/1124、1134
【汇编】上 615、626、633、664、671、848、
　　850

真乡县　银州
【旧唐书】38/地理志 1/1413
【汇编】上 666

真州　剑南道
【新唐书】42/地理志 6/1086
【汇编】上 690

真州　唐玄宗天宝五载置
【新唐书】42/地理志 6/1086、1088
【汇编】上 663

真符县　贞州昭德郡
【新唐书】42/地理志 6/1088
【汇编】上 664

莫州　安化州都督府
【旧唐书】38/地理志 1/1409
【新唐书】43 下/地理志 7 下/1124
【汇编】上 664、848

恭化郡　恭州
【新唐书】42/地理志 6/1087
【汇编】上 661

恭州　松州交川郡
【新唐书】42/地理志 6/1086、1087
【汇编】上 661、690

索川州　松州都督府
【新唐书】43 下/地理志 7 下/1133
【汇编】上 850

索京州　松州都督府
【新唐书】43 下/地理志 7 下/1132
【汇编】上 850

索渠州　松州都督府
【新唐书】43 下/地理志 7 下/1133

【汇编】上 850

盐水县　松州都督府下肆州领
【旧唐书】41/地理志 4/1710
【新唐书】43 下/地理志 7 下/1133
【汇编】上 632、849

盐州
【旧唐书】13/德宗纪下/395；14/宪宗纪下/
　　470；122/张献甫传/3499；144/杜希金传/
　　3923、3927；148/李吉甫传/3996；196 下/吐
　　蕃传下/5259、5262；198/党项羌传/5293
【新唐书】8/武宗纪/243、249；133/张献甫传/
　　4551；216 下/吐蕃传下/6092、6095；221 上
　　/党项传/6216；222/南蛮上、南诏传上/6278
【旧五代史】6/梁书·太祖纪/99；66/唐书·药彦
　　稠传/880
【新五代史】27/唐书·药彦稠传/299
【宋史】491/党项传/14138
【册府元龟】41/468 下；78/899 上；977/11483
　　上
【全唐文】28/元宗文/10 下
【唐大诏令集】128/690
【唐会要】97/吐蕃传/1735
【资治通鉴】214/6832；232/7475；234/7540；
　　235/7576；239/7703；242/7818；247/7993；
　　248/8021、8030；268/8748；276/9033
【文苑英华】567/2908、2909
【白氏长庆集】3/新乐府/42 上
【李卫公会昌一品集】13/条疏太原以北边备事
　　宜状/105
【河东先生集】26/邠宁进奏院记/54
【稽古录】15/44 下
【汇编】上 6、12、13、20、655、662、705、
　　706、711、716、717、725、726、728、730、
　　732、733、735、747、752、754、755、757、
　　759、765、785、797、800、803、813、855、
　　870、873、874

盐泉县　松州交川郡
【新唐书】42/地理志 6/1086
【汇编】上 690

盍州　一名盖州，唐太宗贞观四年置，原名西
　　唐州，八年更名，属松州都督府。唐玄宗开
　　元九年前内迁属静边州都督府，隶于庆州都

督府

【旧唐书】41/地理志 4/1709

【新唐书】43 下/地理志 7 下/1124

【汇编】上 632、848

烈山县　恭州恭化郡

【新唐书】42/地理志 6/1087

【汇编】上 661

振武军　朔方节度

【旧唐书】18 上/武宗纪/593、594；161/石雄
传/4235

【新唐书】8/文宗纪/237；53/食货志/1373；
64/方镇表 1/1777；171/刘沔传/5194

【旧五代史】25/唐书·武皇纪上/334

【唐大诏令集】130/710

【资治通鉴】239/7705；247/7971、7993

【文苑英华】795/蔡袭传/4206

【李卫公会昌一品集】3/讨回鹘制/14；5/赐回
鹘可汗书意/30；8/授何清朝左卫将军兼分领
蕃浑兵马制/61；13/论田牟请许党项雠复回
鹘嗢没斯部落事状/101、条疏太原以北边备
事宜状/105；14/条疏边上事宜状/112

【韩昌黎集】20/序/36

【稽古录】15/50 上

【汇编】上 729、749、750、754、773、774、
777、781、782、784、786、787、789、790、
791、794、795、796、797、819、834

党州　宜定州都督府

【旧唐书】38/地理志 1/1409

【新唐书】43 下/地理志 7 下/1124

【汇编】上 664、848

峨和县　翼州临翼郡

【新唐书】42/地理志 6/1084

【汇编】上 677

晔州　松州都督府

【旧唐书】41/地理志 4/1699

【新唐书】43 下/地理志 7 下/1133

【汇编】上 671、850

恩安县　羁縻奉州领

【新唐书】43 下/地理志七下/1133

【汇编】上 849

圁阴　拓跋氏迁徙地

【中国藏西夏文献】18/唐静边州都督拓跋守寂
墓志铭并盖/24

狼道坡　拓跋赤辞屯兵狼道坡

【旧唐书】198/党项羌传/5291

【汇编】上 4

狼道峡　拓跋赤辞屯狼道峡以抗唐军

【新唐书】221 上/党项传/6215

【汇编】上 10

锡州　静边州都督府

【新唐书】43 下/地理志 7 下/1124

【汇编】上 847

高当川　李晟击叠州叛羌于此

【旧唐书】133/李晟传/3661

【汇编】上 684

唐州　河曲六州

【旧唐书】8/玄宗纪上/184；97/张说传/3053

【汇编】上 655、656

悦州　静边州都督府

【新唐书】43 下/地理志 7 下/1124

【汇编】上 848

凉州　浑、羌寇凉州

【隋书】40/元谐传/1171

【资治通鉴】175/5442

【汇编】上 607、622

浮州　武周天授二年置，乃唐于内徙至灵、夏
等州党项部置，后属静边州都督府，隶灵州
都督府

【旧唐书】198/党项羌传/5292

【新唐书】43 下/地理志 7 下/1124、1134；221
上/党项传/6216

【汇编】上 5、11、847、850

朔方

【旧唐书】8/玄宗纪上/184；97/张说传/3053；
120/郭子仪传/3464；121/仆固怀恩传/3488；
147/杜佑传/3979；195/回纥传/5205

【新唐书】64/方镇表 1/1771；148/宪忠传/4791

【全唐文】22/元宗文 3/9 下

【唐大诏令集】52/274；59/315

【元和郡县图志】4/关内道 4/16 下

【文苑英华】296/奉使筑朔方元州城率尔而作/
1508

【韩昌黎集】20 序/36

【樊川文集】2/为中书门下请追尊号表/6 上

【稽古录】15/39 下

【中国藏西夏文献】18/唐静边州都督拓跋守寂
墓志铭并盖/24、唐延州安塞军防御使白敬立
墓志铭/27

【汇编】上 639、643、644、655、656、657、
693、698、708、712、736、748、750、801、
808

朔方县　夏州都督府

【旧唐书】38/地理志 1/1413

【汇编】上 666、667

朔方郡

【旧唐书】38/地理志 1/1413

【汇编】上 666

朔州

【旧唐书】174/李德裕传/4522

【资治通鉴】232/7475；284/9283

【文苑英华】800/郑处梅·邠州节度使听记/
4231

【李卫公会昌一品集】3/讨回鹘制/14；13/条疏
太原以北边备事宜状/105；14/条疏边上事宜
状/112

【汇编】上 718、784、786、793、814、899

诺川县　松州都督府下诺州

【旧唐书】41/地理志 4/1708

【汇编】上 631

诺州　唐太宗贞观五年置，唐玄宗开元九年前
内迁，属静边州都督府，隶于庆州都督府、
松州都督府

【旧唐书】41/地理志 4/1699、1708

【新唐书】43 下/地理志 7 下/1133

【汇编】上 631、671、850

陪州　松州都督府

【旧唐书】41/地理志 4/1699

【新唐书】43 下/地理志 7 下/1134

【汇编】上 671、850

通川县　轨州都督府

【旧唐书】41/地理志 4/1709

【新唐书】43 下/地理志 7 下/1133

【汇编】上 632、849

通化县　维州维川郡

【新唐书】42/地理志 6/1085

【汇编】上 810

通轨县　当州江源郡

【新唐书】42/地理志 6/1086

【汇编】上 636

十一画

乾州　松州交川郡

【新唐书】42/地理志 6/1086、1088

【汇编】上 690、708

乾封州　置于武周天授三年，在泾、陇。唐代
宗宝应元年又内附

【新唐书】43 下/地理志 7 下/1134；221 上/
6216

【汇编】上 11、850

硖川县　松州都督府下麟州

【新唐书】43 下/地理志 7 下/1133

【汇编】上 849

硖川县　松州都督府下麟州

【旧唐书】41/地理志 4/1707

【汇编】上 630

硖源县　松州都督府下麟州

【旧唐书】41/地理志 4/1707

【新唐书】43 下/地理志 7 下/1133

【汇编】上 630、849

雪山　党项破丑氏居于雪山下

【旧唐书】198/党项羌传/5292

【新唐书】221 上/党项传/6215

【汇编】上 5、10

探那州　松州都督府

【旧唐书】41/地理志 4/1699

【新唐书】43 下/地理志 7 下/1133

【汇编】上 671、850

常平县　松州都督府下蛾州

【旧唐书】41/地理志 4/1709

【汇编】上 631

常芬县　芳州

【旧唐书】40/地理志 3/1638

【汇编】上 615

崌州　唐太宗贞观元年置，松州都督府

【旧唐书】41/地理志 4/1699；198/党项羌传/
　　5291

【新唐书】43 下/地理志 7 下/1132；221 上/党
　　项传/6215

【资治通鉴】193/6068

【汇编】上 4、10、619、671、849

略州　松州都督府

【新唐书】43 下/地理志 7 下/1133

【汇编】上 850

野利州　宜定州都督府

【旧唐书】38/地理志 1/1409

【新唐书】43 下/地理志 7 下/1124

【汇编】上 664、848

野狐硖　诸羌屯兵以拒唐军

【旧唐书】60/李道彦传/2343

【汇编】上 625

银川郡　银州

【旧唐书】38/地理志 1/1413

【汇编】上 665、666

银城县　胜州

【旧唐书】38/地理志 1/1419；97/张说传/3052

【新唐书】37/地理志 1/975

【资治通鉴】212/6745

【汇编】上 647、650、669、670

梨州　松州都督府

【旧唐书】41/地理志 4/1699

【汇编】上 671

麀州　松州都督府

【旧唐书】41/地理志 4/1699

【新唐书】43 下/地理志 7 下/1133

【汇编】上 671、850

悉多州　松州都督府

【新唐书】43 下/地理志 7 下/1134

【汇编】上 850

悉州　松州都督府

【旧唐书】41/地理志 4/1699

【新唐书】42/地理志 6/1084、1086、1087、1088

【全唐文】285/张九龄文/9 上

【汇编】上 638、641、660、672、677、690

悉唐　静州静川郡

【新唐书】42/地理志 6/1084、1087

【汇编】上 641、677

麻州　松州都督府

【旧唐书】41/地理志 4/1699

【新唐书】43 下/地理志 7 下/1133

【汇编】上 671、850

清化县　松州都督府下可州

【旧唐书】41/地理志 4/1708

【新唐书】43 下/地理志 7 下/1133

【汇编】上 630、849

清宁都督府　唐代宗永泰元年以内徙党项置，
　　属灵州都督府

【新唐书】43 下/地理志 7 下/1123

【汇编】上 847

清道县　静州静川郡

【新唐书】42/地理志 6/1087

【汇编】上 641

淳州　静边州都督府

【新唐书】43 下/地理志 7 下/1124

【汇编】上 847

密恭县　唐高宗上元三年前置，为吐蕃所破，
　　后复置，隶洮州

【旧唐书】40/地理志 3/1636

【新唐书】43 下/地理志 7 下/1133

【汇编】上 671、849

盖州　叠州都督府

【旧唐书】40/地理志 3/1638

【汇编】上 615

盖州　一名盍州，唐太宗贞观四年置，原名西
　　唐州，八年更名，属松州都督府

【旧唐书】41/地理志 4/1699

【新唐书】43 下/地理志 7 下/1123

【汇编】上 671、848、850

绰部州　云中都督府

【旧唐书】38/地理志 1/1414

【汇编】上 667

维川郡　维州

【新唐书】42/地理志 6/1085

【汇编】上 810

维州　剑南道

【新唐书】42/地理志 6/1085、1086、1087

【全唐文】285/张九龄文/9 上

【汇编】上 660、672、690、810

十二画

琼州　　安化州都督府
【旧唐书】38/地理志 1/1409
【新唐书】43 下/地理志 7 下/1124
【汇编】上 664、848

博恭县　　恭州恭化郡
【新唐书】42/地理志 6/1087
【汇编】上 661

散关　　党项寇宝鸡，入散关
【旧唐书】10/肃宗纪/260
【汇编】上 678

朝凤州　　武周天授三年置，在泾、陇。唐代宗
　　　　宝应元年内附
【旧唐书】198/党项羌传/5290
【新唐书】43 下/地理志 7 下/1134；221 上/党
　　　　项传/6216
【汇编】上 5、11、850

朝州　　武周天授二年于内徙至灵夏州党项部置，
　　　　后属静边州都督府，隶灵州都督府
【旧唐书】198/党项羌传/5292
【新唐书】43 下/地理志 7 下/1124；221 上/党
　　　　项传/6216
【汇编】上 5、11、847

彭州　　唐太宗贞观三年置，原名洪州，七年更
　　　　名，松州都督府
【旧唐书】41/地理志 4/1699、1709
【新唐书】43 下/地理志 7 下/1133
【汇编】上 63、671、849

落吴县　　松州都督府下阔州
【旧唐书】41/地理志 4/1707
【新唐书】43 下/地理志 7 下/1133
【汇编】上 629、849

落稽县　　松州都督府下嵯州
【新唐书】43 下/地理志 7 下/1132
【汇编】上 849

雅州　　唐太宗贞观五年置，松州都督府
【旧唐书】41/地理志 4/1699、1707
【新唐书】42/地理志 6/1082、1083

【汇编】上 630、637、663、671

辉德　　在灵武南，冯晖引兵过旱海至此
【资治通鉴】285/9303
【汇编】上 902

嵯州　　唐太宗贞观五年置，松州都督府。唐玄
　　　　宗开元九年前内迁，属静边州都督府，隶庆
　　　　州都督府
【旧唐书】41/地理志 4/1699
【新唐书】43 下/地理志 7 下/1124、1134；221
　　　　上/党项传/6215
【汇编】上 10、671、848、850

税河州　　松州都督府
【新唐书】43 下/地理志 7 下/1133
【汇编】上 850

答针州　　松州都督府
【新唐书】43 下/地理志 7 下/1133
【汇编】上 850

集川县　　松州都督府下直州
【旧唐书】41/地理志 4/1709
【新唐书】43 下/地理志 7 下/1133
【汇编】上 632、849

阔水　　李道彦于阔水袭拓跋赤辞
【旧唐书】60/李道彦传/2343
【汇编】上 625

阔州　　唐太宗贞观五年置，松州都督府
【旧唐书】41/地理志 4/1699、1707
【新唐书】43 下/地理志 7 下/1133
【汇编】上 629、671、849

阔源县　　松州都督府下阔州
【新唐书】43 下/地理志 7 下/1133
【汇编】上 849

渭州　　党项来寇
【旧唐书】11/代宗纪/273
【通典】25/职官 7 太仆卿/18 下
【资治通鉴】191/5995；223/7146
【汇编】上 618、658、681、686、689

渭桥　　拓跋思恭屯渭桥
【新唐书】221 上/党项传/6214
【汇编】上 13

普润县　　凤翔节度使崔光远败羌军党项于此
【新唐书】6/肃宗纪/163

【册府元龟】359/4254 上

【汇编】上 675

富平 党项羌寇富平焚定陵

【旧唐书】11/代宗纪/278

【汇编】上 694

犀州 松州都督府

【旧唐书】41/地理志 4/1699

【新唐书】43 下/地理志 7 下/1133

【汇编】上 671、850

十三画

肆州 唐太宗贞观五年置，松州都督府

【旧唐书】41/地理志 4/1699、1709

【新唐书】43 下/地理志 7 下/1133

【汇编】上 632、671、849

斡州 松州都督府羁縻州

【旧唐书】41/地理志/1699

【新唐书】42/地理志 6/1133

【汇编】上 671、850

鼓州 松州都督府

【新唐书】43 下/地理志 7 下/1133

【汇编】上 850

蓬山郡 显庆三年置，拓州

【新唐书】42/地理志 6/1087

【汇编】上 637

蒲江县 邛州临邛郡

【新唐书】42/地理志 6/1082

【汇编】上 637

蛾州 贞观五年置，松州都督府

【旧唐书】41/地理志 4/1699、1708

【汇编】上 631、671

跌跌州 呼延州都督府

【旧唐书】38/地理志 1/1414

【汇编】上 667

新川县 松州都督府下直州

【旧唐书】41/地理志 4/1709

【新唐书】43 下/地理志 7 下/1133

【汇编】上 632、849

新城县 松州都督府下雅州

【旧唐书】41/地理志 4/1707

【汇编】上 630

新秦县 麟州

【旧唐书】38/地理志 1/1420

【汇编】上 669

新秦郡 麟州新秦郡

【旧唐书】38/地理志 1/1419

【新唐书】37/地理志 1/975

【汇编】上 669、670

鄜州 拓跋思恭取鄜州

【新唐书】221 上/党项传/6218

【旧五代史】114/周智光传/1518

【资治通鉴】249/8045；254/8249

【元氏长庆集】49/制诰·刘颇河中府河西县令/2 下

【中国藏西夏文献】18/唐延州安塞军防御使白敬立墓志铭/27

【汇编】上 696、766、825、838、841

鄜延路 党项散处其间

【新五代史】74/党项传/912

【汇编】上 15

鄜坊 党项自麟府、鄜坊至于太原，偏居河曲

【新唐书】8/宣宗纪/249

【唐大诏令集】130/平党项德音/710

【李卫公会昌一品集】16/请先降使臣至党项屯集处状/138

【汇编】上 802、813、817、819

鄜川县 松州都督府下祐州

【旧唐书】41/地理志 4/1710

【新唐书】43 下/地理志 7 下/1124

【汇编】上 633、847

鄌州 党项来寇

【旧唐书】11/代宗纪/273

【资治通鉴】191/6003；223/7146

【汇编】上 619、681、686

慈州 松州都督府

【旧唐书】41/地理志 4/1699

【新唐书】43 下/地理志 7 下/1133

【汇编】上 671、850

叠川县 叠州都督府

【旧唐书】40/地理志 3/1638

【汇编】上 614

叠州　叠州都督府
【旧唐书】40/地理志 3/1638
【汇编】上 615

叠州　叠州都督府
【旧唐书】40/地理志 3/1638；133/李晟传/3661
【资治通鉴】191/5993；194/6115
【汇编】上 614、615、618、625、684

十四画

静川郡　静州静川郡
【新唐书】42/地理志 6/1087
【汇编】上 641

静方县　松州都督府下可州
【旧唐书】41/地理志 4/1708
【新唐书】43 下/地理志 7 下/1133
【汇编】上 630、849

静边州都督府　唐太宗贞观中置，领州二十
　　五。初在陇右，后侨治庆州，又侨治灵州都
　　督府
【旧唐书】38/地理志 1/1413；198/党项羌传/
　　5292
【新唐书】43 下/地理志 7 下/1123；221 上/党
　　项传/6214
【宋史】485/夏国传上/13982
【汇编】上 5、10、49、666、847

静戎郡　霸州党项羁縻州
【新唐书】42/地理志 6/1088
【汇编】上 663

静州　唐高宗咸亨三年置，属松州都督府，后
　　由羁縻州改为正州
【旧唐书】38/地理志 1/1409；41/地理志 4/
　　1699；117/崔宁传/3398
【新唐书】42/地理志 6/1087；43 下/地理志 7
　　下/1133
【东都事略】127、128/附录 5、6
【册府元龟】170/2052 下
【全唐文】287/张九龄文/8 下、9 上
【资治通鉴】288/9407
【汇编】上 100、638、641、660、661、664、
　　671、672、693、849、906、908

静居县　静州静川郡
【新唐书】42/地理志 6/1087
【汇编】上 641

静塞都督府　唐代宗永泰元年以内徙党项置，
　　属灵州都督府
【新唐书】43 下/地理志 7 下/1123
【汇编】上 847

嘉诚县　松州交川郡
【旧唐书】41/地理志 4/1699
【新唐书】42/地理志 6/1086
【汇编】上 671、690

嶂州　唐太宗贞观四年置，松州都督府。唐玄
　　宗开元九年前内迁，属静边州都督府，隶庆
　　州都督府
【旧唐书】40/地理志 3/1638；41/地理志 4/
　　1710；43 下/地理志 7 下/1123、1134
【汇编】上 615、633、847、850

十五画

璋州　松州都督府
【旧唐书】41/地理志 4/1699
【汇编】上 671

横川　延州东
【中国藏西夏文献】18/唐延州安塞军防御使白
　　敬立墓志铭/27

德静县　夏州都督府下夏州领
【旧唐书】38/地理志 1/1413
【汇编】上 666

澄城　吐蕃、党项来寇
【旧唐书】11/代宗纪/280；114/周智光传/3369
【新唐书】221 上/党项传/6216
【资治通鉴】223/7146
【汇编】上 11、691、695、696

十六画

融洮州　松州都督府
【新唐书】43 下/地理志 7 下/1133
【汇编】上 850

薛城县　维州维川郡

【新唐书】42/地理志 6/1085

【汇编】上 810

篱渭县　松州都督府下诺州领

【旧唐书】41/地理志 4/1708

【汇编】上 631

儒州　松州都督府

【新唐书】43 下/地理志 7 下/1134

【汇编】上 850

儒州　安化州都督府

【旧唐书】38/地理志 1/1409

【新唐书】43 下/地理志 7 下/1124

【汇编】上 664、848

儒林县　银州领

【旧唐书】38/地理志 1/1413

【汇编】上 665、666

雕阴郡

【旧唐书】38/地理志 1/1413

【汇编】上 665

磨山县　松州都督府下肆州领

【旧唐书】41/地理志 4/1710

【新唐书】43 下/地理志 7 下/1133

【汇编】上 632、849

十七画

蟊屋　吐蕃、党项入寇

【旧唐书】11/代宗纪/273；120/郭子仪传/
3456、3461

【新唐书】221 上/党项传/6216

【资治通鉴】223/7146

【汇编】上 11、681、682、687

礀州　松州都督府

【旧唐书】41/地理志 4/1699

【新唐书】43 下/地理志 7 下/1133

【汇编】上 671、850

徽州　松州都督府

【新唐书】43 下/地理志 7 下/1133

【汇编】上 850

獯州　芳池州都督府

【旧唐书】38/地理志 1/1409

【汇编】上 664

濮州　芳池州都督府

【旧唐书】38/地理志 1/1409

【新唐书】43 下/地理志 7 下/1124

【汇编】上 664、848

翼水县　翼州临翼郡

【新唐书】42/地理志 6/1084

【汇编】上 677

翼州　松州交川郡

【旧唐书】41/地理志 4/1699

【新唐书】42/地理志 6/1084、1086

【全唐文】285/张九龄文/9 上

【汇编】上 660、671、672、677、690

二十画

瓒州　松州都督府

【新唐书】43 下/地理志 7 下/1133

【汇编】上 850

二十一画

霸州　松州都督府

【旧唐书】41/地理志 4/1699

【新唐书】42/地理志 6/1086、1088；43 下/地
理志 7 下/1133

【汇编】上 663、671、690、850

二十二画

懿州　唐太宗贞观五年置，松州都督府

【旧唐书】41/地理志 4/1699、1706

【新唐书】43 下/地理志 7 下/1134；221 上/党项
传/6215

【汇编】上 10、629、671、850

二十三画

麟州　唐太宗贞观五年置，原名西麟州，八年
去西宁，松州都督府

【旧唐书】13/德宗纪下/395；38/地理志 1/
1403、1419；41/地理志 4/1699、1707；97/

张说传/3052；196 下/吐蕃传下/5259、5260

【新唐书】37/地理志 1/975；43 下/地理志 7 下/1133；64/方镇表 1/1763、1766

【资治通鉴】212/6745；225/7252；232/7475；247/7993

【汇编】上 629、648、650、659、669、670、671、672、711、717、735、797、849

麟府　党项自麟府、鄜坊至于太原，偏居河曲

【李卫公会昌一品集】16/请先降使臣至党项屯集处状/138

【汇编】上 802

四、西夏遗民及其后裔生活地

二画

十八郎寨　濮阳县东唐兀公庄宅地
【中国藏西夏文献】18/元赠敦武校尉军民万户
府百夫长唐兀公碑铭/157
【述善集】宁夏社会科学/1987 年第 1 期/88
【汇编】补遗 7161

三画

大水泺　河西老索破
【中国藏西夏文献】18/元敕赐故顺天路达鲁花
赤河西老索神道碑铭/150

大同府　西夏遗民刘容徙居
【蒙兀儿史记】154/氏族表·色目氏族/34 下
【汇编】上 592

大名　唐兀人野速普花葬大名县颜家里
【正德大名府志】10/38 上、40 下
【汇编】补遗 7172、7173

大名路　唐兀人野仙普化出任大名路滑州判官
【蒙兀儿史记】154/氏族表·色目氏族/34 下
【汇编】上 597

广平路　唐兀氏买住居广平路之成安
【蒙兀儿史记】154/氏族表·色目氏族/34 下
【汇编】上 597

广西　唐兀氏也儿吉尼任广西行省平章政事
【新元史】219/7 下
【汇编】上 550

四画

开州　唐兀公于开州濮阳县东置地
【述善集】宁夏社会科学/1987 年第 1 期/88
【中国藏西夏文献】18/元赠敦武校尉军民万户

府百夫长唐兀公碑铭/157
【汇编】补遗 7161

天宫里　西夏邬密公寓第在淮南吴门天宫里
【夷白斋稿】28/听雪斋记/1 上
【汇编】上 570

云南　唐兀氏乞台普济父从世祖平云南
【新元史】199/3 下
【牧庵集】26/开府仪同三司中书右丞相/1 上
【汇编】上 536、545

太静乡　顺天路达鲁花赤河西老索葬地
【中国藏西夏文献】18/元敕赐故顺天路达鲁花
赤河西老索神道碑铭/150

中兴路　元代党项居地
【元史】157/张文谦传/3696
【元朝名臣事略】7 之 4/左丞张忠宣公（文谦）
传/27 下
【汇编】下 6989

凤凰山　唐兀氏星吉葬于蕲州蕲水县凤凰山下
【宋学士全集】18/元赠开府仪同三司上柱国星
吉公神道碑/18 上
【汇编】上 470

乌沙堡　河西老索破
【中国藏西夏文献】18/元敕赐故顺天路达鲁花
赤河西老索神道碑铭/150

五画

石隶　唐兀人星吉败敌处
【宋学士全集】18/元赠开府仪同三司上柱国星
吉公神道/18 上
【汇编】上 474

甘州　夏亡，国人刘氏由敦煌徙居甘州之张掖
【雍虞先生道园类稿】42/彭城郡侯刘公神道碑/
1 上

【汇编】上 401

甘肃 西夏人三旦八出任甘肃平章

【铁崖文集】2/江浙平章三旦八公勋德碑/1 上

【汇编】上 561

东昌路 唐兀塔不台居东昌路之聊城

【蒙兀儿史记】154/34 下

【汇编】上 599

归德府 唐兀氏观音奴知归德府

【元史】192/良吏 2/4368

【汇编】上 522

白马湾 唐兀人星吉败敌处

【宋学士全集】18/元赠开府仪同三司上柱国星
吉公神道/18 上

【汇编】上 474

白湄 唐兀人星吉败敌处

【宋学士全集】18/元赠开府仪同三司上柱国星
吉公神道/18 上

【汇编】上 474

宁夏 甘肃行省

【元史】20/成宗纪 3/443；179/4151；188/石抹
宜附传/4311

【蒙兀儿史记】154/氏族表·色目氏族/34 下

【虞靖公道园集】12/在朝稿/1 上

【山东通志】27/宦绩志/12 上

【宁夏府志】13/人物·乡献/17 上

【横山县志】1/地理志·山脉/6 下

【中国藏西夏文献】18/元敕赐故顺天路达鲁花
赤河西老索神道碑铭/150

【汇编】上 485、499、509、591；下 7043；补
遗 7220、7222、7351

宁夏路 余阙父唐兀台世居宁夏路贺兰山

【述善集】宁夏社会科学/1987 年第 1 期/88

【中国藏西夏文献】18/元赠敦武校尉军民万户
府百夫长唐兀公碑铭/157

【汇编】补遗 7161

永福 唐古氏后裔友石山人屏居永福山中

【新元史】233/12 下

【闻过斋集】5/友石山人墓志铭/15 下

【汇编】上 551；补遗 7205

永唐里 唐古氏后裔友石山人葬永福县永唐里

【闻过斋集】5/友石山人墓志铭/15 下

【汇编】补遗 7205

辽东 唐兀人星吉任职辽东

【宋学士全集】18/元赠开府仪同三司上柱国星
吉公神道/18 上

【汇编】上 472

六画

西京 西夏遗民刘容徙西京大同府

【蒙兀儿史记】154/氏族表·色目氏族/34 下

【汇编】上 592

成安 唐兀氏买住居广平路之成安

【蒙兀儿史记】154/氏族表·色目氏族/34 下

【汇编】上 597

成都路 唐兀氏伯颜居成都路之温江

【蒙兀儿史记】154/氏族表·色目氏族/34 下

【汇编】上 597

合淝 西夏遗聚居合淝

【师山遗文】附录/22 上

【青阳先生文集】4/送归彦温赴河西廉使序/1
上

【汇编】上 575、576；补遗 7179

刘家港 西夏六十公驻兵崐山刘家港

【夷白斋稿】12/平江路达鲁花赤西夏六十公纪
绩碑颂/1 上

【汇编】上 554

江西 唐兀氏星吉守江西

【宋学士全集】18/元赠开府仪同三司上柱国星
吉公神道/18 上

【汇编】上 475

江州 唐兀氏星吉战于江州

【宋学士全集】18/元赠开府仪同三司上柱国星
吉公神道/18 上

【汇编】上 474、475

江南 唐兀氏李公仕于江南

【清容居士集】19/25 下

【汇编】上 573

江淮 唐兀氏以下江淮有功

【闻过斋集】5/友石山人墓志铭/15 下

【汇编】补遗 7204、7205

池州 唐兀氏战于池州

官人寨店　唐兀人闾儿居于濮阳县东官人寨店
【中国藏西夏文献】18/元赠敦武校尉军民万户
　　府百夫长唐兀公碑铭/157、158
【述善集】宁夏社会科学/1987 年第 1 期/88
【汇编】补遗 7161、7165

宛平县　唐兀氏杨襄敏公葬宛平县香山乡之皇
　　华原
【道园集】35/归田稿/6 上
【汇编】上 506

建康　唐兀氏三旦八兵援建康
【铁崖文集】2/江浙平章三旦八公勋德碑/1 上
【汇编】上 560

肃州　唐兀氏阿沙为肃州路达鲁花赤
【中国藏西夏文献】18/元肃州路也可达鲁花赤
　　世袭之碑/166

绍兴　宁夏人迈里古思任职绍兴
【元史】188/石抹宜附孙传/4311
【汇编】上 509、510

九画

柳行村　唐兀氏黄头归葬濮州鄄城县李康保柳
　　行村
【道园学古录】40/昭德大将军平江路总管府达
　　鲁花赤兼管内劝农事黄头公墓志铭/9 上
【汇编】上 532

荆湖　唐兀人李恒行省荆湖
【蒙兀儿史记】154/氏族表·色目氏族/34 下
【汇编】上 578

南平县　西夏六十公历任南平县长
【夷白斋稿】12/平江路达鲁花赤西夏六十公纪
　　绩碑颂/1 上
【汇编】上 555

南阳　唐兀氏喜同守南阳
【元史】194/忠义 2/喜同传/4397
【汇编】上 525

南京　唐兀氏老索从定南京
【中国藏西夏文献】18/元敕赐故顺天路达鲁花
　　赤河西老索神道碑铭/150

哈思罕　唐兀氏星吉任哈思罕等处万户府达鲁
　　花赤

【宋学士全集】18/元赠开府仪同三司上柱国星
　　吉公神道碑铭/18 上
【汇编】上 472

哈喇台　唐古亲军于此破敌
【新元史】199/3 下
【牧庵集】26/开府仪同三司中书右丞相/1 上
【汇编】上 538、547

香山乡　唐兀氏杨公葬宛平县香山乡之皇华
　　原
【道园全集】35/归田稿/6 上
【汇编】上 506

保定　西夏人张侯家居保定
【申斋文集】6/瑞芝堂记/17 上
【汇编】上 574、575

保青窝村　唐兀氏镇化台，居于濮州鄄城县张
　　村保青窝村
【述善集】宁夏社会科学/1987 年第 1 期/88
【汇编】补遗 7164

皇华原　唐兀氏杨公葬宛平县香山乡之皇华
　　原
【道园全集】35/归田稿/6 上
【汇编】上 506

饶州路　西夏永年公出长饶州路
【夷白斋稿】20/南台御史大夫西夏永年公勋德
　　诗序/3 下
【汇编】上 559

洛阳
【中国藏西夏文献】18/明忠义官李公墓志铭/
　　168

洛阳　西夏吉祥文卿谢官荼陵，居洛阳里第
【夷白斋稿】外集/知还亭记/39 下
【汇编】上 571

十画

桓州　唐兀氏老索从破桓州
【中国藏西夏文献】18/元敕赐故顺天路达鲁花
　　赤河西老索神道碑铭/150

钱塘　灵武李公居钱塘三十年，筑其第之堂而
　　名曰贺兰
【九灵山房集】14/亡妾李氏墓志铭/9 上

【中国藏西夏文献】18/元赠敦武校尉军民万户
　　府百夫长唐兀公碑铭/157
【汇编】补遗 7162

维扬　河西贵族维扬董氏
【九灵山房集】14/亡妾李氏墓志铭/9 上
【汇编】上 563

十二画

集庆　西夏永年公守集庆
【夷白斋稿】20/南台御史大夫西夏永年公勋德
　　诗序/3 下
【汇编】上 558、559

舒州　唐兀氏余青阳战守舒州
【师山遗文】附录/39 上
【梧溪集】4 下/过广浦林洪聪上人承示湖广郎
　　中余阙书撰旧主溹河化城禅寺碑记淮西宪金
　　王士点篆额为题左方/40 下
【汇编】补遗 7189、7190

舒城　唐兀人余阙守舒城
【鹤年诗集】2/51 上
【汇编】补遗 7191

鲁港　唐兀氏星吉公收复鲁港
【宋学士全集】18/元赠开府仪同三司上柱国星
　　吉公神道碑铭/18 上
【汇编】上 474

温江　唐兀氏伯颜居成都路之温江
【蒙兀儿史记】154/氏族表·色目氏族/34 下
【汇编】上 597

滑州　唐兀氏野仙普化任大名路滑州判官
【蒙兀儿史记】154/氏族表·色目氏族/34 下
【汇编】上 597

十三画

蒙城　唐兀氏黄头兼领蒙城、怀远秋夏之税
【新元史】182/6 上
【道园学古录】40/昭毅大将军平江路总管府达
　　鲁花赤兼管内劝农事黄头公墓碑/9 上
【汇编】上 530、533

新州　唐兀氏观音奴居新州

【元史】192/良吏 2/观音奴传/4368
【汇编】上 522

新安城　忠义官李公钦祖隐居处
【中国藏西夏文献】18/明忠义官李公墓志铭/
　　168

福州路　唐兀氏王翰任职福州路
【新元史】233/忠义 4/12 下
【汇编】上 551

十四画

斡罗儿　河西老索破
【中国藏西夏文献】18/元敕赐故顺天路达鲁花
　　赤河西老索神道碑铭/150

嘉兴　唐兀氏伯颜旧居嘉兴崇德州
【山居新话】知不足斋丛书本/45 上
【汇编】补遗 7219

十五画

蕲水县　唐兀氏星吉葬于蕲水县凤凰山下
【宋学士全集】18/元赠开府仪同三司上柱国星
　　吉公神道碑铭/18 上
【汇编】上 470

镇江　唐兀人忽都答儿居镇江
【至顺镇江志】19/人材仕进侨寓/13 上、19 下
【汇编】补遗 7221、7222

黎阳山　西夏人述哥察儿买田筑室黎阳山下
【吴文正公集】33/元故浚州达鲁花赤赠中议大
　　夫河中府知府上骑都尉追封魏郡伯墓碑/18
　　上
【河南通志】55/名宦中·卫辉府/87 下
【汇编】上 479；补遗 7197

德州　唐兀氏野仙普化居德州
【蒙兀儿史记】154/氏族表·色目氏族/34 下
【汇编】上 597

滕州　唐兀氏安笃剌居滕州邹县
【蒙兀儿史记】154/氏族表·色目氏族/34 下
【汇编】上 599

潜江县　唐兀氏明安达尔与敌战于潜江县
【元史】195/明安达尔传/4415

五、其他与党项西夏相关的地名

三画

小勃律　辽天祚帝走投小勃律
【宋会要】蕃夷 2 之 37/7710
【松漠纪闻】上/7
【汇编】中六 5974、5985

四画

太原郡　拓跋守寂太夫人王氏籍贯
【中国藏西夏文献】18/唐静边州都督拓跋守寂
墓志铭并盖/24

太原郡　夏银绥宥等州观察支使何德璘母王氏
籍贯
【中国藏西夏文献】18/后晋夏银绥宥等州观察
支使何德璘墓志铭并盖/39

五画

平卢郡　夏银绥宥等州观察支使何德璘曾祖母
曹氏籍贯
【中国藏西夏文献】18/后晋夏银绥宥等州观察
支使何德璘墓志铭并盖/39

东平郡　夏州观察支使何公母叱吕氏籍贯
【中国藏西夏文献】18/宋摄夏州观察支使何公
墓志铭并盖/67

东华门　夏景宗李元昊使者及京师东华门始去
本国服
【长编标】123/2893
【长编影】123/2 上
【汇编】中二 1775

弘农郡　定难节度副使刘敬瑭曾祖母杨氏籍贯
【中国藏西夏文献】18/后晋定难节度副使刘敬
瑭墓志铭并盖/42

弘农郡　夏银绥宥等州观察支使何德璘祖母杨
氏籍贯
【中国藏西夏文献】18/后晋夏银绥宥等州观察
支使何德璘墓志铭并盖/39

六画

巩洛　定难军摄节度判官毛汶籍贯
【中国藏西夏文献】18/后晋定难军摄节度判官
毛汶墓志铭并盖/36

西河　夏州刘敬瑭母药氏籍贯
【中国藏西夏文献】18/后晋定难节度副使刘敬
瑭墓志铭并盖/42

江南　诏送西界龄钤辖卧瓦哆江南羁管
【长编标】356/8517
【长编影】356/9 上
【汇编】中五 4631

七画

苏州　辽兴宗诏以所获李元昊妻及前后所俘夏
人安置苏州
【辽史】20/兴宗纪 3/243；115/西夏记/1523
【汇编】上 121；中三 3168

八画

京西　西夏降人迁配京西，江、淮之间
【长编标】466/11138
【长编影】466/9 上
【汇编】中五 5105

京城西旧染院　夏州蕃驿
【宋会要】方域 10 之 14/7480
【玉海】172/35 上

【汇编】补遗 7250

九画

荥阳郡 *定难节度副使刘敬瑭祖母郑氏籍贯*
【中国藏西夏文献】18/后晋定难节度副使刘敬
瑭墓志铭并盖/42

顺天门 *夏使吴宗至东京顺天门欲佩鱼及仪物
自从*
【宋史】485/夏国传上/13981
【汇编】上 69

十画

流沙 *流沙、葱岭皆为内地*
【长编标】42/895
【长编影】42/12 下
【汇编】中一 1186

十一画

清河 *延州安塞军防御使白敬立正室张氏籍贯*
【中国藏西夏文献】18/唐延州安塞军防御使白
敬立墓志铭/28

清河 *定难军摄节度判官毛汶夫人张氏籍贯*
【中国藏西夏文献】18/后晋定难军摄节度判官
毛汶墓志铭并盖/36

清河 *夏银绥宥等州观察支使何德璘夫人张氏
籍贯*
【中国藏西夏文献】18/后晋夏银绥宥等州观察
支使何德璘墓志铭并盖/39

清河郡 *夏州观察支使何公祖母张氏籍贯*
【中国藏西夏文献】18/宋摄夏州观察支使何公
墓志铭并盖/67

淮南 *迁配西夏降人*
【长编标】150/3635；330/9757
【长编影】150/12 上；330/10 上
【宋会要】职官 65 之 22/3857
【司马文正公集】35/章奏 33/1 上
【梅尧臣集】编年校注 14/245
【汇编】中三 2934、2935、3221、3283；中四
4438；中五 4666

十二画

湖南 *羁置西夏降人*
【长编标】126/2975
【长编影】126/9 下
【名臣碑传琬琰集】上集 5/富公尚德碑/80
【汇编】中二 1924

十七画

濮阳郡 *定难军节度使李光睿夫人吴氏籍贯*
【中国藏西夏文献】18/宋定难军节度使李光睿
墓志铭并盖/74